Philosophie

Geschichte – Disziplinen – Kompetenzen

Herausgegeben
von Peggy H. Breitenstein
und Johannes Rohbeck

Verlag J. B. Metzler Stuttgart · Weimar

Die Herausgeber:
Peggy H. Breitenstein, Dr., ist Wissenschaftliche Mitarbeiterin und Dozentin
an der Martin-Luther-Universität Halle-Wittenberg sowie an der TU Dresden.
Johannes Rohbeck ist Professor für praktische Philosophie und Didaktik
der Philosophie an der TU Dresden.

Bibliografische Information der Deutschen Nationalbibliothek
Die Deutsche Nationalbibliothek verzeichnet diese Publikation in der Deutschen
Nationalbibliografie; detaillierte bibliografische Daten sind im Internet über
< http://dnb.d-nb.de > abrufbar.

Gedruckt auf säure- und chlorfreiem, alterungsbeständigem Papier

ISBN 978-3-476-02299-8

Dieses Werk einschließlich aller seiner Teile ist urheberrechtlich geschützt.
Jede Verwertung außerhalb der engen Grenzen des Urheberrechtsgesetzes ist
ohne Zustimmung des Verlages unzulässig und strafbar. Das gilt insbesondere
für Vervielfältigungen, Übersetzungen, Mikroverfilmungen und die Einspeicherung
und Verarbeitung in elektronischen Systemen.

© 2011 J. B. Metzler'sche Verlagsbuchhandlung
und Carl Ernst Poeschel Verlag GmbH in Stuttgart
www.metzlerverlag.de
info@metzlerverlag.de

Einbandgestaltung: Ingrid Gnoth / Melanie Frasch
Layout: Ingrid Gnoth | GD 90
Satz: Claudia Wild, Konstanz
Druck und Bindung: aprinta druck GmbH & Co. KG, Wemding

Oktober 2011

Verlag J. B. Metzler Stuttgart · Weimar

Inhaltsverzeichnis

Vorwort XI
Einleitung XIII

I. Geschichte der Philosophie 1

1 Antike 3
1.1 Einführung 3
1.2 Frühe griechische Philosophen 4
1.3 Die sophistische Bewegung und Sokrates 7
1.4 Die Begründer des antiken Atomismus 8
1.5 Die Philosophie Platons 9
1.6 Die Philosophie des Aristoteles 12
1.7 Die Hauptrichtungen der Philosophie im Hellenismus 14
1.8 Römische Philosophen 18
1.9 Der spätantike Neuplatonismus 20

2 Mittelalter 25
2.1 Einführung 25
2.2 Philosophen der arabisch-islamischen Kultur 26
2.3 Philosophie in der jüdischen Kultur 30
2.4 Frühmittelalterliche lateinische Philosophie 33
2.5 Das ›goldene Zeitalter‹ der Scholastik 36
2.6 Die Philosophie im späten Mittelalter 41

3 Renaissance 45
3.1 Epochenüberblick 45
3.2 Humanismus: Sprachkünste, Ethik, Geschichte und Theologie 47
3.3 Hochrenaissance: Entdeckung der Perspektive 50
3.4 Grundfragen 51

4 Neuzeit und Aufklärung 57
4.1 Einleitung 57
4.2 Die neue Methode und ihre Anwendungen 58
4.3 Rationalistische metaphysische Systeme 61
4.4 Der Empirismus 63
4.5 Philosophie der europäischen Aufklärung 66

5 Deutscher Idealismus 69
5.1 Problemstellung und Begriff 69
5.2 Kants Erkenntnis- und Freiheitslehre 71
5.3 Fichte: Die drei Grundsätze der frühen Wissenschaftslehre 77
5.4 Hegels Kritik der Bewusstseinsphilosophie 81

6 Das 19. Jahrhundert 87
6.1 Einleitung 87
6.2 Utilitarismus und Positivismus 87
6.3 Lebens- und Existenzphilosophie 90
6.4 Karl Marx 97
6.5 Historismus 100

7	**20. Jahrhundert und Gegenwart**	**103**
7.1	Frühe Weichenstellungen	103
7.2	Kontinentale Schulbildungen	107
7.3	Der *linguistic turn*	113
7.4	Marxismus und Kritische Theorie	117
7.5	Pragmatismus	119
7.6	Gegenwart (1960–2010)	120
II.	**Disziplinen der Philosophie**	**129**
A.	**Theoretische Philosophie**	**131**
1	**Metaphysik und Ontologie**	**131**
1.1	Die Trennung von allgemeiner und spezieller Metaphysik	132
1.2	Untersuchungsgegenstand und Methoden der Ontologie	133
1.3	Zentrale Grundbegriffe der Ontologie	137
1.4	Grundfragen der speziellen Metaphysik	141
2	**Erkenntnistheorie**	**147**
2.1	Der Gegenstand und die Methode der Erkenntnistheorie	147
2.2	Der Begriff des Wissens	149
2.3	Epistemische Rechtfertigung	153
2.4	Der philosophische Skeptizismus und mögliche Lösungen des Skeptizismus	156
2.5	Die Quellen des Wissens: Wahrnehmung und apriorisches Wissen	159
3	**Wissenschaftstheorie**	**165**
3.1	Einleitung und Überblick	165
3.2	Wissenschaftliche Erklärungen	166
3.3	Wissenschaftliche Theorien und deren Bestätigung	170
3.4	Wissenschaftsentwicklung und die Veränderung von wissenschaftlichen Theorien	174
3.5	Die Wissenschaften im sozialen und lebensweltlichen Kontext	177
4	**Sprachphilosophie**	**181**
4.1	Grundfragen	181
4.2	Bedeutung und Bezugnahme singulärer Terme	182
4.3	Semantische Theorien	186
4.4	Pragmatik	192
5	**Philosophie des Geistes**	**197**
5.1	Begriffsbestimmungen	197
5.2	Der Dualismus	199
5.3	Reduzierbarkeit mentaler auf physische Eigenschaften?	200
5.4	Mentale Repräsentation	207
5.5	Bewusstsein	209
6	**Logik**	**213**
6.1	Einführung	213
6.2	Klassische Aussagenlogik	215
6.3	Prädikaten- und Modallogik	221
6.4	Ausblick	230

| B. | Praktische Philosophie | 233 |

1	**Ethik**	233
1.1	Grundfragen und Grundbegriffe	233
1.2	Antike Ethik des guten Lebens	238
1.3	Moderne Ethik des richtigen Handelns	246
1.4	Kritik und Aufhebung der Moral	255
1.5	Ausblick auf die Ethik der Gegenwart	256

2	**Sozialphilosophie**	261
2.1	Grundfragen der Sozialphilosophie	261
2.2	Intersubjektivität	262
2.3	Formen und Einheiten des Sozialen	265
2.4	Soziales Handeln	267
2.5	Kritische Sozialphilosophie	269

3	**Politische Philosophie**	273
3.1	Grundfragen der politischen Philosophie	273
3.2	Macht – Politischer Realismus	274
3.3	Vertrag – Politischer Liberalismus	276
3.4	Sittlichkeit – politische Gemeinschaft	280
3.5	Ordnungsallegorien und -utopien	283
3.6	Politische Ökonomie	284
3.7	Demokratie, internationale Politik und Kritik der Politik	287

4	**Rechtsphilosophie**	291
4.1	Grundfragen der Rechtsphilosophie	291
4.2	Wesen, Quellen und Geltung des Rechts	292
4.3	Recht, Gerechtigkeit und Moral	298
4.4	Völkerrecht und Menschenrechte	300

5	**Angewandte Ethik**	303
5.1	Einleitung	303
5.2	Angewandte Ethik als philosophische Disziplin?	303
5.3	Methoden und Bereiche	305
5.4	Beispielhafte Themen	309

| C. | Weitere Disziplinen | 323 |

1	**Anthropologie**	323
1.1	Die Grundfrage: Was ist der Mensch?	323
1.2	Innovative Ansätze seit dem 20. Jahrhundert	324
1.3	Systematische Aspekte	331

2	**Technikphilosophie**	335
2.1	Begriff und Geschichte der Technik	335
2.2	Grundfragen der Technikphilosophie	336
2.3	Klassische Autoren und Werke der Technikphilosophie	337
2.4	Konzepte und Themen der Technikphilosophie	342

3	**Geschichtsphilosophie**	**345**
3.1	Zum Begriff der Geschichte	345
3.2	Zu Begriff und Geschichte der Geschichtsphilosophie	346
3.3	Materiale Geschichtsphilosophie	347
3.4	Formale Geschichtsphilosophie	351
3.5	Ausblick: Geschichtsphilosophie heute	353
4	**Religionsphilosophie**	**355**
4.1	Überblick über die Disziplin	355
4.2	Aufgaben, Formen und Kontroversen	357
4.3	Vereinbarkeit von Glaube und Vernunft	359
4.4	Aktuelle Fragen, Herausforderungen und Desiderate	364
5	**Kulturphilosophie**	**367**
5.1	Grundfragen	367
5.2	Begriffsgeschichte	368
5.3	Vorgeschichte: Natur und Kultur	369
5.4	Kulturphilosophie als Disziplin	372
5.5	Kulturkritik im 20. Jahrhundert	373
5.6	Aufgaben einer gegenwärtigen Kulturphilosophie	376
6	**Ästhetik**	**379**
6.1	Begriff, Stellenwert und Selbstverständnis	379
6.2	Definition der Ästhetik	381
6.3	Ästhetisches Erkennen und Hervorbringen	382
6.4	Ästhetische Prädikate, Werturteile und Schönheit	385
6.5	Ästhetische Gegenstände und Phänomene	388
7	**Geschlechterforschung**	**393**
7.1	Grundfragen und Themen	393
7.2	Geschichte und Positionen	394
7.3	Frauenbewegung des 19. und 20. Jahrhunderts	397
7.4	Aktuelle Debatten	399
III.	**Philosophische Kompetenzen**	**403**
	Einleitung	405
1	**Denkrichtungen und Methoden**	**409**
1.1	Das alltagssprachliche Fundament philosophischer Methoden	410
1.2	Die Transformation philosophischer Methoden in Kompetenzen: Textlektüre und Essay-Schreiben	410
2	**Philosophische Begriffe und Argumente**	**421**
2.1	Die Begriffsanalyse als eine Methode der Philosophie	421
2.2	Philosophische Argumente	424
3	**Wissenschaftliches Arbeiten**	**429**
3.1	Wissenschaftlichkeit und wissenschaftliche Arbeitsweise	429
3.2	Recherche, Fragestellung und Lektüre	430
3.3	Wissenschaftliches Schreiben	434
3.4	Mündliches Präsentieren – Die Diskussion von Arbeitsergebnissen	440
3.5	Von der Wissenschaft als Begräbnisstätte der Anschauung	442

4	**Didaktik der Philosophie und Ethik**	**443**
4.1	Inhalte des Unterrichts	443
4.2	Strukturierung	445
4.3	Methoden	446
4.4	Medien	452
4.5	Checkliste zur Unterrichtsplanung	458

IV. Anhang ... 461

1	**Grundlegende Literatur und Internet-Ressourcen**	**463**
1.1	Zentrale philosophische Werke und Werkausgaben	463
1.2	Nachschlagewerke (Enzyklopädien, Lexika, Handbücher)	470
1.3	Allgemeine Einführungen	471
1.4	Philosophiegeschichten und personenbezogene Darstellungen	471
1.5	Zeitschriften	472
1.6	Internet-Ressourcen	474
2	**Die Autorinnen und Autoren**	**475**
3	**Abbildungsverzeichnis**	**476**
4	**Personenregister**	**477**
5	**Sachregister**	**481**

Vorwort

Dieser Band ist ein Gemeinschaftswerk des Instituts für Philosophie der Technischen Universität Dresden. Ausnahmslos gehören oder gehörten die Autorinnen und Autoren diesem Institut an. Viele Beiträge sind direkt aus der Lehre entstanden, so dass bereits umfangreiche Erfahrungen mit den Bachelor-Studiengängen eingearbeitet werden konnten. Dabei kommen sowohl die Philosophiegeschichte von der Antike bis in die Gegenwart als auch die systematischen Disziplinen der Philosophie zur Geltung. Ein besonderer Schwerpunkt liegt zudem auf eigenen Lehrveranstaltungen zur Vermittlung philosophischer Kompetenzen, die von den Studierenden selbständig angewendet werden sollen. Auf diese Weise wird den Erfordernissen der reformierten Studiengänge Rechnung getragen, ohne die fachspezifischen Inhalte und das Ziel einer umfassenden philosophischen Bildung aus den Augen zu verlieren.

Dieser Hintergrund kommt in der neuartigen Konzeption unserer Einführung zum Ausdruck. Wie an der Gliederung in drei Teile erkennbar ist, besteht ihre Besonderheit darin, Geschichte und Systematik der Philosophie wie auch die zu erlernenden Kompetenzen vorzustellen und miteinander zu verbinden. Die Geschichte der Philosophie wird keineswegs als Selbstzweck betrachtet, sondern aus dem Blickwinkel systematischer Problemstellungen behandelt. Ebensowenig verzichtet die Darstellung der philosophischen Disziplinen auf Erinnerungen an zentrale Positionen der Philosophiegeschichte, damit die Problematisierungen nicht hinter die historisch erreichten Standards zurückfallen. Zu den fachspezifischen Kompetenzen gehören vor allem der reflektierte Umgang mit philosophischen Begriffen und Argumenten sowie die selbständige Anwendung philosophischer Methoden. Weitere Kapitel widmen sich dem wissenschaftlichen Arbeiten und der Didaktik der Philosophie und Ethik.

Die Herausgeber danken den Kolleginnen und Kollegen für die erfolgreiche Zusammenarbeit. Außerdem bedanken sie sich bei Tom Handrick und Marco Kleber für die redaktionelle Unterstützung und die Erstellung der Register. Besonderer Dank für die professionelle und angenehme Kooperation gilt der Lektorin des Metzler-Verlags, Frau Ute Hechtfischer, und ihrer Assistentin Franziska Remeika.

Dresden, im Juli 2011
Peggy H. Breitenstein und Johannes Rohbeck

Einleitung

Das Philosophiestudium – so war bereits Immanuel Kant überzeugt – dient nicht dem Zweck, die Philosophie, sondern das Philosophieren zu lernen. Aber philosophiert nicht bereits jeder, der z. B. darüber nachdenkt, wie ein gelingendes, glückliches Leben aussehen kann, wie in einer bestimmten Situation moralisch verantwortlich zu handeln ist, wie eine gerechte Gesellschaft gestaltet sein müsste, was eigentlich Wahrheit ist und was man sicher wissen kann, ob der Mensch einen freien Willen hat, ob Gott existiert oder nicht?

Sicherlich kann man all diese Fragen, die sich wohl jeder Mensch in der einen oder anderen Weise irgendwann in seinem Leben stellt, philosophisch nennen, doch Philosophieren, um das es hier geht, ist etwas anderes. Es meint weder ›tiefsinnige‹ noch regellose Überlegungen, sondern beruht auf zwar eigenständigen jedoch nachvollziehbaren, begrifflich klaren und reflektierten Gedankengängen sowie Argumentationen. Und genau diese **begriffliche Klarheit** und **argumentative Folgerichtigkeit** muss erlernt werden. Gemeinsam mit den oben genannten ›alltagsphilosophischen‹ Fragen muss deshalb im Rahmen eines selbstkritisch-reflektierten Philosophierens immer auch geklärt werden, was eigentlich genau gemeint ist, wenn von Glück, moralischer Verantwortung, Gerechtigkeit, Wahrheit, Freiheit etc. die Rede ist.

Doch nicht nur dies: Auch das Fragen selbst bedarf der Übung. Philosophie knüpft an alltägliche Überzeugungen an und hinterfragt sie. Sie beginnt mit dem **Zweifel** an der Geltung des Selbstverständlichen und führt zu einem **Staunen** darüber, was neben dem Selbstverständlichen noch alles möglich ist oder zumindest als möglich gedacht werden kann. Auch dieses **Hinterfragen** durch die Philosophie ist allerdings methodisch und systematisch, insofern es nicht radikal skeptisch alles Wissen oder gar dessen Möglichkeit hinterfragt, sondern spannende, sowohl zeitlose als auch aktuelle Problemstellungen formuliert, die sie so angemessen und präzise wie nur eben möglich zu lösen versucht.

Philosophieren lernen: Doch wie kann man diese **methodische und reflektierte theoretische Tätigkeit**, das ›Philosophieren‹ lernen? Mit den drei Teilen dieses Bandes werden **drei Wege** vorgeschlagen, die allerdings nur gemeinsam zum Ziel führen. Zwei dieser Wege liegen dem Aufbau des universitären Philosophiestudiums traditionell zu Grunde: der historische über die Philosophiegeschichte und der systematische über die wichtigsten Teildisziplinen, ihre Fragestellungen und Grundbegriffe. Ein dritter Weg beginnt sich an den Universitäten gerade zu etablieren: der integrativ-praxisorientierte über die Auseinandersetzung mit verschiedenen Denkrichtungen und die Aneignung sowie Anwendung der entsprechenden philosophischen Methoden. Erst dieser letzte Weg vermag sicherzustellen, dass Philosophie sich nicht auf den sprichwörtlichen Elfenbeinturm beschränkt, sondern grundsätzlich für jeden zur Schule eines eigenständigen, kritischen Denkens werden kann. Doch was genau beinhalten diese Wege und wie sollten sie verbunden werden?

Philosophiegeschichte: Philosophie hat ein recht eigentümliches Verhältnis zu ihrer Geschichte, das in den Naturwissenschaften keine, in anderen Geistes- und in den Sozialwissenschaften kaum Parallelen kennt: Sie ist in ihren Fragen und Antworten immer wieder auf ihre eigene Geschichte verwiesen, muss sich in ihr immer wieder ihrer selbst vergewissern. Wie aber kommt es, dass kein Physikstudent heute noch Newtons *Physik* (sein 1686 erstmals veröffentlichtes Hauptwerk hieß bezeichnenderweise noch *Philosophiae naturalis principia mathematica*), aber jeder Philosophiestudent Platons *Politeia* kennen muss?

Dafür gibt es mehrere Gründe: Im Vergleich mit den Naturwissenschaften fällt auf, dass die Philosophie seit ihren Anfängen bei den griechischen Naturphilosophen immer wieder von ähnlichen Fragen umgetrieben wurde und wird, die sie nie vollständig, befriedigend beantworten konnte. So gibt es einerseits kaum Probleme, die einfach nur gelöst und abgelegt wurden und andererseits auch **keinen linearen Fortschritt**. Ebenfalls auffällig ist, dass man sich innerhalb der Philosophie nie auf eine allein gültige Methode einigen konnte, sondern die Philosophen je nach Problemstellung und Temperament transzendentalphilosophisch, analytisch, phänomenologisch, dekonstruktivistisch, dialektisch etc. vorgingen und argumentierten. So konnte und kann man zwar zu jeder Zeit die Dominanz einer spezifischen Methode konstatieren, aber **keine Paradigmenwechsel** im eigentlichen Sinne.

Dennoch kann man auch in der Philosophiegeschichte Kontinuitäten und Verlaufsformen feststellen. Zum Ersten greifen und griffen die Philosophen immer wieder auf die Erkenntnisse früherer Autoren zurück, in der Absicht, sich mit ihren Argumenten auseinander zu setzen und jeweils angemessenere Lösungen zu formulieren. Das ist nicht immer, aber doch häufig gelungen. Zum Zweiten steht Philosophie immer in Verbindung mit der Gesellschaft ihrer Zeit und folgt auch in ihren Fragestellungen spezifischen sozial-, politik-, wirtschafts- und wissenschaftsgeschichtlichen Entwicklungen. Unter diesem Einfluss verändern und erweitern sich die Problemstellungen der Philosophie beständig, was sich sowohl innerhalb der Theoretischen wie auch der Praktischen Philosophie nachweisen lässt.

Schließlich kann man aber auch eine Tendenz zur Auslagerung von Problembereichen feststellen, die letztlich zu Gegenständen eigener Disziplinen geworden sind: Während im antiken Griechenland alle nicht praktischen, also theoretischen Probleme zur Philosophie als höchster Wissensform gehörten, wurden sukzessive diejenigen ausgelagert, deren Forschungsfeld sich fest umreißen und deren Fragen sich mit Hilfe eigenständiger Methoden lösen ließen – in der Antike betraf das die Mathematik, seit der Neuzeit sämtliche Naturwissenschaften (Physik, Biologie, Chemie), am Ende des 19. und zu Beginn des 20. Jh.s schließlich auch noch Psychologie und Soziologie. Dennoch gibt es einen Bestand an Fragen, die sich mit Hilfe der Einzelwissenschaften nicht befriedigend lösen lassen, Fragen wie die eingangs genannten, die der Philosophie auch weiterhin aufgegeben bleiben.

Die Studierenden sollte der Blick in die Philosophiegeschichte allerdings nicht dazu verleiten, ihr Fragen und Antworten einfach zu entnehmen; er dient vielmehr dazu, einerseits den **Horizont des Hinterfragbaren** zu erweitern, andererseits **Irrwege zu vermeiden**, d. h. schlüssige Argumente und Fehlschlüsse unterscheiden zu lernen. Nur insofern kann die Philosophiehistorie ›Lehrmeisterin der Philosophierenden‹ sein (in Anlehnung an Ciceros Dictum von der »Geschichte als Lehrmeisterin des Lebens« – *Historia magistra vitae*).

Diese Einführung orientiert sich an der gängigen Epocheneinteilung der Philosophiegeschichte in Antike, Mittelalter, Neuzeit und Aufklärung, 19., 20. Jh. und Gegenwart. Klar ist hierbei, dass sowohl diese Gliederung wie auch die Gewichtung der Epochen auf Traditionen und Konventionen beruhen, die den Qualitäten und Quantitäten der Erkenntnisse der jeweiligen Philosophen und philosophischen Strömungen nicht in jedem Falle Rechnung tragen. In diesem Band wurde deshalb – anders als in den meisten Philosophiegeschichten – der Philosophie des Mittelalters ebensoviel Raum gelassen wie der der Antike. Aber auch der Rekonstruktion der anspruchsvollen, jedoch bis in die Gegenwart prägenden Philosophie des Deutschen Idealismus wurde, damit die Darstellung nicht trivial gerät, im Verhältnis zu anderen Epochen viel Platz eingeräumt.

Disziplinen: Der zweite Weg, das Philosophieren zu erlernen, erfolgt über ihre derzeit wichtigsten Teildisziplinen, deren zentrale **Fragestellungen und Begriffe**. Hier wird besonders deutlich, dass Philosophie nicht nur tradierte, sondern gerade auch aktuelle Problemstellungen hat, und in diesem Sinne zeitgemäß ist. Zu diesen aktuellen Themen gehören z. B. die im Rahmen der Praktischen Philosophie debattierte Problematik der Menschen- und Tierrechte, der ›Generationengerechtigkeit‹ oder die Frage, welchen moralischen Status Embryonen haben; im Bereich der Theoretischen Philosophie die Frage nach der Vereinbarkeit der Überzeugung, der Mensch sei Teil einer von Naturgesetzen beherrschten Welt, mit dem menschlichen Selbstbild als rational und frei handelndem Wesen – Positionen, die u. a. im Streit um neurophysiologischen Determinismus und Willensfreiheit aufeinandertreffen.

Die damit bereits angesprochene **Unterscheidung zwischen Theoretischer und Praktischer Philosophie** geht allerdings bis auf Aristoteles zurück. Dieser unterteilte Philosophie in drei Bereiche: der praktische (von griech. *praxis*: Handlung, Tat) beschäftige sich mit menschlichen Handlungen und der durch diese konstituierten sozialen Welt, der theoretische (von griech. *theoria*; lat. *contemplatio*: Betrachtung) mit dem nicht vom Menschen hervorgebrachten Sein der Natur und dessen Erkenntnis, der technische (von griech. *techne*: Kunstfertigkeit) schließlich umfasse das Wissen von den konkreten herstellenden Tätigkeiten. Den Bereich der Praktischen Philosophie unterteilte Aristoteles sodann nochmals in die eng zusammengehörenden Gebiete der Ethik, Politik und Ökonomik (i. S. der Lehre von der Führung des *oikos*, des Haushalts), den der Theoretischen in Naturphilosophie (Physik), Mathematik und erste Philosophie (Metaphysik). Aristoteles zufolge unterscheiden sich diese Richtungen jedoch nicht nur in ihren Gegenständen, sondern auch in der Genauigkeit ihrer Methoden und ihres Wissens: Während die Methoden und Ergebnisse der theoretischen Disziplinen exakt seien, sei Erkenntnis im Bereich der praktischen Disziplinen nur in groben Umrissen möglich, sind doch die Ansichten, was z. B. ein gutes Leben oder Gerechtigkeit sei, verschieden und wandelbar.

So grob und unvollkommen diese Unterscheidung von Theoretischer und Praktischer Philosophie ist – sind doch die meisten, ja die spannendsten Fragen keinesfalls säuberlich einem Bereich zuzuordnen –, kann sie doch als eine erste Orientierung dienen. So ist es nicht verwunderlich, dass diese Unterteilung bis heute die Struktur philosophischer Institute und die Studienordnungen des Faches prägt. Allerdings gelten als gegenwärtig wichtigste Disziplinen der Theoretischen Philosophie (nach der bereits angesprochenen Auslagerung naturwissenschaftlicher Fragen) v. a. die Sprachphilosophie, die Philosophie des Geistes, die Metaphysik, die Wissenschaftstheorie und die Logik, als die der Praktischen weiterhin die Ethik sowie die Angewandte Ethik, die Politische und die Rechtsphilosophie – ihnen wird im zweiten Teil entsprechend breiter Raum gelassen.

Daneben gibt es zahlreiche Disziplinen, die sich nicht so eindeutig der einen oder anderen Sparte zuordnen lassen, die deshalb im Teil II.C unter »**weitere Disziplinen**« geführt werden. Einige von ihnen werden derzeit mancherorts als eher weniger wichtig angesehen, hatten jedoch in verschiedenen Epochen der Philosophiegeschichte ihre Konjunkturen: So laufen für Kant z. B. alle Fragen einer ›Philosophie in weltbürgerlicher Bedeutung‹ (»Was kann ich wissen?«, »Was darf ich hoffen?«, »Was soll ich tun?«) letztlich auf die zentrale Frage der philosophischen Anthropologie, »Was ist der Mensch?«, hinaus; Ende des 18. sowie in der ersten Hälfte des 19. Jh.s galten Geschichtsphilosophie und Ästhetik als Fundamentaldisziplinen, während seit Mitte des 20. Jh.s aufgrund zunehmender ökologischer Probleme die Technikphilosophie, im Zuge zunehmender Gleichberechtigung der Geschlechter die Geschlechterforschung besonders relevant wurden.

Der Weg, das Philosophieren über diese einzelnen Disziplinen zu lernen, setzt – wie bereits erwähnt – die Auseinandersetzung mit deren aktuellen Fragestellungen sowie Grundbegriffen voraus. Der Vorteil dieses Zugangs gegenüber dem philosophiehistorischen besteht darin, dass die Frage, was Philosophieren ist, an konkreten aktuellen Problemen und Lösungsvorschlägen vor Augen geführt wird.

Beide Wege erfüllen ihren Zweck jedoch nur, wenn mehr als nur antiquarische und theoretisch-systematische Interessen befriedigt werden, wenn also durch und über sie hinausgehend ein anwendbares Wissen, ein Know-how erworben wird, das es den Philosophierenden selbst erlaubt, spannende philosophische Problemstellungen zu formulieren, sie methodisch zu bearbeiten und Lösungen zu finden. Die dazu notwendigen Kompetenzen werden im dritten Teil des Bandes vorgestellt.

Philosophische Kompetenzen: Aufgabe dieses Teils ist es zu zeigen, wie das zuvor angelesene Wissen angewendet werden und wie es zum Erwerb fachspezifischer Kompetenzen beitragen kann, d. h. wie aus einem in theoretischer Auseinandersetzung erworbenen **Wissensvorrat** ein aktiv einsetzbares **Anwendungswissen** werden kann. Zu diesen Kompetenzen, deren Relevanz und Ausrichtung in der Einleitung zu diesem Teil nochmals ausführlich erläutert werden, gehören nicht nur die schon erwähnten Vermögen, sich begrifflich klar auszudrücken und undogmatisch sowie folgerichtig zu argumentieren, sondern auch die Fähigkeiten, komplexe Argumentationsgänge rekonstruieren und bewerten, d. h. in theoretischen wie ethischen Fragen gute Gründe von schlechten bzw. richtige Entscheidungen von falschen unterscheiden zu können. Ebenso wichtig sind die Vermögen, philosophische Positionen tolerant und gleichberechtigt betrachten sowie spezifisch philosophische Methoden, wie z. B. der Konstruktion und Dekonstruktion, der Interpretation und Beschreibung, selbständig und problemorientiert anwenden zu können.

Schließlich wird in diesem Teil III aber auch verdeutlicht, was die spezifische Forschungsarbeit der Philosophierenden ausmacht, wie genau diese aussieht und wie ihre Ergebnisse angemessen präsentiert werden können. Gleichsam selbstreferentiell wird der Band, wenn zum Abschluss dieses Teils gefragt wird, wie sich das Philosophieren angemessen lehren lässt.

Anspruch und Benutzung des Bandes: Der Band ist speziell für das BA-Studium Philosophie konzipiert, d. h. er bietet einen Überblick sowohl über alle relevanten Bereiche dieses Studiengangs als auch über die Kompetenzen, die im Verlauf desselben erworben werden sollten. Zugleich kann er auch zur Rekapitulation der Grundlagen sowie als Nachschlagewerk für ein sich anschließendes Masterstudium dienen.

Dabei gilt auch hier, was für Einführungen allgemein gilt: Kein Überblick ersetzt die Lektüre der Quellen. Im Fall der Philosophie ist diese jedoch meist mühsam und selten ohne eine erste Anleitung zu meistern. Deshalb versucht diese Einführung, grundlegende Orientierungen sowie nützliche Hinweise zum Selbststudium zu bieten. Jeder Artikel ist dabei für sich lesbar und eigentlich auch ohne Fachlexikon verstehbar; zahlreiche Querverweise auf andere Kapitel des Bandes dienen als Verständnishilfen und Ausgangspunkte für die Aneignung eines komplexen Fachwissens. Orientierung in den Kapiteln bieten zudem: Listen mit den **Hauptwerken** der jeweiligen Epochen und Disziplinen, **Definitionen** sowie **Interpretationen** wichtiger Textstellen.

Im Anschluss an jeden Beitrag findet sich ein Literaturverzeichnis, das die im Text erwähnte weiterführende Primär- wie Sekundärliteratur zum Thema enthält. Auf diese Titel wird im Text in der Kurzform (Autor Jahreszahl, Seite) verwiesen.

Die **Primärliteratur** im Anhang hingegen (s. Kap. IV.1.1) versammelt die wichtigsten Werke und Werkausgaben der philosophischen Klassiker. Diese werden im Text in der Kurzform (Autor: Kurztitel/Sigle, Seite/Kapitel oder Paragraph) angegeben (Ausnahmen sind die *Kritik der reinen Vernunft* Immanuel Kants, die in der üblichen Weise nach erster Auflage (A) und zweiter Auflage (B) nachgewiesen wird, sowie die Dialoge Platons, die nach Stephanus-Zählung, und die Werke Aristoteles', die nach Bekker-Zählung nachgewiesen werden). Im Anschluss daran finden sich weitere unverzichtbare **Hilfsmittel für das Philosophiestudium**: Angeführt werden die wichtigsten Nachschlagewerke und Einführungen, grundlegende historische und systematische Darstellungen, Zeitschriften sowie Internetressourcen. Das abschließende Personen- und Sachregister ermöglicht eine problemorientierte Arbeit mit dem Band.

Peggy H. Breitenstein

I. Geschichte der Philosophie

1 Antike

1.1 Einführung
1.2 Frühe griechische Philosophen
1.3 Die sophistische Bewegung und Sokrates
1.4 Die Begründer des antiken Atomismus
1.5 Die Philosophie Platons
1.6 Die Philosophie des Aristoteles
1.7 Die Hauptrichtungen der Philosophie im Hellenismus
1.8 Römische Philosophen
1.9 Der spätantike Neuplatonismus

1.1 | Einführung

Die griechisch-römische antike Philosophie entwickelte sich zwischen dem 6. Jh. v. Chr. und dem 6. Jh. n. Chr. im kulturellen Raum des Mittelmeers (vgl. allgemein Gehrke/Schneider 2010, 2007). Die Griechen haben als erste das Wort ›**Philosophie**‹ geprägt und damit sowohl eine bestimmte intellektuelle Tätigkeit, **eine bestimmte Lehre**, als auch **eine bestimmte Lebensform** bezeichnet. Die frühen Formen und Inhalte des philosophischen Denkens bildeten sich im 6. und 5. Jh. v. Chr. heraus. Damals wirkten erste Philosophen in den griechischen Siedlungsgebieten Ioniens (d. h. an der Westküste Kleinasiens), Siziliens und Unteritaliens. Seit der Mitte des 5. Jh.s v. Chr. wurde auch die Großpolis Athen zu einem bedeutenden Zentrum des philosophischen Lebens.

Die klassische Periode der antiken Philosophie lag zwischen der Mitte des 5. Jh.s v. Chr. und dem ausgehenden 4. Jh. v. Chr. In diesem Zeitraum erlangte das philosophische Denken allmählich den **Charakter eines enzyklopädischen Wissenssystems**. Die Philosophen Demokrit, Platon und Aristoteles gehörten zu den herausragenden Denkern. Die Kosmologie, die Naturphilosophie, die Logik, die Ethik und die Metaphysik wurden zu besonderen Teilgebieten des Philosophierens. Neben die mündlichen traten schriftliche Formen der Äußerung und Darstellung der Philosophie. Es entstanden die ersten philosophischen Denkschulen.

In der Periode des Hellenismus (vom Ausgang des 4. Jh.s v. Chr. bis zum Ende des 1. Jh.s v. Chr.) entstanden neue Schulen und Strömungen. In diesem Zeitraum machten sich auch die Römer mit der griechischen Philosophie bekannt. Das Latein wurde neben dem Griechischen zur Sprache der Philosophen. Es fand eine Schwerpunktverlage-

Zeittafel

750–550 v. Chr.	Große griechische Kolonisation zwischen Schwarzem Meer und westlichem Mittelmeer
6.–5. Jh. v. Chr.	Erste griechische Philosophen in Ionien (an der Westküste Kleinasiens), Unteritalien, Sizilien und in Athen
499–449 v. Chr.	Kriege zwischen Griechen und Persern, im Anschluss daran Aufstieg Athens zur führenden griechischen Polis
450–380 v. Chr.	Bewegung der Sophistik als erste griechische Aufklärungsbewegung
399 v. Chr.	Todesurteil gegen Sokrates in Athen
um 387 v. Chr.	Gründung der Akademie Platons in Athen
spät. 4. – spät. 1. Jh. v. Chr.	Epoche des Hellenismus. Entstehung der epikureischen, der stoischen und der skeptischen Philosophie
155 v. Chr.	Aufenthalt einer Gesandtschaft griechischer Philosophen in Rom
146 v. Chr.	Griechenland wird römische Provinz
30 v. Chr.	Eroberung Ägyptens durch die Römer: Vollendung der römischen Herrschaft über das Mittelmeer
spät. 1. Jh. v. Chr. – 476	Römisches Kaiserreich
176	Einrichtung von Lehrstühlen für aristotelische, epikureische, platonische und stoische Philosophie in Athen durch Kaiser Marc Aurel
2. Jh.	Anfänge einer Öffnung christlicher Literaten für die Philosophie innerhalb der Patristik
3. Jh.	Entstehung der Philosophie des Neuplatonismus
4. Jh.	Aufstieg der christlichen Religion von einer geduldeten zur Staatsreligion des römischen Reiches
476	Untergang des Weströmischen Reiches infolge der Völkerwanderung
529	Schließung der Platonischen Akademie in Athen durch den oströmischen Kaiser Justinian

rung der Inhalte des philosophischen Denkens auf das **Gebiet der Ethik** statt.

In der Zeit des römischen Kaiserreichs (1.–5. Jh. n. Chr.) traten die platonische und die aristotelische Philosophie in den Vordergrund der philosophischen Denkschulen. Im 3. Jh. entstand der **Neuplatonismus** als letzte große neue Form des antiken Philosophierens. Der Neuplatonismus beeinflusste seit dem 4. Jh. zunehmend die junge christliche Theologie. Zugleich wirkte er neben der aristotelischen Philosophie nachhaltig in der mittelalterlichen Philosophie fort.

1.2 | Frühe griechische Philosophen

Die Anfänge des Philosophierens in der griechischen Antike sind personell, zeitlich und räumlich verteilt und nicht punktuell zu erfassen. Wir können sie etwa in der Zeit des 6. und des 5. Jh.s v. Chr. suchen. Geographisch befinden sie sich in Ionien (d. h. an der Westküste Kleinasiens), in Unteritalien, auf Sizilien und in Athen. Dort traten ›Weise‹ auf, d. h. Personen, die dafür bekannt wurden, dass sie eine bestimmte ›Weisheit‹ (griech. *sophia*) vertraten. Darunter können wir sowohl eine **praktische Lebensklugheit**, als auch ein umfassendes **Wissen über die Welt** als ganze, über die Menschen und die Götter verstehen. Diese ›Weisheit‹ diente der Orientierung der Menschen in der Gesellschaft, in der Natur und in ihrem Glauben an die Götter. Sie verarbeitete die Alltagserfahrungen der Menschen, die wissenschaftlichen Beobachtungen der Natur und deutete den Sinn religiöser Mythen. Etwa ab dem 5. Jh. v. Chr. entstand auch ein bestimmtes Bild von der Welt als ganzer: Unter ›**Welt**‹ (griech. *kosmos*: Ordnung, Weltordnung, Welt) wurde von den frühen Philosophen **ein wohlgeordnetes Ganzes** verstanden, das sich aus einheitlichen, universellen Gründen rational erklären lässt.

Die ›Weisheit‹ wurde zunächst nur in mündlicher Form als Spruchweisheit (Aphorismus), Handlungsanweisung oder auch als Gedicht vorgetragen, daneben traten allmählich auch Mitteilungen in Prosaform. Erst mit dem Beginn der klassischen griechischen Philosophie entstanden am Ende des 5. Jh.s v. Chr. erste philosophische Bücher, also schriftlich niedergelegte Texte. Unsere Kenntnis von den Anfängen des Philosophierens im antiken Griechenland beruht nur auf fragmentarisch überlieferten Quellen oder auf Zeugnissen von späteren Autoren. Das **Wort ›Philosophie‹** (griech. *philosophia*: Liebe zur Weisheit) hat seine Vorgeschichte bei den frühen Vertretern der griechischen ›Weisheit‹, wurde aber in einer spezifischen Bedeutung erst seit der klassischen Zeit gebräuchlich. Es kann sowohl eine intellektuelle Tätigkeit, eine bestimmte Lebensform, als auch eine bestimmte Lehre bezeichnen (vgl. auch Long 2001).

Zentrale Fragen der frühen ›Weisen‹ lauten beispielsweise: Worin besteht der Ursprung der Welt? Oder: Woraus entsteht und besteht alles und worin vergeht es auch wieder? – Diese Fragestellung zielt auf die **Bestimmung des ›Prinzips‹** bzw. der *arche* (griech.: Anfang, Herrschaft, bestimmendes Prinzip), d. h. des Ursprungs und des Anfangs der Welt als ganzer. Die Fragestellung war bereits im mythischen Denken der Griechen und der orientalischen Kulturen weit verbreitet. Sie wurde von den griechischen ›Weisen‹ aber auf eine neue Art beantwortet. Einige der Antworten, die die frühen griechischen Philosophen gegeben haben, sind überliefert. Sie bilden die Keimform einer philosophischen Lehre.

1.2.1 | Die *arche* – Lehren der ionischen Philosophen

In den griechischen Stadtstaaten Ioniens lebten und wirkten Thales von Milet (2. Hälfte des 7. Jh.s v. Chr. – 1. Hälfte des 6. Jh.s v. Chr.), Anaximander von Milet (geb. ca. 611/10 v. Chr.), Anaximenes von Milet (zweite Hälfte des 6. Jh.s v. Chr.) und Heraklit von Ephesos (Haupttätigkeitszeit zwischen Ende des 6. Jh.s und Anfang des 5. Jh.s v. Chr.).

Thales: Über ihn wird berichtet, dass er astronomisch tätig war und die Ansicht vertrat, dass ein universelles belebendes Prinzip mit der Bezeichnung ›**Wasser**‹ anzunehmen sei. Darunter darf nicht der Name einer Flüssigkeit (H_2O) verstanden werden. Vielmehr symbolisiert dieser Ausdruck eine Vielfalt dynamischer, lebenserhaltender Funktionen, und auch mythische Bedeutungen sind nicht ausgeschlossen.

Anaximander war auch mit astronomischen Beobachtungen befasst. Er soll das oberste Prinzip völlig abstrakt und ungegenständlich mit dem Wort *apeiron* (griech.: unermesslich, unerreichbar, endlos) bezeichnet haben. Eine klare Definition hat er dafür nicht gegeben. Er vertrat ferner die Auffassung, dass alle Himmelserscheinungen untereinander gesetzmäßig zusammenhängen. Außerdem gab er erstmalig eine rationale Erklärung für das Entstehen von Menschen aus anderen einfacheren Lebewesen.

Anaximenes wird die These zugeschrieben, dass sich alle Dinge und Erscheinungen auf das Prinzip ›**Atem**‹ (griech. *pneuma*: Hauch, Lebenskraft) und ›**Luft**‹ (griech. *aer*) und dessen Verdichtungen und Verdünnungen zurückführen lassen. Damit kann sowohl die Atemluft von Lebewesen, die atmosphärische Luft mit ihren Wetter- und Klimaphänomenen als auch ein kosmisches Bewegungsprinzip bezeichnet werden.

Heraklit sah im *logos* (griech.: Rede, Gespräch; Beziehung, Grund) das leitende universelle Prinzip in der Welt. Er setzte es auch mit dem ›**Feuer**‹ (griech. *pyr*) gleich. Die Welt wurde von ihm als ein sich ständig in Widersprüchen bewegendes Ganzes nach einem einheitlichen gesetzmäßigen Zusammenhang (dem *logos*) verstanden. Eine Schöpfung der Welt durch Götter lehnte er ab. Er sah das Wesen der ›Weisheit‹ darin begründet, sowohl den inneren Weltzusammenhang zu erklären, als auch die Selbsterkenntnis der Menschen zu fördern. Wegen seiner Denkweise, die die Einheit und den Kampf der Gegensätze in der Welt behauptet, gilt er als einer der **Mitbegründer der Dialektik**.

Die ionischen Weisen standen noch unter dem starken Einfluss des mythischen Denkens der Griechen. Sie gaben aber **neue Antworten auf alte Fragen**. Sie verarbeiteten sowohl eigene wissenschaftliche Naturbeobachtungen, das mythische Denken, als auch die Probleme des menschlichen Zusammenlebens. Insofern hatten sie nicht die Absicht, eine spezielle ›Naturphilosophie‹ zu entwickeln. Eine solche einseitige Einordnung ihrer Philosophie greift in anachronistischer Weise späteren Entwicklungen des Philosophierens vor.

1.2.2 | Die ersten Philosophen Unteritaliens

Die ersten Philosophen Unteritaliens vereinigten in ihren überlieferten Gedanken genauso wie die Ionier mythisches und philosophisches Gedankengut.

Pythagoras von Samos (ca. 570 v. Chr. – Beginn des 5. Jh.s v. Chr.) repräsentiert in einer Person den Typus des ›Vielwissers‹, Wundertäters und Erziehers. Nach ihm ist eine ganze Richtung der antiken Philosophie, der **Pythagoreismus**, benannt. Er wurde auf der Insel Samos geboren. Seit der zweiten Hälfte des 6. Jh.s wirkte er in Unteritalien, wo er eine Gemeinschaft Gleichgesinnter gründete. Diese übte noch nach dem Tod des Pythagoras bis zur Mitte des 5. Jh.s maßgeblichen Einfluss auf das politische Leben der griechischen Städte in dieser Region aus. Der Pythagoreismus wirkte als geistige Bewegung noch bis in das 4. Jh. v. Chr. Er wurde im 1. Jh.s v. Chr. in erneuerter Form wiederbelebt. Pythagoras selbst hat keine Schrift verfasst.

Die ›Weisheit‹ des Pythagoras zielte auf ein harmonisches Seelenleben der Menschen. Die sogenannte »pythagoreische Lebensweise« war durch eine strenge Askese sowie Speise- und Verhaltensmaßregeln bestimmt. Die **Lehre von der ›Seelenwanderung‹** ist ein Kernbestandteil dieser ›Weisheit‹. Sie behauptet, dass die Seele unsterblich sei, auch nach dem physischen Tod der Lebewesen in andere Lebewesen übergehe, und dass die Seele schließlich in einem neuen Körper wiedererscheint. Es finde unter göttlicher Regie nach dem Tod ein moralischer Reinigungsprozess statt, der ein erneuertes, glückliches Leben ermögliche.

In späterer Zeit traten insbesondere mathematische Spekulationen in das Zentrum einiger pythagoreischer Lehren. Die ›**Mathematiker**‹ bildeten eine besondere Gruppe von Pythagoreern. Im Zentrum ihrer philosophischen Lehren stand die These, dass die ›Zahl‹ das allgemeine Prinzip aller Zusammenhänge in der Welt sei. Insbesondere die Grundzahlen von 1 bis 4 und deren Verhältnisse (›**Harmonien**‹) untereinander wurden zur Erklärung der Welt eingesetzt. Die Pythagoreer begründeten aber nicht die Mathematik, sondern die Zahlensymbolik. So vertrat der Philosoph **Philolaos von Kroton** (2. Hälfte des 5. Jh.s v. Chr.), der als erster Pythagoreer eine Schrift verfasste, die Ansicht, dass durch konkrete Zahlenverhältnisse bestimmte Anordnungen von realen Dingen, das System der Himmelskörper, bestimmte moralische

Die ›Zahl‹ als das allgemeine Prinzip

Werte, aber auch bestimmte Verhaltensweisen der Menschen symbolisiert werden können. Er war auch der erste Philosoph, der die Erde als einen beweglichen Himmelskörper betrachtete.

Parmenides von Elea (ca. 515 v. Chr. – Mitte des 5. Jh.s v. Chr.): Der Dichter-Philosoph begründete in der unteritalienischen Stadt Elea (heute Velia) eine einflussreiche Richtung des philosophischen Denkens. Seine Anschauung kommt in einem überlieferten allegorischen Lehrgedicht zum Ausdruck. Er lässt dort durch die Fiktion einer mythischen Reise eines Jünglings, der durch eine Göttin gelenkt wird, den Weg zur Erkenntnis und die Erfahrung von Erkenntnis erleben. Diese beruht auf der Einsicht in die Aussage, dass nur **das ›Seiende‹ ist, das ›Nicht-Seiende‹** aber weder sein, noch gedacht werden kann. Das um Erkenntnis bemühte und die Erkenntnis erlangende Denken und das ›Seiende‹ müssen demnach eine unauflösliche Einheit bilden. Diese zentralen Aussagen werden als **Weg aller ›Wahrheit‹** (griech. *aletheia*: Wahrheit, Wirklichkeit, Richtigkeit) bewertet. Dieses positiv bestimmte ›Seiende‹ wird im Gedicht als unentstanden, unvergänglich, vollkommen, einheitlich und unveränderlich beschrieben. Demgegenüber würden die gewöhnlichen Menschen nur ›**Meinungen**‹ (*doxai* von griech. *doxa*: Meinung) von der Wahrheit und Wirklichkeit haben, sie aber nicht wirklich erfassen. Denn durch Differenzieren, Analysieren und Synthetisieren von Wahrnehmungen können sie ›Seiendes‹ und ›Nicht-Seiendes‹ nicht eindeutig auseinander halten und so keine Erkenntnis der Wirklichkeit erlangen.

Parmenides' Vereinheitlichung von ›Denken‹ (wahrer Erkenntnis von Wirklichkeit) und dem ›Sein‹ einerseits, seine Trennung von ›Meinung‹ und wahrer Erkenntnis andererseits begründen die europäische **Metaphysik** als der **Lehre von dem Wesen des Seins**. Die Anhänger seines Denkens werden als ›**Eleaten**‹ bezeichnet.

1.2.3 | Die Philosophie des Anaxagoras

Anaxagoras von Klazomenai (ca. 500–428 v. Chr.) wirkte als einer der ersten Philosophen in der Polis Athen. Er ging von dem wissenschaftlichen Grundsatz aus, dass nichts aus nichts entstehen kann. Er nahm an, dass es eine unendliche Vielfalt von Stoffqualitäten in kleinen Einheiten gibt. Diese seien überall in der Welt anzutreffen, da sie untereinander vermischt seien. Sie wurden später als *homoiomerien* (›Gleichteiler‹) bezeichnet. Daneben ließ er alle Prozesse in der Welt von einer einheitlichen, selbständigen und unbegrenzten Macht beherrscht werden, die er als ›**Geist**‹ (griech. *nous*) bezeichnete. Diese organisierende Kraft war für ihn der Grund für die natürliche Bewegung der Gestirne und das Entstehen von besonderen Strukturen in der Welt. Aber gerade auch in der belebten Natur und der Welt der Menschen sollte diesem ›Geist‹ eine lenkende und organisierende Kraft zukommen. Modern gesprochen, lässt sich dieser ›Geist‹ als das **Prinzip der Selbstorganisation der Materie** verstehen. Zugleich stellt der ›Geist‹ für Anaxagoras auch eine denkende und vorausschauende Macht dar.

Er entwickelte seine Anschauungen auf der Basis empirischer Natur- und Kulturstudien, nicht aber auf der Basis von religiösen Vorstellungen. Die beobachtbaren Erscheinungen verstand Anaxagoras als einen Schlüssel für die rationale Erklärung ihres Wesens. Insofern unterschied er zwischen der sinnlichen Wahrnehmung und dem theoretischen Denken. Konservative Zeitgenossen verdächtigten ihn, ›gottlos‹ zu denken, weil er z. B. die Himmelskörper als glühende Gesteinsmassen, nicht aber als göttliche Wesen begriff. Mit seinen philosophischen Überlegungen und theoretischen Erklärungen der Naturphänomene entstand ab der Mitte des 5. Jh.s v. Chr. in Athen eine eigenständige **Naturphilosophie** mit einer wissenschaftlichen Zielstellung. Die Naturforschung erklärte er zum Selbstzweck des Lebens. Sie trat als eine Alternative zum mythischen und magischen Denken seiner Zeit auf.

> **Definition**
>
> → ›**Vorsokratiker**‹ wird als Sammelbezeichnung für alle griechischen Philosophen verwendet, die vor der Phase der griechischen Philosophie lebten und wirkten, die mit Sokrates (ca. 469 v. Chr.–399 v. Chr.) einsetzt.

Von den philosophischen Lehren der ›vorsokratischen‹ Philosophen haben wir nur durch fragmentarische Überlieferungen oder Zeugnisse späterer Philosophen eine Kenntnis. Eine genaue Datierung von Schriften ist nicht möglich (Fragmente und Testimonien der frühen griechischen Philosophie finden sich z. B. in *Die Vorsokratiker* und *Die vorsokratischen Philosophen*).

1.3 | Die sophistische Bewegung und Sokrates

In der Zeit zwischen 450 v. Chr. und 380 v. Chr. wirkte in den griechischen Stadtstaaten, vor allem in Athen, eine neue geistige Bewegung mit großem Einfluss. Sie wird als ›**Sophistik**‹ bezeichnet.

> **Definition**
>
> Die Bezeichnung → ›Sophistik‹ leitet sich von den Trägern dieser Bewegung, den ›Weisheitslehrern‹ (›Sophisten‹, von griech. *sophistes*: Lehrer der Weisheit), ab. Sie traten als umherziehende Lehrer auf, die ihren Zuhörern ein umfassendes Wissen über alle Bereiche des praktischen Lebens vermitteln wollten und sich dafür bezahlen ließen. Dieses Anliegen verbanden sie mit einer kritischen Haltung gegenüber den traditionellen moralischen, religiösen und philosophischen Überzeugungen ihrer gebildeten Mitmenschen.

Sophisten waren als Redner, Pädagogen und Politikberater tätig. Sie entdeckten die Rolle des Menschen als des Schöpfers der Kultur, als eines sozialen Wesens und als eines Produzenten von Wissen (vgl. Rapp/Wagner 2006). Eine große Bedeutung hatte die Technik der Argumentation, mit der sie ihre Ansichten vortrugen. Diese **dialektische Technik** begründete die Relativität aller gebräuchlichen Aussagen, Prinzipien und Begriffe. Sie wurde auch als ›Kunst des Widerspruchs‹ bezeichnet.

Protagoras von Abdera (ca. 485 v. Chr. – ca. 415 v. Chr.) ist einer der Begründer der Sophistik. Mit seinem Namen ist ein berühmter philosophischer Leitsatz (›**Homo-Mensura-Satz**‹) verbunden. Er lautet: »Der Mensch ist das Maß aller Dinge, der seienden, insofern sie sind, der nicht seienden, insofern sie nicht sind.« – Dieser Leitsatz drückt den Grundsatz der **Relativität aller Wahrheitsbehauptungen** aus: Nur in Bezug auf bestimmte Menschen, nicht aber unabhängig von ihnen oder absolut, kann über die Gültigkeit von Behauptungen entschieden werden. Dieser Leitsatz richtet sich auch gegen die Lehre der Eleaten, dass es eine unmittelbare Einheit von Denken und Sein gäbe. Protagoras hielt den Meinungsstreit für eine unbedingte Normalität. Denn er vertrat die These, dass es zu einer jeden Sache bzw. in einer jeden Angelegenheit zwei einander entgegengesetzte gleichberechtigte Auffassungen geben könne.

Gorgias von Leontinoi (um 490/485 v. Chr. – nach 396 v. Chr.), ein anderer bedeutender Vertreter der Gründergeneration der Sophistik, übte ebenfalls eine grundsätzliche Kritik an der Philosophie der Eleaten. In seiner Schrift *Über das Nicht-Seiende* argumentierte er **gegen die Annahme von absoluten Wahrheitskriterien**. Er benutzte eine logische Beweisführung, um die Metaphysik als Lehre vom reinen Sein zu widerlegen. Lediglich die **Rhetorik** als die Kunst der überzeugenden Rede ließ er noch gelten, um anderen Menschen Einsichten zu vermitteln, die für das praktische Handeln nützlich sein konnten. Dabei ging es ihm nicht mehr um letzte und höchste Wahrheiten, sondern um die passenden Meinungen. Diese sollten für den ›rechten Augenblick‹ (griech. *kairos*: rechte Zeit, günstige Gelegenheit) das Richtige zu tun oder zu lassen ermöglichen.

Sokrates aus Athen (ca. 469 v. Chr. – 399 v. Chr.), einer der berühmtesten Philosophen der Antike, betrieb ebenfalls die Rhetorik und die Dialektik mit dem Ziel, Orientierungen für das praktische Handeln seiner Mitmenschen zu gewinnen. Er lebte in einer Zeit der tiefen Krise der Athener Polis-Gesellschaft (vgl. Ottmann 2001a). Von einem anfänglichen Interesse für die Naturphilosophie geleitet, beeinflusst von den Sophisten, verlegte er später sein philosophisches Interesse auf die ethischen Fragen. Im letzten Drittel des 5. Jh.s v. Chr. wurde er in seiner Heimatstadt Athen zu einer bekannten Persönlichkeit. Allerdings sind wir nur durch die Berichte einiger jüngerer Zeitgenossen (z. B. von Platon und Xenophon) oder späterer Schriftsteller über diese faszinierende Persönlichkeit informiert. Er selbst hat keine eigenen Schriften verfasst. Sokrates hat diesen historischen Zeugen zufolge die Philosophie als eine **Methode des kritischen Fragens und Antwortens** verstanden und diese als ›Mäeutik‹ (griech.: Hebammenkunst) bezeichnet, wobei der Fragende die Funktion der ›Hebamme‹ ausübe. Im Mittelpunkt der sokratischen Gesprächsführung standen die Fragen des moralischen und politischen Handelns der Menschen.

Der sogenannte ›**Sokratische Dialog**‹ ist eine Technik der Prüfung von Behauptungen. An dessen Anfang steht zumeist eine Frage des Typus »Was ist X?«. Für die Variable X stehen konkrete ethische Ausdrücke. Diese auch als ›**Elenktik**‹

Ziel des sokratischen Dialogs

(griech. *elenchos*: Widerlegung, Prüfung) bezeichnete Technik verfolgte in ihrer sokratischen Ausführung ein doppeltes Ziel:
- die kritische Prüfung und/oder Widerlegung von Behauptungssätzen und
- die Erzeugung einer begründeten Antwort auf die Eingangsfrage mittels einer Begriffsdefinition.

Mittels einer solchen Technik der Gesprächsführung überwand Sokrates den Relativismus der Sophisten. Im Zentrum dieser Technik standen ethische Wertbegriffe, die den Inhalt der ›**Tüchtigkeit/Tugend**‹ (griech. *arete*: Tüchtigkeit, Tugend) bestimmten. Denn Sokrates vertrat die Ansicht, dass das Wissen und die Tugend sowie das Glück der Menschen untereinander eine unauflösbare Einheit bilden. Alle Menschen strebten danach, das ›Gute‹ zu tun, meinte Sokrates. Sie würden nämlich nicht das ›Schlechte‹ wollen, es sei denn, sie verwechselten es mit dem ›Guten‹.

Wer das ›Gute‹ wisse, tue es dann auch notwendig. Darum mussten die sittlichen Werte auch klar begründet werden, um wirklich besonnen, gerecht und weise handeln zu können. Andererseits mussten die falschen Auffassungen dazu klar widerlegt werden. Nicht durch eine dogmatische Belehrung, sondern durch das **Begreifen eigener Irrtümer oder Missverständnisse** ließ Sokrates seine Gesprächspartner selbst zur Einsicht gelangen.

Sokrates konnte selbst nicht mehr den Erfolg seines aufklärerischen Wirkens genießen. Er wurde in seiner Vaterstadt angeklagt, die Götter zu leugnen, neue Götter erfunden und die Jugend verführt zu haben. Er wurde zum Tode verurteilt. Die sokratische Weisheit wurde ein Opfer von politischen Machtinteressen. Diesen wollte sich der Philosoph nicht beugen. Sein Leben und auch sein Tod wurden später zu einem Symbol unbeirrter Liebe zur Weisheit, d. h. also von echter Philosophie.

1.4 | Die Begründer des antiken Atomismus

Die Philosophen **Leukipp von Milet** (Hauptwirkungszeit 440–435 v. Chr.) und **Demokrit von Abdera** (ca. 460–371 v. Chr.) waren die Begründer des antiken Atomismus. Diese Philosophie stellt die erste **materialistische Philosophie** in Europa dar. In ihrem Zentrum stehen die Atom-Hypothese und deren Anwendung auf die natürliche Wirklichkeit sowie den Prozess des menschlichen Erkennens. Außerdem umfassen die nur fragmentarisch überlieferten Lehren der Begründer des Atomismus u. a. die Sachgebiete der Ethik, der Mathematik, der Musik und der Technik (Fragmente der griechischen Atomistik finden sich z. B. in *Griechische Atomisten* und *Demokrit: Fragmente zur Ethik*).

1.4.1 | Der Kerngehalt der philosophischen Lehren

1. Die Atom-Hypothese: Die ›**Atome**‹ (griech. *atomon*: Unteilbares) sind die ersten, ursprünglichen, unteilbaren und unzerstörbaren Grundbestandteile aller Dinge. Diese Grundbestandteile unterscheiden sich untereinander hinsichtlich ihrer Größe, ihrer Gestalt und ihrer jeweiligen Position im Raum. Alle ›Atome‹ haben ein eigenes ursprüngliches Vermögen zur Bewegung. Zwischen den ›Atomen‹ befindet sich **das ›Leere‹**, also der Zwischenraum. Die gesamte Wirklichkeit lässt sich in ihren Strukturen und Prozessen vollständig durch die unterschiedlichen Bewegungsarten, die Verbindungen oder Auflösungen von Atomverbänden im ›Leeren‹ erklären.

2. Die Kosmologie: Es gibt nicht nur eine einzige Welt, sondern eine unbegrenzte **Vielzahl von Welten**. Diese sind jeweils aus Atomverbänden und den Zwischenräumen aufgebaut. Sie entstehen und vergehen aufgrund bestimmter Bewegungen und gegenseitiger Kollisionen von Atomen. Die Grundform dieser Bewegungen ist der Wirbel. In einigen Welten gibt es Lebewesen, in anderen aber nicht. Das Entstehen von Tieren und Pflanzen ist ursächlich auf besondere Arten von ›Atomen‹ zurückzuführen.

3. Die Erkenntnistheorie: Die sinnliche Wahrnehmung und das vernünftige Denken sind die Hauptquellen unseres Wissens. Zwischen den Erscheinungen und dem Wesen der Dinge ist zu unterscheiden. Durch die sinnliche Wahrnehmung werden den Dingen äußere Eigenschaften (sinnliche Qualitäten) zugesprochen, die sie nicht primär, sondern nur aufgrund von subjektiver ›**Meinung**‹ besitzen. Erst das vernünftige Denken könne die primären, rein quantitativen Merkmale der Atome erkennen. Den objektiven Grund für die Erkenntnis der Wirklichkeit bilden bestimmte Partikel, die *eidola* (griech. *eidolon*: Bildchen), die von den Gegenständen in die ›Poren‹, d.h. die Wahrnehmungskanäle, eindringen. Dadurch entstehen in uns bestimmte **Abbilder**. Den Unterschied zwischen dem Wahrnehmen und dem Denken haben die Atomisten nicht erklärt.

4. Die Ethik: Die Grundlage eines guten Lebens sei das Gleichgewicht der Seele, die aus besonderen ›Atomen‹ besteht, die über den gesamten Körper verteilt sind. So ist ein glückliches Leben der Menschen möglich. Durch ein maßvolles Leben, die Kontrolle der eigenen Begierden, die Vermeidung von extremen Ansprüchen und Verhaltensweisen ergibt sich der Zustand der ›**heiteren Gelassenheit**‹ oder ›**Wohlgemutheit**‹ (griech. *euthymia*). Dies gilt auch im sozialen Kontext. Denn auch hier sind Maß und Harmonie die Grundlagen des Glücks. Hingegen zerstören Neid, Ehrgeiz und Feindseligkeit den sozialen Zusammenhalt und das Glück der Menschen. Ein geistiges Vermögen zur kritischen Selbstbeurteilung (›das Schämen vor sich selbst‹) soll die Menschen zum moralisch richtigen Handeln befähigen. Die Philosophie wird von Demokrit erstmalig auch als eine **Kunst der Heilung der Seele** von den falschen Leidenschaften verstanden (Seelentherapie).

1.5 | Die Philosophie Platons

Platon (ca. 428/27 – ca. 348/47 v.Chr.), der Athener Philosoph, wurde zu einem Klassiker der griechischen Philosophie in der Antike und weit darüber hinaus. Seine Ideen beeinflussten maßgeblich die Entwicklung des Denkens seit über 2000 Jahren (vgl. umfassend Horn u.a. 2009). Er legte seine Überlegungen vor allem in kunstvollen Dialogen dar. Diese umfassen thematisch sowohl ethische und sozialtheoretische, als auch erkenntnistheoretische, naturphilosophische und metaphysische Probleme. Sie sind dichterische Kompositionen. Die stilisierte **Figur des Sokrates** tritt in ihnen posthum in der Rolle eines klug Fragenden und Antwortenden auf, der die Hauptinhalte und die Hauptmethoden des Philosophierens erzählend oder diskutierend vermittelt. Das Philosophieren habe seinen Ursprung und seinen **Anfang im ›Staunen‹** (griech. *thaumazein*), lässt Platon den Sokrates in seinem Dialog *Theaitetos* sagen. Dieses Wort bedeutet sowohl ein ›Sich-Verwundern‹ und ›Erstaunen‹, als auch das ›Wissen-Wollen‹. Durch ein wiederholtes und fortgesetztes Befragen von Personen und Beantworten von Fragen (d.h. die sog. ›Hebammenkunst‹ des Sokrates) soll aus einem Staunenden schließlich ein Wissender gemacht werden. Dies kann in den Dialogen entweder zu dem Ergebnis führen, das eigene Nicht-Wissen zu wissen, oder aber zu einer abschließenden positiven Erkenntnis letzter Wahrheiten zu gelangen.

Die Kunst, die diese Vorgänge lehrbar und erlernbar macht, ist die Dialektik. Die Dialektik stellt sich für Platon dadurch als der Schlussstein des gesamten Wissensgebäudes überhaupt dar, wie es im Dialog *Politeia* heißt. Mit diesen Klarstellungen über die Dialektik und das Philosophieren überwand Platon die Sophistik. Platon gab damit auch

Sokrates und Platon (Detail aus dem *Hortus deliciarum* von Herrad von Landsberg, 2. Hälfte des 12. Jh.s)

erstmalig eine umfassende **theoretische und methodische Erklärung von Dialektik**. Sein philosophisches Anliegen bestand darin, die kritische Reflexion von Überzeugungen, Denk- und Handlungsweisen der Menschen mit der Begründung eines umfassenden Wissens und der Orientierung für ein gelingendes Leben zu verknüpfen. Sowohl das mythische, als auch das einzelwissenschaftliche Denken (vor allem das mathematische) nutzte er zu dem genannten Zweck. Die Philosophie sorge sich ihrem Ziel und Zweck nach um die ›Gesundheit der Seele‹, indem sie die Seele zur universellen intellektuellen und moralischen Bildung anregt und vor Gefahren warnt. Das Hauptmittel der Therapie sollen die vernünftigen Unterredungen darstellen. Im Ergebnis sei dadurch eine ›**Verähnlichung mit Gott**‹ möglich. In der um 387 v. Chr. von Platon in Athen gegründeten **Akademie** wurde dieses Anliegen zur gemeinschaftlichen Praxis. Die Akademie war die erste philosophische Denkschule Griechenlands von längerer Dauer.

1.5.1 | Zu den Kerngehalten der Philosophie Platons

1.5.1.1 | Die Lehre von der Seele

Die ›Seele‹ (griech. *psyche*) – vor allem das der Seele angehörende Vermögen zum vernünftigen Denken – gehört zu den zentralen Begriffen der platonischen Philosophie. Sowohl den einzelnen Menschen mit seinen psychischen Bestrebungen und Handlungen, die Vorgänge des menschlichen Denkens und Erkennens, die sozialen und politischen Verhältnisse in der griechischen Polis, als auch den inneren Zusammenhalt der Welt als ganzer erklärte er mittels dieses Begriffs und dessen Spezifizierungen.

Eine der zentralen Lehren Platons ist die Lehre von der ›**Unsterblichkeit der Seele**‹. Er liefert für diese These, die er von den Pythagoreern übernahm, einige entscheidende Begründungen. Darin erscheint die Seele als ein Speicher- und Reproduktionsmedium von ursprünglichen Wissensinhalten. Diese Inhalte sollten weder vor dem Tod, noch nach dem Tod der Menschen entstanden oder vergangen sein, sondern schon immer vorhanden gewesen sein. Aus diesem Grund kann das Lernen und Erkennen der Menschen von ihm als ein ›**Wiedererinnern**‹ erklärt werden: In der Suche nach begrifflichen Bestimmungen von Dingen und Erscheinungen braucht die Seele also nur auf das in ihr von vornherein Gegebene und Unveränderliche zurückkommen, d. h. ›sich wiedererinnern‹, nicht aber alles erst neu erfahren.

Der Seele schreibt Platon darüber hinaus die Eigenschaft zu, das Prinzip der Lebendigkeit und das Prinzip der Selbstbewegung zu sein. Daraus erklärt er den unaufhörlichen Kreislauf von Leben und Tod, in dem die Seele ›unsterblich‹ sei; außerdem würde die ganze Welt ohne die Eigenschaft unaufhörlicher Selbstbewegung der Seele nur stillstehen. Das aber sei auszuschließen.

Demgegenüber bringt Platon die Fremdbewegung, das ständige Werden und Vergehen in der Welt wesentlich mit dem Körperlichen in Verbindung. Der physische Leib, das physische Leben und Erleben werden von ihm als Hindernisse für das Erreichen von Wissen und Weisheit gesehen. Dementsprechend schreibt er der Philosophie die Aufgabe zu, die Seele und das vernünftige Denkvermögen von allen leiblich-sinnlichen Bindungen zu befreien und über diese die Herrschaft anzutreten. Erst dann sei echte Weisheit und Wahrheitserkenntnis möglich. Durch das begriffliche Denken, durch die Analyse von Sinnesdaten und die Synthese von Einzelerkenntnissen vollzieht die Philosophie schließlich jenseits von sinnlicher Anschauung und bildlichen Vorstellungen den **Aufstieg zur intellektuellen Anschauung** (›Schau‹) des ›wahrhaft Seienden‹.

Platon sah im Philosophieren auch eine Betätigung, die Glück und Vergnügen bringt. Dies betraf sowohl das persönliche Leben der Philosophen, als auch das Leben in der Polis-Gemeinschaft. Allerdings ließ Platon nur einer exklusiven Minderheit die Chance zu dieser **höchsten Form des Glücks und des Vergnügens**. Eine Gemeinschaft von Menschen, in der es Glück, Gerechtigkeit, Harmonie und Stabilität für alle gibt, erschien ihm durchaus aber auch möglich. Dieses Ziel wäre aber nur durch die Herrschaft von »**Philosophenkönigen**« zu erreichen. In seiner Schrift *Politeia* begründete er diese Ansicht. Dieser Dialog stellt die **erste philosophisch begründete Sozialutopie** der Geschichte dar (vgl. Ottmann 2001b). Die soziale und politische Stellung der Menschen zueinander und die Verschiedenheit der politischen Verfassungen leitete er auch aus der inneren Verfassung der Seelenteile der Menschen (›begehrende‹, ›eifernde‹ und ›vernünftige Seele‹) ab. Die positiven intellektuellen und moralischen Eigenschaften der »Philosophenkönige« sollten sowohl durch die seelischen Veranlagungen, als auch durch lange Übung und Erziehung von Männern und Frauen erreichbar sein. Der hohe Stellenwert von lebenslanger Bildung gab dieser Utopie eine besondere praktische, pädagogische Note. Für Platon gehören das theoretische Denken in der Form der Dialektik und die politisch-soziale Praxis beim Philosophieren grundsätzlich und direkt zusammen. Aus der Störung dieses Miteinanders leitete er die kulturelle und politische Krise der Gesellschaft seiner Zeit ab.

1.5.1.2 | Das Konzept von den »Ideen«

Unter ›**Ideen**‹ (griech. *idea, eidos*) verstand Platon die höchsten, letzten und unwandelbaren Einheiten, die alles Sein, Erkennen und alles Handeln in letzter Instanz bestimmen. Die sinnlich wahrnehmbaren Gegenstände der uns umgebenden Welt seien lediglich ›**Teilhaber**‹ an den ›Ideen‹ (Lehre von der ›Teilhabe‹, griech. *methexis*, des vielen Einzelnen an dem einheitlichen Allgemeinen, d. h. der ›Idee‹).

Die Haupteigenschaften der ›Ideen‹ als objektiven, außerhalb unseres Denkens existierenden urtypischen Musterformen aller sinnlichen Gegenstände sind folgende:

- die **Intelligibilität** (d. h. die Erkennbarkeit ausschließlich durch die Vernunft),
- die **Unkörperlichkeit** (d. h. die Nicht-Erfassbarkeit durch die sinnliche Wahrnehmung),
- das Sein im vollsten Sinn als das »**wahre Sein**«,
- die **Unveränderlichkeit**,
- das objektive und unabhängige Sein,
- die **Singularität** (eine jede ›Idee‹ gibt es nur ein einziges Mal).

Platon kannte u. a. die ›Idee des Guten‹ als oberste ›Idee‹; ferner die ›Idee des Schönen‹, die ›Idee des Gerechten‹, die ›Idee des Bettes‹ usw. An diesen ›Ideen‹ muss unser Denken und Handeln sich orientieren, wenn wir das Bleibende und Wesentliche in allen Dingen und Erscheinungen eines bestimmten Bereiches erfassen oder unser Handeln erfolgreich machen wollen.

Platons Konzept von den ›Ideen‹ wandelte sich im Verlauf seines literarischen Schaffens. Von der ursprünglichen Annahme von den ›Ideen‹ als voneinander isolierten absoluten Einheiten ging er in seinem Spätwerk zur **Vorstellung eines Netzwerkes von ›Ideen‹** über. Zu diesem gehören die folgenden ›Ideen‹, die von Platon auch als die »größten Gattungen« bezeichnet wurden: die ›Ideen‹ des Seins, der Ruhe, der Bewegung, der Dieselbigkeit, des Andersseins und der vernünftigen Rede (vgl. *Sophistes*). Platon setzte den Kern des Philosophierens und der Dialektik mit der Fähigkeit gleich, die Wechselbezüge dieser ›Ideen‹ vernünftig erklären zu können.

Mit dem Konzept von den ›Ideen‹ und mit der Lehre von der ›Unsterblichkeit der Seele‹ schuf Platon die Grundlagen eines **objektiven philosophischen Idealismus**. Mit deren Hilfe erklärte er die Grundlagen alles Seins, Erkennens und Handelns aus ursprünglichen immateriellen Wesenheiten bzw. der auf sie gerichteten Denktätigkeit. Zugleich versetzte er die materielle Welt in den Status eines untergeordneten und abhängig Seienden bzw. wertete alles Körperliche gegenüber dem Geistigen ab.

Platons Dialoge

Die genannten Dialoge Platons sind wahrscheinlich zwischen den Jahren 399 v. Chr. und 347 v. Chr. entstanden, eine genaue Datierung ist nicht möglich.

Frühe Dialoge:	*Gorgias, Laches, Kratylos, Euthydemos, Protagoras*
Mittlere Dialoge:	*Phaidon, Politeia, Phaidros, Parmenides, Symposion, Theaitetos*
Späte Dialoge:	*Nomoi, Sophistes, Politikos, Philebos, Kritias, Timaios*

1.5.2 | Rezeption

Platons originale philosophische Schriften bildeten kein in sich geschlossenes System von Lehren. Dennoch haben sie bereits unmittelbar nach seinem Tod bis in unsere Gegenwart eine beträchtliche Wirkung gehabt. Ein Platonismus im Sinne eines Systems von bestimmten, spezifischen Lehren, die direkt mit der Person und dem Werk Platons in Verbindung gebracht wurden, hat sich erstmals zwischen 70 v. Chr. und 250 n. Chr. herausgebildet. Mehrere Autoren ordneten und systematisierten damals das philosophische Denken Platons auf den Feldern der Ethik, Logik, der Naturphilosophie und der Theologie. Damit sollte ein verbindlicher Lehrkanon geschaffen werden. Diese Periode der Wirkungsgeschichte von Platons Philosophie wird oftmals auch als ›Mittelplatonismus‹ bezeichnet. Daran schloss sich zeitlich unmittelbar der **Neuplatonismus** an. Die Vertreter und Anhänger dieser Denkströmung verarbeiteten das platonische Erbe umfassend und ergänzten es durch neue Theorien. Im Rahmen der Literatur der antiken Kirchenväter, der ›**Patristiker**‹, wurden seit dem 2. Jh. mit ansteigender Intensität bestimmte philosophische Begriffe und Lehren aus der platonischen Tradition verarbeitet. Diese Tendenz setzte sich in der mittelalterlichen Philosophie und Theologie von Christen, Juden und Muslimen in unterschiedlicher Intensität fort (s. Kap. I.2). Die Problematik der außerhalb unseres Denkens existierenden Ideen führte auch zum Universalienstreit (s. Kap. I.2.6).

1.6 | Die Philosophie des Aristoteles

Aristoteles (384–322 v. Chr.) ist der einflussreichste Philosoph der griechischen Antike, wenn man die Wirkung seiner Schriften und Gedanken auf das philosophische Denken in den letzten 2000 Jahren mit der Wirkung anderer Philosophen der Antike vergleicht (vgl. grundlegend Rapp/Corcilius 2011). Nach ihren inhaltlichen Schwerpunkten lassen sich seine Schriften in folgende Untergruppen aufteilen:

- Logische und erkenntnistheoretische Schriften
- Naturphilosophische Schriften
- Ethische und sozialphilosophische Schriften
- Metaphysik (»Erste Philosophie«)

Was bedeutete Philosophie für Aristoteles? Die Philosophie war für ihn die umfassende »Aneignung und Anwendung von Weisheit«, wie er in seinem *Protreptikos*, einer ›Werbeschrift‹ für die Philosophie, äußerte. Die Philosophie soll sich sowohl mit den obersten Prinzipien und Gründen aller bestehenden, entstehenden und vergehenden Dinge in der Welt, mit der besonderen Art der menschlichen Existenz und den Handlungsweisen der Menschen als auch mit den Grundlagen menschlichen Wissens und Erkennens befassen. In ihrer vollendeten Gestalt sollte sie schließlich eine Form des glückbringenden aktiven Lebens in völliger Freiheit und Unabhängigkeit darstellen. Und durch ein kritisches Verfahren der Problemstellung, -behandlung und -lösung aller theoretischen und praktischen Fragen hat er sie auch als ein **Mittel der geistigen Auseinandersetzung** eingesetzt. Aristoteles formte sein Philosophieren durch das kritische Lösen von Problemen, nicht aber durch die Erzeugung eines geschlossenen Systems. Er übte eine grundsätzliche Kritik an dem Konzept von den ›Ideen‹ seines Lehrers Platon.

Als **Wissensform** existiert die Philosophie bei Aristoteles **in drei grundlegenden Arten**:

- als ›**theoretische Wissenschaft**‹ zählen zu ihr die Metaphysik (»Erste Philosophie«), Naturphilosophie und Mathematik,
- als ›**praktische Wissenschaft**‹ fallen darunter seine Ethik, seine Politiktheorie und Sozialllehre sowie die Wirtschaftslehre,
- als ›**hervorbringende Wissenschaft**‹ zählen seine Schriften *Rhetorik* und *Poetik*.

1.6.1 | Zu den Kerngehalten der Philosophie des Aristoteles

1.6.1.1 | Die Metaphysik (»Erste Philosophie«)

Aristoteles gebrauchte für seine Fundamentalphilosophie die Bezeichnung »Erste Philosophie«. Die Herausgeber seiner Schriften haben bestimmte Abhandlungen mit diesem Inhalt bereits in der Antike unter der Bezeichnung ›Metaphysik‹ zusammengefasst. So heißt darum bis heute auch eines seiner großen Werke. Aber auch eine philosophische Disziplin wird bis heute mit diesem Namen bezeichnet (s. Kap. II.A.1).

Die **Hauptinhalte** dieser »Ersten Philosophie« sind (1) das Problem und die Lehre von den **Prinzipien**, (2) das Problem und die Lehre von dem **Sein** als solchem (Ontologie) und (3) das Problem und die Lehre von dem **Göttlichen** (Theologik).

1. Unter ›Prinzip‹ (griech. *arche*) versteht Aristoteles »ein Erstes, aus dem eine Sache entweder besteht, entsteht oder erkannt wird« (*Metaphysik*, Δ.1). Darunter zählen entweder Ursache, Natur, Element, Substanz, Zweckbestimmung (das ›Weswegen‹), Überlegung oder Entschluss; vor allem aber »das Gute« und »das Schöne«. Damit stellen die genannten »Prinzipien« entweder **oberste Daseinsgründe**, **Erkenntnisgründe** oder **Handlungsgründe** dar. Das »Gute« ist bei Aristoteles der Inbegriff von Ordnung, Abgegrenztheit und Harmonie in der Welt. Es ist nach Aristoteles das oberste aller genannten Prinzipien im Sinn von Daseinsgründen. Außerdem gibt es das Prinzip vom ausgeschlossenen logischen Widerspruch, das die Grundlage für jede Erkenntnis darstellt.

2. Die ›Substanz‹ (griech. *ousia*) bildet für Aristoteles die Grundlage alles Seienden. Darunter versteht er ein bestimmtes Etwas, das selbständig und unabhängig von anderem existiert. Diese Bestimmung wird in erster Linie von der unveränderlichen ›**Form**‹ (griech. *eidos*) der Dinge erfüllt, d. h. deren innerer Wesensbestimmung, in zweiter Hinsicht auch von den Komplexen aus ›Form‹ und ›**Stoff**‹ (griech. *hyle*), d. h. den konkreten Einzeldingen, und in dritter Hinsicht von dem ›Stoff‹, d. h. dem Strukturelement aller sinnlich wahrnehmbaren Gegenstände. Mit den sinnlich wahrnehmbaren Substanzen befasst sich die Naturwissenschaft/Naturphilosophie, mit der sinnlich nicht wahrnehmbaren, unstofflichen, unveränderlichen und ewigen Substanz die ›Theologik‹. Die Lehre vom Sein ist bei Aristoteles eine universelle, pluralistische Theorie.

3. Unter ›Gott‹ oder dem ›Göttlichen‹ versteht Aristoteles ein ewiges, unstoffliches, selbst unbewegliches, lebendiges, denkendes Wesen. Es ist nicht der Schöpfer der Welt. Es fungiert als »unbewegter Beweger« des Kosmos als ganzem, indem es als »erstes Gedachtes« und »erstes Erstrebtes« die oberste Instanz von Harmonie und Ordnung in der Welt ist. In dieser Funktion ist es eine besondere ›Substanz‹, also ein Seinsprinzip.

1.6.1.2 | Die Naturphilosophie (»Physik«)

Die Naturphilosophie des Aristoteles ist ein Komplex aus Prinzipien, Lehren und speziellen Untersuchungen. Unter ›Natur‹ (griech. *physis*) versteht er das **Wesen der Dinge**, die den Ursprung der Bewegung in sich selbst haben. Alle natürlichen Dinge sind an bestimmte Materien (Stoffe) gebunden. Alle natürlichen Vorgänge lassen sich durch die Angabe von vier Arten von ›**Ursachen**‹ (griech. *aition*; lat. *causa*) genauso wie technische Vorgänge hinreichend erklären:

1. das **stoffliche Substrat** als Voraussetzung und Träger von Bewegung (lat.: *causa materialis*),
2. die bewirkende, auslösende **Kraft von Bewegung** (lat. *causa efficiens*),
3. die charakteristische **Grundbeschaffenheit** der an den Prozessen beteiligten Dinge (lat. *causa formalis*),
4. die **zweckhafte Anordnung** in einem Ganzen (lat. *causa finalis*).

1.6.1.3 | Die Ethik

Aristoteles versteht die Ethik als eine Wissenschaft vom menschlichen Leben und als eine Lebenskunst. Sie ist mit der Staatskunst (Politik) verwandt. Beider Gegenstand und Ziel sind **das gute Leben und Handeln der Menschen** im Kontext der griechischen Polis (vgl. auch Ottmann 2001b).

Lehre von der rechten Mitte: Die Moral und die Sittlichkeit der Menschen sind für ihn keine angeborenen, naturgegebenen Ausstattungen der Menschen. Er lässt sie sowohl aus charakterlichen Veranlagungen als auch dem zur eigenen ›**Gewohnheit**‹ (griech. *ethos*) gewordenen Handeln und insbesondere aus der ›**Klugheit**‹ (griech. *phronesis*), d. h. einem praktischen Urteils- und Entscheidungsvermögen der Menschen, entstehen. Sittlich-wertvoll werden die Menschen im Verlauf ihres aktiven Lebens dadurch, dass sie ein harmonisches Zusammenwirken von strebendem Verlangen und der ›Klugheit‹ im praktischen Handeln verwirklichen. Dadurch realisieren sie eine bestimmte sittliche ›**Tüchtigkeit**‹ bzw. ›**Tugend**‹ (griech. *arete*). Diese ›Tüchtigkeit‹ oder ›Tugend‹ ist immer eine »rechte Mitte für uns Menschen«: Sie steht in der Mitte zwischen zwei falschen extremen Verhaltensweisen (dem Übermaß und dem Untermaß einer Handlungsweise).

So lassen sich die meisten ›Tugenden‹ begrifflich dadurch näher bestimmen, dass sie ihren beiden Extremen gegenübergestellt werden:

Feigheit	↔	Tapferkeit	↔	Tollkühnheit
Knauserei (Geiz)	↔	Großzügigkeit	↔	Verschwendungssucht
Unterwürfigkeit	↔	Würde	↔	Selbstgefälligkeit
Schmeichelei	↔	Freundschaftlichkeit	↔	Streitsucht

Beispiele für Tugenden und ihre jeweiligen Extreme

Das höchste Gut: Das gute Leben und das gute Handeln der Menschen als Hauptziele finden laut Aristoteles in dem höchsten Strebensziel (griech. *telos*) aller Menschen ihre Vollendung, d. h. im ›**Glück**‹ (griech. *eudaimonia*). Dieses gilt deshalb auch als das höchste, das schönste und das freudvollste Gut der Menschen. Darunter ist die Summe eines ganzen, sinnerfüllten Lebens zu verstehen, keinesfalls aber ein Zufallsglück. Es setzt ein sittlich wertvolles tätiges Leben voraus. Ebenso ist es an günstige äußere Lebensumstände und die eigene Gesundheit gebunden. Den höchsten Grad des Glücks sieht Aristoteles in der **Tätigkeit der betrachtenden Vernunft**. Den Grund für die Auszeichnung dieser Art von Tätigkeit sieht Aristoteles in der »Vernunftseele« der Menschen, die ihren wertvollsten Teil ausmache. Durch ihre freie unabhängige Tätigkeit soll die Vernunft alles sonst Menschenmögliche übertreffen. Dieser absoluten Heraushebung der reinen Vernunfttätigkeit der Philosophen (als ›edle Muße‹) stehen die persönliche Abhängigkeit der Sklaven und die produktive Tätigkeit zum eigenen Lebensunterhalt oder für den ökonomischen Gewinn gegenüber. Beide werden von Aristoteles nicht als sittlich-wertvoll oder glückbringend betrachtet.

1.6.1.4 | Die Logik und Erkenntnistheorie

Die logischen Schriften des Aristoteles werden unter dem Sammelnamen *Organon* (›Werkzeug‹) zusammengefasst. Ihre Hauptgegenstände sind die einfachen Aussageinhalte (*Kategorien*), der Behauptungssatz (*Peri hermeneias*), der dialektische

Die Hauptrichtungen der Philosophie im Hellenismus

> **Schriften Aristoteles'**
>
> Aristoteles' Schriften sind wahrscheinlich zwischen 360 v. Chr. und 322 v. Chr. entstanden. Eine genaue Datierung ist nicht möglich.
>
> ›Werbeschrift‹ für die Philosophie: *Protreptikos*
> Schriften zur »Ersten Philosophie«: *Metaphysik*
> Schriften zur Naturphilosophie: *Physik, Über den Himmel, Über die Seele, Über Entstehen und Vergehen*
> Sozialphilosophische und ethische Schriften: *Nikomachische Ethik, Eudemische Ethik, Große Ethik, Politik*
> Schriften zur Logik und Erkenntnistheorie (*Organon*): *Kategorien, Peri hermeneias, Topik, Erste Analytik, Zweite Analytik, Die sophistischen Widerlegungen*

Syllogismus (*Topik*), der apodiktische Syllogismus (*Erste Analytik*), der wissenschaftliche Beweis (*Zweite Analytik*) oder der sophistische Fangschluss (*Die sophistischen Widerlegungen*). Die Schriften des *Organon* beinhalten neben logisch-formalen Analysen der sprachlichen Ausdrücke, der Strukturen schlussfolgernden Denkens (Induktion und Deduktion), der Argumentation und Disputation auch Darlegungen zur allgemeinen Sprachtheorie und zur Wissenschaftstheorie.

1.6.2 | Rezeption

Die philosophischen Positionen und Anregungen, die Aristoteles seinen Schülern hinterlassen hatte, wurden in der **Schule des ›Peripatos‹** (entstanden um 336/35 v. Chr.) aufgenommen und weitergeführt. Aber erst im 1. Jh. v. Chr. wurden die wieder aufgefundenen Lehrschriften des Aristoteles in eine systematische Ordnung gebracht und einer breiteren Öffentlichkeit zugänglich gemacht. Sie wurden wiederholt erklärt und interpretiert. Die systematischen Interpretationen in der Form von Kommentaren zu den Schriften des Aristoteles lassen noch heute die Wirkungsgeschichte des aristotelischen Philosophierens gut nachvollziehen. Diese Tradition entstand in der Antike und wurde mit wachsender Intensität bis in das 17. Jh. fortgeführt. Aber auch die Übersetzungen von Aristoteles' Schriften sowie der Kommentare zu ihnen ins Lateinische, Arabische und weitere Sprachen beförderten eine **große Ausbreitung** seines Gedankenguts. Dies betraf, oftmals zeitlich und geographisch versetzt, sowohl die logischen, die naturphilosophischen, die ethischen als auch die metaphysischen Schriften. Im Mittelalter und in der Renaissance entfaltete das aristotelisch beeinflusste Philosophieren seine größte historische Wirkung (s. Kap. I.2). Neben der zustimmenden und positiven Aufnahme von bestimmten Theorien und Methoden gab es aber immer auch Kritiker und Gegner dieses Philosophierens.

1.7 | Die Hauptrichtungen der Philosophie im Hellenismus

Der Hellenismus ist eine kulturelle Entwicklungsperiode zwischen dem Ausgang des 4. Jh.s und dem Ende des 1. Jh.s v. Chr. In dieser Zeit begann die griechische Kultur in alle Himmelsrichtungen auf fremde Völker und Kulturen auszustrahlen, Anregungen von diesen aufzunehmen und zu verarbeiten. Das betraf auch die Philosophie. So gelangten die Römer, eine aufstrebende Macht im Mittelmeerraum, nun erstmalig in Berührung mit der griechischen Philosophie. Es entstanden neue philosophische Richtungen und Strömungen. Die einflussreichsten unter ihnen waren der **Epikureismus**, die Philosophie der **Stoiker** und der **Skeptizismus**. Ein Hauptanliegen dieser Philosophien bestand darin, **praktische Handlungsanleitungen für ein gelingendes Leben** der Menschen zu entwickeln.

1.7.1 | Der Epikureismus

Der griechische Philosoph **Epikur** (ca. 342/41–271/70 v. Chr.) stammte von der Insel Samos. Er gründete um das Jahr 306 v. Chr. in Athen eine eigene philosophische Schule. Sein Philosophieren brachte eine einflussreiche Richtung des Denkens, den Epikureismus, hervor. Drei miteinander zusammenhängende **Lehrgebiete** konstituierten diese Philosophie:
- die Ethik
- die Naturphilosophie
- die Erkenntnistheorie

Epikur stellte seine Lehren in Form von Aussprüchen, theoretischen Abhandlungen und Lehrbriefen dar. Bis auf drei Lehrbriefe (*Brief an Herodotos, Brief an Pythokles, Brief an Menoikeus*) sind seine

Antike
Der Epikureismus

Bildinterpretation:
Philosophen beim Lehrgespräch
Das Mosaik aus dem 1. Jh. v. Chr. wurde in einer Villa der Stadt Pompeji gefunden. Im Bild wird eine Gruppe von 7 diskutierenden Philosophen dargestellt. Im Vordergrund ist ein Himmelsglobus abgebildet. Offenbar soll das Weltall der Gegenstand der Diskussion sein.

Die Abbildung illustriert zweierlei wichtige Aspekte des Verständnisses von Philosophie in der Antike: einerseits den engen **Zusammenhang von Philosophie und wissenschaftlicher Welterkenntnis**; andererseits den engen **Zusammenhang von Philosophie und einem lebendigen Diskurs in einer Gemeinschaft**. Die Schriftrollen in den Händen von zwei abgebildeten Personen deuten auch die nicht unwichtige Funktion des geschriebenen Worts für das Philosophieren an.

Gruppe von Philosophen
(Mosaik, Pompeji, 1. Jh. n. Chr.)

Texte verlorengegangen oder nur fragmentarisch überliefert.

Ethik: Epikur vertrat nach einer antiken Überlieferung die Auffassung, dass die Philosophie eine Tätigkeit sei, die durch Gedanken und Diskussionen ein glückliches Leben schafft. Unter ›**Glück**‹ verstand Epikur ein angstfreies, ruhiges Leben durch die bewusste Ausschaltung von Ängsten, Schmerzen und falschen Begierden. Dadurch konnten die Gesundheit des Körpers und die ›**Seelenruhe**‹ erreicht werden. In einem solchen Zustand sah er das Wesen des Glücklichseins der Menschen. Er bezeichnete ihn auch mit dem Begriff ›**Lust**‹. Mit diesem Zustand verband er ebenfalls alle moralischen Tugenden, da ein tugendvolles Leben ohne lustvoll zu leben nicht möglich sei. Er betonte, dass dieser Zustand der ›Lust‹ nur durch nüchternes Denken und sicheres Wissen erreichbar sei. Das selbständige Denken und der Gedankenaustausch unter Freunden und Gleichgesinnten bilden dafür die Grundlage. Diese Ethik Epikurs wird als ›**Hedonismus**‹ (von griech. *hedone*: Lust) bezeichnet. Sie richtete sich vor allem gegen die Furcht vor den Göttern, die Todesangst, die Zukunftsangst, ein maßloses Genussleben und die Schicksalsgläubigkeit unter den Menschen seiner Zeit. Dadurch hatte sie ein **aufklärerisches Ziel**.

Naturphilosophie: Hier knüpfte Epikur an die atomistischen Lehren Demokrits an und entwickelte sie weiter. Er schrieb den Atomen eine zusätzliche selbständige Grundeigenschaft zu, die Seitwärtsbewegung (griech. *parenklisis*; lat. *declinatio*): Dadurch konnte er besser als im ursprünglichen Konzept Demokrits das Entstehen neuer Körperstrukturen und -gebilde erklären. Die **Atomtheorie** war für ihn eine Basis des rationellen Weltverständnisses und des rationalen Verhaltens der Menschen in der Welt.

Erkenntnistheorie: Epikur betonte, dass die **sinnliche Wahrnehmung** die Basis aller Erkenntnisse sei. Dafür machte er die Aufnahme kleiner ›Abbilder‹ der Objekte durch unsere Sinne verantwortlich. Auf diesen Wahrnehmungen aufbauend gewinnen wir schließlich **evidente Erfahrungsbegriffe** (›Prolepsen‹, von griech. *prolepsis*: Vorwegnahme). Mit ihnen bilden wir mittels des schluss-

1.7 Antike

Die Hauptrichtungen der Philosophie im Hellenismus

Interpretation

Zwei Teile eines Ganzen

»Die Philosophie ist eine Tätigkeit, welche durch Argumentation und Diskussion das glückliche Leben schafft« (*Epicurea*. Hg. H. Usener, 1966, S. 219).

Der überlieferte Ausspruch des Philosophen Epikur bestimmt das Ziel und die Mittel des Philosophierens. Er geht davon aus, dass das Philosophieren kein Selbstzweck sein kann. Nicht ein reiner Wissenserwerb, sondern die nützliche Anwendung von Wissen im Leben der Menschen macht den Wert des Philosophierens aus. Epikur drückt hier in zwei entscheidenden Punkten eine Grundüberzeugung vieler anderer antiker Philosophen vor und nach ihm aus:

- Die Menschen sind ihres eigenen Glücks Schmied, und dazu benötigen sie unbedingt die Philosophie.
- Die Philosophie ist eine besondere Art von Lebenskunst.

Die speziellen Auffassungen der antiken Philosophen über das Wesen des glücklichen Lebens konnten voneinander abweichen. Dennoch waren sie sich darin einig, dass das Glück als gelingendes Leben das höchste Gut der Menschen darstellt, was alle anstreben. Ihr Begriff von ›Glück‹ zielte nicht auf den zufälligen Erfolg oder eine momentane Hochstimmung, sondern auf eine positive Lebensqualität der Menschen von längerer Dauer.

Das begriffliche Denken und der Diskurs in der Gemeinschaft sind die entscheidenden Mittel, die das Philosophieren im Streben nach dem menschlichen Lebensglück einbringt. Die vernünftige Überlegung, die klar die Grundlagen und die Ziele des Handelns bestimmt, ermöglicht erst den gewünschten Erfolg. Genau das macht den Kern des antiken Begriffs von ›Weisheit‹ aus. Dementsprechend sind die praktische und die theoretische Philosophie für Epikur und viele andere Philosophen der Antike zwei Teile eines Ganzen.

folgernden Verstandes Urteile, die als einzige entweder ›wahr‹ oder ›falsch‹ sein können. Zum Kriterium der Wahrheit oder Falschheit dieser Urteile erklärte er die unmittelbar einsichtigen Tatsachen und die Beweise bzw. Widerlegungen.

Die Philosophie Epikurs und der Epikureer schaltete konsequent das mythische Denken aus dem philosophischen Diskurs aus. Sie galt bis in die moderne Zeit hinein als das Muster für ein **naturalistisches** bzw. **materialistisches Denken**.

1.7.2 | Die Philosophie der Stoiker

Die philosophische Richtung der Stoiker oder der Stoa hat ihren Namen von der *Stoa Poikile* (›Bemalte Säulenhalle‹) erhalten, einem Gebäude in Athen, in dem die öffentlich zugänglichen Vorträge ihrer Hauptvertreter stattfanden.

Zur Älteren Stoa zählen:
- Zenon von Kition (ca. 335 – ca. 262 v. Chr.)
- Kleanthes von Assos (ca. 330 – ca. 230 v. Chr.)
- Chrysippos von Soloi (ca. 279 – 204 v. Chr.)

Zur Mittleren Stoa gehören:
- Panaitios von Rhodos (ca. 185 – 98 v. Chr.)
- Poseidonios von Apameia (ca. 135 – 50 v. Chr.)

Zur Jüngeren Stoa zählen:
- Lucius Annaeus Seneca (ca. 4 v. Chr. – 65 n. Chr.)
- Epiktet von Hierapolis (ca. 55 – ca. 138 n. Chr.)
- Marcus Aurelius Antoninus (121–180; Kaiser 161–180)

Das Streben nach Weisheit setzten die Stoiker mit der Philosophie gleich. Weisheit bestehe in der Erkenntnis der göttlichen und der menschlichen Dinge. Die Hauptbestandteile ihrer Philosophie waren die Logik und die Erkenntnistheorie, die Naturphilosophie und die Ethik. Sie begründeten die Aussagenlogik und die Sprachlogik in Europa. In der Naturphilosophie führten sie den Grundsatz ein, dass es in der Welt einen universellen gesetzmäßigen Zusammenhang gäbe, den sie als *heimarmene* (Schicksal) bezeichneten. Dieser bestehe einerseits in einer lückenlosen Verkettung der Ursachen und andererseits in einer vorausschauenden Sorge der Gottheit für den Menschen und die Welt, d. h. in der *pronoia* (Vorsehung). Das Geschehen in der Welt wird ihrer Meinung nach speziell durch die Vereinigung eines aktiven steuernden Prinzips, des *logos* (Weltvernunft), mit einem passiven Prinzip, der *hyle* (Stoff), bestimmt.

Die Ethik stand im Zentrum des stoischen Philosophierens. Sie lehrte die Voraussetzungen und die Inhalte des **glückseligen Lebens**. Vor allem in einem ›**naturgemäßen Leben**‹ sahen die Stoiker den Hauptinhalt und zugleich die Voraussetzung des glücklichen Lebens. Das Wort ›Natur‹ bezeichnet hierbei sowohl den gesetzmäßigen Weltzusammenhang, als auch die spezifische Wesensbestimmung des Menschen. Durch die vernünftige Erkenntnis der ›Natur‹ und ein darauf aufbauendes Handeln wird der Mensch tugendhaft und glückselig zugleich. Er ist dann ein ›Weiser‹. Andernfalls bleibt er ein ›Tor‹. Die ›Tugend‹ hielten die Stoiker für lehrbar, für unteilbar und unverlierbar.

Durch äußere Einflüsse, falsche Einbildungen und Fehlurteile kann der Mensch allerdings zu einem falschen Meinungsbild kommen, das die Stoiker als ›**Affekt**‹ (griech. *pathos*: Emotion) bezeichneten. Als Hauptarten solcher negativer Affekte betrachteten sie die Begierde, die Furcht, die Lust und den Schmerz. Ein glückliches Leben könne nur dann erreicht werden, wenn hinsichtlich dieser Affekte der Zustand der ›Affektfreiheit‹ (griech. *apatheia*) erreicht sei. Dies bedeutet in der stoischen Ethik nicht, dass ein Mensch ohne Gefühle sein soll, um glücklich zu werden, sondern dass er die **vernünftige Kontrolle über seine Gefühle und Triebe** erlangen soll. Darum konnten die Stoiker auch von ›positiven Affekten‹ sprechen, z. B. den Emotionen der Freude, des vernünftigen Strebens und der Achtsamkeit. Diese Emotionen werden durch die Vernunft gesteuert und sind darum auch Attribute eines weisen und glücklichen Lebens. In der weiteren Entwicklung der stoischen Ethik trat besonders die Lehre von den ›**Pflichten**‹ hervor. Diese wurden als für den erwachsenen Menschen angemessene Handlungen betrachtet. Sie waren im Unterschied zu den Tugenden nur notwendige, aber nicht hinreichende Bedingungen des Glücks.

1.7.3 | Der antike Skeptizismus

Der Skeptizismus in der Philosophie war eine Reaktion auf die Herausbildung von philosophischen Schulen seit dem 4. Jh. v. Chr. Das griechische Wort *skepsis* hat die Bedeutungen ›Betrachtung‹, ›Nachdenken‹, ›Prüfung‹ und ›Untersuchung‹. Ein ›Skeptiker‹ (griech. *skeptikos*) ist dementsprechend jemand, der die Behauptungen über bestimmte Sachverhalte auf ihren Wahrheitsanspruch hin prüft (vgl. Ricken 1994).

Attalos-Stoa in Athen (erbaut 159–132 v. Chr.; rekonstruiert 1952–1956)

Definition

Als → Skeptizismus bezeichnet man die philosophische Strömung der Skeptiker in der Periode des Hellenismus sowie ihre Lehre (von griech. *skepesthai*: forschen, prüfen). Skeptiker suchen noch, sind im Ungewissen und zweifeln an den Lehren der ›Dogmatiker‹, d. h. der Schulphilosophen.

Pyrrhonische Skepsis: Als eine philosophische Haltung und Methode wurde die antike Skepsis unter anderem durch **Pyrrhon von Elis** (ca. 360–270 v. Chr.) begründet. Von ihm sind keine Schriften überliefert. Vor allem der *Grundriss der Pyrrhonischen Skepsis* des späteren Philosophen Sextus Empiricus (wirkte um 200 n. Chr.) gibt uns aber eine gute Übersicht zu den wesentlichen Themen und Positionen der antiken Skeptiker. Danach ging es Pyrrhon und seinen Anhängern in erster Linie um ein sicheres und gutes Leben, das frei von selbst auferlegten dogmatischen Zwängen ist. Die ›Skepsis‹ als eine kritische Methode richtet sich gegen die Theorien der philosophischen Schulen der Aristoteliker, Epikureer und der Stoiker. Die Skeptiker forderten gegenüber allen Behauptungen, die einen Wahrheitsanspruch erhoben, die **Anwendung eines kritischen Prüfverfahrens**. Dieses sollte in folgenden Schritten verlaufen:

Antike

Römische Philosophen

Schritte des kritischen Prüfverfahrens

1. Zu einer gegebenen Aussage mit einem Wahrheitsanspruch wird eine **entgegengesetzte Aussage** (Antithese) gefunden, die sich auf denselben Gegenstand wie die gegebene Aussage bezieht.
2. Es wird die **Gleichberechtigung** beider Aussagen hinsichtlich ihrer Zulässigkeit festgestellt.
3. Wegen der Unmöglichkeit, sich für eine von den zwei Aussagen zu entscheiden, wird gefolgert, dass auf ein Urteil über den konkreten Sachverhalt verzichtet werden muss, d. h. eine ›**Urteilsenthaltung**‹ (griech. *epoche*) erfolgen.
4. Aus der ›Urteilsenthaltung‹ folgt direkt die ›**Seelenruhe**‹ (griech. *ataraxia*) als angestrebtes Ziel der Menschen.

Die Pyrrhonische Skepsis diente in erster Linie dem Ziel, eine unbeschwerte praktische Lebensführung zu ermöglichen.

Akademische Skepsis: In der Antike bildete sich neben der Pyrrhonischen Skepsis eine weitere Form des skeptischen Philosophierens heraus, die sogenannte ›akademische Skepsis‹. Das Adjektiv ›akademisch‹ bezieht sich direkt auf die Akademie, d. h. die philosophische Schule der Nachfolger Platons. Der erste namhafte Vertreter der akademischen Skepsis war **Arkesilaos von Pitane** (ca. 315–240 v. Chr.). Sein Motiv für eine skeptische Grundposition entsprang einer **grundsätzlichen Kritik an der Erkenntnistheorie der Stoiker**. Vor allem die stoische Annahme, dass es für unsere Urteile über den Wahrheitsgehalt von Behauptungen ein sicheres Kriterium in Gestalt der sogenannten »erfassenden sinnlichen Vorstellung« gäbe, wies er zurück. Daraus ergab sich für ihn die Forderung, grundsätzlich keiner Meinung die Zustimmung zu erteilen, sondern sich des Urteils zu enthalten. Nur durch diese **Urteilsenthaltung** könne sich ein ›Weiser‹ vor falschen Annahmen schützen.

Karneades von Kyrene (214–129 v. Chr.), ein weiterer Vertreter der akademischen Skepsis, modifizierte das Gebot der Urteilsenthaltung etwas. Denn er nahm an, dass wir in unserem praktischen Verhalten durchaus gewissen ›**glaubhaften Eindrücken**‹ folgen würden, wenn sie unwidersprochen geblieben bzw. nachgeprüft worden sind. Dementsprechend bleibe das Gebot der Urteilsenthaltung bei Aussagen über das Wesen der Dinge zwar weiter in Kraft, aber im praktischen Verhalten stellten die ›glaubhaften Eindrücke‹ durchaus **pragmatische Kriterien** für die Entscheidungen über ›gutes‹ oder ›schlechtes‹ Tun oder Lassen dar. Auf diese Weise sollte eine skeptische Haltung einer erfolgreichen praktischen Lebensführung dienen, ohne dogmatischen Wahrheitsansprüchen zu folgen.

Tropen: Die antike philosophische Skepsis verfügte in der Gestalt der sogenannten ›Tropen‹ (griech. *tropos*: Argumentationsform) über ein **System von Argumenten**, mit denen alle möglichen Erkenntnisansprüche aus der sinnlichen Wahrnehmung, dem logischen Schlussfolgern oder dem Bereich kultureller Sitten und Bräuche zurückgewiesen wurden. Über die skeptischen Tropen wird ausführlich z. B. im *Grundriss der Pyrrhonischen Skepsis* von Sextus Empiricus informiert. Als wichtigstes Resultat lässt sich aus den Tropen festhalten, dass alle unsere Erkenntnisbemühungen innerhalb und außerhalb der Philosophie auf die **Beachtung des Grundsatzes** hinausliefen, **dass alles relativ sei**. Dieser Grundsatz bildete zugleich den wichtigsten Tropos. Der **Relativismus** ist also der Kern des philosophischen Skeptizismus. Dies bedeutete, dass es für die Vertreter dieser philosophischen Strömung keine sicheren Wahrheitskriterien, keine wahren Lehren über das Wesen der Dinge in der Welt und keine sicheren Beweisverfahren in der Philosophie mehr geben kann. Spätere Philosophen haben sich mit diesen Positionen kritisch auseinandergesetzt. Aber die Auffassungen der akademischen bzw. der Pyrrhonischen Skeptiker fanden in der mittelalterlichen bzw. in der neuzeitlichen Philosophie auch einige Anhänger.

1.8 | Römische Philosophen

Im 1. Jh. v. Chr., in einer Zeit der wachsenden Instabilität der Römischen Republik in allen Bereichen des gesellschaftlichen Lebens, wurde die griechische Philosophie von gebildeten Römern noch intensiver als zuvor aufgenommen.

Lukrez (Lucretius Carus, ca. 96–55 v. Chr.), der Dichter-Philosoph, stellte in seinem großen Lehrgedicht *Über die Natur der Dinge* (*De rerum natura*) umfassend die Philosophie Epikurs in lateinischer Sprache dar und trug so zu ihrem wachsenden Einfluss unter einigen römischen Dichtern und

Antike
Römische Philosophen

Staatsmännern bei. In seiner Schrift übt Lukrez eine heftige Kritik an der Lebensweise der römischen Oberschicht. Er verband die epikureische Ethik mit der atomistischen Naturphilosophie und einer umfassenden Religionskritik. Das Lehrgedicht des Lukrez ist das umfangreichste erhaltene **Dokument der antiken materialistischen Philosophie**. Es hat bis in die neuzeitliche Philosophie als sprachschöpferisches dichterisches Werk, als historisches Dokument der epikureischen Philosophie und als Dokument philosophischer Zeitkritik Beachtung gefunden. Lukrez hat das Philosophieren als eine umfassende naturalistische Weltanschauung, als **praktische Anleitung zur individuellen Lebensführung** und als **Gesellschaftskritik** verstanden.

Marcus Tullius Cicero (106–43 v. Chr.), der römische Philosoph und Staatsmann, war ebenso wie Lukrez darum bemüht, die lateinische Sprache zu einem universellen Ausdrucksmittel der Philosophie zu entwickeln. Doch anders als dieser orientierte er sich nicht an der Philosophie Epikurs, sondern an den Lehren Platons, der Stoiker und der akademischen Skepsis. Er plante, die gesamte Philosophie der Griechen an die Römer weiterzuvermitteln. Als bedeutender Redner trat er für eine **Synthese von Rhetorik und Philosophie** ein. Inhaltlich profilierte sich Cicero in zahlreichen Schriften als Ethiker und politischer Philosoph. Er ist ein **Repräsentant des römischen Humanitätsideals** (lat. *humanitas*: Menschlichkeit). Vertreter dieses Ideals propagierten für die soziale und politische Oberschicht der Römer eine Verknüpfung von umfassender geistiger und sittlicher Bildung, allgemeiner Menschenfreundlichkeit und vornehmer Umgangsart. Ciceros philosophische Schriften enthalten neben Informationen über die unterschiedlichen Richtungen des damaligen Philosophierens auch persönliche Stellungnahmen und neuartige Denkansätze. Sowohl in der Antike, dem lateinischen Mittelalter als auch in der Renaissance haben seine Schriften einen enormen Einfluss gehabt.

Die Philosophen der frühen römischen Kaiserzeit befassten sich in der Philosophie vor allem mit ethischen Fragen. Die Philosophie selbst verstanden sie traditionell als ein System des Wissens (mit den Bestandteilen Logik, Ethik und Naturphilosophie), als eine Lebenskunst und als praktische Seelenleitung. In ihren mündlichen oder schriftlichen Äußerungen verarbeiteten sie die stoische Ethik. Seneca (römischer Philosoph, Dichter und Staatsmann) und Marc Aurel (römischer Kaiser)

Ciceros philosophische Schriften

Die folgenden Schriften entstanden zwischen 56 und 44 v. Chr.:
De re publica (*Über den Staat*);
De oratore (*Über den Redner*);
De officiis (*Über die Pflichten*);
De finibus bonorum et malorum (*Von den Grenzen im Guten und im Bösen*);
Tusculanae disputationes (*Gespräche in Tusculum*);
Academici libri (*Die akademischen Bücher*)

---

gehörten der gesellschaftlichen Oberschicht an; der Grieche Epiktet war hingegen ein freigelassener Sklave. Letzterer und Marc Aurel verwendeten die griechische Sprache; Seneca schrieb lateinisch.

Seneca (ca. 4 v. Chr. – 65) zeigt in seinen *Moralischen Briefen an Lucilius* (*Epistulae Morales ad Lucilium*) den unauflösbaren Zusammenhang des Strebens der Menschen nach einem guten Leben (d. h. dem Glück) mit dem eigenen tugendhaften Handeln und der Nutzung der Philosophie. Die **Philosophie** ist für ihn eine **Anleitung zum praktischen Handeln**, zugleich aber auch die **Grundlage umfassender Welterkenntnis**. In der Sorgenfreiheit und der andauernden Gemütsruhe sah er die Erfüllung der Glückserwartung. In dem beharrlichen Streben nach diesem Ziel und der Ausschaltung von Gefahren durch eine veräußerlichte Lebensführung sah er die Garantien zum Erfolg.

Epiktet (ca. 55 – ca. 138): Seine Auffassungen wurden durch die spätere Wiedergabe seiner mündlichen Lehren im *Handbüchlein der Moral* (*Encheiridion*) und den *Gesprächen* (*Diatribai*) bekannt. Dort werden die allgemeinen Schritte der menschlichen Selbstsorge dargelegt, die dem Menschen die **erstrebte Freiheit individueller Lebensgestaltung** ermöglichen sollen. Er sah sie in der Disziplinierung der Begierden, des Handelns und des Urteilens. Der Reichtum, der Ruhm oder öffentliche Würden waren für ihn indes moralisch indifferent – ihre Erlangung läge nicht in der freien Verfügbarkeit der Menschen, sondern hinge letztlich vom Schicksal ab.

Marc Aurel (121–180) stellte in seinen *Selbstbetrachtungen* die stoischen **Maximen praktischer Lebensklugheit** unter einem doppelten Aspekt zusammen: dem Aspekt der Übereinstimmung des Menschen mit sich selbst und dem Aspekt der Übereinstimmung mit der objektiven Weltordnung. Die Philosophie wird von ihm als eine siche-

1.9 | Antike

Der spätantike Neuplatonismus

Boëthius wird im Kerker von der Philosophie getröstet (Kloster Aldersbach, frühes 13. Jh.)

re Leitung angesehen, um diese Zustände zu erreichen und zu sichern.

Boëthius (ca. 480–524) lebte im Italien der Völkerwanderungszeit. Unter der Herrschaft des Königs der Ostgoten, Theoderich, übte er dort zunächst zeitweilig ein hohes politisches Amt aus, wurde dann aber hingerichtet. Boëthius war umfassend gebildet, kannte noch die griechische Sprache und bekannte sich zum Christentum. In seinen Schriften **trennt** er jedoch **das außerchristliche geistige Erbe der Antike von der Behandlung christlicher Glaubensfragen**. Sowohl als Logiker, Übersetzer und Interpret von Schriften des Aristoteles, als Verfasser von Abhandlungen mathematischer Schriften, wie auch als Dichter, Philosoph und Theologe hat er die Philosophie des Mittelalters stark beeinflusst. Seine letzte Schrift ist das Prosimetrum (teils Prosa, teils metrischer Text) *Trost der Philosophie* (*Consolatio philosophiae*). Die Philosophie tritt dort allegorisch in Gestalt einer weisen Frau auf, die dem verzweifelten Boëthius kurz vor dem Ende seines Lebens wieder zu Lebensmut verhilft. Sie ist sowohl Seelentherapeutin, wissenschaftliche Betrachterin von Welt und Gott, als auch Lehrmeisterin der Tugenden. Inhaltlich gesehen, neigte der Verfasser der neuplatonischen Philosophie zu. Er **verschmolz** dabei **original platonisches mit aristotelischem Gedankengut**. Er vertrat das antike Ideal der philosophischen Weisheit, das durch ein Streben nach Einsicht in die Anfangsgründe des Weltalls und durch ein moralisch vorbildliches Leben der Menschen den sicheren Weg zum Glück weisen kann. An dessen Zielpunkt soll eine **Verähnlichung des Menschen mit Gott** möglich sein. Ausdrücklich wird die Philosophie von Boëthius in ihrer Einheit aus praktischer und theoretischer Vernunft gewürdigt. Allerdings hatte für ihn die Politik aufgehört, der Philosophie eine entscheidende Sphäre ihrer praktischen Nutzanwendung zu sein. Dies unterscheidet sein Verständnis der Philosophie sowohl von demjenigen Platons, als auch von dem Ciceros.

1.9 | Der spätantike Neuplatonismus

Neuplatonisches Philosophieverständnis

Seit dem 3. Jh. n. Chr. bildete sich die philosophische Strömung des Neuplatonismus heraus, deren Vertreter den oberen Gesellschaftsschichten angehörten. In der Ausprägung ihrer Lehren verstanden sich diese Philosophen als **authentische Erben und Interpreten der Philosophie Platons**. Mit Ausnahme des materialistischen Philosophierens Epikurs zeigten sie sich auch für alle anderen philosophischen Denkrichtungen offen, darunter insbesondere für die aristotelische Philosophie. Daneben interessierten sie sich besonders für die mathematischen Wissenschaften. Aber die Neuplatoniker reagierten auch auf das antike religiöse Denken in seinen unterschiedlichen Schattierungen (Polytheismus, Gnosis, christlicher Monotheismus). Sie verstanden ihre Philosophie als einen eigenständigen Weg von intellektueller Gotteserkenntnis (vgl. Gombocz 1997). Diese Gotteserkenntnis aber war für sie gleichzeitig auch der Weg zur intellektuellen Selbsterkenntnis des Menschen. Zur entscheidenden Voraussetzung dafür erklärten sie die ›Emporführung‹ (griech. *anagoge*) alles menschlichen Sinnens und Trachtens zum ›Guten‹ bzw. zum ›Einen‹ bei fortschreitender Ablösung von der körperlich-gegenständlichen Welt. Darin soll auch das Wesen und die Aufgabe der Philosophie liegen: Sie führt **von der ›sinnlichen Welt‹** (griech. *kosmos aisthetos*) **in die ›geistig erkennbare Welt‹** (griech. *kosmos noetos*) als dem ursprünglichen wahren Sein. Damit kommen der **Metaphysik** (als Prinzipien-, Seins- und Gotteslehre) und der **Dialektik** (als Theorie und Methode der Wesens- und Wahrheitserkenntnis durch begriffliches Denken) zentrale Funktionen im gesamten Lehrsystem zu. Die Naturphilosophie, die Ästhetik und die Ethik sind hingegen nur begleitende Theoriebestandteile in diesem philosophischen System.

Plotin (204–270) war der erste herausragende Vertreter des Neuplatonismus. Die von ihm verfassten 54 Einzelschriften ordnete sein Schüler Porphyrios (233 – nach 301) in sechs Gruppen aus je neun Einzelschriften. Deswegen werden sie heute zusammenfassend als *Enneaden* (von griech. *ennea*: neun) bezeichnet. Plotin vertrat die Auffassung, dass sich **alle Wirklichkeit auf einen einheitlichen Ursprung**, das »Ur-Eins«, zurückführen lässt. Dieses befindet sich in einer absoluten Transzendenz gegenüber allen Seins- und Denkformen. Darum ist es auch nicht positiv bestimmbar. Die sogenannte ›**negative Theologie**‹ basiert auf eben diesem Grundsatz, d. h. dass das ursprüngliche Erste und Eine nicht positiv, sondern lediglich negativ aussagbar ist, ohne aber hinsichtlich seines Wesens begreifbar zu sein.

Gleichwohl setzte Plotin dieses »Ur-Eins« mit dem ›Guten‹ gleich und gab ihm damit die Funktion eines universellen positiven Prinzips. Diesem Ursprünglichen unter- und nachgeordnet sind die »**Hypostasen**« (griech. *hypostasis*: Grundlage, Existenz, Seinsstufe) von ›Geist‹, ›Seiendem‹ und ›Seele‹. Dabei stehen ›Geist‹ und ›Seiendes‹ auf derselben Stufe, denn **alles ›Seiende‹ ist im ›Geist‹ begründet**. Die ›Seele‹ als unterste Hypostase stellt das dynamische unkörperliche und unräumliche Ordnungsprinzip der Welt dar. Die gestufte Ordnung alles Bestehenden selbst soll durch ein »Ausfließen« (die sog. ›Emanation‹) aus dem »Ur-Eins« in die unterschiedlichen Seinsstufen bis hin zur sichtbaren Welt zustande gekommen sein. Die »irdische Materie« wird aber als ein »Böses« verstanden, weil sie Veränderbarkeit und Wandelbarkeit verursacht. Sie wird außerhalb des eigentlich Seienden gestellt. Ähnlich wie beim »Ur-Eins« kann auch das Wesen der »irdischen Materie« nicht definiert werden. Doch anders als im Fall dieser »irdischen Materie«, die kein selbständiges Prinzip der Welterklärung darstellt, kommt dem »Ur-Eins« genau diese Funktion im System des Plotin zu.

In der **Nachfolge Plotins** haben vor allem die Philosophen Porphyrios, Iamblichos (ca. 240 – ca. 325) und Proklos (412–485) das neuplatonische Philosophieren systematisch weiterentwickelt. Sie verstärkten den religiösen Gehalt des Neuplatonismus, blieben aber den entscheidenden Lehren des Christentums gegenüber kritisch eingestellt. Seit dem 4. Jh. begannen andererseits einige christliche Theologen damit, bestimmte Ideen des Neuplatonismus zu übernehmen. Mit der **Schließung der platonischen Akademie** von Athen durch den christlichen Kaiser Justinian im Jahr 529 endete der außerchristliche Neuplatonismus.

Patristik: Parallel zur Herausbildung des christlichen Glaubens und der Strukturen des christlichen Gemeinschaftslebens artikulierten sich **christliche Schriftsteller** in wachsender Anzahl, um ihren Glauben zu verteidigen, zu begründen oder zu verbreiten. Allmählich öffneten sich diese ›Patristiker‹ (d. h. Kirchenväter) seit dem 2. Jh. auch für das philosophische Erbe der griechisch-römischen Antike. Einen ersten Höhepunkt erreichte dieser Prozess im 4. Jh.: Von überragender Bedeutung auch für die weitere Geschichte der Philosophie erwiesen sich die Schriften des lateinischsprachigen Patristikers Augustinus und des griechischsprachigen Pseudo-Dionysius Areopagita.

Aurelius Augustinus (354–430): Das umfangreiche Werk des philosophischen Autodidakten dokumentiert die allmähliche Übernahme und die gleichzeitige Umformung der neuplatonischen Philosophie innerhalb des spätantiken Christentums (vgl. Flasch 1994). Augustinus war der bedeutendste lateinische Kirchenvater und ist bis heute einer der einflussreichsten christlichen Denker geblieben. Auf den Feldern der Erkenntnistheorie, der Anthropologie, der Ontologie, der Sprachphilosophie, der Religionsphilosophie und der Ethik betrieb er die **systematische Verarbeitung des neuplatonischen Erbes im Kontext der christlichen Glaubenslehren**. Die Naturphilosophie blieb außerhalb seines Interessenfeldes. Prägend für die späteren Entwicklungen der Philosophie im Bereich des Christentums sind die folgenden Positionen und Theoreme in Augustinus' philosophischem Denken geworden:

- die Bewertung alles Strebens nach Weisheit mit dem Kriterium des Nutzens für die Erkenntnis der Glaubenswahrheiten und der menschlichen Selbsterkenntnis,
- die Betonung der Einheit von Selbst- und Gotteserkenntnis,
- die wechselseitige Stützung von Glauben und Wissen (»Sieh' ein, um zu glauben«; »Glaube, um einzusehen«),
- die Behauptung der Eigenständigkeit der »geistig erkennbaren (intelligiblen) Welt« gegenüber dem Bereich alles sinnlich Erfassbaren,
- die Gleichsetzung der ›Ideen‹ Platons mit Gedanken Gottes,
- die Deutung des Erkennens als Verarbeitung göttlicher Eingebungen und Erleuchtungen (Theorie der »Illumination«),
- die prinzipielle Zurückweisung des skeptischen Relativismus,
- die systematische Anwendung des Prinzips der Dreieinigkeit (von lat. *trinitas*: Trinität) auf die Betrachtungen über Gott, die Welt und das menschliche Bewusstsein,

Sandro Botticelli: Augustinus

1.9 Antike

Der spätantike Neuplatonismus

Augustinus' philosophische Schriften	
386	*Contra academicos* (Gegen die Skeptiker)
389	*De magistro* (Über den Lehrer)
396/426	*De doctrina christiana* (Über christliche Bildung)
397	*Confessiones* (Bekenntnisse)
399–419	*De trinitate* (Über die Trinität)
413–426	*De civitate Dei* (Über den Gottesstaat)

- die radikale Abwertung von körperlicher Lust und der Leiblichkeit des Menschen gegenüber dem Seelisch-Geistigen,
- die Begründung des menschlichen Glücks in der Liebe zu und der Freude an Gott in einer Jenseitsperspektive,
- die Deutung des geschichtlichen Prozesses als eines linearen Fortschritts auf dem konfliktgeladenen Weg zum ewigen Heil (dargelegt in der Lehre vom »irdischen Staat« und vom »Gottesstaat«).

Augustinus hat diese Positionen und Grundsätze in einer Vielzahl von Schriften entwickelt, oftmals durch polemische Auseinandersetzungen mit anderen Denkern oder eine kritische Überarbeitung eigener früherer Positionen.

Pseudo-Dionysius Areopagita (d. h. »der angebliche Ratsherr Dionysius«), ein unbekannter griechischsprachiger christlicher Theologe und Philosoph, verfasste um die Zeit des ausgehenden 5. und des beginnenden 6. Jh.s mehrere Abhandlungen und Sendschreiben: *Über die göttlichen Namen* (lat.: *De divinis nominibus*), *Über die kirchliche Hierarchie* (lat. *De ecclesiastica hierarchia*), *Über die himmlische Hierarchie* (lat. *De caelesti hierarchia*) und *Über die mystische Theologie* (lat. *De mystica theologia*). Der Inhalt dieser Abhandlungen und ihre schnelle Verbreitung machten ihren Autor sehr schnell **zum wichtigsten Vertreter der griechischen Patristik**. Seit der ersten Hälfte des 6. Jh.s kursierten die Schriften im griechischen Osten. Seit dem 9. Jh. wurden sie durch Übersetzungen auch den lateinischen Philosophen und Theologen Europas bekannt. Ihr philosophischer Gehalt wurde stark von den Ideen und Lehren des Neuplatonikers Proklos geprägt. Pseudo-Dionysius gab dieser neuplatonischen Philosophie eine christliche Deutung. Zugleich sorgte er dafür, dass philosophische Begriffe und Betrachtungsweisen zu festen Bestandteilen der christlichen Theologie wurden. Im Zentrum der Betrachtungen steht der transzendente Gott, dessen Daseinsweise und dessen Erkennbarkeit durch den Menschen. Als Ergebnisse dieser Betrachtungen lassen sich folgende grundlegenden Aspekte hervorheben:

- eine Theorie der hierarchischen Ordnung der gesamten Welt, die durch Gott geschaffen wurde,
- eine Theorie der vermittelten Erkennbarkeit Gottes durch Affirmationen, fortschreitende begriffliche Negationen, durch Metaphern und durch Allegorien,
- eine Ethik der intellektuellen Angleichung an Gott und der Nachfolge Gottes.

Die philosophische Betrachtung des Verhältnisses von Gott, Welt und Mensch wird von Pseudo-Dionysius durch das Prinzip der wechselseitigen Rückbezüglichkeit auf allen Stufen des Seins geleitet. Dieser Aspekt wird von ihm durch die neuplatonischen Begriffe des »Hervorgangs« (griech. *prohodos*), des »Verharrens« (griech. *mone*), und der »Rückkehr« (griech. *epistrophe*) ausgedrückt. In diese Szenerie der dynamischen Rückkopplungen wird von ihm auch die **Perspektive der menschlichen Erlösung und des Heils** eingeordnet. Diese erfolgt in der geordneten aufsteigenden Schrittfolge: »Reinigung« – »Erleuchtung« – »Einigung«. Damit ist gleichzeitig auch die Bedeutung des Begriffs ›**mystische Theologie**‹ näher erklärt: Denn mit dieser ›mystischen Theologie‹ (d. h. den angegebenen Schritten und ihrer Beschreibung) macht Pseudo-Dionysius den Weg zum Heil und zur höchsten Vollkommenheit plausibel. Dieser Weg beinhaltet eine allmähliche Abwendung der Menschen von der sinnlichen Erfahrung, ihren Denk-, Lebens- und Sprechgewohnheiten mit dem Ziel einer schließlichen Vervollkommnung durch die **Angleichung an Gott**. Dieser Vorgang soll auf allen Ebenen der himmlischen und kirchlichen Hierarchie stattfinden, also nicht nur bei den gläubigen Menschen, sondern auch bei den Engeln.

Literatur

Döring, Klaus u.a.: *Die Philosophie der Antike. Bd. 2/1: Sophistik, Sokrates, Sokratik, Mathematiker und Mediziner.* Hg. von Hellmut Flashar. Basel 1998 (Friedrich Ueberweg: *Grundriß der Geschichte der Philosophie.* Völlig neu bearb. Ausg.).

Dühring, Ingemar: *Aristoteles. Darstellung und Interpretation seines Denkens.* Heidelberg 1966.

Erler, Michael: *Kleines Werklexikon Platon.* Stuttgart 2007.

– : *Die Philosophie der Antike. Bd. 2/2: Platon.* Hg. von Hellmut Flashar. Basel 2007 (F. Ueberweg: *Grundriß der Geschichte der Philosophie.* Völlig neu bearb. Ausg.).

– u. a.: *Die Philosophie der Antike. Bd. 4: Die hellenistische Philosophie.* 2 Halbbde. Hg. von Hellmut Flashar. Basel 1994 (F. Ueberweg: *Grundriß der Geschichte der Philosophie.* Völlig neu bearb. Ausg.).

Flasch, Kurt: *Augustin. Einführung in sein Denken* [1980]. Stuttgart ²1994.

Flashar, Hellmut u. a.: *Die Philosophie der Antike. Bd. 3: Ältere Akademie, Aristoteles, Peripatos.* Hg. von Hellmut Flashar. Basel 1983 (F. Ueberweg: *Grundriß der Geschichte der Philosophie.* Völlig neu bearb. Ausg.).

Gehrke, Hans-Joachim/Schneider, Helmuth (Hg.): *Geschichte der Antike. Ein Studienbuch.* Stuttgart/Weimar ³2010.

Gehrke, Hans-Joachim/Schneider, Helmuth (Hg.): *Geschichte der Antike – Quellenband.* Stuttgart/Weimar 2007.

Gombocz, Wolfgang L.: *Die Philosophie der ausgehenden Antike und des frühen Mittelalters.* München 1997 (*Geschichte der Philosophie.* Hg. von Wolfgang Röd Bd. 4).

Graeser, Andreas: *Interpretationen. Hauptwerke der Antike.* Stuttgart 1992.

– : *Die Philosophie der Antike 2: Sophistik und Sokratik, Plato und Aristoteles* [1983]. München ²1993 (*Geschichte der Philosophie.* Hg. von W. Röd. Bd. 2).

Halfwassen, Jens: *Plotin und der Neuplatonismus.* München 2004.

Höffe, Otfried (Hg.): *Aristoteles-Lexikon.* Stuttgart 2005.

Horn, Christoph: *Antike Lebenskunst. Glück und Moral von Sokrates bis zu den Neuplatonikern.* München 1998.

– /Müller, Jörn/Söder, Joachim (Hg.): *Platon-Handbuch. Leben – Werk – Wirkung.* Stuttgart/Weimar 2009.

– /Rapp, Christof (Hg.): *Wörterbuch der antiken Philosophie.* München 2002.

Hossenfelder, Malte: *Die Philosophie der Antike 3: Stoa, Epikureismus und Skepsis* [1986]. München ²1995 (*Geschichte der Philosophie.* Hg. von W. Röd. Bd. 3).

– : *Epikur.* München 2006.

Kniest, Christoph: *Sokrates zur Einführung.* Hamburg 2003.

Kobusch, Theo/Mojsisch, Burkhard (Hg.): *Platon. Seine Dialoge in der Sicht neuerer Forschungen.* Darmstadt 1996.

Kobusch, Theo/Mojsisch, Burkhard (Hg.): *Platon in der abendländischen Geistesgeschichte.* Darmstadt 1997.

Long, Arthur A. (Hg.): *Handbuch Frühe Griechische Philosophie. Von Thales bis zu den Sophisten.* Aus dem Engl. von Karlheinz Hülser. Stuttgart/Weimar 2001.

– /Sedley, David N.: *Die hellenistischen Philosophen.* Texte und Kommentare. Übers. von Karlheinz Hülser. Stuttgart/Weimar 2006.

Maurach, Gregor: *Geschichte der römischen Philosophie. Eine Einführung.* Darmstadt 1989.

Ottmann, Henning: *Geschichte des politischen Denkens. Bd. 1/1: Die Griechen. Von Homer bis Sokrates.* Stuttgart/Weimar 2001a.

– : *Geschichte des politischen Denkens. Bd. 1/2: Die Griechen. Von Platon bis zum Hellenismus.* Stuttgart/Weimar 2001b.

Rapp, Christof: *Aristoteles zur Einführung* [2001]. Hamburg ³2007.

– /Corcilius, Klaus (Hg.): *Aristoteles-Handbuch. Leben – Werk – Wirkung.* Stuttgart/Weimar 2011.

– /Wagner, Tim (Hg.): *Wissen und Bildung in der antiken Philosophie.* Stuttgart/Weimar 2006.

Ricken, Friedo: *Antike Skeptiker.* München 1994.

Röd, Wolfgang: *Die Philosophie der Antike 1: Von Thales bis Demokrit* [1976]. München ²1988.

Zehnpfennig, Barbara: *Platon zur Einführung* [1997]. Hamburg ³2005.

Zintzen, Clemens (Hg.): *Die Philosophie des Neuplatonismus.* Darmstadt 1977.

Hans-Ulrich Wöhler*

---

* Die ursprüngliche von H.-U. Wöhler vorgeschlagene Jahreszählung »v. u. Z.« wurde von den Herausgebern zugunsten einer einheitlichen Verwendung im gesamten Band durch »v. Chr.« ersetzt.

2 Mittelalter

2.1 Einführung
2.2 Philosophen der arabisch-islamischen Kultur
2.3 Philosophie in der jüdischen Kultur
2.4 Frühmittelalterliche lateinische Philosophie
2.5 Das ›goldene Zeitalter‹ der Scholastik
2.6 Die Philosophie im späten Mittelalter

2.1 | Einführung

Das sogenannte ›Mittelalter‹ umfasst etwa den Zeitraum zwischen dem ausgehenden 5. und dem 16. Jh., mit intensiven Nachwirkungen bis in das 18. Jh. Im geographischen Raum Europas und Westasiens etablierten sich in diesem Zeitraum das Judentum, das Christentum und der Islam als neue dominante Formen des religiös-kulturellen Lebens. Zugleich wurden das materielle und das geistige **Erbe der griechisch-römischen Antike** intensiv rezipiert und durch neue kulturelle Errungenschaften angereichert und erweitert. Das Arabische, das Latein und das Hebräische waren in dieser Zeit die Leitsprachen der Wissenschaft und der Philosophie. Das Latein hatte dadurch einen Sonderstatus, dass es nicht die Muttersprache seiner Nutzer war. Die Philosophie wurde zum Inbegriff alles rational begründbaren Wissens. Sie wurde außerdem als ein spezielles **System von Lehren und Methoden** entwickelt, deren Vorbild in der Philosophie des Aristoteles gesehen wurde. Die mittelalterliche Philosophie ist die erste internationale Periode in der Philosophiegeschichte gewesen. In ihr vereinigten sich die Bewahrung und Pflege des geistigen Erbes antiker Philosophie und Wissenschaft mit grundsätzlichen eigenen Neuerungen und Korrekturen.

Frühes Mittelalter: Die erste eigenständige Entwicklungsperiode der Philosophie im Mittelalter liegt zwischen dem 9. und dem 12. Jh. Insbesondere **arabische und jüdische Philosophen** entwickelten zu dieser Zeit durch eine intensive Rezeption des griechischen Erbes die Philosophie auf allen Sektoren zu einem **enzyklopädischen System des Wissens**. In einem wesentlich bescheideneren Umfang und unter ungünstigeren Voraussetzungen wurden auch in den christlichen Klöstern und Kathedralschulen Westeuropas erste eigene philosophische Leistungen erbracht. Im 12. und im 13. Jh. stellte die christlich-lateinische Welt durch umfangreiche Übersetzungen arabischer und griechischer Texte in das Lateinische den Anschluss an die arabisch-islamische und die jüdische Philosophie her.

›Hohes‹ Mittelalter: Die nächste Entwicklungsperiode umfasst den Zeitraum zwischen dem Anfang des 13. Jh.s und der Mitte des 14. Jh.s. In dieser Periode entwickelte sich die mittelalterliche lateinische Philosophie zur vollen Reife. Es begann in ihr ein Prozess der allmählichen **Professionalisierung des Philosophierens**. In der historischen Gestalt der **Scholastik** erhielt die Philosophie nach ihren Formen, Inhalten und Methoden ein spezifisches Gepräge. Zu dieser Zeit bildeten sich erste philosophische Denkschulen heraus.

Spätmittelalter: In der Zeit zwischen der Mitte des 14. Jh. und dem 16. Jh. liegt die Periode der spätmittelalterlichen Philosophie West- und Mitteleuropas. Die mittelalterliche Philosophie trat zunehmend in Konkurrenz mit dem Renaissance-Humanismus und den sich emanzipierenden Naturwissenschaften. Neben Erscheinungen der Erstarrung und des Niedergangs wies die spätmittelalterliche Philosophie ein beachtliches Vermögen zur **Anpassung und Regeneration** auf.

2.2 | Mittelalter

Zeittafel

762	Gründung Bagdads
8.-15. Jh.	Arabisch-muslimische Herrschaft in Andalusien
800	Kaiserkrönung Karls des Großen in Rom
9./10. Jh.	Übersetzungen vieler Werke der antiken griechischen Philosophie und Wissenschaft in das Arabische
9.-12. Jh.	Zeit der vollen Blüte der arabischen und jüdischen Philosophie; Lateinische Philosophie an Klöstern und Kathedralschulen West- und Mitteleuropas
um 1080	Anselm von Canterbury verfasst das *Monologion* und das *Proslogion*
11. Jh.	Beginn des philosophischen Lebens im muslimisch beherrschten Andalusien
12./13. Jh.	Umfangreiche Übersetzungen von philosophischen Texten aus dem Arabischen bzw. Griechischen in das Lateinische; die aristotelische Philosophie und ihre Interpretation durch den Araber Averroës setzen sich im lateinischen Westen auf lange Zeit durch
seit dem 13. Jh.	Philosophie wird universitäres Lehrfach; die »Artistenfakultät« ist als philosophische Fakultät die Basis und der Kern der mittelalterlichen Universitäten
1248	Gründung der zentralen Ausbildungsstätte des Ordens der Dominikaner in Köln als erster Hochschule in Deutschland; Beginn des Wirkens Alberts des Großen
1250–1350	Volle Blüte der scholastischen Philosophie; Entstehen erster philosophischer Denkschulen
1277	Verurteilung von 219 philosophischen Thesen des Averroismus und Aristotelismus durch den Pariser Bischof Étienne Tempier
1348	Gründung der Universität in Prag als erster mitteleuropäischer Universität
1348/49	Große Pestepidemie in Europa
15. Jh.	»Wegestreit« zwischen der *via antiqua* und der *via moderna*: philosophischer Grundlagenstreit an vielen europäischen Universitäten
1492	Eroberung des Emirats von Granada durch christliche Heere: Ende der muslimischen Herrschaft in Andalusien; Vertreibung der Juden aus Spanien

2.2 | Philosophen der arabisch-islamischen Kultur

Al-Farabi (gest. 950), ein aus Mittelasien stammender Philosoph, der in Iran, in Bagdad und in Nordsyrien wirkte, trug entscheidend zur systematischen Aufbereitung des antiken philosophischen Erbes in der mittelalterlichen islamischen Kultur bei. Ihm wurde der ehrenvolle Titel »**Zweiter Lehrer**« zuteil, weil man ihn **nach Aristoteles**, dem »Ersten Lehrer«, an die zweite Stelle der philosophischen Autoritäten setzte. Er zeigte in seinem umfangreichen philosophischen Werk, wie die Philosophien von Platon und Aristoteles (s. Kap. I.1.5 und I.1.6) in der Theorie und der Praxis seiner Zeit nutzbar gemacht werden konnten. Selbst die Religion des Islam erschien ihm als eine praktische Anwendung und Umsetzung von philosophischem Wissen. Al-Farabi war als Logiker, Erkenntnistheoretiker, Metaphysiker und Ethiker im arabisch-islamischen Raum und darüber hinaus anerkannt. Der **Neuplatonismus** bildete den Rahmen seines philosophischen Denkens. Er betonte besonders die Einheit von philosophischer Theorie und politischer bzw. gesellschaftlicher Praxis. Das erfolgreiche Streben der Menschen nach einem erfüllten Leben (d. h. dem Glück) im sozialen Kontext unter der Anleitung eines Herrscher-Philosophen-Propheten stand im Mittelpunkt seiner ethisch-politischen Schriften (*Die Staatsleitung, Der vollkommene Staat, Von der Erlangung des Glücks* usw.), die sich auf Lehren von Platon und Aristoteles stützen.

In seiner Schrift *Über die Wissenschaften* entwickelte Al-Farabi u. a. eine einflussreiche **Lehre von den Wissenschaften**. Sie wurde später auch ins Lateinische übersetzt und dadurch im mittelalterlichen Europa bekannt. Die Philosophie wird in dieser Lehre von den Wissenschaften als ein be-

Mittelalter

Philosophen der arabisch-islamischen Kultur

sonderes Subsystem von lehr- und lernbaren theoretischen und praktischen Disziplinen aufgefasst. Das **Gesamtsystem der Wissenschaften** war nach Al-Farabi wie folgt aufgebaut:
1. Wissenschaft der Sprache
2. Logik
3. Mathematik (d. h. Arithmetik, Geometrie, Optik, mathematische Astronomie, Wissenschaft von der Musik, Lehre von den Gewichtsbestimmungen, Ingenieurkunst)
4. Naturwissenschaften und Metaphysik
5. Politische Wissenschaft, Jurisprudenz und Theologie

Die Philosophie (d. h. die Logik, die Naturphilosophie, die Metaphysik und die politische Ethik) bildet den Kern dieses Wissenschaftssystems. Mit dessen Hilfe sollte den muslimischen Gläubigen die **große Bedeutung eines rationalen Denkens und Handelns** für das gesamte menschliche Leben verdeutlicht werden. Indem Al-Farabi auch die Ingenieurkunst in dieses System aufnahm, erweiterte er das alte Wissenschaftsverständnis der Antike um eine bedeutende praktische Komponente. Er vereinigte in seinem Konzept von der Wissenschaft die Philosophien von Platon und Aristoteles mit dem wissenschaftlichen Bildungssystem seiner Zeit und mit einer rationalisierten Religion.

Ibn Sina (980–1037), ein gebürtiger Perser aus Mittelasien, setzte die Tradition des neuplatonischen Philosophierens des Al-Farabi direkt fort. Im lateinischen Mittelalter kannte man einige seiner Schriften unter dem Autornamen ›**Avicenna**‹. Er war ein enzyklopädisch gebildeter Denker, der als Arzt, Naturforscher, Philosoph und Politiker wirkte. Seine arabisch oder persisch verfassten Schriften umfassen ungefähr 200 Einzelabhandlungen (vgl. Strohmaier 2006). Unter ihnen sind insbesondere sein medizinisches Hauptwerk, der *Kanon in der Medizin*, und sein philosophisches Hauptwerk, *Das Buch der Genesung* (*Kitab asch-schifa*), hervorzuheben. Der Titel dieses philosophischen Hauptwerks macht mit dem Begriff der ›Genesung‹ das traditionelle therapeutische Anliegen des Philosophierens deutlich. Es geht um die **Gesundung der Seele** der Menschen durch umfassenden Wissenserwerb. Insofern korrespondieren auch in Ibn Sinas Philosophieverständnis das theoretische und das praktische Anliegen der Philosophie miteinander: Eine umfassende Erklärung der Welt und die dadurch mögliche Orientierung für das Handeln und das Selbstverständnis der Menschen lassen sich nicht voneinander trennen. Dies muss allerdings systematisch herausgearbeitet und begründet werden. Um diese Aufgabe zu lösen, versah Ibn Sina sein *Buch der Genesung* mit der folgenden systematischen Gliederung in die folgenden Hauptabschnitte:

1. Logik
2. Naturphilosophie (›Physik‹)
3. Mathematik (Geometrie, Arithmetik, Musik, Astronomie)
4. Metaphysik

Buch der Genesung

Summe der Philosophie: Eine philosophische Summe, also ein vollständiger systematischer Überblick, war das Ergebnis von Ibn Sinas gewaltigem Projekt. Der Metaphysik als der Lehre vom Sein kam in ihr eine zentrale Bedeutung zu. In Anlehnung an die Vorleistungen von Aristoteles, Al-Farabi und neuplatonischer Philosophen schuf er ein in sich geschlossenes gedankliches System. Dieses erklärt das **Hervorgehen der Welt** als einen Prozess der Emanation **aus dem sogenannten ›Notwendig Seienden‹**, d. h. Gott. Zwischen den göttlichen Ursprung, der ein denkendes Wesen darstellt, und der rein passiven Materie lässt Ibn Sina die sogenannten ›**Intellekte**‹ als geistige aktive Vermittlungsprinzipien treten. Unter den zehn ›Intellekten‹, die untereinander hierarchisch geordnet sind und die Bewegungen der Gestirne steuern sollen, kommt dem untersten Intellekt, dem sogenannten »aktiven Intellekt«, in Ibn Sinas Modell eine besondere Funktion zu: Der »aktive Intellekt« ist der oberste Ordner der irdischen Welt, indem er als ein »Geber der Formen« (lat. *dator formarum*) wirkt. Dies bedeutet, dass er die Qualitäten der Dinge und die Strukturen in der irdischen Welt bestimmen soll. Zugleich schrieb Ibn Sina dem »aktiven Intellekt« auch die Funktion zu, den menschlichen Verstand mit allgemeinen Begriffen und unmittelbaren Einsichten zu versorgen. Damit war er also in Ibn Sinas philosophischem Modell sowohl als ein **ontologisches Prinzip** der objektiven Weltordnung, als auch als ein **gnoseologisches Prinzip** der Abstraktion und der Intuition bestimmt worden. Mit diesem spekulativen Konstrukt kann Ibn Sina die innere Verwandtschaft von objektiver Weltordnung, göttlicher Weisheit und den Inhalten unserer Erkenntnis plausibel machen.

Lehre vom Menschen: Durch das Zusammenwirken des »aktiven Intellekts«, der ›äußeren Sinne‹, der ›inneren Sinne‹ und der ›Denkkraft‹ der menschlichen Seele erklärt Ibn Sina den menschlichen Erkenntnisprozess. Er versteht den Menschen als eine **Zusammensetzung zweier Substanzen**, des Körpers und des Geistes bzw. der

2.2 Mittelalter

Philosophen der arabisch-islamischen Kultur

Seele. Das Spektrum der menschlichen Anlagen erstreckt sich nach Ibn Sina von den absolut Unbegabten bis zu den Propheten, welche die Fähigkeit zur Vorausschau der Zukunft und zum Bewirken von Wundern besitzen. Diesem Spektrum von Anlagen entspricht auch eine **Staffelung der Möglichkeiten, glücklich zu werden**. In der Fähigkeit zur intellektuellen Erkenntnis auf Grund der ›theoretischen Tugenden‹ und schließlich in der Erlangung des Prophetentums sah er die höchsten Formen des menschlichen Glücks in der **Gemeinschaft der Menschen**. Diese anthropologischen Überlegungen Ibn Sinas ermöglichten einen direkten Anschluss seiner Philosophie an die islamische Religion. Allerdings verzichtete Ibn Sina auf die Lehre von der Schöpfung der Welt aus dem Nichts und auf die Annahme einer körperlichen Auferstehung nach dem Tod. Dadurch kam es später zu Konflikten mit der islamischen Theologie.

Das Sein und seine Arten: Ibn Sina hatte in seiner Metaphysik alles Seiende in das ›Notwendig Seiende‹, also Gott, und das ›mögliche bzw. kontingente Seiende‹ außerhalb Gottes eingeteilt. Damit wird die **Kontingenz**, d. h. das nur mögliche und nicht notwendige Sein, zu einem charakteristischen **Attribut der Welt**. Dies hat zur Folge, dass die ›Existenz‹ der weltlichen Dinge nicht unmittelbar gegeben ist, wie das bei Gott, der Himmelsregion und den seelischen und geistigen Kräften der Fall sei, da hier das mögliche und das notwendige Sein unmittelbar übereinstimmten. Die ›Existenz‹ der weltlichen Dinge sei eine nur mögliche, die durch eine äußere Instanz zu einer wirklichen gemacht werden könne. Damit hatte Ibn Sina einen differenzierten metaphysischen Begriff des Seins herausgearbeitet. Er vermied auf diesem Weg eine Gleichsetzung von himmlischem und irdischem Dasein. Er vermied aber auch die extremen Positionen der Weltbetrachtung, die entweder alles Geschehen in der Welt als eine Kette notwendiger Ereignisse oder aber als ein Produkt von göttlicher Willkür interpretierten. Ibn Sina hatte mit seiner **Modalmetaphysik** (der Theorie des Verhältnisses zwischen Möglichkeit, Kontingenz, Notwendigkeit und Existenz) ein einflussreiches neues Konzept geschaffen.

Metaphysischer Begriff des Seins

Er wirkte bereits zu Lebzeiten **schulbildend**. Viele Philosophen im arabischen Osten und im muslimischen Spanien bezogen sich später immer wieder auf seine Lehren. Allerdings gab es auch heftige Kritiken von theologischen Gegnern. Die lateinischen Philosophen und Mediziner des europäischen Mittelalters lernten später durch Übersetzungen in das Lateinische wichtige Teile des *Buchs der Genesung* (die Metaphysik und Theorie der Seele) und den *Kanon in der Medizin* kennen. Sie knüpften an Ibn Sinas Philosophie als eine eigenständige philosophische Synthese neben der Philosophie des Aristoteles an.

Ibn Ruschd (1126–1198) war der ›Vollender‹ der an dem Werk des Aristoteles orientierten arabischen Philosophie. Er lebte und wirkte als islamischer Richter und als Arzt im muslimischen Andalusien, also im Süden der iberischen Halbinsel. Seine zahlreichen Schriften betrafen vor allem die Philosophie, außerdem auch das Recht und die Medizin. Im lateinischen Mittelalter lernten die gebildeten Theologen und Philosophen viele seiner Schriften unter dem Autornamen ›**Averroës**‹ kennen. Sein philosophisches Werk wurde durch zahlreiche Übersetzungen im Mittelalter vor allem von christlichen und jüdischen Intellektuellen mit großem Interesse aufgenommen. Unter den Muslimen aber blieb es lange Zeit unbekannt. Dies war auf ein wachsendes Übergewicht konservativ und orthodox denkender Kreise in den muslimisch beherrschten Territorien zurückzuführen.

Philosophische Kommentare: Im lateinischen Mittelalter wurde der Philosoph Averroës vor allem unter dem Beinamen ›Der Kommentator‹ bekannt. Dieser Name war seinem umfangreichen Werk von **Kommentaren zu den philosophischen Werken des Aristoteles** zu verdanken. Diese Kommentare entstanden in dreierlei Form:
- Als **Kurzer Kommentar** (Epitomé), der weitgehend unhabhängig vom Wortlaut der Vorlage deren gedanklichen Gehalt erläutert,
- als **Mittlerer Kommentar**, der eine Paraphrase bestimmter Textabschnitte der Vorlage liefert,
- als **Großer Kommentar**, der den vollständigen Originaltext der Vorlage und dessen umfangreiche Interpretation liefert.

In der Zeit vom 13. Jh. bis in das 16. Jh. hinein gehörten viele Aristoteles-Kommentare des Ibn Ruschd in Verbindung mit den Werktexten des Aristoteles zur philosophischen Pflichtlektüre in Europa. Sein Kommentar zu Platons Schrift *Politeia* hingegen wurde zunächst nur in das Hebräische übersetzt und blieb den mittelalterlichen lateinischen Philosophen unbekannt.

Die Lehre vom Intellekt: Von besonderem Gewicht für die philosophische Entwicklung Europas seit dem 13. Jh. erwies sich vor allem Ibn Ruschds Lehre von einem einheitlichen unsterblichen Intellekt der Gattung ›Mensch‹. Er hatte sie in seinem

Großen Kommentar zu Aristoteles' Schrift *Über die Seele* herausgearbeitet. Er knüpfte dabei in kritischer Weise an die vorliegenden Lehren vom Intellekt an, wie sie in der Antike von Aristoteles selbst und von dessen späteren Kommentatoren entwickelt wurden. Ibn Ruschd versuchte mit dieser Lehre sowohl eine verständliche Interpretation einer schwierigen Textstelle bei Aristoteles zu geben, als auch die allgemeinen Strukturen des Erkenntnisprozesses, einschließlich dessen Inhalte und Resultate, zu erklären. Dabei setzte er sich kritisch mit anderen Auffassungen auseinander. Durch seine **Annahme eines einheitlichen unsterblichen Intellekts aller Menschen** erschien es ihm als garantiert, dass alle Menschen an allen Orten und zu allen Zeiten von einheitlichen Grundprinzipien und Grundbegriffen im Streben nach Erkenntnis ausgehen konnten und mussten, die auch nicht durch den physischen Tod der einzelnen Menschen verloren gingen.

Die individuelle Unsterblichkeit der Seele war damit nicht mehr, so wie noch bei Platon, zentral für seine Erkenntnislehre. Den Träger dieser Funktion eines Garanten einheitlicher Grundprinzipien und Grundbegriffe bezeichnete er speziell als »hylischen Intellekt«. Dieser ist die **passive Komponente des intellektuellen Erkennens**, eine Art intellektueller Matrix, in die die Produkte des Wahrnehmungs- und Abstraktionsprozesses eingeordnet werden. Diese Matrix aber soll dem Menschen nicht durch materielle Prozesse und Strukturen bereits bei der Geburt verliehen werden, sondern ein rein ideelles unverlierbares Stammgut der Menschheit als ganzer darstellen. Der »hylische Intellekt« erweist sich seinerseits im Vorgang des Erkennens auf den »aktiven Intellekt« angewiesen, der bei Ibn Ruschd so wie bei Ibn Sina eine **kosmische Instanz** sein soll, die den Prozess der begrifflichen Abstraktionen bei den Menschen auslöst. Beide Teilfaktoren, also der »hylische« und der »aktive Intellekt«, sind im Modell des Ibn Ruschd immateriell und ewig.

Seine komplizierte Erkenntnistheorie kann als ein Versuch interpretiert werden, das Erkennen der Menschen als ein Zusammenspiel von objektiven und subjektiven, von externen und internen, von individuellen und allgemeinen Komponenten zu bestimmen. Die **Philosophie als eine besondere Wissens- und Erkenntnisform** der Menschen existiert für Ibn Ruschd solange, wie es Menschen gibt – also (für ihn) schon immer. Sie ist gleichsam der manifeste Beweis für die Annahme eines einheitlichen Gattungsintellekts aller Menschen, denn in ihr vollenden sich für Ibn Ruschd die Erkenntnismöglichkeiten der Menschen durch theoretische Einsicht und logisches Folgern. Am allgemeinen »hylischen Intellekt« partizipieren alle Menschen, doch nicht alle erreichen auch die intellektuelle Perfektion, die erst das philosophische Denken ermöglicht. In Aristoteles wiederum sah er das unübertreffbare Vorbild aller Philosophie.

Verhältnis von Religion und Philosophie: Ibn Ruschd ging in einigen theologischen Schriften auch auf das Verhältnis von Religion und Philosophie ein. Insbesondere in der polemischen Schrift *Die Inkohärenz der Inkohärenz (Tahāfut at-tahāfut)* und in der Schrift *Die entscheidende Abhandlung (Faṣl al-maqāl)* nahm er die Philosophie gegen Verdächtigungen durch Theologen in Schutz, dass in der Philosophie der ›Unglaube‹ propagiert werde. Er plädierte für ein harmonisches Verhältnis zwischen Philosophie und Religion. Zwar gab es für Ibn Ruschd nur eine einzige Wahrheit, aber die Wege zu ihr und die dafür gebrauchten Instrumente konnten sich unterscheiden.

Die Kommentare zu den Schriften des Aristoteles und die anderen Schriften des Ibn Ruschd zeigen einen ausgeprägten **Rationalismus**. Der Gebrauch der Vernunft kann für ihn durch nichts und niemanden verboten oder eingeschränkt werden. Allerdings gilt dies auch für die **Anerkennung der religiösen Glaubensinhalte**. Gegenüber Glaubensabweichlern war Ibn Ruschd unerbittlich und verlangte sogar deren Tötung. Seinem Rationalismus fehlte also der moderne Gedanke der Toleranz.

Vor allem die folgenden **philosophischen Inhalte seiner Schriften** sind hervorzuheben:
- die Lehre vom einheitlichen unsterblichen Gattungsintellekt der Menschen,
- die durchgehende deterministische Erklärung der Welt als ganzer entsprechend den Prinzipien des Aristoteles,
- die Lehre von der Ewigkeit der Welt,
- die Gleichsetzung des menschlichen Glücks mit der theoretischen und praktischen Weisheit, wie sie die Philosophie erreicht.

Ibn Tufail (ca. 1110–1185), Arzt, Philosoph und älterer Zeitgenosse und Bekannte Ibn Ruschds, verfasste in der zweiten Hälfte des 12. Jh.s einen philosophischen Bildungsroman mit dem Titel *Der*

Aristoteles (Detail aus dem Wandteppich »Rose von Heiningen«, 1516)

Lebende, Sohn des Wachenden (*Hayy ibn Yaqzān*). Der Roman erzählt von einem Naturmenschen, der, ganz auf sich allein gestellt, auf einer Insel aufwächst. Nur mittels Beobachtung und Reflexion gelangt dieser zu philosophischen Einsichten über das Wesen der Natur, des Menschen, der Welt und Gottes. Ibn Tufail vermittelt damit die Einsicht, dass das philosophische Wissen eine vollkommene **rationale Erkenntnisweise auf natürlicher Grundlage** darstellt. Der Roman erzählt im Anschluss daran von einer Begegnung des philosophischen Autodidakten mit gläubigen Muslimen. Im Gedankenaustausch zwischen ihnen lässt Ibn Tufail die Unterschiede und auch die Übereinstimmungen zwischen der Philosophie und der islamischen Religion hervortreten.

Während die Schrift unter den Muslimen des Mittelalters, für die sie geschrieben wurde, wenig Beachtung fand, wurde sie in der frühen Neuzeit (bis in das 17. und 18. Jh. hinein) im übrigen Europa von einigen Philosophen und Literaten mit Interesse aufgenommen (z. B. durch Leibniz und Spinoza, s. Kap. I.4.2). Hier spielte das Problem eine Rolle, wie das **Verhältnis zwischen religiösem und rational-philosophischem Denken** auszugestalten sei. Sowohl im Mittelalter wie in der Aufklärung war die Behandlung dieses Problems eine zentrale Aufgabe der Philosophie. Ibn Tufails Schrift ist unabhängig davon auch aus weiteren Gründen philosophisch beachtenswert: Sie verknüpft die Erkenntnistheorie mit der Naturphilosophie, der Ethik und der Metaphysik – und sie rekapituliert darüber hinaus den historischen **Verlauf des philosophischen Denkens im muslimischen Andalusien**. Dem Leser wird durch die Ausführungen des Autors klar, dass dieser historische Verlauf von wachsenden Spannungen zwischen philosophischem und religiösem Denken geprägt war. Ibn Tufail wollte mit seiner Schrift zu einem Abbau dieser Spannungen beitragen. Dabei hielt er den Anspruch der Philosophie, der Wahrheitserkenntnis zu dienen, aufrecht.

Werke der islamisch-arabischen Philosophie	
zw. 908 und 942	Al-Farabi: *Über die Wissenschaften*
ca. 1020–27	Ibn Sina: *Das Buch der Genesung*
ca. 1179/80	Ibn Ruschd: *Die entscheidende Abhandlung und die Urteilsfällung*
ca. 1180	Ibn Ruschd: *Die Inkohärenz der Inkohärenz*
ca. 1177–82	Ibn Tufail: *Der Lebende, Sohn des Wachenden*

2.3 | Philosophie in der jüdischen Kultur

Die jüdischen Philosophen des Mittelalters knüpften ebenfalls an das vorliegende philosophische Erbe an. Sie lebten in den arabisch-islamischen oder den christlich geprägten Kulturen des Nahen Ostens, Nordafrikas und Westeuropas. Der Neuplatonismus (s. Kap. I.1.9) bot sich ihnen zunächst als bevorzugtes gedankliches Bezugssystem für die Entwicklung eigener philosophischer Überlegungen an (vgl. Guttmann 1985; Simon/Simon 1984).

Isaak ben Salomo Israeli (ca. 850–950), ein aus Ägypten stammender Arzt und Philosoph, eröffnet die Reihe der jüdischen Neuplatoniker. Er ist der einzige jüdische Philosoph, von dem es eine gedruckte lateinische Werkausgabe gibt. Zu seinen in arabischer Sprache verfassten Schriften gehören u. a. Abhandlungen mit den Titeln *Buch der Definitionen*, *Buch der Elemente*, *Buch der Fieber* oder *Buch vom Urin*. Als das Anliegen der Philosophie bezeichnete er in seinem *Buch der Definitionen* die **Angleichung an die Werke des Schöpfers** entsprechend der Möglichkeit des Menschen. Damit verknüpfte Israeli eine alte platonische Formel (Philosophie sei eine ›Angleichung an Gott‹) mit der religiösen Vorstellung der Weltschöpfung durch Gott aus dem Nichts. Die Materie bestimmte er als die erste Schöpfung Gottes und verlieh ihr damit einen viel höheren, positiven Rang als im ursprünglichen Neuplatonismus. Die weitere Konstituierung der Welt nach einem ursprünglichen Schöpfungsakt führte Israeli auf die sogenannte ›Emanation‹ zurück, also ein stufenartiges Herausfließen niederer Seinsbestandteile aus höheren. Den Menschen schrieb Israeli die lösbare Aufgabe zu, durch die Erkenntnis der Dinge und die Befreiung von ihren Leidenschaften und Begierden einen geistigen Aufstieg zu vollziehen, dessen Ziel die Vereinigung mit einem »Licht der Weisheit« ist, was direkt auf Gott zurückgeht.

Mittelalter

Philosophie in der jüdischen Kultur

Salomon Ibn Gabirol (ca. 1020 – ca. 1058), Philosoph und Dichter, begründete den jüdischen Neuplatonismus bzw. die arabischsprachige Philosophie überhaupt auf der iberischen Halbinsel. Er verfasste u. a. das religiös-philosophische Lehrgedicht *Königskrone* und das Dialogwerk *Quelle des Lebens* (lat. *Fons vitae*). Unter den Autornamen ›Avencebrol‹ oder ›Avicebron‹ lernten die lateinischen Gelehrten die Schrift *Quelle des Lebens* durch eine Übersetzung ins Lateinische aus dem 12. Jh. kennen. Das arabische Original der Schrift ist verlorengegangen. Eine spätere gekürzte Übersetzung vom Arabischen in das Hebräische hat offenbar keine nachweisbare Wirkung hinterlassen. Die lateinische Übersetzung war hingegen von nachhaltigem Einfluss in der scholastischen Philosophie und darüber hinaus. Obwohl Ibn Gabirol ein gläubiger Jude war, verzichtete er in seiner *Quelle des Lebens* auf jeglichen Bezug auf die Bibel.

In der *Quelle des Lebens* werden **zentrale Theoreme der neuplatonischen Philosophie** den umfangreichen Ausführungen zugrunde gelegt. Im Einzelnen betrifft dies:

- die Erklärung des Entstehens der Welt durch eine ›Emanation‹ aus der göttlichen Urquelle,
- die Verknüpfung von menschlicher Selbsterkenntnis mit der Erkenntnis der Welt und ihres göttlichen Ursprungs.

Auch ein zentrales Theorem aus der aristotelischen Philosophie gehört zu den Voraussetzungen Ibn Gabirols: der **Hylemorphismus**, also die Behauptung, dass sich alles Seiende aus Stoff-Form-Komplexen zusammensetzt. Und nicht zuletzt übernahm der Autor die religiöse Annahme eines persönlichen Schöpfergottes in seine gedanklichen Voraussetzungen. Ibn Gabirol fügte diesen Grundannahmen zwei neue Gedanken hinzu, die er ausführlich erörterte:

- Es gibt eine ›**universelle Materie**‹, die der universelle, unkörperliche und unsichtbare Träger aller ›Formen‹ ist.
- Es gibt einen **Willen des Weltschöpfers**, der die ganze Welt durchdringt.

Ibn Gabirol konnte mit diesen Voraussetzungen auf eine neue Weise die Einheit und die Differenziertheit des Weltaufbaus beschreiben. Seine **Aufwertung des Materie-Prinzips** im Rahmen der neuplatonischen Philosophie löste in der lateinischen Scholastik umfangreiche Debatten aus. Allerdings ist zu beachten, dass Ibn Gabirol unter ›Materie‹ nicht dasselbe wie ›Körperlichkeit‹, sondern das Prinzip der inneren Differenziertheit alles Seienden verstand. Er war kein Materialist. Auch seine Kombination der religiösen Schöpfungsidee mit der philosophischen Idee der Emanation führte zu intensiven Debatten bei seinen späteren Interpreten.

Mose ben Maimon (1135–1204), Philosoph, Theologe und Arzt, auch als **Maimonides** oder Rabbi Moyses bekannt, führte das philosophische Denken im mittelalterlichen Judentum zu einem Höhepunkt. Er wurde im andalusischen Cordoba geboren, das er aber wegen der religiösen Verfolgungen Andersdenkender durch die damaligen islamischen Herrscher verlassen musste. Er ließ sich im nordafrikanischen Alt-Kairo nieder. Neben seinen theologischen und medizinischen Schriften begründete vor allem sein in Alt-Kairo in arabischer Sprache verfasstes Werk *Führer der Unschlüssigen* (entstanden zwischen 1180 und 1190) seine Stellung als gelehrte Autorität unter seinen Glaubensgenossen. Diese Schrift wurde noch zu seinen Lebzeiten ins Hebräische und vor 1240 ins Lateinische übersetzt.

Der *Führer der Unschlüssigen* schließt sich in philosophischer Hinsicht weitestgehend der aristotelischen Philosophie an. Diese war für Mose ben Maimon als **Methode strenger Beweisführungen** und als rationale theoretische Erklärung des Aufbaus der Welt die Basis des rationalen Denkens überhaupt, auch für den gebildeten gläubigen Juden. Zugleich zeigt er, wie die Unterschiede und Gegensätze zwischen der Philosophie und den religiösen Vorschriften des Judentums zu verstehen sind. Ihm ging es um ein konfliktfreies Nebeneinander beider Ideenwelten. So benutzt er die Begriffe und Theoreme der aristotelischen Philosophie, um das **Dasein, die Einzigkeit und die Unkörperlichkeit Gottes** zu beweisen.

Philosophie und religiöse Vorschriften des Judentums

Bei der weltanschaulichen Grundfrage, ob die Welt ewig oder geschaffen sei, äußert er hingegen die Meinung, dass diese Frage **durch keinen wissenschaftlichen Beweis** entscheidbar sei. Damit tritt er den Argumentationen christlicher und islamischer Theologen für die Annahme einer göttlichen Weltschöpfung entgegen. Denn in diesen Beweisen würde in unzulässiger Weise von der durch den Menschen erfahrbaren Wirklichkeit abstrahiert. Er selbst vertrat die **These des Erschaffenseins der Welt**, da sie durch die Prophetie verkündet wurde. Dieses Erschaffensein aber erfolgte seiner Meinung nach nicht in der Zeit, sondern durch ein Prinzip. Zugleich räumt er ein, dass die Welt auf ewig fortexistieren kann.

Er sah zwischen dem Gebrauch der Vernunft durch den Menschen und der regierenden Obhut

2.3 Mittelalter

Philosophie in der jüdischen Kultur

Gottes gegenüber der Welt eine Analogie. Die göttliche Vorsehung betreffe nicht die Vorgänge in der Natur, sondern lediglich die menschlichen Individuen. Durch sie sei garantiert, dass die Verhältnisse zwischen den Menschen nach den Normen der Gerechtigkeit gestaltet werden. Dem Menschen wird grundsätzlich die freie Wahlentscheidung in seinen Handlungen überlassen. Hinsichtlich der Frage, worin das **Wesen des menschlichen Glücks** besteht, äußerte sich Mose ben Maimon so, dass er das Glück mit der Erkenntnis Gottes, der Liebe zu Gott und dem Glauben an Gott gleichsetzte.

Die Philosophie des Mose ben Maimon war auf das Verhältnis von Gott, Welt und Mensch konzentriert. Sie war rationalistisch. Nach seinem Tod führten seine Ansichten bei jüdischen und christlichen Philosophen und Theologen zu heftigen Debatten. Die philosophische Gotteslehre des Mose ben Maimon erfuhr eine interessierte Aufnahme durch bedeutende scholastische Gelehrte des 13. und des 14. Jh.s. Auch Nikolaus von Kues äußerte sich anerkennend über sie.

Lewi ben Gershom: Der Philosoph, Bibelexeget, Mathematiker, Astronom und Arzt Lewi ben Gershom (auch ›Gersonides‹ genannt) lebte und wirkte von 1288 bis 1344 im südlichen Frankreich. Seine philosophischen Überlegungen legte er ausführlich in seinem Hauptwerk *Die Kämpfe Gottes* (entstanden zwischen 1317 und 1329) dar.

Den Philosophen Aristoteles, Ibn Ruschd und Mose ben Maimon verdankte er die wesentlichen Anregungen und Voraussetzungen für seine eigenen Ideen. In der von ihm angewandten Methodik der Untersuchung und der Darstellung nutzte er eine **dialektische Pro-Contra-Argumentation**, wie sie auch in der zeitgleichen lateinischen Scholastik üblich war (vgl. Wöhler 2006). In der Philosophie und der Astronomie kam er zu neuen Ansichten und Erkenntnissen, die stellenweise über die klassischen Vorbilder Aristoteles und Ptolemaios hinausführten. Sein Hauptziel bestand darin, die **inhaltliche Übereinstimmung von jüdischer Religion und Philosophie** durch die **Anwendung rationaler Erkenntnismittel** aufzuzeigen. Diesem Ziel dienten auch seine umfangreichen kritischen Bemerkungen zu anderen philosophischen Auffassungen in seinem Werk. Die Philosophie war für ihn keine in sich abgeschlossene Lehre, sondern ein entwicklungsfähiges System aus Theorien und Methoden, das der Wahrheitsfindung dient. Den theoretischen Rahmen bildete für ihn die **aristotelische Philosophie**, einschließlich der unterschiedlichen Interpretationen, wie sie vor allem von Ibn Ruschd bekannt geworden waren.

In seiner Schrift *Die Kämpfe Gottes* werden in jeweils selbständigen Abhandlungen nacheinander die folgenden Themen untersucht:
- Das Problem der Unsterblichkeit der Seele,
- die Vorhersagbarkeit der Zukunft im Traum, in der Offenbarung und in der Prophetie,
- das Problem des göttlichen Wissens um die Einzeldinge in der Welt,
- die göttliche Vorsehung in der Welt,
- die Himmelssphären und deren Beweger,
- die Schöpfung der Welt durch Gott.

Lewi ben Gershom sah in einer überzeugenden Beantwortung der aufgeworfenen Probleme die entscheidende Voraussetzung dafür, **dass die Menschen glücklich werden können**. In den einzelnen Abhandlungen wurden von ihm erkenntnistheoretische, religionsphilosophische und naturphilosophische Reflexionen miteinander verknüpft. Er ging davon aus, dass die Welt als ein Ganzes in ihrem Aufbau und ihrer Funktionsweise durch einen rational vorgehenden Schöpfergott, durch die Wirkung der Gestirne und deren geistigen Beweger bestimmt wird. Der Mensch steht in ihrem Mittelpunkt. Die Begrenztheit des menschlichen Intellekts gestatte den Menschen aber nur eine teilweise Erkenntnis der gegebenen Zusammenhänge. Je nach dem Umfang und dem Grad an Erkenntnis können die Menschen aber glücklich werden. Er nahm die Unvergänglichkeit der erlangten Erkenntnisse auch nach dem physischen Tod der Menschen an und sah darin den Grund für eine **individuelle Unvergänglichkeit der Menschen**. Nicht also der menschliche Leib oder die Seele, sondern die Summe des durch den einzelnen Menschen erlangten Wissens sollen unvergänglich sein. Das Glück und die Würde der Menschen werden damit als intellektuelle Eigenleistungen bewertet.

Lewi ben Gershom bejahte auch die Annahme einer **Schöpfung der Welt durch Gott**. Diese Schöpfung aber sollte nicht aus dem Nichts erfolgen, sondern durch die göttliche Formung eines vorhandenen ungeschaffenen Urstoffes. Dadurch sollten eigene Strukturen der Welt geschaffen werden, die in ihr unvergänglich und ohne die Mitwirkung Gottes erhalten bleiben sollten. Mit dieser Interpretation des Schöpfungsbegriffs folgte Lewi ben Gershom inhaltlich den Auffassungen Platons (s. Kap. I.1.5).

Seine philosophischen Ansichten hatte Lewi ben Gershom auch in ›Superkommentaren‹ (also in Kommentaren zu Kommentaren) zu Schriften des Aristoteles entwickelt: Er fertigte Kommentare zu den Kommentaren des Ibn Ruschd an, die sich auf das *Organon* des Aristoteles und dessen Schrift *Über die Seele* beziehen.

Die Tradition und die Innovation, das rationale Argumentieren und den religiösen Glauben, den Meinungsstreit und das Streben nach Erkenntnis verband der jüdische Philosoph in beeindruckender Weise miteinander. Für ihn gab es nur eine einzige Wahrheit, die von der Thora, der Wissenschaft und der Philosophie auf jeweils eigene Art ans Licht gebracht wurde. Sein **betont rationaler Denkansatz** ist historisch bemerkenswert. Unter seinen Glaubensgenossen aber erregte er deshalb auch Ablehnung. Eine nachhaltige positive Wirkung blieb seinem Werk im Mittelalter versagt. Erst in neuerer Zeit wird es wieder intensiv erforscht.

Neue Akzente: Die Entwicklungen des philosophischen Denkens im spätmittelalterlichen Judentum brachten nach Lewi ben Gershom insofern neue Akzente, als das Übergewicht, das die Lehren des Aristoteles und seines Kommentators Ibn Ruschd (Averroës) bis in das 14. Jh. hatten, allmählich aufgehoben wurde. Ein markantes Beispiel für diese Tendenz ist die religionsphilosophische Schrift *Gotteslicht* des **Chasdai Crescas** (1340–1412). Der Autor lebte und wirkte in Katalonien und Aragonien als führender Vertreter der dortigen jüdischen Gemeinschaft. Die genannte Schrift wurde in hebräischer Sprache verfasst und im Jahr 1410 vollendet. Crescas greift in ihr direkt die philosophischen Grundlagen des *Führers der Unschlüssigen* von Mose ben Maimon an. Es handelt sich dabei um eine Reihe von Theoremen aus der aristotelischen Philosophie, die Mose ben Maimon dem zweiten Teil seines Werks als Axiome vorangestellt hatte. Damit wird die zentrale Rolle der aristotelischen Philosophie für die Begründung und Verteidigung der Inhalte der jüdischen Religion grundsätzlich in Zweifel gezogen. Im Einzelnen geht es um die Entkräftung der aristotelischen Theorien über den Raum, die Zeit, über Gott und die Welt. Diese Theorien werden von Crescas als unhaltbar kritisiert. Er setzte z. B. dem aristotelischen Begriff von Raum als Umrandung von Körpern die Annahme entgegen, den **Raum als eine abstrakte dreidimensionale Ausdehnung** ohne die Anwesenheit von Körpern zu verstehen.

Prophetie und Tradition: Die Richtigkeit der religiösen Überzeugungen beruhte für Crescas auf der Prophetie und sei darüber hinaus durch die Tradition gesichert. Aber auch philosophische Argumente – natürlich nicht mehr aus dem Werk des Aristoteles – könnten deren Richtigkeit bezeugen. So lässt er beispielsweise ausdrücklich eine **Schöpfung der Materie aus dem Nichts** durch Gott zu, was Lewi ben Gershom noch abgelehnt hatte. Nicht mehr der Umfang und der Grad an Erkenntnissen kann nach Crescas das Maß für das Glück eines Menschen sein, sondern einzig die freudige, willentliche **Befolgung der religiösen Vorschriften**. Außerdem dürfe Gott nicht als reines Denken begriffen werden, weil sonst ein nicht-intellektueller Kontakt zwischen Mensch und Gott unmöglich wäre. Crescas erhöht demgegenüber die Rolle des Willens und der Liebe im menschlichen Verhalten auf Kosten der Erkenntnispotenzen der Menschen.

Zentrale Werke jüdischer Philosophie	
um 1045	Ibn Gabirol: *Die Lebensquelle*
1190–1200	Mose ben Maimon: *Der Führer der Unschlüssigen*
1317–1329	Lewi ben Gershom: *Die Kämpfe Gottes*
1410	Chasdai Crescas: *Das Gotteslicht*

2.4 | Frühmittelalterliche lateinische Philosophie

Voraussetzungen: Die benediktinischen Klöster und die Hofschule des fränkischen Herrschers wurden im frühen europäischen Mittelalter seit dem 8. Jh. zu Zentren des gelehrten Unterrichts und der Bildung. Dort wurden auch einzelne überlieferte philosophische Werke von antiken oder patristischen Autoren im Unterricht und im Studium berücksichtigt. Diese Zeit des Neubeginns wird heute auch als ›**karolingische Renaissance**‹ bezeichnet. Damit wird besonders das Wirken von Karl dem Großen (742–814) und seiner Nachfolger bei der Förderung von Bildung und Schriftkultur vor allem im 9. Jh. hervorgehoben.

Johannes Scottus Eriugena (ca. 810–877), ein gebürtiger Ire, war der überragende Philosoph aus dieser Periode. Er wirkte über längere Zeit an verschiedenen Orten des damaligen Frankenreichs. Er verfasste Kommentare zu Texten aus dem philosophischen Erbe der Vergangenheit, ferner Auslegungen der Bibel und schließlich auch Textüber-

2.4 Mittelalter

Frühmittelalterliche lateinische Philosophie

tragungen vom Griechischen ins Lateinische. Darunter sind insbesondere seine Übertragungen und Kommentierungen von Schriften des griechischen Patristikers Pseudo-Dionysius Areopagita (s. Kap. I.1.9) hervorzuheben. Dessen philosophisch-theologische Grundsätze und Überlegungen verarbeitete er auch in seinem eigenen Hauptwerk *Über die Einteilung der Natur* (*Periphyseon* oder *De divisione naturae*), das in den 60er Jahren des 9. Jh.s entstand. Damit trug er entscheidend zur Aufnahme der griechischen christlich-neuplatonischen Philosophie im lateinischen Westen bei. In diesem Werk trug er als erster lateinischer Philosoph im Mittelalter auch grundsätzliche Kritiken am System der Kategorien des Aristoteles vor.

Das Hauptwerk des Johannes Scottus Eriugena hat die literarische Form eines gelehrten Dialogs zwischen einem Lehrer und einem Schüler. Sein Ziel ist es, den **Hervorgang der Welt aus Gott,** den Aufbau der Welt, die **spezielle Stellung des Menschen** in ihr und schließlich die Rückkehr von allem Gewordenen zum göttlichen Ursprung vernünftig begreifen zu lehren. Damit wird die neuplatonische Anlage des Werks, seine enge Verschmelzung von Gotteslehre, Weltbetrachtung und Menschenbild deutlich. Inhaltlich gesehen, umfasst das in fünf Bücher eingeteilte Werk mehrere philosophische Problemfelder, die aufeinander verweisen: die Gotteslehre, die Metaphysik, die Naturphilosophie, die Logik und die Anthropologie. Mit dem zentralen Terminus ›Natur‹ bezeichnet der Verfasser in seiner Schrift alles dasjenige, was ist und was nicht ist. Dieser Terminus ist also nicht als ein rein naturphilosophischer Terminus misszuverstehen. In kosmologischer Hinsicht erhält er **vier spezielle Bedeutungen**:

Vier Bedeutungen von ›Natur‹

- schaffende und nicht-geschaffene Natur,
- geschaffene und schaffende Natur,
- nicht-schaffende und geschaffene Natur,
- nicht-geschaffene und nicht-schaffende Natur.

Diese speziellen Bedeutungen drücken **Teilaspekte des universellen Gott-Welt-Systems** aus: Mit der ersten Bedeutung wird die Rolle Gottes als Weltschöpfer gekennzeichnet; mit der zweiten Bedeutung werden die »primordialen« Gründe der Weltentstehung gekennzeichnet (d. h. die ›Ideen‹ und Archetypen der Dinge); mit der dritten Bedeutung wird die in Erscheinung tretende Welt gekennzeichnet; mit der vierten Bedeutung wird die Funktion Gottes als Ziel der Rückkehr aller Dinge zu ihrem Ursprung gekennzeichnet.

Der Autor demonstriert in seiner Schrift die **dialektische Korrespondenz der genannten Teilaspekte** miteinander. Dadurch kann er zeigen, dass der scheinbare logische Widerspruch zwischen Gott (d. h. ›der schaffenden und nicht-geschaffenen Natur‹) und der Welt (d. h. ›der nicht-schaffenden und geschaffenen Natur‹) sich im Gesamtzusammenhang der Betrachtung auflöst. So ist klargestellt, dass das Verhältnis von Gott und Welt als eine dialektische Einheit von Transzendenz (also: der Überschreitung der Grenzen des weltlichen Seins durch Gott) und Immanenz (also: der Präsenz Gottes in den konkreten Zusammenhängen der Welt) zu fassen ist (vgl. Wöhler 2006). Das philosophisch-theologische Hauptwerk des Johannes Scottus Eriugena wirkte als Ganzes oder in Auszügen bis zum Ausgang des Mittelalters fort.

Der Gebrauch der Vernunft: Im 11. und 12. Jh. gelangte das philosophische Denken zu bemerkenswerten neuen Ansichten und Einsichten. Vor allem in der Logik (›Dialektik‹), der Erkenntnistheorie, der Ethik und der Naturphilosophie wurde eine dynamische Entwicklung in Gang gesetzt. Dies geschah allerdings nicht konfliktfrei. Im Zentrum der damals intensiv geführten Auseinandersetzungen stand das Problem, wie das rationale Denken – nach dem Muster der umfangreich rezipierten aristotelischen Logik – und der religiöse Glaubensinhalt – wie ihn die Bibel und die Auslegungen der Theologen darboten – zueinander in ein Verhältnis gesetzt werden sollten.

Der Theologe und Bendiktinermönch **Petrus Damiani** (ca. 1007–1072) forderte z. B. in einer polemischen Schrift gegen einige seiner Mitbrüder, dass die Logik der Theologie »**wie die Magd ihrer Herrin**« zu folgen habe. Damit sollte der Geltungsbereich des logisch-rationalen Denkens auf die menschliche Erfahrungswelt eingeschränkt werden, in theologischen Fragen aber die Allmacht Gottes als oberste Wahrheitsinstanz Beachtung finden. Andere scholastische Philosophen und Theologen billigten der Dialektik auch und gerade in theologischen Fragen ein entscheidendes Mitspracherecht zu. Für sie waren dem Gebrauch der Vernunft als einer göttlichen Kraft im Menschen grundsätzlich keine Grenzen gesetzt. Eine dritte Gruppe bemühte sich um den Nachweis der Übereinstimmung von Glaubensgrundsätzen mit den Regeln der Logik, die auch bei theologischen Fragen uneingeschränkt angewandt werden sollten, ohne aber religiöse Dogmen in Zweifel zu ziehen.

Anselm von Canterbury (1033/34–1109), ein Benediktinermönch, war einer der herausragenden Vertreter dieser letzten Gruppierung. Zu seinen frühen Schriften gehören das *Monologion* (*Selbstgespräch*) und das *Proslogion* (*Anrede*). Die ursprünglichen Titel dieser Schriften lauteten »Ein Beispiel für das Nachdenken über die Begründung des Glaubens« (für das *Monologion*) und »Der Glaube, welcher nach Einsicht verlangt« (für das *Proslogion*). Der Verstand und die Vernunft in der Gestalt logischen Argumentierens mit dem Ziel begründeten Glaubens und Wissens werden von Anselm damit in das Zentrum der Aufmerksamkeit gerückt. Inhaltlich geht es um den **logisch begründeten Aufweis der Existenz Gottes**, seiner Eigenschaften und der Richtigkeit des Dogmas der göttlichen Trinität.

Das *Proslogion* enthält den **Gottesbeweis Anselms**, der ihn in der weiteren Philosophiegeschichte bis in unsere Gegenwart berühmt gemacht hat. Das Ziel dieses Beweises ist es, den Satz »Gott existiert nicht alleine im Denken, sondern auch in der Wirklichkeit« mittels rein logischer Voraussetzungen und Argumente herzuleiten. Diese Argumentation erfolgt nach dem Muster einer *reductio ad absurdum*, d. h. also als Aufweis einer These durch die Widerlegung ihres logischen Gegenteils. In einem nächsten Schritt weist Anselm wiederum mit derselben Methode nach, dass es unmöglich ist, die Nicht-Existenz Gottes auch nur zu denken. Damit will er also in der Konsequenz nicht nur die bloße Existenz, sondern das **Notwendigsein Gottes** nachweisen. Eine andere Ansicht, welche die Annahme einer Nicht-Existenz Gottes als Gedanken zulässt, hat Anselm abschließend mit Dummheit und Torheit gleichgesetzt.

Gegen diese Argumentation Anselms hat der Mönch **Gaunilo von Marmoutier**, ein Zeitgenosse Anselms, prinzipielle Bedenken erhoben und die Denkbarkeit der Nicht-Existenz Gottes verteidigt. Vor allem hat Gaunilo Anselms Gleichsetzung von Denknotwendigem und Notwendig-Wirklichem prinzipiell zurückgewiesen. Dieser Einwand ist ein klarer Beleg für die **philosophische Dimension der Debatte**. Die Kontroverse zwischen Anselm und Gaunilo im ausgehenden 11. Jh. ist ein Indiz für den hohen Rang logischer und erkenntnistheoretischer Debatten in der damaligen Scholastik (s. 2.5).

Petrus Abaelard: Die Maßstäbe wissenschaftlichen Analysierens, Argumentierens und Folgerns, wie sie die Logik und die Philosophien von Platon und Aristoteles geformt hatten, wurden künftig auch fest in der scholastischen Theologie verankert. Ganz entscheidend trug dazu der Theologe und Philosoph Petrus Abaelard (1079–1142) bei. Er musste sich dabei wiederholt heftiger Widerstände konservativer Kirchenkreise erwehren, die gegen seine Theorien und Methoden offiziell intervenierten. In seiner Schrift *Sic et Non* (*Ja und Nein*) zeigte er an zahlreichen Textbeispielen, wie mittels Logik und Hermeneutik offene Fragen in der Theologie gelöst werden können. Dazu fordert er die **Anwendung des methodischen Zweifels** gegenüber den Autoritäten (d. h. den überlieferten Schriftzeugnissen), um schließlich die Wahrheit zu erkennen. In zahlreichen logischen, sprachphilosophischen, philosophisch-theologischen und ethischen Schriften brachte er neue Überlegungen ein. Diese legte er in der Form von systematischen Darstellungen, Textkommentaren, Briefen oder auch in Dialogform dar. Sein gewachsenes Ansehen kam in dem Beinamen ›Sokrates Frankreichs‹ zum Ausdruck, den er nach seinem Tod erhielt (vgl. Ernst 2003).

Ethik der Intentionalität: Die Philosophie sollte nach Abaelard sowohl die verborgenen Gründe des sichtbaren und unsichtbaren Daseins erforschen, als auch allgemeine Regeln für das praktisch-moralische Verhalten der Menschen begründen. Deshalb war für ihn die Ethik ein fester Bestandteil der Philosophie. Diese Meinung teilten auch andere Philosophen des 12. Jh.s. Abaelard hat die Ethik sowohl als Moraltheologie, als auch als **Moralphilosophie** verstanden. In seiner wichtigsten moralphilosophischen Schrift, im Dialog mit dem Titel *Gespräch eines Philosophen, eines Juden und eines Christen*, zeigt er die Gemeinsamkeiten und die Unterschiede von philosophischer und religiöser Morallehre auf. Historisch ist vor allem Abaelards **Erklärung des Wesens von Moralität** bedeutsam geworden: Nicht das äußere Tun und Handeln der Menschen, sondern die **innere Zustimmung** zu einem bestimmten Verhalten begründet die moralische Qualität menschlichen Tuns. Damit schuf er auf christlicher Basis die Grundlagen für eine Ethik der Intentionalität. Eine direkte Konsequenz dieser Grundsatzentscheidung war Abaelards These, dass Sexualität und sinnliche Begierde, moralisch gesehen, neutrale Verhaltensweisen seien. Auch in seiner moraltheologischen Schrift *Ethik oder Erkenne dich selbst* wird diese moralphilosophische Prämisse angewandt. Insbesondere hob er dort die Rolle der **Gewissensentscheidung** bei der moralischen Bewertung von Handlungen hervor.

> Allgemeine Regeln für praktisch-moralisches Verhalten

2.5 | Das ›goldene Zeitalter‹ der Scholastik

Die Zeit zwischen der Mitte des 13. Jh.s und der Mitte des 14. Jh.s lässt die mittelalterliche lateinische Philosophie in das Stadium ihrer Reife eintreten. Die Worte ›Scholastik‹ oder ›scholastisch‹ erhalten nun ihren vollen Bedeutungsumfang (vgl. Schönberger 1991).

> **Definition**
>
> Die Begriffe → ›Scholastik‹ oder → ›scholastisch‹ leiten sich sprachgeschichtlich von dem lateinischen Wort *schola* ab, das ›Unterricht‹ und ›Schule‹ bedeutet. Mit diesen Ausdrücken wiederum verbinden sich drei unterschiedliche, zusammengehörige **Aspekte der Wissensvermittlung und Wissensaneignung**:
> - bestimmte Institutionen,
> - bestimmte Formen und Methoden,
> - bestimmte Inhalte.
>
> Die Scholastik als eine historische Form der Bildung hat es sowohl in der Philosophie, als auch in der Theologie, der Jurisprudenz, der Astronomie und der Medizin gegeben. Sie entstand im Mittelalter, setzte sich aber auch nach ihm fort.

Alle genannten drei Aspekte zusammengenommen, ergeben den speziellen historischen Sinn des Wortes ›Scholastik‹. Dies bedeutet im Einzelnen:
- Die **Universität** wurde seit dem 13. Jh. die prägende Institution der Wissensvermittlung und Wissensaneignung in den genannten Gebieten.
- Die **Vorlesung, Übung und Disputation** wurden in dieser Einrichtung als allgemein übliche Formen der Wissensvermittlung und Wissensaneignung praktiziert. Die handgeschriebenen Textbücher mit den Quellentexten, den Vorlesungsmitschriften oder den Kommentaren zu anderen Texten speicherten oder reproduzierten das Wissen. Die aristotelische Logik stellte allgemein die Methodik bereit.
- Es gab oberste **wissenschaftliche Autoritäten**, deren Schriften und Theorien zur verbindlichen Norm bzw. zum Hauptgegenstand der Diskussionen erhoben wurden. In der lateinischen Philosophie war das seit dem 13. Jh. **das gesamte Werk des Aristoteles**.

Außerdem bildeten sich allmählich philosophische Schulen heraus, die sich nach bestimmten Inhalten der Interpretation von Aristoteles' Werk voneinander unterschieden. Sie wurden nach zentralen mittelalterlichen Interpreten benannt.

Entstehung der Universitäten: Die älteste europäische Universität entstand bereits am Ende des 12. Jh.s in Bologna. Für die Entwicklung der mittelalterlichen scholastischen Philosophie wurden aber zunächst die **Universitäten von Paris und Oxford** entscheidend, die wenig später entstanden. Sie entwickelten sich im 13. Jh. zu internationalen Zentren des philosophischen Lebens in Europa. Außerdem entstanden in diesem Jahrhundert auch in Italien und auf der iberischen Halbinsel neue Universitäten. In Mitteleuropa aber setzte erst im Jahr 1348 (mit der Gründung der Universität in Prag) eine Welle von Universitätsgründungen ein.

Die Universitäten waren in unterschiedliche Fakultäten gegliedert. Der Name der philosophischen Fakultät lautete ›Artistenfakultät‹ (lat. *facultas artium*). Diese Bezeichnung bezog sich auf die ›**Sieben freien Künste**‹ (lat. *septem artes liberales*), d. h. die Logik, die Rhetorik, die Grammatik, die Arithmetik, die Geometrie, die Musiklehre und die Astronomie. Diese ›Künste‹ (lat. *artes*) wurden bereits seit dem frühen Mittelalter gelehrt. Sie stellten lehr- und erlernbares, anwendbares Wissen und bestimmte Methoden bereit. Doch inzwischen hatte sich die Philosophie um neue Bestandteile erweitert, behielt aber den alten Namen bei. Die ›Artistenfakultät‹ war die Basisfakultät der mittelalterlichen Universität: Ihr Lehrpensum mussten auch die Studenten der theologischen, medizinischen oder juristischen Fakultäten absolvieren, um danach ihre Spezialisierungen und Abschlüsse zu erreichen. Aber nicht nur an den ›Artistenfakultäten‹ wurde philosophiert, sondern auch an den theologischen Fakultäten. Daneben schufen sich seit dem 13. Jh. die neuen Mönchsorden (die Franziskaner und die Dominikaner) eigene zentrale Studieneinrichtungen, an denen philosophisch-theologische Fragen diskutiert wurden. Zugleich strebten bekannte Vertreter dieser Orden an die Universitäten, um dort entsprechende theologische Lehrstühle zu besetzen. Neben ordensgebundenen Persönlichkeiten prägten auch Philosophen ohne Ordenszugehörigkeit das philosophische Leben in dieser Zeit. Es gab Theologen, die auch Philosophen waren, und es gab Philosophen, die keine Theologen waren.

Mittelalter

Das ›goldene Zeitalter‹ der Scholastik

Quaestio disputata: Seit dem 13. Jh. trat die inhaltliche Problemdiskussion in den Mittelpunkt des Philosophierens. Die dabei angewandte Standardmethode wurde als ›disputierte Problemfrage‹ (lat. *quaestio disputata*) bezeichnet. Nach dieser Methodik wurden sowohl mündliche Disputationen, als auch zunehmend die Textbücher der Philosophie gestaltet. Es handelt sich um ein **dialektisches Verfahren**, das sich in die folgenden Schritte gliederte:

1. Nennung der Problemfrage,
2. Angabe von Argumenten für eine bestimmte bejahende Antwort (›Pro-Argumente‹),
3. Angabe von Argumenten für eine verneinende Antwort (›Contra-Argumente‹),
4. Formulierung einer Problemlösung mit entsprechenden Begründungen,
5. die Auflösung von Argumenten, die dieser Lösung widersprachen.

Schriftliche Darstellung: In der Gestalt einer ›**Summe**‹ wurden von einzelnen Philosophen und Theologen zusammenfassende Darstellungen ganzer Lehrgebiete verfasst. In einer anderen Form, der des **Traktats**, konnte ein Philosoph wiederum weitestgehend unabhängig von bestimmten Texten anderer Autoren seine eigenen Ansichten entwickeln und darstellen. Aber auch in den zahlreichen **Kommentaren zu den Werken des Aristoteles** gab es eigene Interpretationen der Philosophen, mit denen sie ihren philosophischen Standort mar-

Bildinterpretation:
Allegorische Darstellung der Philosophie im Kreis der ›Sieben freien Künste‹

Die einem Buch aus einem Kloster entstammende Abbildung illustriert figürlich und in Spruchbändern das Verständnis des Aufbaus, des Inhalts und der Aufgaben der Philosophie. Allegorisch personifiziert als Herrscherin, thront die Philosophie im Zentrum eines Systems von allegorisch dargestellten Wissensdisziplinen. Intern baut sie sich aus den Disziplinen Logik, Ethik und Naturphilosophie als ihren Hauptbestandteilen auf. Ihr assistieren die ›Sieben Freien Künste‹ mit einem jeweiligen Spezialwissen. Die Philosophie soll die Welt umfassend erforschen und erklären sowie eine Anleitung zum Handeln sein. Prototypisch werden Sokrates und Platon als berühmte Philosophen dargestellt. Ein Spruchband in den Händen der Philosophie-Herrscherin verkündet, dass alle Weisheit ursprünglich von Gott stammt.

Die ›Sieben freien Künste‹
(aus dem *Hortus deliciarum* von Herrad von Landsberg, 2. Hälfte des 12. Jh.s)

2.5 Mittelalter

Das ›goldene Zeitalter‹ der Scholastik

kierten und mit abweichenden Meinungen anderer polemisierten.

Albertus Magnus (›Albert der Große‹): Eine der maßgeblichen Persönlichkeiten unter den scholastischen Philosophen des 13. Jh.s war der Dominikanermönch Albert (gest. 1280), der später als Albertus Magnus bekannt wurde. Er stammte aus dem schwäbischen Lauingen und leitete seit 1248 in Köln das neu gegründete Studienzentrum seines Ordens. In dieser Stadt entstanden auch seine wichtigsten philosophischen Schriften. Albert trug entscheidend dazu bei, dass die **Philosophie als akademische Wissenschaft** auf Dauer in Deutschland etabliert werden konnte. Dazu musste er starke Widerstände konservativer Theologen überwinden. Er wirkte selbst auch als Theologe, Kirchenpolitiker und Naturforscher (z. B. auf den Gebieten, der Zoologie, Botanik und der Mineralogie).

Sein Verständnis von Philosophie wurde durch das intensive Studium der Werke von Aristoteles und deren arabischen und jüdischen Interpreten bestimmt. Er wollte den besonderen Charakter der Philosophie als ein **selbständiges Wissensgebiet außerhalb der Theologie** begründen und erklären. In einem Kommentar zu Aristoteles' Werk *Metaphysik* stellte er z. B. fest, dass ein Philosoph nicht von Vorstellungen ausgeht, sondern nur Behauptungen aufstellt, die er mit rationalen Argumenten beweisen kann. Die Philosophie ist für ihn ein offenes System von Fragen und Antworten mit spezifischen Teilgebieten, d. h. der Metaphysik, der Naturphilosophie, der Anthropologie und der praktischen Philosophie. Den Verstand, die Vernunft und die sinnliche Erfahrung stellte er als die Hauptquellen der Erkenntnis dar. In der Naturforschung durfte darum nicht auf die Kraft göttlicher Wunderwerke verwiesen werden, und in der Philosophie sollten weltanschauliche Fragen nach einer göttlichen Schöpfung der Welt oder einem Ende der Welt ausgeklammert bleiben. Nicht nur auf aristotelisches, sondern auch auf platonisches Gedankengut hat er zurückgegriffen. Er verstand das Philosophieren des Aristoteles nicht als ein unfehlbares Dogma oder als ein abgeschlossenes System, sondern als eine gut nachvollziehbare Anregung zum Weiterdenken. Den Kern seiner philosophischen Schriften bilden die ausführlichen, paraphrasierenden **Kommentare zum gesamten Werk des Aristoteles** (vgl. Sturlese 1993).

Thomas von Aquin (1225–1274), ein aus Italien stammender Angehöriger des Dominikanerordens, war der berühmteste Schüler Alberts des Großen. Er war ein philosophierender Theologe. In umfangreichen Kommentaren zu den Schriften des Aristoteles, des Pseudo-Dionysius Areopagita (s. Kap. I.1.9) und anderer Philosophen arbeitete er die spezifische Eigenart und Funktion der Philosophie heraus. Dabei ging es ihm besonders um eine **konfliktfreie Koordinierung von Philosophie und Theologie**. Die Theologie habe ihr Fundament im »Licht des Glaubens«, die Philosophie habe ihr Fundament im »natürlichen Licht des Verstandes«, stellte er in seinem Kommentar zur Schrift des Boëthius *Über die Trinität* fest (s. Kap. I.1.8).

Die **führende Disziplin** in der Philosophie war für Thomas die **Metaphysik**. Sie bezeichnete er auch als ›philosophische Theologie‹. Ihr Hauptgegenstand und -inhalt sei das Seiende im Allgemeinen, das dem menschlichen Verstand immer schon gegeben ist. Die alleinige Ursache dieses Seienden im Allgemeinen sei Gott. Thomas entwickelte auf dieser Basis die Metaphysik als **Ontotheologie**, d. h. also als Lehre vom Seienden im Allgemeinen, das durch Gott verursacht wurde. Er differenzierte dann alles Seiende insofern, als dieses sich nach dem In-Wirklichkeit-Seienden (d. h. dem aktual Seienden) und dem In-Möglichkeit-Seienden (d. h. dem potentiell Seienden) unterteilen lässt. Im Ergebnis stellte er fest, dass Gott als Ursache alles Seienden ein ›reiner Akt‹ und frei von potentiell Seiendem sei; die Materie hingegen sei eine ›reine Potenz‹ und durch Gott geschaffen worden. Alles dazwischen Befindliche, also das bestimmte ›Seiende‹, sei durch eine jeweils konkrete Korrelation zwischen dem aktualen und dem potentiellen Sein charakterisiert.

In seinen beiden philosophisch-theologischen Hauptschriften *Summa contra gentiles* und *Summa theologiae* (*Summe gegen die Heiden* und *Summe der Theologie*) zeigt er, wie das **Dasein Gottes durch rein philosophische Argumente beweisbar** ist. Doch anders als Anselm von Canterbury ging er nicht von einer Wesensbestimmung Gottes aus, um dadurch das Dasein Gottes zu beweisen. Er hielt dies für unmöglich, weil dem Menschen das Wesen Gottes unbekannt sei. Aber aus bestimmten philosophischen Beschreibungen von Erfahrungstatsachen aus der gegebenen Welt könne auf das Dasein Gottes geschlossen werden. Diese Erfahrungstatsachen betreffen die folgenden allgemeinen Verhältnisse: das Verhältnis von Bewegtem und Beweger, von Ursache und Wirkung, von Möglichem und Notwendigem, von über- und untergeordnetem Seienden und von Vorhandensein und Zweckbestimmung. Aus diesen fünf Wechselbeziehungen leitet Thomas in **fünf Beweisgängen** (lat. *viae*: Wege) **das Dasein Gottes** ab (vgl. Schönberger 2006).

Aufwertung der praktischen Vernunft: Der aus England stammende Franziskanermönch **Roger Bacon** (ca. 1219–1292) war einer der ersten Philosophen, die damals an der Pariser Universität umfassend das Werk des Aristoteles mit Hilfe der in lateinischer Übersetzung vorliegenden arabischen Philosophie interpretierten. Außerdem wollte er die Übereinstimmung von Philosophie und Theologie zeigen. Sein Hauptanliegen sah er allerdings darin, eine **Erweiterung der vorhandenen Wissensquellen** und damit auch der Quellen der philosophischen Weisheit zu erreichen. Diese Erweiterung sollten die Mathematik und vor allem die empirischen Naturwissenschaften und der technische Erfindergeist bringen. Um diese Forderung publik zu machen, wandte er sich mit mehreren umfangreichen Denkschriften an den Papst. Die berühmteste dieser Denkschriften trug den Titel *Opus Maius* (*Größeres Werk*). Als Hauptquellen von Weisheit sah er dort die folgenden Disziplinen an: das Sprachstudium (d. h. das Studium der hebräischen, griechischen und arabischen Sprache), die Mathematik, die theoretische Optik, die ›Erfahrungswissenschaft‹ (d. h. die empirische Naturwissenschaft und die Ingenieurkunst) und schließlich die Moralphilosophie. Er sah nicht mehr in einem zweckfreien Wissen, sondern in der praktischen **Nützlichkeit unserer Erkenntnisse** bei der Gestaltung des menschlichen Lebens das Ziel der Philosophie. Die praktische Vernunft bewertete er höher als die theoretische Vernunft (vgl. Mensching 2009).

Später wurde die Tendenz zur Aufwertung der praktischen Vernunft und der praktischen Philosophie durch Philosophen wie **Meister Eckhart** (gest. 1328), **Dante Alighieri** (1265–1321) oder **Marsilius von Padua** (gest. 1342/43) u. a. unterstrichen. Sie entwickelten in der Ethik (z. B. in Meister Eckharts *Buch der göttlichen Tröstung*) oder in der politischen Theorie (z. B. in Dantes *Monarchia* oder in der Schrift *Defensor pacis* des Marsilius von Padua) weit in die Zukunft weisende Ideen (vgl. Flasch 1998; 2000).

Erkenntnistheorie: Zur Dynamik der Entwicklungen in der mittelalterlichen Philosophie seit der zweiten Hälfte des 13. Jh. trugen auch die einsetzenden erkenntnistheoretischen Debatten bei. Die Erkenntnistheorie war im Mittelalter **keine selbständige Disziplin**, sondern ein integraler Bestandteil der Sprachphilosophie, der Naturphilosophie oder/und der Metaphysik. Sie fragt insbesondere nach den Quellen des sicheren Wissens, nach der speziellen Rolle von sinnlicher Wahrnehmung und Erfahrung im Erkenntnisprozess, nach dem Verhältnis zwischen Erkenntnisinhalten, erkennendem Subjekt und Wirklichkeit sowie nach den unterschiedlichen Ebenen des Erkennens.

Johannes Duns Scotus (gest. 1308) verfasste maßgebliche Schriften über diesen Problemkomplex. Der englische Franziskaner wirkte als Philosoph und Theologe an den Universitäten von Paris und Oxford. Als Erkenntnistheoretiker, Metaphysiker und als Ethiker hat er die weitere Geschichte der Philosophie bis in die Neuzeit maßgeblich beeinflusst. Als kritisch eingestellter Denker setzte er sich mit der zeitgenössischen Philosophie und den Lehren des Aristoteles konstruktiv auseinander. Er unterschied in seinem theologischen Hauptwerk, der *Ordinatio*, prinzipiell die folgenden **vier Grundarten von sicherer natürlicher Erkenntnis**:
- die Erkenntnis von Grundbedeutungen verwendeter Begriffe (analytische Erkenntnis),
- die Erkenntnis von kausalen Beziehungen zwischen realen Dingen,
- die Erkenntnis von eigenen intellektuellen oder sinnlichen Handlungen,
- die Erkenntnis von wahrgenommenen Eigenschaften realer Gegenstände.

Für Duns Scotus war für diese Erkenntnisarten keinerlei göttliche Eingebung notwendig, um sie als gültig anzuerkennen. Das wissenschaftliche Erkennen basierte seiner Meinung nach grundsätzlich auf der begrifflichen Abstraktion, dem logischen Schlussfolgern, der empirischen Datenerhebung und der empirischen Verifikation der Resultate des Erkennens. Das Ziel des Erkennens bestand seiner Auffassung nach nicht in dem Erfassen abstrakter Wesenheiten, sondern in der intellektuell-begrifflichen Erfassung des real seienden Einzelnen. Analog sah er auch in den Individuen den letzten Grund alles realen Seins. Diese metaphysische Aussage ist Bestandteil eines **umfassenden neuen Konzepts von Metaphysik** als sowohl universeller, wie auch spezieller Ontologie: Die Metaphysik wird von Duns Scotus als eine strenge Wissenschaft vom Seienden als solchem verstanden, das differenzierend sowohl das Sein Gottes, als auch alles andere Seiende in begrifflich-eindeutiger Weise umfasst. Er wurde nach seinem Tod im Orden der Franziskaner und auch an den weltlichen Bildungszen-

2.5 Mittelalter

Das ›goldene Zeitalter‹ der Scholastik

tren von seinen zahlreichen Anhängern zu einer schulbildenden Autorität erhoben (vgl. Dreyer/Ingham 2003).

Wilhelm von Ockham (ca. 1285–1347), englischer Franziskaner, Theologe und Philosoph, hat die Entwicklungen des philosophischen Denkens zwischen dem 14. und dem 16. Jh. auch maßgeblich beeinflusst. Er entwickelte seine philosophischen Theorien in der traditionellen Form von Kommentaren zu Aristoteles' Schriften, als lehrbuchartige Gesamtübersicht (z. B. in seiner *Summa logicae*), in Dialogform oder als Komponente spezieller theologischer Abhandlungen. Seine Schriften entstanden in England, Frankreich oder in Deutschland. Ein hohes Maß an kritischem Geist prägt ihren Inhalt (vgl. Leppin 2003). Sein philosophisches Hauptziel, eine zutreffende **Interpretation von Aristoteles' Philosophie** durch die Anwendung logischer Sprachanalysen zu geben, verfolgte Wilhelm von Ockham, indem er sich mit abweichenden Interpretationen anderer Scholastiker auseinandersetzte. Dabei gelangte er zu bestimmten grundsätzlichen Feststellungen, welche die Funktion von Leitprinzipien seines eigenen Denkens erhielten.

Ockhams ›Rasiermesser‹

An erster Stelle ist das ›**Ökonomieprinzip**‹ zu nennen. Wegen seiner intensiven Anwendung im Werk des Wilhelm von Ockham wird es noch heute als ›**Ockhamsches Rasiermesser**‹ bezeichnet. Er gebrauchte es in den folgenden Formulierungen:

- Was durch vieles zustande kommt, aber durch weniger zustande kommen kann, ist nutzlos.
- Nur dann soll eine Vielzahl angenommen werden, wenn es notwendig ist.

Es geht also um die **Optimierung des Verhältnisses zwischen Aufwand und Nutzen**. Dementsprechend soll der beabsichtigte Nutzen (also eine zutreffende theoretische Erklärung von Sachverhalten und Zusammenhängen) durch einen möglichst geringen Aufwand (also durch ein Minimum an Erklärungsgründen) erzielt werden. Sollte das Minimum überschritten werden, erwiesen sich die überschüssigen theoretischen Mittel als überflüssig. Wilhelm von Ockham hat dieses Leitprinzip auf unterschiedlichen Feldern seiner philosophischen Reflexion eingesetzt:

- In der **Ontologie**: Die Annahme von universellen substantiellen Einheiten als Realitäten ist überflüssig; die Wirklichkeit besteht primär aus individuellen Substanzen und deren Qualitäten.
- In der **Naturphilosophie**: Es ist überflüssig für die Himmelsregion und den irdischen Raum getrennte Materien anzunehmen, es genügt, von einem einzigen Materieprinzip für beide Regionen auszugehen.

Interpretation

Philosophie als Wissenschaft

»Der Philosoph stellt sich nicht etwas vor, sondern er behauptet nur das, was er auch mit rationalen Argumenten beweisen kann« (Albertus Magnus: *Metaphysica*. Hg. von Bernhardus Geyer. In: *Opera omnia*, Bd. 16,2. Münster 1964, lib. XI, tract. 2, cap. 10, S. 495).

Das Zitat stammt aus dem in lateinischer Sprache geschriebenen Kommentar des Albertus Magnus zur *Metaphysik* des Aristoteles. Der scholastische Philosoph und Theologe will dort die **Spezifik des Philosophierens** kennzeichnen. Er sieht sie in der rationalen Argumentation. Diese besteht darin, ausgehend von bestimmten Prämissen logische Schlussfolgerungen zu ziehen. Dabei verwendet ein Philosoph Argumente, die nicht frei erfunden sein dürfen. Vielmehr müssen diese auf nachprüfbaren Beobachtungen, allgemein anerkannten Meinungen und den Regeln der aristotelischen Logik beruhen. Diese Bedingungen gelten auch für den Fall, dass bestimmte Aussagen oder Theorien widerlegt werden sollen. Im Prinzip wird die Philosophie damit als eine Wissenschaft aufgefasst. Diese Auffassung vertrat bereits der antike Philosoph Aristoteles. Sie war unter den arabischen, den jüdischen und den christlichen Denkern des Mittelalters stark verbreitet und allgemein anerkannt. Aus einer solchen Auffassung der Spezifik von Philosophie ergab sich, dass unklare oder umstrittene Aussagen und logisch unzulässige Schlüsse keinen Platz in der Philosophie haben konnten. Die scholastische Philosophie des Mittelalters hatte einen bedeutenden Anteil an der allgemeinen **Rationalisierung der Weltbetrachtung** im Mittelalter. Philosophie wurde so nicht nur als geordnetes Denksystem, sondern als ein selbständiges Wissensgebiet aufgefasst. Dessen Leitmotiv war die Liebe zur Wahrheit. Darüber, wo die Grenzen der wissenschaftlichen Wahrheitssuche lagen, gab es im Verlauf der Zeit divergierende Auffassungen unter den Philosophen sowie gegenüber den Theologen.

2.6 Mittelalter

Die Philosophie im späten Mittelalter

Hauptwerke

ca. 862–67	**Johannes Scottus Eriugena:** *De divisione naturae (Über die Einteilung der Natur)*	
1077/78	**Anselm von Canterbury:** *Proslogion*	
um 1130	**Petrus Abaelard:** *Dialogus inter Philosophum, Iudaeum et Christianum (Gespräch eines Philosophen, eines Juden und eines Christen)*	
1266–73	**Thomas von Aquin:** *Summa theologiae (Summe der Theologie)*	
1268	**Roger Bacon:** *Opus maius*	
um 1300	**Johannes Duns Scotus:** *Ordinatio*	
zw. 1313 und 1323	**Meister Eckhart:** *Buch der göttlichen Tröstung*	
um 1317	**Dante Alighieri:** *Monarchia (Monarchie)*	
um 1323	**Wilhelm von Ockham:** *Summa logicae (Summe der Logik)*	
1324	**Marsilius von Padua:** *Defensor pacis (Verteidiger des Friedens)*	

- In der **Debatte um das Wesen der Universalien**: Universalien gibt es nur als sprachliche oder mentale Zeichen; die Annahme extramentaler Universalien ist überflüssig (s. 2.6).
- In der **politischen Theorie und der Kirchenlehre**: Die Annahme von juristischen Personen ist überflüssig; es gibt nur reale individuelle Personen und ihre Verbindungen.

Wilhelm von Ockham setzte sich durch kritische Analysen in zahlreichen Schriften auch mit der Rolle des Papsttums in der Kirche und gegenüber der weltlichen Macht auseinander (z. B. im *Dialogus*).

2.6 | Die Philosophie im späten Mittelalter

Die Scholastik des Spätmittelalters wurde durch Entwicklungen von regionaler und überregionaler Bedeutung geprägt. Diese Entwicklungen, sind durch folgende Kennzeichnungen zu charakterisieren:
- Eine **allgemeine Verschulung** des philosophischen Unterrichts und des philosophischen Schrifttums an den Universitäten.
- Die **Konkurrenz** von unterschiedlichen Denkschulen, Denkrichtungen und Strömungen miteinander.
- Die Herausbildung regionaler Besonderheiten.
- Die zunehmende **Verselbständigung der Philosophie** gegenüber der Theologie.

Der »Wegestreit«: An den Universitäten Böhmens, Deutschlands und Frankreichs wurden während des 15. Jh.s innerhalb des sogenannten »Wegestreits« heftige Meinungsverschiedenheiten zwischen der sogenannten *via antiqua* (›alter Weg‹) und der *via moderna* (›neuartiger Weg‹) ausgetragen. Es ging in diesem Streit um philosophische, theologische und auch politische Grundsatzfragen. Zur *via antiqua* wurden die Lehrmeinungen und Methoden der **Thomisten** (nach Thomas von Aquin), der **Scotisten** (nach Johannes Duns Scotus) und der **Albertisten** (nach Albert dem Großen) und anderer philosophischer Schulrichtungen der Vergangenheit gezählt. Sie vertraten im Universalienstreit Positionen des ›Realismus‹. Tonangebend bei der *via moderna* waren die Lehrmeinungen und Methoden des Johannes Buridan (ca. 1300–1360), des Wilhelm von Ockham und anderer bedeutender Philosophen, die damals auch als ›Terministen‹ oder ›Nominalisten‹ bezeichnet wurden. Im Mittelpunkt des »Wegestreits« standen folgende Probleme:

- Welche Möglichkeiten und Grenzen gibt es bei der Anwendung der logischen Sprachanalyse in der Metaphysik und der Theologie?
- Worin ist das Wesen der Universalien zu sehen, d. h. sind sie eher als vom menschlichen Bewusstsein unabhängige Realitäten zu verstehen (nach der Meinung der *via antiqua* bzw. der Universalienrealisten) oder aber als sprachliche bzw. gedankliche Zeichen (nach der Meinung der *via moderna* bzw. der Nominalisten)?
- Gibt es eine direkte Korrespondenz zwischen der Sprache, den Denkinhalten und der äußeren Wirklichkeit oder besteht diese Korrespondenz nicht?
- Welche Art des philosophischen Denkens garantiert die Rechtgläubigkeit eines Christen und welche Art gefährdet sie?

Probleme des ›Wegestreits‹

2.6 Mittelalter

Die Philosophie im späten Mittelalter

Die genannten Fragen wurden im Laufe des »Wegestreits« immer enger miteinander verbunden. Die Heftigkeit der Auseinandersetzungen, die in gegenseitigen Verdächtigungen der Ketzerei eskalierten, ist auch auf die politischen Umstände im ausgehenden 14. und beginnenden 15. Jh. zurückzuführen. Damals hatten einige Lehren des Oxforder Theologen und Philosophen **John Wyclif** (ca. 1330–1384) größere Aufmerksamkeit erregt. Dieser polemisierte gegen die Philosophie Wilhelms von Ockham und sprach sich ganz entschieden für einen Universalienrealismus aus. Doch er verband seine Ausführungen auch mit weitergehenden theologischen und moralphilosophischen Folgerungen, die zu heftigen Gegenreaktionen kirchlicher Instanzen in England führten. Seine Schriften gelangten seit dem ausgehenden 14. Jh. schließlich auch nach Böhmen und prägten dort das Denken vieler böhmischer Kirchenreformer um **Jan Hus** (ca. 1371–1415).

Das **Kirchenkonzil von Konstanz** (1414–1418) verurteilte infolge der unversöhnlichen Meinungsverschiedenheiten mit den Prager Kirchenreformern sowohl die Lehren Wyclifs als auch die von Hus. Der Universalienrealismus als eine der philosophischen Grundannahmen beider wurde direkt in Verbindung mit ihren ›ketzerischen‹ theologischen Auffassungen gebracht. Diese Unterstellung führte an unterschiedlichen Universitäten entweder zur offensiven Propagierung der *via moderna* als sicherer Basis des Glaubens oder aber zur Verteidigung der philosophischen Grundlage der *via antiqua*. Es kam zu *dogmatischen Festlegungen* auf bestimmte Lehrmeinungen. Die scholastischen Schulauseinandersetzungen hatten weder vor dem 15. Jh. noch haben sie nachher je ein so großes öffentliches politisches Gewicht angenommen. Denn nicht nur kirchliche, sondern auch weltliche Herrschaftsinstanzen Deutschlands und Frankreichs schalteten sich im 15. Jh. in diesen Streit ein (vgl. *Texte zum Universalienstreit*, Bd. 2).

Schwerpunktverlagerung und Akzentsetzung in der Philosophie: Seit dem 15. Jh. verschob sich das geographische Zentrum des philosophischen Lebens in Europa nach Italien. Auch hier standen die Lehren und Methoden der aristotelischen Philosophie nach wie vor im Zentrum der Aufmerksamkeit. Es gab jedoch eine zunehmende **Konkurrenz der Aristoteliker** zu den Vertretern des **Renaissance-Humanismus** und der **einsetzenden Platon-Renaissance** in Bezug auf die Inhalte und Schwerpunktsetzungen der Philosophie. Und auch innerhalb der scholastisch-aristotelischen Philosophie kam es zu prinzipiellen Auseinandersetzungen. Italiens scholastische Philosophen schlossen sich vorzugsweise den Lehren des Averroës, des Wilhelm von Ockham oder des Johannes Buridan an. Im Mittelpunkt ihrer Debatten standen Fragen der Anthropologie, der Erkenntnistheorie und der Naturphilosophie. Eines ihrer großen Zentren befand sich an der Universität von Padua. Immer wieder kam es zu verschiedenen Ausgleichsversuchen, um die philosophischen Meinungsverschiedenheiten zu schlichten. Auch Außenseiter, die keiner Schulrichtung zugerechnet werden konnten, hatten eine Chance.

Philologie und Philosophie: Zunehmend wurde die ungenügende Qualität der bisher gebräuchlichen lateinischen Übersetzungen der Originalschriften des Aristoteles bemerkt und eine Verbesserung durch neue Übersetzungen angestrebt. Auch die antiken griechischen Kommentare zu den Schriften des Aristoteles wurden durch Übersetzungen in das Lateinische bekannt gemacht. Dadurch trat das neue Problem eines Vergleichs zwischen dem echten und dem verderbten Aristotelestext sowie eines Vergleichs zwischen den arabisch-lateinischen und den anderen Kommentaren zu Aristoteles auf. Um künftig in den Debatten

---

Definition

Der → **Universalienstreit** bezeichnet einen Grundlagenstreit in der mittelalterlichen Philosophie und Theologie um das Wesen und die Existenz der Universalien. Universalien sind eindeutige Allgemeinbestimmungen mit der Funktion von Prädikaten im Aussagesatz. Sie kennzeichnen das Wesen (die ›Natur‹) der Dinge, wenn sie entweder das Genus, die Spezies oder die spezifische Differenz sind, oder sie kennzeichnen gemeinschaftliche Merkmale von unterschiedlichen Dingen, wenn sie als ›Proprium‹ (notwendige Eigenschaft) oder ›Akzidenz‹ (zufällige Eigenschaft) bestehen.
Im Streit stehen sich gegenüber die ›**Realisten**‹ (z. B. Thomas von Aquin), die Universalien als wirkliche (›reale‹) All-Einheiten ansehen, die aber nicht mit den Individuen identisch sind, in denen sie instantiiert sind, und die ›**Nominalisten**‹ (z. B. Abaelard, Ockham), die Universalien vor allem als mentale Einheiten mit Zeichenfunktion ansehen (vgl. Libera 1998).

mitzuhalten, waren neben dem philosophischen Sachverstand auch **philologische und historische Kenntnisse** gefragt. Dieser Umstand erklärt das Phänomen, dass es bis zum Beginn des 16. Jh.s durchaus auch gemeinsame Interessen und Ziele von Scholastikern und Humanisten geben konnte.

Verhältnis von Philosophie und Theologie: Das allgemein gespannte Verhältnis zwischen beiden Lehrgebieten führte im 15. und 16. Jh. zu unterschiedlichen Lösungsversuchen. Diese gingen prinzipiell in drei unterschiedliche Richtungen: Entweder wurde eine strikte Trennung zwischen ihnen nach Methoden und Inhalten oder eine strikte hierarchische Unterordnung der Philosophie unter die Theologie gefordert, oder aber eine neue Synthese zwischen ihnen auf der Basis einer bestimmten Interpretation von Aristoteles' Philosophie angestrebt. Sowohl in der Reformationsbewegung als auch in der Gegenreformation fanden die genannten Modelle ihre Anhänger oder aber Gegner. Dieser Umstand zeigt, dass die mittelalterliche Philosophie kein abruptes Ende zu einem bestimmten Kalenderdatum gefunden hat, sondern noch lange nachwirkte.

Literatur

Aertsen, Jan A./Speer, Andreas (Hg.): *Was ist Philosophie im Mittelalter? Akten des X. Internationalen Kongresses für mittelalterl. Philosophie vom 25.–30.8.1997 in Erfurt.* Berlin/New York 1998.
Daiber, Hans: *Bibliography of Islamic Philosophy (and Supplement).* 2 Bde. Leiden/Boston 1999/2007.
Dreyer, Mechthild/Ingham, Mary B.: *Johannes Duns Scotus zur Einführung.* Hamburg 2003.
Ernst, Stephan: *Petrus Abaelardus.* Münster 2003.
Flasch, Kurt (Hg.): *Geschichte der Philosophie in Text und Darstellung. Mittelalter.* Stuttgart 1982.
– **(Hg.):** *Interpretationen: Hauptwerke der Philosophie. Mittelalter.* Stuttgart 1998.
– : *Das philosophische Denken im Mittelalter. Von Augustin zu Machiavelli* [1986]. Stuttgart ²2000.
Grabmann, Martin: *Die Geschichte der scholastischen Methode,* I-II, Freiburg 1909 u. 1911.
Guttmann, Julius: *Die Philosophie des Judentums.* Wiesbaden 1985.
Hendrich, Geert: *Arabisch-islamische Philosophie. Geschichte und Gegenwart.* Frankfurt a. M./New York 2005.
Imbach, Ruedi: *Laien in der Philosophie des Mittelalters. Hinweise und Anregungen zu einem vernachlässigten Thema.* Amsterdam 1989.
Kilcher, Andreas B./Fraisse, Otfried (Hg.): *Metzler Lexikon jüdischer Philosophen.* Stuttgart/Weimar 2003.
Kobusch, Theo (Hg.): *Philosophen des Mittelalters. Eine Einführung.* Darmstadt 2000.
Leaman, Oliver (Hg.): *The Biographical Encyclopaedia of Islamic Philosophy.* 2 Bde. London/New York 2006.
Leppin, Volker: *Wilhelm Ockham. Gelehrter, Streiter, Bettelmönch.* Darmstadt 2003.
Lexikon des Mittelalters. Hg. von Robert-Henri Bauthier u. a. 11 Bde. Stuttgart/Weimar 1999.
Libera, Alain de: *Denken im Mittelalter.* München 1998.
– : *Der Universalienstreit. Von Platon bis zum Ende des Mittelalters.* Übers. aus dem Franz. von K. Honsel. München 2005.
Mensching, Günther: *Roger Bacon.* Münster 2009.
Schönberger, Rolf: *Was ist Scholastik?* Hildesheim 1991.
– : *Thomas von Aquin zur Einführung* [1998]. Hamburg ³2006.
– /**Kible, Brigitte (Hg.):** *Repertorium edierter Texte des Mittelalters aus dem Bereich der Philosophie und angrenzender Gebiete.* 3 Bde. Berlin ²2011.
Schulthess, Peter/Imbach, Ruedi: *Die Philosophie im lateinischen Mittelalter. Ein Handbuch mit bio-bibliographischem Repertorium* [1996]. Zürich-Düsseldorf ²2000.
Simon, Heinrich/Simon, Maria: *Geschichte der jüdischen Philosophie.* Berlin/München 1984.
Steenberghen, Fernand van: *Die Philosophie im 13. Jahrhundert.* München/Paderborn/Wien 1977.
Strohmaier, Gotthard: *Avicenna* [1999]. München ²2006.
Sturlese, Loris: *Die deutsche Philosophie im Mittelalter. Von Bonifatius bis zu Albert dem Großen.* München 1993.
Wieland, Georg: *Ethica – Scientia practica. Die Anfänge der philosophischen Ethik im 13. Jahrhundert.* Münster 1981.
Winkler, Norbert: *Meister Eckhart zur Einführung.* Hamburg 1997.
Wöhler, Hans-Ulrich: *Dialektik in der mittelalterlichen Philosophie.* Berlin 2006.

Hans-Ulrich Wöhler

3 Renaissance

3.1 Epochenüberblick
3.2 Humanismus: Sprachkünste, Ethik, Geschichte und Theologie
3.3 Hochrenaissance: Entdeckung der Perspektive
3.4 Grundfragen

3.1 | Epochenüberblick

> **Definition**
>
> → Renaissance bedeutet in dreifachem Wortsinn: ›Wiedergeburt‹ des Goldenen Zeitalters, Wiederkehr des Lichtes nach der Finsternis und Wiederwuchs des Baumes nach der Beschneidung. Damit ist eine **Wiederbelebung** der klassischen Antike und der frühchristlichen Patristik unter Ablösung vom scholastischen Mittelalter unterstellt, wofür schon Leon Battista Alberti um 1440 und Giorgio Vasari 1550 den Begriff *rinascità* prägten. Das Selbstverständnis dieser Epochenschwelle zur Neuzeit bezieht sich auf innovative Studien, Künste und Wissenschaften in Italien, etwa im Zeitraum zwischen Francesco Petrarcas Geburt (1304) und Giordano Brunos Tod (1600). Ab 1430 breitete sich die Renaissance rasch auf das übrige Europa aus, vor allem auf Deutschland, Frankreich und England.

Der Begriff ›**Renaissance**‹ setzt sich über verschiedene Vermittlungsstufen bei Jacques Michelet 1855 als Epochentitel durch und wird 1860 von Jacob Burckhardt in seiner einflussreichen *Cultur der Renaissance in Italien* bestätigt.

Aufstieg des Bürgertums: Der frühneuzeitliche **sozio-ökonomische Wandel** führt von der agrarischen Welt des Mittelalters anfänglich wie in Florenz zu einem städtischen »Bürgerhumanismus« (Baron 1955). Nach kurzer Blüte in einigen Stadtrepubliken mündet er in einer von vielfältigen Studien und regem Interesse an Kunst geprägten Kultur der Fürstenhöfe in Italien (Mailand, Urbino, das päpstliche Rom, Ferrara, Mantua, Neapel); der Bürger wandelt sich zum *cortegiano* oder Höfling (vgl. Baldassare Castiglione: *Il libro del cortegiano*, 1528). Auch in Deutschland (Augsburg, Nürnberg, Köln) und den Niederlanden ist der kulturelle und ökonomische **Aufstieg des Bürgertums** ein deutliches Begleitphänomen des 15. und 16. Jh.s. Ebenso geht die wissenschaftliche und universitäre Bildung der Kleriker in den bisherigen Kathedralschulen an die Laien in den neuen **Universitäten** (z. B. Bologna, Pisa, Prag, Heidelberg, Erfurt) über. Die umfängliche, bereits interdisziplinäre **Frauenbildung** fand ihren Ort im privat eingerichteten *Studio* von Patrizier- und Adelshäusern (z. B. in der Familie des englischen Lordkanzlers Thomas Morus).

Wandel des Weltbildes: Das Einbrechen des Raumgefühls in die Renaissance befruchtet als epochaler Vorgang die Einzelwissenschaften unterschiedlich und führt geradezu explosiv zu einer Vielzahl **naturwissenschaftlicher Entdeckungen**. Die Theorie der unendlich begehbaren Erdoberfläche (Erdkugel) wird in der **Weltumseglung** durch Christoph Kolumbus 1492 praktisch bewiesen. Raumfindung vollzieht sich auch in der Astronomie: Nikolaus Kopernikus schafft Neuraum durch die Zerstörung der ›Einschalung‹ der Erde in den ›Himmelssphären‹ der Planeten; mit der **Heliozentrik** entwirft er eine neue, größere Raumkugel. Johannes Kepler überholt auch diese Kugel durch die Entdeckung der **Planetenellipse**; die Ellipse löst auch bei der Kuppelkonstruktion Michelangelos in St. Peter in Rom die alte Halbkreiskuppel ab. In der Philosophie formulieren Nicolaus Cusanus und nach ihm Giordano Bruno die **Unendlichkeit des Universums** und die Vielzahl möglicher Welten. In der Medizin erforscht Andreas Vesalius gegen die alte Autorität Galens den **Körperraum** des Menschen; William Harvey ersetzt die hippokratische Lehre von den auf- und absteigenden Körpersäften durch den Nachweis des **Blutkreislaufs**. Die Erfindung des Teleskops in Holland ermöglicht Galileo Galilei das Eindringen in die endlose Tiefe des Weltraums. Mehr als ein Detail bildet die Verräumlichung von Zeit: Im **Chronometer** des Nürnbergers Peter Henlein wird sie auf optischer Fläche darstellbar. In der bildenden Kunst bricht Tilmann

Riemenschneider den geschnitzten Altarschrein, in den die Figuren gestellt sind, nach hinten auf, um Licht und entsprechend **Tiefenwirkung** einzulassen.

Die Renaissancephilosophie kennt eine innere Zäsur, vor allem in Italien, bzw. zwei unterschiedlich innovative philosophische Ansätze, die sich teilweise überkreuzen: Humanismus und Hochrenaissance.

Zeittafel

Um 1250–1350	**Protorenaissance** in Dichtung, bildender Kunst, Politik
1265–1321	Dante Alighieri: *La vita nuova* (1294); *La divina commedia* (1321)
1312–1354	Cola di Rienzo: Wiedererrichtung der römischen Republik nach altrömischen Vorbild
Um 1350–1470	**Humanismus oder Frührenaissance**
1350	Dichterkrönung Petrarcas in Rom
1378	Aufstand der Ciompi (Wollschläger) in Florenz; Einführung der Republik
1397	Errichtung eines Lehrstuhls für Griechisch in Florenz
1415–1417	Konzil von Konstanz; Ende der Kirchenspaltung; Beginn des Ausbaus von Rom zur führenden Kunstmetropole durch die Päpste
1415	Ausbruch der Hussitenkriege in Böhmen
1417–18	Entdeckung unbekannter antiker Schriften (Lukrez u. a.)
1417	Übersetzung der *Nikomachischen Ethik* des Aristoteles durch Leonardo Bruni
1435	Leon Battista Alberti: *De pictura* (Perspektive, Proportion, neue Raumauffassung)
1439	Unionskonzil zwischen ost- und weströmischer Christenheit (Byzanz und Rom) in Ferrara; über 600 griechische Codices gelangen nach Venedig.
1444	Eröffnung der Biblioteca Laurentiana in Florenz
1452	Erfindung des Buchdrucks durch Johannes Gutenberg in Mainz
1453	Fall Konstantinopels an die Türken; Flüchtlingsstrom griechischer Gelehrter nach Italien
Um 1470–1600	**Hochrenaissance**
1470	Beginn der Platonübersetzungen durch Marsilio Ficino
1492	Erster Globus oder »Erdapfel« durch den Nürnberger Peter Henlein
1492	Entdeckung Amerikas durch den Genueser Christoph Kolumbus
1517	(angeblich) Thesenanschlag Luthers in Wittenberg, Beginn der Reformation
1533	Heinrich VIII. bewirkt die Trennung der anglikanischen Kirche von Rom
1548	Konzil von Trient, Beginn der Gegenreformation
1600	Verbrennung von Giordano Bruno (1548–1600) auf dem Campo dei fiori in Rom

Protorenaissance nennt man die geistesgeschichtliche Neuorientierung an Literatur und Dichtung der griechischen und römischen Klassik. Bereits Dante wird als Aufbruchsfigur verstanden durch seine Neubelebung der angeblich ›toten Poesie‹. In Padua studieren ›Prähumanisten‹ die Tragödien Senecas unter den Topoi einer ›Rückkehr‹ der klassischen Literatur aus dem Exil und eines ›Neuerweckens der Musen‹ nach tausendjährigem Schlummer. An der hohen Bedeutung der **Dichtung** zeigt sich schon im ersten Drittel des 14. Jh.s das Bewusstsein einer *reparatio*, eines Epochendurchbruchs. Giovanni Boccaccio (1313–1375) überträgt wenig später den Gedanken einer Rückkehr der Klassik auf die **Malerei**. Giotto und seine Schule, in der Nachfolge von Cimabue, erwecken die dreidimensionale Räumlichkeit gegenüber der flächig-symbolhaften Malerei des Mittelalters.

Im Raum **politischer Geschichte** versucht Cola di Rienzo eine *renovatio*: Sein römisches Tribunat sollte das ›dritte Zeitalter des Geistes‹ (nach der Geschichtsspekulation des Joachim von Fiore) einleiten und das antike Rom wieder herstellen. Der Versuch scheitert, aber der Gedanke einer Epochenschwelle ist im vorwärtsdrängenden Bewusstsein des 14. Jh.s verankert.

Frührenaissance oder Humanismus: Letzterer Begriff leitet sich ab von der Neubelebung der ***studia humanitatis*** (Studien des Menschseins) um 1350 bis 1470 aus antiken und patristischen Quellen: Grammatik, Rhetorik, Ethik, Poetik und Dialektik/Topik. Sie sollen den Menschen in seiner ethischen und politischen Praxis konstituieren und setzen damit ein Gegengewicht gegen die spekulative, logisch-metaphysisch geprägte Scholastik. Es handelt sich vor allem um sprach- und handlungsbezogene Künste (Apel 1963), zumeist unter Rückgriff auf Aristoteles, Cicero, Quintilian und griechische sowie lateinische Kirchenväter, z.B. Gregor, Hieronymus, Augustinus. In der Folge kommt es zu einer Neubestimmung von Geschichte, Politik, Medizin, Jurisprudenz und Theologie im Rahmen einer frühen **Gesellschaftstheorie**, die einer *vita activa* anstelle einer *vita contemplativa* den Vorrang gibt.

Hochrenaissance: Die durch Nikolaus von Kues (1401–1464) genial entwickelte, theologisch begründete Hypothese von der **Unendlichkeit des Universums** und des **menschlichen Geistes** führt zu zahlreichen theoretischen und praktischen Folgerungen: zur Betonung des Menschen als eines »zweiten Gottes« und letztlich zu einer auch naturwissenschaftlichen und technischen Beherrschung der Welt (Erfindung von Kompass, Mikroskop, Teleskop; Erweiterung des Weltbildes durch Kepler und Kopernikus). Neben der Akzentuierung der **Würde des Menschen** erhebt sich um 1500 auch **Skepsis** gegenüber seiner Irrationalität; es entstehen Diskurse zur Willens(un)freiheit, die durch die Reformation Luthers verstärkt werden.

Neuplatonismus: Von 1470 bis 1600 wird der (Neu-)Platonismus gegenüber dem humanistischen Aristotelismus epochenprägend, zuerst an der von Athen ›übersiedelten‹ neu gegründeten Florentiner Platonischen Akademie. Von dort aus werden die Übersetzungen und Kommentare des gesamten, dem Mittelalter weitgehend unbekannten *Corpus Platonicum* durch Marsilio Ficino (1433–1499) in ganz Europa verbreitet (Hoffmann 2007). Damit treten – neben der weiter bestehenden, humanistisch betonten Praxis menschlicher Lebenswelt – wieder stärker **spekulative Momente** auf: Metaphysik, Kosmologie und Naturphilosophie, Theologie und Anthropologie.

Magie und Naturwissenschaften: Allgemein theoriebildend wirken ferner die als ›ägyptisch‹ angesehenen spätantiken Weisheitsschriften, die dem mythischen Hermes Trismegistos zugeschrieben wurden (**Hermetismus**; tatsächlich: 2./3. Jh. n. Chr.). Solche Geheimlehren, darunter ebenfalls die Rezeption der Kabbala, führen zu einer irrationalen Komponente auch im Rahmen der sich methodisch formierenden Naturwissenschaften: Neben Experiment und kausale Theoriebildung treten magische Vorstellungen vom Gestaltwandel der Materie mittels der ›Weltseele‹ (Nähe von Chemie zu Alchemie, von Astronomie zu Astrologie). Die **Methodensuche** exakter Wissenschaft führt zur Ausbildung der **Geometrie** als Leitwissenschaft des Denkens für belebte und unbelebte Körper.

3.2 | Humanismus: Sprachkünste, Ethik, Geschichte und Theologie

Der Humanismus tritt auf mit dem Anspruch epochaler Neuheit und einer stärker lebensweltlichen Ausrichtung im Unterschied zur ›abstrakten‹ Spätscholastik. Als seine Begründer gelten Francesco Petrarca (1304–1374), Coluccio Salutati (1331–1406) und Leonardo Bruni (1370–1444); die beiden letzteren machen als Kanzler von Florenz ihre Stadt zum führenden Ort der beginnenden Neuzeit (Baron 1955). Der im Spätmittelalter vorwiegenden Ausbildung von Rationalität und Logik im Erkenntnisprozess stellen sie – teils polemisch – das Ideal einer Ausbildung des ganzen Menschen und den Gedanken einer harmonischen Einheit von Herz (Leidenschaften, Affekte), Geist (*mens*, *ingenium*) und Leib gegenüber. Die Aktivierung aller menschlichen Fähigkeiten erfordert daher ein **neues Bildungsprogramm**: Die humanistische Deutung der *artes liberales* (der »freien

> **Definition**
>
> Epochengeschichtlich wird mit dem Begriff → Humanismus (von lat. *humanum*: menschlich) eine vorrangig von Italien ausgehende, europäische Geistesbewegung innerhalb der Renaissance (sog. Renaissance-Humanismus) im 14.–16. Jh. bezeichnet, zu deren Vertretern unter anderem Francesco Petrarca, Giovanni Boccaccio, Pico della Mirandola, Erasmus von Rotterdam, Philipp Melanchthon und Thomas Morus zählen. Charakteristisch für die humanistische Bewegung ist das Ideal einer ›menschlichen‹ Bildung, die auf eine durch Lektüre antiker Schriften rhetorisch und stilistisch geschulte, ein umfassendes Studium der Künste und Wissenschaften einbegreifende sowie sich im praktischen Handeln vollendende universelle Kultivierung abzielt. Dabei werden die **Würde des Menschen** und die möglichst vollständige Entwicklung seiner Anlagen zum Leitmotiv erhoben.

3.2 Renaissance

Humanismus: Sprachkünste, Ethik, Geschichte und Theologie

Künste«), vor allem des sprachbezogenen *Trivium* (Grammatik, Dialektik, Rhetorik), wird erweitert um Historie und Poesie und gipfelt in der rechten Lebensführung, der Ethik. Philosophie wird wesentlich Moralphilosophie, beflügelt durch die programmatische Neuübersetzung der *Nikomachischen Ethik* des Aristoteles durch Bruni 1417 (Keßler 1988).

Philologie: Vorangetrieben wird der Humanismus durch die **Wiederauffindung** verschollener lateinischer Handschriften und durch den Zustrom byzantinischer Gelehrter, zuerst um 1390 nach Florenz und in einer zweiten großen Welle – nach dem Fall Konstantinopels an die Türken 1453 – nach Rom. Mit den geflüchteten Gelehrten gelangen unzählige Codices nach Westeuropa; die Kenntnis der drei ›heiligen‹ Sprachen Hebräisch, Griechisch und Latein wird verpflichtend für die Humanisten (Beginn der neuzeitlichen Philologie). Erstmals entstehen **Gesamtübersetzungen** der großen Autoritäten Aristoteles und Platon aus den Urquellen und nicht mehr aus arabisch vermittelten, oft fehlerhaft tradierten Texten (Gerl 1981).

Philosophie des Humanen: So sind die ersten humanistischen Schriften gekennzeichnet von der Auseinandersetzung mit dem scholastischen Aristotelismus und seiner Fokussierung auf Metaphysik und Ontologie. Im Gegenzug wird Philosophie ausgerichtet auf praktisch-ethische *humanitas*, welche die Menschen lehrt »gut und glücklich zu leben, sie gründet die Staaten, betrachtet die Natur und die Gottheit und ist selbst ganz göttlich« (Müllner 1972, S. 79).

Historie: Die Neufassung von **Geschichte als linearer Zeitverlauf** löst die mittelalterlichen Chroniken mit ihrem symbolhaften Epochenschema ab zugunsten individualisierter Historien von Gemeinwesen und Personen (Leonardo Bruni: *Florentinische Geschichte*, 1416–49). Dies setzt die Selbstbewusstwerdung des Menschen als zeiträumlich gebundene, geschichtlich kontingente, aber willentlich freie und gestalterische Größe voraus: Er wird eigenverantwortlich für den Gang des Geschehens.

Medizin und Jurisprudenz erhalten beide einen neuen Platz in der Rangliste der Wissenschaft; der langanhaltende Streit um den Vorrang einer dieser Disziplinen ist Zeichen der neuen Bewusstseinsbildung, denn beide Wissenschaften werden nicht mehr nach einem ontologisch abgeleiteten Rang, sondern nach dem konkreten **Nutzen für den Menschen** verglichen (Coluccio Salutati). Dabei wird die Medizin nach ihrer dienenden Funktion gegenüber dem menschlichen Leben gewichtet, während die Jurisprudenz deswegen höheren Rang erhält, weil sie für das geistige Wohl nicht nur des Einzelnen, sondern der **staatlichen Gemeinschaft** sorgt und diese erst durch die verbindliche Unterscheidung von Gut und Böse ermöglicht (Grassi 1986). Medizin wie Jurisprudenz gehören deswegen der **Moralphilosophie** an, die als Krönung aller Künste und der Philosophie gilt.

An die Stelle einer vorwiegend asketisch betonten Lebenswelt treten eine christlich-patristisch begründete **Bejahung der Welt**, aber auch antike Lust-Theorien (Lob des Epikureismus bei Lorenzo Valla).

Theologie: Nach wie vor ist sie eine letzte Aufgipfelung der Wissenschaften, bewegt sich aber zunehmend im Rahmen der philosophischen Intention, den Menschen »allein göttlich, allein weise, allein selig« zu machen (Müllner 1972, S. 81), denn sie führt dem Menschen seine Ähnlichkeit mit Gott vor Augen und bringt ihn so zur dynami-

Hauptwerke

ca. 1358	Petrarca: *De remediis utriusque fortunae* (*Über die Heilmittel wider Glück und Unglück*)
ca. 1370	Petrarca: *De sui ipsius et multorum ignorantia* (*Über die eigene und vieler Leute Unwissenheit*)
1431–41	Lorenzo Valla: *De vero falsoque bono* (*Vom wahren und falschen Gut*)
1440	Nikolaus von Kues (Cusanus): *De docta ignorantia* (*Über die belehrte Unwissenheit*)
1444	Nikolaus von Kues (Cusanus): *De coniecturis* (*Über Mutmaßungen*)
1474	Marsilio Ficino: *Theologia platonica* (*Die platonische Theologie*)
1486	Pico della Mirandola: *De hominis dignitate* (*Über die Würde des Menschen*)
1503	Erasmus von Rotterdam: *Enchiridion militis Christiani* (*Handbüchlein des christlichen Streiters*)
1510	Carolus Bovillus: *Liber de sapiente* (*Buch über den Weisen*)
1516	Thomas Morus: *Utopia*
1520	Rudolf Agricola: *De inventione dialectica* (*Von der dialektischen Findung*)
1530	Paracelsus: *Opus Paragranum* (*Das Buch Paragranum*)
1580	Michel de Montaigne: *Essais* (*Essays*)
1584	Giordano Bruno: *De la causa, principio et uno* (*Von der Ursache, dem Prinzip und dem Einen*); *De l'infinito universo et mondi* (*Über die Unendlichkeit des Weltalls und der Welten*)
1585	Giordano Bruno: *De gl'heroici furori* (*Von den heroischen Leidenschaften*)

Renaissance

Humanismus: Sprachkünste, Ethik, Geschichte und Theologie

Der schöpferische Mensch

»Was sollen wir sagen von dem feinen und scharfen Ingenium des derart schönen und wohlgestalteten Menschen? Sein Ingenium ist so groß und so ausgestattet, daß nach der ersten neuen und rohen Erschaffung der Welt alles aus der einzigartigen und vorzüglichen Schärfe des menschlichen Geistes von uns hinzuerfunden, vollendet und vervollständigt erscheint. [...] Man sieht von allen Seiten, daß die Welt und all ihre Ausschmückungen zuerst von dem allmächtigen Gott zum Nutzen der Menschen erfunden und eingerichtet wurden, und daß sie dann von den Menschen dankbar angenommen und viel schöner, viel geschmückter, weit geschliffener gemacht wurden« (Giannozzo Manetti: *De dignitate et excellentia hominis* [1452]. Hg. von E. R. Leonard. Patavii 1975, S. 77 f.).

Die Renaissance entwickelt die Redegattung »Über die Würde des Menschen«. Darunter ragt der Traktat des Florentiners Giannozzo Manetti (1396–1459) hervor, der dem Ingenium des Menschen die Vollendung der Welt zuschreibt. Denn der behaupteten Raumunendlichkeit entspricht wiederum das Ich in seiner analog verstandenen **unendlichen Subjektivität**/Individualität und in seiner unerschöpflichen Kraft, eben dem **Ingenium**. Zwischen Philosoph, Künstler, Entdecker und Ingenieur (*ingegniere*) besteht der enge Zusammenhang, dass alle eine willentliche Nach- und Neuschöpfung von Welt verfolgen. Gott habe die Schöpfung nur in einer Art Rohentwurf hingesetzt, aber dem Menschen, dem Werkmeister, als Werkstatt überantwortet. Vor einem so hochgespannten Begriff des Ingeniums (worin das Wort ›Genie‹ steckt) nimmt es nicht wunder, dass sich daraus der Schritt zur **Göttlichkeit** des schöpferischen Menschen vollziehen lässt: göttlich, weil schöpferisch. Die urbane Lebensweise, die Wissenschaften, Künste, Techniken vermögen aus dem Rohmaterial beliebig Neues, Sinnvolles, Schönes nach Maßgabe des Individuums herauszuholen: eine noch unerschrockene **Anthropozentrik** der Schöpfung.

Interpretationsskizze

schen Erkenntnis seiner individuell wahren Lebensaufgabe. Der neue Maßstab für die Würde und den Rang einer Wissenschaft ist im Quattrocento (ital. 15. Jh.) stets ihr Beitrag zur Humanisierung und letztlich **Vergöttlichung** des Menschen.

Tugendlehre: Vergöttlichung erfolgt aber nicht allein durch den Zuwachs an Wissen und Weltbeherrschung, sondern ebenso durch die Selbstherrschaft des Menschen in Tugend (*virtus*). Auch diesem Begriff verleiht der Humanismus eine dynamische Akzentuierung. Es geht nämlich nicht vorrangig um eine selbstbezügliche Haltung oder Verwirklichung des Einzelnen, sondern um den **Aufbau der urbanen Gemeinschaft**. Darin vollzieht sich die wahre *humanitas*: in der Erkenntnis des Guten durch die *studia humaniora* und durch ihre Anwendung im Gemeinwesen (Martines 1963). Im Humanismus wird Wissen um seiner selbst willen (*doctrina*) in der Gesamtkonzeption dem Gutsein und dem Nutzen (*bonitas*) untergeordnet; Ziel ist nicht mehr eine intellektuell erkannte Wahrheit (*veritas*), sondern Tüchtigkeit (*virtus*).

Aus diesem Grund heißen die Philosophie und sogar die Poesie ›göttlich‹, weil sie Tugend zum Lehrgegenstand haben, so dass sie den Menschen über die Theorie hinaus mit Hilfe der Redekunst zum aktiven Gutsein bewegen. Daraus erklärt sich die erstaunlich hohe Bedeutung der **Rhetorik**: Die Redekunst ist das Lob des Guten, vor allem in der Gestalt des Nützlichen; an ihrer leidenschaftlichen Darstellung eines Vorbildes entzündet sich die Nachahmung, die ein wesentliches Thema der humanistischen **Pädagogik** bildet. Rhetorik steht im Mittelpunkt der Sprachkünste; Dialektik/Topik ist nur ihre argumentative Grundlage.

Vita activa: Insgesamt drängt der Humanismus auf den Vorrang des Handelns vor der Betrachtung, auf Aktion vor Kontemplation; Lorenzo Valla behauptete 1433 in *De professione religiosorum* sogar das vorrangige, weil **aktive Lebensideal der Laien** gegenüber den Ordensleuten.

3.3 | Hochrenaissance: Entdeckung der Perspektive

Vorbereitet insbesondere durch Nikolaus von Kues geschieht in der Renaissance ein gedanklicher Durchbruch zum unbegrenzten **homogenen** und **isotropen Raum** (ohne Richtung nach oben und unten), der in allen drei Dimensionen ins Unendliche weist (Blumenberg 1976). Mit der Perspektive wird die Raumunendlichkeit im Fluchtpunkt anschaulich versammelt und beherrschbar: durch genaue Beobachtung (*observatio*). Praktisch wird die neue *perspectiva artificialis* entwickelt bei Duccio di Buoninsegna (um 1260 – um 1320) und Giotto (1266–1337), theoretisch aber erst bei Filippo Brunelleschi (1377–1446) formuliert in einer (verlorenen) Theorie der Perspektive um 1400; danach folgen Leon Battista Alberti 1435, Cennino Cennini 1437, Lorenzo Ghiberti 1450, Piero della Francesca 1469, Luca Pacioli 1483, Leonardo da Vinci 1492, Albrecht Dürer 1525 und Giambattista da Vignola nach 1530 (Gebser 1973).

Räumliche Ordnung: Die Perspektive stellt die Beziehung zwischen Auge und Gegenstand auf eine **mathematische Basis**. Evidenz (zweifelsfreie Einsicht) wird zum Grundwort philosophischer Methode nicht erst bei Descartes. Der Symbolwert der Dinge wird ihrer perspektivischen Ansicht in einer schematisch-geometrischen Räumlichkeit untergeordnet. **Geometrie** als angewandte Mathematik wird das Mittel, um ein Objekt in seiner Tektonik methodisch sicher festzulegen: Die Dinge werden in das Raum-Apriori eingeordnet, während noch Aristoteles den Ort als ein Akzidens am Ding verstanden hatte.

Subjektiver Standpunkt: Umgekehrt wird der Raum von einem bestimmten Projektionszentrum, dem subjektiven ›Augenpunkt‹, abhängig: Erscheinungen müssen erst von der **Sicht des Menschen** in ihre wahre Gestalt gebracht werden. Daher darf die Spekulation über die Raumunendlichkeit nicht als ein rein astrophysikalisches Problem missverstanden werden. Allerdings: Die Perspektive erstellt nur noch (immer genauere) Sektoren in einer (immer engeren) Sehpyramide; Welt wird zurückgebracht auf ›Ausschnitt‹. Es kommt zum relationalen, individuellen **Standpunktsehen** (Otto 1984).

Perspektive und Idealmensch

In der Renaissance wird das starre Schema der ›Sieben freien Künste‹ der Antike und des Mittelalters (s. Kap. I.2) durchbrochen – eine neue ›achte‹ Kunst kann sich etablieren: die Perspektive. Mit ihrer Hilfe gelingt es, dreidimensionale Gegenstände geometrisch genau auf der zweidimensionalen Fläche abzubilden. Leonardo da Vinci ebenso wie Albrecht Dürer verstehen seitdem auch die Malerei als ›Wissenschaft‹: Alle Körper sind aus Punkten, Linien, Winkeln, Flächen, also aus Messbarem aufzubauen. Natur (und in ihr der Mensch) beruht auf einer gesetzmäßigen, in Zahlen auszudrückenden Ordnung. Der Idealmensch (›der vermessene Mensch‹) wird nach dem Idealmaß konstruiert: Die Peripherie seiner ausgestreckten Gliedmaßen bildet den Kreis bzw. die Kugel, die ideale Grundfigur des ›Ganzen‹. So versteht sich der Mensch als Maß der Dinge: Seine *ratio* wird im Wortsinn zum Rechnen, Messen, Zählen der Welt.

Albrecht Dürer:
Mann im Kreissegment

Renaissance

Individualität, Schöpfertum, Anthropozentrik

Piero della Francesca: Idealstadt (um 1450)

3.4 | Grundfragen

3.4.1 | Individualität, Schöpfertum, Anthropozentrik

So fußt die Renaissance auf einer Doppel-Entdeckung: der Gewinnung des Raumes und dem Gewinn der Ich-Stärke (Subjektivität, Individualität). Die Einarbeitung der Theorie des Sehens verschiebt die praxis- und politik-bezogene humanistische Anthropologie auf eine metaphysische **Subjekttheorie**. Am Ausgang solcher Reflexionen steht Cusanus' Auseinandersetzung mit dem (neu-)platonischen und dem spätmittelalterlich-nominalistischen Erbe. Prospektiv wirken seine Ideen – meist anonym – bis in die Systementwürfe des 19. Jh.s, über Giordano Bruno zu Leibniz, Hamann, Schelling, Friedrich Schlegel und schließlich zu Hegel.

Vernunft und Verstand: Cusanus verbindet die Unterscheidung von Vernunft (*intellectus*) und Verstand (*mens*, *ratio*) und die Beziehung von Gegensatz und Einheit und sieht dabei beides im Horizont der **Unendlichkeit**. Der teilende und messende *Verstand* hält nach Cusanus die Gegensätze der empirisch-endlichen Welt in ihrer Ausschließlichkeit fest (wie im aristotelischen Satz vom Widerspruch): Die Dinge sind untereinander immer ›anders‹ (*aliud*), aber ihre Beziehungsfähigkeit ist selbst unendlich. Nur die *Vernunft* rührt an die absolute Identität jenseits irgendeines Unterschieds, wenn sie z. B. mit Hilfe der Mathematik die geometrischen Figuren ins Unendliche weiterdenkt: Dabei wird die Kreiskrümmung ununterscheidbar von der Geraden. So kann die Vernunft die relative Wahrheit des Endlichen in der absoluten, alles unterfangenden qualitativen Einheit (*non-aliud*) verankert sehen, denn darin fallen die empirisch-quantitativen Unterschiede zusammen (*coincidentia oppositorum*). Zwar erfährt dabei die Vernunft ihr Nichtwissen, aber als *docta ignorantia*: Sie wird über die Grenze des Vorstellbaren belehrt, wenn sie mit dem Absoluten (*idem*) zu tun hat. Cusanus hat damit über die aristotelische Ding-Ontologie hinaus eine **Relationsontologie** entwickelt: Die Dinge sind nicht durch ihr isoliertes Dasein bestimmbar, sondern durch ihre unendliche Vernetzung untereinander – ein Konzept, das bis zum Deutschen Idealismus und darüber hinaus wirksam bleibt (Gerl 1995).

Dieser **Zusammenhang von Vernunft als Gegensatz-Einheit in der Unendlichkeit** wird von Cusanus mit Blick auf Gott, Universum und Mensch entwickelt. Gerade der Mensch wird mit seiner *mens* oder *ratio* in der unendlichen Beziehungswelt der Dinge messend und maßgebend tätig – so wird er funktional zur Mitte der Welt und entwickelt eine mit Zahlen operierende Vergleichsmessung als Basismethode aller künftigen Naturwissenschaft. Mit seinem *intellectus* aber rührt er an die Schau der ursprünglichen Einheit in Gott, an dessen alles einbegreifende lebendige Subjektivität und unerschöpflichen Selbstvollzug, und versteht sich dabei als Ebenbild. Gott ist dabei in seiner trinitarischen Struktur (Vater – Sohn – Geist) Ursprung der Relationsontologie; Gott ist absolute Subjektivität (schon im Vorgriff auf Hegel).

Ich-Gewinnung: Von dieser spekulativen Höhe aus lassen sich einfache Belege für das neuartige Selbstbild des Menschen finden. Erinnert sei an die Veränderung des Körpergefühls im ausgehenden Mittelalter, das einer beginnenden Subjektivierung Ausdruck verleiht: Zur Darstellung kommen nicht mehr typisierte Idealbüsten, sondern zunehmend **Individualporträts**, in Vollendung etwa bei Jan van Eyck. Diese Gewinnung des Körpers als eines Ichträgers in der Kunst ist an den Bronzetüren des Baptisteriums von Florenz zu studieren: Wie sonst

Gewinnung des Körpers als Ichträger

3.4 Renaissance

Grundfragen

selten stehen hier gotische Raumferne und renaissancehafte Raumbewusstheit nebeneinander, von derselben Hand Lorenzo Ghibertis. Tommaso Masaccio arbeitet in der Florentiner Brancacci-Kapelle souverän sowohl mit der perspektivischen Raumverkürzung als auch mit dem Individualporträt. Mit der Betonung des Individuums und seiner Mitteilung in der Welt geht der Gewinn der Selbstverantwortung einher. Auf dem Gebiet der Kunst entspricht dem Ego das künstlerische Ingenium: als eine dem Intellekt und sogar dem Willen vorgeordnete Fähigkeit, als eigenstes Vermögen des Subjekts. Es erschließt und verändert Welt von der Perspektive des Menschen her: **Anthropozentrik** statt Onto-Zentrik (Cassirer 1969).

Gewissensfreiheit: Die Schärfung des Ichs hat philosophisch und theologisch die Betonung der **Freiheit** des Individuums zur Folge, insbesondere der Gewissensfreiheit. Das eigene Gewissen wird entscheidend, nicht nur für einen Reformator wie Martin Luther, der darin die letzte Instanz des Einzelnen sah, sondern auch für die spanische Gegenreformatorin Teresa von Ávila (1515–1582). Von den *Aufständen gegen die kirchliche Hierarchie* unter Berufung auf die gleiche Würde aller Getauften (John Wyclif, Jan Hus) über die Reform der Kirche selbst durch Cusanus und die humanistischen Päpste Pius II. und Sixtus IV., später über die Reformation durch Martin Luther, Ulrich Zwingli und Jean Calvin bildet sich ein starker Strang der **Laienfrömmigkeit** heraus. Auch die katholische Tradition greift diese Tendenz auf: Die niederdeutsche, mystisch grundierte *devotio moderna*, der Thomas von Kempen (um 1380–1471) und Erasmus von Rotterdam (1466–1536) angehören, sieht alle Getauften als grundsätzlich gleichrangig an. Luthers kämpferische Schrift *Von der Freiheit eines Christenmenschen* stellt das allgemeine Priestertum aller Gläubigen heraus.

Bestimmung des Menschen: Nach dem Buch *Genesis* des Alten Testaments wird die Gottebenbildlichkeit der Geschlechter zu einer Gleichwertigkeit der Frau mit dem Mann (*Querelle des femmes*; s. Kap. II.C.7) weitergedacht und der Gestaltungsauftrag gegenüber der Welt entfaltet: zur ›**zweiten Schöpfung der Welt**‹. Das Ideal des **uomo universale**, des umfassend gebildeten, zu freier Entscheidung fähigen, von Gott in die Mitte der Welt gesetzten ›zweiten Gottes‹ führt zu einer Umwertung von Ethik. Giovanni Pico della Mirandola (1463–1494) lässt die berühmte *Oratio de hominis dignitate* 1483 darin gipfeln: Es ist die Natur des Menschen, keine Natur zu haben; vielmehr hat er sich selbst, seine Geschichte und Welt sinnvoll zu entwerfen und immer weiter zu verbessern, nämlich zum göttlichen Ursprung aufzusteigen.

Skepsis und Selbstkritik: Nicht übersehen werden darf die Rückseite des aufbruchsfreudigen 15. Jh.s, denn bei aller selbstbewussten Aktivität stellt sich eine ebenfalls gesteigerte Selbstkritik ein. Sebastian Brant: *Das Narrenschiff* (1494), Heinrich Agrippa von Nettesheim: *De incertitudine et vanitate artium et scientiarum* (*Die Unsicherheit und Eitelkeit der Künste und Wissenschaften*, 1526), Erasmus von Rotterdam: *Encomium moriae* (*Lob der Torheit*, 1509), Thomas Morus: *Utopia* (1516) – diese Werke ergänzen die rationale Selbstgewissheit durch **Skepsis und ironischen Spott**. Die Bemächtigung der Welt durch Wissen und technisches Gestalten erfährt eine erste brillante Kritik: Erst die Torheit (*stultitia*, *moria*) macht bei Erasmus die Welt erträglich.

So kommt es im 16. Jh. deutlich zu einer Wiederaufnahme des antiken Skeptizismus und zu einer probabilistischen Erkenntniskritik: Erkennen schlussfolgert aus Wahrscheinlichkeit, nicht aus Wahrheit, etwa in Montaignes *Essais* (1580) im Sinne einer skeptischen Anthropologie.

3.4.2 | Die Frau in der Renaissance

Die Anthropologie der Renaissance ist zweifellos auf den Mann hin formuliert: als den Träger von Rationalität und selbstbewusster Reflexivität, als den selbstherrlich Messenden mit dem Ziel der Bändigung und Mechanisierung der Natur, als den Unterwerfer der Materie durch Erforschung ihrer Gesetzlichkeit. In Picos erwähnter Rede zieht sich der Schöpfer zugunsten Adams zurück – Eva erscheint in dem Gespräch jedoch nicht.

Illustration aus Christine de Pizan: La cité des dames (1405)

Die Frau in der Renaissance

So stellt sich die Frage, wie die Frau an den neu formulierten *studia humaniora*, am neuen Welt- und Selbstverhältnis Teil hat. In der Tat bildet sich ein neuer weiblicher Typus heraus, der sich von den mittelalterlichen – vorrangig religiös motivierten – Fürstinnen, Künstlerinnen und mystischen Schriftstellerinnen unterscheidet. In der Renaissance zeigt sich die Teilhabe von Frauen an der gewonnenen **Rationalisierung** und methodischen **Systematisierung** in aller Breite als Zugewinn von **Individualisierung** (Labalme 1980; Gerl 1994).

Frauenbildung: Mit der italienischen Erstformulierung des Renaissancedenkens finden sich sofort mehrere neue Möglichkeiten weiblicher Betätigung und Wissensentfaltung. Bisher war Frauenbildung fast nur auf die weiblichen Orden beschränkt; nunmehr wird eine **stärker individualisierte Ausbildung** möglich. Freilich bleibt sie ohne Ausnahme auf die oberste soziale Schicht – Aristokratie/Patriziertum – beschränkt. Beispielhaft sind die koedukativen Adelsschulen von Vittorino da Feltre in Mantua und Guarino Veronese in Ferrara mit dem humanistisch innovativen Studienprogramm. Grundsätzlich besteht die Bereitschaft der höheren Schichten, die Töchter in die Welt insbesondere der literarischen, sogar der mathematischen Bildung eindringen zu lassen. So gibt es nicht selten unverheiratete, selbstbewusst im väterlichen Hause lebende Töchter oder auch Witwen, die wissenschaftliche Korrespondenzen führen.

Die schon zu Lebzeiten berühmte Christine de Pizan (*La cité des dames*, 1405) lässt sich im eigenen *Studio* in Paris abbilden, Schreibfeder und Korrekturmesser in der Hand, ihre Bibliothek im Hintergrund (s. auch Abb. S. 395). Als neue weibliche Typologie dieser Zeit bildet sich zum einen die **Fürstin** als Patronin der Künste und des Wissens heraus, die von den geförderten Gelehrten oder Künstlern in Widmungen und Gedichten gepriesen wird, zum anderen die aktive **Politikerin** (Maria de Medici) und schließlich ausdrücklich die **Frau als Gelehrte**. Davon nicht genau abzusetzen ist die **Dichterin**. Sie gehört weithin zum Typus der *mulier docta*, da im humanistischen Fächerkanon die Poesie in hoher Achtung stand: Bildung war geradezu ausgewiesen durch die Kenntnis, Deutung und (hochgeschätzte) Nachahmung griechisch-lateinischer Dichtung. So entfalten Frauen das Medium der Poesie zu hoher Blüte und bei al-

Michelangelos Darstellung der Frau

Mit dem Kopf der Gottesmutter Maria entwirft Michelangelo ein androgynes Ideal, in dem sich weibliche mit männlichen Zügen mischen. Die an eine Gelehrtenhaube erinnernde Kopfbedeckung betont den geistigen, selbständigen Charakter dieser Frau, in der sich Intelligenz, Innenschau, Konzentration auf das Eine, das Göttliche ausdrücken – auch im Gegensatz zur rationalisierten Außenwendung des Mannes zur Welt. Michelangelo sieht Maria prototypisch als Trägerin des Geistes, ebenso philosophisch-platonisch wie christlich verstanden – sichtbarer Ausdruck eines neuen Frauenbildes.

Interpretationsskizze

Michelangelo: »Testa femminile« (ca. 1485–1500)

ler Klassizität zu eigenständigem Ausdruck – im Cinquecento tauchen Frauennamen von Weltgeltung in der Lyrik auf wie Vittoria Colonna (1490–1547, Freundin Michelangelos) und Gaspara Stampa (um 1523–1554). In der Renaissance werden also auch Frauen teilweise im Wissen und den Künsten ihrer Zeit ausgebildet, sofern sie dem Adel oder dem neuen bürgerlichen Geldadel angehören. Die Frage nach dem gleichen intellektuellen Vermögen findet um diese Zeit bereits egalitäre Antworten (s. Kap. II.C.7).

3.4.3 | Neuzeitlich-experimentelle Naturwissenschaft in Spannung zu Naturmystik und Magie

Durch Cusanus (*Versuche mit der Waage*, 1450) wurde Denken bereits zum dreidimensionalen ›Messen‹ der Unendlichkeit. *Mens*, der Verstand, ist von seiner Anlage her *mensura* (›Messen‹) und beginnt von einem hypothetischen Maßpunkt (*minimum*) aus zu messen. Es ist bezeichnend, dass diese Rationalität sich jedoch nicht zielstrebig durchsetzt, sondern dass die Methodensuche in der frühen Neuzeit auch irrationale Wege einschlägt. Die Nähe von Chemie zur Alchemie, von Astronomie zur Astrologie (letzteres noch bei Galilei) ist eine Signatur der Renaissance und wird schließlich bei Giordano Bruno zu einem naturmystischen **Monismus** des Eins und Alles verdichtet.

Naturmystik: Auch die deutschsprachige Renaissancephilosophie steht in der Spannung zwischen Wissenschaft und einer mit magischen Versuchen unterlegten Naturmystik. Ein Schlüssel für die religiöse Deutung der Natur mag darin liegen, dass nördlich der Alpen nicht einfach nur antike Texte rezipiert wurden, sondern eigenständig eine Wendung zum ›**Buch der Natur**‹ vollzogen wurde. So führt die ausgeprägt ganzheitlich-unitäre Weltsicht zu einer Welt- und Selbsterklärung aus *einem* intuitiv zugänglichen, mystisch aufgesuchten Grund. Der Logos-Charakter Gottes selbst verleiht der Natursprache ebenso wie den Buchsprachen eine religiöse Bedeutung hohen Ranges: Auch Naturphilosophie ist unterlegt von Theologie, von der Spannung zwischen Mystik (z. B. der Buchstabenmystik der Kabbala) und Wissenschaft, von qualitativen Wertungen und quantitativen Messungen.

Mikro- und Makrokosmos: So kommt es – exemplarisch bei Paracelsus von Hohenheim (1493/94–1541) – zu einer Mischung von gezielter Beobachtung und wiederholendem Experiment mit spekulativ-mystischer Naturentschlüsselung, typisch auch in *De occulta philosophia* (1510) des Agrippa von Nettesheim (1486–1535). Paracelsus kann als Theosoph bezeichnet werden, der eine Zusammenschau von Kosmologie, Anthropologie und Theologie leistet: Der Mikrokosmos ›Mensch‹ trage den Makrokosmos des gesamten Universums in sich – selbst die Gestirne nehmen ihren Lauf analog zum physischen und psychischen Leben des Menschen. Er ist **Quintessenz der Schöpfung**, die Mitte zwischen Himmel und Erde, die »große Komposition«, an der alle Konkordanzen (Übereinstimmungen von ›oben‹ und ›unten‹) abzulesen sind. So entsprechen die menschlichen Organe jeweils einem Planeten; Geist, Seele und Leib entsprechen den drei Ursubstanzen Quecksilber, Schwefel und Salz.

In engem Zusammenhang mit Anthropologie und praktischer Heilkunde steht die Lehre von der **Signatur der Dinge**: Alle Dinge tragen die Zeichen ihrer Wirksamkeit an sich – allerdings nur für ein ›inneres Sehen‹. Sie enthüllen ihre Wirksamkeit durch Analogie: So heilen rote Früchte die Blutarmut, die Walnuss wegen ihrer Hirnförmigkeit das Kopfleiden etc. Naturerkenntnisse werden mit Praxis verknüpft und wirkmächtig angewendet: Eine ›ganzheitliche‹ Medizin verbindet die experimentelle Erfahrung der Naturkräfte (Physik) mit der Ethik (Tugend) der Lebensführung. Paracelsus übt deutlichen Einfluss auf Jacob Böhme, Giordano Bruno und noch auf Francis Bacon aus.

Monismus: Bei Giordano Bruno (1548–1600) bündeln sich Anstöße der Renaissance (in Nachfolge und Absetzung von Cusanus) in der These von den zahllosen Welten und einer **Alleinheitslehre**. Vor diesem Monismus wird sogar die Sonderstellung des Menschen zurückgenommen: Das ganze All ist göttlich, nicht ein einzelner Repräsentant. Die (neuplatonische) **Weltseele** begründet die Verwandtschaft aller Dinge untereinander, bildet sie auf Zeit aus und nimmt sie wieder in sich zurück. So gibt es nicht mechanisch-mathematische, sondern organisch-lebendige Funktionssysteme; auch Gestirne sind bei Bruno Großorganismen, einem Stoffwechsel unterworfen, sogar dem Puls und dem Atemrhythmus (vgl. *Über die Unendlichkeit des Weltalls und der Welten*). Das Leben der Weltseele erschöpft sich nicht mengenmäßig, sondern verwirklicht sich in unzähligen Welten, die jedoch (wie bei Cusanus) vom Minimum, dem hypothetischen Maßpunkt des Menschen aus, gemessen werden können (Blumenberg 1976).

Bruno unterscheidet wie Cusanus erkenntnistheoretisch zwischen der *ratio*, die aus Ursache (*causa*) »äußerlich« denkt, und der *intellectio*, die unmittelbar das Prinzip (*principium*) »innerlich« anschaut und »spiegelt«. Allerdings wird der Mensch als Spiegel zu einer zweideutigen Metapher: Er hat kein Selbstbewusstsein, keinen Stand in sich selbst (wie bei Cusanus). Bruno vergleicht ihn mit dem mythischen Jäger Aktaion, der auf der Jagd die nackte Göttin Diana erblickt, in einen Hirsch verwandelt und schließlich von seinen eigenen Hunden zerrissen wird (vgl. *Von den heroischen Leidenschaften*). Ebenso wird **der wahrheitssuchende Mensch**, wenn er die Wahrheit erschaut, vom Jäger zur Beute: Er erkennt sich als bloßen Teil des Kosmos und **löst sich in seiner Individualität auf**. Brunos Entwürfe füllen sich zwar verschwenderisch, aber mit dem immer Gleichen: der Raum mit gleichen Welten und Planetensystemen, die Zeit mit der Wiederkehr der Geschichte, die menschliche Vernunft mit der sich passiv wiederholenden Spiegelung des Ganzen (Blum 1999). Ohne die Unterscheidung von Mensch und Welt festzuhalten, wie es etwa bei Cusanus der Fall ist, verschwimmt die Alleinheit von allem mit allem zur Tautologie.

Mit Bruno endet die spekulative Phase der Naturmystik; sie macht dem methodischen Bewusstsein von Galileo Galilei (1564–1642) Platz, der aus dem unterscheidungslosen Monismus in ein mechanisches und mathematisch gegliedertes Modell der Natur führt.

Literatur

Apel, Karl Otto: *Die Idee der Sprache in der Tradition des Humanismus von Dante bis Vico.* Bonn 1963.
Baron, Hans: *The Crisis of the Early Italian Renaissance: Civic Humanism and Republican Liberty in an Age of Classicism and Tyranny.* 2 Bde. Princeton 1955.
Blum, Paul-Richard: *Philosophen der Renaissance. Eine Einführung.* Darmstadt 1999.
– : *Philosophieren in der Renaissance.* Stuttgart 2004.
Blumenberg, Hans: *Die Legitimität der Neuzeit. IV. Aspekte der Epochenschwelle: Cusaner und Nolaner.* Frankfurt a. M. 1976.
Buck, August: *Zu Begriff und Problem der Renaissance.* Darmstadt 1969.
Burckhardt, Jacob: *Die Cultur der Renaissance in Italien.* Basel 1860.
Cassirer, Ernst: *Individuum und Kosmos in der Philosophie der Renaissance* [1927]. Darmstadt ³1969.
Dilthey, Wilhelm: *Weltanschauung und Analyse des Menschen seit Renaissance und Reformation.* Leipzig/Berlin ³1929.
Gebser, Jean: *Ursprung und Gegenwart. I. Die Fundamente der aperspektivischen Welt* [1949]. 3 Bde. München 1973.
Gerl, Hanna-Barbara: *Philosophie und Philologie. Leonardo Brunis Übertragung der Nikomachischen Ethik in ihren philosophischen Prämissen.* München 1981.
– : *Die zweite Schöpfung der Welt. Sprache, Erkenntnis, Anthropologie in der Renaissance.* Mainz 1994.
– : *Einführung in die Philosophie der Renaissance.* Darmstadt ²1995.
Grassi, Ernesto: *Einführung in philosophische Probleme des Humanismus.* Darmstadt 1986.
Hoffmann, Thomas Sören: *Philosophie in Italien. Eine Einführung in 20 Porträts.* Wiesbaden 2007.
Keßler, Eckhard u. a. (Hg.): *Aristotelismus und Renaissance.* Wiesbaden 1988.
Kristeller, Paul Oskar: *Humanismus und Renaissance.* 2 Bde. München 1974 f.
Labalme, Patricia H. (Hg.): *Beyond Their Sex. Learned Women of the European Past.* New York/London 1980.
Martin, Alfred von: *Soziologie der Renaissance* [1932]. München ³1974.
Martines, Lauro: *The Social World of the Florentine Humanists 1390–1460.* Princeton 1963.
Müllner, Karl: *Reden und Briefe italienischer Humanisten* [1889]. München 1972.
Otto, Stephan: *Renaissance und frühe Neuzeit.* Stuttgart 1984.
Rachum, Ilan: *Enzyklopädie der Renaissance.* Frankfurt a. M. 1980.
Schmidt-Biggemann, Wilhelm: *Topica universalis. Eine Modellgeschichte humanistischer und barocker Wissenschaft.* Hamburg 1983.
Vorländer, Karl: *Philosophie der Renaissance.* Hamburg 2001.

Hanna-Barbara Gerl-Falkovitz

4 Neuzeit und Aufklärung

4.1 Einleitung
4.2 Die neue Methode und ihre Anwendungen
4.3 Rationalistische metaphysische Systeme
4.4 Der Empirismus
4.5 Philosophie der europäischen Aufklärung

4.1 | Einleitung

Der Begriff ›Neuzeit‹ bezieht sich auf die Periodisierung der Geschichte in die Epochen Altertum, Mittelalter und Neuzeit. Der Beginn der **Neuzeit** wird üblicherweise um 1400 angenommen, wobei die ersten 300 Jahre häufig als ›Frühe Neuzeit‹ bezeichnet werden und die spätere Neuzeit des 17. Jh.s in die Epoche der **Aufklärung** des 18. Jh.s einmündet. Während der Begriff ›Neuzeit‹ eine bloß chronologische Funktion erfüllt, bezeichnet der Begriff ›Aufklärung‹ die historische Epoche der Aufklärung und auch ein systematisches Programm, das bis in die Gegenwart aktuell geblieben ist und auch heute noch kontroverse Diskussionen auslöst.

Dem deutschen Wort ›Aufklärung‹ entsprechen das englische *enlightenment*, das französische *les lumières* sowie das spanische *illustración* und das italienische *illuminismo*. Diese Begriffe sind bereits im 18. Jh. nachweisbar und belegen ein in ganz Europa verbreitetes Selbstverständnis. In der alle Sprachen durchziehenden Lichtmetapher drückt sich die gemeinsame Leitidee aus, nach dem angeblich finsteren Mittelalter nun das ›Licht der Vernunft‹ leuchten zu lassen. Neben der göttlichen Offenbarung soll diesem zweiten Weg der **Vernunfterkenntnis** Geltung verschafft werden, indem die Menschen sich auf ihre eigenen Fähigkeiten besinnen. Bezieht sich diese Art Aufklärung zunächst auf die theoretische Erkenntnis insbesondere in den Naturwissenschaften, so wird sie zunehmend auf die Gebiete der sozialen Praxis übertragen wie auf Politik, Moral und Geschichte. Ziel ist die **Autonomie der Menschen**, die in die Lage versetzt werden sollen, die Maßstäbe ihres Denkens, Handelns und Zusammenlebens selbst zu bestimmen.

So markiert Aufklärung eine doppelte Bewegung: Zum einen ist für sie die **Kritik an einer Tradition** typisch, die als dogmatisch und unfrei empfunden wird. Exemplarisch ist hier Bayles *Kritisches und historisches Wörterbuch* zu nennen, in welchem unter Heranziehung von Quellen verschiedene Auffassungen zu bisher als verbindlich geltenden Begriffen dargestellt werden. Zum anderen unternehmen die Aufklärer den Versuch, ein **neues und eigenes Gedankengebäude** zu errichten. Immanuel Kant charakterisiert in seiner Schrift *Was ist Aufklärung?* von 1784 diesen Prozess im Rückblick als den »Ausgang des Menschen aus seiner selbst verschuldeten Unmündigkeit« (KWA XI, S. 53).

In diesem Sinn kann die Aufklärung als **Projekt der Moderne** verstanden werden: Sie ist in wesentlichen Zügen profan, indem sie allein irdische Fakten und Ursachen gelten lässt, sie ist reflexiv, weil sie das neue Wissen letztlich im eigenen Vermögen der Menschen zu begründen versucht und sie ist ihrem Anspruch nach tolerant, weil der Verlust alter Gewissheiten zu der Konsequenz führt, sich mit prinzipiell widerlegbaren und unterschiedlichen Auffassungen auseinanderzusetzen.

Hauptwerke

1620	**Francis Bacon:** *Novum Organum* (Neues Organon)
1637	**René Descartes:** *Discours de la méthode* (Abhandlung über die Methode)
1641	**Descartes:** *Meditationes de prima philosophia* (Meditationen über die erste Philosophie)
1642	**Thomas Hobbes:** *De Cive* (Vom Bürger)
1651	**Hobbes:** *Leviathan*
1677	**Spinoza:** *Ethica ordine geometrico demonstrata* (Ethik, nach der geometrischen Methode dargestellt)
1689	**John Locke:** *Two Treatises of Government* (Zwei Abhandlungen über die Regierung)
1690	**Locke:** *An Essay Concerning Human Understanding* (Versuch über den menschlichen Verstand)
1710	**Leibniz:** *Versuche über die Theodizee*
1714	**Leibniz:** *Monadologie*
1746	**Condillac:** *Essai sur l'origine des connaissances humaines* (Versuch über den Ursprung der menschlichen Erkenntnis)
1747	**Montesquieu:** *De l'esprit des lois* (Vom Geist der Gesetze)
1748	**Hume:** *An Enquiry Concerning Human Understanding* (Untersuchung über den menschlichen Verstand)
1751	**David Hume:** *An Enquiry Concerning the Principles of Morals* (Untersuchung über die Prinzipien der Moral)
1751–1780	**Diderot/d'Alembert:** *Encyclopédie ou Dictionnaire raisonné des sciences, des arts et des métiers*
1755	**Rousseau:** *Discours sur l'origine de l'inégalité parmi les hommes* (Diskurs über den Ursprung der Ungleichheit unter den Menschen)
1762	**Rousseau:** *Émile ou de l'éducation* (Emile oder Über die Erziehung)
1784	**Kant:** *Beantwortung der Frage: Was ist Aufklärung?*

4.2 | Die neue Methode und ihre Anwendungen

Naturwissenschaft – Methode und Weltbild: Die Grundlage der neuzeitlichen Philosophie des 17. Jh.s bildete die zu dieser Zeit entstandene Naturwissenschaft, namentlich die Physik von Galileo Galilei und Isaac Newton. Auch wenn aus heutiger Sicht erwiesen ist, dass diese Wissenschaft nicht nur mit der Vergangenheit gebrochen hat, sondern der spätmittelalterlichen Tradition mehr gedankliche Vorarbeiten verdankte, als sie selber zuzugeben bereit war, so wurde sie von den zeitgenössischen Philosophen als der entscheidende wissenschaftliche Durchbruch interpretiert. Eröffnete sie doch für die philosophische Reflexion sowohl ein neues Weltbild als auch eine **neue Methode** wissenschaftlichen Arbeitens. Nur vordergründig wurde zunächst um ein **heliozentrisches Weltbild** gestritten, im Kern ging es bereits um die Vorstellung eines unendlichen Universums, das allein von natürlichen Ursachen bestimmt wird. Und während sich Galilei noch auf die Beschreibung mechanischer Bewegungen beschränkte, kamen spätestens mit Newton physikalische Kräfte ins Spiel, so dass die Welt der materiellen Körper als ein sich selbst bewegendes System vorstellbar wurde.

4.2.1 | Francis Bacon

Programm der neuen Wissenschaft – Erfahrung und Methode: Zu den Verkündern der neuzeitlichen Wissenschaft gehört Francis Bacon (1561–1626). In seinem *Novum Organum* (1620) fordert er ein neues Verständnis der Wissenschaft, das sich radikal von der mittelalterlichen Scholastik (s. Kap. I.2.5) abgrenzt:

»Denn das Ziel, das diese meine Wissenschaft sich setzt, ist die Erfindung nicht von Argumenten, sondern von Fertigkeiten [...] nicht von wahrscheinlichen Gründen, sondern von Entwürfen und

Anleitungen für Werke. Und so wie die Absicht verschieden ist, so ist es auch die Wirkung; die Wirkung der einen ist es, den Gegner mit dem Argument zu besiegen, die der anderen, der Natur mit Handlungen zu befehlen« (Bacon: *Novum Organum*, Einleitung).

Das Ziel der neuen Wissenschaft soll in einer **Naturerkenntnis** liegen, die man auch praktisch verwerten kann. Dazu bedarf es eines völligen Neubeginns, der allerdings einiger Vorarbeiten bedarf. Im ersten Schritt ist es notwendig, die historisch angehäuften Vorurteile zu beseitigen, die er als »Idole« bezeichnet. Vier derartige Trugbilder thematisiert er in der »**Idolenlehre**« und fordert die Menschen auf, sich von ihnen zu befreien. Dazu gehören u. a. der falsche Gebrauch der Sprache und die schädliche Orientierung an der öffentlichen Meinung. Im zweiten Schritt kommt die **neue Methode** zur Geltung, die Bacon als **Induktion** konzipiert. Wie er am Beispiel der Wärme demonstriert, beginnt die Erkenntnis mit der Sammlung von Wahrnehmungen und Erfahrungen im Umgang mit warmen Gegenständen, bis man zu einem allgemeinen Begriff der Wärme einschließlich ihrer Ursachen und Wirkungen gelangt. ›Induktion‹ bedeutet also das Aufsteigen vom Besonderen zum Allgemeinen. Bacon verfügt jedoch noch nicht über die Physik Galileis, so dass seine Versuche letztlich nicht zum erhofften Erfolg führen. Seine Naturphilosophie bleibt dem Denken der Renaissance verhaftet. Die Stärke Bacons besteht vielmehr darin, das Programm der neuzeitlichen Wissenschaft propagiert zu haben, ohne geeignete Wege der Realisierung aufzeigen zu können.

4.2.2 | René Descartes

René Descartes (1596–1650) orientiert sich in seinen philosophischen Schriften am Vorbild der Mathematik. Damit verbindet sich der Anspruch, die **Philosophie in Gestalt einer Universalwissenschaft** zu entwerfen, deren Erkenntnisse auf wenigen sicheren und allgemeinen Prinzipien basieren. Ebenso ist Descartes davon überzeugt, dass der Fortschritt der Wissenschaften nur mit Hilfe einer Methode gesichert werden kann, die sich auf alle Gebiete anwenden lässt.

Mechanistisches Weltbild und analytische Methode: Auch Descartes schließt sich der Programmatik Bacons an, indem er an die Stelle »nutzloser Wortgefechte« die Erkenntnis der Natur setzen will, aus der wiederum eine Verbesserung der Lebensbedingungen resultieren soll. Doch im Unterschied zu Bacon kann er sich an Galileis experimentellem Verfahren und an der Mathematisierung der Naturwissenschaften orientieren. Er betrachtet die Welt wie einen **mechanischen Apparat**, dessen Teile physikalische Körper bilden, die allein durch ihre geometrische Gestalt und durch ihre räumliche Bewegung bestimmt sind. Um deren Gesetze zu erkennen, entwirft er die **Methode der Analyse und Synthese**, der zufolge ein Gegenstand in seine einfachsten Elemente zu zerlegen und dann wieder schrittweise zusammenzusetzen sei, um seinen inneren Aufbau und seine Funktionsweise zu erkennen. Auf diese Weise hält es Descartes für möglich, die physikalische Welt aus mathematischen Axiomen deduzieren zu können. Er glaubt, dass derartige Prinzipien der Erkenntnis im Menschen von Natur aus angelegt seien.

Anthropologie – Dualismus zwischen Körper und Geist: Mit seiner Methode meint Descartes, über ein universelles Mittel zu verfügen, das sich auch auf andere Gegenstandsbereiche anwenden lässt. Seiner Ansicht nach ist es vor allem der menschliche Körper, der sich analog zur äußeren Natur als Mechanismus deuten lässt. Aus dieser Art **Anthropologie** entwickelt er eine erklärende Theorie der menschlichen Affekte, die wiederum die Grundlage für die neuzeitliche Ethik und politische Philosophie bildet. Doch betrachtet Descartes den Menschen nicht ausschließlich als ein materielles Wesen, sondern grenzt davon den Geist ab. So vertritt er einen **Dualismus** unterschiedlicher Substanzen:

- die »**ausgedehnte Substanz**« (*res extensa*), die den körperlichen Teil des Menschen ausmacht auf der einen Seite, und
- die »**denkende Substanz**« (*res cogitans*), die Gott und den menschlichen Verstand umfasst auf der anderen Seite. Allerdings bleibt die Vermittlung zwischen diesen Substanzen ein ungelöstes Problem.

Methodischer Zweifel und Metaphysik – das Subjekt der Erkenntnis: Darüber hinaus versucht Descartes, seine Methode noch tiefer zu begründen. Dazu entwickelte er in seinen *Meditationen* (1641) das Verfahren des »methodischen Zweifels«, das darin besteht, zunächst die Wahrheit menschli-

Titelbild der *Instauratia Magna*, darin enthalten: *Novum Organum* (1620)

cher Erkenntnis skeptisch zu betrachten, da sie aus unsicheren Quellen stamme. So sei einerseits die Sinneswahrnehmung anfällig für Täuschungen, andererseits könne auch der Verstand möglicherweise fehlerhafte Schlüsse ziehen. Deshalb bezweifelt Descartes vorerst alles, was als vermeintlich sicheres Wissen gilt, um zu einer gewissen Erkenntnis zu gelangen, die allem Zweifel standhält. Diese Gewissheit sieht Descartes im eigenen Ich, deren Reflexion in dem Satz gipfelt: »**Ich denke, also bin ich**« (*cogito ergo sum*). Damit glaubt Descartes ein Fundament geschaffen zu haben, auf dem er das System der neuen Wissenschaft aufzubauen vermag. Aus heutiger Sicht manifestiert sich in dieser Begründung das Selbstverständnis des modernen Individuums.

4.2.3 | Thomas Hobbes

Politische Philosophie der absoluten Herrschaft: An die Naturphilosophie und Methodologie Descartes kann Thomas Hobbes (1588–1679) unmittelbar anknüpfen, doch verzichtet er auf eine erkenntnistheoretische Begründung, weil er ein anderes Ziel verfolgt. Sein Schwerpunkt liegt auf der praktischen Philosophie, insbesondere auf der politischen Theorie. Mit seiner Staatstheorie versucht er, den in England drohenden Bürgerkrieg (1648) zu verhindern und die Herrschaft eines absoluten Monarchen zu rechtfertigen.

Theorie des Gesellschaftsvertrags: Die **Staatstheorie** ist streng **deduktiv** aufgebaut, d.h. sie steigt schrittweise von den Elementen zum Ganzen auf. Die Elemente des ›politischen Körpers‹ bilden die einzelnen Menschen, die mit Hilfe einer materialistischen **Affektenlehre** so dargestellt werden, dass sie vom Streben nach Selbsterhaltung, von Todesfurcht und von einem dabei hilfrei-

Interpretationsskizze

Thomas Hobbes: *Leviathan* (Titelblatt von 1651)

Politische Philosophie von Thomas Hobbes
Das Titelbild des *Leviathan* (1651) zeigt in der oberen Hälfte eine friedliche und reiche Kulturlandschaft; sie wird von einem Herrscher beschützt, dessen ›Körper‹ sich aus vielen Menschen zusammensetzt und der in seiner rechten Hand ein Schwert und in seiner linken einen Bischofstab hält. Darüber ist auf Lateinisch zu lesen: »Non est potestas Super Terram qua Comparetur« (Es gibt keine vergleichbare Macht auf Erden). So repräsentiert der Herrscher die absolute Macht, welche die weltliche und kirchliche Macht vereinigt sowie den Willen aller beteiligten Bürger. Darunter werden die überwundenen Kämpfe zwischen König und Papst dargestellt.

chen Verstand bestimmt werden. Im sog. **Naturzustand**, in dem von politischen Institutionen abstrahiert wird, ist die Konfrontation unvermeidbar, weil die natürlichen Güter knapp sind und weil daher jedes Individuum damit rechnen muss, vom anderen vernichtet zu werden; jeder sieht sich daher gezwungen, für die eigene Verteidigung zum Angriff überzugehen. Um diesen Konflikt eines »**Krieges aller gegen alle**« als lösbar darzustellen, konstruiert Hobbes die **Schließung eines Vertrags**, durch den jeder seine politische Freiheit und sein natürliches Recht auf Gewalt abtritt und im Gegenzug Frieden und persönliche Unversehrtheit erhält. Die Menschen erkaufen sich gleichsam ihren Verzicht auf Freiheit und die Akzeptanz einer **absoluten Herrschaft** mit der Garantie von Sicherheit, die jedoch bestimmte bürgerliche Freiheiten keineswegs ausschließt. Gerade die Willkür und Unabhängigkeit des Herrschers soll den friedlichen Zustand garantieren. Diese **Theorie des Gesellschaftsvertrags** wird zum Modell für die gesamte politische Philosophie bis weit ins 18. Jh. hinein. Sie findet sich bis ins 20. Jh. etwa in der Theorie der Gerechtigkeit von John Rawls.

4.3 | Rationalistische metaphysische Systeme

Die Philosophie Descartes' hatte einige ungelöste Probleme hinterlassen. Zwar hatte Descartes eine neue Methode gefunden, aber seine Metaphysik trug noch mittelalterliche Züge. Erstens schienen die physikalischen Körper keine Kräfte zu haben, da sie nur durch geometrische Ausdehnung und Bewegung definiert waren, so dass zur Erklärung des Ursprungs dieser Bewegung nur der Verweis auf Gott in Frage kam. Zweitens waren Gott einerseits und die beiden Substanzen Materie und Geist andererseits getrennt. Damit blieb das **Verhältnis von Leib und Seele** ungelöst, insbesondere die Frage unbeantwortet, wie der Verstand auf den Körper einwirken könne. Diese Probleme bildeten den Ausgangspunkt für die rationalistischen und metaphysischen Systeme von Spinoza und Leibniz.

4.3.1 | Spinoza

Baruch de Spinoza (1632–1677) entstammte einer jüdischen Familie aus Portugal, die in die Niederlande emigriert war. Mit seinen Schriften erregte er solchen Anstoß, dass er exkommuniziert wurde. Das aus heutiger Sicht wichtigste Werk erschien erst nach seinem Tod: *Ethica ordine geometrico demonstrata* (1677). Der Titel signalisiert die Fortsetzung einer Methode, die sich an der mathematisierten Naturwissenschaft orientiert.

Monismus: Zugleich täuscht dieser Titel, weil die Ethik erst am Ende des Werkes zur Sprache kommt. Im Zentrum steht vielmehr eine Metaphysik, mit deren Hilfe Spinoza den cartesischen Dualismus zu überwinden versucht. Während Descartes Gott und die zwei Substanzen voraussetzte, die sich unvermittelt gegenüber stehen, legt sie Spinoza zu einer einzigen Substanz zusammen; er vereinigt sowohl Gott und Materie als auch Denken und Materie. Diese **eine Substanz** bezeichnet er als »Gott«, obwohl er die Trennung von Welt und Gott und damit jede Transzendenz tilgt. In diesem Monismus bilden Gott und Welt eine Einheit. Freilich ist diese Art Substanz nicht indifferent, sondern enthält interne Differenzierungen. So unterscheidet Spinoza zwischen zwei ›Attributen‹, die den Menschen bekannt sind: zwischen der ›**Ausdehnung**‹, deren Grundmodi Gestalt und Bewegung sind, und dem ›**Denken**‹, dessen Grundmodi Idee und Willensakt sind. Im Grunde nimmt er die Unterscheidungen Descartes in die neue Einheit der Welt hinein, Ausdehnung und Denken sind keine getrennten Substanzen mehr, sondern stellen Eigenschaften der einen Welt dar. Obwohl Spinoza von »Gott« spricht, haben die Zeitgenossen sehr wohl erkannt, dass es sich bereits um eine Form des Atheismus handelt. Bis ins 18. Jh. war Spinozismus ein gefürchteter Vorwurf.

Leib und Seele: Mit Hilfe seines Monismus beansprucht Spinoza, auch die anderen Probleme zu lösen. Zum einen schreibt er den physikalischen Körpern eigene Kräfte zu, so dass sie sich selbst zu bewegen vermögen. Auf diese Weise stellt sich der Kosmos wie eine Uhr dar, die sich nach ewigen, gleichförmigen und zugleich harmonischen Gesetzen bewegt, ohne dass es eines äußeren Eingriffs bedarf. Zum andern schreibt er den Dingen der Welt wie Mineralien, Pflanzen, Tieren und Menschen eine Seele zu, so dass eine fühlende und denkende Materie vorstellbar wird. Wenn nun die Seele nicht mehr vom Körper getrennt ist, sondern zum Körperlichen gehört, scheint das **Leib-Seele-Problem** gelöst zu sein. Auf der Grundlage seiner Metaphysik entwickelt Spinoza eine Affektenlehre und daran anschließend eine Tugendlehre bzw. **Ethik**, in der er zu zeigen versucht, wie der Mensch seine ›Leidenschaften‹ mittels Selbsterkenntnis im Zaum zu halten vermag.

4.3.2 | Leibniz

Während Spinoza seinerzeit gemeinhin als Atheist galt, suchte Gottfried Wilhelm Leibniz (1646–1716) nach einer anderen Lösung, um den cartesischen Dualismus zu überwinden und zugleich Theologie und Philosophie miteinander zu versöhnen. Leibniz, der zu den letzten Universalgelehrten Europas gezählt wird, studierte Mathematik, Astronomie, Physik und Jura in Leipzig. Gleichzeitig mit Newton entwickelte er die Differentialrechnung und erfand eine Rechenmaschine. Später ging Leibniz als Hofrat und Bibliothekar nach Hannover und beteiligte sich an der Gründung der

Das Uhrenbeispiel

»Stellen Sie sich zwei Wanduhren oder Taschenuhren vor, die vollkommen miteinander übereinstimmen. Das kann nun *auf drei Weisen* geschehen: *die erste* besteht in einem natürlichen Einfluß. Das erfuhr Huygens zu seinem großen Erstaunen. Er hatte zwei Pendeluhren an einem und demselben Stück Holz aufgehängt. Die dauernden Schläge der Pendel hatten den Partikeln des Holzes gleiche Erschütterungen mitgeteilt. [...] *Die zweite Weise*, zwei [...] Uhren immer übereinstimmen zu lassen, bestünde darin, sie immer durch einen geschickten Arbeiter überwachen zu lassen, der sie richtet und sie in jeden Augenblick gleich einstellt. *Die dritte Weise* besteht darin, zunächst diese zwei Pendel mit so viel Kunst und Genauigkeit herzustellen, daß man in der Folge ihrer Übereinstimmung sicher sein kann. Setzen Sie nun die Seele und den Körper an die Stelle dieser beiden Uhren. Ihre Übereinstimmung oder Sympathie kann ebenfalls auf eine dieser drei Weisen stattsaben. *Der Weg des Einflusses* ist der der Vulgärphilosophie. [...] *Der Weg des Beistandes* ist der des Systems der Gelegenheitsursachen. [...] So bleibt nur meine Hypothese, das heißt *der Weg der prästabilierten Harmonie*, die durch ein vorgreifendes göttliches Kunststück geschaffen wurde, das jede dieser Substanzen von Anfang an so geschaffen hat, daß sie, indem sie nur ihren eigenen Gesetzen folgt, die sie mit ihrem Sein empfangen hat, dennoch mit der anderen übereinstimmt, ganz so als gäbe es einen wechselseitigen Einfluß oder als hätte Gott über seine allgemeinen Mitwirkung hinaus immer seine Hand im Spiel« (LPS 1, S. 239 ff.).

Mit den ersten »Weisen« der Übereinstimmung zwischen den beiden Uhren kritisiert Leibniz die zu seiner Zeit vorherrschenden Erklärungsmodelle. Die erste Variante verwirft er als »Vulgärphilosophie«, der zufolge Seele und Körper wie zwei materielle Dinge einen »natürlichen Einfluß« aufeinander ausüben – in Analogie zur Beobachtung der Wechselwirkung von zwei Uhren durch den niederländischen Physiker Christiaan Huygens (1629–1695). Doch dabei wird stillschweigend vorausgesetzt, dass nicht nur der menschliche Körper, sondern auch die Seele etwas Materielles sei. An die Stelle des traditionellen Dualismus, den noch Descartes mit seiner Trennung von »denkender Substanz« und »ausgedehnter Substanz« vertreten hatte, tritt ein Monismus, der von Spinoza eingeführt wurde, indem er nur noch eine einzige Substanz annahm. In der zweiten Variante fanden Philosophen wie Nicolas Malebranche (1638–1715) einen Ausweg, der darin bestand, den Dualismus zwar beizubehalten, aber das bei Descartes ungelöste Problem, wie die geistige Seele auf den materiellen Körper einwirkt, zu umgehen, indem die Vermittlung zwischen Seele und Körper einem je nach Situation eingreifenden Gott zugeschrieben wurde. Diese Vorstellung göttlich veranlasster »Gelegenheitsursachen« hieß damals »Okkasionalismus«. Nicht ohne Ironie kritisiert Leibniz diese Konstruktion, als ob Gott wie ein »geschickter Arbeiter« in jedem Augenblick dafür sorgte, dass die Seele den Körper beeinflussen könne. Wenn eine Person etwa sprechen wolle, so registriert Gott diesen mentalen Zustand und setzt die Zunge in Bewegung. Diesen Varianten setzt Leibniz seine Theorie der »prästabilierten Harmonie« entgegen, die dem »Okkasionalismus« insofern folgt, als immer noch Gott, wenn auch nicht mehr bei jeder Gelegenheit, für die Interaktion zwischen Seele und Körper zuständig ist. Doch nach seiner »Hypothese« soll man sich die Welt nur noch so vorstellen, *als ob* Gott das Spiel der Monaden bereits bei der Schöpfung vorherbestimmt hätte.

Preußischen Akademie der Wissenschaften, deren Präsident er auf Lebenszeit blieb. Zu seinen wichtigsten Schriften gehören die *Versuche über die Theodizee* (1710) und die *Monadologie* (1714).

Monadenlehre: An die Stelle der Substanzenlehre von Descartes und Spinoza setzt Leibniz seine Philosophie der ›Monaden‹, unter denen er **individuelle Einheiten** versteht (LPS 1, S. 439–483). Monaden sind für ihn immaterielle Punkte, die sich nicht substanziell, sondern nur durch ihre Stellungen im Ganzen und durch entsprechende innere Zustände voneinander unterscheiden. Sie haben zwar ›Perzeptionen‹, d. h. Vorstellungen voneinander, beeinflussen sich aber nicht direkt, denn »Monaden haben keine Fenster«. Die Frage, wie die Monaden unter dieser Voraussetzung im **System** zusammenwirken, beantwortet Leibniz am Beispiel parallel laufender Uhren.

Prinzip des zureichenden Grundes: Dahinter steht die Überzeugung, dass Gott von den logisch möglichen Welten die beste Welt ausgewählt und geschaffen habe. Zu ihrem Grundprinzip gehört, dass in ihr nichts ohne einen »zureichenden Grund« geschehe; das gilt für Gott, für die Welt und für menschliche Handlungen. Dem Menschen ist es möglich, diese Welt zu erkennen, wenn er nicht induktiv verfährt, sondern derartige Prinzipien voraussetzt, die als Bedingungen der Möglichkeit für die Formulierung von Naturgesetzen fungieren. Dabei unterscheidet Leibniz zwischen Gründen, die **Kausalerklärungen** ermöglichen, und Zwecken, die eine **finale Erklärung** erlauben. Letztlich ist er der Überzeugung, dass die bestmögliche Welt die Zwecke der Menschen zu erfüllen habe.

Theodizee: Freilich stellt sich das Problem der ›Theodizee‹, d. h. die Frage, wie die Güte Gottes, die sich angeblich in der Wahl der besten Welt zeigt, mit dem allenthalben sichtbaren Übel in der Welt vereinbar ist (vgl. LPS 2.1 u. 2.2). Die Lösung sieht Leibniz darin, dass die **beste aller möglichen Welten** keineswegs eine Welt sein kann, die nur Vollkommenes enthält; denn dann bestünde sie in einer Verdoppelung Gottes. Wenn also überhaupt eine Welt von Gott geschaffen wird, so ist dies nur unter Zulassung des Übels möglich (s. Kap. II.C.4).

4.4 | Der Empirismus

Im Unterschied zu den rationalistischen Systemen auf dem Festland entstand vorwiegend in **England** die Alternative auf Basis der induktiven Methode, die vorschreibt, von den äußeren Wahrnehmungen auszugehen und allein durch Erfahrung auf verborgene Ursachen zu schließen. Wie erwähnt, legte schon Bacon zu Beginn des 17. Jh.s das naturwissenschaftliche Experiment zu Grunde und forderte eine Methode, die sich primär an der **Wahrnehmung und Erfahrung** orientiert. In dieser Tradition stand auch der Physiker Newton, der die methodologische Devise ausgab, nicht die erscheinenden Wirkungen aus vorausgesetzten Ursachen abzuleiten, sondern von diesen Wirkungen auf die dahinter verborgenen Ursachen zu schließen. Gleichzeitig mit Newton begründete Locke eine Theorie der Erfahrung, die in England von Berkeley und Hume sowie in Frankreich von Condillac fortgeführt wurde. Der Gegensatz zwischen Rationalismus und Empirismus darf aus heutiger Sicht jedoch nicht überbewertet werden, da die genannten Philosophen bis einschließlich Kant in seiner *Kritik der reinen Vernunft* in dem Grundsatz übereinstimmten, dass der Mensch das Material der Erkenntnis durch die äußeren Sinne empfängt, durch Erfahrung zu gewissen Regelmäßigkeiten gelangt und schließlich durch den Verstand allgemeine Gesetzmäßigkeiten zu formulieren imstande ist.

> **Definition**
>
> In der Frage nach dem **Stellenwert von Erfahrung und Denken** im Rahmen des menschlichen Erkenntnisvermögens können zwei philosophische Positionen unterschieden werden:
> Die Vertreter des → **Rationalismus** (von lat. *ratio*) gehen davon aus, dass die Erkenntnis der Wirklichkeit maßgeblich das Ergebnis vernünftigen Denkens ist. Unter der Voraussetzung einer logischen Ordnung der Welt kann etwas nur dann sicher erkannt werden, wenn es möglich ist, es rational zu erfassen und deduktiv von wenigen einfachen, unmittelbar einsichtigen und von der Erfahrung unabhängigen oder ihr vorausgehenden Prinzipien (a priori) abzuleiten.
> Im → **Empirismus** (von griech. *empeiria*) hingegen wird die Erfahrung als Grundlage und zugleich als Grenze der Erkenntnisfähigkeit des Menschen betrachtet. Auf Basis der Annahme, dass die Realität nur mit Hilfe einzelner Gegenstände und Phänomene der Sinneswahrnehmung erkannt werden kann, kommt dem Denken lediglich die Aufgabe zu, jene Eindrücke richtig zu ordnen und induktiv zu komplexen Urteilen zu verknüpfen.

4.4 Neuzeit und Aufklärung

Der Empirismus

4.4.1 | John Locke

In seinem *Essay Concerning Human Understanding* (1690) folgt John Locke (1632–1704) der Philosophie Descartes, der den Ursprung aller Erkenntnis allein ins menschliche Subjekt verlegte, und verwirft damit die metaphysischen Systeme von Spinoza und Leibniz. Doch zugleich kritisiert Locke die cartesische Überzeugung, dass der Mensch über ›eingeborene Ideen‹ verfüge, mit Hilfe deren er zu gesicherter Erkenntnis gelangen könne. Er lässt sich auch von Descartes methodischem Zweifel nicht beirren, demzufolge die Sinne den menschlichen Verstand täuschen können.

Wahrnehmung und Erfahrung als Quelle der Erkenntnis: In der Tradition von Bacon und Hobbes hält Locke hingegen eine Erkenntnis nur für möglich, wenn sich der Mensch auf **Wahrnehmung und Erfahrung** verlasse. Dabei unterscheidet er zwischen der Wahrnehmung äußerer Gegenstände (*sensation*) und innerer seelischer Zustände (*reflection*). Auf diese Weise können einfache ›Ideen‹ (*ideas*) wie ›weich‹ und ›hart‹, ›warm‹ und ›kalt‹, ›weiß‹ und ›schwarz‹ gebildet werden, die der menschliche Verstand zu Vorstellungen von Dingen zusammenfüge. Auf dieser Grundlage entstehen, so Locke, allgemeine Begriffe wie ›Ursache‹ und ›Substanz‹, die sich jedoch allzu leicht von den ursprünglichen Sinneseindrücken entfernen und so zur Quelle von Irrtümern werden. Diese erkenntnistheoretische Position wird damit zur **Sprachkritik**, indem nur solche Begriffe zugelassen werden, denen wahrgenommene Vorstellungen entsprechen. Im letzten Buch »Über Wörter« reflektiert Locke sogar ansatzweise die Funktion der Sprache bei der menschlichen Erkenntnis.

Politische Philosophie des Liberalismus: Doch Locke leistet auch auf dem Gebiet der politischen Philosophie Wegweisendes, indem er die **Theorie des Gesellschaftsvertrags** von Hobbes weiterführt und modifiziert. Denn in England haben sich die politischen Verhältnisse mit der Revolution von 1688 so verändert, dass an die Stelle des Absolutismus ein parlamentarisches System getreten ist. In diesem Sinne versucht Locke, einen **liberalen Staat** zu legitimieren, der zwar auch Sicherheit, aber den Bürgern zudem mehr Freiheit gewähren soll. Daher konstruiert er den ›Naturzustand‹ eher als eine Gesellschaft der Freiheit als des Krieges. Das Ziel des Vertrags besteht weniger in der Sicherung des Lebens als im **Schutz des Privateigentums**. Außerdem fordert er eine **Teilung der staatlichen Gewalten** in Legislative, Exekutive und föderative Gewalt. Später entwickelt Montesquieu (1689–1755) daraus die heute noch gültige Gewaltenteilung in Legislative, Judikative, Exekutive. Auch hinsichtlich Religion und Erziehung vertritt Locke liberale Auffassungen. Die politische Philosophie Lockes erweist sich vielfach als konsensfähig und bildet schließlich das Vorbild für den ersten Verfassungsentwurf während der Französischen Revolution und für die Verfassung der Vereinigten Staaten von Amerika.

Gesellschaft der Freiheit

4.4.2 | David Hume

Anthropologie: Das 18. Jh. gilt nicht nur als Zeitalter der Aufklärung, sondern auch als Blüte der Anthropologie. Während die neuzeitliche Physik von Galilei bis Newton vor allem auf die Erforschung der äußeren Natur abzielte, rückt nun die **Natur des Menschen** in den Mittelpunkt des philosophischen Interesses. Zu dessen wichtigsten Vertretern gehört David Hume (1711–1776), der in seiner ersten umfangreichen Schrift *A Treatise of Human Nature* (1739/40) den nicht gerade unbescheidenen Anspruch erhebt, zum Newton einer neuen »Wissenschaft vom Menschen« zu werden. Diese Wissenschaft soll wiederum die gesicherte Grundlage für eine neue **Moralphilosophie** bilden. Zum einen will Hume damit die Beliebigkeit antiker Ethiken überwinden; zum andern setzt er sich wie auch andere Aufklärer zum Ziel, die **Ethik unabhängig von der Religion** zu begründen. In dieser Aufgabe besteht das ursprüngliche Motiv Humes, das ihn zunächst in eine persönliche Krise stürzt und später den Aufbau seines philosophischen Werkes bestimmt. Auch finden seine Publikationen nicht sofort Beachtung bei seinen Zeitgenossen; so sei sein Traktat als »Totgeburt aus der Presse« (*An Enquiry Concerning Human Understanding*, Vorwort) gefallen, wie Hume beklagt. Durch diese Erfahrung klug geworden, arbeitet er seinen Traktat völlig um und veröffentlicht es erneut in modifizierter und gekürzter Form in zwei separaten Büchern unter dem Titel *An Enquiry Concerning the Principles of Morals* (1751) sowie als *An Enquiry Concerning Human Understanding* (1748).

Gemeinsinn und Wohlwollen: Hume konzipiert die Moral als öffentliche Meinung, die gleichsam naturwüchsig aus den einzelnen Handlungen und deren Beurteilungen hervorgeht. Aus dem wechselseitigen Spiel der Beteiligten, in dem jeder Handelnder und Beobachter zugleich ist, soll eine Art Gemeinsinn entstehen, der die wünschenswerten Tugenden wie Wohlwollen, Zuneigung oder Menschenliebe erst ermöglicht. Tendenziell tritt an die Stelle eines göttlichen Gebotes, einer staatlichen Vorschrift oder eines absolut geltenden Vernunftgesetzes die **gesellschaftliche Kommunikation**. Es liegt daher nahe, Hume und andere Vertreter der Schottischen Aufklärung, allen voran Adam Ferguson und John Millar, insgesamt als Wegbereiter der modernen Soziologie zu betrachten (s. Kap. I.7.1.2).

Prinzipien der Moral – Gefühl oder Vernunft: Die Grundlage oder die ›Prinzipien‹ einer solchen Moral sieht Hume nicht mehr primär in der menschlichen Vernunft. Das ist schon kühn genug, wenn man sich vergegenwärtigt, dass seit der Antike und seit dem Mittelalter bis zum Rationalismus des 17. Jh.s die Vernunft als diejenige Instanz galt, der allein zugetraut wurde, die egoistischen Affekte der Menschen im Zaum zu halten. Wenn nun Hume die Vernunft als Moralprinzip ausschließt, dann stellt er nicht nur dieses klassische Modell der Triebbewältigung in Frage, weil er die Vernunft dafür viel zu schwach hält; vielmehr verdeutlicht er, dass er die Moral dem **Bereich der Lebenspraxis** zuordnet. In moralischen Urteilen geht es nicht um ›wahr‹ und ›falsch‹, sondern um ›gut‹ und ›schlecht‹, d.h. um praktische Stellungnahmen in bestimmten Situationen sozialen Handelns. Dazu bedarf es nach Hume anstelle der kühlen und teilnahmslosen Vernunft bestimmter Emotionen, aus denen erst konkrete Handlungsmotive hervorgehen können. Nicht die Vernunft, sondern das Gefühl bildet demnach das Fundament der Moral.

Moralisches Gefühl und Sympathie: Aber welche Art Emotion kommt zur Grundlegung der Moral in Frage, wenn doch früher gerade bestimmte Affekte wie Begierden und Leidenschaften als unmoralisch galten? Zur Lösung dieses Problems knüpft Hume an Anthony Shaftesbury und Francis Hutcheson an, die neben den eigennützigen Affekten einen speziell mitmenschlichen oder sozialen Affekt postuliert hatten. Hume spricht in diesem Zusammenhang von einem besonderen ›**moralischen Gefühl**‹; es ist synonym mit ›**Sympathie**‹, d.h. mit der Fähigkeit, sich in die Lage eines anderen Menschen hineinzuversetzen und sich dessen Perspektive anzueignen. Während jedoch Shaftesbury den moralischen Affekt als angeboren unterstellte, der gleichberechtigt neben dem Egoismus fungieren sollte, entwickelt Hume diesen Ansatz zu einer Sozialphilosophie moralischer Urteile und Handlungen.

Philosophische Skepsis: Wenn sich Hume vor allem als Skeptiker in der Philosophiegeschichte einen Namen gemacht hat, so ist zu präzisieren, dass er dabei einen **gemäßigten Skeptizismus** vertritt. Gegen jeden radikalen Zweifel, der die Existenz äußerer Gegenstände oder das Eintreten erfahrungsgemäßer Folgen in Frage stellt, macht Hume die **alltägliche Praxis** geltend. Vor dem Hintergrund seiner eigenen Lebenskrise argumentiert er, dass die Menschen gar nicht überleben könnten, wenn sie nicht wie selbstverständlich annähmen, dass die Sonne am nächsten Tag aufgeht oder das verzehrte Brot sie ernährt.

Grenzen der menschlichen Erkenntnis: Was Hume hingegen grundsätzlich bezweifelt, ist **letzte Gewissheit** im Bereich der Erfahrung. Weder lässt sich mit mathematischer oder logischer Stringenz beweisen, dass die wahrgenommenen Gegenstände vorhanden sind und auf unsere Sinnesorgane einwirken, noch lässt sich ein solcher Beweis für die Verknüpfung von Ursache und Wirkung erbringen. Besonders für den Fall der **Kausalverbindung** ist Humes Argumentation von Bedeutung. Wenn z. B. zwei Billardkugeln aufeinanderprallen, dann erwartet der menschliche Beobachter, dass diese Kugeln sich so bewegen werden, wie es die bisherige Erfahrung gezeigt hat. Aber weil hier keine ›innere Kraft‹ wahrnehmbar ist und weil niemals alle Fälle eines solchen Vorgangs bekannt sein können, lässt sich die erwartete Folge nicht mit Notwendigkeit voraussagen. Die Beobachtung erlaubt nur den Erfahrungsschluss, dass von gleichartigen Ursachen gleichartige Wirkungen mit einer bestimmten Wahrscheinlichkeit zu erwarten sind. Letztlich ist es nach Hume die **Macht der Gewohnheit**, die den Menschen nötigt, alle Erfahrung nach dem Muster regelmäßiger vergangener Erfahrung zu interpretieren.

In dieser psychologischen Wendung der Erkenntnistheorie zeigt sich eine **Parallele zur Moralphilosophie**, in der ja auf ähnliche Weise anstelle einer Vernunftwahrheit bestimmte Emoti-

Bild der Philosophie der Aufklärung aus Thomas Stanley: *The History of Philosophy* (1655)

onen zu Grunde gelegt werden. Auf jeden Fall hat Humes Skepsis die Augen für ein Grundproblem menschlicher Erkenntnis geöffnet: Die Menschen können auf dem Feld der Tatsachen nicht mehr wissen, als sie aus ihren Wahrnehmungen und Erfahrungen gelernt haben. Mit dieser Einsicht stellte sich Hume in die Tradition des englischen Empirismus seit John Locke. Während Hume bei den französischen Aufklärern als konsequenter Empirist gefeiert wird, greift in Deutschland Immanuel Kant eher den skeptischen Aspekt auf. Berühmt geworden ist Kants Bekenntnis, Hume habe ihn aus dem »dogmatischen Schlummer« erweckt. Unabhängig von solchen Selbstdeutungen sind die Erkenntnistheoretiker nach Hume gezwungen, sich mit dessen Problematik auseinanderzusetzen, auch wenn sie später andere Lösungswege vorschlagen.

4.5 | Philosophie der europäischen Aufklärung

In diesem Zusammenhang ist zu fragen, welche neuen Erkenntnisse im 18. Jh., dem Zeitalter der Aufklärung im engeren Sinn, überhaupt noch hinzugekommen sind. Sicherlich trifft es zu, dass viele der erwähnten Theorieansätze nur fortgeschrieben oder lediglich modifiziert wurden. Aber die Aufklärung beschränkte sich keineswegs auf die bloße Verbreitung oder gar Popularisierung des einmal erreichten Wissensstandes. Darüber hinaus sind im 18. Jh. völlig neue wissenschaftliche und philosophische Disziplinen hinzugetreten, die der europäischen Bewegung der Aufklärung eine überraschende und interessante Wendung gaben.

Erkenntnistheorie und Sprachphilosophie: Im Bereich der Erkenntnistheorie entdecken die Aufklärer die besondere Rolle der **Sprache und Schrift**.

Frontispiz der *Encyclopédie*

Sie wurde nicht mehr bloß als Ausdruck bereits fertiger Vorstellungen und Gedanken betrachtet, vielmehr kam seit Locke die konstitutive Funktion sprachlicher Zeichen für Wahrnehmung und Denken ins Spiel. In Frankreich hat vor allem Etienne de Condillac (1714–1780) in seinem *Essai sur l'origine des connoissances humaines* (1746) das Verhältnis von Verstand und Sprache untersucht. Auch in Deutschland gab es zahlreiche Untersuchungen zur Sprachentstehung wie etwa bei Johann Gottfried Herder (1744–1803) und bei Alexander von Humboldt (1769–1859).

Sozialphilosophie und politische Ökonomie: Auf sozialwissenschaftlichem Feld wurde zum ersten Mal der spezifische Bereich der Gesellschaft entdeckt. Charles Louis de Montesquieu (1689–1755) hat in *De l'esprit des lois* (1748; *Vom Geist der Gesetze*) die Regierungsformen, Lebensgewohnheiten und Wertvorstellungen der Völker mit den natürlichen Lebensbedingungen wie Klima und Bodenbeschaffenheit in Beziehung gesetzt und ist dadurch zu einem **Begründer der modernen Soziologie** geworden. Diese Entwicklung wurde durch die Entstehung der **politischen Ökonomie**, namentlich von François Quesnay (1694–1771), entscheidend vorangetrieben. Die Entdeckung der Arbeitsteilung und ökonomischer Gesetzmäßigkeiten führte zu der sozialphilosophisch bedeutsamen Konsequenz, dass der Gesellschaft – unabhängig von der Politik – eine spezifische Form des Zusammenlebens, der sozialen Kausalität und Dynamik zuerkannt wurde.

Geologie und Biologie: Auf dem Gebiet der Naturwissenschaften sind die neuen Disziplinen Geologie und Biologie entstanden, die ansatzweise eine **Historisierung der Natur** zu Folge hatten. Indem untereinanderliegende Erdschichten freigelegt wurden, trat zutage, dass dieser Planet und möglicherweise das gesamte Planetensystem eine Geschichte hat, wie in der *Histoire naturelle générale et particulière* (1749 ff.) von Georges Louis Leclerc Buffon (1707–1788) ansatzweise erkennbar wurde. Die genauere Analyse von **Wachstumsprozessen** führte im 18. Jh. zu vielfältigen Spekulationen über die Entwicklung der Lebewesen.

Philosophie der Geschichte: Die Dynamisierung der Gesellschaft und die Historisierung der Natur bildeten schließlich die Voraussetzungen für eine Geschichtsphilosophie, die ziemlich genau um die Mitte des 18. Jh.s entstand und erstmals Anspruch auf Wissenschaftlichkeit erhob (s. Kap. II.C.3). Der Begriff ›Philosophie der Geschichte‹ (*philosophie de l'histoire*) stammt von Voltaire (1694–1778), der damit beanspruchte, nur noch ›Tatsachen‹ gelten zu lassen und die historischen Ereignisse kausal zu erklären. Anne Robert Jacques Turgot (1727–1781) entwickelte daraus eine **Theorie des Fortschritts** in der Geschichte, die in der *Esquisse d'un tableau historique des progrès de l'esprit humain* (1793; *Entwurf einer historischen Darstellung der Fortschritte des menschlichen Geistes*) des Marquis de Condorcet (1743–1794) ihren Höhepunkt hatte. Im Kern versicherte man sich darin der bisher geleisteten Fortschritte auf wissenschaftlichem, technischem und wirtschaftlichem Gebiet. Für die Zukunft erwartete man nicht nur eine Fortsetzung, sondern auch eine Erweiterung der Fortschritte in Richtung soziale Gerechtigkeit, Moral und Politik. Zu den ersten und schärfsten **Kritikern der Fortschrittsidee** gehört Jean-Jacques Rousseau (1712–1778), der in seinem *Discours sur l'origine de l'inégalité parmi les hommes* (1755) den Prozess der Zivilisierung als einen Verfall der Sitten beschreibt. Auch Herder kritisierte die Idee des Fortschritts, und Kant äußerte sich zu den Aussichten auf eine stete Verbesserung der menschlichen Lebensverhältnisse eher skeptisch. In Italien gehören Giambattista Vicos (1668–1744) *Principi di una scienza nuova intorno alla natura delle nazioni* (1725; *Grundzüge einer neuen Wissenschaft über die Natur der Völker*) zu den Anfängen einer Geschichtstheorie, die auf den Historismus des 19. Jh.s verweist.

Die Vielfalt der europäischen Aufklärung: Eine solche Skizze der Grundlinien der Aufklärung darf nicht zu dem Missverständnis führen, diese Bewegung als monolithischen Block zu sehen. Bei allen Gemeinsamkeiten werden in neuen Forschungen zur europäischen Aufklärung die **regionalen Unterschiede** geltend gemacht. Frankreich hat sicherlich eine Vorreiterrolle gespielt, wie Voltaires beißende Kritik am Absolutismus und an der katholischen Kirche belegt, die ihn wiederum zur Zielscheibe der Gegenkritik machte. Die englische bzw. schottische Aufklärung war politisch gemäßigter, und auch die deutschen Aufklärer bemühten sich mehr um eine Versöhnung von Philosophie und Religion. In Italien und Spanien hatten die Aufklärer noch mit größeren Widerständen zu kämpfen.

Aufklärung und Aufklärungskritik: Außerdem sollte nicht übersehen werden, dass sich nicht alle Philosophen des 18. Jh.s als Aufklärer verstanden haben, sondern dass sich nicht wenige Autoren dieser Bewegung widersetzt haben. Vielfach hat diese Gegenkritik wiederum zu wichtigen Modifizierungen und Differenzierungen Anlass gegeben, so dass die starren Fronten zwischen **Aufklärung und Gegenaufklärung** teilweise fließend waren.

Auf jeden Fall hat sich durch derartige Debatten der aufklärerische Denkstil insgesamt verbreitet. Dazu haben nicht zuletzt die neu gegründeten Akademien, die literarisch-philosophischen Salons, ein sprunghaft expandierender Buchmarkt und zahlreiche Zeitschriften beigetragen. Das herausragende Beispiel ist die von Jean le Rond d'Alembert und Denis Diderot herausgegebene mehrbändige *Encyclopédie*, in der das gesamte Wissen und Können der Zeit, von den neuen Wissenschaften bis zur reich illustrierten Dokumentation zeitgenössischer Handwerke, gesammelt und in hoher Auflage verbreitet wurden (vgl. Selg/Wieland 2001).

Aufklärung und Pädagogik: Praktisch geworden ist die Aufklärung nicht zuletzt auf dem Feld der **Erziehung**, wie zahlreiche Reformversuche und begleitende Traktate belegen. Dabei stellte sich die Erziehung von Mädchen als ein unerwartetes Problem heraus. Während im 17. Jh. Poullain de la Barre von dem cartesischen Grundsatz ausging »Der Verstand hat kein Geschlecht« und für eine gleiche Erziehung der Geschlechter eintrat, setzte sich um die Mitte des 18. Jh.s die von Rousseau in seinem Erziehungsroman *Émile ou de l'éducation* (1762) propagierte Auffassung durch, dass Mädchen weniger intellektuelle Fähigkeiten hätten und für ihre spezifisch sozialen Aufgaben durch eine anderen Art Erziehung vorzubereiten seien.

Zur Aktualität der Aufklärung: Wie ist die Aufklärung aus heutiger Sicht zu beurteilen? Zunächst ist an den häufig übersehenen Umstand zu erinnern, dass die Aufklärung schon seit ihrer Entste-

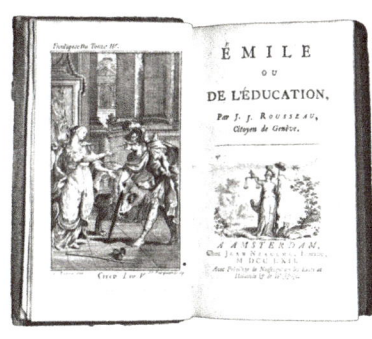

Rousseau: *Émile ou de l'éducation* (1762)

Zur Vertiefung

Was bleibt heute von der Aufklärung übrig?
Problematisch dürfte es sein, in ungeschichtlicher Manier die Aufklärung für alle negativen Kehrseiten der gegenwärtigen wissenschaftlich-technischen Zivilisation verantwortlich machen zu wollen. Das ist nicht nur historisch falsch, sondern verkennt auch die Leistungen der Aufklärung. Auch wenn einige Vorstellungen unerfüllt geblieben sind und wenn manche Traditionen zerstört wurden, weil sie als Ballast eines universalen Fortschritts erschienen, so haben doch viele Postulate ihre Bedeutung bewahrt wie politische Freiheit, rechtliche Gleichheit, soziale Gerechtigkeit, Toleranz, Meinungsfreiheit, autonome Verantwortung und Demokratie. Angesichts der aktuellen Debatten über Menschenrechte ist daran zu erinnern, dass es sich dabei um ein Erbe der Aufklärung handelt. So ist die Aufklärung als historische Konstellation nicht von Dauer gewesen, übt jedoch bis heute eine dauerhafte Wirkung aus.

hung umstritten war, sich gegenüber ihren Gegnern immer schon zu rechtfertigen hatte und vor allem auch zur Kritik an ihren eigenen Prinzipien fähig war. Im 19. und 20. Jh. radikalisierte sich die Kritik an der Aufklärung. Mit Nietzsche, Marx und Freud kamen die unbewussten Triebkräfte menschlichen Handelns sowie die gesellschaftlichen Interessen zum Vorschein, die sich »hinter dem Rücken« der Menschen durchsetzen. Bis in die Gegenwart einflussreich ist die *Dialektik der Aufklärung* (1944/47) von Horkheimer und Adorno, welche die These vertraten, dass »die vollends aufgeklärte Erde […] im Zeichen triumphalen Unheils« (DdA, S. 25) strahle. Nach den Erfahrungen totalitärer Herrschaft, nach zwei Weltkriegen, Hiroshima und Auschwitz glaubten sie im identifizierenden Denken und in der daraus resultierenden Naturbeherrschung seit den Anfängen der abendländischen Kultur den Keim für den modernen Totalitarismus gefunden zu haben.

Literatur

Bartuschat, Wolfgang: *Baruch de Spinoza.* München ²2006.
Cassirer, Ernst: *Philosophie der Aufklärung.* Tübingen 1932.
Coreth, Emerich/Harald Schöndorf: *Philosophie des 17. und 18. Jahrhunderts.* Stuttgart ⁴2008.
Grundriss der Geschichte der Philosophie: Die Philosophie des 17. Jahrhunderts, Bd. 1–4; Die Philosophie des 18. Jahrhunderts, Bd. 1–4. Basel 1988 ff.
Höffe, Otfried: *Thomas Hobbes.* München 2010.
– : *Immanuel Kant.* München 1983.
Kersting, Wolfgang (Hg.): *Thomas Hobbes, Leviathan.* Berlin 2008.
Kondylis, Panajotis: *Die Aufklärung – im Rahmen des neuzeitlichen Rationalismus.* Stuttgart 1981.
Kopper, Joachim: *Einführung in die Philosophie der Aufklärung.* Darmstadt ³1996.
Krohn, Wolfgang: *Francis Bacon.* München ²2006.
Kulenkampff, Jens: *David Hume.* München ²2003.
Liske, Michael-Thomas: *Gottfried Wilhelm Leibniz.* München 2000.
Münkler, Herfried: *Thomas Hobbes.* Frankfurt a. M./New York 2001.
Perler, Dominik: *René Descartes.* München 1998.
Röd, Wolfgang: *Descartes. Die Genese des Cartesianischen Rationalismus.* München ²1982.
– : *Bendedictus de Spinoza. Eine Einführung.* Stuttgart 2002.
Rohbeck, Johannes: *Aufklärung und Geschichte.* Berlin 2010.
Schneiders, Werner: *Das Zeitalter der Aufklärung.* München 1997.
– : *Lexikon der Aufklärung.* München 2000.
Selg, Anette/Wieland Rainer (Hg.): *Die Welt der Encyclopédie.* Frankfurt a. M. 2001.
Specht, Rainer: *John Locke.* München ²2007.
Streminger, Gerhard: *David Hume. Sein Leben und sein Werk.* Paderborn ³1995.
Sturma, Dieter: *Jean-Jacques Rousseau.* München 2001.
Thoma, Heinz (Hg.): *Aufklärung: Begriffe – Konzepte – Gegenwart. Ein interdisziplinäres Handbuch.* Stuttgart/Weimar 2011.
Williams, Bernard: *Descartes. Das Vorhaben der rein philosophischen Untersuchung.* Königstein, Ts. 1981.

Johannes Rohbeck

5 Deutscher Idealismus

5.1 Problemstellung und Begriff
5.2 Kants Erkenntnis- und Freiheitslehre
5.3 Fichte: Die drei Grundsätze der frühen Wissenschaftslehre
5.4 Hegels Kritik der Bewusstseinsphilosophie

5.1 | Problemstellung und Begriff

Als philosophiehistorische Epoche umfasst der Deutsche Idealismus die klassische deutsche Philosophie und ihre Systeme, die etwa zwischen 1781 (erste Auflage von Kants *Kritik der reinen Vernunft*) und 1831 (Tod Hegels) entstanden. Zu seinen wichtigsten Vertretern zählen **Johann Gottlieb Fichte** (1762–1814), **Friedrich Wilhelm Joseph Schelling** (1775–1854) und **Georg Wilhelm Friedrich Hegel** (1770–1831). All diese Denker verstanden ihre Philosophie als eine Auseinandersetzung mit der von **Immanuel Kant** (1724–1804).

5.1.1 | Problemgeschichtlicher Abriss

Kants Ausgangspunkt: Als zentrales Problem, zu dessen Lösung Kant seinen **transzendentalen Idealismus** letztlich entwickelte, kann der Streit zwischen **Rationalismus** (Descartes, Leibniz, Christian Wolff), in dem Kant seine philosophische Ausbildung erfuhr, und **Empirismus** (besonders Hume, von dem er bekannte, er habe ihn aus seinem »dogmatischen Schlummer« erweckt) angesehen werden (s. Kap. I.4). Während die Rationalisten – wie der Name schon sagt – der *Ratio*, also Verstand bzw. Vernunft die fundierende Rolle in der Erkenntnis zuwiesen und dabei auch von angeborene Ideen ausgingen, betonten die Empiristen das Primat der sinnlichen Erfahrung bzw. behaupteten sogar, nichts sei im Intellekt, was nicht zuvor in den Sinnen war (»Nihil est in intellectu quod non fuerit prius in sensu«) (vgl. dazu schon Leibniz: NE, S. IX).

Kant versuchte diesen Streit zu schlichten, übernahm dabei aber wesentliche Einsichten beider Richtungen. Zunächst betont er, dass alle Erkenntnis mit Erfahrung beginne und auf sie angewiesen bleibe. Doch Erfahrung sei nicht alles. Ein Teil unserer Erkenntnis sei unabhängig von Erfahrung bzw. gehe dieser voraus, ja ermögliche sie überhaupt erst, sei mithin a priori. Innerhalb der apriorischen Vermögen unterscheidet Kant wiederum **zwei Erkenntnisstämme**, die zwar notwendig zusammen fungieren müssen, die aber nicht aufeinander reduzierbar sind: **Sinnlichkeit (Anschauung)** und **Verstand (Denken)**. Im Unterschied zu den z. B. von Descartes unterstellten angeborenen Ideen handelt es sich hierbei lediglich um formale Bedingungen bzw. **Formen der Erkenntnis**. Zudem sind diese Formen nicht passiv, sondern aktiv: Sie stellen keinen ›leeren Behälter‹ zur Verfügung, der von außen gefüllt werden kann, sondern beruhen auf aktiven Vermögen der Vorstellung und Synthese.

»Kopernikanische Wende«: In der *Kritik der reinen Vernunft* untersucht Kant die einzelnen Funktionen der Sinnlichkeit (reine Anschauungsformen **Raum und Zeit**) und des Verstandes (**Kategorien und Grundsätze**), und versucht zu begründen, inwiefern diese apriorischen Vermögen die Basis sicheren Wissens darstellen. Die Methode, der Kant bei seiner Untersuchung folgt, heißt **transzendental**; sie kennzeichnet zugleich seine sog. »Kopernikanische Wende«. Mit ihr verbindet sich die Prämisse, dass sich die Gegenstände der Erfahrung »nach unserem Erkenntnis«, also unserem Erkenntnisvermögen richten müssen, und nicht unsere Erkenntnis nach den Gegenständen (KrV B XVI). Dies hat allerdings weitreichende Konsequenzen. Genauer ist damit ein **Dualismus** eingeführt, dessen Unüberwindbarkeit schließlich sämtliche Vertreter des Deutschen Idealismus Kant zum Vorwurf machten: der von **Erscheinung** und **Ding an sich**. Wenn sich die Erfahrung nach unserem Erkenntnisvermögen richtet, können wir die Dinge immer nur so erkennen, wie sie unsere Sinnlichkeit affizieren und durch den Verstand konstituiert werden, nicht aber, wie sie ›an sich‹, d. h. eben unabhängig von diesen Vermögen sind. Allerdings können wir uns Kant zufolge auch ganz sicher sein, dass die Dinge uns so erscheinen müssen,

Kant: *Kritik der reinen Vernunft* (1871)

5.1 | Deutscher Idealismus

Problemstellung und Begriff

wie sie durch unser Erkenntnisvermögen konstituiert werden.

Die Reaktionen auf Kant: Im Anschluss an Kant bemühten sich einige Philosophen, die kantischen Dualismen (Sinnlichkeit/Verstand; Erscheinung/Ding an sich; Phaenomenon/Noumenon etc.) aufzulösen bzw. eine einheitliche Grundlage zu finden, ohne die – davon waren sie überzeugt – Philosophie als Wissenschaft nicht möglich ist. Zu ihnen gehörten z. B. **Karl Leonhard Reinhold** und **Salomon Maimon**, sowie die bereits genannten Vertreter des Deutschen Idealismus. So bemühte sich besonders **Johann Gottlieb Fichte**, der sich 1790 eingehend mit Kants Kritiken auseinander gesetzt hatte, im Anschluss an Reinhold, ein sämtlichen Erkenntnis- und praktischen Vermögen gemeinsam zugrundeliegendes Prinzip zu finden. In der *Grundlage der gesamten Wissenschaftslehre* (1794/95) geht er vom freien Ich als Prinzip aus, aus dem er sowohl die Bestimmungen der Erkenntnis als auch des Handelns ableitet. Indem Philosophie alle diese Bestimmungen aus dem einen Prinzip der Freiheit des Ichs ableitet, werde sie systematisch gerechtfertigtes, also gesichertes Wissen und könne deshalb »Wissenschaftslehre« genannt werden. Diese Wissenschaftslehre hat Fichte zufolge außerdem zur Aufgabe, aus diesem einen Prinzip ein System alles wissenschaftlichen Wissens im umfassenden Sinne abzuleiten, das nicht nur die theoretische Erkenntnis von Objekten, sondern auch die Selbstbestimmungen des Subjekts sowie die subjektiven und intersubjektiv-sozialen praktischen Realisierungen (»Sittenleben«) einschließt.

Hegel kritisiert dann sowohl Kant als auch Fichte dafür, auf dem Standpunkt des Bewusstseins zu beharren, das den Dingen in der Welt letztlich distanziert gegenüber steht und sich vergeblich um systematisches Wissen bemüht. Im Gegensatz dazu versucht er sich an einer Darstellung der Idee (»das Absolute«), die sich selbst als dynamische, tätige Wirklichkeit in Natur, Gesellschaft, Geschichte manifestiert und in verschiedenen Wissensformen (Kunst, Religion, Philosophie) reflektiert. Er ist somit der letzte große Systemphilosoph, der versucht, alles Seiende in einem großen, allesumfassenden System des Geistes unterzubringen. Strukturiert wird dieses System durch die dialektische Bewegung, die jeden denkbaren Aspekt der natürlichen und gesellschaftlichen Wirklichkeit, jedes wissenschaftliche und philosophischen Gebiet integriert und seinen festen Platz zuweist. Sofern die dialektische Entwicklung des Begriffs und die reale historische Geschichte dabei als eins verstanden werden, kann die gesamte Geschichte als zu-sich-Selbst-Kommen des Geistes verstanden werden kann (vgl. *Enzyklopädie der philosophischen Wissenschaften*, HHW 6).

5.1.2 | Zum Begriff ›Deutscher Idealismus‹

Die Begriffe ›Idealist‹ und ›Idealismus‹ sind selten positiv konnotiert; mit ihnen verbindet sich eher eine Kritik an welt- und sinnenfremdem Schwelgen im Reich der Ideen und Ideale. Dass dies auf die Vertreter des deutschen Idealismus so eigentlich nicht zutrifft, dürfte bereits aus der bisherigen Einführung deutlich geworden sein. Nicht verwunderlich ist es daher auch, dass der Name ›Deutscher Idealismus‹ keine programmatische Selbstbezeichnung dieser Philosophen ist, sondern erst um 1840 von ihren Kritikern geprägt wurde (vgl. Sandkühler 2005, S. 1 ff.). An die Idealismuskritik Ludwig Feuerbachs anknüpfend, verwenden Marx und Engels in ihrem unveröffentlichten Werk *Die deutsche Ideologie* erstmals diesen Begriff und behaupten, der »deutsche Idealismus« betrachte »die Welt als durch Ideen beherrscht, die Ideen

Hauptwerke

1781/87	**Kant:**	*Kritik der reinen Vernunft*
1783	**Kant:**	*Prolegomena zu einer jeden künftigen Metaphysik*
1785	**Kant:**	*Grundlegung zur Metaphysik der Sitten*
1788	**Kant:**	*Kritik der praktischen Vernunft*
1789	**Karl Leonhard Reinhold:**	*Versuch einer neuen Theorie des menschlichen Vorstellungsvermögens*
1790	**Kant:**	*Kritik der Urteilskraft*
1794	**Fichte:**	*Über den Begriff der Wissenschaftslehre*
1794/95	**Fichte:**	*Grundlage der gesamten Wissenschaftslehre*
1797	**Fichte:**	*Versuch einer neuen Darstellung der Wissenschaftslehre*
1798	**Fichte:**	*Das System der Sittenlehre nach den Prinzipien der Wissenschaftslehre*
1800	**Schelling:**	*System des transzendentalen Idealismus*
1804	**Fichte:**	*Wissenschaftslehre*
1807	**Hegel:**	*Phänomenologie des Geistes*
1809	**Schelling:**	*Philosophische Untersuchungen über das Wesen der menschlichen Freiheit*
1812–16	**Hegel:**	*Wissenschaft der Logik* (zweite Auflage der *Seinslogik* 1832)
1817/27/30	**Hegel:**	*Enzyklopädie der philosophischen Wissenschaften im Grundrisse*
1821	**Hegel:**	*Grundlinien der Philosophie des Rechts*

und Begriffe als bestimmende Prinzipien« und die »wirkliche Welt« als »ein Produkt der ideellen Welt« (MEW 3, S. 14).

Allerdings entwickelten auch seine Vertreter selbst spezifische Verständnisse von Idealismus, die sie programmatisch vor allem gegen materialistische Positionen, aber auch gegen andere ›Idealismen‹ ins Feld führten.

Idealismusverständnisse: So fordert Kant bereits in der ersten Auflage der *Kritik der reinen Vernunft* (1781), dass man einen »zweifachen Idealismus« unterscheiden müsse (KrV A 369 ff.): Er selbst sei Vertreter eines »**transzendentalen Idealismus**«, der zugleich auf einen »**empirischen Realismus**« hinauslaufe, sehe daher Raum und Zeit nur als »sinnliche Formen unserer Anschauung«, nicht als »Bestimmungen oder Bedingungen der Objekte« an, und behaupte zudem, wir könnten die Gegenstände unser Erfahrung nur erkennen, wie sie uns aufgrund dieser reinen Formen der Anschauung und des Denkens (Kategorien) **erscheinen**, nicht wie sie als »Dinge an sich selbst« sind. Anhängern eines **empirischen Idealismus** hingegen wirft Kant vor, davon auszugehen, dass Vorstellungen von außer uns sich befindenden Dingen hervorgerufen werden, womit zwangsläufig ein skeptischer oder dogmatischer Zweifel an der Existenz der Materie verbunden sei. In einem Anhang zu den *Prolegomena* (1783) bezeichnet Kant seine Position genauer als **kritischen Idealismus**, und grenzt diesen vom »schwärmerischen« Platons, vom »dogmatischen« Berkeleys und vom »skeptischen Idealismus« Descartes' ab, die sich ihm zufolge auf den gemeinsamen Grundsatz bringen lassen: »Alle Erkenntnis durch Sinne und Erfahrung ist nichts als lauter Schein, und nur in den Ideen des reinen Verstandes und Vernunft ist Wahrheit« (KWA V, S. 253). Kant behauptet im Gegensatz dazu, dass nur Wissen über **Gegenstände der Erfahrung** geltungsrelevant sein könne und erläutert, der transzendentale Idealismus entfalte jene Prinzipien a priori (vor aller konkreten Erfahrung), die alles Erfahrungswissen überhaupt erst möglich machten (ebd., S. 254; s. u. 5.1.1).

Den im Anschluss an Kant entwickelten Idealismus Fichtes bezeichnet man gemeinhin als **subjektiven Idealismus**, erklärt er doch »die Bestimmungen des Bewusstseins aus dem Handeln der Intelligenz«, die »nur tätig und absolut, nicht leidend« ist (FSW 1, S. 440; s. u. 5.2). In Absetzung zu Fichte wiederum versuchen Schelling und Hegel ein nicht-subjektivistisches Verständnis von Idealismus zu entwickeln, ein Bestreben, das schließlich in Hegels **objektivem** bzw. **absolutem Idealismus** kulminiert.

Zur vorliegenden Darstellung: Im Zentrum der Philosophie Kants steht das Konzept einer **Prinzipientheorie der Selbstkonstitutivität der Vernunft** (s. u. 5.2). Diesen Gedanken versuchen sich Fichte, Schelling und Hegel in je unterschiedlicher Weise bei der Ausbildung ihrer philosophischen Systeme anzueignen und zu radikalisieren: Auf diese Entwicklung konzentriert sich deshalb auch die folgende Darstellung. Während beim frühen Fichte (s. u. 5.3) und Kant dieser Anspruch auf Selbstkonstitution durch vernunftexterne Instanzen begrenzt bleibt, versucht Hegel den Gedanken einer absoluten selbstkonstitutiven Vernunft durchzuführen (s. u. 5.4). Die verschiedenen Phasen der Philosophie Schellings und die späten Ansätze Fichtes liegen zwischen diesen genannten Polen, weshalb sie hier keine vertiefende Behandlung erfahren.

5.2 | Kants Erkenntnis- und Freiheitslehre

Kants Prinzipientheorie zeitigt ihre fruchtbarsten Ergebnisse auf den Gebieten der Erkenntnislehre sowie der Freiheitslehre.

5.2.1 | Erkenntnislehre

Transzendentalphilosophie ist Reflexion auf jene Prinzipien der erkennenden Subjektivität, die objektiv gültige Erfahrungserkenntnis fundieren.

Erkenntnis und ihre Theorie: Erkenntnistheorie ist für Kant im Kern eine Theorie **geltungsrelevanten** und **gegenstandsreferenten Bestimmens**. Erkenntnis ist nach Kant durch zwei Typen von Be-

> **Definition**
>
> Kant zufolge heißt → **transzendental** eine Erkenntnis, die sich nicht mit den Gegenständen selbst, sondern mit den Bedingungen der Möglichkeit der Erfahrbarkeit von Gegenständen überhaupt beschäftigt, die der Erfahrung selbst vorhergehen (a priori) (vgl. KrV B 25; KWA V, 252 FN).

5.2 Deutscher Idealismus

Kants Erkenntnis- und Freiheitslehre

stimmtheiten strukturiert: variable (veränderbare, wechselnde) und invariante (unveränderbare) Bestimmungen. (Die nachfolgende Darstellung der Erkenntnislehre Kants verwendet – insbesondere mit Blick auf den **funktionalen** Zusammenhang von »Identität«, »Invarianz« und »apriorischen Prinzipien der Erkenntnis« – Ergebnisse von Ernst Cassirer 1980).

Zwei Bestimmungen der Erkenntnis

- Die **variablen Bestimmungen** resultieren aus den stets wechselnden **Inhalten des Erkennens**, sind also fundiert durch die empirischen Gegenstände, auf die das Erkennen sich bezieht.
- **Invariante Bestimmungen** hingegen sind solche, die bei allen konkreten Erkenntnissen dieselben bleiben (müssen). Diese Bestimmungen der Erkenntnis stellen den Inbegriff der **funktionalen Eigenbestimmtheit** des Erkennens selbst dar (vgl. Flach 1990, S. 277; insbesondere Flachs Auslegung der apriorischen Prinzipien der Erkenntnis als funktionaler Eigenbestimmtheit des Erkennens ist exegetisch wegweisend).

Kants Erkenntnislehre insistiert darauf, dass eine gültige Erkenntnis stets das Zusammenfungieren von **Anschauung und Denken** zur Voraussetzung habe (vgl. KrV A 50 ff./B 74 ff.). Deshalb gibt es für Kant invariante funktionale Bestimmtheiten des Denkens und es gibt invariante funktionale Bestimmtheiten der Sinnlichkeit (Anschauung). Komplementär hierzu müssen variable Bestimmungen des Denkens und auch variable Bestimmungen des Anschauens angesetzt werden. Bezogen auf die invarianten Bestimmungen ergibt sich zunächst folgendes Bild: Stets müssen wir z. B. dieselben **zwölf Funktionen des Urteils** benutzen, wenn wir urteilen wollen (ebd. A 70 ff./B 96 ff.). Dabei ist es völlig gleichgültig, welchen variablen (empirischen) Inhalt wir mit diesen Funktionen realiter denken. Die Tradition hat die Lehre von den invarianten Bestimmtheiten des Denkens als **Lehre von der inhaltsunabhängigen logischen Form des Denkens** begriffen. Kant radikalisiert diese Tradition. Er behauptet nämlich zweierlei:

1. Er behauptet, dass es auch im sinnlich-anschaulichen Teil unserer Erkenntnis invariante Bestimmungen gebe. Diese These entfaltet sich in Kants Lehre von den **reinen Anschauungsformen von Raum und Zeit** (ebd. A 19 ff./B 33 ff.). Raum und Zeit zählen für Kant nicht etwa zu den objektiv-variablen ›Inhaltsstrukturen‹ der Erkenntnis, sondern sollen vielmehr invariante funktionale Strukturen des ›Anschauungsteils‹ unserer Erkenntnis selbst sein.
2. Er behauptet, dass die invarianten Bestimmtheiten unserer Erkenntnis die variablen Bestimmungen der Erkenntnis überhaupt erst möglich machten.

Sollen nun einerseits die variablen Bestimmtheiten unserer Erkenntnis als von den invarianten begründet gedacht werden, andererseits jedoch die variablen inhaltlichen Bestimmungen sich den kontingenten empirischen Gegenständen verdanken, auf die das Erkennen sich wendet, so können beide Annahmen nur dann gleichzeitig zutreffend sein, wenn gilt, dass die invarianten Bestimmtheiten der Erkenntnis die variablen Bestimmtheiten der Erkenntnis **letztkonstituieren**, indem sie die empirische Gegenständlichkeit als Gegenständlichkeit überhaupt erst möglich machen. ›Konstituieren‹ meint also, dass die Welt durch die apriorischen Funktionen der Erkenntnis **als Gegenstand der Erkenntnis** erst ›strukturiert‹ werden muss (erkennbare Gegenstände werden deshalb als **Erscheinung** gegeben), ohne dass damit behauptet würde, es gäbe die Dinge der Außenwelt nur in unserem Bewusstsein (siehe »**Ding an sich**«-Lehre).

Eigenbestimmtheiten des Denkens: Lässt sich diese gnoseologische Struktur begründet ausweisen, so ist damit zugleich die Möglichkeit aufgezeigt, wie sich reine (apriorische) Bestimmungen der Erkenntnis in apriorischer Weise auf empirische Gegenstände beziehen können. Denn **erstens** können wir von diesen invarianten Bestimmungen, die immer dann fungieren müssen, wenn wir erkennen, etwas erfahrungsfrei – also a priori – wissen. Wir müssen für das Wissen über sie nicht eine unverfügbare konkrete Erkenntnissituation abwarten. Die **invarianten Bestimmtheiten** stellen **Eigenbestimmtheiten des Erkennens** selbst dar, die immer schon in Funktion sein müssen, wenn Erkennen sich konkret vollzieht. Wenn Erkennen sich vollzieht, so muss es notwendig (a priori) diese Bestimmungen aufweisen. Da die invarianten Eigenbestimmtheiten des Erkennens **zweitens** die variablen, empirischen Bestimmungen der Erkenntnis ermöglichen, indem sie empirische Gegenstände **als Gegenstände** möglich machen, beziehen sie sich zugleich a priori auf empirische Gegenstände, gerade indem sie diese als Gegenstände möglich machen. Damit ist *in nuce* indiziert, wie apriorisches Wissen von empirischen Gegenständen möglich sein kann.

Kants Fundamentalprinzip ist die **transzendentale Apperzeption** (ebd. B 129 ff.). Dieses Prinzip beinhaltet die Kompetenz des Denkens, den Gedanken »Ich denke« bezogen auf alle erkenntnisrelevanten Vorstellungen des erkennenden Subjekts erzeugen zu können.

Der Gedanke »Ich denke« artikuliert ein Identitätsmoment (1), ein Einheitsmoment (2) und ein Moment selbstbewusster Selbstbezüglichkeit (3).

1. Es ist offenkundig eine Binsenweisheit, dass meine Vorstellungen meine Vorstellungen sind. Der Gedanke »Ich denke« artikuliert somit zunächst schlicht das ›denkende Selbstbewusstsein‹ als invarianten logischen Bezugspunkt aller seiner Vorstellungen – als **Identität der Apperzeption**, wie Kant auch sagt. Diese Invarianz der »transzendentalen Apperzeption« relational zu allen Vorstellungen, die von ›mir‹ gehabt werden können, nennt Kant »Identität«.

2. Die gemeinsame Beziehung all dieser Vorstellungen auf das »Ich denke« qualifiziert diese Vorstellungen als eine Einheit im Selbstbewusstsein. Kant nennt diese Struktur deshalb die **Einheit des Selbstbewusstseins** (der Apperzeption). Genauerhin bezeichnet er sie sogar als transzendentale Einheit des Selbstbewusstseins. Denn diese Einheit, die alle ›meine‹ Vorstellungen allein schon kraft ihrer Beziehung zum »Ich denke« aufweisen müssen, ›verpflichtet‹ diese hierdurch einheitlichen Vorstellungen zugleich zu einer weiteren Einheitsform *sui generis*, nämlich zu einer Einheit auch untereinander (vgl. hierzu Henrich 1976, S. 59 ff.). Die Einheit der apperzeptionsreferenten Vorstellungen untereinander nennt Kant synthetische Einheit. Die transzendentale Einheit des Selbstbewusstseins kann nach Kant nämlich nicht schon dadurch zustande kommen, dass gegeneinander isolierte atomare Vorstellungen nur einen gemeinsamen Bezug zum »Ich denke« aufweisen – so etwa, wie unterschiedliche Gegenstände, die sonst nichts miteinander ›zu tun‹ haben, bloß in einer gemeinsamen Schachtel liegen. Vielmehr müssen die Vorstellungen in der Einheit des Selbstbewusstseins auch untereinander verknüpft werden können – so wie z. B. Legobausteine. Die synthetische Einheit der Vorstellungen in der Identität des Selbstbewusstseins entspricht somit eher einem Kasten zusammensteckbarer Legosteine als einer Schachtel in der je isoliert ein Photo, eine Packung Zigaretten und eine Brille anzutreffen sind. Die Vorstellungen müssen also untereinander im Selbstbewusstsein synthetisch vereint werden können (vgl. Henrich 1976, S. 59 ff.). Die Einheit der Apperzeption ist deshalb immer auch ursprünglich **synthetische Einheit der Apperzeption**.

3. Diese synthetische Einheit wird durch die Selbstbezüglichkeit des Denkens notwendig gemacht. Im »Ich denke« muss sich das **Selbstbewusstsein als unterschieden von seinen Vorstellungen** bewusst werden können. Ich kann mich bewusst aber nur von etwas unterscheiden, dessen ich mir ebenfalls bewusst bin. Für Kant bedeutet nun die Bewusstmachung jener Vorstellungen (bezüglich derer ich mir nur als unterschieden bewusst werden kann) durch die Funktionen der transzendentalen Subjektivität zugleich, dass diese Vorstellungen der ›synthetischen Einheit‹ unterworfen sein müssen (vgl. Königshausen 1977, z. B. S. 75, 170, 172).

Gültige synthetische Einheit des Mannigfaltigen der Anschauung ist das, was man im Sinne Kants als Gegenständlichkeit zu qualifizieren hat. Kant setzt aber Gegenständlichkeit nicht einfach voraus, sondern er weist vielmehr zunächst notwendige synthetische Einheit als **Fundamentalbedingung der Identität des transzendentalen Selbstbewusstseins** aus. Dann erst identifiziert er notwendige synthetische Einheit mit dem Sinn von Gegenständlichkeit.

Eigenbestimmtheiten der Anschauung: Da es für Kant invariante Eigenbestimmtheiten des Denkens **und** der Sinnlichkeit gibt, müssen diese invarianten Bestimmtheiten gemeinsam die objektive synthetische Einheit des Mannigfaltigen der Anschauung qua Gegenständlichkeit stiften. Gemäß Kants Erkenntnislehre gibt die Anschauung als solche nur unverbundenes Mannigfaltiges, sie gibt also den noch **unbestimmten Gegenstand**. Doch ist es nach ihm bereits eine Leistung der Prinzipien der Sinnlichkeit und eben kein bloßes Faktum, dass der unbestimmte Gegenstand der Anschauung vorstrukturiert in die **Form der Mannigfaltigkeit** dem Denken präsentiert wird. Diese Sicht unterscheidet Kants Lehre von der Sinnlichkeit radikal vom angelsächsischen Empirismus (s. Kap. I.4.4). Es ist in den Augen Kants kein unhintergehbares Faktum, dass uns die Empfindungsstimuli in der Struktur der Mannigfaltigkeit gegeben werden, sondern in diese Form der Mannigfaltigkeit wird empirische Anschauung durch die Prinzipien unserer Sinnlichkeit erst gebracht. Die Anschauungsformen bringen den unbestimmten Gegenstand der Anschauung allererst in jene Struktur, in der er vom Denken geordnet werden kann (vgl. Flach 1987, z. B. S. 153 f.). Der Verstand denkt mit seinen Begriffen **im Urteil** den anschauungsgegebenen Gegenstand, indem er mit Begriffen die syntheti-

Strukturierung des unbestimmten Gegenstands durch Anschauungsformen

5.2 | Deutscher Idealismus

Kants Erkenntnis- und Freiheitslehre

Beispiel: Wahrnehmung eines Hauses

Nehme ich z. B. ein Haus wahr, indem ich um dieses herumlaufe, so ist die zeitliche Folge meiner Teilwahrnehmungen subjektiv stets nacheinander angeordnet. Die **zeitliche Sukzession** dieser für sich **je einmaligen Partialwahrnehmungen** kann ich nur dann als eine kontinuierliche Einheit (synthetische Einheit) wahrnehmen, wenn ich sie vermittels des Begriffs ›Haus‹ zu einer **Sinnganzheit** mache – oder anders gesagt, wenn ich meine Wahrnehmungsfolge mit dem empirischen Begriff des Hauses als Wahrnehmungsfolge eines Objektes namens ›Haus‹ identifiziere. Der (empirische) Begriff ermöglicht die bestimmte synthetische Einheit des Mannigfaltigen der Anschauung. Doch der empirische Begriff des Hauses allein reicht nicht aus. Denn ich fasse meine Wahrnehmungsfolge nicht nur als eine kontinuierliche Einheit auf, sondern ich denke mit dem Begriff ›Haus‹ einen Gegenstand zu dieser einmaligen Wahrnehmungsfolge hinzu, der als solcher auch unabhängig von meinen Wahrnehmungen in seinen Teilen **objektiv gleichzeitig existiert**. Ich denke diesen Gegenstand also als einen solchen, den es auch ohne meine Wahrnehmungen in einer objektiven Bestimmtheit gibt, so dass ich mich **zu anderer Zeit** erneut mit ›anderen Wahrnehmungen‹ auf ihn beziehen könnte. Ebenso muss ich von der **Intersubjektivität** meines Gegenstandes ausgehen. Mit dem Begriff ›Haus‹ (nicht in ihm!) unterscheide ich also die **objektive Zeitordnung** der Teile des Gegenstandes ›Haus‹ von der **subjektiven Zeitordnung** meiner Wahrnehmung, die sich auf diesen objektiven Gegenstand bezieht.

sche Einheit des noch unverbundenen Mannigfaltigen der Anschauung stiftet.

Kategorien: Damit empirische Begriffe von Gegenständen die Unterscheidung von subjektiver und objektiver Zeitordnung überhaupt leisten können, bedürfen wir nach Kant der funktional-invarianten Gegenstandsbestimmungen des Denkens. Wir bedürfen der **reinen Verstandesbegriffe** oder **Kategorien** (ebd. B 106 ff.). So eignet z. B. der **Kategorie der Substanz** die invariante Funktion, unsere Erkenntnis in empirischen Gegenstandsreferenzen immer wieder in die Lage zu versetzen, zum zeitlich subjektiv nacheinander präsentierten empirischen Mannigfaltigen der ›bloßen‹ Anschauung einen beharrlichen Gegenstand mit objektiv gleichzeitig existierenden Teilen hinzudenken zu können. Erst dies erlaubt in Folge empirische Begriffe von wahrnehmungsunabhängigen Gegenständen. Die **Kausalkategorie** ermöglicht es unserer konkreten Erkenntnis, die subjektiv zeitliche sukzessive Anschauungsfolge präsentierter empirischer Mannigfaltigkeit zugleich auch als eine objektive sukzessive Ordnung der Gegenständlichkeit selbst zu denken. Aus der isoliert betrachteten subjektiven Folge unserer Wahrnehmungen gelangten wir niemals zum Begriff eines Gegenstandes, der (auch) unabhängig von unseren Wahrnehmungen ›existiert‹. Um einen solchen Begriff bilden zu können, benötigen wir Kategorien. Die bloße Wahrnehmungsfolge des Herunterfallens eines Bleistiftes von einem Tisch stellt subjektiv betrachtet das gleiche Nacheinander dar wie die wechselnden Wahrnehmungsperspektiven des Hauses. Durch die Kausalkategorie denke ich aber zur subjektiven Folge des Bleistiftfalles eine auch objektive gegenständliche Zeitfolge hinzu. Im Falle des Haus dagegen denke ich vermittels der Substanzkategorie eine objektive gegenständliche Gleichzeitigkeit hinzu. Die **invarianten Gegenstandsbestimmungen des Denkens qua Kategorien** stellen also invariante funktionale (Eigen-)Bestimmtheiten des Denkens dar, die es ermöglichen, zu der stets subjektiven Anschauungsfolge einen objektiven Gegenstand hinzudenken zu können – und ermöglichen es letztlich, dass schon die Anschauung einen Gegenstand gibt.

5.2.2 | Kant über Freiheit als Autonomie

Momente des Willens: Kants Analyse des menschlichen Wollens sieht dieses als zusammengesetzt aus einem **rationalen Moment** einerseits und einem **impulsiven Moment** andererseits an (vgl. insbesondere zu dieser Doppelaspektigkeit der Willensbestimmung: Beck 1974, S. 39 ff., bes. S. 45, sowie Henrich 1973, S. 223 ff., bes. S. 249). Das rationale Moment kennzeichnet den fundamentalen Unterschied zwischen dem menschlichen Willen und tierischem Trieb- und Instinktverhalten. Der Mensch vermag es, seinen Willen auch mit Vernunft zu bestimmen. Das rationale Moment artikuliert sich u. a. in der Fähigkeit, Wollensziele begrifflich definieren zu können – oder auch darin, dass Menschen in der Lage sind, rationale Strate-

Kant über Freiheit als Autonomie

gien der Zweckerreichung zu entwerfen. Das Impulsmoment kennzeichnet die Tatsache, dass wir eben doch mit den Tieren ›Natur‹ zur gemeinsamen Basis haben. Die zeigt sich in unseren natürlichen Triebfedern oder den »**Neigungen**«, die scheinbar unhintergehbar in alle Wollensakte involviert sind. Der Impulsaspekt des Wollens reizt uns zu Wollenszielen an. Aus der Sicht Kants wäre ein **Wille nur dann wirklich frei**, wenn er vollständig rationabil (von lat. *rationabilis*: vernunftfähig) verfasst wäre, d. h. wenn er sich durchgängig selbst vernünftig bestimmen könnte. Insofern *prima facie* das Impulsmoment menschlichen Wollens nicht rationabil ist, sondern vielmehr letztlich natural ausgelöst wird, gibt es enorme systematische Schwierigkeiten, unser Wollen als wirklich frei verstehen zu können.

Hierarchisierung von Zwecken: Das **rational definierte Wollensziel** eines konkreten Wollensaktes ist der **Zweck**. Der Zweck ist die begriffliche Vorstellung eines konkreten **Gegenstandes des Wollens**, den ich mit meinem Handeln aber erst realisieren muss. Nun stolpert der Mensch nicht sozusagen punktuell von konkreter Zwecksetzung zu Zwecksetzung, resp. von einem konkreten Wollensziel zum nächsten. Vielmehr kann jede Person sich selbst ihre Zwecksetzungen ordnen. Das heißt zunächst, die Person kann ihre Zwecksetzungen hierarchisch strukturieren. Diese **Hierarchisierungskompetenz von Zwecken** drückt sich in den subjektiv festgelegten **Maximen** (s. Kap. II.B.1.3.2) aus. Habe ich z. B. die Maxime gewählt, ›Ich will alles tun, um reich zu werden‹, so muss ich viele verlockende Zwecke des Konsumbereichs in ihrer Verwirklichung aussetzen und Sparsamkeit üben. In einer konkreten Situation mag der Erwerb eines teuren technischen Gerätes als Wunschzweck aufscheinen – aufgrund meiner Maxime stelle ich diesen zurück und realisiere ihn nicht augenblicklich.

Jedenfalls erweist die Fähigkeit zur Maximensetzung jeden einzelnen Menschen als mit »negativer Willkürfreiheit« begabt aus, insofern er in der Lage ist, gemäß seinen Maximen die Realisierung von einigen Zwecken seines Wollens zugunsten ›höherer‹ Zwecke zu suspendieren (vgl. hierzu Konhardt 1979, S. 200–215 u. S. 291). Meine punktuellen Zwecke und deren Einlösung lassen sich also keinesfalls mit dem animalischen Reiz-Reaktions-Schema bzw. Instinktverhalten erklären. Hier hat auch Kants Begriff vom **hypothetischen Imperativ** seinen Ort. Unter der Bedingung, dass ich mir einen Zweck gewählt habe, schreiben mir die hypothetischen Imperative vor, was ich tun soll, um diesen oder jenen Zweck zu realisieren. Sie sind hypothetisch, weil sie weder einen zu habenden Zweck selbst gebieten, noch eine Wertung betreffs der Rationalität von Zwecken selbst beinhalten. Habe ich den Zweck, ein Bild an der Wand aufzuhängen, so könnte der Imperativ lauten: ›Wenn Du ein Bild aufhängen willst, dann schlage einen Nagel in die Wand‹. Ganz erkennbar setzen die hypothetischen Imperative ein **Wissen über die Naturgesetzlichkeit** voraus. Sie transformieren dieses Wissen quasi zu Handlungsstrategien (vgl. insbesondere zu dieser »Transformationsleistung« in den hypothetischen Imperativen: Konhardt 1979, S. 200–215 u. S. 291). Damit ist die Willens- und Handlungsbestimmung in diesen Imperativen eindeutig auch von der wollensfremden Natur abhängig. Aber auch die bloße Zweckwahl und Maximengenerierung ist nur ›negativ‹ frei, also nicht durchgängig rational geformt (vgl. Konhardt, 1979, S. 200–215 u. S. 291).

Beispiel

Zweckwahl und Maximensetzung

Nehmen wir einmal an, Hans geht mit seinen Freunden zum Essen in die Mensa. Im Regelfall wird er dort diejenige Speise auswählen, die ihm am besten mundet. Eine Maxime ›Ich will in der Mensa stets jene Speise auswählen, die mir am besten schmeckt‹ wäre ggf. noch als rational bestimmt zu verstehen, wenn man von Gesundheitsaspekten absieht. Diese Maxime könnte auch von den anderen Kommilitonen aufgestellt werden. Sie ist intersubjektiv nachvollziehbar und damit ansatzweise rational. Warum aber Hans auf der Zweckebene aufgrund dieser Maxime in der konkreten Situation den Hackbraten auswählt, ist sicher nicht mehr intersubjektiv zu begründen. Hans' Wollen ist ganz eindeutig durch die dem Willen äußerliche Verfasstheit seiner Physis fremdbestimmt. Denn Hans hat ja nicht etwa ›frei‹ beschlossen, dass ihm Hackbraten besser schmeckt als etwa das alternativ angebotene Nudelgericht. All diese Vorlieben sind Hans vorgegeben und sie stellen besagtes naturales Impulsmoment dar, das zu Willenszielen motiviert und welches auf dieser Ebene nie wirklich rational gesteuert werden kann.

5.2 Deutscher Idealismus

Kants Erkenntnis- und Freiheitslehre

Eine echte Freiheit wäre in den Augen Kants folglich nur dann gegeben, wenn der Wille sich **durchgängig selbst, d. h. ohne Bezug auf von ihm unabhängige Zwecke bestimmen und auch motivieren** könnte. Außerdem kann ein wirklich freier Wille für Kant nur ein solcher sein, der sich selbst sein Gesetz gibt. Ein Wille ohne gesetzliche Selbstbestimmung käme für Kant dem Horror der absoluten Willkür gleich. **Gesetzliche Selbstbestimmung** des Willens und **rationale Selbstbestimmung** des Willens sind für Kant Sinnsubstitute.

Der autonome Wille: Der wirklich freie Wille ist also ein solcher, der sich sein Gesetz unabhängig von externen Zwecken, die ihn nur natural fremdbestimmten, gibt. Zugleich muss diese durchgängige rationale Selbstbestimmung des Willens diesen auch noch ›impulsartig‹ motivieren (vgl. Henrich 1973, S. 223 ff., bes. S. 249; Beck 1974, S. 39 ff., bes. S. 45). In der *Kritik der praktischen Vernunft* nennt Kant diese beschriebene Struktur die **positive Freiheit der Autonomie** (KWA VII, S. 144 f.). Wenn der Wille durch fremde Zwecke (mit)bestimmt ist, so spezifizieren diese Zwecke den Sinn von Gesetzlichkeit. Einfacher gesagt: Bestimmte naturale ›fremde‹ Zwecke machen für ihre Einlösung bestimmte Regeln und Gesetze notwendig. Wir haben gesehen, wie zur Einlösung eines konkreten Weltzweckes konkrete Gesetze der Natur zu spezifischen Strategieregeln (= zu hypothetischen Imperativen) transformiert werden müssen (etwa beim ›Bildernageln‹). Soll der autonome Wille nicht durch bestimmte Gesetze, gleichwohl aber als rationaler Wille durch **Gesetzlichkeit** bestimmt sein, so kann er nur durch den universalen Sinn von Rationalität vor jeder Spezifizierung bestimmt sein: Gemeint ist die **reine Gesetzesform** selbst. Offenkundig ist aber die Gesetzesform stets Form von etwas. Wenn die Gesetzesform sich nicht auf Weltzwecke beziehen kann, so muss sie sich auf Maximen beziehen. Denn Maximen bestimmen als solche nicht schon von sich aus bestimmte inhaltliche Zwecke, sondern ermöglichen bei Gelegenheit einer konkreten kontingenten Situation die Zweckwahl.

Maximen

Prüfung der Gesetzesform: Vielleicht habe ich die Maxime: »Ich will alles tun, um unabhängig zu leben«. Nun könnte sich hierdurch in einer konkreten Situation der ebenso konkrete Zweck ergeben, sich eine bestimmte Summe Geldes verschaffen zu wollen. Unter der Perspektive reiner Zweckrationalität könnte es rational sein, sich dieses Geld durch ein lügenhaftes Versprechen gegenüber einen Verwandten zu verschaffen. In diesem Falle müsste ich eine Maxime angenommen haben, die da lautet: »Um meine Ziele zu erreichen, bin ich auch bereit, lügenhafte Versprechen abzugeben«. Diese Maxime jedoch kann kein Mensch als **konsistentes Gesetz** denken und damit zur Gesetzesform universalisieren. Denn eine solche Maxime, wenn sie zum allgemeinen Gesetz erhoben würde, höbe nicht nur das Institut des Versprechens auf, sondern würde damit auch die Möglichkeit vernichten, etwas mit einem lügenhaften Versprechen erreichen zu können. Selbst der Lügner kann also, gerade weil er erfolgreich lügen will, weder denken noch wollen, dass diese Maxime zum allgemeinen Gesetz werde (vgl. KWA VII, S. 52 f.). Damit anerkennt selbst er die **Geltung des Lügenverbots** – und setzt obendrein diese Anerkennung bei allen anderen Menschen voraus, gerade weil er versucht, **erfolgreich zu lügen**. Der Lügner bringt also, obgleich er lügt, dennoch notwendigerweise das Gefühl der **Achtung für das Sittengesetz** auf. Hätte er dieses Gefühl der Achtung für das Gesetz nicht, könnte er gar nicht sinnvollerweise versuchen, mit seiner Lüge einen Zweck zu erreichen. Denn nur aufgrund des bei ihm vorhandenen »Achtungsgefühls« vermag er auch bei anderen Personen zu unterstellen, dass diese sich durch Achtung an das Sittengesetz gebunden fühlen. Der Lügner pervertiert also strategisch das durch das Sittengesetz erzeugte Gefühl der Achtung für seine naturalen Ziele. **Das Sittengesetz fungiert als Motivationsgrund jedes Willens- und Handlungsaktes.** Es motiviert, indem es in der angedeuteten Weise unsere naturalen Neigungen und unsere Selbstliebe restringiert – Kant spricht auch von Demütigung – und gerade hierdurch ein Gefühl der Achtung für sich erzeugt (KWA VII, S. 194 ff.; vgl. hierzu Henrich 1973, S. 223 ff. bes. S. 249). Damit erfüllt der Wille, der nur durch die Gesetzesform bestimmt ist, die beiden Kriterien der Autonomie. **Erstens** bestimmt er sich nur durch die reine Gesetzesform des Sittengesetzes und **zweitens** erzeugt diese reine Rationalität noch völlig eigenständig ein subjektives motivierendes Impulsmotiv des Handelns. Kant nennt in der *Grundlegung zur Metaphysik der Sitten* zwei Hauptweisen, wie die reine Gesetzesform den Willen bestimmen kann (vgl. KWA VII, S. 18–33):

1. Die Forderungen des Sittengesetzes werden nur um ihrer selbst willen anerkannt, und der Wille bestimmt die Handlung nur **umwillen** dieser Forderung des Sittengesetzes **aus Achtung vor dem Gesetz**. In diesem Fall liegt eine gute Tat vor, die guter Gesinnung bzw. einem guten Willen entspringt.

2. Die Forderungen des Sittengesetzes werden zwar in der Maxime prinzipiell anerkannt und geachtet, der Wille bestimmt die Handlung aber aufgrund von angestrebten naturalen Weltzwecken. In diesem Fall wird das **Sittengesetz instrumentalisiert**. Diese Bestimmung des Willens beinhaltet **zwei alternative** Möglichkeiten: Zum einen kann der Wille die Handlung zwar **gemäß** den Forderungen des Sittengesetzes bestimmen – das Motiv für diese Bestimmung liegt aber nicht ausschließlich in der Achtung vor dem Gesetz. So betrügt der schlaue Kaufmann seine Kunden nicht. Er tut dies aber nicht deshalb, weil es so vom Kategorischen Imperativ eingefordert wird, sondern vielmehr, weil er sich nicht durch einen schlechten Ruf seine Geschäfte verderben lassen will. Der schlaue Kaufmann benutzt die Gesetzesform des Kategorischen Imperativs als Mittel für seine Weltzwecke. Er wird deshalb zu seiner Handlung nicht aus Achtung vor dem Sittengesetz, sondern durch die naturale Triebfeder der Selbstliebe motiviert. Die Tat des Kaufmanns ist zwar legal – seine Gesinnung ist jedoch durchaus böse. Zum anderen kann der Wille die Geltung des Sittengesetzes auch anerkennen, weil diese durchgängige Geltung die Bedingung dafür darstellt, einen naturalen Zweck gerade auch durch Übertretung der Forderungen des Kategorischen Imperativs erreichen zu können. Der Lügner kann ja nur deshalb erfolgreich lügen, weil er die universale Geltung des Sittengesetzes voraussetzt und auch will – und diese Anerkennung zugleich auch bei anderen Personen unterstellt. In diesem Falle liegt sowohl eine böse Gesinnung als auch eine böse Tat vor.

Kategorischer Imperativ: Es ist deutlich, dass das Sittengesetz die Maxime jeder moralisch qualifizierbaren Handlung konstituieren muss. Ein reines, von Neigungen unbetroffenes Vernunftwesen verfügte über einen Willen, der *eo ipso* mit den Geboten des Sittengesetzes in Einklang stünde. Bei einem natural affizierten Willen wie dem des Menschen muss die einzige Weise, wie das Sittengesetz in Anspruch genommen werden darf, als Kategorischer Imperativ, sprich **als unbedingtes Sollen** auftreten. Die berühmte Formel lautet in der *Kritik der praktischen Vernunft*: »Handle so, daß die Maxime deines Willens jederzeit zugleich als Prinzip einer allgemeinen Gesetzgebung gelten könne« (KWA VII, S. 140). Die Willensmaxime einer Handlung soll universalisierbar sein – und die Handlung durch den Willen ausschließlich aus Achtung vor dem Gesetz veranlasst werden. Die Handlung soll also **pflichtgemäß und aus Pflicht** geschehen.

Wir haben damit einen **Prinzipiensinn** des Sittengesetzes einerseits und einen **kriterialen Sinn** des Sittengesetzes qua Kategorischer Imperativ anderseits zu unterscheiden. Nach dem **Prinzipiensinn** des Sittengesetzes ist jede Tat durch das Sittengesetz geformt – sei sie als gut (d. h. pflichtgemäß und aus Pflicht), legal (d. h. nur pflichtgemäß) oder böse (d. h. weder pflichtgemäß noch aus Pflicht) zu qualifizieren. Denn auch bei der Instrumentalisierung des Sittengesetzes für Weltzwecke müssen wir dessen Geltung implizit anerkennen, um die Handlung überhaupt vollziehen zu können. In der **kriterialen Bedeutung** tritt das Sittengesetz jedoch als **unbedingter** Kategorischer Imperativ auf, der die einzig mögliche Weise »als gesollt« einfordert, in der das Sittengesetz die Maxime bestimmen darf, wenn eine gute Handlung einer guten Gesinnung entspringen soll.

Kant: *Grundlegung zur Metaphysik der Sitten* (1785)

5.3 | Fichte: Die drei Grundsätze der frühen Wissenschaftslehre

Fichtes Lehre vom sich selbst setzenden Ich in den drei Grundsätzen der *Wissenschaftslehre* von 1794/95 klingt für heutige Ohren in vielerlei Hinsicht abstrus. Um uns einen Zugang zu diesem Text zu verschaffen, der auch heute noch nachvollziehbar sein kann, erscheint es sinnvoll, ihn mit Mitteln der Flach-Wagnerschen Prinzipienlogik zu rekonstruieren (vgl. Wagner 1980, S. 69–73, 99–150, 160–180; zur Fruchtbarkeit einer Rekonstruktion des ›frühen Fichte‹ mit Mitteln der Prinzipienlogik vgl. Flach 1964, bes. S. 588):

Prinzip und Prinzipiat stehen nach Wagner und Flach in doppelaspektiger Weise sowohl im Verhältnis wechselseitiger Bedingtheit als auch im Verhältnis einseitiger Begründung. Für das symmetrische Bedingungsverhältnis gilt: Ein **Prinzip**

5.3 Deutscher Idealismus

Fichte: Die drei Grundsätze der frühen Wissenschaftslehre

(Begründendes) ist in seiner Funktionsbestimmtheit genauso bedingt durch das **Prinzipiat (Begründetes)** wie das Prinzipiat durch das Prinzip bedingt ist. Denn ganz offenkundig gibt es ohne Begründetes kein Begründendes. Der Terminus ›Begründendes‹ ergibt keinen Sinn, wenn man nicht gleichzeitig zu dem Begründenden ein von ihm Begründetes anführen kann. Der Terminus ›Begründetes‹ ergibt keinen Sinn, wenn man nicht gleichzeitig zu dem Begründeten ein es Begründendes aufweisen kann. Nach der Seite des einseitigen asymmetrischen Begründungsverhältnisses gilt jedoch nach Flach/Wagner, dass nur das Prinzip Grund des Prinzipiats ist und nicht umgekehrt. Nur **der Grund begründet sein Begründetes**, nicht aber das Begründete den Grund.

Erster Grundsatz: Fichte artikuliert im ersten Grundsatz der Wissenschaftslehre eine Selbstkonstitutionsfigur. **Das Ich setze sein eigenes Sein, begründe sich selbst** (FSW I, S. 98). Dabei fungiert das Ich einerseits als das Begründete seiner selbst und andererseits als das Begründende seiner selbst. Gemäß dieser Selbstkonstitutionsfigur müssen wir begründendes Ich und das begründete Ich voneinander unterscheiden aber dennoch qua Ich auch miteinander identifizieren. Das begründende Ich (Prinzip) ist für Fichte im Kontext der Reflexionen des ersten Grundsatzes als der **Inbegriff aller Prinzipien des Wissens** zu fassen. Das begründete Ich (Prinzipiat) ist als der formale **Inbegriff aller konkreten Wissensvollzüge** zu verstehen, die durch das gründende Ich geltungsrelevant geformt werden. Fichte verbannt in seiner Schrift *Über den Begriff der Wissenschaftslehre* die sogenannte formale Logik aus der Gemeinschaft der philosophischen Disziplinen. Vielmehr hält er die Logik für eine Einzelwissenschaft. Dennoch können wir am Modell der formalen Logik mit Mitteln der Flach-Wagnerschen Prinzipienlogik Fichtes »Selbstsetzungstheorem« für heutige Ohren gut plausibel machen. All unsere konkreten Gedanken müssen – gleichgültig welchen Inhalt sie intendieren – z. B. im *Einklang mit dem logischen Widerspruchsprinzip* geformt sein, wenn sie überhaupt den Anspruch auf irgendeine Geltung stellen wollen. Im Sinne des wechselseitigen Bedingungsverhältnisses von Prinzip und Prinzipiat ist das Prinzip bedingt durch den Vollzug konkreter Gedanken, in denen es formal korrekt in Anspruch genommen wird. Ohne die Möglichkeit konkreter Gedanken, welche die logische Form z. B. des Widerspruchsprinzips erfüllen können, hätten die logischen Prinzipien keinerlei objektive Gültigkeit und Bedeutung. Es gäbe sie nicht. Unter der Perspektive des asymmetrischen Begründungsverhältnisses ist das logische Prinzip allerdings der ausschließliche **Formgrund der Geltung** konkreter Gedanken. Der Weltinhalt, den die jeweiligen Gedanken (Prinzipiate) intendieren und der diese zu jeweils konkreten Gedanken macht, trägt nichts zur logischen Gültigkeit bei. Genau deshalb sieht die Wissenschaft der formalen Logik ja auch von ›aller Inhaltlichkeit‹ des Denkens ab. Sowohl die begründende Form des Denkens als auch die von dieser Form begründeten konkreten Gedanken sind ›Denken‹, so dass sich begründendes und begründetes Denken partiell identifizieren lassen. Insofern aber die Form des Denkens (Denken als Prinzip) die konkreten Gedanken des Denkens (Denken als Prinzipiat) konstituiert, konstituiert sich Denken als Grund und Begründetes seiner selbst.

Konstitution der Gegenständlichkeit: Auch Fichtes Transzendentalphilosophie entfaltet in kantischer Tradition **apriorische Prinzipien der Gegenstandsreferenz** des Erkennens, welche die Gegenständlichkeit des Gegenstandes allererst konstituieren. Die Transzendentalphilosophie handelt von Prinzipien, die einen apriorischen Bezug unserer Erkenntnis auf empirische Gegenstände ermöglichen. Deshalb dürfen die Prinzipien, die Fichte zu exponieren beabsichtigt, keinesfalls unter Abstraktion vom Gegenstandsbezug des Denkens und Erkennens gewonnen werden, wie dies in seinen Augen in der ›bloß‹ formalen Logik der Fall ist. Anders als Kant unterscheidet Fichte aber deutlich zwischen **thematischen** und **unthematischen Prinzipien der Erkenntnis**. Unthematisch »unbewusst« geltende Prinzipien nennt Fichte **Handlungen**, thematisch gedachte Prinzipien dagegen und Gedanken, die sich auf die Welt beziehen sind »**Tatsachen des Bewusstseins**« (vgl. FSW I, S. 70 ff.; FSW II, S. 541 ff.).

Tathandlung: Der erste Grundsatz wird als schlechthin **unbedingt** (seiner Form und dem Gehalte nach unbedingt) gekennzeichnet; er sei **unbeweisbar** (FSW I, S. 91). Dies heißt zunächst, dass der erste Grundsatz aus keinem anderen Satz abgeleitet werden darf. Andernfalls wäre es ja aufgrund seiner Ableitung aus einem weiteren Satz »bedingt«. Weiterhin kennzeichnet Fichte die reflexive Operation der Wissenschaftslehre als »Aufsuchen«. Was man aufsucht, muss jedoch irgendwie schon vorliegen. Für Fichte liegt das, was der erste Grundsatz bewusst macht, gemäß seiner Unterscheidung von unthematisch geltenden Prinzipien (qua Handlungen) und thematisierten Prinzipien (qua bewussten Sätzen) bereits vor. Das, was der erste Grundsatz thematisiert, ist der Gehalt einer (Prinzipien)-Handlungsart des Wissens, die er nur in eine neue Form transformiert, in die Form eines bewussten Satzes. Wenn Fichte behauptet, der erste Grundsatz des Wissens lasse sich weder beweisen noch bestimmen, so meint er damit mitnichten, der erste Grundsatz sei unbegründet. Fichte will vielmehr deutlich machen, dass der erste Grundsatz sich nicht aus einem Gebilde ableiten lässt, dem Satzstruktur zukommt. Damit entgeht Fichte nicht zuletzt der Gefahr eines unendlichen Begründungsregresses von Sätzen. Das **oberste Prinzip**, welches der erste Grundsatz reflexiv macht, ist die **Tathandlung**. Der Begriff der Tathandlung ist ein Kompositum. ›Handlung‹ bedeutet unthematisch geltendes Prinzip. ›Tat‹ ist in dieser Zeit der Ausdruck für eine **freie** Handlung. Wer eine Handlung autonom bzw. frei vollzieht, begründet diese Handlung nur aus eigensten Gründen und wird nicht von externen Instanzen genötigt. In unserem Falle heißt dies: Das oberste Prinzip ist letztes Prinzip, welches nur aus sich selbst folgt. Die Tathandlung ist Terminus für die **Selbstkonstitutivität des Wissens** (des Ich).

> **Zum Begriff**
>
> Der Terminus der → Tathandlung artikuliert die prinzipientheoretische Struktur, dass sich das Wissen als Prinzip und Prinzipiat seiner selbst konstituiert. Dabei fasst Fichte das Wissen als Prinzip und das Wissen als Prinzipiat je inbegrifflich auf, d. h. Wissen als Prinzip wird im ersten Grundsatz in der Tathandlung als **Inbegriff aller gründenden Prinzipien** gefasst. Wissen als Prinzipiat ist der **Inbegriff alles konkreten gegenstandsrelevanten Wissens**, welches durch die Prinzipien des Wissens begründet wird. Sowohl das inbegriffliche Wissen als Prinzip wie auch das inbegriffliche Wissen als Prinzipiat sind im Sinne Fichtes als → »Ich« zu bezeichnen.

Unter Zugrundelegung dieser begründungslogischen Struktur kann Fichte sagen: Das Ich setze sich selbst, begründe sich selbst. Indem Fichte im ersten Grundsatz alle Prinzipien inbegrifflich fasst, steht er nicht vor dem Problem, den Anfang seiner Transzendentalphilosophie bei diesem oder jenem angenommenen konkreten Prinzip rechtfertigen zu müssen. Genau vor dieser ›Rechtfertigungsqual‹, nämlich den Anfang des philosophischen Begründungsganges bei einem bestimmten einzelnen ersten Ursprungsprinzip legitimieren zu müssen, stand bekanntlich Reinhold. Der **inbegrifflich gefasste** erste Grundsatz der frühen Wissenschaftslehre Fichtes ist dagegen in einem ›aristotelisch-elenktischen‹ Sinne unbedingt. Denn da dieser Grundsatz die Prinzipien des Wissens inbegrifflich fasst, bestritte derjenige, der ihn bestritte, nicht etwa die Gültigkeit eines bestimmten Prinzips des Wissens, sondern zugleich in widersprüchlicher Weise, weil mit **Anspruch auf Wissen** die Möglichkeit des Wissens selbst. (Ähnliche Argumentationsfiguren finden sich im Umkreis der heutigen ›Transzendentalpragmatik‹, vgl. Kuhlmann 1985, z. B. S. 64; s. Kap. I.7.6.2.1). Denn die Bestreitung der Gültigkeit des Inbegriffs der Prinzipien des Wissens im Wissen müsste entweder bestreiten, dass es Wissen gibt – oder aber bestreiten, dass Wissen einen Grund hat. Die erste genannte Bestreitungsvariante ist offenkundig widersprüchlich. Die zweite ist es implizit. Denn der Begriff des Wissens ist mit den Gedanken der Begründung und der Rechtfertigung verkoppelt. Wenn der Bestreiter der zweiten Variante auch nur mit dem **Begründen** seiner These begänne, Wissen habe *keinen* Grund, widerspräche er sich selbst ›durch diese **Begründungsoperation**‹ (zu dieser Problemkonstellation vgl. Hiltscher 2011).

Die Erkenntnissituation des Menschen: Nun ist das Wissen des Menschen dadurch ausgezeichnet, dass ihm ein **Gegenstand vorgegeben** werden muss, der unverfügbar ist und der immer erst erkannt werden muss. Menschliches Wissen ist endlich. Es klingt für uns heute zwar merkwürdig, aber in der Epoche Fichtes war der abstrakte Begriff des Wissens nicht notwendigerweise mit dem Begriff gegenständlichen Sinns verbunden. So ist etwa die beschriebene unverfügbare Fremdheit des Gegenstandes in der göttlichen Subjektivität nicht gegeben. Was Gott intendiert, erschafft er ›uno actu‹ auch dem Sein nach. Vorgegebene Gegenstände, die er erst erkennen müsste, hat er nicht. Deshalb kann das, was Gott intendiert, keinesfalls mit dem Terminus ›Gegenstand‹ bezeichnet werden.

Wir haben den ersten Grundsatz als Artikulation des **Inbegriffs** aller Prinzipien **möglichen** Wissens interpretiert. In den folgenden Grundätzen der Wissenschaftslehre geht es um eine genaue strukturelle Determination dieses Prinzipieninbegriffs auf die menschliche, d. h. *endliche* Erkenntnissituation hin. Wenn nämlich Gegenstandsrefe-

5.3 Deutscher Idealismus

Fichte: Die drei Grundsätze der frühen Wissenschaftslehre

renz nicht notwendig in den formalen Inbegriff jeder auch nur hypothetisch anzunehmenden erkennenden Subjektivität gehört (siehe Gott), muss der Prinzipieninbegriff eine erste, der Kontingenz der menschlichen Erkenntnissituation geschuldete Spezifizierung erfahren.

Der zweite Grundsatz artikuliert deshalb die Handlungsart des **Gegensetzens**, deren Ergebnis das **Nicht-Ich (= Gegenstand)** ist (FSW I, S. 101 ff.). Diese Handlungsart ist einerseits **formal unbedingt**. Denn das Gegensetzen liegt ja nicht analytisch im Begriff jeder denkbaren Form von erkennender Subjektivität. Somit ist das Gegensetzen eine ursprüngliche, aus dem ersten Grundsatz nicht ableitbare Handlungsart der endlichen Erkenntnis, wenn auch keine ursprüngliche Handlungsart jeder ›Erkenntnisform‹. Andererseits ist jedoch deshalb das Gegensetzen dem Gehalt nach bedingt. Denn auch die Prinzipien des endlichen Wissens müssen ja den Prinzipien jeder nur denkbaren Erkenntnisform gemäß sein. In die Sprache Fichtes gewendet heißt dies: Da die Disjunktion zwischen Ich und Nicht-Ich vollständig ist, muss gelten: Begründet das Ich etwas anderes als sich (als Inbegriff der Prinzipien, die für jede Erkenntnisform gelten), so muss dieses andere die Verfasstheit des Nicht-Ich aufweisen. Der zweite Grundsatz, der die Handlung des Gegensetzens exponiert, ist also seinem **Gehalt nach bedingt**, denn wenn gegengesetzt wird, muss das Ergebnis ein Nicht-Ich sein.

Dritter Grundsatz: Nun führt die Wissenschaftslehre noch einen dritten Grundsatz an. Ich und Nicht-Ich stellen *prima facie* eine vollständige Disjunktion zweier Glieder dar. Beide Glieder haben nach Fichte ein gedoppeltes Verhältnis, das auf den ersten Blick als inkompatibel erscheint. Einerseits können sie im Wissen nur gegeneinander bestimmt sein. Genau deshalb erhält der Gegenstand die Bezeichnung des Nicht-Ich. Nicht-Ich (Gegenständlicher Sinn) ist nur bestimmt als Negation des Ich. Andererseits schließen sich Ich und Nicht-Ich im Wissen gegenseitig aus. Nichts was im Wissen ›nichtichlich‹ charakterisiert wird, kann gleicherweise ohne Widerspruch auch ›ichlich‹ gefasst werden – und *vice versa*. Dem dritten Grundsatz obliegt die Aufgabe, beide scheinbar widersprüchlichen Verhältnisse als miteinander vereinbar nachzuweisen. Denn nur dann, wenn Ich und Nicht-Ich im Wissen zugleich das Verhältnis wechselseitiger Forderung aber auch das Verhältnis wechselseitigen Ausschlusses haben, können sie bestimmt gewusst werden. Die Aufgabe des dritten Grundsatzes ist durch die voranstehenden Grundsätze bestimmt. Der dritte Grundsatz macht die **Vereinbarkeit der Prinzipien endlichen Wissens mit den Prinzipien jedes Wissens** bewusst. Er ist seiner Form nach bedingt, da endliches Wissens qua Wissen schon *per definitionem* mit den Prinzipien jeder Wissensform kompatibel sein muss. Da es von den ersten beiden Grundsätzen her feststehen soll, dass es endliches menschliches Wissen gibt, müssen auch die beschriebenen Gegensätze, die scheinbar seine Möglichkeit bedrohen, vereinbar sein. Der dritte Grundsatz ist allerdings dem Gehalt nach unbedingt, da im allgemeinen Inbegriff der Prinzipien jeder Form des Wissens nicht schon die Gründe enthalten sein können, warum unser **endliches Wissen** mit den Prinzipien jeder Wissensform vereinbar ist.

Teilbarsetzen von Ich und Nicht-Ich: Die dem Gehalt nach unbedingte Handlungsart, die der dritte Grundsatz aufzeigt, ist das »**Teilbarsetzen**« (FSW I, S. 108 ff.). Unser spezifisch menschliches Wissen hat im Sinne Fichtes zwei Themata: Das **Thema ›Nicht-Ich‹** (Welt, Gegenstand) und das **Thema ›Ich‹** (Prinzipien des Wissens). Das Wissen wird von Fichte als ein Raum möglicher Bestimmbarkeit gedacht. Ein Raum ist teilbar. Teilbarkeit lässt das geforderte gedoppelte Verhältnis zwischen Ich und Nicht-Ich zu. Wenn Ich und Nicht-Ich jeweils teilbar gesetzt werden können, so kann das Thema ›Ich‹ (Reflexion) und das Thema ›Nicht-Ich‹ (Welt) gleichermaßen in jedem Wissensakt im Bewusstsein präsent sein, so dass beide Themata gegeneinander bestimmt zu sein vermögen. In jenen Teilen der Realität im Bewusstsein jedoch, in denen das Nicht-Ich gesetzt ist kann nicht das Ich gesetzt werden – und *vice versa*. Gegenstandsbestimmung (Nicht-Ich) und Reflexion (Ich) schließen einander somit auch aus.

Es gibt keinen Gedanken, der nicht gleichzeitig ein **Reflexionsmoment und ein Moment der Weltbezüglichkeit** enthält – und es gibt keinen Gedanken theoretischer Valenz, der nicht eindeutig zur *intentio recta* (Gerichtetheit auf Gegenstände) oder zur *intentio obliqua* (Gerichtetheit auf sich selbst) zu rechnen ist.

5.4 | Hegels Kritik der Bewusstseinsphilosophie

Hegels Philosophie steht auf dem Fundament einer einschneidenden **Kritik an der sog. »Bewusstseinsphilosophie«** (zum gesamten Hegelteil vgl. Hiltscher 1998, S. 235–323). Im Rahmen der Bewusstseinsphilosophie müsse der Gegenstand immer als ein Etwas gedacht werden, das dem Denken »fremd« gegenübersteht. Da der Gegenstand für die Bewusstseinsphilosophen zugleich als letzte Norm der Erkenntnis fungiert, kann sich Denken niemals in autochthoner Weise seiner eigenen Gültigkeit versichern. Auch Kant und Fichte sind in den Augen Hegels Bewusstseinsphilosophen. Denn obgleich sie die funktionale Subjektivität zur Konstituentin der Gegenständlichkeit überhaupt erklärt haben, ist unser konkretes empirisches Wissen ihnen zufolge stets von der unverfügbaren Präsentation des einzelnen empirischen Gegenstandes abhängig.

Das Reflexionsproblem: Insbesondere das Reflexionsproblem ist ein Indikator für die Verfehltheit der Bewusstseinsphilosophie. Die **gedachten Prinzipien der Erkenntnis** können im Medium der Bewusstseinsphilosophie nicht problemlos mit den **unthematisch geltenden Prinzipien** identifiziert werden. Fichtes Unterscheidung der unthematisch geltenden Prinzipien qua Handlungsarten von den gedachten Prinzipien qua Tatsachen des Bewusstseins kann niemals die Übereinstimmung der gedachten Prinzipien in der Reflexion mit den unthematisch geltenden Prinzipien letztgültig nachweisen. Und in Kants Werk fehlt gänzlich eine distinkte Differenzierung zwischen gedachten und unthematisch geltenden Prinzipien. Das Bewusstsein setzt sich das, was nie Ding sein kann – die Prinzipien des Wissens – damit wie ein Ding gegenüber.

Hegel wirft der Bewusstseinsphilosophie vor, sie müsse als Konsequenz ihres Ansatzes alle ihre Themen nach dem **Maßstab der Gegenstandsbestimmung von Weltdingen** denken (zu dieser »Monothematik« der Bewusstseinsphilosophie vgl. Günther 1978). »Prototypen« des Gegenstandes seien für die Bewusstseinsphilosophen Dinge, die räumlich und zeitlich zu charakterisieren seien. Ganz offensichtlich sind nun aber die Prinzipien der Reflexion selbst keine solchen Raum-Zeit-Dinge. Insofern die Bewusstseinsphilosophie nicht umhin komme, Dinge in Raum und Zeit zu ihrem Gegenstandsideal zu erklären, sei sie keine zureichende Grundlage **für alle Themen des Denkens** (vgl. Günther 1978).

5.4.1 | Die Phänomenologie des Geistes

Hegel verwirft deshalb die Bewusstseinsphilosophie und konzipiert eine absolute Philosophie, bei der das Denken vollständig bei sich ist und nicht mehr einem bewusstseinstranszendenten Ansich gegenübersteht (zum Folgenden vgl. Hiltscher 1998, S. 239–261). Allerdings dekretiert Hegel in der *Phänomenologie* nicht einfach diesen absoluten Standpunkt, sondern nutzt die **Aporien der Bewusstseinsphilosophie** zu einer propädeutischen Einleitung in den Standpunkt des absoluten Wissens. Hegel schreibt: Das Bewusstsein »[u]nterscheidet nemlich etwas von sich, worauf es sich zugleich *bezieh[t]*« (HHW 2, S. 58).

Bewusstsein wird von Hegel ›technisch‹ als **funktionale Relation von *Wissen* und *Ansich/Wahrheit*** bestimmt (zu den folgenden Ausführungen – insbesondere mit Blick auf die Verhältnisbestimmung von Wissen und Ansich vgl. Theunissen 1989, S. 326 u. 332 ff.). Das **Relat des Wissens** innerhalb der bezeichneten Relation von Wissen und Ansich/Wahrheit indiziert, dass der Gegenstand eine **Leistung des Wissens/Bewusstseins** darstellt. Andererseits soll nach der Doktrin der Bewusstseinsphilosophie der Gegenstand nur deshalb Maßstab, d. h. Geltungsgrund der Erkenntnis sein können, weil er eine Seite aufweist, die dem Subjekt **nicht verfügbar** ist. Dieses **Relat** der Bewusstseinsrelation erhält deshalb den Terminus ›**Ansich/Wahrheit**‹. Hegel will damit aber nicht sagen, dass das ›Ansich‹ in seiner Bestimmtheit wirklich ›bewusstseinsimmanent‹ ist, sondern nur, dass das Bewusstsein, weil es im ›Wissen‹ den Anspruch auf objektive Geltung erhebt, seinem ›Selbstverständnis‹ gemäß zugleich unweigerlich den Anspruch erheben muss, sich qua Wissen auf ein als Norm fungierendes bewusstseinstranszendentes Ansich zu beziehen (vgl. hierzu die erhellenden Ausführungen von Cramer 1989, S. 385 u. 387 f.). Das Bewusstsein muss kraft der Geltungsprätention des Wissens von einem Ansich wissen, welches nicht bewusstseinsimmanent ist. **Bewusstsein fordert autonom, Wissen solle sich auf ein transzendentes Ansich beziehen**. Nur wegen dieser Prätention des Bewusstseins deutet Hegel das Ansich als Moment des Bewusstseins. Im Medium der Bewusstseinsphilosophie kann nur der Normcharakter des ›transzendenten‹ Gegenstandes den Geltungsanspruch unseres Wissens plausibel machen (vgl. Cramer 1989, S. 385 u. 387 f.).

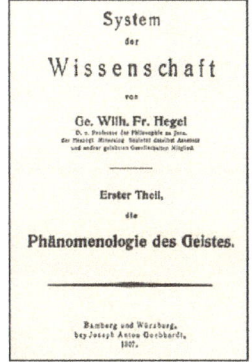

Hegel: *Phänomenologie des Geistes* (1807)

Hegels Kritik der Bewusstseinsphilosophie

(Selbst-)Destruktion des Bewusstseinsstandpunkts: In dieser Konstellation tritt nun das Prinzip der Selbstdestruktionsgeschichte des Bewusstseins hervor (zur folgenden Darstellung der Selbstdestruktionsgeschichte des Bewusstseins vgl. Aschenberg 1976, bes. S. 234 u. 235). Bewusstsein müsste nämlich zweierlei leisten können, um seinen Geltungsanspruch zu sichern. Es müsste sich einerseits auf ein **bewusstseinstranszendentes Ansich** beziehen können, und dieses Ansich andererseits zugleich **als bestimmten Maßstab** zur Verfügung haben können. Doch dies gelingt offensichtlich nicht. Referiert das Bewusstsein nämlich auf das **Ansich als Ansich**, so ist dieses nicht bestimmt und kann seine Funktion als Maßstab der Erkenntnis nicht ›bewusst‹ ausüben. Das Ansich wird dann nur insofern als bewusstseinsimmanent gefasst, weil dies vom Bewusstsein qua Wissen kraft der Geltungsprätention des Wissens so gefordert wird. Mehr ist dann über das Ansich nicht zu sagen. Wird das Ansich aber bestimmt und bewusst gewusst, so mutiert es zum **Ansich-für-es**. Im Ansich-für-es hat das Bewusstsein zwar den Gegenstand als bewussten und bestimmten Maßstab zur Verfügung, aber dieser Maßstab ist eine vollständige ›Funktion des Wissens‹ und dem Ansich-für-es mangelt damit die bewusstseinstranszendente Seite, die für die Normativität des Gegenstandes im Rahmen des Bewusstseinsstatus unabdingbar ist (vgl. Theunissen 1989, S. 326 u. 332 ff.).

Die Bewusstseinsphilosophie verlangt für die Erklärung ihrer Wissensformen notwendigerweise Widersprüchliches. Sie verlangt nach einem Intendierten, das ein Ansich, d. h. bewusstseinstranszendent ist – und sie verlangt, dass dieses Ansich intern im Bewusstsein als bestimmter Maßstab (Ansich-für-es) vorliegt (vgl. Aschenberg 1976, S. 234 u. 235). Die Unmöglichkeit ein Ansich als bestimmten Maßstab fassen zu können ist der Motor der Bewegung innerhalb der *Phänomenologie*. Anders als bei Kant oder Fichte bedeutet bei Hegel ›Gegenstand‹ im Rahmen der *Phänomenologie* aber nicht ein räumlich-zeitliches Objekt, das erkannt werden soll, sondern der Gegenstand wird verstanden als Gegenstandstyp. Die Bewegung der **Gegenstandstypen und Bewusstseinsformationen** geschieht dadurch, dass das Bewusstsein versucht, das Ansich zum bewussten Maßstab eines Ansich-für-es zu transformieren. Sobald dies geschehen ist, verliert das nunmehr zum Ansich-für-es mutierte Ansich seine Fähigkeit, als bewusstseinstranszendenter Geltungsgrund fungieren zu können. Das Bewusstsein muss sich auf ein ›neues‹ Ansich beziehen, welches es wiederum zum Ansich-für-es gestaltet, usw., bis dieser Prozess beim absoluten Wissen endet (vgl. Aschenberg 1976, S. 234 u. 235). Auf diese Weise entstehen nach Hegel die verschiedenen Gegenstandstypen und Bewusstseinsformationen durch die ›**Umkehr des Bewusstseins**‹.

Bestimmte Negation: Die Selbstprüfung des Bewusstseins besteht nach Hegel darin, dass jeder Gegenstandstyp, der zum bewussten Ansich-für-es erhoben wird, daraufhin überprüft wird, ob dieses Ansich-für-es den Geltungsanspruch des Bewusstseins erklären kann (vgl. Aschenberg 1976, S. 234 u. 235). Gelingt dies nicht, so wird das erzeugte Ansich-für-es verworfen und das Ansich in ein neues Ansich-für-es transformiert. So ist etwa in der »**Sinnlichen Gewissheit**« das, was das Bewusstsein zu seinem Gegenstand erklärt, die Fülle des sinnlich präsentierten Gegenstandes (HHW 2, S. 63–70). Die sinnliche Gewissheit bekommt ihren Gegenstand unmittelbar gegeben und lässt scheinbar von ihm nichts weg – sehr im Unterschied zu begrifflicher Abstraktion. Nur mit deiktischen Ausdrücken wie ›Dies‹, ›Hier‹ oder ›Jetzt‹ referieren wir auf den Gegenstand in der sinnlichen Gewissheit, sonst tun wir nichts hinzu. Die Fülle des sinnlich präsentierten Gegenstands bleibt scheinbar in unserem Wissen unreduziert erhalten.

Doch dann zeigt Hegel, dass diese Fassung des Gegenstands als eines genuinen Präsentationsproduktes der sinnlichen Gewissheit nicht das erklärt, was sie erklären soll. So ist z. B. das ›Hier‹ nicht etwa ein Ausdruck, der ausschließlich einem einzelnen Gegenstand der Sinnlichkeit zugeordnet werden könne, sondern das ›Hier‹ gilt allgemein für jeden einzelnen Gegenstand. Wenn ich das ›Hier‹ auf den Baum gegenüber beziehe und mich anschließend um 180° drehe, wird das ›Hier‹ evtl. durch ein Haus erfüllt. Das ›Hier‹, mit dessen Hilfe ich die sinnliche Gegenstandsvereinzelung leiste, ist selbst kein Vereinzeltes, sondern im strengen Sinne eine Funktion des Allgemeinen. Da der Entwurf (Ansich-für-es) des Gegenstandstypus des einzelnen und konkreten Gegenstandes der sinnlichen Gewissheit nicht den Geltungsanspruch des Ansich legitimieren kann, ist er demzufolge auch kein adäquater Entwurf dieses Ansich. Ansich und Ansich-für-es erreichen erkennbar keine Adäquation. Der gegenständliche Sinn der sinnlichen Gewissheit (= der Gegenstand als sinnlich präsentierter einzelner Gegenstand) wird deshalb negiert und diese **Umkehrung des Bewusstseins** erzeugt in der **bestimmen Negation** einen neuen Gegenstandstyp – das ›komplementäre‹ Andere der alten Stufe. Die bestimmte Negation erzeugt nämlich im Verständnis Hegels qua Negation eines zu verwerfenden Gegenstandstypus eine neue Gegenstandsformation, vernichtet aber nicht einfach den alten Gegenstandstyp, indem sie ihn negiert. Die bestimmte Negation bewahrt in der neuen Stufe den Sinn des alten Gegenstandstypus auf, **indem** sie durch ihr Operieren das Andere des alten Gegenstandstyps als neuen Gegenstandstypus erzeugt. Da der neue Gegenstandstyp die **bestimmte Negation des alten Gegenstandstypus** ist, kann dieser alte Typ der Gegenständlichkeit nicht vernichtet sein, weil andernfalls der neue Gegenstandstyp **nicht** gegen den alten Gegenstandstypus bestimmt sein könnte. Aus der Negation des **Gegenstandsideals** der sinnlichen Gewissheit **qua vereinzelter, konkreter Gegenstand** entsteht beispielsweise das komplementäre negative Andere der sinnlichen Vereinzelung, das **Allgemeine**. Nunmehr ist also das Allgemeine der Wahrnehmung als geltungslegitimierender Gegenstandstyp zu fassen – usw. usf.

Konvergenz von Denken und Inhalt: Auf diese Weise durchläuft die *Phänomenologie* methodisch jeden Gegenstandstyp des Bewusstseinsstandpunktes und erreicht am Schluss der Bewegung das **absolute Wissen**, in welchem der Gegenstand nicht mehr dem Wissen transzendent gegenübersteht, sondern Denken und sein Inhalt konvergieren. Am Ende ihrer Bewegung vermag die *Phänomenologie* jedes Thema des Bewusstseinsstandpunktes als ein dem Denken immanentes Thema auszuweisen und es damit dem absoluten Wissen in der *Wissenschaft der Logik* zur internen Sinnanalyse des Denkens übergeben (zum Terminus »Sinnanalyse« vgl. Günther 1978). Damit ist jeder Gegenstandstyp der *Phänomenologie des Geistes* durch bestimmte Negation und Umkehr des Bewusstseins reflexiv erzeugt. Das **natürliche Bewusstsein** weiß jedoch von dieser seiner Leistung nichts. **Für es** ist jeder Gegenstandstyp ein neu vorgefundener bzw. vorzufindender. **Für uns**, die wir Wissenschaft betreiben, sieht die Sachlage anders aus. Wir müssen die Bewegung der Selbstdestruktion des Bewusstseins als eine einheitliche Bewegung begreifen, die nach dem Prinzip der Dialektik verläuft (vgl. Heinrichs 1974, S. 35 ff.; vgl. Aschenberg 1976, S. 239; vgl. auch Liebrucks 1970, S. 348). Sofern wir diese einheitliche Bewegung des natürlichen Bewusstseins identifizieren und reflektieren, treiben wir Wissenschaft.

5.4.2 | Die Wissenschaft der Logik

Nach Hegel ist der **Standpunkt des absoluten Wissens** in der *Wissenschaft der Logik* erreicht, weil Wissen sich auf diesem Standpunkt seinen Gegenstand nicht mehr als Fremdes gegenübersetzen muss (nachfolgender Text ist in Teilen entnommen Hiltscher 2008). Absolutes Wissen kann genau dann nicht vorliegen, wenn Wissen sich danach richten muss, dass ihm der Gegenstand unter zufälligen, ihm nicht verfügbaren Bedingungen gegeben wird. Erzeugt das Wissen aber im Gang der Bewegung seiner Begriffe zugleich deren Inhalt, so kann sehr wohl Absolutheit stattfinden, weil diese Progression nur von der genuinen Bestimmtheit des Denkens selbst abhängt. Über den absoluten Standpunkt sagt Hegel in der *Logik*:

»Die reine Wissenschaft setzt somit die Befreiung von dem Gegensatze des Bewußtseyns voraus. Sie enthält *den Gedanken, insofern er eben so sehr die Sache an sich selbst ist*, oder *die Sache an sich selbst, insofern sie eben so sehr der reine Gedanke ist*« (HHW 3, S. 33).

Hegel interessiert sich in der *Wissenschaft der Logik* nicht für ›Bewusstseins-Begriffe‹ wie ›Gebäude‹ oder ›Hund‹, sondern vielmehr für wirkliche, **spekulative Begriffe** wie etwa ›Grund‹, ›Bedingung‹ oder ›Reflexion‹. Deshalb behauptet er in der *Wissenschaft der Logik*, dass sich die fundamentalen Begriffe (Kategorien) selbst aufgrund der Negativität des Denkens zu immer reicheren und komplexeren Strukturen von sich aus fortbestimmten. Fürwahr – eine dreiste Provokation gegenüber der klassischen Lehre vom Begriff und vom Urteil. Die Ausgangsstruktur des absoluten und unvermittelten Anfangs ist natürlich die unmittelbarste, unkomplexeste Rationalstruktur, die anzunehmen ist: **Reines Sein**. Der Terminus des »reinen Seins« artikuliert, dass am Anfang der kategorialen Selbstentfaltung des absoluten Denkens noch kein wirklich bestimmtes Thema des Denkens vorliegen kann (vgl. HHW 3, S. 68, 82 ff.). Denn Bestimmtheit bedeutet bei Hegel *eo ipso* Vermittlung. Was schon vermittelt ist, kann niemals absoluter Anfang sein.

Das Denken ist am Anfang seiner Bewegung so untrennbar und ununterschieden von sich selbst absorbiert, so dass der Wert seiner prädikativen Bestimmungsfunktion der Null gleichzusetzen ist (vgl. Günther 1978, S. 64 f., 68, 112, 193). »*Das reine Seyn und das reine Nichts ist also dasselbe*« – räsoniert Hegel (HHW 3, S. 69).

Bestimmheit bedeutet Vermittlung

Seins-, Wesens- und Begriffslogik: Gegliedert ist Hegels *Logik* in drei Teile (zur nachfolgend skizzierten Einteilung der *Wissenschaft der Logik* vgl. Flach 1976, S. 139 f.).

In der **Seinslogik** geht es nicht etwa um Sein schlechthin, sondern es geht um jenen Sinn, den Denken sich in der »Seinssphäre« autonom selbst attribuiert, wenn es **sich selbst** als Referenz auf ein von sich unabhängiges Ansich auffasst.

Die **Wesenslogik** (HHW 3, S. #241 ff.) analysiert jene Kategorien, mit denen sich das Denken selbst sinnbestimmt, wenn es seine gegenstandsreferenten Gedanken als völlig durch sich selbstfundiert ›betrachtet‹. Unter der Voraussetzung, dass die **Negativität** der eigentliche Motor der Bewegung des Denkens sei, wird hier der Gedanke der **selbstreferenziellen Negativität** entwickelt. »Was nicht grün ist, ist nicht grün« – in diesem Beispielsatz wird ein begrifflicher Sinngehalt negiert gedacht, nämlich grün. Hegel meint nun aber im Reflexionskapitel der Wesenslogik, dass sich die ›pure‹ Negativität selbst auf sich negativ beziehen könne. Die Negativität (›selbst‹), die sich negiert, bleibt nun aber gerade in ihrer Selbstnegation das, was sie ist, nämlich Negativität. Denn sie ist ja verneinte Negativität. Im *Abrakadabra* Hegels formuliert: Die Negativität geht gerade in ihrer negativen Beziehung auf sich mit sich zusammen. Wir lernen nun zwar schon in der Schule, dass eine doppelte Verneinung etwas Positives ergäbe. In den Augen Hegels gilt dies aber nur dann, wenn ein an eine Negation **gebundener, kontingenter** Sinngehalt negiert wird, nicht jedoch, wenn sich die Negation selbst auf sich bezieht (insbesondere zur selbstbezüglichen Negation in der Wesenslogik vgl. Iber 1990, S. 104 FN, 108, 126).

In der **Begriffslogik** (HHW 4, S. 11 ff.) wird der Gedanke der Selbstreferenz auf den »Begriff« und die »Idee« übertragen. Keine ›übliche‹ intentionale Struktur meint sich selbst (vgl. Wieland 1989, S. 199). Der Begriff ›grün‹ meint grün, aber nicht sich selbst. Der »Begriff« Hegels oder die absolute Idee sind jedoch Strukturen, die sich gerade selbst intendieren (zu dieser exklusiven Selbstreferenz vgl. Wieland 1989, S. 199). In ihrer **Selbstreferenz** differenziert sich die **absolute Idee** in ihre Momente. Sie ist überhaupt nichts anderes als die Interrelation dieser ihrer Momente. Indem sie sich in besondere Ideen besondert, unterscheidet sie sich von sich selbst, indem sie sich in sich unterscheidet. In den Momenten ist sie das Andere ihrer selbst. Insofern aber die Momente der Idee eben nur Momente sind, bezieht sich die absolute Idee in ihrer Besonderungsbeziehung auf die Teilideen zugleich in ruhiger Identität auf sich. Hegel qualifiziert diese Struktur als Identität von Identität und Nichtidentität.

5.4.3 | Die verwirklichte Freiheit

Seine praktische Philosophie hat Hegel vor allem in den *Grundlinien der Philosophie des Rechts* ausgeführt. Ihr Prinzip ist der **freie Wille**, der zugleich »Boden« und »Ausgangspunkt« des Rechts ist, während Hegel das Rechtssystem als »das Reich der verwirklichten Freiheit [...], als eine zweite Natur« bestimmt (HHW 5, § 4).

Bereits in der *Enzyklopädie* bestimmt Hegel den freien Willen als **Einheit des theoretischen** (anschauenden, vorstellenden, denkenden) und **des praktischen** (fühlenden, strebenden, wollenden) **Geistes**, als »Geist, der sich frei weiß und sich als diesen Gegenstand will, d.i. sein Wesen zur Bestimmung und zum Zwecke hat« (HHW 6, § 481 f.; HHW 5, § 27). Bestimmung und Zweck des Willens ist es mithin, »seinen Begriff, die Freiheit, in der äußerlich objektiven Seite zu realisieren«, d. h. konkret ›dazusein‹ (HHW 6, § 484). Und dieses Dasein verwirklicht der freie Wille im **Recht** (HHW 6, § 486). Unter ›Recht‹ jedoch versteht Hegel nicht nur die Rechtsordnung im engen juristischen Sinne, sondern ganz allgemein das, worin sich die Freiheit des Willens verwirklichen kann und worauf zugleich jeder vernünftige freie Wille Anspruch hat. »Reich der verwirklichten Freiheit« wiederum meint die **soziale Ordnung** im umfassenden Sinn, die Sphären der Freiheit, die sich aufgrund der Objektivierungen des Willens **in sozialen Institutionen** auf Ebene von Gemeinschaften (**Familie**), Vergesellschaftungsformen (**bürgerliche Gesellschaft**), politischen Strukturen und Verfassungen (**Staat**) verwirklichen können. Nur aufgrund dieser bereits normativ und vernünftig strukturierten sozialen Wirklichkeit, in die der Mensch hineingeboren wird und sich einlebt, die deshalb als naturhaft, d. h. als **zweite Natur** erfahren wird, kann der Wille Hegel zufolge zur rationalen Selbstbestimmung befähigt werden und sich somit selbst verwirklichen. Zugleich aber muss sich die soziale Ordnung im Ganzen und ihre Institutionen im Einzelnen an der Möglichkeit der Selbstbestimmung freier Willen messen lassen.

Literatur

Aschenberg, Reinhold: »Der Wahrheitsbegriff in Hegels Phänomenologie des Geistes«. In: Klaus Hartmann (Hg.): *Die ontologische Option*. Berlin/New York 1976, S. 230–270.
Beck, Lewis: *Kants »Kritik der praktischen Vernunft«*. München 1974.
Cassirer, Ernst: *Substanzbegriff und Funktionsbegriff* [1910]. Wiederabdruck Darmstadt 1980.
Cramer, Konrad: »Bemerkungen zu Hegels Begriff vom Bewußtsein in der Einleitung zur Phänomenologie des Geistes«. In: Rolf Peter Horstmann (Hg): *Seminar: Dialektik in der Philosophie Hegels*. Frankfurt a. M. ²1989, S. 360–393.
Flach, Werner: »Fichte über Kritizismus und Dogmatismus«. In: *Zeitschrift für Philosophische Forschung* 18 (1964), S. 584–594.
— : »Zum Vorbegriff der Kleinen Logik Hegels«. In: Ute Guzzoni/Bernhard Rang/Ludwig Siep (Hg.): *Der Idealismus und seine Gegenwart*. Hamburg 1976, S. 130–145.
— : »Das Problem der transzendentalen Deduktion: Seine Exposition in der Kritik der reinen Vernunft und seine Wiederaufnahme im Neukantianismus der Südwestdeutschen Schule«. In: Hans Ludwig Ollig (Hg.): *Materialien zur Neukantianismus-Diskussion*. Darmstadt 1987, S. 150–165.
— : »Das Kategorienkonzept der kritischen Philosophie Kants und seine Revision in der Erkenntnislehre des Marburger Neukantianismus«. In: Dietmar Koch/Klaus Bort (Hg.): *Kategorie und Kategorialität. Festschrift für Klaus Hartmann*. Würzburg 1990, S. 267–301.
— : *Immanuel Kant: Die Idee der Transzendentalphilosophie*. Würzburg 2002.
Günther, Gotthard: *Grundzüge einer neuen Theorie des Denkens in Hegels Logik*. Hamburg ²1978.
Hanna, Robert: *Kant, Science, and Human Nature*. Oxford 2006.
Heinrichs, Johannes: *Die Logik der Phänomenologie des Geistes*. Bonn 1974.
Henrich, Dieter: »Der Begriff der sittlichen Einsicht und Kants Lehre vom Faktum der Vernunft«. In: Gerold Prauss (Hg): *Kant. Zur Deutung seiner Theorie von Erkennen und Handeln*. Köln 1973, S. 223–254.
— : *Identität und Objektivität*. Heidelberg 1976.
Hiltscher, Reinhard: »Zur systematischen Stellung des Bösen in Kants Moralphilosophie«. In: Alexander Riebel/Ders. (Hg): *Wahrheit und Geltung*. Würzburg 1996, S. 85–117.
— : *Wahrheit und Reflexion*. Bonn 1998.
— : »Georg Wilhelm Friedrich Hegel: Wissenschaft der Logik. Das Ganze ist das Wahre.« In: *Die Tagespost*, Würzburg, 29.8.2008.
— : »Rezension zu Christian Krijnen: *Philosophie als System* (Würzburg 2008).« In: *Kant-Studien* (2011).
Hösle, Vittorio: *Hegels System. Der Idealismus der Subjektivität und das Problem der Intersubjektivität*. 2 Bde. Hamburg 1998.
Iber, Christian: *Metaphysik absoluter Relationalität*. Berlin/New York 1990.
Irrlitz, Gerd: *Kant-Handbuch. Leben und Werk*. Stuttgart/Weimar ²2010.
Jaeschke, Walter: *Hegel-Handbuch. Leben – Werk – Schule*. Stuttgart/Weimar ²2010.
Janke, Wolfgang: *Fichte. Sein und Reflexion*. Berlin 1970.
Konhardt, Klaus: *Die Einheit der Vernunft*. Königstein, Ts. 1979.
Königshausen, Johann: *Kants Theorie des Denkens*. Amsterdam 1977.
Krijnen, Christian: *Philosophie als System. Prinzipientheoretische Untersuchungen zum Systemgedanken bei Hegel, im Neukantianismus und in der Gegenwartsphilosophie*. Würzburg 2008.
Kuhlmann, Wolfgang: *Reflexive Letztbegründung*. Freiburg/München 1985.
Liebrucks, Bruno: *Sprache und Bewußtsein*. Bd. 5. Frankfurt a. M. 1970.
Longuenesse, Beatrice: *Kant and the Capacity to Judge*. Princeton 2000.
Marx, Wolfgang: *Hegels Theorie logischer Vermittlung*. Stuttgart-Bad Cannstatt 1972.
Schäfer, Rainer: *Johann Gottlieb Fichtes »Grundlage der gesamten Wissenschaftslehre« 1794*. Darmstadt 2006.
Sandkühler, Hans Jörg (Hg.): *Handbuch Deutscher Idealismus*. Stuttgart/Weimar 2005.
Theunissen, Michael: »Begriff und Realität«: In: Rolf Peter Horstmann (Hg): *Seminar: Dialektik in der Philosophie Hegels*. Frankfurt a. M. ²1989, S. 324–359.
Wagner, Hans: *Philosophie und Reflexion*. München/Basel ³1980.
Wieland, Wolfgang: »Bemerkungen zum Anfang von Hegels Logik«. In: Rolf Peter Horstmann (Hg): *Seminar: Dialektik in der Philosophie Hegels*. Frankfurt a. M. ²1989, S. 194–212.

Reinhard Hiltscher (5.2; 5.3; 5.4);
Peggy H. Breitenstein (5.1; 5.4.3)

6 Das 19. Jahrhundert

6.1 Einleitung
6.2 Utilitarismus und Positivismus
6.3 Lebens- und Existenzphilosophie
6.4 Karl Marx
6.5 Historismus

6.1 | Einleitung

Das 19. Jh. gilt als **Epochenschwelle** zwischen Neuzeit und Moderne: Auf der einen Seite erstarken die europäischen Nationalstaaten und kämpfen um die Vorherrschaft in Europa, auf der anderen Seite führen politische Revolutionen und grundlegende sozio-ökonomische Wandlungsprozesse zur Auflösung etablierter, ehedem als dauerhaft geltender Ordnungen. Auch die Wissenschaften dieser Zeit beschreiben den Weg in die Moderne, indem sie nicht mehr nur die Natur, sondern auch den historischen und gesellschaftlichen Wandel zu erfassen und zu erklären versuchen (vgl. Riedel 1991, S. 7 f.).

Ebenso erscheint die in diesem Kapitel behandelte **Philosophie** des 19. Jh.s als eine **des Aufbruchs und des Übergangs**: Utilitarismus und Positivismus, Lebens-, Existenzphilosophie, Historismus und Materialismus formieren sich gegen den Rationalismus sowie die Vernunftzentriertheit der Aufklärung und des Deutschen Idealismus, ohne die sie freilich selbst nicht verstehbar sind. Beachtet man zudem, dass der Idealismus Fichtes, Schellings und Hegels einerseits, die Anfänge der erst im nächsten Kapitel behandelten Strömungen des Neukantianismus (s. Kap. I.7.1.1) und des Pragmatismus (s. Kap. I.7.5) andererseits ebenfalls ins 19. Jh. fallen, ist die Vielseitigkeit und Gegensätzlichkeit der dieses Jahrhundert dominierenden philosophischen Positionen offensichtlich. Pluralismus wäre wohl der richtige Ausdruck dafür, doch ist es ein Pluralismus eigener Art, der auf engen persönlichen und intellektuellen Kontakten gerade der zeitgenössischen großen Philosophen beruht: Schon Fichte, Schelling und Hegel waren zuerst persönliche Freunde, später philosophische Feinde oder Konkurrenten; Schopenhauer war als junger Mann an der Berliner Universität Hörer Fichtes, als Dozent, ebenfalls in Berlin, versuchte er vergeblich, mit Hegel zu konkurrieren; Kierkegaard gehörte – wie die Historiker Ranke und Droysen – zu den Zuhörern Schellings, wandte sich jedoch von ihm, wie auch von Hegel ab; Nietzsche schließlich studierte eifrig die Werke Schopenhauers, Marx war zeitweise mit Mill befreundet, Mill wiederum stand im Briefwechsel mit Comte.

6.2 | Utilitarismus und Positivismus

Der Utilitarismus stellt eine bedeutende **moralphilosophische Strömung der Moderne** dar, die ihre Wurzeln in der Aufklärung hat, im 19. Jh. zum System ausgebaut wurde, und bis heute in zahlreichen Varianten diskutiert wird.

> **Definition**
>
> Dem → Utilitarismus (von lat. *utilitas* bzw. engl. *utility*: Nutzen, Nützlichkeit) zufolge ist die Maximierung des Glücks das einzige Gebot, dem moralisch richtiges Handeln zu folgen hat. Eine Handlung wird dabei anhand ihrer Folgen für das Wohlergehen der von ihr Betroffenen bewertet.

6.2 Das 19. Jahrhundert

Utilitarismus und Positivismus

Hauptwerke

1789	**Jeremy Bentham:** *An Introduction to the Principles of Morals and Legislation* (Eine Einführung in die Prinzipien der Moral und der Gesetzgebung)
1830–42	**Auguste Comte:** *Cours de philosophie positive* (Die Positive Philosophie)
1843	**John Stuart Mill:** *A Systeme of Logic, Ratiocinative and Inductive* (System der deduktiven und induktiven Logik)
1861	**Mill:** *Utilitarianism* (Der Utilitarismus)
1874	**Henry Sidgwick:** *The Methods of Ethics* (Die Methoden der Ethik)

6.2.1 | Jeremy Bentham

Als Vater des klassischen Utilitarismus gilt der britische Rechts- und Staatsreformer Jeremy Bentham (1748–1832). Er und sein Kreis wurden die ›Philosophical Radicals‹ genannt, ihr Denken war geprägt vom Kampf gegen die Korruption in der britischen Justiz und Verwaltung sowie gegen die Ungerechtigkeiten, die aus der Tradierung von Privilegien resultierten. In dem 1789 erschienenen Werk *An Introduction to the Principles of Morals and Legislation* (*Eine Einführung in die Prinzipien der Moral und der Gesetzgebung*) hat Bentham die grundlegenden Ideen des Utilitarismus formuliert.

Nützlichkeitsprinzip: Die Natur, so führt er darin aus, habe den Menschen unter die Herrschaft von Leid (*pain*) und Freude (*pleasure*) gestellt. Daher habe sich die Frage, wie der Mensch handeln solle, allein an diesen beiden zu orientieren. Um herauszufinden, welche Handlungsoption in einer bestimmten Situation die moralisch richtige ist, muss man das **Prinzip der Nützlichkeit** (*utility*) befolgen. Bentham formuliert es so:

»Unter dem Prinzip der Nützlichkeit ist jenes Prinzip zu verstehen, das schlechthin jede Handlung in dem Maß billigt oder missbilligt, wie ihr die Tendenz innezuwohnen scheint, das Glück der Gruppe, deren Interesse in Frage steht, zu vermehren oder zu vermindern, oder – das Gleiche mit anderen Worten gesagt – dieses Glück zu befördern oder zu verhindern« (*Einführung*, S. 56).

Bentham erkennt neben diesem Prinzip keine anderen, feststehenden Pflichten an, sondern verlangt, dass jede Handlung allein nach ihren voraussichtlichen Folgen für alle von ihr Betroffenen zu bewerten ist. Eine darüber hinausgehende moralische oder kulturelle Bewertung der Handlung soll dagegen ausdrücklich nicht stattfinden. Das Benthamsche Bonmot, wenn Kegeln und Dichtkunst gleich lustvoll sind, seien beide auch gleich gut (vgl. Höffe 2008, S. 22), macht dies deutlich. Damit trennt sich Bentham von allen Aspekten klassischer Tugendethiken und entwirft eine reine **Handlungsethik**. Traditionelle Ver- und Gebote können sich darin, je nach Situation, als richtig oder falsch erweisen.

Nutzenkalkül: Bentham hat angenommen, dass das angemessene Verfahren zur Bestimmung der richtigen Handlung einer Geschäftsbilanz gleiche. Dazu setzt er voraus, dass man alle Arten von Freude und Leid quantifizieren und miteinander vergleichen kann. Um den Wert einer Freude oder eines Leids, mit dem sie jeweils zu Buche schlagen, zu ermitteln, schlägt Bentham eine Reihe von Kriterien vor, von denen man sich bei der Bilanzierung leiten lassen kann. Es sind das die **Intensität**, die **Dauer**, die **Gewissheit**, die **Nähe**, die **Folgenträchtigkeit** und die **Reinheit** einer Freude oder eines Leids. Um eine Handlungsoption zu bewerten, muss man die Summe aus den Leiden und den Freuden, die die Handlung erwarten lässt, ermitteln, und zwar zunächst **individuell**, dann **kollektiv**. Jeder von der Handlung Betroffene ist dabei auf gleiche Weise zu berücksichtigen, keiner zählt mehr als der andere.

Die Prinzipien des klassischen Utilitarismus sind die folgenden:

- **Konsequentialismus:** Eine Handlung wird aufgrund aller zu erwartenden Folgen als gut oder schlecht bewertet.
- **Utilität:** Kriterium der Bewertung ist der Nutzen einer Handlung bezüglich des Guten.
- **Hedonismus (Hedonistischer Eudaimonismus):** Gut ist allein die Freude, schlecht ist das Leid. Glück bedeutet ein Übermaß der Freude über das Leid.
- **Universalismus (Sozialprinzip):** Zur Bewertung einer Handlung werden ihre Auswirkungen auf alle von ihr Betroffenen herangezogen.
- **Maximierung:** Es ist diejenige Handlung zu wählen, bei der die Summe aus Lust (positive Größe) und Unlust (negative Größe) am größten ist.

6.2.2 | John Stuart Mill

John Stuart Mill (1806–1873) hat in seiner kleinen Schrift *Utilitarianism* (*Der Utilitarismus*) von 1861 das Benthamsche Programm für eine größere Öffentlichkeit erklärt und dabei auch interpretiert und modifiziert. Da der Utilitarismus allein die Freude bzw. die Lust als oberstes Ziel anerkenne, so musste Mill feststellen, werde er von seinen Gegnern für eine Lehre gehalten, die »nur der Schweine würdig« sei (*Utilitarismus*, S. 14).

Qualitative Unterscheidung: Um diesen Vorwurf auszuräumen, entwirft Mill eine **Hierarchie von Freuden** und unterscheidet dabei zwischen niederen (sinnlich-körperlichen) und höheren (geistigen) Freuden. Dabei geht er davon aus, dass die höheren Freuden wünschenswerter als die niederen sind und daher bei der Ermittlung der Summe des Glückes schwerer ins Gewicht fallen. Als Garanten dieser Gewichtung ruft er jene auf, die *beide* Arten von Freuden kennengelernt haben. Mill nimmt an, dass von denen keiner auf die höheren Freuden verzichten würde, selbst wenn man ihm eine vollständige Erfüllung der niederen verspräche: »Es ist besser, ein unzufriedener Mensch zu sein als ein zufriedenes Schwein« (ebd., S. 18). So dürfe das Glück, das der Utilitarismus anstrebe, auch nicht mit bloßer Zufriedenheit verwechselt werden. Mill geht somit von einer deutlich reicheren Psychologie aus als Bentham das tat, setzt damit aber auch ein normativ bereits erheblich aufgeladenes Menschenbild voraus. Sein Utilitarismus ist so wieder **an viele klassische Schulen der Moralphilosophie anschlussfähig**, beispielsweise an tugendethische und pflichtenethische Entwürfe, und steht auch dem *Common Sense*, also dem gesunden Menschenverstand, wesentlich näher. Allerdings wird der Lehre Benthams damit auch der Stachel abgebrochen und die Radikalität genommen. Das Ziel aller Moral ist bei Mill das Glück der Menschheit.

Vom Handlungs- zum Regelutilitarismus: Dabei verschiebt sich sein Fokus von den einzelnen Handlungen auf die allgemeinen Handlungsregeln, die von einer Gesellschaft befolgt werden. Die »Norm der Moral« ist für ihn »die Gesamtheit der Handlungsregeln und Handlungsvorschriften, durch deren Befolgung ein Leben der angegebenen Art [nämlich frei von Unlust und reich an Lust] für die gesamte Menschheit im größtmöglichen Umfange erreichbar ist« (ebd., S. 21). Für Mill ist der Utilitarismus also primär ein Regelutilitarismus, der nicht dafür plädiert, das Utilitätsprinzip auf jede einzelne Handlung oder Entscheidung aufs Neue anzuwenden, sondern lediglich allgemeine Regeln damit zu begründen. An diese muss sich der Einzelne dann strikt halten, sie gelten als **allgemeine Pflichten**.

Beweis des Nützlichkeitsprinzips: Mill hat versucht, einen Beweis für das Nützlichkeitsprinzip aufzustellen, den er allerdings nicht als logisch strengen Beweis angesehen haben wollte (vgl. ebd., S. 60 ff.). Seine Argumentation ist darauf gerichtet zu zeigen, dass alles, was von den Menschen tatsächlich gewünscht wird, entweder Bestandteil des Glücks selbst ist, oder aber als Mittel zum Glück dient. Daher könne allein die **Beförderung des allgemeinen Glückes** der Maßstab der Moral sein. Schließlich versucht Mill ausführlich zu zeigen, dass es zwischen dem Nützlichkeitsprinzip und den traditionellen Vorstellungen der Gerechtigkeit keinen Widerspruch gibt. Die Rechte und Pflichten, die üblicherweise unter dem Dach der Gerechtigkeit geführt werden – etwa andere nicht zu betrügen, zu schädigen oder gar zu töten –, versteht Mill einfach als das wichtigste Set von Regeln, die vom Prinzip des größten Glücks gefordert werden. Die **Gerechtigkeit** kann damit als zentraler Bestandteil des universellen Glücksstrebens angesehen werden.

6.2.3 | Auguste Comte und der Positivismus

Mills Utilitarismus ist zugleich der moralphilosophische Ausdruck eines Denkens, das stark vom Positivismus Auguste Comtes (1798–1875) beeinflusst war.

> **Definition**
>
> Als → **Positivismus** bezeichnet man eine Denkhaltung, die in ausdrücklicher Abkehr von religiösem, spekulativem oder metaphysischem Denken den einzigen zuverlässigen Grund des Wissens in den **Tatsachen der Erfahrung** sieht.

Mill, der mit Comte zeitweilig in freundschaftlichem Kontakt stand, hat das Erkenntnisprogramm des Positivismus 1843 in *A Systeme of Logic, Ratiocinative and Inductive* (*System der deduktiven und induktiven Logik*) umfassend dargestellt. Seine Orientierung am Positivismus hat zudem auch geschichtsphilosophische Implikationen.

Drei-Stadien-Theorie der Geschichte: Comte hat in seinem 6-bändigen Hauptwerk *Cours de philosophie positive* (Bde. III-VI dt. als *Soziologie*) eine Drei-Stadien-Theorie der Geschichte entworfen, die besagt, dass sowohl die Wissenschaften als auch die Menschheit im Ganzen verschiedene Stufen des Bewusstseins gesetzmäßig durchlaufen (vgl. Comte: *Geist*, S. 5–22). Ausgehend von einer theologischen bzw. spekulativen Phase und hindurchgehend durch eine metaphysische bzw. abstrakte Epoche, gelangt die Menschheit dabei schließlich in das positive Zeitalter, in dem sich das Denken allein an der Erfahrung orientiert.

Der ›Geist des Positivismus‹ als persönliche und politische Grundhaltung besteht nun darin, nicht nach endgültigen Antworten auf theoretische Fragen zu suchen, sondern die Erlangung nützlichen, anwendbaren Wissens systematisch zu organisieren und voranzutreiben. In dieser Konzentration auf das Nützliche konvergieren der klassische Utilitarismus und der klassische Positivismus, so dass Mill den Utilitarismus durchaus als die **Moral des positiven Zeitalters** angesehen haben dürfte: eine Moral, die auf theologische und metaphysische Grundlegungen gänzlich verzichtet und sich allein auf das menschliche Leben beruft, wie es der alltäglichen Erfahrung zugänglich ist (vgl. Mill: *Utilitarismus*, S. 57 f.).

6.2.4 | Henry Sidgwick

Henry Sidgwick (1838–1900) hat in seinem 1874 erschienenen Werk *The Methods of Ethics* (*Die Methoden der Ethik*) den Utilitarismus in eine akademische Form gebracht und seine Grundbegriffe gründlich reflektiert.

Das **Grundprinzip des Utilitarismus** bestimmt er so, dass »ein Verhalten, welches unter gegebenen Umständen objektiv richtig ist, den größten Betrag an Glückseligkeit im Ganzen hervorbringen wird, wenn man nämlich alle in Betracht zieht, deren Glückseligkeit durch das betreffende Verhalten in Mitleidenschaft gezogen wird« (*Methoden*, Bd. II, S. 199). Anhand von Verteilungsfragen nimmt Sidgwick verschiedene Deutungen des Utilitarismus vor, die sich bis heute behauptet haben:

- Der **Nutzensummen-Utilitarismus** beispielsweise summiert die Menge des Glücks ohne Rücksicht auf die Anzahl der Individuen, auf die sich das Glück verteilt.
- Der **Durchschnittsnutzen-Utilitarismus** konzentriert sich dagegen auf die Steigerung des durchschnittlichen Glücks pro Kopf.

Explizit stellt Sidgwick auch die gleiche Berücksichtigung der in Zukunft Lebenden als eine notwendige Konsequenz des Utilitarismus heraus (ebd., Bd. II S. 203). Sein Hauptanliegen aber ist es zu zeigen, dass der Utilitarismus mit der alltäglichen, intuitiven Moral konvergiert. Das Problem der Moralphilosophie konzentriert sich für Sidgwick damit in der Frage, wann die Menschen mit Recht das System der alltäglichen Moral verändern dürfen.

Quantität der Lust: Ganz entschieden distanziert er sich von Mills Versuch, den Utilitarismus mit einer Unterscheidung zwischen höheren und niederen Freuden zu verbinden. Ein solcher Versuch erscheint ihm als schlichtweg inkonsistent. Seine **Definition der Lust** als »ein Gefühl […], das das fühlende Individuum zur Zeit des Fühlens stillschweigend oder ausdrücklich als begehrenswert auffasst« (ebd., Bd. I, S. 149) verträgt sich nicht mit qualitativen Abstufungen. Das hedonistische Prinzip möchte er folglich, genau wie Bentham, **rein quantitativ** interpretiert wissen. Sidgwick vertraut darauf, dass sich letztlich doch alle Freuden in ihrer Stärke oder Intensität miteinander vergleichen lassen, so dass eine Entscheidung zwischen ihnen möglich wird. Obwohl ein solcher Vergleich und in seiner Folge eine Entscheidung für oder gegen eine Handlungsoption nicht immer einfach sind, sieht er hierin doch die einzige Möglichkeit, den Utilitarismus, dem es ja um eine *Maximierung* des Glückes geht, plausibel zu operationalisieren.

6.3 | Lebens- und Existenzphilosophie

Die Vorgeschichte der Lebensphilosophie reicht bis in die Zeit der deutschen Frühromantik am Ende des 18. Jh.s zurück, in der dem Rationalismus der Aufklärung und deren mechanistischem Naturbild bereits ein »Kultus des Lebendigen« entgegengesetzt wurde (vgl. Schnädelbach 1983, S. 176). Der Lebensphilosophie im Anschluss an Schopenhauer geht es vor allem um die **Überwin-**

dung des Idealismus: Sie konfrontiert die behauptete Vorherrschaft der Vernunft und des Geistes mit dem letztlich irrationalen Prinzip des Lebens. Auf das menschliche Leben sollen alle kulturellen und geistigen Leistungen rückführbar sein; das hat auch Nietzsche im Sinn, wenn er nach dem Wert der Moral fragt und eine »Umwertung der Werte« fordert. Die Existenzphilosophie im Anschluss an Kierkegaard radikalisiert den antiidealistischen Gestus und stellt die menschliche Existenz selbst, d. h. das Sein des Einzelnen ins Zentrum philosophischer Untersuchungen.

Sowohl die Lebens- wie auch die Existenzialphilosophie, als deren Begründer Schopenhauer, Nietzsche und Kierkegaard gelten, werden am Ende des 19. und im 20. Jh.s zu einflussreichen philosophischen Strömungen ausgebaut (s. Kap. I.7.2.4).

Hauptwerke

1819	*Die Welt als Wille und Vorstellung*, Bd. I
1836	*Über den Willen in der Natur*
1841	*Die beiden Grundprobleme der Ethik*
1844	*Die Welt als Wille und Vorstellung*, Bd. II
1851	*Parerga und Paralipomena*, 2 Bde.

6.3.1 | Arthur Schopenhauer

Arthur Schopenhauer (1788–1860) verstand sich selbst als Nachfolger Kants, dessen philosophisches Vermächtnis er fortzuführen beanspruchte (vgl. Birnbacher 2009, S. 7). Kritisch wandte er sich gegen den Deutschen Idealismus, der diesen Anspruch ebenfalls vertrat (s. Kap. I.5). Namentlich Hegels, Schellings und Fichtes Philosophie verurteilte er an vielen Stellen seines Werks als »Windbeutelei« und »Scharlatanerei« (ZA I, S. 17). Großen Einfluss auf Schopenhauer hatten neben Kant auch Platon und Goethe sowie die Welt der altindischen Philosophie, vor allem der *Upanishaden*, mit der er durch den Orientalisten Friedrich Majer vertraut gemacht wurde.

Schopenhauer erhoffte sich von der Abfassung seines Hauptwerkes, *Die Welt als Wille und Vorstellung* (1819/1844), großen Erfolg, der jedoch ausblieb. Erst nach der Veröffentlichung von *Parerga und Paralipomena* (»Nebenarbeiten und Nachträge«, 1851) wurde er zu einem der einflussreichsten deutschsprachigen Philosophen.

Die Welt als Wille und Vorstellung: Die umfassendste Darstellung seiner Philosophie findet sich in seinem Hauptwerk, das in seinen Augen zugleich eine Erkenntnislehre, Metaphysik, Ethik und Ästhetik enthält. Dieses umfangreiche Werk begründet zugleich Schopenhauers Ruf als Vordenker der Lebens- und Existenzphilosophie sowie der philosophischen Anthropologie, wie auch als Vertreter der Mitleidsethik und eines philosophischen Pessimismus.

Leben als Leiden: In Anlehnung an die *Upanishaden* und die altindische **Zirkulartheorie** sieht Schopenhauer den apersonalen Weltgrund als den Ursprung unendlicher, zielloser Weltentstehung, ebenso von Welt-Untergang und Neubildung. Diese kosmisch unendliche Entstehung wiederholt sich vor allem im kreisläufigen Dasein des Menschen, aber auch von Pflanze und Tier. Sie ist als Individuation mit Schmerz verbunden wegen der Vereinzelung der Wesen, die erst im Tod in den Weltgrund zurücksinken, um aus ihm wieder aufzutauchen. **Leben ist schlechthin Leiden** (am Einzelsein); Sterben wäre die Rücknahme der Eigenheit und des Eigensinns.

Verneinung des Willens zum Leben: Der Mensch übernimmt nach Schopenhauer im Zuge seiner Individuation die bewusste Objektivation des eigentlich unbewussten, dynamischen Weltgrundes mittels seiner Vernunft, die ihn zum Herrn über andere Wesen macht. Der menschliche Wille zum Leben, der sich in jedem Atemzug manifestiert, objektiviert sich in körperlichen Akten, sieht jedoch die eigene Individuation fälschlich als Wirklichkeit an. Damit setzt er seinen Egoismus durch, verängstigt und bedrängt die anderen Wesen. Ethisch gesehen, muss der Mensch den **Willen zum Leben verneinen**, allerdings nicht durch Selbstmord, sondern in der Art einer allem entsagenden, asketischen Bewusstseinshaltung (»metaphysischer Pessimismus«).

Entlastung durch Kunst: Es gibt für Schopenhauer nur eine Seite im Leben, die über dieser gewalttätigen Selbstdurchsetzung steht und das Leiden und Leidenmachen entlastet: die Kunst, die auf einer **Metaphysik des Schönen** bzw. einer Idealität aufruht. Die Ideen sind – nach Platon – die ewigen und unwandelbaren Objektivationen des Willens des Weltgrundes; sie dienen nicht der Selbstdurchsetzung des menschlich-individuellen Willens. Vielmehr löst die ästhetische Betrachtung ein absichtsloses Gefallen aus und führt so die Seele in den Vorhof der Erlösung, verstanden als das nicht absichtsgeleitete Wollen, worin die Schau des Unvergänglichen überwiegt.

Interpretation

Wille und Vorstellung

»Bei mir ist das Ewige und Unzerstörbare im Menschen, welches daher auch das Lebensprincip in ihm ausmacht, nicht die Seele, sondern, mir einen chemischen Ausdruck zu gestatten, das Radikal der Seele, und dieses ist der Wille. Die sogenannte Seele ist schon zusammengesetzt: sie ist die Verbindung des Willens mit dem nous, Intellekt« (*Über den Willen in der Natur*; in: ZA V, S. 219).

Der Grundgedanke entstammt der altindischen Lehre, wonach die Welt **Schöpfung eines Willens** ist, der seinerseits jedoch vorindividuell, vorbewusst und apersonal agiere. Dieser Wille ist das Ding an sich, das – im kantischen Sinn – unerkennbar bleibt und auch im Menschen bewusstlos – als Drang – wirkt. Die Bewusstwerdung eines solchen Willens leistet der Intellekt, der demnach nur als Werkzeug für den Willen handelt und keineswegs autonom und ursprünglich tätig ist. So ruht das Rationale auf dem Grund des Nicht-Rationalen auf, was als deutlicher Einwurf gegen Kant verstanden werden kann. Erkenntnistheoretisch gesehen, wandelt der Intellekt die Willensstrebungen in **Vorstellungen** um, wendet damit das Grund- und Bewusstlose des Willens nach ›außen‹ in die gegenständliche Welt. Insofern ist die sinnliche, empirische Welt eine ›Schöpfung‹ des Subjekts, das in Relation zu ihr tritt und ihr die Erkenntnisbedingungen vorgibt. Was Welt unabhängig vom Subjekt ist, bleibt unbeantwortbar. Allerdings ist die Relation des Subjekts zur Welt durchaus intersubjektiv und als mitteilbar zu verstehen, denn sie folgt den Regeln des Intellekts in gesetzmäßiger Weise: nämlich in der apriorischen Ordnung von Raum, Zeit und Kausalität. In diesem transzendentalphilosophischen Sinn konstituiert der Intellekt die Welt, genauer: eine Welt der **Phänomene** gleich **nicht-realer Erscheinungen**. Abweichend von Kants Transzendentalphilosophie betont Schopenhauer jedoch zusätzlich auch naturwissenschaftlich die physiologischen Kennzeichen des Erkenntnisprozesses.

Mit-Leiden: Individuation als solche ist Schopenhauer zufolge nicht nur mit Schmerz (der Selbstdurchsetzung gegen Anderes), sondern deswegen auch mit Schuld verbunden, und zwar im vorbewussten, vorverantwortlichen Sinn mit **Daseinsschuld** (Erbschuld) schlechthin. Eine Art Erlösung davon gibt es nur im Aufbrechen des Einzelwillens oder des Egoismus durch Mit-Leiden. Dies ist keine gefühlsmäßige, sondern intellektuelle Haltung der Erkenntnis gemeinsamer Ausgesetztheit. Mit-Leiden sucht daher zumindest nicht zu schaden, möglichst aber zu helfen. Die indische Formel »tat tvam asi« (»auch das bist du«) formuliert die Einsicht grundlegender Identität aller getrennten Lebewesen und ihres gemeinsamen Leidens am Einzelsein. »Heiligkeit« besteht daher in der Löschung des Eigenwillens, in Resignation und Willenlosigkeit im Dasein, das damit seine Objektivationen oder Erscheinungen verliert, selbst die Trennung zwischen Subjekt und Objekt aufhebt. »**Kein Wille: keine Vorstellung, keine Welt.**« Schopenhauer benutzt für diesen Endzustand das Wort »Nirvana«, obwohl es – anders als im Buddhismus – kein nachtodliches Nichtsein bezeichnet, sondern die relative, wunschlose Ruhe oder Gelassenheit des Weisen ausdrückt.

Rezeption: Das Konzept Schopenhauers ist trotz ungelöster Widersprüche in der Gesamtkonzeption wegen seiner Vernunftkritik einflussreich geworden. Solche Widersprüche beruhen auf der Kombination mythischer Elemente (unbewusster, nach Gestaltung strebender Weltgrund) mit transzendentalphilosophischen Ansätzen (apriorische Konstitutionsleistungen der Vernunft). Die Rezeption bezieht sich daher weniger auf den Gesamtansatz als vielmehr auf einzelne Teile seines Werks, wie die ethische Weltentsagung oder die Vernunftkritik. Letztere beeinflusste im 19. Jh. den späten Kierkegaard, Nietzsche, Wagner, Bergson und Freud sowie im 20. Jh. Gehlen und Horkheimer.

6.3.2 | Søren Aabye Kierkegaard

Wie Schopenhauer erkennt auch Kierkegaard (1813–1855) in Hegel seinen eigentlichen philosophischen Antipoden, und doch löst er sich, indem er die einzelne menschliche Existenz ins Zentrum seiner philosophischen Fragen stellt, noch deutlicher vom idealistischen Erbe. Existenz (lat. *existentia*; griech. *hyparxis*) meint dabei **das schlichte Dasein des Einzelnen** im Gegensatz zu einem allgemeinen Sosein oder Wesen (lat. *essentia*; griech. *ousia*).

Das 19. Jahrhundert

Søren Aabye Kierkegaard

Kierkegaard gilt als Begründer der Existenzphilosophie; auf ihn geht nicht nur deren Leitbegriff ›Existenz‹ zurück, sondern auch zentrale Termini wie ›Endlichkeit‹, ›Angst‹, ›Sprung‹, ›Nichts‹, ›Paradox‹ und ›das Absurde‹. Seine **existenzphilosophische Ausgangsfrage** ist die nach dem Sinn des menschlichen Daseins: Warum sind wir in diese Welt gestellt, was machen wir hier und wie finden wir unsere eigentliche Bestimmung? Zugleich fragt er aber noch weiter, warum der Mensch eigentlich derartige Fragen zu stellen genötigt ist, ob und wie er sie letztlich beantworten kann.

Seinem Selbstverständnis nach war Kierkegaard aber weniger der Begründer eines neuen philosophischen Ansatzes oder gar einer Schule, als vielmehr ein ›religiöser Schriftsteller‹ oder auch ein ›Sokrates des Christentums‹, dem es letztlich darum ging, den einzelnen Menschen dazu zu bewegen, sein Selbstsein zu übernehmen (vgl. Thurnherr u. a. 2002, S. 17). Viele seiner Schriften hat er unter Pseudonymen veröffentlicht. Gegen Ende seines Lebens nahm Kierkegaard im Namen eines existentiellen Christentums, das er von der rein äußerlichen Gemeinschaft der Christenheit unterscheidet, einen radikalen Kampf gegen die verbürgerlichte protestantische Staatskirche Dänemarks auf.

Hauptwerke	
1843	*Enten – Eller* (Entweder – Oder)
1843	*Frygt og Baeven* (Furcht und Zittern)
1843	*Gjemtagelsen* (Die Wiederholung)
1844	*Philosophiske Smuler* (Philosophische Brocken)
1844	*Begrebet Angest* (Der Begriff Angst)
1845	*Stadier paa Livets Vei* (Stadien auf dem Lebensweg)
1849	*Sygdommen til Døden* (Die Krankheit zum Tode)

Hegel-Kritik: Für Kierkegaards **Religionsphilosophie** ist das Werk Hegels ein begriffliches Ungeheuer, weil es die Möglichkeit seiner Negation bereits in sich birgt, also jeden Widerspruch schon antizipiert und ›aufgehoben‹ hat. Daher nannte er Hegel ironisch den Don Giovanni der Philosophie: Bei diesem ist die Frau ein Moment des eigenen Ichs, bei Hegel ist das Absolute ein Moment des eigenen Geistes. Damit wird das Absolute zum Selbstverhältnis, zu einer Funktion des Ego abgeschwächt, Gott dialektisch eingeholt. Kierkegaard hingegen sieht den Einzelnen und das Absolute **inkommensurabel** (unvergleichbar) geschieden, was nur durch einen **Sprung des Glaubens**, nicht aber durch Dialektik überbrückt werden kann.

Kierkegaard (als Leser von Paulus und Augustinus) will ausdrücklich den christlichen Skandal denken, ohne das Schema hegelscher Allversöhnung. Der Skandal ist der Mensch gewordene Gott, die Offenbarung des Absoluten im Endlichen, mehr noch seine Tötung im Endlichen. Diese ›unvernünftigen‹, sperrig bleibenden Einzelheiten bilden das unerschöpfliche **Paradox als Antrieb des Denkens**. Wollte man diesen Skandal erklären, wie Hegel den Sohn zur notwendigen Negation des Vaters erklärt, wäre dies seine philosophische Eliminierung. Es gibt aber keine vorwegnehmende oder nachträgliche Aneignung des Absoluten durch die Philosophie. Ebenso wenig gibt es eine Aneignung der **Existenz des Einzelnen**, wo der Einzelne nur als Übergang durch das Allgemeine hindurch im Besonderen verneint und damit wiederum ›aufgehoben‹ ist.

Der Skandal

Stadien der Existenz: In seiner Anthropologie entfaltet Kierkegaard die Lehre dreier Existenzstadien:

1. Sinnlich-ästhetisches Stadium: In diesem Stadium hat der Mensch ein unmittelbares, noch unreflektiert-selbstisches Verhältnis zum Dasein. Das Spiel mit der Fülle von Möglichkeiten vermeidet instinktiv jede Entscheidung zur Wirklichkeit: beispielhaft im erotisch-flüchtigen Begehren Don Juans. Aber ›alle‹ Frauen bedeuten zugleich keine einzige wirkliche (vgl. Analyse von Mozarts »Don Giovanni« in *Entweder – Oder*). Am Grunde dieses ästhetischen Genusses liegt die **Angst**, die Freiheit der Möglichkeiten vor der Bestimmtheit und Endlichkeit der Wirklichkeit einzubüßen. Daraus folgt jedoch unabweislich eine **Resignation** vor der leeren Wiederholung des Unwirklichen.

2. Ethisches Stadium: Der Ästhet wählt deshalb ent-täuscht die endliche Wirklichkeit und tritt somit ins ethische Stadium (Sokrates). Damit verzichtet er auf das Unendlich-Mögliche zugunsten der »ästhetischen Gültigkeit der Ehe«: der Akzeptanz der einmaligen Person. Daraus erwächst jedoch eine »unendliche Resignation« über den Verlust des unendlich Möglichen.

3. Religiöses Stadium: Erst im dritten Stadium wird der Zwiespalt gelöst, wie Kierkegaard an Abraham, dem »Vater des Glaubens«, durchspielt. Obwohl Gott den einzigen Sohn Isaak zum Opfer fordert, glaubt Abraham dennoch an die Erfüllung der an Isaak ergangenen Verheißungen. Damit überholt der Glaube die vorangegangenen Stadien, unter teleologischer **Suspension des Ethischen** (zielbedingter Aufhebung des Tötungsverbots) und unter **Überwindung des Zwiespalts** von Ästhetischem und Ethischem: Glaube wird der **Sprung** aus dem Endlich-Wirklichen in das Unendliche, kraft der Allmacht Gottes. Insofern vollzieht der Glaube das **Absurde**: die Erwartung des Unmöglichen als des jederzeit Möglichen, bestätigt durch die Rettung Isaaks (*Furcht und Zittern*). Einen weiteren Schwerpunkt von Kierkegaards Anthropologie bildet der Themenkreis **Schuld und Erlösung**. Metaphorisch verweist er auf den Bronzestier des sizilianischen Tyrannen Phalaris, in dessen hohlem Inneren auf einem Feuer die Opfer des Tyrannen langsam geröstet wurden; ihr schauerliches Schreien wurde durch eine kunstreiche Vorrichtung nach außen als lieblicher Gesang hörbar. Damit lässt sich die aus Schmerzen geborene Kunst zeigen (vgl. *Entweder – Oder*) – aber ebenso eine symbolische Inszenierung menschlicher Verschleierung von Schuld. Für Kierkegaard bedeutet der Stier von Phalaris jene trügerische Verwandlung des Entsetzlichen ins Schöne, die aus Mangel an seelischer Kraft nicht durchschaut werden will. Analog lässt sich sagen: Eine Anthropologie, die ohne den Blick auf das Entsetzliche am Menschen als grundsätzliche Möglichkeit auskommt, betrügt sich (mit welcher Absicht?) selbst; Abgleichungen der eigenen Schuld mit der Wirklichkeit geraten zur Schönfärberei, und eine leichtfertige Hoffnung muss als Prinzip beschwichtigend nacharbeiten. Die **Skepsis der Erbsündenlehre** verfügt dagegen über jenen Anteil an Realismus, welcher der heiteren Stiermusik nichts abgewinnen kann.

Angst: In seiner psychologisch bohrenden Existenzphilosophie analysiert Kierkegaard anhand der Lehre von der Erbsünde die Bedingungen von Schuld. Sie ist in Angst gegründet, denn zur Freiheit seiner Möglichkeit, sich selbst zu bestimmen, verhält sich der Geist angstvoll. Das noch unschuldige Können der Freiheit stößt mit dem ambivalenten Erwachen zur Selbstwerdung auf den **Unterschied von Gut und Böse**, damit auf die unendlich mögliche Verstrickung in Sünde, aus der wiederum nur eine Doppelbewegung des Glaubens lösen kann: die Anerkennung Gottes, der gründenden Macht des Daseins, in Freiheit wider die dämonische Selbstsetzung (*Der Begriff Angst*). »Indem es (das Selbst) sich zu sich selbst verhält und indem es es selbst sein will, gründet das Selbst durchsichtig in der Macht, die es setzte. [...] Denn eigentlich ist es das Gottesverhältnis, das einen Menschen zum Menschen macht« (*Die Krankheit zum Tode*, in: KGW 24/25, S. 10, XI 128; *Nachschrift* I, in: KGW 16.1, S. 234, VII 206).

Verzweiflung: Kierkegaard unterscheidet – gleichsam autobiographisch – drei Arten eines negativen, noch unerlösten Selbstverhältnisses:
- eine **uneigentliche Verzweiflung**, in der sich der Mensch noch nicht bewusst ist, überhaupt ein Selbst zu haben;
- eine **eigentliche Verzweiflung**, in der er nicht er selbst (nicht endlich) sein will;
- eine **entgegengesetzte Verzweiflung**, in der er selbst (endlich) sein will (*Die Krankheit zum Tode*).

Überwinden kann der Mensch, Kierkegaard zufolge, diese Verzweiflungen nur durch **Bewusstwerdung seiner selbst als eines Beziehungswesens**, nämlich in der Beziehung zu Gott und zur Akzeptanz seiner selbst; nur so kann dem Einzelnen die Verfehlung seines bisherigen Selbstverhältnisses klar werden. Zur wirklichen Aufhebung der Verzweiflung kann es daher nur im Glauben kommen, im Verhältnis des Selbst zum es setzenden Ursprung. Kierkegaard kennzeichnet **wahre Freiheit** (des Selbstseins) als die Gabe höchster Souveränität Gottes. Diese absichtslose Wahrheit wird ihm zufolge der eigentliche Anlass zur *metanoia*, zum Umsturz der bisherigen Selbstbezogenheit und zur Rückkehr in die Unschuld, in das stimmige Selbst- und Gottesverhältnis.

Rezeption: Kierkegaard kann als der tiefgründigste religiöse Denker des 19. Jh.s gelten, in dessen Verlauf zunehmend atheistisch argumentiert wurde. Als Begründer der theologisch unterbauten Existenzphilosophie übte er großen Einfluss auf die Philosophie (Heidegger, Jaspers, französischer Existentialismus: Sartre; s. Kap. I.7.2.4) und die Theologie des 20. Jh.s aus (dialektische Theologie: Barth, Bonhoeffer; Personalismus: Guardini). In meisterhaften Analysen zur ungegenständlichen Existenzangst, auch zur Schwermut und zur Schuld nahm er spätere Erkenntnisse der Tiefenpsychologie (Freud) vorweg.

6.3.3 | Friedrich Nietzsche

Friedrich Nietzsche (1844–1900) gilt als der **radikalste Kritiker** der ganzen abendländischen philosophischen Tradition und ihrer Metaphysik, der Moral sowie sämtlicher christlicher Wertvorstellungen und Glaubensinhalte. Er war zweifellos auch ein großes Sprachgenie, der seiner antisystematischen Philosophie vor allem in Aphorismen und metaphorischen Bildern Ausdruck verlieh, seiner Kritik aber oft auch in scharfen Polemiken oder Karikaturen Gestalt gab.

Studiert hatte Nietzsche klassische Philologie, und sein Frühwerk war entsprechend von seiner Auseinandersetzung mit der antiken Kultur und Philosophie geprägt. Philosophisch und ästhetisch von großem Einfluss auf ihn waren zudem die Werke Schopenhauers und auch Richard Wagners, von denen er sich aber bald abwandte.

Die Zeit seines fruchtbarsten Schaffens war das Jahrzehnt zwischen 1880 und 1890, in dem er die wichtigsten seiner Werke verfasste und die Gedanken der »ewigen Wiederkunft des Gleichen«, des »Übermenschen«, des »amor fati« sowie des »Todes Gottes« entwickelte. Ebenfalls in dieser Zeit entstand sein Hauptwerk *Also sprach Zarathustra*, das begleitet wurde von scharfen Angriffen auf das Christentum. Nietzsches autobiographische Schrift *Ecce Homo* (1888) zeugt dann bereits von seinem zunehmenden Realitätsverlust, von übertriebener Selbstverherrlichung, bis hin zum Größenwahn; hier deuten sich Tendenzen der Geisteskrankheit an, die sein letztes Lebensjahrzehnt bestimmte.

Philosophie der Kunst: Nietzsches erste Veröffentlichung gibt das Fanal zur Unterscheidung des Apollinischen vom Dionysischen. Während das Apollinische für Harmonie, Maß und Form steht, das vor allem in den bildenden Künsten zum Ausdruck kommt, bedeutet ›dionysisch‹ eine ungebändigte, rauschhafte Schöpferkraft, Selbstvergessenheit und Auflösung des Gestalteten, das Nietzsche zufolge besonders in der Musik zum Tragen kommt. In der echten Kunst – paradigmatisch ist für Nietzsche die Tragödie – kommen beide Grundtendenzen gleichermaßen zum Ausdruck (*Geburt der Tragödie*). Die Konzeption des Dionysischen bleibt insofern erhalten, als Nietzsche in zunehmend aphoristischen Abhandlungen eine **Kritik der Moral, der Religion, der Metaphysik und der Kunst** entwickelte, deren »décadence« (dt. Verfall) auf eine Schwächung des Instinktes, einen Verrat des Leibes und der Erde zurückgehe. Eine Heilung sei nur über das erneute Einswerden mit dem »Leben« zu erringen, vor aller Abspaltung der Rationalität.

Lebensverneinung in Philosophie und Religion: Nietzsches Vorwurf der Lebensverneinung und Weltverachtung will gleichermaßen die abendländische Philosophie seit Sokrates und Platon, das Christentum, aber auch das Judentum und den Buddhismus treffen. Im Zuge seiner grundsätzlichen Kritik sieht er die Erfindung der »Hinterwelt« als den Sündenfall einer falschen Metaphysik, die alle vitalen, aber auch alle Bewusstseinskräfte auf ein fiktives Jenseits zentriert habe. Die **Spaltung von Diesseits und Jenseits**, von Schein und Sein ist für ihn nur zu begreifen aus verfehlten existentiellen Voraussetzungen: Gott ist die Funktion der Selbstnegation des Menschen, das »Ressentiment der schlecht Weggekommenen«.

Genealogie der Moral: Für die Erfindung der Moral sei ein doppeltes Nein des Menschen grundlegend: zu sich selbst und zur Welt. Moral wird Widerspiegelung des menschlichen Nicht-Seins, des endlosen Sollens. So wird Moral selbst zur Schuld: zur halb freiwilligen, halb undurchschauten Selbstzerstörung. Ihr Gedankenkonstrukt wirkt umso nachhaltiger, als das Betrogenwerden einer menschlichen Schwäche entgegenkommt: der Furcht vor Selbstbehauptung und -gesetzgebung.

Diese **Dekadenz einer denaturierten Kultur** analysiert Nietzsche durch eine »historische« **Genese des Gewissens**. Damit sei eine Störung, eine »tiefe Erkrankung« des »Halbtieres« Mensch, seiner vor- und außermoralischen Instinkte, eingetreten. Die entstandenen Spaltungen lassen sich in verschiedenen Bereichen rekonstruieren:

- Gesellschaft und Friede gegen Wildnis und Krieg,
- Denken mit seinen kausalen Zwängen gegen Instinkt und Trieb,
- Innenwendung zu einer »Seele« gegen äußeres, auch grausames, zerstörerisches Tun zur Stillung leiblicher Bedürfnisse, Affekte, Triebe,
- Enge der Sitte gegen »Heimweh der Wüste«.

Die Wendung ins Gewissen/Bewusstsein wird bei Nietzsche zum entscheidenden **Sündenfall der Natur in die Unnatur**; sie führt zu einer Überlastung des Innen, zur Selbstzerstörung, kurz: zum

---

Hauptwerke

1872	*Die Geburt der Tragödie aus dem Geiste der Musik*
1873–76	*Unzeitgemäße Betrachtungen*
1878	*Menschliches, Allzumenschliches*
1882	*Die fröhliche Wissenschaft*
1883–85	*Also sprach Zarathustra. Ein Buch für Alle und Keinen*
1886	*Jenseits von Gut und Böse*
1887	*Zur Genealogie der Moral*
1888	*Der Antichrist* (erschienen 1895)
1888	*Ecce homo* (posthum 1908)
1888	*Götzen-Dämmerung* (erschienen 1889)

Doppeltes Nein des Menschen

Spaltungen des Menschen

Ursprung des »schlechten Gewissens« als einer »Folterstätte«. Stattdessen wird Nietzsche ein Verkünder des »prachtvollen Tieres« als des urwüchsigen Menschen, der »blonden Bestie«. »Adler und Panther« stehen bei ihm als Vorbild des naiv-vitalen Menschen; die Schwächlichen und Verletzten, dem Leben nicht Gewachsenen seien dessen Beleidigung. Leiblichkeit wird das Glück des Menschen; der Leib enthalte tiefere Weisheit als der spaltende, selbst abgespaltene Geist (*Zur Genealogie der Moral*).

Nietzsches Gegenkonzept beinhaltet den dreifachen Widerruf der Unnatur: durch den Tod Gottes, den Tod des Sollens (des »Ideals«) und den Tod des entzweienden Bewusstseins. ›Tod‹ meint die Rücknahme des betrügerisch Ausgelagerten und die Rückkehr der Selbstmächtigkeit in das einheitliche, grundlose Dasein. Dort kommt es zum Ersatz des Gewissens durch den **Willen zur Macht**, der außermoralisch im Sinne des einzig sich selbst verpflichteten Individuums agiert. Gewissen als Vertretung eines auf Menschheit gerichteten Ethos gilt in seiner Gesamtstruktur als lügenhaft-zerstörerisch. Erst in seiner zukünftigen Überwindung käme es wieder zur »großen Gesundheit« des freien, gottlosen, antiidealischen, selbstbezogenen Einzelnen. Erst **bewusste Immoralität** – so Nietzsche – springt aus dieser Sklaverei in das wahre, kraftvolle Menschsein über; »jenseits von gut und böse« liege die Freiheit eines Selbstbezuges, der kein anderes Gesetz als Selbsterhaltung sowie Steigerung des Lebensgefühls und der Stärke hat. Allerdings verbleibt der zu sich selbst Erstarkte der **apolitisch Einsame ohne Gesellschaft**, da diese eine »Herdentier-Ordnung« erzwingen würde.

Übermensch und »Tod Gottes«: Der Übermensch bedeutet für Nietzsche das überlegene **Verweigern allen Sollens**, auch der sozialen »Mitleidsmoral«; nur die ungebrochene Wahrnehmung des eigenen Ich entbinde von schwächenden Rücksichten und Beziehungen. In diesem Sinne an anderen schuldig zu werden, heißt Erlösung zum Erstgeburtsrecht des Ich, rechtfertigungslos es selbst zu sein: niemandem verpflichtet, notwendig a-moralisch. »Gott ist tot« hieße dann: Der Mensch hat keine Angst mehr, sich selbst unendlich zu bejahen. Allerdings ist der »Gottesmord« selbst beängstigend, wie der »tolle Mensch« weiß:

»Wohin ist Gott? rief er, ich will es euch sagen! Wir haben ihn getödtet, – ihr und ich! Wir Alle sind seine Mörder! Aber wie haben wir diess gemacht? [...] Was thaten wir, als wir diese Erde von ihrer Sonne losketteten? Wohin bewegt sie sich nun? [...] Das Heiligste und Mächtigste, was die Welt bisher besass, es ist unter unseren Messern verblutet, – wer wischt dieses Blut von uns ab? [...] Ist nicht die Größe dieser That zu groß für uns? Müssen wir nicht selber zu Göttern werden, um nur ihrer würdig zu erscheinen?« (*Die fröhliche Wissenschaft*, Aph. 125).

Dem »Tod Gottes« folgt zunächst keineswegs das würdevolle Freisein von irrealer Schuld, sondern ein unmittelbares Erschrecken: Die Welt wird **sinnlos**. Diesen enttäuschten Nihilismus sieht Nietzsche für Europa und die Wissenschaft kommen, freilich noch »unvollständig«: Die Zustimmung zur Wertlosigkeit der Werte, zur Sinnlosigkeit des Sinns, der »**vollkommene Nihilismus**« bedarf nach ihm einer Anlaufzeit von zweihundert Jahren. Wird die Intensität des Hiesigen erreicht, so verleiht sie ein nach-atheistisches, nach-nihilistisches Urvertrauen: auf die »**ewige Wiederkunft des Gleichen**« (*Zarathustra*), in Akzeptanz des Schicksals: **amor fati**.

Rezeption: Nietzsches Wirkung war ebenso groß wie zweischneidig. Auf der einen Seite wegen

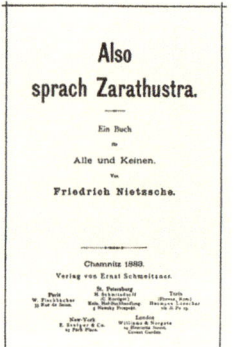

Nietzsche: *Also sprach Zarathustra* (1883)

Zur Vertiefung

Stagnationen und Ambivalenzen im *Zarathustra*

Nietzsches Begriff des höchst gesteigerten Lebens im *Zarathustra* birgt unterschwellig eine Fülle von **Stagnationen**: Die Metaphern des tiefen Schlafes unter dem Weinstock, der stehenden Zeit am hohen Mittag, der einbrechenden Ewigkeit, der nicht vorrückenden Stunde, die ins Unendliche festgehalten werden will, sind allesamt Bilder des Stillstands, wenn nicht des Todes. Die Höhepunkte der Erfülltheit gleiten weg in **Unbewusstheit** und stumme Reglosigkeit – statt gesteigerten Lebens taucht die Angst vor dem Erwachen auf, ein Schweben im Zeitlosen, eine Nähe zum Untergang. Eine seltsame Passivität begleitet die Ekstasen; ihre Rückseite heißt »purpurne Schwermut«. Es kommt zu einer Bewegungslosigkeit im Kreislauf des Lebendigen: Weder Liebe noch Ehe noch Zeugung sind im Konzept Zarathustras denkbar. Sein Dasein widerspricht dem Mit-Anderen-Sein; vor lauter Ich wird das Du entbehrlich. Insgesamt zeigt der *Zarathustra* einen ambivalenten Nietzsche: den scheinbaren Zerstörer der »Hinterwelt«, dessen »Seele« zugleich nach dem »unbekannten Gott« ruft. Diese **Ambivalenz** ist auch in der Gleichsetzung von Dionysos mit dem Gekreuzigten in den letzten Jahren sichtbar.

seines »**Philosophierens mit dem Hammer**« (gegen Metaphysik, Religion, Kultur, Moral) bei hochentwickelter Sprachkunst fast in den Rang eines **Propheten des Nihilismus** erhoben, wurde er auf der anderen Seite als Vorreiter eines philogermanischen »Rechts des Stärkeren«, von Amoralität und Asozialität, einer blasphemischen Gottesleugnung gelesen. Doch in seinem Schmerz um den »verlorenen Gott« lasse sich auch eine »negative Mystik« erkennen (Ulrich 1971); die Kritik am Christentum, insbesondere an einem leibfernen Protestantismus, wurde selbst kritisch angeeignet. Nietzsches Einfluss auf die Philosophie (Klages; Metaphysikkritik bei Heidegger; Derrida) und die Psychoanalyse (Freud) ist anhaltend, auch im Widerspruch zu ihm; viele seiner Gedichte und Aphorismen sind auch in die Literatur und Populärkultur eingegangen.

6.4 | Karl Marx

Karl Marx (1818–1883) gilt als **Kritiker der bürgerlichen Gesellschaft und ihrer Philosophie**, vor allem des Idealismus von Hegel. Während sich Nietzsche vom Bildungsbürgertum abwandte und die philosophischen Ideen auf das praktische Leben zurückführte, kritisiert Marx die kapitalistische Gesellschaftsformation im Ganzen, ihre politischen Institutionen, ihre Moral und Kultur. In der *Kritik der politischen Ökonomie* führt er die Irrtümer der zeitgenössischen Philosophie auf die bürgerliche Gesellschaft zurück, als deren Kern er wiederum die ökonomischen Verhältnisse betrachtet. Er ist der Überzeugung, dass »die Anatomie der bürgerlichen Gesellschaft in der politischen Oekonomie zu suchen sei« (MEGA II 2, S. 100). Seine Kritik stellt nicht nur einzelne Ergebnisse in Frage, sondern zielt auf das gesellschaftliche System und das entsprechende Bewusstsein davon im Ganzen.

Hauptwerke	
1844	Ökonomisch-philosophische Manuskripte
1844	Zur Kritik der Hegelschen Rechtsphilosophie
1845	Thesen über Feuerbach
1845/46	Die deutsche Ideologie
1848	Manifest der Kommunistischen Partei
1857/58	Grundrisse der politischen Ökonomie
1859	Zur Kritik der politischen Ökonomie
1867	Das Kapital (1. Aufl. des ersten Bands)

6.4.1 | Ideologiekritik und Entfremdung

Kritik am Idealismus und an der Religion: In der ersten programmatischen Schrift *Zur Kritik der Hegelschen Rechtsphilosophie* (1844) kritisiert Marx die Philosophie von Hegel, dem er allerdings mehr verdankte, als er zuzugeben bereit war. Marx verwirft die idealistische Methode, nach der die rechtlichen und politischen Institutionen Ausdruck einer »Idee der Freiheit« seien, sowie die daraus folgende inhaltliche Konsequenz, dass Hegel die Gesellschaft auf den Staat gründen lässt. Im Gegensatz dazu behauptet Marx, dass vielmehr die **ökonomisch verfasste Gesellschaft** die Basis für Recht, Moral, Religion und Politik darstelle. Diese zentrale These prägt auch die Kritik der politischen Ökonomie, der sich Marx zunehmend in den folgenden Schriften und später fast ausschließlich widmete.

Die »Einleitung« setzt indessen bei einer Religionskritik an. Marx folgt zunächst **Ludwig Feuerbach**, der die Religion als eine von den Menschen gemachte Vorstellung und damit als Spiegelbild des eigenen Wesens kritisiert hatte. Auch bei Marx ist es der Mensch, der die Religion »macht«; sie ist daher nur der »*Widerschein* seiner selbst«. Dessen ist sich der Mensch aber nicht bewusst, so dass er seine religiösen Vorstellungen als eine ihm fremde Welt erfährt (MEGA I 2, S. 170). Doch die Marxsche **Religionskritik** geht über Feuerbach hinaus, indem sie sich mit der Kritik an Hegels *Rechtsphilosophie* verbindet. Marx beabsichtigt, die »Illusionen« der Religion auf die wirkliche Welt der Menschen zurückzuführen und damit die Religionskritik in eine Kritik der gesellschaftlichen und politischen Verhältnisse zu überführen. Unter dieser Voraussetzung liefert die Religion nicht nur ein falsches Abbild des menschlichen »Wesens«, sondern ist »verkehrtes Weltbewußtsein«, das Ausdruck und Protest gegen das wirkliche Elend ist (ebd., S. 170 f.).

Aus dieser These leitet Marx eine **neue Aufgabe der Philosophie** ab, die darin bestehen soll, die »Kritik des Himmels« in die »Kritik der Erde«, die Kritik der Religion in die Kritik des Rechts und der Politik zu verwandeln (ebd., S. 171). Indem er dabei der Philosophie in Deutschland, namentlich dem Hegelschen Idealismus, vorwirft, die moderne politisch-soziale Wirklichkeit ignoriert zu haben, fordert er sogar die »Negation der Philosophie« (ebd., S. 175). Doch verlangt er damit nicht deren einfache Abschaffung, sondern die Realisierung der kritischen Inhalte der Philosophie (ebd., S. 176). Dieses Programm wird später in den *Thesen über Feuerbach* und in der *Deutschen Ideologie* fortgeschrieben.

Philosophie der Entfremdung: In den *Ökonomisch-philosophischen Manuskripten* (1844) gibt Marx eine frühe Kostprobe seiner Gesellschaftskritik. Darin erklärt er die »**Entfremdung der Arbeit**« zur Grundlage aller übrigen Erfahrungen mit entfremdeten gesellschaftlichen Verhältnissen, die sich in der Ware, im Geld und im Kapital manifestieren. Marx entwickelt diese Theorie in mehreren Stufen, indem er Zweck, Produkt und Tätigkeit der Arbeit voneinander unterscheidet (MEGA I 2, S. 236 ff.). Sodann spricht er von der Entfremdung des »Gattungswesens«: Damit ist gemeint, dass sich der Mensch von der eigenen »Natur« und damit »von sich selbst« entfremdet (ebd., S. 370). Schließlich diagnostiziert Marx die »*Entfremdung des Menschen* von dem Menschen«. Damit bringt er zum Ausdruck, dass er den Menschen als ein soziales Wesen versteht.

6.4.2 | Philosophie der Gesellschaft und Geschichte

Materialismus und Philosophie der Praxis: In den *Thesen über Feuerbach* (1845) richtet sich Marx gegen die Philosophie von Ludwig Feuerbach (1804–1872), der schon bei der Religionskritik an Hegel eine Rolle spielte. Zwar verbindet Marx mit Feuerbach und gerade nicht mit Hegel die Position des **Materialismus**. Aber er wirft Feuerbach vor, dass dieser die äußeren Objekte nur in der passiven Wahrnehmung begreift, nicht jedoch als **Gegenstände der menschlichen Tätigkeit**. Freilich lässt Marx in diesen Thesen noch offen, welche Tätigkeit er genau meint. Er selbst spricht nur die »revolutionaire Praxis« und das »gesellschaftliche Leben« an (MEGA IV 3, S. 19 f.). Gleichwohl wird die Stoßrichtung dieses Materialismus deutlich. Marx ist nicht in erster Linie an einem erkenntnistheoretischen Materialismus interessiert; ebenso wenig interessiert ihn der Materialismus als metaphysisches Problem. Er ersetzt nicht die ›Idee‹ durch ›Materie‹, was auch nur reine Spekulation wäre. Marx versteht sich als ein Materialist, der seiner Philosophie die Lebenspraxis der Menschen zugrunde legt.

> **Definition**
>
> Der → **Materialismus** kann als eine dem Idealismus entgegengesetzte Grundrichtung der Philosophie charakterisiert werden, die den Einfluss der gesellschaftlichen Praxis auf alles vermeintlich autonome Denken und Handeln betont. Der historische Materialismus von Marx erklärt das Funktionieren und die Entwicklung der menschlichen Gesellschaft von der materiellen Produktion des Lebens aus.

Wie schon in der »Einleitung« *Zur Kritik der Hegelschen Rechtsphilosophie* irritiert jedoch, dass Marx in der 11. These von einer »Aufhebung der Philosophie« spricht, als ob er die Philosophie überhaupt abzuschaffen beabsichtigte (ebd., S. 21). Der Begriff ›Aufhebung‹ bedeutet hier jedoch sowohl die **Negation** als auch die **Erhaltung der Philosophie** durch ihre Verwirklichung. Aus dem Zusammenhang geht hervor, dass Marx die Philosophie nicht pauschal ablehnt; er setzt sich vielmehr von der traditionellen Art zu philosophieren ab, um im Gegensatz dazu eine kritische Philosophie zu begründen. Er vertritt also eine Philosophie der Praxis, welche die materiellen Lebensbedingungen der Menschen zur Grundlage ihrer Reflexionen macht.

Materialistische Geschichtsauffassung: Der Titel *Die deutsche Ideologie* (1845/46) bezieht sich auf die Philosophie des Deutschen Idealismus. Dabei hat sich der Begriff der Ideologie mehrfach gewandelt. Ursprünglich bedeutet ›Ideologie‹ die »Lehre von den Ideen«. Mit diesem Begriff bezeichneten die Vertreter der späten Französischen Aufklärung eine an den Wahrnehmungen orientierte Erkenntnistheorie. In der *Deutschen Ideologie* von Marx und Engels bekommt der **Ideologiebegriff** eine negative Bedeutung im Sinne von »**falsches Bewusstsein**«. Marx kritisiert die spekulative, d. h.

die nicht auf Erfahrung gegründete Philosophie Hegels, und wendet sich der empirischen Betrachtung zu, indem er an die materialistische Historiographie der französischen und englischen Aufklärung anknüpft (*Deutsche Ideologie*, S. 116). Hinter diesem Ansatz verbirgt sich das wissenschaftliche Programm, die idealisierenden Vorstellungen auf die realen Lebensverhältnisse der Menschen zurückzuführen. Auf diese Weise will Marx die Geschichte auf eine »irdische Basis« stellen. Zu den elementaren Voraussetzungen gehören **die natürlichen Bedürfnisse der Menschen**, die menschliche **Arbeit**, um diese Bedürfnisse zu befriedigen und zu erweitern, sowie die biologische und gesellschaftliche **Reproduktion** der Menschen (ebd., S. 107 f.). In der Betrachtung der weiteren Geschichte will Marx dann zeigen, dass die »bürgerliche Gesellschaft« der wahre Schauplatz der Geschichte ist. Damit befreit er die Geschichtsphilosophie von metaphysischen Vorannahmen.

6.4.3 | Kritik der bürgerlichen Gesellschaft

Krise des Kapitalismus: Auch im *Manifest der Kommunistischen Partei* (1848) geht es um ein Thema aus der Weltgeschichte. Im ersten Abschnitt »Bourgeois und Proletarier« behauptet Marx, dass die historische Zeit der Bourgeoisie, d. h. der »Kapitalisten« oder Eigentümer von Kapital, abgelaufen sei. Doch wie bei einer Grabrede versäumt er es nicht, die Verdienste des Todgeweihten und damit die »revolutionäre Rolle« der Bourgeoisie zu würdigen (*Manifest*, S. 5).

Philosophisch interessant ist das dieser Behauptung zugrunde liegende Geschichtsbild: Marx zählt zunächst die technischen Fortschritte auf, die unter kapitalistischen Bedingungen gemacht worden sind. Aus der Perspektive der ersten Industrialisierung interessieren ihn dabei vor allem die »Umwälzung der Produktion« und die Entstehung des »Weltmarktes« (ebd., S. 5 f.). Doch dann kritisiert Marx **die negativen Kehrseiten des Kapitalismus**, die dessen Ablösung erfordern. Seiner Auffassung nach schlägt die massenhafte Produktion in »Überproduktion« um, die den Absatz der Waren stocken lässt. Der Kapitalismus gerät periodisch in »Krisen«. Das »zuviel Zivilisation« verkehrt sich in »Barbarei« (ebd., S. 7).

Analyse der bürgerlichen Gesellschaft: In seiner *Kritik der politischen Ökonomie* (1859) bis zum Hauptwerk *Das Kapital* (1867) verleiht Marx seiner **Gesellschaftskritik** indessen noch zusätzlich eine philosophische Dimension, indem er die Tiefenstruktur der bürgerlichen Gesellschaft analysiert. Er kritisiert diese Gesellschaftsform, weil in ihr die **Waren** die Vermittlung von Gebrauchsgütern und Bedürfnissen selbständig regeln. Die Menschen planen die gesellschaftliche Arbeitsteilung nicht, sondern erfahren sie als einen naturwüchsigen Zusammenhang. Der **Markt** entzieht sich auf diese Weise der Kontrolle der Menschen. Der gesellschaftliche Zusammenhang stellt sich »hinter dem Rücken« der Beteiligten her (MEGA II 10, S. 46). Die sozialen Beziehungen der Menschen erscheinen als **sachliche Verhältnisse**. Marx kritisiert an der Marktgesellschaft also die Verselbständigung der Ökonomie gegenüber den Menschen. Anstelle von Entfremdung spricht er hier vom »Fetischcharakter der Waare« (ebd., S. 70). Später wurde dieses Phänomen auch als »Verdinglichung« bezeichnet. Diese **Verdinglichung** findet nicht ursprünglich im Kopf, sondern in der ökonomischen Praxis statt. Die Grundlage für diese Kritik bilden also Handlungszusammenhänge, die eine komplexe Struktur haben und das Bewusstsein der Menschen prägen. Marx bezeichnet diese Strukturen als »objective Gedankenformen« (ebd., S. 75).

Ideologiekritik: Der thematische Schwerpunkt von Marx liegt in der ökonomischen Theorie, ohne in dieser Konzentration den philosophischen Anspruch aufzugeben. Er verbindet vielmehr **Philosophie und Ökonomie** auf neuartige Weise miteinander. Als Philosoph will er eine bestimmte Art und Weise des Denkens kritisieren, die er in den gesellschaftlichen und vor allem ökonomischen Verhältnissen begründet sieht. Das Bindeglied zwischen Ökonomie und Philosophie besteht für ihn in der **Ideologiekritik**, in der bestimmte **Denkformen** auf bestimmte **Praxisformen** zurückgeführt werden. Dieses Verfahren ist mit der Philosophie des Pragmatismus und mit späteren Positionen der pragmatischen Philosophie vereinbar, weil es Handeln und Denken im Zusammenhang betrachtet. Das Denken ist nicht absolut und hebt sich nicht von der Lebenspraxis ab, sondern wird von bestimmten Handlungsvollzügen strukturiert.

Marx: *Das Manifest der Kommunistischen Partei* (1948)

6.5 | Historismus

Entstanden ist der Historismus im Anschluss an die Geschichtsphilosophie der Aufklärung und des Deutschen Idealismus, in eine Krise geraten ist er zu Beginn des 20. Jh.s; es handelt sich also um ein typisches Phänomen des 19. Jh.s. Das Schlagwort ›Historismus‹ ist seit der Mitte des Jahrhunderts nachweisbar.

> **Definition**
>
> Ganz allgemein zeigt der Begriff → ›Historismus‹ an, dass die Geschichte als etwas Fundamentales betrachtet wird und dass alle Lebensbereiche wie überhaupt das menschliche Dasein **als geschichtlich Gewordenes** verstanden werden. Dahinter steht die Erfahrung eines beschleunigten sozialen, ökonomischen, politischen Wandels, der die Annahme ›ewiger‹ Werte und Vernunftprinzipien radikal in Frage stellt.

Etablierung der Geschichtswissenschaft: Den institutionellen Rahmen bildete die moderne Geschichtswissenschaft, die sich als **akademische Disziplin** an den Universitäten zu etablieren begann und dabei ihre fachspezifischen Standards ausarbeitete. Im Zuge dieser Professionalisierung waren es jetzt vor allem **hauptberufliche Historiker**, die ihre eigene Forschungspraxis reflektierten. Damit löste sich sowohl die Geschichtsschreibung als auch deren theoretische Betrachtung von der philosophischen Reflexion über Geschichte ab. Geschichtswissenschaft und Philosophie gingen nun getrennte Wege.

Kritik an der Geschichtsphilosophie: Es verwundert daher nicht, dass sich die neuen Geschichtstheoretiker explizit von der vorausgegangenen Philosophie der Geschichte abgrenzten. Ihr warf man vor, nur spekulativ verfahren zu sein. Das historische Material sei nach abstrakten Vernunftprinzipien zurechtgebogen worden, damit sich die einmal in den Kopf gesetzten Ideale in der Menschheitsgeschichte bewahrheiteten. An die Stelle solcher Spekulationen setzten die Vertreter des Historismus die **empirische Forschung**, um mit den zeitgenössischen Naturwissenschaften in dieser Hinsicht Schritt zu halten. Dazu gehörten die sorgfältige Sammlung und Prüfung der Quellen aus der Vergangenheit sowie die vorsichtige Verknüpfung der belegten Tatsachen zu historischen Zusammenhängen, jeweils unter dem Vorrang der Detailforschung mit eingegrenzten Themen.

Kritik am Weltbürgertum und Orientierung am Nationalstaat: Genauer betrachtet, beschränkte sich die Kritik der Historiker des 19. Jh.s an der alten Geschichtsphilosophie keineswegs auf methodische Fragen. Eine ebenso große Rolle spielten die Inhalte der Geschichte. Die Leitideen der Aufklärung bis Hegel gerieten zunehmend in Misskredit; so stand man den Zielen wie »Fortschritt« und »Weltbürgertum« skeptisch gegenüber. Verantwortlich dafür waren die Erfahrungen mit der Französischen Revolution und das Scheitern der Revolution in Deutschland. Hinzu kam insgesamt ein **Unbehagen an der modernen Zivilisation**, der man die Fähigkeit zur ›höheren‹ Kultur prinzipiell absprach. Vor allem in Deutschland wendete man sich anderen historischen Themen zu: den sich etablierenden Nationalstaaten und den je besonderen nationalen Kulturen, die sich einem generalisierenden Maßstab des Fortschritts entzogen. Aus philosophischer Perspektive sind folgende **drei Themenbereiche** zu betonen.

Kritik der historischen Vernunft: Die Vertreter des Historismus wie Johann Gustav Droysen und Wilhelm Dilthey knüpfen programmatisch an die **Erkenntnistheorie** von Kant an, indem sie die konstitutive Rolle des Subjekts für die Vorstellung von Geschichte herausarbeiten. Sie fragen nicht primär: Was ist Geschichte? Sondern: Was tut ein Historiker, um sich seinem Objekt anzunähern? Dabei gelangen sie zu einer folgenreichen Unterscheidung, die in der Aufklärung gefehlt hat, weil dort meistens das naturwissenschaftliche Modell der Kausalerklärung auf den Bereich der Geschichte übertragen wurde. Dagegen bietet der Historismus die besondere **Methode des Verstehens** auf, die auch **Hermeneutik** genannt wird und deren Modell im Nachvollzug von Intentionen menschlicher Handlungen besteht. Mit dieser **Hinwendung zum Subjekt** der Geschichtserkenntnis konzentriert sich das Interesse auf das Historisch-Individuelle. Freilich entsteht das Problem, wie ange-

> **Hauptwerke**
>
> | | | |
> |---|---|---|
> | 1825 | **Leopold von Ranke:** | *Über die Epochen der neueren Geschichte* |
> | 1858 | **Johann Gustav Droysen:** | *Historik* |
> | 1910 | **Wilhelm Dilthey:** | *Der Aufbau der geschichtlichen Welt in den Geisteswissenschaften* |
> | 1922 | **Ernst Troeltsch:** | *Der Historismus und seine Probleme* |
> | 1936 | **Friedrich Meinecke:** | *Die Entstehung des Historismus* |

sichts dieser Individualisierung verallgemeinernde Aussagen und damit überhaupt wissenschaftliche Erkenntnisse möglich sind.

Wandel der Werte: Schon die Vertreter der Aufklärung machten die Erfahrung, dass Werte und Normen relativ werden. Im Zuge kolonialer Entdeckungen lernten sie die kulturelle Vielfalt menschlicher Lebensgewohnheiten kennen. Doch hielten sie zugleich an der Idee des Naturrechts fest, mit dem sich ein natürlicher, d. h. vorgeschichtlicher und damit allgemeiner Maßstab der Beurteilung fremder Kulturen anbot. Nach der Französischen Revolution und auch seit Hegel hatte die naturrechtliche Philosophie ihre Geltung verloren. Außerdem wurde die gesellschaftliche Modernisierung des 19. Jh.s und später der Erste Weltkrieg als **Orientierungskrise** empfunden. Diese Stimmung prägte den Historismus, der zugleich selber an der **Relativierung der Werte** beteiligt war. Wenn nach Ranke »jede Epoche [...] unmittelbar zu Gott« ist (1971, S. 59), wenn also jede Epoche ihren eigenen Wertmaßstab in sich trägt und keine generalisierende Beurteilung ›von außen‹ duldet, droht die Gefahr des Relativismus. Dies ist das Kernproblem des Historismus. Ernst Troeltsch versucht, die »Krise« zu überwinden, indem er eine Synthese aus Ethik und Geschichtsphilosophie vorschlägt (s. Kap. II.C.3).

Historisierung: In der Relativierung der Werte kommt eine tiefgreifende Historisierung zum Ausdruck. Die Werte, die an die Geschichte zur Beurteilung angelegt werden, sind selber geschichtlich geworden und haben mit dieser Einsicht ihre absolute Geltung verloren. Das gilt auch für die historische Erkenntnis, deren Subjekt sich darüber bewusst wird, dass es selber an der historischen Bewegung teilnimmt. Dass überhaupt über Geschichte nachgedacht wird, ist ja bereits das Resultat einer historischen Entwicklung im 18. und 19. Jh. Der ganze Mensch und mit ihm die ganze Welt geraten in den **Sog des Historischen**. Die Geschichte wird zur übergreifenden Kategorie. Eine derartige Historisierung war in der Aufklärung undenkbar, in der man noch von bestimmten anthropologischen Konstanten wie etwa von einer allgemeinen Menschenvernunft ausging. Und Hegel hat zwar die Geschichte universalisiert, sie aber zugleich in sein philosophisches System eingebunden. Erst der Historismus treibt die Verabsolutierung des Historischen bis zur äußersten Grenze.

Literatur

Arndt, Andreas: *Karl Marx. Versuch über den Zusammenhang seiner Theorie*. Bochum 1985.
Birnbacher, Dieter: *Schopenhauer*. Stuttgart 2009.
Detering, Heinrich: *Der Antichrist und der Gekreuzigte. Friedrich Nietzsches letzte Texte*. Göttingen 2010.
Deuser, Hermann: *Kierkegaard*. Darmstadt 1985.
Fleischer, Margot/Hennigfeld, Jochem (Hg.): *Philosophen des 19. Jahrhunderts: eine Einführung*. Darmstadt 1998.
Gähde, Ulrich/Schrader, Wolfgang H. (Hg.): *Der klassische Utilitarismus. Einflüsse, Entwicklungen, Folgen*. Berlin 1992.
Garff, Joakim: *Kierkegaard*. München 2006.
Hartmann, Klaus: *Die Marxsche Theorie. Eine philosophische Untersuchung zu den Hauptschriften*. Berlin 1970.
Höffe, Otfried (Hg.): *Einführung in die utilitaristische Ethik*. Tübingen ⁴2008.
Iorio, Marco: *Karl Marx – Geschichte, Gesellschaft. Politik. Eine Ein- und Weiterführung*. Berlin 2003.
Korfmacher, Wilhelm: *Schopenhauer zur Einführung*. Heidelberg 1994.
Liessmann, Paul Konrad: *Sören Kierkegaard zur Einführung*. Hamburg 2006.
Most, Otto: *Zeitliches und Ewiges in der Philosophie Nietzsches und Schopenhauers*. Frankfurt a. M. 1977.
Oexle, Otto Gerhard/Rüsen, Jörn (Hg.): *Historismus in den Kulturwissenschaften heute. Geschichtskonzepte, historische Einschätzungen, Grundlagenprobleme*. Köln u. a. 1996.
Ottmann, Henning (Hg.): *Nietzsche Handbuch. Leben – Werk – Wirkung*. Stuttgart/Weimar 2000.
Riedel, Manfred (Hg.): *Geschichte der Philosophie in Text und Darstellung*. Bd. 7: 19. Jahrhundert. Stuttgart 1991.
Ranke, Leopold von: *Über die Epochen der neueren Geschichte*. Hist.-krit. Ausgabe. Hg. von Theodor Schieder und Hans Bending. München/Wien 1971.
Rohbeck, Johannes: *Marx*. Leipzig 2006.
Safranski, Rüdiger: *Schopenhauer und die wilden Jahre der Philosophie*. Reinbek 1990.
Salaquarda, Jörg (Hg.): *Schopenhauer*. Darmstadt 1985.
Schnädelbach, Herbert: *Geschichtsphilosophie nach Hegel. Die Probleme des Historismus*. Freiburg i. Br./München 1974.
– : *Philosophie in Deutschland 1831–1933*. Frankfurt a. M. 1983.
Thurnherr, Rainer/Röd, Wolfgang/Schmidinger, Heinrich: *Die Philosophie des ausgehenden 19. und des 20. Jahrhunderts 3: Lebensphilosophie und Existenzphilosophie*. München 2002.
Ulrich, Ferdinand: »Nietzsche und die atheistische Sinngebung des Sinnlosen«. In: Ders.: *Atheismus kritisch betrachtet. Beiträge zum Atheismusproblem der Gegenwart*. München 1971, S. 27–70.

Peggy H. Breitenstein (6.1)
Gerd Grübler (6.2)
Hanna-Barbara Gerl-Falkovitz (6.3)
Johannes Rohbeck (6.4; 6.5)

7 20. Jahrhundert und Gegenwart

7.1 Frühe Weichenstellungen
7.2 Kontinentale Schulbildungen
7.3 Der *linguistic turn*
7.4 Marxismus und Kritische Theorie
7.5 Pragmatismus
7.6 Gegenwart (1960–2010)

7.1 | Frühe Weichenstellungen

Um die Entstehung und Entwicklung der Philosophien des 20. Jh.s zu begreifen, muss man zunächst sehen, welche zentralen **außerakademischen und nicht-philosophischen Ansätze** und Leistungen des 19. und 20. Jh.s prägend auf diese Philosophien einwirkten. Zu den einflussreichsten Denkern gehörten Marx, Kierkegaard, Nietzsche, Frege, Freud und Einstein. Marxismus, Existenzphilosophie, Zivilisations- und Moralkritik, neue logische Analysen, Psychoanalyse und Relativitätstheorie wirkten tiefgreifend auf die Philosophie des 20. Jh.s.

- **Karl Marx** (1818–1883) (s. Kap. I.6.4), zwar akademisch ausgebildet, erarbeitete sein epochales Werk außerhalb der Universität und hatte mit seinem Ansatz des historischen und dialektischen Materialismus und seiner *Kritik der politischen Ökonomie* weltweite Wirkung auf die Ausbildung des Sozialismus und des Kommunismus. Der an ihn anknüpfende Marxismus nahm im 20. Jh. auf komplexe Weise auch akademische Gestalt an.
- **Søren Kierkegaard** (1813–1855) (s. Kap. I.6.3.2), der dänische Schriftsteller, hatte zwar auch Philosophie studiert, verfasste seine literarisch-philosophischen Hauptwerke aber außerhalb universitärer Kontexte. Mit seinen radikalen Analysen der menschlichen Existenz, der Angst, der Furcht und der ästhetischen, ethischen und religiösen Lebensmöglichkeiten begründete er die spätere Existenzphilosophie (Jaspers), die Existenzialanalyse (Heidegger) und den Existenzialismus (Sartre, Camus).
- **Friedrich Nietzsche** (1844–1900) (s. Kap. I.6.3.3) war Philologe, verließ aber die Universität, um sich ganz seinen neuartigen Grundgedanken zu widmen, die eine tiefgreifende Kritik der gesamten europäischen Kultur und Zivilisation unter Einschluss sowohl der Philosophie seit der Antike als auch des Christentums betreffen. Er nahm durch seine moral- und religionskritischen Hauptwerke nach seinem Tod intensiven Einfluss auf die Philosophie des 20. Jh.s.
- **Gottlob Frege** (1848–1925) war Logiker und Mathematiker, philosophisch an Kant geschult. Seine bahnbrechenden Analysen zur Sprache, zu Begriffen, Urteilen und Sätzen hatten aber später – vermittelt durch die Philosophen Carnap, Russell und Wittgenstein – weltweiten Einfluss auf die moderne Sprachphilosophie und die Analytische Philosophie.
- **Sigmund Freud** (1856–1939), der Wiener Nervenarzt, entwickelte aus seiner Praxis eine Theorie der menschlichen Seele unter Einschluss der Leiblichkeit und Sinnlichkeit, die **Psychoanalyse**, die starken Einfluss auf die moderne Philosophie gewann. Insbesondere seine Theorie des Unbewussten und seine Analysen zu Sexualität und Traum führten zu einer der auch breitenwirksam einflussreichsten neuen Denkweisen. Sie besagt: Das Unbewusste spielt in der menschlichen Praxis eine viel größere Rolle als bisher angenommen.
- **Albert Einstein** (1879–1955), der Physiker, konzipierte eine zunächst in Fachkreisen nicht ernstgenommene neue Theorie von Raum, Zeit, Licht und Gewicht – die **Relativitätstheorie**. Sie führt einerseits zu einer neuen Sicht des engen Zusammenhangs dieser Größen, andererseits zu einer neuen Bewertung der Abhängigkeit der Physik von der Praxis der Messungen.

7.1 20. Jahrhundert und Gegenwart

Frühe Weichenstellungen

Hauptwerke

1900	**Edmund Husserl:** *Logische Untersuchungen*
1921	**Wittgenstein:** *Tractatus logico-philosophicus: Logisch-philosophische Abhandlung*
1927	**Heidegger:** *Sein und Zeit*
1928	**Rudolf Carnap:** *Der logische Aufbau der Welt*
1934	**Karl Popper:** *Logik der Forschung*
1936	**Husserl:** *Die Krisis der europäischen Wissenschaften und die transzendentale Phänomenologie: Eine Einleitung in die phänomenologische Philosophie*
1938	**Jaspers:** *Existenzphilosophie. Drei Vorlesungen*
1943	**Sartre:** *L'être et le néant* (*Das Sein und das Nichts: Versuch einer phänomenologischen Ontologie*)
1947	**Horkheimer/Adorno:** *Dialektik der Aufklärung: Philosophische Fragmente*
1949	**Gilbert Ryle:** *The Concept of Mind* (*Der Begriff des Geistes*)
1953	**Wittgenstein:** *Philosophische Untersuchungen*
1954	**Ernst Bloch:** *Das Prinzip Hoffnung*
1960	**Hans-Georg Gadamer:** *Wahrheit und Methode. Grundzüge einer philosophischen Hermeneutik*
1961	**Foucault:** *Folie et déraison. Histoire de la folie à l'âge classique* (*Wahnsinn und Gesellschaft: Eine Geschichte des Wahns im Zeitalter der Vernunft*)
1962	**John L. Austin:** *How to Do Things with Words* (*Zur Theorie der Sprechakte*)
1962	**Thomas S. Kuhn:** *The Structure of Scientific Revolutions* (*Die Struktur wissenschaftlicher Revolutionen*)
1966	**Adorno:** *Negative Dialektik*
1967	**Jacques Derrida:** *L'écriture et la différance* (*Die Schrift und die Differenz*)
1968	**Habermas:** *Erkenntnis und Interesse*
1969	**John R. Searle:** *Speech Acts* (*Sprechakte*)
1971	**John Rawls:** *A Theory of Justice* (*Eine Theorie der Gerechtigkeit*)
1975	**Paul Feyerabend:** *Against Method: Outline of an Anarchistic Theory of Knowlegde* (*Wider den Methodenzwang*)
1979	**Richard Rorty:** *Philosophy and the Mirror of Nature* (*Der Spiegel der Natur: Eine Kritik der Philosophie*)
1981	**Habermas:** *Theorie des kommunikativen Handelns*
1994	**Robert Brandom:** *Making it Explicit. Reasoning, Representing, and Discursive Commitment* (*Expressive Vernunft*)

7.1.1 | Neukantianismus, Lebensphilosophie, Dialogphilosophie

Der Neukantianismus der Marburger und der Südwestdeutschen Schule ist eine der wichtigsten Strömungen zu Beginn des 20. Jh.s.

Vier Grundgedanken prägen diese an Kant auf neue Weise anknüpfenden Schulen:
- die Zentralstellung der Erkenntnistheorie für die Philosophie,
- die Aufgabe der Philosophie als Untersuchung der Gültigkeitsbedingungen wissenschaftlicher Erkenntnisse sowie aller kulturellen Objektivationen,
- eine Kritik psychologischer (empirischer) Verständnisse der menschlichen Erkenntnis bzw. des Erkenntnissubjekts,
- die Behandlung der Geltungs- und Prinzipienfragen in Wissenschaft und Kultur.

Den **Marburger Neukantianismus** entwickeln auf differenzierte Weise Hermann Cohen, Paul Natorp und Ernst Cassirer. **Hermann Cohen** (1842–1918) untersucht in seinen Hauptwerken *Kants Theorie der Erfahrung* (1871) und *Logik der reinen Erkenntnis* (1902) die Prinzipien der mathematischen Naturwissenschaft, in seiner *Ethik des reinen Willens* (1904) Prinzipien der Rechts- und Staatswissenschaft, welche die Verwirklichung der

Idee der Menschheit und eines ethischen Sozialismus sind. Auch in Werken zur Ästhetik und Ethik zeichnet es sein Denken aus, den kantischen Dualismus von Anschauung und Denken zu kritisieren. **Paul Natorp** (1854–1924) wird v. a. durch sein Werk über *Platos Ideenlehre* (1903) bekannt. **Ernst Cassirers** (1874–1945) Konzept eines »relativen Apriori« führt zu einer geschichtlichen Dynamisierung von Kants Erkenntniskritik und zu einer Theorie der symbolischen Repräsentation, die Ausdrucksfunktion, Anschauungsfunktion und Bedeutungsfunktion unterscheidet. Er entfaltet diese Theorie in seinem dreibändigen Hauptwerk *Philosophie der symbolischen Formen* (1923–1929).

Die **Südwestdeutsche Schule** repräsentieren Wilhelm Windelband, Heinrich Rickert und Emil Lask: **Wilhelm Windelband** (1848–1915) trifft die sehr folgenreiche wissenschaftstheoretische Grundunterscheidung zwischen den generalisierenden, ›nomothetischen‹ Naturwissenschaften (und der Mathematik) und den individualisierenden, ›idiographischen‹ historischen Kulturwissenschaften. In der praktischen Philosophie untersucht er ein Reich der moralischen Werte, die er als Grundlagen der menschlichen Kultur versteht. **Heinrich Rickert** (1863–1936) setzt diesen Ansatz in seinen Arbeiten *Die Grenzen der naturwissenschaftlichen Begriffsbildung* (1896) und *Kulturwissenschaft und Naturwissenschaft* (1899) fort. **Emil Lask** (1875–1915) gilt als herausragender Schüler von Windelband und Rickert. Sein Werk *Die Logik der Philosophie und die Kategorienlehre* (1911) führt die Erkenntniskritik Kants weiter und radikalisiert diese bis zur Analyse der logischen Voraussetzungen der Transzendentalphilosophie. Er fragt nach der ›Kategorie der Kategorien‹ und der ›Form der Formen‹ und nähert den Neukantianismus der Phänomenologie Husserls und ihrer Methode der Wesensschau an. In *Die Lehre vom Urteil* (1912) entwickelt der früh verstorbene Lask eine eigene Theorie der Wahrheit.

Die **Lebensphilosophie** stellt neben dem Neukantianismus eine zweite die Jahrhundertwende prägende Strömung dar. In Frankreich entwickelt **Henri Bergson** (1859–1941) seine Lehre vom »élan vital«, einer ursprünglichen Schwungkraft des Lebens. In Deutschland akademisiert **Wilhelm Dilthey** (1833–1911) Nietzsches Lehre vom Willen zu einer geisteswissenschaftlichen »Erfahrungswissenschaft der geistigen Erscheinungen«: Es geht im kulturwissenschaftlichen Erkennen um das ›Erleben‹ und ›Nachverstehen‹ des menschlichen Lebens. Auch der Phänomenologe Max Scheler und einer der Begründer der Soziologie, Georg Simmel, nehmen lebensphilosophische Gedanken auf. In seiner Lebensmetaphysik *Lebensanschauung* (1918) formuliert Simmel die Grundsätze »Leben will immer mehr Leben« und »Leben ist immer mehr als Leben«. Auch in den späteren phänomenologischen und soziologischen Grundbegriff der Lebenswelt gehen lebensphilosophische Ansätze ein.

Die **Dialogphilosophie** von **Martin Buber** (1878–1965) und **Franz Rosenzweig** (1886–1929) stellt das dialogische Miteinander ins Zentrum der Ethik und Religionsphilosophie. In *Ich und Du* (1923) analysiert Buber das dialogische Verhältnis der Menschen als Grundlage ihrer gesamten Praxis. Auch das Gottesverhältnis des Menschen wird auf dem Hintergrund der jüdischen, biblischen Tradition als dialogisch konzipiert. Franz Rosenzweig übersetzt gemeinsam mit Buber die alttestamentlichen Bücher ins Deutsche und entwickelt in seinem Hauptwerk *Der Stern der Erlösung* (1921) in Auseinandersetzung mit dem Christentum eine dialogische, jüdische philosophische Theologie.

Die betrachteten Strömungen des Neukantianismus, der Lebensphilosophie und der Dialogphilosophie sind stark binnendifferenziert und ebenso (unterschiedlich) stark miteinander verflochten. Das gilt v. a. für ihre spätere Wirkung, die insbesondere durch die Zäsur des Zweiten Weltkriegs oft untergründig verlief. Der Bruch mit der jüdischen Tradition durch die NS-Rassenideologie und -politik hatte für die deutsche philosophische Entwicklung prekäre Auswirkungen, da viele der führenden Philosophen jüdischer Herkunft waren.

7.1.2 | Die Abspaltung von Psychologie und Soziologie

Seit Entstehen der Philosophie im antiken Griechenland sind nach und nach alle Einzelwissenschaften (z. B. Physik, Zoologie, Politik, Ökonomie) aus ihr hervorgegangen. Die bisher letzten dieser Ablösungen stellen zur Zeit der Wende zum 20. Jh. die Psychologie und die Soziologie dar.

Schon früh entwickeln Hermann Lotze (1817–1881) mit *Medizinische Psychologie* (1852) und Gustav Theodor Fechner (1801–1887) mit *Elemente der Psychologie* (1860) Ansätze einer naturwissenschaftlichen Psychologie. Als Philosoph und Psychologe gründet Wilhelm Wundt (1832–1920) 1879 in Leipzig das erste Institut für experimentelle Psychologie. Auch durch Freud und seine außergewöhnliche Wirkung löste sich die Psychologie als eigenständige Praxis und Theorie der Psychoanalyse von der Philosophie ab.

Der Ablösungsprozess der Soziologie aus der Philosophie lässt sich auch dadurch erklären, dass die traditionellen philosophischen Disziplinen, die seit der Antike (v. a. seit Aristoteles) die Gesellschaft thematisieren – Ethik, Politik und Ökonomie – im Ansatz für Städte damals mittlerer Größe konzipiert waren. Die weltgeschichtliche Entwicklung der Moderne bringt extreme Größenverschiebungen mit sich, die moderne Gesellschaft mit Millionenstädten stellt ganz neue Fragen.

Auguste Comte (1798–1857) und **Émile Durkheim** (1858–1917) hatten in Frankreich, wie Marx in Deutschland, bereits Theorien und neuartige Einzelanalysen vorgelegt; Durkheim z. B. zur Arbeitsteilung, zum Selbstmord und zur Soziologie der Religion.

Georg Simmel (1858–1918) verfasste im Blick auf die moderne Gesellschaft eine *Philosophie des Geldes* (1900), die einen bürgerlichen Gegenentwurf zur Marxschen Kapitalanalyse bietet. In seiner *Soziologie* (1908) begründet er eine Gesellschaftslehre, die sich noch ganz philosophisch versteht, näherhin als ›formal‹, da sie gesellschaftliche Lebensformen wie Streit, Konkurrenz und Freundschaft als überzeitlich denkt. Den Kern von Simmels Soziologie bildet eine Theorie der sozialen Ausdifferenzierung und Wechselbeziehung, die die transzendentalphilosophische Grundfrage auf die Gesellschaft ausdehnt: Wie ist diese überhaupt möglich? Die formale Soziologie untersucht allgemeine Grundformen der Vergesellschaftung. Die lebenserhaltenden und stabilisierenden Funktionen der Gesellschaft können nur durch andauernde dynamische Transformationen auf den verschiedenen Ebenen aufrechterhalten werden. Permanent schlagen Akte der Stabilisierung in Instabilität und in einen Zwang zur Innovation um. In der sich so herausbildenden tragischen Struktur kann man das bürgerliche Pendant zur marxistischen Revolutionstheorie sehen.

Der Philosoph und Soziologe **Ferdinand Tönnies** (1855–1936) unterscheidet eine reine (theoretische) Soziologie, die konstruktiv eine systematische Begrifflichkeit erarbeitet, von einer angewandten historischen Soziologie, die aus normativer Perspektive deduktiv die gesellschaftliche Entwicklung erklärt, und einer empirischen Soziologie, die induktiv Einzeluntersuchungen durchführt. In seinem Hauptwerk *Gemeinschaft und Gesellschaft* (1887) vertieft Tönnies die Grundbegriffe der reinen Soziologie philosophisch.

Max Weber (1864–1920) begründet die Soziologie als eigenständige Theorie, die die gesellschaftliche Wirklichkeit mit Hilfe von ›Idealtypen‹ erklären will. Durch kulturvergleichende Studien kann das ›Idealtypische‹ verschiedener Ausprägungen von Recht, Staat, Wirtschaft und Herrschaft herausgearbeitet werden. In seinem Hauptwerk *Wirtschaft und Gesellschaft* (1921) beschreibt er den für die Moderne konstitutiven Rationalisierungsprozess, der durch die Entwicklung der Industriegesellschaft alle Lebensbereiche erfasst und den er mit einer klassisch gewordenen Formulierung als die »Entzauberung der Welt« charakterisiert.

Mit den Abspaltungen der Psychologie und der Soziologie entsteht auch für die Philosophie in der Moderne eine neue Situation. Auf vielfältige Weise bleiben aber die interdisziplinären Vernetzungen und auch gegensätzlichen Entwicklungen der Fächer erhalten, einmal, insofern die Probleme insbesondere der psychologischen und soziologischen Grundbegriffe (›Seele‹, ›Geist‹, ›Gesellschaft‹, ›Gemeinschaft‹) sowie die Probleme ihrer Methoden erhalten bleiben und nach philosophischer Reflexion verlangen, zum anderen, weil die Philosophie den jeweiligen Stand der psychologischen und sozialwissenschaftlichen Forschung einbeziehen muss.

7.2 | Kontinentale Schulbildungen

7.2.1 | Phänomenologie

Eine der bedeutendsten Schulrichtungen der Philosophie des 20. Jh.s mit weltweiter Wirkung bis in die Gegenwart ist die von **Edmund Husserl** (1859–1938) begründete **Phänomenologie**. Ihren Grundgedanken formuliert Husserl mit den berühmten Parolen »Zu den Sachen selbst!« und »Wer mehr sieht, hat Recht«. Die Phänomenologie entwickelt eine neue philosophische Methode der vorbehaltlosen Wesensanalyse aller Phänomene der Welt – welcher Art auch immer.

Husserls Frühwerk – Das Projekt der Phänomenologie: In seinem ersten Hauptwerk *Logische Untersuchungen* (1900/01) entwirft Husserl, der Psychologie bei Wundt studiert hatte, in Wien in Mathematik promovierte und in Halle *Über den Begriff der Zahl* (1887) habilitierte, eine neue Erkenntnistheorie. Das 1000-seitige Werk wendet sich mit **fünf Kernargumenten** gegen alle Psychologisierungen der reinen Logik:

- Ihre Regeln bedürfen keiner empirischen Abstützungen.
- Sie sind notwendig.
- Sie folgen nicht aus Induktionen.
- Sie unterliegen nicht der Kausalität.
- Sie beziehen sich nicht auf Tatsachen.

Entscheidend ist, dass Husserl diesen Ansatz der Herausarbeitung spezifischer Wesensgesetze im Folgenden von der Logik auf alle Gebiete der menschlichen Erkenntnis und Praxis ausweitet, und zwar im bewussten kritischen Kampf gegen die Wissenschaftsverfallenheit des Denkens in Szientismus und Naturalismus einerseits, gegen den Relativismus, Skeptizismus und Irrationalismus der Gegenwart andererseits. Der Reduktion der humanen Vernunft auf instrumentelle Wissenschaftlichkeit entspricht ihre prekäre Geringschätzung in subjektivistischen, psychologisierenden Entwürfen. Gegen diese Zerrissenheit der Vernunft richtet sich Husserls Kampf für eine *Philosophie als strenge Wissenschaft* (1911).

Er wird 1901 nach Göttingen berufen, wo er das Projekt der Phänomenologie mit einem exzellenten Schülerkreis umzusetzen beginnt. Die Göttinger Phänomenologie erhebt alle Phänomene – auch noch die unscheinbarsten und kleinsten – in den Rang authentischer und genuiner Gegebenheiten. In Übungen ließ Husserl die Schüler Tintenfässer und Streichholzschachteln analysieren. Er beschrieb in Vorlesungen einen unscheinbaren Göttinger Abhang. Sein Schüler Reinach hielt ein ganzes Semester eine Vorlesung über einen Briefkasten. Was kurios wirkt, war radikal: Auf diese Weise sollte genau die jeweilige konstitutive Bewusstseinsaktivität, die **Intentionalität**, freigesetzt werden, und zwar unter Ausschaltung aller unwesentlichen Aspekte, durch **phänomenologische ›Reduktion‹** bzw. *epoche* (griech. Innehalten, Urteilsenthaltung). Der Ansatz der Intentionalität geht auf Husserls Wiener Lehrer Franz Brentano (1838–1917) zurück. Jeder Gegenstand erscheint diesem Ansatz zufolge bereits als ›Idee‹, als ›unendliche Aufgabe‹ für die Erkenntnis (›Transzendenz des Gegenstandes‹). Er bildet einen ›Horizont‹ um sich, der für jede Region menschlicher Erfahrung, z. B. die Region der Zahlen, des Raumes, der Zeit, des Leibes etc., ganz spezifisch ist.

Aber Husserl radikalisiert seinen Ansatz in den *Ideen zu einer reinen Phänomenologie und phänomenologischen Philosophie* (1913) sogar noch. Er vollzieht eine **transzendentalphilosophische Wende**, um auf die Frage zu antworten: Was muss bei allen intentionalen Akten schon vorausgesetzt werden, und: Gibt es einen allen Horizonten vorausliegenden, umgreifenden Horizont? Die Antwort besteht in der Thematisierung der Welt. Husserl wird als Nachfolger Rickerts nach Freiburg berufen. Dort führt er umfassende Analysen *Zur Phänomenologie des inneren Zeitbewusstseins* (1893/1917), zur passiven Synthesis (zu passiven Bewusstseinsvollzügen), *Zur Phänomenologie der Intersubjektivität* (1905–1928) durch, die alle erst aus dem Nachlass ediert wurden. Die Untersuchungen verzweigen sich in den Manuskripten in eine schier undurchdringliche innere Komplexität.

Husserls Spätwerk – Der Leitbegriff der Lebenswelt: In seiner Spätphase tritt Husserl mit einer weiteren, höchst innovativen philosophischen Leistung hervor: mit einer Kritik der europäischen Wissenschaftsentwicklung unter dem berühmt gewordenen Leitbegriff der **Lebenswelt**. Obwohl bereits durch die Nazis gedemütigt, analysiert er in *Die Krisis der europäischen Wissenschaften und die transzendentale Phänomenologie* (1936) den umfassenden **Entfremdungscharakter der neuzeitlichen Wissenschaften**. Er reiht sich mit dieser Arbeit noch einmal in die große Tradition des jüdischen Rationalismus innerhalb der deutschen Philosophie ein. Die Kernthese ist: Der lebensbedeutsame Sinn der Wissenschaften ist der Neuzeit abhandengekommen. Sowohl der heraufkommende Irrationalismus der 1930er Jahre als auch die von der technischen Weltzivilisation ausgehenden Bedrohungen entsprechen nicht länger der Idee der Vernunft, wie sie als selbst unableitbares Ereignis, als ›Urstiftung‹ im antiken Griechenland entstand. Die wissenschaftliche Kultur zeigt die Struktur der Selbstentfremdung, in der wissenschaftliche Objektivität, eigentlich Produkt menschlicher Praxis, dieser beziehungslos gegenübertritt und sich zerstörerisch gegen sie wendet. Hier setzt die »Aufgabe der transzendentalen Phänomenologie« ein: Sie soll zeigen, dass und wie auch die »objektivistisch« gedachte An-sich-Welt den menschlichen Leistungen, der Lebenswelt, entstammt. ›Lebenswelt‹ ist der Titel für den umfassenden Horizont menschlichen Erkennens und Handelns vor wissenschaftlichen Objektivierungsleistungen. Husserls **Kritik der modernen Lebensweltvergessenheit** ist der radikale Versuch der Erinnerung an das menschliche Fundament aller wissenschaftlichen Praxis.

Mit diesen Leistungen bewirkte Husserl eine große, schließlich internationale Schulbildung. Seine **wichtigsten Schüler** sind:

- **Max Scheler** (1874–1928), der eine ›personalistische‹ Phänomenologie und eine materiale Wertethik entwickelt (*Der Formalismus in der Ethik und die materiale Wertethik*, 1913–1916) und die Phänomenologie auf die Religionsphilosophie ausdehnt (*Vom Ewigen im Menschen*, 1921),
- **Nicolai Hartmann** (1882–1950), der ein ontologisches Verständnis der Phänomenologie vertritt (*Metaphysik der Erkenntnis*, 1921),
- **Moritz Geiger** (1880–1937), der eine *Phänomenologie des ästhetischen Genusses* (1913) entwirft,
- **Adolf Reinach** (1883–1917) legt 1913 *Die apriorischen Grundlagen des bürgerlichen Rechtes* vor,
- **Edith Stein** (1891–1942) vollzieht in *Endliches und ewiges Sein* (1950) eine Synthese der Husserlschen Phänomenologie mit der Seinslehre des Thomismus und der augustinischen Metaphysik,
- **Wilhelm Schapp** (1884–1965) entwirft eine originelle narrative Phänomenologie der ›Geschichten‹, in die wir verstrickt sind (*In Geschichten verstrickt. Zum Sein von Ding und Mensch*, 1953),
- **Martin Heidegger** (1889–1976), Nachfolger Husserls, wird sein bedeutendster Schüler (s. 7.2.2).

Wichtig ist die Wirkung der Phänomenologie auf andere Fächer, so auf die Literaturwissenschaft (Roman Ingarden), auf die Theologie, auf die Soziologie.

Der Soziologe **Alfred Schütz** (1899–1959) wendet die phänomenologische Methode auf die Gesellschaft an. In *Der sinnhafte Aufbau der sozialen Welt* (1932) versucht er, diesen Aufbau im Blick auf das jeweils Wesentliche der gesellschaftlichen Lebensformen zu erfassen.

Husserls Wirkung: Bereits früh wirkt die Phänomenologie international, v. a. in Frankreich. Husserl hält 1928 Vorlesungen in Paris. **Gabriel Marcel** (1889–1973) rezipiert sie im Kontext religionsphilosophischen Denkens in *Etre et avoir* (1935; *Sein und Haben*, 1968), Sartre in erkenntnistheoretischen Arbeiten (*La transcendence de l'ego. Esquisse d'une description phénoménologique*; *Die Transzendenz des Ego*, 1936; s. 7.2.4). Besonders wichtig für die Weiterentwicklung der Phänomenologie wird **Maurice Merleau-Ponty** (1908–1961) mit seinem Hauptwerk *Phénoménologie de la perception* (1945; *Phänomenologie der Wahrnehmung*, 1966), in dem er die leibliche Fundiertheit der sinnlichen Erfahrung ins Zentrum rückt, ebenso in *Le visible et l'invisible* (1964; *Das Sichtbare und das Unsichtbare*, 1986). **Emmanuel Lévinas** (1906–1995) führt die Phänomenologie in Richtung einer ontologischen Ethik weiter, die die interpersonale Beziehung zum Anderen als Mitmenschen zugrundelegt (*Autrement qu'être ou au-delà de l'essence*; *Jenseits des Seins oder anders als Sein geschieht*, 1974). Er hatte schon 1930 über die Erkenntnistheorie Husserls gearbeitet (*Théorie de l'intuition dans la phénoménologie de Husserl*; *Die Theorie der Anschauung in der Husserlschen Phänomenologie*). Auch **Paul Ricœur** (1913–2005) entwickelt die Phänomenologie im Rahmen hermeneutischer und narrativer Fragestellungen produktiv weiter (*Temps et récit*; *Zeit und Erzählung*, 1983–1985), ebenso mit Bezug auf Freud (*De l'interprétation. Essai sur Sigmund Freud*, 1965; *Die Interpretation*, 1974).

Auch in der anglo-amerikanischen Welt wird die Phänomenologie rezipiert. 1929 verfasst Husserl den Artikel »Phenomenology« für die *Encyclopaedia Britannica*. 1939 wird die International Phenomenological Society in New York gegründet. Der sehr umfangreiche Nachlass Husserls wird im Krieg gerettet und erscheint seit 1950 in den Bänden der *Husserliana*. Seit längerem sind systematische Weiterentwicklungen der Phänomenologie entstanden (s. 7.2.5).

7.2.2 | Heidegger und seine Schule

Martin Heidegger (1889–1976), Nachfolger Husserls in Freiburg, ist einer der wichtigsten Philosophen des 20. Jh.s. Im Zentrum steht sein Hauptwerk *Sein und Zeit* (1927), in dem er auf phänomenologischer Grundlage eine Kritik, eine ›Destruktion‹ der gesamten europäischen Ontologie unternimmt.

Sein und Zeit: Heideggers These ist, dass das ›Sein‹ falsch gedacht wurde, v. a. wurde es ›vorhandenheitsontologisch‹ verdinglicht. Da die traditionelle Kategorienlehre der Grund für diese Verdinglichung ist, entwickelt er eine Alternative zu den üblichen Kategorien: die Existenzkategorien, die ›Existentialien‹.

Der **Aufbau des Werks** ist folgendermaßen:
- Die Grundfrage ist die nach dem **Sinn von Sein** – sie wurde laut Heidegger seit 2500 Jahren nicht oder falsch gestellt – ein ungeheurer Anspruch (§§ 1–8).
- Die Klärung der Frage nach dem Sinn von Sein kann nur erfolgen im Rückgang auf das einzige Seiende, das überhaupt Sein »verstehen« kann – im Rückgang auf den Menschen, das **Dasein** in Heideggers Terminologie (§§ 9–11).
- Das Wesen des Daseins ist das **In-der-Welt-sein**. Deswegen erfolgt eine umfassende **Weltanalyse** (§§ 12–38). In diesen Kontext gehört die Unterscheidung von »Zuhandenheit« und »Vorhandenheit«, von dem was wir im pragmatischen Umgang, und dem, was wir durch theoretische Betrachtung erkennen. Die Zuhandenheit geht stets der Vorhandenheit voraus.
- Das Wesen des menschlichen In-der-Welt-seins nennt Heidegger die **Sorge**. Er entwickelt unter diesem Titel eine Analyse der menschlichen Praxis als des sorgenden Umgangs mit seiner Umwelt, seinen Mitmenschen und mit sich selbst (§§ 39–44).
- Das Wesen der sorgenden Praxis ist die **Zeitlichkeit**, wie sie sich insbesondere in der Sterblichkeit und Endlichkeit – im Sein-zum-Tode – manifestiert (§§ 45–71).
- Von dieser ekstatischen Zeit her wird auch die **Geschichtlichkeit** des menschlichen Daseins allererst verstehbar (§§ 72–77).
- Diese Zeit ist die **ursprüngliche Zeit**, von der her alle andere Zeit – die Geschichtszeit, die Uhrzeit, die physikalische Zeit – überhaupt erst möglich wird (§§ 78–83).

Im Zentrum von *Sein und Zeit* steht eine Zeitanalyse, die die »Ausstände« der Zeit, die Ek-stasen, Vergangenheit, Gegenwart und Zukunft, in ihrer untrennbaren ›Gleichursprünglichkeit‹ erfassen will. Heidegger zielt dabei auf die menschliche, existenzielle Lebenszeit und Zeiterfahrung, die den ›Horizont‹ all unserer Praxis und unseres Erkennens bildet. Seine Analyse akzentuiert, dass wir in der Lebenserfahrung der Praxis (der ›Sorge‹) stets auf die Zukunft ausgerichtet sind (»Sich-vorweg-sein«), während wir bereits in konkreten Situationen sind (»im-schon-sein-in-der-Welt«) und so in der Gegenwart leben, im Umgang mit etwas oder jemandem (»als-Sein-bei innerweltlich begegnendem Seiendem«). Die sorgende Praxis wird so als ›Sich-vorweg-sein-im-schon-Sein-in-der-Welt-als-Sein-bei-innerweltlich-begegnendem Seiendem‹ bestimmt. Die verwendeten Bindestrich-Termini wurden oft belächelt, sie dienen aber systematisch der Akzentuierung der ›Unzerreißbarkeit‹ der aufgewiesenen ekstatischen Zeitstrukturen.

Heidegger im Nationalsozialismus: Heidegger engagierte sich im Nationalsozialismus, allerdings nahm er bald von diesem Engagement Abstand. Die Bedeutung dieses Engagements ist umstritten. In seiner späteren Philosophie behandelt er metaphysische Grundfragen auf neue Weise – die Seinsfrage bleibt leitend. Die europäische Rationalität und Kultur unterliegt Heideggers tiefgreifend kriti-

---

Zur Vertiefung

Fundamentalunterscheidungen in *Sein und Zeit*

- Die ontisch-ontologische Differenz, die Differenz von »Seiendem« und »Sein«: »Sein« meint erstens das »Dass« des Seins des Seienden (mit Bezug auf die **Seinsgrundfrage:** Warum ist überhaupt etwas und nicht vielmehr nichts?) und zweitens den Sinn von Sein (mit Bezug auf die Frage nach diesem Sinn – die **Seinssinnfrage**). Heideggers kritische These besagt, dass diese Differenz in der Tradition stets eingeebnet wurde – auf die Ebene des bloß Seienden.
- Die für die Existenzanalyse fundamentale Unterscheidung ist die von **Kategorien** und **Existentialien**; sie behauptet eine grundsätzliche Verschiedenheit der Begriffe, mit denen wir über uns (»Dasein«) sprechen, und denen, mit denen wir über nicht-daseinsmäßiges Seiendes sprechen.
- Methodologisch untersucht Heidegger die konkrete existentielle **Praxisebene** und die existentiale **Ebene der Reflexion** und Rekonstruktion dieser Ebene.
- Heidegger unterscheidet ein eigentliches **menschliches Selbstverständnis**, das sich der Endlichkeit, Sterblichkeit und Unvertretbarkeit bewusst ist, von **uneigentlichen Verständnissen**, die in alltäglicher Oberflächlichkeit dahinleben. Er entfaltet seine Analysen nun gerade mit einer subtilen Auslegung, einer Hermeneutik der Alltäglichkeit. Daran schließen sich Analysen zu Furcht, Angst, Gewissen und Tod an, die das eigentliche Existenzverständnis eröffnen sollen. Die Zeitdimensionen und ihre jeweilige Lebensbedeutung sind stets leitend.

Sein und Zeit wird nicht abgeschlossen, sondern bricht fragend ab: »Offenbart sich die Zeit als der Horizont des Seins?«

scher Analyse zufolge einer »Seinsvergessenheit«, die sich in Verbundenheit mit der sich planetarisch ausweitenden Technik auf alle Lebensbereiche auswirkt (»Die Frage nach der Technik«, 1954). Demgegenüber gälte es zu lernen, als Sterbliche auf der Erde zu wohnen, heimisch zu werden in der Endlichkeit und zur »Gelassenheit« zu finden (*Bauen, Wohnen, Denken*, 1954; *Gelassenheit*, 1959). Ein Weg Heideggers führt von Nietzsche (Vorlesungen 1936–1941; 1961) zu Hölderlin (*Hölderlins Erde und Himmel*, 1950). Eine zentrale Bedeutung erlangt in der Spätphilosophie auch die Sprache. So, wie er jetzt versucht, ›Sein‹ als Ereignis zu verstehen, so versucht er, die Eigenständigkeit der Sprache zu denken.

Wirkung Heideggers: Die weltweite Wirkung Heideggers dauert bis heute an. Sein erstaunliches Gesamtwerk erscheint seit Beginn der Gesamtausgabe in etwa 130 Bänden und enthält z.B. das Manuskript *Beiträge zur Philosophie* (entstanden 1936–1938, erschienen 1989), das als zweites Hauptwerk gilt.

Als wichtigste Schüler Heideggers der ersten Generation lassen sich unter vielen anderen Gadamer (s. 7.2.5), Arendt, Jonas, Löwith, Becker und Marcuse hervorheben. **Hannah Arendt** (1906–1975) studierte bei Heidegger, später bei Jaspers, musste wegen ihrer jüdischen Herkunft emigrieren und wurde Professorin in den USA. Infolge ihrer Erfahrung des Nationalsozialismus rückte sie praktische und politisch-philosophische Untersuchungen ins Zentrum, z. B. in *The Origins of Totalitarianism* (1951; *Elemente und Ursprünge totaler Herrschaft*, 1955). In ihrer Analyse des Totalitarismus wird die Reflexion des Bösen grundlegend. Drei Eigenschaften machen es aus: Es ist unbestrafbar, denn es gibt für Gewaltpraxen wie den Holocaust keine angemessene Strafe; es ist unverzeihlich und es verschließt sich aufgrund seiner absoluten Niederträchtigkeit jeglichem menschlichen Verständnis. In ihrem Hauptwerk *The Human Condition* (1958; *Vita activa oder vom tätigen Leben*, 1960) entwirft sie eine phänomenologische Systematik der menschlichen Praxis, der *vita activa*. Sie differenziert im Rückgriff auf Aristoteles Arbeiten, Herstellen und Handeln und kritisiert den für die Moderne charakteristischen Vorrang der unfreien und gleichförmigen Arbeit vor dem freien, kreativen Handeln. Sie ergänzt in *The Life of the Mind* (1971; *Vom Leben des Geistes*, 1979) Analysen zur meditativen Praxis, *vita contemplativa*, mit den geistigen Tätigkeiten Denken, Wollen und Urteilen. Obwohl der Einfluss des Denkens Heideggers relevant ist, geht Arendt einen völlig eigenständigen Weg.

Das gilt auch für **Hans Jonas** (1903–1993), dessen frühe Arbeiten zur spätantiken Religion der Gnosis stark von Heideggers Daseinsanalyse beeinflusst sind (*Gnosis und spätantiker Geist*, 1934, 1954). Im Gegensatz zu Heidegger thematisiert er in *Organismus und Freiheit* (1973) die menschliche Leiblichkeit im Rahmen einer philosophischen Biologie. Er versucht, gegen alle Dualismen von Materie und Geist, Freiheit und Natur den Begriff der Freiheit bereits auf der Ebene des Stoffwechsels anzuwenden und entwickelt eine **ganzheitliche Lebensphilosophie**, in der das Organische das Geistige von Beginn an vorbildet. In seinen späteren Arbeiten rückt Jonas das Verhältnis von Technik und Ethik ins Zentrum. In seinem viel beachteten Hauptwerk *Das Prinzip Verantwortung* (1979) thematisiert er die bisherige Ethik kritisch aufgrund ihrer Anthropozentrik und ihres Aktualismus. Vielmehr müssten wir die Verletzlichkeit der Natur ebenso wie das Eigenrecht künftiger Generationen einbeziehen: in einer Zukunftsethik der Erhaltung, Bewahrung und Verhütung. Jonas wendet diese Ethik dann in *Technik, Medizin und Ethik* (1985) auf Fragen der Humanbiologie und Medizin an: Die Integrität des endlichen Menschen und seine Würde wird gegen die immer größeren technischen Möglichkeiten der Lebensverlängerung, Organtransplantation und Genmanipulation akzentuiert.

Karl Löwith (1897–1973) arbeitet ebenfalls die Naturabhängigkeit des Menschen heraus und kritisiert so alle Geschichtsphilosophie und Metaphysik (*Weltgeschichte und Heilsgeschehen*, 1948). In seinem Werk *Von Hegel zu Nietzsche* (1941) stellt er dar, wie auf dem Weg zur Moderne die Hegelsche Konzeption der Vermittlung und Versöhnung in die Entwürfe gesamtgesellschaftlicher (Marx) und existentieller (Kierkegaard) Revolution auseinanderbricht.

Herbert Marcuse (1898–1979) war ebenfalls Schüler Heideggers, brach dieses Verhältnis aber ab und wechselte zum Neomarxismus der Frankfurter Schule (s. 7.4.3).

Internationale Rezeption: Die Schüler Heideggers der ersten Generation gingen ganz eigene Wege. Auch die internationale Wirkung seines Werkes ist vielschichtig. **Acht Rezeptionsphasen** lassen sich unterscheiden, die sich komplex durchdringen und ergänzen:

1. Die erste große, bereits internationale dieser Phasen ist der **Existentialismus** bzw. die **Existenzphilosophie** (s. 7.2.4).

2. Die zweite große Wirkungstradition ist die Erneuerung der **Hermeneutik** (s. 7.2.5).
3. Eine dritte Gruppe lässt sich als Rückwirkung von *Sein und Zeit* auf die **Phänomenologie** charakterisieren (Husserls Krisis-Arbeit selbst, Merleau-Ponty, Lévinas).
4. Eine vierte Rezeptionsgruppe ist die **Psychologie, Psychopathologie und Psychoanalyse**: Ludwig Binswanger (1881–1966) und Medard Boss (1903–1990) entwickeln existenzanalytische Psychologien, die mit Heideggers Daseinsanalyse den Positivismus Freuds überwinden wollen. Der Gedanke der ontologischen Differenz wirkt auch auf die Psychoanalyse von Jacques Lacan (s. 7.6.2.7).
5. Es bildet sich ein »Heidegger-Marxismus« heraus (z. B. bei Marcuse, s. 7.4.3).
6. Eine weitere Rezeptionsphase ist die Wirkung Heideggers auf den **Strukturalismus**, den **Poststrukturalismus** und die **Dekonstruktion** (s. 7.6.2.7).
7. Die internationale Gegenwartsdiskussion zeigt, welche systematischen Beziehungen zwischen Heidegger und der modernen **Sprachphilosophie** (Ryle, Wittgenstein, Rorty, Brandom) bestehen.
8. Bedeutend ist *Sein und Zeit* auch für den internationalen **Dialog der Kulturen** insbesondere Europas mit Asien. Bezeichnenderweise liegt das Buch in sieben verschiedenen japanischen Übersetzungen vor.

7.2.3 | Philosophische Anthropologie

Im 20. Jh. bildet sich in Deutschland eine neue philosophische Disziplin der Thematisierung des Menschen heraus, die philosophische Anthropologie. Scheler, Plessner und Gehlen sind die wichtigsten ihrer Autoren. Sie wird in Kapitel II.C.1 eigens ausführlich dargestellt.

7.2.4 | Existenzphilosophie und Existentialismus

Ebenfalls breitenwirksam wird das 20. Jh. bis in Literatur und Film von der Strömung des **Existentialismus** geprägt. Den philosophischen Hintergrund dieser Strömung bilden Kierkegaard (s. 7.1), Heidegger (s. 7.2.2) Jaspers, Sartre und Camus.

Karl Jaspers (1883–1969) war erst Mediziner und Psychologe und legte eine *Allgemeine Psychopathologie* (1913) vor, danach eine *Psychologie der Weltanschauungen* (1919). In seinem Hauptwerk *Philosophie* (1932) mit den drei Bänden *Weltorientierung*, *Existenzerhellung* und *Metaphysik* entfaltet er eine existenzphilosophische Interpretation der metaphysischen Themen Welt, Seele und Gott. Zentral sind die **Grenzsituationen**, wie Leiden, Kampf, Schuld und Tod, in denen wir uns selbst in unserer Freiheit und Unbedingtheit erfahren, die über Nichtwissen, Schaudern und Angst zu Liebe, Glaube und Phantasie führen können. Das existentielle Transzendenzverständnis Jaspers' richtet sich dem Anspruch nach gegen die übliche Religion und Theologie und versucht, absolute Transzendenz als das unfassbare Eine, das »Umgreifende« zu denken. Es ist letztlich nur indirekt, an ›Chiffren‹ zu vergegenwärtigen, wie Jaspers in seinen Vorlesungen *Chiffren der Transzendenz* von 1961 ausführt. Wie bei Kierkegaard, so werden auch bei Jaspers negative Grunderfahrungen angesichts der Widersprüchlichkeit, Fragwürdigkeit und Zerrissenheit der Existenz konstitutiv; es geht darum, **im ›Scheitern‹ das Sein zu erfahren**. In späteren Texten wendet sich Jaspers politischen Grundfragen zu, z. B. Deutschlands Schuld und Zukunft sowie dem Problem der atomaren Aufrüstung.

Jean-Paul Sartre (1905–1980) wurde nach dem Zweiten Weltkrieg gemeinsam mit seiner Lebensgefährtin Simone de Beauvoir (1908–1986) zur Identifikationsgestalt des Existentialismus. Angesichts der katastrophalen materiellen und auch ideellen Zerstörungen schien **die auf sich zurückgeworfene einzelne Existenz** übrigzubleiben. Sartre vergegenwärtigte diese Situation in erfolgreichen Romanen, wie *La nausée* (1938; *Der Ekel*, 1949) und Theaterstücken (*Les mouches*, 1943; *Die Fliegen*, 1944) und analysierte sie umfassend in seinem Hauptwerk *L'être et le néant* (1943; *Das Sein und das Nichts*, 1952). Ausgehend von Husserl, er studierte 1933 in Berlin, und beeinflusst von Hegel und Heidegger, unterscheidet er das Für-sich-sein des Menschen in Bewusstsein und Freiheit, dem das bewusstlose An-sich-sein der Objektivität gegenübersteht. Das Für-sich-sein ist durch das Nichts konstituiert. Existenzdialektisch formuliert: Wir sind, was wir nicht sind, und wir sind nicht, was wir sind. Faktizität und Transzendenz bestimmen einander. Entsprechend radikal ist Sartres Freiheitsverständnis: Wir sind ›zur Freiheit verurteilt‹. Die menschliche Existenz ist kontingent und absurd. Das bleibt auch so im Für-

Andere-sein. Sartre analysiert den ›Blick‹ des Anderen als grundsätzlich objektivierend und beschreibt Liebe, Begierde, Hass und Gleichgültigkeit im Kontext von Entfremdung und Scheitern. Auch die europaweit sehr erfolgreiche Schrift *L'existentialisme est un humanisme* (1945; *Der Existentialismus ist ein Humanismus*, 1946) ändert nichts an diesem basalen **Nihilismus**. Es folgt eine marxistische Phase, deren Hauptwerk *Critique de la raison dialectique* (1960; *Die Kritik der dialektischen Vernunft*, 1967) ist. Sartre interpretiert die marxistischen Grundbegriffe (z. B. Praxis, Arbeit, Entfremdung) existenzialistisch. Aber auch bei den nun analysierten Formen der Vergemeinschaftung und Gruppenbildung bleibt die existentielle Entfremdung des Einzelnen unüberwindlich. Gleichwohl engagiert sich Sartre politisch sehr aktiv. In seinem Spätwerk *Der Idiot der Familie* (1971–1972) legte er eine umfassende Untersuchung von Leben und Werk des französischen Schriftstellers Gustave Flaubert vor. Im Nachlass finden sich Ansätze einer Ethik, in denen der Grundgedanke der unausweichlichen Aporetik der menschlichen Existenz erhalten bleibt. Sartre bleibt einer der einflussreichsten Intellektuellen der 1950er und 1960er Jahre.

Albert Camus: Das gilt auch für den ihm lange nahestehenden Albert Camus (1913–1960), der den Existentialismus des Absurden in Frankreich äußerst wirksam vertritt: literarisch in seinen Romanen *L'étranger* (1942; *Der Fremde*, 1948) und *La peste* (1947; *Die Pest*, 1948) sowie in Theaterstücken und philosophisch in seinem berühmten Essay *Le mythe de Sisyphe* (1941; *Der Mythos von Sisyphos*, 1950). In seinem Essay mit dem Titel *L'homme révolté* (1951; *Der Mensch in der Revolte*, 1953) wendet er sich ideologiekritisch rigoros **gegen alle totalitären politischen Ansprüche**, was zum Bruch mit Sartre führt. Seine Botschaft lässt sich so konzentrieren: Trotz der evidenten Absurdität und Sinnlosigkeit der menschlichen Existenz und angesichts des Verlustes aller Werte und Ziele sind sowohl der Selbstmord wie auch der ›Sprung‹ in den Glauben an Gott (wie bei Kierkegaard) keine Alternativen. Vielmehr gilt es, das Absurde – wie der den Stein immer wieder hinaufrollende Sisyphos – auszuhalten; Sisyphos sei daher, so Camus, sogar als ›glücklich‹ zu begreifen. In der Politik plädiert Camus gegen alle Absolutheitsansprüche für ein maßvolles, pragmatisches Denken.

Camus: *Der Mythos von Sisyphos* (dt. Ausgabe von 1980)

7.2.5 | Hermeneutik

Definition

Eine methodisch reflektierte, akademische Schulrichtung der modernen Philosophie ist die v. a. von Dilthey, Gadamer und Ricœur neubelebte → **Hermeneutik**. Sie ist methodisch die **Theorie des Verstehens und der Interpretation von Sprachen und Texten** (griech. *hermeneuein*).

Der Ansatz von Wilhelm Dilthey (s. 7.1.2) ist von Nietzsche und der Lebensphilosophie beeinflusst. In der *Einleitung in die Geisteswissenschaften* (1883) wird erläutert, wie diese das Verstehen von menschlichen Lebensäußerungen methodisch thematisieren. Heideggers Schüler **Hans-Georg Gadamer** (1900–2002) ist der bedeutendste Vertreter der Hermeneutik im 20. Jh. In seinem Hauptwerk *Wahrheit und Methode. Grundzüge einer philosophischen Hermeneutik* (1960) verbindet er seine Forschungen zur antiken Philosophie, insbesondere zum sokratischen Dialog und zur platonischen Dialektik, mit Husserls Phänomenologie und Heideggers existenzialer Hermeneutik von *Sein und Zeit*. Hermeneutik, die Kunstlehre des Verstehens, hat – wie bei Sokrates und Platon – eine dialogische Struktur: die von Frage und Antwort. In diesem Verhältnis stehen wir auch zu unserer Überlieferung, die fragend immer neu angeeignet werden kann und muss. Einen Text kann ich verstehen, wenn ich weiß, auf welche Frage er antwortet. Entscheidend für Gadamers Ansatz sind die Begriffe »Vorverständnis«, »hermeneutischer Zirkel« und »Horizontverschmelzung«. Wir bringen bei jedem Verstehensversuch ein Vorverständnis des Textes, der Sache mit, ob wir dies wollen oder nicht. Daher ist die »**Zirkularität**« **des Verstehens**, bei dem wir eben auf diese Vorurteile zurückkommen, nie ganz überwindbar und auflösbar, und somit kann Verstehen auch nie zu einem endgültigen Ergebnis gelangen. Gadamer wählt als große Beispielbereiche für die Methoden des Verstehens das Recht, die Religion und v. a. den Bereich der Kunst.

Er akzentuiert mit Hegel den Erkenntnisanspruch des Kunstverstehens und der ästhetischen Erfahrung als einer Wahrheitsdimension. Wie Heidegger vertritt er die ›Universalität der hermeneutischen Erfahrung‹, denn Verstehen ist – mit *Sein und Zeit* – keine Sonderpraxis, sondern die Seinsweise der menschlichen Existenz selbst. Dieses Verstehen vollzieht sich geschichtlich-konkret unter Bedingungen eines ›Horizonts‹ (der Begriff Husserls), der den /die Verstehenden und das Verstandene verbindet. Diese Verbindung wird durch die »Wirkungsgeschichte« ermöglicht, durch das Weiterwirken der Texte in der Zeit. Schließlich »verschmelzen« die Horizonte der Vergangenheit des zu Verstehenden und der Gegenwart des Verstehenden. Letztlich kann dies geschehen, weil Gadamer mit Heidegger die Sprache als übergreifende Vermittlungsinstanz auszeichnet. Die Hermeneutik lässt Fragen nach kritischer Reflexion auf vergangene Texte und nach ihren Wahrheits- und Geltungsansprüchen offen, so dass sich in den 1970er Jahren eine Auseinandersetzung über den Universalanspruch der Hermeneutik u. a. mit Habermas und Apel entspann.

Auch Paul Ricœur ist ein wichtiger Vertreter der Hermeneutik (s. 7.2.1).

7.3 | Der *linguistic turn*

7.3.1 | Positivismus, Logischer Empirismus

Bei Gottlob Frege (1848–1925) bahnt sich bereits eine bahnbrechende Erneuerung der logischen Analyse der Sprache an. In seinen Aufsätzen »Über Sinn und Bedeutung« sowie »Der Gedanke« zeigt er, wie die Analyse der logischen Form der Sprache die Konstitution von Bedeutung und die Bedingungen von Geltungen und Wahrheitsansprüchen aufzuklären vermag (s. Kap. II.A.4 u. 6). Solche Analysen leisten auch Russell und Whitehead in ihren *Principia Mathematica* (1910–1913).

In diesem Kontext entwickelt sich der **logische Positivismus des Wiener Kreises**, der sich um Moritz Schlick (1882–1836) bildet und der zu Wittgensteins *Tractatus logico-philosophicus* (1921) und Rudolf Carnaps (1891–1970) *Der logische Aufbau der Welt* (1928) führt. Der Grundgedanke des Wiener Kreises besteht im wissenschaftlichen Verifikationsprinzip: Die Bedeutung eines Satzes besteht wesentlich in der Methode seiner empirischen Überprüfung, d. h. in den konkreten Erfahrungen, durch die er bestätigt wird. Mit dieser sprachkritischen Weichenstellung werden viele traditionelle philosophische Fragestellungen insbesondere der Metaphysik eliminiert. An die Stelle der Metaphysik tritt die **logische Analyse der Sprache**, da wir über keine empirischen Kriterien hinsichtlich der Existenz Gottes, der menschlichen Freiheit oder der Unsterblichkeit der Seele verfügen. Die logische Analyse zerlegt alle Sätze solange, bis ganz einfache Aussagen übrigbleiben, die elementare Erfahrungen wiedergeben – die sogenannten Protokollsätze. Der Wiener Kreis konzipiert daher eine **Einheitswissenschaft**, die – wie Otto Neurath (1882–1945) betont – paradigmatisch in der Physik realisiert ist: Wissenschaftstheoretisch wird ein **Physikalismus** vertreten. Auch auf die Psychologie wird das Verifikationsprinzip angewandt: Es folgt (im Anschluss an die amerikanischen Forschungen von J. B. Watson) der Behaviourismus. Psychologie als Wissenschaft kann sich allein auf beobachtbares Verhalten und die Reaktionen von Individuen in bestimmten Situationen beziehen. Die spezifischen Probleme der Philosophie bestehen in der logischen Analyse der Wissenschaftssprache und der genauen Konstruktion der ›logischen Syntax‹, ihrer Einheitssprache, so behauptet Carnap schließlich in *Logische Syntax der Sprache* (1934). Durch Emigration wichtiger Mitglieder des Wiener Kreises in die anglo-amerikanische Welt in den 1930er Jahren wurde der sprachkritische logische **Positivismus** und **Empirismus** dort zu einer sehr starken Strömung.

Ludwig Wittgenstein: Der Ansatz des *Tractatus* von Ludwig Wittgenstein (1889–1951) war grundlegend für den Wiener Kreis, enthält aber auch bereits sprengende und weiterführende Thesen und Perspektiven. Er konzipiert das Werk unter dem Einfluss von Frege und Russell im Ersten Weltkrieg und formt es zu einem äußerst knappen, rigiden Text, dessen Aufbau aus sieben Kernsätzen besteht, die jeweils in der Folge weiter expliziert und erläutert werden.

7.3.2 | Wittgenstein und seine Schule

In seinem späteren Hauptwerk *Philosophische Untersuchungen* (1953) revidiert Wittgenstein in Auseinandersetzung mit dem *Tractatus* seine frühere Sprachphilosophie. Das Werk radikalisiert und vertieft den Ansatz der Sprachkritik. Wir machen uns falsche Bilder vom Funktionieren der Sprache. Ein solches falsches Bild ist z. B. das eines Abbild-

Der *linguistic turn*

Interpretation

Kernsätze des *Tractatus logico-philosophicus*

1. »Die Welt ist alles, was der Fall ist.«
2. »Was der Fall ist, die Tatsache, ist das Bestehen von Sachverhalten.«
3. »Das logische Bild der Tatsachen ist der Gedanke.«
4. »Der Gedanke ist der sinnvolle Satz.«
5. »Der Satz ist eine Wahrheitsfunktion der Elementarsätze. (Der Elementarsatz ist eine Wahrheitsfunktion seiner selbst.)«
6. »Die allgemeine Form der Wahrheitsfunktion ist:
   [p, ξ, N (ξ)].
   Dies ist die allgemeine Form des Satzes.«
7. »Wovon man nicht sprechen kann, darüber muss man schweigen.«

Wittgenstein will mit seinem Werk das **Wesen des Satzes** aufklären, entsprechend sollte es ursprünglich *Der Satz* heißen. Wird aufgeklärt, was sich aufgrund dieses Wesens sagen lässt, so lässt sich das überhaupt Sagbare ›von innen her‹ vom Unsagbaren abgrenzen. Die Thesen 1 und 2 behaupten, dass die Welt die Gesamtheit der Tatsachen ist und wir diese in ›Bildern‹ begreifen. Tatsachen sind Sachverhalte, die selbst Konfigurationen von Gegenständen sind. Das logische Bild, das wir uns von Tatsachen machen, ist These 3 zufolge der Gedanke, der sich im Satz sinnlich wahrnehmbar artikulieren lässt. Die Konfiguration der Gegenstände in der Sachlage und die Konfiguration der Zeichen im Satz entsprechen sich. Nur Sätze haben einen Sinn. Daher werden nach These 4 Gedanken stets in sinnvollen Sätzen ausgedrückt. Die Gesamtheit der sinnvollen wahren Sätze ist das, was die Naturwissenschaft ausmacht. Demgegenüber erhält die Philosophie einen gänzlich anderen Status – sie ist keine Wissenschaft, sondern eine Tätigkeit, die die Gedanken klären soll. Wittgenstein trifft die **Grundunterscheidung von Sagen und Zeigen**: »Der Satz *zeigt* seinen Sinn. Der Satz *zeigt*, wie es sich verhält, *wenn* er wahr ist. Und er *sagt*, *dass* es sich so verhält« (4.022). Die Thesen 5 und 6 reduzieren die Sinnkonstitution letztlich auf einfachste Sätze, die Elementarsätze. Die logischen Formen ergeben nur Tautologien, sie bilden nichts ab. Außerhalb ihrer gibt es keine Gesetze und keine Notwendigkeit, keine Kausalität, nur Abfolge. In der Welt gibt es somit nur empirische Tatsachen, ›nichts Höheres‹. Gegen Ende des *Tractatus* thematisiert Wittgenstein die **Grenzen der Sprache**, des Lebens, der Welt, er redet von Gott: »Gott offenbart sich nicht *in* der Welt« (6.432) und vom Unaussprechlichen: »Dies *zeigt* sich, es ist das Mystische« (6.522). Mit diesem Schritt sprengt er bereits ganz bewusst den Rahmen des Logischen Empirismus. Die Struktur des *Tractatus* selbst ist bei näherer Betrachtung nämlich paradox: Die Bildtheorie des Satzsinns lässt sich nicht auf die im Text verwendete Sprache anwenden; diese Sprache hat keinen gegenständlichen Bezug. Sie zeigt nur ihren Sinn. Dieser Sinn ist nach Wittgenstein ein ethischer: Die paradoxe Selbstaufhebung des Textes vermittels seiner eigenen Sinnkriterien weist bzw. zeigt auf die Lebenspraxis, in der ethische und religiöse (›mystische‹) Bedeutungen ihren wahren Ort haben. Entsprechend beendet Wittgenstein nach Vollendung des Textes zunächst sein Philosophieren und wendet sich der Praxis zu, bis ihn Freunde zur Promotion und zur Lehrtätigkeit an der Universität Cambridge bewegen können.

verhältnisses von Sprache und Wirklichkeit. Insbesondere geht die traditionelle Subjekt- und Bewusstseinsphilosophie davon aus, dass sich die psychologischen Begriffe z. B. des Denkens, Vorstellens, Wollens, Meinens auf Vorgänge im ›Inneren‹ des Geistes oder der Seele beziehen.

Wittgensteins tiefgreifende kritische Analyse zeigt, dass sich die komplexen, solche mentalen Begriffe enthaltenden alltäglichen Sprachpraxen – die er **Sprachspiele** nennt – aus ihrem internen sprachlichen und dem externen praktischen Kontext, den **Lebensformen**, verstehen lassen, nicht jedoch durch Rekurs auf eine ›subjektive‹ Innenwelt. In unserer Lebenspraxis sind sprachliches und nichtsprachliches Handeln untrennbar miteinander verbunden. Vor der jeweiligen Sprachgebrauchspraxis lässt sich die Bedeutung von Worten und Sätzen nicht bestimmen und nicht verstehen: Die ›Bedeutung‹ der Worte und Sätze ist in vielen Fällen ihr ›Gebrauch‹. So ist die Bedeutung von »König« im Schach eine andere als in der Politik. Wörter haben eine (unüberschaubar) komplexe und differenzierte Fülle von Funktionen, die wir auch im Blick auf die Zukunft nicht abschließend beurteilen können.

Ebenso ist uns das Ganze der Sprachpraxis schlechterdings nicht theoretisch zugänglich, obwohl wir uns praktisch in diesem Ganzen bewegen und orientieren. Es gibt keine einheitliche Bedeutungsfunktion, weder für Wörter noch für

20. Jahrhundert und Gegenwart

Sätze. So wird das Wort ›Spiel‹ auf unterschiedliche Praxen wie Schach, Fußball, Versteckspiel, Spiele im Sandkasten etc. angewandt. Sie haben eine gewisse Ähnlichkeit, die Wittgenstein **Familienähnlichkeit** nennt, aber kein darüber hinausreichendes gemeinsames Wesen. Wittgenstein kritisiert sowohl objektivistische und subjektivistische Bedeutungstheorien als auch substantielle Begriffstheorien. Was seit Platon als ›Wesen‹ einer Sache gedacht wurde, liegt in der ›Grammatik‹, der wir in der Sprachgebrauchspraxis folgen. Die Regeln, denen wir beim Gebrauch der Grammatik folgen, sind uns im Alltag auch keineswegs explizit bekannt und bewusst, sondern wir folgen den Regeln meist implizit und ›blind‹. Daher kritisiert Wittgenstein auch falsche Vorstellungen und Bilder von sprachlichen Regeln und dem Regelfolgen. Weder vertritt er angesichts der Implizitheit der Regeln einen Regelskeptizismus, noch einen Platonismus, gemäß dem es ›Regeln an sich‹ unabhängig vom konkreten Sprachgebrauch gibt. Im Kontext der gemeinsamen Sprachpraxis in gemeinsamen Lebensformen lässt sich jeweils beurteilen, ob jemand oder man selbst einer Regel folgt. Nur so ist die Regel z. B. des Zählens oder der Verwendung der Farbwörter auch lehr- und lernbar. Die öffentliche Zugänglichkeit und Beurteilbarkeit ist das zentrale Sinnkriterium.

Auf dieser Grundlage entwickelt Wittgenstein ein für die Anschlussdiskussion besonders wichtiges Argument, das **Privatsprachenargument**. Ist es nicht möglich, für sich allein eine Sprache zu entwickeln und zu verwenden? Wittgenstein zeigt mit subtiler Argumentation, dass es für eine solche Sprache kein Kriterium der Richtigkeit ihrer Verwendung gäbe. Die Kritik der Privatsprache leistet eine weitreichende Destruktion aller Subjekt- und Bewusstseinstheorien und aller irreführenden Bilder von einer ›Innenwelt‹ des Denkens, Vorstellens, Empfindens und Fühlens. Sie zeigt demgegenüber, dass gerade die ›subjektivsten‹ Dimensionen unserer Erfahrung uns selbst nur durch die öffentliche, gemeinsame, intersubjektive Sprach- und Lebenspraxis zugänglich sind. Öffentliche Sprachspiele in gemeinsamen Lebensformen sind unhintergehbar für alles Bedeutungsverstehen und jedes Selbstverständnis.

Die *Philosophischen Untersuchungen* hatten und haben eine weltweite Wirkung als eines der bedeutendsten Werke des 20. Jh.s. Sie wurden vorbildlich für die Alltagssprachanalysen von Ryle und Austin (s. 7.3.3) und führten zu Grundsatzkontroversen über die Möglichkeiten und Grenzen der Philosophie. In seinen letzten Untersuchungen *Über Gewissheit* (1969) thematisiert Wittgenstein die Voraussetzungen des Funktionierens von Sprachspielen in konkreten Lebensformen. Er zeigt in Auseinandersetzung mit George Edward Moore auf, dass unser Handeln und Sprechen auf elementaren, nicht explizit bewussten Gewissheiten aufruht und gründet, die selbst unbegründet sind, aber allen Zweifeln und Irrtümern bereits vorausgehen. Das unbegründete Bezugssystem unseres Zweifelns und Fragens ist ein **vorgängiges Weltverständnis**, das sich geschichtlich oft nur unmerklich verändert.

Wirkung: Direkte Schüler Wittgensteins entwickeln seine Gedanken eigenständig weiter, so Anscombe, Geach und von Wright. **Gertrude Elizabeth Margaret Anscombe** (1919–2001) legt in ihrem Hauptwerk *Intention* (1957) eine Analyse praktischen Wissens vor, die die Grundlagen der praktischen Philosophie klären soll und die sie in *Modern Moral Philosophy* (1958) weiterführt. Ihr Mann **Peter Geach** (geb. 1916) arbeitet in seine logischen, urteilstheoretischen Analysen (*Mental Acts*, 1957; *Reference and Generality*, 1962) immer wieder Bezüge zur mittelalterlichen Logik (Thomas von Aquin) und zu ihren Bedeutungstheorien ein; er entwickelt eine katholische Religionsphilosophie. Wittgensteins Schüler **Georg Henrik von Wright** (1916–2003) führt die handlungstheoretischen Untersuchungen auch Anscombes weiter. In *Norm and Action* (1963; *Norm und Handlung*, 1979) und v. a. in *Explanation and Understanding* (1971; *Erklären und Verstehen*, 1974) entwickelt er gegen logisch-positivistische, einheitswissenschaftliche Ansätze einen antireduktionistischen Intentionalismus, der die Absichten von Personen in der Handlungssprache grundsätzlich von erklärbaren Kausalabläufen unterscheidet. Sinnverstehende lassen sich so von kausalerklärenden Wissenschaften, Verstehen lässt sich von Erklären differenzieren, die analytische Sprachkritik berührt sich mit der Hermeneutik. Von Wrights Nachweis der begrifflichen Abhängigkeit des Kausalitäts- vom Handlungsbegriff besagt, dass wir ohne Bezug auf unser eigenes Handeln auch die Ebene der Ereigniskausalität nicht erkennen können. Diese Analyse entspricht der transzendentalen Rekonstruktion der Kausalität auf pragmatischer, handlungstheoretischer Grundlage, die von Kant entwickelt wurde.

7.3.3 | Analytische Philosophie und *ordinary language philosophy*

Alfred Jules Ayer: Ein erstes Hauptwerk der Schule ist *Language, Truth and Logic* (1936) von Alfred Jules Ayer (1910–1989), in dem er das Verifikationsprinzip empiristisch bestimmt und außer den logischen Tautologien alle diesem Prinzip nicht genügenden Sätze als metaphysisch ausschließt. Auch den induktiven Schlüssen wird ein Recht zuerkannt. Der Philosophie bleibt allein die logische Analyse. Spätere Vertreter der Analytischen Philosophie werden die Unzulänglichkeit einer reinen Beobachtungssprache kritisch gegen Ayer herausarbeiten, so Carnap, und wie Quine den Verifikationismus kritisieren.

Im Anschluss an Wittgensteins Spätphilosophie entwickelt sich als zweite große Strömung des *linguistic turn* der Ansatz der **Alltagssprachanalyse**, so bei Ryle und Austin. Diese Sprachphilosophie setzt nicht bei der Konstruktion von Wissenschaftssprachen ein, sondern beim alltäglichen Sprachgebrauch inmitten der Lebenspraxis, um so genaue Bedeutungsanalysen zu erreichen.

Gilbert Ryle (1900–1976), der von Wittgenstein, aber auch von der kontinentalen Phänomenologie beeinflusst wurde, legt in seinem Hauptwerk *The Concept of Mind* (1949; *Der Begriff des Geistes*, 1969) eine Theorie des Geistes in der Form der Analyse der Verwendung mentaler, psychologischer Begriffe im Alltag vor. Die Analyse zeigt, dass wir ohne die tatsächlichen äußerlich beobachtbaren Handlungen und Verhaltensweisen der Menschen vom ›Geistigen‹, ›Inneren‹ keinerlei Kenntnis hätten. Ryle destruiert so das ›Dogma vom Geist in der Maschine‹, das Modell des cartesischen Dualismus von ›Denken‹ (*res cogitans*) und materieller Gegenständlichkeit (*res extensa*) – wie vor ihm Heidegger und Wittgenstein. Im Zentrum weist Ryle **Kategorienfehler** auf (*category mistakes*), die z. B. darin bestehen, mentale Dispositionsbegriffe – Begriffe, die sich auf erwartbares Verhalten von Personen beziehen (z. B. ›mutig‹, ›geizig‹) – als innere geistige Vorgänge oder Eigenschaften zu objektivieren.

John Langshaw Austin (1911–1960) entwirft die Sprachanalyse als **linguistische Phänomenologie** (*linguistic phenomenology*). Mit dieser Bezeichnung wird eine systematisch wichtige Nähe bzw. Berührung von Phänomenologie, Hermeneutik und Sprachphilosophie deutlich. Austins große Leistung besteht in der Entwicklung der bahnbrechenden **Sprechakttheorie** in seinem Hauptwerk *How to do Things with Words* (1962; *Zur Theorie der Sprechakte*, 1972). Sprechakte sind Handlungen, die nicht wahr oder falsch sein können, sondern die gelingen oder misslingen, die wahrhaftig oder unwahrhaftig sind – so z. B. die Akte »Ich taufe dich auf den Namen John« oder »Ich verspreche dir, dass ich morgen komme«. Seine erkenntnistheoretischen Analysen vertieft Austin in *Sense and Sensibilia* (1962; *Sinn und Sinneserfahrung*, 1975); er weist gegen den reduktionistischen Empirismus z. B. Ayers auf, dass die alltägliche Wahrnehmung viel komplexer und ganzheitlicher ist, als dieser meint.

Richard Mervyn Hare (1919–2002) wendet die *ordinary language philosophy* auf die praktische Philosophie an. In *The Language of Morals* (1952; *Die Sprache der Moral*) und *Freedom and Reason* (1963; *Freiheit und Vernunft*) analysiert er die **Sprache der Moral**, insbesondere die vorschreibenden, präskriptiven Imperative und gelangt zu einer logischen Reformulierung von Kants Kategorischem Imperativ als universellem (logischem) Präskriptivismus.

Wilfrid Sellars (1912–1989) vertieft die Intentionalitätsanalysen der Sprachphilosophie, so in seinem wichtigen Aufsatz »Empiricism and the Philosophy of Mind« (1963).

Peter F. Strawson (1919–2006) arbeitet eine ›**deskriptive Metaphysik**‹ auf sprachanalytischer Grundlage aus, die er in seinem Hauptwerk *Individuals* (1959; *Einzelding und logisches Subjekt*, 1972) mit seiner Personalitätsthese entfaltet: Menschliche Personen mit mentalen Eigenschaften sind ontologisch irreduzibel. Strawson nähert sich so auf analytische, deskriptive Weise transzenden-

---

Definition

Aus dem Logischen Empirismus und Positivismus der Wiener Schule sowie Carnaps, unter dem Einfluss von Frege und Russell und durch die Wirkung der Ansätze sowohl des frühen Wittgenstein des *Tractatus* als auch des späten Wittgenstein der *Philosophischen Untersuchungen* bildet sich u. a. aufgrund der Emigration der führenden Philosophen in den 1930er bis 1960er Jahren die breite Strömung der → **Analytischen Philosophie** mit ihrer im Kern sprachphilosophischen, sprachanalytischen Orientierung heraus. In vielen Modifikationen wirkt sie als eine der stärksten Formationen bis in die Gegenwart weiter, denn die **sprachkritische Wende** (*linguistic turn*) ist eine tiefgreifende methodische Transformation und Erneuerung der Philosophie, und gerade solche methodischen Transformationen sind es, die seit Beginn ihrer Geschichte den Weg der Philosophie bestimmten – von der Ontologie über die Bewusstseins- und Transzendentalphilosophie bis eben zur Sprachkritik.

talen Argumenten Kants, so in seinem *The Bounds of Sense* (1966; *Die Grenzen des Sinns*, 1981).

Willard Van Orman Quine: Von großem Einfluss für die Weiterentwicklung der Analytischen Philosophie ist in den USA Willard Van Orman Quine (1908–2000). Entscheidend in seinen Werken »On what there is« (1948), *Word and Object* (1960; *Wort und Gegenstand*, 1980) und *Ontological Relativity and Other Essays* (1969; *Ontologische Relativität und andere Schriften*, 2003) sind kritische **Relativierungs- und Unbestimmtheitsthesen** hinsichtlich möglicher Übersetzungen und Theoriekonstruktionen. Er gelangt zu einem moderaten, ganzheitlichen (›holistischen‹) Sprach- und Wissenschaftsverständnis, das wiederum Anlass für wissenschaftskritische Anschlussdiskussionen war: Entweder werden die Ansprüche des verbleibenden Logischen Empirismus sehr stark eingeschränkt, oder preisgegeben (so Rorty, s. 7.6.2.4).

Nelson Goodman (1906–1998) wendet in seinem Werk *Ways of Worldmaking* (1978; *Weisen der Welterzeugung*, 1984) die analytische Philosophie auf die Grundfragen des menschlichen Weltverstehens in symbolischen Formen an. In *Languages of Art: An Approach to a Theory of Symbols* (1968; *Sprachen der Kunst*, 1998) thematisiert er besonders die Sprachen der Kunst.

Michael Dummett (geb. 1925) legt monumentale Untersuchungen zu Frege (*Philosophy of Language*, 1973), zur Philosophie der Mathematik (*Elements of Intuitionism*, 1977) und zur Bedeutungstheorie (*The Logical Basis of Metaphysics*, 1991) vor. Gegen den Holismus Quines hält er am Einzelsatz als Basis der Bedeutung fest.

John R. Searle (geb. 1932) entwickelt in *Speech Acts* (1969; *Sprechakte*, 1971) die Sprechakttheorie Austins weiter und behandelt Fragen der Theorie des Geistes in *Intentionality* (1983; *Intentionalität*, 1987) auf eine Weise, die die Eigenständigkeit der mentalen Ebene stark akzentuiert. Diese Entwicklungen der Analytischen Philosophie führen bis in die Gegenwartsdiskussion (s. 7.6.3).

7.4 | Marxismus und Kritische Theorie

7.4.1 | Marxismus

Orthodoxie: Die weltpolitische Entwicklung des 20. Jh.s führte zu einer Transformation der Analysen von Marx und des kritischen Marxismus in orthodoxe Formen eines Geschichtsdeterminismus, der in der Form des **Marxismus-Leninismus** zu einer Legitimationsideologie des Ostblocks wurde. Insbesondere durch Lenin (1870–1924) und Plechanow (1856–1918) wurde dieser Prozess geprägt, in der Kommunistischen Partei der Sowjetunion wurde der Marxismus-Leninismus zur verbindlichen Staatsdoktrin erklärt. Unter Stalin wurde der dogmatische Anspruch der Lehre noch verfestigt. Der Marxismus-Leninismus enthält **drei Lehrstücke**:
- den historischen und dialektischen Materialismus als wissenschaftliche Philosophie der (proletarischen) Weltaneignung;
- die politische Ökonomie als Theorie der objektiven Gesetzmäßigkeit der notwendigen Entwicklung unter Einschluss der Theorie des Zusammenbruchs des Kapitalismus;
- den wissenschaftlichen Kommunismus, der Strategie und Taktik der kommunistischen Bewegung bestimmt.

Westlicher Neomarxismus: Im Westen bildet sich demgegenüber ein **undogmatischer Marxismus** heraus, der die kritischen Ansprüche von Marx fortführen will – des Marx, der auf einem Kongress der Ersten Internationale (Ende der 1870er Jahre) gesagt haben soll: »Ich bin kein Marxist« (»Je ne suis pas *marxiste*«). Protagonisten sind Lukács, Bloch und Gramsci, später die jugoslawische Praxis-Gruppe.

Georg Lukács (1885–1971) legte nach neukantianisch-lebensphilosophischen und ästhetiktheoretischen Anfängen (*Die Seele und die Formen*, 1911; *Die Theorie des Romans*, 1916/20) und seiner Wende zu Marx ein erstes Hauptwerk des westlichen Marxismus vor: *Geschichte und Klassenbewußtsein* (1923). Er lehnt in diesem Werk sowohl die orthodoxe Widerspiegelungstheorie als auch die von Engels behauptete »Naturdialektik« ab, argumentiert für eine genaue Differenzierung von natürlicher Vergegenständlichung (Arbeit) und geschichtlicher Entfremdung und Verdinglichung und favorisiert einen starken politischen Aktivismus als Basisbewegung. In der Folge interpretiert Lukács Hegel als grundlegend für Marx und die Herausbildung einer kritischen Dialektik und vertieft seine ästhetischen und hermeneutischen Untersuchungen (*Der junge Hegel*, 1948; *Goethe und seine Zeit*, 1947). In seinem Buch *Die Zerstörung der Vernunft* (1954) versucht er, die Herausbildung des Irrationalismus in Deutschland kritisch zu analysieren, die schließlich zur Katastrophe der Weltkriege und des Nationalsozialismus führte. Er zeigt, wie durch Schopenhauer und Nietzsche Vernunftperspektiven zunehmend eliminiert wurden, bis durch lebensphilosophische, reaktionäre Kulturkritik elitäre, sozialdarwinistische und schließlich rassistische Ideologien die Oberhand gewinnen konnten. In seinem ästhetischen Hauptwerk *Die Eigenart des Ästhetischen* (1963) analysiert Lukács, wie die Künste aus der Alltagspraxis hervorgehen. Im grundlegenden Text *Zur Ontologie des gesellschaftlichen Seins* (1971) kritisiert er sowohl den bürokratischen Stalinismus wie den Kapitalismus, den Logischen Empirismus wie Heidegger als Legitimationsideologien und versucht, mit Marx aus der zwecksetzenden menschlichen Arbeit ein sinnvolles Gesellschaftsmodell und ein reflektiertes Naturverhältnis zu entwickeln. Hervorzuheben ist, dass die Werke Lukács' in der Zeit des Kalten Krieges in Ost wie in West gleichermaßen rezipiert und diskutiert wurden.

Ernst Bloch (1885–1977) entwirft in seinem Hauptwerk *Das Prinzip Hoffnung* (1954–1959) eine dialektisch-materialistische Anthropologie und Geschichtstheorie, die er bereits in seinem Frühwerk *Geist der Utopie* (1918) umrissen hatte. Die menschliche Praxis ist unüberbietbar auf Hoffnung und sinnvolle Zukunftsperspektiven angelegt; diese zukünftigen Sinnperspektiven konstituieren und prägen alle existentiellen, sozialen und kulturellen Leistungen. Bloch zeigt dies umfassend an den ästhetischen, ethischen, politischen und religiösen Bereichen der Praxis auf. In *Naturrecht und menschliche Würde* (1961) versucht er, den Marxismus durch rechtsphilosophische Analysen zu ergänzen. Im Spätwerk *Experimentum Mundi* (1975) führt er eine logisch-kategorientheoretische Begründung seiner materialen Untersuchungen aus. Seit 1949 in der DDR tätig, übersiedelt er 1961 in die Bundesrepublik Deutschland, wo er von Tübingen aus großen Einfluss (u. a. auf die Studentenbewegung) gewinnt.

Antonio Gramsci (1891–1937) ist in Italien ein wichtiger Vertreter des westlichen Marxismus. Er bindet die philosophisch-emanzipatorische Reflexion und Theoriebildung ganz stark an die Bewegung der politischen Praxis (*Philosophie der Praxis*, 1967). Eine ähnliche Akzentsetzung verfolgt die jugoslawische Praxis-Gruppe mit Predrag Vranicki, Mihailo Marković (*Dialektik der Praxis*, 1968) und Milan Kangrga.

7.4.2 | Kritische Theorie der Frankfurter Schule

Eine besonders profilierte Schultradition im Rahmen des westlichen Marxismus und einer kritischen Gesellschaftstheorie bildet seit den 1920er Jahren die Frankfurter Schule mit Horkheimer, Adorno, Marcuse und Habermas.

Max Horkheimer (1895–1973) **und Theodor W. Adorno** (1903–1969) emigrierten 1934 bzw. 1938 – nachdem sie gemeinsam am Institut für Sozialforschung in Frankfurt gearbeitet hatten – in die USA. Dort setzten sie ihre Arbeiten fort und verfassten 1939 bis 1944 das für die klassische Kritische Theorie grundlegende Werk *Dialektik der Aufklärung* (1947). Es besteht aus fragmentarischen Entwürfen, die den **Aufklärungsbegriff** und den **Vernunftbegriff** selbst tiefgreifend problematisieren: Da Vernunft auf Naturbeherrschung angewiesen ist und bleibt, sind alle Befreiungsversuche mit neuen, sich steigernden Abhängigkeiten verbunden. Die Totalitätsansprüche von Aufklärung und Vernunft schlagen daher im 20. Jh. in totale Unfreiheit um. Ausgeführt wird diese These an den Paradigmen des Antisemitismus und der Kulturindustrie, die mit ihren stereotypen Unterhaltungsschemen die Arbeitswelt noch einmal verdoppelt, von der sie doch eigentlich entlasten soll. Aufklärung wird so »als Massenbetrug« gekennzeichnet. Letztlich mündet moderne Aufklärung wieder in mythische Rückschrittlichkeit ein. Beide setzen seit 1950 die Arbeit am Frankfurter Institut für Sozialforschung fort. Horkheimers Spätwerk radikalisiert die Dialektik von Hoffnung und Resignation, er spricht von der »Sehnsucht nach dem ganz Anderen« (so auch der Titel eines 1970 publizierten Interviews). Die total verwaltete Welt sei das Ergebnis moderner Entwicklung.

Adorno wendet sich ästhetischen (*Ästhetische Theorie*, 1970) und musiktheoretischen (*Philosophie der neuen Musik*, 1949) Untersuchungen zu: In der modernen Kunst sind innovative, irreduzible Protest- und Emanzipationspotentiale enthalten, die sich nur gegen die Verdinglichungs- und Entfremdungsprozesse des Spätkapitalismus verstehen lassen. Im Werk *Minima Moralia* (1951) mit dem Untertitel *Reflexionen aus dem beschädigten Leben* kommt der paradoxe, gegen die universale Entfremdung gerichtete, negativ-theoretische **Hoffnungsimpuls** von Adornos Denken prägnant zum Ausdruck. Die unscheinbarsten Alltagserfahrungen sollten einerseits wie vom »Standpunkt der Erlösung« aus betrachtet werden – andererseits noch mit dem Bewusstsein der »Unmöglichkeit« dieser Perspektive. Der Hintergrund seines Denkens – so wird hier deutlich – ist beeinflusst von Walter Benjamin, der Adorno früh prägte. Im Hauptwerk *Negative Dialektik* (1966) vertieft Adorno seinen Grundgedanken: Die begrifflichen Verallgemeinerungen des Denkens sollen das Seiende verfügbar und objektivierbar, somit beherrschbar machen. Auf diese Weise wird das von Adorno sogenannte ›Nichtidentische‹ des unmittelbar Wirklichen verdrängt und vernichtet. Dieses Nichtidentische aber, das absolut Individuelle, lässt sich begrifflich nicht fassen. Philosophisch bekommt die kritische Reflexion so ein negatives, geradezu paradoxes Fundament; in der Kunst aber erhält das Nichtidentische Artikulationsmöglichkeiten. Adornos Wirkung in die Öffentlichkeit war durch seine Aufsätze und Vorträge (auch im Rundfunk) trotz der radikal negativen Basis seiner Gesellschaftskritik in den 1960er Jahren sehr stark.

Herbert Marcuse: Das gilt in noch viel höherem Maß von Herbert Marcuse (1898–1979), der sein kritisches Hauptwerk *One Dimensional Man* 1964 (*Der eindimensionale Mensch*, 1967) vorlegte, nachdem er nach seiner Emigration 1933 in seinem Hegel-Buch *Reason and Revolution* (1941; *Vernunft und Revolution*, 1962) eine eigene Konzeption kritischer Gesellschaftstheorie entwickelte und in *Eros and Civilization* (1955; *Eros und Kultur*, 1957) emanzipatorische Potentiale in der menschlichen Triebstruktur ansetzte. Sein Denken eröffnet im Gegensatz zum starken Pessimismus und Negativismus von Horkheimer und Adorno dem Anspruch nach **konkrete Befreiungsperspektiven**: Gegen den irrationalen Spätkapitalismus gelte es, eine »große Weigerung« zu praktizieren und neue, befreiende, mehrdimensionale Lebensformen zu erproben. Dieser Ansatz wurde von der Studenten- und Protestbewegung der 1960er Jahre intensiv aufgenommen. In der Kritik blieb aber die Frage bestehen, ob die theoretischen Grundlagen einer tragfähigen Gesellschaftskritik bei Marcuse wirklich ausgearbeitet sind.

Jürgen Habermas (geb. 1929) arbeitet von 1956 bis 1959 am Institut für Sozialforschung, beschreitet aber bereits früh einen eigenen Weg, indem er fragt, wie eine **Kritische Theorie der Gesellschaft** auf dem Niveau sozialwissenschaftlicher Forschung und im Blick auf rechts- und demokratietheoretische Grundfragen möglich ist. Weder der Negativismus Horkheimers und Adornos noch die triebstrukturelle Fundierung des Emanzipationsprozesses bei Marcuse bieten ihm zufolge eine Antwort auf diese Frage. In seiner Habilitationsschrift *Strukturwandel der Öffentlichkeit* (1961) analysiert er die im Zuge der Aufklärung entstehenden sozialen Kommunikationsformen, in denen sich gesellschaftliche Klärungs- und Kritikpotentiale entfalten konnten. Seine Hauptwerke prägen die Gegenwartsdiskussion (s. 7.6).

7.5 | Pragmatismus

Für die Entwicklung der Philosophie in der zweiten Hälfte des 20. Jh.s ist die Rezeption des amerikanischen Pragmatismus von großer Bedeutung. **Charles Sanders Peirce** (1839–1914), **William James** (1842–1910) und **John Dewey** (1859–1952) entwerfen in den USA eine Erkenntnistheorie und Wissenschaftslehre auf handlungstheoretischer Grundlage, die bei empirischen Alltagsphänomenen ansetzt, langfristige Entwicklungsprozesse stark in die Reflexion von Geltungsfragen einbezieht und von Beginn an demokratische Ideale als sinnkonstitutives Fundament von Wahrheitsansprüchen betrachtet. Auf diese Weise werden die normativen, praktischen Implikationen auch und gerade deskriptiver, theoretischer, wissenschaftlicher Entwürfe ebenso deutlich wie die deskriptiven theoretischen Voraussetzungen praktischer Disziplinen wie der Pädagogik und Soziologie. Durch George Herbert Mead (1863–1931), Clarence Irving Lewis (1883–1964) und Willard Van Orman Quine (1908–2000) wird auch die Analytische Philosophie vom Pragmatismus beeinflusst. Der Pragmatismus wird intensiv von Habermas und Apel rezipiert (s. 7.6.2.1).

7.6 | Gegenwart (1960–2010)

7.6.1 | Kritischer Rationalismus, Wissenschaftsgeschichte, Systemtheorie

Die zweite Hälfte des 20. Jh.s wurde stark vom Kritischen Rationalismus Poppers, von den wissenschaftsgeschichtlichen Ansätzen Kuhns, Feyerabends und Lakatos' und von funktionalistisch-utilitaristischen Theorien in Soziologie, Psychologie und Ethik geprägt, die in der Systemtheorie Luhmanns eine reflexive Grundlegung fanden.

Karl R. Popper (1902–1994) wird durch seine *Logik der Forschung* (1934) einer der einflussreichsten Philosophen des 20. Jh.s. Er akzentuiert die Bedeutung der Fehlbarkeit des Wissens im Forschungsprozess. Dieser Prozess lässt sich als andauernde Abfolge von Versuch und Irrtum (*trial and error*) verstehen. Jede partielle Problemlösung birgt und produziert weitere Probleme. Daraus folgen die zentralen **wissenschaftstheoretischen Rationalitätspostulate** Poppers: Erstens muss eine allgemeine Theorie empirisch widerlegt werden können, sie muss falsifizierbar sein. Zweitens sollen die Wissenschaftler aktiv nach solchen Falsifizierungen suchen, anstatt immer nur nach Bestätigung ihrer Theorien zu streben. Somit wird die *kritische Prüfung* zum zentralen Gesichtspunkt des **Kritischen Rationalismus**. Auf dieser Grundlage wendet sich Popper früh nicht nur gegen das Verifikationsprinzip des Logischen Empirismus des Wiener Kreises und Carnaps, sondern gegen alle dogmatischen Wahrheits- und Geltungsansprüche. Er weitet die Analyse auch auf die politische Philosophie aus. Bereits im Exil in Neuseeland verfasst der 1935 aus Wien emigrierte Popper *The Open Society and its Enemies* (1945; *Die offene Gesellschaft und ihre Feinde*, 1957/58): Die Unvollständigkeit und Fehlbarkeit menschlichen Wissens verbietet »geschlossene« Konzepte von Plan, Organisation und Ziel der Gesellschaft und Politik, wie sie Popper v. a. Platon, Hegel und Marx vorwirft und als gefährliche Irrwege zurückweist.

»Ente-Hase«: Anhand der Zeichnung des Psychologen Joseph Jastrow veranschaulicht Kuhn, wie sich die Wahrnehmung des Wissenschaftlers im Zuge eines Paradigmenwechsels verändert.

Hans Albert (geb. 1921) vertritt in Deutschland erfolgreich den Kritischen Rationalismus, z. B. in seinem *Traktat über kritische Vernunft* von 1968. Zentral ist in seiner Reflexion das **Münchhausen-Trilemma**: Wer hinsichtlich einer Behauptung einen definitiven und gültigen Wahrheitsanspruch erhebt, verstrickt sich notwendig entweder in einen Dogmatismus oder muss einen logischen Zirkelschluss begehen oder gerät in einen unendlichen Regress.

Thomas S. Kuhn: Die wissenschaftsgeschichtlichen Untersuchungen von Thomas Samuel Kuhn (1922–1996) in seinem sehr einflussreichen Buch *The Structure of Scientific Revolutions* (1962; *Die Struktur wissenschaftlicher Revolutionen*, 1976) führte zur Karriere der Begriffe ›**Paradigma**‹ und ›**Paradigmenwechsel**‹. Keineswegs ist die Wissenschaftsentwicklung durch ruhige Kontinuität gekennzeichnet. Vielmehr entwickeln sich im Inneren der etablierten »Normalwissenschaft« Widersprüche, »Anomalien«, die schließlich zu einer Krise führen, die eine wissenschaftliche Revolution auslöst – so z. B. im Falle Kopernikus/Galilei. Aus der Revolution geht ein neues »Paradigma« hervor – ein neues Grundmodell, das eine neue Weltsicht, eine neue Sicht des Lebens oder ein neues Verständnis von wissenschaftlichen Grundbegriffen wie Kraft, Masse, Raum und Zeit ermöglicht.

Paul Feyerabend (1924–1994) radikalisierte diese Wissenschaftsgeschichtskonzeption noch einmal auf umstrittene Weise, in dem er eine anarchistische Variante entwickelte: In *Against Method: Outline of an Anarchistic Theory of Knowlegde* (1975; *Wider den Methodenzwang*, 1975) argumentiert er **gegen jeglichen Methodenzwang**. Mit Wittgenstein und Kuhn weist er auf die bedingte und stets überschreitbare Gültigkeit methodologischer Regeln hin. In *Science in a Free Society* (1978; *Erkenntnis für freie Menschen*, 1979) und *Farewell to Reason* (1987; *Irrwege der Vernunft*, 1989) zieht er aus dieser negativen Wissenschaftstheorie Konsequenzen für die Vielfalt der Wissenschaften wie auch der Kulturen.

Imre Lakatos (1922–1974) entwickelt im Kontext der Diskussionen um Popper, Kuhn und Feyerabend ein moderates, eigenständiges **Konzept der Falsifikation** im Blick auf die Methodologie von wissenschaftlichen Forschungsprogrammen.

In der zweiten Hälfte des 20. Jh.s avancieren weltweit viele Ansätze des empirischen Funktionalismus und Utilitarismus in Soziologie, Psychologie und Ethik. Es wird nicht mehr nach Wahrheit und Geltung gefragt, sondern nach Funktionen bzw. nach dem Nutzen von Orientierungen und Praxisformen.

Der deutsche Soziologe Niklas Luhmann (1927–1998) entwickelt in vielen Arbeiten eine **funktionale Systemtheorie der Gesellschaft**. Sinnvoll sind soziale Ordnungen, die eine ›Reduktion von Komplexität‹ leisten und so Lebensprozesse ermöglichen und erhalten. Diese Ordnungen sind nach Luhmann die Systeme bzw. Subsysteme der Gesellschaft, die von ihm nicht mehr in Bezug auf Individuen, Personen, autonome Subjekte und Kategorien des Selbstbewusstseins gedacht werden, sondern als »selbstreferentiell« (*Soziologische Aufklärung* I-VI, 1970–1995; *Gesellschaftsstruktur und Semantik. Studien zur Wissenssoziologie der modernen Gesellschaft* I-V, 1980–1995). In der Kontroverse mit Habermas, aus welcher der Band *Theorie der Gesellschaft oder Sozialtechnologie – was leistet die Systemforschung?* (1971) entsteht, wird dieser systemtechnologische Bruch mit der europäischen Tradition von Vernunft und Selbstbewusstsein kritisch diskutiert und einer kritischen Theorie der Gesellschaft mit emanzipatorischem Anspruch gegenübergestellt.

7.6.2 | Schulen der Gegenwart

7.6.2.1 | Transzendental- und Universalpragmatik, Diskursethik, Kritische Theorie

Jürgen Habermas konzipiert in den Bänden *Theorie und Praxis* (1963), *Erkenntnis und Interesse* (1968), *Technik und Wissenschaft als »Ideologie«* (1968) und *Logik der Sozialwissenschaften* (1967) eine methodische Erneuerung kritischer Gesellschaftstheorie, die Adorno, Horkheimer und Marcuse nicht mehr geleistet hatten. Sein systematischer Ansatz bündelt sich im Hauptwerk *Theorie des kommunikativen Handelns* (1981), in dem er seine **Diskursethik** entfaltet. Um die Begründbarkeit einer kritischen Gesellschaftstheorie zu reflektieren, analysiert Habermas die universalen Bedingungen möglicher Verständigung. Er bezieht sich auf die Sprechakttheorie von Austin und Searle und rekonstruiert diejenigen Akte, die Bedingungen der Möglichkeit verständigungsorientierten Sprachgebrauchs sind: Kommunikativa, Konstativa, Expressiva und Regulativa. Mit ihnen wird Kommunikation, diskursive Vernunft, allererst möglich: Sie ist intersubjektiv angewiesen auf Verständlichkeit des symbolischen Ausdrucks, auf Wahrheit des propositionalen Gehalts, auf Wahrhaftigkeit der intentionalen Äußerung und auf Richtigkeit in Bezug auf Normen und Werte. Um uns überhaupt zu verständigen, müssen wir jeweils diese Geltungsansprüche erheben. Auf dieser Grundlage entwickelt Habermas sein Modell einer »idealen Sprechsituation«, in der alle Teilnehmer die gleiche Chance haben, die Sprechakte zu verwenden. In vernünftigen Gesprächen gehen wir oft kontrafaktisch davon aus, dass die idealen Symmetriebedingungen gelten.

An der Ausarbeitung dieser Konzeption hat **Karl-Otto Apel** (geb. 1922) mit seinem Ansatz der **Transzendentalpragmatik** wesentlichen Anteil. Er entwirft u. a. im Anschluss an Peirce und Kant als transzendentales, unhintergehbares Apriori aller Erkenntnis und intersubjektiver Geltung das »Apriori der idealen Kommunikationsgemeinschaft« und eine darauf gründende kommunikative Ethik (*Transformation der Philosophie*, 2 Bde. 1973). Wenn Habermas auch den transzendentalen ›Letztbegründungsanspruch‹ Apels nicht übernimmt, so stimmt er doch wesentlich mit ihm überein, was eine **Konsensustheorie der Wahrheit** und eine **kognitivistische Diskursethik** anbetrifft: Wahrheit kommt (nur) im vernünftigen kommunikativen Handeln zustande, ethische Geltungsansprüche lassen sich (nur) diskursiv begründen. In seinen Untersuchungen trifft Habermas des Weiteren die Grundunterscheidung von **System und Lebenswelt**, um die kritische Gesellschaftstheorie zu fundieren: Die Lebenswelt ist Ort konkreter Erfahrung und kommunikativen Handelns, die systematischen Strukturen (Technokratie, Bürokratie, Ökonomie, wissenschaftliche Rationalisierung) bewirken eine »Kolonialisierung der Lebenswelt«. In späteren Untersuchungen (*Faktizität und Geltung*, 1992) arbeitet Habermas eine Diskurstheorie des Rechts und des Rechtsstaats aus: Er zeigt die systematische Verklammerung des Demokratieprinzips mit dem diskursiven Rechtssetzungsprozess auf und unterscheidet **fünf Gruppen von Grundrechten**:

- Freiheitsgrundrechte,
- Teilhabe- bzw. Staatsangehörigkeitsrechte,
- Prozessgrundrechte,
- Rechte auf Mitwirkung an Willensbildungsprozessen in Gesetzgebungsverfahren,
- soziale, technische und ökonomische Existenzgrundrechte.

Habermas vertritt einen universalistisch gedachten »Verfassungspatriotismus«. In *Die Einbeziehung des Anderen* (1996) erörtert er die Potentiale eines »differenzempfindlichen« Universalismus, der die Anderen in ihrer Andersheit einbeziehen soll, um angesichts der weltpolitischen Globalisierung gegen Relativismus und Nationalismus zu argumentieren.

Eine eigenständige Weiterentwicklung der Kritischen Theorie leistet auch **Seyla Benhabib** (geb. 1950). Sie rekonstruiert in *Critique, Norm and Utopia* (1986; *Kritik, Norm und Utopie*, 1992) im Rückgang auf Kant und Hegel Voraussetzungen kritischer Gesellschaftsanalysen, erweitert diese Analyse in *Situating the Self* (1992; *Selbst im Kontext*, 1996) um Themen der feministischen Philosophie und der Postmoderne, legt in *The Reluctant Modernism of Hannah Arendt* (1996; *Hannah Arendt. Die melancholische Denkerin der Moderne*, 1998) eine umfassende Interpretation zu Hannah Arendt vor und behandelt in *Kulturelle Vielfalt und Demokratische Gleichheit* (1999) die Probleme multikultureller Gesellschaften. In ihren Untersuchungen wird die Diskursethik um materiale Fragen nach einer **Ethik des guten Lebens** erweitert.

7.6.2.2 | Marxismus der Gegenwart

In der zweiten Hälfte des 20. Jh.s und insbesondere nach dem Zusammenbruch des sogenannten Ostblocks ist es erneut verstärkt zu einer Rezeption und Auseinandersetzung mit Karl Marx und den Ansätzen des Marxismus gekommen. Welche Analysen von Marx sind weiter tragfähig, wie können kapitalismuskritische Ansätze produktiv neu angeeignet werden, ohne in Dogmatismus und ideologische Konstruktionen zu verfallen? In Frankreich war die Auseinandersetzung mit Marx nach 1945 entspannter als in Deutschland. Sartre und auch Merleau-Ponty verbanden existentialistische Ansätze mit ihrer Marx-Rezeption. Der Strukturalist Louis Althusser (1918–1990) interpretiert Marx in *Lire le Capital* (1965; *Das Kapital lesen*, 1972) im Sinne seiner Theorie, Foucault und Deleuze verstehen ihn nicht-strukturalistisch, ebenso Derrida (s. 7.6.2.7).

Marx-Rezeption in Frankreich

7.6.2.3 | Die Erlanger Schule der Konstruktiven Wissenschaftstheorie

Paul Lorenzen (1915–1994) begründet als Mathematiker und Philosoph mit Arbeiten zur dialogischen Logik die **Konstruktive Wissenschaftstheorie**. In dieser Logik wird der Begriff der Wahrheit durch den pragmatischen Begriff der Gewinnbarkeit von Dialogen präzisiert. Gemeinsam mit dem Heidegger-Schüler **Wilhelm Kamlah** (1905–1976) verfasst Lorenzen die *Logische Propädeutik* (1967); in den Bänden *Methodisches Denken* (1968) und *Konstruktive Logik, Ethik und Wissenschaftstheorie* (1974, mit Oswald Schwemmer) formuliert er als Ziel den methodischen Aufbau aller Wissenschaften durch zirkelfreie, Schritt für Schritt gerechtfertigte Konstruktion aus der allen verständlichen Alltagspraxis. Eine **rationale Grammatik** führt so zu einer operativen Logik, zu einer Protophysik, die Geometrie, Zeit- und Massenmessung entwickelt, zu einer Politik als Lehre der widersprüchlichen Ziele und zu einer Ethik, die die Argumentationsmittel für kontroverse Diskussionen bereitstellt. Lorenzen begründet so die **Transsubjektivität der Politik** und des Modells eines »demokratischen Sozialismus«. Von Lorenzen und Kamlah werden Kuno Lorenz (geb. 1932), Oswald Schwemmer (geb. 1941), Carl Friedrich Gethmann (geb. 1944) und in Konstanz Friedrich Kambartel (geb. 1935), Jürgen Mittelstraß (geb. 1936) und Peter Janich (geb. 1942) stark beeinflusst.

7.6.2.4 | Weiterentwicklungen der Hermeneutik und der philosophie-historischen Forschung

Joachim Ritter: Auf komplexe Weise haben sich Hermeneutik und die Arbeit an der Philosophiegeschichte seit den 1960er Jahren weiterentwickelt. In Deutschland entsteht auf Initiative von Joachim Ritter (1903–1974) das seit 1971 erscheinende *Historische Wörterbuch der Philosophie*, dessen 13. und letzter Band 2007 erschien. Das voluminöse Werk, an dem über 1000 Beiträger/innen mitarbeiteten, wendet die Methode der **Begriffsgeschichte** auf die Philosophie an. Das Werk wird weltweit als eines der hilfreichsten Wörterbücher für die philosophische Forschung anerkannt. Die Schule Ritters – der auch politisch einen aristotelisierenden Hegelianismus vertrat (*Metaphysik und Politik*, 1969) –, z. B. Hermann Lübbe (geb. 1926), Odo Marquard (geb. 1928) und Robert Spaemann (geb. 1927), entwickelt in der Bundesrepublik Formen eines aufgeklärten, modernen Konservativismus mit pragmatischen, skeptischen und religionsphilosophischen Elementen, der als einflussreiches Gegengewicht gegen die Kritische Theorie der Frankfurter Schule wirkt.

Dieter Henrich (geb. 1927) legt grundlegende Untersuchungen zur Transzendentalphilosophie und zum Deutschen Idealismus vor (*Fichtes ursprüngliche Einsicht*, 1966; *Hegel im Kontext*, 1971). Er nimmt über den hermeneutischen Ansatz seines Lehrers Gadamer hinaus eine »**argumentierende Rekonstruktion**« der Texte vor. Im Zentrum seiner systematischen Interpretationen stehen die transzendentalen Konzeptionen des unhintergehbaren Selbstbewusstseins, dessen Grund genetisch unableitbar bleibt (*Der Grund im Bewusstsein*, 1992). Neue Untersuchungen rekonstruieren die Entwicklung des Deutschen Idealismus (*Grundlegung aus dem Ich*, 2 Bde. 2004).

Hans Blumenberg (1920–1996) legt mit seinen *Paradigmen zu einer Metaphorologie* (1969) einen ganz eigenständigen **Ansatz der hermeneutischen Sprachreflexion** vor. Er untersucht die vielfach untergründig leitenden sprachlichen Bilder und Bildwelten, die die philosophische Reflexion charakterisieren, zunächst im Blick auf *Die Kopernikanische Wende* (1965) und *Die Genesis der Kopernikanischen Welt* (1975). Im grundlegenden Werk *Die Legitimität der Neuzeit* (1966) wendet er sich gegen verbreitete Säkularisierungstheorien, die behaupten, die Neuzeit sei wesentlich aus Verweltlichungsprojekten theologischer Inhalte zu verstehen, so v. a. Karl Löwith (1897–1973). In *Arbeit am Mythos* (1979), *Die Lesbarkeit der Welt* (1981), *Höhlenausgänge* (1989) und vielen anderen Texten erläutert Blumenberg umfassend seine Kernthese, dass unser Welt- und Selbstverständnis bleibend durch mythische und metaphorische Elemente geprägt ist.

Richard Rorty (1931–2007) lässt sich im weiteren Sinne auch hermeneutischen Ansätzen zuordnen. Er beginnt in der analytischen Philosophie, deren Endphase er bereits als Herausgeber des Sammelbandes *The Linguistic Turn* (1967) konstatiert. Im erkenntniskritischen Hauptwerk *Philosophy and the Mirror of Nature* (1979; *Im Spiegel der Natur*, 1981) destruiert er (wie Heidegger und Wittgenstein) den cartesischen Dualismus von Innenwelt und Außenwelt, der immer wieder in Aporien führt. Stattdessen müssen wir die kulturellen, von Kant noch ›transzendental‹ genannten Darstellungsregeln unserer Erkenntnisprozesse thematisieren. In *Contingency, Irony, and Solidarity* (1989; *Kontingenz, Ironie und Solidarität*, 1986) gelangt Rorty zu einem pragmatischen Wahrheitsverständnis, das keine die Wirklichkeit abbildenden, theoretischen Ansprüche mehr erheben kann. Er unterstreicht mit Wittgenstein und Freud die ›**Kontingenz**‹ **der menschlichen Erkenntnis**: Letztbegründungen und kulturinvariante Wahrheiten sind unmöglich. Eine liberale Demokratie hat genau diese Einsicht zur Grundlage. Der Relativismus Rortys wurde vielfach kritisiert.

Gianni Vattimo (geb. 1936) legt in Italien eigene Ansätze zu einer reflektierten Hermeneutik vor, die unter der Bezeichnung ›**schwaches Denken**‹ (*il pensiero debole*) bekannt wurden. In *Al di là del soggetto* (1981; *Jenseits vom Subjekt*, 1986) argumentiert er dafür, die gegenwärtige, postmoderne Gesellschaft nicht länger mit ›starken‹, metaphysischen Kategorien (z. B. Ewigkeit, Evidenz, Herrschaft, Autorität) zu denken, sondern mit schwachen, geschichtlichen, der Endlichkeit und Sterblichkeit bewussten Begriffen. Vattimo ist im Anschluss an Nietzsche und Heidegger vom Ende der Moderne, dem Ende der Metaphysik und auch vom Ende geschichtsphilosophischer Fortschrittsvorstellungen überzeugt. Das ›schwache Denken‹ soll sich als ästhetisches Erleben, als eine Ethik der Güter (nicht der Ziele) entfalten, als ein Denken der Vielfalt der komplexen Überlieferungsgeschichte und (mit Heidegger) als technik-kritische ›Verwindung‹ der wissenschaftlichen Welt.

Charles Taylor (geb. 1931) setzt philosophisch-anthropologisch an, um gegen die Naturwissenschaften und ihren Naturalismus, Reduktionismus und Funktionalismus ebenso wie gegen utilitaristische und sozialtechnologische Theorien ein hermeneutisch angemessenes **Verständnis der menschlichen Lebenswirklichkeit** zu erreichen. Behaviorismus und mechanistische Handlungstheorien greifen zu kurz (*The Explanation of Behavior*, 1964; *Erklärung und Interpretation in den Wissenschaften vom Menschen*, 1975), demgegenüber ist Hegels Sicht der Subjektivität im Kontext der sozialen, sprachlichen Praxis ins Recht zu setzen (*Hegel*, 1975). Im Hauptwerk *Sources of the Self. The Making of Modern Identity* (1989; *Quellen des Selbst*, 1994) zeigt Taylor umfassend den geschichtlichen Weg zum modernen Verständnis des Individuums und seiner komplexen Identitätskonstitution (innere Tiefe, Selbstbeherrschung, Selbsterkenntnis inmitten der alltäglichen Praxis, das Ideal der Authentizität). Die Reformation war für diesen Weg prägend. In der politischen Philosophie nimmt Taylor eine Stellung zwischen dem liberalen Universalismus der Würde und der Rechte und der kommunitaristischen Achtung von Minderheiten ein. In seinem neuen Hauptwerk *A Secular Age* (2007; *Ein säkulares Zeitalter*, 2009) schreibt er eine differenzierte Geschichte der Säkularisierung, die die vielfältige Weiterwirkung religiöser Tradition in der Moderne besonders berücksichtigt.

7.6.2.5 | Neue Phänomenologie

Bereits durch Untersuchungen des späten Husserl und Merleau-Pontys, v. a. durch das umfassende *System der Philosophie* (5 Bde., 1964–1980) von **Hermann Schmitz** (geb. 1928) entwickelt sich eine systematisch erneuerte Phänomenologie, die sich gegen Formen des Subjektivismus ebenso richtet wie gegen solche des Reduktionismus, um die Lebensphänomene in ihrer tatsächlichen, authentischen Fülle und Komplexität beschreibend zu erfassen. Gegen den Dualismus von Innen- und Außenwelt setzt Schmitz umfassende Analysen leiblicher Situationen, Relationen, Gefühle und Gefühlsräume. In seiner **Phänomenologie der Leiblichkeit** entfaltet er ein Urmodell der Selbstkonstitution der menschlichen Erfahrung, in dem leibliche Enge und Weitung, Schwellung und Spannung eine zentrale Rolle spielen. Auf dieser Basis wird eine innovative Phänomenologie des menschlichen »Gefühlsraumes« erarbeitet, in der »Atmosphären« in ihrer ganzen Weite, Tiefe und Fülle erfasst werden. Die authentische leibliche Gefühlsbasis führt bei Schmitz zur praktischen Philosophie, in der Gefühle wie Zorn und Scham, Ehrfurcht und Scheu ebenfalls eine oft übersehene Bedeutung haben. Schmitz fasst seine Untersuchungen im Band *Der unerschöpfliche Gegenstand. Grundzüge der Philosophie* (1990) zusammen.

Weiterführende historische und systematische Arbeiten zur internationalen phänomenologischen Diskussion und zur Neuen Phänomenologie legen Bernhard Waldenfels (geb. 1934) sowie Gernot und Hartmut Böhme (geb. 1937 und 1944) vor.

7.6.2.6 | Weiterentwicklungen der Analytischen Philosophie

Die analytische Sprachphilosophie hat sich auf vielfältige, komplexe Weise weiterentwickelt und ausdifferenziert.

H. Paul Grice (1913–1988) gehört neben Ryle und Strawson zur Oxford-Philosophie, versucht aber, die Semantik der Alltagssprache auf psychologische Begriffe (Meinen, Ansicht, Überzeugung, Wunsch) zurückzuführen (*Studies in the Way of Words*, 1998).

Donald Davidson (1917–2003) wird mit seinem Ansatz der »radikalen Interpretation« bekannt: Wie verstehen wir das sprachliche Verhalten der Sprecher einer uns fremden Sprache? Ohne Kenntnis ihrer Intentionen und ohne zu wissen, was ihre sprachlichen Äußerungen bedeuten, ist eine Interpretation unmöglich. Als Evidenzkriterium fungiert daher die Einstellung des Fürwahrhaltens von Sätzen (»Radical Interpretation«, 1979). Im Rahmen seiner Handlungstheorie entwickelt Davidson Kriterien gegen eine deterministische Sicht mentaler Ereignisse.

Stephen E. Toulmin (1922–2009) ist vom späten Wittgenstein beeinflusst und analysiert ethische Argumentationsformen. Er zeigt, wie sich im 17. Jh. im Anschluss an Descartes ein kontextloses, abstrakt-reines Rationalitätsideal herausbildet, das die weitreichenden Vernunftpotentiale der traditionellen Topik und der Rhetorik für die Ethik verdrängt und vergessen lässt (Montaigne und Pascal stehen gegen diese Entwicklung). Es gilt nach Toulmin, diese Potentiale im Rückgang auf Renaissance und Humanismus in Gestalt einer *informalen Logik* zurückzugewinnen. In seinem Hauptwerk *Human Understanding* (Bd. 1: *The Collective Use and Evolution of Concepts*, 1972; *Kritik der kollektiven Vernunft*, 1983) rekonstruiert er historisch-genetisch und pragmatisch die Entwicklung der wissenschaftlichen Rationalität (Einfluss auf Kuhn und Feyerabend).

Arthur C. Danto (geb. 1924) verfasst eine *Analytic Philosophy of History* (1965), in welcher er den eigenständigen Status narrativer Erklärungen für historische Ereignisse herausarbeitet (s. Kap. II.C.3.4.2). In der analytischen Handlungstheorie versucht er, einen Begriff von *Basishandlungen* zu gewinnen, die dadurch definiert sind, dass sie nicht durch den Vollzug einer anderen Handlung ausgeführt werden (z. B. elementare Körperbewegungen). Seit den 1980er Jahren arbeitet Danto im Bereich der Ästhetik und der Philosophie der Kunst.

Hilary Putnam (geb. 1926) entwickelt einen wissenschaftlichen Realismus, der sich auf Theorien als ganze und nicht auf einzelne Sätze bezieht. Eine Abbildtheorie der Bedeutung, die Korrespondenztheorie eines metaphysischen Realismus ist unmöglich: Wir müssten aus unseren Sprachgebrauchskontexten aussteigen und den Blick Gottes auf die Welt (»God's Eye point of view«) richten können, um sie vertreten zu können. Demgegenüber entwickelt Putnam einen ›internen Realismus‹: Nur über unsere Interpretationspraxis lässt sich ein Gegenstandsbezug begreifen – relativ zu einem bestimmten Beschreibungssystem.

Ernst Tugendhat (geb. 1930) untersucht zunächst aristotelische Grundbegriffe (*Ti kata tinos*, 1958) und den *Wahrheitsbegriff bei Husserl und Heidegger* (1966). Er vollzieht dann eine sprachanalytische Wende, hält Vorlesungen zur *Einführung in die Sprachanalyse* (1976) und setzt die Sprachanalyse zur Klärung der Problematik des Selbstbewusstseins ein (*Selbstbewusstsein und Selbstbestimmung*, 1979). Dabei steht die Analyse der Prädikation von Bewusstseinszuständen in der ersten Person mit ihrem Wahrheitsanspruch (»Ich weiß, dass 2 + 2 = 4.«) im Zentrum. Sie führt Tugendhat zu Grundfragen der Ethik (*Probleme der Ethik*, 1984; *Vorlesungen über Ethik*, 1993), die er durch die analytische Rekonstruktion von moralischen Gefühlen (Schuld, Scham, Empörung, Selbstwertgefühl) zu klären versucht und auf die Konzeptionen der Gerechtigkeit und der Menschenrechte ausdehnt. Neuere Untersuchungen behandeln anthropologische und religionsphilosophische Probleme (*Egozentrizität und Mystik*, 2003; *Anthropologie statt Metaphysik*, 2007).

John H. McDowell (geb. 1942) verknüpft Interpretationen zu Aristoteles und zur praktischen Philosophie mit erkenntniskritischen Untersuchungen. Eine Aufspaltung (Dichotomie) von Tatsachen und Werten ist ihm zufolge irreführend. Vielmehr erfahren wir Wirklichkeit bereits von Beginn an im Medium unserer »zweiten Natur« (Aristoteles), unserer sozialen und kommunikativen Identität.

In der Weiterentwicklung der Analytischen Philosophie wird ihre Öffnung zu anderen systematischen Ansätzen und zur traditionellen Philosophie seit den 60er Jahren immer deutlicher. Diese Öffnung zur Hermeneutik, zur Dialektik und zur Transzendentalphilosophie wird stark durch die Wirkung des späten Wittgenstein befördert. **Stanley Cavell** (geb. 1926) tritt mit umfassenden Untersuchungen zu Wittgenstein hervor (*The Claim of Reason. Wittgenstein, Skepticism, Morality, and Tragedy*, 1979). **Robert Brandom** (geb. 1950) legt grundlegende Bedeutungsanalysen vor, die akribisch die normativen Geltungsansprüche unserer Sprachpraxis herausarbeiten (*Making it Explicit. Reasoning, Representing, and Discursive Commitment*, 1994; *Expressive Vernunft*, 2000).

7.6.2.7 | Strukturalismus, Poststrukturalismus, Postmoderne, Dekonstruktion

Claude Levi-Strauss (1908–2009) wendet die strukturalistische Methode auf gesellschaftliche Organisationsformen und auf die Ethnologie an, auf das Inzesttabu, auf das Denken vormoderner Gesellschaften (*La pensée sauvage*, 1962), schließlich umfassend auf das mythische Denken (*Mythologiques* I-IV, 1964–1971; dt. *Mythologica I-IV*, 1971–1975). Es lassen sich Fundamentalunterscheidungen im Mythos finden (»Natur/Kultur«, »roh/gekocht«), die sich strukturalistisch interpretieren lassen. Die aufgewiesenen **Ordnungsstrukturen** sind dem Anspruch nach **universal und invariant**, sie konstituieren die Verständnisse der Menschen innerhalb der untersuchten Gesellschaften, ohne diesen bewusst zu sein.

> **Definition**
>
> Der → **Strukturalismus** wurde zunächst in der Linguistik **Ferdinand de Saussures** (1857–1913) entwickelt und hatte in Frankreich großen Einfluss. Er rekonstruiert unbewusste, implizite Ordnungsprinzipien, die sich in der Grammatik und im formalen Aufbau der Sprache zeigen. Es lassen sich semantische Felder mit Oppositions- und Kontrastbeziehungen auf der Basis kleinster Einheiten (Laute, Phoneme) auffinden, die die gesamte Sprachpraxis strukturieren.

Der Psychoanalytiker **Jacques Lacan** (1901–1981) wird stark vom Strukturalismus beeinflusst, den er zur Interpretation der eigenständigen Ordnungsmacht des (Freudschen) Unbewussten verwendet. **Louis Althusser** (1918–1990) unterzieht die Marxsche Kapitalanalyse einer strukturalistischen Interpretation.

Michel Foucault (1926–1984) wendet sich mit seinen grundlegenden, sowohl historischen wie philosophischen Untersuchungen vom Strukturalismus ab. Er thematisiert materialreich historische Diskurse, so die Geschichte der Herausbildung des Diskurses über den Wahnsinn (*Histoire de la folie à l'âge classique – Folie et déraison*, 1961; *Wahnsinn und Gesellschaft. Eine Geschichte des Wahns im Zeitalter der Vernunft*, 1993), die Entstehung der Kliniken (*Naissance de la clinique*, 1963; *Die Geburt der Klinik. Eine Archäologie des ärztlichen Blicks*, 1988) und eine große »Archäologie der Humanwissenschaften« (*Les mots et les choses*, 1966; *Die Ordnung der Dinge*, 1974). Er untersucht die Geschichte der Gefängnisse (*Surveiller et punir*, 1975; *Überwachen und Strafen*, 1977) und der Sexualität (*Histoire de la sexualité*, 3 Bde., 1976–1984; *Sexualität und Wahrheit*, 1983–1989). Die Diskurse und ihr Bezug zur Macht schaffen erst die so entstehenden sozialen Phänomene (Wahnsinn, Krankheit, Verbrechen); Foucault nennt diese Verbindungen **Dispositive**. Ziel der Analysen ist (auch im Anschluss an Nietzsche) eine Genealogie der Macht, die Foucault auch »Mikrophysik der Macht« (gleichfalls der Titel einer 1976 veröffentlichten Aufsatzsammlung) nennt. Sie untersucht paradigmatisch Strafjustiz, Psychiatrie und Medizin und zeigt das komplexe Wechselverhältnis von Wahrheits-, Wissens- und Machtansprüchen auf, die viel stärker mit einander verflochten sind, als

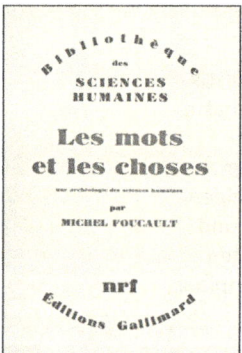

Foucault: *Les mots et les choses* (1966)

gemeinhin angenommen. Dispositive ergeben sich aus einem jeweiligen Zusammenspiel von Macht und Wissen, Gewalt und Vertrag, Kampf und Konsensbildung (an dieser Stelle ist der Einfluss Hegels erkennbar).

Während die großen Arbeiten der mittleren Phase eine Tendenz zum ›Verschwinden des Menschen‹ hinter den Dispositiven der Macht zumindest nahelegen, rücken späte Arbeiten Foucaults, so *Le souci de soi* (1984; *Die Sorge um sich*, 1989), der dritte Band der Geschichte der Sexualität, die Möglichkeiten einer kreativen Sorge um sich selbst ins Zentrum. Hier ist neben dem Einfluss der Sorge-Analysen Heideggers aus *Sein und Zeit* ein Rückgriff auf Ansätze der antiken Ethik des guten und gelingenden individuellen Lebens leitend. Foucault fragt, ob sich solche Praktiken der Selbst- und Lebensgestaltung auch für unsere modernen Lebensverhältnisse entwerfen lassen und bewirkte so eine Neubelebung existentiell-ethischer Diskussionen.

Gilles Deleuze (1925–1995) kooperierte mit Foucault (auch bei politischen Aktionen) und mit dem Psychoanalytiker Pierre-Félix Guattari (1939–1992), mit dem er *L'Anti-Œdipe* (1972; *Anti-Ödipus*, 1974) verfasste. Gegen dualistische Grundunterscheidungen bei Marx und Freud werden Produktion bzw. Trieb und Wunsch als differentielle Bewegungen neu beschrieben, die in variierende Formen der Sprache, der Ökonomie und der Sexualität übergehen, sich verschieben und verketten. Bereits in *Différence et répétition* (1968; *Differenz und Wiederholung*, 1992) und *Logique du sens* (1969; *Logik des Sinns*, 1989) entwickelt Deleuze ein nicht-abbildtheoretisches, nicht repräsentationalistisches Verständnis von Differenz und Wiederholung in Sprache und Praxis und ein nicht-subjektivistisches Verständnis von Anschauung und Erfahrung, das er als »transzendentalen Empirismus« bezeichnet. Philosophie ist eine Erfindungskunst (*ars inveniendi*) für Begriffe, die die intensive Komplexität und Mannigfaltigkeit der sich ereignenden Wirklichkeit zu artikulieren vermögen. In seiner Ästhetik wendet sich Deleuze neben der modernen Kunst (Beckett, Kafka, Proust) dem Film zu, in dem die differentielle Bewegtheit anschaulich bewusst wird.

Jean-François Lyotard (1924–1998) wird international durch sein Buch *La condition postmoderne* (1979; *Das postmoderne Wissen*, 1999) bekannt. Der Begriff ›Postmoderne‹ macht Karriere und wird in den 1980er Jahren zum Epochentitel. Was besagt er? Lyotard argumentiert für den Abschied von allen bisher die Weltgeschichte dominierenden »großen Ideologien«. Er will keine neue Epoche bezeichnen, sondern die geistige Befindlichkeit der Gegenwart nach dem »Ende der großen Erzählungen« erfassen. Diese Erzählungen (Christentum, Kapitalismus, Sozialismus, Marxismus und Kommunismus, technologische Revolution) strebten in Neuzeit und Moderne stets danach, alle kleineren Erzählungen zu vereinnahmen und zu unterdrücken. Demgegenüber gilt es, so Lyotard in *Le différend* (1983; *Der Widerstreit*, 1989), die Komplexität und Inkommensurabilität der unterschiedlichen kategorialen Kontexte und Sprachspiele herauszuarbeiten und zu würdigen. Die ursprüngliche Bedeutung von ›Postmoderne‹ ist also kein trauernder Abgesang auf die Moderne, sondern dezidiertes **Plädoyer für einen Differentialismus**, der die Moderne in ihrer Vielschichtigkeit neu durcharbeiten und aneignen soll. Das Konzept des Widerstreits versucht, mit Kant und Wittgenstein einen radikalen Pluralismus heterogener und inkommensurabler Diskursarten zu denken. Es richtet sich so explizit gegen Habermas' Diskursethik und Konsenstheorie der Wahrheit. In seiner Ästhetik wertet Lyotard die Kategorie des Erhabenen auf, um moderne Avantgarden zu analysieren (*Leçons sur l'analytique du sublime*, 1991; *Die Analytik des Erhabenen*, 1994). Die Diskussion um die Postmoderne hatte weltweite Resonanz.

Jacques Derrida: Von großem Einfluss ist auch die Philosophie von Jacques Derrida (1930–2004). Von Heidegger übernimmt er die Grundbegriffe ›Destruktion‹ und ›Differenz‹ in modifizierter Form. Heidegger verfolgte eine Destruktion der traditionellen Ontologie, da diese die ontologische Differenz von Sein und Seiendem nicht berücksichtigt habe. Derrida entwickelt seinen Differenzbegriff mit Bezug auf Sprache und Schrift (und greift so auch Grundgedanken der jüdischen Mystik auf). In *De la grammatologie* (1967; *Grammatologie*, 1983) und in *L'écriture et la différance* (1967; *Die Schrift und die Differenz*, 1972) kritisiert er den abendländischen Logozentrismus (die Sprachbezogenheit) als Phonozentrismus (Stimm- bzw. Lautbezogenheit). Diese sind präsenzorientiert, gegenwartsverfallen. Demgegenüber akzentuiert Derrida den Vorrang der Schrift bzw. der Verschriftlichung der Sprache. Zugleich betont er die sich entziehende Vorgängigkeit der Schrift, für deren Verstehen wir immer schon zu spät kommen. Sie entzieht sich in ihrer Differenz dem Verstehen, ihr Verstehen unterliegt einem ständigen Aufschub, sie hinterlässt immer nur eine ›Spur‹ (*trace*). Charakteristisch für alle traditionelle Metaphysik und Ontologie ist hingegen die *Präsenz* des Erkennbaren und Verständlichen, aus der sich Letztbegründungsansprüche und Dogmatismen herleiten. Durch die **differenzbewusste Dekonstruktion** wehrt Derrida alle solchen Ansprüche ab. Philosophische Texte werden auf diese Weise wie literarische Texte behandelt. Der Ansatz der Dekonstruktion hatte großen internationalen Einfluss auf Literaturwissenschaft und Hermeneutik und führte in der Philosophie zu intensiven Diskussionen Derridas u. a. mit Gadamer und Habermas.

7.6.3 | Innovative Entwicklungen

Die Entwicklung in der zweiten Hälfte des 20. Jh.s zeigt eine intensive Ausdifferenzierung und wechselseitige Beeinflussung der philosophischen Schulen und Richtungen auf der nationalen wie internationalen Ebene. Die klassischen Ansätze der antiken Philosophie, metaphysische, transzendentalphilosophische und dialektische Traditionen werden systematisch aufgegriffen, rekonstruiert und transformiert. Phänomenologie, Hermeneutik und Sprachphilosophie treten in Verbindung und bilden neue Ansätze aus, die sich ebenfalls in produktiven, innovativen Interpretationen und Aneignungen traditioneller philosophischer Entwürfe bewähren.

Die Rehabilitation der praktischen Philosophie ist eine der wichtigsten Entwicklungen seit den 1960er Jahren (s. Kap. II.B). Entscheidend für diese Erneuerung der ethischen, moralischen, rechtstheoretischen und politisch-philosophischen Reflexion sind das Erscheinen des Buches *A Theory of Justice* (1971; *Eine Theorie der Gerechtigkeit*) von **John Rawls** (1921–2002), die Herausbildung eines *Neo-Aristotelismus*, in Deutschland initiiert durch Joachim Ritter und seine Schule, im anglo-amerikanischen Bereich vornehmlich durch **Alasdair MacIntyre** (geb. 1929) mit seinem Hauptwerk *After Virtue: A Study in Moral Theory* (1981; *Der Verlust der Tugend. Zur moralischen Krise der Gegenwart*, 1995) sowie die Entwicklung des *Kommunitarismus*, der die Rechte von Gemeinschaften und Gruppen in der demokratischen Zivilgesellschaft reflektiert, so Michael Walzer. Innovative Ansätze der Ethik legen auch Philippa Foot und Martha Nussbaum vor.

Das Erstarken der Ethik (s. Kap. II.B.1) hat auch mit den neuen Herausforderungen zu tun, mit denen sich die Entwicklung der Menschheit konfrontiert sieht: Angesichts der Umweltproblematik und der Erschöpfung der natürlichen Ressourcen entsteht die **ökologische Ethik**, ebenso angesichts der fortschreitenden wissenschaftlich-technischen Möglichkeiten die **Ethik der Technik** und der Technikfolgenabschätzung. Die technologische Entwicklung führt zu neuen Fragen der **Medizin- und Bioethik**: Welche Maßnahmen für eine Lebensverbesserung sind sinnvoll, welche tendieren zu einem technologischen ›Perfektionismus‹ am Menschen? Auch die **Tierethik** wird angesichts der Nutzung der Tiere und der Massentierhaltung neu diskutiert. Angesichts der Anforderungen und Zwänge des Lebens in hochmodernen Gesellschaften stellen sich erneut Fragen nach sinnvollen Möglichkeiten der Lebensgestaltung, nach dem menschenmöglichen Glück und nach einer Philosophie der Lebenskunst, wie sie bereits in der Antike entwickelt wurde. Die große moderne Entwicklung der Frauenemanzipation stellt neue Fragen, die im Kontext der **feministischen Ethik** umfassend diskutiert werden (s. Kap. II.C.7). Da die Menschen in den entwickelten Gesellschaften immer älter werden, entsteht eine **Ethik des Alterns**, die die Probleme und die Chancen dieser ganz neuen Lebenssituation für die Einzelnen und für die Gesamtgesellschaft klären will (s. Kap. II.C.1.3.2.2).

Außerhalb der Universität bilden sich insbesondere zur Ethikberatung **philosophische Praxen** sowie philosophische **Diskussionsforen** in den Medien, die das breitere gesellschaftliche Interesse an Philosophie und das Bedürfnis nach Klärung von Sinn- und Geltungsfragen anzeigen. Vorwiegend in den neuen Bundesländern ist die Philosophie/Ethik ein mittlerweile fest institutionalisiertes **Schulfach**, in dem die Schüler/innen philosophisch gebildet und aufgeklärt werden und Grundfragen des Lebens- und Weltverständnisses gemeinsam erörtern können.

Die Entwicklung der Gehirnforschung und Neurobiologie löst gegenwärtig eine intensive Diskussion um die menschliche Freiheit (oder kausale Determiniertheit durch messbare neuronale Prozesse) aus – ein wahrlich klassisches Grundthema der Philosophie. Bestimmen uns diese Gehirnprozesse bereits, bevor wir (illusionär) glauben, dass wir frei handeln? Oder lässt sich die Freiheit und Autonomie, die Selbstbestimmung des Menschen – Grundlage und unverzichtbare Voraussetzung von Moral und Recht und damit unseres demokratischen Rechtsstaats – doch systematisch begründen und rechtfertigen?

Es wird sichtbar: Die **Grundfragen der Philosophie** kommen immer wieder neu auf uns zu. Sie sind, wie schon Kant lehrt, nicht ein für alle Mal lösbar, sondern jede Epoche muss sie für sich wieder erneut reflektieren und zu klären versuchen. Die Probleme der Ökologie, der weltwirtschaftlichen Entwicklung, der kapitalistischen Ökonomie mit ihrem Krisenpotential, der Globalisierung, der internationalen Verflechtung und Abhängigkeit der Nationen und Kulturen voneinander einerseits, der interkulturellen und interreligiösen Konfliktpotentiale und oft scheinbar unüberwindlichen Differenzen andererseits – diese Probleme zeigen, dass eine kritisch-philosophische, aufklärende Reflexion, die nach guten Gründen und Zielen für unsere Praxis und unser Leben fragt, unverzichtbar ist und bleibt.

Literatur

Anscombe, Gertrude Elizabeth Margaret: »Moderne Moralphilosophie«. In: Günter Grewendorf/Georg Meggle (Hg.): *Sprache und Ethik*. Frankfurt a. M. 1974 (engl. 1958).

Apel, Karl-Otto: *Transformation der Philosophie* [1973]. Frankfurt a. M. ⁴1991 (Bd. 1), ⁵1993 (Bd. 2).

Brunkhorst, Hauke u. a. (Hg.): *Habermas-Handbuch. Leben – Werk – Wirkung*. Stuttgart/Weimar 2009.

Benhabib, Seyla: *The Reluctant Modernism of Hannah Arendt*. Thousand Oaks u. a. 1996.

Cavell, Stanley: *The Claim of Reason. Wittgenstein, Skepticism, Morality, and Tragedy* [1979]. Oxford ³1999.

Dummett, Michael: *Frege: Philosophy of Language* [1973]. London 1981.

Graeser, Andreas: *Positionen der Gegenwartsphilosophie. Vom Pragmatismus zur Postmoderne*. München 2002.

Henrich, Dieter: *Der Grund im Bewusstsein* [1992]. Stuttgart ²2004.

– : *Hegel im Kontext*. Frankfurt a. M. 1971.

Heuer, Wolfgang u. a. (Hg.): *Arendt-Handbuch. Leben – Werk – Wirkung*. Stuttgart/Weimar 2011.

Kammler, Clemens u. a. (Hg.): *Foucault-Handbuch. Leben – Werk – Wirkung*. Stuttgart/Weimar 2008.

Klein, Richard u. a. (Hg.): *Adorno-Handbuch. Leben – Werk – Wirkung*. Stuttgart/Weimar 2011.

Löwith, Karl: *Von Hegel zu Nietzsche* [1941]. Hamburg 1995.

Rentsch, Thomas: *Heidegger und Wittgenstein. Existential- und Sprachanalysen zu den Grundlagen philosophischer Anthropologie*. Stuttgart ²2003.

Thomä, Dieter (Hg.): *Heidegger-Handbuch. Leben – Werk – Wirkung*. Stuttgart/Weimar 2003.

Thomas Rentsch

II. Disziplinen der Philosophie

A. Theoretische Philosophie

1 Metaphysik und Ontologie

1.1 Die Trennung von allgemeiner und spezieller Metaphysik
1.2 Untersuchungsgegenstand und Methoden der Ontologie
1.3 Zentrale Grundbegriffe der Ontologie
1.4 Grundfragen der speziellen Metaphysik

Der Begriff ›Metaphysik‹ (*ta meta ta physica*) geht in seiner Entstehungsgeschichte auf eine durch Andronikus von Rhodes um 70 v. Chr. vorgenommene Anordnung der aristotelischen Werke zurück. Er bezeichnete ursprünglich die Gesamtheit jener vierzehn Bücher, die nach der Physik kommen. Dieser rein bibliothekarische Gebrauch ist jedoch schnell in den Hintergrund getreten. Bereits im Neuplatonismus wird mit dem Ausdruck ›Metaphysik‹ ein philosophisches Großprojekt bezeichnet, dessen grundlegendes Ziel es ist, das **Seiende in seinen elementarsten Formen** systematisch zu untersuchen. An diesem systematischen Anspruch hat sich bis heute nichts geändert. Verändert hat sich jedoch die Stellung der Metaphysik. Während man früher von einer ersten Philosophie (*prima philosophia*) gesprochen hat, geht man heute davon aus, dass es sich dabei um eine Wissenschaft wie jede andere handelt, die in eine Vielfalt von unterschiedlichen Themenbereichen zerfällt. Doch bevor wir zu diesen verschiedenen Bereichen kommen, empfiehlt es sich, ein wenig genauer zu betrachten, wie Aristoteles die Rolle der Metaphysik bestimmt hat:

»Wenn also diejenigen, welche die Elemente des Seienden suchten, diese Prinzipien [ersten Ursachen – Anm. d. Verf.] suchten, so müssen dies auch die Elemente des Seienden sein nicht in akzidentellem Sinne, sondern insofern es *ist*. Daher müssen auch wir die ersten Ursachen des Seienden als Seienden erfassen« (Aristoteles: Met. IV 1, 1003a 36-41).

Bei Aristoteles wird der Gegenstand der Metaphysik – wobei er dieses Wort selbst nie verwendet hat – auf unterschiedliche Weise gekennzeichnet. An vielen Stellen ist von einer Wissenschaft der »ersten Prinzipien und Ursachen« die Rede (Met. I, 982a-b). Davon abweichend wird der Gegenstand der Metaphysik manchmal auch als »intuitive Vernunft« (*nous*) in Form von »Weisheit« (NE VI, 1141a) oder »göttlicher Wesenheit« (Met. XII, 1074a) bezeichnet. Für die im Zitat angeführte Bestimmung ist jedoch die zuerst genannte Verwendung ausschlaggebend. Wenn Aristoteles die metaphysische Fragestellung im *engeren* Sinne im Blick hat, meint er diejenige Wissenschaft, die das Seiende, insofern es *ist*, in den allgemeinsten Strukturen untersucht. Doch was bedeutet es, »die ersten Ursachen des Seienden als Seienden« zu erfassen? Aristoteles erklärt diese Bestimmung wie folgt: Der Ausdruck, der nach dem ›als‹ folgt, erläutert die **Hinsicht**, in der betrachtet werden soll, was durch den Ausdruck, der vor dem ›als‹ steht, bezeichnet wird. Beispielsweise geht es nicht darum, das Seiende in Hinblick auf das ›Bewegte‹, das nach Aristoteles Gegenstand der Naturwissenschaft (Physik) ist, zu charakterisieren; vielmehr soll das **Seiende, insofern es Seiendes ist**, genauer untersucht werden. Die Metaphysik im engen Sinne beschäftigt sich also mit wahren Aussagen über das Seiende selbst. Würde man die durch die als-Phrase angezeigte Hinsicht verändern, käme man möglicherweise auch zu wahren Aussagen, aber eben nur im Rahmen einer ganz anderen Wissenschaft.

Die Tatsache, dass sich der Gegenstand der Metaphysik sowohl in einem engen als auch und in einem weiten Zusammenhang betrachten lässt, hat viele Jahre nach Aristoteles zu einer Ausdifferenzierung der Begriffe ›Ontologie‹ und ›Metaphysik‹ geführt.

1.1 | Die Trennung von allgemeiner und spezieller Metaphysik

Um den eben angesprochenen engen Gebrauch des Worts ›Metaphysik‹ von einer weiten Verwendung abzugrenzen, hat man zum Anfang des 17. Jh.s – z. B. bei Rudolf Goclenius (*Lexicon philosophicum*, Frankfurt 1613) – den Begriff ›**Ontologie**‹ eingeführt. Damit verbunden war eine generelle Trennung zwischen **allgemeiner** (*metaphysica generalis*; s. u. 1.2 und 1.3) und **spezieller Metaphysik** (*metaphysica specialis*; s. u. 1.4).

Allgemeine Metaphysik: In der allgemeinen Metaphysik – also der Ontologie – geht es um elementare Grundstrukturen der Wirklichkeit, die auf oberster Ebene analysiert werden sollen.

> **Definition**
>
> Die → Ontologie beschäftigt sich mit der **begrifflichen** Erfassung, der **inhaltlichen** Analyse sowie einer Charakterisierung des **Ineinandergreifens** der **grundlegendsten Strukturen** des Seienden. Dabei ist allerdings zu beachten, dass das Seiende nicht einfach mit dem aktual Gegebenen gleichgesetzt werden darf. Vielmehr gehört auch das rein Mögliche bzw. sogar das Unmögliche – sofern sich dergleichen für unser Dasein als fundamental erweist – mit zur Bestimmung des Seienden hinzu.

Die Ontologie beansprucht in dieser Hinsicht, tatsächlich eine umfassende Wissenschaft zu sein. Dieser Anspruch darf aber nicht mit der zu früheren Zeiten erhobenen Forderung nach einer ersten Philosophie verwechselt werden. Früher ging man davon aus, dass eine ontologische Untersuchung frei von empirischer Erkenntnis sein müsse. Diese Auffassung erweist sich heute als nicht mehr tragfähig.

Spezielle Metaphysik: Während es in der Ontologie um die Beschreibung der allgemeinsten nicht-veränderlichen Strukturen der Wirklichkeit geht, beschäftigt sich die spezielle Metaphysik mit der Erklärung ontologischer Zusammenhänge, die einer gewissen Veränderung unterliegen. Dabei handelt es sich eher um **bereichsspezifische Fragestellungen**, die in irgendeiner spezifischen Hinsicht das Verhältnis von Mensch und natürlicher Umwelt zum Thema haben. Die dabei zu behandelnden Fragen zielen nicht auf eine Charakterisierung der allgemeinsten Prinzipien ab, sondern greifen einzelne Ausschnitte des Seienden heraus, in denen bestimmte Probleme unter Zuhilfenahme ontologischer Begrifflichkeiten erklärt werden sollen.

Hauptwerke

4. Jh. v. Chr.	**Platon:** *Phaidon*; *Politeia*; *Parmenides*; *Sophistes*; *Symposion*
4. Jh. v. Chr.	**Aristoteles:** *Metaphysik*; *Kategorien*
1255	**Thomas von Aquin:** *De ente et essentia* (*Über das Seiende und das Wesen*)
1597	**Francisco Suárez:** *Disputationes Metaphysicae* (*Metaphysische Disputationen*)
1690	**John Locke:** *An Essay Concerning Human Understanding* (*Versuch über den menschlichen Verstand*)
1714	**Gottfried Wilhelm Leibniz:** *Monadologie*
1783	**Immanuel Kant:** *Prolegomena zu einer jeden künftigen Metaphysik, die als Wissenschaft wird auftreten können*
1891	**Gottlob Frege:** »Funktion und Begriff«
1929	**Alfred N. Whitehead:** *Process and Reality* (*Prozess und Realität*)
1931	**Rudolf Carnap:** »Überwindung der Metaphysik durch logische Analyse der Sprache«
1953	**W. V. O. Quine:** *From a Logical Point of View* (*Von einem logischen Standpunkt*)
1959	**Peter F. Strawson:** *Individuals* (*Einzelding und logisches Subjekt*)
1986	**David Lewis:** *On the Plurality of Worlds*
1997	**David M. Armstrong:** *A World of States of Affairs*

1.2 | Untersuchungsgegenstand und Methoden der Ontologie

Mit der Suche nach den elementarsten Grundstrukturen des Seienden ist die Aufgabe verbunden, erklären zu müssen, wie die grundlegenden Bestandteile der Wirklichkeit zu klassifizieren sind. Die Ontologie hat in dieser Hinsicht drei miteinander zusammenhängende Fragen zu klären:
- Wann bildet eine x-beliebige Klassifizierung von Bestandteilen eine ontologische Kategorie?
- Welche Gesetzmäßigkeiten liegen den verschiedenen Kategorien zugrunde?
- Gibt es kategorienübergreifende Begriffe?

Betrachten wir diese Fragestellungen der Reihe nach.

1.2.1 | Der Begriff der ontologischen Kategorie

Griechische Philosophen wie Empedokles (5. Jh. v. Chr.) gingen davon aus, dass alles, was es gibt, aus vier einfachen Grundelementen zusammengesetzt ist: Erde, Wasser, Feuer und Luft. Diese Sichtweise scheint uns aus heutiger Sicht äußerst naiv zu sein. Nichtsdestotrotz macht sie deutlich, worum es in der Ontologie geht.

Kategorien: Die Wissenschaft der Ontologie versucht herauszufinden, welches die **fundamentalsten Einteilungsbegriffe** sind, mit denen sich Seiendes strukturieren lässt. Derartige Einteilungsbegriffe unterscheiden sich danach, welchen Platz sie in einem ontologischen Klassifikationssystem einnehmen. Dabei werden diejenigen Begriffe, die auf allgemeinster Ebene feststehende Klassifikationen für den Gesamtbereich des Seienden liefern, **ontologische Kategorien** genannt. Einfache Beispiele für solche ontologischen Kategorien sind individuelle Einzeldinge (wie Stühle, Tische, Bänke), Ereignisse (wie der Fall der Berliner Mauer oder der Untergang der Titanic), Eigenschaften (wie Größe, Gewicht und Aussehen) oder biologische Arten (wie Löwen, Amöben oder Kornblumen). Darüber hinaus gibt es allgemeine Einteilungsbegriffe, die nur für bestimmte, hierarchisch untergeordnete Bereiche des Seienden gelten (wie z. B. nicht-natürliche Eigenschaften). Begriffe dieser Art bezeichnet man als Subkategorien oder ontologische Kategorien im weiten Sinne.

Ontologisches Klassifikationssystem: Zentrale Streitpunkte in der Kategorienfrage sind, welche der möglichen Einteilungsbegriffe an oberster Stelle stehen, ob man eine oder mehrere ontologische Kategorien zur Ausgangsbasis wählen sollte bzw. bis zu welcher Unterteilungsstufe hinab ein ontologisches Klassifikationssystem reicht. Je nachdem, welcher Einteilungsbegriff im Zentrum steht, unterscheidet man beispielsweise zwischen Substanz-, Ereignis-, Prozess-, Sachverhalts- oder Eigenschaftsontologien bzw. danach, ob ein ontologisches Klassifikationssystem **plural** – sofern es mehrere solcher Basiskategorien zulässt – oder **monokategorial** aufgebaut ist. Und obwohl sich die verschiedenen Vorschläge, die zur Entwicklung eines Kategoriensystems gemacht wurden, inhaltlich stark voneinander unterscheiden (vgl. Westerhoff 2005), teilen derartige Systeme wenigstens drei **strukturelle Gemeinsamkeiten**:

- Ontologische Kategorien werden zumeist als Mengen oder Arten von Objekten betrachtet.
- Die entsprechenden Systeme beinhalten einen hierarchischen Aufbau, d. h. sie sind untergliedert in Kategorien, die andere Einteilungsbegriffe als Untermengen enthalten.
- In der Regel gibt es sowohl eine höchste Kategorie (z. B. die Annahme, dass alles was existiert eine Entität darstellt) als auch eine niedrigste Kategorie, d. h. es existiert ein Einteilungsbegriff, der festsetzt, dass alles, was von geringerer Allgemeinheit ist, keine strukturelle ontologische Bestimmung hat.

Allgemeine Erklärungsansätze: Unabhängig von der Art der Einteilung wird zudem die Frage diskutiert, ob sich genau **definieren** lässt, was eine ontologische Kategorie ist. Einige Autoren sind der Ansicht, dass eine solche Definition unmöglich ist, da sich lediglich Beispiele für Kategorien angeben lassen (Grossmann 1983). Die meisten Philosophen begnügen sich jedoch nicht mit einer derart defätistischen Antwort. Insgesamt lassen sich drei verschiedene Erklärungsansätze unterscheiden:

- **Substitutionsansatz:** Ontologische Objekte gehören zur selben ontologischen Kategorie, wenn sie in bestimmten Kontexten miteinander austauschbar sind (Bradford 1988; Oliver 1999; Sommer 1963).
- **Allgemeinheitsansatz:** Ontologische Kategorien sind die allgemeinsten Arten von Dingen (Hoffman/Rosenkrantz 1994; Meixner 2004; Norton 1976).
- **Identitätsansatz:** Ontologische Kategorien liefern ein Kriterium der Identität, d. h. zwei Objekte gehören genau dann zur selben ontologi-

schen Kategorie, wenn die Kriterien ihrer Identität dieselben sind (Dummett 1981; Lowe 2001; Wiggins 1980).

1.2.2 | Transkategoriale Charakterisierungen

Nicht alle ontologischen Bestimmungen sind kategoriale Festlegungen; ebenso scheint es einige **kategorienübergreifende Begriffe** zu geben. Im Mittelalter hat man Ausdrücke wie *verum* (Wahrheit), *unum* (Einheit), *bonum* (Gutsein) als Transzendentalien bezeichnet, da man annahm, dass sie alle Kategorien transzendieren. Nichtsdestotrotz ist es besser, nicht dem mittelalterlichen Sprachgebrauch zu folgen, denn nicht jede transkategoriale Bestimmung ist auf den gesamten Bereich des Seienden ausdehnbar.

Allgemeinste Charakterisierungen: Unabhängig davon ist es jedoch richtig, dass der Zweck einer transkategorialen Bestimmung nicht darin besteht, eine weitere, höher-stufige Einteilung zu liefern; vielmehr handelt es sich dabei um allgemeine Charakterisierungen, die auf alle Objekte – die von dieser Charakterisierung erfasst werden – gleichermaßen zutreffen, ganz gleich zu welcher Kategorie sie gehören. Einschlägige Beispiele für solche übergreifenden Charakterisierungen liefern die Begriffe ›Aktualität‹ und ›Möglichkeit‹. Auch wenn manche Philosophen der Ansicht sind, dass Dinge immer nur aktual existieren (Aktualismus) bzw. die Rede von einem möglichen Gegenstand überhaupt keine ontologische Verpflichtung beinhaltet, scheint es doch so zu sein, dass es Objekte ganz verschiedener Kategorien gibt, die sowohl im aktualen als auch im nicht-aktualen Zustand auftreten können bzw. von denen wir sagen, dass sie entweder mögliche oder unmögliche Objekte sind. Ein x-beliebiges Ereignis kann beispielsweise aktual auftreten oder nur in abstrakter Form gegeben sein. Ebenso gibt es Ereignisse, deren Eintreten sehr wahrscheinlich ist, die wir daher für möglich halten; und solche Ereignisse, die wir eher für unmöglich halten, da deren Eintreten so gut wie ausgeschlossen ist.

Normative Einordnung: Eine sehr wichtige Frage ist zudem, ob transkategoriale Charakterisierungen, die wie im Fall des Begriffs ›Gutsein‹ eine **normative Komponente** aufweisen, besser aus der Ontologie zu verbannen sind. Bis ins Mittelalter hinein war man sich in dieser Sache relativ einig: Man hat geglaubt, dass ontologische Charakterisierungen nicht nur deskriptiv sind, sondern manchmal auch einen bewertenden Aspekt beinhalten. In der Gegenwart besteht stattdessen ein großer Hang dazu, die Ontologie als eine **rein deskriptive Wissenschaft** zu begreifen. Aus diesem Grund tun sich viele Ontologen sehr schwer, wertbasierte oder normativ aufgeladene Grundstrukturen der Wirklichkeit anzuerkennen. Diese Sichtweise ist jedoch in letzter Zeit – vor allem mit Blick auf sozialontologische Fragestellungen (Schönrich 2005) – etwas ins Wanken geraten. Gerade der Begriff des Sozialen scheint ein Paradebeispiel dafür zu sein, dass transkategoriale Charakterisierungen eine normative (deontische oder axiologische) Komponente besitzen.

Kategoriale Einordnung: Eine weitere Schwierigkeit besteht darin, dass kategorienübergreifende Begriffe in ihrer Anwendung nicht immer denselben Gehalt besitzen. Für ein Ereignis bedeutet es beispielsweise etwas ganz anderes, unmöglich zu sein, als für eine Eigenschaft. Und ebenso stellt es ein Problem dar, dass kategorienübergreifende Charakterisierungen – obwohl sie selbst keine Einteilungsbegriffe sind – im Rahmen solcher Begriffe in unterschiedliche Klassen unterteilbar sind. Die meisten transkategorialen Charakterisierungen ähneln der Zuschreibung von Eigenschaften, d. h. sie werden einem einzelnen Objekt zugeschrieben. Andere Charakterisierungen wie etwa die oft gebräuchliche **Teil-Ganzes-Beziehung** oder die besonders wichtigen Begriffe wie die der **Identität** bzw. **Ähnlichkeit** scheinen hingegen Relationen zum Ausdruck zu bringen, d. h. sie werden zwei oder mehreren Objekten zugleich zugeschrieben.

Die Besonderheit der Abstrakt-Konkret-Unterscheidung: Darüber hinaus gibt es ontologische Begriffe, deren Zuordnung schon sehr umstritten ist, weil sie offenbar aus der Zweiteilung von allgemeinen Kategorien und übergreifenden Charakterisierungen herausfallen. Dies gilt in besonderem Maße für die Unterscheidung von **abstrakt** und **konkret**. Einige Ontologen sind der Auffassung, dass die Trennung von abstrakten und konkreten Objekten die fundamentalste kategoriale Differenzierung ist, die sich vorstellen lässt (vgl. Hoffman/Rosenkrantz 1997, S. 28; 2003, S. 46). Dem widerspricht jedoch die Tatsache, dass Objekte der meisten Kategorien in beiden Formen auftreten. Beispielsweise stellen alle mathematischen Behauptungen abstrakte Sachverhalte dar, wohingegen es ein ganz konkreter Sachverhalt (Tatsache) ist, dass am 4. Oktober 1957 der erste

1.2 Metaphysik und Ontologie

Methoden und Erkenntnisanspruch der Ontologie

künstliche Satellit in die Erdumlaufbahn geschossen wurde. Und selbst für diejenige Kategorie, von der man am ehesten annahm, dass sie ausschließlich abstrakte Objekte umfasst – gemeint ist die Kategorie der Eigenschaften –, wurde eine solche strikte Trennung von vielen Philosophen abgelehnt. So sind Vertreter einer sog. Tropen-Ontologie (Campbell 1990; Simons 1987, 2001) beispielsweise der Ansicht, dass ›Sokrates' Weisheit‹ eine **partikularisierte Eigenschaft** ist, die im Gegensatz zur Weisheit als ein universelles Merkmal nur einer einzigen Person – nämlich Sokrates – zukommt.

Umgekehrt wird manchmal die Meinung vertreten, dass es zumindest bei Ereignissen keinen Sinn hat, von abstrakten Vorkommnissen zu sprechen, da ein Ereignis immer aktual gegeben ist. Dies würde bedeuten, dass die Abstrakt-Konkret-Unterscheidung nicht auf alle Kategorien gleichermaßen anwendbar ist. Wobei es angesichts solcher Ausnahmen generell fraglich erscheint, ob man hier von einer echten transkategorialen Unterscheidung sprechen sollte. Die merkwürdige Sonderstellung der Abstrakt-Konkret-Unterscheidung erklärt sich teilweise dadurch, dass von Ontologen sehr unterschiedliche Konzeptionen bezüglich der **Erklärung von Abstraktheit** vertreten werden. Allerdings ist es so, dass gängige Ansätze, die besagen, dass abstrakte Objekte:

- nicht in Raum und Zeit existieren,
- sich nicht (auf intrinsische Weise) verändern können,
- über keine unabhängige Existenz verfügen oder
- nur in Form von intellektuellen Abstraktionsprozessen zugänglich sind,

allesamt gravierende Mängel aufweisen (vgl. Hoffman/Rosenkrantz 2003). Was ein abstraktes Objekt letztlich ist, hängt vielmehr stark vom jeweiligen Theorievorschlag ab bzw. von Fragestellungen, die in andere Bereiche der ontologischen Theoriebildung hineinragen.

1.2.3 | Methoden und Erkenntnisanspruch der Ontologie

Eine derjenigen Entscheidungen, von der die gerade erwähnte Erklärung abstrakter Objekte abhängt, betrifft die Frage, wie man zu gesicherten ontologischen Erkenntnissen gelangt. Wie in jeder vernünftigen Wissenschaft steht auch der Ontologe vor dem Problem, die Brauchbarkeit seiner Untersuchungsmethoden reflektieren zu müssen. In der Ontologie sind in dieser Hinsicht zwei prinzipielle Richtungen vorgegeben.

Direkter und indirekter methodischer Zugang: Zum einen besteht die Möglichkeit, in einem direkten Zugang von unseren alltäglichen Erfahrungen auszugehen, um dann zu fragen, welches die fundamentalsten Merkmale und wesentlichen Charakterisierungen sind, die den Objekten dieser Erfahrungen zugrunde liegen. Zum anderen gibt es einen indirekten Zugang, der einen Umweg über die Analyse sprachlicher Strukturen nimmt, mit denen wir versuchen, die Welt zu erschließen. Innerhalb dieser zweiten Richtung werden die Strukturen des Seienden in Abhängigkeit davon betrachtet, inwieweit sie sich in sprachlichen Strukturen niederschlagen.

Verschiedene methodische Ansätze: Welcher der beiden prinzipiellen Zugänge geeigneter ist, hängt von vielen einzelnen Faktoren ab. Historisch gesehen, lassen sich neben einem **realistischen Ansatz** (Aristoteles) bzw. einer **projektiven Herangehensweise** (Kant) – wobei Letztere besagt, dass es die begrifflichen Schemata sind, die dadurch, dass sie vom menschlichen Verstand auf die Wirklichkeit projiziert werden, diese im entscheidenden Maße prägen – drei weitere Grundströmungen der ontologischen Theoriebildung ausmachen:

Grundströmungen der ontologischen Theoriebildung

1. Naturalistische Ausrichtung: Mit der Metaphysikkritik des Wiener Kreises ist ein strikter Empirismus verbunden, der alle Sätze, mit denen keine empirisch verifizierbaren bzw. logischen Aussagen getroffen werden, als bedeutungslose Scheinsätze zu entlarven versucht (Carnap 1931). Fragen nach der Existenz von bestimmten Objekten stellen sich folglich nicht intern, sondern nur **extern**, nämlich relativ zur »Wahl einer passenden Sprachform, eines passenden Begriffsschemas oder eines begrifflichen Rahmens« (Quine: *Zwei Dogmen*, S. 50). Gemäß dieser Sichtweise liefert die **physikalische Beschreibungssprache** den besten Begriffsrahmen, d. h. man geht davon aus, dass sich sämtliche alltagsimprägnierten Redeweisen in kanonischer Form paraphrasieren lassen und auf solche Objekte reduziert werden können, auf die man sich mit der physikalischen Beschreibungssprache verpflichtet hat.

2. Die deskriptive Ausrichtung zielt im Gegensatz zur naturalistischen Strömung auf eine umfassendere Analyse der allgemeinsten Merkmale begrifflicher Strukturen. Sie weist eine Revision des Kategoriensystems zugunsten einer ›idealeren‹ Beschreibungssprache ausdrücklich zurück. Zentrale Aufgabe ist es, die tatsächliche Struktur des alltäglichen Denkens genau zu charakterisieren. Infolgedessen wird von einer strikten **Isomorphie** zwischen sprachlichem Begriffssystem und Strukturen der Wirklichkeit ausgegangen. Erfasst man sprachliche Strukturen, erhält man Aufschluss über die grundlegenden Bestandteile der Wirklichkeit. Wobei eines der wichtigsten sprachlichen Elemente darin besteht, konkrete individuelle Objekte (Dingen und Ereignisse) identifizieren zu können (Strawson: *Einzelding*).

3. Die Phänomenologische Ausrichtung versteht sich dezidiert als **anti-reduktionistisch**. Phänomenologisch orientierte Philosophen lehnen monokategoriale Ansätze ab und betrachten die Einteilung von Objekten in verschiedene Kategorien als einen wesentlichen Vorzug ihrer Theoriebildung. Im Anschluss an Brentano und Husserl wird dabei ein starkes Gewicht auf intentionale Phänomene bzw. auf mereologische Fragestellungen gelegt. Letztere beruhen auf der Annahme, dass die meisten Objekte komplexe Entitäten darstellen, die sich aus verschiedenen Konstituenten zusammensetzen, weshalb es Aufgabe der ontologischen Charakterisierung ist zu klären, in welchem Verhältnis die Teile eines Objekts (Konstituenten) zu seinem Ganzen stehen.

Methodische Grundsatzregeln: Neben diesen Grundströmungen gibt es verschiedene methodische Grundsatzregeln, von denen sich ontologische Untersuchungen in der einen oder anderen Form leiten lassen:

1. Das Prinzip der ontologischen Sparsamkeit geht beispielsweise auf Wilhelm von Ockham zurück (s. Kap. I.2.5). Demnach darf eine zusätzliche Entität nur dann eingeführt werden, wenn es für die Erklärungsleistung der Theorie unbedingt erforderlich ist.

2. Das Prinzip der ontologischen Verpflichtung hat demgegenüber vor allem W. V. O. Quine herausgestellt. Im Kern besagt dieses Prinzip, dass sämtliche Aussagen, mit denen Behauptungen über die Wirklichkeit getroffen werden, in eine kanonische Notation zu überführen sind, so dass anhand des Wertebereichs der gebundenen Variablen festgestellt werden kann, welche ontologischen Voraussetzungen auf der Gegenstandsebene unvermeidlich sind. Die hierfür eingebürgerte Kurzformel lautet: Etwas zu sein bedeutet, der Wert einer gebundenen Variablen zu sein.

3. Prinzip der eindeutigen Identitätskriterien: Damit verbunden ist eine weitere Forderung von Quine, die betont, dass nur solche Objekte als echte Entitäten der ontologischen Theoriebildung zu akzeptieren sind, für die es eindeutige Identitätskriterien gibt. Und auch hier gibt es einen berühmten Slogan: **Keine Entität ohne Identität**.

4. Prinzip der ontologischen Fundierung: Darüber hinaus wird verstärkt die Auffassung diskutiert, dass Aussagen über die Wirklichkeit ein sog. **Wahrmacherprinzip** verlangen (vgl. Beebee/Dodd 2005; Monnoyer 2007). Dahinter verbirgt sich die Überzeugung, dass kontingente ontologische Aussagen nur dann wahr sein können, wenn es etwas in der Wirklichkeit gibt, durch das sie wahr gemacht werden. In substantieller Lesart – die allerdings sehr umstritten ist – besagt dieses Prinzip: Zwischen den Gegenständen in der Welt und unseren Aussagen über diese Gegenstände muss es eine Relation des Wahrmachens geben, die so lange Bestand hat, wie aus der Existenz des Gegenstandes die Wahrheit der betreffenden Aussage folgt.

5. Prinzip der explanatorischen Stärke: Ein letztes besonders wichtiges Prinzip stellt die explanatorische Kraft ontologischer Erklärungen heraus. Diesem Prinzip zufolge ist eine ontologische Erklärung vor allem dann angebracht, wenn sich dadurch, dass man dem zu erklärenden Phänomen eine kategoriale Bestimmung zuordnet, auf einfache Weise verständlich machen lässt, warum dieses Phänomen so und nicht anders aufgetreten ist. Ontologische Erklärungen sind erfolgreich, wenn der explanatorischer Gehalt auf die Einführung bestimmter Objekte zurückzuführen ist.

Meta-ontologische Fragestellungen: Über die Diskussion methodischer Grundsatzregeln hinaus hat sich in letzter Zeit eine breite Debatte entwickelt, in welcher der Erkenntnisanspruch ontologischer Untersuchungen kritisch hinterfragt wird (vgl. Chalmers/Manley/Wasserman 2009). Dabei geht es im Wesentlichen um zwei meta-ontologische Fragestellungen: Lässt sich die Frage »Was existiert?« überhaupt objektiv beantworten? Ist der Begründungsanspruch ontologischer Theorien substantieller Natur oder rein verbal zu verstehen, d. h. lassen sich ontologische Antworten auf sprachliche Unterscheidungen reduzieren? Im Wesentlichen werden dazu drei unterschiedliche Positionen der Zurückweisung ontologisch fundierter Begründungsansprüche diskutiert:

- **Strikter Antirealismus:** Ontologische Aussagen haben überhaupt keine feststehenden Wahrheitswerte.
- **Deflationäre oder semantische Zurückweisung:** Konkurrierende ontologische Aussagen

basieren auf unterschiedlichen semantischen Inhalten.
- **Epistemische Zurückweisung:** Obwohl ontologische Aussagen nicht trivial sind, gibt es keine ausreichende Rechtfertigung zu glauben, dass sie entweder wahr oder falsch sind.

Ob eine dieser Positionen wirklich durchschlagend ist, hängt von der Beantwortung weiterer Fragen ab, nämlich beispielsweise davon, woran sich eine ontologische Untersuchung orientieren sollte. Auch hier stehen drei ganz verschiedene Möglichkeiten im Raum: die Orientierung am gewöhnlichen **Alltagsverständnis**, an **begrifflichen Unterscheidungen** bzw. begrifflicher Kohärenz oder an **wissenschaftlichen Hypothesen** bzw. (quasi-)wissenschaftlichen Kriterien.

1.3 | Zentrale Grundbegriffe der Ontologie

Nachdem der Gegenstand und die Methoden der Ontologie in groben Zügen umrissen wurden, ist es an der Zeit, einige Grundbegriffe näher zu erläutern. Beginnen wollen wir mit einer Fragestellung, die offenkundig von so allgemeiner Bedeutung ist, dass sie über die Grenzen der Ontologie hinaus in fast allen Bereichen des wissenschaftlichen und alltäglichen Lebens eine fundamentale Rolle spielt: **Was heißt es, dass etwas existiert?**

1.3.1 | Was ist Existenz?

Die Ontologie ist die Wissenschaft des Seienden, insofern es Seiendes ist. Doch was bedeutet es, dass etwas Seiendes ist? Eine grundlegende Schwierigkeit liegt hier darin, dass das Wort ›ist‹ sprachlich in vielerlei Gestalt auftritt. Es wird sowohl als mathematisches Gleichheitszeichen ›=‹, d. h. als **Ausdruck der Identität** zwischen zwei singulären Termen wie bei »Cicero ist Tullius« verwendet sowie als **generische Implikation** im Sinne der Teilklassenrelation wie bei »Der Mensch ist ein Lebewesen«, als **ostensive Definition** wie bei »Dies ist ein Hund« oder einfach als **Satzkopula** wie im Fall von »Cicero ist ein berühmter Mann«.

Im Gegensatz dazu wird das Wort ›ist‹ in der Ontologie zum Aufstellen von **Existenzbehauptungen** benutzt. Wenn wir in ontologischer Hinsicht behaupten »Cicero ist«, meinen wir »Es gibt Cicero« oder »Cicero existiert«. Einige Philosophen neigen deshalb dazu, den Gegenstandsbereich der Ontologie auf Existenzbehauptungen zu beschränken. Unter diesem Blickwinkel wird die Ontologie manchmal auch als eine Wissenschaft bezeichnet, die davon handelt, was es gibt (Quine: *Was es gibt*).

Die ontologische Standardauffassung der Existenz: Die entscheidende Frage ist jedoch, ob mit der ontologischen Verwendung von ›ist‹ die Zuschreibung einer **Eigenschaft der Existenz** verbunden ist, oder ob man solche Behauptungen anders auffassen sollte. Traditionell wurde in diesem Zusammenhang eine sog. **Redundanztheorie** vertreten. Demnach geht es bei Existenzbehauptungen nicht um die Zuschreibung realer Eigenschaften, vielmehr soll es sich beim Existenzprädikat um ein **logisches Prädikat** handeln (Kant). Eine ähnliche Position, wenngleich unter ganz anderem Vorzeichen, wird später vor allem von Gottlob Frege (1969) vertreten.

Existenz als Begriff zweiter Stufe: Nach Frege sind singuläre Existenzbehauptungen redundant, da sie sich stets als allgemeine Existenzbehauptungen paraphrasieren lassen. Ein Satz wie »Pegasus existiert« ist äquivalent mit »Es gibt Pegasus«, wobei dieser Satz so zu verstehen ist, dass ein Begriff erster Stufe »x ist ein Pegasus« unter einen Begriff zweiter Stufe »der Begriff ›x ist Pegasus‹ ist erfüllt« fällt. Frege war der Ansicht, dass das Existenzprädikat die Funktion hat, ein Begriff zweiter Stufe zu sein, weshalb völlig unnütz sei, von einem individuellen Objekt zu sagen, dass es die Eigenschaft der Existenz besitzt. Die dahinterstehende Grundidee wurde von Quine später so formuliert, dass Existenz dasjenige ist, was sich mithilfe der **existenziellen Quantifikation** zum Ausdruck bringen lässt. Im Gegensatz zu Frege ging Quine jedoch nicht so weit, individuelle Existenzaussagen der Form »a existiert« komplett zu leugnen. Gleichwohl er wie Frege die Verwendung des Existenzprädikats als ein Prädikat erster Stufe zurückweist, scheint er daran festzuhalten, dass es so etwas wie eine individuelle Existenz gibt. Seiner Ansicht nach ist ein Ausdruck wie »a existiert« identisch mit der Exemplifizierung einer Eigenschaft, d. h. ein Ausdruck wie »Pegasus existiert« lässt sich in Form von $\exists x (x = a\text{'s Pegasieren})$ (lies: Es gibt ein x, so dass x identisch ist mit a's Eigenschaft zu pegasieren) paraphrasieren.

Zentrale Grundbegriffe der Ontologie

Neben der eben geschilderten **Standardauffassung des Existenzprädikats** hat man zwei alternative Erklärungsmöglichkeiten in Erwägung gezogen:

Existenz als univoker Begriff: Man könnte darauf pochen, dass Existenzbehauptungen weder in der einen noch in der anderen Form auf der Zuschreibung von Eigenschaften beruhen. Wenn der Existenzbegriff ein univoker Begriff ist, gibt es womöglich gar keine Differenz zwischen der Tatsache, dass »a ein Individuum ist« und der Tatsache, dass »a existiert« (vgl. Brentano 1973; Williams 1962). Demnach würde sich die Suche nach einer differenzmachenden Existenz-Eigenschaft erübrigen.

Existenz als Eigenschaft des derzeitigen Weltzustands: Und auch dann, wenn man an einer Zuschreibung von Existenz-Eigenschaften festhält, ist nicht gesagt, dass es sich dabei um Eigenschaften von Individuen oder Eigenschaften von Eigenschaften (zweiter Stufe) handelt. Möglicherweise ist ja mit Existenz die Eigenschaft desjenigen Weltzustands gemeint, der zu einem bestimmten Zeitpunkt aktualisiert wird und die betreffenden Individuen und natürlichen Eigenschaften als Bestandteile umfasst (vgl. Sommer 1963; Vallicella 2002).

1.3.2 | Möglichkeit, Notwendigkeit und Essentialität

Zu Beginn dieses Kapitels wurde betont, dass sich das Seiende nicht auf den Bereich des Wirklichen beschränken lässt. Neben der Unterscheidung, ob etwas existiert oder nicht, kann das Seiende selbst im **Modus der Aktualität** bzw. **der Möglichkeit** bestimmt werden. Seit Aristoteles bezeichnet man etwas, das lediglich potenziell im Modus des nicht-aktual Seienden gegeben ist, als **reale Möglichkeit**. Diese genuin ontologische Sichtweise ist jedoch von der heutigen sprachanalytischen Begriffsverwendung zu unterscheiden. In der sprachanalytischen Philosophie ist man darauf bedacht, Modalitäten wie Notwendigkeit und Möglichkeit nicht auf irgendein Seiendes, sondern auf Propositionen bzw. Aussagen zu beziehen. Entsprechend werden Ausdrücke, deren Wahrheitswerte von **modalen Operatoren** wie »notwendig« und »möglich« abhängen, als Modalaussagen bezeichnet.

Arten der Modalität: Unter einem genuin ontologischen Blickwinkel sieht die Sache jedoch ein klein wenig anders aus. Oft scheint es nämlich so zu sein, dass mit der Rede von Modalitäten auf die Existenz von Objekten Bezug genommen wird. Üblicherweise wird daher auf eine von Thomas von Aquin abstammende Unterteilung zweier verschiedener Arten der Bezugnahme auf Modalität zurückgegriffen: Während Modalitäten *de dicto* (lat.: über das Gesagte) in erster Linie Aussagen und Propositionen betreffen, beziehen sich Modalitäten *de re* (lat.: über die Sache) nicht auf solche *dicta*, sondern auf eine *res*, d. h. auf konkrete Objekte, die zu irgendeinem Zeitpunkt existieren.

> **Zur Vertiefung**
>
> **Modalität *de dicto* und *de re***
> In der Ontologie unterscheidet man **zwei Arten von Modalität** und benutzt dafür die *Rede von möglichen Welten*:
> **Modalität *de dicto*:**
> - Eine **Proposition p** ist *möglich*, wenn es mindestens eine mögliche Welt W gibt, so dass p in W wahr ist.
> - Eine **Proposition p** ist *notwendig*, wenn in jeder möglichen Welt$_{1-n}$ gilt, dass p wahr ist.
>
> **Modalität *de re*:**
> - Ein Objekt S hat die **Eigenschaft F** akzidentell oder nur *möglicherweise*, wenn es mindestens eine mögliche Welt W gibt, in der S existiert und die Eigenschaft F besitzt.
> - Ein Objekt S hat die **Eigenschaft F** *notwendig*, wenn in jeder möglichen Welt$_{1-n}$, in der S existiert, S die Eigenschaft F besitzt.
>
> In den ersten beiden Fällen wird über alle nur denkbaren möglichen Welten quantifiziert, wohingegen in den beiden anschließenden Fällen nur über diejenigen möglichen Welten quantifiziert wird, in denen das betreffende Objekt, dem eine modale Eigenschaft zukommt, tatsächlich existiert.

Formen des Essentialismus: Die Behauptung von *de re*-Modalitäten ist mit der Annahme verknüpft, dass gewöhnliche Objekte sowohl über akzidentelle (nur mögliche) als auch über essentielle (notwendige) Eigenschaften verfügen. Doch genauso wie man zwei Arten der Erklärung von Modalitäten differenzieren muss, ist es wichtig, zwei grundlegende Formen des Essentialismus zu berücksichtigen: **natürlicher Arten-Essentialismus** bzw. **individueller Essentialismus**. Im Rahmen der zuletzt genannten Position wird davon ausgegangen, dass individuelle Objekte Eigenschaften besitzen, die für sie essentiell sind, weil sie ohne diese nicht existieren können.

Metaphysik und Ontologie

> **Zur Vertiefung**
>
> **Temporaler und kontrafaktischer Essentialismus**
> Bezüglich der individuellen Form des Essentialismus unterscheidet man zwei Erklärungsansätze:
> **Temporaler (individueller) Essentialismus**: Ein Objekt x hat die Eigenschaft F essentiell, sofern es nicht möglich ist, dass x zu irgendeinem Zeitpunkt t existiert und nicht F hat.
> **Kontrafaktischer (individueller) Essentialismus**: Ein Objekt x hat die Eigenschaft F essentiell, sofern x die Eigenschaft F in jeder möglichen Welt hat, in der x existiert.

1.3.3 | Universalien und Individuen

Die Trennung zwischen abstrakten und konkreten Objekten hat in der Ontologie traditionell einen besonderen Stellenwert. Ausschlaggebend dafür ist der sog. **Universalienstreit** (s. Kap. I.2.6), der in aller Schärfe zwar erst in der Frühscholastik ausbricht – zumeist wird Roscelin von Compiègne im 11. Jh. als Gründerfigur angegeben –, aber der Sache nach schon in der platonischen Ideenlehre angelegt ist. Platon ging nämlich davon aus, dass ontologische Klassifizierungen nicht willkürlich geschehen, sondern anhand von Eigenschaften der klassifizierten Objekte vorgenommen werden. Dabei stellt sich jedoch die Frage, wie es kommt, dass sich Objekte in verschiedene Kategorien einsortieren lassen. Platons Antwort beruht auf der Unterscheidung von konkreten Individuen, die durch ihre raumzeitliche Position fest verankert sind, und universalen Eigenschaften, die, da sie raumzeitlich nicht gebunden sind, mehrfach vorkommen können, nämlich genauso oft, wie es entsprechende Exemplifizierungen von ihnen gibt. Im Universalienstreit geht es um den **ontologischen Status derartiger Universalien** – ob sie überhaupt in die Ontologie einzubeziehen sind, und wenn ja, in welcher Form das geschehen sollte.

Realismus versus Nominalismus: Grob gesagt, stehen sich zwei konkurrierende Lager gegenüber: Realisten räumen ein, dass es eigenständige Universalien tatsächlich gibt. Für Nominalisten sind hingegen Universalien bloße ›Nomina‹ (lat.: Namen), denen auf ontologischer Seite nichts korrespondiert. Die Unterscheidung zwischen Realisten und Nominalisten ist allerdings nur eine erste Grobgliederung. Bereits innerhalb des realistischen Lagers gibt es beträchtliche Unterschiede. So bezeichnet man Platons Auffassung zumeist als **Universalia ante res** (lat.: vor der Sache), da Platon den Universalien eine den konkreten Objekten vorgeordnete Seinsweise zugebilligt hat. Die meisten Realisten vertreten hingegen eine Auffassung, die als **Universalia in rebus** (lat.: in der Sache) bezeichnet wird. In diesem Fall nimmt man an, dass Universalien nur immanent gegeben sind, d. h. nicht ohne ein konkretes Trägerobjekt auskommen.

Im gegenüberliegenden Lager muss seinerseits zwischen einem strikten Nominalismus und dem sog. **Konzeptualismus** getrennt werden. Der Konzeptualismus lehnt zwar eine eigenständige Existenz der Universalien ab, geht aber davon aus, dass sich allgemeine Begriffe im menschlichen Geist bilden lassen, die auch auf konkrete Objekte anwendbar sind. Diese Position lässt sich als **Universalia in mente** (lat.: im Geist) umreißen. Im Vergleich dazu leugnet ein strikter **Nominalismus** selbst noch solche allgemeinen Begriffe. Er betrachtet ausschließlich einzelne Wortzeichen bzw. einzelne Vorstellungen, von denen behauptet wird, dass sie alles sind, was auf der Grundlage prädikativer Zuschreibungen (Prädikatennominalismus) bzw. auf der Basis der Zuordnung zu natürlichen Klassen (Klassennominalismus) zur Bestimmung konkreter Objekte notwendig ist.

Von beiden Lagern werden unterschiedliche Argumente für die jeweilige Position vorgebracht. Gegen den Universalien-Realismus wird eingewandt, dass man bei der Erklärung der Exemplifizierung von Universalien in einen **infiniten Regress** gerät bzw. die realistische Sichtweise nicht auf jedes Prädikat anwendbar ist, da ein Prädikat wie beispielsweise ›exemplifiziert sich nicht selbst‹ im Rahmen der realistischen Deutung paradox erscheint. Demgegenüber wird gegen den Nominalismus vorgebracht, dass es für einige Eigenschaften keine eindeutig zugeordneten Prädikate gibt, dass der Begriff der natürlichen Klasse bezüglich seines Umfangs, der Abstufungen der Natürlichkeit bzw. im Hinblick auf die Ursachen, Ordnungsverhältnisse und Arten von bestimmten extensionalen Eigenschaften problematisch ist, und dass vor allem nicht klar ist, wie sich der zentrale Begriff der Ähnlichkeit – sofern dieser nicht als primitiv angesehen wird –, ohne bereits auf Universalien Bezug zu nehmen, spezifizieren lässt.

Bedeutsamkeit des Universalien-Problems: Die ungebrochene Aktualität des Universalien-Problems zeigt sich daran, dass eine für alle Seiten zufriedenstellende Lösung nach wie vor nicht in Aussicht steht und bislang noch jeder terminologische Neuansatz wieder zu neuen Schwierigkeiten geführt hat. Zudem wird häufig die aristotelische Sichtweise vertreten (z. B. Lowe 2001), dass konkrete Individuen nur insofern als unabhängige Objekte gelten können, wie ihnen – aufgrund der **Zugehörigkeit zu einer bestimmten Art** – entsprechende Identitäts- bzw. Individuationsbedingungen zukommen. Nach diesem Verständnis müssen derartige Arten von Individuen nun aber selbst als Universalien begriffen werden, weshalb das betreffende Problem keineswegs nur auf Eigenschaften oder spezifische Relationen zu begrenzen ist.

1.3.4 | Identität, Veränderung und Individuation

Dass der **Begriff der Identität** in der Ontologie eine fundamentale Rolle spielt, ergibt sich aus seinem transkategorialen Status. Jedes Objekt, das einer kategorialen Zuordnung zugänglich sein soll, muss zumindest mit sich selbst identisch sein. Diese Art der Identität wird zumeist als Konstante im Sinne des mathematischen Gleichheitszeichens verstanden. Demnach drückt eine Identitätsaussage der Form ›a = b‹ keine Relation zwischen externen Gegenständen aus; sie ist vielmehr eine relationale Beziehung zwischen verschiedenen Bezeichnungen, d. h. es ist ein und derselbe Gegenstand, der durch die verschiedenen Ausdrücke ›a‹ und ›b‹ gekennzeichnet wird. Eine derartige Identitätsrelation weist drei wesentliche Merkmale auf: **Reflexivität** ($x = x$), **Symmetrie** (wenn $x = y$, dann $y = x$) und **Transitivität** (wenn $x = y$ und $y = z$, dann $x = z$).

Zentrale Unterscheidungen: Im Alltag verwenden wir den Begriff der Identität allerdings oft in einem lockeren Sinne. Unter ontologischen Gesichtspunkten sind dabei zwei Unterscheidungen von besonderem Interesse:

1. Numerische vs. qualitative Identität: Während mit numerischer Identität Selbigkeit im Sinne der eben angesprochenen zahlenmäßigen Einheit gemeint ist, handelt es sich bei qualitativer Identität um eine Übereinstimmung von Eigenschaften, die bezogen auf numerisch verschiedene Objekte besteht. Diese Unterscheidung steht im engen Zusammenhang mit drei weiteren Aspekten der Diskussion des Identitätsbegriffs, welche die Gegenüberstellung von Token- vs. Typ-Identität, absoluter vs. relativer Identität bzw. die Trennung von notwendiger und kontingenter Identität betreffen.

2. Synchrone vs. diachrone Identität: Ontologisch relevant sind Probleme der Identität aber nicht nur in Bezug auf einen bestimmten Zeitpunkt (synchrone Identität), sondern vor allem auch dann, wenn es um die Veränderung von Objekten über die Zeit hinweg (diachrone Identität) geht. Grundlage hierfür ist das sog. **Leibniz-Gesetz**, das zweierlei besagt: Wenn zwei Objekte a und b identisch sind, dann sollten sie hinsichtlich ihrer Eigenschaften nicht unterscheidbar sein (Identität des Ununterscheidbaren). Und umgekehrt gilt: Wenn zwei Objekte a und b hinsichtlich ihrer Eigenschaften nicht unterscheidbar sind, dann müssen sie identisch sein (Ununterscheidbarkeit des Identischen). Das Problem dabei ist, dass die erste Bedingung zwar zutreffend ist, aber als eine bloß notwendige Bedingung einen sehr geringen Informationswert besitzt. Demgegenüber ist die zweite Bedingung zwar informativ, allerdings in Fällen, bei denen man Objekte in ihrer zeitlichen Erstreckung betrachtet – also in diachroner Perspektive – offenkundig falsch, denn es ist sehr gut möglich, dass ein Objekt über die Zeit hinweg seine Eigenschaften verändert und dennoch numerisch betrachtet immer dasselbe Ding bleibt. Wenn man folglich am Leibniz-Gesetz der synchronen Identität festhalten möchte, bedarf es anderer (hinreichender) Kriterien der diachronen Identität.

Arten der Veränderung: Zu berücksichtigen ist an dieser Stelle außerdem, dass es verschiedene Arten der Veränderung gibt, die bezüglich der diachronen Identität für ein bestimmtes Objekt ausschlaggebend sein können. Neben den bislang betrachteten **qualitativen** Veränderungen kommen ebenso **kompositionale** (ein goldener Ring wird zu einem Klumpen Gold eingeschmolzen) bzw. sog. **substanzielle** (eine Kaulquappe wird zu einem Frosch) Veränderungen in Betracht. Während kompositionale Veränderungen besonders dort eine Rolle spielen, wo sich die diachrone Identität unmittelbar aus der Art der Zusammensetzung der Teile ergibt (bei Masseaggregaten wie beispielsweise Holz oder Wasser oder materiellen Artefakten wie Tischen, Büchern, Stiften usw.), betreffen substanzielle Veränderungen die konstitutiven Bedingungen eines Objekts, d. h. jene Bedingungen, die festlegen, bis zu welchem Grad ein Objekt sich verändern kann, ohne dass es dabei aufhört zu existieren. Während die beiden zuerst genannten Formen der Veränderung ›in‹ oder ›an‹ einem Objekt stattfinden, findet im dritten Fall ein Wechsel des zugrundeliegenden Objekts selbst statt (vgl. Lowe 2001). Welche Art der Veränderung in welchem

Umfang für die diachrone Identität eines bestimmten Objekt letztlich relevant ist, ob es überhaupt immer möglich ist, eindeutige Identitätsbedingungen anzugeben, bzw. ob es sogar Fälle von vager Identität gibt, wie manche Philosophen behaupten (vgl. Evans 1978), all diese Fragen hängen im entscheidenden Maße davon ab, welche kategoriale Zuordnung für ein bestimmtes Objekt gilt.

Individuationsprinzip: Sofern man in der Ontologie bereit ist, zwischen Partikularien und Universalien zu trennen, ergibt sich in Verbindung mit dem Identitätsbegriff eine weitere zentrale Schwierigkeit: Wie lässt sich erklären, dass zwei Entitäten, die denselben Grad an Allgemeinheit besitzen – beispielsweise dadurch, dass sie zur selben natürlichen Art gehören –, trotzdem zwei verschiedene Vorkommnisse dieser Allgemeinheit (natürlichen Art) sind? Hinter dieser Problematik steht die Suche nach einem sog. Individuationsprinzip für konkrete Entitäten. Dabei zeigt sich, dass die Frage, wodurch etwas zu einem Individuum wird, keineswegs nur auf materielle Einzeldinge beschränkt ist. Auch im Fall von einfachen Qualitäten wie etwa der Farbe ›Rot‹ muss es einen Grund dafür geben, warum es möglich ist, verschiedene Vorkommnisse desselben Rottons voneinander unterscheiden zu können.

Epistemische und ontologische Erklärung der Individuation: Bei Fragen der Individuation müssen zwei Erklärungsrichtungen auseinandergehalten werden. Manche Autoren nehmen an, dass das Problem der Individuation rein **epistemischer Natur** sei, weil es letztlich auf der (menschlichen) Fähigkeit zur Re-Identifizierung beruht. Andererseits gibt es viele Philosophen, die den Gedanken der Individuation in **ontologischer** Hinsicht sehr ernst nehmen. In diesem Fall wird nach einer Erklärung für die entsprechenden **Individuatoren** gesucht. Hierzu werden ganz unterschiedliche Vorschläge gemacht. Partikularien lassen sich individuieren durch:

- essentielle Eigenschaften oder Bündel von universalen Eigenschaften,
- durch die raumzeitlich vorgegebene Position,
- durch eine Kombination von Materie und Form,
- durch ein Prinzip *sui generis* (das entweder auf dem mittelalterlichen Begriff der *haecceitas* oder auf der Annahme eines bloßen Substrats fußt),
- durch bestimmte sprachliche Operatoren oder
- in Abhängigkeit zu sog. sortalen Art-Ausdrücken.

1.4 | Grundfragen der speziellen Metaphysik

Gemäß der Unterscheidung zwischen allgemeiner und spezieller Metaphysik zielt letztere auf bereichsspezifische Themenfelder ab, die verschiedene Ausschnitte des Seienden herausgreifen. Derartige Untersuchungen lassen sich grob in zwei Gruppen unterteilen: **praktisch-lebensweltlich** ausgerichtete und **theoretisch-wissenschaftlich** orientierte Forschungsrichtungen.

1.4.1 | Praktisch-lebensweltlich ausgerichtete Problemstellungen

1. Personale Identität: Einer der ältesten Bereiche der ontologischen Forschung beschäftigt sich mit dem Begriff der personalen Identität. Zwar hat sich die moderne Themenstellung erst relativ spät herauskristallisiert – ihr Ursprung liegt im 27. Kapitel des II. Buches von John Lockes *Essay Concerning Human Understanding* (1690). Nichtsdestotrotz hat der Begriff des Person-Seins eine viel längere Tradition. Eine erste Verwendung des Wortes *persona* findet man bereits in der römischen Antike. Um die Stellung des Menschen in der Welt zu erklären, war es in der Stoa üblich, die Welt metaphorisch als ein göttliches Drama zu deuten, in das sich der Mensch durch die narrative Ausgestaltung seines Charakters (seiner Rolle) einschreibt. Da dieser Charakter durch das Aufsetzen einer Maske symbolisch repräsentiert wurde, hatte der Ausdruck *persona* ursprünglich die Bedeutung von ›Maske‹. Im Gegensatz zu Platons Seelenbegriff ging man in der Stoa von einem einheitlichen Form-Prinzip der Person aus (*pneuma*), das sich nicht vom körperlichen Leib loslösen lässt.

Drei zentrale Fragestellungen personaler Identität: Die moderne Diskussion des Begriffs der personalen Identität umfasst hingegen sowohl eine metaphysisch-ontologische als auch ethische Perspektive. Die metaphysisch-ontologische Perspektive beinhaltet drei fundamentale Fragestellungen:

1.4 Metaphysik und Ontologie

Grundfragen der speziellen Metaphysik

Fragestellungen personaler Identität

- Wer bin Ich?
- Was bin Ich?
- Warum interessieren wir uns für personale Identität?

Diachrone Einheit: Die erste Fragestellung beschäftigt sich damit, welche körperlichen oder mentalen Eigenschaften die diachrone Einheit einer Person (ihr vergangenes und zukünftiges Sein) determinieren bzw. welche Art von Evidenzen (Erinnerungen oder Kontinuität des Körpers) man hat, das herauszufinden. Damit verbunden ist das Problem der Ko-Personalität im Hinblick auf die Möglichkeit einer multiplen Persönlichkeit.

Kategoriale Einordnung: Die zweite Fragestellung bezieht sich auf den kategorialen Status von Personen. Sind Personen materielle oder immaterielle Dinge? **Immaterielle Antworten** besagen, dass Personen ein »bewusstes Innenleben« führen, das sich nicht aus physikalischen Bestandteilen zusammensetzt oder zumindest nicht durch das Bestehen solcher Bestandteile erklärbar ist (liberaler Dualismus). **Materialistische Antworten** gibt es hingegen in mehreren Varianten:

Materialistische Antworten auf den kategorialen Status

- Die sog. **Animal-These** besagt, dass Personen identisch mit der natürlichen Art sind, zu der sie gehören.
- Gemäß einer sog. **Körperannahme** sind Personen identisch mit ihrem menschlichen Leib.
- Vertreter der **Gehirnannahme** gehen stattdessen davon aus, dass Personen identisch mit dem ›Ort‹ ihres mentalen Lebens (zentrales Nervensystem) sind.
- Demgegenüber versuchen Vertreter der sog. **Konstitutionsannahme** die zuletzt genannte Identitätsbehauptung als falsch zu erweisen; materielle Objekte konstituieren zwar den menschlichen Organismus, sind aber nicht mit ihm identisch.
- Vertreter des sog. **Non-Essentialismus** sind schließlich der Ansicht, dass für Personen eine materielle Realisierung wichtig ist, aber diese keine essentielle Bedeutung hat, da ein Weiterbestehen in anderen Körpern denkbar erscheint.

Weiterbestehen einer Person: Die dritte Fragestellung lenkt die Aufmerksamkeit auf unser *Interesse* am Weiterbestehen einer Person. Einige Philosophen sind der Ansicht (z. B. Parfit 1984), dass es nicht die Identität ist, worauf es beim Überleben einer Person wirklich ankommt (»Identity is not what matters«). Denn wie sich gezeigt hat, ist die Identität einer Person in vielen Grenzfällen (*borderline cases*) äußerst vage, sodass sich schwer entscheiden lässt, ob sie zu einem späteren Zeitpunkt noch als ein und dieselbe Person vorliegt oder nicht. Vor dem Hintergrund solcher Fälle scheint es besser zu sein, personale Identität nur sehr schwach als eine **psychologische Relation der Selbstidentifizierung** zu betrachten.

2. Willensfreiheit: Ein weiterer praktisch-lebensweltlich orientierter Bereich der ontologischen Forschung betrifft das sog. **Rätsel der Willensfreiheit**. Dahinter verbirgt sich die Frage, ob ein deterministisches Verständnis der Welt – wie es mit der Annahme von Naturgesetzen nahegelegt wird – mit unseren Vorstellungen von praktisch-moralischer Verantwortlichkeit vereinbar ist. Das Rätsel der Willensfreiheit setzt sich aus drei Annahmen zusammen, die für sich betrachtet alle irgendwie plausibel erscheinen:

- **Freiheitsbehauptung:** Die meisten Menschen sind für ihre Handlungen moralisch verantwortlich.
- **Determinismusbehauptung:** Dinge in der Welt sind vollständig durch natürliche Gesetzmäßigkeiten bestimmt.
- **Unvereinbarkeitsbehauptung:** Wenn der Determinismus wahr ist, dann ist niemand für sein Handeln moralisch verantwortlich, denn nur frei handelnde Personen können für ihre Handlungen verantwortlich sein.

Doch offenkundig können diese drei Annahmen nicht zugleich wahr sein. Wenn die Freiheitsbehauptung wahr sein soll, muss entweder die zweite oder die dritte Annahme falsch sein.

Kriterien der Willensfreiheit: Der Begriff der Freiheit wird in der philosophischen Diskussion zumeist als ein *terminus technicus* verwendet, der die Fähigkeit des **Anders-Handelns bzw. Anders-Entscheiden-Könnens** hervorhebt. Ob diese Fokussierung möglicherweise zu eng ist, ist Gegenstand einer umfangreichen Auseinandersetzung. In der Regel werden dabei zwei weitere Bedingungen ins Spiel gebracht:

- **Kontrollbedingung:** Um frei entscheiden bzw. handeln zu können, dürfen die Umstände der Entscheidung bzw. Handlung nicht zwanghafter Natur gewesen sein, d. h. sie müssen unter der Kontrolle der betreffenden Person gestanden haben.
- **Urheberschaftsbedingung:** Die Wahl, die von einer Person getroffen wird, muss wesentlich von ihr selbst stammen.

Vier Basisauffassungen lassen sich anschließend im Rahmen dieser Differenzierung unterscheiden:

- Der **traditionelle Kompatibilismus** besagt, dass die Unvereinbarkeitsbehauptung nicht zutreffend sei, da der Determinismus mit einem freien Willen vereinbar ist, wobei dies daran liegt, dass es Freiheit ohne Determinismus nicht geben kann.
- Der **einfache** oder **praktische Kompatibilismus** geht von derselben Position aus, sagt aber nichts über das Abhängigkeitsverhältnis.
- Die **libertinaristische Auffassung** hält die Unvereinbarkeitsbehauptung für zutreffend, da Willensfreiheit in einem starken Sinne den Indeterminismus voraussetzt.
- **Direkte Inkompatibilisten** oder **Impossibilisten** gehen hingegen davon aus, dass aus der Wahrheit der Unvereinbarkeitsbehauptung etwas anderes folgt, nämlich die Annahme, dass es überhaupt keine Willensfreiheit geben kann. Um eine derart skeptische Form der Verteidigung des Determinismus von der moderaten Variante des traditionellen Kompatibilismus abzugrenzen, bezeichnet man den direkten Inkompatibilismus manchmal auch als **harten Determinismus**.

3. Freiheit und Fatalismus: Die gerade erwähnte Position des harten Determinismus spielt auch in einem anderen Bereich der praktisch-lebensweltlich ausgerichteten Forschung eine zentrale Rolle. Unter dem Stichwort ›Fatalismus‹ wird intensiv diskutiert, ob alles, was irgendwie existiert, bereits vorherbestimmt ist. Philosophen haben derartige Argumente in dreierlei Hinsicht formuliert: In Anwendung auf die Gesetze der Logik (**logischer Fatalismus**), mit Blick auf die Annahme einer göttlichen Voraussicht bzw. der Unfehlbarkeit göttlichen Wissens (**theologischer Fatalismus**) und in Bezug auf die Begriffe Wahrheit und zeitliche Modalität (**ontologischer Fatalismus**).

4. Die Besonderheit sozialer Objekte: Im Anwendungsbereich der **Sozialontologie** stellt sich die Frage des Determinismus hingegen in umgekehrter Richtung. Hier geht es darum zu klären, ob es möglicherweise auch solche Objekte gibt, deren Existenzform von bewussten Entscheidungen oder zumindest von bestimmten Intentionen sozial interagierender Individuen abhängt. Je nachdem, welche Art der Erklärung der **Konstitution sozialer Objekte** dabei favorisiert wird, stehen entweder realistische, konstruktivistische oder deflationäre Konzeptionen im Vordergrund.

1.4.2 | Theoretisch-wissenschaftlich orientierte Problemstellungen

1. Kausalität: In der zweiten Gruppe von bereichsspezifischen Untersuchungen steht das Problem der Kausalität an vorderster Stelle. Ontologisch bedeutsam ist hier vor allem die Frage, wie die kausale Relation zu charakterisieren ist bzw. worin die einzelnen Relata bestehen.
- Die überwiegende Anzahl von Erklärungsansätzen geht bei Ursache- und Wirkungsrelationen von einer **Beziehung zwischen einzelnen Ereignissen** aus. Doch nicht alle Philosophen teilen diese Sichtweise.
- Einige Philosophen sind der Auffassung, dass man besser von einer **Akteurskausalität** sprechen sollte (Chisholm 1976; Clarke 2003; O'Connor 2000), die zwischen einem Akteur und einem bestimmten Ereignis besteht.
- Andere Autoren nehmen an, dass Kausalität weder mit Ereignissen noch mit irgendwelchen Akteuren zu tun hat. Vielmehr soll es sich dabei um eine **Relation von Sachverhalten oder Tatsachen** handeln (Anscombe 1981; Mellor 1995).
- Eine letzte Position besagt schließlich, dass es beim Begriff der Kausalität überhaupt nicht auf die Charakterisierung der Verursachungsrelation ankommt, sondern auf die Art der Erklärung von Kausalität. Wobei man unter derartigen Erklärungen in aller Regel eine **Relation zwischen Sätzen oder Propositionen** versteht (Davidson 1967).

Ereigniskausalität versus kausaler Realismus: Die überwiegende Mehrheit der Ansätze geht vom Begriff der singulären Kausalerklärung aus. Was unter diesem Begriff genau genommen zu verstehen ist, ist allerdings unter ontologischer Perspektive umstritten. Es finden sich mindestens drei unterschiedliche Erklärungsrichtungen:
- die klassische **Regularitätsauffassung** von David Hume,
- die sog. **kontrafaktische Analyse** (vgl. Lewis 1973; Lowe 2002), und
- die besonders in den Naturwissenschaften verbreiteten **probabilistischen Ansätze**, bei denen von einer nicht-deterministischen Form der Ereignisverursachung ausgegangen wird (vgl. Stegmüller 1983).

Ansätze dieser Art werden häufig als **reduktionistisch** bezeichnet, da sie allgemeine Kausalzusammenhänge auf singuläre Relationen zwischen Ereignissen zurückführen. Demgegenüber findet sich aber auch eine starke Strömung, die man als kausalen Realismus bezeichnen kann. Die dort versammelten Ansätze legen großen Wert auf die Erfahrbarkeit kausaler Sachverhalte bzw. auf die Möglichkeit der Entdeckung allgemeiner Gesetzmäßigkeiten.

2. Ontologie der Zeit: Ein weiteres theoretisch-wissenschaftlich orientiertes Untersuchungsfeld betrifft ontologische Probleme, die sich im Umfeld einer Philosophie der Zeit ergeben. Thematisch stehen dabei zwei Aspekte im Vordergrund:
- Was heißt es, dass Veränderungen in der Zeit stattfinden?
- Wie erklären wir die zeitliche Fortdauer (Persistenz) von gewöhnlichen Objekten?

Im Rahmen des ersten Aspekts sind drei verschiedene Ansätze der ontologischen Erklärung zeitlicher Veränderungen zu berücksichtigen (vgl. hierzu Oaklander 2004):
- Zeitliche Veränderungen lassen sich **substantiell** oder **absolut** fassen, d. h. genuin zeitliche Entitäten sind Individuen oder Momente.
- Zeitliche Veränderungen lassen sich **relational** begreifen, d. h. genuin zeitliche Entitäten sind Relationen im Sinne der Bestimmungen von ›früher als‹, ›später als‹ oder ›gleichzeitig mit‹.
- Zeitliche Veränderungen lassen sich **tempushaft** verstehen, d. h. genuin zeitliche Entitäten sind nicht-relationale Eigenschaften, die Ereignisse zu einem bestimmten Zeitpunkt erwerben oder verlieren können. Wobei es drei wesentliche Tempus-Eigenschaften gibt: Ein Ereignis kann ›vergangen‹, ›gegenwärtig‹ oder ›zukünftig‹ sein.

Je nachdem, ob man stärker eine relationale oder tempushafte Auffassung betont, lassen sich anschließend noch drei grundlegende **zeitontologische ›frameworks‹** unterscheiden: statische, dynamische oder hybride Zeitauffassungen.

Die Persistenz gewöhnlicher Objekte: Der zweite zentrale Bereich des zeitontologischen Untersuchungsfeldes umfasst wiederum drei grundlegende Schwierigkeiten: Zum einen ist zu klären, ob die Natur persistierender Objekte generell als **drei- oder vierdimensional** aufzufassen ist. Zum anderen ist fraglich, welche Art der Erklärung von Persistenz vor dem Hintergrund der jeweils angenommenen Natur zeitlicher Veränderungen einschlägig ist. Üblicherweise wird behauptet, dass die Fortdauer von dreidimensionalen Objekten **endurantistisch** zu erklären sei, wohingegen vierdimensionale Objekte ein **perdurantistisches** Modell erfordern. Diese Zuordnung hat sich jedoch als zu einseitig erwiesen; sie muss daher um ein drittes **exdurantistisches** Modell ergänzt werden (vgl. hierzu Schmechtig 2011). Darüber hinaus stellt sich die Frage, welche Zeitkonzeption für die Erklärung der Natur persistierender Objekte den geeigneten Rahmen liefert. Zunächst wurde angenommen, dass der endurantistische Ansatz notwendigerweise mit einer **präsentistischen** Zeitauffassung – Objekte existieren immer nur in der Gegenwart – verbunden sei, wohingegen die perdurantistische Erklärungsstrategie eine **äternalistische** Sichtweise impliziert. Letztere besagt, dass es keinen ontologischen Unterschied macht, ob etwas in der Vergangenheit, Zukunft oder Gegenwart existiert (vgl. Carter/Hestevold 1994; Loux 1998; Merricks 1995; Runggaldier/Kanzian 1998). Diese Zuordnungsbehauptung hat sich allerdings ebenso als nicht tragfähig herausgestellt (Schmechtig 2006), da je nach Wahl des zeitontologischen ›frameworks‹ unterschiedliche Kombinationsmöglichkeiten hinsichtlich der Art der Erklärung von Persistenz offenstehen.

3. Konstitution gewöhnlicher Objekte: Abschließend sei an dieser Stelle noch ein letztes zentrales Forschungsfeld benannt. Im Zusammenhang mit der Veränderung gewöhnlicher Objekte ergibt sich ein sog. ›**Rätsel der Koinzidenz**‹. Ausgangspunkt ist der klassische Fall einer Statue, die aus einer stofflichen Quantität wie beispielsweise einem Stück Bronze zusammengesetzt ist. Die problematische Frage ist, ob die Relation zwischen beiden Entitäten (Statue und Bronze) als eine Verbindung *sui generis* zu verstehen ist, oder als herkömmliche Identitätsbeziehung aufgefasst werden muss. Das besagte Rätsel kommt zustande, da es offenbar zwei gegensätzliche Intuitionen gibt: Die Statue und das Stück Bronze scheinen einerseits zu einem bestimmten Zeitpunkt sowohl raumzeitlich als auch materiell (auf der Ebene der mikrophysikalischen Zusammensetzung) identisch zu sein. Andererseits verfügen beide Objekte über unterschiedliche modale *de re*-Eigenschaften. Das Stück Bronze kann beispielsweise die Einschmelzung der Statue überdauern; die Statue selbst hingegen nicht. Legt man das bereits angesprochene Leibniz-Gesetz zugrunde, würde das bedeuten, dass Bronze und Statue entgegen dem ersten Anschein keine synchrone Einheit bilden, sondern getrennt voneinander existieren.

Zentrale Erklärungsstrategien der materiellen Konstitution: Der Versuch, dieses Rätsel zu lösen, hat eine Unmenge von Ansätzen hervorgebracht.

Insgesamt lassen sich drei allgemeine Strategien unterscheiden:
- **strikte Identitätsauffassungen** (Burke 1994; Chisholm 1976),
- **Nicht-Identitätsauffassungen**, zu denen sowohl Konstitutionsansätze (Baker 2007; Doepke 1982; Thomson 1998), vierdimensionalistische Erklärungsstrategien (Heller 1990; Lewis 1986; Sider 2001) als auch deflationistische Vorschläge (Thomasson 2007; Wasserman 2004) gehören,
- **nihilistische Positionen**, die besagen, dass es überhaupt keine gewöhnlichen Objekte gibt, sondern nur sog. »simples«. Demnach reden wir zwar über Statuen, aber es gibt diese Statuen nicht wirklich. Was tatsächlich existiert, sind lediglich »Statuen-Weisen«, die als bloße Ansammlungen von »simples« arrangiert sind (Merricks 2001; Rosen/Dorr 2002; Inwagen 1990).

Trotz der bestehenden Vielfalt von Lösungsmöglichkeiten gibt es innerhalb dieser Forschungsrichtung noch großen Klärungsbedarf. Dies liegt unter anderem daran, dass es eine ganze Reihe von weiteren Problemen gibt, die sich speziell auf die **Konstitution sozialer Objekte** beziehen (vgl. Wilson 2008) und die von den meisten der bislang diskutierten Ansätze äußerst stiefmütterlich behandelt wurden.

Einführende Literatur

Conee, Earl/Sider, Theodore: *Riddeles of Existence.* Oxford 2005.
Grossmann, Reinhardt: *Die Existenz der Welt – Eine Einführung in die Ontologie.* Frankfurt a. M./Lancaster 2004.
Loux, Michael: *Metaphysics – a Contemporary Introduction.* London/New York 1998.
Lowe, E. Jonathan: *A Survey of Metaphysics.* Oxford 2002.
Meixner, Uwe: *Einführung in die Ontologie.* Darmstadt 2004.
Runggaldier, Edmund/Kanzian, Christian: *Grundprobleme der Analytischen Philosophie.* Paderborn 1998.

Weitere Literatur

Beebee, Helen/Dodd, Julian: *Truthmakers – The Contemporary Debate.* Oxford 2005.
Baker, Lynne Rudder: *The Metaphysics of Everyday Life.* Cambridge 2007.
Campbell, Keith: *Abstract Particulars.* Oxford 1990.
Chalmers, David/Manley, David/Wasserman, Ryan (Hg.): *Metametaphysics – New Essays on the Foundations of Ontology.* Oxford 2009.
Guckes, Barbara: *Ist Freiheit eine Illusion?* Paderborn 2003.
Grossmann, Reinhardt: *The Categorical Structure of the World.* Bloomington 1983.
Haslanger, Sally/Kurtz, Roxanna (Hg.): *Persistence.* Cambridge, Mass. 2006.
Heller, Mark: *The Ontology of Physical Objects: Four-Dimensional Hunks of Matter.* Cambridge 1990.
Hoffman, Joshua/Rosenkrantz, Gary: *Substance among Other Categories.* Cambridge 1994.
Hoffman, Joshua/Rosenkrantz, Gary: *Substance – Its Nature and Existence.* London 1997.
Hübner, Johannes: *Komplexe Substanzen.* Berlin/New York 2007.
Inwagen, Peter van: *Ontology, Identity, and Modality.* Cambridge 2001.
Kanzian, Christian: *Ereignisse und andere Partikularien.* Paderborn 2001.
Künne, Wolfgang: *Abstrakte Gegenstände.* Frankfurt a. M. 1983.
Lewis, David: *On the Plurality of Worlds.* Oxford 1986.
Lowe, E. Jonathan: *The Possibility of Metaphysics.* Oxford 2001.
Loux, Micheal/Zimmerman Dean (Hg.): *The Oxford Handbook of Metaphysics.* Oxford 2003.
Mellor, Hugh: *The Facts of Causation.* London 1995.
– /Oliver, Alex (Hg.): *Properties.* Oxford 1997.
Miller, Kristie: *Issues in Theoretical Diversity – Persistence, Composition and Time.* Dordrecht 2006.
Monnoyer, Jean-Maurice (Hg.): *Metaphysics and Truthmakers.* Frankfurt a. M. 2007.
Oaklander, Nathan: *The Ontology of Time.* Amherst 2004.
Plantinga, Alvin: *Essays in the Metaphysics of Modality.* Oxford 2003.
Quante, Michael: *Person.* Berlin/New-York 2007.
Rapp, Christof: *Identität, Persistenz und Substantialität.* Freiburg i. Br. 1995.
Schmitt, Frederick: *Socializing Metaphysics.* Lanham 2003.
Schönrich, Gerhard: *Institutionen und ihre Ontologie.* Frankfurt a. M. 2005.
Sider, Theodor: *Four-Dimensionalism – An Ontology of Persistence and Time.* Oxford 2001.
– /Hawthorne, John/Zimmerman, Dean: *Contemporary Debates in Metaphysics.* Malden, Mass. 2008.
Simons, Peter: *Parts.* Oxford 1987.
Tegtmeier, Erwin: *Grundzüge einer kategorialen Ontologie.* Freiburg i. Br. 1992.

– : *Ontologie*. Freiburg i. Br. 2000.
Trettin, Käthe: *Substanz. Neue Überlegungen zu einer klassischen Kategorie des Seienden*. Frankfurt a. M. 2005.

Vallicella, William F.: *A Paradigm Theory of Existence*. Dordrecht 2002.
Westerhoff, Jan: *Ontological Categories – Their Nature and Significance*. Oxford 2005.
Wiggins, David: *Sameness and Substance*. Oxford 1980.

Zusätzlich angeführte Literatur

Anscombe, G. E. M.: *Metaphysics and Philosophy of Mind: Collected Philosophical Papers. Volume II*. Oxford 1981.
Bradford, Andrew: *Transformational Grammar: A First Course*. Cambridge 1988.
Brentano, Franz: *Psychologie vom empirischen Standpunkt*. Berlin 1973.
Burke, Michael B.: »Preserving the Principle of One Object to a Place: A Novel Account of the Relations Among Objects, Sorts, Sortals, and Persistence Conditions«. In: *Philosophy and Phenomenological Research* 54 (1994), S. 591–624.
Carnap, Rudolf: »Überwindung der Metaphysik durch logische Analyse der Sprache«. In: *Erkenntnis* 2 (1931), S. 219–241.
Carter, William R./Hestevold, H. Scott: »On Passage and Persistence«. In: *American Philosophical Quarterly* 31 (1994), S. 269–283.
Chisholm, Roderick: »The Agent as Cause«. In: Myles Brand/Douglas Walton (Hg.): *Action Theory*. Dordrecht 1976.
Clarke, Randolph: *Libertarian Accounts of Free Will*. Oxford 2003.
Davidson, Donald: »Causal Relations«. In: *Journal of Philosophy* 64 (1967), S. 691–703.
Doepke, Frederick: »Spatially Coincidence Objects«. In: *Ratio* 24 (1982), S. 45–60.
Dummett, Michael: *Frege: Philosophy of Language*. London 1981.
Evans, Gareth: »Can There Be Vague Objects?«. In: *Analysis* 38 (1978), S. 208.
Frege, Gottlob: »Dialog mit Pünjer über Existenz«. In: *Schriften zur Logik und Sprachphilosophie* (aus dem Nachlass). Hamburg 1969, S. 1–22.
Hoffman, Joshua/Rosenkrantz, Gary: »Platonistic Theories of Universals«. In: Michael Loux/Dean Zimmerman (Hg.): *The Oxford Handbook of Metaphysics*, Oxford 2003, S. 46–74.
Inwagen, Peter van: *Material Beings*. Ithaca/New York 1990.

Lewis, David: »Causation«. In: *Journal of Philosophy* 70 (1973), S. 556–567.
Merricks, Trenton: »On the Incompatibility of Enduring and Perduring Entities«. In: *Mind* 104 (1995), S. 523–531.
– : *Objects and Persons*. Oxford 2001.
Norton, Bryan: »On Defining ›Ontology‹«. In: *Metaphilosophy* 7 (1976), S. 102–115.
O'Connor, Timothy: *Persons and Causes*. Oxford 2000.
Oliver, Alex: »A few Remarks on Logical Forms«. In: *Proceedings of the Aristotelian Society* 159 (1999), S. 247–272.
Parfit, Derek: *Reasons and Persons* (Part III). Oxford 1984.
Rosen, Gideon/Dorr, Cian: »Composition as a Fiction«. In: Richard Gale (Hg.): *The Blackwell Guide to Metaphysics*. Oxford 2002, S. 151–174.
Schmechtig, Pedro: »Zeit und Persistenz«. In: *Metaphysica* 7 (2006), S. 87–121.
– : »Die Persistenz sozialer Objekte – Ein exdurantistischer Erklärungsansatz«. In: Ders./Gerhard Schönrich (Hg.): *Persistenz – Indexikalität – Zeiterfahrung*. Frankfurt a. M./Lancaster 2011.
Simons, Peter: »Partikulars in Particular Clothing: Tree Trope Theories of Substance«. In: *Philosophy and Phenomenological Research* 54 (2001), S. 553–575.
Sommer, Frederick: »Types and Ontology«. In: *Philosophical Review* 72 (1963), S. 327–363.
Stegmüller, Wolfgang: *Erklärung – Begründung – Kausalität*. Bd. I. Berlin 1983.
Thomson, Judith Jarvis: »The Statue and the Clay«. In: *Nous* 32 (1998), S. 149–173.
Thomasson, Amie: *Ordinary Objects*. Oxford 2007.
Wasserman, Ryan: »The Constitution Question«. In: *Nous* 38 (2004), S. 693–710.
Williams, Donald C.: »Dispensing with Existence«. In: *The Journal of Philosophy* 59 (1962), S. 748–763.
Wilson, Robert A.: »Material Constitution and the Many-Many Problem«. In: *Canadian Journal of Philosophy* 38/2 (2008), S. 201–217.

Pedro Schmechtig

2 Erkenntnistheorie

2.1 Der Gegenstand und die Methode der Erkenntnistheorie
2.2 Der Begriff des Wissens
2.3 Epistemische Rechtfertigung
2.4 Der philosophische Skeptizismus und mögliche Lösungen des Skeptizismus
2.5 Die Quellen des Wissens: Wahrnehmung und apriorisches Wissen

2.1 | Der Gegenstand und die Methode der Erkenntnistheorie

»Alle Menschen streben von Natur aus nach Wissen« bemerkt Aristoteles zu Beginn seiner *Metaphysik* (Met. I 1, 980a 21). Philosophisch unvoreingenommen gehen wir auch davon aus, dass wir zahlreiche Dinge wissen. Ich weiß beispielsweise, dass ich gerade an meinem Schreibtisch sitze, dass jede natürliche Zahl einen Nachfolger besitzt und dass Zucker wasserlöslich ist. Doch **was ist Wissen**? Wenn Aristoteles Recht hat und wir Menschen nach Wissen streben, dann muss die Frage, was Wissen überhaupt ist, von großer Bedeutung für uns sein. In der zeitgenössischen Erkenntnistheorie steht sie, obwohl sie schon in der Antike aufgeworfen wurde, nach wie vor im Zentrum der Aufmerksamkeit.

Weitere erkenntnistheoretische Fragen: Neben der Frage, was Wissen ist, werden in der gegenwärtigen Erkenntnistheorie aber noch die folgenden Fragen behandelt:

- Wieso ist Wissen wertvoller als eine bloß wahre Meinung?
- Was ist die sog. epistemische Rechtfertigung?
- Haben wir überhaupt Wissen?
- Wie sehen die Quellen des Wissens aus?

Diese Liste von Fragen macht deutlich, dass die zentralen Begriffe oder Phänomene, die man in der Erkenntnistheorie untersucht, **Wissen und Rechtfertigung** sind. Die meisten Erkenntnistheoretiker beschäftigen sich dabei mit dem **Wissen, das Menschen besitzen,** oder den **gerechtfertigten Überzeugungen von Menschen** – was nicht bedeuten soll, dass nicht auch andere Wesen, wie Tiere oder Maschinen, prinzipiell über Wissen oder gehaltvolle Zustände, die gerechtfertigt sind, verfügen können.

Mit der menschlichen Erkenntnis beschäftigen sich neben der Philosophie auch noch andere Disziplinen, wie etwa die Psychologie, die Soziologie sowie die Kognitionswissenschaft, die eine interdisziplinäre Disziplin ist und sowohl Ansätze aus der Biologie, den Neurowissenschaften und der künstlichen Intelligenz-Forschung vereint. Doch was zeichnet die philosophische Untersuchung der menschlichen Erkenntnis aus?

Die philosophische Herangehensweise: Gemäß dem klassischen, seit Platon vorherrschenden Selbstverständnis der Philosophie ist die Philosophie keine empirische Disziplin, und philosophische Fragen werden entsprechend nicht durch empirische Verfahren, wie etwa durch Experimente, Umfragen oder Laboruntersuchungen beantwortet. Maßgeblich an der philosophischen Untersuchung der menschlichen Erkenntnis ist gemäß diesem klassischen Verständnis, dass man diese Untersuchung **unabhängig von der Erfahrung**, d. h. **a priori** betreibt. Traditionellerweise bestand die Herangehensweise von Erkenntnistheoretikern darin, die **Begriffe des Wissens oder der Rechtfertigung** zu analysieren (s. Kap III.2). Und die meisten Dispute in der zeitgenössischen Erkenntnistheorie drehen sich auch darum, ob es einer Theorie gelingt, den jeweiligen Begriff adäquat zu definieren. Empirische Verfahren scheinen hierfür ungeeignet und letztlich irrelevant zu sein.

> **Definition**
>
> Die → **Erkenntnistheorie** behandelt das **menschliche Wissen** und die **Rechtfertigung von menschlichen Überzeugungen**. Gemäß dem klassischen Selbstverständnis der Philosophie werden Wissen und Rechtfertigung durch die **Methode der Begriffsanalyse** unabhängig von der Erfahrung oder **a priori** untersucht.

2.1 Erkenntnistheorie

Der Gegenstand und die Methode der Erkenntnistheorie

Doch in der Gegenwart gibt es auch Philosophen, die bestreiten, dass die Philosophie im Allgemeinen und die Erkenntnistheorie im Speziellen ein rein erfahrungsunabhängiges Unterfangen ist:

- Es wurde etwa dahingehend argumentiert, dass die Philosophie zwar ›aus dem Lehnstuhl heraus‹ betrieben wird, aber Gründe für philosophische Begriffsanalysen (sog. Intuitionen) **letztlich nicht rein erfahrungsunabhängig** oder **a priori** sind (für unterschiedliche Auffassungen dieser Art vgl. Williamson 2007 und Goldman 2007). Daraus würde folgen, dass auch die Philosophie selbst nicht a priori ist.
- Hilary Kornblith ist der Auffassung, dass die Erkenntnistheorie sich nicht mit Begriffen, sondern mit **natürlichen Arten** beschäftigt. Dies schließt seiner Ansicht nach eine nicht-empirische Untersuchungsmethode prinzipiell aus (vgl. Kornblith 2004). Beispiele für natürliche Arten sind etwa Stoffe wie Aluminium und Wasser. Das Wesen von natürlichen Arten kann prinzipiell nicht a priori durch Begriffsanalysen bestimmt werden, sondern ausschließlich durch empirische Methoden. Kornblith ist Anhänger der Strömung des **erkenntnistheoretischen Naturalismus**, in der grob betrachtet davon ausgegangen wird, dass in der Erkenntnistheorie Methoden der empirischen Wissenschaften zum Einsatz kommen sollten.
- Schließlich nehmen manche Autoren an, dass zumindest gewisse **Resultate von empirischen Wissenschaften** (insbesondere der Psychologie und der Kognitionswissenschaft) relevant für die Erkenntnistheorie sind und dass die Erkenntnistheorie deshalb nicht ein rein apriorisches Unterfangen sein kann. Alvin Goldman hat etwa zu zeigen versucht, dass gewisse Rechtfertigungstheorien durchaus durch empirische Ergebnisse beeinflusst werden können (vgl. hierzu Goldman 1993, der die Relevanz dieser Wissenschaften auch für andere philosophische Disziplinen als die Erkenntnistheorie herauszustellen versucht). Diese Position kann man auch als **gemäßigten Naturalismus** bezeichnen, da die Resultate empirischer Wissenschaften einen gewissen Einfluss auf die Philosophie haben, aber empirisch-naturwissenschaftliche Methoden klassische philosophische Herangehensweisen nicht ersetzen sollen.

Im Folgenden soll die klassische Methode der Erkenntnistheorie, erkenntnistheoretische Fragen durch Begriffsanalysen zu beantworten, jedoch beibehalten werden.

Hauptwerke

4. Jh. v. Chr.	**Platon:** *Theaitetos*
1641	**Descartes:** *Meditationes de prima philosophia* (*Meditationen über die erste Philosophie*)
1690	**Locke:** Essay *Concerning Human Understanding* (*Versuch über den menschlichen Verstand*)
1748	**Hume:** *An Enquiry Concerning Human Understanding* (*Eine Untersuchung über den menschlichen Verstand*)
1781/87	**Kant:** *Kritik der reinen Vernunft*
1936	**Alfred J. Ayer:** *Language, Truth and Logic* (*Sprache, Wahrheit und Logik*)
1950	**Wittgenstein:** *Über Gewissheit*
1951	**Quine:** »Two Dogmas of Empiricism« (»Zwei Dogmen des Empirismus«)
1963	**Edmund Gettier:** »Is Justified True Belief Knowledge?« (»Ist gerechtfertigte, wahre Meinung Wissen?«)
1966	**Roderick Chisholm:** *Theory of Knowledge* (*Erkenntnistheorie*)
1969	**Keith Lehrer/Thomas D. Paxson:** »Knowledge: Undefeated True Justified Belief«
1970	**Fred Dretske:** »Epistemic Operators«
1979	**Alvin Goldman:** »What is Justified Belief?«
1985	**Laurence BonJour:** *The Structure of Empirical Knowledge*
1993	**Alvin Plantinga:** *Warrant and Proper Function*
1996	**David Lewis:** »Elusive Knowledge«
1998	**BonJour:** *In Defense of Pure Reason*
2000	**Timothy Williamson:** *Knowledge and its Limits*
2007	**Ernest Sosa:** *A Virtue Epistemology: Apt Belief and Reflective Knowledge*
2010	**John Greco:** *Achieving Knowledge: A Virtue-Theoretic Account of Epistemic Normativity*

2.2 | Der Begriff des Wissens

2.2.1 | Die klassische Wissensdefinition und das Gettier-Problem

Wie bereits erwähnt wurde, ist der Begriff des Wissens einer der zentralen Begriffe der Erkenntnistheorie. Doch was ist nun Wissen oder wann verfügt eine Person über Wissen? Im Folgenden soll es um das sog. **propositionale Wissen** gehen. Propositionales Wissen ist dasjenige Wissen, auf das wir im Alltag und den Wissenschaften am meisten Wert legen. Es wird durch Wendungen der Form »S weiß, dass p« wiedergegeben und ist das Wissen, das eine Person von einem Sachverhalt besitzt. Wenn eine Person etwa weiß, dass Berlin nördlich von München liegt oder dass Zucker wasserlöslich ist oder dass jede natürliche Zahl einen Nachfolger besitzt, dann verfügt sie über propositionales Wissen. In den eben genannten Fällen wird der Gehalt des Wissens durch einen dass-Satz wiedergegeben, und dass-Sätze bezeichnen nach Meinung der meisten Philosophen sog. Propositionen – daher der Ausdruck »propositionales Wissen« (zu den anderen Formen des Wissens zählen das sog. **praktische Wissen**, das den Besitz einer bestimmten Fähigkeit betrifft und das sog. **phänomenale Wissen**, das dasjenige ist, wie sich ein bestimmtes Erlebnis anfühlt; vgl. Grundmann 2008, S. 71 ff.).

Drei Bedingungen für propositionales Wissen: Bis weit in das 20. Jh. hinein wurde von den meisten Erkenntnistheoretikern angenommen, dass für das Vorliegen von propositionalem Wissen drei Bedingungen erfüllt sein müssen. Eine Person S weiß, dass p, sofern

(i)　　S tatsächlich von p überzeugt ist,
(ii)　　p wahr ist und
(iii)　　S gerechtfertigt ist, p zu glauben.

Die erste Bedingung besagt, dass eine Person nur Wissen besitzen kann, sofern die Person auch tatsächlich von p überzeugt ist. Ein Beispiel: Franz wird von seiner Frau betrogen und er ist auch im Besitz einiger Indizien, die nahelegen, dass er von seiner Frau betrogen wird (sie bleibt oft längere Zeit weg, sie bekommt oft Anrufe usw.). Franz geht allerdings aufgrund der Beteuerungen seiner Frau davon aus, dass sie ihm treu ist. Er glaubt entsprechend, dass seine Frau ihn nicht betrügt und nie betrügen würde. Kann man nun Franz Wissen zuschreiben, dass er von seiner Frau betrogen wird? Obwohl Franz Belege für den Ehebruch besitzt und es auch der Fall ist, dass er betrogen wird, ist dies nicht für Wissen ausreichend. Damit man Franz wahrheitsgemäß Wissen zuschreiben kann, muss Franz auch von dem überzeugt sein, was er wissen soll. Nur das, was eine Person auch tatsächlich glaubt (oder von dem sie überzeugt ist), kann gewusst werden. Ferner muss das, was gewusst werden soll, wahr oder der Fall sein, wie es die zweite Bedingung verlangt. Wenn man sich an dem eben angeführten Beispiel orientiert, könnte Franz nicht wissen, dass er von seiner Frau betrogen wird, wenn es nicht der Fall wäre, dass seine Frau ihn betrügt. Falsches kann nicht gewusst werden. Schließlich muss eine Person, um p wissen zu können, auch im Besitz von Gründen, Belegen oder Indizien für p sein. Wenn Franz in dem eben erwähnten Beispiel lediglich aus reiner Eifersucht ohne irgendwelche Gründe davon überzeugt wäre, dass er von seiner Frau betrogen wird, dann würden wir ihm kein Wissen über den Ehebruch zuschreiben, selbst wenn es der Fall wäre, dass er von ihr betrogen wird. Eine notwendige Bedingung für Wissen ist folglich, dass man über Gründe, Belege oder Indizien für die Wahrheit von p verfügen muss.

Gettier-Beispiele: Gemäß der eben vorgestellten Auffassung wären insgesamt drei Bedingungen einzeln notwendig und zusammen hinreichend dafür, damit man einer Person wahrheitsgemäß zuschreiben kann, p zu wissen. Durch die drei genannten Bedingungen würde man den Wissensbegriff definieren oder analysieren. Diese Auffassung nennt man auch die Analyse des Wissens als **wahrer, gerechtfertigter Überzeugung**.

1963 wurde allerdings in der britischen Zeitschrift *Analysis* ein Artikel publiziert, der von Edmund Gettier stammte und zwei Gegenbeispiele gegen die eben angeführte Definition enthält (vgl. Gettier 1963). Beispiele dieser Art nennt man »Gettier-Fälle« oder »Gettier-Beispiele«. Im Folgenden soll nur ein prominentes Beispiel vorgestellt

> **Definition**
>
> Ein → **Gettier-Beispiel** ist ein imaginierter (aber potentiell realer) Fall, in dem eine Person zwar eine wahre gerechtfertigte Überzeugung besitzt, wir aber intuitiv nicht urteilen würden, dass sie über Wissen verfügt.

Scheune oder Scheunenattrappe?

werden, das nicht von Gettier selbst stammt, sondern in einem Text von Goldman (1976) erwähnt wird (s. u.). In diesem Beispiel würden wir zögern, Henry Wissen zuzuschreiben, dass er gerade an einer Scheune vorbeigefahren ist, obwohl die Bedingungen (i) bis (iii) erfüllt sind. Denn Henry scheint hier auf eine unangemessene Weise zu einer wahren Überzeugung gelangt zu sein. Eine Analyse des Wissensbegriffs, die für Wissen lediglich die Bedingungen (i) bis (iii) aufstellt, scheint folglich nicht angemessen zu sein.

Beispiel

Henry fährt mit seinem Auto durch einen Landstrich, in dem die Bewohner des Landstrichs aus Spaß zahlreiche Scheunenattrappen aufgestellt haben, die Ahnungslose in die Irre führen sollen. Henry weiß nichts von diesen Attrappen. Zufälligerweise fährt er gerade an einer echten Scheune vorbei und bildet sich die Überzeugung, dass er gerade an einer Scheune vorbeigefahren ist. Seine Überzeugung ist wahr und gerechtfertigt, aber weiß Henry, dass er gerade an einer Scheune vorbeigefahren ist?

Die Gegenbeispiele gegen die klassische Wissensanalyse haben eine Flut von Reaktionen nach sich gezogen:

- Die gängigste Reaktion auf die Gettier-Beispiele besteht darin, dass durch sie nahegelegt wird, dass etwas mit der klassischen Wissensanalyse nicht in Ordnung ist und dass man **die klassische Wissensanalyse entweder ganz aufgeben oder zumindest modifizieren sollte**. Autoren, die diese Reaktion auf Gettiers Beispiele teilen, haben entweder andere Wissensanalysen vorgeschlagen oder zusätzliche Bedingungen zu der klassischen Wissensanalyse hinzugefügt, die Gettier-artige Beispiele ausschließen sollten. Einige alternative Wissenskonzeptionen werden im nächsten Abschnitt vorgestellt und diskutiert.
- Manche Philosophen meinen hingegen, dass Gettiers Beispiele und vor allem das Scheitern neuerer Reparaturversuche der klassischen Wissensdefinition etwas ganz anderes zeigen, nämlich dass man den **Wissensbegriff überhaupt nicht** durch notwendige und hinreichende Bedingungen **definieren kann** und dass entsprechend das Unterfangen, den Wissensbegriff überhaupt definieren zu wollen, zum Scheitern verurteilt ist (vgl. Williamson 2000, der seinen eigenen Ansatz, in dem Wissen ein Grundbegriff ist und dazu dient, andere Begriffe zu definieren, durch diese Überlegung motiviert; Fodor 1998 ist der Auffassung, dass die meisten Begriffe nicht definiert werden können).
- Schließlich gibt es auch einige Philosophen, die annehmen, **dass Gettier-Fälle durchaus Fälle von Wissen sind** und dass entsprechend das Gettier-Problem eigentlich kein erkenntnistheoretisches Problem in dem Maße ist, wie gemeinhin angenommen wird (vgl. Hetherington 2002, der meint, dass Subjekte in Gettier-Szenarien über »fehlbares Wissen« verfügen oder Ernst 2002 und 2004, der der Auffassung ist, dass zumindest manche Gettier-Fälle Fälle von Wissen sind).

Im Folgenden soll die erste eben genannte und von den meisten Autoren vertretene Auffassung akzeptiert werden, wonach Gettier-Fälle zeigen, dass die klassische Analyse des Wissensbegriffs verfehlt ist und man den Wissensbegriff anders analysieren sollte.

2.2.2 | Lösungen des Gettier-Problems

Seit der Veröffentlichung von Gettiers Aufsatz wurden zahlreiche Lösungen des Gettier-Problems vorgeschlagen (für einen Überblick vgl. Grundmann 2008, S. 99 ff.). Im Folgenden sollen kurz zwei neuere Wissenskonzeptionen vorgestellt werden, die versprechen, das Gettier-Problem zu lösen und die gegenwärtig sehr kontrovers diskutiert werden (für eine Diskussion von Pritchards Ansatz vgl. Greco 2004 und für Lewis' Konzeption Cohen 1998).

Die sicherheitsbasierte Lösung: Eine Lösung des Gettier-Problems, die in jüngster Zeit sehr populär ist, geht davon aus, dass **Wissen eine bestimmte Form des Zufalls ausschließt** (vgl. Pritchard 2005 und in leicht modifizierter Form Pritchard 2009; für deutschsprachige Arbeiten zu Konzeptionen dieser Art vgl. Brendel 2009 und Grundmann 2008). Was in den Gettier-Beispielen passiert, ist gemäß diesem Verständnis, dass der Protagonist durch einen **glücklichen Zufall** zu einer wahren Meinung gelangt ist und dass er deshalb kein Wissen besitzt. Wäre er nicht aufgrund des Zufalls zu einer wahren Meinung gelangt, so

Lösungen des Gettier-Problems

die naheliegende Intuition, dann würde er über Wissen verfügen. Folglich muss in der Analyse des Wissensbegriffs eine Bedingung auftauchen, die diese Form des Zufalls ausschließt. Eine derartige Wissensanalyse könnte in erster Annäherung folgendermaßen aussehen:

(i) S hat die Überzeugung, dass p,
(ii) p ist wahr und
(NZ) S ist nicht zufällig zu einer wahren Meinung p gelangt.

Von der klassischen Wissensanalyse unterscheidet sich die hier angeführte Analyse durch die Bedingung (NZ). Die ›Nicht-Zufälligkeitsbedingung‹ (NZ) bedarf jedoch noch einer näheren Präzisierung. Denn was bedeutet es genau, dass man nicht auf zufällige Weise zu einer wahren Meinung gelangt sein darf, wenn man Wissen besitzen soll? In zahlreichen Fällen, so könnte man einwenden, gelangen wir doch zufällig zu Überzeugungen, die unter gewissen Bedingungen durchaus Wissen darstellen:

> **Beispiel**
> Ein verheirateter Mann sucht verzweifelt in seinem Kleiderschrank nach einer bestimmten Krawatte. Zufällig findet er bei dieser Suche ein Paket Liebesbriefe, die an seine Frau adressiert sind und die von einem ihm unbekannten Mann stammen. Obwohl er zufällig die Liebesbriefe entdeckt hat, würde dies nicht dazu führen, dass er nicht weiß, dass seine Frau einen Verehrer hat (sofern sie tatsächlich einen hat und er sich selbst nicht wieder in einem Gettier-artigen Szenario befindet).

Wie schon deutlich ist, besteht die in dem Beispiel angeführte Form des Zufalls darin, dass man zufällig zu den Belegen oder Indizien gelangt, aufgrund derer man etwas weiß. Von Autoren wie Pritchard wird diese Form des Zufalls als ›evidentieller Zufall‹ bezeichnet und als Form von Zufälligkeit angesehen, die durchaus mit Wissen vereinbar ist.

Die Form des Zufalls, die mit Wissen hingegen nicht zu vereinen ist, wird von Pritchard und anderen als ›veridischer epistemischer Zufall‹ bezeichnet. Diese Form des Zufalls besteht darin, dass sich eine Überzeugung p, die sich eine Person gebildet hat und die gewusst werden soll, nicht auf einfache Weise hätte als falsch herausstellen können. Damit ist gemeint, dass falls die Person sich in einer sehr ähnlichen, aber nicht aktual bestehenden Situation auf dieselbe Art und Weise die Überzeugung p bildet, diese Überzeugung p immer noch wahr sein muss. Sofern sich die Person in einer derartigen Situation eine falsche Meinung bildet, verfügt sie nicht über Wissen. Gemäß dieser Auffassung wäre es relevant, was in sehr ähnlichen, aber nicht realen Situationen passiert, die man auch als **kontrafaktische Situationen** bezeichnet. In der Gegenwartsphilosophie benutzt man für eine nähere Analyse von kontrafaktischen Situationen (oder genauer der Bedeutung kontrafaktischer Aussagen) sog. **mögliche Welten**. Unter einer möglichen Welt versteht man eine Weise, wie sich die Dinge hätten verhalten können. Kontrafaktische Situationen können grob betrachtet als mögliche Welten angesehen werden, die sich von unserer, also der aktualen Welt nur minimal unterscheiden.

Im Ausgang dieser Charakterisierung von epistemischem Zufall lässt sich nun die oben angeführte Nichtzufälligkeitsbedingung (NZ) auf folgende Weise präzisieren:

(NZ) In allen nahen relevanten möglichen Welten gilt: Wenn S auf die gleiche Weise wie in der aktualen Welt zu der Überzeugung p gelangt, dann ist p wahr.

Nichtzufälligkeitsbedingung

Ein Prinzip der Form (NZ) bezeichnen zahlreiche Autoren in der Gegenwart auch als **Prinzip der epistemischen Sicherheit** und Überzeugungen, die diese Bedingung erfüllen, als **epistemisch sicher** (für nähere Erläuterungen vgl. Brendel 2009; Pritchard 2005 und 2009). Dass in den Gettier-Fällen diese Bedingung nicht erfüllt ist und entsprechend keine epistemisch sicheren Meinungen vorliegen, lässt sich relativ einfach zeigen. In dem oben angeführten »Scheunen-Attrappen-Beispiel« liegt deshalb keine epistemisch sichere Meinung p vor, weil Henry in den relevanten nahen möglichen Welten, in denen er auf dieselbe Weise zu der Überzeugung p gelangt, sich sehr wahrscheinlich eine falsche Meinung bildet. Wäre er etwa an einer Attrappe vorbeigefahren, hätte er sich auch die Überzeugung gebildet, dass er an einer echten Scheune vorbeigefahren ist. Doch diese Überzeugung wäre falsch. Entsprechend wäre der Nachsatz der Bedingung (NZ) nicht erfüllt, so dass Henry letztlich nicht über Wissen verfügt. Die Bedingung (NZ) scheint also Gettier-Beispiele nicht zuzulassen und wird somit von den Vertretern der sicherheitsbasierten Lösung als notwendige Bedingung für Wissen angesehen.

Die kontextualistische Lösung: Neben der sicherheitsbasierten Lösung des Gettier-Problems gibt es noch den Versuch, das Gettier-Problem mit einer **kontextualistischen Wissenstheorie** zu lösen. Wissenskontextualisten gehen ganz grob betrachtet davon aus, dass die Standards dafür, wann eine Person über Wissen verfügt, von Kontext zu Kontext variieren. In den meisten Versionen des Wissenskontextualismus wird diese Auffassung so formuliert, dass die Wahrheitsbedingungen von Aussagen der Form »S weiß, dass p« kontextsensitiv sind. Das Verb »wissen« würde sich gemäß dieser Auffassung so ähnlich verhalten wie andere kontextsensitive Ausdrücke, wie etwa »hier«, »ich«, »flach« oder »laufen«. In den meisten Versionen des Kontextualismus ist vor allem der **Kontext des Wissenszuschreibers** für die Wissensstandards und somit auch für die Wahrheitsbedingungen von Wissenszuschreibungen maßgeblich. Diese Position nennt man auch den **Zuschreiberkontextualismus**. David Lewis (1996) hat eine Konzeption des Wissenskontextualismus vorgeschlagen, die in der Lage sein soll, Gettier-Beispiele auszuschließen (für eine ausführliche Darstellung dieser Position vgl. Kompa 2001). Lewis' Definition des Wissens sieht folgendermaßen aus:

Lewis' Definition des Wissens

(L) »S weiß, dass p« ist wahr in Kontext K genau dann, wenn die Belege oder Evidenzen von S in K alle Möglichkeiten ausräumen, in denen nicht-p der Fall ist – außer den Möglichkeiten, die legitimerweise in K ignoriert werden dürfen.

Lewis' Definition bedarf der Erläuterung. Lewis geht davon aus, dass eine Überzeugung nur dann gewusst wird, wenn die Belege einer Person alle Möglichkeiten ausschließen, in denen nicht-p gilt. Damit ist nicht gemeint, dass eine Person alle denkbaren Möglichkeiten ausräumen muss. Denn dies würde dazu führen, dass wir über gar kein Wissen verfügen würden. Vielmehr handelt es sich bei den auszuräumenden Möglichkeiten lediglich um die in einem Kontext auszuräumenden Möglichkeiten. Die in der Definition (L) enthaltene Rede von »allen Möglichkeiten« muss also so ähnlich verstanden werden wie die Rede von »allen Gläsern« in dem Satz »Alle Gläser sind kaputt gegangen« – womit selbstverständlich nicht alle Gläser auf der Welt gemeint sind, sondern nur die in einem Kontext von einem Sprecher gemeinten Gläser. Welche Möglichkeiten ignoriert werden dürfen und welche nicht, wird in Lewis' Konzeption durch eine **endliche Anzahl von Regeln** festgelegt. So darf etwa eine Möglichkeit, die aktual besteht, nicht ignoriert werden (sog. Regel der Aktualität). Ebenso darf eine Möglichkeit, auf die der Zuschreiber seine Aufmerksamkeit richtet, nicht ignoriert werden (sog. Regel der Aufmerksamkeit). Gettier-Beispiele werden durch die sog. **Regel der Ähnlichkeit** ausgeschlossen. Sie sieht vor, dass eine Möglichkeit nicht ignoriert werden darf, sofern sie einer Möglichkeit, die aufgrund einer anderen Regel relevant ist, **hinreichend stark ähnelt** (wobei Lewis jedoch eine nähere Erläuterung dessen, was er unter Ähnlichkeit versteht, schuldig bleibt; vgl. auch Cohen 1998, S. 297 ff., der meint, dass die Ähnlichkeit partiell durch den Wissenszuschreiber bestimmt wird).

Im Fall der herkömmlichen Gettier-Beispiele ist es nach Lewis so, dass die zusätzlich auszuräumenden Möglichkeiten durch eine **Ähnlichkeit zur aktualen Situation** festgelegt werden. In dem Scheunen-Beispiel darf die Möglichkeit, dass die Scheune eine Attrappe ist, deshalb nicht ignoriert werden, weil sie der aktualen Situation, in der sich Henry befindet, sehr stark ähnelt. Hingegen kann die Möglichkeit, dass die Scheune eine Fata Morgana oder eine andere Sinnestäuschung sein könnte, in diesem Fall durchaus ignoriert werden. Denn die letzteren Möglichkeiten ähneln der aktualen Situation nicht stark genug, um relevant zu sein. Und da Henry die Möglichkeit, dass die Scheune keine Attrappe sein könnte, eben nicht ausgeräumt hat, weiß er nicht, dass er an einer Scheune vorbeigefahren ist. Die von Lewis entwickelte Konzeption (L) schließt folglich aus, dass ein derartiger Fall die von der Analyse aufgestellten Bedingungen erfüllt und somit ein Fall von Wissen ist. Auch diese Wissenskonzeption erlaubt es entsprechend, Gettier-Beispiele auszuschließen.

2.2.3 | Der Wert des Wissens

Wenn wir uns in der Philosophie darum bemühen, den Begriff des Wissens genau zu definieren, dann scheint das ein Indiz dafür zu sein, dass Wissen **wertvoll ist** oder – um genauer zu sein – dass Wissen **wertvoller ist als ein Zustand, der eben kein Wissen darstellt**, wie etwa eine wahre Meinung oder eine wahre gerechtfertigte Meinung. Doch worin besteht dieser Mehrwert? Und wieso genießt Wissen diesen Mehrwert? Obwohl diese Fragen bereits in der Antike aufgeworfen wurden, wurden sie in der Geschichte der Erkenntnistheorie eher als nebensächlich behandelt. Die Frage nach dem Wert des Wissens wird erst seit etwa dem Jahr 2000 ernsthaft diskutiert und ist ein hart umkämpftes Forschungsfeld (vgl. hierzu exemplarisch Kvanvig 2003, den Sammelband von Pritchard/Millar/Haddock 2009 sowie zahlreiche Aufsätze in Schönrich 2009). In der gegenwärtigen Literatur gibt es u.a. die folgenden Positionen:

- Ein Vorschlag, der in Olsson und Goldman (2009) ausgearbeitet wird, besteht darin, dass das Haben von Wissen **die Wahrscheinlichkeit erhöht, in der Zukunft wieder zu wahren Meinungen zu gelangen**. Olsson und Goldman sind Vertreter sog. **reliabilistischer Rechtfertigungs-** bzw. **Wissenskonzeptionen** (s.u.) und sind der Ansicht, dass dieser Mehrwert des Wissens daran liegt, dass eine gewusste Meinung durch einen verlässlichen kognitiven Prozess hervorgerufen wurde. Wenn man aufgrund eines verlässlichen kognitiven Prozesses oder einer verlässlichen Methode beispielsweise die Überzeugung erworben hat, dass unser Sonnensystem aus neun Planeten besteht – etwa aufgrund des Konsultierens eines Experten oder das Lesen eines Lehrbuchs –, dann wird man laut Olsson und Goldman in der Zukunft mit höherer Wahrscheinlichkeit wieder zu wahren Meinungen gelangen, als wenn man eine unverlässlich gebildete, aber dennoch wahre Überzeugung hat. Denn dass eine Überzeugung verlässlich gebildet wurde, erhöht unter gewissen Bedingungen die Wahrscheinlichkeit, dass in der Zukunft wieder wahre Meinungen gebildet werden. Wenn die Person etwa in der Zukunft wieder einen Experten konsultiert oder ein Lehrbuch liest, ist es sehr viel wahrscheinlicher, dass sie sich eine wahre Überzeugung bildet, als wenn sie ein unverlässliches Verfahren anwendet, also rät oder einen Laien konsultiert, und dieses Verfahren in der Zukunft wieder anwendet. Wissen hätte gemäß dieser Auffassung einen **instrumentellen Wert**, da das Haben von Wissen dazu dienlich ist, andere wahre Meinungen zu erlangen (vgl. Brendel 2009 und Grajner 2009, die die Grundidee der Lösung aufnehmen, aber auf andere Wissenskonzeptionen anwenden).
- **Vertreter sog. Tugendepistemologien** nehmen an, dass, sofern eine Person eine bestimmte Überzeugung hat, **ihr eine Anerkennung für eine Leistung zugeschrieben gebührt**, weil sie aufgrund ihrer eigenen kognitiven Fähigkeiten zu einer wahren Meinung gelangt ist (vgl. etwa Greco 2004; Koppelberg 2005; Sosa 2007 sowie die Kritik in Lackey 2007). Wenn eine Person tatsächlich weiß, würde ihr in derselben Weise Anerkennung gebühren wie einem Fußballspieler, sofern er aufgrund seiner eigenen Fähigkeiten in einem (nicht-manipulierten) Fußballspiel den Ball ins Tor befördert hat. Wissen hätte gemäß dieser Auffassung einen **finalen Wert**.
- Manche Autoren sind der Auffassung, dass eine gewusste Überzeugung sich von einer bloß wahren Meinung dadurch auszeichnet, dass sie **stabiler** ist. Damit ist gemeint, dass sie gegenüber Gegenevidenzen resistenter ist und somit nicht so leicht aufgrund rationaler Gründe aufgegeben werden kann. Auch gemäß dieser Auffassung wäre Wissen instrumentell wertvoll (vgl. Williamson 2000 sowie Olsson 2007).
- Schließlich existiert die Meinung, dass Wissen **gar keinen spezifischen Mehrwert** gegenüber der wahren Meinung besitzt und man anstatt dessen das **Verstehen** als besonders wertvollen Zustand ansehen sollte (vgl. Kvanvig 2003; Pritchard 2009, Kap. 7). Unter »Verstehen« ist hier nicht das sprachliche Verstehen gemeint, sondern das Verstehen, das in der Kenntnis von Zusammenhängen und in der Erklärung von Sachverhalten besteht.

2.3 | Epistemische Rechtfertigung

Was ist epistemische Rechtfertigung im Allgemeinen? Neben dem Wissensbegriff ist der Begriff der Rechtfertigung ein weiterer zentraler Begriff der Erkenntnistheorie. Erkenntnistheoretiker beschäftigen sich mit der sog. **epistemischen Rechtfertigung** oder alternativ mit **epistemischen Gründen**. Was für die epistemische Rechtfertigung wesentlich ist, ist laut Meinung zahlreicher Philosophen ein bestimmtes Verhältnis zwischen Rechtfertigung und Wahrheit. Wenn eine Person in einer Überzeugung p epistemisch gerechtfertigt ist, dann verfügt die Person für die Überzeugung p über **Gründe**, die es **wahrscheinlich machen**, dass die **Überzeugung p wahr ist**.

Im Gegensatz zu anderen Formen der Rechtfertigung oder Gründen, wie etwa pragmatischen oder moralischen Gründen, sind epistemische Gründe dadurch ausgezeichnet, dass sie **wahrheitsindikativ** oder **wahrheitszuträglich** sind (für weitere Merkmale der epistemischen Rechtfertigung vgl. Grundmann 2008, S. 223 ff.). In der Gegenwart werden zahlreiche Fragen diskutiert, die sich im Zusammenhang mit der epistemischen Rechtfertigung auftun. Hier soll nur auf eine Frage näher eingegangen werden, nämlich ob die rechtfertigungsrelevanten Faktoren kognitiv zugänglich sein müssen oder nicht, damit eine Person über eine gerechtfertigte Überzeugung verfügt.

> **Definition**
>
> → **Erkenntnistheoretischer Internalismus:** Die epistemische Rechtfertigung setzt eine kognitive Zugänglichkeit zu den rechtfertigungsrelevanten Faktoren voraus.
> → **Erkenntnistheoretischer Externalismus:** Nicht alle rechtfertigungsrelevanten Faktoren müssen kognitiv zugänglich sein, damit eine Person über eine gerechtfertigte Meinung verfügt.

2.3.1 | Die Zugänglichkeit der Gründe: Internalismus versus Externalismus

In welcher Relation muss eine Person zu den Faktoren stehen, die dafür maßgeblich sind, dass die Überzeugung dieser Person als epistemisch gerechtfertigt angesehen werden kann? Muss die Person über kognitiv zugängliche Gründe verfügen? Oder reicht es aus, dass die Überzeugung auf eine ganz bestimmte Art und Weise gebildet wurde? Diese Fragen werden seit den 1980er Jahren sehr kontrovers diskutiert (einen guten Überblick liefert BonJour 2002, Kap. 10).

Der **erkenntnistheoretische Internalismus** besagt grob betrachtet, dass die **Gründe** oder die **rechtfertigungsrelevanten Faktoren** einer Person **kognitiv zugänglich** sein müssen, damit die Person in einer Überzeugung gerechtfertigt ist. Wenn eine Person etwa in der Überzeugung, dass es gerade draußen regnet, gerechtfertigt sein soll, muss sie gemäß dieser Auffassung von Rechtfertigung über ihr zugängliche Gründe verfügen. Derartige Gründe könnten etwa darin bestehen, dass die Person durch einen Blick aus dem Fenster gesehen hat, dass es regnet oder dass sie sich aufgrund einer Wettervorhersage im Radio die Überzeugung gebildet hat, dass es regnet. In diesen beiden Fällen würde die Person über kognitive Zustände verfügen, die ihr zugänglich sind – also den sensorischen Eindruck, dass es regnet oder die Überzeugung, dass Regen vorhergesagt wurde.

Der **erkenntnistheoretische Externalismus** besteht hingegen in der Verneinung der Auffassung, dass alle rechtfertigungsrelevanten Faktoren einer Person zugänglich sein müssen, damit die Person über eine gerechtfertigte Meinung verfügt.

In der erkenntnistheoretischen Literatur werden sehr unterschiedliche Varianten des Internalismus und Externalismus vertreten. Im Folgenden sollen der **Zugangsinternalismus** und der **Reliabilismus** vorgestellt werden. Während die erste Konzeption eine internalistische Theorie epistemischer Rechtfertigung ist, ist der Reliabilismus eine externalistische Rechtfertigungstheorie.

Der Zugangsinternalismus geht davon aus, dass die rechtfertigungsrelevanten Faktoren einer Person aus der Perspektive der ersten Person **kognitiv zugänglich** sein müssen (vgl. etwa BonJour 2002 oder Alston 1993). Laut den Vertretern des Zugangsinternalismus sind einer Person etwa die eigenen mentalen Zustände (wie etwa Erfahrungen oder Überzeugungen) kognitiv zugänglich. Wie bereits in dem eben angeführten Beispiel deutlich wurde, könnte als zugänglicher Grund etwa ein sensorischer Eindruck oder eine Überzeugung fungieren. Sofern die Person nicht über ihr zugängliche Gründe verfügen würde, wäre sie laut der Position des Zugangsinternalismus nicht in der fraglichen Überzeugung gerechtfertigt. Nur das, was der Person selbst zugänglich ist, kann gemäß dieser Konzeption einer Überzeugung den Status, gerechtfertigt zu sein, verleihen. Dieser Ansatz scheint sehr naheliegend zu sein, wenn man sich zahlreiche gerechtfertigte Überzeugungen ansieht und sich die Frage stellt, was diesen Fällen gemein ist. Allerdings hat dieser Ansatz auch mit Problemen zu kämpfen.

- Es gibt einige **Quellen von gerechtfertigten Überzeugungen**, die man nicht so verstehen kann, dass eine Person, sofern sie eine aufgrund dieser Quellen gerechtfertigte Überzeugung verfügt, zugleich über ihr zugängliche Gründe besitzt. Beispiele für derartige Quellen wären etwa die Introspektion. Wenn eine Person etwa aufgrund der Introspektion in der Überzeugung, dass sie gerade Kopfschmerzen hat, gerechtfertigt ist, dann verfügt sie gemeinhin nicht über Gründe, die für diese Überzeugung sprechen.

- **Das Problem der vergessenen Gründe** ist ein weiterer Einwand gegen diese Variante des Internalismus. Es besteht darin, dass es auch zahlreiche Überzeugungen gibt, für die eine Person ihre Gründe vergessen hat, aber dennoch intuitiv gerechtfertigt ist (für diesen Einwand vgl. Goldman 1999). Ein Beispiel: Eine Person liest in einer Tageszeitung einen Artikel, in dem behauptet wird, dass Brokkoli das Krebsrisiko minimiert. Der Artikel enthält eine sehr detaillierte Begründung, weshalb Brokkoli diese Eigenschaft besitzt. Der Person leuchtet diese Begründung ein und sie bildet sich die Überzeugung, dass Brokkoli das Krebsrisiko minimiert. Nach einiger Zeit vergisst nun die Person die Gründe, weshalb Brokkoli das Risiko, an Krebs zu erkranken, mindert. Ist die Person nun nicht mehr gerechtfertigt zu glauben, dass Brokkoli das Krebsrisiko minimiert? Die naheliegende Intuition ist hier, dass die Person, obwohl sie ihre Gründe vergessen hat, nach wie vor in der fraglichen Überzeugung gerechtfertigt ist.

Der Prozessreliabilismus (von engl. *reliable*: verlässlich) kann die eben angeführten Probleme vermeiden. Gemäß dieser Position ist die Rechtfertigung einer Überzeugung primär davon abhängig, ob der jeweilige kognitive Prozess, der die Meinung kausal verursacht, verlässlich ist. Die **Verlässlichkeit eines kognitiven Prozesses** besteht darin, dass einzelne Vorkommnisse dieses Prozesses mit **hoher Wahrscheinlichkeit zu wahren Überzeugungen** führen. Beispiele für Typen von verlässlichen kognitiven Prozessen sind etwa die Wahrnehmung, das Räsonnieren gemäß logischer Prinzipien, das Konsultieren von Experten etc. Zu den unverlässlichen kognitiven Prozessen zählen etwa das Raten, das Ziehen von voreiligen Schlüssen, das Konsultieren von Laien etc. Gemäß dem Reliabilismus ist es nicht notwendig, dass eine Person, um in einer Überzeugung gerechtfertigt sein zu können, über ihr kognitiv zugängliche Gründe verfügt – dass der jeweilige kognitive Prozess verlässlich ist, ist für den positiven epistemischen Status der Überzeugung ausreichend (für weitere Details zum Prozessreliabilismus vgl. exemplarisch Goldman 1979, 1986 und 2008; andere Varianten des Reliabilismus sowohl in Bezug auf Wissen als auch auf Rechtfertigung werden u. a. von Greco 2010, Plantinga 1993 und Sosa 2007 vertreten).

Kritik am Reliabilismus: Es gibt zahlreiche Einwände gegen den Reliabilismus (vgl. BonJour 2002; Goldman 2008). Im Folgenden sollen die zwei berühmtesten Einwände gegen diese Positionen vorgestellt werden.

Einwand 1: Richard Foley hat etwa gegen den Reliabilismus ins Feld geführt, dass die Verlässlichkeit eines kognitiven Prozesses **nicht notwendig für die epistemische Rechtfertigung ist** (vgl. Foley 1985). Laut Foley können wir uns das folgende skeptische Szenario vorstellen:

Beispiel
Eine Gruppe von Menschen lebt in einer Welt, in der ein böser Dämon die Mitglieder der Gruppe ständig täuscht. Sofern ein Mitglied der Gruppe sich eine Meinung aufgrund eines in unserer Welt verlässlichen kognitiven Prozesses bildet, ist diese Meinung in der Dämonenwelt falsch. Wenn eine Person in diesem Szenario etwa aufgrund der Wahrnehmung zu der Meinung gelangt, dass sie gerade ein Auto gesehen hat, dann hat die Person zwar den visuellen Eindruck eines Autos, aber es befand sich kein Auto vor der Person.

Verfügen nun die Bewohner dieses Szenarios über gerechtfertigte Meinungen? Intuitiv scheinen die Personen gerechtfertigte Meinungen zu besitzen, allerdings sind ihre Meinungen aufgrund unverlässlicher kognitiver Prozesse entstanden (da sie gemäß der Voraussetzung in der Dämonenwelt zu falschen Meinungen führen). Laut Foley zeigt unsere intuitive Reaktion, dass die Verlässlichkeit eines kognitiven Prozesses nicht notwendig ist, damit eine Überzeugung gerechtfertigt ist.

Einwand 2: Laurence BonJour hat ein Gedankenexperiment gegen den Reliabilismus vorgelegt (1985), das zeigt, dass Verlässlichkeit **nicht hinreichend für die epistemische Rechtfertigung ist**. Vergegenwärtigen wir uns das folgende Szenario:

> **Beispiel**
> Norman verfügt über die Fähigkeit der Hellseherei und die Hellseherei ist de facto verlässlich, d. h. sie führt in den meisten, wenn nicht sogar in allen Fällen bei Norman zu wahren Meinungen. Allerdings hat Norman weder Gründe, die für die Verlässlichkeit der Hellseherei sprechen, noch hat er Gründe, die die Unverlässlichkeit der Hellseherei nahe legen. Eines Tages gelangt Norman aufgrund seiner Fähigkeit zu der Meinung, dass der Präsident der USA in New York ist, und der Präsident befindet sich tatsächlich in New York.

Besitzt nun Norman eine gerechtfertigte Meinung, dass der Präsident in New York ist? Laut BonJour verfügt er über keine gerechtfertigte Meinung. Obwohl Normans Meinung über den Aufenthaltsort des Präsidenten aufgrund eines verlässlichen kognitiven Prozesses zustande gekommen ist, zeigt das Gedankenexperiment, dass die Verlässlichkeit des Prozesses allein nicht ausreichend dafür ist, dass Normans Überzeugung über den Aufenthaltsort des Präsidenten epistemisch gerechtfertigt ist (für eine umfassende Darstellung der Lösungsvorschläge vgl. Goldman 2008).

2.4 | Der philosophische Skeptizismus und mögliche Lösungen des Skeptizismus

Seit der Antike gibt es die Position des philosophischen Skeptizismus. Im Alltag verwenden wir den Ausdruck ›Skeptiker‹ für Personen, die schwer zu überzeugen sind und zahlreiche Dinge in Zweifel ziehen. Der philosophische Skeptizismus unterscheidet sich von dieser alltäglichen oder ›gesunden‹ Form der Skepsis. Denn der philosophische Skeptizismus stellt die Möglichkeit von **Wissen über einen bestimmten Gegenstandsbereich**, wie etwa der Vergangenheit, der Moral oder dem Fremdpsychischen, oder gar die Möglichkeit von **Wissen im Allgemeinen** in Frage (für einen Überblick vgl. die Beiträge in Greco 2008). Im Folgenden soll es um die zweite eben angeführte Art des Skeptizismus gehen, in der die Möglichkeit von Wissen im Allgemeinen verneint wird und die man auch globalen oder radikalen Skeptizismus nennen kann. Obwohl es in der Gegenwart kaum Philosophen gibt, die sich selbst als Skeptiker ansehen, ist die Beschäftigung mit dem Skeptizismus für die Erkenntnistheorie durchaus relevant. Das Problem des Skeptizismus stellt sich nämlich als Paradox dar (vgl. hierzu etwa DeRose 1995; Cohen 1999; Pritchard 2009). Ähnlich wie andere Paradoxien würden skeptische Paradoxien zeigen, dass eine Spannung in unseren grundlegenden epistemischen Annahmen existiert. Und in Analogie zu anderen Paradoxien gilt es, diese Spannung aufzulösen, egal, ob irgendein Philosoph tatsächlich Skeptiker ist oder nicht.

Skeptische Paradoxien ergeben sich wie andere Paradoxien aus intuitiv plausiblen Annahmen. Um ein skeptisches Paradox zu erzeugen, benötigt man drei derartige Annahmen. Diese Annahmen sind zwar für sich betrachtet plausibel, aber letztlich miteinander unverträglich.

Die erste Annahme, die man für die Konstruktion einer skeptischen Paradoxie benötigt, besteht einfach darin, dass wir zahlreiche **alltägliche Dinge wissen** – wie etwa, dass ich gerade an einem Schreibtisch sitze, dass vor mir der Bildschirm meines Laptops ist oder dass ich heute Morgen zu spät aufgestanden bin.

Die zweite Annahme, die man für das skeptische Paradox benötigt, ist eine sog. **skeptische Hypothese**. Es gibt sehr unterschiedliche skeptische Hypothesen. Eine sehr bekannte findet sich bereits in Descartes' *Meditationen* (1641). Demnach könnte es z.B. sein, dass ich gerade gar nicht an meinem Schreibtisch sitze, dass ich sogar nicht einmal Hände oder Augen habe, sondern ein böser Dämon (*genius malignus*) mir all dies nur vortäuscht (1. Med., §12) (zum methodischen Zweifel Descartes' s. Kap. I.4.1.2). Hilary Putnam hat sich ein ganz ähnliches Szenario ausgedacht:

> **Definition**
> Der **globale** oder **radikale** → Skeptizismus stellt die Möglichkeit unseres Wissens in Frage. Der Skeptizismus stellt sich als **Paradox** dar und weist auf eine **Spannung unserer grundlegenden epistemischen Annahmen** hin.

2.4 Erkenntnistheorie

Der philosophische Skeptizismus und mögliche Lösungen

Beispiel: Gehirn im Tank
Es ist doch denkbar, dass wir Gehirne in einer Nährtanklösung sind, die von einem Wissenschaftler durch eine Verkabelung mit elektrischen Impulsen versorgt werden. Unsere Erlebnisse wären, wenn ein derartiges Szenario bestünde, zwar ununterscheidbar von unseren herkömmlichen Erlebnissen, sie wären aber komplett fingiert.

Gehirn im Tank-Szenario

Können wir nun aber ausschließen, dass wir tatsächlich keine solchen Gehirne in einem Nährtank sind? Die Hypothese, dass wir eingetankte Gehirne sind, die von einem Wissenschaftler manipuliert werden, scheint zwar sehr weit hergeholt zu sein (und selbst einige Fragen aufzuwerfen), aber gänzlich ausschließen können wir eine derartige Hypothese nicht. Folglich fällt es auch sehr schwer, Wissen zu beanspruchen, dass wir tatsächlich keine solchen Gehirne sind.

Als dritte Annahme benötigt man das sog. **Geschlossenheitsprinzip unter gewusster Implikation** (vgl. Grundmann 2008, Kap. 3.5). Dieses Prinzip besagt (vereinfacht), dass, falls wir tatsächlich wissen, dass p, und wir wissen, dass p q impliziert, wir dann auch in der Lage sind zu wissen, dass q. Die meisten Philosophen nehmen an, dass dieses Prinzip plausibel ist. Ein einfaches Beispiel, das die Plausibilität dieses Prinzips illustrieren kann, sieht folgendermaßen aus: Angenommen, ich weiß, dass ich jetzt gerade in Berlin bin, und darüber hinaus weiß ich, dass, falls ich in Berlin bin, ich nicht in München bin. Aus diesen beiden Aussagen kann ich ableiten, dass ich weiß, dass ich nicht in München bin. Wenn man die Gültigkeit des Geschlossenheitsprinzips akzeptiert, müsste ich, wenn ich weiß, dass ich gerade an meinem Schreibtisch sitze, also auch wissen, dass ich kein Gehirn in einer Nährtanklösung bin.

Wie schon ersichtlich ist, sind diese drei eben erläuterten Annahmen intuitiv nicht miteinander verträglich:

(i)   Ich weiß, dass ich gerade am Schreibtisch sitze.
(ii) Ich weiß nicht, dass ich kein Gehirn in einer Nährtanklösung bin.
(iii) Wenn ich weiß, dass ich an meinem Schreibtisch sitze, dann weiß ich auch, dass ich kein Gehirn in einer Nährtanklösung bin.

(i) und (iii) sind unvereinbar mit (ii), da aus (i) und (iii) folgen würde, dass ich weiß, dass ich kein Gehirn in einer Nährtanklösung bin. Dies wird jedoch in (ii) vereint. (ii) und (iii) sind unvereinbar mit (i), da aus (ii) und (iii) folgen würde, dass (i) falsch sein müsste. Folglich handelt es sich um ein Paradox.

Entsprechend müsste eine dieser intuitiv plausiblen Annahmen falsch sein. Doch welche dieser Annahmen ist dies? Oder existiert noch eine andere Möglichkeit, das Paradox aufzulösen?

Die sicherheitsbasierte Lösung: Eine Strategie, die in der Gegenwart von manchen Autoren zur Auflösung skeptischer Paradoxien verfolgt wird, macht von dem oben angeführten **Prinzip der epistemischen Sicherheit** Gebrauch. Sie wird auch als ›**Neo-Mooreanismus**‹ bezeichnet, da sie der Skepsis-Widerlegung G.E. Moores sehr nahekommt (vgl. Sosa 1999; Pritchard 2005; 2009). Bei dieser Strategie der Auflösung skeptischer Paradoxien wird geltend gemacht, dass die Annahme (ii) falsch ist, d. h. dass wir tatsächlich in der Lage sind, die Verneinung skeptischer Hypothesen zu wissen. Um dies zu zeigen, muss man die Aussage (ii) im Licht des Prinzips der epistemischen Sicherheit näher betrachten. Die Bedingung der epistemischen Sicherheit besagt, wie bereits erläutert, dass, falls eine Überzeugung p gewusst werden soll, die Überzeugung p in relevanten nahen möglichen Welten nicht falsch sein darf, sofern die Person in diesen Welten auf dieselbe Art und Weise zu der Überzeugung p gelangt. Es lässt sich zeigen, dass diese Bedingung nach sich zieht, dass die Aussage (ii) falsch ist und somit die Verneinung skeptischer Hypothesen tatsächlich gewusst werden. Denn gemäß dem Prinzip der epistemischen Sicherheit kommt es darauf an, ob die Überzeugung *in relevanten nahen möglichen Welten* wahr ist, und ob sich die Person in diesen

2.4 Erkenntnistheorie

Der philosophische Skeptizismus und mögliche Lösungen

Welten *auf dieselbe Weise* die fragliche Überzeugung bildet. Wenn die aktuale Welt tatsächlich so ist, wie wir gemeinhin annehmen, dann folgt, dass skeptische Welten der aktualen Welt sehr unähnlich sind und Welten, in denen eine skeptischen Hypothese wahr ist, eben nicht zu der Sphäre der nahen möglichen Welten gehören, in denen sich eine Person eine wahre Meinung über eine derartige Hypothese bilden muss. Daraus folgt aber nun trivialerweise, dass Überzeugungen über die Falschheit skeptischer Hypothesen epistemisch sicher sind und somit gewusst werden. Aber selbst wenn man zugestehen würde, dass skeptische Welten der aktualen Welt sehr ähnlich wären und eine Person sich somit in solchen skeptischen Welten eine falsche Meinung über das Nicht-Bestehen einer skeptischen Hypothese bilden würde, würde dies dennoch nicht dazu führen, dass sie kein Wissen von der Verneinung der skeptischen Hypothese besitzt. Denn in derartigen Welten würde sie sich diese Überzeugung auf eine andere Weise als in der aktualen Welt bilden. Diese Überzeugung würde nämlich aufgrund einer elektrischen Reizung durch einen Neurowissenschaftler ausgelöst werden und nicht aufgrund einer Art und Weise, die in der aktualen Welt verwendet wird, um derartige Überzeugungen zu bilden. Folglich zieht diese Konzeption nach sich, dass (ii) falsch ist und somit (i) und (iii) beibehalten werden können.

Die kontextualistische Lösung: Eine weitere Möglichkeit, das skeptische Paradox aufzulösen, besteht darin, eine bestimmte Version des **Wissenskontextualismus** zu akzeptieren, nämlich den sog. Zuschreiber-Kontextualismus (Philosophen, die kontextualistische Lösungen skeptischer Paradoxien verfolgen, sind etwa DeRose 1995, Cohen 1999 sowie Lewis 1996). Bei dieser Lösung der skeptischen Paradoxie würde man geltend machen, dass die drei hier angeführten Annahmen nur scheinbar miteinander unvereinbar sind. Vertreter des Wissenskontextualismus gehen, wie bereits erwähnt, davon aus, dass die Wissensstandards von Kontext zu Kontext variieren und dass der Kontext des Zuschreibers für die Wissensstandards maßgeblich ist. Laut Vertretern des Kontextualismus ist in herkömmlichen, nicht-skeptischen Kontexten die Aussage (i) wahr, was eben besagt, dass man alltägliche Dinge weiß. Sofern keine skeptischen Hypothesen erwogen werden, beeinflusst dies laut Meinung der Kontextualisten nicht die Wissensstandards und somit auch nicht die Wahrheitsbedingungen von Wissenszuschreibungen. Dadurch ist man in alltäglichen Kontexten in der Lage, die Verneinung von skeptischen Hypothesen zu wissen. Denn Kontextualisten halten an der kontextinvarianten Gültigkeit des Geschlossenheitsprinzips fest. Da (i) wahr ist und (iii) auch wahr ist, ist es möglich, die Verneinung von (ii) abzuleiten. Entsprechend weiß man in herkömmlichen Kontexten, dass skeptische Hypothesen falsch sind. In Kontexten hingegen, in denen eine skeptische Hypothese ernstgenommen oder erwogen wird, wird jedoch (ii) wahr, und zusammen mit (iii) ergibt dies, dass die Aussage (i) falsch sein muss. In einem skeptischen Kontext steigen die Wissensstandards, was dazu führt, dass man die Verneinung skeptischer Hypothesen nicht mehr weiß und somit auch nicht mehr Wissen von alltäglichen Sachverhalten beanspruchen kann. Kontextualisten lösen das Paradox entsprechend auf, indem sie zugestehen, dass man die Verneinung skeptischer Hypothesen in alltäglichen Kontexten wissen kann. Werden jedoch skeptische Hypothesen erwogen, steigen die Wissensstandards und dies zieht wiederum nach sich, dass alltägliche Wissensbehauptungen falsch werden. Wenn man dies auf die hier angeführten Aussagen (i) bis (iii) anwendet, wird man erkennen, dass sie sich eigentlich nur oberflächlich ausschließen. Die Wahrheitsbedingungen von (i) und (ii) sind kontextsensitiv. Sofern eine der beiden Aussagen wahr ist, ist die andere falsch. Demgegenüber ist (iii) laut Meinung von Kontextualisten in allen Kontexten wahr.

2.5 | Die Quellen des Wissens: Wahrnehmung und apriorisches Wissen

2.5.1 | Wahrnehmung

Das meiste Wissen, das wir von unserer direkten Umwelt besitzen, beruht auf der Wahrnehmung. Wenn ich etwa weiß, dass meine neue Nachbarin blonde Haare hat oder dass mir gewisse Blautöne besonders gut stehen, dann werde ich für dieses Wissen die Wahrnehmung in Anspruch nehmen müssen. Das Wissen, das wir aufgrund der Wahrnehmung besitzen, wirft zahlreiche philosophische Fragen auf. Im Folgenden soll nur auf eine zentrale Frage näher eingegangen werden, nämlich die nach den **unmittelbaren Gegenständen der Sinneswahrnehmung**. Diese Frage betrifft den Umstand, was man genau wahrnimmt, wenn man etwas wahrnimmt.

Der naive Realismus und seine Probleme: Intuitiv und unvoreingenommen würden wir antworten, dass wir die Objekte der Außenwelt und die Eigenschaften dieser Objekte selbst wahrnehmen, sofern wir etwas wahrnehmen. Diese Position bezeichnet man auch als **naiven Realismus**. Obwohl der naive Realismus sehr attraktiv zu sein scheint, gibt es doch einige Argumente, die gegen diese Position sprechen. Das berühmteste Argument, das den naiven Realismus widerlegen soll, ist das **Halluzinationsargument** (es gibt auch noch andere Phänomene wie Illusionen oder den Fall der Wahrnehmungsrelativität, die man auch benutzen könnte, um ähnliche Argumente zu konstruieren). Es geht zunächst davon aus, dass Fälle wie Halluzinationen existieren. Für diese Fälle gilt, dass ein Objekt wahrgenommen wird, das es überhaupt nicht gibt. Wenn man jedoch annimmt, dass auch hier eine Wahrnehmung vorliegt und wir in Wahrnehmungen stets etwas wahrnehmen, dann kann es sich bei dem unmittelbaren Objekt der Wahrnehmung nicht um ein Objekt in der Außenwelt handeln. Denn in dem erwähnten Fall ist kein Objekt vorhanden, das wahrgenommen wird. Sofern man weiter annehmen würde, dass zwischen herkömmlichen und den eben geschilderten abnormalen Fällen aus der subjektiven Perspektive kein für die Wahrnehmung wesentlicher Unterschied vorliegt, dann würde dies bedeuten, dass der naive Realismus falsch ist. Philosophen, die dieses Argument vorgelegt haben, waren in den meisten Fällen der Auffassung, dass wir anstatt der Objekte und ihrer Eigenschaften **Sinnesdaten** wahrnehmen (mit Sinnesdaten sind nicht-materielle Entitäten gemeint, die als Träger der perzeptuell wahrgenommenen Eigenschaften fungieren).

Dieses Argument scheint nun eine sehr kontraintuitive Position nahezulegen, die man gerne vermeiden möchte. Um zu verstehen, wie man die Konklusion dieses Arguments umgehen kann, soll es ausführlicher dargestellt werden:

(H 1) Halluzinationen sind möglich, d. h. solche Fälle, in denen wir etwas wahrnehmen, obwohl kein Objekt existiert, das wahrgenommen wird.
(H 2) Wenn man eine Wahrnehmung hat, dann gibt es stets etwas, das wahrgenommen wird.
(H 3) Halluzinationen sind aus subjektiver Perspektive nicht von veridischen Wahrnehmungen zu unterscheiden.
(HC) Also: Man nimmt nicht die Objekte der Außenwelt wahr.
(HS) Also: Die unmittelbaren Gegenstände der Wahrnehmung sind eher Sinnesdaten.

Der Adverbialismus: Die gängigste Strategie, dieses Argument zu blocken, besteht darin, die Prämisse (H 2) zurückzuweisen. Eine Wahrnehmungstheorie, in der dies gemacht wird, ist die adverbiale Theorie der Wahrnehmung oder kürzer der Adverbialismus (vgl. insbesondere Chisholm 1957). Diese Theorie geht davon aus, dass **Wahrnehmungszustände nicht relational** sind, d. h. dass es für Wahrnehmungszustände nicht wesentlich ist, dass es eine Relation zu einem wahrgenommenen Objekt geben muss, damit ein derartiger Zustand überhaupt vorliegt. Im Adverbialismus wird demgegenüber geltend gemacht, dass ein Subjekt, wenn es eine Wahrnehmung hat, **sich in einem Zustand befindet**, in dem ihm etwas auf eine bestimmte Weise erscheint. Wenn ein Subjekt S ein rötliches Objekt wahrnimmt, dann hat gemäß dem Adverbialismus die Wahrnehmung eigentlich den folgenden Gehalt »S erscheint es rötlich« oder »S empfindet auf rötliche Weise«.

Der Gehalt eines Wahrnehmungszustandes kann mit Hilfe eines Adverbs so umformuliert werden, dass die Wahrnehmung eigentlich gar nicht mehr von einem Objekt bzw. den Eigenschaften eines wahrgenommenen Objekts handelt. Dadurch hätte man das Halluzinationsargument umgangen, das im Wesentlichen auf der Annahme beruht, dass Wahrnehmungszustände relational sind. Doch der Adverbialismus wurde dahingehend kritisiert, dass es zumindest manche Wahrnehmungszustände gibt, die man nicht auf diese Weise wiedergeben kann (vgl. hierzu Jackson 1977).

> Relation zu einem wahrgenommenen Objekt nicht wesentlich

Beispiele wären etwa komplexe Wahrnehmungen oder Wahrnehmungsaussagen wie »S nimmt etwas Rot-Quadratisches und etwas Grün-Rechteckiges wahr«. Eine Paraphrase, die der Adverbialist anbieten kann, sähe folgendermaßen aus: »S nimmt rötlich-quadratisch und grün-rechteckig wahr«. Doch diese Paraphrase scheint dem Gehalt des ursprünglichen Wahrnehmungszustandes nicht gerecht zu werden (für eine Diskussion von alternativen Paraphrasen vgl. Jackson 1977).

Der Disjunktivismus: Neben dem Adverbialismus gibt es auch noch andere Lösungen, die etwas Erfolg versprechender sind und die hier nur kurz erwähnt werden können. Eine dieser Lösungen ist der Disjunktivismus (exemplarisch Hinton 1967; Snowdon 1980; McDowell 1982; einen Überblick liefert Soteriou 2009). Auch die Vertreter dieser Position versuchen, die zweite Prämisse des oben angeführten Arguments in Zweifel zu ziehen. Gegenüber Adverbialisten nehmen sie jedoch an, dass sich die Wahrnehmungszustände in veridischen und nicht-veridischen Fällen unterscheiden und dass in nicht-veridischen Fällen keine Relation zu einem wahrgenommenen Objekt für den Wahrnehmungszustand konstitutiv ist. Deshalb passt auch der Ausdruck ›Disjunktivismus‹, da Wahrnehmungszustände oder -reporte disjunktiv zu charakterisieren sind. Worin sich die veridischen von nicht-veridischen Wahrnehmungszustände unterscheiden, variiert bei den unterschiedlichen Varianten des Disjunktivismus: Es können phänomenale, intentionale oder epistemische Eigenschaften sein.

Der Intentionalismus (vgl. exemplarisch Searle 1983; Harman 1990; Byrne 2001) geht davon aus, dass Wahrnehmungszustände durch ihre Intentionalität ausgezeichnet sind. Intentionale Zustände sind solche Zustände, die etwas repräsentieren oder die von etwas handeln. Andere intentionale Zustände sind beispielsweise Überzeugungen. Und für Überzeugungen ist es nicht wesentlich, dass das Objekt, von dem die Überzeugung handelt, existiert. Jemand kann etwa davon überzeugt sein, dass der gegenwärtige König von Frankreich heute im Fernsehen auftritt. Aber dies setzt klarerweise nicht voraus, dass es einen König von Frankreich geben muss. Genauso können Wahrnehmungszustände verstanden werden. Sie sind zwar auch Zustände mit einem intentionalen Gehalt und handeln folglich von etwas, aber dies tun sie **unabhängig von der Existenz eines wahrgenommenen Objekts**. Sofern man Wahrnehmungszustände als intentionale Zustände versteht, kann man ebenfalls die Prämisse (H 2) des oben angeführten Arguments ablehnen und damit auch die Konklusion.

2.5.2 | Apriorische Rechtfertigung und apriorisches Wissen

Wie bereits eingangs erwähnt, wurde schon in der Antike angenommen, dass man gewisse Dinge auch unabhängig von der Erfahrung wissen kann. Philosophen, die annehmen, dass es erfahrungsunabhängiges Wissens gibt, bezeichnet man auch als **Rationalisten**. Historische Vertreter des Rationalismus sind Platon, Leibniz und Frege. In der Gegenwart wird der Rationalismus unter anderem von George Bealer (1999) und Laurence BonJour (1998) vertreten. Dem Rationalismus steht der **Empirismus** gegenüber, der entweder gänzlich verneint, dass es erfahrungsunabhängige Formen der Rechtfertigung gibt (**radikaler Empirismus**) oder annimmt, dass nur sehr wenige oder triviale Sachverhalte a priori gewusst werden (**moderater Empirismus**). Vertreter des radikalen Empirismus sind Willard Van Orman Quine (*Zwei Dogmen*) und Michael Devitt (2005). Ein moderater Empirist des 20. Jh.s ist Alfred Jules Ayer (*Sprache*).

Was zeichnet a priori gerechtfertigte Überzeugungen aus? Wenn man sich mit dem Thema des apriorischen Wissens oder der apriorischen Rechtfertigung beschäftigt, gibt es unterschiedliche Fragen, deren Behandlung wichtig ist (für einen Überblick und eine Diskussion der wichtigsten Fragen vgl. Grajner 2011). Zunächst einmal muss man klären, was es genau bedeutet, dass eine Überzeugung a priori gerechtfertigt ist. Bereits bei Kant findet sich der Vorschlag, dass a priori gerechtfertigte Überzeugungen unabhängig von der Erfahrung gerechtfertigte Überzeugungen sind (KrV B 2; zu Kant s. Kap. I.5.2). Was für a priori gerechtfertigte Überzeugungen wesentlich ist, ist entsprechend, wie diese Überzeugungen gerechtfertigt sind bzw. was die Basis oder Grundlage der Rechtfertigung ist. Die Grundidee dieser Charakterisierung apriorischer Rechtfertigung wird auch von den meisten gegenwärtigen Philosophen akzeptiert. Albert Casullo ist beispielsweise der Auffassung, dass eine Überzeugung a priori gerechtfertigt ist, sofern sie aufgrund einer **nicht-erfahrungsmäßigen Quelle** gerechtfertigt ist (vgl. Casullo 2003). BonJour meint, dass eine a priori gerechtfertigte Überzeugung eine solche Überzeugung ist, die **unab-**

hängig von der Erfahrung und darüber hinaus **alleine aufgrund des Denkens oder der Vernunft** gerechtfertigt ist (vgl. BonJour 1998) Diese beiden Charakterisierungen unterscheiden sich dahingehend voneinander, dass Casullo neutral bezüglich der Quellen apriorischer Rechtfertigung ist, während BonJour der Auffassung ist, dass die Quelle apriorischer Erkenntnis allein die Vernunft oder das Denken ist. Casullos Auffassung hat gegenüber BonJour den Vorteil, dass sie zulässt, dass es auch andere Quellen apriorischer Rechtfertigung geben kann als das Denken oder die Vernunft. Manche Autoren haben etwa vorgeschlagen, dass die Vorstellbarkeit, die Introspektion oder das Zeugnis anderer Personen auch eine Überzeugung a priori rechtfertigen können. Dementsprechend scheint Casullos Analyse derjenigen BonJours überlegen zu sein.

> **Definition**
>
> Eine Überzeugung p ist → **a priori gerechtfertigt**, sofern diese Überzeugung p aufgrund einer **nicht-erfahrungsmäßigen Quelle** gerechtfertigt ist.
> Eine Überzeugung p ist empirisch oder → **a posteriori gerechtfertigt**, sofern die Überzeugung p aufgrund einer **erfahrungsmäßigen Quelle** gerechtfertigt ist.

Wenn nun a priori gerechtfertigte Überzeugungen solche Überzeugungen sind, die aufgrund einer erfahrungsunabhängigen Quelle gerechtfertigt sind, dann stellt sich noch die Frage, wie denn die Quelle bzw. die Quellen apriorischer Rechtfertigung genau aussehen. Hierbei sollen insbesondere diejenigen Quellen im Mittelpunkt stehen, die es ermöglichen, gerechtfertigte Überzeugungen über logische, mathematische und andere nicht-empirische Sachverhalte zu haben. In der Gegenwart gibt es unterschiedliche Auffassungen, aufgrund welcher Quellen man gerechtfertigte Überzeugungen über derartige Sachverhalte besitzt.

Intuitionenbasierte Modelle apriorischer Rechtfertigung: Rationalisten nehmen an, dass die Quelle apriorischen Wissens **rationale** oder **apriorische Intuitionen** sind (vgl. Bealer 1999; BonJour 1998; Plantinga 1993). Unter Intuitionen werden meistens bewusste mentale Zustände verstanden, die in gewisser Weise Wahrnehmungszuständen ähneln. Wenn eine Person über eine apriorische Intuition, dass p, verfügt, dann erscheint der Person p als notwendig wahr (für eine Kritik an dieser Konzeption und einem alternativen Vorschlag vgl. Grajner 2011). Obwohl dieses Konzept zahlreiche historische Vorläufer hat, lehnen manche zeitgenössischen Autoren es mit der Begründung ab, dass Intuitionen in diesem Sinne sehr obskure Zustände sind und keine erhellende Erklärung apriorischer Rechtfertigung liefern können (vgl. Boghossian 1996; Williamson 2007).

Analytische Theorien apriorischer Rechtfertigung: Manche Kritiker von intuitionenbasierten Modellen apriorischer Rechtfertigung haben vorgeschlagen, dass der Status einer Aussage als **analytisch** eine plausiblere Erklärung der apriorischen Rechtfertigung zu liefern vermag (vgl. Boghossian 1996). Paul Boghossian ist Anhänger der **Fregeschen Konzeption der Analytizität**, die besagt, dass eine Aussage »p« analytisch ist, sofern sich »p« in eine logische Wahrheit überführen lässt, indem man synonyme Ausdrücke in »p« füreinander ersetzt. Ein Beispiel für eine Aussage, die gemäß dieser Konzeption analytisch ist, ist die Aussage »Alle Junggesellen sind unverheiratete Männer«. Wenn man annimmt, dass der Ausdruck »Junggeselle« mit dem Ausdruck »unverheirateter Mann« synonym ist, dann ließe sich diese Aussage in eine logische Wahrheit der Form »$(\forall x)\ Fx \to Fx$« (lies: Jeder unverheiratete Mann ist ein unverheirateter Mann) überführen. Und da für das Überführen einer Aussage in eine logische Wahrheit lediglich das Wissen, dass zwei Ausdrücke synonym sind, und das Wissen von logischen Wahrheiten notwendig ist, scheint man in derartigen Aussagen a priori gerechtfertigt zu sein, sofern man a priori in der Annahme, dass zwei Ausdrücke synonym sind, und in den für die Ableitung nötigen logischen Regeln gerechtfertigt ist.

Doch diese Auffassung ist mit dem Problem behaftet, dass nicht alle Aussagen, in denen man intuitiv a priori gerechtfertigt sein kann, analytisch in dem hier angeführten Sinne sind. Wenn man etwa Aussagen betrachtet wie »Jede Primzahl ist eine natürliche Zahl«, wird schnell deutlich, dass die dieser Aussage entsprechende Überzeugung zwar a priori gerechtfertigt sein kann, aber dass die Aussage »Jede Primzahl ist eine natürliche Zahl« eindeutig nicht Frege-analytisch ist. Denn die beiden Prädikate »ist eine Primzahl« und »ist eine natürliche Zahl« sind nicht synonym. Deshalb ist es auch nicht möglich, diese Aussage in eine logische Wahrheit zu überführen, indem man synonyme Ausdrücke füreinander ersetzt. Ferner stellt sich bei der von Boghossian vertretenen Konzeption die Frage, wie man genau in Synonymien und logischen Regeln gerechtfertigt ist. Sofern man dieses Wissen nicht tatsächlich unabhängig von Intuitionen besitzt, stellt diese Konzeption keine Alternative zu intuitionenbasierten Modellen apriorischer Rechtfertigung dar.

Einführende Literatur

Baumann, Peter: *Erkenntnistheorie*. Stuttgart 2002.
Bernecker, Sven/Dretske, Fred (Hg.): *Knowledge. Readings in Contemporary Epistemology*. Oxford 2000.
BonJour, Laurence: *Epistemology. Classic Problems and Contemporary Responses*. Lanham/New York 2002.
Ernst, Gerhard: *Einführung in die Erkenntnistheorie*. Darmstadt ²2009.
Greco, John (Hg.): *The Oxford Handbook of Scepticism*. Oxford 2008.
– /Sosa, Ernest (Hg.): *The Blackwell Guide to Epistemology*. Oxford 1999.
Grundmann, Thomas: *Analytische Einführung in die Erkenntnistheorie*. Berlin 2008.
Moser, Paul (Hg.): *The Oxford Handbook of Epistemology*. New York 2003.
Pritchard, Duncan: *Knowledge*. Hampshire 2009.
Sosa, Ernest/Kim, Jaegwon (Hg.): *Epistemology: An Anthology*. Malden 2000.
Sosa, Ernest/Steup, Matthias (Hg.): *Contemporary Debates in Epistemology*. Oxford 2005.

Zitierte und weiterführende Literatur

Alston, William: *Epistemic Justification. Essays in the Theory of Knowledge*. Ithaca, NY 1993.
Bealer, George: »The A Priori«. In: Greco/Sosa 1999, S. 240–267.
Brendel, Elke: »Epistemischer Zufall und das Menon-Problem«. In: Schönrich 2009, S. 155–176.
Boghossian, Paul: »Analyticity Reconsidered«. In: *Nôus* 30 (1996), S. 360–391.
BonJour, Laurence: *The Structure of Empirical Knowledge*. Cambridge, Mass. 1985.
– : *In Defense of Pure Reason. A Rationalist Account of A Priori Justification*. Cambridge 1998.
Byrne, Alex: »Intentionalism Defended«. In: *Philosophical Review* 110 (2001), S. 199–240.
Casullo, Albert: *A Priori Justification*. Oxford 2003.
Chisholm, Roderick: *Perceiving: A Philosophical Study*. Ithaca, NY 1957.
Cohen, Stewart: »Contextualist Approaches to Philosophical Problems: Scepticism, Gettier and the Lottery«. In: *Australasian Journal of Philosophy* 76 (1998), S. 289–306 [wiederabgedruckt in: Sosa/Kim 2000].
– : »Contextualism, Skepticism, and the Structure of Reasons«. In: *Philosophical Perspectives* 13 (1999), S. 57–89.
DeRose, Keith: »Solving the Sceptical Problem«. In: *The Philosophical Review* 104/1 (1995), S. 1–52. [wiederabgedruckt in: Sosa/Kim 2000].
Devitt, Michael: »There is No A Priori«. In: Sosa/Steup 2005, S. 105–114.
Ernst, Gerhard: *Das Problem des Wissens*. Paderborn 2002.
– : »Radikaler Kontextualismus«. In: *Zeitschrift für philosophische Forschung* 59 (2004), S. 159–178.
Fodor, Jerry: *Concepts. Where Cognitive Science Went Wrong*. Oxford 1998.
Foley, Richard: »What's wrong with Reliabilism«. In: *The Monist* 68 (1985), S. 188–202 [wiederabgedruckt in: Bernecker/Dretske 2000].
Gettier, Edmund: »Is Justified True Belief Knowledge?«. In: *Analysis* 23 (1963), S. 121–123 [wiederabgedruckt in: Bernecker/Dretske 2000].
Goldman, Alvin: »Discrimination and Perceptual Knowledge«. In: *The Journal of Philosophy* 73 (1976), S. 771–791 [wiederabgedruckt in: Bernecker/Dretske 2000].
– : »What is Justified Belief?«. In: George Pappas (Hg.): *Justification and Knowledge. New Studies in Epistemology*. Dordrecht 1979, S. 1–23.
– : *Epistemology and Cognition*. Cambridge, Mass. 1986.
– : *Philosophical Applications of Cognitive Science*. Boulder 1993.
– : »Internalism Exposed«. In: *The Journal of Philosophy* 96/6 (1999), S. 271–293
– : »Philosophical Intuitions: Their Target, Their Source and Their Epistemic Status«. In: *Grazer Philosophische Studien* 74 (2007), S. 1–26.
– : »Reliabilism«. In: Edward N. Zalta (Hg.): *Stanford Encyclopedia of Philosophy*, http://plato.stanford.edu/entries/reliabilism (21.1.2008).
Grajner, Martin: »Das Gettier-Problem und der Wert des Wissens«. In: Schönrich 2009, S. 177–202.
– : *Intuitionen und apriorische Rechtfertigung*. Paderborn 2011.
Greco, John: »Knowledge as Credit for True Belief«. In: Michael DePaul/Linda Zagzebski (Hg.): *Intellectual Virtue: Perscpectives form Ethics and Epistemology*. Oxford 2004, S. 111–134.
– : *Achieving Knowledge: A Virtue-Theoretic Account of Epistemic Normativity*. New York 2010.
Harman, Gilbert: »The Intrinsic Quality of Experience«. In: *Philosophical Perspectives* 4 (1990), S. 31–54.
Hetherington, Stephen: *Good Knowledge, Bad Knowledge: On Two Dogmas of Epistemology*. Oxford 2002.
Hinton, John M.: »Visual Experiences«. In: *Mind* 76 (1967), S. 217–227.

Jackson, Frank: *Perception: A Representative Theory.* Cambridge 1977.
Kompa, Nikola: *Wissen und Kontext. Eine kontextualistische Theorie des Wissens.* Paderborn 2001.
Koppelberg, Dirk: »Zum Wert des Wissens: Das Menon-Problem«. In: Uwe Meixner/Albert Newen (Hg.): *Philosophiegeschichte und logische Analyse.* Bd. 8. Paderborn 2005, S. 46–56.
Kornblith, Hilary: *Knowledge and its Place in Nature.* Oxford 2004.
Kvanvig, Jonathan: *The Value of Knowledge and the Pursuit of Understanding.* Cambridge 2003.
Lackey, Jennifer: »Why We Don't Deserve Credit for Everything we Know«. In: *Synthese* 158 (2007), S. 345–361.
Lewis, David: »Elusive Knowledge«. In: *Australasian Journal of Philosophy* 74 (1996), S. 549–567 [wiederabgedruckt in: Bernecker/Dretske 2000].
McDowell, John: »Criteria, Defeasibility and Knowledge«. In: *Proceedings of the British Academy* 68 (1982), S. 455–479.
– : *Mind and World.* Cambridge, Mass. 1994.
Moore, George Edward: »Proof of an External World«. In: Ders.: *Philosophical Papers.* London 1959, S. 127–150.
Olsson, Eric: »Reliabilism, Stability and the Value of Knowledge«. In: *American Philosophical Quarterly* 44 (2007), S. 343–355.
– /**Goldman, Alvin:** »Reliabilism and the Value of Knowledge«. In: Pritchard/Millar/Haddock 2009, S. 19–41.
Plantinga, Alvin: *Warrant and Proper Function.* New York 1993.
Pollock, John/Cruz, Joseph (Hg.): *Contemporary Theories of Knowledge.* Lanham ²1999.
Pritchard, Duncan: *Epistemic Luck.* Oxford 2005.
– /**Millar, Alan/Haddock, Adrian (Hg.):** *Epistemic Value.* Oxford 2009.
Schönrich, Gerhard (Hg.): *Wissen und Werte.* Paderborn 2009.
Searle, John R.: *Intentionality. An Essay in the Philosophy of Mind.* Cambridge 1983.
Snowdon, Paul: »Perception, Vision and Causation«. In: *Proceedings of the Aristotelian Society* 81 (1980), S. 175–192.
Sosa, Ernest: »How to Defeat Opposition to Moore«. In: *Philosophical Perspectives* 13 (1999), S. 141–154.
– : *A Virtue Epistemology: Apt Belief and Reflective Knowledge.* Oxford 2007.
Soteriou, Matthew: »The Disjunctive Theory of Perception«. In: Edward N. Zalta (Hg.): *Stanford Encyclopedia of Philosophy,* http://plato.stanford.edu/entries/perception-disjunctive (10.7.2009).
Williamson, Timothy: *Knowledge and its Limits.* Oxford 2000.
– : *The Philosophy of Philosophy.* Oxford 2007.

Martin Grajner

3 Wissenschaftstheorie

3.1 Einleitung und Überblick
3.2 Wissenschaftliche Erklärungen
3.3 Wissenschaftliche Theorien und deren Bestätigung
3.4 Wissenschaftsentwicklung und die Veränderung von wissenschaftlichen Theorien
3.5 Die Wissenschaften im sozialen und lebensweltlichen Kontext

3.1 | Einleitung und Überblick

In modernen Gesellschaften sehen viele Wissenschaftler aber auch Nichtwissenschaftler und Institutionen die wissenschaftliche Erkenntnispraxis und das durch sie artikulierte Wissen mit einem besonderen Anspruch und weitreichenden Potentialen verbunden. Vor diesem Hintergrund ergibt sich die Notwendigkeit für eine Disziplin – die Wissenschaftstheorie –, in der die Struktur des wissenschaftlichen Wissens und der damit verbundene Anspruch reflektiert wird.

Auch in anderen Fächern existieren Teildisziplinen, die der Beschäftigung mit Wissenschaft als solcher gewidmet sind, etwa die Wissenschaftsgeschichte oder die Wissenschaftssoziologie. Von diesen kann die in der theoretischen Philosophie beheimatete Wissenschaftstheorie dadurch unterschieden werden, dass sie in erster Linie an den **Wahrheitsansprüchen**, der **Geltung** und **Begründung** wissenschaftlichen Wissens interessiert ist und weniger an seiner historischen Entstehung oder gesellschaftlichen Einbettung.

> **Definition**
>
> Die → Wissenschaftstheorie ist eine **Metawissenschaft**, die sich als ›Theorie der Wissenschaft‹ mit den Grundlagen wissenschaftlicher Erkenntnis auseinandersetzt. Sie reflektiert Voraussetzungen, Ziele, Methoden, Resultate und Grenzen der Wissenschaft, aber auch ihre sozialen und kulturellen Implikationen. Von der Erkenntnistheorie unterscheidet sie sich darin, dass es ihr nicht um menschliche Erkenntnis im Allgemeinen geht, sondern speziell um wissenschaftliche Erkenntnis, d. h. um eine spezifische Erkenntnispraxis.

Genesis und Geltung: Traditionell wird in diesem Sinne zwischen dem **Begründungszusammenhang** und dem **Entdeckungszusammenhang** einer Aussage oder Theorie unterschieden, also einerseits der Frage, wie die Aussage oder Theorie begründet bzw. gerechtfertigt werden kann, andererseits der Frage, wie sie zustande gekommen ist und – in einer Gemeinschaft von Wissenschaftlern oder einer Gesellschaft überhaupt – Anerkennung hat erlangen oder nicht hat erlangen können. Allerdings ist die Schärfe dieses Gegensatzes auch in Frage gestellt worden. So hat sich in der zweiten Hälfte des 20. Jh.s innerhalb der Wissenschaftstheorie noch einmal eine Differenzierung in eine normative und eine deskriptive Strömung ergeben.

- Anhänger einer **normativen Wissenschaftstheorie** betrachten es im Sinne des traditionellen, begründungsorientierten Verständnisses als ihre Aufgabe, (normative) Regeln dafür zu formulieren, wie Wissenschaft vorzugehen habe und wie gute von schlechter Wissenschaft zu unterscheiden sei.
- Anhänger der **deskriptiven Wissenschaftstheorie** weisen demgegenüber einen solchen Anspruch als überzogen und nicht einlösbar zurück. Sie betonen, dass Wissenschaftstheorie, auch wenn sie primär an Geltungsfragen interessiert sein mag, im Grunde gar nicht mehr leisten könne, als zu beschreiben, wie Wissenschaftler konkret vorgehen, wenn sie Theorien formulieren und zu beweisen versuchen. Hieraus ergibt sich dann eine zunehmende Relevanz wissenschaftsgeschichtlicher und -soziologischer Untersuchungen auch für die Wissenschaftstheorie.

Man kann ferner zwischen allgemeiner und spezieller Wissenschaftstheorie unterscheiden:

- Die **allgemeine Wissenschaftstheorie** beschäftigt sich mit den Grundlagen von Wissenschaft überhaupt, also mit elementaren, für alle oder

Wissenschaftliche Erklärungen

die meisten Fächer relevanten Methoden und Konzepten wie ›Hypothese‹, ›Theorie‹, ›(wissenschaftlicher) Begriff‹, ›(wissenschaftliches) Gesetz‹, ›Evidenz‹, ›Bestätigung‹, ›Erklärung‹ und ›Prognose‹.

- In **speziellen Wissenschaftstheorien** werden daneben die für bestimmte Einzelwissenschaften oder Wissenschaftszweige jeweils fundamentalen Begriffe untersucht. So gibt es eine Wissenschaftstheorie der Physik, der Chemie, der Biologie, der Mathematik, der Ökonomie, der Geschichte usw., zu der auch die spezielleren Methodologien dieser Fächer gezählt werden können. Darüber hinaus ergeben sich hier zahlreiche Berührungspunkte zu den philosophischen Teildisziplinen, die die jeweiligen Themenfelder behandeln, d. h. zur Naturphilosophie (Naturwissenschaften), zur Sozialphilosophie (Sozialwissenschaften) oder zur Philosophie des Geistes (Psychologie).

Natur- und Geisteswissenschaften: Eine im Zusammenhang mit dem Begriff der speziellen Wissenschaftstheorie einschlägige Debatte betrifft das Problem der sog. **Einheit der Wissenschaft**. Diskutiert wird dabei die Frage, ob der bestehenden Vielfalt der Disziplinen eine Vielfalt grundlegender Erkenntnisformen entspricht oder ob die fundamentalen Prinzipien und Methoden wissenschaftlicher Erkenntnis in dem Sinne einheitlich sind, dass alles Wissen auf eine grundlegende Disziplin (z. B. die Physik) reduziert werden kann und das System einer ›**Einheitswissenschaft**‹ ergibt. Besonders die Gegenüberstellung von Natur- und Geisteswissenschaften war Gegenstand langanhaltender Kontroversen. Während in einigen Ansätzen ein für die Geisteswissenschaften spezifisches und nicht reduzier- und hintergehbares hermeneutisches ›**Verstehen**‹ postuliert wurde, das dem naturwissenschaftlichen ›**Erklären**‹ entgegengesetzt sei, wurde die Relevanz dieses Gegensatzes von anderen Ansätzen bestritten und auf der prinzipiellen Einheitlichkeit des Erkennens in Natur- und Geisteswissenschaften insistiert.

Allgemeine Klassifikationen der Wissenschaften sind angesichts dieser Debatten nicht unproblematisch. Ein gängiger Vorschlag für eine solche Klassifikation sieht allerdings wie folgt aus: Auf allgemeinster Ebene können zunächst **Formalwissenschaften** (dazu zählen insbesondere Mathematik und Logik) von **Realwissenschaften** unterschieden werden. Letztere unterteilt man wiederum in Natur- und Geisteswissenschaften, wobei manchmal noch die Sozialwissenschaften als eigenständige dritte Form hinzugefügt werden. Die Einordnung einiger Fächer in diese Systematik ist, etwa im Fall der Psychologie, allerdings besonders umstritten.

Hauptwerke

1904/5	**Pierre Duhem:**	*La théorie physique, son objet et sa structure* (Ziel und Struktur der physikalischen Theorien)
1905	**Ernst Mach:**	*Erkenntnis und Irrtum. Skizzen zur Psychologie der Forschung*
1935	**Karl R. Popper:**	*Logik der Forschung*
1954	**Nelson Goodman:**	*Fact, Fiction, and Forecast* (Tatsache, Fiktion, Voraussage)
1961	**Ernest Nagel:**	*The Structure of Science* (Die Struktur der Wissenschaft)
1962	**Thomas S. Kuhn:**	*The Structure of Scientific Revolutions* (Die Struktur wissenschaftlicher Revolutionen)
1966	**Carl G. Hempel:**	*Philosophy of Natural Science* (Philosophie der Naturwissenschaften)
1973–86	**Wolfgang Stegmüller:**	*Probleme und Resultate der Wissenschaftstheorie und Analytischen Philosophie*
1975	**Paul K. Feyerabend:**	*Against Method: Outline of an Anarchistic Theory of Knowledge* (Wider den Methodenzwang. Skizze einer anarchistischen Erkenntnistheorie)
1978	**Imre Lakatos:**	*The Methodology of Scientific Research Programmes* (Die Methodologie wissenschaftlicher Forschungsprogramme)

3.2 | Wissenschaftliche Erklärungen

Eine **wissenschaftliche Erklärung** gibt an, warum es zu einem beobachteten Phänomen kommt bzw. kam. Sie unterscheidet sich damit insbesondere von **Beschreibungen** und bloßen Auflistungen von Eigenschaften oder Daten. Sowohl Einzelphänomene, wie der Anstieg der Quecksilbersäule eines Thermometers bei Erwärmung, als auch generelle Phänomene, wie die Brechung von Licht an Materialübergängen, können dabei Gegenstand der Erklärung werden. Obwohl verschiedene Fragen rund um die Eigenschaften von Erklärungen bereits frühzeitig z. B. bei Aristoteles, David Hume, Arthur Schopenhauer, Wilhelm Dilthey oder Wilhelm Windelband thematisiert wurden, wird erst die Entwicklung des **Deduktiv-Nomologischen Modells** durch Carl G. Hempel und Paul Oppenheim als zentraler Ausgangspunkt der heutigen Diskussion angesehen. Ein direkter Vorläufer dieses Modells findet sich aber bereits in Karl Poppers *Logik der Forschung* (1935):

»Einen Vorgang ›kausal erklären‹ heißt, einen Satz, der ihn beschreibt, aus Gesetzen und Randbedingungen deduktiv ableiten. [...]. Wir finden also zwei verschiedene Arten von Sätzen, die erst gemeinsam die vollständige ›kausale Erklärung‹ liefern: (1) allgemeine Sätze – Hypothesen, Naturgesetze – und (2) besondere Sätze, d. h. Sätze, die nur für den betreffenden Fall gelten – die ›Randbedingungen‹. Aus den allgemeinen Sätzen kann man mit Hilfe der Randbedingungen den besonderen Satz deduzieren [...]« (Popper: *Logik*, S. 31).

Deduktion: Die Forderung nach einer deduktiven Struktur des Arguments ist zentral. **Deduktiv** bedeutet hierbei, dass der Schluss eine zwingende Folgerung von der Prämissenmenge ist, also hier der in Sätzen formulierten Randbedingungen und Gesetze, auf deren Konsequenzen, d. h. in diesem Fall den Beschreibungen des zu erklärenden Phänomens. Ein Argument wird daher nur dann deduktiv gültig bzw. logisch folgerichtig genannt, wenn es unmöglich ist, dass die Prämissen wahr sind, aber die Konsequenz falsch ist. Schlüsse vom Allgemeinen auf das Spezielle, z. B. vom Verhalten aller Metalle auf das Verhalten von Eisen, sind dabei paradigmatische Fälle eines deduktiven Schlusses.

Induktion: Nicht zulässig für eine solche wissenschaftliche Erklärung sind somit insbesondere **induktive** Schlüsse, also Folgerungen von Einzelfällen auf Behauptungen allgemeinen Charakters, die eben nicht uneingeschränkt gültig sind, da sie sich durch nachfolgende widersprechende Beobachtungen als falsch herausstellen können. Im Folgenden soll kurz die Struktur des von Hempel und Oppenheim entwickelten Deduktiv-Nomologischen Modells dargestellt werden.

3.2.1 | Das Deduktiv-Nomologische Modell

Das Deduktiv-Nomologische Modell (DN-Modell) versucht, die wesentlichen Elemente einer wissenschaftlichen Erklärung und ihre Beziehungen zueinander darzustellen. Die folgende Darlegung orientiert sich dabei an Hempel und Oppenheims »Studies in the Logic of Explanation« (1948). Eine Weiterführung des Ansatzes, die verschiedene Schwächen berücksichtigt, findet sich u. a. in Hempels *Philosophy of Natural Science* (1966; *Philosophie der Naturwissenschaften*, 1977).

Nach dem DN-Modell wird ein in Sätzen beschriebenes Phänomen, das Explanandum (lat. für ›das zu Erklärende‹), durch zwei voneinander verschiedene Elemente, die Explanans-Sätze, erklärt. Das Explanans (lat. für das Erklärende) besteht dabei zum einen aus Beschreibungen gewisser Randbedingungen, die von Hempel auch »Antecedensbedingungen« genannt werden, zum anderen aus Beschreibungen allgemeiner Gesetzmäßigkeiten. Bei der Erklärung genereller Phänomene kann dabei die Menge der Randbedingungen leer sein und die Erklärung somit nur mithilfe allgemeiner Gesetzmäßigkeiten erfolgen. Ein Beispiel hierfür wäre die Erklärung der Keplerschen Gesetze mit Hilfe der Newtonschen Physik. Das vollständige Schema lässt sich wie unten zu sehen darstellen.

Vier Adäquatheitsbedingungen, die den Kern des DN-Modells bilden, müssen im Falle einer gelungenen Erklärung erfüllt sein:
- Die erste fordert, dass das Explanandum logisch valide, also deduktiv, aus dem Explanans folgt.
- Die zweite Bedingung ist, dass das Explanans mindestens eine Gesetzmäßigkeit enthält.
- Die dritte Bedingung ist erfüllt, wenn die Bestandteile des Explanans, also die Gesetze und gegebenenfalls Randbedingungen, empirisch überprüfbar sind, und
- die vierte, wenn diese auch wahr sind.

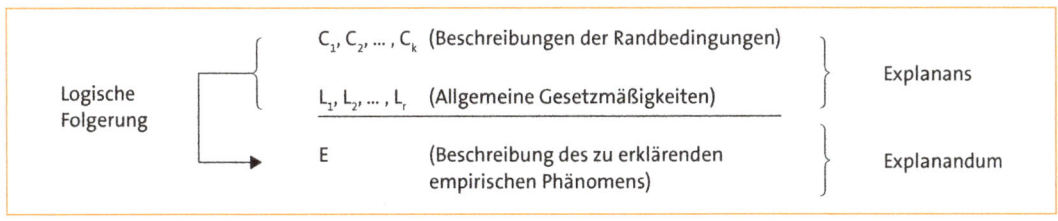

Deduktiv-Nomologisches Modell

Die ersten drei Bedingungen nennen Hempel und Oppenheim »logische Adäquatheitsbedingungen«, die vierte die »empirische Adäquatheitsbedingung«. Sind alle vier Bedingungen erfüllt, heißt die Erklärung eine wahre Erklärung; steht nur die Wahrheit der Explananssätze in Frage, so handelt es sich immerhin noch um eine sog. **potentielle Erklärung**.

Probleme: Das DN-Modell sieht sich mit einer Reihe von Schwierigkeiten konfrontiert (vgl. Schurz 2008), von denen hier nur einige genannt werden können. Dazu gehört zunächst das generelle Problem der **Charakterisierung von Gesetzmäßigkeiten**. Bereits Hempel erkannte, dass Gesetzmäßigkeiten nicht einfach nur wahre Verallgemeinerungen sind, d. h. Sätze, die von mehreren Vorkommnissen bzw. Instanzen erfüllt werden oder werden können. So gibt es wahre Verallgemeinerungen, die offensichtlich nicht nomologischer, d. h. gesetzesartiger, Natur sind. Von den beiden Sätzen »Alle ausgedehnten Körper haben eine Masse« und »Alle Früchte in diesem Korb sind Äpfel« ist z. B. nur der erste gesetzartig, obwohl beide – nehmen wir an, dass alle Früchte in besagtem Korb wirklich Äpfel sind – wahr sind und sich der (logischen) Form nach gleichen. Insbesondere zwei Vorschläge zur Abhilfe verdienen dabei Beachtung. So ist eine Unterscheidung mittels des **kontrafaktischen Kriteriums** möglich, d. h. der Überprüfung, ob der Satz auch unter tatsächlich nicht vorliegenden Umständen noch immer wahr wäre. Für nicht gesetzartige wahre Verallgemeinerungen gilt dies nicht; so ist der Satz: »Diese Birne hier wäre ein Apfel gewesen, hätte sie in dem Korb gelegen«, offensichtlich falsch.

Eine zweite Möglichkeit bietet das sog. **modale Kriterium**, d. h. die Untersuchung, ob der Satz (physikalisch) notwendig wahr ist. Auch diesen Test bestehen nur gesetzartige Sätze. Angesichts der Frage, warum die nicht-nomologischen wahren Verallgemeinerungen die Tests nicht bestehen, wird jedoch ein gemeinsames Problem dieser beiden Ansätze deutlich. Die Erklärung, warum es physikalisch möglich ist, dass eine der Früchte im Korb kein Apfel ist, scheint nämlich offenbar die zu sein, dass dies keiner (physikalischen) *Gesetzmäßigkeit* widerspricht. Aber dies würde einen Zirkelschluss offenbaren, denn es sollte doch gerade charakterisiert werden, was überhaupt als Gesetzmäßigkeit gelten kann.

Einige weitere Probleme wurden durch die kritische Beleuchtung des DN-Modells offenbar, die auf weitere, von Hempel noch nicht erkannte, Eigenschaften wissenschaftlicher Erklärungen hinweisen.

Das Problem der Asymmetrie der Erklärung besagt, dass Erklärungen eine bestimmte Richtung besitzen, und daher allgemein gilt, dass wenn A durch B erklärt wird, B nicht durch A erklärt werden kann. Es lässt sich mit folgendem Beispiel von Bromberger (1966, S. 92) verdeutlichen: Aus der Länge eines Fahnenmastes, der Länge des Schattens desselben sowie den Gesetzen der Trigonometrie kann deduktiv der Einfallswinkel der Sonne abgeleitet werden. Jedoch wird der Einfallswinkel der Sonne keineswegs durch die anderen Gegebenheiten erklärt, obwohl im Rahmen des Beispiels alle von Hempel aufgestellten Bedingungen unproblematisch sind. Vielmehr erklärt in diesem Fall der Einfallswinkel der Sonne die Länge des Schattens.

Das Problem der gemeinsamen Ursache besagt, dass wenn zwei Phänomene eine gemeinsame Ursache besitzen, beide zwar durch die Ursache, nicht aber durch die jeweils andere Wirkung erklärt werden können. So ist z. B. die Erklärung des Aufkommens von Sturm durch das schnelle Fallen des Barometers nicht zulässig, obwohl zwischen beiden Vorkommnissen ein gesetzartiger Zusammenhang besteht und alle Bedingungen des DN-Modells erfüllt sind. Nicht das Fallen des Barometers erklärt den Sturm, sondern der fallende Druck (der ebenfalls die Anzeige des Barometers erklärt).

Das Problem der zeitlichen Ordnung besagt schließlich, dass von zeitlich geordneten Phänomenen stets nur die späteren durch die früheren erklärt werden können, aber nicht umgekehrt. So erklärt die Position der Planeten des vorigen Jahres zusammen mit den relevanten astronomischen Gesetzen die heutige Position der Planeten, nicht jedoch die Position der Planeten von vor hundert Jahren. Einen solchen zeitlich rückwärts gerichteten Schluss bezeichnet man stattdessen als **Retrodiktion**.

Das Problem der Überbestimmtheit bzw. der Irrelevanz besagt, dass alle erklärenden Elemente wesentlich sein müssen, d. h. die Erklärung ohne sie unvollständig wäre.

Diese Probleme des DN-Modells zeigen, dass die ursprünglich von Hempel und Oppenheim angenommenen Adäquatheitsbedingungen nicht hinreichend sind, da sie manche Gegenbeispiele nicht ausschließen können (s. Bsp. S. 169). Umgekehrt gibt es jedoch auch Beispiele, die zeigen, dass die vier Bedingungen für die Adäquatheit einer wis-

3.2.2 | Modell der Induktiv-Statistischen Erklärung

Neben der DN-Erklärung führte Hempel (*Phil. der Naturwiss.*) noch einen weiteren wichtigen Typ von Erklärungen ein: Die Induktiv-Statistische Erklärung (IS-Modell). Diese ist insbesondere dann relevant, wenn keine anerkannten deduktiven Gesetzmäßigkeiten zur Verfügung stehen, und daher auf statistische Korrelationen zurückgegriffen werden muss. Im Unterschied zur DN-Erklärung folgt das Explanandum hier nur mit einer gewissen Wahrscheinlichkeit (hier: p) aus dem Explanans.

Da die Wahrscheinlichkeit hochgradig abhängig vom Explanans ist, bedarf es hier einer weiteren Adäquatheitsbedingung, der sog. **Bedingung der maximalen Spezifität**. Diese fordert, dass alles zur Verfügung stehende Wissen in die Erklärung einfließen muss. Wissen wir z. B., dass ein Patient eine penicillinresistente Infektion hat, ist die Wahrscheinlichkeit einer Erklärung seiner Heilung durch eine Penicillin-Behandlung gering. Problematisch am IS-Modell ist insbesondere die Bewertung der Güte einer solchen Erklärung. So kann, um in der Pharmazie zu bleiben, eine IS-Erklärung der Heilung durch ein Medikament trotz einer hohen Wahrscheinlichkeit misslingen, z. B. wenn die Wahrscheinlichkeit, auch ohne das Medikament zu gesunden, sehr hoch ist. Auf der anderen Seite kann eine IS-Erklärung mit niedriger Wahrscheinlichkeit gelingen, solange z. B. mehr Menschen mit dem Medikament gesunden als ohne. Dieses Problem versuchte Wesley Salmon in »Statistical Explanation« (1971) mit dem **Statistischen-Relevanz-Modell** zu lösen, das als eine Weiterentwicklung des IS-Modells angesehen werden kann. Ein weiteres Problem ist jedoch die genaue Ausformulierung der Bedingung der maximalen Spezifität. Schon aus praktischen Gründen kann nicht alles Wissen in die Erklärung einfließen. Eine Beschränkung auf relevantes Wissen, wirft jedoch die Frage nach (formalen) Kriterien der Relevanz auf.

Beachtenswert ist in diesem Kontext, dass die Doktrin des Determinismus, d. h. dass alles im Universum durch allgemeine Gesetze und Initial-

Beispiel
Dies wird z. B. durch das von Wesley Salmon (1971) entworfene Beispiel eines Mannes verdeutlicht, der die Tatsache, (1) dass er nicht schwanger wurde, dadurch erklärt, dass er (2) die Antibabypille seiner Frau nahm, und dass, (3) wer die Antibabypille nimmt, nicht schwanger wird. Obwohl in diesem Beispielszenario alle vier Bedingungen erfüllt sind (die Tatsache (1) folgt deduktiv aus dem Explanans, also (2) und (3), das Explanans enthält eine Gesetzmäßigkeit und kann im Rahmen des Beispiels als wahr und empirisch überprüfbar angenommen werden), kann es sich hierbei nicht um eine wissenschaftliche Erklärung handeln, denn die Einnahme der Antibabypille sowie die damit verbundenen Gesetzmäßigkeiten sind einfach völlig irrelevant bezüglich der Frage, ob dieser Mann schwanger wurde oder nicht. Diesem Problem begegnete Hempel (*Phil. der Naturwiss.*) übrigens mit einer Relevanzforderung.

senschaftlichen Erklärung nicht alle notwendig sind. Zur Verdeutlichung dessen dienen unter anderem Beispiele von **Erklärungen ohne die Zuhilfenahme von Gesetzen** wie das Beispiel eines Tintenflecks auf dem Teppich nahe dem Schreibtisch. Wie kann dieser erklärt werden? Nun, auf dem Rand des Schreibtisches stand ein offenes Tintenfass, der Professor hat sich versehentlich am Schreibtisch gestoßen, das Tintenfass fiel herab, Tinte lief aus und bildete einen Fleck. Ist eine solche Antwort jedoch als (wissenschaftliche) Erklärung zulässig, so ist die Forderung nach einem Bezug auf Gesetzmäßigkeiten überzogen, da die gegebene Erklärung überhaupt keine solchen enthält.

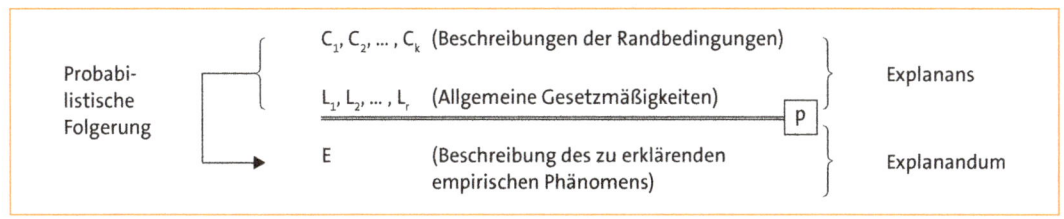

Induktiv-Statistisches Modell

bedingungen vorherbestimmt ist, impliziert, dass jede IS-Erklärung nur eine unvollständige DN-Erklärung ist, die bei Hinzufügung aller relevanten Informationen auf eine deduktive Erklärung reduziert werden könnte. Diese Doktrin wird insbesondere in der Diskussion über Kausalität thematisiert. In dieser und angrenzenden Debatten wurde unter anderem das Erklärungsmodell der kausalen Relevanz entwickelt, das im Folgenden vorgestellt werden soll.

3.2.3 | Kausalität und die Logik von Erklärungen

Im Modell der **kausalen Relevanz** werden als erklärend die Phänomene angesehen, die in einer ursächlichen Beziehung zu dem zu erklärenden Phänomen stehen. Dabei lassen sich insbesondere einige der Probleme des DN- wie auch des IS-Modells relativ direkt lösen. So sind Kausalbeziehungen von Natur her asymmetrisch und zeitlich geordnet; auch die Probleme der überbestimmten Erklärungen und Erklärungen ohne Zuhilfenahme allgemeiner Gesetze lassen sich auf diese Art lösen.

Doch leiden Kausalerklärungen unter einem epistemischen Problem, denn es ist unmöglich, direkt zu erkennen, welche Phänomene kausal interagieren. Die **Kritik am Begriff der Kausalität** mit ihrem zentralen Ursprung in David Humes Werk *A Treatise of Human Nature* (*Ein Traktat über die menschliche Natur*) zieht sich dabei quer durch die Wissenschaftstheorie. Hume weist auf das Problem hin, dass unsere Annahme kausaler Interaktion weder durch Vernunft noch durch Erfahrung gerechtfertigt werden kann. Rein vernunftbegründete Argumente sind unzureichend, da es möglich ist, Ursache und Wirkung getrennt voneinander widerspruchsfrei zu denken. Die Erfahrung reicht aber ebenso nicht hin, da wir zwar bestimmte Eindrücke wie z. B. zeitliche Nähe, Asymmetrie und eine gewohnheitsmäßige Verbindung zwischen verschiedenen Ereignissen wahrnehmen, aber in unserer Erfahrung nichts Weiteres zur Rechtfertigung einer kausalen Verbindung enthalten ist. Jeder Schluss von den genannten Indizien auf das Vorliegen einer Kausalbeziehung kann daher nach Hume nur eine psychologische Gewohnheit bzw. ein induktiver Schluss sein, der daher logisch nicht valide ist. Insofern stellt es einen Vorteil der nichtkausalen Erklärungsmodelle dar, dass sie keinen Bezug auf Kausalbeziehungen nehmen müssen.

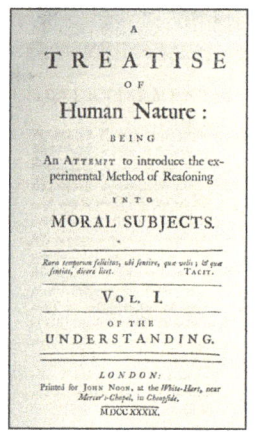

Hume: *Treatise of Human Nature* (1739)

3.3 | Wissenschaftliche Theorien und deren Bestätigung

Bevor die Frage nach dem internen Geltungsanspruch wissenschaftlicher Theorien thematisiert wird, gilt es zunächst zu klären, was eine **wissenschaftliche Theorie** ist. Dem **klassischen syntaktischen Ansatz** zufolge (vertreten z. B. in Carnap 1958) ist eine Theorie eine Menge von Sätzen, die mittels logischer bzw. mathematischer Operatoren nach klaren Regeln verknüpft sind. Sind die in diesen Sätzen vorkommenden Termini wie z. B. ›Kraft‹, ›Zellwand‹ oder ›Bruttosozialprodukt‹ auf Vorkommnisse bzw. Zusammenhänge der Wirklichkeit beziehbar, und ist damit die Wahrheit der Theorie durch Beobachtungen bzw. Messungen überprüfbar, handelt es sich um eine **empirische** Theorie. Die Verknüpfung zwischen Terminus und Beobachtung wird dabei durch sog. Korrespondenzregeln z. B. im Rahmen einer Messtheorie hergestellt.

Dem **semantischen Ansatz** zufolge (vertreten z. B. in van Fraassen 1980) sollte eine Theorie stattdessen unabhängig von ihrer sprachlichen Ausformung betrachtet werden. Charakteristisch für eine Theorie sind daher vielmehr die Modelle, welche die Theorie zulässt. An die Stelle der Korrespondenzregeln treten hier strukturvergleichende Beziehungen wie z. B. die der Isomorphie. Das Modell der Welt, das sich z. B. aus den Newtonschen Axiomen ergibt, wäre demnach korrekt, wenn seine mathematische Struktur **isomorph** zur physikalischen Struktur der Welt ist. Zwei Strukturen sind dabei isomorph, wenn sich ihre jeweiligen Bestandteile und Zusammenhänge umkehrbar eindeutig aufeinander abbilden lassen. Der syntaktische und semantische Ansatz stimmen allerdings darin überein, dass die Bestätigung einer wissenschaftlichen Theorie von der Beobachtung abhängt, und dass eine (wahre) Theorie zur Erklärung von Beobachtungen dienen kann.

Definition

Der → Empirismus ist eine wissenschaftstheoretische Position, die der sinnlichen Erfahrung als Erkenntnisquelle und Erkenntnismethode, so z. B. der Beobachtung im Experiment, entscheidende Bedeutung beimisst. Bedeutende klassische Vertreter sind insbesondere David Hume und John Locke. Diametral entgegengesetzt ist die Position des Rationalismus, der die Vernunft statt der Erfahrung als primäre Erkenntnisquelle ansieht.

Der → Positivismus folgt dem Empirismus in seiner Kritik an der Annahme von Entitäten, deren Existenz nicht durch Sinnesdaten gestützt ist, und stellt diese unter den Vorbehalt der Denkökonomie – d. h. wir sollten nur solche theoretischen Entitäten annehmen bzw. konstruieren, die uns helfen, möglichst einfache aber korrekte Theorien zu formen. Keines dieser Konstrukte (z. B. »Kraft« oder »Vier-dimensionaler Raum«) wird durch die Bestätigung einer solchen Theorie als (z. B. transzendentallogisch) erwiesen angenommen, und kann somit auch wieder unter dem Gesichtspunkt der Denkökonomie aufgegeben werden. Als ein Hauptvertreter des Positivismus gilt Ernst Mach.

3.3.1 | Die Bestätigung wissenschaftlicher Theorien

Eine Vielzahl der Probleme hinsichtlich der Bestätigung wissenschaftlicher Theorien lassen sich gut nachzeichnen, wenn man der klassischen Annahme der Wissenschaftstheorie nachgeht, dass wissenschaftliche Theorien bzw. Verallgemeinerungen sich durch positive Instanzen bestätigen lassen. Demnach lässt sich z. B. Boyles Gasgesetz durch entsprechende Beobachtungen während eines Experiments bestätigen. Eine solche Bestätigung weist dabei nach Hempel eine zur wissenschaftlichen Erklärung analoge Struktur auf, welche sich im hypothetisch-deduktiven Modell (HD-Modell) widerspiegelt.

Unterscheiden lassen sich somit: Erstens die zu testende **Hypothese** bzw. Hypothesen, z. B. die Keplerschen Gesetze. Zweitens die nötigen **Randbedingungen** z. B. die genauen Positionen der Planeten zu bestimmten Zeitpunkten. Aus diesen beiden Elementen folgen nun drittens deduktiv bestimmte beobachtbare Vorhersagen z. B. zukünftiger Planetenpositionen. Ein Eintreten der prognostizierten Phänomene führt dabei zu einer Bestätigung der Hypothese, das Ausbleiben zu einer Widerlegung.

Der Schluss von bestätigenden Beobachtungen auf die Gültigkeit des Gesetzes ist somit ein induktiver Schluss, obwohl die einzelnen hypothetisch-deduktiven Argumente eine deduktive Struktur aufweisen.

Probleme: Eine Schwierigkeit dieser Vorstellung von wissenschaftlicher Bestätigung ist jedoch das Problem der **Unterbestimmtheit der Theorie durch die Beobachtung**. So bestätigt jede endliche Datenmenge eine Vielzahl sich gegenseitig widersprechender Theorien. Eine solche Datenmenge kann daher nicht als abschließendes Kriterium dafür gelten, welche Theorie wahr ist. Erst zusätzliche Daten können weitere der konkurrierenden Theorien widerlegen. Dies gilt jedoch nicht für statistische Gesetzmäßigkeiten, da diese generell nicht falsifizierbar sind. Neue Daten beeinflussen bei diesen höchstens die Wahrscheinlichkeit ihrer Wahrheit.

Weil Beobachtungen aber nicht nur mehrere konkurrierende Theorien, sondern ebenso alle alternativen Formulierungen von Theorien bestätigen, ergibt sich ein weiteres Problem, welches als **Paradoxie der Bestätigung** in die Literatur einging (vgl. Hempel 1945). Eine Paradoxie ist dabei eine

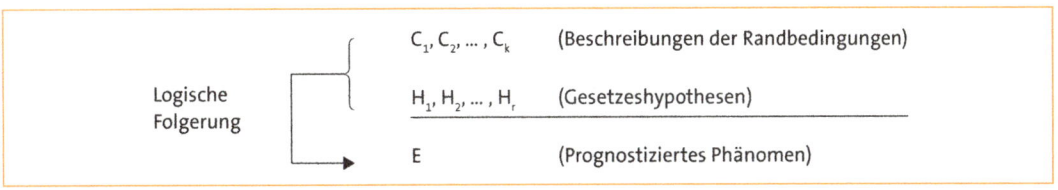

Hypothetisch-Deduktives Modell

wohlbegründete These, also z. B. eine Konsequenz einer gut begründeten Theorie, die unserer Alltagsmeinung grundlegend widerspricht. Betrachten wir folgendes Beispiel:

> **Beispiel: Paradoxie der Bestätigung einer Theorie**
> Eine Theorie wie die, dass alle Raben schwarz sind, wird durch positive Instanzen, also in diesem Fall die Beobachtung schwarzer Raben bestätigt. Eine alternative, d.h. logisch äquivalente, Formulierung dieser Theorie wäre nun, dass alle nicht-schwarzen Dinge keine Raben sind. Wiederum wird diese Theorie durch positive Instanzen bestätigt, also die Beobachtung nicht-schwarzer Dinge, welche sich als keine Raben herausstellen, also z. B. eines grünen Bleistifts. Da es sich nur um verschiedene Formulierungen einer Theorie handelt, stellt eine Bestätigung für eine der Formulierungen der Theorie auch eine Bestätigung aller anderen logisch äquivalenten Formulierungen dar. Dann ergibt sich jedoch das Paradox, dass die Beobachtung eines grünen Bleistifts auch als Bestätigung für die Theorie, dass alle Raben schwarz sind, angesehen werden müsste; man könnte also Vogelkunde betreiben, indem man Bleistifte im Zimmer beobachtet und nicht Vögel in der Natur.

Auf dieses paradoxe Ergebnis wurde verschiedentlich reagiert. Während Hempel selbst davon ausgeht, dass die Theorie wirklich durch die Beobachtungen in meinem Zimmer bestätigt wird, und wir lediglich einer psychologischen Fehleinschätzung unterliegen, wenn wir dies als kontraintuitiv empfinden, versucht z. B. John Leslie Mackie (1963) die Paradoxie dadurch zu erklären, dass zwar in beiden Fällen die Theorie bestätigt wurde, dass sich der Bestätigungsgrad bei beiden Beobachtungen jedoch stark unterscheide, da es sehr viel mehr nicht-schwarze Gegenstände als Raben gibt. Willard Van Orman Quine (1969) schlägt vor, dass die Paradoxie vermieden werden kann, wenn wir fordern, dass wissenschaftliche Theorien nur auf Objekte referieren, die zu natürlichen Arten gehören. Da »Nicht-Raben« oder »nicht-schwarze Dinge« keine natürlichen Arten sind, wären Theorien, die auf solche referieren, demnach von vornherein von der Bestätigung auszuschließen. Unproblematisch ist die Paradoxie der Bestätigung für den Falsifikationismus Karl Poppers, der die Forderung nach einer Bestätigung von Theorien gänzlich verwirft (s. 3.3.3).

Ein weiterer Vorwurf gegen die diskutierte Bestätigungsthese ist, dass sie die **Theorieabhängigkeit der Beobachtung** leugnet, und dadurch einen Begründungszirkel riskiert. Abhängig von Theorien sind dabei insbesondere die Selektion der relevanten Beobachtungen und die sog. Messtheorie zur Verknüpfung der Ergebnisse bestimmter Messgeräte mit der zu messenden Größe. Ob die Abhängigkeit der Beobachtung von kognitionspsychologischen Deutungsprozessen, die z. B. zu Wahrnehmungstäuschungen führen können, als Abhängigkeit von Theorien bezeichnet werden kann, ist dagegen umstritten (vgl. Fodor 1984). Ein genuiner Begründungszirkel ergibt sich im Einzelfall aber nur dann, wenn die für die Beobachtung nötigen Hintergrundtheorien eine Widerlegung der zu testenden Theorie ausschließen.

3.3.2 | Goodmans neues Rätsel der Induktion

Ein weiteres Problem in diesem Kontext zeigt sich mit Nelson Goodmans »new riddle of induction« (neues Rätsel der Induktion), das er 1954 in *Fact, Fiction, and Forecast* (*Tatsache, Fiktion, Voraussage*, 1988) formuliert hat. Dieses weist zwei skeptische Konsequenzen auf. Erstens, und hier wird die Parallele zu Humes Rätsel der Induktion deutlich, können wir nicht wissen, ob die Dinge sich auch in Zukunft noch so verhalten wie bisher, und zweitens können wir nicht wissen, was die basalen (bzw. natürlichen) und was die komplexen (bzw. daraus künstlich erzeugten) Begriffe oder Prädikate sind. Insbesondere dieser zweite Punkt lässt sich auch auf Quines Reaktion auf die Paradoxie der Bestätigung beziehen. – Hier (auf S. 173 oben) ein an Goodman angelehntes Beispiel um seine Argumentation zu verdeutlichen.

Dieses Beispiel zeigt, dass die Komplexität eines Prädikats und damit auch seine Referenz zu einem bestimmten Zeitpunkt also einfach davon abhängt, mit welchem der beiden Prädikate wir beginnen. Der einzige Unterschied, so Goodman, der uns berechtigt, grau und rot als Farbprädikate zu bevorzugen, ist der, dass sie schon länger bzw. tiefer in unserer Wissenschaftspraxis verankert sind.

Beispiel

Nehmen wir zwei Farbprädikate ›grau‹ und ›grot‹ an, wobei ein Ding genau dann ›grot‹ ist, wenn es vor dem Jahr 2015 grau und danach rot ist.

Betrachtet man nun die Frage, welche der beiden Farbprädikate auf z. B. Graphit zutrifft, ist festzustellen, dass unsere Daten, die alle vor 2015 erhoben wurden, beide Theorien bestäti-

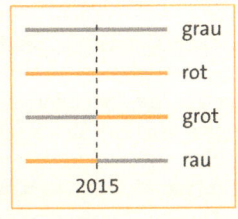

gen, sowohl die, dass Graphit ›grau‹, als auch dass es ›grot‹ ist. Aber beide Prädikate sind inkompatibel, kein Ding kann ›grau‹ und ›grot‹ sein, da es dann ab 2015 grau und rot zugleich sein müsste.

Sicher liegt hier der Einwand nahe, dass dies kein Problem darstelle, da ›grau‹ ein einfaches, ›grot‹ dagegen ein komplexes Prädikat sei, und daher (mit Quine) nur das Erstere zu verwenden sei. Doch ist ›grau‹ wirklich ein einfaches Prädikat? Nehmen wir ein weiteres Prädikat namens ›rau‹ an, wobei etwas genau dann ›rau‹ ist, wenn es bis 2015 rot und ab dann grau ist. Jetzt lässt sich dafür argumentieren, dass nicht ›grau‹ sondern ›grot‹ das einfachere Prädikat ist, denn ›grau‹ ist in diesem Fall etwas genau dann, wenn es bis 2015 ›grot‹ und ab 2015 ›rau‹ ist.

3.3.3 | Falsifikationismus

Eine Möglichkeit, die aufgezeigten Probleme der Bestätigung zu umgehen, bietet Karl Poppers **Falsifikationismus** oder auch **Kritischer Rationalismus** (s. 3.4.1), den er grundlegend in *Logik der Forschung* (1935) entfaltet hat. Ihm zufolge ist eine Bestätigung von Theorien letztlich unerreichbar. Jedoch ermöglicht die deduktive Struktur z. B. des HD-Modells eine **Widerlegung** durch eine einzige der Vorhersage widersprechende Beobachtung. Deshalb versucht Popper, die Probleme induktiver Schlüsse zu umgehen, indem er auf deduktiven Argumentformen besteht. Hinzuweisen ist jedoch darauf, dass es keinen notwendigen Zusammenhang zwischen Verifikation bzw. Bestätigung mit induktiven Schlüssen auf der einen und Falsifikation bzw. Widerlegung und deduktiven Schlüssen auf der anderen Seite gibt. So lässt sich zwar die These, dass alle Raben schwarz sind, induktiv bestätigen und deduktiv widerlegen, doch gilt zum Beispiel für die These, dass mindestens ein schwarzer Schwan existiert, genau das Gegenteil, sie lässt sich nur induktiv, z. B. durch die Beobachtung weißer Schwäne, falsifizieren, kann jedoch durch die Beobachtung eines einzigen schwarzen Schwans deduktiv verifiziert werden. Existenzbehauptungen, Popper nennt sie Basissätze, bewahren somit ihr positivistisches Moment.

Auch die **Rolle von Experimenten** ändert sich im Zuge des Falsifikationismus: Experimente dienen nicht mehr der Untermauerung von Theorien, sondern deren Widerlegung. Damit versucht Popper insbesondere, auch das Problem der Theorieabhängigkeit der Beobachtung zu umgehen.

Der Kritische Rationalismus differenziert zwischen dem **Entdeckungszusammenhang** einer Hypothese und dem **Rechtfertigungszusammenhang**. Es spiele nach Popper unter wissenschaftstheoretischen Gesichtspunkten keine Rolle, wie Wissenschaftler zu Hypothesen kommen, sondern nur, ob sich diese Hypothesen bestätigen oder falsifizieren lassen.

Demarkationsproblem: Ein weiteres zentrales Problem der Wissenschaftstheorie ist nach Popper das Demarkationsproblem, das sich auf die Frage nach einem Abgrenzungskriterium zwischen wissenschaftlichen und nicht-wissenschaftlichen Sätzen bezieht. Popper unterteilt Theorien in zwei Gruppen: Die erste Gruppe bilden jene Theorien, die prinzipiell nicht falsifizierbar sind, die zweite jene, die noch falsifiziert werden könnten bzw. bereits wurden. Nur der zweiten Gruppe erkennt Popper dabei den Status der Wissenschaftlichkeit zu, während die erste als »Metaphysik« bzw. Pseudo-Wissenschaft davon abgegrenzt wird. Insofern stellt die Widerlegbarkeit einer Theorie das zentrale Kriterium ihrer Wissenschaftlichkeit dar. Probleme ergibt dieser Ansatz jedoch bezüglich der Einordnung von Theorien bzw. Gesetzen von statistischem Gehalt, z. B. zum Verhalten von Photonen am Doppelspalt, und Existenzbehauptungen, wie z. B. der Existenz eines elektrisch neutralen Bestandteils des Atomkerns. Beide Gruppen von Hypothesen lassen sich nicht deduktiv falsifizieren, obwohl ihre Wissenschaftlichkeit auf der Hand zu liegen scheint.

Auch das Problem der Unterbestimmtheit lässt sich durch Poppers Strategie nicht abschließend lösen, da auch eine falsifizierende Beobachtung dem sog. **Holismus der Bestätigung** unterworfen ist, und keinen Anhaltspunkt liefert, welche Prämissen im Einzelnen fehlerhaft sind.

3.3.4 | Die Duhem-Quine These und der Holismus der Bestätigung

Nach Pierre Duhem, Otto Neurath und Willard Van Orman Quine (vgl. Duhem: *Ziel und Struktur*; Neurath 1914/15 und Quine: *Zwei Dogmen*) greifen beide Ansätze, also sowohl der Versuch der Bestätigung als auch der Falsifikation einzelner Gesetzeshypothesen, zu kurz. Was auf dem Prüfstand der Erfahrung steht, ist stattdessen die gesamte Theorie inklusive aller Randbedingungen und Hilfshypothesen. Auf eine Falsifizierung der Theorie kann daher, so Quine, auch mit einer Modifikation an beliebiger Stelle, z. B. der Randbedingungen, reagiert werden, solange dies die gesamte Theorie wieder in Einklang mit der Beobachtung bringt. Bereits Duhem hatte darauf hingewiesen, dass es kein **Entscheidungsexperiment** (lat. *experimentum crucis*) für eine Theorie geben kann, das endgültig zur Aufgabe ganz bestimmter Theoriebestandteile zwingen würde. Diese beiden Aspekte zusammengenommen weisen wiederum auf das Problem der **Unterbestimmtheit der Theorie durch die Beobachtung** hin und wurden insbesondere von Quine auch dahingehend gedeutet. Während Duhem diesen Holismus noch auf die Physik beschränkt sah, verallgemeinerte Quine diese These auf alle menschliche Erkenntnis.

3.3.5 | Konventionalismus

Dem **Konventionalismus** zufolge, der insbesondere von Henri Poincaré (1904) vertreten wurde, müssen bestimmte Bestandteile einer Theorie als Konvention, d. h. als Übereinkunft der Beteiligten, verstanden werden. Diese Axiome, z. B. der euklidischen Geometrie, sind weder der experimentellen Bestätigung oder Widerlegung ausgesetzt noch – hier wendet sich Poincaré insbesondere gegen Vertreter der kantianischen Tradition – genießen sie den Status synthetischer Urteile a priori und lassen sich insbesondere nicht transzendental beweisen. Letzteres ist der Fall, weil sich alternative bzw. diesen widersprechende Axiome entwickeln lassen, auf deren Basis dieselben Thesen, Folgerungen und Beziehungen, in möglicherweise anderer Formalisierung, ausdrückbar sind. Ein Unterschied zwischen diesen verschiedenen Axiomatisierungen besteht demnach nur bezüglich der Einfachheit, in der sich bestimmte Anwendungen formulieren lassen.

Dem Konventionalismus ebenfalls zugeordnet werden Thesen wie die Ernst Machs (*Erkenntnis und Irrtum*, 1905), dass wissenschaftliche Theorien eigens vom Menschen geschaffene Gebilde sind, die einzig ihrer Nützlichkeit und Denkökonomie nicht aber ihrer Beziehung zur Welt, d. h. ihrer Wahrheit nach, bewertet werden können.

3.4 | Wissenschaftsentwicklung und die Veränderung von wissenschaftlichen Theorien

Forschungsgegenstände und -methoden verändern sich ebenso wie Theorien und Ansichten darüber, was überhaupt als Theorie und Erklärung angesehen wird. Möchte man diese Dynamik der Wissenschaften im Sinne eines Fortschrittsprozesses verstehen – eine Charakterisierung, die durchaus kontrovers diskutiert wird –, so schließen sich zwei Fragen an: (1) Was ist Fortschritt? und (2) Wie schreitet die Wissenschaft fort? Während die erste Frage nach Kriterien eines wissenschaftlichen Fortschritts sucht, fragt die zweite nach Entwicklungsmustern, welche die Dynamik wissenschaftlicher Theoriebildung adäquat zu beschreiben erlauben.

Kriterien des Wissenschaftsfortschritts lassen sich in intern oder extern und quantitativ oder qualitativ einteilen (vgl. Poser 2001, S. 138 ff.):

- **Extern-quantitative Kriterien** sind beispielsweise die Zunahme der Forschungstätigkeiten, wie die Häufigkeit des Experimentierens oder die Publikationstätigkeit. Allerdings sagt dies nichts über einen qualitativen Fortschritt aus.
- Ein **extern-qualitatives Kriterium** wäre beispielsweise die Nützlichkeit wissenschaftlicher Erkenntnisse für das Leben der Menschen. Extern sind diese Kriterien deshalb, weil sie sich nicht auf das epistemische Interesse der Wissenschaft beziehen, sondern auf einen an die Wissenschaften aus anderen Bereichen wie Politik oder Ökonomie herangetragenen Maßstab.
- Ein **intern-quantitatives Kriterium**, das sich rein auf den epistemischen Gehalt der Wissenschaften bezieht, wäre beispielsweise die Vermehrung von Wissen.

- Ein **intern-qualitatives Kriterium** wäre etwa die Bedeutsamkeit des Wissens, das erlangt wurde, oder auch die Veränderung von Sichtweisen.

Eine Schwierigkeit in der Bestimmung möglichen Fortschritts zeigt sich beispielsweise daran, dass es sich bei dem intern-quantitativen und dem intern-qualitativen Kriterium nicht bloß um einander ergänzende Aspekte handeln muss: So ist es möglich, dass durch die Änderung einer Sichtweise plötzlich das ganze bisherige Wissen in Bezug auf seine Erklärungsrelevanz des Forschungsgegenstandes in Frage gestellt sein kann. Die Frage nach einem Kriterium des Fortschritts ist gekoppelt an die Art und Weise, wie dieses Fortschreiten selbst gedacht wird. Die Frage nach der Art und Weise wissenschaftlichen Fortschritts wird viel und kontrovers diskutiert. Im Folgenden werden nur einige klassische Autoren behandelt, die die Diskussion wesentlich vorgeprägt haben (grundlegend vgl. Stegmüller 1979 und 1980).

3.4.1 | Logischer Positivismus und Kritischer Rationalismus

In der Frühphase des **Logischen Positivismus** (auch: **Logischer Empirismus**; s. Kap. I.7) gilt Fortschritt auf der Grundlage eines **Induktivismus** im Wesentlichen als Wachsen von Wissen durch Vermehrung und Verallgemeinerung von Aussagen über Tatsachen. Das **empiristische Sinnkriterium**, das eine Aussage als empirisch sinnvoll erweisen soll, wird in der Verifizierbarkeit der Aussage gesehen.

Kritische Rationalisten wie Karl Popper und Hans Albert haben daher Vertretern des Logischen Positivismus vorgehalten, dass sie mit ihrer Vorstellung des quantitativen Wissensfortschritts nicht in einem ausreichenden Sinn der Tatsache Rechnung tragen, dass Fortschritt nicht in bloßer Wissensvermehrung besteht, sondern vor allem in der Korrektur von Sichtweisen und Theorien. Die Entwicklung von Theorien ist aus Sicht des Kritischen Rationalismus wesentlich ein kreativer Akt. Da für Theorien aber weder eine Verifikation noch eine abschließende Falsifikation gelingen kann, muss der Anspruch auf Gewissheit aufgegeben werden. Der Prozess von Versuch und Irrtum schaffe nur eine stetige Annäherung an die Wahrheit (**Approximationstheorie der Wahrheit**), ohne diese jedoch jemals erreichen zu können. Auch wenn es für Popper dementsprechend keine Garantie für »Fortschritte zu besseren Theorien gibt« (Popper: *Objektive Erkenntnis*, S. 29), so lasse sich doch formulieren, was als Fortschritt gedacht werden soll: Nach Popper ist eine Theorie fortschrittlich, »wenn unsere Diskussion zeigt, daß sie für das zu lösende Problem wirklich einen Unterschied macht, das heißt, wenn die neu auftauchenden Probleme von den alten verschieden sind« (ebd., S. 316). Wissenschaftstheoretiker wie Popper, die die Möglichkeit eines im Wesentlichen kontinuierlichen Wissenschaftsfortschritts betonen, sehen sich insbesondere durch wissenschaftshistorische Studien herausgefordert. Die normative Beschreibung der Wissenschaftstheoretiker, die sagen, wie Wissenschaft ablaufen soll, deckt sich vielfach nicht mit der Beschreibung der Abläufe wissenschaftlicher Entwicklungen durch Wissenschaftshistoriker.

3.4.2 | Wissenschaftlicher Fortschritt als Paradigmenwechsel: Thomas S. Kuhn

Einen grundlegenden Schritt in diese Richtung einer deskriptiven, durch die historischen Entwicklungen abgesicherten Theorie des Wissenschaftsfortschritts hat Thomas S. Kuhn 1962 in seinem Werk *The Structure of Scientific Revolutions* (*Die Struktur wissenschaftlicher Revolutionen*, 1967) gemacht. Er schlägt eine Unterteilung der wissenschaftlichen Praxis in verschiedene Phasen vor:
- Vorparadigma-Periode,
- Praxis der normalen Wissenschaft,
- Auftauchen von Anomalien und Entstehung von Krisen,
- Revolution,
- Ausbildung eines neuen Paradigmas.

Zwei Strömungen

Der → Logische Positivismus, dessen Entwicklung zu großen Teilen mit dem Wiener Kreis (u. a. Moritz Schlick, Rudolf Carnap) verbunden ist, betont eine antimetaphysische Haltung, die die Wissenschaftlichkeit der Philosophie durch eine empiristische Ausrichtung und logische Analyse der Sprache zu sichern bzw. zu erreichen sucht.

Der → Kritische Rationalismus geht auf Karl Popper zurück. Infolge einer Kritik am Induktions- und Verifikationsprinzip wird die Aufstellung und Falsifikation von Hypothesen als Mittelpunkt der wissenschaftlichen Praxis gefordert.

3.4 Wissenschaftstheorie

Wissenschaftsentwicklung und die Veränderung von wissenschaftlichen Theorien

> **Definition**
>
> Unter einem → **Paradigma** ist bei Thomas S. Kuhn ein einheitlicher Standard wissenschaftlicher Forschung zu verstehen, der insbesondere stillschweigende Übereinstimmungen in den Forschungsgegenständen, Hintergrundannahmen, Methoden, Regeln und Normen mit einschließt.

In der **vorparadigmatischen Phase** konkurrieren verschiedene Deutungen und Beschreibungen von Sachverhalten miteinander. Erst allmählich bildet sich ein Paradigma mit einheitlichen Standards zur Beschreibung und Erklärung heraus. Die Normalwissenschaft ist gekennzeichnet durch Forschungstätigkeiten innerhalb eines Paradigmas. Können bestimmte Phänomene in zunehmendem Maße nicht mehr innerhalb des herrschenden Paradigmas beschrieben und erklärt werden, d. h. tauchen vermehrt Anomalien und Widersprüche auf, so kommt es zu einer Krise. Eine wissenschaftliche Revolution leitet einen **Paradigmenwechsel** ein. Kuhn betont, dass während dieser Phase verschiedene Paradigmen miteinander konkurrieren, die **inkommensurabel** sind. Der Streit zwischen Paradigmen wird nach Kuhn nicht nur durch Beweise entschieden, sondern es spielen vielmehr soziologische, psychologische und ästhetische Gründe eine Rolle bei der Übernahme eines Paradigmas:

»Derjenige, der ein neues Paradigma in einem frühen Stadium annimmt, muß das oft entgegen den durch Problemlösungen gelieferten Beweisen tun. Das heißt, er muß den Glauben haben, daß das neue Paradigma mit den vielen großen Problemen, mit denen es konfrontiert ist, fertig werden kann, wobei er nur weiß, daß das alte Paradigma bei einigen versagt hat. Eine Entscheidung dieser Art kann nur aufgrund eines Glaubens getroffen werden« (Kuhn: Struktur, S. 168).

Setzt sich schließlich infolge einer wachsenden Anzahl von Befürwortern ein neues Paradigma durch, beginnt eine neue **Phase der Normalwissenschaft**.

Kuhns Überlegungen sind insbesondere dort auf Widerstand gestoßen, wo er die soziologischen, psychologischen und ästhetischen Gründe der Entscheidung für ein Paradigma betont. Kritiker sehen darin – mit einem von Wolfgang Stegmüller exponierten, aber später von ihm als unangemessen angesehenen Begriff (vgl. u. a. Stegmüller 1979, S. 163) formuliert – eine »Rationalitätslücke« der Wissenschaft und die Konsequenz eines relativistischen Szenarios der wissenschaftlichen Tätigkeit, da an die Stelle des Übergangs nicht rationale Argumente, sondern eher subjektive Gründe treten.

> **Zur Vertiefung**
>
> **Die Methodologie der Forschungsprogramme: Imre Lakatos**
>
> Einen viel diskutierten Versuch, diese beiden von Popper und Kuhn vorgebrachten Modelle zu versöhnen, hat Imre Lakatos 1978 in seinem Werk *The Methodology of Scientific Research Programmes* (*Die Methodologie der wissenschaftlichen Forschungsprogramme*, 1982) mit der Methodologie der **Forschungsprogramme** vorgelegt. Ein Forschungsprogramm lässt sich differenzieren in einen harten Kern und einen Schutzgürtel aus Hilfshypothesen, die den harten Kern verteidigen. Eine kritische Überprüfung richtet sich nicht gegen den harten Kern, sondern gegen die Hilfshypothesen. Lakatos spricht im Rahmen dieses **raffinierten Falsifikationismus**, den er von einem **dogmatischen** und einem **methodologischen Falsifikationismus** absetzt, ausdrücklich nicht von isolierten Theorien, sondern von Theorienreihen, wobei jedes neue Glied durch Hinzufügen von Hilfsklauseln entsteht. Diese Hilfsklauseln passen die Theorien an Anomalien an, was zu einer Problemverschiebung führt. Durch die Unterscheidung zwischen einem harten Kern und einem Schutzgürtel von Hypothesen verbindet Lakatos Teile des Kuhnschen Paradigmenbegriffs mit Elementen des Falsifikationismus Poppers, so dass der Wandel der Wissenschaft auch durch Kontinuität geprägt ist. Lakatos hält Kuhn somit vor, dass er im Rahmen der Normalwissenschaft nur von einem Paradigma ausgeht. In Wirklichkeit gebe es aber immer eine Vielzahl konkurrierender Forschungsansätze, die durchaus hinsichtlich ihrer Reichweite und ihres Problemlösungspotentials vergleichbar sind. Der Wechsel von einem Forschungsansatz zu einem anderen sei dann alles andere als »irrational«, sondern angesichts besserer Leistungen durchaus rational. Die Kontroverse entscheidet sich hier also am Begriff der Inkommensurabilität, den Lakatos gegenüber Kuhn abzumildern versucht.

3.4.3 | Methodenanarchismus: Paul Feyerabend

Die Differenz zwischen der wissenschaftstheoretischen Metaebene der Rekonstruktion von Wissenschaft und der tatsächlichen Wissenschaftspraxis nutzt Paul Feyerabend, um seine an Kuhn angelehnte »anarchistische« Erkenntnislehre vorzutragen, die er unter anderem 1975 in seinem provokativen Werk *Against Method. Outline of an Anarchistic Theory of Knowledge* (*Wider den Methodenzwang. Skizze einer anarchistischen Erkenntnistheorie*, 1976) entfaltet. Feyerabend zufolge behindert jedes methodologische Modell den Wissenschaftsfortschritt. Kriterien des Fortschritts entstünden vielmehr in der konkreten Forschung. Für Feyerabend haben sich Wissenschaftstheoretiker aus der Methodologie herauszuhalten, denn es entscheidet sich in der konkreten wissenschaftlichen Tätigkeit, wie und was zu tun ist. Ihm zufolge beschreibt der Ausdruck »**anything goes**« am ehesten die komplexen historischen Entwicklungen:

»Wer sich dem reichen, von der Geschichte gelieferten Material zuwendet und es nicht darauf abgesehen hat, es zu verdünnen, um seine niedrigen Instinkte zu befriedigen, nämlich die Sucht nach geistiger Sicherheit in Form von Klarheit, Präzision, »Objektivität«, »Wahrheit«, der wird einsehen, daß es nur einen Grundsatz gibt, der sich unter allen Umständen und in allen Stadien der menschlichen Entwicklung vertreten läßt. Es ist der Grundsatz: Anything goes (Mach, was du willst)« (Feyerabend: *Methodenzwang*, S. 45).

Dabei ist »anything goes« nicht als ein neues Prinzip oder eine neue Methodologie zu verstehen, sondern als das Bild, das sich aus den historischen Analysen ergibt.

3.4.4 | Realismus und Anti-Realismus der Wissenschaftsentwicklung

Blickt man auf diese verschiedenen Positionen, so lässt sich in Bezug auf die Frage nach dem Wissenschaftsfortschritt zwischen Realisten und Anti-Realisten differenzieren. Während die Realisten den wissenschaftlichen Fortschritt als präzise und wachsende Vermehrung von Wissen über die tatsächlich vorhandene objektive Welt verstehen, ist für die Anti-Realisten der wissenschaftliche Fortschritt gebunden an soziale Konstruktionen, die auf den Konventionen der beteiligten Wissenschaftler aufbauen. Eine gewisse Mittelstellung nehmen die Kritischen Rationalisten ein, die zwar das kreative Moment im Rahmen des Entdeckungszusammenhangs betonen und in gewissem Sinn auch über die Theoriebeladenheit von Beobachtung konstruktivistisch erweitern, aber doch an einem Konvergenzmodell als Annäherung an die objektive Realität und an der Approximationstheorie der Wahrheit festhalten.

Wissenschaft als soziale Konstruktion oder als Beschreibung der objektiven Welt?

3.5 | Die Wissenschaften im sozialen und lebensweltlichen Kontext

3.5.1 | Wissenschaft und Werturteile

Zu den grundlegenden Kontroversen, die die Stellung von Wissenschaft in der menschlichen Gesellschaft betreffen, gehört die Frage nach dem Verhältnis von wissenschaftlichen und moralischen bzw. Werturteilen. Seit Max Weber zu Beginn des 20. Jh.s im Zuge des sog. »Werturteilsstreits« auf der Forderung insistierte, wissenschaftliche Aussagen im eigentlichen Sinne (z. B.: »Das Bruttosozialprodukt Deutschlands ist im Jahr x gestiegen«) sollten streng von Werturteilen (z. B. »Es ist gut, dass das Bruttosozialprodukt Deutschlands im Jahr x gestiegen ist«) unterschieden werden (Weber: *Wissenschaftslehre*), ist dieses Problem immer wieder Gegenstand wissenschaftstheoretischer Auseinandersetzungen gewesen, so etwa in dem zwischen Karl Popper und Theodor W. Adorno bzw. Hans Albert und Jürgen Habermas ausgetragenen »Positivismusstreit« (Adorno: *Positivismusstreit*). Als systematischer Hintergrund der Forderung nach wissenschaftlicher Werturteilsfreiheit kann die bereits von David Hume in seinem Werk *A Treatise of Human Nature* (*Ein Traktat über die menschliche Natur*, 1790–1792) postulierte Dichotomie von Sein und Sollen angesehen werden, der zufolge die Beschreibung bestehender Tatsachen (dessen, was ist) kategorial von der evaluativen bzw. moralischen Bewertung (dessen, was sein soll) verschieden ist. Der Versuch einer Ableitung eines normativen aus einem deskriptiven Satz stellt demnach einen »**naturalistischen Fehlschluss**« dar.

»Eine empirische Wissenschaft vermag niemanden zu lehren, was er *soll*, sondern nur, was er *kann* und – unter Umständen – was er *will*.« (Weber: *Wissenschaftslehre*)

Die Wissenschaften im sozialen und lebensweltlichen Kontext

Die Werturteilsfreiheit der Wissenschaft einzufordern, heißt nicht, dass man verlangen muss, Wissenschaft dürfe generell überhaupt nichts mit Werten zu tun haben. So kann auch ein Verteidiger der Werturteilsfreiheit durchaus anerkennen, dass Werte (im Sinne von gesellschaftlich geteilten Werteinstellungen) **Gegenstand** wissenschaftlicher (z. B. soziologischer) Forschung sein können. Ebenso kann er ohne weiteres zugestehen, dass Wissenschaft als solche **wertvoll** sein kann beispielsweise in dem Sinne, dass ihre Ergebnisse von gesellschaftlichem Nutzen sind. Zudem kann die Auswahl von Forschungsthemen durch den Wissenschaftler wertgeleitet sein, also die Entscheidung für das eine oder das andere Thema, das zu untersuchen als relevant erachtet wird. Das eigentliche Problem der Werturteilsfreiheit betrifft demgegenüber den Erkenntnisprozess selbst; dieser soll, so die Forderung, unbeeinflusst von bewertender Stellungnahme sein.

Mit der Forderung nach Werturteilsfreiheit versuchen ihre Verteidiger, die Objektivität wissenschaftlicher Erkenntnis sicherzustellen. Die Wissenschaft soll sich ihren Gegenständen demnach möglichst unvoreingenommen und neutral nähern, um sie möglichst wahrheitsgetreu beschreiben und erklären zu können. Kritiker dieser Auffassung stellen allerdings in Frage, ob ein solcher neutraler Standpunkt überhaupt erreichbar ist; sie befürchten, dass seine Einforderung die Gefahr birgt, weniger offensichtlichen moralischen oder politischen Indienstnahmen gegenüber blind zu sein. Ferner verweisen sie auf eine kaum oder gar nicht aufzulösende Verflechtung beschreibender und bewertender Funktionen in unserer Sprache. Es existieren beispielsweise zahlreiche Ausdrücke (z. B. ›grausam‹ oder ›mutig‹), die offenbar etwas beschreiben und zugleich bewerten (sog. »dicke evaluative Prädikate«).

Zu fragen wäre überdies, ob nicht Wissenschaft unvermeidlich gewisse Werte immer schon voraussetzen muss, z. B. Wahrheit, Einfachheit und Kohärenz. Diese Frage führt zu der weiteren Unterscheidung zwischen **epistemischen und nicht-epistemischen Werten**. Bei denjenigen Werten, die für die Wissenschaft notwendig und richtungsweisend sind, handelt es sich demnach um epistemische Werte, während die ursprüngliche Forderung präzisiert werden müsste im Sinne einer Freiheit wissenschaftlicher Erkenntnis von nicht-epistemischen (also moralischen oder ästhetischen) Werten (vgl. Machamer/Wolters 2004; Kincaid 2007).

3.5.2 | Wissenschaft im lebensweltlichen Kontext

Die moderne Welt ist maßgeblich durch Wissenschaft geprägt. Die durch die moderne Wissenschaft erlangten Erkenntnisse haben Einzug in den Alltag erhalten und gestalten unseren Umgang miteinander und mit unserer Umwelt. Dabei zeigt sich, dass diese Erkenntnisse nicht nur positive Auswirkungen haben, sondern ein beträchtliches zerstörerisches Potential besitzen – man denke nur an die Umweltzerstörung, die Isolierung und Entfremdung des Menschen vor und an der Maschine, an das gewaltige Vernichtungspotential der Kriegsgeräte. In Bezug auf diese Entwicklungen lässt sich die Frage nach einer kritischen Beurteilung wissenschaftlicher Erkenntnis formulieren, die die **Ambivalenz wissenschaftlicher Erkenntnis** in den Blick nimmt. Diese kritische Untersuchung unternimmt gegenüber der wissenschaftsinternen Beurteilung von Forschungsergebnissen, Theorien und Modellen eine **externe Kritik**, die vor allem nach den Auswirkungen wissenschaftlichen Denkens auf die Stellung und Entwicklung des Menschen in der Welt und den Umgang des Menschen mit seiner Umwelt fragt (vgl. z. B. Arendt 2000). Diese externe Kritik ist dabei eng mit Überlegungen und Erkenntnissen wissenschaftstheoretischer Arbeit verflochten, denn nur dann, wenn man weiß, was Wissenschaft ist, wie sie vorgeht und ob sie begründungstheoretische Defizite aufweist, lässt sich sinnvoll auf Wissenschaft reagieren.

Dass die kritische Reaktion auf Wissenschaft wesentlich aus der Offenbarung des zerstörerischen Potentials von Wissenschaft hervorgegangen ist, zieht ein Problem nach sich: Zwischen der Wissenschaft und der Zerstörung selbst steht die **technische Anwendung** der wissenschaftlichen Erkenntnisse. Wäre die Kritik also nicht eigentlich gegen die technische Anwendung zu richten anstatt gegen die Wissenschaft als solche? Doch lässt sich umgekehrt die Wissenschaft noch scharf von der Technik unterscheiden? Sind beide Bereiche nicht längst untrennbar miteinander verwachsen? Wissenschaftskritiker verweisen auf die Probleme, die sich aus der tragenden Rolle des wissenschaftlich-technischen Denkens in der Welt ergeben. Ihnen zufolge resultiert aus dieser Rolle eine verkürzte Haltung des Menschen zur Welt, wobei sie darauf hinweisen, dass dem Menschen die Fähigkeit, sich in der Welt zu verstehen immer mehr abhanden kommt. Der Ambivalenz wissenschaftlichen Wissens lässt sich nicht unter Hinweis auf seine Anwendung ausweichen, wenn sich herausstellen sollte, dass das zerstörerische Potential dieses Wissens wesentlich in der Art und Weise wurzelt, mit der in der Wissenschaft die Dinge in der Welt zu Objekten und damit prinzipiell zu begreif- und beherrschbaren Gegenständen reduziert werden. Die Bedeutung des einzelnen Menschen und seine existentielle Verwobenheit mit der Welt wird im wissenschaftlichen Denken zugunsten einer möglichst distanzierten Beobachterrolle eines Subjekts, das als solches möglichst nichts Subjektives mehr an sich hat, unbeachtet gelassen.

Mit ihrer stärker werdenden Bedeutung im Alltag ist die weitreichende Anerkennung der **Wissenschaft als Autorität** verbunden, der zunehmend das Entscheidungsmonopol über »richtig« und »falsch« zufällt. Eine weitere mögliche Kritik bezieht sich in diesem Rahmen nicht auf die Wissenschaften als solche, sondern zum einen wie bei Hermann Schmitz (2010) auf eine **Verabsolutierung des wissenschaftlichen Weltbildes** und zum anderen wie bei Hans-Georg Gadamer (*Wahrheit und Methode*) auf die **Reduktion einer lediglich auf einen Methodenbegriff gegründeten Erkenntnis**. Dadurch, dass sich das wissenschaftliche Wissen letztendlich zum Paradigma von Erkenntnis überhaupt entwickelt, werden andere Erkenntnisformen marginalisiert, mit denen sich der Mensch aber nach wie vor primär in der Welt zurechtfindet wie beispielsweise das instinktive, stimmungsbasierte, kontemplative oder gestische Verstehen, aber auch das praktisch-pragmatische des *knowing how* (vgl. Gloy 2007).

Die Hervorhebung und Thematisierung anderer Erkenntnisformen gegenüber denen der Wissenschaft wurde in letzter Zeit durch ein interkulturelles Philosophieren ergänzt, das zudem **kulturspezifische Aspekte des Erkennens** betont. Ein weiterer Punkt der Wissenschaftskritik, ist die mit der Aufwertung der wissenschaftlichen Weltsicht verbundene Herabsetzung der phänomenalen Lebenswelt. Da sich jedoch die lebensweltlichen Erfahrungen aus der Perspektive der 1. Person nicht ohne weiteres in die Perspektive der aus der 3. Person formulierten Ansätze wissenschaftlichen Denkens übersetzen lassen und umgekehrt, könnte sich herausstellen, dass dem Menschen durch den Fokus auf die wissenschaftlichen Erkenntnisse zunehmend die begrifflichen Mittel abhanden kommen, sich mit seinen lebensweltlichen Erfahrungen auseinanderzusetzen und sich ihnen zu stellen (vgl. Schmitz 2007, S. 37). Hier beginnt sich eine Aporie abzuzeichnen: Aus Sicht der Lebenswelt gründen die Wissenschaften in ihr und zeugen von einer reduktionistischen Abstraktion, aus Sicht der Wissenschaften gründet die täuschungsbeladene Lebenswelt in der von ihr zu bestimmenden Wirklichkeit.

Literatur

Arendt, Hannah: »Die Eroberung des Weltraums und die Statur des Menschen« [engl. 1968]. In: Dies.: *In der Gegenwart. Übungen im politischen Denken II*. Hg. von Ursula Ludz. München 2000, S. 373–388.
Bartels, Andreas/Stöckler, Manfred (Hg.): *Wissenschaftstheorie. Ein Studienbuch*. Paderborn 2007.
Bromberger, Sylvain: »Why Questions«. In: Robert Colodny (Hg.): *Mind and Cosmos: Essays in Contemporary Science and Philosophy*. Pittsburgh 1966, S. 86–111.
Carnap, Rudolf: »Beobachtungssprache und Theoretische Sprache«. In: *Dialectica* 12 (1958), S. 236–248.
Carrier, Martin: *Wissenschaftstheorie zur Einführung* [2006]. Hamburg 2008.
Chalmers, Alan F.: *Wege der Wissenschaft. Einführung in die Wissenschaftstheorie* [1976]. Berlin/Heidelberg 2007.
Fodor, Jerry: »Observation Reconsidered«. In: *Philosophy of Science* 51 (1984), S. 23–43.
Gloy, Karen: *Von der Weisheit zur Wissenschaft. Eine Genealogie und Typologie der Wissensformen*. München 2007.
Hempel, Carl Gustav: »Studies in Logic and Confirmation«. In: *Mind* 54/213 (1945), S. 1–26.
– /Oppenheim, Paul: »Studies in the Logic of Explanation«. In: *Philosophy of Science* 15/2 (1948), S. 135–175.
Kincaid, Harold (Hg.): *Value-free Science? Ideals and Illusions*. Oxford 2007.
Machamer, Peter/Wolters, Gereon (Hg.): *Science, Values, and Objectivity*. Pittsburgh/Konstanz 2004.
Mackie, John Leslie: »The Paradox of Confirmation«. In: *The British Journal for the Philosophy of Science* 13 (1963), S. 265–277.
Neurath, Otto: »Zur Klassifikation von Hypothesensystemen« [1914/1915]. In: Rudolf Haller/Heiner Rutte (Hg.): *Gesammelte philosophische und methodologische Schriften*. Wien 1981, S. 85–102
Poser, Hans: *Wissenschaftstheorie: Eine philosophische Einführung*. Stuttgart 2001.
Quine, Willard Van Orman: »Natural Kinds«. In: Nicholas Rescher (Hg.): *Essays in Honor of Carl G. Hempel*. Dordrecht 1969, S. 5–23.
Salmon, Wesley: »Statistical Explanation«. In: Ders. (Hg.): *Statistical Explanation and Statistical Relevance*. Pittsburgh 1971, S. 29–87.
Schmitz, Hermann: *Der unerschöpfliche Gegenstand. Grundzüge der Philosophie*. Bonn 2007.

– : *Jenseits des Naturalismus*. Freiburg 2010.
Schurz, Gerhard (Hg.): *Erklären und Verstehen in der Wissenschaft*. München 1990.
– : *Einführung in die Wissenschaftstheorie*. Darmstadt 2008.
Stadler, Friedrich (Hg.): *The Present Situation in the Philosophy of Science*. Dordrecht 2010.

Stegmüller, Wolfgang: *Rationale Rekonstruktion von Wissenschaft und ihrem Wandel*. Stuttgart 1979.
– : *Neue Wege der Wissenschaftsphilosophie*. Berlin 1980.
Van Fraassen, Bas: *The Scientific Image*. Oxford 1980.

Norbert Engemaier, Rico Hauswald und Daniel Schubbe

4 Sprachphilosophie

4.1 Grundfragen
4.2 Bedeutung und Bezugnahme singulärer Terme
4.3 Semantische Theorien
4.4 Pragmatik

4.1 | Grundfragen

Menschliche Sprachen sind komplexe Systeme, deren Studium eine unglaubliche Faszination besitzen kann. Kein Wunder also, dass sich eine ganze Reihe von Wissenschaften und Wissenschaftszweigen mit Sprache beschäftigen. Dazu gehört auch die Sprachphilosophie.

> **Definition**
>
> Die → Sprachphilosophie beschäftigt sich mit der Vielzahl sprachlicher Phänomene und versucht insbesondere den Zusammenhang zwischen diesen, der Realität und dem Bewusstsein zu ergründen. Neben klassischen Theorien zur Bedeutung sprachlicher Ausdrücke finden dabei sowohl formale Analysen als auch pragmatische Ansätze, die vor allem die Analyse des Gebrauchs sprachlicher Ausdrücke in den Vordergrund rücken, Beachtung.

Einordnung im Fächerkanon: Als Disziplin der Theoretischen Philosophie bestehen enge Verknüpfungen zur **Erkenntnis- und Wissenschaftstheorie** auf der einen und zur **Philosophie des Geistes** auf der anderen Seite. Einen weiteren wichtigen Bezugspunkt bildet die **philosophische Logik**, und das nicht nur, weil viele Logiker wie z. B. Gottlob Frege, Bertrand Russell, Rudolf Carnap oder Saul Kripke sich intensiv mit sprachphilosophischen Themen beschäftigten, sondern vor allem wegen den auf diesem Gebiet entwickelten formalen bzw. mathematischen Modellen und Sprachen, die eine präzise und fruchtbare Analyse natürlicher Sprachen überhaupt erst ermöglichten. Ohne profunde Logikkenntnisse ist die moderne sprachphilosophische Diskussion daher kaum noch nachzuvollziehen, geschweige denn angemessen zu beurteilen.

Weitere relevante Disziplinen: Was Fächer außerhalb des philosophischen Kanons betrifft, so gibt es naturgemäß große Überschneidungen mit der allgemeinen **Linguistik**, die im Vergleich zur Sprachphilosophie auch syntaktische Fragen und empirische Sprachforschung stärker berücksichtigt. Nicht zu verwechseln ist die Sprachphilosophie mit der **Semiotik**, die sich mit Zeichen bzw. Zeichensystemen im Allgemeinen beschäftigt und mitunter von der Sprachphilosophie abweichende Klassifikationen und Analyseschemata entwickelt. Zur Semiotik gehörende nicht-sprachlichen Aspekte von Bedeutung, die sich z. B. in der Äußerung widerspiegelt, dass ein Loch im Druckanzug den sicheren Tod bedeutet, werden hier ausgeklammert, auch wenn viele der diskutierten Probleme und Lösungen, wie z. B. das im Folgenden behandelte Problem der Bezugnahme, sich auf die Semiotik verallgemeinern lassen (vgl. Schönrich 1999). – Schließlich lassen sich weitere fruchtbare Überschneidungen mit anderen Fachgebieten ausmachen, bei denen der **Begriff der Bedeutung** eine ebenso zentrale Rolle spielt. Hierzu gehören z. B. die Forschungen zur künstlichen Intelligenz in der Informatik sowie den Kognitions- und Informationswissenschaften.

Grundprobleme: Ein Zugang zur charakteristisch sprachphilosophischen ›Sicht der Dinge‹ erschließt sich am besten durch die beiden Grundprobleme: die Beziehung zwischen **Sprache und Realität** sowie zwischen **Sprache und Bewusstsein**.

Sprache und Realität: Sprache ist ein wesentlicher Bestandteil unserer Welt. Wir finden in ihr vielfältige tonale, symbolische und andere Strukturen vor, die sich beschreiben, klassifizieren und analysieren lassen. Nun besitzen aber nur einige unter den Tönen, Strukturen und elektrischen Impulsen, die wir wahrnehmen, tatsächlich eine Bedeutung und gehören damit einer Sprache an. Wie kommt das? Wie kommt es, dass einige konkrete

Strukturen oder Folgen von Gegenständen oder Ereignissen eine Bedeutung oder einen Sinn besitzen, andere dagegen nicht? Was ist das überhaupt: die Bedeutung eines Tons, eines strukturierten Tintenflecks oder einer E-Mail? Das sind Fragen, die die Konstitution (sprachlicher) Bedeutung betreffen.

Sprache und Bewusstsein: Zu einer Sprache gehören solche Sequenzen aber erst dann, wenn es überhaupt kompetente Sprecher/innen gibt, die solche Sequenzen verstehen und sich mit ihnen auszudrücken wissen. Aber warum verstehen kompetente Sprecher oft Ausdrücke einer Sprache, selbst wenn sie die betreffenden Ausdrücke nie zuvor gehört oder gelesen haben? Das **Sprachverstehen** und somit auch der **Sprachgebrauch** sind demnach nicht nur strukturiert, sondern beruhen auf ganz spezifischen kognitiven Fähigkeiten und Fertigkeiten. Doch worin bestehen diese? Was heißt es eigentlich, dass jemand einen Satz, ein einzelnes Wort oder auch eine Frage versteht? Gerade Antworten auf diese und andere Fragen erhofft man sich von einer **Theorie sprachlicher Bedeutung**, die deshalb im Zentrum der Sprachphilosophie steht.

Hauptwerke	
1690	**John Locke:** *An Essay Concerning Human Understanding* (*Versuch über den menschlichen Verstand*)
1892	**Gottlob Frege:** »Über Sinn und Bedeutung«
1905	**Bertrand Russell:** »On Denoting« (»Kennzeichnen«)
1910–13	**Russell/Alfred N. Whitehead:** *Principia Mathematica*
1918	**Frege:** »Der Gedanke«
1922	**Ludwig Wittgenstein:** *Tractatus logico-philosophicus*
1936	**Alfred J. Ayer:** *Language, Truth, and Logic* (*Sprache, Wahrheit und Logik*)
1944	**Alfred Tarski:** »Die semantische Konzeption der Wahrheit und die Grundlagen der Semantik«
1947	**Rudolf Carnap:** *Meaning and Necessity* (*Bedeutung und Notwendigkeit*)
1950	**Peter F. Strawson:** »On Referring« (»Über Referenz«)
1953	**Wittgenstein:** *Philosophische Untersuchungen*
1957	**H. Paul Grice:** »Meaning« (»Intendieren, Meinen, Bedeuten«)
1960	**W. V. O. Quine:** *Word and Object* (*Wort und Gegenstand*)
1962	**John L. Austin:** *How to Do Things with Words* (*Zur Theorie der Sprechakte*)
1969	**John R. Searle:** *Speech Acts* (*Sprechakte*)
1973	**Richard Montague:** »The Proper Treatment of Quantification in Ordinary English« (Die angemessene Behandlung der Quantifikation im natürlichsprachlichen Englisch)
1975	**Grice:** »Logic and Conversation« (»Logik und Konversation«)
1975	**Hilary Putnam:** »The Meaning of ›Meaning‹« (»Die Bedeutung von ›Bedeutung‹«)

4.2 | Bedeutung und Bezugnahme singulärer Terme

Eine klassische Herangehensweise ist es, zunächst die Bedeutung einfacher Ausdrücke bzw. einzelner Worte und Zeichen zu untersuchen, um erst aus diesen eine Theorie der Bedeutung komplexer natürlich-sprachlicher Ausdrücke zu erhalten. Ausgehend von einigen naiven Annahmen und ihren Problemen, werden dabei die klassischen Theorien zur Referenz und Bedeutung solcher einfacher Ausdrücke diskutiert.

4.2.1 | Naive Annahmen und deren Probleme

Die einfachste Annahme hinsichtlich der Bedeutung eines Ausdrucks ist, dass ein Ausdruck genau das bedeutet, was er bezeichnet, d. h. der Ausdruck ist als ein Verweis auf etwas anzusehen, wobei dieses Etwas dann dessen Bedeutung ausmacht. Diese Theorie der Referenz (bzw. Bezugnahme) und die mit ihr einhergehende Gleichsetzung von Bedeu-

4.2 Sprachphilosophie

Naive Annahmen und deren Probleme

tung und Bezugnahme erweist sich angesichts einfacher Beispiele zunächst als plausibel.

Der Name »Theo Lingen« z. B. steht für Theo Lingen, und hat diese Person auch zur Bedeutung. Die Kennzeichnung »der König von Jordanien«, steht für Abdullah II. und der Satz »Die Katze sitzt auf der Matte«, scheint sich auf eine Situation zu beziehen, in der eine Katze auf einer Matte sitzt. Doch birgt diese (naive) Sichtweise der Bedeutung eine Reihe bekannter Schwierigkeiten:

- Erstens steht nicht jeder Name für ein *tatsächliches* Ding, der Name »Sherlock Holmes« z. B. bezeichnet nichts Reales.
- Zweitens steht nicht jedes Wort für einen Gegenstand. Ausdrücke wie »und« oder »sehr« haben eine andere Funktion.
- Drittens gibt es bedeutungslose Folgen von Worten z. B. »Hund der essen Fahrrad«.
- Und Viertens haben verschiedene, jedoch denselben Gegenstand bezeichnende Worte oft verschiedene Bedeutungen, z. B. »Angela Merkel« und »die Bundeskanzlerin des Jahres 2010«.

Die Gleichsetzung von Bedeutung und Bezugnahme stößt somit schnell an Grenzen, was insbesondere durch die verschiedenen Funktionen (natürlich-)sprachlicher Ausdrücke erklärbar ist.

In der Sprachphilosophie wird daher meist zwischen singulären und generellen Termen auf der einen und Funktionsausdrücken auf der anderen Seite unterschieden.

> **Definition**
>
> → **Singuläre Terme** beziehen sich auf einzelne Gegenstände oder Personen und werden z. B. durch Eigennamen (Eiffelturm, Bertrand Russell), Pronomen (sie, es) oder Kennzeichnungen (die Königin von England, unser neues Haus) realisiert.
> → **Generelle Terme** beschreiben Gegenstände oder Personen hinsichtlich ihrer Qualitäten oder Relationen und werden sprachlich durch Nomen (Hund, Mutter), Verben (schlafen, gleichen) oder Adjektive (schön, kleiner als) ausgedrückt.
> → **Funktionsausdrücke** modifizieren bzw. kombinieren die Bedeutung der anderen Ausdrücke und finden z. B. als Quantoren (viele, kein), Junktoren (oder, und) oder Adverbien (deshalb, gern) Eingang in unsere Sprache.

Diese Kategorisierung der Ausdrücke in Hinblick auf die **semantische Rolle**, d. h. ihre Unterscheidung danach, wie sie zur Bezugnahme beitragen, unterscheidet sich wohlgemerkt von z. B. syntaktischen Kategorisierungen der Linguistik.

Kann das Paradigma *Bedeutung = Bezugnahme* nun zumindest in Bezug auf singuläre Terme aufrechterhalten werden? Für diese – nennen wir sie die **korrigierte naive Sichtweise** – gibt es wiederum vier ebenfalls wohlbekannte Probleme.

Vier Probleme der korrigierten naiven Sichtweise

- **Das Problem der Bezugnahme auf nichtexistente Gegenstände** entsteht, da Sätze wie »Der gegenwärtige König von Frankreich ist reich« ganz offensichtlich eine spezifische Bedeutung haben, ohne dass »der gegenwärtige König von Frankreich« etwas bezeichnet.
- **Das Problem der negativen Existenzsätze** ist damit eng verwandt, da der Satz »Der gegenwärtige König von Frankreich existiert nicht« nicht nur sinnvoll, sondern sogar wahr zu sein scheint, obwohl »der gegenwärtige König von Frankreich« nichts bezeichnet.
- **Das Problem nichttrivialer Identitätssätze** besagt, dass Sätze wie »Angela Merkel ist die gegenwärtige Bundeskanzlerin« trivial bzw. a priori wahr sein müssten, da sowohl Name als auch Kennzeichnung für das selbe Individuum stehen, der Satz aber informativer scheint als Sätze der Form »X ist X«.
- **Das Substitutionsproblem in Bezug auf Glaubens- und andere Einstellungssätze** entsteht schließlich, da, wenn der Satz »Hans glaubt, dass der Erfinder des Computers ein Genie war« wahr ist, auch der Satz »Hans glaubt, dass Konrad Zuse ein Genie war« wahr sein müsste, falls Kenzeichnung und Name dasselbe (Zuse) bezeichnen. Aber Hans könnte im Unklaren darüber sein, wer genau den Computer erfunden hat, und daher nur die erste der Überzeugungen besitzen, womit der zweite Satz falsch wäre.

Substitutionsprinzip: In den beiden letzten Problemen kam das Substitutionsprinzip zum Tragen, das besagt, dass sich die Bedeutung eines Satzes nicht ändert, wenn ein enthaltener singulärer Term durch einen bedeutungsgleichen singulären Term ersetzt wird.

Kompositionalitätsprinzip: Seinen theoretischen Ursprung hat das Substitutionsprinzip im Kompositionalitätsprinzip (*Frege-Prinzip*), nach dem die Bedeutung eines (beliebig komplexen) Ausdrucks eine Funktion der Bedeutungen seiner Komponenten und deren Beziehungen ist. Letzteres liefert auch eine Erklärung, warum wir prinzipiell in der Lage sind, neue und sehr komplizierte Sätze zu verstehen.

Lösungsansätze und Relevanz: Für die ersten beiden Probleme liefert z. B. Quine (*Was es gibt*) einen Lösungsvorschlag, in dem er die Überführung solcher Kennzeichnungen bzw. Namen in Eigenschaften vorschlägt. Die Problematik besonders der letzten beiden Fälle ist ebenfalls nicht zu unterschätzen. Ist das Problem der nichttrivialen Identitätssätze nicht lösbar, so wird die Verbindung zwischen Informativität und Bedeutung untergraben, wodurch der Bedeutungsbegriff nichts mehr mit der zentralen Funktion von Kommunikation zu tun hätte: dem Informationsaustausch. Ist gar das Substitutionsproblem in Bezug auf Einstellungssätze nicht lösbar, droht eine Auflösung der Verbindung zwischen Bedeutung und Wahrheit eines Satzes, wodurch in der Folge auch die Beziehung zwischen Sprache und Welt zur Disposition stünde.

Das Substitutions- und das Kompositionalitätsprinzip bilden in der aus diesem Problembestand erwachsenen Diskussion gewissermaßen die Grundlinie um eine Rechtfertigung der korrigierten naiven Sichtweise zu erreichen. Die im Folgenden untersuchten Theorien von Gottlob Frege, Bertrand Russell und Saul Kripke können dabei als paradigmatisch angesehen werden, weil die meisten gegenwärtigen Beiträge versuchen, durch Kombinationen oder Modifikationen dieser klassischen Positionen dieser und weiterer Probleme Herr zu werden.

4.2.2 | Gottlob Frege über Sinn und Bedeutung

Für Gottlob Frege (1848–1925) war gerade der Befund, dass die Substitution singulärer Terme innerhalb von Identitätssätzen den Informationswert und innerhalb von Einstellungs- und anderen Sätzen den Wahrheitswert verändern kann, ein Beweis dafür, dass Bezugnahme nicht die (alleinige) Funktion singulärer Terme sein kann. Seine Reaktion darauf – in »Über Sinn und Bedeutung« (1892) – war die **Einführung einer weiteren Bedeutungsfunktion** zunächst für singuläre, dann aber systematisch auch für alle anderen Ausdruckstypen. Diese zusätzliche Bedeutungsfunktion bzw. -komponente nannte Frege den **Sinn** oder die **Gegebenheitsweise** eines Ausdrucks. Nach Frege handelt es sich dabei weder um den Bezugsgegenstand selbst (die Bedeutung des Ausdrucks) noch um die subjektive Vorstellung des bezeichneten Gegenstands, sondern um etwas, das »zwischen« diesen beiden Polen liegt.

Somit müssen wir nach Frege in Bezug auf die Bedeutung eines Ausdrucks drei Ebenen unterscheiden. Verdeutlichen lässt sich diese Unterscheidung mit Freges Teleskopanalogie: Stellen wir uns vor, wir betrachten den Mond durch ein Teleskop, so können wir auch hier drei Ebenen unterscheiden: das reale Objekt des Mondes (als Analogon für den **Bezugsgegenstand** eines Ausdrucks), die Projektion des Mondes im Teleskop, die eine objektive und keine subjektive Gegebenheitsweise dieses Planeten darstellt (als Analogon für den **Sinn** eines Ausdrucks), und schließlich das individuelle Abbild des Mondes auf der Retina des Auges (als Analogon zu der **Vorstellung**, die wir mit dem Ausdruck verbinden). Nur letzteres liegt dabei ›im Auge des Betrachters‹ und ist durchweg subjektiv. Wenn, wie Frege annimmt, singuläre Terme nicht nur eine Bedeutung (also einen Bezugsgegenstand), sondern darüber hinaus zusätzliche semantische Funktion, d. h. einen Sinn besitzen, dann ließen sich die angeführten Problemfälle durchaus erklären. Schauen wir uns dazu den von Frege diskutierten Identitätssatz an (s. u.).

Freges Vorschlag ist dabei nicht ohne historische Vorläufer, gehen die Wurzeln der Unterscheidung zwischen verschiedenen Bedeutungsdimensionen doch bis auf die aristotelische Logik zurück (s. Kap. I.1.6.1.4). Ebenso haben viele Autoren die-

---

Beispiel

Freges Lösung des Problems nicht-trivialer Identitätssätze

»Der Morgenstern ist identisch mit dem Abendstern.«

Die Nicht-Trivialität dieses Satzes lässt sich dadurch erklären, dass ein und derselbe Bezugsgegenstand – die Venus – dem Sprecher durch die Verwendung der beiden Ausdrücke »Morgenstern« und »Abendstern« jeweils verschieden gegeben ist: Das eine Mal als Planet, der als letztes am Morgenhimmel verblasst. Das andere Mal als ein Planet, der als erstes am Abendhimmel erscheint. Die Ausdrücke besitzen somit einen verschiedenen Sinn, der den Informationswert eines solchen nichttrivialen Identitätssatzes erklärt.

se Konzeption aufgegriffen und weiterentwickelt. Entwürfe von Bedeutungstheorien, die mehrere Bedeutungsdimensionen unterscheiden, nennt man **mehrdimensionale Semantiken** oder schlicht **Fregesche Semantiken**. Die wichtigsten modernen Beiträge auf diesem Gebiet stammen von Rudolf Carnap (1954) und Alonzo Church (vgl. Church 1951). Als Bezeichnungen für die entsprechenden semantischen Dimensionen haben sich Freges Begriffe ›Bedeutung‹ und ›Sinn‹ jedoch nicht durchgesetzt. Sehr viel gebräuchlicher sind die technischen Begriffe der Extension und der Intension.

> **Definition**
>
> Unter der → **Extension** eines Ausdrucks versteht man dabei traditionell den Begriffsumfang, d. h. alle Dinge, auf die der betreffende Ausdruck zutrifft.
> Die → **Intension** bzw. der Begriffsinhalt ist nach einer in der traditionellen Diskussion häufig vertretenen Auffassung die Gesamtheit der gemeinsamen Merkmale der Gegenstände, auf die der Ausdruck zutrifft (die also in seiner Extension liegen). In einer modernen, formalen Bedeutungstheorie konzipiert man die Intension eines Ausdrucks in der Regel als eine Funktion, die mögliche Situationen (oder Welten) auf diejenigen Gegenstände abbildet, auf die der Ausdruck innerhalb der entsprechenden Situation (Welt) zutrifft bzw. zutreffen würde.

4.2.3 | Bertrand Russells Kennzeichnungstheorie

Im Gegensatz zu Frege ist Bertrand Russell (1872–1970) der Meinung, dass die Einführung einer weiteren Bedeutungsdimension nicht zielführend ist. Der Begriff des Sinns (oder der Intension) sei kein klares und brauchbares Konzept. Russell (*Kennzeichnen*) konzentrierte sich zunächst auf **Kennzeichnungen**, also auf Beschreibungen im Singular mit definitem Artikel, und argumentierte dafür, dass diese gar keine bezugnehmenden Ausdrücke, sondern **Abkürzungen für komplexere Strukturen** sind. Nehmen wir dazu folgendes Beispiel:

»Der Erfinder des Computers war ein Genie.«

Der Satz scheint einen, auf Konrad Zuse bezugnehmenden, singulären Term (»der Erfinder des Computers«) und einen weiter charakterisierenden generellen Term (»war ein Genie«) zu enthalten. Nach Russell ist dem aber nicht so, da dieser Satz eine – semantisch ausschlaggebende – Tiefenstruktur besitzt, die anstelle des singulären und generellen Terms eine Konjunktion von drei Aussagen beinhaltet, von welchen keine einen auf Konrad Zuse bezugnehmenden Ausdruck enthält. Hier die drei Aussagen:

- **Existenzbehauptung**: Es gibt (mindestens) einen Erfinder des Computers.
- **Einzigkeitsbehauptung**: Es gibt höchstens einen Erfinder des Computers.
- **Prädikation**: Jeder, der den Computer erfand, war ein Genie.

Oder als Konjunktion formuliert: »Es gibt einen und nur einen Erfinder des Computers und dieser war ein Genie.« Dieser Satz enthält nun nur noch generelle Terme und Funktionsausdrücke, aber keinen echten singulären Term.

Russells Theorie lässt sich auf alle Problemfälle der korrigierten naiven Theorie anwenden und liefert akzeptable Resultate, führt aber insbesondere durch die spätere Einbeziehung von Eigennamen letztlich zu einer durchgängigen **Eliminierung singulärer Terme**. Obwohl Russells Lösung äußerst elegant ist, scheint die Unterstellung einer semantischen Tiefenstruktur (d. h., dass die logische Form von der grammatischen Form verschieden sein kann) nicht weniger gewagt als die Einführung einer weiteren Bedeutungsdimension in der Fregeschen Theorie zu sein. Dieser Einwand lässt sich allerdings entkräften, denn einige Elemente der Tiefenstruktur lassen sich durchaus der Bedeutung bestimmter Elemente der Kennzeich-

> **Zur Vertiefung**
>
> **Attributive und referentielle Verwendungsweise**
> Einen weiteren wichtigen Kritikpunkt an Russells Theorie äußerte Keith Donnellan (1966), der zeigte, dass Russells Theorie nicht zwischen der **attributiven** und der **referentiellen** Verwendungsweise von Kennzeichnungen unterscheiden kann. Stellen wir uns z. B. vor, wir befinden uns in einem Gerichtssaal. Jones (wir kennen seinen Namen noch nicht) wird wegen Mordes an Schmidt angeklagt und benimmt sich äußerst seltsam. Nun äußere ich in diesem Kontext: »Der Mörder von Schmidt ist wahnsinnig.« In diesem Fall verwende ich die Kennzeichnung »der Mörder von Schmidt« nicht, wie Russell behaupten müsste, um den Mörder von Schmidt zu beschreiben, sondern um mich – in Ermangelung des richtigen Namens – auf Jones zu beziehen, ob der nun der Mörder ist oder nicht.

nung zuordnen – die Einzigkeitsbehauptung z. B. dem bestimmten Artikel.

Die stärkste Kritik an Russells Konzeption wird mit seiner Behauptung, dass Eigennamen Abkürzungen für Kennzeichnungen sind, verbunden, und stammt von Saul Kripke.

4.2.4 | Kripkes Theorie der rigiden Designatoren

Kritik an Freges und Russells »Beschreibungstheorie«

Saul Aaron Kripke lieferte die entscheidende Kritik sowohl an Freges als auch Russells »Beschreibungstheorie«: Beide führten die semantische Rolle von singulären Termen und insbesondere von Eigennamen auf eine beschreibende Funktion zurück, Frege über den Sinn, Russell durch die Elimination der bezugnehmenden Funktion. Kripke (*Name*) stellt diesen Ansichten die sog. Millsche Auffassung (vgl. Mill: *System*) gegenüber, der zufolge Namen semantisch gesehen bloße »Etiketten« für das durch sie Benannte sind, und **rehabilitiert** somit **die (korrigierte) naive Sichtweise** und damit die Reduktion der Bedeutung von Eigennamen auf deren bezugnehmende Funktion.

Rigide und schwache Designatoren: Kripkes Kritik basiert dabei auf dem Unterschied zwischen rigiden und schwachen Designatoren. So gibt es eine Reihe von singulären Termen, deren Bezugnahme situationsabhängig ist. »Der König von Frankreich« bezeichnet z. B. im Jahre 850 Karl den Kahlen, im Jahre 1650 Ludwig XIV. und heute niemanden mehr. Diese Ausdrücke – vornehmlich Kennzeichnungen – nennt Kripke schwache Designatoren. Eigennamen dagegen bezeichnen, falls sie etwas bezeichnen, immer dasselbe und zwar situationsunabhängig. So bezeichnet »Napoleon« z. B. immer dieselbe Person, egal ob man das Jahr nach seiner Geburt 1770 oder den heutigen Tag betrachtet. Die Bezugnahme von Eigennamen ist sozusagen »fixiert« oder »rigide«, wie Kripke sich ausdrückt. Das semantische Profil von Kennzeichnung und Eigennamen besteht somit darin, dass nur erstere durch ihren beschreibenden Gehalt Bezug nehmen.

Aber wie nehmen Eigennamen Bezug, wenn nicht über ihren beschreibenden Gehalt? Kripkes Antwort auf diese Frage ist seine **kausal-historische Theorie der Bezugnahme**: Der Träger eines Namens kann identifiziert werden, wenn die Kette der Verwendungen des Namens bis zu dem Punkt zurückverfolgt wird, in dem der Bezug des Namens durch einen **Taufakt** hergestellt wurde. Wir als Sprachbenutzer können somit nicht willkürlich festlegen, auf wen wir mit der Verwendung eines Namens Bezug nehmen, da es objektive Merkmale der Welt gibt (kausal verbundene Kommunikationsketten und Taufereignisse), die den Bezug von Eigennamen festlegen. Diese **externalistische Sichtweise** hat eine ganze Reihe von neuen Ansichten den Weg bereitet. Die wichtigste unter ihnen ist die von Autoren wie Hilary Putnam (1975) oder Tyler Burge (1979) konzipierte Erweiterung der externalistischen Sichtweise auf Ausdrücke für natürliche Arten, wie z. B. »Tiger«, »Molybdän«, »Buche«, »Arthritis« usw.

4.3 | Semantische Theorien

Die Frage, welche Funktion einzelne Terme in einem Satz spielen, ist nicht gleichzusetzen mit den generellen Fragen danach, was eigentlich diese ominösen Bedeutungen sind und wodurch sie konstituiert werden. Hierzu gibt es eine ganze Reihe unterschiedlicher und z. T. widerstrebender Konzeptionen, von denen jede ihre eigenen, besonderen Schwächen aufweist. Dennoch kann man sagen, dass sich die **wahrheitskonditionale Semantik** als die heute bei weitem dominierende Sichtweise durchgesetzt hat. Vor dem Blick auf die wichtigsten semantischen Theorien, sollte jedoch zwischen zwei Fragen unterschieden werden, und zwar:

1. Was sind Bedeutungen?
2. Wie werden Bedeutungen konstituiert?

Die erste Frage bezieht sich auf die **Bedeutungsträger**, also auf die Objekte (im weitesten Sinne), die wir bei der Verwendung sprachlicher Ausdrücke meinen. Diese Objekte müssen verschiedene Bedingungen erfüllen, z. B. hinlängliche Komplexitäten zulassen und sich möglichst präzise zu komplexeren Bedeutungsobjekten kombinieren lassen.

Die zweite Frage ist zwar nicht gänzlich, aber doch weitgehend unabhängig von der ersten. Sprachliche Ausdrücke sind konventionelle Zeichen, d. h. die Zuordnung eines Ausdrucks zu einem bestimmten Bedeutungsobjekt (was auch immer das ist), geschieht nicht auf Grundlage von Eigenschaften der Zeichen selbst, sondern relativ **willkürlich, d. h. konventionell**. Eine Antwort auf die zweite Frage muss demnach den grundlegenden Mechanismus der Zuordnung zwischen Ausdrücken und Bedeutungen erläutern. Auch hier sind unterschiedliche Möglichkeiten denkbar. Semantische Theorien liefern jedoch nicht immer auf beide Fragen eine Antwort. Wittgensteins Gebrauchstheorie der Bedeutung beispielsweise gibt vorwiegend eine Antwort auf (2) und impliziert nur indirekt eine Antwort auf (1). Die wahrheitskonditionale Theorie beantwortet nur (1), macht aber keine Annahmen bezüglich (2) usw. Im Folgenden werden die wichtigsten Alternativen vorgestellt.

4.3.1 | John Locke über Vorstellungen und Bedeutungen

Eine weit verbreitete Auffassung darüber, was Bedeutungen sind – die man also insbesondere bei sprachphilosophisch noch nicht vorgeprägtem Publikum sehr häufig antrifft – ist die, dass die Bedeutungen von Ausdrücken diejenigen Vorstellungen sind, die wir mit diesen Ausdrücken verbinden. John Locke (1632–1704) hat diesen Grundgedanken sehr prägnant zum Ausdruck gebracht:

»Der Zweck der Wörter besteht also darin, sinnlich wahrnehmbare Kennzeichen der Ideen zu sein; die Ideen, für die sie stehen, machen ihre eigentliche und unmittelbare Bedeutung aus« (Locke: Versuch, 3. Buch, 2. Kap., §1).

Vorstellungstheorie: Im Hintergrund der Behauptung, dass die »unsichtbaren« Ideen die Bedeutungen der Ausdrücke einer Sprache ausmachen, steht das **Sender-Empfänger-Modell**, demzufolge Kommunikation aus einem Kodieren und Dekodieren von mentalen Zuständen (Vorstellungen, Ideen) anhand von Zeichenfolgen besteht. Das ›Verbinden‹ von Zeichen und Bedeutungen geschieht demnach – und damit ist die zweite Frage indirekt auch beantwortet – mittels einer Assoziation von Zeichen und Tönen oder dergleichen, d. h. im Grunde durch einen psychischen Prozess.

Diese klassische Ansicht, dass (1) die Bedeutungen der Ausdrücke einer Sprache die Ideen sind, die wir mit diesen Ausdrücken verbinden, dass (2) Kommunikation auf einem Kodieren und Dekodieren von Zeichen beruht, und dass (3) die Verbindung zwischen Ausdrücken und deren Bedeutungen durch einen psychologischen Prozess der Assoziation zustande kommt, hat unsere Sicht auf Sprache und Kommunikation wohl am stärksten geprägt.

Probleme: Innerhalb der Sprachphilosophie ist sie heute jedoch aufgrund ihrer Schwierigkeiten nur noch wenig populär. Sie ist nicht gehaltvoll genug, da – um sie zu präzisieren – geklärt werden müsste, **was genau eine Idee bzw. Vorstellung ist**. Mentale Bilder z. B. sind als Bedeutungstatsachen ungeeignet und auch abstraktere mentale Konzepte wie ›Begriffe‹ helfen nicht weiter, da deren metaphysischer Status noch unklarer scheint. Hinzu kommt, dass wir zu vielen Worten der Sprache z. B. Funktionsausdrücken wie »und« oder »sehr«, überhaupt keine Vorstellungen besitzen und viele Sätze so kompliziert und lang sind, dass wir uns kaum die zugehörige Vorstellung ausmalen können. Das größte Manko aber ist, dass Ideen und Vorstellungen subjektive Entitäten sind und sich von Person zu Person unterscheiden. Doris stellt sich einen Hund möglicherweise anders vor als Hans. Trotzdem sollte natürlich »Hund« für Hans und Doris dasselbe bedeuten.

4.3.2 | Die Propositionentheorie

Als zweiter wichtiger Ansatz zur Bestimmung dessen, was die Bedeutung von Sätzen ist, wurden zu Beginn des 20. Jh.s verschiedene Propositionentheorien entwickelt. Im Folgenden wenden wir uns der von Frege (vgl. Frege: SuB) zu, Alternativen finden sich z. B. bei Russell (*Kennzeichen*) und Georg Edward Moore (1899).

Nach Frege sind Propositionen, bzw. in seiner Terminologie die Sinne von Ausdrücken, ebenso wie Vorstellungen bzw. Ideen sprachunabhängige Entitäten, aber im Gegensatz zu diesen weder konkret noch subjektiv geprägt. Propositionen sind abstrakt, da sie nicht beobachtbar und weder zeitlich noch räumlich bestimmt sind, und objektiv, da weder ihre Beschaffenheit noch Existenz von bestimmten Personen abhängig ist.

Propositionen als Träger von Wahrheit: Propositionen sind als ein theoretisches Werkzeug anzusehen, vergleichbar z. B. mit dem Begriff der »Kraft« in der Physik, und daher am besten durch ihre Rolle innerhalb einer semantischen Theorie zu charakterisieren. Sagt John: »Snow is white« und Sabine: »Weiß ist der Schnee«, so bringen (in

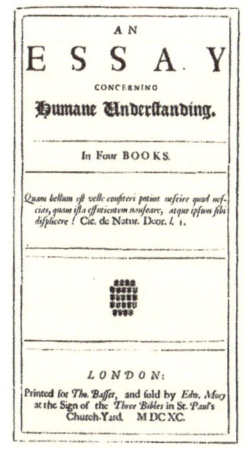

Locke: *An Essay Concerning Human Understanding* (1690)

einem normalen Kontext) beide denselben Inhalt, d. h. dieselbe Proposition zum Ausdruck und zwar, dass Schnee weiß ist. Solche mit »dass« eingeleiteten Nebensätze sind geradezu paradigmatisch ausgedrückte Propositionen.

Generell gilt: Die zum Ausdruck gebrachte Proposition ist **unabhängig von der Formulierung des Ausdrucks**, d. h. dessen Sprache und grammatischer Strukturierung. Propositionen lassen sich unter diesem Paradigma nicht nur als Bedeutungen von Sätzen, sondern auch als **Inhalte mentaler Zustände** ansehen. Wenn John glaubt, dass Schnee weiß ist, so steht er in der Glaubensrelation mit der Proposition, dass Schnee weiß ist. Die sprachphilosophisch bedeutsamste Eigenschaft von Propositionen ist allerdings, dass sie als fundamentale Träger von Wahrheit bzw. Falschheit dienen können. Ein Satz, wie Hegels Äußerung »Jetzt ist Nacht«, kann, je nach Kontext, in dem er geäußert wird, durchaus wahr oder falsch sein. Der Wahrheitswert der ausgedrückten Proposition jedoch ist stabil, da es, um bei obigem Beispiel zu bleiben, nun einmal entweder Nacht oder Tag war, als Hegel diesen Satz äußerte, wodurch die ausgedrückte Proposition und ebenso deren Wahrheit ein für allemal festgelegt wurde. Viele Bedeutungsphänomene lassen sich mithilfe von Propositionen einfacher klären.

- **Ambiguität eines Satzes** tritt z. B. auf, wenn er wie Hegels »Jetzt ist Nacht« mehr als eine Proposition ausdrücken kann.
- **Synonymie zweier Worte** tritt auf, wenn sie beim Ausdrücken aller Propositionen dieselbe Rolle spielen z. B. »Orange« und »Apfelsine«, und
- **Ambiguität eines Wortes** tritt auf, wenn seine Rolle von Proposition zu Proposition verschieden sein kann, ein Beispiel wäre hier »Bank«.

Probleme: Obwohl Propositionen einige Probleme z. B. der Vorstellungskonzeption lösen, weisen sie jedoch auch Schwierigkeiten auf. So stellt sich insbesondere die Frage, wie konkrete Personen mit abstrakten Entitäten interagieren können, d. h. wie wir Propositionen überhaupt zur Bedeutung unserer Äußerungen machen. Eine weitere Schwierigkeit einer solchen relationalen Propositionentheorie deckt das **Substitutionsproblem** auf. So sollte es nach der Analyse keinen Unterschied machen, ob wir z. B. den Satz: »Hans glaubt, dass p« äußern oder »Hans glaubt die Proposition, dass p.« Es gibt jedoch Beispiele, die zeigen, dass eine solche Ersetzung nicht universell möglich ist, und zumindest die relationale Propositionentheorie daher falsch ist. Ein solches Beispiel bilden die Sätze »Ich erinnere mich daran, dass Verbrennung Phlogiston erzeugt« und »Ich erinnere mich an die Proposition, dass Verbrennung Phlogiston erzeugt«. Die Ersetzung ändert in diesem Fall sogar den Wahrheitswert. (Es gab Phlogiston nie, also kann ich mich auch nicht daran erinnern. Dennoch kann ich mich an den Inhalt der Phlogistontheorie erinnern.)

4.3.3 | Ludwig Wittgensteins Gebrauchstheorie der Bedeutung

Eine Gegenposition zum Versuch, die Bedeutung von Äußerungen in konkreten oder auch abstrakten Entitäten zu suchen, wurde vom späten Wittgenstein (1889–1951) in seinen *Philosophischen Untersuchungen* eingenommen. Der frühe Wittgenstein hatte insbesondere im *Tractatus logico-philosophicus* noch versucht, die Bedeutung von Sprache mithilfe einer Abbildtheorie zu erklären, wobei ein (sinnvoller) Satz nach dieser Auffassung als Darstellung bestimmter Ausschnitte der Wirklichkeit anzusehen ist. Der späte Wittgenstein geht nun davon aus, dass nicht die Bedeutung sprachlicher Ausdrücke im Fokus sprachphilosophischer Aufmerksamkeit stehen sollte, sondern vielmehr der Gebrauch. Selbst unvollständige Sätze wie der Einkaufszettel, auf dem steht: »fünf rote Äpfel« werden verstanden, wenn man weiß, wie die Worte gebraucht werden, also in diesem Falle, wenn man weiß, welche Dinge man als rot bzw. Apfel bezeichnet, und wie man davon »fünf« erhält.

Theorie des Regelfolgens: Diesen Grundgedanken entwickelt Wittgenstein später als eine Theorie des Regelfolgens, und prägt dafür den **Begriff des Sprachspiels**. Eine Sprache beherrscht derjenige, der fähig ist, die mit ihr verbundenen Regeln zu befolgen.

Ein Vorteil dieser Theorie ist, dass sie auch explanativ (also erklärend) ist für Äußerungen wie: »Hallo!«, »Entschuldigung«, »Danke« oder »Und?«, für die es z. B. mit der Propositions- oder Vorstellungstheorie schwierig ist, den Bezugsgegenstand auszumachen. Die zentralen Fragen, die sich aus diesem Ansatz für Wittgenstein ergeben, sind: Wie können wir einer Regel folgen? Wie können wir z. B. durch Beobachtung einer begrenzten Menge von Anwendungen einer Regel wirklich verstehen, welche Regel gemeint ist? Was rechtfertigt unsere Annahme, dass zwei Personen derselben Regel folgen?

Privatsprachenargument: Eine (Teil-)Antwort auf diese Probleme ergibt sich aus dem Privatsprachenargument. Nehmen wir an, unsere Ausdrücke würden sich auf private, also nur der äußernden Person bekannte Phänomene wie z. B. Empfindungen (oder Lockesche Vorstellungen) beziehen. Dann gäbe es keine öffentlich zugänglichen Kriterien dafür, ob der Ausdruck korrekt angewendet wird, und die angenommenen Ausdrücke wären somit überhaupt nicht Teil der Sprache. Denn Sprache ist eine regelgeleitete Tätigkeit, für die es Korrektheitsstandards geben muss. Eine Privatsprache ist somit unmöglich.

Probleme: Problematisch an der Konzeption Wittgensteins ist, dass sie zwar explanativ gegenüber einfachen Äußerungen ist (s. o.), dass sie aber nicht so einfach erklären kann, warum wir auch komplexe und vor allem sehr lange Äußerungen verstehen können, die zum Teil völlig neu sind und daher noch mit gar keiner speziellen Praxis verbunden sein können. Wie könnte unsere Fähigkeit, solche Sätze zu verstehen dann aber von bestimmten Konventionen oder Regeln abhängig sein, wenn für diese Sätze nie solche aufgestellt wurden?

Ein zweites Problem ist, dass es neben Sprachspielen auch viele andere regelgeleitete Praktiken gibt und vor dem Hintergrund der Wittgensteinschen Theorie nicht ersichtlich ist, was das Besondere am *Sprach*spiel ist. Die Möglichkeit einer exakten Definition ist laut Wittgenstein jedoch generell beschränkt und einzig eine Erklärung eines Begriffs über die **Familienähnlichkeit** zu anderen Begriffen ist erreichbar.

4.3.4 | Das reduktive Programm von H. Paul Grice

Satz- und Sprecherbedeutung: Der Ausganspunkt von Grice ist die Unterscheidung zwischen Satz- und Sprecherbedeutung (vgl. Grice 1993a). Die literale oder wörtliche Bedeutung eines Ausdrucks ist demnach nicht in jedem Fall das, was der Sprecher zu sagen beabsichtigt bzw. der Hörer versteht. Der Ausruf »Das ist eine tolle Idee!« kann z. B. benutzt werden, um eine Idee als unausgegoren darzustellen oder der Satz »Der Himmel lacht«, um die Schönheit des Wetters kundzutun.

Um nun die Bedeutung einer Äußerung herauszufinden sind nach Grice zwei Schritte nötig. Im ersten wird aus der literalen oder Satz-Bedeutung die Sprecherbedeutung ermittelt. Im zweiten wird die Sprecherbedeutung auf einen Komplex psychischer Zustände zurückgeführt. In der Sprachanwendung stellt sich dies so dar, dass wir eine Äußerung wahrnehmen, und dann von dieser einen Rückschluss auf die Sprecherbedeutung und die kognitiven Zustände des Sprechers vornehmen.

Beispiel
Man stelle sich vor, man säße bei offenem Fenster in Gemeinschaft und jemand äußert, dass ihm kalt sei. Folgendes mag man sich dabei denken: »Warum macht er das? Oh, wahrscheinlich will er mich darauf hinweisen, dass ich das Fenster schließen soll, weil ihm kalt ist.«

Wie auch in dem Beispiel deutlich wird, beschränkt dabei die literale oder Satz-Bedeutung die möglichen Sprecherbedeutungen – man kann nicht mit jedem beliebigen Satz erreichen, dass jemand das Fenster schließt. Für die **Rückführung der Sprecherbedeutung auf die kognitiven Zustände** des Sprechers gilt: Der Sprecher (S) meint mit der Äußerung (A), dass p (beliebige Proposition), genau dann, wenn S mit seiner Äußerung A beabsichtigt, dass:

(1)   der Hörer die Überzeugung erlangt, dass p,
(2)   der Hörer diese Absicht erkennt, und
(3)   (1) aufgrund von (2) geschieht.

Probleme: Für diese Theorie der Bedeutung ergeben sich insbesondere drei Probleme. Zunächst, kann man mit einer Äußerung etwas meinen, selbst wenn der Hörer über die Überzeugung bereits verfügt, z. B. wenn man jemanden an etwas (unnötiger Weise) erinnert. Ein zweites Problem ergibt sich in Fällen, wo der Sprecher keinesfalls beabsichtigt, dass der Hörer die Überzeugung aufgrund der Absichten des Sprechers erlangt, z. B. im Fall eines Beweises, in dem der Hörer allein durch die Evidenzen zur Überzeugung gelangen soll. Ein drittes Problemfeld ergibt sich aus der Möglichkeit, bedeutungsvolle Sätze zu äußern, ohne zu beabsichtigen, dass irgendjemand es hört, z. B. wenn man nur »laut denkt«.

4.3.5 | Verifikationstheorie und Logischer Empirismus

Die Verifikationstheorie wurde im Rahmen des vom Wiener Kreis (s. Kap. I.7.3.1) ausgehenden logischen Empirismus entwickelt. Ihren Kern bildet das **Verifikationsprinzip** (vgl. Ayer: *Sprache*), dem zufolge die Bedeutung eines Satzes in den Bedingungen seiner Verifikation liegt. Verstanden hat man einen Satz bzw. dessen Bedeutung demnach genau dann, wenn man weiß, welche Erfahrungen man haben müsste, um den Satz zu bestätigen. Da die Bedeutung somit direkt von den sinnlichen Evidenzen für den Satz abhängen, bildet dieses Prinzip eine **epistemische Theorie der Bedeutung**.

Empiristisches Sinnkriterium: Aus ihm ergibt sich auch das empiristische Sinnkriterium, dem entsprechend ein Satz genau dann sinn- bzw. bedeutungslos ist, wenn es keine möglichen Erfahrungen gibt, die seine Wahrheit bzw. Falschheit entscheiden könnten. Dieses Prinzip wurde von den Vertretern des Logischen Empirismus insbesondere gegen viele traditionelle philosophische Systeme gerichtet, deren Behauptungen weder verifizierbar noch falsifizierbar waren. Es trennt, so die These, Naturwissenschaften bzw. gehaltvolle Wissenschaften überhaupt von z. B. spekulativer Metaphysik. Einen Sonderstatus nehmen dabei insbesondere **analytische Sätze** ein, die zwar das Verifikationsprinzip verletzen, aber dennoch mit Gewissheit wahr sind. Solche Sätze wie z. B. »Alle Junggesellen sind unverheiratet« werden dabei als wahr qua Konvention angesehen, und sind Gegenstand der wissenschaftlichen Philosophie.

Probleme: Problematisch für die Verifikationstheorie ist insbesondere die **Beschränkung auf tatsachenbehauptende Sätze** – Fragen, Befehle oder Witze besitzen keine Verifikationsbedingungen, sind jedoch bedeutungsvoll. Ein weiteres Problem besteht darin, dass das Verifikationsprinzip uns nicht sagt, wann ein Ausdruck bedeutungsvoll ist, denn um festzustellen, ob er verifizierbar ist, müssten wir ja erst einmal seine Bedeutung kennen. Außerdem werden gerade in den Naturwissenschaften viele Regelmäßigkeiten angenommen, die sich nicht direkt, sondern nur über bestimmte Messgeräte, Nebelkammern oder Anzeigen beobachten lassen. Zugespitzt formuliert, sagt die Verifikationstheorie aus, dass solche Theorien nicht z. B. über Elementarteilchen, sondern über das Verhalten der entsprechenden Messgeräte sprechen, denn die Sätze die diese physikalischen Prinzipien bestätigen, sind eben Sätze über das Verhalten dieser Messgeräte.

4.3.6 | Quines Bedeutungsskeptizismus

Willard Van Orman Quine (1908–2000) nimmt bezüglich der Bedeutung von Sätzen und Ausdrücken geradezu eine diametral entgegengesetzte Position ein. Bedeutung ist nach Quine (vgl. Quine: *WuG*) nicht wohldefinierbar, da sich alle möglichen Definitionsversuche als absurd oder zirkulär herausstellen. Bedeutung kann nicht durch die Bezugsgegenstände erklärt werden. Der Satz »Alle Lebewesen mit Herz sind Lebewesen mit Niere« z. B. mag wahr sein, weil die beiden Klassen von Bezugsgegenständen übereinstimmen. Würde sich nun die Bedeutung aber in den Bezugsgegenständen erschöpfen, würde dies heißen, dass »Lebewesen mit Herz« und »Lebewesen mit Niere« bedeutungsgleich sind, und obiger Satz somit analytisch wahr wäre. Analytisch ist eine Aussage dabei, wenn sie unabhängig von Beobachtungen bzw. einzig durch die Bedeutung der in ihr vorkommenden Ausdrücke wahr gemacht wird. Es wäre aber absurd, wenn obiger Satz analytisch wäre, da es Gegenstand der empirischen Forschung zu sein scheint, dessen Wahrheit zu überprüfen. Mit weiteren Definitionen wollte Quine versuchen, Bedeutung auf Synonymie, Analytizität oder modale Kriterien (z. B. der notwendigen Wahrheit) zu reduzieren. Da sich diese Begriffe aber nur wechselseitig definieren lassen, und sich keiner von ihnen ohne die anderen wohl definieren lässt, ergibt sich ein Definitionszirkel. Auch das oben erläuterte Verifikationsprinzip lehnt Quine ab. Es scheitert, so Quine, am sog. **Holismus der Bedeutung** (vgl. Quine: *Was es gibt*), nach dem die Bedeutung einzelner Aussagen erst in Verbindung mit bestimmten Hintergrundannahmen feststeht. Hier ergibt sich auch Quines These der **Unbestimmtheit der Übersetzung**, nach der es für jeden Ausdruck stets eine Vielzahl alternativer Übersetzungen gibt, die mit dem Gebrauch der Worte übereinstimmen. Keine endliche Analyse der zu übersetzenden Sprache, bzw. des Verhaltens der Sprecher, kann somit die Anzahl der möglichen Übersetzungen auf eine einzige reduzieren.

Die Reiztheorie der Bedeutung schlägt Quine (1995) als Alternative vor. Nach dieser ist die affirmative Reizbedeutung eines Ausdrucks die Klasse genau jener Stimuli bzw. Reize, auf die man mit einer Bejahung des Ausdrucks reagieren würde. Enthalten sind dabei auch irrelevante (Begleit-)Reize. Die Reizbedeutung ist somit weder das Referenzobjekt noch ein bestimmter mentaler Zustand, sondern vielmehr ein neurophysiologisches Korrelat der Sprache. Diesem Konzept folgend, lassen sich dann auch Reizanalytizität (der Sprecher bejaht den Satz bei jedem Stimulus) und Reizsynonymie (die Reizbedeutung ist identisch) definieren.

Probleme: Problematisch ist, dass sich hierdurch überraschend einige Sätze als analytisch herausstellen, von denen wir dies nicht annehmen würden. Auf naturgesetzliche Aussagen wie z. B. »Alle Massen ziehen einander an« oder wahre Aussagen über die Vergangenheit wie »Es gab mindestens eine schwarze Katze« würden wir wohl bei jedem vorliegenden Stimuli bejahend reagieren, obwohl sie nicht analytisch wahr sind.

4.3.7 | Wahrheitsbedingungen-Semantik und Mögliche-Welten-Semantik

Die Modelltheoretische Semantik (vgl. Montague 1973) geht von zwei Grundprinzipien aus. Das erste – das **Prinzip der Wahrheitskonditionalität** – besagt, dass die Bedeutung eines Satzes genau diejenigen Tatsachen sind, die den Satz wahr machen. Im Vergleich zum Verifikationsprinzip (s. o. 4.3.5) ist dies jedoch nicht epistemisch gemeint, knüpft es doch die Bedeutung an die Beschaffenheit der Welt, und nicht an die Beschaffenheit irgendwelcher Erfahrungen. Das zweite Prinzip ist das bereits erläuterte Kompositionalitätsprinzip (s. o. 4.2.1).

Auf dieser Basis lassen sich nun vor allem formale Sprachen bzw. Grammatiken wie folgt analysieren. Die **Syntax** legt fest, welche Ausdruckssequenzen wohlgeformte Sätze sind. Eine Art **Lexikon** weist jedem basalen Ausdruck seine Bedeutung, d. h. bestimmte Wahrheitsbedingungen, zu. Dies geschieht extensional: Ein Prädikat trifft genau dann auf ein Ding X zu, wenn X zur Menge der Dinge gehört, die das Prädikat erfüllen. Schließlich muss sie **Projektionsregeln** enthalten, die angeben, wie aus den Wahrheitsbedingungen einzelner Ausdrücke die Wahrheitsbedingungen komplexer Sätze ermittelt werden können. Zu diesen syntaktischen und semantischen Komponenten kommt noch eine modelltheoretische Komponente hinzu, die einen Ausschnitt der Welt formal beschreibt. Sind Lexikon und Semantik der formalen Sprache hinreichend nah an der natürlichen Sprache, und repräsentiert das Modell die Welt adäquat, so kann die so entworfene Sprache ohne weitere Hilfsmittel zu jedem Ausdruck die Bedeutung liefern. Diese Theorie kann somit auch erklären, wie wir die Bedeutung sehr langer und völlig neuer Sätze direkt verstehen können (s. Kap. II.A.6).

Probleme: Anpassungen dieser Theorie werden jedoch durch das **Problem der Koextensionalität** nötig, da z. B. »Lebewesen mit Herz« und »Lebewesen mit Niere« nach dieser Theorie gleichbedeutend wären. Auch besteht das **Problem der intersektiven und nicht-intersektiven Ausdrücke**, also dass zwar ein »grauer Elefant« etwas ist, das »grau« und »Elefant« ist, aber ein »kleiner Elefant« nicht unbedingt etwas ist, das »klein« und »Elefant« ist. Auch kleine Elefanten können recht groß sein. Das »klein« muss hier also als relativ zu einem Kontext (den Elefanten) und daher als komplexer Ausdruck angesehen werden. Des Weiteren kommen in manchen Sätzen modale Operatoren wie »Es ist möglich, dass …« oder »Hans glaubt, dass …« vor, deren Erklärung mit der extensionalen Analyse Schwierigkeiten bereitet.

Mögliche-Welten-Semantik: Eine Lösung einiger Probleme liefert die unter anderen von Rudolf Carnap und Richard Montague entwickelte Mögliche-Welten-Interpretation der wahrheitskonditionalen Semantik.

> **Definition**
>
> Nach der → **Mögliche-Welten-Semantik** sind die von Sätzen zum Ausdruck gebrachten Propositionen Funktionen, die mögliche Welten in Wahrheitswerte abbilden. Sätze »bedeuten« demnach die möglichen Welten, in denen sie wahr sind. So ist der Satz »Die Bundeskanzlerin ist dickköpfig« genau in den möglichen Welten wahr, in denen die Bundeskanzlerin dickköpfig ist. Eine mögliche Welt ist dabei eine Möglichkeit, wie die Welt (das Universum) hätte aussehen können.

Probleme: Allerdings ergibt sich nun statt der obigen Probleme das **Problem der Allwissenheit** bezüglich notwendig wahrer Aussagen. Denn wenn die Bedeutung eines Satzes die Menge der möglichen Welten ist, in welcher er wahr ist, so sind alle notwendig wahren Sätze gleichbedeutend, weil sie alle möglichen Welten zur Bedeutung haben. Dies hätte jedoch mitunter die kontraintuitive Konsequenz, dass jemand der von einer notwendig wahren Aussage überzeugt ist, automatisch von *allen* notwendig wahren Aussagen überzeugt wäre.

4.4 | Pragmatik

Eine letzte wichtige Fragestellung betrifft die **Sprecherbedeutung**, d.h. das, was ein Sprecher bei einer bestimmten Gelegenheit und in einem spezifischen Kontext mit einer Äußerung meint. Das kann unter Umständen identisch mit dem wörtlich Gesagten sein, ist aber häufig, wenn nicht gar in den meisten Fällen davon verschieden. Die Frage, welchen Beitrag der Sprecher oder der Kontext zur Bedeutung einer Äußerung leistet, ist Thema der Pragmatik.

4.4.1 | Deiktische Ausdrücke, ihre Deutungen und Probleme

Als deiktisch (von griech. *deiknymai*: zeigen) werden Ausdrücke angesehen, deren Bedeutung sich erst **aus dem Kontext** ergibt. Der Satz »Ich bin ein Philosoph« wird z.B. nur dann korrekt verstanden, wenn dem Hörer der Sprecher des Satzes bekannt ist, da dies eben nicht Teil der literalen Bedeutung des Wörtchens ›ich‹ ist. Aufgrund der Vielfalt solcher Ausdrücke ist eine vollständige Auflistung solcher indexikalischer Ausdrücke äußerst kompliziert, zudem finden sich solche in den verschiedensten Wortarten. Neben Pronomen wie ›ich‹, ›du‹, ›uns‹, ›andere‹, fallen z.B. Adverbien wie ›hier‹, ›jetzt‹, ›gestern‹ oder Adjektive wie ›heutig‹, oder ›hiesig‹ darunter.

Eine **Unterscheidung verschiedener Typen deiktischer Ausdrücke** geht zurück auf David Kaplan. Dieser trennte indexikalische von demonstrativen Ausdrücken, wobei das Verständnis der letzteren – also z.B. von ›dieses‹ oder ›du‹ das Erfassen einer intentionalen Beziehung, einer Zeigegeste etwa, voraussetzt. Indexikalische Ausdrücke verlangen dies nicht, da es beispielsweise zum Verständnis des Ausdrucks ›ich‹ hinreichend ist, den Sprecher zu kennen, bei ›hier‹ nur der Äußerungsort bekannt sein muss und bei ›morgen‹ die Kenntnis der Äußerungszeit hinreichend ist. John Perry (1997) fasst dies so auf, dass indexikalische Ausdrücke in einem gewissen Sinn automatisch referieren, während demonstrative es nicht tun. Zu beachten ist, dass in der Literatur mitunter auch andere terminologische Unterscheidungen anzutreffen sind (vgl. z.B. Newen/Schrenk 2008).

Ein entscheidender Beitrag zur Theorie deiktischer Ausdrücke stammt insbesondere von Richard Montague, dessen **Parametertheorie** (vgl. Montague 1970) zufolge sich die Probleme der Deixis, also sowohl der indexikalischen als auch der demonstrativen Ausdrücke, durch eine Relativierung der Wahrheit des Satzes auf einen Index bzw. Referenzpunkt lösen lassen.

David Kaplans **Charakter-Theorie** (vgl. Kaplan 1989) sieht deiktische Ausdrücke als Funktionen an, die Kontexte auf Bedeutungen abbilden, und nennt sie »Charakter«. Zentral ist dabei die Unterscheidung zwischen Äußerungskontext und Auswertungswelt, wobei letzteres diejenige (mögliche) Welt ist, in der die Wahrheit des Satzes bewertet wird.

Eine ernstzunehmende philosophische Konsequenz dieser Konzeption ist es, dass Äußerungen wie »Ich existiere« oder »Ich bin jetzt hier« in jeder Welt (und jedem Äußerungskontext) wahr sind – also **notwendig wahr** sind. Dabei ist der Inhalt der Sätze verschieden von Kontext zu Kontext und demnach **kontingent**. Abhilfe schafft hier erst die Unterscheidung zwischen Äußerungs- und Bewertungskontext (vgl. Perry 1979).

Beispiel

Kontext C_1: Äußerung von Fred
Kontext C_2: Äußerung von Hans
Welt W_1: Nur Fred ist Philosoph.
Welt W_2: Nur Hans ist Philosoph.

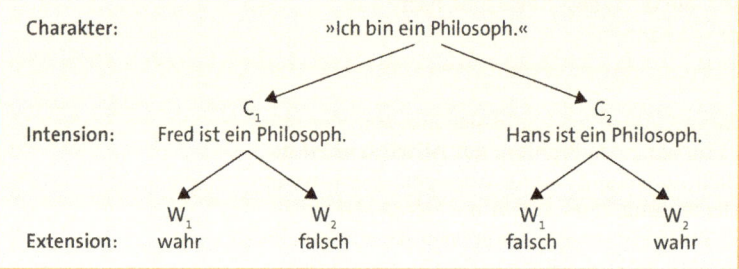

4.4.2 | Implikaturen

Bei einer Implikatur – nicht zu verwechseln mit einer Implikation – handelt es sich um eine **Bedeutungsverschiebung**, bei der nicht das gemeint, erfragt oder vorgeschlagen wird, was wortwörtlich ausgedrückt wird. Nach Paul Grice, der den Begriff der Implikatur geprägt hat (vgl. Grice 1993b), ist für die Wahrheit des Satzes dennoch das wortwörtlich gesagte und nicht das implikierte ausschlaggebend. Er unterscheidet zwei verschiedene Arten von Implikaturen:

Eine konventionelle Implikatur liegt vor, wenn durch bestimmte verwendete Wörter oder auch eine bestimmte Art, wie etwas gesagt wird, mehr als das wortwörtlich Gesagte ausgedrückt wird. Diese Implikatur ist dabei kontextunabhängig. Der Satz »Bill ist ein Engländer, d. h., er ist mutig« drückt so z. B. mehr aus, als dass Bill ein Engländer und mutig ist. Nämlich dass Bill aufgrund dessen, dass er Engländer ist, mutig ist.

Eine konversationale Implikatur ist dagegen gegeben, wenn die literale Bedeutung einer Äußerung abhängig vom Kontext verschoben wird. Sage ich z. B. im strömenden Regen »Schönes Wetter heute!«, so meine ich damit im gegebenen Kontext eben nicht, dass das Wetter schön ist, sondern eher das Gegenteil.

Die konversationalen Implikaturen unterteilen sich weiter in die sog. **partikularen** und **generalisierten Implikaturen**, wobei erstere von einem bestimmten Kontext abhängen, während letztere in jedem Kontext wirksam sind. So wird z. B. die eben angeführte Implikatur über die Qualität des Wetters bei gutem Wetter nicht gelingen. Generell hängt das Gelingen solcher konversationaler Implikaturen nach Grice dabei von der **Erfüllung des Kooperationsprinzips** ab, welches Folgendes fordert: »Mache deinen Gesprächsbeitrag jeweils so, wie es von dem akzeptierten Zweck oder der akzeptierten Richtung des Gesprächs, an dem du teilnimmst, gerade verlangt wird« (Grice 1993b, S. 248). Aus diesem Kooperationsprinzip ergeben sich dann konkrete Maximen, d. h. Grundsätze, von denen ein Hörer in einem rationalen Gespräch annimmt, dass sie befolgt werden. Die Griceschen Kooperationsmaximen teilen sich dabei in die folgenden vier Gruppen:

- **Maximen der Quantität:** Sei so informativ wie nötig!
  Sei nicht informativer als nötig!
- **Maximen der Qualität:** Sage nichts, das du für falsch hältst!
  Sage nichts, wofür dir angemessene Gründe fehlen!
- **Maximen der Modalität:** Fasse dich kurz! Vermeide Dunkelheit des Ausdrucks!
  Immer der Reihe nach! Vermeide Mehrdeutigkeit!
- **Maxime der Relevanz:** Sei relevant!

Bei dem oben genannten Regen-Beispiel funktioniert die Implikatur z. B. nur, weil für den Hörer offensichtlich ist, dass der Sprecher (wortwörtlich) etwas gesagt hat, was auch der Sprecher für falsch hält. Da dies aber der Maxime der Qualität entgegensteht, von deren Befolgung ein Hörer normalerweise ausgeht, will der Sprecher wohl etwas anderes zum Ausdruck bringen, z. B., dass Mistwetter herrscht. Eine Verletzung der genannten Maximen hat demnach nicht zwangsläufig ein Missverständnis zur Folge, solange das Kooperationsprinzip noch befolgt wird. So kann z. B. durch das Äußern irrelevanter Punkte in einem Arbeitszeugnis impliziert werden, dass es nichts über die Person zu berichten gibt, was relevant und positiv ist. Der Autor dieses Zeugnisses hat in diesem Fall zwar die Maxime der Relevanz verletzt, aber wohl nur, um überhaupt informativ zu sein, also um die Maxime der Quantität nicht völlig zu verletzen.

Weitere wichtige Eigenschaften konversationaler Implikaturen sind die **Ablösbarkeit** – die Implikatur bleibt erhalten, wenn einzelne Ausdrücke durch Synonyme ersetzt werden – und die **Aufhebbarkeit** – ein Hinzufügen der Negation des Implikierten hebt die Implikatur auf, ohne eine Kontradiktion hervorzurufen.

4.4.3 | Präsuppositionen

Definition

> Eine → Präsupposition ist eine implizite Voraussetzung eines Satzes. So scheint z. B. der Satz »Der gegenwärtige König von Frankreich ist kahlköpfig« vorauszusetzen, dass Frankreich überhaupt einen König hat.

Insbesondere Peter F. Strawson (1985) vertiefte den Präsuppositionsbegriff um Russells Analyse solcher Voraussetzungen zu kritisieren. Nach Russells Analyse (s. 4.2.3) ist die Antwort auf die Frage, »Ist der gegenwärtige König von Frankreich kahlköpfig?«, ein klares Nein. Andere Reaktionen, die z. B. die Sinnhaftigkeit der Frage bezweifeln oder schlicht erwidern, dass Frankreich doch überhaupt keine Monarchie sei, kann Russell jedoch nicht erklären. Nach klassischer (semantischer) Definition dagegen ist die Wahrheit der Präsupposition eine notwendige Bedingung sowohl der Wahrheit als auch der Falschheit des Satzes. Ist die Präsupposition nicht erfüllt, ist daher sowohl der Satz als auch seine Negation weder wahr noch falsch.

Diese **Ablehnung des aristotelischen *tertium non datur*** (dt. ein Drittes, neben Wahrheit und Falschheit, gibt es nicht) führte in der Folge auch zur Entwicklung nicht-klassischer Logiken, so kann z. B. in der partialen Logik die Wahrheit eines solchen Satzes als »unbestimmt« charakterisiert werden.

Eine Alternative zu dieser semantischen Konzeption von Präsuppositionen bieten verschiedene **pragmatische Konzeptionen**. Letzteren ist dabei gemein, dass sie Präsuppositionen als eine Bedingung für die Möglichkeit einer gelungenen Äußerung ansehen, wozu sie mitunter weder wahr noch falsch sein müssen. Das Spektrum pragmatischer Theorien der Präsuppositionen reicht dabei von sprechakttheoretischen Ansätzen – Präsuppositionen sind Bedingungen für den akzeptablen Gebrauch eines Satzes – über sprecherbasierte Ansätze – Präsuppositionen sind die vom Sprecher in einem Diskurs als geteilt vorausgesetzten Hintergrundannahmen – bis hin zu konversationalen Ansätzen, die Präsuppositionen als spezielle Form von Griceschen Implikaturen ansehen.

Generell unterscheidet man verschiedene Auslöser (engl. *trigger*) von Präsuppositionen. Dazu gehören (der Doppelpfeil >> symbolisiert die Präsuppositionsbeziehung):

Auslöser von Präsuppositionen

Eigennamen	*Kepler* starb (nicht) im Elend. >> Es gibt jemanden namens Kepler.
Quantoren	(nicht) *Jedes* der Kinder von John schläft. >> John hat Kinder.
Aspektverben	John hat (nicht) *aufgehört* zu rauchen. >> John hat geraucht.
Betonung	Der FLEISCHER tötete die Gans (nicht). >> Jemand tötete die Gans.
Spaltsätze	Es war (nicht) Barney, der den Honig stahl. >> Jemand stahl den Honig.

Ob in einem Satz eine Präsupposition vorliegt oder nicht, lässt sich dabei durch sog. Präsuppositionstests ermitteln, z. B. dem **Negations-** oder dem **Modalitätstest**. Präsuppositionen sind demnach diejenigen Folgerungen eines Satzes, die bei dessen Negation bzw. bei Einbettung unter Modalitätsoperatoren, z. B. der Möglichkeit, erhalten bleiben.

Besondere Beachtung verdient das **Projektionsproblem** der Präsuppositionen (vgl. Langendoen/Savin 1971), das untersucht, was passiert, wenn präsupponierende Sätze in komplexere Sätze eingebunden werden. Hier hat sich die einfache **kumulative Hypothese**, dass ein komplexer Satz die Konjunktion der Präsuppositionen seiner Teilsätze aufweist, als falsch herausgestellt. So präsupponiert der Satz »Hans glaubt, dass John aufgehört hat zu rauchen« z. B. nicht, dass John geraucht hat.

4.4.4 | Sprechakte

Die Existenz von Äußerungen bzw. Sätzen, bei denen es verfehlt zu sein scheint, danach zu fragen, ob sie wahr oder falsch sind, führte John Austin 1962 zu seiner Sprechakttheorie (SA).

Äußerungen wie »Ich verdopple« bei einer Pokerrunde oder »Hiermit erkläre ich euch zu Mann und Frau« sind demnach nicht als deskriptive (also beschreibende) Sätze zu verstehen, sondern als **performative Sätze**. Sprachhandlungen lassen sich nur nach den Bedingungen beurteilen unter welchen sie gelingen oder misslingen. Einige dieser **Gelingensbedingungen** (Austin nennt sie »felicity conditions«) seien hier genannt: Es muss eine konventionelle Regel geben, nach welcher der Sprechakt vollzogen wird. Die Umstände und Personen müssen dieser Regel entsprechen. Die Regel muss korrekt und vollständig ausgeführt werden. Die beteiligten Personen müssen oft entsprechende Gefühle, Gedanken oder Absichten aufweisen, und ggf. einem geforderten Anschlussverhalten Folge leisten. Bei den zugrundeliegenden konventionellen Regeln muss es sich jedoch nicht um explizite, z. B. kodifizierte, Regeln handeln.

Ein konkreter Sprechakt lässt sich nach Austin in folgende drei Komponenten zerlegen:
- Der **lokutionäre Akt** umfasst die Bedeutung bzw. den Inhalt der jeweiligen Äußerung.
- Der **illokutionäre Akt** umfasst den Handlungsaspekt bzw. Typ der Handlung, also ob es sich dabei um einen Befehl, ein Versprechen oder etwas anderes handelt.
- Der **perlokutionäre Akt** schließlich umfasst die Folgen des Sprechaktes, also z. B. die durch den

Sprechakt geschaffenen oder veränderten Tatsachen.

Insbesondere der illokutionäre Aspekt lässt sich dabei auch explizit machen. So kann statt der Äußerung »Ich werde hier sein« dasselbe Versprechen auch durch die Äußerung »Ich verspreche, dass ich hier sein werde« gegeben werden. Das handlungsanzeigende Verb, hier »versprechen«, bezeichnet man dabei als **illokutionären Indikator**.

Eine signifikante Erweiterung erfuhr die Sprechakttheorie durch die Arbeit von John R. Searle (SA), der eine Einordnung der illokutionären Sprechakte erarbeitete (s. Tabelle).

Auch lassen sich nach Searle die Gelingensbedingungen für einzelne Sprechakte genauer unterscheiden in sog. Einleitungs-, Gehalts-, Aufrichtigkeits- und wesentliche Bedingungen. Beachtenswert ist weiterhin, dass Sprechakte indirekt erfolgen können, dass also mitunter ein deklarativer Sprechakt, z. B. »Es ist kalt«, für einen abweichenden Sprechakt gebraucht wird, hier z. B. um die Aufforderung auszudrücken, dies zu ändern. Unter diese indirekten Sprechakte fallen somit auch z. B. als Drohung gemeinte Versprechen, als Aufforderung gemeinte Fragen oder als Warnung gemeinte Bitten.

Im Sinne der Sprechakttheorie kann daher Sprache ähnlich wie beim späten Wittgenstein nicht einfach auf etwas die Welt Abbildendes reduziert werden (dies gilt nur für repräsentative Sprechakte), sondern kann nur **in Bezug auf reale und mentale Phänomene**, also z. B. Handlungen und Absichten, erklärt werden.

Illokutionärer Sprechakt	Zweck	Anpassrichtung	Psychischer Zustand	Beispiel
Deklarative	Institutionelle Routinen	Welt-an-Wort	variabel	»Ja, ich will.« (Heirat)
Repräsentative	Festlegung auf die Wahrheit	Wort-an-Welt	Glaube/Wissen	»Es gibt Leptonen.«
Direktive	Hörer soll etwas tun	Welt-an-Wort	Wunsch	»Öffne das Fenster!«
Kommissive	Festlegung auf eine Handlung	Welt-an-Wort	Absicht	»Ich verspreche es.«
Expressive	Ausdrücken einer Einstellung	unklar	variabel	»Ich mag kein Eis.«

Überblick über illokutionäre Sprechakte

Literatur

Burge, Tyler: »Individualism and the Mental«. In: *Midwest Studies in Philosophy* 4/1 (1979), S. 73–121.
Carnap, Rudolf: *Einführung in die symbolische Logik*. Wien 1954.
Church, Alonzo: »The Need for Abstract Entities in Semantic Analysis«. In: *Proceedings of the American Academy of Arts and Sciences* Nr. 80/1 (1951), S. 100–112.
Donellan, Keith S.: »Reference and Definite Descriptions«. In: *The Philosophical Review* 75/3 (1966), S. 281–304.
Grice, H. Paul: »Intendieren, Meinen, Bedeuten« [engl. 1957]. In: Georg Meggle (Hg.): *Handlung, Kommunikation, Bedeutung*. Frankfurt a. M. 1993a, S. 2–15.
– : »Logik und Konversation« [engl. 1975]. In: Georg Meggle (Hg.): *Handlung, Kommunikation, Bedeutung*. Frankfurt a. M. 1993b, S. 243–265.
Kaplan, David: »Demonstratives«. In: Perry Almog u. a. (Hg.): *Themes from Kaplan*. Oxford 1989, S. 481–563.
Langendoen, D. Terence/Savin, Harris B.: »The Projection Problem for Presuppositions«. In: Charles Fillmore u. a. (Hg.): *Studies in Linguistic Semantics*. New York 1971, S. 55–62.
Montague, Richard: »Universal Grammar«. In: *Theoria* 36 (1970), S. 373–398.
– : »The Proper Treatment of Quantification in Ordinary English«. In: Jaakko Hintikka u. a. (Hg.): *Approaches to Natural Language: Proceedings of the 1970 Stanford Workshop on Grammar and Semantics*. Dordrecht 1973, S. 221–242.
Moore, George Edward: »The Nature of Judgement«. In: *Mind* 8/30 (1899), S. 176–193.
Newen, Albert/Schrenk, Markus A.: *Einführung in die Sprachphilosophie*. Darmstadt 2008.
Perry, John: »The Problem of the Essential Indexical«. In: *Noûs* 13/1 (1979), S. 3–21.
– : »Indexicals and Demonstratives«. In: Bob Hale/Crispin Wright (Hg.): *A Companion to the Philosophy of Language*. Oxford 1997, S. 586–612.
Prechtl, Peter: *Sprachphilosophie*. Stuttgart/Weimar 1998.
Quine, Willard Van Orman: *From Stimulus to Science*. Cambridge 1995.
Schönrich, Gerhard: *Semiotik zur Einführung*. Hamburg 1999.
Strawson, Peter F.: »Über Referenz« [engl. 1950]. In: Ursula Wolf (Hg.): *Eigennamen*. Frankfurt a. M. 1985, S. 94–126.

Norbert Engemaier

5 Philosophie des Geistes

5.1 Begriffsbestimmungen
5.2 Der Dualismus
5.3 Reduzierbarkeit mentaler auf physische Eigenschaften?
5.4 Mentale Repräsentation
5.5 Bewusstsein

5.1 | Begriffsbestimmungen

In der Teildisziplin *philosophy of mind* – üblicherweise mit »Philosophie des Geistes« übersetzt – geht es weder um einen religiösen oder spirituellen Begriff noch um das Leitkonzept des Deutschen Idealismus, wie es sich im Titel von Hegels *Phänomenologie des Geistes* niederschlägt. Der englische Ausdruck *mind* geht auf das lateinische *mens* zurück. Eine Übersetzung mit »Verstand« wäre aber zu eng, deshalb sollte man es bei der Rede vom »Mentalen« belassen.

> **Definition**
>
> Die → Philosophie des Geistes befasst sich mit dem Gesamtbereich des Mentalen oder Psychischen, also mit allen ›geistigen‹ Zuständen, wie z. B. Überzeugungen, Wünschen, Wahrnehmungserlebnissen, Schmerzempfindungen und allen ›geistigen‹ Leistungen, wie z. B. Denken, Entscheiden. Ziel ist es, die Natur dieser Zustände und Leistungen zu beschreiben und nach Möglichkeit auch zu erklären, sowie deren Erkennbarkeit auszuloten.

Grundfragen: Die Fragen, die hier aufgeworfen werden, betreffen unterschiedliche Themenfelder:
- Was sind mentale Zustände bzw. Leistungen?
- Handelt es sich dabei um materielle (physische) Zustände bzw. Leistungen, die von einem körperlichen Organ wie dem Gehirn erbracht werden oder um Zustände bzw. Leistungen einer immateriellen ›Seele‹?
- Sind diese Zustände bzw. Leistungen physikalisch beschreibbar oder (nur) psychologisch? Welche Arten von mentalen (psychischen) Phänomenen gibt es?
- Wie können Zustände des Geistes einerseits etwas Außergeistiges wie die Dinge und Sachverhalte der Welt ›repräsentieren‹, andererseits auf diese Dinge und Sachverhalte einwirken?
- Wodurch ist der Inhalt einer Repräsentation bestimmt?
- Und schließlich die wohl schwierigste Frage: Was ist Bewusstsein und wie ist es zu erklären?

Die Fragen tangieren fast alle anderen Teildisziplinen der Theoretischen Philosophie, z. B. die **Ontologie**: Ist der ›Geist‹ materieller Natur und reduzierbar auf Physik (s. Kap. II.A.1)? Oder bildet er eine Wirklichkeit *sui generis*? Belange der **Erkenntnistheorie** und **Sprachphilosophie** (s. Kap. II.A.2 und 4) werden berührt, wenn genauer untersucht wird, was eine mentale Repräsentation sein kann, wie sie strukturiert ist und was sie leistet. Auch Brücken zur **Praktischen Philosophie** lassen sich leicht herstellen. So ist der Personbegriff aufs engste mit dem für die Philosophie des Geistes zentralen Begriff des Bewusstseins verwoben. Neben diesen innerphilosophischen Vernetzungen zeichnen sich auch direkte Verbindungswege zu bestimmten empirischen Wissenschaften ab, insbesondere zur **Psychologie**, den **Neuro-** und den **Kognitionswissenschaften**, und zwar Wege, die zum Vorteil beider Seiten in beiden Richtungen begangen werden.

In unserer Alltagsrede zeigen wir uns sowohl mit mentalen Phänomenen als auch mit Körpern, also mit Psychischem wie Physischem bestens vertraut. Die ontologische Frage nach der Natur des Geistes eröffnet uns dann **zwei grundsätzliche Möglichkeiten**, philosophisch Position zu beziehen: Entweder sind wir Monisten, d. h. wir versuchen die untersuchten Phänomene rein psychisch oder aber rein physisch zu beschreiben, oder Dualisten, d. h. wir erklären welcher Zusammenhang zwischen Physischem und Psychischem besteht. Beide Grundpositionen sind wiederum jeweils in mehreren Spielarten verfügbar, die freilich nicht alle in gleicher Weise überzeugend sind und des-

Monismus oder Dualismus

5.1 Philosophie des Geistes

Begriffsbestimmungen

halb heute auch nicht mehr alle ernsthaft vertreten werden.

Der Monismus ist als idealistischer oder materialistischer (physikalischer) Monismus möglich:

- Ein **idealistischer Monismus** behauptet: Alles Seiende sei letztlich geistiger Natur. Physisches sei auf Geistiges reduzierbar, weil Materie nur eine Manifestationsform von Geist sei – eine Position, die Berkeley, aber auch Hegel zugeschrieben wird (eine Variante davon ist der **Solipsismus**: alles, was existiert, existiert nur in meinem Geist).
- Der **materialistische (physikalistische) Monismus** hingegen behauptet: Alles Seiende sei letztlich materieller Natur. Geistiges sei auf Physisches reduzierbar. Diese theoretische Option erfreut sich heute breiter Zustimmung, da sie im Gegensatz zum Dualismus, der, wenn er noch vertreten wird, meist religiös motiviert ist, gut in das physikalistisch geprägte Weltbild passt. Die Spannbreite der Varianten reicht hier von einem eliminativen, d. h. die Existenz genuin ›geistiger‹ Phänomene verneinenden, bis hin zu einem nicht-reduktiven Monismus, der zwar von einer Abhängigkeit der mentalen von den physischen Zuständen ausgeht, die mentalen aber nicht definitorisch auf die physischen zurückführen will.
- Der **neutrale Monismus** ist eine Sonderform und wird heute von niemandem mehr vertreten. Er behauptet, Physisches und Psychisches seien nur zwei Aspekte ein und derselben grundlegenden Realität (Spinoza). Demnach gebe es eine Realität, die weder physisch noch psychisch ist, auf die sich aber alles Physische und Psychische reduzieren lassen müsse.

Der Dualismus versteht Physisches und Psychisches als zwei verschiedenartige und selbständige Formen der Realität. Historisch war es Platon, der in den sog. Unsterblichkeitsbeweisen der Seele (z. B. im *Phaidon*) zuerst ein dualistisches Konzept vertreten hat, in der Neuzeit ist es Descartes, dessen Substanzendualismus geradezu zum Paradigma einer solchen Position geworden ist. Für den **Substanzendualismus** ist der Mensch ein Doppelwesen, nämlich sowohl ausgedehnte (*res extensa*) als auch denkende Substanz (*res cogitans*). Im Gegensatz zu einem idealistischen Monismus gilt der Dualismus nicht als obsolet; er hat heute allerdings nur noch wenig Anhänger.

Die **unterschiedliche Relevanz** der angedeuteten Positionen bestimmt den Aufbau der folgenden Darstellung. Nach einer Betrachtung des Dualismus werden die Hauptspielarten des Physikalismus durchgemustert. Die Themen ›Repräsentation‹ und ›Bewusstsein‹ sind Gegenstand der abschließenden Kapitel. Als Kompass, der hilft, sich in dem unübersichtlichen Gelände zu orientieren, wird ein Vorschlag des australischen Philosophen Ian Ravenscroft aufgegriffen, die rivalisierenden Theorien nach dem **Kriterium der Erklärungsstärke** zu beurteilen, die sie in der Lösung der Kernprobleme unter Beweis stellen. Ravenscroft (2008, S. 10–13) führt die folgenden sechs verschiedenen Sachverhalte an:

1. Einige mentale Zustände werden von Zuständen der Welt verursacht.
2. Einige mentale Zustände verursachen Handlungen.
3. Einige mentale Zustände verursachen andere geistige Zustände.
4. Einige mentale Zustände sind bewusst.
5. Einige mentale Zustände handeln von Dingen der Welt.
6. Mentale Zustände bestimmter Art korrelieren systematisch mit Gehirnzuständen bestimmter Art.

Hauptwerke

4. Jh. v. Chr.	Platon: *Phaidon*
1641	René Descartes: *Meditationes de prima philosophia* (*Meditationen über die erste Philosophie*)
1690	John Locke: *An Essay Concerning Human Understanding* (*Versuch über den menschlichen Verstand*)
1781/87	Kant: *Kritik der reinen Vernunft*
1924/28	Franz Brentano: *Psychologie vom empirischen Standpunkt*, 3 Bände
1949	Gilbert Ryle: *The Concept of Mind* (*Der Begriff des Geistes*)
1956	Wilfrid Sellars: *Empiricism and the Philosophy of Mind* (*Der Empirismus und die Philosophie des Geistes*)
1970	Donald Davidson: »Mental Events« (»Geistige Ereignisse«)
1974	Thomas Nagel: »What is it like to be a bat?« (»Wie ist es, eine Fledermaus zu sein?«)
1975	Hilary Putnam: *Mind, Language and Reality*
1975	Jerry A. Fodor: *The Language of Thought*
1980	John R. Searle: »Minds, Brains and Programs« (»Geist, Gehirn, Programm«)
1986	Frank C. Jackson: »What Mary didn't know«
1987	Jerry A. Fodor: *Psychosemantics*
1991	Daniel C. Dennett: *Consciousness Explained* (*Philosophie des menschlichen Bewusstseins*)
1993	Jaegwon Kim: *Supervenience and Mind*
1995	Fred Dretske: *Naturalizing the Mind* (*Die Naturalisierung des Geistes*)

In der Beurteilung der einzelnen Positionen geht es nun darum zu überprüfen, wie überzeugend diese einzelnen Sachverhalte erklärt werden können und wie stark bzw. gewagt die dafür nötigen Zusatzannahmen sind, oder auch welche dieser Sachverhalte sich vor dem Hintergrund der zu beurteilenden Theorie überhaupt nicht erklären lassen.

5.2 | Der Dualismus

Der Substanzendualismus der Neuzeit behauptet, es gebe in der Welt zwei verschiedene Arten von Substanzen: mentale (denkende) und körperliche, die, obwohl völlig verschieden und voneinander getrennt, im Falle des Doppelwesens Mensch dennoch miteinander kausal interagieren sollen. Der Körper meldet Informationen an den Geist, der wiederum Befehle an den Körper erteilt, die dieser in Gestalt von Handlungen ausführt. Zur Zeit Descartes' galt: Sprachverwendung, Denken – d. h. vernünftig überlegen, mathematische Wahrheiten entdecken, Bewusstsein haben, Aufgaben lösen etc. – sind dem Geist zugeschriebene Operationen, die kein physischer Gegenstand ausführen kann. Also, so der **naturphilosophisch** gestützte Schluss Descartes', kann der Geist kein physischer Gegenstand sein.

Descartes' Argumentation: In den *Meditationes de prima philosophia* lassen sich zwei weitere Argumente finden, mit denen Descartes die Annahme des Geistes als einer denkenden, körperunabhängigen Substanz (*res cogitans*) stützt. Das erste ist eher **erkenntnistheoretisch motiviert** (vgl. die 2. Med.). Hinsichtlich der Existenz von körperlichen Dingen (*res extensa*) einschließlich meines eigenen Körpers kann ich mich grundsätzlich täuschen. Dann handelt das Erlebnis, das ich gerade habe, nicht von einem Körper in der Außenwelt, denn die ganze Außenwelt einschließlich meines Körpers könnte nur geträumt oder halluziniert sein. Doch in einem Punkt kann ich mich nicht irren: Ich kann nicht daran zweifeln, dass ich existiere. Descartes scheint aus der Prämisse: »Ich kann daran zweifeln, einen Körper zu haben« und der weiteren Prämisse: »Ich kann nicht daran zweifeln, dass ich existiere«, den folgenden Schluss zu ziehen: Ich bin nicht mit meinem Köper identisch, sondern ein denkendes Etwas (*res cogitans*).

Auch wenn zugestanden wird, dass Descartes gezeigt hat, dass die unbestreitbare Existenz eines *cogito* (»Ich denke«) nicht mit seinem Körper identisch gedacht werden *muss*, folgt daraus nicht ohne Zusatzannahme schon positiv, dass dieses *cogito* seinem Wesen nach eine denkende Substanz (*res cogitans*) sein muss, die tatsächlich unabhängig von einem Körper *ist*. Dieses Defizit soll das zweite sog. metaphysische oder modale Argument beheben (vgl. die 6. Med.). Hier schließt Descartes von der Möglichkeit (der Vorstellbarkeit) der Nichtidentität von Körper und *cogito* auf deren Nichtidentität. Er greift die Prämisse, dass Körper und *res cogitans* identisch sind, dadurch an, dass er zeigt, dass deren Nichtidentität zumindest vorstellbar und damit möglich ist. Die zweite Prämisse scheint zu sein, dass, wenn etwas identisch ist, es notwendig identisch ist. Die mögliche (vorstellbare) Nichtidentität zeigt also, dass Körper und *cogito* nicht notwendig identisch sind. Gegen den Vorwurf, er schließe von der epistemischen Möglichkeit (Vorstellbarkeit) der Nichtidentität auf die metaphysische Möglichkeit schützt sich Descartes durch die **Einführung des Gottesbegriffs** als eines metaphysischen Realitätsprinzips: Was ich (epistemisch) klar und deutlich in seinem Zusammenhang einsehen kann, ist von Gott so gemacht, wie ich es einsehe.

Das Problem des Substanzendualismus besteht darin, zu erklären, wie in den Worten der Ravenscroftschen Liste, (1) mentale Zustände von Körpern verursacht werden und wie (2) umgekehrt mentale Zustände Körperbewegungen bewirken. Im Anschluss an Descartes hat es natürlich nicht an Versuchen gefehlt, den Dualismus interaktionistisch zu rehabilitieren: etwa durch die **Annahme eines psychophysischen Parallelismus** (Leibniz): Geist und Körper sind durch Gott von Anfang an so synchronisiert, dass sie störungsfrei parallel laufen. Oder als **Okkasionalismus** (Malebranche): Gott greift in jedem einzelnen Fall ein, in dem eine Abstimmung erforderlich wird. Alle diese Versuche stehen und fallen mit dem zugrundegelegten starken Got-

Descartes: *Meditationes de prima philosophia* (1641)

tesprinzip. Ungeklärt ist auch wie (3) mentale Zustände andere mentale Zustände verursachen. Und nur wer die Figur einer introspektiv auf sich gerichteten Reflexion des *cogito* akzeptiert, wird (4) darin eine Erklärung für das Vorkommen bewusster Zustände sehen. Auch um beweisen zu können, dass (5) mentale Zustände von Dingen der Welt handeln, dass ihr Inhalt also nicht auf Illusion beruht, sondern einen Realitätsgehalt besitzt, muss sich Descartes wieder auf eine metaphysische Annahme stützen: Ein allgütiger Gott kann mich nicht (immer) täuschen wollen. In große Verlegenheit wird der Substanzendualismus schließlich durch die heute nicht mehr bestreitbare (6) systematische Korrelation von (körperlichen) Gehirnzuständen und mentalen Zuständen gebracht. Es ist deshalb nicht verwunderlich, dass der Substanzendualismus kaum noch Anhänger findet. Als Ausnahme wäre Swinburne (1986) zu nennen, der die These einer vom Körper unabhängigen Seele noch verteidigt, allerdings, wie Ansgar Beckermann (1999, S. 37 ff.) gezeigt hat, mit einem unzureichenden Argument.

Polarer Dualismus: Einen ganz anderen, nämlich erkenntnistheoretisch motivierten Ansatz, den Dualismus zu retten, verfolgt neuerdings Franz von Kutschera mit seinem Konzept eines »polaren Dualismus«. Zur Wirklichkeit gehören demnach nicht nur die beobachtbaren Körper, sondern eben auch die **Subjekte der Beobachtung**. Die physische Welt ist für Kutschera stets eine Welt für die Subjekte und deren nicht auf Physisches reduzierbare mentale Zustände und Leistungen (Kutschera 2009, S. 237 ff.). Kraft dieser prinzipiellen Bezogenheit der physischen auf die psychische Welt werden vielleicht die aufgestellten Anforderungen an die Erklärungsstärke in (5) und (6) leichter zu erfüllen sein. Aber auch ein so konzipierter Dualismus muss die psycho-physische Wechselwirkungen (1) und (2) erklären können, womit von Kutschera offensichtlich Schwierigkeiten hat, sieht er sich doch genötigt, die kausale Geschlossenheit der physischen Welt zu bestreiten (Kutschera 2009, S. 222).

Der Eigenschaftsdualismus, der ohne die Annahme einer unkörperlichen Substanz auskommt, bildet eine wichtige Variante des Dualismus. Statt zweier verschiedenartiger Substanzen wird **nur eine Substanz als Träger** von zwei verschiedenartigen Eigenschaften angenommen. David Chalmers (1996) vertritt eine solche Position in einer naturalistischen Lesart: Mentale Zustände sind nichtphysische Eigenschaften eines physischen Trägers, hier des Gehirns. Natürlich hat das Gehirn auch physische Eigenschaften, z. B. eine bestimmte Masse und ein bestimmtes Volumen, aber neben all diesen physischen Eigenschaften eben auch die besondere Eigenschaft ›geistig‹ zu sein, also z. B. Bewusstsein zu haben, Überzeugungen besitzen, Schmerzen empfinden zu können usw. Alle diese geistigen Eigenschaften sollen eigenständig sein – das unterscheidet den Eigenschaftsdualismus von der unten diskutierten Annahme supervenienter Eigenschaften. Entscheidend ist, dass diese Eigenschaften kausal ineffektiv sind. Mentale Phänomene haben keine kausalen Kräfte: Sie wirken weder auf Physisches noch auf anderes Mentales, sondern sind lediglich Begleiterscheinungen. Nach dieser, deshalb auch **Epiphänomenalismus** genannten, Position sind allein die physischen Eigenschaften des Gehirns kausal effektiv, sie sind die Ursachen der mentalen Eigenschaften. Fortgeschrittene Karies z. B. verursacht zwar Schmerzempfinden. Aber nicht der empfundene Schmerz ist die Ursache für den Zahnarztbesuch, er ist allenfalls eine ihn auslösende physische Ursache. Damit werden geistige Eigenschaften explanatorisch, d. h. für die Erklärung von Handlungen, bedeutungslos.

Wenige Schwierigkeiten hat diese Position mit den Anforderungen (5) und (6). Sie kann auch die Anforderung (1) an die Erklärungsstärke erfüllen, aber bei der Anforderung (2) versagt sie, insofern sie nicht zeigen kann, wie einige geistige Zustände Körperbewegungen verursachen. Ebenso wenig kann sie erklären, wie (3) geistige Zustände andere geistige Zustände verursachen. Unerklärt bleibt letztlich auch (4), wie es zu Bewusstsein kommt.

5.3 | Reduzierbarkeit mentaler auf physische Eigenschaften?

Dass die Mehrzahl der heutigen Philosophen zum materiellen (physikalischen) Monismus tendiert, hat nicht nur mit den Schwierigkeiten des Dualismus zu tun, die psychophysischen Wechselwirkungen zu erklären, sondern auch mit Entwicklungen im Umfeld der Philosophie. So wie die Ergebnisse der Hirnforschung, der Kognitionswissenschaften, aber auch Experimente der Künstli-

Philosophie des Geistes

Reduzierbarkeit mentaler auf physische Eigenschaften?

chen Intelligenz (KI) interpretiert werden, scheint sich das Konzept eines wie auch immer gearteten Monismus in dieses Umfeld besser einzufügen.

Wenn der ›Geist‹ nun materieller Natur sein soll, wie kann er dann immaterielle Eigenschaften haben? Dass wir Erlebnisse einer bestimmten phänomenalen Qualität haben, wenn wir eine reife Tomate sehen oder in eine Kiwi beißen (s. das unten diskutierte Qualia-Problem) wollen die meisten von uns ebenso wenig preisgeben wie die Vorstellung, dass wir in unserem Denken, Wünschen und Wollen auf etwas gerichtet sind (Intentionalitäts- bzw. Repräsentationsproblem). Zumindest im Alltag halten wir wie selbstverständlich an solchen Redeweisen fest. Der Diskussion dieser Probleme ist deshalb unten je ein eigenes Kapitel gewidmet.

Vor diesem Hintergrund erscheint das monistische Programm als **Reduktionsprogramm mit unterschiedlichen Radikalitätsstufen**, in denen das psychologisch geprägte Alltagsvokabular auf ein physikalisches Vokabular zurückgeführt werden soll. Für das Verständnis des Programms ist es von Vorteil, der Darstellung des tatsächlichen historischen Verlaufs der Debatte eine kurze systematische Betrachtung der zugrunde liegenden Konzepte voranzustellen.

Systematisch betrachtet, kann man von Reduktion in zweierlei Sinn sprechen, nämlich in einem intertheoretischen und in einem ontologischen Sinn (vgl. Beckermann 1999, S. 65; Ravenscroft 2008, S. 92 f.; Kutschera 2009, S. 141 f.).

Eine **intertheoretische Reduktion** einer Theorie T auf die Theorie T* liegt vor, wenn die Grundterme von T durch die Grundterme von T* definierbar sind. Als Beispiel dient meist die Definition von ›Temperatur‹ durch ›mittlere kinetische Energie‹. Der neue Ausdruck hat zwar eine andere Bedeutung als der, den er reduziert, aber den gleichen Umfang. Was die Theorie des Geistes angeht, so gilt: Wären entsprechende psycho-physische Brückengesetze bekannt, so könnte jedes Prädikat einer psychologischen Theorie auf ein Prädikat einer physikalischen Theorie reduziert werden.

In einer **ontologischen Reduktion** versucht man zu zeigen, dass die in verschiedenen Vokabularen beschriebenen Phänomene nur scheinbar zwei Arten von Wirklichkeit sind. Als Standardbeispiel fungiert hier die Reduktion von Wasser auf H_2O. Wasser ist demnach nichts anderes als H_2O. Die Chemie als die grundlegendere Theorie sagt uns, dass Wasser **type-identisch** mit H_2O ist, es sich also um dieselbe Art von Stoff handelt. Sind beide type-identisch, ist auch jedes Token, also jedes konkrete Vorkommnis von Wasser mit einem Token von H_2O identisch. Zwischen beiden Mengen von Token besteht eine naturgesetzlich geregelte Zuordnung, so dass jedes Vorkommnis von Wasser ein Vorkommnis von H_2O und umgekehrt auch jedes Vorkommnis von H_2O ein Vorkommnis von Wasser ist. Wiederum auf die Theorie des Geistes übertragen: Jeder bestimmte mentale Zustand ist notwendigerweise mit einem bestimmten Gehirnzustand identifizierbar und umgekehrt.

Die **Token-Identitätstheorie** bestreitet, dass es solche Type-Identitäten zwischen mentalen Zuständen und Gehirnzuständen gibt, und verweist auf das Phänomen der **multiplen Realisierbarkeit**. Man weiß aus vielen Untersuchungen, dass ein bestimmter mentaler Zustand bei verschiedenen Personen in unterschiedlichen Gehirnzuständen (beobachtbar an neuronalen Erregungsmustern) realisiert sein kann. So muss Schmerz z. B. nicht notwendigerweise in dem Feuern der berühmt-berüchtigten C-Fasern realisiert sein, er kann auch durch das Feuern von D-Fasern realisiert werden. In diesem Fall könnten die C-Fasern feuern, ohne dass die Person Schmerzen empfindet. Auf der Ebene der Tokens haben wir es also mit einer Vielzahl von Identitätsrelationen zu tun: $Schmerz_1$ ist identisch mit dem Feuern von C-Fasern, $Schmerz_2$ ist identisch mit dem Feuern von D-Fasern usw. Eine Verallgemeinerung über solchen Relationen würde dann wieder zu einer Type-Identität führen. Doch entsprechende Erwartungen haben sich bisher nicht erfüllt. Die multiple Realisierbarkeit lässt die Suche nach einfachen Gesetzen, welche die Korrelation regeln könnten, als aussichtslos erscheinen. Auch eine ontologische Reduktion wäre dann gescheitert. Zwar ist jeder mentale Zustand mit irgendeinem Gehirnzustand identisch, aber nicht mit einem bestimmten; wir kommen nicht weiter als bis zu einer Token-Identität. Solange wir uns weiterhin über Schmerzen, Überzeugungen, Wünsche usw. verständigen wollen, können wir auf das mentale Vokabular nicht einfach zugunsten eines physikalischen verzichten.

Supervenienz: Doch wie ist das Verhältnis positiv zu beschreiben? Mentale Zustände und Gehirnzustände sind ja in irgendeiner Weise korreliert. Nach der **Supervenienzthese** (von lat. *superveni-*

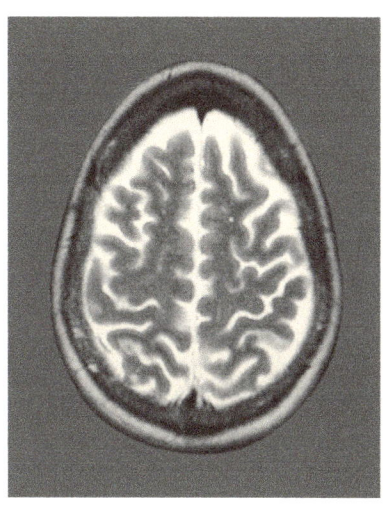

Magnetresonanztomographie eines Gehirns

Reduzierbarkeit mentaler auf physische Eigenschaften?

re: hinzu/dazukommen) lässt sich diese Beziehung so verstehen, dass mentale Zustände mit Gehirnzuständen kovariieren, und zwar wie folgt: Jede Änderung auf der supervenierenden Ebene (mentale Zustände) setzt eine Änderung auf der subvenierenden Ebene (Gehirnzustände) voraus – aber nicht umgekehrt (vgl. Kim 1988). **Mentale Zustände sind also durch physische Zustände bedingt**. Solche supervenienten mentalen Eigenschaften sind nicht mit den sogenannten ›emergenten‹ Eigenschaften zu verwechseln. Emergente Eigenschaften gelten als eigenständig, sie treten nicht wie die supervenienten nur zu den physischen Eigenschaften hinzu. Das beschriebene asymmetrische Verhältnis trägt dem Phänomen der multiplen Realisierbarkeit Rechnung. Die Supervenienzbeziehung lässt sich nun stärker oder schwächer, lokal oder global, analytisch oder nomologisch weiter bestimmen (vgl. Kutschera 2009, S. 142 ff.; hier nur die rudimentären Definitionen nach dem Vorschlag von Beckermann 1999, S. 203 ff.):

> **Definition**
>
> → **Starke Supervenienz:** Für alle Wesen x_1 und x_2 und alle möglichen Welten w_1 und w_2 gilt: Wenn x_1 in der Welt w_1 dieselben physischen Eigenschaften besitzt wie x_2 in der Welt w_2, dann hat x_1 in w_1 auch dieselben mentalen Eigenschaften wie x_2 in w_2.
> → **Schwache Supervenienz:** Für alle Wesen x_1 und x_2 (in der wirklichen Welt) gilt: Wenn x_1 und x_2 dieselben physischen Eigenschaften haben, dann haben sie auch dieselben mentalen Eigenschaften.
> → **Globale Supervenienz:** Für alle möglichen Welten w_1 und w_2 gilt: Wenn in w_1 die physischen Eigenschaften genau so verteilt sind wie in w_2, dann sind in w_1 auch die mentalen Eigenschaften genau so verteilt wie in w_2.

Die **globale Supervenienz** ist für die Analyse der Beziehung von mentalen Zuständen und Gehirnzuständen nur bedingt brauchbar. Da nur eine globale Verteilung der Eigenschaften betrachtet wird, würde schon ein winziger Unterschied in der Verteilung der Eigenschaften in irgendwelchen Objekten der Welt w_2 (z. B. in der Verteilung der Atome im Hauptkamm der Alpen) dazu führen, dass x_2 in w_2 andere mentale Eigenschaften haben müsste als der Gegenspieler x_1 in w_1. Als plausibler erweist sich eine Lokalisierung der in Frage kommenden Eigenschaften in bestimmten Objekten wie z. B. in der Umgebung des Wesens oder in seiner Entstehungsgeschichte.

Auch der **schwache Supervenienzbegriff** gibt nicht viel her; er ist z. B. damit vereinbar, dass es eine mögliche Welt mit einem Wesen gibt, das genau dieselben physischen Eigenschaften hat wie ich, aber dennoch keine Schmerzen empfindet, wenn ich sie empfinde.

In der Handhabung des **starken Supervenienzbegriffs** ist Vorsicht geboten, denn er verlangt eine notwendige (d. i. in allen möglichen Welten bestehende) Kovariation der physischen und mentalen Eigenschaften. Versteht man diese Kovariation in einem **analytischen** Sinne, dann wird Mentales und Physisches auch in seiner Bedeutung identisch gesetzt. Versteht man die Supervenienz in einem **nomologischen** Sinne, wird die Type-Identität von Mentalem und Physischem behauptet, was in Konflikt zur multiplen Realisierbarkeit des Mentalen im Physischen gerät.

Grundpositionen zur Reduktion mentaler Eigenschaften: In der folgenden Betrachtung können nun die verschiedenen Lesarten des Supervenienzbegriffs eingesetzt werden, um die historische Entwicklung in ihrer argumentativen Verzahnung transparenter werden zu lassen. Sie beginnt Anfang des 20. Jh.s mit einer Forschungsrichtung, die streng der Leitidee folgt: Es kommt nicht auf die inneren mentalen Vorgänge an, denn diese sind der Beobachtung nicht zugänglich, allenfalls der Selbstbeobachtung (Introspektion), der die Anhänger dieser Forschungsrichtung jedoch zutiefst misstrauen (vgl. auch die scharfe Kritik, die G. Ryle 1969 unter dem Stichwort »Gespenst in der Maschine« an diesem Konzept geübt hat).

Behaviorismus/semantischer Physikalismus: Beobachtbar ist nur das äußere Verhalten, das als Reaktion auf Reize zu erklären ist. Mentale Zustände und Leistungen sind **Dispositionen** von Personen, d. h., diese Personen haben die Eigenschaft, sich unter bestimmten Umständen in bestimmter Weise zu verhalten. Schmerz z. B. ist die Disposition, dann zu zucken oder zu schreien, wenn dem Körper bestimmte Dinge zustoßen, z. B. wenn die Hand die heiße Herdplatte berührt. Dispositionelle Erklärungen sind nicht mit Kausalerklärungen zu verwechseln, auch wenn sie damit eng zusammenhängen. Wenn wir sagen: »Diese Fensterscheibe ist zerbrechlich« behaupten wir, dass die Fensterscheibe zerbricht, wenn sie von

Philosophie des Geistes

Reduzierbarkeit mentaler auf physische Eigenschaften?

einem Stein mit einem bestimmten Impuls getroffen wird. Zwischen Zerbrechen und Impuls besteht ein gesetzmäßiger Zusammenhang. Der Schmerz als mentaler Zustand ist die Disposition, in der beschriebenen Weise zu reagieren, wenn die beschriebenen Reize auftreten.

Methodologisch schränkt der Behaviorismus den Forscher darauf ein, nur nach Gesetzen zu suchen, die Reize und Reaktionen verknüpfen. Auf programmatischer Ebene verbündet sich der Behaviorismus also mit einer Gruppe von Philosophen, die in den 1920er und 1930er Jahren unter dem Namen »Wiener Kreis« (Rudolf Carnap, Carl Gustav Hempel u. a.; s. Kap. I.7) bekannt wurden. Ihrem Credo zufolge sind nur diejenigen Sätze sinnvoll, die sich im Prinzip verifizieren, d. h. durch Erfahrung bestätigen lassen. Der Gehalt eines Satzes besteht aus der Menge der Protokollsätze, die aus ihm abgeleitet werden können (vgl. Beckermann 1999, S. 67). Die **Verifizierbarkeit** als Sinn-Kriterium für Aussagen findet sich dann im Grundsatz des Behaviorismus wieder: Nur die Aussagen über psychische Phänomene sind sinnvoll, die sich in bedeutungsgleiche physikalische Aussagen übersetzen lassen, d. h. in Aussagen, die ausschließlich physische Phänomene des Verhaltens und des Körpers beschreiben.

Die **Probleme dieses Forschungsprogramms** liegen auf der Hand, da nämlich nicht alle Reaktionen beobachtbar sind: Denken, Entscheiden usw. entziehen sich einer äußeren Beobachtung. Die beobachtbaren Reaktionen wiederum könnten auch simuliert sein. Ein Schauspieler kann Schmerzverhalten simulieren – auch wenn er keinen Schmerz empfindet. Umgekehrt kann eine stoische Person Schmerzverhalten unterdrücken, obwohl sie Schmerz empfindet – ein Hinweis darauf, dass Schmerzverhalten keine notwendige und hinreichende Bedingung für den mentalen Zustand des Schmerzempfindens ist. Der Behaviorismus kann auch nicht erklären, wie mentale Zustände andere mentale Zustände verursachen, z. B. wie zwei Überzeugungen in einem Schlussverfahren eine weitere Überzeugung herbeiführen. Neben der Schwierigkeit, mit dem zurechtzukommen, was man die »Rationalität« des Denkens nennt, gelingt es dem Behaviorismus auch nicht, Dispositionen durch eine abgeschlossene Menge von Bedingungen zu charakterisieren (vgl. Teichert 2006, S. 62). Spätestens seit Noam Chomskys Generalangriff auf den Behaviorismus (Chomsky 1959) hat dieses Forschungsprogramm beträchtlich an Attraktivität eingebüßt.

Identitätstheorie: Während es der Behaviorist für sinnlos hält, über mentale Zustände zu sprechen, weil nur beobachtbare Reize und Reaktionen relevant seien, akzeptiert der Vertreter einer Identitätstheorie die Rede von mentalen Zuständen. Insofern bildet die Identitätstheorie eine Reaktion auf die Schwierigkeiten, das mentale Vokabular auf ein physikalisches zu reduzieren. Als materialistischer Monist behauptet der Identitätstheoretiker, dass mentale Zustände und physische Zustände (Gehirnzustände) dasselbe sind, so wie eben Wasser mit H_2O identisch ist – im Sinne einer Type-Identität also. Um es in das Supervenienzschema einzuordnen: Mentale Zustände supervenieren in einem starken nomologischen Sinne auf Gehirnzuständen.

Type-Identität von mentalen und physischen Zuständen

Historisch können **Thomas Hobbes** und **Pierre Gassendi** als Vorläufer dieser Auffassung angesehen werden. Hier sind die Konzepte relevant, die in den 1950er Jahren von John J. C. Smart, Herbert Feigl u. a. entwickelt wurden. Zunächst kann ein Identitätsansatz klare Vorteile für sich verbuchen. Er muss nicht mit einem Dispositionsbegriff operieren, dessen Bedingungen er nicht vollständig angeben kann. Anders als der Dualismus hat die Identitätstheorie auch keinerlei Probleme mit dem Interaktionsproblem, d. h. den Punkten (1) und (2) in der Liste von Ravenscroft. Dass einige mentale Zustände von physischen Zuständen der Welt verursacht werden und mentale Zustände Handlungen (also Körperbewegungen) verursachen, bereitet aufgrund der angenommenen Type-Identität keine Schwierigkeiten. Dass (5) einige mentale Zustände von Dingen der Welt handeln, d. h. sie repräsentieren, lässt sich vielleicht mit bestimmten Theorien des Inhalts erklären (s. u.). Und (6) die systematische Korrelation von mentalen Zuständen und Gehirnzuständen ist schon durch die Definition der Identitätstheorie gegeben; auf eine Übersetzbarkeit des mentalen Vokabulars in ein physikalisches ist die Identitätstheorie nicht angewiesen. Als problematisch erweist sich eher die Annahme, dass (3) einige geistige Zustände andere geistige Zustände verursachen, weil die kausalen Beziehungen zwischen den damit identischen Gehirnzuständen zugleich auch rationale Beziehungen abbilden sollen. Eine Rationalitätstheorie auf physikalischer Grundlage scheint fraglich. Ein großes Rätsel bleibt (4) die Erklärung des Bewusstseins.

Was spricht gegen eine Identitätstheorie? Es ist vor allem der Begriff der Identität selbst, der sie in Turbulenzen stürzt. Nach Leibniz' **Prinzip der**

Reduzierbarkeit mentaler auf physische Eigenschaften?

Ununterscheidbarkeit des Identischen gilt: Wenn a und b identisch sind, haben a und b auch alle Eigenschaften gemeinsam. Das mentale Schmerzerlebnis z. B. und das Feuern von C-Fasern seien aber offenkundig ganz verschiedene Eigenschaften und könnten deshalb keinesfalls identisch sein. John C. Smart (1959) hat solche und ähnliche Einwände erfolgreich zurückgewiesen. Gewichtiger ist das **metaphysische** (modale) Argument gegen die Identitätskonzeption, das schon in der Diskussion von Descartes' Dualismus eine Rolle gespielt hat. Danach gilt die Aussage »Schmerz ist identisch mit dem Feuern von C-Fasern« nicht nur als wahr, sondern als notwendig wahr. Nun ist es aber durchaus möglich, dass Schmerz nicht mit dem Feuern von C-Fasern, sondern mit dem Feuern von D-Fasern identisch ist. Wenn ein mentaler Zustand M mit einem Gehirnzustand P identisch ist, dann nur kontingenterweise. Die metaphysische Möglichkeit, dass jemand im Zustand M sein kann, ohne im Zustand P zu sein, schließt eine strikte Identität von M mit P aus (vgl. Beckermann 1999, S. 128). Die Identitätstheorie ist auch nicht mit dem Prinzip der multiplen Realisierbarkeit kompatibel, das durch empirische Befunde aus der Hirnforschung gestützt wird. So wird ihr auch die empirische Grundlage entzogen, weshalb seit den 1970er Jahren das Interesse an ihr stark zurückgegangen ist.

Kontingente Identität

Anomaler Monismus: Diese von Donald Davidson selbst so bezeichnete Position einer **Token-Identitätstheorie** behauptet zweierlei. Einmal nimmt sie eine Token-Identität mentaler Zustände mit Gehirnzuständen an, zum anderen besteht sie darauf, dass es keine psycho-physischen Gesetze, d. h. keinen nomologisch geregelten Zusammenhang von mentalen Zuständen mit Gehirnzuständen gibt (Davidson 1985). Insofern ist dieser Ansatz eine Form eines **nicht-reduktiven Physikalismus**. Davidson versucht, die ontologische Identität der zwei Zustandsarten zu retten, ohne dafür den Preis der Identitätstheorie zahlen zu müssen, nämlich für beide auch gleiche Eigenschaften annehmen zu müssen. Beide Vokabulare, das mentale und das physikalische, bleiben in ihrer Eigenständigkeit unangetastet. Mangels strikter Brückengesetze können wir auf mentale Zustände immer nur in mentalem Vokabular Bezug nehmen, auch wenn jeder einzelne mentale Zustand mit einem physischen Zustand identisch ist. In der Begrifflichkeit der Supervenienzthese ausgedrückt vertritt Davidson also eine schwache lokale Supervenienz der mentalen Eigenschaften auf den physischen. Die Identität von mentalen Zuständen mit Gehirnzuständen ist nie generisch (dazu bedürfte es strikter Brückengesetze), sie bleibt singulär auf eine Person bezogen. Zu jeder mentalen Eigenschaft F und einer Person P gibt es eine physische Eigenschaft G, so dass gilt: Die Person P hat die psychische Eigenschaft F genau dann, wenn sie die physische Eigenschaft G hat (vgl. Kutschera 2009, S. 152).

Gemessen an den Ravenscroftschen Kriterien erweist sich der Anomale Monismus als genauso erklärungsstark wie die Identitätstheorie, d. h. er versagt nur in (4), der Erklärung des Bewusstseins, stolpert aber nicht über den Fallstrick, auch die Identität der Eigenschaften postulieren zu müssen.

Funktionalismus: Wie der anomale Monismus ist auch der Funktionalismus eine Reaktion auf das Scheitern der Identitätstheorie. Seit den 1960er Jahren entwickeln Hilary Putnam, Jerry Fodor, Daniel Dennett, David Lewis u. a. ein Forschungsparadigma, das auch Ergebnisse der Informatik, der Künstlichen Intelligenz und der Kognitionswissenschaften integrieren kann. Im Funktionalismus geht es nicht mehr um die Klärung der Frage, was mentale Zustände oder Leistungen ihrer Natur nach sind – kurz, was der Geist ist –, sondern allein um die Rolle, die solche Zustände und Leistungen in einem System oder Organismus spielen. Im Unterschied zum Behaviorismus interessiert sich der Funktionalismus aber für die kausalen Relationen zwischen dem Input, dem internen Zustand und dem Output des betrachteten Organismus oder Systems. Er muss deshalb den Einwand nicht fürchten, der den Behaviorismus in Verlegenheit brachte, ein Schauspieler oder Stoiker könnte für einen Output sorgen, ohne über die erwarteten inneren Zustände zu verfügen (vgl. Teichert 2006, S. 91).

Mit dem **Rekurs auf den Rollenbegriff** wird der Funktionalismus dem Phänomen der multiplen Realisierbarkeit mentaler Zustände in physischen Zuständen gerecht. Ob z. B. Schmerzen im Feuern von C-Fasern oder D-Fasern oder in etwas ganz anderem bestehen, kann offen bleiben, solange dieser Zustand eine bestimmte Rolle, genauer eine kausale Rolle in einem Organismus oder System spielt. Ein Schmerzzustand wird nun als der Zustand bestimmt, der durch bestimmte Ursachen (Input) herbeigeführt wird und bestimmte Wirkungen (Output) hat. Auch einem extraterrestrischen Wesen auf Silicium-Basis müssten wir Schmerzen zuschreiben, solange es die Bedingungen des funktionalen Schmerzbegriffs erfüllt. Die

Philosophie des Geistes

Reduzierbarkeit mentaler auf physische Eigenschaften?

kausale Rolle des jeweiligen inneren Zustands lässt sich als die ›Aufgabe‹ definieren, die dieser Zustand im Organismus oder System erledigt. So besteht die Schmerzaufgabe darin, den Organismus vor Schaden zu bewahren, indem z. B. die Hand auf der heißen Herdplatte sofort zurückgezogen wird.

Was der mentale Zustand seiner Natur nach ist, ob er mit einem Gehirnzustand identifiziert werden muss und auf welche Weise, kann hier **ontologisch unbestimmt** bleiben. Der Funktionalist enthält sich eines Urteils über die Natur der mentalen Zustände. Auch wenn die Funktionalisten in der Regel Physikalisten sind und einer Form der Identitätstheorie zuneigen, wäre der Funktionalismus sogar mit einem Substanzendualismus vereinbar, insofern der innere Zustand auch im entsprechenden Funktionieren einer nichtphysischen Substanz bestehen könnte. Nach dem Funktionalismus ist Schmerz einfach mit dem identisch, was die Schmerz-Rolle spielt. Wird im Sinne der Type-Identitätstheorie angenommen, die Schmerz-Rolle werde durch das Feuern von C-Fasern übernommen, dann gilt nach dem Prinzip der Transitivität natürlich auch, dass Schmerz identisch mit dem Feuern von C-Fasern ist. In der Token-Identitätstheorie gilt dann entsprechend die lokale Einschränkung auf das Feuern der C-Fasern bei einem singulären Wesen (vgl. Ravenscroft 2008, S. 103 ff.).

Ob und in welchem Umfang der Funktionalismus die Ravenscroftschen Kriterien (1) bis (6) erfüllt, hängt nun von der Festlegung ab, die zumindest einige Funktionalisten gerne vermeiden wollten: von der Natur der inneren Zustände, die die kausale Rolle spielen. Sollte die kausale Rolle z. B. von einer nichtphysischen Substanz gespielt werden, würde der Funktionalismus all die Probleme (vor allem in Bereich des Interaktionismus) erben, die der Substanzendualismus nicht bewältigen konnte. Eine Festlegung auf Gehirnzustände erbt die Vorteile und Probleme, die der jeweiligen Variante der angenommenen Identitätstheorie eigen sind. Einmal mehr stößt die Erklärung von Bewusstsein (4) auf Schwierigkeiten. So kann die kausale Rolle der Schmerzempfindungen z. B. nicht erklären, wie es ist, Schmerzen zu empfinden. Bewusstsein als phänomenale Qualität mentaler Zustände wird vom Funktionalismus überhaupt nicht erfasst. Offenkundig wissen wir, was Schmerzen sind, ohne deren kausale Rolle zu kennen.

Der Computer-Funktionalismus ist eine wirkmächtige Variante des Funktionalismus, hinter dem die **computationale Theorie des Mentalen** (CTM) steht. Als Verfechter gilt vor allem Jerry Fodor (1975), der in späteren Jahren jedoch eine skeptische Distanz zur Grundthese einnimmt. Die Vorstellung dass das, was wir ›Geist‹ nennen, auch in einem Computer realisiert sein kann, gehört zwar immer noch der Science-Fiction-Literatur an, dennoch sollte das Forschungsprogramm Künstlicher Intelligenz (KI) ernstgenommen werden. Der Grundidee nach versteht es den ›Geist‹ als ein Computerprogramm, das Gehirn als die Hardware, auf der das Programm läuft. Die starke KI-These behauptet, dass die Rechner, auf denen die entsprechenden Programme laufen, im buchstäblichen Sinne ›Geist‹ haben; die schwache KI-These beschränkt sich darauf, Computer nur als ein Hilfsmittel zu sehen, das ›Geist‹ erforscht.

Künstliche Intelligenz

Nach der CTM müssen mentale Zustände Symbole sein, die sowohl syntaktische als auch semantische Eigenschaften haben. Nun erkennen und manipulieren Computer Symbole lediglich auf der Basis ihrer syntaktischen Eigenschaften, nicht anhand ihrer semantischen Eigenschaften, also beispielsweise nicht daran, welchen Bezug oder welche Bedeutung die Symbole haben. Zum zentralen Problem der CTM wird dann die Frage, wie diese Symbole zu ihren semantischen Eigenschaften kommen. Erhalten sie die semantischen Eigenschaften voneinander? Oder durch die Beziehung auf die Dinge der Welt?

An dieser Stelle will John R. Searle zeigen, dass die starke KI-These falsch ist. Dafür hat er ein Gedankenexperiment ersonnen, das schon 1980 unter dem Titel »Das chinesische Zimmer« bekannt wurde (s. Bsp. S. 206; vgl. Searle 2006, S. 98 ff.; Searle 1993, S. 62, 221).

Für Searle selbst ist die **fehlende Intentionalität** das entscheidende Merkmal, an dem CTM scheitert. Intentionale Zustände haben einen semantischen Gehalt, der zur Syntax hinzutreten muss. Weil Computer nach Searle nur syntaktisch operieren, kann man ihnen keine intentionalen Zustände zuschreiben. Der Begriff ›Intentionalität‹ geht auf Franz Brentano zurück, der ihn Mitte des 19. Jh.s zur Beschreibung der Grundstruktur des Bewusstseins eingeführt hat, nämlich als Gerichtetsein des Bewusstseins auf etwas. (Nicht alle psychischen Zustände sind intentional, Schmerzempfindungen sind es z. B. nicht.)

Durch den Konnektionismus bekommt die CTM Mitte der 1980er Jahre Konkurrenz. Nach dieser Auffassung ist der Geist eine Art **parallel arbeitendes Netzwerk** (oder ein Ensemble solcher

Philosophie des Geistes

Reduzierbarkeit mentaler auf physische Eigenschaften?

Gedankenexperiment

»**Das chinesische Zimmer**«
Eine Person, die des Chinesischen nicht mächtig ist, ist in einem Zimmer eingesperrt. Um sie herum stehen mehrere Körbe mit chinesischen Schriftzeichen. Zusätzlich steht ihr noch ein deutsches Handbuch zur Verfügung, das die Regeln für die Handhabung der chinesischen Zeichen enthält. Diese Regeln sind rein formal, d. h. sie geben nur die syntaktischen Anweisungen zur Aneinanderreihung der Symbole an. Von der Bedeutung der Zeichen hat die Person keinerlei Kenntnis. Durch eine Öffnung werden nun chinesische Symbole in das Zimmer hineingereicht, welche die Person aber nur an ihrer Form erkennen kann. Unsere Person sieht dann in dem Handbuch nach, wie sie mit den hereingereichten Zeichen verfahren soll. So lautet eine Anweisung z. B., bestimmte Zeichen aus dem einen Korb herauszunehmen und mit bestimmten Zeichen aus einem anderen Korb zu verbinden und diese verbundenen Zeichen wieder nach draußen zu reichen. Wie sich herausstellt, bedeuten die hereingereichten Zeichen eine Frage zu einer Geschichte, die in den Schriftzeichen der Körbe dargestellt ist. Die herausgereichten Zeichen sind die Antwort – alles auf Chinesisch. Beobachter von außen können glauben, dass die Person in dem Zimmer Chinesisch versteht. Die Geschichte soll zeigen, dass das bloße Befolgen eines Computerprogramms (das syntaktische Verarbeiten von Zeichen) den Verstehensprozess einer Geschichte nicht erklären kann. Zwischen einem Wesen, das mentale Zustände hat, und einem Computer besteht also ein gravierender Unterschied (vgl. Searle 1994; vgl. auch Braddon-Mitchell/Jackson 1996, S. 107–111).

Netzwerke). Eine anschauliche Darstellung bietet Ravenscroft (2008, S. 178 ff.). Der Aufbau dieser Netzwerke ist dem Aufbau des menschlichen Gehirns ähnlich. Im Gegensatz zur CTM nimmt der Konnektionismus aber nicht eine zentrale Steuereinheit an, sondern eine Vielzahl von parallel arbeitenden Einheiten, die in drei Schichten angeordnet sind. (Im Einzelnen: Eine Schicht von Input- und Output-Einheiten; dazwischen eine verborgene Schicht. Jede Einheit der einen Schicht ist mit jeder Einheit der anderen Schicht verbunden. Die Verbindungen zwischen den Einheiten haben unterschiedliche Gewichtungen, je nachdem ab welchem Aktivierungsgrad sie übertragen sollen.) Konnektionistische Netzwerke können im Vergleich mit dem linear arbeitenden Computer-Modell der CTM entscheidende Vorteile für sich verbuchen: Sie sind z. B. lernfähig und vertragen auch minderwertige Inputs. Dennoch bleibt bis heute unklar, ob der Konnektionismus insgesamt Rationalität und Systematizität unserer mentalen Operationen (besser) nachbilden kann und ob er in dieser Hinsicht der CTM überlegen ist.

Eliminativer Materialismus: Im Gegensatz zu den Anhängern eines wie auch immer gearteten Reduktionsprogramms halten die Vertreter eines eliminativen Materialismus jeden **Reduktionsversuch für überflüssig**. Mentale Zustände gibt es ebenso wenig wie es Dämonen oder Hexen gibt.

Nicht-Existenz von mentalen Zuständen

An die Existenz mentaler Zustände glauben wir nur deshalb, weil sie in der Alltagspsychologie eine zentrale Rolle spielen. Nach Paul M. Churchland (1981) sind die Annahmen der Alltagspsychologie mit den Annahmen der Naturwissenschaften unvereinbar. Die Alltagspsychologie – so die optimistische Prognose – werde sich bald durch eine Theorie ersetzen lassen, die nur aus neurowissenschaftlichem Vokabular besteht, mit deren Begriffen die Alltagspsychologie unvereinbar sei. Die Alltagspsychologie sei eine oberflächliche, seit Jahrtausenden stagnierende Wissenschaft, die vor vielen Phänomenen (wie z. B. die Erklärung von Lernvorgängen, von Kreativität, von Geisteskrankheiten usw.) versagt habe (vgl. Beckermann 1999, S. 237 ff.).

Diese Position lässt sich leicht von den Konsequenzen her kritisieren. Wäre der eliminative Materialismus wahr, so könnten wir über keine intentionalen Erklärungen und Voraussagen mehr verfügen. Wir könnten nicht mehr zwischen ›absichtlich‹ und ›unabsichtlich‹ unterscheiden – mit dramatischen Folgen für unser Selbstbild als rational und verantwortlich handelnde Personen, für den sozialen Umgang mit den Mitmenschen und natürlich auch für die Rechtsprechung. Gegen den eliminativen Materialismus spricht auch, dass eine Neurowissenschaft, welche die Alltagspsychologie ablösen könnte, bisher nicht entwickelt wurde. Andere Autoren wie Fodor (1987) versuchen, die Eliminationsstrategie zu delegitimieren, indem sie anhand von Beispielen direkt bestreiten, dass die Alltagspsychologie tatsächlich die behaupteten gravierenden Mängel aufweise.

5.4 | Mentale Repräsentation

Einige mentale Zustände wie Überzeugungen, Wahrnehmungen, Wünsche, Hoffnungen, handeln von Dingen oder Sachverhalten. Sie sind im Unterschied zu anderen wie Schmerzempfindungen also **intentionale Zustände**, d.h. solche, die sich auf andere ›äußere‹ Objekte beziehen. Ist eine Person z.B. der Überzeugung, dass der Tisch hier rund ist, dann bezieht sie sich auf dieses Objekt Tisch und repräsentiert es als runden Tisch. Der Ausdruck ›**Repräsentation**‹ umfasst nicht nur mentale Zustände (lat. *repraesentatio*: Vorstellung, Gedanke, Idee usw. eines Bewusstseins), sondern alle Zeichenbeziehungen, von sprachlichen Zeichen bis hin zu Verkehrsschildern, Landkarten usw. In allen Fällen steht etwas (ein Zeichenmittel oder Repräsentamen) für etwas anderes (Zeichenobjekt), insofern es als etwas interpretiert wird. Das, wovon intentionale Zustände handeln, wird ›Inhalt‹ genannt. Ist der Inhalt ein Sachverhalt wie der, dass der Tisch rund ist, wird meist der Ausdruck ›**Proposition**‹ verwendet. Überzeugungen, Wünsche usw. sind deshalb **propositionale Einstellungen**. Glaube ich, dass der Tisch rund ist, nehme ich gegenüber der Proposition, dass der Tisch rund ist, die Einstellung des Glaubens (Fürwahrhaltens) ein. Wünsche ich, dass ich die Logik-Klausur bestehe, nehme ich gegenüber der Proposition, dass ich die Logik-Klausur bestehe, die Einstellung des Wünschens ein usw.

Probleme: Sowohl substanzendualistische als auch monistische Ansätze haben Probleme zu erklären, wie einige mentale Zustände (nämlich die intentionalen) überhaupt von Dingen bzw. von Sachverhalten der Welt handeln können, d.h. wie diese Zustände zu ihren Inhalten kommen (Punkt (5) in der Ravenscroftschen Liste) – allerdings stellen sich die Probleme auf je andere Weise. Die Debatte beginnt in der Neuzeit mit dem Cartesianismus, setzt sich über Lockes empiristische Interpretation des Cartesianismus fort, führt dann über Hume, Kant, Brentano und Husserl – um nur die wichtigsten Stationen zu nennen – bis zu den aktuellen Repräsentationstheorien von Putnam, Sellars, Fodor, Dretske u.a. In rein systematischer Betrachtung ergibt sich das folgende Bild: Sowohl im dualistischen als auch im monistischen Paradigma werden ›innere‹ Dinge als Träger des Inhalts angenommen. Im Dualismus gelten sie als ›geistige Substanzen‹, im materialistischen Monismus als physische Zustände des Gehirns. Für den Dualisten besteht das Problem darin, zu erklären, wie der Inhalt eines intentionalen Zustands, hier eine Vorstellung, mit dem Ding oder Sachverhalt in der Welt verbunden ist, sei es, dass sich im Falle von Überzeugungen deren Inhalt an den Gegebenheiten der Welt ausrichtet, sei es im Fall von Wünschen, dass sich die Welt an deren Inhalt ausrichtet. Mentale Zustände als ›geistige Substanzen‹ sind, wie bei Descartes zu studieren ist, nur schwer in einen kausalen Interaktionszusammenhang mit den ganz anders gearteten ›ausgedehnten Substanzen‹ der Welt zu bringen. Als unproblematisch gilt hier, dass intentionale Zustände überhaupt einen Inhalt haben. Sie besitzen diesen Inhalt intrinsisch, d.h. ohne Zusammenwirken mit etwas anderem.

Die Problemlage in den monistischen Ansätzen stellt sich spiegelverkehrt dar. Hier gilt die kausale Interaktion von Dingen bzw. Sachverhalten der Welt mit mentalen Zuständen als unproblematisch, insofern mentale Zustände in irgendeiner Weise ja selbst mit physischen Zuständen (Gehirnzuständen) identifiziert werden. Zum Problem wird hier die Frage, wie etwas Physisches wie Gehirnzustände von etwas anderem Physischem wie Dingen und Sachverhalten der Welt in der Weise handeln kann, dass es sich auf diese intentional bezieht und diese wahr oder falsch repräsentieren kann.

Nun werden Repräsentationen meist über ihre Inhalte individuiert, d.h. es macht einen Unterschied, ob ich glaube, den Abendstern oder den Morgenstern vor mir zu sehen. Doch solche Inhalte sind **referentiell opak**, d.h. sie legen den Bezug der Repräsentation nicht eindeutig fest. Ob die Bergwand vor mir wirklich rot ist oder im Abendlicht nur so erscheint oder ob sie im Halluzinationsfall gar nicht existiert, kann anhand des Repräsentationsinhalts nicht entschieden werden, denn in allen drei Fällen ist der Inhalt derselbe. Die Relation von Repräsentation und repräsentiertem Ding bzw. Sachverhalt kann nur mit Hilfe von weiteren theoretischen Annahmen geklärt werden, die einer eigenen Begründung bedürfen. Nicht alle sind in gleicher Weise überzeugend.

Ähnlichkeitstheorie: Wenn ich die Überzeugung habe, dass der Tisch rund ist, dann handelt der mentale Zustand deshalb von dem Tisch, weil er dem runden Tisch ähnlich ist. Nun ist jedoch alles allem mindestens in einer Hinsicht ähnlich (der Tisch z.B. einem abgesägten Baumstamm, der Mond einem Käsekuchen usw.). Es muss die Hinsicht angegeben werden, in der die Repräsentation (visuelle Erscheinung) des runden Tisches dem

Tisch hier ähnlich ist, von dem sie handelt. Die Frage führt schnell in Absurditäten: Ist die Repräsentation z. B. auch rund oder hat sie einen Durchmesser von 1 m Länge? Erklärungsprobleme stellen auch die Repräsentationen von abstrakten Gegenständen wie der Primzahl 7 oder Repräsentationen von Mengen. Die Menge aller runden Tische sieht eben nicht selbst wie ein runder Tisch aus.

Kausale Theorie: Diese Theorie stützt sich auf die Annahme, dass in der Regel nur Tische auch Repräsentationen von Tischen verursachen können. Meine Repräsentation eines Tisches handelt von einem Tisch, weil sie durch einen Tisch verursacht wurde. Auch hier stellen sich die Probleme mit abstrakten Gegenständen und Mengen von Gegenständen wieder ein. Drei weitere Probleme kommen hinzu.

Probleme der kausalen Theorie

- Zunächst das sog. **Tiefenproblem**: Der kausale Weg von Tischen zu der Repräsentation eines Tisches ist sehr lang. Was genau ist denn die Ursache für die Repräsentation? Das von der Oberfläche reflektierte Licht, das Aktivierungsmuster der Netzhaut, auf die das Licht fällt, das neuronale Erregungsmuster im visuellen Cortex? Welcher Stelle in dieser Kette wird der Inhalt zugeordnet?
- Das zweite Problem ist das sog. **Weitenproblem**: Wenn ich meinen Tisch betrachte, dann sehe ich nicht die ganze Gestalt, sondern nur die mir zugewandte Seite. Warum handelt meine Repräsentation dann nicht nur von diesem Teil, sondern von dem ganzen Tisch?
- Als gravierendstes Problem erweist sich das sog. **Disjunktionsproblem**. Es entsteht, weil es gelegentlich zu Fehlrepräsentationen kommt, wenn wir Dinge verwechseln. Unter ungünstigen Lichtverhältnissen kann es passieren, dass ich tatsächlich einen Tisch zu sehen glaube, obwohl da nur der abgesägte Baumstamm steht, der die Repräsentation verursacht hat. Meine Tisch-Repräsentation wird also von Tischen *oder* abgesägten Baumstämmen hervorgerufen – ein unerwünschtes Ergebnis für die kausale Theorie.

Als **Lösung des Disjunktionsproblems** hat Fodor (1987) vorgeschlagen, die Kausalbeziehung zwischen abgesägten Baumstämmen und Tisch-Repräsentationstokens so zu analysieren, dass sie **in asymmetrischer Weise** von der Beziehung zwischen Tischen und Tisch-Repräsentationstokens abhängt. Abgesägte Baumstämme würden keine Tisch-Repräsentationstokens verursachen, wenn Tische dies nicht täten. Umgekehrt gilt dies nicht (vgl. Beckermann 1999, S. 340). Tisch-Repräsentationstokens handeln nicht von abgesägten Baumstämmen, sondern von Tischen, weil zwischen der Eigenschaft, ein Tisch zu sein und der Eigenschaft, eine Ursache von Tisch-Repräsentationstokens zu sein, eine gesetzesartige Beziehung besteht. Die gesetzesartige Beziehung, die zwischen der Eigenschaft, ein abgesägter Baumstamm zu sein und der Eigenschaft, Ursache von Tisch-Repräsentationstokens zu sein, hängt asymmetrisch von der ersten gesetzesartigen Beziehung ab. Auch hier wird der Ansatz von den Problemen mit Repräsentationen von nichtexistenten Gegenständen bzw. Sachverhalten wie z. B. Hexen oder Phlogiston eingeholt.

Fodor geht mit vielen Philosophen, wie z. B. Dretske, davon aus, dass es die Dinge und Sachverhalte sind, die entscheiden, welchen Inhalt Repräsentationen annehmen. Diese Grundidee muss man nicht teilen. Nach der **Interpretationalen Semantik** von Robert Cummins (1989) sind wir es, die den Repräsentationen einen Inhalt zuweisen. Selbstredend darf diese Zuweisung nicht willkürlich erfolgen; sie muss sich auf Gründe stützen. Die Frage lautet hier nicht, aufgrund welcher Dinge und Sachverhalte Repräsentationen einen bestimmten Inhalt haben, sondern welche Gründe dafür sprechen, ihnen einen solchen Inhalt zuzu-

---

Beispiel: Bienentanz

Korrekt ausgeführt hat ein Bienentanz eine bestimmte Richtung. Er führt dazu, dass eine Zuschauer-Biene in die durch den Tanz angezeigte Richtung losfliegt, mit dem Erfolg, dass sie in der angezeigten Richtung Blumen findet und damit Nahrung sammeln und so zum Überleben der Art beitragen kann. Dieser Erfolg ist der Grund dafür, dass der Bienentanz immer wieder ausgeführt wird.

Was ist nun der Inhalt, den der Bienentanz repräsentiert? Ist er: »Blumen in der-und-der Richtung«? Die normalen Bedingungen, unter denen der Inhalt bestimmt wird, bestehen nicht nur darin, dass tatsächlich Blumen da sein müssen. Ebenso notwendig müssen die Lichtverhältnisse stimmen, die Blumen dürfen nicht durch ein Insektizid vergiftet sein usw. Wir bekommen es hier wieder mit dem Disjunktionsproblem zu tun. Denn die teleologische Funktion sagt uns streng genommen nur, dass der Inhalt »Blumen in der-und-der Richtung *oder* Abwesenheit von Insektiziden oder ...« ist. Sie lässt den Inhalt in diesem Rahmen unbestimmt.

weisen. Auch hier müssen Fehlzuweisungen von korrekten Zuweisungen unterschieden werden. So führen korrekte Zuweisungen zu einem erfolgreichen Verhalten, Fehlzuweisungen nicht (vgl. Beckermann 1999, S. 345 ff.).

Teleologische Theorie: Der Inhalt einer Repräsentation wird unter normalen Bedingungen durch das bestimmt, was ihn verursacht. Das Beispiel des Bienentanzes mag den Grundgedanken dieses Ansatzes veranschaulichen (s. Bsp. S. 208).

5.5 | Bewusstsein

Das wohl rätselhafteste Problem der Philosophie des Geistes ist das Phänomen des Bewusstseins. An seiner Erklärung drohen die meisten Theorien zu scheitern. Die Schwierigkeiten beginnen schon mit der Frage, ob der Terminus ›Bewusstsein‹ ein oder mehrere Arten von Bewusstsein bezeichnet und ob diese Arten aus einer Art Grundfigur ableitbar sind oder nur in einem mehr oder weniger lockeren Verwandtschaftsverhältnis stehen. In der einschlägigen Literatur scheinen sich folgende Art-Unterscheidungen durchzusetzen:

Phänomenales Bewusstsein: Das Bewusstsein dessen, wie es sich anfühlt, ein bestimmtes Erlebnis zu haben, hat eine bestimmte unverwechselbare Qualität. So **fühlt es sich auf eine bestimmte Weise an**, eine Kiwi zu essen, einen Sonnenuntergang zu erleben oder Zahnschmerzen zu haben, eine Weise, über die nur das Subjekt verfügt, das dieses Erlebnis vollzieht. Deshalb können wir beispielsweise alles über das Orientierungssystem der Fledermäuse wissen, was es zu wissen gibt. Wie es aber ist, sich auf diese Weise zu orientieren, werden wir nie herausfinden (vgl. Nagel 1981). Die phänomenale Qualität von Empfindungen, Wahrnehmungserlebnissen und Emotionen ist wohl unbestritten. Ob es auch auf eine bestimmte Weise ist, eine Überzeugung zu haben, mag offen bleiben.

Worauf ist ein solches phänomenales Bewusstsein gerichtet? Wenn ich als Normalsichtiger eine rote Oberfläche betrachte, stellt sich das visuelle Erlebnis der Röte ein. Der Oberbegriff für den phänomenalen Gehalt solcher Erlebnisse lautet ›Quale‹ bzw. im Plural ›**Qualia**‹.

Die Rolle dieses Begriffes ist umstritten. Einige Philosophen sehen darin geradezu das Fundament der Erkenntnistheorie, insofern hier ein Gehalt unmittelbar präsentiert wird, auf den sich Aussagen stützen können, andere wie z. B. Metzinger (1995) oder Dennett (2005) wollen diesen Begriff wegen seiner Undefinierbarkeit lieber eliminieren.

Zugriffsbewusstsein: Eine ganz andere Spielart von Bewusstsein manifestiert sich in den Steue-

> **Definition**
>
> Unter → Qualia versteht man unmittelbar gegebene, qualitative Bewusstseinszustände, die mit Sinnesempfindungen (Sehen, Hören, Fühlen, Schmecken, Riechen), Körperempfindungen (z. B. Schmerz, Hunger) oder Stimmungen einhergehen, sich jedoch von den diese auslösenden Objekten, Ereignissen und Eigenschaften unterscheiden. Qualia sind gekennzeichnet durch Erlebnischarakter, Subjektivität und Privatheit.

rungsleistungen, die wir erbringen, wenn wir uns sprachlich äußern, Handlungen planen und ausführen, Schlüsse ziehen usw. (vgl. Ravenscroft 2008, S. 287 ff.). Hier müssen uns Überzeugungen in dem Sinne bewusst sein, dass wir jederzeit auf sie zugreifen können. Nicht alle Überzeugungen sind in dieser Weise zugriffsbewusst. So ist uns beispielsweise die Tiefenstruktur der Chomsky-Grammatik in den meisten Situationen des Sprachgebrauchs wohl nicht zugriffsbewusst, obwohl wir in jeder sprachlichen Äußerung von ihrer Regelstruktur Gebrauch machen. Nicht alle Informationen kann man sich ins Gedächtnis rufen, manche kann man aber als wahr erkennen, wenn man mit ihnen konfrontiert wird. Zugriffsbewusstsein kann, aber muss nicht von einem phänomenalen Bewusstsein begleitet werden. Es ist umstritten, in welcher Beziehung phänomenales Bewusstsein und Zugriffsbewusstsein stehen. Ist das Zugriffsbewusstsein eine Funktion des phänomenalen Bewusstseins oder verhält es sich eher umgekehrt?

Selbstbewusstsein: Dieses schreiben wir einer Person zu, die zu sich ›ich‹ sagen kann, d. h. über einen Begriff des Selbst verfügt. Da es gute Belege dafür gibt, dass Primaten wie Schimpansen und Bonobos ihrer selbst bewusst sind, wird man Selbstbewusstsein nicht mehr von sprachlichen Artikulationen des Begriffs des Selbst abhängig

5.5 Philosophie des Geistes

Bewusstsein

Zentraler Begriff bei Kant und im Deutschen Idealismus

machen können. Traditionell spielt dieser Begriff bei Kant und im Deutschen Idealismus eine zentrale Rolle. Das: »Ich denke, muß alle meine Vorstellungen begleiten können« (Kant KrV B 131) ist nach Kant der »höchste Punkt der Philosophie«. Dem Selbstbewusstseins wird eine **erkenntnisermöglichende Funktion** zugeschrieben, insofern es die Instanz ist, die das Mannigfaltige aller gegebenen Repräsentationen als meine Repräsentationen in eine Einheit bringt, die wiederum die Grundlage dafür bildet, Urteile (Aussagen) über beliebige Gegenstände und Sachverhalte zu fällen. Der Rolle nach ist das Selbstbewusstsein eng verwandt mit dem Kontrollbewusstsein (für einen Überblick über analytische Selbstbewusstseinstheorien vgl. Frank 1994; über die der Tradition Kants folgenden Frank 1991).

Kontrollbewusstsein: Wir erleben unsere mentalen Zustände und Leistungen nicht nur in Gestalt eines phänomenalen Bewusstseins und greifen bewusst auf sie zu, sondern wir können diese Zustände und Leistungen auch überwachen. Ich kann nicht nur einfach die Überzeugung haben, dass es regnet, sondern die Überzeugung haben, dass ich diese Überzeugung habe, dass es regnet. Es handelt sich dabei um **höherstufige Zustände oder Gedanken** (*higher order thoughts*, daher der Name »HOT-Theorie«), also um Gedanken, Überzeugungen usw., die von anderen mentalen Zuständen handeln (vgl. dazu die Aufsätze in Teil 6 von Metzinger 1995).

Bewusstsein als Personalität: Aufgrund von Selbst- und Kontrollbewusstsein entsteht nach Locke erst die **Idee eines Selbst**. Damit ist ein Wesen gemeint, das sich seiner Identität über die Zeit hinweg bewusst ist. Nach Locke benötigen wir weder die Annahme einer materiellen noch einer immateriellen Substanz, um diesen Begriff zu bilden. Er verdankt sich der Leistung bewusster Denkvorgänge. Sind diese Denkvorgänge untereinander im Sinne von Selbst- und Kontrollbewusstsein verbunden, so ist damit die Identität einer Person gegeben (vgl. Teichert 2006, S. 154 ff.). Die Gleichsetzung von Bewusstsein und Personalität hat weitreichende ethische Implikationen, die hier nicht verfolgt werden können (vgl. Sturma 2005, S. 103 ff.).

In der Philosophie des Geistes sind es vor allem Fragen, die das **phänomenale Bewusstsein** betreffen, die als Herausforderung der materialistisch eingestellten Hauptströmungen verstanden wurden, und zwar einmal in **metaphysischer Hinsicht**: Lassen sich Qualia rein physikalisch erklären? Aber auch in **epistemologischer Hinsicht**: Wie bringt das Gehirn phänomenal bewusste Erlebnisse hervor? Welche Rolle spielen sie? (vgl. Ravenscroft 2008, S. 304). Wieder ist es ein Gedankenexperiment (Jackson 1982) das die Debatte angestoßen hat.

Jacksons Gedankenexperiment zum Physikalismus
Mary, eine Naturwissenschaftlerin, ist von Geburt an in ein Schwarz-Weiß-Zimmer eingesperrt. In dieser Umgebung lernt sie alles, was es physikalisch über Farben zu lernen gibt, also alles über die physikalischen Eigenschaften des Lichts, die optischen, anatomischen und physiologischen Eigenschaften unseres Sehsystems. Eines Tages wird sie aus ihrem Schwarz-Weiß-Gefängnis befreit und erblickt das erste Mal eine reife Erdbeere. In dieser Situation erfährt sie etwas Neues, sie erlebt, wie es ist, etwas Rotes zu sehen. Was bedeutet diese neue Erfahrung?

Jackson scheint der Ansicht zu sein, dass Qualia Epiphänomene des Gehirns sind, d. h. nichtphysische Zustände, die von physischen Zuständen des Gehirns bewirkt werden, selbst aber kausal träge sind. Diese Auffassung von Qualia sieht Jackson in dem Gedankenexperiment bestätigt. Wenn Qualia physische Zustände wären, so hätte Mary ja darüber schon vor ihrer Befreiung alles gewusst. Der Physikalismus behauptet aber, es gebe nur physische Zustände und Eigenschaften. Dann muss der Physikalismus aber falsch oder wenigstens unvollständig sein (das sog. Wissensargument).

Natürlich hat es in der Debatte Abwehrversuche dieses Angriffs gegeben, etwa indem an den Unterschied von *knowing how* und *knowing that* erinnert wurde (vgl. Ravenscroft 2008, S. 305 ff.). Demnach erwirbt Mary gar kein neues Wissen im Sinne der Aneignung neuer Tatsachen (nur dann wäre der Physikalismus falsch), sie erwirbt vielmehr eine Fertigkeit, nämlich unter Standard-Lichtverhältnissen rote Gegenstände zu erkennen. Eine andere Verteidigungsstrategie verlegte sich auf die Unterscheidung zweier Perspektiven. Vor ihrer Befreiung kannte Mary alle physikalischen Tatsachen aus der naturwissenschaftlichen Perspektive der dritten Person. Nach ihrer Befreiung lernt sie die gleichen Tatsachen aus einer neuen, eben phänomenalen Perspektive kennen, die Perspektive der ersten Person.

Jackson (1986) hat den Hinweis, dass Mary nach ihrer Befreiung eine neue Fertigkeit erwirbt, akzeptiert, besteht aber darauf, dass sich Mary außerdem noch neues Wissen aneignet. Nach Jackson weiß Mary jetzt, dass andere Menschen die gleichen Farbqualia erleben wie sie selbst. Damit richtet Jackson das Argument auch gegen die Skeptiker, die an der Existenz des Fremdpsychischen zweifeln.

Die verzweigte Debatte bestätigt, dass die Erklärung des Bewusstseins das wohl hartnäckigste Problem der Philosophie des Geistes bildet. Das phänomenale Bewusstsein ist nur eine Spielart. Davon, dass auch das Selbstbewusstsein dem Verständnis nahezu unüberwindliche Schwierigkeiten entgegenstellt, wussten schon Kant und die nachfolgenden idealistischen und vor-analytischen Philosophen (vgl. dazu Frank 1991).

Literatur

Beckermann, Ansgar: *Analytische Einführung in die Philosophie des Geistes.* Berlin/New York 1999.
Bieri, Peter (Hg.): *Analytische Philosophie des Geistes.* Königstein, Ts. 1981.
Block, Ned: *Readings in Philosophy of Psychology.* Bd. 1. Cambridge, Mass. 1980.
– /Flanagan, Owen/Güzeldere, Güven (Hg.): *The Nature of Consciousness. Philosophical and Scientific Essays.* Cambridge, Mass. 1996.
Braddon-Mitchell, David/Jackson, Frank C. (Hg.): *Philosophy of Mind and Cognition. An Introduction.* Oxford 1996 (²2007).
Brentano, Franz: *Psychologie vom empirischen Standpunkt.* 3 Bde. Hg. von Oskar Kraus. Hamburg 1971–74 (Repr. der Ausgabe 1924–28).
Chalmers, David J.: *The Conscious Mind. In Search of a Fundamental Theory.* Oxford 1996.
Chomsky, Noam: »Review of B. F. Skinner's Verbal Behavior«. In: *Language* 35 (1959), S. 26–58.
Churchland, Paul. M.: »Eliminative Materialism and the Propositional Attitudes«. In: *Journal of Philosophy* 78 (1981), S. 67–90.
Cummins, Robert: *Meaning and Mental Representation.* Cambridge, Mass. 1989.
Davidson, Donald: »Geistige Ereignisse«. In: Ders.: *Handlung und Ereignis.* Frankfurt a. M. 1985, S. 291–316 (engl. 1970).
Dennett, Daniel C.: *Brainstorms.* Bradford 1978.
– : *The Intentional Stance.* Cambridge, Mass. 1987.
– : *Consciousness Explained.* Boston 1991.
– : *Sweet Dreams. Philosophical Obstacles to a Science of Consciousness.* Cambridge, Mass./London 2005.
Dretske, Fred: *Naturalisierung des Geistes.* Paderborn 1998 (engl. 1995).
Esken, Frank/Heckmann, Heinz-Dieter (Hg.): *Bewusstsein und Repräsentation.* Paderborn 1998.
Feigl, Herbert: »The ›Mental‹ and the ›Physical‹«. In: Ders./Michael Scriven/Grover Maxwell (Hg.): *Concepts, Theories and the Mind-Body Problem.* Minneapolis 1958, S. 370–497.
Fodor, Jerry, A.: *The Language of Thought.* New York 1975.
– : *Representations.* Cambridge, Mass. 1981.
– : *Psychosemantics.* Cambridge, Mass. 1987.
Frank, Manfred (Hg.): *Selbstbewusstseinstheorien von Fichte bis Sartre.* Frankfurt a. M. 1991.
– **(Hg.):** *Analytische Theorien des Selbstbewusstseins.* Frankfurt a. M. 1994.
Heil, John: *Philosophy of Mind.* New York 2004.

Jackson, Frank Cameron: »Epiphenomenal Qualia«. In: *Philosophical Quarterly* 32 (1982), S. 127–136.
– : »What Mary didn't know«. In: *Journal of Philosophy* 83 (1986), S. 291–295.
Kim, Jaegwon: »What is ›Naturalized Epistemology‹?« In: *Philosophical Persepectives* 2 (1988), S. 381–405.
– : *Supervenience and Mind.* Cambridge 1993.
– : *Philosophie des Geistes.* Berlin/Heidelberg 1998 (engl. 1996).
Kutschera, Franz von: *Philosophie des Geistes.* Paderborn 2009.
Lewis, David: »An Argument for the Identity Theory«. In: Ders.: *Philosophical Papers.* Bd. I. Oxford 1983, S. 99–107.
Metzinger, Thomas (Hg.): *Bewusstsein. Beiträge aus der Gegenwartsphilosophie.* Paderborn u. a. 1995.
– **(Hg.):** *Grundkurs Philosophie des Geistes,* Bd. 1: *Phänomenales Bewusstsein.* Paderborn 2006; Bd. 2: *Das Leib-Seele Problem.* Paderborn 2007.
Millikan, Ruth: »Biosemantics«. In: *Journal of Philosophy* 86 (1989), S. 281–297.
Nagel, Thomas: »Wie es ist, eine Fledermaus zu sein« [engl. 1974]. In: Bieri 1981, S. 261–275.
Putnam, Hilary: »Die Natur mentaler Zustände« [engl. 1967]. In: Bieri 1981, S. 123–135.
Ravenscroft, Ian: *Philosophie des Geistes. Eine Einführung.* Stuttgart 2008 (engl. 2005).
Rosenthal, David M. (Hg.): *The Nature of Mind.* Oxford 1991.
Ryle, Gilbert: *Der Begriff des Geistes.* Stuttgart 1969 (engl. 1949).
Searle, John R.: *Die Wiederentdeckung des Geistes.* München 1993 (engl. 1992).
– : »Geist, Gehirn, Programm« [engl. 1980]. In: Walter Zimmerli/Stefan Wolf (Hg.): *Künstliche Intelligenz: Philosophische Probleme.* Stuttgart 1994, S. 232–265.
– : *Geist. Eine Einführung.* Frankfurt a. M. 2006 (engl. 2004).
Sellars, Wilfrid: *Der Empirismus und die Philosophie des Geistes.* Paderborn 1999 (engl. 1956).
– : *Science, Perception and Reality.* London 1963.
Smart, John J. C.: »Sensations and Brain Processes«. In: *Philosophical Review* 58 (1959), S. 141–156.
Sturma, Dieter: *Philosophie des Geistes.* Leipzig 2005.
Swinburne, Richard: *The Evolution of the Soul.* Oxford 1986.
Teichert, Dieter: *Einführung in die Philosophie des Geistes.* Darmstadt 2006.

Gerhard Schönrich

6 Logik

6.1 Einführung
6.2 Klassische Aussagenlogik
6.3 Prädikaten- und Modallogik
6.4 Ausblick

6.1 | Einführung

Seit der Antike wird beobachtet, dass sich aus bestimmten Annahmen Aussagen ableiten lassen, die unter diesen Annahmen zutreffen. Ein Beispiel sei das folgende:

Beispiel 1:
Wenn Platon ein Mensch ist, dann ist Platon sterblich.
Platon ist ein Mensch.
___
Platon ist sterblich.

Ein solches Gebilde, das eine Menge von Annahmen enthält, aus denen eine Konklusion gezogen wird, wird als Schlussfolgerung bezeichnet. Eine Schlussfolgerung wird genau dann als gültig bezeichnet, wenn in jeder Situation, in der alle Annahmen wahr sind, auch die abgeleitete Konklusion wahr ist. So ist der Schluss in Beispiel 1 offenbar gültig. Über dem Ableitungsstrich steht die Menge von Behauptungen, aus der die Behauptung unterhalb des Ableitungsstriches gefolgert wird. Aber warum ist dieser Schluss gültig? Oder anders gefragt, warum ist in jeder Situation, in der die beiden Annahmen wahr sind, auch Platon sterblich? Dies liegt nicht daran, dass Platon tatsächlich ein Mensch und sterblich war. Das folgende Beispiel zeigt, dass die Gültigkeit einer Schlussfolgerung nicht an das Bestehen der Sachverhalte geknüpft ist, die durch die Behauptungen (Aussagen, oder genauer Behauptungs- bzw. Aussagesätze) beschrieben werden.

Beispiel 2:
Wenn der Mond aus grünem Käse besteht, dann wird Napoleon wiedergeboren.
Der Mond besteht aus grünem Käse.
___
Napoleon wird wiedergeboren.

Niemand würde ernsthaft behaupten, dass der Mond aus grünem Käse besteht. Aber wenn es eine Situation gäbe, in der die beiden oberen Annahmen wahr sind, dann wäre auch die Aussage ›Napoleon wird wiedergeboren‹ in dieser Situation wahr. Die Gültigkeit dieser Schlussfolgerung ergibt sich durch die Art und Weise, wie die beiden Teilsätze der ersten Prämisse miteinander verknüpft sind. Für beliebige Aussagen, die sich hinter r und s verbergen, ist die folgende Schlussfolgerung gültig:

Gültige Schlussfolgerungen

Beispiel 3:
Wenn r, dann s.
r
___
s

Als wissenschaftliche Disziplin beschäftigt sich die Logik mit der Gültigkeit von Schlussfolgerungen. **Was ist eine Schlussfolgerung und wann ist eine Schlussfolgerung gültig?**

> **Definition**
>
> Eine → Schlussfolgerung besteht aus einer Menge von Annahmen (Prämissen), einer Konklusion und einem Symbol, meist einem Ableitungsstrich, das die Annahmen von der Konklusion trennt. Falls in allen Situationen, in denen die Annahmen wahr sind, auch die Konklusion wahr ist, wird eine Schlussfolgerung als gültig bezeichnet.

Die Gültigkeit der Schlussfolgerung in Beispiel 1 hängt von der Bedeutung der Satzverknüpfung ›wenn, ... dann‹, aber nicht von der Bedeutung der Ausdrücke ›Mensch‹, ›sterblich‹ oder ›Platon‹ ab. Eine Schlussfolgerung ist ungültig, wenn ein **Gegenbeispiel** zu ihr existiert. Ein Gegenbeispiel ist eine Situation, in der die Prämissen alle wahr sind, die Konklusion jedoch falsch ist. Eine ungültige Schlussfolgerung ist z. B. die folgende:

6.1 Logik

Einführung

Beispiel 4:
Platon lehrt oder Sokrates hält eine Rede.
Sokrates hält eine Rede.

Ein Gegenbeispiel zu dieser Schlussfolgerung ist eine Situation, in der Platon lehrt und Sokrates keine Rede hält. Aufgrund der Bedeutung der Satzverknüpfung ›oder‹ ist die Annahme wahr, wenn eine der beiden oder beide so verknüpften Aussagen wahr sind.

Die Logik als Disziplin hat sich heute als Teilgebiet verschiedener Wissenschaftszweige (wie Mathematik, Philosophie, Informatik, Linguistik) etabliert. Innerhalb der Logik wird oft von ›Logiken‹ gesprochen. Gemeint sind in der Regel **logische Systeme**, welche sich aus drei Elementen zusammensetzen:

- einer formalen Sprache, die in der Syntax des logischen Systems definiert wird,
- einer Klasse von Situationen (Modellen, Strukturen), in denen die Ausdrücke der formalen Sprache interpretiert werden (mittels der Wahrheitsdefinition eines logischen Systems werden Formeln Wahrheitswerte in jedem Modell zugeordnet – dieser Teil des logischen Systems wird Semantik genannt),
- und einem Beweissystem, welches aus einer Menge von Ableitungsregeln besteht.

Eine Logik ist ein logisches System, das eine bestimmte Art des gültigen Schließens beschreibt. Es gibt sehr viele verschiedene Logiken. Abhängig von der Art der verwendeten Sprache, wird zunächst einmal zwischen Systemen der Aussagenlogik und der Prädikatenlogik unterschieden.

Die Aussagenlogik befasst sich mit der Frage, wie sich allein aufgrund der Bedeutung von Aussageverknüpfungen wie z. B. ›wenn …, dann‹, ›und‹, ›oder‹ aus gegebenen Aussagen weitere Aussagen gültig schlussfolgern lassen (s. 6.2).

Die Prädikatenlogik befasst sich mit Schlussfolgerungen, deren Gültigkeit sich aufgrund dessen ergibt, dass Gegenstände bestimmte Eigenschaften haben bzw. nicht haben und untereinander in bestimmten Beziehungen (Relationen) stehen. Dabei werden Eigenschaften und Relationen mittels sog. Prädikatausdrücke (oder kurz Prädikate) wiedergegeben. Die Gültigkeit des folgenden Schlusses beruht nicht allein auf der Bedeutung von Aussageverknüpfungen:

Beispiel 5:
Alle Menschen sind sterblich.
Platon ist ein Mensch.
Platon ist sterblich.

Eine Schlussfolgerung mit zwei Annahmen zu untersuchen, die sich auf Dinge beziehen, die eine bestimmte Eigenschaft haben, z. B. ein Mensch zu sein oder sterblich zu sein, geht auf Aristoteles zurück. Beispiel 5 ist ein sog. aristotelischer Syllogismus. Um die Gültigkeit solcher Schlussfolgerung zu analysieren, reicht es nicht aus, die verwendeten Behauptungssätze als intern nicht weiter strukturierte Aussagen zu betrachten und nur auf die Verknüpfungen dieser Aussagen zu achten. Denn offenbar beruht die Gültigkeit der Schlussfolgerung im Wesentlichen auf der Bedeutung des Ausdrucks ›alle‹. Daher muss die interne Struktur der Prämissen und der Konklusion näher untersucht werden. Die erste Annahme besagt, dass jedem Gegenstand mit der Eigenschaft, ein Mensch zu sein, die Eigenschaft zukommt, sterblich zu sein. Die zweite Annahme drückt aus, dass ein bestimmter Gegenstand, nämlich Platon, die Eigenschaft hat, ein Mensch zu sein, und die Konklusion, dass Platon die Eigenschaft besitzt, sterblich zu sein. Ein erster Schritt zu einer Formalisierung dieser Schlussfolgerung wäre der folgende:

Beispiel 6:
Alle diejenigen, die M sind, sind S.
a ist M.
a ist S.

Ergibt sich die Gültigkeit einer Schlussfolgerung nicht allein aufgrund der Bedeutung von Aussageverknüpfungen, sondern auch aus der Bedeutung von quantitativen Ausdrücken wie ›alle‹, ›einige‹, ›keine‹ (sog. Quantoren) oder der Tatsache, dass Gegenständen bestimmte Eigenschaften oder Beziehungen zugeschrieben werden, wird die Schlussfolgerung in die Sprache der Prädikatenlogik übersetzt (s. 6.3).

Die Modallogik befasst sich mit Schlussfolgerungen, die modale Ausdrücke der Form, ›es ist möglich, dass‹, ›es ist geboten, dass‹ oder ›es wird geglaubt, dass‹ enthalten. Solche modalen Ausdrücke können sich auf die Gültigkeit einer Schlussfolgerung auswirken. Interessiert lediglich die Verknüpfung modaler Aussagen, werden Schlussfolgerungen in der modalen Aussagenlogik betrachtet (s. 6.3.2). Falls die Gültigkeit einer Schlussfolgerung aus der Interaktion dieser modalen Ausdrücke mit prädikativen Ausdrücken und Quantoren resultiert, wird die Schlussfolgerung in die Sprache der modalen Prädikatenlogik übersetzt (s. 6.3.3). Systeme der Modallogik gehören zu den nicht-klassischen Logiken und sind für Philosophen sicher die interessantesten der hier aufgezählten Logiken. Viele Argumente und Thesen aus der analytischen Philosophie werden in die Modallogik übersetzt. Diese Übersetzung bildet die Basis für grundlegende Diskussionen. Ein Beispiel ist die Debatte um das Paradox des möglichen Wissens (Knowability Paradox).

Einige Ideen, die zu **nicht-klassischen Logiken** führen, werden im Anschluss an eine Darstellung der Grundzüge der klassischen Aussagen- und Prädikatenlogik sowie der Modallogik in Abschnitt 6.4 kurz skizziert.

6.2 | Klassische Aussagenlogik

Die klassische Logik unterscheidet sich von den nicht-klassischen Logiken durch gewisse Grundannahmen:

Das Bivalenzprinzip besagt, dass jede Aussage entweder wahr oder falsch ist. Dieses Prinzip setzt sich aus zwei Annahmen zusammen, dem Satz vom ausgeschlossenen Dritten (*tertium non datur*), demzufolge jede Aussage mindestens einen der Werte *wahr* oder *falsch* besitzt, und dem Satz vom ausgeschlossenen Widerspruch, demzufolge keine Aussage sowohl wahr als auch falsch ist.

Das Extensionalitätsprinzip besagt, dass der Wahrheitswert einer zusammengesetzten Aussage eindeutig durch die Wahrheitswerte der Teilaussagen bestimmt ist.

Der Übergang zur nicht-klassischen Logik geschieht, indem Grundannahmen der klassischen Logik aufgegeben werden. Die klassische Aussagenlogik respektiert diese Grundannahmen. Die kleinsten, sog. atomaren Bausteine der Aussagenlogik sind Aussagesätze, die intern keine Satzverknüpfungen und keine Negation aufweisen. Beispielsweise ein Satz wie ›Platon lacht herzlich‹ ist ein solcher atomarer Baustein. Der Satz ›Platon ist kein Mensch‹ hingegen ist nicht atomar, denn er ist die Negation des atomaren Satzes ›Platon ist ein Mensch‹. In der Aussagenlogik werden atomare Sätzen durch Aussagebuchstaben (Aussagevariablen) wiedergegeben, und die Satzverknüpfungen und Negation werden durch entsprechende Symbole (sog. Junktoren) übersetzt. Der Vorteil einer solchen Übersetzung in die Aussagenlogik bzw. in Logiken im Allgemeinen besteht in der Übersichtlichkeit und Eindeutigkeit von Formeln im Gegensatz zu Sätzen der natürlichen Sprache (s. dazu Bsp. 7).

6.2.1 | Syntax und Semantik

Zu jedem logischen System gehört eine formale Sprache. Daher ist auch für die klassische Aussagenlogik die Definition ihrer formalen Sprache ein erster Schritt. Die **Syntax** (der Satzbau, hier der Formelaufbau) der Sprache besteht zum einen aus einem Alphabet und zum anderen aus den Regeln für die korrekte Bildung von Formeln über diesem Alphabet.

Das Alphabet der Aussagenlogik umfasst:
- abzählbar viele Aussagebuchstaben $p, q, ..., p_0, p_1, p_2, ...$, die für atomare Sätze stehen,
- die Junktoren, d. h. die Aussageverknüpfungen $\wedge$ (Konjunktion), $\vee$ (Disjunktion), $\supset$ (Implikation), $\equiv$ (Äquivalenz) und $\neg$ (Negation),
- sowie die Hilfssymbole (,).

Für das Alphabet werden Regeln definiert, wie sich Formeln aus diesen Symbolen aufbauen lassen:

> **Definition**
>
> → Aussagenlogische Formeln sind, wie folgt, definiert:
> 1. Jeder Aussagebuchstabe $p, q, r, ..., p_0, p_1, p_2 ...$ ist eine aussagenlogische Formel.
> 2. Falls A, B aussagenlogische Formeln sind, dann sind $\neg A$, $(A \wedge B)$, $(A \vee B)$, $(A \supset B)$ und $(A \equiv B)$ ebenfalls aussagenlogische Formeln.
> 3. Nichts anderes ist eine aussagenlogische Formel.

Diese induktive Definition versteht sich wie folgt: Ein atomarer Satz, ›Platon ist ein Mensch‹ z. B., wird durch einen Aussagebuchstaben p symbolisiert. Soll die Negation wiedergegeben werden, ›Platon ist nicht sterblich‹, wird dies durch $\neg p$ ausgedrückt. Beliebige, atomare als auch nicht

6.2 Logik

Klassische Aussagenlogik

atomare Sätze werden durch Großbuchstaben symbolisiert.
- Gelesen werden Formeln der Gestalt $(A \land B)$ als »A und B«. Die Formel $(A \land B)$ wird als eine **Konjunktion** bezeichnet.
- Die Formel $(A \lor B)$ wird als »A oder B« gelesen und als eine **Disjunktion** bezeichnet.
- Ein Satz $(A \supset B)$ ist eine **Implikation**, d.h. sie wird gelesen als »A impliziert B« oder auch »wenn A, dann B«.
- Formeln der Gestalt $(A \equiv B)$ werden als **Äquivalenzen** bezeichnet und als »A genau dann, wenn B« gelesen.
- Der einstellige Junktor $\neg$ liefert die **Negation** einer Aussage, $\neg A$ wird daher als »nicht A« gelesen.

Ein Beispiel für eine **aussagenlogische Formel** ist $((p \lor q) \supset \neg (p \land (p \equiv r)))$. Um zu prüfen, dass diese Symbolkette tatsächlich eine Formel ist, werden nacheinander die Bildungsregeln angewendet. Das Implikationssymbol verbindet hier $(p \lor q)$ und $\neg (p \land (p \equiv r))$. Handelt es sich bei diesen beiden Ausdrücken $(p \lor q)$, $\neg (p \land (p \equiv r))$ um Formeln? Die Teilformel $(p \lor q)$ ist korrekt gebildet, da p, q atomare Formeln nach (1) sind und nach (2) korrekt zu einer Oder-Aussage verknüpft werden. Auf ähnliche Art kann geprüft werden, dass es sich durch Anwendung der Regeln (1) und (2) bei $(p \land (p \equiv r))$, p, r und $(p \equiv r)$ um korrekt gebildete Teilformeln der Negation $\neg (p \land (p \equiv r))$ handelt.

Beispiele für Symbolketten über dem Alphabet der Aussagenlogik, die keine aussagenlogischen Formeln darstellen, sind z. B. $(p \land (\neg q))$, $p \supset q)$, $(p \land \lor q)$, da sie sich nicht mit den Regeln (1) und (2) der Definition aussagenlogischer Formeln aufbauen lassen.

Aussagenlogische Modelle

Dass es sinnvoll sein kann, Sätze aus der natürlichen Sprache in die Aussagenlogik zu übersetzen, zeigt das nachfolgende Beispiel.

Beispiel 7:
Der Satz ›Wenn Platon nicht Mensch und sterblich ist, lebt er ewig‹ ist grammatisch mehrdeutig und kann auf drei Arten gelesen werden. Die atomaren Sätze sind ›Platon ist Mensch‹ (symbolisiert durch p), ›Platon ist sterblich‹ (s) und ›Platon lebt ewig‹ (l). Die Satzverknüpfungen ›aber‹ und ›sowohl … als auch‹ stellen Konjunktionen dar. Sie werden durch den Junktor $\land$ symbolisiert.

Lesarten	Übersetzung in die Aussagenlogik
Wenn Platon nicht sowohl Mensch als auch sterblich ist, lebt er ewig.	$(\neg (p \land s) \supset l)$
Wenn Platon nicht Mensch aber sterblich ist, lebt er ewig.	$((\neg p \land s) \supset l)$
Wenn Platon sowohl nicht Mensch als auch nicht sterblich ist, lebt er ewig.	$((\neg p \land \neg s) \supset l)$

In der formalen Logik ist es also möglich, unterschiedliche grammatische Lesarten natürlichsprachlicher Sätze zu unterscheiden.

Sprachliche Ausdrücke sollen in der Regel eine **Bedeutung** haben. Nach dem Bivalenzprinzip bedeuten in der klassischen Logik Formeln entweder das Wahre oder das Falsche, wobei die Wahrheit einer Formel sich gemäß dem Extensionalitätsprinzip eindeutig aus der Bedeutung der einzelnen Teilformeln ergibt. Die Wahrheit oder Falschheit einer Formel in einem Modell lässt sich auf die Wahrheitswerte der in der Formel auftretenden atomaren Formeln in diesem Modell zurückführen.

Die Semantik (Bedeutungstheorie) der aussagenlogischen Sprache besteht daher aus zwei Komponenten:
- aussagenlogischen Modellen, welche die atomaren Formeln als wahr oder falsch interpretieren,
- einer Wahrheitsdefinition, die festlegt, wie sich der Wahrheitswert komplexer Formeln aus den Wahrheitswerten ihrer Teilformeln ergibt.

Definition

Ein → **aussagenlogisches Modell** $\mathcal{M}$ besteht aus einer Bewertungsfunktion v, welche die atomaren Formeln in die Menge der Wahrheitswerte $\{W, F\}$ (für ›wahr‹ und ›falsch‹) abbildet. Die formale Funktionsvorschrift lautet, $v : \{p, q, r \ldots p_0, p_1, p_2, \ldots\} \to \{W, F\}$. In einem aussagenlogischen Modell $\mathcal{M}$ ordnet v jedem Aussagebuchstaben genau einen Wahrheitswert zu.

Die Wahrheitsdefinition legt fest, unter welchen Bedingungen eine Formel A in einem gegebenen Modell $\mathcal{M} = v$ wahr ist, symbolisch: $\mathcal{M} \vDash A$. Die Relation $\vDash$ besteht somit zwischen der Formel und dem Modell. Lesarten der semantischen Erfüllbarkeitsrelation $\mathcal{M} \vDash A$ sind »A ist wahr in $\mathcal{M}$« oder »$\mathcal{M}$ erfüllt A«. Die Definition ist induktiv aufgebaut.

Klassische Aussagenlogik

Die Wahrheitsbedingungen werden mit den atomaren Formeln beginnend und dem Formelaufbau folgend erklärt (s. Definition, ›gdw.‹ steht für ›genau dann, wenn‹).

Bei $(A \vee B)$ gilt es zu beachten, dass die Aussage in einem Modell auch dann wahr ist, wenn sowohl A als auch B wahr sind. Das Symbol $\vee$ steht somit für das einschließende ›oder‹ und nicht für ›entweder … oder‹.

Der möglicherweise problematischste Junktor ist $\supset$. Die Formel $(A \supset B)$ ist falsch, wenn A wahr und B falsch ist. Aus dem *tertium non datur* folgt somit, dass sie in allen anderen Modellen wahr ist. Sie ist insbesondere in jedem Modell wahr, in dem A falsch ist. Das Beispiel 8 zeigt, wie eine Formel mittels der Wahrheitsdefinition peu à peu bewertet wird.

Beispiel 8:
Die Formel $\neg (p \wedge (p \equiv q))$ kann in dem Modell $\mathcal{M} = v_1$ mit $v_1(p) = W$ und $v_1(q) = F$ schrittweise ausgewertet werden:

$\mathcal{M} \vDash \neg (p \wedge (p \equiv q))$	
gdw.	es ist nicht der Fall, dass $\mathcal{M} \vDash (p \wedge (p \equiv q))$
gdw.	es ist nicht der Fall, dass $\mathcal{M} \vDash p$ und $\mathcal{M} \vDash (p \equiv q)$
gdw.	nicht: $\mathcal{M} \vDash p$ und ($\mathcal{M} \vDash p$ genau dann, wenn $\mathcal{M} \vDash q$)
gdw.	p in $\mathcal{M}$ falsch ist oder p nicht genau dann in $\mathcal{M}$ wahr ist, wenn q in $\mathcal{M}$ wahr ist.

Da p und q nicht denselben Wahrheitswert besitzen, ist die Formel $\neg (p \wedge (p \equiv q))$ in $\mathcal{M} = v_1$ wahr. In dem Modell $\mathcal{M} = v_2$ mit $v_2(p) = W$ und $v_2(q) = W$ ist die Formel $\neg (p \wedge (p \equiv q))$ hingegen falsch.

Eine Formel, die in einigen Modellen wahr und in anderen Modellen falsch ist, wird als eine **kontingente** Formel bezeichnet. Eine Formel wie z. B. $(p \vee \neg p)$, die in allen aussagenlogischen Modellen wahr ist, wird als **Tautologie** oder tautologisch und eine Formel wie z. B. $\neg (p \vee \neg p)$, die in allen Modellen falsch ist, wird als **Kontradiktion** oder kontradiktorisch bezeichnet.

Wahrheitstabellen: Eine einfache Methode, um zu entscheiden, ob es sich bei einer Formel um eine Tautologie, Kontradiktion oder kontingente Formel handelt, ist die Verwendung von Wahrheitstabellen, auch Wahrheitstafeln genannt. Wahrheitstafeln (in Tabellenform) wurden 1921 von Ludwig Wittgenstein (1889–1951) und Emil Post (1897–1954) unabhängig voneinander eingeführt.

Definition

Die → Wahrheitsdefinition für aussagenlogische Formeln in einem aussagenlogischen Modell $\mathcal{M}$ umfasst folgende Bedingungen:

- $\mathcal{M} \vDash p$ gdw. $v(p) = W$, d. h., falls p wahr im Modell $\mathcal{M}$ ist
- $\mathcal{M} \vDash \neg A$ gdw. nicht $\mathcal{M} \vDash A$ (kurz: $\mathcal{M} \nvDash A$)
- $\mathcal{M} \vDash (A \wedge B)$ gdw. $\mathcal{M} \vDash A$ und $\mathcal{M} \vDash B$
- $\mathcal{M} \vDash (A \vee B)$ gdw. $\mathcal{M} \vDash A$ oder $\mathcal{M} \vDash B$
- $\mathcal{M} \vDash (A \supset B)$ gdw. wenn $\mathcal{M} \vDash A$, dann $\mathcal{M} \vDash B$
- $\mathcal{M} \vDash (A \equiv B)$ gdw. $\mathcal{M} \vDash A$ genau dann, wenn $\mathcal{M} \vDash B$

Wahrheitstabellen

A	B	$\neg A$	$(A \wedge B)$	$(A \vee B)$	$(A \supset B)$	$(A \equiv B)$
W	W	F	W	W	W	W
W	F	F	F	W	F	F
F	W	W	F	W	W	F
F	F	W	F	F	W	W
		Negation	Konjunktion	Disjunktion	Implikation	Äquivalenz

Eine Wahrheitstabelle dient dazu, den Wahrheitswert einer Formel in jedem aussagenlogischen Modell zu ermitteln. Dafür werden zu gegebener Formel die darin auftretenden Aussagebuchstaben in die erste Zeile der ersten Spalten einer Tabelle geschrieben. Die darunterliegenden Zeilen werden durch alle möglichen Kombinationen von Wahrheitswerten für die atomaren Teilaussagen gefüllt. Treten n verschiedene Aussagebuchstaben in einer Formel auf, umfasst die Tabelle somit $2^n + 1$ Zeilen. Jede Zeile, bis auf die erste, entspricht dabei einem aussagenlogischen Modell für die in der Formel vorkommenden Aussagebuchstaben.

In Beispiel 9 wird eine Wahrheitstabelle für $(\neg ((p \wedge q) \vee \neg r) \supset q)$ erstellt, anhand derer der Wahrheitswert dieser Formel in jedem möglichen Modell ablesbar ist. So repräsentiert zum Beispiel Zeile 3 der Tabelle ein Modell $\mathcal{M} = v_3$ mit $v_3(p) = W$, $v_3(q) = F$, $v_3(r) = W$. In einem solchen Modell ist die Formel $(\neg ((p \wedge q) \vee \neg r) \supset q)$ falsch. Aus Zeile 8 ist ersichtlich, dass in einem Modell $\mathcal{M} = v_8$ mit $v_8(p) = F$, $v_8(q) = F$, $v_8(r) = F$ die Formel wahr ist. Die Wahrheitstabellen für die einzelnen Teilformeln $\neg r$, $(p \wedge q)$, $((p \wedge q) \vee \neg r)$ und $\neg ((p \wedge q) \vee \neg r)$ werden nacheinander erstellt, wobei die Wahrheitswerte unter dem jeweiligen Hauptjunktor der Teilformel platziert werden. Der Hauptjunktor stellt die oberste Verknüpfungsebene dar, während die Aussagebuchstaben die unterste Ebene bilden. Die Wahrheitswerte der gesamten Formel stehen unter dem Hauptjunktor (hier fett gedruckt). Im Beispiel 9 handelt es sich um eine Implikation.

Beispiel 9:

	p	q	r	(¬	((p∧q)	∨	¬r)	⊃q)
	W	W	W	F	W	W	F	W
	W	W	F	F	W	W	W	W
v_3	W	F	W	W	F	F	F	F
	W	F	F	F	F	W	W	W
	F	W	W	W	F	F	F	W
	F	W	F	F	F	W	W	W
	F	F	W	F	F	F	F	F
v_8	F	F	F	F	F	W	W	W

Sind alle Kombinationen von Wahrheitswerten für die atomaren Aussagen berücksichtigt und ist die Formel in allen Modellen wahr, dann ist bewiesen, dass die Formel tautologisch (allgemeingültig) ist. Ist die Formel in allen Zeilen und somit allen Modellen falsch, dann handelt es sich um eine Kontradiktion. In Beispiel 9 handelt es sich um eine kontingente Formel.

6.2.2 | Beweissysteme der Aussagenlogik

Natürliches Schließen

Um zu beweisen, dass eine Formel aus einer gegebenen Menge von Prämissen folgt, ist ein korrektes und vollständiges Beweissystem wünschenswert. Es existieren in der Literatur unterschiedliche Typen von Beweissystemen, u. a.:
- axiomatische Systeme (Hilbert-Systeme) mit vielen Axiomen und wenigen Regeln,
- Systeme des natürlichen Schließens mit vielen Regeln und keinen (oder wenigen) Axiomen,
- Sequenzenkalküle, bestehend aus axiomatischen Ableitbarkeitsbehauptungen und Regeln, um Ableitbarkeitsbehauptungen zu manipulieren,
- Tableauxkalküle, basierend auf Algorithmen zur Konstruktion von Gegenbeispielen.

Hier sei lediglich ein Beweissystem kurz eingeführt, das **Beweissystem des natürlichen Schließens**. Das natürliche Schließen für die klassische Aussagen- und Prädikatenlogik ist unabhängig voneinander von Stanisław Jaśkowski (1906–1965) und Gerhard Gentzen (1909–1945) entwickelt worden. Eine (Ableitungs-)Regel ist wie eine Schlussfolgerung aufgebaut. Sie zeigt auf, wie aus vorhandenen Formeln (Prämissen) eine weitere Formel (Konklusion) abgeleitet werden kann. Ein **Axiom** ist eine Aussage, die als evident angesehen und ohne Beweis angenommen wird. Ein Axiom kann somit als eine Ableitungsregel mit der leeren Prämissenmenge $\emptyset$ aufgefasst werden. Symbolisiert wird die Ableitbarkeitsbeziehung (Folgerungsrelation) zwischen einer Formelmenge Δ und einer Formel A in einem Beweissystem S durch $\Delta \vdash_S A$, gelesen als »A ist im Beweissystem S aus Δ ableitbar«. Die syntaktische Folgerungsrelation $\vdash_S$ sollte nicht mit der semantischen Folgerungsrelation $\vDash$ verwechselt werden. Falls mit einem festgelegten Beweissystem gearbeitet wird, wird $\Delta \vdash_S A$ kurz mit $\Delta \vdash A$ notiert, lies: »A ist aus Δ ableitbar«. Ist Δ unendlich, bedeutet $\Delta \vdash A$, dass eine endliche Teilmenge Γ von Δ existiert mit $\Gamma \vdash A$.

Der hier angegebene Kalkül des natürlichen Schließens besteht aus Ableitungsregeln, die sich in zwei Kategorien unterteilen:

- **Die Einführungsregeln** zeigen auf, wie aus Teilformeln auf komplexere Formeln geschlossen wird. Die Regel ($\supset$ E) z. B. besagt, wie eine Implikation ($A \supset B$) herzuleiten ist. Wenn unter Zuhilfenahme der Teilformel A die Teilformel B ableitbar ist, ist die Implikation ($A \supset B$) gezeigt worden. Die temporäre Annahme A darf getilgt werden. Die Tilgung wird durch Klammern symbolisiert, [A]. Die Regeln ($\wedge$ E) und ($\vee$ E) sind selbst erklärend. Um die Konjunktion von A und B abzuleiten, ist es notwendig sowohl A als auch B herzuleiten. Für die Ableitung der Disjunktion ($A \vee B$) ist es nach den Regeln ($\vee$ E) lediglich notwendig ein Disjunktionsglied A oder B herzuleiten.

$$\frac{\begin{array}{cc}\Delta & \Gamma \\ \vdots & \vdots \\ A & B\end{array}}{A \wedge B}(\wedge E) \qquad \frac{\begin{array}{c}\Delta, [A] \\ \vdots \\ B\end{array}}{A \supset B}(\supset E) \qquad \frac{\begin{array}{c}\Delta \\ \vdots \\ A\end{array}}{A \vee B}(\vee E) \qquad \frac{\begin{array}{c}\Delta \\ \vdots \\ B\end{array}}{A \vee B}(\vee E)$$

$$\frac{\begin{array}{cc}\Delta, [A] & \Gamma, [A] \\ \vdots & \vdots \\ B & \neg B\end{array}}{\neg A}(\neg E)$$

Einführungsregeln für Junktoren

- **Die Beseitigungsregeln** geben an, wie von komplexeren Formeln durch Beseitigung der Junktoren auf andere Formeln geschlossen wird, z. B. die Regeln ($\wedge$ B) zeigen, wie aus ($A \wedge B$) die Formel A bzw. die Formel B hergeleitet werden kann. Die Regel ($\vee$ B) besagt, wie eine Disjunktion beseitigt wird. Um eine Formel aus $(A \vee B)$ abzuleiten, ist es notwendig, die abzuleitende Formel C sowohl aus der temporären Annahme A als auch aus der temporären Annahme B herzuleiten. Beide Annahmen dürfen danach getilgt werden. Die Regel ($\supset$ B) ist allgemein als Modus Ponens bekannt. Wenn sowohl A als auch $(A \supset B)$ abgeleitet werden kann, lässt sich mit der Regel des Modus Ponens auf B schließen. Die Regeln ($\neg$ B) und ($\neg$ B*) symbolisieren zwei Grundannahmen der klassischen Aussagenlogik. Zum einen lässt sich aus Widersprüchlichem jede beliebige Formel A herleiten, siehe Regel ($\neg$ B) (*ex falso quodlibet*). Zum anderen lässt sich auf eine Formel A schließen, wenn aus der Negation von A, $\neg A$, ein Widerspruch ableitbar ist, Regel ($\neg$ B*) (*reductio ad absurdum*). Die Annahme von $\neg A$ darf nach der Herleitung des Widerspruches getilgt werden.

Ein Beweis einer Formel A aus einer gegebenen Prämissenmenge Δ wird mit Hilfe dieser Regeln als Ableitungsbaum dargestellt. Die Wurzel des Baumes ist dabei die zu beweisende Formel A. In den Blättern des Baumes stehen die temporären Annahmen, die durch Anwendung einer Regel hinzukommen, oder Formeln aus der gegebenen Prämissenmenge sind.

Um einen solchen Baum zu erstellen, wird immer mit der Konklusion A begonnen und der Baum aufwärts erzeugt. In direkten Beweisen wird mittels der Einführungsregeln die Konklusion schrittweise soweit wie möglich vereinfacht, um danach Beseitigungsregeln auf die bereits gegebenen und die durch Regelanwendung entstandenen temporären Prämissen anzuwenden. Wenn dieses Vorgehen nicht zum Ziel führt, kann ein indirekter Beweis gesucht werden. Dabei wird mit der Regel ($\neg$ B*) für die Formel, die als nächstes abgeleitet werden soll, die Negation als temporäre Annahme hinzugenommen und ein Widerspruch abgeleitet.

Die genaue Vorgehensweise bei der Erstellung eines Beweises wird an einem Beispiel kurz erläutert.

Beispiel 10: Es soll aus der leeren Annahmenmenge $\emptyset$ die Konklusion $((p \vee (q \wedge r)) \supset (\neg(\neg p \wedge \neg q) \wedge (p \vee q)))$ abgeleitet werden. Kurz, es soll gezeigt werden, dass $\emptyset \vdash ((p \vee (q \wedge r)) \supset (\neg(\neg p \wedge \neg q) \wedge (p \vee q)))$. Da es sich bei der zu beweisenden Formel um eine Implikation handelt, ist der erste Schritt eine Implikationseinführung, wodurch als temporäre Annahme $(p \vee (q \wedge r))^1$ gewonnen wird, und der zweite eine Konjunktionseinführung. Der Index ^{1} wird verwendet, um anzugeben, bei welchem Ableitungsschritt die temporäre Annahme gemacht wird und wo sie getilgt werden kann.

$$\frac{\frac{\neg(\neg p \wedge \neg q) \quad (p \vee q)}{(\neg(\neg p \wedge \neg q) \wedge (p \vee q))}(\wedge E)}{((p \vee (q \wedge r)) \supset (\neg(\neg p \wedge \neg q) \wedge (p \vee q)))}(\supset E)^1$$

Bei Anwendung der ($\wedge$ E)-Regel verzweigt sich der Baum, und es muss sowohl das linke als auch das rechte Konjunktionsglied abgeleitet werden. Im linken Teilbaum wird die Regel der Negationseinführung ($\neg$ E) verwendet. Es wird die nicht negierte Formel $(\neg p \wedge \neg q)^2$ zu den temporären Annahmen hinzugenommen und gezeigt, dass sie zu einem Widerspruch führt. Welcher Widerspruch herbeigeführt werden kann, ergibt sich aus den Prämissen, in diesem Fall aus den bis dato vorliegenden, temporären Annahmen $(p \vee (q \wedge r))^1$ und $(\neg p \wedge \neg q)^2$. Es wäre sowohl $p, \neg p$ als auch $q, \neg q$ denkbar.

$$\frac{p \quad \neg p}{\neg(\neg p \wedge \neg q)}(\neg E)^2$$

Um eine Ableitung von $\neg p$ zu finden, reicht ein Blick auf die Prämissen. Es wird die Konjunktionsbeseitigungsregel ($\wedge$ B) auf die Annahme $(\neg p \wedge$

$$\frac{\Delta \quad \Gamma,[A] \quad \Theta,[B]}{\vdots \quad \vdots \quad \vdots} \\ \frac{(A \vee B) \quad C \quad C}{C}(\vee B) \qquad \frac{\Delta}{\vdots} \\ \frac{(A \wedge B)}{A}(\wedge B) \qquad \frac{\Delta}{\vdots} \\ \frac{(A \wedge B)}{B}(\wedge B) \qquad \frac{\Delta \quad \Gamma}{\vdots \quad \vdots} \\ \frac{A \quad (A \supset B)}{B}(\supset B)$$

$$\frac{\Delta \quad \Gamma}{\vdots \quad \vdots} \\ \frac{A \quad \neg A}{B}(\neg B) \qquad \frac{\Delta,[\neg A] \quad \Gamma,[\neg A]}{\vdots \quad \vdots} \\ \frac{B \quad \neg B}{A}(\neg B^*) \qquad \frac{\Delta \quad \Gamma}{\vdots \quad \vdots} \\ \frac{A \quad (A \equiv B)}{B}(\equiv B) \qquad \frac{\Delta \quad \Gamma}{\vdots \quad \vdots} \\ \frac{B \quad (A \equiv B)}{A}(\equiv B)$$

Beseitigungsregeln für Junktoren

¬ q)² angewandt. Der Zweig ist damit beendet, da (¬ p ∧ ¬ q)² als temporäre Annahme getilgt wird. Um p abzuleiten, wird die Disjunktionsbeseitigungsregel auf die Annahme (p ∨ (q ∧ r))¹ angewandt, welche zu weiteren temporären Annahmen p³ in einem linken und (q ∧ r)⁴ in einem rechten Teilzweig führt. Die temporären Annahmen (¬ p ∧ ¬ q)² und (q ∧ r)⁴ erlauben es, q und ¬ q abzuleiten, so dass mit der Negationsbeseitigungsregel (¬ B), die besagt, dass aus Falschem Beliebiges folgt, auch dieser Teilbaum geschlossen wird.

$$\cfrac{[(p\vee(q\wedge r))]^1 \quad [p]^3 \quad \cfrac{\cfrac{[(q\wedge r)]^4}{q}(\wedge B) \quad \cfrac{[(\neg p\wedge\neg q)]^2}{\neg q}(\neg B)}{p}(\neg B) \quad \cfrac{[(\neg p\wedge\neg q)]^2}{\neg p}(\wedge B)}{\cfrac{p}{\neg(\neg p\wedge\neg q)}(\neg E)^2}(\vee B)^{3,4}$$

Damit ist gezeigt, dass von der temporären Annahme $(p \vee (q \wedge r))^1$ auf $\neg (\neg p \wedge \neg q)$ geschlossen werden kann, $\{(p \vee (q \wedge r))\} \vdash \neg (\neg p \wedge \neg q)$.

Im rechten Teilbaum soll die Formel $(p \vee q)$ aus $(p \vee (q \wedge r))^1$ abgeleitet werden. Auch hier wird die Regel der Disjunktionsbeseitigung auf die temporäre Annahme $(p \vee (q \wedge r))^1$ angewandt.

$$\cfrac{[(p\vee(q\wedge r))]^1 \quad \cfrac{[p]^6}{(p\vee q)}(\vee E) \quad \cfrac{\cfrac{[(q\wedge r)]^7}{q}(\vee E)}{(p\vee q)}}{p\vee q}(\vee B)^{6,7}$$

Die Teilbäume können zu einem Baum zusammengesetzt werden, bei dem es sich um eine Ableitung von $((p \vee (q \wedge r)) \supset (\neg (\neg p \wedge \neg q) \wedge (p \vee q)))$ aus der leeren Annahmenmenge $\emptyset$ handelt. Alle Blätter des entstandenen Baumes sind getilgte temporäre Annahmen. Der Baum ist somit geschlossen, da die Ableitung von keiner weiteren Annahme abhängt.

Korrektheit und Vollständigkeit von Beweissystemen

Zwei Eigenschaften sind bei einem Beweissystem besonders wünschenswert. Wenn es einen Beweis für $\Delta \vdash A$ gibt, dann sollte der Schluss von Δ auf A gültig sein (**Korrektheit**). Auf der anderen Seite sollte für jeden gültigen Schluss eine Ableitung der Konklusion aus den Prämissen existieren (**Vollständigkeit**). Ein Schluss von der Prämissenmenge Δ auf die Konklusion A ist gültig, falls für jedes Modell $\mathcal{M}$ aus der zugrunde gelegten Modellklasse gilt: falls $\mathcal{M} \vDash B$ für alle $B \in \Delta$ (lies: für alle B aus Δ), dann $\mathcal{M} \vDash A$, kurz: $\Delta \vDash A$.

> **Definition**
>
> Ein Beweissystem S ist → **korrekt** gdw. für alle Formelmengen Δ und Formeln A gilt: falls $\Delta \vdash_S A$, dann $\Delta \vDash A$.

> **Definition**
>
> Ein Beweissystem S ist → **vollständig** gdw. für alle Formelmengen Δ und Formeln A gilt: falls $\Delta \vDash A$, dann $\Delta \vdash_S A$.

Der Kalkül des natürlichen Schließens für die Aussagenlogik ist bezüglich der Klasse aller aussagenlogischen Modelle sowohl korrekt als auch vollständig. Aus der Korrektheit folgt, dass wenn $\emptyset \vdash A$, dann gilt $\emptyset \vDash A$, d. h., dass A gültig aus der leeren Menge $\emptyset$ folgt. Dann ist A in allen Modellen $\mathcal{M}$ wahr, $\mathcal{M} \vDash A$. Die Formel A ist mit anderen Worten eine Tautologie. Die im Beispiel 10 bewiesene Formel ist also tautologisch.

Aus der (¬B)-Regel ist ersichtlich, dass falls Δ widersprüchlich ist, jede Formel aus Δ abgeleitet werden kann. Daher wird eine Formelmenge Δ als **widerspruchsfrei** bezeichnet, falls eine Formel A existiert, die nicht aus Δ ableitbar ist, $\Delta \nvdash A$. Auf der anderen Seite heißt eine Formelmenge Δ **erfüllbar**, falls ein Modell existiert, in dem alle Formeln aus Δ wahr sind. Dann gilt, dass die Formelmenge $\Delta \cup \{\neg A\}$ (lies: Δ vereinigt mit der Menge, die nur die Negation von A enthält) genau dann nicht widerspruchsfrei ist, wenn $\Delta \vdash A$ beweisbar ist, und dass $\Delta \cup \{\neg A\}$ genau dann nicht erfüllbar ist, wenn $\Delta \vDash A$. So lassen sich Korrektheit und Vollständigkeit eines Beweissystems auch anhand von Formelmengen formulieren. Ein Beweissystem ist genau dann korrekt, wenn jede erfüllbare Formelmenge widerspruchsfrei ist. Und es ist genau dann vollständig, wenn jede widerspruchsfreie Menge erfüllbar ist.

Zwei weitere Beispiele für gültige Schlussfolgerungen sind die gemeinhin als Kontrapositionsregel bekannte Schlussfolgerung $\{(p \supset q)\}/(\neg q \supset \neg p)$ und der ebenfalls bekannte Schluss des Modus Tollens $\{(p \supset q), \neg q\}/\neg p$. Dass es sich um klassisch gültige Schlüsse handelt, zeigen die folgenden, geschlossenen Ableitungsbäume. Der Modus Tollens besagt, dass, wenn angenommen wird, dass p die Aussage q impliziert, und ebenfalls angenommen wird, dass q nicht der Fall ist, es dann nicht der Fall ist, dass p wahr ist. Denn sonst müsste q folgen, aber dies steht im Widerspruch zur Annahme $\neg q$.

$$\frac{[p]^1 \quad (p \supset q)}{\frac{q}{\frac{\neg p}{(\neg q \supset \neg p)}(\supset E)^2}}(\supset B)} \qquad \frac{[p]^1 \quad (p \supset q)}{\frac{q}{\neg p}(\supset B) \quad \neg q}(\neg E)^1$$

Die Annahmen $(p \supset q)$ im linken und $(p \supset q)$, $\neg q$ im rechten Baum müssen nicht getilgt werden, da sie in der jeweiligen Prämissenmenge des Schlusses stehen und somit als Annahmen vorausgesetzt werden können.

In axiomatischen Beweissystemen wird meist die als Modus Ponens bezeichnete Implikationsbeseitigungsregel ($\supset$B) als einzige Ableitungsregel zugrunde gelegt. Die Implikationseinführungsregel ($\supset$E) hat eine ähnlich große Bedeutung wie der Modus Ponens und wird in der Literatur zum axiomatischen Ableiten als Deduktionstheorem bezeichnet. Es wurde 1930 von Jacques Herbrand (1908–1931) bewiesen.

6.3 | Prädikaten- und Modallogik

In diesem Abschnitt werden zwei Erweiterungen der klassischen Aussagenlogik kurz vorgestellt, zum einen die klassische **Prädikatenlogik**, die im 19. Jh. von Gottlob Frege (1848–1925) in seiner 1879 erschienenen *Begriffsschrift* entwickelt wurde. Namensgebend für die Prädikatenlogik (oder Quantorenlogik) ist die Verwendung von Prädikatausdrücken wie ›ist sterblich‹ und sog. Quantorenausdrücken wie ›alle‹, ›einige‹, ›jeder‹ etc. Die klassische Prädikatenlogik erfüllt sowohl das Bivalenzprinzip als auch das Extensionalitätsprinzip (relativ zu sog. Belegungen, s. 6.2).

Zum anderen wird eine nicht-klassische Erweiterung der Aussagenlogik vorgestellt, die **modale Aussagenlogik**, in der Ausdrücke wie ›notwendig‹, ›möglich‹, ›es wird gewusst‹ etc. betrachtet werden. Die Modallogik ist nicht klassisch, da das Extensionalitätsprinzip verletzt wird. Die Wahrheitswerte der Formeln setzen sich nicht mehr nur aus den Wahrheitswerten der Teilformeln zusammen. Das Bivalenzprinzip bleibt jedoch erhalten, d. h. jede Formel ist entweder wahr oder falsch. Von philosophischem Interesse ist insbesondere auch die **modale Prädikatenlogik**, auf die hier nur kurz hingewiesen werden kann.

6.3.1 | Prädikatenlogik 1. Stufe

In dem in Beispiel 5 betrachteten aristotelischen Syllogismus werden die Prädikatausdrücke ›ist ein Mensch‹ und ›ist sterblich‹ verwendet. Prädikatausdrücke werden oft auch kurz Prädikate genannt, was nicht dazu führen sollte, die Prädikatausdrücke mit den durch sie bezeichneten Eigenschaften und Relationen zu verwechseln. Zudem wird in Beispiel 5 eine Aussage über ein Individuum, nämlich Platon, getroffen. Dieser Syllogismus ist übersetzbar in die Sprache der **Prädikatenlogik 1. Stufe**. In der 1. Stufe beziehen sich die verwendeten Prädikatausdrücke und Quantoren (›alle‹ und ›es gibt mindestens ein‹) nur auf Einzeldinge (alias Individuen).

In der **Prädikatenlogik 2. Stufe** werden außerdem auch Prädikatausdrücke und Quantoren betrachtet, die sich auf Mengen von Einzeldingen beziehen. Das Prädikat ›ist ein Mensch‹ z.B bezeichnet eine Eigenschaft von Individuen. Die Eigenschaft, ein Mensch zu sein, wird dabei mit der Menge aller Menschen gleichgesetzt. Soll eine Aussage gemacht werden, die nicht über Menschen, sondern über die Eigenschaft, ein Mensch zu sein, etwas aussagt, wird von der Prädikatenlogik erster Stufe in die zweite Stufe gewechselt. Ein Beispiel für eine Behauptung, die nur in die Sprache der Prädikatenlogik zweiter Stufe übersetzt werden kann, ist das Identitätsprinzip von Gottfried Wilhelm Leibniz (1646–1716): Zwei Objekte sind identisch genau dann, wenn alle Eigenschaften, die ersteres besitzt, auch letzterem zukommen. Es wird keine Aussage über ein Objekt, sondern über die Eigenschaften, die den Objekten zukommen, gemacht. Die Eigenschaft, identisch mit einem Individuum zu sein, wird durch eine Allaussage über Eigenschaften charakterisiert, wobei Eigenschaften wieder als Mengen von Individuen verstanden werden. Zur Einführung wird hier jedoch nur die Prädikatenlogik 1. Stufe näher vorgestellt.

6.3.2.1 | Syntax und Semantik

Wie in der Aussagenlogik wird auch in der Prädikatenlogik ein Alphabet für die Sprache zur Verfügung gestellt. Um Eigenschaften, Individuen und Beziehungen zwischen Individuen zu bezeichnen,

6.3 Logik

Prädikaten- und Modallogik

Prädikatenlogische Formeln

bietet das sprachliche Inventar der Prädikatenlogik 1. Stufe folgende Symbole:

- **Individuenkonstanten** $a, b, a_1, a_2, \ldots$ und **Funktionssymbole**, $f^1, f^2, g^3, f^n, g^n, \ldots$, wobei n die Stelligkeit des Funktionssymbols angibt. Individuenkonstanten sind eigennamenartige Ausdrücke (**Terme**). Ein Funktionssymbol f^n kann auf n Terme $t_1, \ldots, t_n$ angewendet werden und bildet dann einen komplexeren Term $f^n(t_1, \ldots, t_n)$.
- **Relationssymbole** $P^1, Q^2, P^2, Q^2, P^3, Q^3, \ldots$. Wenn ein Relationssymbol P^n mit n Individuenkonstanten $a_1, \ldots, a_n$ kombiniert wird, ergibt sich ein Satz $P(a_1, \ldots, a_n)$, der aussagt, dass die durch $a_1, \ldots, a_n$ benannten Individuen in der durch P^n bezeichneten Relation zueinander stehen. Einstellige Relationssymbole P^1 sind Prädikatausdrücke zur Bezeichnung von Eigenschaften. Die Bruderbeziehung kann z. B. durch das Relationssymbol B^2 und die Behauptung, dass Kain der Bruder von Abel ist, durch $B^2(k, a)$ ausgedrückt werden.
- **die Junktoren**, die bereits aus der Aussagenlogik bekannt sind, $\neg, \wedge, \vee, \supset, \equiv$.
- **die Quantoren** $\forall, \exists$, wobei $\forall$ »für alle« und $\exists$ »es gibt mindestens ein« bedeutet.
- **Individuenvariablen** $x, y, z, x_1, x_2, y_1, y_2 \ldots$. Sie haben kein Pendant in der natürlichen Sprache und werden verwendet, um anzugeben, auf welche Stelle eines Relationssymbols sich ein Quantor bezieht.
- Hilfssymbole: die Klammern und das Komma (,).

Ist die Stelligkeit n eines Relations- oder Funktionssymbols bekannt, wird der Index ^{n} oft weggelassen. Wenn in einer Situation die durch ein n-stelliges Relationssymbol P^n bezeichnete Beziehung (Relation) zwischen den durch die Terme $t_1, \ldots, t_n$ bezeichneten Individuen besteht, dann ist die Formel $P^n(t_1, \ldots, t_n)$ in dieser Situation wahr. Wird ein n-stelliges Funktionssymbol auf n Terme angewandt, dann entsteht keine Formel, sondern ein komplexer Term. Eine n-stellige Funktion liefert für n Individuen keinen Wahrheitswert, sondern genau ein Individuum, auf das die anderen abgebildet werden. Eine zweistellige Funktion ist beispielsweise die Additionsfunktion, die durch das Additionszeichen ›+‹ bezeichnet wird. Angewandt auf zwei Zahlen liefert die Addition deren Summe. Der Ausdruck ›+(2,4)‹ z. B. wird in der Regel als ›2 + 4‹ geschrieben und bezeichnet eine Zahl. Auch der Ausdruck ›die Mutter von‹ bezeichnet eine Funktion. Wird der Ausdruck auf den Term ›Marie‹ angewendet entsteht der komplexe Term ›die Mutter von Marie‹, der Maries Mutter bezeichnet. Welche Symbole in einer prädikatenlogische Sprache $\mathcal{L}$ mit welcher Stelligkeit verwendet werden, wird durch ihre **Signatur** $\sigma(\mathcal{L})$ festgelegt. Somit gibt eine Signatur an, wie viele Relationssymbole und Funktionssymbole welcher Stelligkeit und wie viele Individuenkonstanten in $\mathcal{L}$ verwendet werden. Werden in einer Sprache $\mathcal{L}$ z. B. nur zwei zweistellige Relationssymbole, ein einstelliges Funktionssymbol und drei Individuenkonstanten verwendet, ist die Signatur $\sigma(\mathcal{L}) = (2,2;1;3)$. Die Interpretation der Relationssymbole, Funktionssymbole und Individuenkonstanten kann von Modell zu Modell variieren.

Definition

→ **Prädikatenlogische Terme** lassen sich wie folgt definieren:
1. Jede Individuenvariable, $x, y, \ldots$ und jede Individuenkonstante $a, b, \ldots$ ist ein Term.
2. Falls f ein n-stelliges Funktionssymbol ist und $t_1, \ldots, t_n$ Terme sind, ist $f(t_1, \ldots, t_n)$ ein Term.
3. Nichts anderes ist ein Term.

Da sich Terme nur aus Individuen- und Funktionssymbolen zusammensetzen, werden sie auch nur durch Individuen bewertet. Sie können daher weder wahr noch falsch sein. Ein Term ohne Individuenvariablen heißt geschlossen. Geschlossene Terme bezeichnen in einem gegebenen Modell genau ein Individuum.

Definition

→ **Prädikatenlogische Formeln** erster Stufe können induktiv über den Termen der prädikatenlogischen Sprache definiert werden:
1. Falls R ein n-stelliges Relationssymbol ist und $t_1, \ldots, t_n$ Terme sind, dann ist $R(t_1, \ldots, t_n)$ eine Formel.
2. Falls A, B Formeln sind, dann sind auch $\neg A$, $(A \wedge B)$, $(A \vee B)$, $(A \supset B)$, und $(A \equiv B)$ Formeln.
3. Falls A eine Formel und x eine Individuenvariable ist, dann sind $\forall x A$ und $\exists x A$ Formeln.
4. Nichts anderes ist eine Formel.

In den Formeln $\forall xA$ und $\exists xA$ stellt die Teilformel A den sog. **Skopus** (die Reichweite) der hervorgehobenen Vorkommnisse von $\forall x$ und $\exists x$ dar. Alle Vorkommnisse der Variable x in A werden als in $\forall xA$ und $\exists xA$ **gebunden** bezeichnet. Treten Vorkommnisse von Individuenvariablen außerhalb eines Quantorskopus auf, werden sie **frei** genannt. Kommen in einer Formel keine Variablen frei vor, wird die Formel als **geschlossen** oder als Satz bezeichnet. Formeln mit frei vorkommenden Variablen werden als **offene** Formeln bezeichnet. Geschlossene Formeln der Form $\forall xA$, $\exists xA$ sind All- bzw. Existenzaussagen. Formeln, die keine Junktoren und keine Quantoren enthalten, sind atomare Formeln.

Beispiele und Gegenbeispiele für Terme und Formeln			
x	Term	$\forall Z^3(x,y,z)$	keine Formel
$g^1(a, x)$	kein Term	$Z^3(a, f^2(x, b), x)$	offene Formel, x frei
$g^1(f^2(f^2(a, x), b))$	Term	$(M(M(x)) \supset M(x))$	keine Formel
$f^2(g^1(x), g^1(g^1(c)))$	Term	$\forall y Z^3(x,y,a) \wedge \exists x S(y)$	offene Formel, x, y frei
$f^1 a$	kein Term	$(\forall y \exists x Z^3(x,y,x) \wedge \exists x S(x))$	Satz

Beispiel 11:
Übersetzungen natürlichsprachlicher Sätze in die Prädikatenlogik 1. Stufe. Platon als konkretes Individuum wird hier durch die Individuenkonstante a symbolisiert; ›x kennt y‹ bezeichnet eine Relation zwischen x,y und wird durch $K(x,y)$ bezeichnet. Der Ausdruck ›x ist Philosoph‹ bezeichnet eine Eigenschaft und wird durch $P(x)$ wiedergegeben, und der Ausdruck ›x ist Logiker‹ durch $L(x)$.

natürlichsprachlicher Satz	prädikatenlogischer Satz
Alle Logiker sind Philosophen.	$\forall x(L(x) \supset P(x))$
Kein Philosoph kennt Platon nicht.	$\neg \exists x(P(x) \wedge \neg K(x,a))$ äquivalent zu $\forall x(P(x) \supset K(x, a))$
Wenn jemand Philosoph ist, kennt er Platon.	$\forall x(P(x) \supset K(x,a))$
Nur wenn niemand Philosoph oder Logiker ist, kennt niemand Platon.	$(\forall x \neg K(x,a) \supset \neg \exists x(P(x) \vee L(x)))$
Wenn jemand weder Platon kennt noch Logiker ist, ist er kein Philosoph.	$\forall x((\neg K(x,a) \wedge \neg L(x)) \supset \neg P(x))$

Natürlichsprachliche Sätze können nur in Sätze, also geschlossene Formeln, übersetzt werden. Für welche Interpretationen der Symbole der prädikatenlogischen Sprache sind deren geschlossene Formeln erfüllt oder nicht erfüllt? Um eine semantische Bewertung der prädikatenlogischen Formeln angeben zu können, müssen wie in der Aussagenlogik sowohl Modelle als auch eine Wahrheitsdefinition festgelegt werden. Während in der Aussagenlogik lediglich die Aussagebuchstaben interpretiert werden, ist es in der Prädikatenlogik 1. Stufe erforderlich, sowohl für die Individuenkonstanten als auch für die Funktions- und Relationssymbole Interpretationen anzugeben.

Ein **prädikatenlogisches Modell** $\mathcal{M} = (\mathcal{D}, \mathcal{O}, \mathcal{R}, \mathcal{I})$ besteht daher aus vier Komponenten:

- einer nichtleeren Menge $\mathcal{D}$, die Individuen- oder Gegenstandsbereich genannt wird,
- einer Menge $\mathcal{O}$ von Funktionen, die für jedes n-stellige Funktionssymbol eine n-stellige Funktion enthält,
- einer Menge $\mathcal{R}$ von Relationen, die für jedes n-stellige Relationssymbol eine n-stellige Relation enthält,
- einer Interpretationsfunktion $\mathcal{I}$, die jede Individuenvariable auf ein Element von $\mathcal{D}$ abbildet, jedes n-stellige Funktionssymbol auf eine n-stellige Funktion aus $\mathcal{O}$ abbildet und jedes n-stellige Relationssymbol auf eine n-stellige Relation aus $\mathcal{R}$ abbildet.

Zudem ist es notwendig, die freien Individuenvariablen mit den Individuen eines Modells zu assoziieren. Dazu werden Abbildungen der freien Varia-

Prädikaten- und Modallogik

blen in den Gegenstandsbereich des Modells betrachtet, sog. **Belegungen**. Soll eine freie Variable x mit einem bestimmten Individuum d aus dem Individuenbereich $\mathcal{D}$ assoziiert und eine Belegung β ansonsten unverändert bleiben, wird dies mit $\beta[d/x]$ notiert. Die Belegungsfunktion $\beta[d/x]$ kann als »β mit d für x« gelesen werden, d. h. β belegt die Variable x mit dem Individuum d. Die Auswertung prädikatenlogischer Formeln in einem Modell $\mathcal{M}$ relativ zu (oder unter) einer Belegung β erfolgt in zwei Schritten. In einem ersten Schritt wird jedem Term ein Individuum zugewiesen.

Auswertung von prädikatenlogischen Termen

Sei $\mathcal{M} = (\mathcal{D}, \mathcal{O}, \mathcal{R}, \mathcal{I})$ ein Modell und β eine Belegung, dann ergibt sich der Wert $V_{\mathcal{M}\beta}(t)$ eines Termes t induktiv:
1. für eine Individuenvariable x ist $V_{\mathcal{M}\beta}(x) = \beta(x)$.
2. für eine Individuenkonstante a ist $V_{\mathcal{M}\beta}(a) = \mathcal{I}(a)$.
3. für ein n-stelliges Funktionssymbol f und Terme $t_1, \ldots, t_n$ ist $V_{\mathcal{M}\beta}(f(t_1, \ldots, t_n)) = \mathcal{I}(f)(V_{\mathcal{M}\beta}(t_1), \ldots, V_{\mathcal{M}\beta}(t_n))$.

Im zweiten Schritt wird der Wahrheitswert einer Formel in einem Modell $\mathcal{M} = (\mathcal{D}, \mathcal{O}, \mathcal{R}, \mathcal{I})$ unter einer Belegung β mit Hilfe der folgenden Wahrheitsdefinition festgelegt.

Tarskis Wahrheitsdefinition

Die Wahrheitsdefinition für die Prädikatenlogik ist von Alfred Tarski (1901–1983) formuliert worden. Der Ausdruck $\mathcal{M}, \beta \vDash A$ bedeutet, dass die Formel A in dem Modell $\mathcal{M}$ unter der Belegung β erfüllt bzw. wahr ist. Ist eine Formel in einem Modell $\mathcal{M}$ unter mindestens *einer* Belegung β der freien Variablen erfüllt, heißt die Formel **erfüllbar in $\mathcal{M}$**. Ist eine Formel in einem Modell unter *jeder* Belegung erfüllt, heißt sie **wahr in $\mathcal{M}$**. Demzufolge sind geschlossene Formeln bereits wahr in $\mathcal{M}$, wenn sie erfüllbar in $\mathcal{M}$ sind, da ihr Wahrheitswert in einem Modell unabhängig von der Belegung der freien Variablen ist. Ist eine Formel in jedem prädikatenlogischen Modell wahr, handelt es sich um eine **allgemeingültige Formel**.

Es folgen zwei Beispiele für prädikatenlogische Sprachen und Modelle.

Beispiel 12:
Der Syllogismus aus Beispiel 5 und 6 macht eine Sprache $\mathcal{L}$ mit Signatur $\sigma(\mathcal{L}) = (1,1; -;1)$ erforderlich. D. h., das Alphabet der Sprache $\mathcal{L}$ umfasst zwei einstellige Relationssymbole, kein Funktionssymbol und eine Individuenkonstante. In prädikatenlogische Formeln lassen sich die Schlussfolgerungen aus Beispiel 5 und 6, wie folgt, übersetzen:

$$\forall x, (M(x) \supset S(x)), M(a) \;/\; S(a).$$

Eine Schlussfolgerung mit endlich vielen Prämissen ist genau dann gültig, wenn die Implikation allgemeingültig ist, in der die Prämissen durch Konjunktion im Antezedens (dem wenn-Teil) verbunden sind und die Konklusion das Sukzedens (den dann-Teil) bildet. Demzufolge ist obige Schlussfolgerung genau dann gültig, wenn $((\forall x (M(x) \supset S(x)) \land M(a)) \supset S(a))$ allgemeingültig ist. Um zu zeigen, dass jedes Modell diese Formel erfüllt, wird ein beliebiges Modell $\mathcal{M} = (\mathcal{D}, \emptyset, \{\mathcal{I}(S), \mathcal{I}(M)\}, \mathcal{I})$ mit passender Signatur $\sigma(\mathcal{L})$ angenommen, wobei $\mathcal{I}(a) \in \mathcal{D}$ und $\mathcal{I}(S), \mathcal{I}(M) \subseteq \mathcal{D}$ ($\mathcal{I}(S)$ und $\mathcal{I}(M)$ sind Teilmengen von $\mathcal{D}$) gelten muss, und für dieses beliebige Modell wird gezeigt, dass es die Formel erfüllt. Ein spezielles Modell könnte also der Ausschnitt der Welt sein, der Platon als Einzelindividuum enthält und die Eigenschaften, Mensch zu sein und sterblich zu sein, umfasst. Dann würde a als Platon, das Relationssymbol M mit der Menge aller Menschen und das Relationssymbol S durch die Menge aller Individuen, die sterblich sind, interpretiert werden. Die Wahl der Belegung β ist irrelevant, da keine freien Variablen auftreten und es sich somit um einen Satz handelt. Dann gilt:

Wahrheitsdefinition für prädikatenlogische Formeln

Die Wahrheitsdefinition für prädikatenlogische Formeln in einem Modell $\mathcal{M} = (\mathcal{D}, \mathcal{O}, \mathcal{R}, \mathcal{I})$ unter der Belegung β umfasst folgende Bedingungen:
- $\mathcal{M}, \beta \vDash R^n(t_1, \ldots, t_n)$ gdw. $(V_{\mathcal{M}\beta}(t_1), \ldots, V_{\mathcal{M}\beta}(t_n)) \in \mathcal{I}(R)$
- $\mathcal{M}, \beta \vDash \neg A$ gdw. $\mathcal{M}, \beta \nvDash A$
- $\mathcal{M}, \beta \vDash (A \land B)$ gdw. $\mathcal{M}, \beta \vDash A$ und $\mathcal{M}, \beta \vDash B$
- $\mathcal{M}, \beta \vDash (A \lor B)$ gdw. $\mathcal{M}, \beta \vDash A$ oder $\mathcal{M}, \beta \vDash B$
- $\mathcal{M}, \beta \vDash (A \supset B)$ gdw. wenn $\mathcal{M}, \beta \vDash A$, dann $\mathcal{M}, \beta \vDash B$
- $\mathcal{M}, \beta \vDash (A \equiv B)$ gdw. $\mathcal{M}, \beta \vDash A$ genau dann, wenn $\mathcal{M}, \beta \vDash B$
- $\mathcal{M}, \beta \vDash \forall x A$ gdw. für alle $d \in \mathcal{D}$ gilt, dass $\mathcal{M}, \beta[d/x] \vDash A$
- $\mathcal{M}, \beta \vDash \exists x A$ gdw. ein $d \in \mathcal{D}$ existiert mit $\mathcal{M}, \beta[d/x] \vDash A$.

$\mathcal{M}, \beta \vDash ((\forall x\, (M(x) \supset S(x)) \land M(a)) \supset S(a))$	
gdw.	[wenn $\mathcal{M}, \beta \vDash \forall x (M(x) \supset S(x))$ und $\mathcal{M}, \beta \vDash M(a)$], dann $\mathcal{M}, \beta \vDash S(a)$
gdw.	[wenn für alle $d \in \mathcal{D}$ gilt, falls $\mathcal{M}, \beta[d/x] \vDash M(x)$, dann $\mathcal{M}, \beta[d/x] \vDash S(x)$, und $\mathcal{I}(a) \in \mathcal{I}(M)$], dann $\mathcal{I}(a) \in \mathcal{I}(S)$
gdw.	[wenn für alle $d \in \mathcal{D}$ gilt, falls $\beta[d/x](x) \in \mathcal{I}(M)$, dann $\beta[d/x](x) \in \mathcal{I}(S)$, und $\mathcal{I}(a) \in \mathcal{I}(M)$], dann $\mathcal{I}(a) \in \mathcal{I}(S)$

gdw.	[wenn für alle $d \in \mathcal{D}$ gilt, falls $d \in \mathcal{I}(M)$, dann $d \in \mathcal{I}(S)$, und $\mathcal{I}(a) \in \mathcal{I}(M)$], dann $\mathcal{I}(a) \in \mathcal{I}(S)$
gdw.	[wenn $\mathcal{I}(M) \subseteq \mathcal{I}(S)$ und $\mathcal{I}(a) \in \mathcal{I}(M)$], dann $\mathcal{I}(a) \in \mathcal{I}(S)$

Die letzte Aussage ist offensichtlich unabhängig von der Interpretation der auftretenden Relationssymbole und Konstanten wahr. Demzufolge ist die Formel in jedem prädikatenlogischen Modell wahr. In diesem Fall handelt es sich also um eine allgemeingültige Formel. Der betrachtete aristotelische Syllogismus ist eine gültige Schlussfolgerung.

Beispiel 13:
Ein zweites Beispiel: die Signatur der Sprache ist $\sigma(\mathcal{L}) = (2;2;-)$, d.h. die Sprache umfasst ein zweistelliges Relationssymbol, ein zweistelliges Funktionssymbol und keine Individuenkonstanten. Ein Modell $\mathcal{M}$ sei mit $\mathcal{M} = (\mathbb{N}, \{<\}, \{+\}, \mathcal{I})$ gegeben, wobei $\mathcal{I}(R) = \{(n,m) \mid n < m\} \subseteq \mathbb{N} \times \mathbb{N}$, $\mathbb{N} \times \mathbb{N}$ die Menge aller Paare natürlicher Zahlen ist und $\mathcal{I}(f)(n,m) = n + m$ für alle $n, m \in \mathbb{N}$. Für die Belegung β gelte $\beta(z) = 4$. Dann kann die folgende Formel in $\mathcal{M}$ unter β ausgewertet werden.

$\mathcal{M}, \beta \models \forall x (R(z,x) \supset \exists y R(x, f(z,y)))$	
gdw.	für alle $d \in \mathcal{D}$, wenn $\mathcal{M}, \beta[d/x] \models R(z,x)$, dann $\mathcal{M}, \beta[d/x] \models \exists y R(x, f(z,y))$
gdw.	für alle $d \in \mathcal{D}$, wenn $(\beta[d/x](z), \beta[d/x](x)) \in \mathcal{I}(R)$, dann existiert $d' \in \mathcal{D}$ mit $\mathcal{M}, \beta[d/x][d'/y] \models R(x, f(z,y))$
gdw.	für alle $d \in \mathcal{D}$, wenn $\beta(z) < d$, dann existiert $d' \in \mathcal{D}$ mit $(\beta[d/x][d'/y](x), \mathcal{I}(f)(\beta[d/x][d'/y](z), \beta[d/x][d'/y](y))) \in \mathcal{I}(R)$
gdw.	für alle $d \in \mathcal{D}$, wenn $4 < d$, dann existiert $d' \in \mathcal{D}$ mit $d < 4 + d'$

Die Formel ist somit eine wahre Aussage in $\mathcal{M}$ unter β. Sie ist aber in $\mathcal{M}$ auch unter jeder anderen Belegung von z wahr, so dass $\forall x(R(z,x) \supset \exists y R(x, f(z,y)))$ in $\mathcal{M}$ wahr ist. Die Formel ist jedoch nicht allgemeingültig. Im Modell $\mathcal{M}' = (\mathbb{N}, \{<\}, \{-\}, \mathcal{I})$ mit $\mathcal{I}(f)(x,y) = x - y$ ist sie falsch, da die Aussage, dass für alle $d \in \mathcal{D}$, wenn $\beta(z) < d$, dann existiert $d' \in \mathcal{D}$ mit $d < \beta(z) - d'$, für mindestens eine Belegung β falsch ist. In $\mathcal{M}'$ ist sie sogar für alle Belegungen falsch.

6.3.2.2 | Prädikatenlogisches Schließen

Kurt Gödel (1906–1978) bewies 1929 in seiner Dissertation, dass es ein bestimmtes axiomatisches Beweissystem für die Prädikatenlogik 1. Stufe gibt, das nicht nur korrekt, sondern auch vollständig ist. D. h., für jede gültige Schlussfolgerung Δ/A gilt, dass $\Delta \vdash A$. An dieser Stelle soll kurz auf ein Beweissystem eingegangen werden. Das System des natürlichen Schließens der Aussagenlogik kann zu einem korrekten und vollständigen Beweissystem für die Prädikatenlogik 1. Stufe erweitert werden. Die syntaktischen Regeln für die Junktoren bleiben erhalten. Es werden lediglich Regeln für die Quantoren hinzugenommen. Um die Einführungs- und Beseitigungsregeln für die Quantoren prägnant formulieren zu können, sind zwei Definitionen unerlässlich.

Mit $[t/x]A$ wird die Formel bezeichnet, die durch die Ersetzung aller freien Vorkommnisse von x durch t in A entsteht. Beispielsweise sei $A = \forall y(\exists x\, R(x,y) \supset R(x,y))$. Dann ist $[t/x]A = \forall y(\exists x\, R(x,y) \supset R(t,y))$. Ein Term t heißt frei für x in A genau dann, wenn kein Vorkommnis einer Variable in t in der Formel $[t/x]A$ gebunden wird. In dem Beispiel ist der Term $f(y,x)$ weder frei für x noch frei für y in A, da $[f(y,x)/x]A = \forall y(\exists x\, R(x,y) \supset R(f(y,x),y))$ und das Vorkommnis von y in dem Term $f(y,x)$ in der Formel $[f(y,x)/x]A$ gebunden ist. Dahingegen ist der Term z sowohl für x als auch für y frei in A.

falls t jeweils frei für x in A ist:

$$\frac{\begin{array}{c}\Delta\\ \vdots\\ A(t)\end{array}}{\exists x\, A(x)}\, (\exists E) \qquad \frac{\begin{array}{c}\Delta\\ \vdots\\ \forall x\, A(x)\end{array}}{A(t)}\, (\forall B)$$

falls x nicht frei vorkommt in C mit $C \in \Delta$, und in der $(\exists B)$-Regel x zudem nicht frei in B vorkommt:

$$\frac{\begin{array}{c}\Delta\\ \vdots\\ A(x)\end{array}}{\forall x\, A(x)}\, (\forall E) \qquad \frac{\begin{array}{cc}\Gamma & \Delta, [A(x)]\\ \vdots & \vdots\\ \exists x\, A(x) & B\end{array}}{B}\, (\exists B)$$

Die Quantorenregeln unterteilen sich wiederum in Einführungs- und Beseitigungsregeln. Die Einführungsregel für den Existenzquantor ($\exists E$) besagt, dass sobald aus einer beliebigen Prämissenmenge die Formel $A(t)$ für einen beliebigen Term t hergeleitet wird, es möglich ist, den Term durch eine beliebige Individuenvariable zu ersetzen und die

Individuenvariable durch den Existenzquantor zu binden. Einzige Bedingung ist, dass die Variable x so gewählt wird, dass x beim Ersetzen nicht durch einen anderen Quantor in A gebunden wird, d. h. t frei für x in A ist. Die Einführungsregel ($\forall$E) für den Allquantor ist nur anzuwenden, wenn in den Prämissen, aus denen sich die Formel $A(x)$ ableitet, x nicht frei vorkommt, d. h. in allen Prämissen, die nicht getilgt werden, x nicht frei auftritt. Um einen Allquantor zu beseitigen, Regel ($\forall$B), wird an Stelle der Variable x in A ein beliebiger Term t eingesetzt. Dies ist möglich, da $A(x)$ für alle Individuen bewiesen ist, also auch für das Objekt, das durch t (gegebenenfalls unter einer Belegung) bezeichnet wird. Wiederum ist die einzige Bedingung, dass die Variablen in t nicht durch Quantoren gebunden werden, die in A vorkommen. Die Beseitigungsregel ($\exists$B) besagt, dass aufgrund der Existenzaussage $\exists x A(x)$ angenommen werden kann, dass es ein konkretes x gibt, so dass $A(x)$ wahr ist. Anhand dieser Annahme ist es möglich, auf eine Formel B zu schließen, solange sowohl die Formel B als auch die restlichen Annahmen, die in diesem Teil der Ableitung getroffen werden, nicht von dem konkreten Objekt x abhängen, da von diesem nur die Existenz erwiesen ist. Eine korrekte Anwendung der Regeln soll folgendes Beispiel zeigen.

Beispiel 14:
Mit den Quantorenregeln wird $\emptyset \vdash (\forall x\, A(x) \equiv \neg\exists x \neg A(x))$ bewiesen:

$$\cfrac{\cfrac{\cfrac{[\neg A(x)]^3}{\exists x \neg A(x)}(\exists \text{E})\quad [\neg \exists x \neg A(x)]^2}{A(x)}(\neg \text{B}^*)^3}{\forall x A(x)}(\forall \text{E}) \quad \cfrac{[\exists x \neg A(x)]^4 \quad \cfrac{[\neg A(x)]^5 \quad \cfrac{[\forall x A(x)]^1}{A(x)}(\forall \text{B})}{\neg \exists x \neg A(x)}(\neg \text{B})}{\cfrac{\neg \exists x \neg A(x)}{\neg \exists x \neg A(x)}(\exists \text{B})^5}}{(\forall x\, A(x) \equiv \neg \exists x \neg A(x))}(\equiv \text{E})^{1,2}$$

Weitere beweisbare Formeln in der Prädikatenlogik sind:

$(\forall x(A \land B) \equiv (\forall x A \land \forall x B))$	$(\exists x(A \lor B) \equiv (\exists x A \lor \exists x B))$
$((\forall x A \lor \forall x B) \supset \forall x(A \lor B))$	$(\exists x(A \land B) \supset (\exists x A \land \exists x B))$
$(\neg \forall x A \equiv \exists x \neg A)$	$(\neg \exists x A \equiv \forall x \neg A)$
$(\forall x \forall y A \equiv \forall y \forall x A)$	$(\exists x \exists y A \equiv \exists y \exists x A)$
$(\forall x A \equiv A)$, falls x nicht frei in A.	$(\exists x A \equiv A)$, falls x nicht frei in A.

Für jede allgemeingültige prädikatenlogische Formel 1. Stufe findet sich ein Beweis mit endlichen vielen Schritten. Die Prädikatenlogik 1. Stufe ist vollständig. Jedoch ist es möglich, dass es für eine nicht allgemeingültige Formel nicht möglich ist zu entscheiden, dass sie nicht allgemeingültig ist. Daher ist die Prädikatenlogik 1. Stufe nur semi-entscheidbar. In der Aussagenlogik ist hingegen anhand der Wahrheitstabellen jederzeit entscheidbar, ob es sich um eine kontingente, allgemeingültige oder kontradiktorische Formel handelt. In der Prädikatenlogik gibt es ein solch einfaches Mittel nicht. Die Unentscheidbarkeit der Prädikatenlogik 1. Stufe wurde 1936 von Alan Turing (1912–1954) und Alonzo Church (1903–1995) bewiesen. Für die Prädikatenlogik höherer Stufe ist im Allgemeinen sogar die Allgemeingültigkeit einer Formel nicht immer beweisbar und somit auch nicht entscheidbar.

Werden für eine gegebene prädikatenlogische Sprache Axiome formuliert, die selbst keine allgemeingültigen Formeln sind, wird von einer prädikatenlogischen **Theorie** gesprochen. Kurt Gödel hat 1931 gezeigt, dass nicht in jeder prädikatenlogischen Theorie genau diejenigen Formeln beweisbar sind, die in allen Modellen für die Sprache der Theorie gültig sind. Gödel bewies in seinem **Unvollständigkeitssatz**, dass für jede effektive Axiomatisierung der elementaren Zahlentheorie wahre zahlentheoretische Behauptungen existieren, die in der Theorie nicht beweisbar sind. Dieses Resultat markiert Grenzen der axiomatischen Methode in den Wissenschaften.

6.3.2 | Modale Aussagenlogik

Es gibt gültige Schlussfolgerungen, deren Gültigkeit nicht allein auf der Bedeutung der Junktoren und Quantoren beruht, die in der klassischen Prädikatenlogik formalisiert werden, sondern auch auf der Bedeutung von Ausdrücken wie ›es ist notwendig, dass‹ und ›es ist möglich, dass‹. Aus der Annahme, dass es notwendig ist, dass p, folgt nach einem weit verbreiteten Verständnis von Notwendigkeit, dass p tatsächlich der Fall ist. Die Gültigkeit von Schlussfolgerungen, die dieses Verständnis oder eine andere Lesart von ›es ist notwendig, dass‹ voraussetzen, wird in der sog. **Modallogik** untersucht.

Der bekanntesten Bedeutungstheorie für Modallogiken liegt die Auffassung von Leibniz zugrunde, derzufolge eine Aussage genau dann notwendigerweise wahr ist, wenn sie **wahr in allen möglichen Welten** ist. Unter möglichen Welten können dabei z. B. denkbare Alternativen zur tatsächlichen Welt oder, allgemeiner formuliert, Zustände verstanden werden, zwischen denen eine Relation der Erreichbarkeit oder Zugänglichkeit besteht. Während aussagenlogische Tautologien in jeder möglichen Welt wahr sind, gibt es für kontingente, in der tatsächlichen Welt wahre Aussagen denkbare Alternativ-Welten, in denen diese kontingenten Aussagen falsch sind, z. B. Welten, in denen der Satz ›Thomas Edison hat die Kohlefaden-Glühlampe erfunden‹ falsch ist. Die Behauptung, dass notwendigerweise Edison die Glühlampe erfunden hat, ist dann in der tatsächlichen Welt, in der Edison zwar die Glühlampe erfunden hat, falsch, da in einer anderen möglichen Welt jemand anderes die Glühlampe hätte erfinden können.

6.3.2.1 | Syntax und Semantik

Das Alphabet der aussagenlogischen Sprache wird um zwei Symbole ◇ (Möglichkeit) und □ (Notwendigkeit) erweitert. Die Formeln der modalen Aussagenlogik ergeben sich anhand der folgenden Definition.

> **Definition**
>
> Für → **Formeln der modalen Aussagenlogik** gilt:
> 1. Jeder Aussagebuchstabe $p, q, r, s, \ldots$ ist eine atomare Formel.
> 2. Falls A, B Formeln sind, dann sind auch $\neg A, (A \wedge B), (A \vee B), (A \supset B)$ und $(A \equiv B)$ Formeln.
> 3. Falls A eine Formel ist, dann sind $\Box A$ und $\Diamond A$ Formeln.
> 4. Nichts anderes ist eine Formel.

Modaloperatoren: Die einstelligen Junktoren □ und ◇ werden auch als Modaloperatoren bezeichnet. Wird □ als ›es ist notwendig, dass‹ und ◇ als ›es ist möglich, dass‹ gelesen, wird von der **alethischen Modallogik** gesprochen, (von griech. *aletheia*: Unverborgenheit, Wahrheit). Jedoch haben sich neben diesen beiden Lesarten viele andere Lesarten und Modallogiken entwickelt, wie z. B. die **deontische Modallogik** (von griech. *deon* Pflicht, das Nötige), in der □ (oder O für ›it is obligatory that‹) als ›es ist geboten, dass‹ und ◇ (oder P für ›it is permitted that‹) als ›es ist erlaubt, dass‹ gelesen wird. Darüber hinaus gibt es Modaloperatoren, die sich auf einen Akteur α beziehen, wie B_α (›α glaubt, dass‹), K_α (›α weiß dass‹), oder [α *stit*] (›α bewirkt, dass‹). Häufig werden mehrere modale Operatoren eingeführt, so dass es z. B. möglich ist, ›es ist notwendig, dass α weiß, dass‹ zu formalisieren.

Die mit dem Begriff der möglichen Welten operierende, formale Semantik der Modallogik geht im Wesentlichen auf Saul Kripke (*1940) zurück. Die Semantik besteht auch in der Modallogik aus einer Wahrheitsdefinition und der Definition der Modelle. Ein modallogisches Modell beinhaltet eine nicht-leere Menge möglicher Welten und eine Zugänglichkeitsrelation zwischen diesen Welten. Nach ihrem Begründer werden sie oft als Kripke-Modelle bezeichnet.

Mögliche Welten Semantik

Ein Kripke-Modell besteht aus drei Komponenten:
- einer nicht-leeren Menge W, die als **Menge möglicher Welten** angesehen wird;
- einer **Zugänglichkeitsrelation** $R \subseteq W \times W$, wobei $(w,w') \in R$ bedeutet, dass die Welt w' von der Welt w aus zugänglich ist;
- einer Interpretationsfunktion v für die Aussagebuchstaben. Im Unterschied zur klassischen Aussagenlogik werden die Aussagebuchstaben nicht auf Wahrheitswerte, sondern in die Potenzmenge der Menge der möglichen Welten abgebildet, $v : \{p, q, r, s, \ldots\} \to P(W)$. Intuitiv wird jedem Aussagebuchstaben p mit dieser Interpretationsfunktion v die Menge von Welten $v(p)$ zugeordnet, in denen p wahr ist.

Wenn $\mathcal{M} = (W, R, v)$ ein Kripke-Modell ist, dann wird (W, R) als der **Rahmen** (engl. *frame*) bezeichnet, auf dem $\mathcal{M}$ basiert. Eine Formel ist nun nicht einfach in einem Modell wahr oder falsch, sondern in einer Welt eines Modells. Der Wahrheitswert einer Formel in einem Modell $\mathcal{M} = (W, R, v)$ in der Welt $w \in W$ ergibt sich nach folgender Definition:

Wahrheitsdefinition der modalen Aussagenlogik

$\mathcal{M},w \vDash p$	gdw.	$w \in v(p)$
$\mathcal{M},w \vDash \neg A$	gdw.	$\mathcal{M},w \nvDash A$
$\mathcal{M},w \vDash (A \wedge B)$	gdw.	$\mathcal{M},w \vDash A$ und $\mathcal{M},w \vDash B$
$\mathcal{M},w \vDash \Box A$	gdw.	für alle $w' \in W$ gilt, falls $(w,w') \in R$, dann $\mathcal{M},w' \vDash A$
$\mathcal{M},w \vDash \Diamond A$	gdw.	ein $w' \in W$ existiert mit $(w,w') \in R$ und $\mathcal{M},w' \vDash A$

Der Wahrheitswert einer Formel $\Box A$ in Welt w hängt daher nicht allein vom Wahrheitswert der Teilformel A in w ab, sondern davon, welchen Wahrheitswert A in den von w aus zugänglichen Welten besitzt. Wenn z. B. von einer Welt w aus keine Welt zugänglich ist, dann ist jede Formel der Gestalt $\Box A$ in w wahr. Da der Wahrheitswert einer Formel $\Box A$ in einer Welt w nicht allein vom Wahrheitswert abhängt, den die Teilformeln in w haben, ist das Extensionalitätsprinzip verletzt. Insofern ist die modale Aussagenlogik nicht-klassisch.

Die weiteren klassischen Junktoren können wie in der klassischen Aussagenlogik durch $((A \lor B) \equiv \neg (\neg A \land \neg B))$, $((A \supset B) \equiv \neg (A \land \neg B))$ und $((A \equiv B) \equiv (\neg (A \land \neg B) \land \neg (B \land \neg A)))$ definiert werden. Die modalen Operatoren sind wechselseitig definierbar mit:

$$\Box A \equiv \neg \Diamond \neg A, \qquad \Diamond A \equiv \neg \Box \neg A.$$

Die Aussage, dass notwendigerweise A, ist äquivalent zu der Aussage, dass es nicht möglich ist, dass nicht A. Umgekehrt ist es dann und nur dann möglich, dass A, wenn A nicht notwendigerweise falsch ist.

Aufgrund der verschiedenen Bewertungskontexte, wie einer möglichen Welt, einem Modell oder einem Rahmen, gibt es unterschiedliche Arten von Gültigkeit.

Definition

Es werden folgende Formen von → Gültigkeit in der modalen Aussagenlogik definiert:
1. Eine Formel A heißt **gültig in einem Modell** $\mathcal{M} = (W, R, v)$ genau dann, wenn für alle Welten $w \in W$ gilt $\mathcal{M}, w \vDash A$.
2. Eine Formel A heißt **gültig in einem Rahmen** (W, R) genau dann, wenn A in jedem Modell $\mathcal{M}$, dass auf diesem Rahmen basiert, gültig ist, d. h., für alle Interpretationsfunktionen v gilt, dass mit $\mathcal{M} = (W, R, v)$ für alle $w \in W$ gilt $\mathcal{M}, w \vDash A$.
3. Eine Formel A heißt **gültig in einer Klasse von Rahmen** genau dann, wenn A in jedem Rahmen aus dieser Klasse gültig ist.

6.3.2.2 | Korrespondenztheorie

Der Zusammenhang zwischen Eigenschaften der Zugänglichkeitsrelation und der Gültigkeit von bestimmten modallogischen Formeln wird in der sog. Korrespondenztheorie untersucht. Besonders wichtige Eigenschaften zweistelliger Relationen sind hierbei folgende:

Eigenschaften von zweistelligen Relationen		
R ist **seriell**	gdw.	für alle $w \in W$ existiert $w' \in W$ mit $(w, w') \in R$.
R ist **reflexiv**	gdw.	für alle $w \in W$ gilt, dass $(w, w) \in R$.
R ist **symmetrisch**	gdw.	für alle $w, w' \in W$ gilt, falls $(w, w') \in R$, dann $(w', w) \in R$.
R ist **transitiv**	gdw.	für alle $w, w', w'' \in W$ gilt, falls $(w, w') \in R$ und $(w', w'') \in R$, dann $(w, w'') \in R$.
R ist **euklidisch**	gdw.	für alle $w, w', w'' \in W$ gilt, falls $(w, w') \in R$ und $(w, w'') \in R$, dann $(w', w'') \in R$.

Sei $\mathcal{M} = (W, R, v)$ ein Modell und die Relation R habe die Eigenschaft seriell (reflexiv, symmetrisch, transitiv, euklidisch) zu sein. Dann werden sowohl das Modell $\mathcal{M}$ als auch der Rahmen (W, R) seriell (reflexiv, symmetrisch, transitiv, euklidisch) genannt. In der jeweiligen Klasse der seriellen (reflexiven, symmetrischen, transitiven, euklidischen) Rahmen sind bestimmte modallogische Formeln gültig, für welche die Bezeichnungen **D(T,B,4,5)** verwendet werden.

Korrespondenzeigenschaften		
D:	$\Box A \supset \Diamond A$	gültig in seriellen Rahmen (Modellen)
T:	$\Box A \supset A$	gültig in reflexiven Rahmen (Modellen)
B:	$A \supset \Box \Diamond A$	gültig in symmetrischen Rahmen (Modellen)
4:	$\Box A \supset \Box \Box A$	gültig in transitiven Rahmen (Modellen)
5:	$\Diamond A \supset \Box \Diamond A$	gültig in euklidischen Rahmen (Modellen)

Die Korrespondenz ist strikt: Ein Rahmen ist seriell genau dann, wenn die schematische Formel **D** in diesem Rahmen gültig ist. Auch die anderen angegebenen Rahmeneigenschaften sind in diesem Sinne durch die schematischen Formeln, die in diesen Rahmen gültig sind, modal definierbar. Jedoch sind nicht alle interessanten Eigenschaften der Zugänglichkeitsrelation modal definierbar. Die Eigenschaft der Irreflexivität (für kein $w \in W$ gilt $(w, w) \in R$) z. B. korrespondiert mit keiner modallogischen Formel.

Im Folgenden werden die wichtigsten sog. normalen Modallogiken vorgestellt, indem sie axiomatisch definiert werden. Es wird ein axiomatisches Beweissystem für die jeweilige Modallogik angegeben. Die kleinste normale Modallogik **K**, wobei ›K‹ für ›Kripke‹ steht, ist als die Klasse aller Formeln definiert, die durch folgende Axiome und Anwendung der folgenden Regeln auf die Axiome erhalten wird:
- Alle Axiome der Aussagenlogik sind Axiome für **K**.
- Die Formel $\Box(A \supset B) \supset (\Box A \supset \Box B)$ ist ein Axiom von **K**, das sog. **K**-Axiom.
- Modus Ponens oder ($\supset$B)-Regel: wenn A und $(A \supset B)$ aus **K** sind, dann ist B aus **K**.
- Gödelregel oder *Rule of Necessitation*: wenn A aus **K** ist, ist $\Box A$ eine Formel aus **K**.

Jede Formel aus **K** ist in jedem Rahmen gültig. Beweisbar in **K** sind z. B.:

$(\Box(A \land B) \equiv (\Box A \land B))$ $(\Diamond(A \lor B) \equiv (\Diamond A \lor \Diamond B))$
$((\Box A \lor \Box B) \supset \Box(A \lor B))$ $(\Diamond(A \land B) \supset (\Diamond A \land \Diamond B))$
$(\neg \Box A \equiv \Diamond \neg A)$ $(\neg \Diamond A \equiv \Box \neg A)$
$((\Box A \supset A) \equiv (A \supset \Diamond A))$ $((\Box A \supset \Box\Box A) \equiv (\Diamond\Diamond A \supset \Diamond A))$
$((A \supset \Box \Diamond A) \equiv (\Diamond \Box A \supset A))$ $((\Diamond A \supset \Box \Diamond A) \equiv (\Diamond \Box A \supset \Box A))$

Die folgenden (axiomatisch definierten) Logiken sind Erweiterungen von **K**. Sie entstehen, indem zu **K** weitere Axiome jedoch keine neuen Regeln hinzugenommen werden:
- die Modallogik **T**: **K** + $(\Box A \supset A)$
- die Modallogik **D**: **K** + $(\Box A \supset \Diamond A)$
- die Modallogik **S4** (= **KT4**):
 K + $(\Box A \supset A)$ + $(\Box A \supset \Box\Box A)$
- die Modallogik **S5** (= **KT5**):
 K + $(\Box A \supset A)$ + $(\Diamond A \supset \Box \Diamond A)$

Damit ist offensichtlich die Modallogik **T** die Menge aller Formeln, die gültig in der Klasse aller reflexiven Rahmen sind. Die Modallogik **D** ist die Menge aller Formeln, die gültig in der Klasse aller seriellen Rahmen sind. Da aus der Reflexivität die Serialität folgt, ist die Logik **T** eine Erweiterung von **D**. Das System **S4** ist die Menge aller Formeln, die gültig in der Klasse aller Rahmen sind, die sowohl reflexiv als auch symmetrisch sind, und stellt eine Erweiterung von **T** dar. Das System **S5** ergibt sich als Menge aller Formeln, die gültig in der Klasse aller Rahmen sind, die reflexiv und euklidisch sind. Da aus der Reflexivität zusammen mit der Euklidizität die Symmetrie und die Transitivität einer Relation folgen, stellt **S5** eine Erweiterung von **S4** dar. Es ist daher auch möglich, **S5** durch **K** + $(\Box A \supset A)$ + $(A \supset \Box \Diamond A)$ + $(\Box A \supset \Box\Box A)$ als die Modallogik **KTB4** zu definieren.

6.3.3 | Modale Prädikatenlogik

Die modale Prädikatenlogik ist wegen ihrer Ausdrucksstärke von besonderem philosophischen Interesse. In ihrem Vokabular können Aussagen über die notwendige und mögliche Existenz von Individuen, die bestimmte Eigenschaften besitzen, formuliert werden. Die Sprache der modalen Prädikatenlogik spielt z. B. auch eine große Rolle in der Diskussion über essentielle Eigenschaften, die Individuen wesentlich und damit notwendigerweise zukommen.

Die Kombination von Modaloperatoren und Quantoren erlaubt es auch, die mittelalterliche Unterscheidung zwischen Modalitäten *de re* und *de dicto* formal wiederzugeben. Die Behauptung ›Jemand wird möglicherweise lachen‹ kann z. B. als (1) ›Es ist möglich, dass jemand lachen wird‹, aber auch als (2) ›Es gibt jemanden, der möglicherweise lachen wird‹ gelesen werden. Der Modalausdruck ›möglicherweise‹ wird in der Lesart (1) als *de dicto*-Modalität verstanden. Es wird ausgesagt, dass ein bestimmtes *dictum*, eine Aussage, möglicherweise wahr ist. In der Lesart (2) wird ausgesagt, dass es jemanden gibt, von dem gilt, dass er möglicherweise eine bestimmte Eigenschaft hat. Es wird von einem bestimmten Individuum (einem bestimmten Ding, lat. *res*) ausgesagt, dass es möglicherweise lachen wird.

Mögliche Beziehungen zwischen Modaloperatoren und Quantoren werden auch in der zu Ehren von Ruth Barcan Marcus (*1921) sog. **Barcan-Formel** und konversen Barcan-Formel (s. u.) zum Ausdruck gebracht.

Barcan-Formel

Barcan-Formel	$(\forall x \Box P(x) \supset \Box \forall x P(x))$	[äquivalent $(\Diamond \exists x P(x) \supset \exists x \Diamond P(x))$]
konv. Barcan-Formel	$(\Box \forall x P(x) \supset \forall x \Box P(x))$	[äquivalent $\exists x \Diamond P(x) \supset \Diamond \exists x P(x)$]

In Modellen für die modale Prädikatenlogik wird neben einer nicht-leeren Menge W möglicher Welten und einer zweistelligen Relation zwischen möglichen Welten ein nicht-leerer Individuenbereich $\mathcal{D}$ angenommen und eine Interpretationsfunktion, die jeder Individuenkonstante ein Element aus $\mathcal{D}$ zuordnet und jedem Paar bestehend aus einem n-stelligen Funktionssymbol (bzw. Relationssymbol) und einer möglichen Welt $w \in W$ eine n-stellige Funktion (bzw. Relation) über $\mathcal{D}$ zuordnet. In Modellen, die auf symmetrischen Rahmen basieren, sind die Barcan-Formel und die konverse Barcan-Formel äquivalent. Die Barcan-Formel und die konverse Barcan-Formel sind umstritten, da sie zwar in Modellen gültig sind, in denen der Individuenbereich für alle Welten konstant ist, aber nicht in Modellen, in denen der Individuenbereich von Welt zu Welt variiert.

6.4 | Ausblick

Intuitionistische und mehrwertige Logik

Die vielleicht prominenteste nicht-klassische Logik ist die sog. **intuitionistische Logik**. Die intuitionistische Logik ist im Zuge der Grundlagenkrise der Mathematik in den 1930er Jahren von dem niederländischen Logiker Arend Heyting (1898–1980) entwickelt worden. Die Intuitionisten lehnen bestimmte Beweismethoden ab, die in der klassischen Mathematik akzeptiert werden. Insbesondere lehnen sie indirekte Existenzbeweise ab, da sie nicht-konstruktiv sind. Um die Existenz eines Individuums mit der Eigenschaft P zu beweisen, genügt es ihnen nicht, aus der Annahme, dass es kein x mit der Eigenschaft P gibt, einen Widerspruch abzuleiten; sie verlangen die Präsentation eines Beispiels eines Individuums, das die Eigenschaft P besitzt. In der Tat kann ein Beweissystem für die intuitionistische Aussagenlogik gewonnen werden, indem die Regel des indirekten Beweises (¬B*) aus dem System des natürlichen Schließens für die klassische Aussagenlogik verbannt wird. Es lässt sich leicht zeigen, dass wiederum ein Beweissystem für die klassische Aussagenlogik erhalten wird, wenn anstelle von (¬B*) entweder die Formel (¬¬$A \supset A$) oder die Formel ($A \lor \neg A$) als ein Axiom hinzugenommen wird.

Da ($A \lor \neg A$) in der intuitionistischen Logik nicht allgemeingültig ist, könnte die Vermutung aufkommen, dass es sich bei der intuitionistischen Aussagenlogik um eine **mehrwertige Logik** handelt. Wenn z. B. zu den beiden klassischen Wahrheitswerten W und F ein dritter Wert U (›unbestimmt‹) hinzugenommen wird, dann lassen sich leicht Wahrheitstabellen für die Junktoren $\lor$ und $\neg$ angeben, so dass ($A \lor \neg A$) nicht stets den Wert W annimmt, womit ($A \lor \neg A$) in diesem Sinne nicht allgemeingültig ist. Die klassischen Tabellen für $\lor$ und $\neg$ können z. B. übernommen werden, und es kann festgelegt werden, dass eine zusammengesetzte Formel den Wert U erhält, sobald eine der Teilformeln den Wert U besitzt. Gödel hat allerdings bereits 1932 bewiesen, dass es keine angemessenen Wahrheitstabellen für die intuitionistische Logik gibt, die mit endlich vielen Wahrheitswerten operieren. Einen anderen Zugang zur intuitionistischen Logik liefert die Modallogik. Gödel hat gezeigt, dass die intuitionistische Logik in die Modallogik **S4** übersetzt werden kann. Die Implikation in der intuitionistischen Logik wird dabei unter einer Übersetzung τ als sog. strikte Implikation aufgefasst. Wenn für die intuitionistische Implikation das Symbol → verwendet wird, dann ist die intuitionistische Formel ($A \to B$) als $\Box(\tau(A) \supset \tau(B))$ aufzufassen. Die intuitionistische Negation einer Formel A wird als die strikte klassische Negation $\Box \neg \tau(A)$ verstanden. Natürlich kann auch die intuitionistische Logik um Modaloperatoren erweitert werden, was zu konstruktiven Modallogiken führt.

Literatur

Beall, J.C./Restall, Greg: »Logical Consequence«, http://plato.stanford.edu/entries/logical-consequence/ (6.7.2011).

Blackburn, Patrick/van Benthem, Johan/Wolter, Frank (Hg.): *Handbook of Modal Logic*. Amsterdam 2006.

Dalen, Dirk van: *Logic and Structure*. Berlin ⁴2004 [ein etabliertes Lehrbuch über die klassische und intuitionistische Aussagen- und Prädikatenlogik, in dem das natürliche Schließen behandelt wird].

Fagin, Ronald/Halpern, Joseph/Moses, Yoram/Vardi, Moshe: *Reasoning about Knowledge*. Cambridge 1995 [eines *der* wichtigsten Lehrbücher zur doxastischen und epistemischen Logik].

Garson, James: *Modal Logic for Philosophers*. Cambridge 2006.

– : »Modal Logic«, http://plato.stanford.edu/entries/logic-modal/ (6.7.2011).

Gottwald, Siegfried: »Many-Valued Logic«, http://plato.stanford.edu/entries/logic-manyvalued/ (6.7.2011).

Hoyningen-Huene, Paul: *Formale Logik. Eine philosophische Einführung*. Stuttgart 1998.

Hughes, George E./Cresswell, Max J.: *A New Introduction to Modal Logic*. London 1996 [Überarbeitung des klassischen Einführungsbandes].

Moschovakis, Joan: »Intuitionistic Logic«, http://plato.stanford.edu/entries/logic-intuitionistic/ (06.07.2011).

Priest, Graham: *An Introduction to Non-Classical Logic. From If to Is*. Cambridge 2008 [sehr lesenswerte und kompakte Übersicht über Systeme der nicht-klassischen Aussagen- und Prädikatenlogik].

Oberschelp, Arnold: *Logik für Philosophen*. Stuttgart 1997.

Rosenkranz, Sven: *Einführung in die Logik*. Stuttgart/Weimar 2006.

Heinrich Wansing und Caroline Semmling

B. Praktische Philosophie

1 Ethik

1.1 Grundfragen und Grundbegriffe
1.2 Antike Ethik des guten Lebens
1.3 Moderne Ethik des richtigen Handelns
1.4 Kritik und Aufhebung der Moral
1.5 Ausblick auf die Ethik der Gegenwart

Die Ethik ist ganz allgemein die theoretische Reflexion von Fragen, Normen und grundlegenden Orientierungen des guten oder richtigen Lebens und Handelns (vgl. umfassend Düwell u. a. 2011). Kant folgend, wird Ethik heute meist als **Moralphilosophie** verstanden, die sich mit der Begründung bzw. Rechtfertigung der normativen Grundlagen des menschlichen Zusammenlebens in der Alltagsmoral (vgl. Erlinger 2004; Cohen 2004), in rechtlichen, staatlichen und gesellschaftlichen Institutionen (s. Kap. II.B.2–4) sowie heute insbesondere auch in der »Angewandten Ethik« (s. Kap. II.B.5) beschäftigt. In einem engeren Sinne beschränkt Ethik sich auf die Normen oder Pflichten des moralisch richtigen individuellen Verhaltens. Kant hat in dieser Weise die **Ethik als »Tugendlehre«** von der »Rechtslehre« (Rechtsphilosophie) unterschieden und beiden eine moralphilosophische Grundlegung gegeben. Gemäß einer weiteren Verwendung steht der Ausdruck ›Ethik‹ für eine **Ethik des guten Lebens** oder der **Lebenskunst** in Abgrenzung zur Moralphilosophie. Während die Grundfrage der Moralphilosophie lautet: »Was **soll** ich tun?«, fragt die Ethik der Lebenskunst »Wie **will** ich leben?« Sie hat es nicht mit allgemein verbindlichen Normen zu tun, sondern mit pragmatischen Maximen oder Regeln, deren Einhaltung dem Einzelnen in seinem eigenen Interesse zu raten oder zu empfehlen, aber nicht unbedingt von ihm zu fordern ist. Gegenwärtige Vertreter einer solchen Ethik der Lebenskunst knüpfen an die antike Ethik an, die allerdings eine Trennung von Moral und Glück und damit von Moralphilosophie und Ethik des guten Lebens noch nicht kannte (s. 1.2).

1.1 | Grundfragen und Grundbegriffe

Die Frage »**Was soll ich tun?**« stellt sich uns tagtäglich. Nicht immer handelt es sich dabei um eine moralische Frage, unmittelbar beschäftigen uns meist eher technische, pragmatische, rechtliche oder therapeutische Fragen, zum Beispiel: Was soll ich tun, um wieder gesund zu werden, um die Prüfung zu bestehen, um mit den Gesetzen nicht in Konflikt zu geraten oder um im Leben weniger frustriert zu sein? Diese Fragen setzen voraus, dass ich etwas Bestimmtes will, ein bestimmtes Ziel habe und nach dem richtigen Weg oder Mittel suche, um es zu erreichen. Dieses Sollen ist daher nur ein **bedingtes Sollen**, abhängig vom jeweiligen Ziel des Handelns, es ist daher nicht für alle Menschen verbindlich.

Spezifik moralischer Fragen: Moralische Fragen dagegen beziehen sich auf **Normen** oder **Pflichten** und ihnen zugrundeliegende ethische **Prinzipien**, die das **Verhältnis zum Anderen**, das Zusammenleben der Menschen regeln, wie etwa das Lügenverbot oder das Recht auf Selbstbestimmung. Sie gelten **universal**, das heißt: für *alle* Mitglieder einer Gemeinschaft bzw. für *alle* Menschen, sowie **unbedingt**, das heißt: unabhängig von meinen individuellen Handlungszwecken oder Lebenszielen. Dass ich in einem Studium Prüfungen ablegen soll, ist davon abhängig, dass ich mit diesem Studium ein bestimmtes Lebensziel erreichen möchte, zum Beispiel Ärztin zu werden, und das ist nicht von allen Menschen, sondern nur von denen zu verlangen, die Ärzte werden wollen. Dass ich nicht lügen, das Leben, die Selbstbestimmung und Würde anderer Menschen achten soll, das ist von mir, wie von jedem anderen Menschen, *schlechthin* zu fordern.

Aufgabe ethischer Reflexion: Doch mit welchem Recht können Normen einen so starken Geltungsanspruch erheben? Das bedarf der Begründung und Rechtfertigung durch ethische Reflexion, die sich daher nicht unmittelbar auf Handlungen, sondern auf die das Handeln leitenden Normen bezieht und diese einer kritischen Prüfung unterzieht. Zwar sind nicht alle praktischen Probleme moralische Probleme, doch alle praktischen Fragen können immer *auch* eine mehr oder weniger verdeckte moralische Dimension beinhalten. Die Frage, ob eine Technik eine gute Technik ist, die alle von ihr Betroffenen gutheißen können, ist keine technische, sondern eine moralische oder ethische Frage, die in der Technikethik (s. Kap. II.B.5) zum Gegenstand ethischer Reflexion werden kann. Auch zwischen Fragen der Moral und der Lebenskunst ist die Grenzlinie nicht immer leicht zu ziehen (vgl. Schneider 1994). Eine zentrale Aufgabe ethischer Reflexion besteht darin, die in praktischen Angelegenheiten verborgene moralische Dimension offenzulegen, damit sie kritischer Beurteilung zugänglich wird.

Moralische Konflikte: Moralische Fragen und Probleme sind oft **Konflikte** oder **Dilemmata**. Soll ich zum Beispiel, als Ärztin, einem schwerkranken Patienten die Wahrheit über seinen Zustand sagen, wenn ich befürchten muss, dass er sie nicht verkraftet und sein Zustand sich dadurch aller Voraussicht nach verschlimmert? Oder darf, ja muss ich auf Grund meiner Verantwortung und Fürsorgepflicht ihm diese Wahrheit verschweigen und unter Umständen sogar lügen? Einerseits haben wir gelernt, dass wir nicht lügen dürfen. Andererseits haben wir ebenso gelernt, dass wir gegenüber einem Menschen, der sich in einer Notlage befindet, die Pflicht haben, ihm zu helfen. Wir können also in Situationen geraten, in denen die Erfüllung einer Norm oder Pflicht, hier die Pflicht zur **Wahrhaftigkeit**, geradezu notwendigerweise einhergeht mit der Verletzung einer anderen Norm oder Pflicht, hier der Pflicht zur **Hilfe oder Fürsorge**. Darin besteht der Konflikt oder das Dilemma (Zwangslage).

Paternalismus: Von ähnlicher Art ist das in der gegenwärtigen Ethik viel diskutierte Problem des Paternalismus, das ist das Handeln eines Einzelnen oder eines Staates zum Wohl eines Menschen bzw. der Staatsbürger ohne deren Zustimmung, im Extremfall auch gegen ihren Willen. Es ist einerseits ein allgemein anerkannter Grundsatz, vor allem der modernen Ethik seit der Aufklärung, dass jeder Mensch das Recht hat, sein Leben **autonom** (selbstbestimmt), nach seinen eigenen Vorstellungen von einem guten Leben zu gestalten, ohne sich von anderen Menschen, wie ein Kind durch seine Eltern, bevormunden und Vorschriften machen zu lassen, solange nicht die Freiheit anderer Menschen dadurch eingeschränkt wird (s. 1.3). Andererseits kann jeder Mensch, vor allem durch Krankheit, in die Lage geraten, nicht oder nur eingeschränkt rational begründete Entscheidungen zu seinem eigenen Wohl treffen zu können. Kann es dann unter Umständen gerechtfertigt, ja sogar notwendig sein, auch gegen seinen Willen oder Widerstand etwas für sein Wohl zu tun, zum Beispiel durch eine lebensrettende Operation, zwangsweise Einweisung in eine psychiatrische Klinik oder Ähnliches? Hier steht das Recht auf **Achtung der Autonomie** ebenfalls gegen die Verpflichtung zur **Hilfe und Fürsorge**. Diese Probleme können ein Anlass sein, Normen wie das Lügenverbot oder das Autonomieprinzip genauer begrifflich zu analysieren und zu begründen.

Kritik der Moral: Im Fall lange akzeptierter, konkreterer Normen oder Praktiken kann sich auch herausstellen, dass sie moralisch nicht mehr zu rechtfertigen, als Unrecht anzusehen und daher abzuschaffen sind. Historische Beispiele hierfür sind die Abschaffung der Sklaverei oder der Folter, oder der die Autonomie missachtende ärztliche Paternalismus. Es ist auch denkbar, dass wir uns mit herrschenden normativen Orientierungen nicht (mehr) identifizieren können, weil wir vielleicht andere Normen und Lebensformen kennengelernt haben oder aus anderen Gründen den Glauben an die Autorität von Religion, Staat oder Kirche verloren haben. Schon in der Antike ließ diese Erfahrung eines **moralischen Pluralismus** die philosophische Frage nach einer rationalen Rechtfertigung dieser Orientierungen entstehen (s. 1.2). Dem ethischen **Universalismus** steht die Position eines ethischen **Subjektivismus** oder **Relativismus** gegenüber, der die Suche nach universalen Normen oder Prinzipien für illusionär hält, da ihre Geltung als subjekt- und kulturabhängig und als nicht verallgemeinerbar angesehen wird. Sofern diese Position mit der Forderung der **Toleranz** anderen Kulturen gegenüber verbunden ist, stellt allerdings sie selbst eine moralische Forderung mit dem Anspruch universaler Geltung auf, weshalb ihr oft der Vorwurf der Selbstwidersprüchlichkeit gemacht wird (vgl. Spaemann: *Moralische Grundbegriffe*, S. 11–23; Williams: *Begriff der Moral*, S. 21–46).

Eine besondere Herausforderung für die Ethik stellen seit der Antike immer wieder verschiedene Versionen eines **Amoralismus, Immoralismus** oder **moralischen Skeptizismus** dar. Aus dieser Sicht stellt sich nicht die Frage: »Was soll ich tun, um moralisch richtig oder gut zu handeln?«, sondern: »**(Warum) soll ich überhaupt moralisch handeln?**« (vgl. Bayertz 2004). Es wird also die Geltung moralischer Normen überhaupt bestritten oder zumindest das Recht oder die Möglichkeit behauptet, für sich selbst moralische Normen nicht anzuerkennen, aber als eine Art Trittbrettfahrer oder »Parasit des Moralsystems« (Williams: *Begriff der Moral*, S. 12) von der moralischen Anständigkeit der anderen zu profitieren. Auch ein Lügner zum Beispiel ist ein solcher Parasit, denn seine Lüge funktioniert nur in einer Gemeinschaft, in der normalerweise nicht gelogen wird. Umstritten ist zum einen, ob ein solcher Amoralismus eine real mögliche Einstellung oder nur eine Fiktion ethischer Reflexion ist und ob der Moralist überhaupt und, wenn ja, mit welchen Argumenten zu überzeugen ist.

1.1.1 | Ethik als Moralphilosophie

> **Definition**
>
> → Moralphilosophie beantwortet oder löst konkrete moralische Fragen oder Konflikte nicht (unmittelbar), sondern bemüht sich darum, die für diese Fragen und Konflikte wie für das Zusammenleben überhaupt relevanten normativen Grundlagen – die maßgebenden Gründe, Normen und Prinzipien (Grundbegriffe) – kritisch zu klären und zu prüfen.

Drei Ebenen ethischer Reflexion sind daher zu unterscheiden:
- moralische **Urteile**, bezogen auf einzelne **Handlungen** oder Situationen;
- inhaltlich bestimmte **Normen** oder **Pflichten**, die das Handeln und Urteilen regeln;
- formale **Grundbegriffe** oder **Prinzipien**, als Maßstab oder Kriterium für die Beurteilung konkreter Normen, Regeln usw.

Normen oder Pflichten: Dazu zählen zum Beispiel das Lügenverbot, das Tötungsverbot oder die Verpflichtung zur Hilfe in Notlagen. Sie haben zum Teil die Form kodifizierter rechtlicher oder institutioneller Regelungen, wie etwa die Verbote zu töten oder zu stehlen, oder auch standesrechtlicher Normen, etwa der Gesundheitsberufe. In moralischen Fragen orientieren wir uns meist selbstverständlich an allgemein anerkannten Normen oder Pflichten, die wir durch Erziehung, Lebenserfahrung und kulturelle Bildung verinnerlicht haben. Diese normativen Grundlagen einer Gesellschaft manifestieren sich in gemeinsam geteilten Lebensformen wie Familie oder Freundschaft, auch in asymmetrischen Beziehungen der Erziehung oder Hilfe, etwa zwischen Arzt und Patient, in politischen Verfassungen, im Recht oder in berufsethischen Kodizes. Verstoßen wir gegen diese Normen, müssen wir mit äußeren oder inneren **Sanktionen** rechnen, etwa in Form staatlicher Strafe, sozialer Missbilligung oder durch schlechtes Gewissen. Doch allgemein anerkannte Normen sind nicht notwendigerweise auch gut und richtig. Regeln und Praktiken, die früher als richtig galten, wie etwa Sklaverei oder Paternalismus, werden heute verurteilt.

Grundbegriffe bzw. Prinzipien: Herrschende Normen bedürfen also der Begründung oder Rechtfertigung und unter Umständen der Kritik. Dazu bedarf es übergeordneter Maßstäbe oder Kriterien; diese Rolle erfüllen die grundlegenderen formalen Grundbegriffe oder Prinzipien, wie etwa:
- die **Goldene Regel** (»Was du nicht willst, das man dir tu', das füg' auch keinem anderen zu!«), die sich in fast allen Religionen und Kulturen findet,
- der Grundsatz des *neminem laedere* (»niemanden schädigen«),
- das **Nutzenprinzip** der utilitaristischen Ethik (s. 1.3.1) oder
- der **Kategorische Imperativ** Kants (s. 1.3.2).

Auch Begriffe wie **Menschenwürde, Autonomie** oder **Gerechtigkeit** oder der Begriff der **Glückseligkeit** in der antiken Ethik (s. 1.2) haben diesen grundlegenden Charakter.

Von konkreten Normen oder Pflichten, wie der Pflicht zur Wahrhaftigkeit oder dem Tötungsverbot, unterscheiden sich Prinzipien dadurch, dass sie keinen bestimmten *Inhalt* haben, nicht diese oder jene (Art der) Handlung gebieten oder verbieten, sondern *formale* Gesichtspunkte für die Beurteilung, Rechtfertigung oder Kritik konkreter Normen darstellen, gewissermaßen den übergeord-

1.1 Ethik

Grundfragen und Grundbegriffe

neten **Standpunkt der Moral** beschreiben und explizieren. So wurde beispielsweise von Kant, ähnlich wie schon von Augustinus und Thomas von Aquin, das Lügen an sich, d. h. seinem Sinn nach, als moralisch unzulässig und unbedingt verboten angesehen, weil es die menschliche Würde sowohl des Lügenden als auch des Belogenen missachtet. Die Würde dient in dieser Argumentation als das übergeordnete Prinzip, als Maßstab für die Beurteilung von Normen wie dem Lügenverbot.

Orientierungsrahmen moralischen Handelns und Urteilens

Die **ethischen Grundbegriffe oder Prinzipien** sind gewissermaßen begriffliche Instrumente der philosophischen Reflexion, die dazu dienen, den allgemeinen Orientierungsrahmen moralischen Handelns und Urteilens offenzulegen. Dieser Rahmen liegt nicht ein für alle Mal fest. Ihn in seiner Bedeutung für die menschliche Praxis kritisch zu klären, ist vielmehr eine permanente Aufgabe philosophischer Reflexion der Moral, wozu es unterschiedliche theoretische Ansätze und Beiträge gibt, die unterschiedliche Aspekte von Moral aufzeigen.

Moral und Recht: Auch rechtlich kodifizierte Normen bedürfen der moralphilosophischen Reflexion, Rechtfertigung und gegebenenfalls der Kritik (s. Kap. II.B.4). Das gilt natürlich insbesondere für die Gesetze des Strafrechts und die damit verbundenen, oft gravierenden Sanktionen, mit denen der Staat tief in das Leben und die Freiheit seiner Bürger eingreift. Dies ist moralphilosophisch nur zu rechtfertigen im Fall von Straftaten, die ihrerseits das Leben und die Freiheit anderer Bürger bzw. Menschen verletzen. Die Gesellschaft hat einen Anspruch gegenüber dem Staat auf Schutz vor der Bedrohung des Lebens und der Sicherheit durch Straftaten. Aber auch der Straftäter hat einen Anspruch auf die Rechtfertigung der Strafe als einer gerechten, seiner Tat angemessenen Sanktion (vgl. Kodalle 1998). Rechtliche Regelungen wie zum Beispiel Verkehrsregeln sind zwar keine moralischen Regeln, ihre Beachtung ist gleichwohl eine moralische Pflicht, sofern sie dazu dienen, die Sicherheit im Straßenverkehr zu gewährleisten. Der Staat ist moralisch gegenüber dem Bürger verpflichtet, sie als für die allgemeine Sicherheit notwendig zu rechtfertigen, damit diese Regeln nicht als staatliche Schikane empfunden werden. Nur so besteht die Möglichkeit, Normen nicht lediglich aus Angst vor Strafe, und damit letztlich nur aus Eigeninteresse zu befolgen, sondern aus eigener vernünftiger Einsicht.

Moralität und Sittlichkeit: Der Begriff der **Moral** hat eine subjektive und eine objektive Dimension, die auch in den im Ausdruck ›Ethik‹ enthaltenen Grundbedeutungen von griech. *ethos* (lat. *mos*, Pl. *mores*) zu finden, die sich wiederum mit den von Hegel geprägten Begriffen von Moralität und Sittlichkeit kennzeichnen lassen.

Gemäß dieser Unterscheidung sprechen wir zum einen von der Moral eines Menschen als einem guten oder schlechten Menschen, der eine moralisch gute oder schlechte Einstellung oder Grundhaltung hat, sein Handeln bzw. seine Handlungsmaximen an moralischen oder unmoralischen Prinzipien orientiert. Das ist die **subjektive** bzw. subjektbezogene Seite der Moral als **Moralität**. Zum anderen steht der Ausdruck ›Moral‹ für die allgemein anerkannten moralischen Normen und Prinzipien, die sich in herrschenden Lebensformen und Institutionen einer Gesellschaft manifestieren. Das ist die **objektive** Seite der Moral als **Sittlichkeit**. Ethische Theorien unterscheiden sich im Laufe der Geschichte auch dadurch, dass sie eher die subjektive Seite der Moral betonen (z. B. die Stoa oder Kant) oder eher die objektive Seite hervorheben (z. B. Aristoteles, Hegel).

1.1.2 | Formen der Ethik: Normative Ethik, deskriptive Ethik, Metaethik

Normative Ethik: Zwar löst die Ethik nicht unmittelbar konkrete Probleme, dafür bedarf es der *Urteilskraft* (Kant), die allgemeine Normen und Prinzipien auf konkrete Situationen anwendet. Doch sofern die Ethik eine rational begründete Rechtfertigung und Kritik konkreter Normen anstrebt, ist das sie leitende Interesse gleichwohl normativ. Die philosophische Ethik wird daher, als normative Ethik, üblicherweise unterschieden von einer rein deskriptiven Ethik, wie sie nicht in der Philosophie, sondern in empirischen Wissenschaften wie

> **Definition**
>
> → Moralität (griech. *êthos*) kennzeichnet die Charakterhaltung, Sinnesart oder Denkweise, die das Verhalten und Handeln eines Menschen bestimmt.
> → Sittlichkeit (griech. *ethos*) meint die Gewohnheiten, Sitten, Gebräuche, die an einem bestimmten Ort gelebt und als verbindliche soziale Normen anerkannt werden.

Formen der Ethik: Normative Ethik, deskriptive Ethik, Metaethik

der Geschichtswissenschaft, der Soziologie, der Ethnologie oder der Psychologie zu finden ist.

Deskriptive Ethik: In empirisch beschreibender Absicht geht es hier zum Beispiel darum zu erforschen, welche Normen in einer bestimmten Zeit oder Gesellschaft, etwa im Römischen Reich oder in der amerikanischen Gesellschaft des 20. Jh.s, *faktisch* herrschen und anerkannt sind, unabhängig davon, wie sie *normativ* zu beurteilen sind, ob wir sie gutheißen oder für falsch halten. Oder es soll die Moralentwicklung von Kindern, das moralische oder moralähnliche Verhalten von Tieren erforscht werden, wie in der Entwicklungspsychologie oder in der biologischen Verhaltensforschung.

Ethischer Naturalismus: Es gibt aber immer wieder Versuche, die Geltung moralischer Normen oder die Möglichkeit von Moral überhaupt mittels naturwissenschaftlicher Erkenntnisse zu begründen oder in Frage zu stellen, etwa mittels biologischer Erkenntnisse über die Evolution des Menschen (vgl. Bayertz 1993) oder mittels Nachweis der vollständigen Determiniertheit menschlichen Verhaltens durch neuronale Prozesse im Gehirn, durch die Gene oder durch Umweltfaktoren (vgl. Geyer 2004; Keil 2007). Ein solcher **Determinismus** negiert die **Freiheit** des Wollens und damit die Möglichkeit moralischer Schuld und Verantwortung. Solche Versuche der Moralbegründung oder Moralkritik sehen sich allerdings mit dem (schon von Hume erhobenen) Vorwurf konfrontiert, aus einem naturwissenschaftlich feststellbaren **Sein** des Menschen ein **Sollen**, aus normativ neutralen **Tatsachen** für das Handeln verbindliche **Normen** ableiten zu wollen. George Edward Moore spricht im Hinblick auf einen solchen **ethischen Naturalismus** von einem naturalistischen Fehlschluss.

> **Definition**
>
> Der → **naturalistische Fehlschluss** besteht darin, dass moralische Urteile aus nicht-moralischen Tatsachen abgeleitet oder dass moralische Begriffe durch nicht-moralische Begriffe definiert werden (vgl. Moore: *Principia Ethica*, Kap. I.B.14, S. 48 ff.).

Metaethik: Auch innerhalb der Philosophie gibt es Versuche einer rein deskriptiven Untersuchung der Moral, die unter dem Titel der Metaethik in der sprachanalytischen Philosophie des 20. Jh.s entstanden sind (vgl. hierzu Grewendorf/Meggle 1974; Miller 2003; Scarano 2011). ›Metaethik‹ wird verstanden als eine nicht empirische, aber gleichfalls normativ neutrale und in diesem Sinne deskriptive Analyse der Bedeutung, Funktion und logischen Struktur moralischer bzw. ethischer Begriffe, Argumente und Theorien mit Hilfe logischer, sprachphilosophischer, ontologischer oder erkenntnistheoretischer Untersuchungen. Im Falle eines moralischen Urteils wie ›Es ist moralisch falsch zu lügen‹ oder ›Du sollst nicht lügen‹ beispielsweise versucht eine metaethische Untersuchung nicht, dieses Urteil zu begründen oder zu widerlegen. Sie fragt vielmehr danach, was die in einem solchen Urteil verwendeten Begriffe wie ›lügen‹ oder ›sollen‹ bedeuten, welcher Art solche Urteile sind, ob und wie sie zu begründen sind.

Auch im Fall der Metaethik stößt der **Anspruch moralischer Neutralität** auf Kritik. Eine Klärung moralischer Begriffe oder möglicher Weisen der Begründung moralischer Normen und Urteile ist nicht ohne Konsequenz für diese Normen und Urteile selbst. Umgekehrt bedarf die normative Ethik einer solchen metaethischen Klärung ihrer Begriffe, Argumente und Theorien. Georg Henrik von Wright zufolge handelt es sich bei der Unterscheidung zwischen **Metaethik** und **normativer Ethik** um **zwei untrennbare Aspekte philosophischer Ethik:** »Ethics […] shares with a common conception of ›meta-ethics‹ the feature of being a *conceptual investigation* and with a common conception

> **Definition**
>
> Die → **normative Ethik** bemüht sich um Begründungen (Rechtfertigungen) und eine fundierte Kritik moralischer Urteile und herrschender Normen.
> Die → **deskriptive Ethik** verfährt bloß beschreibend und normativ neutral.
> - Als **empirische Ethik** untersucht sie z. B. die in einer bestimmten sozialen Gruppe, Gesellschaft, Kultur, Epoche oder Tierart herrschenden Normen und ist damit Teil der empirischen Wissenschaften, nicht der Philosophie.
> - Als **Metaethik** analysiert sie moralische bzw. ethische Begriffe, Argumente und Theorien mit den Mitteln philosophischer Logik, Sprachphilosophie, Erkenntnistheorie oder Ontologie und macht so von Disziplinen der theoretischen Philosophie Gebrauch.

Hauptwerke

399–ca. 387 v. Chr.	**Platon:** *Menon, Laches, Protagoras, Gorgias, Politeia* und andere Dialoge
335–323 v. Chr.	**Aristoteles:** *Nikomachische Ethik*
4.–3. Jh. v. Chr.	**Epikur:** *Kyriai doxai* (*Hauptlehrsätze*)
44 v. Chr.	**Cicero:** *De officiis* (*Von den Pflichten*)
62–65	**Seneca:** *Epistulae morales ad Lucilium* (*Moralische Briefe an Lucilius*)
387–395	**Augustinus:** *De libero arbitrio libri tres* (*Über den freien Willen*)
1135–39	**Abaelard:** *Ethica seu liber dictus scito te ipsum* (*Ethik oder das Buch, genannt ›Erkenne dich selbst‹*)
1677	**Spinoza:** *Ethica ordine geometrico demonstrata* (*Ethik, in geometrischer Ordnung dargestellt*)
1751	**Hume:** *An Enquiry Concerning the Principles of Morals* (*Eine Untersuchung über die Prinzipien der Moral*)
1759	**Adam Smith:** *The Theory of Moral Sentiments* (*Theorie der ethischen Gefühle*)
1785	**Kant:** *Grundlegung zur Metaphysik der Sitten*
1788	**Kant:** *Kritik der praktischen Vernunft*
1797	**Kant:** *Die Metaphysik der Sitten*
1839/41	**Schopenhauer:** *Die beiden Grundprobleme der Ethik*
1861	**Mill:** *Utilitarianism* (*Der Utilitarismus*)
1886	**Nietzsche:** *Jenseits von Gut und Böse*
1887	**Nietzsche:** *Zur Genealogie der Moral. Eine Streitschrift*
1903	**George E. Moore:** *Principia Ethica* (*Grundlagen der Ethik*)
1981	**Alasdair MacIntyre:** *After Virtue. A Study in Moral Theory* (*Der Verlust der Tugend. Zur moralischen Krise der Gegenwart*)
1983	**Habermas:** *Moralbewußtsein und kommunikatives Handeln*
1985	**Bernard Williams:** *Ethics and the Limits of Philosophy* (*Ethik und die Grenzen der Philosophie*)
2001	**Philippa Foot:** *Natural Goodness* (*Die Natur des Guten*)

of ›normative ethics‹ the feature of aiming at *directing our lives*« (von Wright: *The Varieties of Goodness*, S. 6).

1.1.3 | Philosophische Grundlagen der Ethik

Die Probleme der Ethik an der Grenze zwischen Philosophie und Wissenschaft, die enge Verklammerung von normativer Ethik und Metaethik sowie die aktuellen konkreten Probleme der verschiedenen Bereiche Angewandter Ethik (s. Kap. II.B.5) machen deutlich, wie sehr die Ethik mit den übrigen Bereichen der Philosophie verwoben ist. In der Geschichte der Philosophie kam dies unter anderem dadurch zum Ausdruck, dass die **Metaphysik** (im Sinne einer nicht-empirischen Grundlegung) und die **Logik** (im Sinne einer Untersuchung begrifflicher Verhältnisse) als für die theoretische und die praktische Philosophie grundlegend angesehen wurden (vgl. Diogenes Laertios: LM I.18; Kant: AA IV, S. 387/KWA VII, S. 11). In der Philosophie der Gegenwart wird diese Aufgabe oft eher der **philosophischen Anthropologie** zugewiesen. Dieser philosophische Gesamthorizont ist notwendig, um die für die ethischen Theorien seit der Antike grundlegenden Auffassungen von der **Stellung des Menschen** in der Welt reflektieren zu können. Wie die verschiedenen Theorien der Ethik zeigen, beruhen sie alle auf bestimmten Auffassungen vom Menschen und der Welt, die einer kritischen Offenlegung und Reflexion bedürfen, einer **anthropologischen Reflexion der Moral** (s. u. 1.5 und Kap. II.C.1).

1.2 | Antike Ethik des guten Lebens

Der antiken Ethik geht es um eine Klärung der Frage, wie der Mensch auf gute, gelingende und erfüllte Weise leben kann bzw. soll. Fragen des moralischen **Sollens** und des individuellen **Wollens**, Fragen der allgemeinen Gerechtigkeit und des individuellen Glücks sind eng miteinander verknüpft. Die Grundfrage der antiken Ethik lautet: Ist das, was ich tun *soll*, zugleich das, was ich wirklich und im Grunde *will*? Zentrale Begriffe sind **Glück** bzw. **Glückseligkeit** (*eudaimonia*), **Tugend** (*arete*) und **Gerechtigkeit** (*dikaiosyne*).

Das individuelle Glück ist für Platon und Aristoteles nicht möglich ohne eine **gerechte** Gesamtverfassung des Menschen. Diese Verfassung besteht darin, die Bedürfnisse und Interessen der anderen ebenso zu berücksichtigen wie die eigenen, mit sich selbst und mit den anderen Menschen befreundet zu sein und sich als für das Wohl der Gemeinschaft bzw. des Staates (*polis*) verantwortliches politisches Wesen zu begreifen.

In der **hellenistischen Ethik** (s. 1.2.4) findet eine **Individualisierung** des Glücks statt, das mit der Lust oder Freude (*hedone*) des Individuums

1.2 Ethik

Hinwendung zur menschlichen Lebensführung: Die Sophisten

Zentrale Begriffe der antiken Ethik

→ **Eudaimonia** (Glück, Glückseligkeit; lat. *beata vita*, *beatitudo*, *felicitas*) bedeutet das gute und gelingende Leben im Ganzen, nicht lediglich einen glücklichen Zufall (griech. *eutychia*, lat. *bona fortuna*) oder ein vorübergehendes Glücks- oder Lustgefühl.
→ **Arete** (Tugend, Vorzüglichkeit, Bestzustand; lat. *virtus*) heißt allgemein: ein der Natur des Gegenstandes gemäßes Gutsein, Tauglichkeit oder Vollkommenheit. Bezogen auf den Menschen bezeichnet sie sozial anerkannte Charaktereigenschaften und sittliche Vorzüge. Sie ist notwendige Bedingung und Bestandteil des Glücks, in der hellenistischen Ethik bloßes Mittel zum Glück.
→ **Dikaiosyne** (Gerechtigkeit; lat. *iustitia*) ist eine Tugend neben anderen, aber auch die allen Tugenden zugrundeliegende tugendhafte Grundhaltung in der Beziehung zu anderen. Zugleich bedeutet sie ein objektives Prinzip der Gleichheit für die Verteilung von Gütern und den Ausgleich von Ungleichheiten in zwischenmenschlichen Verhältnissen.

Pieter Brueghel der Ältere: »Die sieben Tugenden – Fortitudo« (1559)

gleichgesetzt wird, sich in der **Seelenruhe** (*ataraxia*) manifestiert und in dieser Hinsicht sowohl die mittelalterliche Ethik als auch die moderne Ethik maßgeblich beeinflusst hat.

Die Herausbildung der Ethik als philosophische Disziplin, wie sie explizit von Aristoteles vollzogen wird, zeichnet sich bereits in der vorsokratischen Naturphilosophie ab. Hier erfolgt eine **Emanzipation der Vernunft** (*logos*) von einem mythischen Weltverständnis, das bis dahin für das menschliche Leben und Handeln auch in ethischer Hinsicht normativ maßgebend war. Im Vordergrund aber stand für die vorsokratischen Naturphilosophen die Erforschung der Natur und des Kosmos um ihrer selbst willen (s. Kap. I.1.2), was ihnen den Vorwurf der Gottlosigkeit und Nutzlosigkeit einbrachte. Die herkömmlichen Vorstellungen vom Guten und Gerechten werden damit fraglich, unsicher und zum Gegenstand philosophischer Reflexion.

1.2.1 | Hinwendung zur menschlichen Lebensführung: Die Sophisten

In der Zeit der sog. **griechischen Aufklärung** lenken die Sophisten und Sokrates das Interesse der Philosophie auf ethische Fragen der menschlichen Lebensführung sowie der rechtlich-politischen Ordnung (s. Kap. I.1.3).

Homo-Mensura-Satz: Die sophistische Position wurde meist in einem **subjektivistischen**, **relativistischen** und **skeptizistischen** Sinne verstanden, gemäß dem Satz des wohl bekanntesten Sophisten **Protagoras** (480–421 v. Chr.): »Der Mensch ist das Maß aller Dinge, der seienden, daß sie sind, der nichtseienden, daß sie nicht sind« (Diogenes Laertios: LM IX, 51). Die Wahrheit von Aussagen sowie die Geltung moralischer Werte, Normen oder Gesetze sind demnach von der **subjektiven** Wahrnehmung oder Auffassung des Einzelnen oder einer partikularen Gruppe abhängig. Was für den Gesunden süß ist, ist für den Kranken bitter. Was für den einen Menschen gut ist, ist für den anderen schlecht. Was in dem einen Staat als gerecht anerkannt ist, gilt in dem anderen Staat als ungerecht. Das **Maß** oder der **Maßstab** wäre hier das einzelne Subjekt oder eine besondere Gruppe von Menschen. In diesem Sinne wurde der Satz des Protagoras von Sokrates bzw. Platon

239

attackiert und ad absurdum geführt. Wie könnte der Sophist beanspruchen, anderen eine Weisheit zu lehren, wenn doch, wie er sagt, »jeder Mensch das Maß seiner eigenen Weisheit ist« (Platon: *Theaitetos* 161 d)?

Der *Homo-Mensura*-Satz könnte aber auch so gemeint sein, dass es **keine von menschlicher Auffassung überhaupt unabhängige Wahrheit oder Wirklichkeit** »an sich« geben könne. Das Maß oder der Maßstab wäre nach diesem Verständnis der Mensch *als Mensch*, die ihm als Menschen eigene, allgemein menschliche Vernunft. Wahr, gut und gerecht ist eine Aussage, eine Norm oder ein Gesetz demnach nicht auf Grund externer Autoritäten der Religion, der Tradition oder des Staates, sondern allein auf Grund vernünftig begründeter Erkenntnis oder Einsicht mit einem Anspruch auf Allgemeingültigkeit.

Sophistische Positionen: Für ihre Kritik der herrschenden Ordnung und der Gesetze (*nomoi*), berufen sich die Sophisten auf einen von aller Mythologie gereinigten Begriff der Natur (*physis*). Ihr Verständnis des Guten für den Menschen, d. i. das der Erhaltung und Entfaltung seines Lebens Zuträgliche, stützt sich vor allem auf den Naturbegriff der Medizin. Daran gemessen, gibt es nützliche und schädliche Handlungen und Gesetze. Unter Berufung auf die Natur werden von den Sophisten unterschiedliche Positionen vertreten. Die Sophisten **Antiphon** (5. Jh. v. Chr.) und **Hippias** (um 488/485 v. Chr.) argumentieren für die **Gleichheit aller Menschen** auf Grund der ihnen gemeinsamen Trieb- und Bedürfnisstruktur. **Gorgias** (ca. 480–380 v. Chr.) dagegen plädiert für das **Recht des Stärkeren**, dem auf Grund seiner natürlichen Überlegenheit angeblich mehr Rechte und eine größere Macht zustünden (Ricken 1993, S. 50; Forschner 1995, S. 16).

1.2.2 | Vernunft und die Idee des Guten: Sokrates und Platon

Die besondere Bedeutung von **Sokrates** (470–399 v. Chr.) für die philosophische Ethik besteht darin, dass er nicht durch Schriften, sondern allein durch seine Person, sein Leben und sein Beispiel philosophischen Denkens im Gespräch mit den Menschen gewirkt hat. Durch Sokrates bzw. **Platon** (428/27–348/47 v. Chr.), der seinen Lehrer Sokrates als philosophische Hauptfigur in seinen philosophischen Dialogen auftreten lässt, gewinnt das philosophische Denken die **Form des Gesprächs** mit dem Anderen und mit sich selbst (vgl. Figal 2000, S. 100; Hadot 2002, S. 23–29). Sokrates will den Anderen nicht von oben herab und überhaupt nicht nur theoretisch belehren, sondern ihn dahin bringen, »daß er Rede stehen muß über sich selbst, auf welche Weise er jetzt lebt, und auf welche er das vorige Leben gelebt hat; wenn ihn aber Sokrates da hat, daß er ihn dann gewiß nicht eher herausläßt, bis er dies alles gut und gründlich untersucht hat« (*Laches* 187e).

Methode: Platons Dialoge beginnen meist mit in der Lebenspraxis sich stellenden **Fragen** der folgenden Art:
- Ist Tugend lehrbar?
- Was ist Tugend?
- Was ist Gerechtigkeit?
- Welcher Mensch ist glücklicher: der gerechte oder der ungerechte?

Sokrates veranlasst seine Gesprächspartner, ihre eigenen unreflektierten Meinungen (*doxai*) über diese Fragen zu prüfen und sich auf die verborgenen Voraussetzungen und Widersprüche ihres Denkens zu besinnen. Diese Methode sokratischer Lehre und Gesprächskunst, die den Anderen sein nur vermeintliches **Wissen als Scheinwissen durchschauen** lässt, kennzeichnet Platon als *elenchos* (Widerlegung, Prüfung), als eine Art Reinigungskunst, die dem Bemühen um positives Wissen vorausgehen muss (*Sophistes* 230b-e). Diese Methode wird zum Teil so konsequent angewendet, dass Platons frühe Dialoge in einer **Aporie** enden, d. h. in einer Situation der Ausweglosigkeit und Ratlosigkeit.

Suche nach der Idee: Mittels dieser Methode lässt Platon Sokrates die Aufmerksamkeit seiner Gesprächspartner auf die Frage nach dem **allgemeinen Begriff** einer Sache richten. Im Dialog *Menon* zum Beispiel macht Sokrates seinem Gesprächspartner klar, dass die Frage nach dem Begriff der Tugend nicht durch die Angabe spezieller Tugenden beantwortet werden könne, da ja gesucht werde, was allen Tugenden gemeinsam ist. Das ist Platon zufolge die **Idee**, eine den Einzeldingen gemeinsame »Gestalt« (*eidos*), die nicht mit den Sinnen, sondern nur mit dem Geist erfassbar ist (s. Kap. I.1.5.1.2). Allerdings zeigt sich im *Menon* eine besondere **Schwierigkeit der Definition** ethischer wie überhaupt philosophischer Grundbegriffe, die *das Ganze* des Lebens betreffen, im Unterschied zu *spezielleren* Begriffen, die durch die Angabe spezifischer Merkmale bestimmbar sind.

Ethik

Vernunft und die Idee des Guten: Sokrates und Platon

Die Güter und das Gute: Diese Problematik zeigt sich besonders durch den **Vergleich der Tugend mit den Künsten** (*technai*). Wie der Arzt oder Handwerker sich auf ein bestimmtes Gut versteht, so versteht sich der tugendhafte Mensch auf das gute und gelingende Leben. Die speziellen Güter der jeweiligen Künste allerdings sind **relative Güter**. Ärzte zum Beispiel wissen, was für den Kranken gesund ist und was ungesund. Ob es aber für den Kranken besser ist zu sterben oder gesund zu werden, das können sie nicht wissen (*Laches* 195c). Nicht nur Reichtum, auch Gesundheit und Beredsamkeit, die spezifischen Güter der einzelnen Künste also, ja, sogar einzelne Tugenden wie die Tapferkeit können ebenso zum Guten wie zum Schlechten gebraucht werden (vgl. *Euthydemos* 280b ff.), sind also nicht mit dem Guten selbst zu identifizieren. Die richtige Beurteilung des Gebrauchs der speziellen Künste und Güter fordert Platon zufolge die Tugend im Sinne einer Orientierung an *dem* – all diesen *relativen* Gütern übergeordneten – *absoluten* Gut, der **Idee des Guten**, wie es in der *Politeia* heißt. Wie aber ist dieses Gute, das kein spezielles Gut ist, bestimmbar? Hier geht es nicht um ein spezielles Wissen oder Können, sondern um die **Verfassung des ganzen Menschen**.

Gerechtigkeit als leitende Tugend: Diese Verfassung zeichnet sich durch **Gerechtigkeit** aus, wenn die leitende **Vernunft**, zusammen mit dem **Mut**, das unvernünftige **Begehren** zu beherrschen und in das Streben nach dem Guten einzuspannen vermag (*Politeia* 439d–440d). Diesen drei Seelenteilen, deren Zusammenspiel Platon mit dem berühmten Bild des Wagenlenkers veranschaulicht (*Phaidros* 246a-b, 253e), entsprechen die drei übrigen Tugenden, die, zusammen mit der Gerechtigkeit, die später so genannten **vier Kardinaltugenden** bilden:

- die der Vernunft zugeordnete **Weisheit** (*sophia*),
- die dem Mut zugeordnete **Tapferkeit** (*andreia*) und
- die dem Begehren zugeordnete **Besonnenheit** oder **Mäßigkeit** (*sophrosyne*).

In der *Politeia* weist dieses Verständnis der Gerechtigkeit als Tugend und Gesamtverfassung der Seele strukturelle Ähnlichkeit auf mit den **drei Ständen des Staates**: den Bauern, Handwerkern und Kaufleuten, die für die Befriedigung der Bedürfnisse sorgen; den Wächtern, die den Staat mittels Tapferkeit nach innen und außen beschützen, und den **Philosophen**, die mittels der Vernunft den Staat regieren und für die Erziehung der Wächter sorgen (s. Kap. I.1.5.1.1).

Gerechtigkeit und Glück: Platons Dialog *Politeia*, sein philosophisches Hauptwerk, ist nicht in erster Linie eine Schrift über den Staat. Im Zentrum steht vielmehr die Frage nach dem Wesen oder Begriff der **Gerechtigkeit** bzw. Ungerechtigkeit und deren Bedeutung für das **Glück** (*eudaimonia*) des Einzelnen. Das ist eine von den Sophisten aufgeworfene Grundfrage, welche die philosophische Ethik bis heute beschäftigt: Wer ist insgesamt gesehen glücklicher: der gerechte, moralisch gute Mensch, dem an dem Wohl des Anderen ebenso gelegen ist wie an seinem eigenen Glück? Oder der ungerechte, tyrannische Mensch, der die Anderen zu seinem eigenen Vorteil beherrscht und als Immoralist und »Trittbrettfahrer« von der Moral und Gesetzestreue der anderen Menschen profitiert, ohne sich selbst daran zu halten? Oder um die Frage mit Sokrates zu formulieren: **Was ist besser: »Unrecht leiden« oder »Unrecht tun«?**

Ein Handeln ist nur gerecht, sofern es aus einer inneren Haltung erfolgt, in der die drei Seelenteile besonnen und harmonisch, wie die Saiten eines Musikinstrumentes, zusammenspielen (vgl. *Politeia* 443d). So lässt Platon Sokrates schließlich zu der Einsicht gelangen, dass die Gerechtigkeit nicht rein instrumentell, als bloßes Mittel zu übergeordneten Zwecken, zu begreifen ist, sondern als Form des menschlichen Lebens, in der sich das **Glück** – das insgesamt gute und gelingende Leben des Einzelnen in Freundschaft mit sich selbst und mit dem Anderen – allein realisieren und vollziehen kann.

Die Idee des Guten: Auch die Gerechtigkeit aber ist nach Platon noch nicht das höchste Gut. Wenn Gerechtigkeit die Ordnung des Seelen- und des Staatshaushaltes ausmacht, so ist noch zu klären, woraufhin Seele und Staat zu ordnen sind. Dazu bedarf es der – das individuelle und staatliche Denken und Handeln leitenden – **Idee des Guten**, »ohne welche erst das gerechte und alles was sonst Gebrauch von ihr macht nützlich und heilsam wird« (*Politeia* 505a). Die Idee des Guten aber bleibt bei Platon merkwürdig unbestimmt bzw. unbestimmbar, sie entzieht sich der direkten, rein theoretischen Erkenntnis, weshalb an dieser Stelle die berühmten drei **Gleichnisse** ins Spiel kommen: das **Sonnengleichnis**, das **Liniengleichnis** und das **Höhlengleichnis**. Wie die Sonne sowohl das Sehen der Dinge als auch das Leben, Wachstum und Werden ermöglicht, so ermöglicht die

Idee des Guten sowohl die Erkenntnis der Dinge als auch die Dinge selbst in ihrem spezifischen Sein, das ihren jeweiligen Wert oder Zweck, ihr spezifisches Gut einschließt.

Wenn man nicht, wie oft üblich, Platons **Ideen** in einer überirdischen, transzendenten Welt lokalisiert, so lassen sie sich als der komplexe **begriffliche Sinnhorizont unserer Weltorientierung** begreifen, die in erster Linie, auch in den Einzelwissenschaften und in der Philosophie, praktischer Natur ist. Zur Erkenntnis der Idee (des Begriffs oder Wesens) einer Sache sowie zur Erkenntnis der alles Erkennen und Handeln leitenden Idee des Guten gelangen wir weder durch rein sinnliche Wahrnehmung noch durch rein theoretische Belehrung, sondern nur durch einen lebenslangen Prozess der **Erziehung und Bildung** (*paideia*) des ganzen Menschen. Zu diesem Zweck ist es nicht nur notwendig, in den verschiedenen Lebensbereichen erfahren und gebildet zu sein. Es bedarf vielmehr darüber hinaus einer philosophischen Methode des Denkens, die von allen speziellen Methoden verschieden ist (*Politeia* 533b) und die Platon »Dialektik« nennt (s. Kap. I.1.5).

1.2.3 | Glück und Tugend: Aristoteles

Aristoteles (384–322 v. Chr.) hat auf die Unterscheidung zwischen **theoretischer** und **praktischer Philosophie** besonderen Wert legt. Einerseits wollte er die Naturphilosophie, besonders die empirische Naturforschung (wieder) aufwerten, andererseits sah er, Sokrates und Platon folgend, die praktischen Fragen menschlicher Lebensführung als genuine philosophische Fragestellungen an, die einer besonderen Behandlungsweise bedürfen.

Methode: Die Art der Methode und der Grad ihrer Exaktheit müssen dem jeweiligen Gegenstand angemessen sein. Im Unterschied zur Mathematik und zur Naturphilosophie, die es mit für den Menschen unveränderlichen Gesetzen zu tun haben, muss die Ethik der relativen Unbeständigkeit, Wandelbarkeit und Relativität der vom Menschen hervorgebrachten Praktiken und Gesetze (*nomoi*) sowie der Vorstellungen vom Guten gerecht werden. Die Ethik müsse sich deshalb darauf beschränken, »**in groben Umrissen das Richtige anzudeuten**« (Aristoteles: NE, I. Buch, 1094b 13ff.). »Das Richtige«, das heißt: einen begrifflichen Orientierungsrahmen für das Urteilen und Handeln im Einzelfall.

Zielgerichtetheit des Handelns: Anthropologischer Ausgangspunkt der ethischen Reflexion ist das teleologisch (zielgerichtet) strukturierte **Streben nach dem Guten** als dem **Ziel** (*telos*) allen Handelns, ein Streben, das sich in allem menschlichen Tun manifestiert. Aristoteles' Ethik wird daher auch als **Strebensethik** oder **teleologische Ethik** bezeichnet. Er unterscheidet verschiedene menschliche **Praktiken**, die in Orientierung an einem sie leitenden höchsten Ziel eine komplexe Zweck-Mittel-Struktur aufweisen, wie etwa die Medizin mit dem Ziel der Gesundheit. Diese Praktiken hängen ihrerseits miteinander zusammen, indem sie einander über- bzw. untergeordnet sind. So sei etwa die Sattlerei der Reitkunst und die Reitkunst der Kriegskunst untergeordnet.

Das höchste Ziel: Wie in Bezug auf einzelne Praktiken, so bedarf es nach Aristoteles auch im Hinblick auf das ganze menschliche **Leben als Praxis** eines **höchsten Zieles**, das wir nur noch um seiner selbst willen anstreben und in allem Handeln, wie ein Bogenschütze (ebd. 1094a 24), auf bestmögliche Weise zu treffen versuchen. Denn andernfalls wäre unser Streben ohne Orientierung, es wäre »leer und vergeblich« (ebd. 1094a 21). Das höchste Gut oder Ziel menschlichen Lebens ist nach Aristoteles das **Glück** (*eudaimonia*), dessen genauerer Bestimmung »in groben Umrissen« die *Nikomachische Ethik* gewidmet ist und das sich in konkreten menschlichen Lebensformen und Institutionen verwirklicht. Platons Idee des Guten ist ihm zu abstrakt und wirklichkeitsfern.

Das Ergon-Argument: Aristoteles prüft zunächst **gängige Vorstellungen** von einem glücklichen Leben, wie die auf **Lust** ausgerichtete hedonistische Lebensform und die auf **Ehre** ausgerichtete politische Lebensform. Beide Konzeptionen erfassen zwar jeweils eine spezielle Dimension des Glücks, begehen allerdings den Fehler, das Glück auf diese Ziele zu reduzieren. Um zu verstehen, was das Glück des menschlichen Lebens *im ganzen* ausmacht, ist herauszufinden, in welcher Tätigkeit dieses Leben seine höchste Erfüllung findet, worin das für den Menschen spezifische *ergon* (eigentümliche Leistung, Produkt, Werk, Funktion) besteht, im Unterschied zur Lebensform der Pflanzen, deren *ergon* »das Leben der Ernährung und des Wachstums« ist, und zur Lebensform der Tiere, deren *ergon* »das Leben der Wahrnehmung« ist (ebd. 1097b 35–1098a 3). Da der Mensch im Unterschied zu den Pflanzen und Tieren über **Vernunft** verfügt, besteht die ihm gemäße Lebensform in einer **Tätigkeit** »**entsprechend der Vernunft oder**

wenigstens nicht ohne Vernunft« (ebd. 1098a 3). Eben darin besteht die dem Menschen eigentümliche Tugend (*arete*).

Ethische und dianoetische Tugenden – Affekt und Vernunft: Tugend hat für Aristoteles im Hinblick auf das Glück keinen rein instrumentellen Charakter, der gerechte Mensch verhält sich nicht gerecht, *damit* er davon einen Vorteil hat, wie etwa Lob und Ehre oder das Ausbleiben von Strafe. Darin stimmt Aristoteles mit Platon überein. In der konkreten Bestimmung der Tugenden aber unterscheidet er sich von Platon, und zwar vor allem durch die Unterscheidung zweier Arten von Tugenden, den **ethischen Charaktertugenden** und den **dianoetischen Vernunfttugenden** (griech. *dianoia*: Verstand, Denken), die verschiedenen Teilen der Seele zugeordnet werden.

An Sokrates bzw. Platon kritisiert er die Identifikation der Tugenden mit der Betätigung der Vernunft und die einseitige Betonung der *intellektuellen* Erziehung und Bildung. Demgegenüber hebt er die besondere Bedeutung der *psychologischen* Erziehung und Bildung im Umgang mit den Affekten und Leidenschaften hervor. Damit verbunden ist eine positivere Bewertung der **Lust** (*hedone*), der zwei große Abschnitte der *Nikomachischen Ethik* gewidmet sind. Das Wesentliche der ethischen Tugenden besteht darin, die **Mitte** (*mesotes*) zwischen zwei Extremen in Bezug auf einen bestimmten Affekt zu treffen (s. Kap. I.1.6.1.3). Zum richtigen Handeln aber bedarf es zudem der Leitung und Orientierung durch vernünftige Überlegung, das ist die Aufgabe der Vernunfttugenden, insbesondere der Klugheit (*phronesis*). In diesem Sinne ist es auch zu verstehen, dass man durch »**richtige Erziehung**« lernen solle, »bei denjenigen Dingen Lust und Unlust zu empfinden, bei denen man soll« (ebd. 1104b 13). Es geht also um ein **gelingendes Zusammenspiel zwischen Affekt und Vernunft**, zwischen ethischen und dianoetischen Tugenden.

Klugheit (*phronesis*): Als spezifisch praktische (Vernunft-)Tugend, die das für den Menschen an sich Gute angesichts konkreter Umstände erwägen kann, unterscheidet Aristoteles die Klugheit sowohl von den theoretischen Tugenden der Weisheit (*sophia*) und Wissenschaft (*episteme*), deren Ziel die theoretische Erkenntnis des unveränderlichen Seins ist, als auch von den rein instrumentellen Fertigkeiten der Kunst (*techne*) bzw. der herstellenden Tätigkeit (*poiesis*).

Im Unterschied zum für die herstellende Tätigkeit notwendigen Herstellungswissen lässt sich

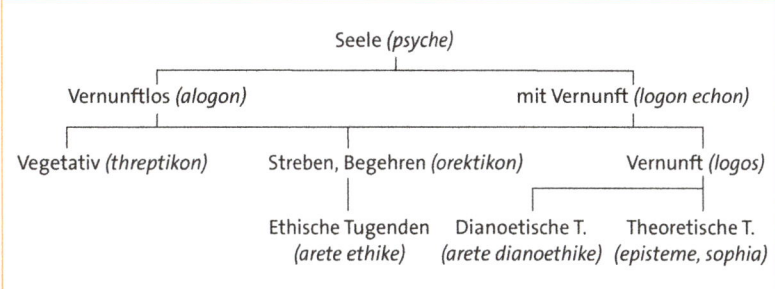

Teile der Seele, Vermögen und Tugenden nach Aristoteles

nach Aristoteles das Wesen der Klugheit oder praktischen Weisheit nur bestimmen, »indem wir schauen, welche Menschen wir klug (*phronimos*) nennen«. Der Kluge weiß »gut zu überlegen […], was überhaupt dem guten Leben zuträglich ist« (ebd. 1140a 24 ff.). Dieses Gute ist nicht nur das Gute für die eigene Person, das individuelle Glück, sondern das Gute für den Menschen als soziales, politisches Wesen in seiner Beziehung zum Anderen und als Mitglied der Gemeinschaft oder des Staates (*polis*).

Gerechtigkeit: Unter den ethischen Tugenden spielt daher für Aristoteles die Gerechtigkeit eine herausragende Rolle, der das ganze 5. Buch der *Nikomachischen Ehik* gewidmet ist, in dem bis heute gültige Grundunterscheidungen getroffen werden. Wie alle ethischen Tugenden ist die Gerechtigkeit für Aristoteles eine Grundhaltung (*hexis*) des Menschen. Sie kommt dem Menschen zu, sofern er die das Zusammenleben regelnden »Gesetze beachtet und eine Einstellung der Gleichheit hat« (ebd. 1129a 28), d. h. für sich selbst nicht mehr an äußeren Gütern will und beansprucht als für jeden anderen. Die Gerechtigkeit ist somit die Tugend, die sich auf das **Verhalten zum Anderen** bezieht. Aristoteles bezeichnet sie auch als »vollkommene Tugend«, sofern der Gerechte auch alle anderen Tugenden »in Bezug auf den anderen Menschen gebrauchen kann, und nicht nur für sich selbst« (ebd. 1129b 33). Davon zu unterscheiden ist die Gerechtigkeit in einem speziellen Sinne, die es, als **verteilende** oder **distributive Gerechtigkeit**, mit der Verteilung von Gütern zu tun hat, oder, als **ausgleichende** oder **kommutative Gerechtigkeit**, mit dem Ausgleich in zwischenmenschlichen Transaktionen, sowohl in Form von freiwilligen Tauschgeschäften (Kauf, Verkauf, Darlehen usw.) als auch in Form von unfreiwilligen Transaktionen (Diebstahl, Mord usw.).

Freundschaft: Auch die Gerechtigkeit bedarf der durch Klugheit und Vernunft geleiteten Überlegung, in Orientierung am höchsten Ziel der *eudai-*

monia, sowie der Fundierung in freundschaftlichen Beziehungen zwischen den Menschen (vgl. ebd. 1155a). Freundschaft (*philia*) in einem allgemeinen Sinne ist für Aristoteles nicht nur eine Form zwischenmenschlicher Beziehungen neben anderen, sondern die **Grundform zwischenmenschlicher Beziehungen** überhaupt, einschließlich politischer Beziehungen zwischen Staaten, erotischer Beziehungen und asymmetrischer Beziehungen, etwa zwischen Eltern und Kindern. Sie ist selbst »eine bestimmte Tugend oder mit Tugend verbunden, zudem ist sie äußerst notwendig für das Leben« (ebd., 1155a 3–4).

1.2.4 | Glück und Seelenruhe: Epikur – Stoa

Seit **Epikur** (341–270 v. Chr.) findet eine zunehmende **Individualisierung des Glücksbegriffs** statt, die sich in der modernen Ethik fortsetzt (s. Kap. I.1.7.1). Glück als das höchste Gut, nach dem der Mensch strebt, wird von Epikur bestimmt als **Lust** (*hedone*). Die Lust sei »Anfang und Ende des glückseligen Lebens« (Diogenes Laertius: LM X, 128). Solche Aussagen haben Epikur schon von Zeitgenossen den Ruf eines sich sinnlichen Ausschweifungen hingebenden »Hedonisten« eingebracht.

Seelenruhe: Glück ist aber für Epikur nicht ein möglichst großes Maß an sinnlicher Lust, sondern in erster Linie Freiheit von aller den Körper und die Seele beunruhigenden Unlust: die *ataraxia* als die Unerschütterlichkeit oder Erregungsfreiheit der Seele, meist kurz mit »Seelenruhe« übersetzt. Die *ataraxia* ist nicht zu verwechseln mit der *apatheia* im Sinne völliger Lust- und Leidenschaftslosigkeit. Es handelt sich vielmehr um ein Verhalten der Freiheit und Gelassenheit zu den eigenen Bedürfnissen, Wünschen, Neigungen, Begierden usw., die je nach Situation und Notwendigkeit diese zulassen, sich auf sie einlassen und auch auf sie verzichten kann. Für die so verstandene Seelenruhe bedarf es vernünftiger Einsicht und praktischer Übung. Notwendig sind drei Voraussetzungen:

- die Befriedigung der **notwendigen**, natürlichen Grundbedürfnisse, die relativ leicht zu erlangen sei;
- die Fähigkeit, auf die Erfüllung **nicht notwendiger**, natürlicher Begierden (zum Beispiel Sexualität) verzichten zu können, dann sei ihre Befriedigung viel lustvoller;
- die Einsicht in die Nichtigkeit **künstlich** erzeugter Bedürfnisse.

Instrumentalisierung von Recht und Moral: Moral und Sittlichkeit werden, anders als bei Platon und Aristoteles, **als Mittel zum Zweck der Glückseligkeit** angesehen. »Um der Lebensfreude willen wähle man die Tugenden, nicht um ihrer selbst willen, genauso, wie man die Heilkunst um der Gesundheit willen pflegt« (ebd., 138). Auch Staat und Rechtsordnung sind für Epikur nur Mittel zum Zweck und beruhen auf einem **Vertrag**, den die Mitglieder der Gemeinschaft zu ihrem je eigenen, individuellen Nutzen geschlossen haben. Gerechtigkeit an sich ist kein Wert, ebenso wenig ist das Unrecht an sich von Übel. »Vielmehr besteht das Übel nur in der argwöhnischen Besorgnis, ob die Tat wohl dem dafür bestellten Richter verborgen bleiben wird« (ebd., X, 151).

Der Tod: Alles Geistige hat Epikur zufolge eine physiologische Grundlage, so dass mit dem Tod auch das Geistige sich auflöst. Darauf gründet sich Epikurs berühmte Aussage: »Das angeblich schaurigste aller Übel, das Totsein, hat für uns keine Bedeutung; denn solange wir sind, ist der Tod nicht da, wenn aber der Tod da ist, sind wir nicht mehr« (ebd., X 130).

Stoische Kritik des Hedonismus: Die **Stoiker** (s. Kap. I.1.7.1) wenden sich gegen Epikurs hedonistische Auffassung des Glücks und des Menschen als ein nach Lust strebendes Wesen, das erscheint ihnen als Preisgabe des durch **Vernunft** bestimmten Menschseins. Wie jedes Lebewesen strebt der Mensch nicht nach Lust, sondern nach **Selbsterhaltung**. Die Lust ist nur die Begleiterscheinung, die sich einstellt, wenn ein Lebewesen das ihm eigene Ziel erreicht. Für den Menschen ist dieses Ziel das tugendhafte Leben gemäß der Vernunft. Das bedeutet, dass er zwar den natürlichen Trieben unterliegt, in seinem Handeln aber nicht durch sie determiniert wird. Er muss sie vielmehr beurteilen und sich entscheiden, ob er ihnen folgen will oder nicht.

Natur als Vorbild: Ein Leben gemäß der Vernunft ist zugleich ein Leben gemäß der **Natur**. Denn anders als für Epikur ist für die Stoiker der **Kosmos** kein sinn- und zielloses Spiel von Atomen, sondern ein durch den **göttlichen Logos** in vollkommener Weise sinnvoll und zweckmäßig geordneter **Organismus**. Die stoische Ethik beruht auf dem Vertrauen, dass das unvollkommene Streben des Menschen durch die göttliche Vernunft und Vorsehung letztlich zu einem guten Ende geführt wird. Auch das, was dem beschränkten menschlichen Blick als unvernünftig erscheint, wird als vernünftig gedeutet. So betrachtet etwa **Marc Aurel** (121–180) das Leiden als eine Art medizinische Verordnung, die der Gesundheit des Einzelnen und des Kosmos dient.

Kosmopolitismus: Der Mensch ist demnach kein vereinzeltes, atomares Individuum, sondern Teil des kosmischen Ganzen. Mittels der **Vernunft** ist der Mensch in der Lage, sich und jeden anderen Menschen nicht nur **als Bürger** einer partikularen Gemeinschaft, sondern **als Mensch** und damit als Mitglied der menschlichen Gemeinschaft zu begreifen. »Staat und Vaterland ist für mich als Antonius Rom, für mich als Mensch die Welt« (zit.n. Hauskeller 1997, S. 191), so der Kaiser Marc Aurel.

Würde des Menschen und Kosmopolitismus: Auf das Selbstbewusstsein des Menschen *als Mensch* – als vernunftbegabtes Lebewesen im Unterschied zum Tier und als mit allen Menschen verwandter Weltbürger – gründet sich für die Stoiker die bis heute wirksame Idee der Würde des Menschen (vgl. Forschner 1998). Der entscheidende Schritt der stoischen Ethik besteht darin, den altrömischen Elite-Begriff der *dignitas*, dessen Zuschreibung an bestimmte Eigenschaften wie adelige Abstammung, Bekleidung hoher öffentlicher Ämter, herausragende politische Leistungen oder moralische Integrität gebunden war, auf den Menschen **als Vernunftwesen** zu beziehen. Wer über Würde verfügt, der ist sich seiner eigenen Würde bewusst, er achtet sich selbst und ist bestrebt, so zu leben und sich so zu verhalten, dass er dem damit verbundenen Anspruch gerecht wird. Dieser Anspruch moralischer Tugendhaftigkeit besteht darin, jeden anderen Menschen, unabhängig von zufälligen Eigenschaften, Leistungen oder gesellschaftlicher Stellung, also auch zum Beispiel den Sklaven, als Menschen zu achten und gerecht zu behandeln. Gegenüber Sklaven bedeutet das Seneca und Cicero zufolge, freundschaftlich mit ihnen zu verkehren (Seneca: BL, Nr. 47) und sie wie Lohnarbeiter zu behandeln, denen man einen gerechten Lohn gewährt (Cicero: DO, I.41).

Freiheit und Tugend als alleinige Bedingung des Glücks: Dem hohen moralischen Anspruch der Würde und Gerechtigkeit kann der Einzelne nur genügen, wenn er die dafür notwendige innere **Freiheit** und Gelassenheit gegenüber außermoralischen Gütern wie Reichtum, Gesundheit oder Macht entwickelt. Von einem moralischen Standpunkt aus handelt es sich um »gleichgültige Dinge« (*adiaphora*), die zwar nützliche Mittel der Selbsterhaltung und eines moralischen Lebens, etwa zu Zwecken der Wohltätigkeit, aber unter Umständen auch schädlich sein können. Da der Mensch über sie keine Macht hat, muss er sich von ihnen unabhängig machen, um die **Seelenruhe** und damit das **Glück** zu erlangen. Von Aristoteles und Epikur unterscheiden sich die Stoiker dadurch, dass für sie **moralische Tugend,** das moralisch gute Leben einzige Bedingung und Voraussetzung des Glücks ist. Dieser Anspruch ist so hoch gesteckt, dass der stoische Weise auch in der Lage sein muss, sein Leben aktiv zu beenden, wenn ihm die äußeren Umstände ein moralisch anständiges und würdevolles Leben verwehren (vgl. Seneca: BL, Nr. 170). Der Mensch hat demnach nicht nur ein Recht, sondern unter Umständen sogar eine Pflicht zum **Suizid**.

1.2.5 | Von der antiken zur modernen Ethik: Augustinus

Die spätantike und mittelalterliche Philosophie und Ethik ist weitgehend von der klassischen antiken Philosophie geprägt, die eine christlich-theologische Deutung und Umformung erfährt. Sie enthält aber auch neue Ideen und Ansätze, die auf die moderne Philosophie vorausweisen. Übereinstimmend mit der Antike gilt die **Glückseligkeit** (*beatitudo*) als höchstes Ziel menschlichen Strebens. Doch dieses Ziel wird identifiziert mit **Gott** als dem **höchsten Gut** (*summum bonum*) und dem christlich verstandenen **Heil** des Menschen. Als Ebenbild Gottes zeichnet sich der Mensch einerseits durch die von Gott gegebene **Vernunft** gegenüber anderen Lebewesen aus, andererseits aber geht mit dem Gottesbezug eine verstärkte Tendenz zur kritischen Besinnung auf die Endlichkeit, Bedürftigkeit und Fehlerhaftigkeit des menschlichen Strebens und damit zur **Kritik der Vernunft** einher.

Freier Wille und Liebe: Mit der Vernunftkritik verbindet sich bei Augustinus (354–430) eine besondere Aufwertung des Willens, als einem – gegenüber dem Wissen und Erkennen eigenständigen – Vermögen freier Entscheidung zum Guten oder Bösen, und der Liebe im Sinne der Gottes- und Nächstenliebe. Der **freie Wille** (*libero arbitrio*) ist notwendige Bedingung für die moralische Verantwortung und Sanktionierbarkeit des Handelns (vgl. Horn 2000). Ohne durch **Liebe** zum Handeln motiviert zu sein, kann das bloße Wissen um das Gute nichts ausrichten. Ob das Handeln moralisch gut ist, hängt letztlich von der Verfassung des Willens und der richtigen (angemessenen) Liebe ab.

Das Böse: Augustinus wendet sich gegen die Auffassung, das Böse sei eine eigenständige fremde Macht. Das Böse an sich sei ein Nichts und ein Mangel an Sein, es liege nicht in den sinnlichen Dingen, sondern im menschlichen Wollen, das die Dinge auf eine verzerrte, unangemessene Weise liebt. Das Böse sei ein Missbrauch des Guten durch den Menschen, und **Sünde** ist nicht nur im Sinne moralischer Fehlerhaftigkeit zu verstehen, sondern als Zustand des Elends und mangelnder Glückseligkeit:

»Denn nicht des Goldes Fehler ist die Habgier, sondern des Menschen, der das Gold verkehrt liebt und von der Gerechtigkeit sich abwendet, die man dem Golde unvergleichlich vorziehen müßte. [...] Darum, wer verkehrt etwas liebt, mag es auch seiner Natur nach gut sein, er wird, auch wenn er's erlangt, durch das Gute schlecht und elend, weil ihm darüber etwas Besseres verlorengeht« (Civ., XII.8).

Gottes- und Nächstenliebe: Grundlegend für die Augustinische Ethik der Liebe ist die Unterscheidung zwischen *uti*, dem Gebrauchen der Dinge zu einem bestimmten Zweck, und *frui*, dem Genießen und Lieben von etwas um seiner selbst willen.

Ausschließlich um seiner selbst willen genießen und lieben lässt sich allein Gott, als Maßstab für das angemessene Gebrauchen und Genießen der Dinge und Menschen. Die Sünde entsteht, indem der Mensch sich selbst anstelle Gottes als höchstes Gut liebt, in seiner Selbstliebe maßlos wird, die eigene Endlichkeit und das Glücksstreben des Anderen verkennt und so ungerecht wird. Nicht nur sich selbst kann man auf unangemessene und maßlose Weise lieben, sondern auch den Anderen (Nächsten), etwa indem man ihm alle Wünsche erfüllt, auch wenn ihm das schaden wird. Im Gebot der **Nächstenliebe** fungiert die **Gottesliebe** als Maßstab für die angemessene Selbst- und Nächstenliebe. Die Forderung, den Nächsten zu lieben wie sich selbst, versteht Augustinus im Sinne der Goldenen Regel, das Gute, das man sich selbst wünscht, auch anderen zu wünschen, das Böse hingegen, das man von sich fernhalten will, auch von anderen fernzuhalten. Diese Forderung der Liebe erstreckt sich Augustinus zufolge, ähnlich wie für die Stoa, **universal** auf alle Menschen, sofern alle von Adam abstammen und alle von Gott geschaffen wurden.

Freiheit und Würde: Wie aber kommt es überhaupt zur Sünde und zum Bösen? Es kann keine natürliche Ursache des Bösen geben, da alles, was Ursache sein könnte, von Gott geschaffen und daher gut ist. Möglich ist es allein auf Grund der **Willensfreiheit**, die Gott dem Menschen gegeben hat und die ebenfalls etwas Gutes ist. Die Willensfreiheit ermöglicht die Sünde, ist aber nicht ihre Ursache. Ursache des Bösen ist die **Willensentscheidung**, die nicht weiter aus Ursachen ableitbar ist, da sie ja sonst nicht frei wäre. Die Willensfreiheit macht auch dann noch die Würde und den besonderen Rang des Menschen gegenüber der Natur aus, wenn er sie zum Bösen benutzt. Durch die Sünde sei der Mensch nur noch ein verdunkeltes Abbild Gottes, verliere aber die Ebenbildlichkeit mit Gott nicht völlig. Die Gottesebenbildlichkeit steht für die unverlierbare, nicht an Eigenschaften und Leistungen gebundene **Würde** des Menschen. Damit tritt der Mensch als individuelle **Person** und moralisches Handlungssubjekt ins Zentrum der Aufmerksamkeit. Dass dafür die **Freiheit** zur Grundlage wird, dafür geschieht bei Augustinus ein ganz entscheidender Schritt. Die christliche Metaphysik ist, wie die stoische Philosophie, eine der beiden Hauptquellen für unseren heutigen Begriff der **Menschenwürde**.

1.3 | Moderne Ethik des richtigen Handelns

Die moderne Ethik ist durch eine starke Individualisierung des Glücksbegriffs, durch Paternalismuskritik sowie den großen Einfluss der Naturwissenschaften geprägt.

Individualisierung des Glücksbegriffs und Paternalismuskritik: Durch die Renaissance, die Reformation und die europäische Aufklärung erfolgt eine zunehmende **Emanzipation des Individuums** von den Autoritäten der Tradition, der Kirche und des Staates. In allen Fragen, die das eigene Wohl und Glück betreffen, soll der Einzelne frei und selbstbestimmt, unabhängig von fremder Einmischung, sein Leben führen und gestalten können, solange er die Freiheit anderer nicht beeinträchtigt. Dieser Kerngedanke der Aufklärung kommt besonders prägnant in der fast gleichlautenden **Kritik des Paternalismus** bei Immanuel Kant und John Stuart Mill zum Ausdruck:

»Niemand kann mich zwingen, auf seine Art (wie er sich das Wohlsein anderer Menschen denkt) glücklich zu sein, sondern ein jeder darf seine Glückseligkeit auf dem Wege suchen, welcher ihm selbst gut dünkt, wenn er nur der Freiheit anderer, einem ähnlichen Zwecke nachzustreben, [...] nicht Abbruch tut« (Kant: KWA XI, S. 145).

»Über sich selbst, über seinen eigenen Körper und Geist ist der einzelne souveräner Herrscher« (Mill: *Freiheit*, S. 16).

Trennung von Glück und Moral: Dieser Individualisierung des Glücksbegriffs korreliert eine zunehmende **Formalisierung**, **Prozeduralisierung** und **Verrechtlichung der Moral**, indem diese sich auf inhaltslose, rein formale Normen, Regeln und Prozeduren beschränkt, welche die Freiheit des Einzelnen nur insoweit begrenzen, wie sie die Freiheit der anderen bedrohen könnte. Glück und Moral treten also zunehmend auseinander, ja in Konflikt zueinander. Moral ist nicht das Medium zur Realisierung des Glücks, sondern dient der Einschränkung und Regulierung des individuellen Glücksstrebens.

Einfluss der Naturwissenschaften und naturalistische Moralauffassung: Die wachsende Autorität der Naturwissenschaften für das menschliche Welt- und Selbstverständnis, die sogenannte **wissenschaftliche Aufklärung**, verstärkt diese Tendenzen. Die Natur ist aus dieser Sicht nur noch ein rein physikalischen Gesetzen gehorchendes, sinn- und zweckfreies Geschehen. Auch der Mensch mit seinen natürlichen Trieben, Bedürfnissen, Affekten und Neigungen wird in erster Linie als von dieser Natur abhängiges Wesen gesehen. Sofern nicht an einer von der Natur unabhängigen »unsterblichen Seele« und Vernunft festgehalten wird, wie bei Descartes und in kritisch modifizierter Weise bei Kant, haben Vernunft und Moral rein *instrumentellen* Charakter, indem sie der Befriedigung natürlicher Antriebe dienen. Die instrumentalistische Auffassung von Vernunft und Moral ist charakteristisch für **naturalistische** oder **emotivistische** Konzeptionen der Moralphilosophie, wie etwa derjenigen David Humes: »Die Vernunft ist nur der Sklave der Affekte und soll es sein; sie darf niemals eine andere Funktion beanspruchen, als die, denselben zu dienen und zu gehorchen« (Hume: *Traktat*, II.3.3., S. 153). Ohne diesen natürlichen Antrieb wäre die Vernunft Hume zufolge kraft- und machtlos. **Rationalistische Positionen**, wie die kantische, trauen der **Vernunft**, verbunden mit der Freiheit des Willens, eine die natürlichen Neigungen einschränkende und eigenständig motivierende Kraft zu.

Begründung der Moral: Die wachsende Autorität der Naturwissenschaften führt außerdem zu einem verstärkten Bemühen um eine rationale bzw. empirische Begründung der Moral in Orientierung am mathematischen und empirisch-experimentellen **Methodenideal der Naturwissenschaften**. Spinoza konzipiert eine *Ethik in geometrischer Ordnung dargestellt*, mit Definitionen, Axiomen, Beweisen, Lehrsätzen usw. David Humes *Treatise of Human Nature* trägt den Untertitel *Being an Attempt to Introduce the Experimental Method of Reasoning into Moral Subjects*; er möchte die experimentelle Methode nach dem Vorbild der Newtonschen Physik in die Ethik einführen, an die Stelle physikalischer Experimente tritt hier die empirische Beschreibung menschlichen Verhaltens.

Naturalistischen Positionen ist eine rationale Begründung von Moral und Recht möglich, indem sie entweder nachweisen, dass sie im recht verstandenen Interesse des Einzelnen liegen, wie dies **vertragstheoretische** (kontraktualistische) Konzeptionen tun (s. Kap. II.B.3). Oder sie rechnen auch altruistische Gefühle wie Mitleid, Sympathie oder Wohlwollen, eine Art moralischen Sinn (*moral sense*), zur natürlichen Ausstattung des Menschen, wie dies in **emotivistischen** Moraltheorien (Earl of Shaftesbury, Francis Hutcheson, David Hume, Adam Smith, John Stuart Mill) der Fall ist.

Rationalistische Konzeptionen der Moralbegründung (Descartes, Spinoza, Leibniz, Christian Wolff) stützen sich hingegen auf das menschliche Vermögen der Befreiung von den Affekten mittels der Vernunft.

Es gibt aber auch deutliche Ansätze zur Kritik einer (allzu nahen) Orientierung der Moralbegründungsversuche am Methodenideal der Naturwissenschaften, so etwa bei Kant, dessen Begründung die **Kritik der Vernunft** zur Voraussetzung hat.

Richtungen der modernen Ethik: Üblicherweise werden drei vorherrschende Richtungen unterschieden.

- **Kontraktualismus** und **politischer Liberalismus** (Thomas Hobbes, John Locke, Jean-Jacques Rousseau, John Rawls) (s. Kap. II.B.3);
- **Utilitarismus** als Prototyp einer **konsequentialistischen** oder **teleologischen Ethik** (Jeremy Bentham, John Stuart Mill, Henry Sidgwick);
- **Deontologische Ethik** oder **Pflichtenethik**, als deren Prototyp die kantische Ethik gilt.

Es gibt aber auch Überschneidungen zwischen diesen Richtungen. So enthält zum Beispiel die kantische Moral bzw. Rechts- und Staatsphilosophie auch kontraktualistische Ansätze, und John Stuart Mill, einer der Begründer des Utilitarismus, gilt mit seiner Schift *On Liberty* auch als einer der Hauptvertreter des politischen Liberalismus.

1.3.1 | Utilitaristische Ethik

Begründer der utilitaristischen Ethik sind **Jeremy Bentham** (1748–1832) und **John Stuart Mill** (1806–1873). Das Hauptmotiv war für beide kein rein philosophisches, sondern politischer und rechtlicher Natur. Es ging ihnen vor allem um die Abschaffung des Sklavenhandels, ein neues Erziehungssystem und die Reform eines unmenschlichen Strafrechts sowie um eine adäquate moralphilosophische Grundlegung dieser Reformen, frei von traditionellen Vorurteilen und religiösem Aberglauben (s. Kap. I.6.2).

Bentham entlehnt so gut wie alle inhaltlichen Elemente seiner Moraltheorie anderen Autoren wie David Hume, Claude Adrien Helvétius und Francis Hutcheson. Seine Hauptleistung bestand darin, diese Elemente in eine systematische Form zu bringen, mit nur *einem* Prinzip als dem höchsten Kriterium für die moralische Beurteilung menschlicher Handlungen, einschließlich politischer Handlungen der Gesetzgebung: dem **Nutzenprinzip** (*principle of utility*). Einziges Kriterium für die moralische Richtigkeit einer Handlung sind die **Folgen** für das Glück oder Wohl aller von der Handlung betroffenen Personen.

Anthropologische Grundlage: Zu Beginn seines Hauptwerkes *An Introduction to the Principles of Morals and Legislation* (1780) formuliert Bentham die anthropologischen Voraussetzungen seiner Moralbegründung: »Nature has placed mankind under the governance of two sovereign masters, *pain* and *pleasure*. [...]. The *principle of utility* recognizes this subjection and assumes it for the foundation of that system, the object of which is to rear the fabric of felicity by the hands of reason and law« (Bentham: *Principles*, S. 1 f.). Der Mensch wird also in erster Linie als sinnlich-physiologisches Wesen verstanden, das auf Grund seiner Empfindungsfähigkeit **Lust oder Freude** (*pleasure*) und **Unlust oder Leiden** (*pain*) erfahren kann. Handlungen sind allein daraufhin moralisch zu beurteilen, inwieweit sie Lust bzw. Freude vermehren und Unlust bzw. Leiden vermindern. Da der Mensch die allein moralrelevante Fähigkeit der Empfindung mit den meisten Tieren gemeinsam hat, sind **Tiere** Bentham zufolge ebenso moralisch zu berücksichtigen wie Menschen: »The question is not, Can they *reason*? nor, Can they *talk*? but, Can they *suffer*?« (ebd., S. 311). Insofern war schon Bentham, wie in seiner Nachfolge der heute umstrittene Bioethiker Peter Singer, ein engagierter Tierethiker.

Konsequentialismus-Hedonismus-Universalismus: Sofern allein die **Folgen** (Konsequenzen) einer Handlung für die Befindlichkeit der von ihr betroffenen Individuen moralisch relevant sind, wird die utilitaristische Ethik als **konsequentialistisch** bezeichnet. Sofern das höchste Ziel (*telos*) des Handelns das Glück (*happiness*) ist, wird sie als **teleologisch** bezeichnet, unterscheidet sich aber von den teleologischen Ethikentwürfen Platons oder Aristoteles' durch das **subjektivistische** und **hedonistische** Verständnis des Glücks als Lust. Bentham und Mill berufen sich in erster Linie auf Epikur. Sofern das Glück *aller* von einer Handlung betroffenen Individuen zu berücksichtigen ist, handelt es sich um eine **universalistische** Ethik. Sofern das Glück jedes Individuums in gleichem Maße zu berücksichtigen ist, ist diese Ethik **egalitaristisch**, gemäß dem Benthamschen Diktum »Everybody to count for one, no one for more than one« (vgl. Mill: *Utilitarismus*, S. 108). Das Nutzenprinzip fungiert als eine Art **Rechenkalkül**, mittels dessen die negativen und positiven Folgen verschiedener Handlungsalternativen für jedes betroffene Individuum hinsichtlich Intensität, Dauer, Nähe oder Ferne der Lust bzw. Unlust bilanziert werden. Die moralisch beste Handlung ist diejenige, die für eine möglichst große Anzahl von Individuen ein möglichst großes Maß an Glück bewirkt, gemäß dem Benthamschen Grundsatz: »the greatest happiness of the greatest number« (Bentham: *Principles*, S. 1).

Anwendung im Strafrecht: Eine praktische Konsequenz der Anwendung des Nutzenprinzips für die Gesetzgebung besteht darin, den Sinn und **Zweck der Strafe** allein davon abhängig zu machen, dass durch sie zukünftige Straftaten desselben Täters oder anderer Täter durch **Abschreckung** oder **Besserung** verhindert werden können. Die Strafe an sich sei ein Übel, so Bentham (ebd., Kap. XIII, § 1), sofern sie darin bestehe, dem Straftäter ein Leiden zuzufügen. Zu rechtfertigen sei sie nur, wenn durch sie größeres Übel verhindert werden könne. Bentham hat damit die moralphilosophischen Grundlagen für die bis heute diskutierte **Präventionstheorie** der Strafe gelegt (vgl. Kodalle 1998).

John Stuart Mill als Verteidiger und erster Kritiker des Utilitarismus: Mill war Patenkind von Bentham und wurde von seinem Vater, einem engen Freund Benthams, streng nach utilitaristischen Grundsätzen erzogen. Diese ihn keineswegs glücklich machende Erziehung lässt ihn nicht nur zu einem engagierten Verfechter, sondern zugleich zum ersten Kritiker des Utilitarismus werden. Seine Kritik richtet sich in erster Linie gegen Benthams rein quantitativen Begriff des Glücks als einer berechenbaren Größe, unabhängig davon, durch welche Art von Tätigkeit die Lust oder Freude erzeugt werde, und gegen seine Vernachlässigung der Freiheit und Selbstbestimmung des Individuums.

Qualitativer Glücksbegriff: Mill hält eine Differenzierung von nicht miteinander verrechenbaren, qualitativ verschiedenen und unterschiedlich wertvollen Arten von Glück für notwendig. Geistigen Freuden komme ein größerer Wert zu als sinnlichen Freuden. Gegen Benthams provokativen Grundsatz, dass alle Freuden gleich zählen, setzt er sein bekanntes Diktum: »Es ist besser, ein unzufriedener Mensch zu sein als ein zufriedenes Schwein; besser ein unzufriedener Sokrates als ein zufriedener Narr« (Mill: *Utilitarismus*, S. 18).

Freiheit: Höchste Instanz für die moralische Beurteilung der Folgen einer Handlung ist demnach nicht ein unpersönlicher Nutzenkalkül, sondern das **Urteil des erfahrenen Menschen**, der verschiedene Arten von Freuden kennt, sowohl die sinnlichen als auch die geistigen, und auf Grund dessen die einen den anderen bevorzugen kann. »Von zwei Freuden«, so Mill, »ist diejenige wünschenswerter, die von allen oder nahezu allen, die beide erfahren haben [...], entschieden bevorzugt wird« (ebd., 15 f.). Das Glück ist somit für Mill nicht lediglich ein mehr oder weniger lustvoller Zustand, sondern etwas, das von einem urteilenden Subjekt *gewählt*, *bevorzugt* und *bewertet* wird. Damit kommt der bei Bentham vernachlässigte Gesichtspunkt der **Freiheit** ins Spiel, den Mill in seiner für den **politischen Liberalismus** grundlegenden Schrift *On Liberty* gegen jede Form von **Paternalismus** des Staates, der Gesellschaft und der Mitmenschen verteidigt.

Präferenzutilitarismus: So plausibel der Utilitarismus auf Grund seiner gesellschaftskritischen Ausrichtung ist, so kontraintuitiv sind manche seiner Konsequenzen, die zu Kritik und zu verschiedenen Ansätzen kritischer Modifizierung Anlass geben. Die schon von Mill geübte Kritik hat dazu geführt, das Glück nicht als möglichst hohes Maß an Lustempfinden, sondern im Sinne einer möglichst weitgehenden Erfüllung von **Präferenzen** zu verstehen. Diese Version des Utilitarismus, der sogenannte Präferenzutilitarismus, sieht sich aber mit dem Problem konfrontiert, dass die faktischen, unmittelbaren Präferenzen unter Umständen keineswegs glücksförderlich sind. Dieser Einwand hat zu der Forderung geführt, nur wohl überlegte oder informierte Präferenzen gelten zu lassen. Doch wer entscheidet nach welchen Kriterien darüber, ob Präferenzen wohl überlegt oder informiert sind? Außerdem können Präferenzen unmoralisch sein, wie etwa die Wünsche eines rassistischen Ausländerfeindes. Wie lassen sich solche Präferenzen ausschließen?

Begründungsproblem: Angesichts dieses Problems gerät der Utilitarismus in einen Begründungszirkel: Die Moral, die durch die Erfüllung individueller Präferenzen definiert und begründet werden soll, muss zur kritischen Beurteilung dieser Präferenzen schon vorausgesetzt werden. **Richard M. Hare** (1919–2002) hat versucht, diesem Problem zu entgehen, indem er zwei Ebenen unterscheidet: die Ebene des **intuitiven moralischen Urteilens**, das unvollkommen und fehlerhaft sein kann, und die Ebene des **kritischen moralischen Denkens**, das einen unparteilichen Standpunkt einnimmt, von dem aus sich die subjektiven Regeln, denen der Einzelne wie etwa der Ausländerhasser folgt, im Hinblick auf die Folgen für die Allgemeinheit überprüfen lassen. Damit aber greift Hare, wie er selbst einräumt, auf ein übergeordnetes Prinzip zurück, das dem Kategorischen Imperativ Kants vergleichbar ist (vgl. Hare: *Moralisches Denken*).

Regelutilitarismus: In diesen Zusammenhang gehört auch die Weiterentwicklung des Utilitarismus von einem **Handlungs**- zu einem **Regelutilitarismus**, die ebenfalls bereits bei Mill angelegt ist.

> **Definition**
>
> Der → **Handlungsutilitarismus** beurteilt einzelne Handlungen im Hinblick auf ihre Folgen für das Wohl aller von dieser Handlung Betroffenen.
> Der → **Regelutilitarismus** hingegen beurteilt allgemeine Regeln im Hinblick auf die bei ihrer Einhaltung oder Befolgung für das allgemeine Wohl zu erwartenden Folgen.

Moderne Ethik des richtigen Handelns

Der Regelutilitarismus reagiert auf die folgenden **Probleme**, mit denen der Utilitarismus sich konfrontiert sieht:

- **Das Problem der Folgenabschätzung:** Wir können immer nur sehr begrenzt und nicht in jedem Einzelfall alle möglichen Folgen einer jeden möglichen Handlung abschätzen. Es ist daher einfacher und effizienter, sich an bestimmte allgemeine Regeln zu halten, statt in jedem Einzelfall neu die Folgen zu kalkulieren.
- **Das Gerechtigkeitsproblem:** Das Nutzenprinzip scheint es zuzulassen, dass die vergleichsweise geringfügigen Interessen eines Einzelnen zugunsten der Maximierung eines erheblichen größeren Nutzens für die Allgemeinheit, für das **Gemeinwohl** also geopfert werden. Warum sollte man zum Beispiel nicht einen unheilbar kranken Menschen töten, wenn man mit dessen Organen vielen anderen Menschen das Leben retten könnte?

Ganz allgemein wirft der Utilitarismus die klassische Frage auf, ob **der gute Zweck die schlechten Mittel heiligt**, oder ob es bestimmte Regeln oder Normen gibt, die wir unbedingt befolgen sollten, wie etwa das Verbot, unschuldige Menschen zu töten oder für die Zwecke anderer Menschen zu instrumentalisieren (vgl. Spaemann: *Moralische Grundbegriffe*). Im Fall des Regelutilitarismus, der solche unbedingt gültigen Regeln vorsieht, stellt sich jedoch das Problem seiner Abgrenzbarkeit gegen eine deontologische Ethik, sofern für diese die unbedingte Geltung moralischer Normen als spezifisches Charakteristikum gilt (s. 1.3.2 und vgl. Williams: *Begriff der Moral*, S. 103).

Weitere Kritikpunkte am Utilitarismus sind unter anderem:

- die **Angleichung sittlicher Normen an technische Normen**, deren Befolgung eher eine Sache von Experten ist als von moralisch autonom urteilenden Personen (vgl. Spaemann: *Moralische Grundbegriffe*, S. 68 f.);
- die **mangelnde Unterscheidbarkeit negativer Pflichten** der Gerechtigkeit (z. B. des Unterlassens einer Tötung) von positiven Pflichten der Hilfe und Fürsorge (z. B. der Lebensrettung eines Ertrinkenden);
- die **unangemessene Beschreibung moralischer Dilemmata**, etwa im Fall einer Erpressung: Ein Dilemma ist eine Zwangslage, in der nur die ›tragische‹ Entscheidung zwischen zwei Übeln offensteht, so dass es keine gute Entscheidung geben kann. Der Utilitarismus kann auch diese Entscheidungssituation nur als eine Abwägung der Folgen beschreiben, so »daß es für den Utilitaristen keine Tragödien geben kann« (Williams: *Begriff der Moral*, S. 97, 101).

1.3.2 | Immanuel Kant

Seit der von Charles Broad (1930) eingeführten Unterscheidung zwischen **deontologischer** und **teleologischer** Ethik, die 1958 durch Elisabeth Anscombes Unterscheidung **deontologisch – konsequentialistisch** abgelöst wurde, ist es üblich geworden, die kantische Moralphilosophie als eine deontologische Ethik zu bezeichnen.

> **Definition**
>
> → **Deontologisch** (von griech. *to deon*: das Notwendige, Pflicht) heißt eine **Pflichtenethik**, für die allein die Befolgung unbedingt gültiger moralischer Pflichten relevant ist. Die Moralität einer Handlung wird demnach lediglich daran bemessen, ob um der Pflicht willen gehandelt wurde, nicht welche Folgen zu erwarten sind oder tatsächlich eintreten.

»Wir sollen schlechthin thun, was die Pflicht gebeut, ohne über die Folgen zu klügeln« (FSW IV, S. 339), so bringt Johann Gottlieb Fichte die Kernforderung einer Pflichtenethik auf den Punkt. Also: Pflicht ist Pflicht! Ohne Rücksicht auf Verluste? Eine solche Ethik scheint einen unmenschlichen moralischen **Rigorismus** zu implizieren. Insbesondere Kants berühmt-berüchtigte Behauptung, eine moralisch schlechte Handlung wie die Lüge sei auch dann verboten, wenn etwa mit ihrer Hilfe das Leben eines Menschen zu retten sei, sowie seine Forderung, eine gerechte Strafe auch dann auszuführen, wenn von ihr kein gesellschaftlicher Nutzen zu erwarten sei, haben Kant diesen Rigorismusvorwurf eingebracht. Tatsächlich hat Kant an den Vorläufern des Utilitarismus sowohl den **Konsequentialismus** als auch den **Eudämonismus** entschieden kritisiert, sofern sie die Folgen und das Glück zum höchsten Kriterium und Prinzip des moralischen Urteils erklären. Doch das heißt weder, dass für Kant die Folgen des Handelns gleichgültig wären, noch, dass das Streben des Menschen nach Glück keine Rolle spielen würde.

1.3 Ethik

Immanuel Kant

Der gute Wille: Entscheidend für das moralische Urteil ist nach Kant allein der gute Willen, gemäß dem berühmten ersten Satz der *Grundlegung zur Metaphysik der Sitten*:

»Es ist überall nichts in der Welt, ja überhaupt auch außerhalb derselben zu denken möglich, was ohne Einschränkung für gut könnte gehalten werden, als allein ein *guter Wille*« (Kant: AA IV, S. 393/KWA VII, S. 18).

Alles andere habe nur einen relativen und bedingten Wert, weil es je nach Beschaffenheit des Wollens gut oder schlecht sein könne. Auch ein »Bösewicht« könne über Tugenden der Tapferkeit, Mäßigung und Selbstbeherrschung verfügen (ebd., S. 394/S. 19). Ja, auch eine äußerlich gute Handlung sei nur dann **moralisch** gut, wenn sie aus einem guten Willen heraus erfolge. Ein Krämer zum Beispiel, der seine Kunden »*ehrlich bedient*« (ebd., S. 397/S. 23), tue dies unter Umständen nur aus eigennützigen Gründen, um seine Kunden nicht zu verlieren, und nicht um der Ehrlichkeit willen, oder mit Kant formuliert: Er handelt »**pflichtgemäß**«, das heißt in nur äußerer Übereinstimmung mit dem, was das Moralgesetz fordert, und nicht »**aus Pflicht**«, das heißt: um des moralisch guten Handelns selbst willen. Dieser Unterscheidung entspricht in Kants Rechtsphilosophie die Unterscheidung zwischen der »**Moralität**« ethischer Pflichten im Sinne der Tugendlehre, die sich auf die »Gesinnung« beziehen, und der »**Legalität**« rechtlicher (juridischer) Gesetze, die nur die äußere Handlung betreffen, die durch Sanktionen erzwingbar ist.

Ein weiteres Argument gegen eine konsequentialistische Ethik besteht darin, dass wir über die Folgen unseres Handelns letztlich nicht verfügen können. Das bedeutet allerdings nicht, dass uns die Folgen des Handelns gleichgültig sein können. Im Unterschied zu einem »bloßen **Wunsch**« besteht vielmehr der gute **Wille** *per definitionem* nach Kant in der »Aufbietung aller Mittel, soweit sie in unserer Gewalt sind« (ebd., S. 394/S. 19) Nur: »wenn bei seiner größten Bestrebung dennoch nichts ausgerichtet würde« (ebd.), womit trotz aller Bemühungen immer zu rechnen ist, dann sei die Handlung moralisch nicht schlechter zu beurteilen, als wenn sie erfolgreich wäre.

Glückseligkeit: Der gute Wille besteht selbstverständlich auch für Kant darin, *das Gute*, das heißt das Glück oder die Glückseligkeit für sich selbst und für den Anderen zu wollen, und zwar nicht nur durch Achtung seiner Freiheit, sondern auch durch Hilfe und Fürsorge, »**praktische Liebe**« (AA V, S. 83/KWA VII, S. 205), wie Kant sagt. Diese Liebe besteht darin, durch »Wohlwollen« und »Wohltun« (*Tugendlehre*, §§ 25–28) das Wohl und »die Zwecke anderer […] zu befördern« (AA IV, S. 430/KWA VII, S. 63). Glückseligkeit ist also auch für Kant Gegenstand des moralischen Handelns und **notwendiger Bestandteil des höchsten Gutes** (*summum bonum*) als dem »ganzen und vollendeten Gut« (AA V, S. 110/KWA VII, S. 238). Denn auch darin stimmt Kant mit eudämonistischen Formen der Ethik überein, dass das Streben nach der je eigenen Glückseligkeit unaufhebbar zum **Wesen des Menschen** als einem sinnlichen Wesen gehört. Sofern der Mensch ein sinnliches, bedürftiges Wesen ist, kommt auch nach Kant »auf unser Wohl und Weh […] gar sehr viel an, und, was unsere Natur als sinnlicher Wesen betrifft, alles auf unsere Glückseligkeit an […]. Der Mensch ist ein bedürftiges Wesen, sofern er zur Sinnenwelt gehört, und sofern hat seine Vernunft allerdings einen nicht abzulehnenden Auftrag vonseiten der Sinnlichkeit, sich um das Interesse derselben zu bekümmern« (ebd., S. 61/S. 178 f.).

Kants Kritik des Eudämonismus richtet sich lediglich auf den einen entscheidenden Punkt, dass das Streben nach dem je eigenen Glück nicht *per se* moralisch gut ist. Es bedarf vielmehr der moralischen Beurteilung und Rechtfertigung, es steht unter der Bedingung der moralischen »**Glückswürdigkeit**«. Kants Begriff der Glückseligkeit ist nicht derjenige Platons und Aristoteles', der Moral und Tugend einschließt. In Übereinstimmung mit Epikur und mit dem Utilitarismus versteht Kant ›Glückseligkeit‹ vielmehr als den **Inbegriff außermoralischer Güter** wie »Macht, Reichtum, Ehre, selbst Gesundheit und das ganze Wohlbefinden und Zufriedenheit mit seinem Zustande« (AA IV, S. 393/KWA VII, S. 18), und als ein **Maximum der Wunscherfüllung**: »der Zustand eines vernünftigen Wesens in der Welt, dem es im Ganzen seiner Existenz alles nach Wunsch und Willen geht« (AA V, S. 124/KWA VII, S. 255). So verstanden, liegt dem Streben nach Glück die »**Selbstliebe**« zugrunde, sie ist »das Prinzip, diese [die Glückseligkeit] sich zum höchsten Bestimmungsgrunde der Willkür zu machen« (ebd., S. 22/S. 129). Insofern kann sie in Konkurrenz mit dem moralisch guten Willen geraten, der nicht nur das eigene Wohl und Glück, sondern ebenso das Wohl und Glück der anderen anstrebt. Im Übrigen aber ist auch die Selbstliebe nicht verwerflich, ja, das je eigene Glück gemäß den eigenen individuellen Vorstellungen von einem guten Leben anzustreben, das ist auch für

Kant: *Grundlegung zur Metaphysik der Sitten* (1785)

1.3 Ethik

Moderne Ethik des richtigen Handelns

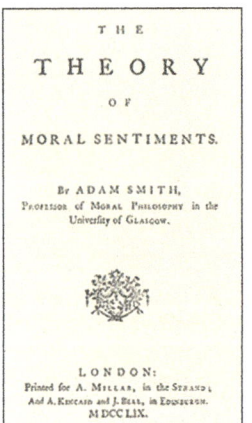

Smith: *The Theory of Moral Sentiments* (1759)

Kant Ausdruck der durch die Aufklärung errungenen menschlichen Freiheit. Insofern teilt er auch das **individualistische** Verständnis des Glücks. Der Fehler einer modernen eudämonistischen Ethik besteht aus seiner Sicht allerdings darin, das so verstandene, allein von Selbstliebe geleitete Streben nach Glück zum **höchsten Prinzip der Moral** zu erklären und damit das Wesen moralischer Konflikte und das Wesen des Menschen als Vernunftwesen zu verkennen.

Vernunftvermögen und Kategorischer Imperativ: Die Vernunft bzw. der Verstand besitzt für Kant zwar auch eine **instrumentelle** Funktion als Mittel zur Realisierung von Handlungszielen. Die besondere Leistung der Vernunft besteht jedoch in der Fähigkeit, sich von sich selbst und damit von dem je eigenen Streben nach Glück zu distanzieren, die beschränkte Perspektive des Eigeninteresses zu überschreiten, um die Person und Freiheit des Anderen ebenso zu achten wie die eigene und das Wohl des Anderen ebenso zu fördern wie das eigene. Aus der Tatsache, dass jeder Mensch nach dem je eigenen Glück strebt, folgt Kant zufolge nicht, wie Mill meint, dass jedem Menschen an dem Glück jedes anderen Menschen, am »allgemeinen Glück«, ebenso gelegen ist wie an seinem eigenen Glück (vgl. Mill: *Utilitarismus*, S. 61). Die unbestreitbar vorhandene menschliche Anlage zu **moralischen Gefühlen** wie **Sympathie oder Mitleid**, worauf Adam Smith, John Stuart Mill und andere die Moral gründen wollten, ist aus Kants Sicht zwar eine für moralisches Handeln *notwendige* und zu kultivierende Anlage, sie ist aber *keine hinreichende* Grundlage der Moral. Nicht jeder Mensch verfügt in gleichem Maße über sie, es gibt ›von Natur‹ nicht nur hilfsbereite, sondern auch hartherzige Menschen. Wie vor ihm die französischen Moralisten und nach ihm Friedrich Nietzsche (s. 1.4) betrachtet Kant die scheinbar so guten moralischen Gefühle zudem sehr kritisch, sofern sie eine verkappte Form der Selbstliebe darstellen können. Mitleid zum Beispiel kann demütigend, bevormundend und ein Ausdruck von Macht über den Anderen sein, wenn es paternalistische Formen annimmt und nicht mit der notwendigen Achtung für die Person des Anderen einhergeht (vgl. Kant: *Tugendlehre*, §§ 23–36).

Es bedarf daher eines vom individuellen Streben nach Glück unabhängigen Vermögens der **Vernunft** und des **Willens**, das die Neigungen und Gefühle kritisch zu beurteilen vermag, wozu es der Orientierung an einem – dem Prinzip der Selbstliebe übergeordneten – moralischen Prinzip

> **Definition**
>
> Der → **Kategorische Imperativ** ist ein unbedingt (kategorisch), d. h. unabhängig von konkreten Absichten, Zwecken usw. geltender bzw. gebietender Sollensgrundsatz.
> Die bekannteste Formulierung des Kategorischen Imperatives lautet: »Handle nur nach derjenigen Maxime, durch die du zugleich wollen kannst, daß sie ein allgemeines Gesetz werde.« – Und in etwas abgewandelter Form: »Handle so, als ob die Maxime deiner Handlung durch deinen Willen zum allgemeinen Naturgesetze werden sollte« (AA IV, S. 421/KWA VII, S. 51).
> Ein → **hypothetischer Imperativ** hingegen ist ein nur bedingt (hypothetisch) geltender bzw. gebietender Sollenssatz, der von konkreten Absichten, Zwecken usw. abhängig ist. – Er hat die Form: Du sollst *x* tun, *wenn du y willst!* Dabei kann es sich um »Regeln der Geschicklichkeit« (technische Fertigkeiten, Schlüsselkompetenzen) oder um »Ratschläge der Klugheit« handeln (z. B.: Du solltest weniger essen, *wenn* du abnehmen willst! Du solltest zu anderen Menschen freundlich sein, *wenn* du von ihnen freundlich behandelt werden willst!)

bedarf. Dieses höchste Moralprinzip, dessen explizite Klärung und Formulierung in der *Grundlegung zur Metaphysik der Sitten* erfolgt, ist der Kategorische Imperativ, der als Grundlage unbedingt (kategorisch) gültiger moralischer Imperative (Pflichten) fungiert.

Anders als das utilitaristische Nutzenprinzip fordert der Kategorische Imperativ nicht die Kalkulation der Folgen einer Handlung im Hinblick auf ihren Gesamtnutzen, sondern praktisches Überlegen und das Beurteilen von Maximen im Hinblick auf ihre **Verallgemeinerbarkeit**, das heißt: ihre

> **Definition**
>
> → **Maxime** heißt bei Kant das »subjektive Prinzip des Wollens«, das die Form eines Grundsatzes hat, d. h. einer Handlungsweise, die sich der Handelnde bewusst zur Regel macht, oder die das Handeln in Form unbewusster Gewohnheiten leitet.

Zustimmungsfähigkeit aus der Sicht einer allgemeinen, mit allen anderen Vernunftwesen geteilten Vernunft. Das moralische Urteil bezieht sich also nicht unmittelbar auf eine einzelne konkrete Handlung, sondern auf die ihr zugrundeliegende allgemeine »**Maxime**«.

Die das Handeln leitende Maxime ist daraufhin zu prüfen, ob sie sich verallgemeinern lässt, das heißt: ob sie eine für mich selbst und alle anderen Menschen bzw. »Vernunftwesen« verbindliche und vernünftig zu rechtfertigende Norm sein kann.

Menschenwürde: Betrachtet man die **zweite Formulierung des Kategorischen Imperativs** – »Handle so, daß du die Menschheit sowohl in deiner Person als in der Person eines jeden anderen, jederzeit zugleich als Zweck und niemals bloß als Mittel brauchst« (AA IV, S. 429/KWA VII, S. 61) – so ist die Selbstwidersprüchlichkeit von nicht mit dem Moralgesetz übereinstimmenden Maximen auch im Sinne des Widerspruchs des Menschen gegen sich selbst **als Mensch** bzw. **als Vernunftwesen zu** verstehen. »Zweck an sich selbst« zu sein bedeutet: nicht bloßes Mittel für Andere zu sein, sondern sich seine Zwecke selbst zu setzen, sein Leben autonom zu führen. »**Menschheit**« bedeutet hier nicht: alle Menschen oder die Gesamtheit der Menschen, sondern das, was den Menschen zum Menschen macht: seine Vernunft und Autonomie. Dadurch unterscheidet sich der Mensch als »**Person**«, der eine unverrechenbare »**Würde**« zukommt, von bloßen »**Sachen**«, die einen bloß relativen Wert oder »Preis« als Mittel zu menschlichen Zwecken besitzen. Gemäß der Maxime des lügenhaften Versprechens zu handeln, bedeutet auch, dass man »sich eines anderen Menschen bloß als Mittels bedienen will, ohne daß dieser zugleich den Zweck in sich enthalte« (ebd., S. 429/S. 62). Man reduziert also den Anderen auf eine bloße Sache und missachtet damit seine Würde als Person. Das bedeutet auch: Es ist völlig in Ordnung, sich eines anderen Menschen als Mittel zu eigenen Zwecken zu bedienen, sofern der Andere damit einverstanden ist und dem zustimmen kann, denn damit würde seine Autonomie und Würde als Person zugleich geachtet. Im Fall eines lügenhaften Versprechens aber ist genau das nicht möglich.

Pflichten gegen sich selbst: Wie Kant im zweiten Teil der *Metaphysik der Sitten*, der *Tugendlehre*, zeigt, impliziert die Verletzung der Pflicht gegen andere immer auch eine **Verletzung der Pflicht gegen sich selbst** und eine **Missachtung der eigenen Würde**. Die Lüge wird hier als »die größte Verletzung der Pflicht des Menschen gegen

> **Zur Vertiefung**
>
> **Das falsche Versprechen und das Lügenverbot**
> Eines der bekanntesten von Kant angeführten Beispiele ist das **unwahre oder lügenhafte Versprechen**. Die dieser Handlungsart zugrundeliegende Maxime lautet: »wenn ich mich in Geldnoth zu sein glaube, so will ich Geld borgen und versprechen, es zu bezahlen, ob ich gleich weiß, es werde niemals geschehen« (AA IV, S. 422/KWA VII, S. 53). Es mag im Einzelfall für mich von Vorteil sein, mich so zu verhalten. Zu fragen ist aber, ob ich wollen könnte, dass auch alle anderen sich diese Maxime zu eigen machen, dass sie also zu einem »**allgemeinen Gesetz**« wird, denn das würde bedeuten, dass sie mir gegenüber ebenso handeln und letztlich niemand dem Versprechen eines anderen trauen könnte. Das Versprechen würde so selbst unmöglich. »Die Allgemeinheit eines Gesetzes, daß jeder, nachdem er in Not zu sein glaubt, versprechen könne, was ihm einfällt mit dem Vorsatz, es nicht zu halten, würde das Versprechen und den Zweck, den man damit haben mag, selbst unmöglich machen, indem niemand glauben würde, daß ihm was versprochen sei, sondern über alle solche Äußerung als eitles Vorgeben lachen würde« (ebd.). Die von Kant geforderte Verallgemeinerung ist nicht im Sinne einer *konsequentialistischen* oder *empirisch-pragmatischen* Argumentation zu verstehen, die auf die wahrscheinlichen Folgen von Regelverletzungen verweist, eine Argumentation, wie sie im Regelutilitarismus erfolgt und wie sie von Marcus Singer vorgeschlagen wurde (vgl. Wimmer 1980, Kap. 3.2; Herold 2008, S. 84 f.). Dagegen könnte man immer einwenden, dass einerseits das Lügenverbot sehr oft verletzt werde, ohne dass dadurch das Vertrauen verlorengehe, und dass andererseits kaum damit zu rechnen ist, dass wirklich alle dieses Verbot übertreten, weil das meist schon aus Eigeninteresse nicht ratsam ist. Kant sagt vielmehr, die Verallgemeinerung der Maxime eines lügenhaften Versprechens müsse »als allgemeines Naturgesetz […] sich notwendig widersprechen« (ebd.).
>
> Dieser **Selbstwiderspruch** ist allerdings nicht als *formallogische Inkonsistenz* zu verstehen, sondern **praktisch** und **begrifflich-semantisch**. Was das bedeutet, lässt sich mit Hilfe der im 20. Jh. von John R. Searle entwickelten Sprechakttheorie (s. Kap. II.A.4.4.4) erläutern: Es gehört zum Begriff des Versprechens als einem Sprechakt, dass ich mit dem Versprechen, etwas zu tun, dem Anderen die Absicht zum Ausdruck bringe, das Versprochene auch tatsächlich auszuführen. Es wäre selbstwidersprüchlich zu sagen: »I promise to do A but I do not intend to do A« (Searle: *Speech Acts*, S. 62). Es ist zwar faktisch möglich, etwas unaufrichtig zu versprechen, aber begrifflich ist es unmöglich. Dass ich etwas verspreche, impliziert die Absicht, das Versprochene zu tun. Verspreche ich etwas, ohne über diese Absicht zu verfügen, dann verspreche ich etwas, ohne es tatsächlich zu versprechen. Genau diese praktische und begriffliche Selbstwidersprüchlichkeit kann der Andere mir zum Vorwurf machen. – In dem berühmt-berüchtigten kleinen Aufsatz von 1797 »Über ein vermeintes Recht aus Menschenliebe zu lügen« (KWA VIII, S. 637–643) argumentiert Kant entschieden gegen die von dem französischen Politiker und Schriftsteller Benjamin Constant vertretene These, zumindest in Notsituationen, in denen nur mittels einer Lüge Menschenleben zu retten sei, gebe es ein Recht, ja sogar eine Pflicht zu lügen. Kant verneint prinzipiell die Möglichkeit, altruistische Notlügen mit einem Recht oder gar einer Pflicht zu rechtfertigen, weil damit die Fundamente der Moral und des Rechts angetastet würden.

sich selbst« betrachtet. Dieses »Selbst« ist nicht das individuelle Selbst, sondern der Mensch »bloß als moralisches Wesen betrachtet«, im Hinblick auf »die Menschheit in seiner Person« (AA VI, S. 429/ KWA VIII, S. 562). Der Mensch tritt damit in Widerspruch zu sich selbst als einem vernünftigen Wesen und als Mitglied der menschlichen Gemeinschaft, für dessen Existenzform die **Sprache** als Medium menschlicher Kommunikation konstitutiv ist (vgl. Rehbock 2010). Die Lüge steht Kant zufolge im Widerspruch zur Praxis der »Gedankenmitteilung« und damit zum »inneren Zweck« der Sprache (AA VI, 430/KWA VIII, S. 563). Damit nimmt Kant ein Argument auf, dass sich schon bei Augustinus und Thomas von Aquin und später in abgewandelter Form etwa in der Diskursethik von Jürgen Habermas findet (vgl. Dietz 2002).

Anthropologische Grundlage: An diesem Beispiel wird deutlich, dass Kant eine anthropologische Begründung der Moral – im Sinne einer Ableitung aus außermoralischen empirischen oder metaphysischen Tatsachen – zwar mit guten Gründen ablehnt, dass aber seine Explikation des Moralprinzips mit einer anthropologischen Reflexion der menschlichen Grundsituation einhergeht. Eine rationale Begründung der Moral kann, das ist das Ergebnis der in der *Kritik der reinen Vernunft* erfolgenden **Vernunftkritik**, nur in der moralischen Praxis selbst ansetzen, indem sie die Teilnehmer dieser Praxis über die normativen Grundlagen ihrer Praxis aufklärt. Die »**gemeine Menschenvernunft**« wird, so Kant, »wie Sokrates tat, auf ihr eigenes Prinzip aufmerksam« gemacht, das sie in ihren moralischen Urteilen im Alltag »jederzeit wirklich vor Augen hat und zum Richtmaße ihrer Beurteilung braucht« (AA IV, 403 f./KWA VII, S. 31). Eben dieses Prinzip ist der Kategorische Imperativ. Damit macht Kant die gemeine Menschenvernunft auf ihre eigenen Existenzbedingungen aufmerksam, welche die menschliche Praxis konstituieren. Die zweite Formulierung des Kategorischen Imperativs leitet Kant mit der Formulierung ein: »die vernünftige Natur existiert als Zweck an sich selbst. So stellt sich notwendig der Mensch sein eigenes Dasein vor« (ebd., S. 429/S. 61).

Freiheit und Autonomie: Hauptkennzeichen dieser menschlichen Existenzform ist die Freiheit als notwendige Bedingung der Moral. Ein Wesen, das in seinem Wollen und Handeln vollständig durch Kausalursachen determiniert wäre, könnte nicht moralisch schuldig und für sein Handeln verantwortlich sein, man könnte es weder loben noch tadeln oder bestrafen. Diese Freiheit verteidigt Kant gegen einen **Determinismus**, wie er bis heute – auf der Grundlage naturwissenschaftlicher, vor allem neurobiologischer und humangenetischer Erkenntnisse, und mit praktischen Folgerungen, etwa für die Straf- und Erziehungspraxis – immer wieder vertreten wird. Diese Verteidigung der Freiheit erfolgt nicht durch einen positiven Beweis, sondern durch den **vernunftkritischen Nachweis**, dass die Freiheit des Willens – ebenso wie die Unsterblichkeit der Seele und die Existenz Gottes – mit Mitteln rein theoretischer Vernunft **weder beweisbar noch widerlegbar**, aber **praktisch real** ist. Das heißt: Allein in Reflexion auf die Praxis des moralischen Handelns und Urteilens, die nicht anders als unter der Voraussetzung der Freiheit gedacht werden kann, ist sie als **unumstößliche praktische Gewissheit** erkennbar. »Ein jedes Wesen, das nicht anders als unter der Idee der Freiheit handeln kann, ist ebendarum in praktischer Rücksicht wirklich frei« (ebd., S. 448/S. 83)

In einem (logisch) **negativen** Sinne besteht diese praktische Freiheit in der »Unabhängigkeit der (menschlichen) Willkür von der Nötigung durch Antriebe der Sinnlichkeit« (KrV A 534/B 562). Kant meint hiermit nicht nur die relative Freiheit, die uns in die Lage versetzt, auf die Befriedigung von unmittelbar sich meldenden Neigungen, z. B. viel zu essen, zugunsten der Erfüllung längerfristiger Wünsche und Interessen, z. B. der Schönheit oder Gesundheit, zu verzichten. Er meint vielmehr das Vermögen, sich von der Erfüllung der je eigenen Neigungen und Interessen überhaupt zu distanzieren, um sie von einem übergeordneten **moralischen Standpunkt** aus zu beurteilen. Diese **negative Freiheit** ist Bedingung der Möglichkeit **positiver Freiheit** im Sinne der Autonomie im Gegensatz zur Heteronomie (vgl. AA IV, 446 ff./KWA VII, S. 81 ff.). Autonomie bedeutet für Kant, anders als für Mill, nicht lediglich die freie und selbstbestimmte Gestaltung des je eigenen Lebens unabhängig von fremder Einmischung in einem sozialen und politischen Sinne, sondern auch die freie Selbstbeschränkung des eigenen Glücksstrebens, die moralische »**Selbstgesetzgebung**« auf Grund eigener vernünftiger Einsicht.

Negative Begründung der Würde und der Moral: Die so verstandene **Autonomie** ist der »Grund der Würde der menschlichen und jeder vernünftigen Natur« (ebd., S. 436/S. 69). Kant gründet die **Würde** nicht, wie oft behauptet, lediglich auf positive Eigenschaften oder Leistungen der Vernunft und Autonomie, sondern in erster Linie auf die

negative Einsicht in die Bedingungen und Grenzen der Vernunft auf Grund der **Endlichkeit** der menschlichen Existenz. Die Endlichkeit manifestiert sich in der Nicht-Objektivierbarkeit des Menschen als personales Subjekt und in der Nichtbeweisbarkeit der Freiheit. So sehr der Mensch im Alltag wie in den Naturwissenschaften Objekt des Erkennens und Handelns sein kann, so sehr bleibt er – als personales Subjekt und Ursprung dieser Erkenntnis- und Handlungspraxis – dem erkennenden und handelnden Zugriff entzogen. Sich selbst und den Anderen als Person in seiner Würde zu achten, bedeutet, sich selbst und den Anderen nicht als bloßes Objekt und Mittel zu Zwecken des eigenen Handelns zu betrachten und zu benutzen, sondern als »Zweck an sich selbst«, das heißt als nicht auf objektive Gegebenheiten reduzierbares personales Subjekt des eigenen Lebens und Handelns und in diesem Sinne als personales Gegenüber. Die praktische und politische Bedeutung dieser Idee wurde deutlich, als vor dem Hintergrund der Unrechtserfahrungen des Nationalsozialismus der kantische Begriff der Menschenwürde Eingang in den Artikel 1 des deutschen Grundgesetzes fand. Bis heute steht er im Zentrum vieler ethischer und politischer Debatten.

1.4 | Kritik und Aufhebung der Moral

Die Entwicklung der Ethik ist immer auch durch verschiedene Ansätze von Kritik der Moral und Moralphilosophie geprägt. Eine Gemeinsamkeit dieser Ansätze besteht darin, dass sie den idealistischen und universalistischen Anspruch moralischer Forderungen und Ideen angesichts der realen materiellen, biologischen, psychologischen, sozialen und politischen Bedingungen menschlichen Lebens in Frage stellen. Allgemein anerkannte moralische Forderungen, Pflichten oder Ideale werden als **utopisch, illusorisch, realitätsfremd**, ja als **heuchlerisch, inhuman** und **lebensfeindlich** entlarvt. In der Antike findet man diese Art der Kritik bei den materialistischen Naturphilosophen, den Sophisten und Epikur, zu Beginn der Neuzeit bei Niccolò Machiavelli und Thomas Hobbes, den französischen Moralisten (Michel de Montaigne, François de La Rochefoucauld, Abbé Ferdinand Galiani), sowie bei Marx, Nietzsche und Freud (vgl. Rentsch 1994; Schröder 2005).

> **Definition**
>
> → **Moralkritik** bedeutet nicht eine vollständige Ablehnung herrschender Moral. Sie besteht vielmehr darin, Ansprüche der Moral, insbesondere der Wahrhaftigkeit und des guten, menschlichen Lebens, in besonders radikaler Weise ernstzunehmen und vor diesem Hintergrund die herrschenden Normen und Verhaltensweisen zu hinterfragen.

In der Zeit nach Kant lassen sich (auch gemäßigtere) Formen der Moral- und Ethikkritik ausmachen, die sich im Deutschen Idealismus (Fichte, Schelling, Hegel) und bei Schopenhauer vor allem auf die kantische Moralphilosophie beziehen, bei Nietzsche und seinen Nachfolgern – wie beispielsweise Adorno, Heidegger und Foucault – stattdessen vor allem gegen die utilitaristische Nützlichkeitsethik sowie gegen die christliche und Schopenhauersche Nächstenliebe- und Mitleidsethik richten.

Mitleidsethik versus Sollensethik: Mit seiner »die Kantische Ethik im tiefsten Grunde unterwühlenden Kritik« (*Grundlage der Moral*, § 3) möchte **Arthur Schopenhauer** (1788–1860), »die praktische Vernunft und den Kategorischen Imperativ *Kants* als völlig unberechtigte, grundlose und erdichtete Annahmen« (ebd., § 2) entlarven. Die kantische **Sollensethik** orientiere sich insgeheim an der christlichen Gesetzesmoral der Zehn Gebote, sie sei insofern eine »Sklavenmoral« (ebd., § 6) und nicht philosophisch, sondern nur **theologisch** begründbar. Die Idee der Würde als absoluter Wert sei unhaltbar und inhaltsleer, da aller Wert relativ, bezogen auf den Willen und andere Werte sei. Die Vernunft sei nicht absolut und autonom, sondern ein bloßes **Instrument des individuellen Willens** und auf Grund dessen notwendigerweise eigennützig motiviert. Das einzig mögliche Motiv zu wahrhaft uneigennützigem Handeln, das den Egoismus zu durchbrechen vermag, ist nach Schopenhauer das fundamentale, natürliche Gefühl des **Mitleids**, das unmittelbar und intuitiv am Leiden des Anderen, auch der Tiere, teilnimmt und es zu verhindern sucht. »Dieses Mitleid ganz allein ist die wirkliche Basis aller *freien* Gerechtigkeit und aller *echten* Menschenliebe« (ebd., § 16).

Ausblick auf die Ethik der Gegenwart

Nietzsche: *Jenseits von Gut und Böse* (1886)

Genealogie der Moral und Nihilismuskritik: **Friedrich Nietzsche** (1844–1900) richtet sich vor allem gegen die hedonistische und eudämonistische Ausrichtung moderner Nützlichkeitsethik, gegen eine in seinen Augen *nihilistische* – die Welt und den Willen zum Leben verneinende – Ethik der Nächstenliebe und des Mitleidens sowie pessimistischer Resignation und Erlösungssehnsucht, wie er sie in der christlichen Moral und in der Schopenhauerschen Mitleidsethik findet. Die Hauptschwäche dieser Ansätze besteht aus Nietzsches Sicht in ihrer rein negativen Haltung zum Leiden, die das Leiden letztlich »abschaffen« möchte. Damit werde verkannt, dass »die Zucht des Leidens, des *grossen* Leidens [...] alle Erhöhungen des Menschen bisher geschaffen hat« (*Jenseits von Gut und Böse*, § 225). Nietzsche wählt den methodischen Ansatz der Genealogie und damit eine außermoralische Perspektive, »jenseits von Gut und Böse«, in der die verdrängte und verkannte »*Herkunft* unserer moralischen Vorurtheile« (*Genealogie*, Vorrede § 2), ihre vor allem psychologische Entstehungsgeschichte, die unmoralischen oder immoralischen Ursprünge der moralischen Grundunterscheidung von »Gut« und »Böse« zu durchschauen sind. Nietzsches Moralkritik wird oft so verstanden, als wolle er die Moral vollständig destruieren und mit seiner **Umwertung der Werte** für die Überwindung der jüdisch-christlichen »**Sklavenmoral**« durch eine aristokratisch-elitäre »**Herrenmoral**« plädieren. Tatsächlich aber würdigt er die Entstehung der Moral mit Hilfe des Geistes, der Selbstbeherrschung und Disziplinierung der Affekte und Leidenschaften als eine positive und notwendige Kulturleistung. Die daraus hervorgegangenen moralischen Ideen der Verantwortlichkeit, der Autonomie und Freiheit des Individuums, der Gerechtigkeit und Wahrhaftigkeit erfahren durchaus eine positive Würdigung. Zu überwinden ist die herrschende Moral nur, sofern sie ihre eigene Genese verdrängt, sofern sie unwahrhaftig und heuchlerisch ist und sofern sie sich gegen den Menschen und das Leben richtet. Nietzsche möchte den **Nihilismus** der Moderne überwinden durch die **Bejahung des Lebens** und den **Willen zur Macht**, das heißt den Willen zu einer aktiven und kreativen sowie freien und autonomen Gestaltung des Lebens.

Im 20. Jh. gibt es zahlreiche Ansätze einer, zum Teil auch an Nietzsche anknüpfenden, Moral- und Ethikkritik, die sich vor allem höchst skeptisch gegen die Möglichkeit der Ethik als einer philosophischen Wissenschaft verhalten. Autoren wie Ludwig Wittgenstein, Martin Heidegger, Theodor W. Adorno und Michel Foucault haben sich zwar zu Fragen der Moral und Ethik geäußert und ihrer Philosophie insgesamt eine praktisch, ethisch, sozialkritisch und politisch engagierte Ausrichtung gegeben, sie haben aber keine eigene Theorie der Moral entwickelt.

Ethik und Sprachkritik: In seinem *Tractatus logico-philosophicus* (1921) schreibt **Ludwig Wittgenstein** (1889–1951), es könne »keine Sätze der Ethik geben« (*Tractatus*, 6.42), es sei »klar, daß sich die Ethik nicht aussprechen läßt« (ebd. 6.421). Einige Jahre später, in einem kleinen »Vortrag über Ethik« (1929/39), heißt es, die Ethik könne keine Wissenschaft sein. Diese Feststellungen sind das Ergebnis der Wittgensteinschen Sprachkritik, derzufolge nur solche Sätze sinnvolle Sätze der Sprache sind, die sich auf mögliche empirische Sachverhalte beziehen. Die Ethik habe es mit dem zu tun, was in einem absoluten Sinne gut ist, das Leben lebenswert macht und dem Leben im Ganzen einen Sinn gibt. Das sei kein möglicher Sachverhalt im Leben. Nicht wissenschaftliche Forschung, sondern nur das philosophische Bemühen um eine **Kritik der Sprache**, wie Wittgenstein sie im *Tractatus* vollzieht, könne dazu führen, dass derjenige, der sie (mit) vollzogen hat, am Ende »die Welt richtig« sieht. Der Sinn dieses Buches über die Logik der Sprache sei daher, wie er einem Freund gegenüber einmal bemerkt, ein ethischer. Wittgenstein hat später seine Konzeption der Sprache und Sprachkritik kritisch modifiziert, das Verhältnis zur Ethik aber hat sich dadurch nicht grundsätzlich verändert.

1.5 | Ausblick auf die Ethik der Gegenwart

Moralbegründungen im 20. Jh.: Seit den 1960er Jahren hat die praktische Philosophie – veranlasst durch die Erfahrungen mit politischen Unrechtssystemen sowie durch die Problemlagen der Angewandten Ethik (s. Kap. II.B.5) – wieder verstärkt Beachtung gefunden. Das gilt vor allem für erneute, viel diskutierte und stark an der kantischen Moralphilosophie orientierte Bemühungen um eine **rationale (Letzt-)Begründung der Moral** und der Gerechtigkeit, wie sie zum einen durch die **Diskurs-**

ethik von **Karl-Otto Apel** und **Jürgen Habermas** vorgenommen wurden (s. Kap. I.7.6.2.1), zum anderen für die politische Philosophie durch **John Rawls** in seiner *A Theory of Justice* (1971). Während Rawls zur Begründung universaler Gerechtigkeitsprinzipien der Fiktion eines »Urzustandes« bedarf, ist Habermas zufolge die Begründung universal gültiger moralischer Normen des Zusammenlebens nur *in realen Diskursen* möglich. Das an die Stelle des Kategorischen Imperativs tretende »**Diskursprinzip**« lautet dementsprechend: »daß nur die Normen Geltung beanspruchen dürfen, die die Zustimmung aller Betroffenen als Teilnehmer eines praktischen Diskurses finden (oder finden könnten)« (*Diskursethik*, S. 103). Dieser Geltungsanspruch besteht nur insoweit, als die Diskurse gewissen Verfahrensregeln – dem Maßstab einer »idealen Sprechsituation« – genügen, so dass »alle relevanten Beiträge zum Zuge kommen und allein der zwanglose Zwang des besseren Arguments das ›Ja‹ oder ›Nein‹ der Teilnehmer bestimmt« (*Eine genealogische Betrachtung*, S. 53).

Zahlreiche Ansätze der Moralbegründung im 20. Jh. basieren auf sprachphilosophischen Fundamenten, etwa auf normativen Implikationen der Praxis sprachlicher Verständigung, wie die Diskursethik, oder auf metaethischen Analysen moralischer Ausdrücke unserer Sprache, wie Richard M. Hares präskriptivistische Ethik.

Metaethik: Besonders ausgeprägt ist das philosophische Interesse an Fragen der Metaethik. Statt sich (direkt) um eine Begründung der Moral zu bemühen, behandelt die Metaethik vor allem die Frage, ob und wie eine solche Begründung überhaupt möglich ist. Können moralische Urteile wahr oder falsch sein, wie der **ethische Kognitivismus** meint? Oder sind sie lediglich Ausdruck subjektiver Affekte, Gefühle oder Einstellungen, so dass man für sie werben, aber nicht mit objektiven Gründen für sie argumentieren kann, wie der non-kognitivistische **ethische Emotivismus** oder **Expressivismus** meint? Umstritten ist in diesem Zusammenhang auch die Frage, ob es subjektunabhängige Tatsachen oder Eigenschaften gibt, auf die sich moralische Urteile stützen können, wie der **moralische Realismus** meint, und ob diese Eigenschaften natürlicher oder nicht-natürlicher Art sind. Während in den 1970er und 1980er Jahren non-kognitivistische und anti-realistische Positionen (z. B. Mackie: *Ethik*) vorherrschten, werden mittlerweile wieder verstärkt kognitivistische und realistische Positionen vertreten (vgl. Düwell u. a. 2011, Kap. II.A.).

Ethik der Lebenskunst: In kritischer Wendung gegen moderne Ansätze der Ethik findet eine Rückbesinnung auf antike Konzeptionen der Ethik statt. Im Anschluss an seine durch Nietzsche geprägte Kritik normativer Gesetzesmoral, in der sich gesellschaftliche Machtstrukturen ausdrücken, entwickelt Foucault gegen Ende seines Lebens die Konzeption einer alternativen, nicht norm-, sondern ratgebenden Ethik der **Selbstsorge** und der **Lebenskunst** (vgl. Foucault SW II/III). Eine Moral und Moralphilosophie ohne eine Philosophie der Lebenskunst erscheint aus dieser Sicht als glücksfeindlich, freudlos und repressiv (vgl. Schmid 1998).

Neoaristotelismus: Am stärksten ausgeprägt ist die Neuorientierung an Aristoteles (vgl. Schnädelbach 1986). Hier sind unter anderem Autoren wie Hans-Georg Gadamer, Joachim Ritter und Robert Spaemann (*Glück und Wohlwollen*, 1989) zu nennen. Seit einiger Zeit ist diese Orientierung an Aristoteles in verstärktem Maße auch im angelsächsischen Raum festzustellen, so etwa im **Kommunitarismus** (s. Kap. II.B.3) sowie bei Philippa Foot (*Natur des Guten*), John McDowell (*Wert und Wirklichkeit*), Bernard Williams (*Ethik*) oder Martha Nussbaum (*Gerechtigkeit oder Das gute Leben*, 1999). Von besonderer Bedeutung ist in diesem Zusammenhang die Aufwertung einer sich an Aristoteles orientierenden **Tugendethik** anstelle einer von Kant geprägten **Pflichten-** und **Prinzipienethik** (vgl. Rippe/Schaber 1998). Worauf es ankommt, ist aus dieser Sicht nicht lediglich die Beurteilung von Handlungen und die Begründung handlungsleitender Pflichten, Normen und Prinzipien, sondern die Ausbildung guter Anlagen und Charakterzüge einer Person. Um in konkreten, individuellen Situationen eine wirklich gute Entscheidung zu treffen, reiche nicht die Kenntnis richtiger Normen, es bedürfe vielmehr einer durch Erziehung und ständige Praxis eingeübten tugendhaften Verfassung des ganzen Menschen. Von besonderer Bedeutung ist in diesem Zusammenhang die von Aristoteles hervorgehobene intellektuelle Tugend der **Klugheit** (*phronesis*).

Gemeinsam ist den unterschiedlichen neoaristotelischen Ansätzen, dass sie sich gegen die in der modernen Ethik und vor allem im **politischen Liberalismus** (John Rawls, Robert Nozick, Ronald Dworkin) erfolgende Subjektivierung und Individualisierung des Guten und des Glücks wenden und sich um eine **überindividuelle** bzw. **objektive Konzeption des Guten** bemühen. Gemäß kommunitaristischer und relativistischer Auffassung

Ausblick auf die Ethik der Gegenwart

bedarf es dazu gemeinschaftlich geteilter Werte und Lebensformen im Rahmen einer gemeinsamen Tradition und Geschichte (vgl. MacIntyre: *Verlust der Tugend*). Die aristotelischen Tugenden werden aber auch **universalistisch** als allgemeinmenschliche Fähigkeiten aufgefasst, die notwendig sind, um ein gutes und erfülltes menschliches Leben zu führen (vgl. Nussbaum: *Gerechtigkeit*). Im Rahmen einer universalistischen Deutung der aristotelischen Tugenden lässt sich auch zeigen, dass die Unterschiede zwischen Aristoteles und Kant nicht so groß sind, wie es manchen Neoaristotelikern scheint (vgl. Höffe 1998).

In kritischer Wendung gegen eine zu formalistische und prozeduralistische Ausrichtung der modernen Ethik erfolgt in neoaristotelischen Ansätzen der Ethik auch eine Reflexion auf das **Wesen** oder die **Natur des Menschen**, die sich auf Aristoteles' **teleologischen Naturbegriff** stützt. **Philippa Foot** (1920–2010) zum Beispiel vertritt die Auffassung, dass der Lebensform eines Lebewesens als Mitglied einer biologischen Spezies spezifische Ziele und Notwendigkeiten eines guten Lebens entsprechen, die für den Einzelnen handlungsleitend sind. Wie es etwa für das Gedeihen von Pflanzen notwendig ist, Wasser zu haben, oder wie es für das Wohl von Vögeln notwendig ist, Nester zu bauen, so ist es für das Wohl des Menschen notwendig, Tugenden wie die Wahrhaftigkeit und das Halten von Versprechen zu praktizieren (vgl. *Natur des Guten*). **John McDowell** weist demgegenüber darauf hin, dass die Beziehung dieses teleologischen Naturbegriffs der Antike zum mechanistischen Naturbegriff der neuzeitlichen Naturwissenschaften klärungsbedürftig ist. Er schlägt vor, in Bezug auf den Menschen von einer in seiner Gattungsnatur angelegten »zweiten Natur« zu sprechen, die darin besteht, sich zu seiner ersten leiblich-sinnlichen Natur vernunftgeleitet verhalten und diese kulturell umformen zu können (vgl. *Wert und Wirklichkeit*, Kap. 1).

Anthropologie und Ethik: Sowohl die auf die Antike zurückgreifende Kritik der modernen Ethik als auch die seit den 1970er Jahren neu entfachten ethischen Debatten haben besonders deutlich gemacht, dass die beiden zu Beginn dieses Beitrags genannten Fragen nach dem Sollen und nach dem Wollen und damit beide Formen von Ethik, die **Moralphilosophie** und die **Ethik des guten Lebens**, wieder miteinander zu verknüpfen sind. Das gilt besonders angesichts der konkreten praktischen Fragen und Probleme, zum Beispiel der Medizinethik (s. Kap. II.B.5). Wenn wir wissen wollen, wie wir mit kranken, sterbenden, behinderten oder alten Menschen umgehen sollen, dann müssen wir klären, wie wir in Situationen des Krankseins, des Sterbens, der Behinderung und des Altseins und Älterwerdens leben wollen und was solche »Grenzsituationen« des menschlichen Lebens für das Menschsein bedeuten. Eine Einsicht des Existenzphilosophen **Karl Jaspers** (1883–1969), der diesen Begriff der Grenzsituation geprägt hat, besteht darin, dass uns diese besonderen Situationen des Lebens auf die Endlichkeit – Begrenztheit, Sterblichkeit, Bedürftigkeit, Verletzlichkeit usw. – der menschlichen Grundsituation aufmerksam machen und uns dazu veranlassen, diese Grundsituation insgesamt als Grenzsituation zu begreifen (vgl. Jaspers: *Existenzerhellung*, Kap. 7).

Eine solche Vermittlung der Moralphilosophie mit einer Ethik des guten Lebens muss aber zugleich beachten, dass das vor allem von Kant aufgewiesene Spannungsverhältnis zwischen Moral und Glück sowie die damit verbundene Emanzipation des Individuums von paternalistischer Fremdbestimmung nicht aufzugeben ist (vgl. Seel: *Form des Glücks*). Dies ist möglich durch eine anthropologische Reflexion der Moral, die nicht (direkt) eine anthropologische Begründung der Moral anstrebt, sondern mit Mitteln der Vernunft- und Sprachkritik die durch Wissenschaft und Religion geprägten, unter Umständen ideologischen Formen des Denkens und Sprechens über den Menschen einer kritischen Analyse unterzieht (vgl. Kamlah: *Anthropologie*; Rentsch: *Konstitution der Moralität*; Rehbock 2005).

Literatur

Ach, Johann S./Bayertz, Kurt/Siep, Ludwig (Hg.): *Grundkurs Ethik. Band 1: Grundlagen.* Paderborn 2008.
Anscombe, Elisabeth: »Moderne Moralphilosophie«. In: Grewendorf/Meggle 1974, S. 217–243 (engl. 1958).
Bayertz, Kurt (Hg.): *Evolution und Ethik.* Stuttgart 1993.
– : *Warum überhaupt moralisch sein?* München 2004.
Broad, Charles: *Five Types of Ethical Theory.* London 1930.
Cohen, Martin: *99 moralische Zwickmühlen. Eine unterhaltsame Einführung in die Philosophie des richtigen Handelns.* Frankfurt a. M. 2004 (engl. 2003).
Dietz, Simone: *Der Wert der Lüge. Über das Verhältnis von Sprache und Moral.* Paderborn 2002.

Düwell, Marcus/Hübenthal, Christoph/Werner, Micha H. (Hg.): *Handbuch Ethik.* Stuttgart/Weimar ³2011.
Erlinger, Rainer: *Lügen haben rote Ohren. Gewissensfragen für große und kleine Menschen.* Berlin 2004.
Figal, Günter: »Sokrates. Der Philosoph«. In: Michael Erler/Andreas Graeser (Hg.): *Philosophen des Altertums. Von der Frühzeit bis zur Klassik.* Darmstadt 2000, S. 99–111.
Forschner, Maximilian: *Die stoische Ethik. Über den Zusammenhang von Natur-, Sprach- und Moralphilosophie im altstoischen System.* Darmstadt ²1995.
– : »Zwischen Natur und Technik. Zum Begriff der Würde des Menschen«. In: Ders.: *Über das Handeln im Einklang mit der Natur. Grundlagen ethischer Verständigung.* Darmstadt 1998, S. 91–119.
Geyer, Christian (Hg.): *Hirnforschung und Willensfreiheit. Zur Deutung der neuesten Experimente.* Frankfurt a. M. 2004.
Grewendorf, Günther/Meggle, Georg (Hg.): *Sprache und Ethik. Zur Entwicklung der Metaethik.* Frankfurt a. M. 1974.
Hadot, Pierre: *Philosophie als Lebensform. Antike und moderne Exerzitien der Weisheit.* Frankfurt a. M. 2002.
Hastedt, Heiner/Martens, Ekkehard (Hg.): *Ethik. Ein Grundkurs.* Reinbek 1994.
Hauskeller, Michael: *Geschichte der Ethik. Antike.* München 1997.
– : *Geschichte der Ethik. Mittelalter.* München 1999.
Herold, Norbert: »Pflicht ist Pflicht! Oder nicht? Eine Einführung in die Deontologische Ethik«. In: Ach/Bayertz/Siep 2008, S. 71–90.
Höffe, Otfried (Hg.): *Einführung in die utilitaristische Ethik. Klassische und zeitgenössische Texte.* Tübingen 1992.
– : »Aristoteles' universalistische Tugendethik«. In: Rippe/Schaber 1998, S. 42–68.
Horn, Christoph: »Augustinus. Antike Philosophie in christlicher Interpretation«. In: Michael Erler/Andreas Graeser (Hg.): *Philosophen des Altertums. Von der Frühzeit bis zur Klassik.* Darmstadt 2000, S. 171–189.
Keil, Geert: *Willensfreiheit.* Berlin/New York 2007.
Kodalle, Klaus-M. (Hg.): *Strafe muss sein! Muss Strafe sein? Philosophen – Juristen – Pädagogen im Gespräch.* Würzburg 1998.
Lorenz, Kuno: »Homo-mensura-Satz«. In: Jürgen Mittelstraß (Hg.): *Enzyklopädie Philosophie und Wissenschaftstheorie.* Bd. II. Stuttgart 1995, S. 128.
Miller, Alexander: *An Introduction to Contemporary Metaethics.* Cambridge 2003.
Rehbock, Theda: *Personsein in Grenzsituationen. Zur Kritik der Ethik medizinischen Handelns.* Paderborn 2005.
– : »Sprache und Moral: Ist das Lügenverbot sprachphilosophisch begründbar?« In: *Deutsche Zeitschrift für Philosophie* 58 (2010), S. 105–125.
Rentsch, Thomas: »Aufhebung der Ethik«. In: Hastedt/Martens 1994, S. 114–143.
Ricken, Friedo: *Philosophie der Antike.* Stuttgart/Berlin/Köln ²1993.
Rippe, Klaus Peter/Schaber, Peter (Hg.): *Tugendethik.* Stuttgart 1998.
Scarano, Nico: »Metaethik – ein systematischer Überblick«. In: Düwell/Hübenthal/Werner 2002, S. 25–35.
Schmid, Wilhelm: *Philosophie der Lebenskunst. Eine Grundlegung.* Frankfurt a. M. 1998.
Schnädelbach, Herbert: »Was ist Neoaristotelismus?«. In: Wolfgang Kuhlmann (Hg.): *Moralität und Sittlichkeit. Das Problem Hegels und die Diskursethik.* Frankfurt a. M. 1986, S. 38–63.
Schneider, Hans Julius: »Einleitung: Ethisches Argumentieren«. In: Hastedt/Martens 1994, S. 13–47.
Schröder, Winfried: *Moralischer Nihilismus. Radikale Moralkritik von den Sophisten bis Nietzsche.* Stuttgart 2005.
Wimmer, Reiner: *Universalisierung in der Ethik. Analyse, Kritik und Rekonstruktion ethischer Rationalitätsansprüche.* Frankfurt a. M. 1980.

Theda Rehbock

2 Sozialphilosophie

2.1 Grundfragen der Sozialphilosophie
2.2 Intersubjektivität
2.3 Formen und Einheiten des Sozialen
2.4 Soziales Handeln
2.5 Kritische Sozialphilosophie

Sozialphilosophie ist eine relativ junge Disziplin, in der die soziale Ordnung durch die moderne Gesellschaft reflektiert wird. Sie entsteht zu einer Zeit, da weder das Verhältnis zweier Individuen zueinander noch die Vereinigung vieler Individuen zu Gemeinwesen in ihrem Gelingen als gott- oder naturgegeben angesehen werden können, sondern nunmehr als Gegenstand menschlichen Bemühens gelten. Obgleich viele Themen der Sozialphilosophie bereits bei Hobbes, Rousseau und Hegel sowie noch länger in der Rechts- oder der Politischen Philosophie verhandelt wurden, entsteht die Sozialphilosophie erst im 19. Jh. gemeinsam mit der Soziologie.

Das im 17. und 18. Jh. entstandene Ideal positivistischer Wissenschaftlichkeit übertrugen Henri de Saint-Simon und ihm nachfolgend Auguste Comte auf die Untersuchung der Gesellschaft – in der Überzeugung, dass ihre sozialgesetzlichen Strukturen erkennbar sein müssten. Comte plante das Projekt einer umfassenden Spezialwissenschaft der ›sozialen Physik‹, die er später dann erstmals ›Soziologie‹ nannte. Diese wurde von nachfolgenden Soziologen wie Ferdinand Tönnies, Émile Durkheim und Max Weber wegen der Übertragung naturgesetzlicher Vorstellungen auf soziale Strukturen kritisiert. Ähnliche Vorwürfe wurden auch gegen den positivistischen Ansatz Herbert Spencers formuliert, der eine Wissenschaft des Sozialen aus dem Darwinismus entwickeln wollte.

Definition

Die → Sozialphilosophie hat sich in Abgrenzung von den empirischen Methodenidealen als eigenständige Disziplin der Philosophie und zugleich als Grundlagenforschung für die Soziologie entwickelt. Da es ihr um Wesen und Eigenarten von Sozialbeziehungen überhaupt geht, teilt sich die Sozialphilosophie zahlreiche Gegenstandsbereiche mit anderen Disziplinen (wie z. B. Psychologie, Pädagogik, Ökonomie, Politische und Rechtsphilosophie, philosophische Anthropologie sowie Ethik).

2.1 | Grundfragen der Sozialphilosophie

Die Frage nach der Sozialität des Menschen: Grundlegend ist die auch in der philosophischen Anthropologie verhandelte Frage nach der Angewiesenheit und Abhängigkeit des Menschen überhaupt von der Gesellschaft bzw. die Frage, inwiefern Sozialität konstitutiv für Individualität und Person-Sein ist (s. Kap. II.C.1). Wichtige Ansätze sind der **Kollektivismus** oder auch Holismus, der den Menschen als ursprünglich soziales Wesen sieht, und der **Individualismus**, der den Menschen zunächst als Einzelwesen versteht. Abhängig von der Beantwortung dieser Frage gehen systemtheoretische Ansätze von sozialen Einheiten aus, während handlungstheoretische Ansätze beim Individuum einsetzen.

Intersubjektivität: Nur dann, wenn der Mensch nicht schon als ursprünglich sozial konstituiertes Wesen verstanden wird, schließt sich die Frage nach der Möglichkeit der Begegnung mit einem anderen Individuum und des Verstehens eines anderen Individuums an. **Theorien der Intersubjektivität** versuchen zu ergründen, wie personale Individuen sich in andere einfühlen können.

Das ›Was‹ und ›Wie‹ des Sozialen ist eine weitere grundlegende Problemstellung der Sozialphilosophie. Ist es eine feststehende Entität oder nur durch den Beobachterblick konstruiert? Von der Antwort unabhängig kann nach den möglichen **Formen und Einheiten des Sozialen** gefragt werden: Person, Gemeinschaft, Gesellschaft, Institution, ›Volk‹, Nation, Staat etc. Auch werden die Formen **sozialer Strukturen** untersucht und ob diese **sozialen Gesetzen** unterworfen sind. Wenn es überhaupt solche gibt, führen sie zu (relativ) festen Strukturen, die das soziale Miteinander sowie das Handeln der Individuen bestimmen?

Soziales Handeln: Gesellschaft und soziale Strukturen sind keine Gegenstände und daher nur schwer in den Blick zu bekommen. Daher sind schon Soziologen der ersten Stunde wie Max Weber ganz von ihrer Analyse abgerückt. Sie stellen stattdessen das Wesen sozialen Handelns in den Mittelpunkt ihres Interesses. **Theorien des kollektiven Handelns** fragen nach der Möglichkeit, gemeinsam Handlungsziele zu verfolgen, bei der auch das Verhältnis von Individuum und Gemeinschaft/Gesellschaft in den Blick rückt, das zentral für die Sozialphilosophie überhaupt ist.

Kritische Sozialphilosophie: Wichtige Gegenstände sozialphilosophischer Reflexion sind auch die möglichen und tatsächlichen, bewussten oder unbewussten Beeinflussungen oder Festlegungen des Menschen durch Erziehung, Sozialisierung, Ideologie oder auch Machtverhältnisse. Die normative Sozialphilosophie schließlich fragt ausgehend von Annahmen über das Wesen des Menschen und sozialer Verhältnisse nach **Möglichkeit und Gestaltung einer guten bzw. vernünftigen sozialen Ordnung** (kritische Gesellschaftstheorie).

Hauptwerke		
1755	**Rousseau:** *Discours sur l'inégalité (Diskurs über die Ungleichheit)*	
1807	**Hegel:** *Phänomenologie des Geistes*	
1887	**Ferdinand Tönnies:** *Gemeinschaft und Gesellschaft*	
1908	**Georg Simmel:** *Soziologie. Untersuchungen über die Formen der Gesellschaft*	
1922	**Max Weber:** *Wirtschaft und Gesellschaft*	
1923	**Martin Buber:** *Ich und Du*	
1923	**Scheler:** *Wesen und Formen der Sympathie*	
1827	**Heidegger:** *Sein und Zeit* (§§ 24–27)	
1928	**Karl Löwith:** *Das Individuum in der Rolle des Mitmenschen*	
1931	**Husserl:** *Cartesianische Meditationen*	
1934	**G. H. Mead:** *Mind, Self, and Society (Geist, Identität und Gesellschaft aus der Sicht des Sozialbehaviorismus)*	
1961	**Lévinas:** *Totalité et l'infini (Totalität und Unendlichkeit)*	
1975	**Foucault:** *Surveiller et punir – la naissance de la prison (Überwachen und Strafen)*	
1981	**Habermas:** *Theorie des kommunikativen Handelns*	
1984	**Luhmann:** *Soziale Systeme*	
1992	**Axel Honneth:** *Kampf um Anerkennung*	

2.2 | Intersubjektivität

Definition

→**Intersubjektivität** bedeutet bei Edmund Husserl das Bezogensein zweier bewusster Subjekte aufeinander. Ende des 19. Jh.s und im Anschluss an Husserl – z. B. bei Rudolf Carnap – wurde der Begriff ›intersubjektiv‹ zunächst wissenschaftstheoretisch als ›wissenschaftliche Nachvollziehbarkeit‹ geprägt. Für die Sozialphilosophie wichtiger ist jedoch die Bedeutung von Theorien der Intersubjektivität für die Frage nach der Möglichkeit der Erfahrung von Fremdpsychischem sowie damit verbundene normative Aspekte.

2.2.1 | Theorien der Intersubjektivität

Theorien der Intersubjektivität reagieren auf das Problem des zunächst verschlossenen Innenlebens anderer Personen. Wie kann ich eine andere Person als ein anderes Ich erfahren? Ist der Andere ein Anderer meiner selbst (*Alter Ego*), ein singuläres Du, ein fremdes Ich, das wie ich oder von der Art wie ich ist? Grundsätzlich kann man folgende Theorien unterscheiden:

1. Egologische Theorien verstehen die Erfahrung des Anderen als abgeleitetes Phänomen (u. a. Theodor Lipps, Wilhelm Dilthey und Husserl). Sie gehen von einem primären Ich-Bewusstsein aus, das bei Gelegenheit der Wahrnehmung von Menschenkörpern in einer Objektwelt die bewusste

Innenwelt von anderen Subjekten ableitet, die wie ich sind (Alter Ego). So formuliert Husserl (1859–1938) in seinen *Cartesischen Meditationen* von 1931: »Das Faktum der Erfahrung von Fremdem (Nicht-Ich) liegt vor als Erfahrung von einer objektiven Welt und darunter von Anderen (Nicht-Ich in der Form: anderes Ich) [...]« (S. 136). Primär ist also die Wahrnehmung eines anderen Körpers, der als Zeichen eines anderen Ich aufgefasst wird. Diese Ableitung geschieht entweder aufgrund eines verstandesmäßig vollzogenen **Analogieschlusses** oder aufgrund von **Einfühlung**. Primär ist in beiden Fällen aber das in sich geschlossene, nicht weiter qualifizierte Ich, das sich erst durch Fremderfahrungen vergemeinschaftet.

2. **Theorien der unmittelbaren Erfahrung des Anderen**, die in kritischer Absetzung von den egologischen Theorien entwickelt werden (u. a. Max Scheler, Helmuth Plessner, Martin Heidegger, Martin Buber und Emmanuel Lévinas). Scheler und Heidegger kritisieren die theoretischen Voraussetzungen der Intersubjektivitätstheorie des Analogieschlusses und der Einfühlung. Durch Analogieschluss oder Einfühlung solle die Verbindung eines Subjekts zum »zunächst überhaupt verschlossenen anderen Subjekt« (Heidegger: SuZ, S. 124) entstehen können. Tatsächlich werde so aber nur das eigene Sein in ein fremdes projiziert – der Andere sei so bloß »eine Dublette des Selbst« (ebd.). Es liegt ein Zirkel vor, denn um Fremdpsychisches aus dem Phänomen des menschlichen Körpers ableiten zu können, muss ich um seine Existenz wissen, die ich ja aber erst aus der Erscheinung ableiten können sollte.

Scheler (1874–1928) legt im Anhang (»Über den Grund der Annahme der Existenz des fremden Ich«) seiner Schrift *Zur Phänomenologie und Theorie der Sympathiegefühle und von Liebe und Hass* von 1913 (1923 überarbeitet als *Wesen und Formen der Sympathie* erschienen) dar, dass die Fremdwahrnehmung unmittelbar sei; ein anderes Ich erkenne ich nicht durch Addition eines Innenlebens zu einem Körperobjekt, sondern nehme das Innenleben als **Ausdruck** unmittelbar wahr. Auch für Plessners Sozialphilosophie ist der Ausdrucksbegriff die zentrale Kategorie.

Heidegger (1889–1976) zeigt in *Sein und Zeit* (1927) in Absetzung von Husserl, dass uns die Welt immer schon als eine soziale Welt (›Mitwelt‹) erschlossen sei, in der wir mit anderen ›Mitdaseienden‹ sind. Dass andere Menschen da sind, versteht Heidegger als konstitutiv für unser Dasein. Auch ist der Andere ursprünglich erschlossen und verstanden, weil sein Sein ebenso wie meines ›Mitsein‹ ist.

Dialogphilosophie: **Buber** (1878–1965) geht in *Ich und Du* (1923) nicht nur von der Gleichursprünglichkeit, sondern sogar von der Vorgängigkeit des Du vor dem Ich aus. Anders als in der subjekt- und damit ichzentrierten Tradition der abendländischen Geistesgeschichte sei kein Ich ohne ein Du denkbar. Buber unterscheidet zudem eine ›Du-Welt‹, in der sich Personen begegnen, von einer ›Es-Welt‹, in der Personen in Bezug auf alltägliche Bedürfnisse versachlicht werden.

2.2.2 | Normative Theorien der Intersubjektivität

Das Problem, wie wir andere Subjekte erkennen können, führt unmittelbar in die normative Sozialphilosophie, in der u. a. die Frage gestellt wird, wie wir den Anderen als Anderen erkennen und ihm als solchem Raum geben können. Weiterhin hängt die Problematik des *Er*kennens direkt mit der des *An*erkennens zusammen, weshalb in sozialphilosophischen Theorien der Anerkennung die Bedingungen symmetrischer Sozialbeziehungen erfragt werden.

2.2.2.1 | Der Andere

Die normative Dimension der Frage nach der Erfahrung des Anderen hat sich von Heidegger und Buber her entwickelt. Bei beiden geht es immer auch um Defizienzformen sozialen Miteinanders.

›Modi des Mitseins‹: Zu Mitseienden – so Heidegger – haben wir nicht wie zu Dingen (›Zeug‹, ›Zuhandenes‹) das Verhältnis des Besorgens (der ›Sorge‹), sondern ein Verhältnis der ›Fürsorge‹: »Das Für-, Wider-, Ohne-einandersein, das Aneinandervorbeigehen, das Einander-nichts-angehen sind mögliche Modi der Fürsorge. Und gerade die zuletzt genannten Modi der Defizienz und Indifferenz charakterisieren das alltägliche und durchschnittliche Miteinandersein« (SuZ, S. 121). **Fürsorge** ist bei Heidegger die Seinsverfassung des Mitseins, durch das auch das für-jemanden-Sorgen, aber auch alle anderen Formen des Umgangs mit anderen möglich sind. Zumeist geht es dabei nicht um den Anderen selbst, sondern in »besorgender Fürsorge« (ebd., S. 124) darum, sich bei der Verfolgung der je eigenen Zwecke nicht in die Quere zu kommen bzw. Geschäfte reibungslos abzuwickeln.

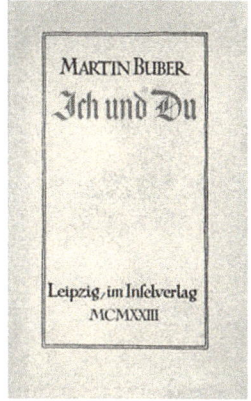

Martin Buber: *Ich und Du* (1923)

Als »extreme Modi« (ebd., S. 122) des Umgangs mit Anderen kennzeichnet Heidegger das ›**Einspringen**‹ und das ›**Vorausspringen**‹; während jenes dem Anderen sein Verhältnis zur Welt abnimmt und ihn so abhängig macht, hilft dieses dem Anderen, sein Dasein als seines anzuerkennen. Nur durch dieses Vorausspringen, das dem Anderen seine Belange nicht abnimmt, lerne ich Heidegger zufolge den Anderen als Anderen kennen. Obgleich es nur einige wenige Seiten sind, auf denen sich Heidegger zum Mitsein äußert, ist seine Existenzphilosophie für die normative Sozialphilosophie äußerst wirkmächtig geworden. Sein Schüler Karl Löwith habilitierte sich 1928 bei ihm mit einer Untersuchung über *Das Individuum in der Rolle des Mitmenschen*, in der er – durchaus auch in Antithese zu Heidegger – darlegt, dass das ›In-der-Welt-Sein‹ immer schon ein gelebtes Miteinander ist. Löwith betont insbesondere die Rolle der gemeinsamen Sprache.

Der Andere als Anderer: Beeinflusst durch Buber und Heidegger legt **Lévinas** (1906–1995) in *Totalité et l'infini* (1961; *Totalität und Unendlichkeit*) dar, dass ich dem Anderen als Anderem durch die Differenz von *désir* (Begehren) und *besoin* (Bedürfen) begegnen kann, die der metaphysischen und der naturgesetzlichen Ordnung entsprechen. Erfahrbar ist der Andere durch das ›Antlitz‹, das kein Ding, sondern der Ausdruck ist, den ich nur im Zusammenhang mit der ganzen Person und ihrer Situation verstehe. Lévinas nimmt an, dass ich durch die Erfahrung des Anderen überhaupt erst moralischen Widerstand erfahre und so erst die Differenz von Können und Dürfen verstehe, die für moralische Urteilsfähigkeit so wichtig ist. Im Anschluss an Lévinas betont auch **Jacques Derrida** (1930–2004) den Primat der zweiten vor der ersten Person; der Andere (bei Derrida auch ›das Andere‹) begegnet mir als nicht einholbare oder unter Begriffe zu fassende Singularität und ist als solche unantastbar.

2.2.2.2 | Anerkennung

> **Definition**
>
> → **Intersubjektive Anerkennung** heißt die wechselseitige Kenntnisnahme und Achtung von miteinander in Beziehung stehenden Menschen. Durch gewährte Anerkennung werden authentische Selbst- und Sozialverhältnisse möglich.

Anerkennung bei Hegel: Im Zusammenhang mit (selbst-)bewusstseinstheoretischen Überlegungen schreibt **G. W. F. Hegel** 1807 in der *Phänomenologie des Geistes*: »Das Selbstbewußtsein ist *an* und *für sich*, indem und dadurch, daß es für ein anderes an und für sich ist; d. h. es ist nur als ein Anerkanntes« (HW 3, S. 145). Diese Anerkennung besteht bei Hegel in einem Verlieren im Anderen und dann in einer Rückkehr aus dem Anderen zu sich selbst unter Beibehaltung des Sich-fremd-Gewordenseins im Selbstsein (›Aufhebung‹). Seiner selbst bewusst ist man in der und durch die Anerkennung eines anderen. Dabei ist diese Anerkennung streng wechselseitig: »Sie *anerkennen* sich, als *gegenseitig sich anerkennend*« (ebd., S. 147). Solange der Prozess der Aufhebungen unabgeschlossen und die Anerkennung noch nicht wechselseitig ist, spricht Hegel von **asymmetrischen Herr-Knecht-Beziehungen**.

Die Übertragung von Hegels Überlegungen zur Konstitution von Selbstbewusstsein auf Verhältnisse zwischen Personen, also von der Philosophie des Geistes auf die Sozialphilosophie, ist nicht unproblematisch, zumal Hegel im Rahmen seiner *Grundlinien der Rechtsphilosophie* (1821) eine eigene Sozialphilosophie entwirft. Dennoch gibt es zwei große Rezeptionslinien in der Sozialphilosophie, in denen dies geschehen ist:

- **Französischer Existenzialismus:** Das Herr-Knecht-Verhältnis wird als ständig drohende Vernichtung der eigenen Möglichkeiten durch den festlegenden Blick des Anderen gesehen, so vor allem bei Jean-Paul Sartre in *L'être et le néant* von 1943 (*Das Sein und das Nichts*) und unter feministischer Perspektive bei Simone de Beauvoir in *Le deuxième sexe* von 1949 (*Das andere Geschlecht*).
- **Frankfurter Schule:** Der Begriff der Anerkennung avanciert im Umkreis der zweiten und dritten Generation der Frankfurter Schule zum Zentralbegriff einer normativen Sozialphilosophie.

Aufnahme des Konzepts durch die Frankfurter Schule: Mit dem Begriff der Anerkennung wird darauf abgehoben, dass Sozialbeziehungen nur dann eine Grundlage für kooperatives Handeln sein können, wenn sich die Handelnden gegenseitig anerkennen. Im Hintergrund steht die Intersubjektivitätsphilosophie George Herbert Meads, der in seiner posthum 1934 veröffentlichen Schrift *Mind, Self and Society* (*Geist, Identität und Gesellschaft aus der Sicht des Sozialbehaviorismus*) die Konstitution des Selbstbewusstseins von der Verinnerlichung des Blicks des Anderen abhängig macht, so dass Personen sich nach Mead erst dann zu sich selbst verhalten können, wenn sie gelernt haben, sich in die Position des Anderen zu versetzen.

In seinem von Hegel und Mead beeinflussten, inzwischen klassischen Werk *Kampf um Anerkennung* (1992) legt **Axel Honneth** dar, dass bestehende Asymmetrie nicht durch rein rechtliche Maßnahmen ausgeglichen werden kann. Denn der Einzelne bedürfe über die rechtlich-moralische Anerkennung als freies und gleiches Individuum hinaus der Anerkennung seiner Einzigartigkeit durch ›Liebe‹ sowie der sozialen Wertschätzung als Mitglied von sozialen Einheiten (›Solidarität‹). Das Zusammenspiel dieser Anerkennungsbeziehungen wird zudem als konstitutiv für ein authentisches Selbstverhältnis von Personen gesehen. Wird Personen oder Gruppen von Personen Anerkennung verwehrt, so kommt es zu Psycho- oder sozialen Pathologien, deren Effekte als ein ›Kampf um Anerkennung‹ zu verstehen sind.

Die Kritik an Anerkennungstheorien betont, dass Theorien der Anerkennung den Blick von materiellen Vorbedingungen ablenken, die für authentische Selbstverhältnisse ebenfalls gegeben sein müssen (vgl. Pollmann 2008). Diskutiert wird diese Kritik in der Debatte zwischen Honneth und Nancy Fraser in dem Band *Umverteilung oder Anerkennung?* (2003). Weiterhin wird gefragt, ob die Anerkennung von Personen nicht auch ein Instrument der Machtdurchsetzung sein kann (vgl. Markell 2003).

2.3 | Formen und Einheiten des Sozialen

Durch soziale Interaktion entstehen Formen des sozialen Miteinanders, die einerseits die Interaktionen einander Unbekannter durch Handlungsregeln (Institutionen) bestimmen und die andererseits soziale Einheiten (Familie, Gemeinschaft) generieren. Die Analyse von sozialen Formen ist immer auch als Auseinandersetzung mit der wahrgenommenen Komplexitätssteigerung in der Moderne verbunden und insofern insbesondere als Selbstreflexion moderner Gesellschaften zu betrachten.

2.3.1 | Gemeinschaft und Gesellschaft

Die wirkmächtigste Auseinandersetzung mit sozialen Formen hat **Ferdinand Tönnies** (1855–1936) mit seiner Analyse von *Gemeinschaft und Gesellschaft* (1887) vorgelegt. ›**Gemeinschaft**‹ beschreibt bei Tönnies das soziale Miteinander insofern die in ihr verbundenen Menschen wesensmäßig gleichartig sind und Gemeinschaft als Selbstwert schätzen (z. B. Familie). Als ›**Gesellschaft**‹ hingegen bezeichnet er alles bloß geschäftsmäßige Miteinander, das durch die Verfolgung individueller Interessen notwendig ist und das durch Konventionen und Verträge geregelt ist, ohne dass die Individuen das Zusammenkommen als solches wertschätzen müssen (z. B. Geschäftsverhältnisse).

Geschichte und Struktur: Tönnies' Schrift ist einerseits der ›sozialen Physik‹ Comtes und Spencers sowie der materialistischen Geschichtsphilosophie von Karl Marx (s. Kap. II.C.3.3.2). verpflichtet und fragt nach **sozialgeschichtlichen Entwicklungsgesetzen**, mit denen in erster Linie eine Entwicklung von Gemeinschaft zu Gesellschaft festgestellt werden könne – in der Lebensgeschichte des Einzelnen von der Familie in die Gesellschaft und in der der Menschheit vom Dorf zur Stadt. Andererseits kann Tönnies' Begriffspaar als Vorläufer einer formalen Soziologie verstanden werden, die durch Georg Simmel (1858–1918) entwickelt wurde (*Soziologie. Untersuchungen über die Formen der Vergesellschaftung*, 1908) und in der geschichtliche Besonderheiten hinter ahistorische **Strukturgemeinsamkeiten** zurücktreten. Gemeinschaft und Gesellschaft versteht Simmel als zwei Formen einer prinzipiell unbegrenzten Menge möglicher Formen des sozialen Miteinanders. Allgemeine Formen sind z. B. Hierarchieverhältnisse, Konkurrenz, Arbeitsteilung, die durch Handlungen vieler Individuen konstituiert sind (s. 2.5).

Kollektivismus und Individualismus: In dem Begriffspaar ›Gemeinschaft‹ und ›Gesellschaft‹ findet sich der aristotelische Antagonismus von *physis* und *techne* wie auch der metaphorische von Organismus und Mechanismus (s. Kap. II.B.3) und schließlich der von Kollektivismus und Individualismus sowie die jeweils aufkommende Frage nach der Vermittlung dieser Gegensätze, die im 19. Jh.

stark normativ aufgeladen ist: Während Hegel als Denker politischer Sittlichkeit und Marx als Visionär eines proletarischen Klassenbewusstseins auf der einen Seite stehen, verteidigen Max Stirner und Friedrich Nietzsche die Ungebundenheit des Einzelnen und betonen die Verachtung des Menschen in der Masse.

2.3.2 | Rollen und Institutionen

> **Definition**
>
> → **Soziale Rolle** nennt man die Gesamtheit der mit einer im sozialen Miteinander eingenommenen Position verbundenen Elemente wie Status (Ansehen, Rechte und Pflichten) und Verhaltenserwartungen (Regeln, Verhaltensmuster). Insbesondere in ausdifferenzierten Gesellschaften nehmen Personen eine Vielzahl von Rollen ein und füllen sie auf je spezifische Weise aus (z. B. Professorin, Mutter, Vereinsmitglied etc.).

Die Frage nach der Eigenart sozialer Rollen steht im Zentrum der Problematik des Verhältnisses von Individuum und Gesellschaft. Bereits Tönnies verweist auf die Trennung von Person und Rolle; auch Marx' Theorem der ›Charaktermaske‹, wonach Menschen je nach Prozessmoment der Warenzirkulation in der Rolle des Käufers oder Verkäufers auftreten sowie ganz grundsätzlich im ökonomischen Prozess der Gesellschaft ihre Rolle als Kapitalist oder Arbeiter zu spielen haben, macht auf ähnliche Momente aufmerksam. Im 20. Jh. sind besonders die Theorien der sozialen Rolle von Mead, Ralph Linton und Ralf Dahrendorf einflussreich gewesen.

Soziale Institutionen: sind in einem allgemeinen Sinne relativ feste Aktions- und Interaktionsformen, die durch habitualisierte Handlungsmuster (Typisierung) bzw. sanktionierte Handlungen entstehen und weiter bestehen; sie haben unterschiedliche Grade der politischen, ökonomischen oder rechtlichen Fixierung: Normen und Werte sind in anderer Weise gesellschaftlich verankert als z. B. die Ehe. Für die philosophische Institutionentheorie waren insbesondere Arnold Gehlen (s. Kap. II.C.1) und zuletzt John Searle von Bedeutung.

2.3.3 | Soziale Systeme

Der Versuch, soziale Einheiten und Gesetzmäßigkeiten sozialen Handelns ausfindig zu machen, hat zu zwei verschiedenen Ansätzen geführt. Auf der einen Seite stehen **systemtheoretische Ansätze**, die von Funktionseinheiten ausgehen, auf der anderen **handlungstheoretische Ansätze**, die das bewusst handelnde Individuum an den Anfang ihres sozialphilosophischen Fragens stellen (s. 2.4). Auch hier stehen sich Kollektivismus und Individualismus gegenüber.

Systemtheorie: Im Anschluss an die biologistisch geprägte Soziologie Comtes und Spencers einerseits, an Max Weber und Talcott Parsons andererseits entwickelt **Niklas Luhmann** (1927–1998) mit seiner Systemtheorie eine der einflussreichsten Theorien des Sozialen des 20. Jh.s. Als seine sozialphilosophischen Hauptwerke können *Soziale Systeme* (1984) und *Die Gesellschaft der Gesellschaft* (1997) angesehen werden. Die Grundidee ist, dass **Gesellschaft als soziales System** betrachtet werden muss, das in unkontrollierbarer Weise aus den Interaktionen (›Kommunikationen‹) der Individuen hervorgeht (›emergiert‹) und sich durch ›Komplexitätsreduktion‹ von einer überkomplexen ›Umwelt‹ abgrenzt. Die Umwelt ist dabei komplexer als das System, das aber mit seinen Reduktionen der Umwelt adäquat sein muss. Auf der Grundlage ›kontingenter Unterscheidungen‹ in einer durch »Überfülle des Möglichen« (Luhmann: *Sinn*, S. 32) und Unbestimmtheit gekennzeichneten Welt entsteht ein ebenso kontingentes System, durch das ›Sinn‹ möglich wird. Während biologische Systeme, wie z. B. Organismen, physische Grenzen haben, sind soziale Systeme durch Sinngrenzen bestimmt: Ein Vorkommnis kann in das System sinnhaft integriert werden oder nicht (›Selektion‹), Sinn gilt hier als »eine selektive Beziehung zwischen System und Welt« (ebd., S. 34).

System Gesellschaft: Das System ›Gesellschaft‹ ist »dasjenige Sozialsystem, das mit seinen Grenzen unbestimmte, nichtmanipulierbare Komplexität ausgrenzt und damit die Möglichkeiten vorstrukturiert, die in der Gesellschaft ergriffen werden können« (ebd., S. 24). Innerhalb dieses Systems bilden sich in der modernen Gesellschaft Teilsysteme aus (Ausdifferenzierung), die gegeneinander nicht substituierbar sind: Recht, Wirtschaft, Wissenschaft, Religion, Politik, Kunst. Diese Teilsysteme konstituieren sich ihrerseits durch bestimmte Leitunterscheidungen, deren Funktion die

Abgrenzung von der Umwelt des umfassenden sozialen Systems der Gesamtgesellschaft ist (wahr/falsch in der Wissenschaft, recht/unrecht im Recht etc.).

In Anlehnung an biologische Erklärungsmuster versteht Luhmann den Systemerhalt als ›**Autopoiesis**‹: Wie Organismen organisieren sich soziale Systeme selbst, allerdings durch sinnhafte Kommunikationen. Menschliche Individuen hingegen, die Luhmann als Konglomerate psychischer und biologischer Systeme ansieht, sind dieser Theorie zufolge selbst keine Elemente sozialer Systeme. Die Entwicklung des Sozialen versteht Luhmann entsprechend nicht als Ergebnis bewusster Handlungen oder gemeinsamer Anstrengungen, sondern als ›evolutionären‹ Vorgang. **Soziale Gesetze** sind ihm zufolge solche der Ausdifferenzierung und des Systemerhalts unter den Anforderungen der Komplexitätssteigerung.

Obgleich Luhmann die Funktionsweise sozialer Ordnungsbildung untersucht, lehnt er daher jeden normativen Bezugspunkt sozialphilosophischen oder soziologischen Fragens ab. Weder lasse sich ein letzter Grund noch ein Ziel (*telos*) für soziale Systeme nachweisen, sondern allein das systemimmanente Streben nach Selbsterhaltung. Diese Position hat viel Widerspruch provoziert, namentlich Jürgen Habermas lehnt Luhmanns Sichtweise als zynisch ab.

Absage an normative Sozialphilosophie

2.4 | Soziales Handeln

Das Bewusstsein, dass soziale Großformen immer nur so verstanden werden können, dass sie intendiertes oder kontingentes Produkt einer Unzahl individueller Handlungen sind, hat seit Beginn des 20. Jh.s. eine handlungstheoretische Seite der Soziologie und ihr folgend der Sozialphilosophie geprägt. So lehnt **Max Weber** (1864–1920) einen so umfassenden Begriff wie den der Gesellschaft als Gegenstand soziologischer Forschung ab und ersetzt ihn durch den des sozialen Handelns. **Soziales Handeln** ist solches Handeln, das mit subjektivem Sinn verbunden und auf andere bezogen ist. Seine ›verstehende Soziologie‹ definiert Weber als eine Wissenschaft, die soziales Handeln deutend verstehen und so seine Ursachen, seinen Ablauf und seine Wirkungen erklären will. Die ›soziale Situation‹ wird dabei als einflussnehmend auf den einzelnen Akteur verstanden, der aus Gründen, die aus der Situation durch subjektive Deutung nachvollziehbar sind, so handelt, dass ein gesamtgesellschaftlich beobachtbarer Effekt eintritt, der zumeist nicht vom Individuum intendiert ist. Auf diese Weise sind gesellschaftliche Phänomene auf soziales Handelns zurückführbar. So erklärt Weber die Entstehung des ›Geistes des Kapitalismus‹ aus der individuellen Einstellung des Protestantismus, die zu einer Leistungsmotivation führe, die kapitalistische Strukturen hervorbringt bzw. ihre Entstehung unterstützt (vgl. Weber: *Die protestantische Ethik und der ›Geist‹ des Kapitalismus*, 1904/05).

2.4.1 | Kollektives Handeln und Kooperation

Während der klassische Begriff des sozialen Handelns allgemein das sinnhafte und auf andere bezogene Handeln bezeichnet, beschäftigen sich viele sozialphilosophische Theorien mit der spezifischeren Problematik, wie es möglich ist, gemeinsam zu handeln.

Kollektive Intentionalität: Dieser Frage versucht man mit Konzepten wie ›kollektive Intentionalität‹ (Searle), ›Wir-Gefühl‹ oder ›kollektive Identität‹ zu begegnen. Die Existenz kollektiver Intentionalität, als gemeinsame Gerichtetheit auf Sachen (zusammen an einem Seil ziehen) oder als geteilte Überzeugungen (gemeinsam für eine Sache eintreten), kann als Voraussetzung für das Bestehen von Gemeinschaften bzw. der Möglichkeit, ›Wir‹ zu sagen (vgl. Schmid 2005), angesehen werden. Zu klären ist dabei, ob das Gemeinsame beim gemeinsamen Handeln bloß ein Aggregat aus individuellen Handlungsabsichten ist, oder ob die Individuen an einer spezifischen gemeinsamen Intention partizipieren (Searle). Während einige Autoren der Ansicht sind, dass stets nur Individuen Absichten haben können, unterscheidet Raimo Tuomela (2000, S. 108) zwischen »full cooperation« bei gemeinsamen Zielen (›group mode‹) und »cooperation as coaction or coordinative interaction with compatible individual mode goals« (›i-mode‹). Entsprechend der Kritik am bewusstseinstheoretischen Paradigma der Phänomenologie (s. 2.2.1) gibt es holistisch orientierte Ansätze, die

Modi gemeinsamer Handlungen

die Diskussion um kollektive Intentionalität insgesamt mit dem Verweis auf zu individualistische Prämissen ablehnen.

Probleme kollektiven Handelns: Die Diskussion um kollektives Handeln ist nicht nur auf die Bedingungen ihrer Möglichkeit hin befragt worden, sondern auch von der Seite ihrer Effekte bzw. ihrer Probleme her. Eines dieser Probleme hat Mancur Olson in seinem *The Logic of Collective Action* (1965) das ›free riding‹-Problem (**Trittbrettfahrerproblem**) genannt.

> **Definition**
>
> Als → Trittbrettfahrerproblem bezeichnet Olson das Phänomen, dass die Vertretung gemeinsamer Interessen – wie z. B. ein Streik für höhere Löhne oder Mülltrennung zur Umweltschonung – die Beteiligung der meisten, aber nicht aller Betroffenen erfordert. So kommt es, dass Individuen sich nicht an der kollektiven Handlung beteiligen, weil sie ihre individuelle Anstrengung für unwichtig oder sinnlos halten.

Rational Choice Theory: Theorien der rationalen Entscheidung schreiben Menschen grundsätzlich rationales Verhalten zu, wobei ›rational‹ hier ›nutzenmaximierend für das egoistische Individuum‹ bedeutet. Diese Theorien schließen an Hobbes' negative Anthropologie (s. Kap. II.B.3) ebenso an wie an Kants Theorem der ›ungeselligen Geselligkeit‹ (Kant: *Idee zu einer allgemeinen Geschichte in weltbürgerlicher Absicht*, 1784). Olsons Modell beruht auf dem Gedanken, dass es für das Individuum rationaler ist, sich *nicht* an den Kosten und Mühen der gemeinsamen Aktion zu beteiligen, wenn es durch die Aktion auch ohne seine Anstrengung zum gewünschten Ergebnis kommt. Die individuell rationale Entscheidung förderte ein insgesamt irrationales Ergebnis, insofern die gemeinsame Aktion durch das individuell rationale Handeln bedroht wird. Ein ähnliches Dilemma – jedoch mit dem Versuch, Kooperation zu erklären – verdeutlicht Robert Axelrod in *The Evolution of Cooperation* (1984) mit dem von der mathematischen Spieltheorie beeinflussten ›prisoners dilemma‹.

Gefangenendilemma: Das Szenario ist so aufgebaut, dass zwei des Raubes Verdächtigte getrennt voneinander verhört werden. Die Höchststrafe für Raub beträgt fünf Jahre. Die Indizien ohne Geständnis reichen nur für eine Gefängnisstrafe von zwei Jahren, so dass es für die beiden Verdächtigen rational wäre zu schweigen (Kooperation mit dem Mittäter). Während des Verhörs wird daher ein Handel vorgeschlagen: Wenn einer der Verdächtigen gesteht, kommt er frei, während der andere die vollen fünf Jahre erhält. Verraten beide den je anderen (Defektion, Verrat des Mittäters), bekommen beide die vollen fünf Jahre. Verrät keiner den anderen, so erhalten beide zwei Jahre. In der Spieltheorie wird nun eine ›Auszahlungsmatrix‹ erstellt (s. Tabelle unten).

Die Gesamtergebnisse des Spiels zeigen, dass Kooperation sich lohnt, denn das Schweigen beider Verdächtigen ergibt in der Summe vier Jahre Gefängnisaufenthalt. Das Problem ist jedoch, dass beide das für sich nützlichste Ergebnis, Straffreiheit, erhalten wollen. Also defektieren beide, d. h. sie versuchen die Situation nur zu ihrem eigenen Vorteil auszunutzen, und erhalten so jeweils fünf Jahre Haftstrafe, insgesamt also zehn Jahre. Defektierendes Verhalten lohnt sich also nicht; die rationale Einzelentscheidung hat irrationale (nichtnützliche) Ergebnisse auf kollektiver *und* auf individueller Ebene. Für kooperatives Verhalten sind Aufklärung über die negativen Effekte des individuellen Handelns, Kommunikation und Vertrauen notwendig.

2.4.2 | Kommunikatives Handeln

Die soziale Handlung bzw. Interaktion bleibt auch bei **Jürgen Habermas** (geb. 1929) im Anschluss an Weber die wesentliche Grundlage der Sozialphilosophie. Die Intersubjektivitätsphilosophie Meads, dessen Bedeutung auch Habermas' Schüler Honneth betont, steht im Hintergrund der normativen Überlegungen in seiner *Theorie des kommunikativen Handelns* (1981). In diesem zweibändigen Hauptwerk entwirft Habermas einerseits das Ideal einer unverzerrten, diskursiv verhandelten gemeinsamen Vernunft, andererseits eine Handlungstheorie. Die **Idealvorstellung des herrschaftsfreien Diskurses** (s. Kap. I.7.6.2.1), so Habermas, steht

Auszahlungsmatrix des Gefangenendilemmas

	B gesteht (defektiert)			B gesteht nicht (kooperiert)		
A gesteht (defektiert)	A: 5 Jahre	B: 5 Jahre	Σ = 10	A: 0 Jahre	B: 5 Jahre	Σ = 5
A gesteht nicht (kooperiert)	A: 5 Jahre	B: 0 Jahre	Σ = 5	A: 2 Jahre	B: 2 Jahre	Σ = 4

immer schon im Hintergrund, sobald wir konsensorientiert mit anderen argumentieren.

Das Vertrauen in eine nicht subjekt-zentrierte, sondern verständigungsorientierte Vernunft spiegelt sich in seiner Handlungstheorie wider: In der Theorie der kommunikativen Vernunft unterscheidet Habermas zwischen **vier Typen des Handelns**:
- **Teleologisches Handeln:** Personen verfolgen ihre subjektiven Zwecke in einer Sachwelt. Es handelt sich dann um strategisches Handeln, wenn die Personen dabei mit anderen Personen kooperieren müssen.
- **Normenreguliertes Handeln:** Die Person orientiert sich bei der Handlung an den Normen der sozialen Gruppe, der sie angehört. Die Verhaltenserwartungen anderer werden internalisiert.
- **Dramaturgisches Handeln:** Die Person stellt sich für andere dar, sie bezieht sich auf andere durch Externalisierung ihrer Innenwelt.
- **Kommunikatives Handeln:** Auf Grundlage der gemeinsamen Definition einer gegebenen Situation verständigen sich die Interaktionsteilnehmer durch einen herrschaftsfreien Diskurs auf eine koordinierte Handlungsweise.

Während normenreguliertes und dramaturgisches Handeln in irgendeiner Weise auf andere Menschen bezogen und kommunikatives sogar verständnisorientiert ist, folgt das teleologische/strategische Handeln, das Habermas später auch instrumentelles Handeln genannt hat, allein den subjektiv gesetzten Zwecken.

System und Lebenswelt: Die Wirklichkeit verständigungsorientierter Interaktion sowie den Horizont der geteilten Überzeugungen nennt Habermas ›Lebenswelt‹. Durch die fortschreitende Rationalisierung der Lebenswelt wird die Ausbildung von sozialen Systemen (Recht, Wirtschaft, Verwaltungsstaat) möglich und zur Entlastung von der Notwendigkeit unmittelbarer Kommunikation in komplexen Gesellschaften der Moderne auch notwendig. Die ›Steuerungsmedien‹ der sozialen Systeme sind ›Geld‹ und ›Macht‹. Diese, so Habermas, entwickeln eine systemische Eigendynamik, die die Lebenswelt bedroht, indem sie der Zweckrationalität instrumentellen Handelns Vorschub leistet. Zwischenmenschliche Beziehungen werden so nicht mehr unter dem Paradigma gegenseitigen Verständnisses, sondern unter dem machtstrategischer und ökonomischer Werte gesehen. Luhmann hat diesen Rückgriff auf einen außersystemischen Horizont der gemeinsamen Verständigung abgelehnt.

Kontroverse zwischen Habermas und Luhmann

2.5 | Kritische Sozialphilosophie

Vereinfacht gesagt, kann der Beginn der Moderne im 18. Jh. zugleich auch als Beginn der kritischen Auseinandersetzung mit dem Verhältnis von Individuum und Gesellschaft betrachtet werden. Man beginnt zu untersuchen, inwiefern soziale Verhältnisse die Entfaltung des Individuums hemmen oder fördern. Zeitgenossen wie Rousseau oder Hegel diskutieren das unreflektierte Handeln vieler Individuen als Ursache für soziale Phänomene, die die freiheitliche Entfaltung von Individuum und Gesellschaft verhindern. Als Gründe dafür werden ideologische Verblendung, materielle Hindernisse, aber auch Machtverhältnisse genannt. Die Gesellschaftskritik intendiert eine Aufklärung über das ›falsche Bewusstsein‹ der Individuen von der Gesellschaft und von sich selbst, eine gerechtere Verteilung gesellschaftlichen Reichtums sowie die Abschaffung bestehender Herrschaftsverhältnisse.

2.5.1 | Kritische Theorie der Gesellschaft

Frankfurter Schule: Theodor W. **Adorno** (1903–1969) und Max **Horkheimer** (1895–1973) sehen die Aufklärung der Menschen über die geschichtliche Gewordenheit und Veränderbarkeit der gesellschaftlichen Verhältnisse als zentrale Aufgabe von Philosophie überhaupt an. Kritische Theorie, so Horkheimer, unterscheidet sich von traditioneller dadurch, dass sie nicht zur Legitimation durch Erklärung dient (Horkheimer: *Traditionelle und kritische Theorie*, 1937). Die Kritische Theorie der Gesellschaft kritisiert die Unterdrückung individueller Freiheit in der bürgerlichen Gesellschaft. Beeinflusst ist sie durch **Hegels Kritik am individualistischen Selbstverständnis der Moderne**, durch das Sittlichkeit und Gemeinschaftlichkeit bedroht sind. Da dieses Selbstverständnis Ausdruck eines rationalen, rein nutzenbezogenen Weltzugangs ist, kritisieren Horkheimer und Adorno, ohne Vernunft und Verstand zu differenzieren, im Anschluss Vernunft überhaupt als instrumentell

Frankfurter Schule und Hegel

(s. Kap. II.C.5.5.3). Zudem haben Marx und Freud großen Einfluss auf die Sozialphilosophie der Frankfurter Schule geübt.

Kritik der politischen Ökonomie: Marx' kritische Analyse der Produktionsverhältnisse in der kapitalistischen Gesellschaft (s. Kap. II.B.3.6) bleibt vor allem mit den Begriffen der ›**Verdinglichung**‹ (z. B. von Gebrauchswerten zu bloßen Tauschwerten) und ›**Entfremdung**‹ menschlicher Arbeit (zu bloßer Arbeitskraft als variables Kapital innerhalb des Produktionsprozesses) zentral. Mit Entfremdung bezeichnet man v. a., dass die Menschen in der kapitalistischen Gesellschaftsformation den Bezug zu sich selbst, zu ihren Erzeugnissen, zu anderen Menschen und zur Natur verlieren, so dass authentische Selbstverhältnisse durch die Produktionsverhältnisse verunmöglicht werden. Mit der Technisierung und Rationalisierung gehe zudem eine zunehmende Bürokratisierung einher, durch deren Mechanismen das Individuum negiert werde.

Einfluss der Psychoanalyse: Die Psychoanalyse Freuds (s. Kap. II.C.5.5.2) hat ebenfalls großen Einfluss auf die Kritischen Theorie ausgeübt. Mit ihr wird verständlich, dass die gesellschaftlichen Verhältnisse nicht nur stabil sind, weil sie Institutionen der Unterdrückung des Individuellen ausbilden, sondern auch weil sie subjektkonstitutiv sind: Die Unterdrückungsmechanismen wirken nicht nur von außen, sondern werden verinnerlicht. Die Individuen entscheiden sich scheinbar autonom für ihre soziale Position und ihre Handlungsweise, unterdrücken dabei jedoch ursprüngliche Antriebe, um der Gesellschaft konform zu sein. Habermas hat die Kritische Theorie von ihrer vernunftkritischen Position entfernt und fragt nach ihren normativen Fundamenten, die er in einer diskursiven (statt einer subjektzentrierten) Vernunft sieht. Honneth schließlich konzentriert seine kritischen Analysen auf den Begriff der Anerkennung (s. 2.2.2.2).

2.5.2 | Machtkritik

Die Tradition des Machtbegriffs als Analyse- und Erklärungsinstrument sozialer Phänomene ist lang und nicht immer mit Kritik verbunden. Man kann zwischen Ansätzen unterscheiden, die Macht eine ›konstitutive‹ oder eine ›repressive‹ Funktion für Individuen sowie Gemeinwesen zuweisen und zwischen Ansätzen, die einen ›akteurstheoretischen‹ oder ›strukturtheoretischen‹ Zugang wählen (vgl. Strecker 2009).

Konstitutive Funktion der Macht: Macht kann als konstitutiv für Gemeinwesen verstanden werden, insofern erst durch die Monopolisierung von Gewalt und die Institutionalisierung von Macht **soziale Ordnung** möglich und stabil ist. Weber setzt seinen Begriff von Macht sogar noch unterhalb der politischen Sphäre an, wo sie als Herrschaft institutionalisiert ist und der Legitimation bedarf; er versteht Macht als »jede Chance, innerhalb einer sozialen Beziehung den eigenen Willen auch gegen Widerstreben durchzusetzen, gleichviel worauf diese Chance beruht« (Weber: *Wirtschaft und Gesellschaft*, S. 28). Macht kann als Herrschaft etabliert sein (s. Kap. II.B.3), aber auch soziale Interaktionen auf Meso- (Institutionen, Gruppen) oder Mikroebene (Individuen) bestimmen.

Repressive Funktion der Macht: Macht kann von ihren Akteuren auch missbraucht oder von ihnen überhaupt illegitimer Weise besessen werden. So dient Machtausübung der **Unterdrückung von Handlungen anderer**, sofern diese den eigenen bzw. innerhalb eines Gemeinwesens geltenden Überzeugungen widersprechen. Macht wird ausgeübt, um eine bestimmte Wirkung (Stabilität, Machterhalt) zu erzielen. **Machtkritik** wird dort geübt, wo die Machtverhältnisse nicht durch den Willen des Gemeinwesens legitimiert sind bzw. dort, wo prinzipiell keine Machtverhältnisse bestehen sollten – auf der Ebene individueller Beziehungen (z. B. Geschlechterverhältnisse).

Strukturtheorie und -kritik: Komplizierter wird es mit der Machtkritik da, wo Macht nicht von Akteuren, sondern von **überindividuellen Mechanismen der Steuerung und Kontrolle sozialen Handelns** ausgeht. Repressiv sind solche Strukturen da, wo sie z. B. durch Armut die Individuen in ihren Handlungsmöglichkeiten einschränken bzw. wo sie aufgrund ideologischer ›Verblendung‹ die Individuen ihre Handlungsalternativen nicht erkennen lassen. Viel schwieriger ist die Kritik an diesen Machtverhältnissen, da sie nicht unmittelbar von individuellen Absichten und Überzeugungen abhängen. **Marx** ist daher der Ansicht, dass die gesamten (Produktions-)Verhältnisse der Gesellschaft umgewälzt werden müssten.

Doch auch der strukturtheoretische Ansatz der Erklärung von Machtphänomenen muss nicht primär kritisch angelegt sein. Macht kann erstens auch auf vorpolitischer Ebene konstitutiv für soziale Ordnung angesehen werden, insofern soziale Interaktionen nicht unmittelbar durch Individuen, sondern z. B. durch Werte und Normen gesteuert werden. Zweitens ›produzieren‹ überindividuelle Machtverhältnisse Subjekte so, dass eine autonome Beeinflussung der Verhältnisse gar nicht gedacht werden kann.

In diesem Sinne beschreibt **Michel Foucault** (1926–1984) in *Surveiller et punir. La naissance de la prison* von 1975 (*Überwachen und Strafen. Die Geburt des Gefängnisses*) die staatliche organisierte moderne Gesellschaft als ›**Disziplinargesellschaft**‹, in der durch Institutionen des Rechts, der Erziehung, der Bildung, des Gesundheitswesens etc. Macht ausgeübt und auf eine Weise etabliert wird, dass sie konstitutiv für die Selbstverhältnisse moderner Subjekte wird. Das gesamte soziale Gefüge wird bei Foucault als Konstellation von Machtverhältnissen verstanden. Dabei sind insbesondere Wissen und Macht verschränkt, wie Foucault diskursanalytisch aufzeigt.

Im Anschluss an Foucault hat **Judith Butler** 1990 in *Gender Trouble* (*Das Unbehagen der Geschlechter*) die **Geschlechterverhältnisse als Produkt von Machtkonstellationen** dargestellt, durch die biologisch männliche und weibliche Körper (*sex*) sowie damit einhergehend männliche und weibliche Subjekte (*gender*) überhaupt erst produziert werden (s. Kap. II.C.7). Die Abschaffung der produktiv-repressiven Machtverhältnisse ist nicht durch ihre direkte Bekämpfung, sondern nur durch performative Subversion möglich – z. B. durch Parodie oder Travestie. Dabei werden nicht die *Macht*verhältnisse, sondern die konkreten Macht*verhältnisse* kritisiert – Macht gilt weiterhin als konstitutiv für das soziale Gefüge und seine Individuen.

Gender-Theorie

Literatur

Axelrod, Robert: *Die Evolution der Kooperation*. München 2009 (engl. 1984).
Brunkhorst, Hauke/Kreide Regina/Lafont, Cristina (Hg.): *Habermas-Handbuch*. Stuttgart/Weimar 2009.
Dahrendorf, Ralf: *Homo sociologicus. Ein Versuch zur Geschichte, Bedeutung und Kritik der Kategorie der sozialen Rolle* [1967]. Wiesbaden ¹⁶2008.
Forschner, Maximilian: *Mensch und Gesellschaft. Grundbegriffe der Sozialphilosophie*. Darmstadt 1989.
Fraser, Nancy/Honneth, Axel: *Umverteilung oder Anerkennung? Eine politisch-philosophische Kontroverse*. Frankfurt a. M. 2003.
Gamm, Gerhard/Hetzel, Andreas/Lilienthal, Markus (Hg.): *Hauptwerke der Sozialphilosophie*. Stuttgart 2001.
Gerhardt, Uta: *Rollenanalyse als kritische Soziologie. Ein konzeptioneller Rahmen zur empirischen und methodologischen Begründung einer Theorie der Vergesellschaftung*. Neuwied 1971.
Gosepath, Stefan/Hinsch, Wilfried/Rössler, Beate (Hg.): *Handbuch der politischen Philosophie und Sozialphilosophie*. 2 Bde. Berlin/New York 2008.
Habermas, Jürgen/Luhmann, Niklas: *Theorie der Gesellschaft oder Sozialtechnologie – Was leistet die Systemforschung?* [1971]. Frankfurt a. M. ¹⁰1990.
Honneth, Axel: *Pathologien des Sozialen. Die Aufgaben der Sozialphilosophie*. Frankfurt a. M. ³2002.
– /**Joas, Hans (Hg.):** *Kommunikatives Handeln. Beiträge zu Jürgen Habermas' »Theorie des kommunikativen Handelns«*. Frankfurt a. M. ³2002.
Horkheimer, Max: »Die gegenwärtige Lage der Sozialphilosophie und die Aufgaben des Instituts für Sozialforschung« [1991]. In: Ders.: *Gesammelte Schriften*. Bd. 3. Frankfurt a. M. 1988, S. 20–35.
Horster, Detlef: *Sozialphilosophie*. Leipzig 2005.
Jaeggi, Rahel: *Entfremdung. Zur Aktualität eines sozialphilosophischen Problems*. Frankfurt a. M. 2005.
Kaesler, Dirk: *Klassiker der Soziologie*. 2 Bde. München 1999.
Liebsch, Burkhard (Hg.): *Sozialphilosophie*. Freiburg 1999.
Markell, Patchen: *Bound by Recognition*. Princeton 2003.
Olson, Mancur: *Die Logik des kollektiven Handelns. Kollektivgüter und die Theorie der Gruppen*. Tübingen ⁵2004 (engl. 1965).
Pollmann, Arnd: »Anerkennung«. In: Gosepath/Hinsch/Rössler 2008, Bd. 1, S. 28–33.
Reese-Schäfer, Walter: *Niklas Luhmann zur Einführung*. Hamburg ³1999.
Schmid, Hans Bernhard: *Wir-Intentionalität. Kritik des ontologischen Individualismus und Rekonstruktion der Gemeinschaft*. Freiburg 2005.
Schneidereit, Nele: *Die Dialektik von Gemeinschaft und Gesellschaft. Grundbegriffe einer kritischen Sozialphilosophie*. Berlin 2010.
Searle, John: *Die Konstruktion der gesellschaftlichen Wirklichkeit. Zur Ontologie sozialer Tatsachen*. Reinbek 1997 (engl. 1995).
Strecker, David: *Logik der Macht. Zum Ort der Kritik zwischen Theorie und Praxis*. Weilerswist 2009.
Theunissen, Michael: *Der Andere. Studien zur Sozialontologie der Gegenwart* [1965]. Berlin ²1977.
Tuomela, Raimo: *Cooperation. A Philosophical Study*. Dordrecht u. a. 2000.
Weiß, Johannes (Hg.): *Die Jemeinigkeit des Mitseins. Die Daseinsanalyse Martin Heideggers und die Kritik der soziologischen Vernunft*. Konstanz 2001.

Nele Schneidereit

3 Politische Philosophie

3.1 Grundfragen der politischen Philosophie
3.2 Macht – Politischer Realismus
3.3 Vertrag – Politischer Liberalismus
3.4 Sittlichkeit – politische Gemeinschaft
3.5 Ordnungsallegorien und -utopien
3.6 Politische Ökonomie
3.7 Demokratie, internationale Politik und Kritik der Politik

Die politische Philosophie ist neben der Ethik die zweite ›Großdisziplin‹ in der praktischen Philosophie. Sie geht als Disziplin auf Aristoteles zurück. Weit gefasst, fällt alles menschliche Handeln, insofern es nicht natürlich geregelt ist, in den Bereich der politischen Philosophie. Enger gefasst, geht es in der griechischen Antike um das gemeinsame Leben in einem Stadtstaat (griech. *polis*: Stadt, daher *politische* Philosophie). Modern gesprochen, befasst sich die politische Philosophie mit der **Legitimation und den Formen *staatlich* verfasster Herrschaft**.

Die Geschichte der politischen Philosophie ist einerseits eng mit der Geschichte von gesellschaftlicher Veränderung und Revolution verbunden. Andererseits hat politische Philosophie nicht selten auch der Verteidigung bestehender Machtverhältnisse und so dem Erhalt von Ordnung gedient. Wer sich mit der politischen Philosophie eingehender befassen möchte, sollte daher die Relevanz von Entstehungskontexten bestimmter Vorstellungen nicht unterschätzen, ohne ihren systematischen Gehalt zu vernachlässigen. Wie z. B. Jean-Jacques Rousseau zu seinen republikanischen Ideen gekommen ist, versteht man besser, wenn man sie im Zusammenhang mit den tiefgreifenden gesellschaftlichen Veränderungen durch ein erstarktes Bürgertum sieht. Dass aber die von Rousseaus Ideen beeinflusste Revolution schließlich gescheitert ist, heißt noch nicht zwingend, dass seine Ideen selbst falsch sein müssen oder uns nichts mehr angingen.

3.1 | Grundfragen der politischen Philosophie

Obwohl die historische Kontextualisierung von großer Bedeutung ist, lassen sich einige Grundfragen der politischen Philosophie herausstellen, die in der einen oder anderen Formulierung immer wieder aufgeworfen worden sind. Zunächst versucht man in der politischen Philosophie häufig herauszufinden, weshalb Menschen überhaupt zusammenleben, um daraus die beste Ordnung abzuleiten.

Politische Anthropologie: Man kann zwischen Entwürfen unterscheiden, die egoistische Einzelindividuen an den Anfang stellen, deren Gegeneinander in einem Staat befriedet werden muss, und solchen, die den Menschen als ein von Natur aus soziales Wesen sehen. Thomas Hobbes sieht den Mensch als des Menschen Wolf (*homo homini lupus*), Aristoteles hingegen als politisches Wesen, das für das Leben in einer Gemeinschaft geschaffen wurde (*zoon politikon*). Weitere zentrale Fragen der politischen Anthropologie betreffen die **Freiheit** und natürliche **Gleichheit** der Menschen, da durch diese überhaupt erst die Notwendigkeit der Regelung des Miteinanders entsteht, weiterhin die Begriffe von **Macht und Herrschaft**, die das hierarchische Verhältnis mindestens zweier Individuen zueinander bezeichnen.

Gestaltung politischer Einheit: Von diesen grundlegenden Überlegungen zum Wesen des Menschen und seiner Beziehungen hängt es ab, wie die Frage nach der Konstitution politischer Einheiten sowie deren idealer Ordnung beantwortet wird. Hier spielt der Begriff der **Gerechtigkeit** eine zentrale Rolle. John Rawls nennt Gerechtigkeit die »erste Tugend sozialer Institutionen« (Rawls: *Theorie der Gerechtigkeit*, S. 19). Ebenso wichtig ist die Frage nach den besten Formen politischer Ordnung (Monarchie, Aristokratie, Demokratie usw.) sowie seit Beginn der Neuzeit die Frage nach der **Legitimität politischer Herrschaft**.

3.2 | Politische Philosophie

Macht –
Politischer Realismus

Hauptwerke

um 370 v. Chr.	**Platon:** *Politeia (Der Staat)*
4. Jh. v. Chr.	**Aristoteles:** *Politika (Politik)*
413–426	**Augustinus:** *De civitate dei (Vom Gottesstaat)*
um 1513	**Niccolò Machiavelli:** *Il principe (Der Fürst)*
1651	**Hobbes:** *Leviathan or the Matter, Forme and Power of a Common Wealth Ecclesiasticall and Civil (Leviathan oder Stoff, Form und Gewalt eines kirchlichen oder bürgerlichen Staates)*
1689	**Locke:** *Two Treatises of Government (Zwei Abhandlungen von der Regierung)*
1762	**Rousseau:** *Du contrat social ou principes du droit politique (Vom Gesellschaftsvertrag oder Prinzipien des Staatsrechts)*
1776	**Adam Smith:** *An Inquiry into the Nature and Causes of the Wealth of Nations (Der Wohlstand der Nationen)*
1793	**Kant:** *Über den Gemeinspruch (Im Staatsrecht)*
1795	**Kant:** *Zum ewigen Frieden*
1800	**Fichte:** *Der geschloßne Handelsstaat*
1821	**Hegel:** *Grundlinien der Philosophie des Rechts*
1867–94	**Marx:** *Das Kapital. Kritik der politischen Ökonomie. Bde. I–III.*
1922	**Max Weber:** *Wirtschaft und Gesellschaft*
1958	**Hannah Arendt:** *The Human Condition (Vita activa oder Vom tätigen Leben)*
1971	**John Rawls:** *A Theory of Justice (Eine Theorie der Gerechtigkeit)*
1983	**Michael Walzer:** *Spheres of Justice (Sphären der Gerechtigkeit)*

Bereiche politischer Bestimmung

Öffentlich und privat: Durchzogen ist die politische Philosophie von den Fragen nach dem Verhältnis von **Politik und Moral** (›Muss politisches Handeln moralisch gut/richtig sein?‹) sowie von **Politik und Glück** (›Soll das Ziel politischen Handelns das Glück der Bürger sein?‹). Auch muss bestimmt werden, welcher Raum politischer Regelung überhaupt zugänglich sein soll; daher ist die Unterteilung der menschlichen Beziehungen in öffentliche und private wichtig. Aristoteles trennt in diesem Sinne die *polis* vom privaten Haushalt (*oikos*), dessen Belange nicht die Politik bestimmen soll.

Politische Ökonomie: Schon in der Antike ist die Spannung zwischen Politik und Ökonomie (von *oikos*) präsent, die sich bei Rousseau in der Doppelsicht auf den Menschen als *bourgeois* (Privatperson) und *citoyen* (Bürger) widerspiegelt. Mit dieser Doppelsicht hängt die Frage nach Möglichkeit und Bedeutung von politischer Erziehung der Menschen zu Bürgern sowie die Diskussion ihrer Grenzen mit den Begriffen **Ideologie und Hegemonie** zusammen. Schließlich wird oft nach der Verbindung der politischen Philosophie zur politischen Praxis gefragt.

Ansätze und Modelle: In der politischen Philosophie gibt es eine Vielzahl einander zum Teil ergänzender, zum Teil auch widerstreitender Modelle, die erklären, wie und zu welchem Zweck das menschliche Zusammenleben geordnet ist oder wie es geordnet werden sollte. Grob unterteilen lassen sie sich nach den ihnen zugrunde liegenden Prinzipien. Die geläufigsten sind die Prinzipien **Macht**, **Vertrag** und **Sittlichkeit**. In eine weitere Gruppe gehören solche Modelle, die weniger auf Grundlage eines Prinzips argumentieren, sondern die auf **Vergleichsvorstellungen** beruhen. Zu beachten ist, dass die Modelle in den seltensten Fällen den Anspruch haben, historische Staaten zu beschreiben, sondern auf strukturelle Eigenschaften von Gemeinwesen oder Staaten überhaupt bzw. auf deren ideales Wesen abzielen.

3.2 | Macht – Politischer Realismus

Politischer Realismus

Den Ansätzen, die das Prinzip ›Macht‹ ins Zentrum ihrer Überlegungen stellen, ist bei aller Verschiedenheit im Detail gemeinsam, dass sie den Besitz von Macht (s. Kap. II.B.2) als alleinigen Grund der Legitimität politischer Herrschaft verstehen. Dieser Besitz kann durch die von Natur gegebene Stärke, durch Erbrecht oder durch gewaltsame Aneignung entstehen. Es wird im Rahmen machtbezogener Ordnungsvorstellungen angenommen, dass es vernünftiger ist, einen oder mehrere Machtinhaber zu haben als keinen, da nur so die Ordnung zwischen den Menschen aufrechterhalten werden kann. Wesentlich ist der politische Realismus der Positionen, die sich entschieden gegen Idealvorstellungen politischer Ordnung mit dem Verweis auf die Schlechtigkeit der Menschen und auf die bestehenden Verhältnisse stellen. Weder moralische Imperative noch die Zielvorstellung, die Menschen glücklich zu machen, leiten diese Ansätze, sondern allein das Streben danach, das Überleben der Menschen in einem Staat durch unbedingten Machterhalt zu sichern.

Recht des Stärkeren: Formuliert wird diese Position bei Platon durch den Sophisten Gorgias im gleichnamigen Dialog und durch Trasymachos im ersten Buch der *Politeia*. Der Sophist Gorgias lehnt

Gerechtigkeit als Ziel politischen Handelns ab und sieht den Zweck der Rhetorik in der Überredung der Massen, das als gerecht anzusehen, was dem Redner nützt. Trasymachos lehnt die Idee einer höheren Gerechtigkeit ebenso ab, indem er für das natürliche Recht des Stärkeren plädiert.

Machiavellismus: Seinen namhaftesten Vertreter hat der politische Realismus in Niccolò **Machiavelli** (1469–1527), daher werden extreme Formen von Zynismus und Pragmatismus in der Politik als ›machiavellistisch‹ bezeichnet. Ohne jede metaphysische Basis oder Rückbindung an eine religiöse Lehre entwickelt er unter dem Eindruck prekärer Machtverhältnisse in Italien die Idee, dass **Macht um der Macht willen** das einzige Ziel politischer Herrschaft ist.

Seit dem Mittelalter war es üblich, die Regeln des guten Regierens und die Tugenden und Pflichten des Herrschers in sogenannten **Fürstenspiegeln** darzustellen. Der Realist Machiavelli steht zwar in dieser Tradition, rät dem Fürsten in seiner Schrift *Il principe* (um 1513 verfasst, erschienen 1532 posthum) aber, vor allem listig zu sein, denn die Menschen seien von Grund auf schlecht. Ein guter Herrscher muss daher die Tugenden der praktischen Klugheit und des Mutes (*virtù*) besitzen, das Notwendige im richtigen Augenblick (*kairós*) zu tun. Dazu muss er weiterhin Glück (*fortuna*) haben. Durchsetzung und Erhalt der Macht rechtfertigen nach Machiavelli alle Mittel, darunter Gewalt, Geiz, Wortbruch, denn es ist viel sicherer, »gefürchtet als geliebt zu werden« (Machiavelli: *Fürst*, S. 129). Der Fürst müsse zugleich furchterregend stark wie ein Löwe und listig wie ein Fuchs sein. Doch sorgt der Fürst nicht um seiner selbst willen für den Machterhalt, sondern weil es dem Staat dient; der Gedanke der Staatsräson ist von herausgehobener Bedeutung für ihn.

Bei allem Realismus war Machiavelli dennoch der Überzeugung, dass die Republik, also die Herrschaft des Volkes, die beste Staatsform sei, wie die *Discorsi* (entstanden um 1513–1517) zeigen.

Kampf um Macht: Politik, dargestellt als Kampf um Macht, findet sich bei **Friedrich Nietzsche** und zu Beginn des 20. Jh.s bei **Max Weber** und **Carl Schmitt**. Ausgangspunkt ist die Überzeugung, dass es keinen metaphysischen Halt für unser Handeln geben kann, dass die Menschen aber der Regelung ihres Miteinanders bedürfen. Politisches Handeln wird ausschließlich als Kampf um Macht verstanden. »*Kampf*«, so Weber, »soll eine soziale Beziehung insofern heißen, als das Handeln an der Absicht der Durchsetzung des eigenen Willens gegen Widerstand des oder der Partner orientiert ist« (Weber: *Wirtschaft und Gesellschaft*, S. 20). Politik sei der Kampf um Macht in Form von politischer Herrschaft, die in der auf einem bestimmten Territorium institutionalisierten Möglichkeit bestehe, Befehlen unter Androhung physischen Zwangs (Gewaltmonopol) Geltung zu verschaffen. Drei **Formen legitimer Herrschaft** unterscheidet Weber in *Wirtschaft und Gesellschaft* (1922 posthum):

- am Modell patriarchaler Familienverhältnisse orientierte **traditionale** Herrschaft,
- die an eine Person kraft ihrer Persönlichkeit gebundene **charismatische** Herrschaft und
- die von Weber favorisierte **legale** Herrschaft, die sich durch Rationalität und Wertneutralität auszeichnet.

Gegensatz von Freund und Feind: Zentraler noch ist die Kategorie des Kampfes bei Carl Schmitt, für den Politik schon *vor* der Existenz spezifischer politischer Verhältnisse z. B. in einem Nationalstaat durch den grundlegenden Freund-Feind-Gegensatz konstituiert wird. Schmitt unterscheidet sich grundlegend von Weber, da er politische Herrschaft nicht an die Maxime der Rationalität, sondern an die der Entscheidung über den Ausnahmezustand (**Dezisionismus**, von lat. *decisio*: Entscheidung) bindet.

> **Definition**
>
> Unter → Staatsräson versteht man das von Machiavelli entwickelte Prinzip politischen Handelns, das den unbedingten Erhalt des staatlichen Gebildes unter allen Umständen und mit allen Mitteln ins Zentrum rückt. Das Staatsinteresse hat den Primat gegenüber dem Glück des Individuums, und seine Verfolgung unterliegt weder moralischen noch rechtlichen Regeln.

3.3 | Vertrag – Politischer Liberalismus

In der Philosophie der Neuzeit entwickelt sich, beeinflusst durch neue wissenschaftliche Methodenideale sowie durch ein erstarktes Bürgertum, die Vorstellung, dass Ordnung zwischen den widerstreitenden Interessen von **freien und gleichen Individuen**, die zunächst immer auf ihren eigenen Vorteil und Nutzen bedacht sind, nur durch einen **Gesellschaftsvertrag aller mit allen** gewährleistet werden kann. Man nennt die Ansätze, die auf dieser Vorstellung beruhen, kontraktualistisch (von lat. *contractio*: Zusammenschluss, Vertrag).

Gemeinsam ist den kontraktualistischen Theorien, dass sie die Sicherung von Leib und Leben der Menschen unter Bewahrung ihrer Freiheitsrechte als gleiche Bürger für das Hauptanliegen gelungener politischer Herrschaft halten.

Definition

Die Grundidee des → Kontraktualismus ist die, dass die Menschen eines Gemeinwesens alle einwilligen, ihre individuelle Macht und Stärke an eine Person oder eine Gruppe von Personen abzugeben und dabei diese Person/en autorisieren, in ihrem Namen zu handeln. Der klassische Aufbau der kontraktualistischen Argumentation erfolgt in drei Schritten: Zunächst wird ein Naturzustand entworfen, der so schrecklich ist, dass er Anlass zum Vertrag aller mit allen wird. Durch den Vertrag werden ein Gemeinwesen und der es beherrschende Souverän konstituiert. Der Vertrag ist ein Bild, mit dem *ex post* der Sinn politischer Herrschaft erklärt und legitimiert werden soll. Man unterscheidet Herrschaftsvertrag und Mehrheitsvertrag.

3.3.1 | Herrschaftsvertrag

Hobbes zeichnet im *Leviathan or the Matter, Forme and Power of a Common Wealth Ecclesiasticall and Civil* (1651; *Leviathan oder Stoff, Form und Gewalt eines kirchlichen und bürgerlichen Staates*) das Bild eines **Naturzustandes**, in dem die Menschen zueinander als egoistische Einzelgänger in einem Verhältnis stehen, das durch Konkurrenz, Misstrauen und Ruhmsucht geprägt ist. So drohe beständig der ›**Krieg eines jeden gegen jeden**‹, in dem jeder immerzu seinen rechtlich ungesicherten Besitzstand wahren und um sein bloßes Überleben fürchten muss. Im Naturzustand sei daher »das menschliche Leben […] einsam, armselig, ekelhaft, tierisch und kurz« (Hobbes: *Leviathan*, S. 96). Der Mensch habe das natürliche Recht (*ius naturale*), alles in seiner Sicht Notwendige zu tun, um sein Leben zu erhalten, zugleich unterstehe er dem Gesetz der Natur (*lex naturalis*), das ihm verbietet, sein Leben zu vernichten. Recht und Gesetz können aber unter den Naturzustandsbedingungen nicht für alle gelten, daher ist es für einen jeden vernünftig, seine Macht in einem *Vertrag eines jeden mit einem jeden* abzugeben und so seine Freiheit einzuschränken, wenn alle anderen es auch tun (strenge Wechselseitigkeit). Von Dauer kann der Vertrag aber nur durch die **Abgabe aller Macht an einen Souverän** sein, dem die Menschen sich zugleich unterwerfen.

Interpretation

Identität von Gesellschaftsvertrag und Herrschaftsvertrag bei Hobbes

»Die Übereinstimmung dieser [unvernünftigen] Lebewesen ist natürlich, die der Menschen beruht nur auf Vertrag, der künstlich ist. Und deshalb ist es kein Wunder, daß außer dem Vertrag noch etwas erforderlich ist, um ihre Übereinstimmung beständig und dauerhaft zu machen, nämlich eine allgemeine Gewalt, die sie im Zaum halten und ihre Handlungen auf das Gemeinwohl hinlenken soll.

Der alleinige Weg zur Errichtung einer solchen allgemeinen Gewalt, die in der Lage ist, die Menschen vor dem Angriff Fremder und vor gegenseitigen Übergriffen zu schützen und ihnen dadurch eine solche Sicherheit zu verschaffen, daß sie sich durch eigenen Fleiß und von den Früchten der Erde ernähren und zufrieden leben können, liegt in der Übertragung ihrer gesamten Macht und Stärke auf einen Menschen oder eine Versammlung von Menschen, die ihre Einzelwillen durch Stimmenmehrheit auf einen Willen reduzieren können. Das heißt soviel wie einen Menschen oder eine Versammlung von Menschen bestimmen, die deren Person verkörpern sollen, und bedeutet, daß jedermann alles als eigen anerkennt, was derjenige, der auf diese Weise seine Person verkörpert, in Dingen des allgemeinen Friedens und der allgemeinen Sicherheit tun oder veranlassen wird, und sich selbst als Autor alles dessen bekennt und dabei den eigenen Willen und das eigene Urteil seinem Willen und Urteil unterwirft. Dies ist mehr als Zustimmung und Übereinstimmung: Es ist eine wirkliche Einheit aller in ein und derselben Person, die durch den Vertrag eines jeden mit jedem zustande kam, als hätte jeder zu jedem gesagt: *Ich autorisiere diesen Menschen oder diese Versammlung von Menschen und übertrage ihnen mein Recht, mich zu regieren, unter der Bedingung, daß du ihnen ebenso dein Recht überträgst und alle ihre Handlungen autorisierst.* Ist dies geschehen, so nennt man diese zu einer Person vereinte Menge *Staat*, auf lateinisch *civitas*. Dies ist die Erzeugung jenes großen Leviathan, oder besser, um es ehrerbietiger auszudrücken, jenes *sterblichen Gottes*, dem wir unter dem *unsterblichen Gott* unseren Frieden und Schutz verdanken« (Hobbes: *Leviathan*, S. 134).

Diese Passage entstammt dem 17. Kapitel des *Leviathan* (»Von den Ursachen, der Erzeugung und der Definition eines Staates«), das zugleich das erste Kapitel des zweiten Teils (»Vom Staat«) ist. Da der Vertrag künstlich ist, die Individuen aber nicht aufhören, ihren Selbsterhalt auf die bestmögliche Weise zu besorgen, folgert Hobbes hier, dass es einer »allgemeinen Gewalt« bedürfe, die dem Vertrag Dauer verleiht und die Handlungen der Individuen auf das »Gemeinwohl hinlenken soll« (ebd., S. 134). Unter Gemeinwohl (*salus populi*) versteht Hobbes in erster Linie die »**Sicherheit des Volkes**« (ebd., S. 5), denn nur durch diese ist es möglich, dass die Menschen sich durch ihre Arbeit ernähren und »zufrieden leben können«. Wären sie stets mit der Verteidigung ihres bloßen Lebens beschäftigt, könnten sie keinerlei Kultur entwickeln, so dass das Leben immerzu roh und wild bliebe (ebd., S. 96). Um den Selbsterhalt zu gewährleisten, sind die Menschen also gezwungen, den Naturzustand durch einen streng wechselseitigen Vertrag miteinander zu verlassen. Durch diesen Vertrag geben sie bei Hobbes zugleich ihre »gesamte Macht und Stärke« an einen »Menschen oder eine Versammlung von Menschen« ab (ebd., S. 134), da der Vertrag nur so Geltung erlangen kann. Durch die Logik des Austretens aus dem Naturzustand unterwerfen die Menschen sich bedingungslos einer souveränen Herrschaft. Diese Logik haben spätere Vertragstheoretiker nicht mehr akzeptiert, bei Hobbes jedoch sind Gesellschaftsvertrag und Herrschaftsvertrag identisch.

Hobbes muss den Vertrag so denken aufgrund des Repräsentationsmodells, das seiner Vorstellung souveräner Herrschaft zugrunde liegt. Die einzelnen Menschen bestimmen durch den Vertrag miteinander einen oder mehrere Menschen (Versammlung), die ihre »Person verkörpern sollen« (ebd.). Hobbes unterscheidet im 16. Kapitel ›**natürliche**‹ von ›**künstlichen Personen**‹. Die künstliche Person des Souveräns stellt die natürlichen Personen (Individuen) der Menge dar (repräsentiert sie). Dies geschieht jedoch nicht so, dass Einheit unter den Repräsentierten herrschen muss, denn diese könnten sich untereinander niemals einigen, sondern so, dass jeder Einzelne der künstlichen Person »uneingeschränkte Vollmacht« gibt (ebd., S. 126). Wichtig ist also die Einheit des Vertreters und nicht die der Vertretenen. Nur so ist wirkliche Einheit aller in einer Person denkbar, dass diese Person das einzige Ziel verfolgt, das alle Lebewesen haben: die Sicherung ihres Fortbestandes. Wie diese gewährleistet wird, wird hingegen zu unterschiedlich beurteilt, um sich darüber einig zu werden. Dadurch muss nun »jedermann alles als eigen anerkenn[en], was derjenige, der auf diese Weise seine Person verkörpert, in Dingen des allgemeinen Friedens und der allgemeinen Sicherheit tun oder veranlassen wird« (ebd., S. 134). Selbst seinen Willen und sein Urteil gibt der Einzelne an die souveräne Herrschaft ab. Die souveräne Macht ist unteilbar, unübertragbar und durch Gesetze nicht gebunden, sondern im rechtsfreien bzw. rechtskonstituierenden Raum situiert. Dennoch ist der Souverän vertraglich gebunden, denn der legitime Grund seiner absoluten Herrschaft ist der Erhalt einer sicheren Ordnung. Wenn er diese nicht gewährleisten kann, haben die Bürger das Recht, ihn zu stürzen.

Der Staat wird von Hobbes als »Leviathan« bezeichnet, ein Ungeheuer, das an einigen Stellen des Alten Testaments ohne nähere Beschreibung genannt wird. Der Leviathan ist ein Bild für die ungeheuren Schrecken, durch die die entstandene starke und mächtige künstliche Person die Sicherung des Friedens nach Innen und Außen sichern kann. Auch nennt Hobbes den Staat einen ›sterblichen Gott‹, »dem wir unter dem *unsterblichen Gott* unseren Frieden und Schutz verdanken« – der Staat ist also zwar gottgleich, besteht dennoch nur durch die Gnade des christlichen Gottes (im III. Teil des *Leviathan* geht es um den »christlichen Staat«).

Von Bedeutung ist schließlich die genaue Lektüre des Vertragspassus, den Hobbes nämlich im Konjunktiv einführt: »*als hätte* jeder zu jedem gesagt« [Hervorh. NSch]. Weder der Vertrag noch der Naturzustand sind – wie häufig kritisch gegen Hobbes vorgebracht – historische Tatbestände, sondern folgen strukturlogischen Überlegungen, die auf den Prämissen seiner negativen politischen Anthropologie mit den Elementen *ius naturale* und *lex naturalis* beruhen. Im absolutistisch regierten England des 17. Jh.s breitet Hobbes den unzufriedenen Bürgern das Szenario aus, das ihnen ohne die ihnen verhasste Regierung blühen würde und zeigt zugleich, dass jeder einzelne von ihnen als Untertan eines Staates die souveräne Herrschaft je schon autorisiert hat, in seinem Namen für die Sicherheit seines Lebens zu sorgen und eingewilligt hat, die Handlungen des Souveräns als seine anzuerkennen. Dies ist der Sinn der Einheit von Gesellschafts- und **Herrschafts-/Unterwerfungsvertrag** bei Hobbes.

Carl Schmitt: *Leviathan* (Umschlag)

Hobbes im 20. Jahrhundert: Hobbes' Philosophie war fast vergessen, als **Carl Schmitt** (1888–1985) zu Beginn des 20. Jh.s die These entwickelte, dass politische Ordnung durch den Souverän entsteht, der wie bei Hobbes außerhalb der Rechtssphäre steht, denn diese wird erst durch ihn konstituiert. Ist diese Ordnung und damit die politische Einheit des Volkes bedroht (**Ausnahmezustand**), so ist der Souverän an kein Recht gebunden, sondern seine Entscheidung fungiert als letzte Instanz. **Giorgio Agamben** (geb. 1942) hat in kritischem Anschluss an Schmitt die Theorie entwickelt, dass sich der permanente Ausnahmezustand in rechtsfreien Räumen (z. B. Flüchtlingslager) zu einer eigenen politischen Ordnung entwickelt.

3.3.2 | Volkssouveränität

Während bei Hobbes aufgrund der extrem negativen Prämissen seiner Lehre der Gesellschaftsvertrag ein Unterwerfungsvertrag ist, sind schon seine direkten Nachfolger der Ansicht, dass durch den Vertrag aller mit allen nicht zugleich schon jede Herrschaft anerkannt wird und dass der Souverän nicht außerhalb des Gesetzes steht.

John Locke (1632–1704) wendet sich mit seinen *Two Treatises of Government* (*Zwei Abhandlungen von der Regierung*) bereits im Jahr 1689 vom absolutistischen Kontraktualismus Hobbes' ab, indem er annimmt, dass der Mensch bereits im Naturzustand bestimmte **Individualrechte auf Freiheit, Leben, Gesundheit und Eigentum** hat, die der Staat nicht angreifen darf, sondern zu deren Schutz er eingesetzt wird. Die Menschen sind von Natur aus zwar auf soziales Leben angelegt, können ihr friedliches Miteinander jedoch nicht auf Dauer stellen. Hauptursache des Konflikts sind Fragen des Eigentums, das durch Arbeit an der Natur entsteht. So entsteht das Bedürfnis nach einem unparteiischen Richter, der die Rechte des Individuums und die öffentlichen Güter (z. B. Wasser) schützt. Der Souverän hat bei Locke jedoch keine absolute Macht mehr, sondern ist beschränkt durch die unantastbaren, bereits im Naturzustand bestehenden Grundrechte. Seine Herrschaft ist nur so lange legitimiert, wie er diese Rechte schützen kann. Die Gesetze hat das Volk bei der vertraglichen Bestimmung des Souveräns mitbestimmt, und er untersteht diesen Gesetzen.

Gewaltenteilung: Locke ist neben **Charles de Montesquieu** (1689–1755) (*De l'esprit des lois*, 1748; *Vom Geist der Gesetze*) der erste, der das souveräne Gewaltmonopol aufgibt; die Gewalt im Staat unterteilt er in eine legislative Gewalt, der auch judikative Funktionen zukommen, und eine exekutive Gewalt, der zudem die auf Außenverhältnisse bezogene föderative und die auf rechtlich unregelbare Sachverhalte bezogene prärogative Gewalt zufallen. Lockes Schrift hat in starkem Maße auf die amerikanische Verfassung gewirkt.

Jean-Jacques Rousseau (1712–1778) geht es in seiner Schrift *Du contrat social ou principes du droit politique* von 1762 (*Vom Gesellschaftsvertrag oder Prinzipien des Staatsrechts*) um die Souveränität des Volkes überhaupt. Die Schrift hat maßgeblichen Einfluss auf die Ideale der Französischen Revolution gehabt. Rousseau lehnt darin den Herrschaftsvertrag als widersprüchlich ab, weil die Menschen sich durch ihren Freiheitsverzicht selbst versklaven würden. Die Machtabgabe an einen Herrscher beruhe auf einer **ursprünglichen Übereinkunft** (Gesellschaftsvertrag), durch die die Menschen dem Naturzustand entkommen. Die Menschen geben darin ihre natürliche Freiheit (Willkür) ab und gewinnen die vertragsbedingte bürgerliche Freiheit, durch die eine rechtliche und sittliche Gleichheit zwischen den Menschen entsteht. Die Abgabe einer instinktgeleiteten Willkürfreiheit gegen eine selbstbestimmte Freiheit (Autonomie), die die triebhafte Willkür einschränkt und das Leben mit anderen Menschen ermöglicht, ist für die politische Philosophie der Aufklärung und des deutschen Idealismus bestimmend geblieben. Bereits Rousseau sieht das Erlangen von moralischer und rechtlicher Autonomie als Prozess des Werdens des Menschen zu sich selbst.

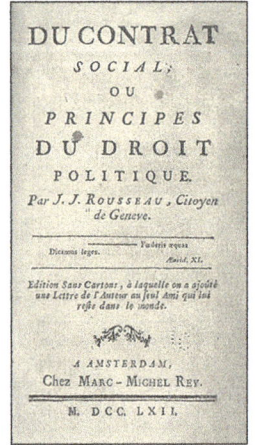

Rousseau: *Du contrat social ou principes du droit politique* (1762)

Republikanismus: Die Selbstherrschaft des Volkes über sich erfolgt durch den gemeinwohlbezogenen Gemeinwillen (*volonté générale*), der nicht mit dem Willen aller (*volonté de tous*) verwechselt werden darf, der bloß die »Summe individueller Wünsche« ist (Rousseau: *Vom Gesellschaftsvertrag*, Kap. II.3) und gerade Anlass zur Übereinkunft gegeben hatte. Dieser Gemeinwille ist nicht übertragbar und nicht teilbar, denn er *ist* der Souverän selbst; er ist zudem unfehlbar, da er ja aus dem gemeinsam Gewollten besteht. Wer ihm den Gehorsam verweigert, muss gezwungen werden, was für Rousseau bedeutet, dass man »ihn zwingen wird, frei zu sein« (ebd., Kap. I.7). Durch politische Bildung soll der Einzelne Einsicht in seine Teilhabe am Gemeinwillen bekommen.

Basisdemokratie: Durch den Vertrag entsteht eine »sittliche und kollektive Gemeinschaft«, die als öffentliche Person in passiver Hinsicht ›republikanischer Staat‹ ist, in aktiver Hinsicht herrschender ›Souverän‹, ihre Mitglieder sind als Teilhaber der souveränen Macht ›Bürger‹ und als vom Gesetz Beherrschte ›Untertanen‹ (ebd., Kap. I.6). Es gibt folglich keinen substantiellen Unterschied zwischen Volk, Nation und Staat. Rousseau ist der Ahnvater basisdemokratischen Denkens, zugleich ist ihm bewusst, dass sein republikanischer Staat räumlich sehr begrenzt ist, keine starken kulturellen oder religiösen Unterschiede im Inneren verträgt und sich idealiter alle Bürger/innen untereinander kennen sollten. Zudem sieht er, dass es sehr selten zu einstimmigen Beschlüssen im Sinne der *volonté générale* kommen wird. Die Frage, ob es so zu einer **Tyrannei der Mehrheit** kommen muss, hat **Alexis de Tocqueville** (1805–1859) gestellt und ähnlich wie **John Stuart Mill** (1806–1873) den Gedanken eines demokratischen Repräsentativsystems entwickelt, das auch Minderheiten eine Stimme gibt.

3.3.3 | Liberaler Kontraktualismus

Immanuel Kant: Wenngleich die Idee der Autonomie bei Kant (1724–1804) voll entfaltet wird, spielt sie in seiner Staatsphilosophie eine eher untergeordnete Rolle. Die Grundidee ist auch hier, dass die Einzelindividuen aufgrund ihrer freien Willkür in stetigem Konflikt zueinander stünden, so dass selbst ein ›Volk von Teufeln‹ aus Vernunftgründen der Beschränkung ihrer Willkür durch den Staat zustimmen würde. Die Legitimität des Staates beruht auf der **Idee des ›ursprünglichen Kontrakts‹** (nicht auf dessen historischer Wirklichkeit, wie Kant betont), durch den aus den Einzelindividuen ein Gemeinwesen gebildet wird. Die Prinzipien a priori eines bürgerlichen Zustandes sind: »1. Die *Freiheit* jedes Gliedes der Sozietät, als *Mensch*. 2. Die *Gleichheit* desselben mit jedem anderen, als *Untertan*. 3. Die *Selbständigkeit* jedes Gliedes eines gemeinen Wesens, als *Bürger*« (Kant: *Gemeinspruch*, S. 145). Kant betont die Freiheitsrechte, vor allem die Freiheit der Meinung, bestreitet aber anders als Hobbes ein Recht auf Widerstand gegen den Souverän. Wichtig ist das Prinzip der **Publizität**, unter dem Kant in der *Rechtslehre* von 1797 die Aufklärung des Volkes über seine Rechte und Pflichten gegenüber dem Staat durch die Philosophie versteht. Die Maximen der Politik müssen der Allgemeinheit des Rechts entsprechen, öffentlich und anerkannt sein, wenn sie ihren Zweck der Beförderung der Glückseligkeit der Bürger erfüllen sollen.

Johann Gottlieb Fichte (1762–1814) entwickelt ebenfalls ein kontraktualistisches Modell des Staates, der vor allem der *Wohlfahrt* des Volkes dienen und die innere Ruhe garantieren soll. Gegenstand des Vertrages ist bei ihm die freie Handlung der Individuen; durch den Vertrag entstehen überhaupt erst Eigentum und Rechte auf freie Handlungen: »Die Sphäre der freien Handlungen […] wird durch einen Vertrag Aller mit Allen unter die Einzelnen verteilt, und durch diese Teilung entsteht ein Eigentum« (Fichte: *Geschloßner Handelsstaat*, S. 16). Anders als die anderen Kontraktualisten bezieht Fichte in starkem Maße **volkswirtschaftliche Überlegungen** mit ein und plädiert für einen planwirtschaftlich organisierten *Geschloßnen Handelsstaat* (1800), in dem jedem ein gleichmäßiger Anteil des Gesamtvermögens zusteht.

John Rawls greift 1971 mit seinem Buch *A Theory of Justice* (*Eine Theorie der Gerechtigkeit*) auf kontraktualistische Motive zurück. Er fragt darin nach dem Maßstab, nach dem die gesellschaftlichen Güter und Lasten verteilt werden sollen. Um

Eugène Delacroix: »Die Freiheit führt das Volk« (1830)

Gleichmäßige Vermögensverteilung

eine Antwort zu finden, geht Rawls vom Ideal einer wohlgeordneten Gesellschaft aus und untersucht, welche Grundsätze diese hätte. Er bedient sich eines Gedankenexperiments: Man versetze sich in einen **Urzustand**, in dem alle Teilnehmer unter einem ›Schleier des Nichtwissens‹ voreinander und vor sich selbst verdeckt sind und sich nur als freie und gleiche moralische Subjekte begegnen, d. h. sie wissen nicht, welches Geschlecht sie haben, welcher Religion sie angehören, wie ihre materielle Verhältnisse sind etc. Sie wissen nur, dass die ›Anwendungsverhältnisse von Gerechtigkeit‹ herrschen (Notwendigkeit von Zusammenarbeit und relative Güterknappheit) und dass sie nach Wohlergehen streben oder Lebenspläne haben. Rawls fragt nun, für welche Prinzipien sozialer Ordnung sich die Menschen im Urzustand entscheiden *würden* und deduziert unter Hinzunahme der Prämisse, dass Menschen Risiko möglichst meiden (›Maximin-Prinzip‹) zwei Grundsätze:

»1. Jedermann soll gleiches Recht auf das umfangreichste System gleicher Grundfreiheiten haben, das mit dem System für alle anderen verträglich ist.
2. Soziale und wirtschaftliche Ungleichheiten sind so zu gestalten, daß (a) vernünftigerweise zu erwarten ist, daß sie zu jedermanns Vorteil dienen, und (b) sie mit Positionen und Ämtern verbunden sind, die jedem offenstehen« (Rawls: *Theorie der Gerechtigkeit*, S. 81).

Die Grundsätze gehören einer ›idealen Theorie‹ an, die die Zielvorstellung von Reformen in nichtidealen Gesellschaften leiten kann. Dies geschieht durch ein Abwägen von Idealvorstellungen und unseren alltäglichen Intuitionen, so dass ein ›Überlegungsgleichgewicht‹ entsteht.

3.3.4 | Kritik des Kontraktualismus

Die politische Philosophie des Gesellschaftsvertrags hat eine ebenso stetige Tradition wie ihre Kritik. Wiederkehrende **Argumente gegen die Vertragstheorie** verweisen in erster Linie auf fehlerhafte Prämissen:
- Weder der Naturzustand noch der Gesellschaftsvertrag sind historisch belegt; es handelt sich um rein fiktive Elemente von Theorien, deren Geltungsanspruch dadurch nichtig ist.
- Das negative Menschenbild der zugrundeliegenden politischen Anthropologie ist falsch bzw. ist ein Effekt bestehender sozialer Missstände.
- Menschen treten einander niemals als freie und gleiche Vertragspartner gegenüber, sondern als historisch-kulturell geprägte Individuen.
- Die Realität von durch Vertrauen geprägten gemeinschaftlich-vorpolitischen Verhältnissen wird negiert bzw. als irrelevant aus der Theoriebildung ausgeschlossen.
- Die totale Verrechtlichung sozialer Verhältnisse, die kontraktualistische Modelle anstreben, zerstört bestehende gefühlsbasierte Bindungen.

3.4 | Sittlichkeit – politische Gemeinschaft

Die Idee, dass eine gute politische Gemeinschaft auf dem Prinzip der Sittlichkeit beruht, ist in zweifacher Hinsicht anspruchsvoller als die beiden zuletzt erläuterten Modelle. Erstens ist der Begriff der Sittlichkeit sehr komplex (zur Unterscheidung von Moralität und Sittlichkeit s. Kap. II.B.1.1.1), zweitens scheinen diese Modelle besonders schwer mit der unmittelbaren Lebensrealität vereinbar, also untauglich für die politische Praxis zu sein. Sie erfordern, dass der einzelne Mensch tugendhaft ist und sich in seinen Handlungen immer auch auf das Gemeinwohl bezieht (insofern gehört Rousseau auch hierher). Während Machtansprüche (s. 3.2) den Einzelnen ohne seine Zustimmung zum Handeln zwingen können und Verträge (s. 3.3) nur die äußere Zustimmung, nicht aber innere **Gesinnung** erfordern, soll der Aspekt des Zwanges im sittlichen Zusammenleben wegfallen und der Einzelne soll auch gesinnungsmäßig für das Gemeinwohl handeln. Normatives Telos ist in dieser Form der politischen Philosophie die **politische Gemeinschaft** (*koinonia politike*), in der der Mensch seinem eigentlichen Wesen nach erst als Mensch verwirklicht und auf die anderen als vergemeinschaftete Individuen bezogen ist (zum Unterschied von Gemeinschaft und Gesellschaft s. Kap. II.B.2.3.1). Vorausgesetzt wird, dass der Mensch – anders als im Kontraktualismus – zunächst ein soziales Wesen ist. Aristoteles ist es, der nicht nur die politische Philosophie als eigene Disziplin von anderen abgrenzt, sondern der auch diese anspruchsvolle Idee das erste Mal entwickelt.

3.4.1 | Die politische Gemeinschaft

Aristoteles nimmt an, dass nur das Zusammenleben von freien und gleichen Bürgern in der Öffentlichkeit der *polis* das Ziel menschlichen Lebens, die **eudaimonia** (s. Kap. II.B.1.2.3) verwirklichen kann. Das praktische Leben in der politischen Gemeinschaft ist das Telos menschlichen Daseins. Damit dieses Ziel verwirklicht werden kann, müssen die Individuen zu Bürgern erzogen werden, die zugleich die *polis* regieren und von ihr regiert werden. Erzogen werden sie zur **Tugend/Tüchtigkeit**, denn diese ist »das Ziel des Lebens für den Staat« (Aristoteles: NE 1095b). Unter Tugenden versteht Aristoteles das rechte Maß zwischen den Extremen; in der Sphäre des Politischen sind die ethischen Tugenden von Belang (zur Unterscheidung ethischer und dianoetischer Tugenden s. Kap. II.B.1.2.3), die unser Handeln vernünftig leiten bzw. uns das Richtige wollen lassen. Der tugendhafte Bürger ist bei Aristoteles identisch mit dem gehorsamen Bürger, da Tugend sich von dem in der *polis* verwirklichten **Ethos** (der ausgebildeten sittlichen Praxis) her verstehen lasst. Politische Herrschaft kann bei Aristoteles nicht gegen den Willen der tugendhaften Bürger geschehen und muss daher nicht legitimiert werden; als gelingende Herrschaft ist sie Ausdruck gelingender Lebensführung.

Öffentliches und Privates: In der Öffentlichkeit der *polis* begegnen einander nur freie und gleiche Personen, das bedeutet jedoch nicht, dass asymmetrische Sozialbeziehungen bei Aristoteles nicht denkbar wären. Im privaten Haushalt (*oikos*) steht der Mann als Ehemann und Vater dem Haushalt (paternalistisches Verhältnis) sowie als Befehlsherr den Sklaven (despotisches Verhältnis) vor. Die Sphäre des *oikos* dient der Sicherung des Wohllebens unter dem Primat der angemessenen Bedürfnisbefriedigung, während in der Öffentlichkeit der *polis* allein das Gemeinwohl Primat ist. Das Öffentliche und das Private dürfen keinesfalls vermischt, der Staat also nicht wie ein Haushalt regiert werden.

Politische Praxis: Die Trennung dieser Sphären hat **Hannah Arendt** (1906–1975) im Anschluss an Aristoteles zum Gegenstand ihrer Analyse menschlicher Tätigkeiten in *The Human Condition* von 1958 (*Vita activa oder Vom tätigen Leben*) gemacht. Sie bemängelt die seit dem Mittelalter vorherrschende Orientierung an der *vita contemplativa*, unter der sie eine politik- und praxisabgewandte Lebenshaltung versteht, und plädiert für eine Besinnung auf das praktisch-politische Wesen des Menschen, der sich seine gemeinsamen Belange aneignen soll.

Formen menschlicher Tätigkeit: Arendt unterscheidet die Tätigkeiten der ›Arbeit‹, die unmittelbare Bedürfnisse befriedigen soll, und der ›Herstellung‹, die der Entwicklung von Techniken zum angenehmeren Leben dient. Diese beiden gehören der ökonomischen Sphäre an. Am wichtigsten und dem Wesen des Menschen angemessensten ist jedoch das öffentliche ›Handeln‹, bei dem es um das soziale Gefüge selbst geht und das nicht durch Arbeits- oder Herstellungskriterien bestimmt werden soll. Arendt entwickelt ausgehend von einer Anthropologie der Freiheit ein pluralistisches Demokratieverständnis. Die Bedeutung einer aufgeklärten Öffentlichkeit haben auch Kant und Jürgen Habermas (s. u. 3.7.1) betont.

3.4.2 | Der sittliche Staat

In den *Grundlinien der Philosophie des Rechts* (1821) entwickelt **Georg Wilhelm Friedrich Hegel** (1770–1831) seine Idee eines sittlichen Staates in Absetzung vom formalistischen Kontraktualismus einerseits und von solchen Vorstellungen, die die Familie als Vorbild politischer Verhältnisse verstehen, andererseits. Charakteristischerweise lehnt er beide Modelle nicht einfach ab, sondern ›hebt‹ sie als Momente seiner Idee des sittlichen Staates ›auf‹. In diesem sei einerseits die Sphäre der *Familie* als Volk enthalten, in der tradierte Normen und Werte des Miteinanders vermittelt werden, so dass der Einzelne in die Sitten einer Gemeinschaft hineingebildet wird (konkrete Sittlichkeit). Hier ist das konkrete Allgemeine (Familie/Volk) wichtiger als das Individuum.

Bürgerliche Gesellschaft: Andererseits enthalte der Staat das Moment der bürgerlichen Gesellschaft, auf die sich der Kontraktualismus allein konzentriert und die Familie als konfliktfreie Sphäre negiert hatte. In dieser Sphäre ist das freie Individuum wichtiger als das allgemeine Ganze; es bildet sich seine moralischen Standpunkte und Interessen vermeintlich frei und unabhängig von seinem Sozialzusammenhang (formalistische Moralität). In der bürgerlichen Gesellschaft stehen selbstbewusste Individuen in einem Verhältnis beständig drohenden Konflikts, so dass diese Sphäre aus sich den **äußeren Staat** hervortreibt. Äußerlich ist er zunächst, weil er nur die konfligierenden

3.4 Politische Philosophie

Sittlichkeit – politische Gemeinschaft

Individuen voreinander schützt, er soll aber sittlich werden:

»Das Wesen des neuen Staates ist, daß das Allgemeine verbunden sei mit der vollen Besonderheit und dem Wohlergehen der Individuen, daß also das Interesse der Familie und der bürgerlichen Gesellschaft sich zum Staate zusammennehmen muß, daß aber die Allgemeinheit des Zwecks nicht ohne das eigene Wissen und Wollen der Besonderheit, die ihr Recht behalten muß, fortschreiten kann. Das Allgemeine muß also betätigt sein, aber die Subjektivität auf der anderen Seite ganz lebendig entwickelt werden. Nur dadurch, daß beide Momente in ihrer Stärke bestehen, ist der Staat als ein gegliederter und wahrhaft organisierter anzusehen« (Hegel: *Rechtsphilosophie*, § 260 Zusatz).

Die bürgerliche Gesellschaft ist laut Hegel in **drei Ständen** organisiert: Bauern, Händler und Beamte (Polizei, Rechtspflege, Lehrer). Vermittelt durch die Stände werden die Individuen mit dem allgemeinen Interesse des Staates vertraut gemacht, so dass sich individuelles und allgemeines Interesse verbinden können und die Ordnung Ausdruck wirklicher Freiheit werden kann, d. h. die Interessen der Individuen koinzidieren mit denen des Staates. Der Staat, in dem das der Fall ist, ist sittlich; in ihm ist die Freiheit selbstbewusster Individuen ebenso und wie die wohlgeordnete Struktur des Staates entfaltet (s. Kap. I.5.4.3).

Kritik an Hegel: Hegels Schüler Karl Marx (1818–1883) kritisiert, dass die Individuen in Hegels Staat bloß die Freiheit hätten, sich dem anzupassen und zuzustimmen, was ohnehin geschehen würde (›Akkomodationsthese‹). Viel diskutiert wurde zudem, ob Hegel die preußische Restauration mit seiner Schrift unterstützen oder sogar sozialrevolutionäre Tendenzen stärken wollte. Fest steht, dass Demokratie und Freiheitsrechte bei Hegel eher unterbelichtet bleiben.

3.4.3 | Kommunitarismusdebatte

Zur Strömung des Kommunitarismus werden u. a. Alasdair MacIntyre, der einen aristotelisch-tugendethischen Ansatz verfolgt, und Charles Taylor, der in der Tradition Hegels steht, sowie Michael Sandel und Michael Walzer gezählt.

Die im Verhältnis stärkere Betonung der liberalen Werte steht in der Tradition des Kontraktualismus (s. o. 3.3), der den Vorrang des Gerechten vor dem Guten betont. Man vereint diese Positionen unter dem Begriff ›Liberalismus‹. Zum Liberalismus werden u. a. Rawls, Robert Nozick, Ronald Dworkin und Thomas Scanlon gerechnet.

Die **Kontroverse** zwischen Kommunitarismus und Liberalismus setzte mit der Kritik an Rawls' *Theorie der Gerechtigkeit* in den 1970er Jahren ein. Die kommunitaristische Kritik bemängelte am Liberalismus, dass er eine atomistische Theorie der abstrakten Person zugrunde lege sowie primäre Gemeinschaften und Sozialbeziehungen nicht berücksichtige (s. o. 3.3.4). Die liberalistische Theoriebildung sei bloß Ausdruck der Krise

> **Definition**
>
> Aristoteles', Rousseaus und Hegels politische Philosophie bildet den Ausgangspunkt für die Strömung des sogenannten → **Kommunitarismus**, zu der bei aller Heterogenität solche Positionen gehören, die gemeinschaftlich gebildete und geteilte Werte und Praxisformen für zentraler oder mindestens ebenso wichtig halten wie die liberalen Werte Freiheit und Gleichheit der Rechte und Chancen.

Texte zur Kommunitarismusdebatte

1971	**John Rawls:** *A Theory of Justice* (*Eine Theorie der Gerechtigkeit*)
1974	**Robert Nozick:** *Anarchy, State, and Utopia* (*Anarchie, Staat, Utopia*)
1979	**Charles Taylor:** *Hegel and Modern Society*
1981	**Alasdair MacIntyre:** *After Virtue* (*Der Verlust der Tugend. Zur moralischen Krise der Gegenwart*)
1982	**Michael Sandel:** *Liberalism and the Limits of Justice*
1983	**Michael Walzer:** *Spheres of Justice* (*Sphären der Gerechtigkeit*)
1985	**Ronald Dworkin:** *A Matter of Principle*
1989	**Charles Taylor:** *Sources of the Self: The Making of Modern Identity* (*Quellen des Selbst. Die Entstehung der neuzeitlichen Identität*)
1994	**Rainer Forst:** *Kontexte der Gerechtigkeit. Politische Philosophie jenseits von Liberalismus und Kommunitarismus*

der modernen Gesellschaft, in der die Individualisierung zunehme. Der Liberalismus hingegen kritisiert die romantisierende Rückwärtsgewandtheit der Kommunitaristen und betont die antidiskriminierenden Implikationen seines Universalismus. Taylor und Walzer nehmen vermittelnde Positionen ein, indem sie die in der Moderne unhintergehbaren Werte individueller Freiheit und Gleichheit einerseits betonen, zugleich aber auf die ebenso unhintergehbare Prägung hinweisen, die Individuen in gemeinschaftlichen Verhältnissen erfahren und deren (kritische) Affirmation sie für ein authentisches Selbstverhältnis bedürfen.

3.5 | Ordnungsallegorien und -utopien

Abhängig davon, welche politische Anthropologie und welches Ziel (Machterhalt, Sicherheit, Sittlichkeit) man zugrunde legt, werden in der politischen Philosophie nicht selten bestimmte **Leitmetaphern** gewählt. Als solche figurieren z. B. ›Mechanismus‹ oder ›Organismus‹. In einigen Ansätzen sind die Analogiebildungen so stark, dass sie ein zugrundeliegendes Prinzip der Argumentation ersetzen. Das bedeutet dann, dass eine bestimmte Ordnung des Zusammenlebens als richtig verstanden wird, weil oder wenn sie einem Muster nachgebildet ist, das einer anderen Sphäre entstammt. Während der Gesellschaftsvertrag im Kontraktualismus deutlich als Fiktion gekennzeichnet wird, sind die Ordnungsmuster in diesen Modellen real bzw. werden so aufgefasst.

3.5.1 | Bilder der Ordnung

Organische Metaphern: Platon vergleicht den Staat mit dem menschlichen Körper, der aus den drei Teilen Kopf, Brust und Unterleib besteht, denen die drei Seelenteile Vernunft, Mut und Begehren entsprechen. Im Staat gibt es analog drei Stände: die Philosophen, die Wächter und die Bauern/Handelsleute, bei denen die besonderen Tugenden der Weisheit, der Besonnenheit und des Gehorsams ausgeprägt sind (vgl. Platon: *Politeia*, 434d, 439d–e, 441d). Die Organisation des lebendigen Körpers ist von der Natur zum Besten des Körpers eingerichtet, so dass jeder Körperbereich die ihm eigenen Aufgaben hat. So wie der Körper ist auch der Staat in guter Ordnung (*homonoia*) und Ausdruck der wichtigsten Tugend der Gerechtigkeit (das Seine tun), wenn die Körperteile ihrer naturgemäßen Aufgabe nachkommen: Der Philosophenstand herrscht und lehrt, der Wächterstand schützt nach innen und außen, der Bauernstand sorgt für die Subsistenz des Staates. Welchem Stand jemand angehört, hängt davon ab, welcher Seelenteil bei ihm überwiegt.

Körper	Seele	Staat
Kopf	Vernunft	Herrscher (Philosophen)
Brust	Mut	Wächter (Wehrstand)
Unterleib	Begehren	Bauern (Nährstand)

Entsprechungsverhältnisse in Platons *Staat*

Lehre von den zwei Reichen: Beim Leib handelt es sich gewissermaßen um das Bild eines Bildes, denn auch die Ordnung des menschlichen Individuums ist nur der des Kosmos nachgebildet, wie Platon in seinem für das Mittelalter sehr wichtigen Spätwerk *Timaios* darstellt. Teil des Bildes ist, dass der Mensch aufgrund seiner Vernunft nicht nur der vergänglichen Natur, sondern auch der unvergänglichen Ordnung der Weltseele angehört. Die Lehre der Angehörigkeit zu zwei Reichen begegnet wieder in Augustinus' Lehre von den zwei Reichen in *De civitate dei*, entstanden 413–426 (*Vom Gottesstaat*). Der irdische Staat (*civitas terrena*) kann Ausdruck göttlichen Ordnungswillens oder böser Mächte sein, während der Gottesstaat (*civitas dei*) in der Kirche und im christlichen Leben des Individuums sichtbar wird. Das Verhältnis von Kirche und Staat ist im Mittelalter bestimmendes Element politischer Philosophie.

Mechanistische Metaphern: Unter den veränderten Vorzeichen einer mechanistischen Auffassung der Natur finden sich gehäuft mechanistische Bilder des Staates. Selbst der Vergleich des Staates mit einem Organismus bei Hobbes fällt unter diese Kategorie, da die Person des Souveräns künstlich durch den Vertrag erschaffen wurde. Um 1800 wendet man sich wieder einem entmechanisierten Naturverständnis zu, so dass die Metapher des lebendigen Organismus für den Staat bei Kant, Fich-

3.6 | Politische Philosophie

Holzschnitt von Ambrosius Holbein für Thomas Morus' *Utopia* (Ausgabe von 1518)

te und Hegel sich der Platons wieder annähert. Mechanistische Metaphern betonen im Gegensatz zu organischen die Bedeutung der Individuen mit Blick auf die Funktion des Ganzen. Allerdings ist dabei jede Person im Prinzip austauschbar, solange die Funktionen erfüllt werden.

Naturgesetzliche Metaphern: Nach der Sphäre der Natur werden schließlich zwei weitere Analogievorstellungen gebildet: Erstens die, dass der Herrscher den Staat regiert, wie ein Vater (vermeintlich) natürlicherweise seiner **Familie** vorsteht. Zweitens den Glauben an ein **Gesetz des Marktes**, das den Markt wie ein Naturgesetz regelt und auch die Ordnung im Staat von selbst herstellt, wenn der Mensch nicht eingreift.

3.5.2 | Utopien

Neben den Analogien sind die Ordnungsutopien zu erwähnen (Utopie von griech. *topos*: Ort und *ou*: nein/nicht oder *eu*: gut/schön), obwohl sie nicht im eigentlichen Sinne zur Philosophie, sondern oft eher zur Literatur gehören. In Gesellschaftsutopien ist häufig die Vorstellung zentral, dass maßloses Besitzstreben der Grund allen Übels ist und dass daher nur die Gleichheit der Menschen durch **Besitzlosigkeit** ihre Gesellschaft befrieden könnte. Meist ist das imaginierte Ideal ein **herrschaftsfreier Raum**, der weit weg auf einer fernen Insel angesiedelt ist; so in den Raumutopien, deren berühmteste die des Thomas Morus ist.

> **Utopische Entwürfe der frühen Neuzeit**
>
> 1516 **Thomas Morus:** *De optimo statu rei publicae deque nova insula Utopia* (*Utopia*)
>
> 1602 **Tommaso Campanella:** *La città del Sole* (*Der Sonnenstaat*)
>
> 1619 **Johann Valentin Andreae:** *Reipublicae Christianopolitanae descriptio* (*Christianopolis*)
>
> 1627 **Francis Bacon:** *Nova Atlantis* (*Das neue Atlantis*)

Wirkungsmächtiger für die Philosophie ist die **Zeitutopie** des Rousseau geworden, die er im *Diskurs über die Ungleichheit* (1755) entwirft. Darin stellt er sich die menschliche Gesellschaft vor, wie sie vor dem Eintritt in die bürgerliche Gesellschaft durch Besitzverhältnisse gewesen sein müsse. Die **Funktion der Utopie** ist zumeist die Kritik der bestehenden gesellschaftlichen Verhältnisse, deren Entproblematisierung mit den zur Verfügung stehenden Mitteln undenkbar erscheint. Im 20. Jh. hat Ernst Bloch in seiner Schrift *Geist der Utopie* (1917) die Vorstellung einer realisierbaren Utopie entwickelt (›konkrete Utopie‹).

3.6 | Politische Ökonomie

> **Definition**
>
> Die → **politische Ökonomie** (von griech. *polis*: Stadtstaat, *oikos*: Haushalt und *nomos*: Gesetz) sucht nach den Gesetzen der Wirtschaft in politischen Einheiten (auch: Nationalökonomie, Volkswirtschaftslehre) sowie nach der Quelle und der gerechten Verteilung gesellschaftlichen Reichtums. In der politischen Ökonomie wird der Mensch als Eigeninteressen verfolgender Nutzenmaximierer gesehen. Der Markt wird als natürlicher Effekt dieses Handelns verstanden.

In der philosophischen Kritik der politischen Ökonomie wird gefragt, ob dieser Markteffekt rational oder irrational strukturiert ist. Bürgerliche Gesellschaft und Staat werden hier nicht – wie in den frühen Formen des Kontraktualismus etwa – als Einheit gesehen, sondern als zwei verschiedene Kräfte, deren Interdependenz zu klären ist.

Gegensatz von Privatinteresse und Gemeinwohl: In der politischen Philosophie der Antike wurde die Ökonomie ausgeschlossen, da die ungeregelte Begierde nach Besitz und Bedürfnisbefriedigung als instinktgetriebene Maßlosigkeit (*pleonexia*) gesehen wurde, die bei Platon als Grund einer notwendigen Einigung in einem Staat gesehen wird. Aristoteles ist der Ansicht, dass sich die

3.6 Politische Philosophie

Arbeit, Eigentum und Tauschhandel

Freiheit der Menschen erst in Unabhängigkeit von ihren natürlichen Bedürfnissen entfalten kann bzw. dass die sittliche Gemeinschaft nicht durch Privatinteressen, sondern durch das allgemeine Interesse am Gemeinwohl geprägt sein soll. Mit dem Erstarken des Bürgertums im 17. und 18. Jh. sowie mit dem Aufkommen des Protestantismus veränderte sich jedoch die Haltung zu Arbeit und Eigentum, so dass ökonomische Fragen zunehmend ins Zentrum der Betrachtung rückten.

Mandevilles Bienenfabel: Die Vorstellung einer gut eingerichteten Gesellschaft fällt im Extrembeispiel von Bernard Mandevilles (1670–1733) *Fable of The Bees: or, Private Vices, Publick Benefits* aus dem Jahr 1714/23 (*Die Bienenfabel, oder private Laster, öffentliche Vorteile*) mit der Vorstellung einer reichen Gesellschaft zusammen. Die Fabel stellt die antiken Vorstellungen geradezu auf den Kopf. Die ›Moral‹ der Fabel ist, dass nicht tugendhaftes und gerechtes Leben zu gesellschaftlichem Wohlstand führen, sondern Verschwendungssucht und Konflikt, dass also egoistisches Verhalten gesellschaftlich erwünschte Folgen haben kann.

3.6.1 | Arbeit, Eigentum und Tauschhandel

Grundlegend für die politische Ökonomie der Neuzeit ist die Beobachtung, dass der Verkehr unter den Menschen mit der Entwicklung arbeitsteiliger Produktionsprozesse notwendig die Form des Tauschhandels annimmt. Zentral sind die Begriffe der Arbeit und des Eigentums.

Arbeit: In Lockes *Zwei Abhandlungen* sind das **natürliche Recht auf Eigentum** und das Bedürfnis, dieses Recht zu sichern, starke Motive, den Naturzustand zu verlassen. Besitz entsteht, so Locke, durch mühevolle **Arbeit an der Natur**, die zur Befriedigung unmittelbarer Bedürfnisse aufgewendet werden muss. Ausdruck der gestalterischen Freiheit des Menschen ist das durch die Arbeit entstehende Werk, das zum Überleben, aber auch zum angenehmeren Leben dient. Diese Aneignung der Welt durch Arbeit wird in der Neuzeit zentral. Die Rechtssphäre des Staates muss bei Locke wegen der notwendigen Sicherung des Besitzes durch das Eigentumsrecht eingeführt werden.

Tauschhandel: Sobald Arbeit nicht mehr nur der eigenen Subsistenz dient, sondern in arbeitsteiligen Prozessen Produkte geschaffen werden, die nicht mehr dem eigenen Gebrauch dienen, entsteht Tauschhandel. Durch Arbeit werden dann **Gebrauchs- und Tauschwerte** geschaffen. Gebrauchswerte sind Güter dann, wenn sie zum eigenen Leben gebraucht werden, also nützlich zu einem subjektiv gesetzten Zweck sind. Tauschwerte sind Güter dann, wenn ihr Wert nicht im Gebrauch liegt, sondern in der Möglichkeit, sie als Waren gegen andere Waren auszutauschen. Maßstab ihres Wertes ist die Menge der zu ihrer Produktion gesellschaftlich durchschnittlich notwendigen Arbeitszeit (**Arbeitswerttheorie**).

Werttheorie

Geldentstehung: Eine Reihe von Autoren – darunter wiederum Locke, aber auch Adam Smith (1723–1790) in seinem *Inquiry into the Nature and Causes of the Wealth of Nations* von 1776 (*Wohlstand der Nationen*) – sehen die Umständlichkeit des bedarfsorientierten Tauschgeschäftes (Salz gegen Schafe, Leintuch gegen Saatgut) als Ursache von Geldentstehung. Geld dient einerseits als Tauschmittel, es ermöglicht aber zugleich die Anhäufung von Kapital, das aufgrund seiner Lagerfähigkeit zu einem späteren Zeitpunkt eingesetzt werden kann, ohne zu verderben, und dem Ankauf neuer Produktionsmittel dienen kann. Durch Geld erhalten die Dinge einen Preis; ihren Wert erhalten sie durch in ihnen vergegenständlichte menschliche Arbeit bzw. durch Angebot und Nachfrage.

Ökonomik und Chrematistik: Bereits Aristoteles beobachtete, dass die Verwendung von Geld für die maßvolle Versorgung des Haushalts (Ökonomik) leicht zu ihrer Zerrform verkomme, maßlos Geld um des Geldes Willen anzuhäufen (Chrematistik). Diese Unterscheidung prägt die philosophische Kritik des Wirtschaftslebens von Aristoteles bis Marx.

Physiokratie: Die Ökonomen Anne Robert Jacques Turgot (1727–1781) und François Quesnay (1694–1774) entwickelten die Idee, dass die marktwirtschaftliche Produktionsweise den Effekt eines selbstregulierenden Wirtschaftskreislaufs hat, der nicht unmittelbar durch individuelle Entscheidungen oder politisches Handeln beeinflusst werden kann (oder sollte). Auch die liberalen Nationalökonomen Smith, der mit Turgot und Quesnay befreundet war, und David Ricardo (1772–1823) nehmen an, dass die **Gesetze des Marktes** (Angebot und Nachfrage) zu einer harmonischen Selbstregulierung führen. Durch das rationale, nutzenorientierte Handeln des Einzelnen entsteht wie von selbst ein Nutzen für die ganze Gesellschaft (Smiths ›Theorie der unsichtbaren Hand‹). Der

Autonomie des Marktes

Staat soll so wenig wie möglich in die natürlichen Freiheiten der Menschen und in die natürlichen Gesetze des Marktes eingreifen (›Nachtwächterstaat‹).

3.6.2 | Kritik der politischen Ökonomie

Kerngedanke der Kritik an der Theoriebildung der politischen Ökonomie ist, dass sie gesellschaftliche Missverhältnisse durch Auffindung von Marktgesetzen als natürlich darstellt und so legitimiert. Die Regeln des Wirtschaftslebens werden hier in Zusammenhang gebracht mit den normativen Überlegungen gerechtigkeitsorientierter politischer Philosophie. Die Prämisse ist ideologietheoretischer Natur: Die bürgerliche Gesellschaft präge das Bewusstsein in der Weise, dass nicht gewinnorientiertes Handeln irrational erscheint. Marx hat im 19. Jh. programmatisch die Idee entwickelt, dass gesellschaftliche Verhältnisse die Vorstellungswelt der Menschen prägen und dass man daher diese Verhältnisse kritisieren müsse, um die Vorstellungen zu widerlegen bzw. dass letztere sich nur durch die Umwälzung der ersteren verändern können. Marx sieht die extreme **Ungleichheit der Verteilung gesellschaftlichen Reichtums** sowie die zunehmend elenden Bedingungen, unter denen viele Menschen in den Manufakturen und in der Fabrikindustrie arbeiten, und fragt nach dem Zusammenhang dieser beiden Phänomene.

Ungerechte Struktur der Lohnarbeit: Besonders interessiert ihn, dass menschliche Arbeit allgemein als Quelle von Wert angesehen wurde (Arbeitswertlehre), dass die arbeitenden Menschen (Produzenten) aber den kleinsten Teil des gesellschaftlichen Reichtums besitzen, während die Kapitaleigner zwar nicht körperlich arbeiten, aber den größten Teil des Reichtums erhalten. Seine These ist, dass der Kapitaleigner den Arbeiter nur für den **Wert der Arbeitskraft** bezahlt, also der Lohn nur dem entspricht, was der Arbeiter zur Reproduktion seiner Arbeitskraft an Lebenshaltungskosten aufwenden muss. Die vom Arbeiter investierte Arbeitskraft schafft aber ein Wertprodukt, an dem er nicht beteiligt wird. Der Arbeiter müsste eigentlich nur einen ersten Teil des Arbeitstages arbeiten, um »die zu seiner eignen Erhaltung oder beständigen Reproduktion nöthigen Lebensmittel zu gewinnen«, die »zweite Periode des Arbeitsprocesses, die der Arbeiter über die Grenzen der nothwendigen Arbeit hinausschanzt, kostet ihm zwar Arbeit [...], bildet aber keinen Werth für ihn. Sie bildet **Mehrwerth,** der den Kapitalisten mit allen Reizen einer Schöpfung aus Nichts anlacht« (Marx: *Kapital I*, MEGA II 10, S. 195). Ergebnis der kritischen Analyse ist, dass die Arbeiter um den Wert ihrer Arbeit geprellt werden müssen, um den Reichtum der Kapitaleigner zu vermehren. Marx plädiert für eine Aneignung des Wertes ihrer Arbeit durch eine organisierte Arbeiterklasse (Proletariat).

Kapitalistischer Staat: Da es die Produktionsverhältnisse sind, die die Gesellschaftsformation und so das Bewusstsein bestimmen, ist auch die Politik von ihnen bestimmt. Der Staat, nimmt Marx an und weist es an vielen Stellen mit empirischen Belegen aus der Gesetzgebungspraxis nach, handelt im Interesse der besitzenden Klasse. Im kapitalistischen Staat herrscht also eine Minderheit über eine Mehrheit. Legitimiert wird dies mit dem Verweis auf die Steigerung des gesellschaftlichen Wohlstands und auf die natürlichen Gesetze des Marktes. Marx weist der Theoriebildung Kategorienfehler nach und spricht sich für das Aufbrechen der kapitalistischen Strukturen aus. Dies kann als Plädoyer für eine Wiederaneignung politischer (gemeinwohlbezogener) Handlungsmacht verstanden werden, die nicht durch die Bedürfnisse des Marktes, sondern die der Menschen bestimmt wird.

Kritik an Marx: Die Marxsche Theorie wurde von verschiedenen Seiten kritisiert. So berechtigt wirtschaftswissenschaftliche oder gesellschaftstheoretische Einwände sein mögen, ist bei einer Kritik vor allem auf die Differenz zwischen der von Marx entwickelten Theorie und einem politischen **Marxismus** (insbesondere den historischen Versuchen seiner Realisierung) zu achten.

Festblatt zum 1. Mai (Otto Marcus, 1896/1901)

3.7 | Demokratie, internationale Politik und Kritik der Politik

Für die politische Philosophie der Moderne und der Gegenwart sind die Demokratietheorie sowie – aufgrund zunehmender Globalisierung – die Theorie der internationalen Politik von herausgehobener Bedeutung. Zeitgleich sind Zweifel an den Möglichkeiten politischen Handelns aufgekommen.

Anzahl der Herrschenden	Gemeinwohlbezogene Herrschaft	Privatwohlbezogene Herrschaft
Einer	Monarchie	Tyrannis
Wenige	Aristokratie	Oligarchie
Viele/Alle	Politie	Demokratie

Schema der Herrschaftsformen nach Aristoteles

3.7.1 | Demokratie

Für die politische Philosophie der Moderne ist die Herrschaftsform der Demokratie (von griech. *demos*: Volk und *kratein*: herrschen) zentral. Ihre theoretischen Voraussetzungen sind:
- Freiheit und Gleichheit der Bürger eines Gemeinwesens,
- gleiche Teilhaberechte an und -pflichten gegenüber der politischen Ordnung,
- Pluralität der Meinungen und Bedürfnisse.

Die gegenwärtig fast unhintergehbare Stellung wurde der Demokratie in der politischen Philosophie nicht immer zugewiesen. Seit der Antike unterschied man Formen der Herrschaft nach der Anzahl der Regierenden und dem zugrundeliegenden Regierungsprinzip.

Demokratiekritik: Platon verstand unter Demokratie die Herrschaft der von ihrem Privatinteresse geleiteten oder von Demagogen beeinflussten Mehrzahl über die Minorität und lehnte sie strikt ab. Aristoteles vertrat eine gemäßigte Position und sah eine Mischverfassung zwischen der Herrschaft der Wenigen (Beamten) und der Vielen (Wähler der Beamten) als Ideal an (Politie) (s. Tabelle rechts). Im Laufe des 17. Jh.s erfährt der Demokratiebegriff eine Aufwertung. Die **Angst vor einer Herrschaft der unreflektierten Masse** (nun Ochlokratie genannt) prägt jedoch noch die politische Theoriebildung des 18. und – veranlasst durch die Jakobinerherrschaft in Frankreich – 19. Jh.s, so dass die konstitutionelle Monarchie noch bei Kant und Hegel als beste Regierungsform gilt. Seit Rousseau jedoch ist die republikanische Vorstellung des autonomen Volkes, das sich selbst regiert, nicht mehr wegzudenken. Besonders für die feministische politische Philosophie ist die moderne Demokratietheorie, für die alle Bürger unabhängig von ihrer Stellung und ihrem Geschlecht partizipationsberechtigt sind, von Bedeutung. Wichtige Demokratietheoretiker sind de Tocqueville und Mill gewesen.

Deliberative Demokratie: In *Faktizität und Geltung* (1992) hat **Jürgen Habermas** das Ideal einer Demokratie entwickelt, das in Absetzung von seinen Lehrern Max Horkheimer und Theodor W. Adorno optimistischer auf Aufklärung und Emanzipation ausgerichtet ist. In modernen Demokratien sollen die Bürger sowohl Autoren als auch Adressaten von Gesetzen und politischem Handeln sein. Staatliches Handeln versteht Habermas dann als legitimiert, wenn es seine Prinzipien aus der Deliberation (Überlegung) gleichberechtigter Bürger in einem herrschaftsfreien Diskurs entlehnt, in dem nur die Kraft des besseren Argumentes (entsprechend den Rationalitätsstandards sprachlicher Verständigung), nicht aber der Status einzelner Diskursteilnehmer gilt. Ein moderner Rechtsstaat muss Verfahren etablieren, um dieses **Diskursprinzip** für die demokratische Willensbildung zu realisieren. Fehlentwicklungen soll von einer kritischen Öffentlichkeit her entgegengewirkt werden, die als Möglichkeit in der modernen Gesellschaft angelegt ist, sich jedoch erst entfalten muss (Zivilgesellschaft).

Moderne Demokratietheorie

Definition

→ **Zivilgesellschaft** ist der öffentliche Bereich, der innerhalb der Gesellschaft zwischen Staat, Markt und Individuum in unterschiedlichen Graden der Organisation (Vereine, Initiativen, soziale Bewegungen, Nicht-Regierungs-Organisationen) entsteht. Die Mithilfe in Bereichen, für die weder Markt noch Staat zuständig sind, ist ebenso Aktionsbereich zivilgesellschaftlicher Organisationen wie das Erstreben von mehr Mitbestimmung in Politik und Markt. Zivilgesellschaft ist nicht identisch mit bürgerlicher Gesellschaft, sondern als Möglichkeit in ihr angelegt.

Demokratie, internationale Politik und Kritik der Politik

3.7.2 | Internationale Politik

Seit der Neuzeit steht der Nationalstaat im Zentrum der Beschäftigung der politischen Philosophie. Da es jedoch nicht nur einen Staat, sondern viele Staaten gibt, musste sich politische Philosophie auch mit dem Verhältnis zwischen den Staaten auseinandersetzen. Bei Hobbes wird durch den Staat der Naturzustand zwischen den Individuen eines Gemeinwesens zwar aufgehoben, verschiebt sich aber nun auf das Verhältnis der Staaten untereinander; sie haben nun vollkommene Freiheit und sogar die Pflicht, gegeneinander alles zu tun, was ihrem eigenen Vorteil (Selbsterhalt) dient. Dass die **Einhaltung friedlicher Beziehungen zu anderen Staaten** dem Selbsterhalt am stärksten zuträglich ist, war bereits Hobbes klar, deutlicher noch wird es aber mit dem Aufkommen nationalökonomischen Denkens, denn der nationale Wohlstand ist auf bilaterale Abkommen zur Sicherung der Außenhandelsbeziehungen angewiesen.

Internationaler Frieden: In Form eines Friedensvertragsentwurfs äußert sich Kant zur Politik zwischen den Staaten (*Zum ewigen Frieden. Ein philosophischer Entwurf*, 1795), wobei er seine moralphilosophischen Überlegungen auf Staatsverhältnisse überträgt. Er plädiert darin für die Beendigung des Naturzustandes zwischen den Staaten und für die Schließung eines ›**Völkerbundes**‹ ohne eine oberste gesetzgebende Gewalt (s. Kap. II.B.4). Kant bemüht sich im Anhang zu seiner Schrift darum, einen notwendigen Zusammenhang zwischen moralischem Handeln und ›wahrer Politik‹ herzustellen, die nicht zur Sicherung der Verhältnisse unmoralisch handeln muss. Nach Kants Ideal des Völkerbundes wurde nach dem Ersten Weltkrieg die League of Nations gegründet, die als Vorläufer der heutigen Vereinten Nationen (UN) gesehen wird.

Nichtstaatliche internationale Politik: Darüber hinaus hat es zunehmend politische Bewegungen von nichtstaatlichen Akteuren gegeben, die ihre Interessen international vertraten und dieses Vorgehen auch theoretisch begründeten, so z. B. der Arbeiterkampf, der in der Ersten bis Vierten Kommunistischen Internationale organisiert war. In den 1990er Jahren entwerfen der Literaturwissenschaftler Michael Hardt und der Philosoph Antonio Negri als Reaktion auf die zunehmend globalisierte Welt eine post-etatistische Version der kommunistischen Internationale, in der es um das Zu-sich-Selbst-Kommen der internationalen Menge (›multitude‹) geht, die Handlungsmacht durch Organisation erlangen soll (Hardt/Negri 2002).

3.7.3 | Kritik der Politik

Das Streben nach einer Rationalisierung sozialer Verhältnisse ist das Zentrum von politischer Philosophie überhaupt, selbst die auf einer negativen Anthropologie beruhende Vertragstheorie Hobbes' oder die Machtpolitik Machiavellis hat diesen Kern. Jedoch hat es immer wieder Ansätze in der politischen Philosophie gegeben, die politische Herrschaft überhaupt als – wenngleich notwendig entstehende – Fehlentwicklung sahen. In der politischen Utopie der Neuzeit figurieren Besitz- und Herrschaftslosigkeit als zentrale Prinzipien einer guten Gemeinschaft. Im Hintergrund steht der Gedanke, dass der Besitz von Macht grundsätzlich korrumpiert, dass also Machtstreben nicht durch Institutionen rationalisierbar ist, sondern eher die Vernunft der Institutionen noch verderben wird (z. B. Michel Foucault, s. Kap. II.B.2).

Anarchismus: Eine lange Tradition hat daher das Eintreten für eine herrschaftsfreie gesellschaftliche Ordnung (s. 3.5.2 zu Utopien). Oft wird die Anarchie mit sozialer Unordnung, also der Abwesenheit sozialer Regeln und Institutionen gleichgesetzt (so bei Machiavelli), die eigentlich ›Anomie‹ heißt. Tatsächlich lehnen die meisten Vertreter des Anarchismus nur die Organisationsform ›Staat‹ als Machtmonopol ab, während sie für Institutionen eintreten, die dem Erhalt der herrschaftsfreien und egalitären Strukturen des sozialen Gefüges dienen sollen. Die Idee anarchistischer Entwürfe ist, dass Herrschaftsverhältnisse der Freiheit des Menschen grundsätzlich widersprechen. So treten die Anarchisten **Michail Bakunin** (1814–1876) und **Erich Mühsam** (1878–1934) für Herrschaftslosigkeit ein, die sich in einer nichtstaatlichen menschlichen Gemeinschaft verwirklichen soll, in der die Menschen erst ihre Fähigkeiten voll entfalten können.

Symbol der League of Nations

> **Definition**
>
> Unter politischer → Ideologie wird allgemein das weltanschauliche wertende System von Aussagen, Meinungen und Einstellungen verstanden, das einer politischen Haltung immanent ist und als solches Handlungsanweisungen impliziert.

Politische Philosophie

Kritik der Politik

Ideologie und Hegemonie: Mit diesen theoretischen Begriffen wird grundsätzliches Misstrauen gegenüber behaupteter Unparteilichkeit politischer Philosophie, aber auch politischer Praxis ausgedrückt.

Ideologiekritik: Mit dem Ideologiebegriff verbinden sich zwei Vorwürfe an politisches Handeln bzw. politische Philosophie:
- Erstens der, dass durch Handlungen oder Texte bestimmte Ideen durchgesetzt werden sollen. Hier wird der Versuch bewusster und als illegitim entblößter Einflussnahme kritisiert.
- Zweitens der Vorwurf, die politischen Akteure oder die Verfasser politischer Theorien seien unbewusst durch bestimmte falsche Ideen beeinflusst und würden daher falsch handeln oder falsche Theorien entwickeln (›falsches Bewusstsein‹).

Geschichte der Ideologiekritik: Bereits Rousseau kritisiert an Hobbes' politischer Philosophie, der Naturzustand würde die bürgerliche Gesellschaft im England des 17. Jh.s abbilden und daher könnten die Folgerungen aus dem Naturzustandsszenario keine universelle Geltung haben. Der Naturzustand wird hier als Element eines ideologisch aufgeladenen Diskurses diffamiert. Hegel weist den Individuen der bürgerlichen Gesellschaft nach, dass sie sich fälschlicherweise als autonome Subjekte verstehen, denn sie befinden sich tatsächlich in einem unkontrolliert entstehenden System allseitiger Abhängigkeit und Beeinflussung. Marx kritisiert die Theoriebildung der klassischen politischen Ökonomie dahingehend, dass sie bestehende soziale Ungerechtigkeiten durch theoretische Erklärung naturalisierten. Im 20. Jh. hat sich die Ideologiekritik z. B. in den Schriften der Frankfurter Schule vor allem als Wissenschafts- und Massenmedienkritik entfaltet.

Hegemonie: Auf die Grenzen politischer Einflussnahme durch bestehende Überzeugungssysteme weist auch **Antonio Gramsci** mit seinem Hegemoniebegriff hin, den er in der Zeit zwischen 1929 und 1935 in den sogenannten *Quaderni del carcere* (*Gefängnishefte*) entwickelte.

Hegemonietheorie der Gegenwart: Weiterentwickelt wurde die Hegemonietheorie in den 1980er Jahren, beeinflusst durch die Diskurstheorie

> **Definition**
>
> Unter → Hegemonie versteht man die tatsächliche Vorherrschaft eines Staates, einer Organisation oder einer Person, durch die die theoretisch geltende rechtliche Gleichstellung aller praktisch nicht durchgesetzt werden kann. Hegemoniale Herrschaft in einem Staat besteht darin, partikulare Interessen in einem Prozess kultureller (also vorpolitischer) Auseinandersetzung in der Zivilgesellschaft als allgemeine zu etablieren, so dass Machtinteressen nicht durch Zwang, sondern mittels Zustimmung (Konsens) durchgesetzt werden können.

Foucaults und die psychoanalytische Theoriebildung Jacques Lacans, durch **Ernesto Laclau** und **Chantal Mouffe** in *Hegemony and Socialist Strategy: Towards a Radical Democratic Politics* von 1985 (*Hegemonie und radikale Demokratie. Zur Dekonstruktion des Marxismus*). Politik verstehen Laclau und Mouffe als Ensemble von kontingenten Entscheidungen, die auf prinzipiell unentscheidbaren Gebieten getroffen werden. Die identitären Einheiten politischen Handelns (Staat, Volk, Nation, Gemeinschaft etc.) existieren nicht vor den durch keine Realität begründeten Entscheidungen darüber, was zu diesen diskursiven Einheiten gehört und was nicht. Die Herstellung einer homogenen Handlungseinheit gelingt durch hegemoniale Kraft im Inneren, die der Konstruktion eines Außen bedarf. Daher beruht das Politische hier wie bei Carl Schmitt auf antagonistischen Verhältnissen und Grenzziehungen.

Obwohl Laclau und Mouffe keine Möglichkeit eines Zusammenschlusses von Politik und Ethik sehen, verstehen sie es als emanzipatorisches Projekt, auf den Konstruktionscharakter politischen Handelns hinzuweisen. Auch **Jacques Rancière** sieht Politik in *La mésentente* von 1995 (*Das Unvernehmen*) selbst als Streit zwischen denen, die Macht haben und solchen, die keine haben und daher keinerlei Möglichkeit der Einflussnahme haben. Er versteht diesen Kampf als einen um die Möglichkeit des Erscheinens, der von den Anteilslosen dadurch geführt werden kann, dass sie sich ihrer selbst bewusst werden. In beiden Projekten ist das demokratische Ideal der Gleichheit zentral.

Renaissance des Souveränitätsbegriffs

Kampf um Teilhabe

Literatur

Ballestrem, Karl Graf/Ottmann, Henning (Hg.): *Politische Philosophie des 20. Jahrhunderts*. München 1990.
Baruzzi, Arno: *Einführung in die politische Philosophie der Neuzeit*. Darmstadt ³1993.
Benhabib, Seyla: *Hannah Arendt. Die melancholische Denkerin der Moderne*. Frankfurt a. M. 2006 (engl. 1996).
– /Nicholson, Linda: »Politische Philosophie und die Frauenfrage«. In: *Pipers Handbuch der Politischen Ideen*. Hg. von Iring Fetscher/Herfried Münkler. Bd. 5. München/Zürich 1987, S. 513–562.
Bohman, James/Rehg, William (Hg.): *Deliberative Democracy. Essays on Reason and Politics*. Cambridge 1997.
Brandt, Reinhard/Herb, Karlfriedrich (Hg.): *Rousseau. Vom Gesellschaftsvertrag*. Berlin 2000.
Braun, Eberhard/Heine, Felix/Opolka, Uwe: *Politische Philosophie. Ein Lesebuch. Texte, Analysen, Kommentare*. Reinbek ²2008.
Brodocz, André/Schaal, Gary S. (Hg.): *Politische Theorien der Gegenwart*. 2 Bde. Opladen 2006/2009.
Buhr, Manfred/Losurdo, Domenico: *Fichte, die Französische Revolution und das Ideal vom ewigen Frieden*. Berlin 1991.
Hardt, Michael/Negri, Antonio: *Empire. Die neue Weltordnung*. Frankfurt a. M. 2002 (engl. 2000).
Höffe, Otfried: »Zur vertragstheoretischen Begründung politischer Gerechtigkeit: Hobbes, Kant und Rawls im Vergleich«. In: Ders.: *Ethik und Politik. Grundmodelle und Probleme der praktischen Philosophie*. Frankfurt a. M. ³1987, S. 195–226.
– : *Kant. Zum ewigen Frieden*. Berlin 1995.
– (Hg.): *Platon. Politeia*. Berlin ²2005.
Holz, Hanz Heinz/Prestipino, Giuseppe (Hg.): *Antonio Gramsci heute. Aktuelle Perspektiven seiner Philosophie*. Bonn 1992.
Honneth, Axel (Hg.): *Kommunitarismus. Eine Debatte über die moralischen Grundlagen moderner Gesellschaften*. Frankfurt a. M. 1993.
Horn, Christoph: *Einführung in die politische Philosophie*. Darmstadt ³2009.
Jörke, Dirk: *Politische Anthropologie. Eine Einführung*. Wiesbaden 2005.
Kersting, Wolfgang: *Die politische Philosophie des Gesellschaftsvertrags*. Darmstadt 1994.
Koslowski, Peter: *Politik und Ökonomie bei Aristoteles*. Tübingen ³1993.
Laclau, Ernesto/Mouffe, Chantal: *Hegemonie und radikale Demokratie. Zur Dekonstruktion des Marxismus*. Wien 1991 (engl. 1985).
Macpherson, Crawford B.: *Die politische Theorie des Besitzindividualismus: von Hobbes bis Locke*. Frankfurt a. M. ²1990 (engl. 1962).
Meyer, Ahlrich: »Mechanische und organische Metaphorik politischer Philosophie«. In: *Archiv für Begriffsgeschichte* XIII (1969), S. 128–199.
Miethke, Jürgen: »Politische Theorien im Mittelalter«. In: *Politische Theorien von der Antike bis zur Gegenwart*. Hg. von Hans-Joachim Lieber. Bonn 1991, S. 47–156.
Münkler, Herfried: *Im Namen des Staates. Zur Begründung der Staatsräson in der Frühen Neuzeit*. Frankfurt a. M. 1987.
Nitschke, Peter: *Politische Philosophie*. Stuttgart/Weimar 2002.
Nonnenmacher, Günther: *Die Ordnung der Gesellschaft. Mangel und Herrschaft in der politischen Philosophie der Neuzeit – Hobbes, Locke, Adam Smith, Rousseau*. Weinheim 1989.
Ottmann, Henning: *Individuum und Gemeinschaft bei Hegel*. 2 Bde. Berlin/New York 1977.
– : *Geschichte des politischen Denkens*. 4 Bde in 9 Teilbänden. Stuttgart/Weimar 2001 f.
Pauer-Studer, Herlinde: »Freiheit und Gleichheit: Zwei Grundwerte und ihre Bedeutungen«. In: Dies./Herta Nagl-Docekal (Hg.): *Freiheit, Gleichheit und Autonomie*. Wien 2003, S. 234–273.
Rancière, Jacques: *Das Unvernehmen*. Frankfurt a. M. 2002 (frz. 1995).
Reese-Schäfer, Walter: *Jürgen Habermas*. Frankfurt a. M. ³2001.
Riedel, Manfred (Hg.): *Materialien zu Hegels Rechtsphilosophie*. 2 Bde. Frankfurt a. M. 1975.
Saage, Richard: *Politische Utopien der Neuzeit*. Darmstadt 1991.
Voigt, Rüdiger (Hg.): *Mythos Staat. Carl Schmitts Staatsverständnis*. Baden-Baden 2001.
Waldron, Jeremy: *The Right to Private Property*. Oxford 1988.

Nele Schneidereit

4 Rechtsphilosophie

4.1 Grundfragen der Rechtsphilosophie
4.2 Wesen, Quellen und Geltung des Rechts
4.3 Recht, Gerechtigkeit und Moral
4.4 Völkerrecht und Menschenrechte

Recht ist ein zentraler Bezugspunkt unseres Alltags. Die durch Gesetze festgelegten Rechte und Verbote durchziehen unsere Lebenswelt und sind uns mehr oder weniger bewusst. Das Bewusstsein, bestimmte Rechte zu haben, ist dabei konstitutiv für unser Selbstbild. Ein kulturell-historisch sowie individual-geschichtlich geprägtes Rechtsbewusstsein lässt uns Situationen unter Begriffen der Rechtmäßigkeit beurteilen. Häufig nehmen wir z. B. in unseren persönlichen Beziehungen an, dass in der Vergangenheit ausgeprägte Gewohnheiten uns ein Recht auf den Anspruch der Fortführung dieser Gewohnheiten geben. Dabei ist uns klar, dass solche Rechte von ganz anderem Charakter sind, als die, die uns als Bürgern eines Staates gewährt werden. Der Staat darf andere zwingen, den Einzelnen nicht in der Ausübung seiner Rechte einzuschränken, ebenso wie er in vielen Fällen zwingen darf, den rechtlichen Pflichten nachzukommen. Zugleich haben die meisten Menschen eine bestimmte Haltung zum faktischen und idealen Zweck des Rechts; dient es der Etablierung gerechter Verhältnisse, der Sicherung von Freiheit und/oder Gleichheit oder bloß den ›Interessen der Mächtigen‹?

> **Definition**
>
> In der → Rechtsphilosophie geht es um die grundsätzliche Frage, was Recht ist. Sie entfaltet sich in Analysen der formalen bzw. ontologischen Konstitution des Rechts in der **Rechtstheorie** und der normativen Gültigkeit bzw. der Gerechtigkeit des Rechts in der **Rechtsethik** sowie eines möglichen Zusammenhangs dieser beiden.

4.1 | Grundfragen der Rechtsphilosophie

Konstitution und Quellen des Rechts: Das basale Anliegen der Rechtsphilosophie ist die Klärung, was das Wesen von Recht überhaupt ausmacht. Zu diesem Bereich der Rechtskonstitution gehört die Frage nach den **Quellen des Rechts** als Gesamtheit der Rechte und seiner Geltung. Die klassischen Ansätze konzentrieren sich auf die Natur oder die menschliche Vernunft als Quelle des Rechts, während der seit dem 18. Jh. aufkommende **Rechtspositivismus** die Idee einer legitimierenden Ordnung, aus der das Recht stammt, ablehnt.

Recht und Moral: Die Relationen von Moralität und Legalität, von moralischer Schuld und unrechtmäßigem Verbrechen sowie die von Rechten und Pflichten verweisen in den Fragebereich, der Rechts- und Moralphilosophie miteinander verbindet. Auch der zentrale Begriff der **Gerechtigkeit** des Rechts, der rechtsetzenden Verfahren oder der angemessenen Rechtsauslegung steht zwischen diesen beiden Bereichen.

Geltungsbereich des Rechts: Weiterhin ist der Geltungsbereich bestimmter Rechte Gegenstand rechtsphilosophischer Überlegungen: Das Recht eines Staates ist in bestimmte Sphären unterteilt (Privatrecht, Strafrecht, öffentliches Recht), über denen ein knapperer Katalog von Grundrechten steht. Grundsätzlich universal gelten hingegen ihrem normativen Anspruch nach **Völkerrecht und Menschenrechte**, die schwerer oder gar nicht Ausdruck in Gesetzen finden.

4.2 Rechtsphilosophie

Wesen, Quellen und Geltung des Rechts

Hauptwerke

um 347 v. Chr.	Platon:	*Nomoi* (Die Gesetze)
4. Jh. v. Chr.	Aristoteles:	*Nikomachische Ethik*
um 55 v. Chr.	Cicero:	*De re publica* (Der Staat)
1623	Hugo Grotius:	*De jure belli ac pacis libri tres* (Drei Bücher über Kriegsrecht und Friedensrecht)
1668	Hobbes:	*Leviathan or the Matter, Forme and Power of a Common Wealth Ecclesiastical and Civil* (Leviathan oder Stoff, Form und Gewalt eines kirchlichen oder bürgerlichen Staates)
1690	Locke:	*Two Treatises of Government* (Zwei Abhandlungen über die Regierung)
1797	Kant:	*Die Metaphysik der Sitten. Erster Teil: Metaphysische Anfangsgründe der Rechtslehre*
1814	Friedrich Carl von Savigny:	*Vom Berufe unserer Zeit für Gesetzgebung und Rechtswissenschaft*
1821	Hegel:	*Grundlinien der Philosophie des Rechts*
1932	Gustav Radbruch:	*Rechtsphilosophie*
1934	Hans Kelsen:	*Reine Rechtslehre*
1961	H. L. A. Hart:	*The Concept of Law* (Der Begriff des Rechts)
1977	Ronald Dworkin:	*Taking Rights Seriously* (Bürgerrechte ernstgenommen)
1992	Jürgen Habermas:	*Faktizität und Geltung*
1993	Niklas Luhmann:	*Das Recht der Gesellschaft*

4.2 | Wesen, Quellen und Geltung des Rechts

Justitia-Allegorie: Es gibt keine durchgängige materiale Bestimmung des Rechts. Traditionell wird das Recht durch die römische Göttin Justitia symbolisiert, die meist mit einem Schwert, einer Waage und einer Augenbinde dargestellt wird; Attribute, die für Macht, Unparteilichkeit und Blindheit gegenüber individuellen Unterschieden stehen.

Bereiche des Rechts: Unterschiedliche Beziehungen (s. Definition) gliedern das Recht in seine verschiedenen Bereiche des Privatrechts, des Korporationenrechts, des öffentlichen Rechts, des Strafrechts, des Völkerrechts etc. Recht ist festgeschrieben in öffentlich bekannten oder zugänglichen Gesetzen, die für alle Mitglieder eines Gemeinwesens gleichermaßen gelten und allgemeine Sachverhalte regeln.

Dass Recht sich auf die **äußeren sozialen Interaktionen** bezieht, hat Kant einleitend in den *Metaphysischen Anfangsgründen der Rechtslehre* (1797) dargestellt. Hegel kritisiert den abstrakten Begriff des Rechts, der sich nur auf die äußeren Beziehungen der Bürger richtet und plädiert für einen sittlichen Begriff des Rechts, der dem allgemeinen Willen eines Volkes als kultureller Einheit entspricht.

Medialität: Jürgen Habermas (geb. 1929) greift den äußerlich vermittelnden Charakter des Rechts auf. Je mehr Selbstverständlichkeiten im menschlichen Miteinander in der Moderne wegbrechen, desto mehr bedarf es sozialintegrativer Kräfte, so Habermas' Überlegung in seinem zweiten Hauptwerk *Faktizität und Geltung* von 1992. Recht ist eine solche Kraft. Es dient als Medium zur Stabilisierung sowie zur Koordinierung von Handlungen in Zusammenhängen, in denen zunächst einmal jeder ein gleiches Recht auf Durchsetzung seiner Interessen hat. Habermas unterscheidet zwischen Medien, die moderne Gesellschaften objektiv vermitteln (Macht und Geld) und solchen, die subjektiv vermitteln (Solidarität). Die objektiven sind die Medien entpersonalisierter Systeme (Wirtschaft, Politik), die subjektiven die des konkreten lebensweltlichen Miteinanders. Das Recht nimmt eine subjektiv-objektive Stellung ein, da es einerseits

> **Definition**
>
> → **Recht** bezieht sich auf die äußeren Beziehungen zwischen natürlichen und künstlichen Personen, zwischen Personen und Gemeinwesen sowie auf die Beziehungen von Gemeinwesen untereinander. Bei widerstreitenden Interessen wird im Medium des Rechts entschieden und ein entsprechendes Handeln oder Unterlassen erzwungen.

Justitia mit Schwert und Waage

Rechtsphilosophie

Das Wesen des Rechts nach Kants *Rechtslehre*: »Was ist Recht?«

»Der Begriff des Rechts, sofern er sich auf eine ihm korrespondierende Verbindlichkeit bezieht (d.i. der moralische Begriff desselben), betrifft *erstlich* nur das äußere und zwar praktische Verhältnis einer Person gegen eine andere, sofern ihre Handlungen als Fakta aufeinander (unmittelbar, oder mittelbar) Einfluß haben können. Aber *zweitens* bedeutet er nicht das Verhältnis der Willkür auf den *Wunsch* (folglich auch auf das bloße Bedürfnis) des Anderen, wie etwa in den Handlungen der Wohltätigkeit oder Hartherzigkeit, sondern lediglich der *Willkür* des Anderen. *Drittens*, in diesem wechselseitigen Verhältnis der Willkür kommt auch gar nicht die *Materie* der Willkür, d.i. der Zweck, den ein jeder mit dem Objekt, was er will, zur Absicht hat, in Betrachtung, z.B. es wird nicht gefragt, ob jemand bei der Ware, die er zu seinem eigenen Handel von mir kauft, auch seinen Vorteil finden möge, oder nicht, sondern nur nach der Form im Verhältnis der beiderseitigen Willkür, sofern sie bloß als *frei* betrachtet wird, und ob die Handlung Eines von beiden sich mit der Freiheit des Anderen nach einem allgemeinen Gesetze zusammen vereinigen lasse.

Das Recht ist also der Inbegriff der Bedingungen, unter denen die Willkür des einen mit der Willkür des anderen nach einem allgemeinen Gesetze der Freiheit zusammen vereinigt werden kann« (Kant: *Rechtslehre*, S. 337).

In den diesem Zitat vorhergehenden Zeilen unterscheidet Kant die empirische Frage, was rechtens im Sinne des geltenden Rechts ist (Rechts*theorie*), von der moralischen Frage, was unabhängig davon Recht ist (Rechts*philosophie*). Kant differenziert in seinem Versuch einer Bestimmung drei Aspekte voneinander. Im ersten Punkt macht er deutlich, dass Recht die äußeren Verhältnisse von Menschen betrifft, deren Handlungen sich in irgendeiner Weise wechselseitig beeinflussen (z.B. in der gemeinsamen Handlung eines Kaufaktes oder aber in der einseitigen unrechtmäßigen Handlung des Diebstahls). Der Begriff des Rechts beurteilt weiterhin nicht den Wunsch oder das Bedürfnis als Ursachen der Handlung, sondern die konkreten Handlungen selbst. Zweitens betrifft daher der Begriff des Rechts ausschließlich das Verhältnis der beteiligten ausgeübten Willen zueinander, er beruht also auf der Freiheit der Handlung nicht auf der des Willens – ein böser Wille ist nicht Gegenstand rechtlicher Beurteilung, sondern allein die Tat, die zu begehen ich frei gewesen bin. Schließlich sind auch Zwecke und Absichten der Handlungen nicht Gegenstand des Rechts. Recht beurteilt also allein »die Form im Verhältnis der beiderseitigen Willkür« unter der Maßgabe, dass diese frei sei und dass die konkreten Handlungen sich nicht gegenseitig stören. Die Freiheit ebenso wie die ungestörte Ordnung der einzelnen Handlungen soll zudem Gegenstand eines »allgemeinen Gesetzes«, also vernunftgemäß sein. Recht versteht Kant als die ›Bedingung der Möglichkeit‹ davon, dass durch die Handlungen freier Menschen keine Unordnung entstehe, indem die Ansprüche verschiedener Parteien so eingeschränkt werden, dass sie zugleich verwirklicht werden können. Die Willkürfreiheit ist dabei der Anlass für die Notwendigkeit einer Rechtsordnung, so wie die Autonomie ihre Möglichkeit ist; weil Menschen willkürlich gegen die Freiheit anderer verstoßen, bedarf es der rechtlichen Regelung, diese ist aber nur möglich, weil wir uns autonom für die Freiheit der anderen entscheiden können. In diesem Sinne ist die Rechtsphilosophie Kants mit seiner Moralphilosophie verbunden. Denn obwohl Kants Rechtsbegriff die Handlungen weder ihren Ursachen noch ihren Zwecken nach moralisch beurteilt, spricht er eingangs die Verbindlichkeit des Rechts als moralisch an. An anderer Stelle macht er darüber hinaus deutlich, dass das positive Recht dem Kategorischen Imperativ nicht widersprechen darf.

faktisch gesetzt und so entpersonalisiert ist, andererseits aber nur dann gilt, wenn es von den Individuen meistens befolgt wird und darüber hinaus in einem legitimen (fairen demokratischen) Verfahren etabliert wurde. Recht vermittelt daher auch zwischen System und Lebenswelt (s. Kap. II.B.2.4.2).

Modernes Recht kann sich weder auf den Glauben, noch auf die Sitten und Bräuche beziehen, sondern bedarf der subjektiven Anerkennung. Rechtsetzung und -sprechung ist insofern dann legitim, wenn sie Ausdruck des ›präsumtiven‹ Willens der Gesamtheit autonomer Bürger ist. Habermas weist im Anschluss an Hegel auf die Frage der **Legitimität** der rechtsetzenden Verfahren hin. Im diskursiven Prozess der Rechtsetzung müssen die Bürger sich als Urheber und als Adressaten des Rechts verstehen können. Zugleich nimmt Habermas an, dass dies zumeist nur die Gesetze sind, die auch inhaltlich akzeptiert werden können (vgl. Habermas: FG, S. 51).

4.2 Rechtsphilosophie

Wesen, Quellen und Geltung des Rechts

Wertbezogenheit: Zum Wesen des Rechts gehört weiterhin seine Wertbezogenheit. Man ist in der Rechtsphilosophie lange davon ausgegangen, dass Recht sich am Wert Gerechtigkeit orientiert und zu deren Durchsetzung dient. Die Tradition des Rechtspositivismus bestreitet diese Wertbezogenheit des Rechts grundsätzlich. Der Rechtsphilosoph Gustav Radbruch (1878–1949) ist hingegen der Ansicht, dass selbst dann, wenn man nicht von einer überzeitlichen normativen Idee des Rechts ausgeht, sondern Recht positivistisch als die durch eine Instanz erlassene Gesamtheit der geltenden Gesetze versteht, die Funktion des Rechts die wertende Unterscheidung von Recht und Unrecht ist.

»Der Begriff des Rechts ist ein Kulturbegriff, d.h. ein Begriff von einer wertbezogenen Wirklichkeit, einer Wirklichkeit, die den Sinn hat, einem Werte zu dienen. *Recht ist die Wirklichkeit, die den Sinn hat, dem Rechtswerte, der Rechtsidee zu dienen.* Der Rechtsbegriff ist also ausgerichtet an der Rechtsidee« (Radbruch: *Rechtsphilosophie*, S. 34).

Die Frage, was das Wesen des Rechts sei, ist vor allem in zwei grundlegend verschiedenen Theorietraditionen diskutiert worden: Naturrecht (4.2.1) und Rechtspositivismus (4.2.2). Die Kenntnis dieser beiden Traditionen bildet eine gute Grundlage für die Auseinandersetzung mit rechtsphilosophischen Kernfragen.

4.2.1 | Natur- und Vernunftrecht

> **Definition**
>
> Für das → **Naturrecht** ist die Überzeugung kennzeichnend, es gäbe einen Maßstab von Recht und Unrecht, der von Gott offenbart oder in der Natur verwirklicht sei und den wir kraft unserer Vernunft erkennen und nach ihm handeln können. Das, was von Natur aus ist, wird für unbezweifelbar universell moralisch richtig und recht gehalten.

Welche Rechte als natürlich angesehen werden, variiert von Ansatz zu Ansatz recht stark. Als Quellen natürlichen Rechts gelten:

Quellen des Naturrechts

- die Kenntnis der heiligen Schriften (Gottes Wille als Quelle natürlichen Rechts),
- die Erkenntnis der logischen Strukturen einer ganzheitlich aufgefassten Welt (Logos),
- die Erkenntnis des menschlichen Wesens, das bestimmten natürlichen Gesetzen unterliegt bzw. das frei ist, sich selbst zu bestimmen und sich in Gemeinschaften vernunftgemäße Gesetze gibt (Vernunft).

Aktualität des Naturrechts: Während die ersten beiden Quellen des Naturrechts an Bedeutung verloren haben, ist die Frage, ob dem Menschen durch sein Menschsein bestimmte universell und übergesetzlich gültige Rechte zukommen, heute noch aktuell. Der Bezug auf natürliche Rechte, die allen Menschen unangesehen ihres sozialen Status, ihres Geschlechts oder ihrer Staatsangehörigkeit zukommen, hat egalitären Charakter. Zugleich beziehen sich aber auch rassistische, antisemitische oder faschistische Ideologien auf ein naturrechtliches Fundament, das dann im vermeintlichen ›Recht des Stärkeren‹ besteht. Diese Theorien fußen jedoch auf einem ganz anderen (säkular-darwinistischen) Naturverständnis als vor allem das antike Naturrecht mit seinem teleologischen Naturbegriff.

4.2.1.1 | Natürliche Ordnung: Antikes und scholastisches Naturrecht

Die antiken naturrechtlichen Positionen Aristoteles' und der römischen Stoa betonen in erster Linie die Kongruenz des Natürlichen und des Vernünftigen. Im Vordergrund der Auseinandersetzung mit dem Recht steht häufig der mögliche Konflikt der Rechtskonventionen mit dem Naturrecht.

Marcus Tullius Cicero (106–43 v. Chr.) ist der Ansicht, dass ein unvernünftiges und daher unnatürliches Gesetz nicht rechtmäßig und daher nicht bindend sei. Das natürliche Recht steht bei Cicero über dem gesetzten Recht eines Staates. Er versteht das wahre Gesetz als Vernunft Gottes, an der der Mensch teilhat, wenn er durch seine Vernunft das wahre Gesetz erkennt:

»Es ist aber das wahre Gesetz die richtige Vernunft, die mit der Natur in Einklang steht, sich in alle ergießt, in sich konsequent, ewig ist, die durch Befehle zur Pflicht ruft [...]. Diesem Gesetz etwas von seiner Gültigkeit zu nehmen, ist Frevel, ihm irgendetwas abzudingen, unmöglich, und es kann ebensowenig als Ganzes außer Kraft gesetzt werden. Wir können aber auch nicht durch den Senat oder das Volk von diesem Gesetz gelöst werden, [...] noch wird in Rom ein anderes Gesetz sein, ein anderes in Athen, ein anderes jetzt, ein anderes später, sondern alle Völker zu aller Zeit wird ein einziges, ewiges, unveränderliches Gesetz beherrschen« (Cicero: *De republica*, III, 22/33).

Der Ursprung dieses ewigen Gesetzes ist Gott. Wer ihm nicht gehorcht, flieht vor sich selbst, verleugnet sein Wesen und ist dadurch mit der schwersten Strafe bereits geschlagen, so Cicero in *De re publica* (vgl. ebd.).

Thomas von Aquin (1225–1274) unterscheidet in der *Summa theologicae* (entstanden in den 1260er und 70er Jahren; *Summe der Theologie*) vier Rechtsdimensionen:

- *lex aeterna* (ewiges Gesetz),
- *lex naturalis* (Naturgesetz),
- *lex divina* (in den Schriften geoffenbartes Gesetz),
- *lex humana* (von Menschen gemachtes Gesetz).

Das Gesetz soll durch einen zum Regieren Bestimmten die *lex humana* als eine Ordnung der Vernunft etablieren, die dem Gemeinwohl dienen und im Einklang mit der *lex naturalis* und der *lex divina* sein soll. Während die *lex aeterna* nur Gott allein zugänglich ist, ist die *lex naturalis* durch die Vernunft erkennbar und die *lex divina* durch richtige Lektüre der Schriften. Wenn ein Gesetz aus der *lex humana* nicht mit dem natürlichen oder göttlichen Gesetz übereinstimmt, verliert es seine Geltung, die in der moralischen Bindung jedes Menschen an das natürliche und das göttliche Gesetz besteht. Jedoch lässt Thomas eine Ausnahme von diesem Prinzip dann zu, wenn die Erhaltung der sozialen Ordnung es erfordert.

4.2.1.2 | Freier Wille und natürliches Gesetz: Rationales Naturrecht

Während für das klassische Naturrecht die Übereinstimmung der menschlichen Gesetze mit einer göttlichen oder natürlichen *Ordnung* besonders wichtig ist, wird in der Spätscholastik zunehmend der *Wille* Gottes zentral. Mit Beginn der Neuzeit konzentriert man sich dann auf den menschlichen Willen und insbesondere dessen Freiheit, durch die der Mensch der rechtlichen Ordnung bedarf und durch die er zugleich zur Ordnung fähig ist.

Säkulares Naturrecht: Gemäß der neuzeitlichen wissenschaftlichen Weltsicht verändert sich auch der Blick auf das Recht. Man vergleicht naturwissenschaftliches Wissen mit dem Wissen über das Rechte und das Unrechte: So wie mathematische Wahrheiten immer wahr sind, so sind bestimmte Dinge einfach richtig und andere falsch. Diese Evidenz kann als Beweis des Daseins eines guten Gottes dienen, sie wäre aber auch ohne seine Existenz gegeben. Einen Übergang vom Mittelalter zur Neuzeit bilden vor allem Hugo Grotius und Samuel von Pufendorf mit ihrer weltlichen Auffassung des Naturrechts, das lediglich kompatibel mit der Vorstellung einer göttlichen Ordnung ist. Grotius' *De jure belli ac pacis* von 1625 (*Über das Recht des Kriegs und des Friedens*) und Pufendorfs *De iure naturae et gentium libri octo* von 1672 (*Acht Bücher von Natur und Völkerrecht*) bilden zudem eine maßgebliche Grundlage moderner Vorstellungen von Völkerrecht und Kriegsrecht.

Naturrecht und Gesetz: Obwohl er mit seinem Ausspruch »Auctoritas, non veritas facit legem« (Autorität und nicht Wahrheit macht das Gesetz) eigentlich eher dem Rechtspositivismus zugehört, spielt das Naturrecht bei **Thomas Hobbes** (1588–1679) eine nicht unerhebliche Rolle. Er unterscheidet *ius naturale* (natürliches Recht) und *lex naturalis* (natürliches Gesetz). Das *ius naturale* ist die unbedingte Freiheit eines jeden, alles zu tun, was sein Überleben sichert. Die *lex naturalis* hingegen ist die »von der Vernunft ermittelte Vorschrift […], nach der es einem Menschen verboten ist, das zu tun, was sein Leben vernichten oder ihn der Mittel zu seiner Erhaltung berauben kann« bzw. das jeweilig Gebotene zum Zwecke der Erhaltung zu unterlassen (Hobbes: *Leviathan*, S. 99). Das erste vernunftgemäße Gesetz der Natur ist: »Suche Frieden und halte ihn ein« (ebd., S. 100), das zweite Gesetz ist die Pflicht zur vertraglichen Übertragung des ›Rechts auf alles‹ an einen Souverän, der durch diese Rechtsübertragung nun die Pflicht hat, die Sicherheit der Untergebenen zu garantieren. Die Bürger eines Staates hingegen haben die unbedingte Pflicht, den allgemeinen Regeln Folge zu leisten, die der Souverän in Form von Gesetzen befiehlt. Die Regeln drücken den Willen des Souveräns aus und sie werden erlassen, um Recht und Unrecht voneinander unterscheiden zu können. Gesetze bestehen auch dann nur durch den Willen des Souveräns, wenn sie von Natur oder durch Gewohnheit in der Praxis schon gelten. Gesetze dürfen der Vernunft nicht widersprechen und müssen den Betroffenen in öffentlichen Gesetzestexten zugänglich sein.

Vernunftrecht: Anders als bei Hobbes gelten bei **John Locke** (1632–1704) von Natur aus eine ganze Reihe vernunftgemäßer und daher für alle erkennbarer Rechte (Recht auf Freiheit, auf Leben, auf Eigentum). Die natürliche Freiheit der Menschen ist durch das natürliche Gesetz eingeschränkt, das mehr oder weniger der ›Goldenen Regel‹ entspricht, also dem Grundsatz, andere immer so zu behandeln, wie man auch selbst behandelt werden möchte. Da die Menschen alle frei und gleich sind,

ius naturale und lex naturalis

4.2 Rechtsphilosophie

Wesen, Quellen und Geltung des Rechts

bedarf es nicht nur eines Richters, um die Rechte der Menschen durchzusetzen und zu schützen, sondern auch eines Staates, der Rechtssicherheit gewährt. Das naturrechtlich unterfütterte Aufklärungsdenken Lockes hat in starkem Maße auf die Unabhängigkeitserklärung der Vereinigten Staaten gewirkt: »We hold these truths to be self-evident, that all men are created equal, that they are endowed by their Creator with certain unalienable Rights, that among these are Life, Liberty and the pursuit of Happiness«, lautet der erste Satz der Präambel. Zur Durchsetzung dieser selbstevidenten natürlichen Rechte bedarf es einer Regierung.

Einfluss Lockes auf die Unabhängigkeitserklärung

Jean-Jacques Rousseau (1712–1778) löst sich bereits von naturrechtlichen Vorstellungen, ohne sie jedoch ganz aufzugeben. Was gut und richtig ist, ist bei Rousseau zwar in der Natur durch den Willen Gottes festgelegt, doch können wir es nicht erkennen und benötigen daher Regierung und Gesetze. Da es im Naturzustand zudem keine Rechtssicherheit für natürliche Rechte gibt, bedarf es der Gesetze, um Rechte und Pflichten verbindlich zu machen. Gesetze sind Ausdruck des auf das Gemeinwesen als Ganzes bezogenen Allgemeinwillens (*volonté générale*) (s. Kap. II.B.3).

Ende und Wiederkehr des Naturrechts: Im angelsächsischen Raum beendet der im 19. Jh. aufkommende Rechtspositivismus den Einfluss naturrechtlicher Vorstellungen. Auch in Deutschland wendet man sich von der Vorstellung eines ewig gültigen Naturrechts ab. Die **Historische Rechtsschule** um Friedrich Carl von Savigny (1779–1861) untersucht stattdessen die Entstehungsgeschichte und -zusammenhänge bestehenden Rechts. Zu Beginn des 19. Jh.s entwickelt von Savigny seine überaus einflussreiche Rechtsquellentheorie, deren Kerngedanke darin besteht, dass das Recht eines Volkes zunächst in seinen Sitten und Traditionen (Volksgeist) besteht und erst dann Niederschlag in Gesetzestexten und in der Rechtsprechung findet. Dem ungeschriebenen Gewohnheitsrecht kommt in der Historischen Rechtsschule besondere Bedeutung zu. Der Historismus im Recht beendet die ohnehin schwächer gewordene Natur- und Vernunftrechtstradition. Auch die Kritik an gewohnheitsrechtlichen Vorstellungen, die z. B. Hegel in seinen *Grundlinien der Philosophie des Rechts* (1821) übt, beruft sich nicht mehr auf ein universell geltendes Naturrecht, sondern auf die konstitutive Bedeutung der Allgemeinheit von Recht, die nicht aus unreflektierter Tradition, sondern aus bewusster Setzung entsteht.

Nach den Schrecken des Zweiten Weltkrieges und des Holocaust kommt es zu einer **Renaissance des Naturrechts**. Gustav Radbruch kritisiert den Rechtspositivismus und plädiert in seiner kurzen, jedoch ungemein einflussreichen Schrift von 1946 *Gesetzliches Unrecht und übergesetzliches Recht* dafür, dass kein Richter an Schandgesetze gebunden sein darf. Der Positivismus (s. u.) könne zwar den Zwangscharakter des Rechts sowie Rechtssicherheit begründen (›Müssen‹), nicht aber Zweckmäßigkeit und Gerechtigkeit des Rechts (›Sollen und Gelten‹). Im Nationalsozialismus sei es zu einem Widerspruch zwischen positivem Gesetz und »einem gerechten, aber nicht in Gesetzesform gegossenen Recht« (Radbruch 1999, S. 216) gekommen. Beispiele für ›gesetzliches Unrecht‹, das der Rechtsnatur überhaupt widerspricht, sind:
- Verleugnung der Gleichheit,
- Versagung der Menschenrechte und
- unverhältnismäßige Strafdrohung zu Abschreckungszwecken.

›Radbruch-Formel‹: Der Konflikt zwischen Rechtssicherheit und Gerechtigkeit sei so zu lösen, »daß das positive, durch Satzung und Macht gesicherte Recht auch dann den Vorrang hat, wenn es inhaltlich ungerecht und unzweckmäßig ist, es sei denn, daß der Widerspruch des positiven Gesetzes zur Gerechtigkeit ein so unerträgliches Maß erreicht, daß das Gesetz als ›unrichtiges Recht‹ der Gerechtigkeit zu weichen hat« (ebd.).

Acht der Angeklagten der Nürnberger Prozesse (1. Reihe v. l. n. r.: Göring, Heß, Ribbentrop, Keitel; 2. Reihe: Dönitz, Reader, Schirach, Sauckel)

4.2.2 | Rechtspositivismus

Während die naturrechtlich geprägte Philosophie des Rechts annimmt, es gäbe eine unfehlbare, aber nicht objektivierbare Rechtsquelle (Gott, Natur, Vernunft), streitet der Rechtspositivismus jedes legitimierende Fundament unter den bestehenden Rechtsnormen ab.

> **Definition**
>
> Recht ist für den → Rechtspositivismus nichts anderes als der Befehl eines Souveräns bzw. Recht ist etwas von Menschen gesetztes, dessen Quelle objektivierbar ist. Kennzeichnend für den Rechtspositivismus ist seine strenge Trennung von deskriptiv-theoretischen Fragen des Seins (Wesen und Dasein des Rechts) von normativ-moralischen des Sollens (Fragen der Gerechtigkeit des Rechts und der Rechtsprechung).

Die **Trennung von Sein und Sollen** ist im Rechtspositivismus eher eine Frage der Rechtssicherheit und wissenschaftlicher Redlichkeit als eine des Fatalismus, wie es ihm oft vorgeworfen wird. Fragen der Gerechtigkeit und der Moral werden für die Mitglieder einer Rechtsgemeinschaft keinesfalls durch gesetztes Recht aufgehoben und auch dieses selbst sowie die rechtsetzenden Verfahren sind Gegenstand moralischer Prüfung. Moral wird dabei nur nicht als Quelle des Rechts verstanden. Gemeinsam ist rechtspositivistischen Positionen ihre anti-ideologische Stoßrichtung.

4.2.2.1 | Recht als Befehl

Jeremy Bentham (1748–1832) vertrat in seinem *Fragment on Government* (1776) die Ansicht, dass das in England geltende *common law* nichts sei als die Geltung der Meinung einzelner, es sei zudem unpräzise, unsicher und schaffe keine öffentlich nachvollziehbaren Verhaltensnormen.

Diese Tatsache werde verschleiert durch den Rekurs auf das Naturrecht, dem Bentham unter dem Einfluss der Aufklärung seine Grundlage zu entziehen trachtete. Er trat für ein auf dem Kontinent schon seit dem Iustinianischen *Corpus iuris civilis* (6. Jh.) geltendes kodifiziertes Recht ein, also ein niedergeschriebenes und öffentlich einsehbares Register der geltenden Rechtsnormen. Dadurch sollten autonome Bürger unabhängig werden von der willkürlichen Meinung einzelner. Benthams Plädoyer für ein einheitliches und vollständiges gesatztes (positives) Recht folgt also dem zutiefst moralischen und aufklärerischen Grundimpuls, dass das Recht öffentlich und Ausdruck eines auf das Allgemeine bezogenen Willens sein muss. Gesetze versteht Bentham, wie stärker noch sein Schüler John Austin (1790–1859) in Hobbesscher Tradition als Befehle eines Souveräns, der durch den Gehorsam der Bürger konstituiert ist. Gesetze dienen vor allem der Prävention von Straftaten, Bentham unterscheidet zwischen verbietenden *imperative laws* und erlaubenden *permissive laws*.

> **Definition**
>
> Unter → *common law* versteht man im Gegensatz zum kodifizierten Recht (*civil law*) Formen des Rechts, die nicht auf niedergeschriebenen Gesetzen basieren, sondern auf dem gesprochenen Recht. Die Rechtsprechung orientiert sich an dem, was in jeweils vergleichbaren Fällen üblich ist, bzw. an Präzedenzfällen.

4.2.2.2 | Rechtspositivismus im 20. Jahrhundert

Im 20. Jh. hat der Rechtspositivismus eine stabile Tradition ausgebildet. Seine bekanntesten Vertreter sind der Neukantianer Hans Kelsen und der britische Philosoph Herbert Lionel Adolphus Hart. Bei beiden ist die Vorstellung einer hierarchischen Stufung des Rechts von Bedeutung.

Reine Rechtslehre: In seiner *Reinen Rechtslehre* von 1934 tritt **Kelsen** (1881–1973) dafür ein, die Struktur des Rechts rein formal und unabhängig von ökonomischen, politischen und gesellschaftlichen Fragen, vor allem aber unabhängig von Fragen des Sollens zu betrachten, da nur so eine streng wissenschaftliche Analyse möglich sei. Er stellt das Recht als ein System von gesetzten Normen dar, die einander über- und untergeordnet sind. Gesetze werden in einem jeweils festgelegten Verfahren erlassen und gelten unangesehen ihrer moralischen Qualität. Der letzte Geltungsgrund der hierarchisch gestaffelten Normen ist eine nicht weiter hintergehbare ›**Grundnorm**‹, die die Einheit und Vielheit der bestehenden Normen konstituiert. »Die Grundnorm einer positiven Rechtsordnung ist […] nichts anderes als die Grundregel, nach der die Normen der Rechtsordnung erzeugt werden, die Ein-Setzung des Grundtatbestandes der Rechtserzeugung« (Kelsen: *Reine Rechtslehre*,

Rechtsphilosophie

Recht, Gerechtigkeit und Moral

S. 75). Die Grundnorm ist als ›Bedingung der Möglichkeit‹ von Normgeltung und daher nicht als existierende Tatsache (z. B. als Gesetzestext) zu verstehen. Normen lassen sich überhaupt niemals aus einer bloßen Tatsache (Autorität, Gewalt) ableiten, sondern immer nur aus höherstufigen Normen. Eine Norm ist dann *wirksam*, wenn die Menschen sich normgemäß verhalten; dann fallen ›subjektiver Sinn‹ (Sollen der Normbefolgung) und ›objektiver Sinn‹ (Sein des geltenden Rechts) der Norm zusammen. Wesentlich ist der Zwangscharakter des Rechts, d. h. dass Recht unlösbar mit der Macht es durchzusetzen verknüpft sein muss. Etabliert sich innerhalb eines Territoriums eine Zwangsordnung als einzig geltende, so kann der damit entstandene soziale Zusammenhang als Staat bezeichnet werden, auch dann wenn er sich nicht völkerrechtsgemäß verhält.

Anerkennung als Grundlage des Rechts: In seinem *Concept of Law* von 1961 (*Der Begriff des Rechts*) greift **H. L. A. Hart** (1907–1992) den Rechtspositivismus Benthams und seiner Nachfolger auf, verändert ihn aber in großem Maße. Beeinflusst durch die Sprachphilosophie Ludwig Wittgensteins und John Langshaw Austins versteht er – im Gegensatz zum abstrahierenden Vorgehen Kelsens – Recht als das konkrete System sozialer Regeln, die vor dem Hintergrund der Gemeinschaft verständlich werden, für die sie konstitutiv sind. Recht ist das, was sich als die relevante Menge der Regeln unseres Zusammenlebens beschreiben lässt und als diese anerkannt ist. Anerkennung bedeutet bei Hart nicht einfach, dass Recht durch die Gewohnheiten innerhalb eines Sozialverbandes entsteht, sondern dass das Gewohnte als allgemein gültig gewusst und auch – gegebenenfalls entgegen dem persönlichen Vorteil – gewollt wird.

Grundlegend für die Geltung eines Rechtssystems ist daher die *rule of recognition* (**Anerkennungs-/Erkenntnisregel des Rechts**), die die empirischen Kriterien bestimmt, durch die die Regeln eines sozialen Systems Gültigkeit erhalten.

»Im täglichen Leben eines Rechtssystems werden dessen Erkenntnisregeln sehr selten ausdrücklich als Regeln formuliert. [...] Meistens [...] wird die Erkenntnisregel nicht ausgesprochen, sondern ihre Existenz *zeigt sich* in der Weise, wie besondere Regeln identifiziert werden, nämlich entweder von Gerichten oder Beamten oder aber von Privatpersonen und ihren rechtskundigen Beratern« (Hart: *Begriff des Rechts*, S. 144).

Hart differenziert im Gesamt des Rechts zwischen *primary rules* und *secondary rules*. **Primärregeln** sind ›Verpflichtungsregeln‹, die auch ganz rudimentäre Gemeinschaften so regeln, dass diese trotz der menschlichen Verletzlichkeit und Fehlbarkeit existieren können. Sie sind die gesamte Menge dessen, was in einem sozialen Gefüge als rechtliche Norm gilt und Tun und Unterlassen vorschreibt. **Sekundärregeln** hingegen sind anspruchsvoller, sie sind »Regeln *über* Regeln« (ebd., S. 135) hinsichtlich deren Erlass, Aufhebung, Modifizierung und Verletzung. Auch die ›rule of recognition‹ gehört zu den Sekundärregeln.

Harts Rechtsphilosophie ist durch seinen Schüler **Ronald Dworkin** (geb. 1931) kritisiert und modifiziert worden. Dworkin vertritt in *Taking Rights Seriously* (1977; *Bürgerrechte ernstgenommen*) eine zwischen Rechtspositivismus und naturrechtlich-moralischem Rechtsdiskurs vermittelnde Position, indem er von einem unlösbaren Zusammenhang von rechtlichen, moralischen und politischen Fragen ausgeht.

4.3 | Recht, Gerechtigkeit und Moral

Inwiefern muss oder kann positives Recht Ausdruck von Gerechtigkeit sein? Kann eine Handlung moralisch, aber nicht rechtmäßig sein? Schon diese zwei Fragen zeigen, dass das Verhältnis von Recht und Moral überaus kompliziert ist. Zentral sind dabei die Begriffe der Gerechtigkeit und der Pflicht sowie die Unterscheidung von Moralität und Legalität.

4.3.1 | Gerechtigkeit und Billigkeit

Mit der Frage nach der Gerechtigkeit des Rechts eröffnet sich die Möglichkeit, dass positives Recht ungerecht sein kann. Wenn man Recht als Realisierung des hehren Ideals der Gerechtigkeit ansieht, dann bedarf es einer Bestimmung dieses Ideals, die jedoch eine mindestens ebenso große Herausforderung wie die Bestimmung des Rechts selbst ist. Gerecht ist für **Aristoteles** das, wodurch Gleiches gleich und Ungleiches angemessen ungleich behandelt wird. Er unterscheidet zwischen *iustitia distributiva* (austeilende Gerechtigkeit), durch die die Verteilung von Gütern und Lasten geregelt wird, und *iustitia correctiva* (korrigierende Gerechtigkeit), die die Beziehungen zwischen Personen regelt. Im Anschluss an Aristoteles und Cicero definiert der Iustinianische *Corpus iuris civilis* Gerechtigkeit als den unwandelbaren und dauerhaften Willen, jedem sein Recht/das Seine zu gewähren.

Billigkeit: Die zumeist sehr formal gehaltenen Bestimmungen der Gerechtigkeit werden als Maßstab zur Beurteilung bestehenden Rechts aufgefasst, wobei für die Antike gilt, dass es keinen Unterschied zwischen Recht und Moral/Gerechtigkeit gibt. Zentral ist dabei der Begriff der Billigkeit, unter dem die angemessene Auslegung des allgemeinen Rechtssatzes und seine Anwendung auf einen ganz individuellen Fall zu verstehen ist. Nicht das Recht, sondern nur die falsche Rechts*auslegung* kann ungerecht sein, wie das Beispiel von Sophokles' Antigone zeigt, die ihren Bruder Polyneikes beerdigt und damit zwar gegen den Willen des Königs Kreon, jedoch dem Willen der Götter und damit ihrem Gewissen gemäß handelt. Auch Sokrates ist der Ansicht, dass nicht die Gesetze ungerecht sind, sondern die Richter, die ihn zum Tode verurteilen. Aristoteles führt die Billigkeit (*epikie*) als **Korrektiv des gesetzlichen Rechts** an, weil die ihrem Wesen nach allgemeinen Gesetze nicht jedem Einzelfall angemessen sind. Die Rechtsauslegung und der richterliche Spruch müssen dem Fall angemessen sein, um rechtmäßig zu sein, so Aristoteles: »Daher ist das Billige ein Recht und besser als ein gewisses Recht, aber nicht besser als das Recht schlechthin, sondern als jenes Recht, das, weil es keinen Unterschied kennt, mangelhaft ist« (Aristoteles: NE 1137b 20).

4.3.2 | Recht und Moral

Der Begriff der Pflicht ist für die Moral- und die Rechtsphilosophie gleichermaßen von Bedeutung, denn verpflichtend sind sowohl moralische als auch juridische (rechtliche) Regeln.

Moralische und rechtliche Pflichten: Moralische Pflichten verweisen auf ein Sollen vor unserem Gewissen und der Gemeinschaft, rechtliche Pflichten sind Regeln des Handelns oder Unterlassens, die von einer legitimen Autorität auferlegt und bei Nichterfüllung erzwungen werden. Hinsichtlich geltender Rechte haben wir als Bürger eines Staates die generelle Pflicht, Gesetze zu befolgen. Jedoch kann es zu einem Konflikt zwischen moralischen und juridischen Pflichten kommen, wenn ein Gesetz unseren übergeordneten Vorstellungen von Gerechtigkeit widerspricht. John Rawls (1921–2002) und Habermas vertreten die Ansicht, dass ein bewusster Regelverstoß unter Inkaufnahme der rechtlichen Sanktionen (**ziviler Ungehorsam**) zwar illegal, aber legitim dort ist, wo bestehendes Recht den Grundprinzipien der Freiheit und Gleichheit widerstreitet. Eines der vielen historischen Beispiele für Protest durch Gesetzesverstoß, der die Ungerechtigkeit des Gesetzes aufzeigen soll, ist der »Montgomery Bus Boykott« 1955, zu dessen Beginn Rosa Parks festgenommen wurde, weil sie ihren Sitzplatz nicht an einen Weißen abgegeben hatte. Es folgte ein friedlicher Protest der schwarzen Bevölkerung gegen die Rassensegregation in den USA. 1956 wurde durch den Gerichtshof der Vereinigten Staaten die Verfassungswidrigkeit der Segregation bestätigt.

Moralität des Rechts: Fraglich ist dabei, ob Gesetze unabhängig von moralischen Prinzipien formuliert werden sollten, ob also die Sphäre des Rechtsstaates ganz oder relativ unabhängig von Überlegungen der Moralität oder der Sittlichkeit gedacht werden kann. Bei Kant muss das Recht gemäß dem moralischen Gesetz (Kategorischer Imperativ) formuliert sein, damit es einerseits als Zwangsgesetz (**Legalität** der Handlung), andererseits aber auch als Gesetz der Freiheit (Moralität der Handlung) befolgt werden kann. Staatlich sanktioniert werden darf jedoch nur die illegale, nicht die unmoralische Handlung.

Rechte und Pflichten: Die Frage, was es bedeutet, ein Recht zu haben, rückt den Rechtsbegriff in unlösbare Verbindung zum Pflichtbegriff. Rechte zu haben, bedeutet auch, Pflichten zu haben. In der analytischen Philosophie des Rechts im anglophonen Raum ist diese Frage so diskutiert worden, dass A's Recht auf X mit B's Pflicht in Bezug auf X korreliert. Wesley Newcomb Hohfeld hat die Unterscheidung zwischen Recht als Pflichtauferlegung und -entbindung (Erlaubnis) sowie zwischen Anspruchs- und Freiheitsrechten getroffen. Anspruchsrechte (*claim-rights*) sollen gewährleisten, dass ich erhalte, was mir zusteht, Freiheitsrechte (*liberty-rights*) sorgen dafür, dass ich nicht an der Ausführung meiner Intentionen gehindert werde, sofern diese nicht die Rechte anderer stören. Rechte und Pflichten korrespondieren einander laut Hohfeld (1978) wie folgt:

Rechtsphilosophie

Völkerrecht und Menschenrechte

Anspruchsrechte und Freiheitsrechte nach Hohfeld

- Wenn A ein Anspruchsrecht (*claim-right*) auf X hat, so hat B eine Pflicht hinsichtlich X (z. B. wenn B A versehentlich mit dem Auto angefahren hat, so hat A ein Anspruchsrecht auf Schmerzensgeld, B die Pflicht zu zahlen).
- Wenn A Freiheitsrecht (*liberty-right*) zu X hat, so hat B ein Nicht-Recht hinsichtlich X (z. B. hat A ein Recht auf körperliche Unversehrtheit, so dass B kein Recht hat, A zu verletzen).

Das kann heißen, dass B etwas tun oder unterlassen muss und im Bereich rechtlicher Geltung auch zur Pflichterfüllung (Handeln oder Unterlassen) gezwungen werden kann.

4.4 | Völkerrecht und Menschenrechte

Der Rechtsdiskurs ist von Anfang an durch die Spannungen geprägt, die der Konflikt einander widersprechender Rechtsordnungen verursacht (z. B. der Gesetze zweier Länder oder innerhalb eines Landes der Kirche und der weltlichen Herrschaft). Durch das kooperativ entwickelte Institut des **Völkerrechts** (*ius gentium*) wird versucht, Auseinandersetzungen durch überstaatliche Rechtsordnungen zu regeln. Besonders wichtig war dabei immer schon das Kriegsrecht, über dessen Einhaltung heute der Internationale Gerichtshof in Den Haag wacht und die Verantwortlichen für ›Verbrechen gegen die Menschlichkeit/Menschheit‹ zur Rechenschaft zieht. Die naturrechtlich geprägte **Schule von Salamanca** um Francisco de Vitoria (1480er-1546) und Francisco Suárez (1548–1617) entwickelte zum ersten Mal völkerrechtliche Vorstellungen wie die des gerechten Krieges und der Gemeinschaft der Völker in einer Weltrepublik (*res publica totius orbis*).

Völker- und Weltbürgerrecht bei Kant: In seinem »philosophischen Entwurf« *Zum ewigen Frieden* hat Kant sich zu zentralen völkerrechtlichen Fragen geäußert. Notwendig sind Weltbürgerrecht oder (realistischer) Völkerrecht, weil es aufgrund »allseitiger Gewalttätigkeit« zur Sicherung des inneren auch des äußeren Friedens bedarf (vgl. Kant: *Gemeinspruch*, S. 167 f.). »Das Völkerrecht soll auf einen *Föderalism* freier Staaten gegründet sein«, lautet der »zweite Definitivartikel«, dem sechs »Präliminarartikel« vorhergehen, in denen Kant begründet, dass dauerhafter Friede davon abhängig ist, dass Friedensvereinbarungen ohne Rückhalt getroffen und eingehalten werden, dass stehende Heere abgeschafft werden und dass zwischen Staaten keine finanziellen Abhängigkeiten bestehen, dass Staaten sich nicht in Verfassung und Regierung anderer Staaten einmischen sollen sowie dass im Krieg keine Verbrechen begangen werden dürfen, die einen späteren Frieden verunmöglichen würden. Das **Weltbürgerrecht** schränkt Kant auf ein ›Gastrecht‹ für Fremde (Hospitalität) ein. In *The Origins of Totalitarianism* (1951; *Elemente und Ursprünge totalitärer Herrschaft*, 1955) kritisiert Hannah Arendt diese Einschränkung mit Blick auf Flüchtlinge und Staatenlose (›sans papiers‹) und fordert das ›Recht, Rechte zu haben‹. Seyla Benhabib nimmt ihre Überlegungen in *The Rights of Others* (2004; *Die Rechte der Anderen*) auf und tritt für einen Abschied vom Paradigma des Nationalstaats sowie für das Recht auf politische Teilhabe ein.

Menschenrechte: Der einflussreichste staatenübergreifende Rechtsdiskurs ist der der Menschenrechte. Philosophisch begründet wird die Rede von Menschenrechten durch die Überzeugung, dass alle Menschen frei und gleich sind und dass ihnen durch ihr Menschsein universelle und unveräußerliche Rechte zukommen, deren Gesamtheit auch nicht teilbar ist. Zu diesen Rechten gehören die auf Leben und Unversehrtheit, auf Freiheit, Eigentum und Sicherheit, auf Meinungs- und Religionsfreiheit. In Menschenrechtserklärungen ist der Widerhall aufklärerischer Positionen vor allem Lockes, Rousseaus und Kants nicht zu überhören: »Alle Menschen sind frei und gleich an Würde und Rechten geboren. Sie sind mit Vernunft und Gewissen begabt und sollen einander im Geist der Brüderlichkeit begegnen« (Artikel 1 der *Allgemeinen Erklärung der Menschenrechte* durch die Vereinten Nationen vom 10. Dezember 1948). Die Erklärung erhält durch internationale Abkommen und nationale Rechtsordnungen (Grundgesetz) den Status gesetzten Rechts. Problematisch ist die Spannung zwischen dem Universalismus der Menschenrechte und dem Partikularismus souveräner Staaten, den es völkerrechtlich zu achten gilt.

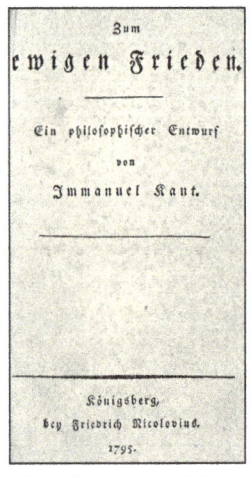

Kant: *Zum ewigen Frieden* (1795)

Literatur

Benhabib, Seyla: *Die Rechte der Anderen* [2004]. Frankfurt a. M. 2008.
Brieskorn, Norbert: *Menschenrechte. Eine historisch-philosophische Grundlegung.* Stuttgart u. a. 1997.
Brugger, Winfried/Neumann, Ulfrid/Kirste, Stephan (Hg.): *Rechtsphilosophie im 21. Jahrhundert.* Frankfurt a. M. 2009.
Gerhardt, Ute: *Gleichheit ohne Angleichung. Frauen im Recht.* München 1990.
Hofmann, Hasso: *Einführung in die Rechts- und Staatsphilosophie.* Darmstadt ^{6}2008.
Hohfeld, Wesley N.: *Fundamental Legal Conceptions* [1919]. Hg. von Arthur Corbin. Westport, Conn. 1978.
Horster, Detlef: *Rechtsphilosophie zur Einführung.* Hamburg 2002.
Jones, Peter: *Rights.* New York 1994.
Kaufmann, Arthur: *Rechtsphilosophie.* München ^{2}1997.
Kersting, Wolfgang: *Wohlgeordnete Freiheit. Immanuel Kants Rechts- und Sozialphilosophie.* Frankfurt a. M. ^{2}1993.
Koller, Peter: »Meilensteine des Rechtspositivismus im 20. Jahrhundert: Hans Kelsens ›Reine Rechtslehre‹ und H. L. A. Harts ›Concept of Law‹«. In: *Reine Rechtslehre im Spiegel ihrer Fortsetzer und Kritiker.* Hg. von Ota Weinberger/Werner Krawietz. Wien/New York 1988, S. 129–178.
Lohmann, Georg/Pollmann, Arnd (Hg.): *Menschenrechte. Ein interdisziplinäres Handbuch.* Stuttgart/Weimar 2011.
Loos, Fritz/Schreiber, Hans-Ludwig: »Recht, Gerechtigkeit«. In: *Geschichtliche Grundbegriffe.* Bd. 5. Hg. von Otto Brunner/Werner Conze/Reinhart Koselleck. Stuttgart 1972 ff., S. 231–311.
Pforten, Dietmar von der (Hg.): *Rechtsphilosophie.* Freiburg 2002.
Radbruch, Gustav: »Gesetzliches Unrecht und übergesetzliches Recht« [1946]. In: Ders.: *Rechtsphilosophie. Studienausgabe.* Hg. v. Ralf Dreier/Stanley L. Paulson. Heidelberg 1999, S. 211–219.
Simmons, A. John: *The Lockean Theory of Rights.* Princeton 1992.
Strömholm, Stig: *Kurze Geschichte der abendländischen Rechtsphilosophie.* Paderborn 1991 (engl. 1985).
Thomson, Judith Jarvis: *The Realm of Rights.* Cambridge, Mass. 1990.

Nele Schneidereit

5 Angewandte Ethik

5.1 Einleitung
5.2 Angewandte Ethik als philosophische Disziplin?
5.3 Methoden und Bereiche
5.4 Beispielhafte Themen

5.1 | Einleitung

Sollte man es zulassen, dass schwer kranke Patienten auf ihren Wunsch hin getötet werden? Sind wir in unserem Handeln zur Erhaltung der natürlichen Umwelt verpflichtet? Ist es moralisch vertretbar, Tiere zu Nahrungszwecken zu töten oder für Experimente zu nutzen?

Mit solchen interessanten und aktuellen moralischen Fragen beschäftigt sich die Angewandte Ethik – sie lässt sich allerdings als philosophische Disziplin nicht leicht verorten, und ihre Methoden lassen sich nicht ohne weiteres bestimmen und eingrenzen. Das bringt für die Wahrnehmung der Angewandten Ethik Vor- und Nachteile gleichermaßen mit sich. Einerseits stoßen ihre Fragen beim gebildeten Zeitgenossen in der Regel spontan auf Wohlwollen und Interesse. Die Existenz einer Institution, die sich mit akuten moralischen Problemen der Gegenwartsgesellschaft befasst, anstatt in theoretischen Sphären zu schweben, wird allgemein begrüßt. Andererseits setzt sich die Angewandte Ethik durch ihre prinzipielle Offenheit gegenüber Problemen, Theorien und Akteuren auch dem Vorwurf aus, ein letztlich müßiges und ergebnislos verlaufendes Unterfangen zu sein. Die an der Angewandten Ethik Beteiligten müssen mit diesen Vor- und Nachteilen offensiv umgehen.

5.2 | Angewandte Ethik als philosophische Disziplin?

5.2.1 | Was ist Angewandte Ethik?

Der disziplinäre und methodische Status der Angewandten Ethik ist bis heute diffus, was sich schon daran zeigt, dass es keine etablierte Definition gibt. Selbst die Eignung des Titels ›Angewandte Ethik‹, der als wörtliche Übersetzung des im nordamerikanischen Diskurs aufgekommenen Ausdrucks *applied ethics* eingeführt wurde, wird nicht selten in Frage gestellt. Alternative Wendungen wie ›Praktische Ethik‹, ›Konkrete Ethik‹, ›Anwendungsorientierte Ethik‹, ›Spezielle Ethik‹ oder ›Problemorientierte Ethik‹ werden den eingeführten Begriff allerdings nicht mehr verdrängen können. Der Hauptkritikpunkt an der Bezeichnung ›Angewandte Ethik‹ ist, dass er fälschlicherweise den Eindruck erweckt, man könne Theorien der allgemeinen Ethik einfach so auf konkrete Probleme anwenden; ein solch triviales Verständnis von Anwendung würde der Problemlage der meisten Diskussionen im Spektrum der Angewandten Ethik in der Tat keinesfalls gerecht.

Bereiche und Akteure: Die Angewandte Ethik zerfällt in eine Vielzahl von **Bereichsethiken** (s. 5.3.4), deren diskursive Tendenzen und Gepflogenheiten sich sehr stark voneinander unterscheiden können. Auch wird die Angewandte Ethik nicht ausschließlich, ja vielleicht nicht einmal hauptsächlich von Ethikern, also Philosophen, betrieben. Sie ist zumeist ein interdisziplinäres Unternehmen, an dem Fachvertreter der verschiedensten Wissenschaften und Personen anderer, auch nichtakademischer Kreise teilnehmen. Statt einer Definition bietet sich daher vorerst eine möglichst weit gefasste Beschreibung an, die den allgemeinen Sprachgebrauch widerspiegelt.

> **Definition**
>
> Die → Angewandte Ethik im weiten Sinn besteht in dem Bemühen, konkrete moralische Konflikte, die in einer Gesellschaft faktisch aufkommen, diskursiv zu klären und zu lösen.

5.2 Angewandte Ethik

Angewandte Ethik als philosophische Disziplin?

Beitrag der Fachphilosophie: Eine berechtigte und notwendige Unterscheidung ist allerdings die zwischen der Angewandten Ethik als Gesamtheit der Diskurse der Bereichsethiken und dem spezifisch philosophischen Beitrag zu diesen Diskursen. Die Philosophie kann die Bereichsethiken weder dominieren noch umgreifen. Es ist ihr aber möglich, sich mit ihren speziellen Kompetenzen in den Bereichsethiken zu engagieren. Es lässt sich dann des Weiteren festhalten:

> **Definition**
>
> → **Angewandte Ethik im engen Sinn** besteht in der Einbringung ethischer Kompetenz in den Prozess der diskursiven Klärung und Lösung konkreter moralischer Konflikte, die in einer Gesellschaft faktisch auftreten.

Zur Anwendung gelangt die Kompetenz, die man sich durch die Befassung mit Ethik erworben hat, nicht ein bestimmter Inhalt. Die Angewandte Ethik ist nur denkbar als engagierte Teilhabe, nicht als pure Metareflexion. Angewandte Ethik ist nicht eine Lehre von etwas, sondern die Kompetenz, in einen moralischen Streit mit den Mitteln der Ethik klärend einzugreifen.

5.2.2 | Selbstverständnisse und Einsatzorte

Betrieben wird die Angewandte Ethik heute auf ganz unterschiedlichen Schauplätzen. Somit gibt es auch verschiedene, gleichermaßen legitime Selbstverständnisse der Angewandten Ethik, je nach ihren Urhebern, ihren Adressaten und ihrer institutionellen Einbindung:

Aufgaben von Ethikkommissionen

Ethikkommissionen: Sie beraten auf lokaler Ebene Institutionen wie Krankenhäuser oder Forschungslabors, oder aber auf nationaler und internationaler Ebene die Politik hinsichtlich heikler Entscheidungen. Zudem haben sie die mittlerweile z. T. auch gesetzlich geregelte Funktion, Forschungsvorhaben zu begutachten, die Experimente an Menschen und Tieren beinhalten. Hier treten Experten der jeweiligen Professionen zusammen, darunter *auch* Ethiker, um gemeinsam über Fälle und Streitfragen zu beraten.

Zivilgesellschaftliches Engagement: In Initiativen und Bürgerbewegungen werden konkrete Gestaltungsfragen kontrovers diskutiert, seien dies lokale Bauvorhaben wie Brücken, Flughäfen oder Funkmasten oder auch Fragen von nationaler Tragweite wie der Atomausstieg oder der Datenschutz. Hier können sich Ethiker einbringen, um die argumentative Gemengelage zu entwirren, indem sie Argumente konturieren und klar machen.

Forschung: Ein weiteres Aufgabenfeld haben Angewandte Ethiker in der Forschung. Dabei begleiten sie innovative Forschungsvorhaben um einerseits die Partner aus Naturwissenschaft und Technik zu beraten und andererseits aufkommende neuartige moralische Fragestellungen unmittelbar aufzugreifen, zu reflektieren und in die Gesellschaft zu tragen.

Ethikberatung: Ethiker sind darüber hinaus, zumeist in klinischen Einrichtungen, in der Ethikberatung beschäftigt und stehen dort als Gesprächspartner für Praktiker, Patienten oder Angehörige, die vor schwerwiegenden Entscheidungen stehen, zur Verfügung.

Bildungssystem: Ein zentraler Schauplatz institutionalisierter Angewandter Ethik ist das Bildungssystem. Angewandte Ethik kann man nicht lehren oder lernen wie einen neutralen Gegenstand. Durch die Brisanz der behandelten Fragen und den unmittelbaren Zeitbezug stellt eine Behandlung der Themen der Angewandten Ethik auch immer schon einen Vollzug der Angewandten Ethik dar, die Teilnehmer/innen werden mit Fragen konfrontiert, die sie unmittelbar angehen. Dabei kann man die Rolle der Angewandten Ethik im Bildungssektor noch einmal differenzieren:

- **Allgemeinbildung:** Im Studium, etwa in der Lehrerausbildung, oder im Ethikunterricht an den Schulen soll in das Spektrum der momentan in der Gesellschaft kontrovers diskutierte Themen eingeführt werden.
- **Spezialbildung:** Zahlreiche Fachstudien, etwa technik- oder wirtschaftswissenschaftlicher Art und natürlich das Medizinstudium, umfassen eine speziell auf das bestimmte Berufsfeld ausgerichtete Ethikausbildung.

Lebenskunst: Schließlich gibt es noch einen weiteren Komplex von Motiven, sich jenseits aller professionellen Anliegen oder institutionellen Bindungen mit Themen der Angewandten Ethik zu befassen, nämlich die **individuelle Suche** nach konkreten Entscheidungen, die eigene Ausrichtung im sozialen Kontext, die Verwirklichung von Lebenskunst, die Erlangung von Bildung und die Wahrnehmung von persönlicher Verantwortung im privaten und beruflichen Kontext.

Angewandte Ethik kann folglich aus einem akademischen, politischen, professionellen, therapeutischen, pädagogischen oder existentiellen Selbstverständnis heraus betrieben werden.

5.3 | Methoden und Bereiche

5.3.1 | Angewandte und allgemeine Ethik

Was die Angewandte Ethik von der allgemeinen Ethik unterscheidet, ist ihre unmittelbare Bindung an moralische Konflikte, die in der Gesellschaft tatsächlich bestehen und in der Öffentlichkeit diskutiert werden. Es geht ihr nicht um eine Theorie der Moral im Allgemeinen, sondern um die Lösung bestimmter moralischer Probleme.

Allgemeine Regeln und konkrete Probleme: Die Ergebnisse der allgemeinen normativen Ethik sind im Bereich umfassender, unser Leben durchgehend betreffender Vorschriften zumeist recht plausibel. Dass wir im Allgemeinen niemanden töten und nicht lügen sollen, steht einerseits im Einklang mit der Intuition, und kann andererseits von den verschiedenen Schulen der theoretischen Ethik zureichend begründet werden. Doch dieser Erfolg der allgemeinen bzw. theoretischen Ethik ist ein scheinbarer, denn er ist durch erhebliche Abstraktionen und das Absehen von den konkreten moralischen Konflikten erkauft. Im alltäglichen Leben werden wir uns nämlich selten darüber streiten, dass es im Allgemeinen falsch ist, jemanden einfach so zu belügen oder zu töten. Das sind nicht die Fragen, die den Anlass ethischer Reflexionen bilden. Die Theorien der allgemeinen Ethik sind also, etwas zugespitzt formuliert, dort am stärksten, wo sie für die konkrete Praxis am wenigsten relevant sind.

An diesem Punkt bedarf es einer *Angewandten* Ethik, die den konkreten Problemen mehr verpflichtet ist als einer bestimmten Theorie. Das Fokussieren von Anwendungsproblemen ist dann eine nicht-triviale philosophische Aufgabe.

5.3.2 | Anwendungsprobleme

Bei einigen Konfliktfällen ist es gerade die Anwendung einer ansonsten gut begründeten Theorie bzw. eines wohl etablierten Prinzips, die ernste Bedenken wachruft:

Tyrannenmord: Wie soll ich z. B. handeln, wenn ich durch die Tötung eines Tyrannen unser Volk und unsere Nachbarn vor Krieg und Terror bewahren kann? Die glatte Ablehnung des Tyrannenmordes auf der Basis eines ansonsten unangefochtenen, allgemeingültigen, wohl begründeten Tötungsverbots ist hier erheblich weniger plausibel. Es wäre mit unserer Intuition gar nicht unverträglich zu sagen, dass man den Tyrannen töten sollte und dass das Töten hier etwas moralisch Gerechtfertigtes ist.

Kants Lügner: Oder angenommen, so Kants berühmt-berüchtigtes Beispiel (*Über ein vermeintliches Recht*, KWA VIII, S. 637 ff.), ich könnte durch eine Lüge gegenüber einem Verbrecher verhindern, dass dieser meinen Freund ermordet. Wäre dann das Lügen nicht – entgegen der Theorie – das Richtige, das Gesollte (s. Kap. II.B.1.3.2)?

Pflichten und Konsequenzen: Der Versuch, in diesen Fällen die einer Theorie entspringenden **Pflichten** (nicht töten, nicht lügen) strikt durchzusetzen, führt zu Handlungsanweisungen, die als moralisch fragwürdig erlebt werden. Um hier zu einer richtigen Entscheidung zu kommen, so scheint es, muss man verschiedene Werte gegeneinander abwägen und versuchen, das im **Ergebnis** Beste für alle herauszufinden. Doch auch diese theoretische Option findet ihre intuitiven Grenzen. Angenommen, ich müsste nicht einen Tyrannen, sondern einen völlig Unschuldigen töten, um einen wütenden Mob durch ein Bauernopfer daran zu hindern, mordend und brandschatzend durch die Stadt zu ziehen. Auch hier wären die Konsequenzen des Tötens in der Summe wohl besser als die des Nichttötens. Aber würde ich allein deshalb überzeugt sein, moralisch richtig zu handeln? Wir sehen hier am Beispiel der beiden wohl wichtigsten Theorieströmungen der modernen Ethik, der **Deontologie** und des **Konsequentialismus**, dass subtil argumentierende und traditionsreiche Theorien ziemlich schnell an ihre jeweiligen Grenzen kommen, wenn man sie auf ganz konkrete Konfliktfälle bezieht (s. Kap. II.B.1.3).

Moralische Prinzipien: Ein Ausweg könnte darin bestehen, anstatt sich an großen Theorieschulen zu orientieren, sich unter Verzicht auf unbedingte Letztbegründung auf allgemein geteilte Prinzipen wie z. B. das Streben nach Gerechtigkeit zu konzentrieren. Der Grundsatz, alle Menschen

Beispiel

Gerechtigkeit

Man stelle sich folgende Konstellation vor (vgl. Foot 1990; Taurek 2004): Nach einer Katastrophe haben Ärzte sechs lebensgefährlich verletzte Personen vor sich. Alle würden ohne medizinische Hilfe sterben; jedoch ist einer der Patienten erheblich schwerer verletzt als die anderen fünf. Die Ärzte haben nur ein gewisses Quantum der benötigten Medizin vorrätig: Es reicht dafür, entweder die fünf leichter Verletzten überleben zu lassen oder den einen schwerer Verletzten. Letzterer bräuchte die gesamte Medizin, während den anderen jeweils ein Fünftel genügen würde. Es steht außer Frage, dass die Ärzte nun verpflichtet sind, diese Patienten gerecht zu behandeln. Aber was bedeutet das hier, zu welcher Handlung verpflichtet sie das?

Einer der Ärzte könnte sagen, dass er die fünf behandelt und den einen sterben lässt, weil es gerecht ist, knappe Ressourcen zum Wohle der Mehrheit einzusetzen. Der nächste könnte argumentieren, dass Gerechtigkeit im Ausgleich zufälliger, unverschuldeter Ungleichheiten liegt, und dass man daher den am schwersten Verletzten bevorzugt behandeln muss. Der dritte könnte sagen, dass Gerechtigkeit darin besteht, für alle Menschen ohne Ansehen ihrer Person einen gleichartigen Zustand zu erreichen. Da dies durch die Gabe der Medikamente in dieser Situation nicht möglich ist, wirft er sie weg und heilt keinen. Ein vierter sagt, dass jeder der Verletzten die gleiche Chance haben soll, gerettet zu werden. Er ordnet jedem Patienten eine Zahl von eins bis sechs zu und würfelt. Wird die Zahl des am schwersten Verletzten geworfen, wird er gerettet. Wird die Zahl eines anderen geworfen, wird dieser und als Folge davon auch alle anderen leichter Verletzten gerettet. Ein fünfter schlägt vor, eine Münze zu werfen, wobei Kopf bedeutet, dass der Schwerverletzte gerettet wird, Zahl, dass alle anderen gerettet werden. Nur so, argumentiert er, besteht wirklich für jeden die gleiche Chance, gerettet zu werden. Ein sechster schließlich wehrt sich gegen alle diese Vorschläge. Er möchte über die Gabe der Medikamente gerade nur in Ansehung der Personen entscheiden: Handelt es sich bei dem Einen vielleicht um einen Verbrecher, oder um eine besonders verdiente Persönlichkeit? Ist er vielleicht jung und sind die fünf anderen schon alt? Allein das Einbeziehen dieser konkreten Gegebenheiten ermöglicht es für ihn, eine gerechte Entscheidung zu treffen.

gerecht zu behandeln, würde den Tyrannenmord erlauben, nicht aber das Bauernopfer. Jeder bekäme, was er ›verdient‹. Und dennoch: Auch mit einzelnen allgemein geschätzten Prinzipien ist es manchmal nicht getan.

Das oben stehende Beispiel zeigt, wie vielfältig die Interpretationen eines Prinzips, hier das der Gerechtigkeit, ausfallen können, ohne dass man einer der vorgeschlagenen Möglichkeiten eine grundsätzliche Berechtigung absprechen könnte.

In all diesen Fällen haben wir Probleme vor uns, die beim Versuch der konkreten Anwendung von entweder wohlbegründeten Theorien oder faktisch allgemein akzeptierten Prinzipien zu Tage treten können.

5.3.3 | Argumentationsweisen

Im Folgenden soll das typische Vorgehen und Argumentieren, wie es in der Angewandten Ethik immer wieder zu beobachten ist, umrissen werden. Von einem vollständigen Kanon der Methoden kann dabei prinzipiell nicht die Rede sein.

Bezugnahme auf die allgemeine Ethik: Die Angewandte Ethik ist von den Theorien der allgemeinen Ethik keinesfalls unabhängig, sondern nimmt beständig auf sie Bezug. Allerdings vagabundiert sie dabei zwischen den verschiedenen Theorien hin und her und ihre Bezugnahme erfolgt nicht, um Theorien zu stützen, sondern um die konkreten Probleme erstens aus verschiedenen Blickwinkeln zu beleuchten und zweitens zugleich immer sowohl die Stärken als auch Schwächen dieser Blickwinkel aufzuzeigen. Der Bezug, den die Angewandte Ethik auf Theorien der allgemeinen Ethik nimmt, hat damit einen heuristischen Charakter und ist Teil der Interpretation einer Problemlage hinsichtlich ihrer moralischen Relevanz.

Theoretisierung: Am Anfang steht oft der Versuch, ein konkretes moralisches Problem mit Hilfe einer Theorie der allgemeinen Ethik zu interpretieren. Man könnte hier von einer ersten Ebene, der Theoretisierung, sprechen. Doch in der Regel vermögen einzelne Theorien, wie angedeutet, ein Problem nicht ›restfrei‹ zu klären, so dass die Anwendung der Theorie immer auch Implikationen mit sich führt, die uns intuitiv als unmoralisch erscheinen.

Differenzierung: Auf einer zweiten Ebene, der Differenzierung, sind dem Angewandten Ethiker dann im Bezug auf ein Problem die Vor- und Nachteile zahlreicher theoretischer Aneignungsversuche der ersten Ebene bekannt und er vermag auf dieser Basis in einen konkreten Diskurs, etwa in einer Kommission oder in den Medien, einzugreifen. Auch der Ethiker kann das Problem dann nicht durch einen Geniestreich zum Verschwinden bringen – sollten solche gesellschaftlichen Erwartungen manchmal bestehen, sind sie irrig. Doch er hat die Kompetenz, zur Klärung der Problemlage insofern beizutragen, als er paradigmatische argumentative Optionen herauspräpariert, sie in ihren Voraussetzungen und Implikationen verdeutlicht und damit die Argumente und Positionen der Diskurspartner aufklärt und ihnen selbst zur Prüfung vorlegt. Dieses Vorgehen kann man als **deliberativ** bezeichnen.

Grenzen der Anwendbarkeit: Was ist es nun, das die Anwendbarkeit einer Theorie – deren innere Konsistenz einmal vorausgesetzt – limitiert? Einerseits sind es die **moralischen Intuitionen**, die wir alle in uns tragen. Eine Problemlösung, die zwar theoretisch attraktiv ist, aber in starkem Widerspruch zu unserer Intuition steht, wird wahrscheinlich dazu führen, dass wir uns von ihr distanzieren. Wie lässt sich damit umgehen?

Induktiv und deduktiv: Man könnte sich das gesamte Feld der Moral und ihrer Reflexion durch die Ethik als eine Kaskade zu- bzw. abnehmender Abstraktion vorstellen (vgl. Bayertz 1991): Auf der untersten Stufe stehen konkrete Wertungen oder unmittelbar erlebte Konflikte. Darüber stehen bereichsspezifische Regeln. Wiederum darüber stehen allgemeine Regeln, die für alle Lebensbereiche gelten sollen. Dann folgen zuoberst die ersten Prinzipien und deren theoretische Begründungen. Es lassen sich nun zwei verschiedene Strategien voneinander unterscheiden, höhere und tiefere Ebenen aufeinander zu beziehen:

- Mit der **deduktiven Methode** geht man von dem obersten Prinzip aus und leitet von diesem dann konkretere Regeln bis hin zu einzelnen Handlungsanweisungen ab.
- Mit der **induktiven Methode** dagegen geht man von einer Reihe von Einzelfällen aus und konstruiert aufgrund von Gemeinsamkeiten allgemeine Regeln.

Kann die Angewandte Ethik eine dieser Methoden adoptieren? – Das erste Verfahren, so ist schon angeklungen, kann ganz klar nicht die bevorzugte Strategie sein. Das sture Anwenden abstrakter Prinzipien muss unweigerlich zum Verfehlen der konkreten Probleme führen. Doch auch das pure Gegenteil ruft schwerwiegende Bedenken auf. Der Versuch, auf der Basis einer Reihe von Einzelfällen herauszufinden, was moralisch richtig ist, wäre zum Scheitern verurteilt. Zudem verweist eine einzelne Wertung bzw. das Erleben eines konkreten moralischen Konflikts immer schon auf eine allgemeinere Regel. Das Haften am Einzelfall, d. h. eine reine **Kasuistik** ohne theoretische Bezugnahme, wäre für die Angewandte Ethik eine gleichfalls sehr unbefriedigende Strategie. Jeglicher Argumentation wären damit die Mittel entzogen und die Ergebnisse trügen einen eher willkürlichen Charakter.

> **Definition**
>
> Unter → Kasuistik (›Fallkunde‹) versteht man, vorrangig in der Medizin, Rechtslehre und Moraltheologie, ein Vorgehen, das Einzelfälle studiert und Lösungen für diese definiert. In pejorativer Verwendung verweist das Wort ›Kasuistik‹ auf ein spitzfindiges und eigennütziges Zurechtinterpretieren beliebiger Sachverhalte.

Das Vorgehen der Angewandten Ethik kann daher weder nur deduktiv noch nur induktiv sein. Es hat vielmehr den Charakter des Oszillierens zwischen konkreten moralischen Wertungen oder Konflikten und höheren Prinzipien. Es werden dabei Konzepte verschiedener Abstraktionsebenen an Probleme herangetragen und dabei immer wieder theoretische Ansprüche und Intuitionen miteinander konfrontiert. Man geht also zwischen dem konkreten Problem und der Theorie ›hin und her‹ bzw. auf den Kaskaden der Abstraktion ›auf und ab‹.

Überlegungsgleichgewicht: Das Ziel dieses Vorgehens lässt sich als Überlegungsgleichgewicht bezeichnen (Rawls: *Gerechtigkeit*, S. 38 f., 68 ff.). Ein Überlegungsgleichgewicht stellt sich ein, wenn sich lebensweltliche moralische Intuitionen und ethische Theorien einander annähern. Dabei erreicht man einem Zustand, in dem man starke moralische Intuitionen hat, die gleichwohl argumentativ erklär- und begründbar sind. Überwunden werden so blinde Überzeugungen ebenso wie blutleer konstruierte theoretische Ideale. Dieser Prozess ist kein einseitiger, sondern führt neben der kritischen Befragung der Intuition auch zu einer Modifikation und Anpassung der Theorien. Die Anwendung ist so immer ein wirklicher Lernprozess der Beteiligten und beinhaltet eine gewisse Kreativität.

Weitere Grenzen der Anwendbarkeit: Allerdings ist die Anwendung von Theorien auf konkrete Probleme selbstredend von den sachlichen, nur empirisch zu bestimmenden Eigenschaften der jeweils in Frage stehenden Gegenstände abhängig. An dieser Stelle ist die Arbeit des Angewandten Ethikers **inter- bzw. transdisziplinär**. Das heißt, dass seine Arbeit in der Regel mit den Mitteln der Geisteswissenschaften allein nicht zu leisten ist, sondern eine, wenn zumeist freilich nicht professionelle Kompetenz, so doch intensivere Kenntnis anderer Fachbereiche erfordert. Wer beispielsweise über den moralischen Status menschlicher Embryonen nachdenken möchte, muss sich über die Stadien der Embryonalentwicklung informieren. Die Bereitschaft, das eigene Fachgebiet, in unserem Falle die Philosophie, zu übersteigen, ist daher essentiell.

Kohärentismus: Zusammenfassend kann man den Charakter und das Vorgehen der Angewandten Ethik als kohärentistisch bezeichnen. Kohärentismus bedeutet, dass das Ziel der Diskussion ein gewisser **Einklang** zwischen verschiedenen Sichtweisen und Interpretationen, Intuitionen und Fakten ist, nicht das Auffinden der einen, an sich richtigen und letztbegründeten Lösung eines Problems. Argumentationen werden dabei immer wieder miteinander und mit den Konditionen ihrer Anwendbarkeit konfrontiert und gegeneinander abgewogen.

Prinziplismus: Eine besonders in der Medizinethik wohl etablierte Herangehensweise an moralische Anwendungsprobleme ist der sog. Prinziplismus.

> **Definition**
>
> Unter → **Prinziplismus** versteht man eine Strategie, moralische Dilemmata durch den Bezug auf moralische Prinzipien zu lösen, von denen man annimmt, dass sie Ausdruck der allgemeinen Moral (*common morality*) sind.

Diese Prinzipien werden nicht theoretisch hergeleitet, sondern als gegeben und damit empirisch erforschbar angenommen. Es sind Grundsätze oder abstrakte Normen, die jeder gegenwärtige Mensch, insofern er überhaupt an der Moralität Anteil nimmt, akzeptieren würde (Beauchamp/Childress 2009, S. 2–5, 387–397). So wird die theoretische Bindung an ein einzelnes oberstes Prinzip vermieden, allerdings nicht auf die Anleitung durch ein festes **Rahmenwerk** verzichtet. Als die grundlegenden Prinzipien der ›allgemeinen Moralität‹ werden die folgenden angenommen:

- das Gebot des **Nichtschadens**,
- der Respekt vor der **Autonomie** einer Person,
- das Gebot des **Wohltuns**,
- die **Gerechtigkeit**.

Diese Prinzipien sind für einzelne Probleme zunächst zu spezifizieren. Das bedeutet, dass man ihren Anwendungsbereich auf einen bestimmten Problemkontext verengt und dabei die verschiedenen Aspekte dieses Kontextes immer detaillierter beschreibt. Unter der leitenden Frage ›Was bedeutet das im konkreten Fall?‹ wird ein Prinzip so auf ein konkretes Problem angewendet. Da die Prinzipien in vielen Fällen miteinander konfligieren (können), müssen sie in einem zweiten Schritt gegeneinander abgewogen und ausbalanciert werden (ebd., S. 16–24). Auch das Verfahren des Prinziplismus ist deliberativ, kohärentistisch und zielt auf ein Überlegungsgleichgewicht ab. Es stellt den – insbesondere bezüglich seiner Leistungsfähigkeit nicht unumstrittenen – Versuch dar, das Vorgehen der Angewandten Ethik in ein klar definiertes Schema zu bringen.

5.3.4 | Die Bereichsethiken

Die Angewandte Ethik kann sich auf eine potentiell unbegrenzte Anzahl von Bereichen beziehen. Diese unterscheiden sich, abgesehen von der Problemstellung, auch bezüglich der Akteure, der institutionelle Anbindung und der Art der Bezug-

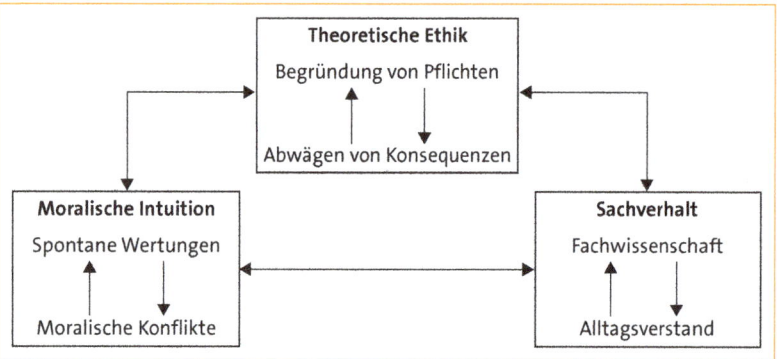

Das kohärentistische Vorgehen der Angewandten Ethik

nahme auf ethische Theorien und philosophische Traditionen. Generell ist es geboten, von den konkreten Problemen auszugehen, und innerhalb der Bereichsethiken keine homogenen Diskursstrukturen zu erwarten. Wichtige und intensiv ausgearbeitete Bereichsethiken sind z. B.:

Die Medizinethik befasst sich mit heiklen Fragen medizinischer Behandlung und Forschung insbesondere im Angesicht moderner technischer Möglichkeiten. Typische Diskussionsthemen sind der Streit um die Euthanasie, die Abtreibung, die Vergabe von Spenderorganen, die genetische Veränderung menschlicher Individuen oder die gerechte Verteilung von Mitteln im Gesundheitssystem.

Die Ökologische Ethik (bzw. Umweltethik) befasst sich mit normativen Aspekten unseres Umgangs mit der natürlichen Umwelt. Typische Themen sind die Frage, ob die vom Menschen vorgefundene Natur um ihrer selbst willen schützenswert ist oder ob wir für künftige Generationen insofern Verantwortung tragen, dass wir ihnen natürliche Ressourcen und eine intakte Umwelt hinterlassen müssen.

Die Wirtschaftsethik befasst sich mit dem Problem, wie das auf Profit ausgerichtete wirtschaftliche Handeln auf den verschiedensten Schauplätzen der Ökonomie mit in der Gesellschaft allgemein geteilten Prinzipien wie Freiheit, Gerechtigkeit oder Solidarität zusammen bestehen kann. Die Diskussion dreht sich hier oft um die Alternative von ethischen Forderungen an einzelne Wirtschaftssubjekte (Hersteller, Konsumenten usw.) und dem Ruf nach ordnungspolitischen Regelungen.

Die Technikethik befasst sich mit der ethischen Bewertung technischer Innovationen und ihrer Implementierung in die Gesellschaft. Der Streit um das Für und Wider von Atomkraftwerken wäre hierfür ein Beispiel.

Der Wissenschafts- oder Forschungsethik geht es um die ethische Vertretbarkeit von Forschungspraxen. Kontrovers diskutiert werden hier beispielsweise die Fragen, ob man medizinische Forschungen auch an nicht einwilligungsfähigen Probanden, etwa an Kindern, geistig Behinderten oder Komatösen durchführen darf oder ob es vertretbar ist, genetisch veränderte Pflanzen zu Forschungszwecken im Freiland auszusetzen.

Der Tierethik geht es um eine Korrektur unseres Umgangs mit Tieren insbesondere im Bereich der Landwirtschaft und der Forschung. Hier werden z. B. Forderungen nach einem allgemeinen Vegetarismusgebot oder einer weitestgehenden Einstellung von Tierversuchen begründet und diskutiert.

Die Medienethik richtet sich auf moralische Probleme, die sich im Kontext der Nutzung moderner Informations- und Kommunikationstechnologien ergeben. Fragen des Umgangs mit persönlichen Daten oder des Zugangs zu Informationen zählen zu den zentralen Gegenständen.

Die Neuroethik reflektiert und bewertet technische Strategien der Untersuchung, Behandlung, Substitution und Verbesserung im Bereich des menschlichen Zentralnervensystems. Da wir dieses als materiale Basis bzw. Korrelat des Bewusstseins und der Persönlichkeitsmerkmale einer Person ansehen müssen, stellen sich hier vorrangig Fragen nach der **Bedrohung der Autonomie** und dem Verlust von charakterlichen Eigenschaften durch heilende oder verbessernde Eingriffe. Ob man ein sehr wirksames Antidepressivum verabreichen soll, das nebenbei die Persönlichkeit des Patienten massiv verändert, oder ob Gesunde die kognitiven Fähigkeiten steigernde Psychopharmaka im Alltag einnehmen sollten (sog. Neuro-Enhancement oder Hirn-Doping), sind nur zwei der aktuellen Probleme.

›Bioethik‹ hat sich als ein wichtiger Oberbegriff für alle Bereichsethiken, die sich mit belebten Entitäten befassen, etabliert. Sie umfasst damit partiell Probleme der Medizinethik, der ökologischen Ethik, der Tierethik, der Neuroethik u. a.

5.4 | Beispielhafte Themen

Da es unmöglich ist, in diesem Rahmen alle oder auch nur die wichtigsten Bereichsethiken im Detail vorzustellen, soll stattdessen anhand von drei konkreten Problemen, drei moralischen Konflikten, die in der Gesellschaft aufgekommen sind, exemplarisch vorgeführt werden, womit sich die Angewandte Ethik befasst.

5.4.1 | Euthanasie

Der Begriff der Euthanasie stammt aus dem Griechischen und bedeutet so viel wie ›guter Tod‹ oder ›Wohlsterben‹. In der Antike wurde damit ein Tod bezeichnet, der unter günstigen Verhältnissen, nach einem erfüllten Leben, im Einklang mit der jeweiligen Biografie und ohne Leiden eintritt. In der Neuzeit stand der Begriff im medizinischen Kontext sehr lange für die ärztliche Sterbebegleitung, wobei nicht an eine vorzeitige Beendigung des Lebens gedacht wurde. Das änderte sich seit dem späten 19. Jh., als immer wieder die Forderung erhoben wurde, die Tötung auf Verlangen eines Schwerkranken, dessen Tod nach menschlichem Ermessen bevorsteht, straffrei zu stellen. Die Argumente in dieser Debatte, die bis heute anhält, haben somit eine lange Geschichte (Benzenhöfer 2009; Grübler 2011, S. 13–35).

Krankenmorde: Ab 1940 hatten die **Nationalsozialisten** unter Vorspiegelung eines wissenschaftlichen Interesses begonnen, systematisch kranke und behinderte Kinder ausfindig zu machen, zu ›beurteilen‹ und dann zu töten. Dasselbe begann kurz darauf auch für psychisch kranke und geistig behinderte Erwachsene. Allein diesen beiden Mordaktionen fielen ca. 80 000 Menschen zum Opfer. Dadurch, dass diese Krankenmorde von der Historiografie unter dem Titel ›Euthanasieverbrechen‹ geführt wurden, ist der Begriff der Euthanasie für deutsche Ohren diskreditiert, während er in anderen Sprachen völlig geläufig verwendet wird. Eine offensive Aneignung des Konzeptes und der geschichtlichen Ereignisse vorausgesetzt, erscheint eine solche Vermeidung des Begriffes allerdings als unnötig und schwer durchzuhalten. Dennoch hat sich als Äquivalent im Deutschen der verglichen mit ›Euthanasie‹ wesentlich engere Begriff der ›Sterbehilfe‹ etabliert und ausdifferenziert.

Arten der Sterbehilfe: Man unterscheidet üblicherweise zwischen passiver, aktiver und indirekter Sterbehilfe.

- Unter **passiver Sterbehilfe** versteht man das Beenden, Nichtweiterführen oder Nichtbeginnen lebensverlängernder medizinischer Maßnahmen, die absehbar den Tod des Patienten zur Folge haben. Ein solches Vorgehen ist in Deutschland, die Willensbekundung des Patienten vorausgesetzt, vollkommen legal.
- Unter **indirekter Sterbehilfe** versteht man die Inkaufnahme einer Lebensverkürzung als Nebenfolge der Behandlung (Schmerztherapie) eines Patienten. Auch dies ist in Deutschland legal.
- Unter **aktiver Sterbehilfe** versteht man das Bewirken des Todes eines Patienten durch eine direkte Einwirkung. Ein solches Vorgehen ist in Deutschland strafbar, auch dann, wenn der Patient explizit um eine Tötung gebeten haben sollte.
- Der **assistierte Suizid** stellt eine andere heute oft diskutierte Form der Sterbehilfe dar. Dabei unterstützt ein Helfer die Selbsttötung eines Patienten, indem er ihm z. B. ein tödlich wirkendes Medikament zur Verfügung stellt. Der Patient nimmt es dann selbständig ein, wobei er – juristisch gesprochen – die **Tatherrschaft** über den Vorgang behält. Diese Form der Sterbehilfe hat in jüngerer Zeit durch das Wirken zweier schweizerischer Vereine einige Popularität errungen. Auch in Deutschland ist die Beihilfe zum Suizid im Prinzip straflos. Rechtlich belangt werden können lediglich sog. ›Garanten‹, also Personen, die aufgrund eines besonderen Rechtsverhältnisses zum Sterbewilligen für dessen Wohl verantwortlich gemacht werden können. Allerdings würde in Deutschland die Beschaffung und/oder Überbringung eines tödlichen Medikamentes durch einen medizinischen Laien einen Verstoß gegen das Arznei- bzw. Betäubungsmittelgesetz darstellen.

Der Kern der Debatte: Die zentrale Forderung, die im Streit um die aktive Sterbehilfe an die Gesellschaft gestellt wird, ist, dass Kranke, die ihrem Leben ein Ende setzen wollen, dazu auf legalem Wege (auch professionelle) Hilfe in Anspruch nehmen können. Gründe für den Sterbewunsch können starke Schmerzen in der Endphase z. B. eines Krebsleidens sein oder auch die mit der Aussicht auf totale Hilflosigkeit einhergehende fortschreitende Einschränkung von Handlungsmöglichkeiten z. B. infolge neuronaler Erkrankungen. Diese Forderung ist bereits älteren Datums und nicht etwa erst infolge der modernen Apparatemedizin seit der Mitte des 20. Jh.s aufgekommen (vgl. Grübler 2007, 2011).

Anfänge der Euthanasiedebatte: Adolf Jost, der 1895 mit seiner Schrift *Das Recht auf den Tod* die öffentliche Debatte in Deutschland einleitete, argumentiert auf der Basis des autonomen Selbstverständnisses des modernen Menschen für das Recht jedes Einzelnen, über sein Leben und Sterben selbst zu bestimmen. Er spricht erstmals vom ›**Wert des Lebens**‹, der für ihn zunächst von der persönlichen Lebensqualität bestimmt ist. Wenn es mit unerträglichem Leiden einhergeht und keine Aussicht auf Besserung mehr besteht, würde ein Leben für den Lebensträger selbst seinen Wert verlieren. Eine zweite Quelle des Wertes eines Lebens ist für Jost der Nutzen, den das Leben für andere, für die Familie oder den Staat, hat. Somit ist die Freigabe der Tötung nicht nur von dem Verlangen alleine abhängig, sondern es sind auch

Rücksichten sozialer Art zu nehmen. Im Fall des schwer kranken Leidenden kann aber, so Jost, auch von solch einem Wert nicht mehr die Rede sein. Der Staat hat also keinen Grund, dem Sterbewilligen sein Verlangen zu verwehren (Jost 1895). Solche und ähnliche Versuche, die aktive Sterbehilfe zu rechtfertigen, hat es in der Folge immer wieder gegeben.

Gesetzliche Freigabe: In Deutschland ist es zu einer gesetzlichen Freigabe der aktiven Sterbehilfe zu keiner Zeit gekommen. In anderen europäischen Ländern (Niederlande, Belgien und Luxemburg) gibt es dagegen eine solche gesetzliche Regelung. Für die **Niederlande** sieht sie beispielsweise so aus, dass eine von einem Arzt ausgeführte Tötung auf Verlangen oder eine Beihilfe zum Suizid dann straflos bleibt, wenn

- das Verlangen des Patienten freiwillig und wohlerwogen ist,
- sein Leiden unerträglich und Heilung ausgeschlossen ist,
- der Patient umfassend aufgeklärt wurde,
- Arzt und Patient die Entscheidung gemeinsam tragen,
- der Arzt sich mit zumindest einem Fachkollegen, der den Fall kennt, beraten hat,
- die Tötung medizinisch sorgfältig ausgeführt wurde.

Der Fall ist dann vor einer regional zuständigen Kommission offenzulegen, die ihn prüft (vgl. Tak 2001; Lindemann 2005).

Gegner und Befürworter: Von Seiten der Befürworter der aktiven Sterbehilfe steht bis heute die **Autonomie des Menschen** bzw. die **Respektierung seines Willens** als oberstes Prinzip der modernen Moral im Zentrum. Dem wurde von der Gegenseite immer wieder massiv widersprochen. Ins Feld geführt werden dabei die prinzipielle Unantastbarkeit und **Heiligkeit des menschlichen Lebens** oder die **Unsicherheit des Wissens** über den genauen Krankheitsverlauf. De facto handelt es sich hier um einen echten weltanschaulichen Konflikt zwischen einer säkularen und einer christlichen Haltung zum menschlichen Leben. Für letztere sind Leben und Tod allein in Gottes Hand gelegt, ein menschliches Eingreifen zur Herbeiführung des Todes daher prinzipiell ausgeschlossen. Die Konfrontation der beiden gegensätzlichen Haltungen hat sich daher auch in der Sache als zunehmend fruchtlos erwiesen. Die Diskussion verharrt dabei, an die Argumente der jeweiligen Gegenseite anzuschließen und ihnen Folgen und Implikationen nachzuweisen, die zu einer Schwächung ihrer Argumente führen müssen bzw. diese gänzlich ad absurdum führen:

Aktiv und passiv: Eine der jüngeren Diskussion entspringende Argumentation wird von den Befürwortern der aktiven Sterbehilfe vorgebracht. Sie zielt darauf ab, die etablierte Unterscheidung zwischen aktiver, indirekter und passiver Sterbehilfe zu desavouieren. Diese Unterscheidung ist zunächst rein **deskriptiv**. Im einen Falle bewirkt man etwas, im anderen lässt man einer Sache ihren Lauf. Die unterschiedliche juristische Bewertung der verschiedenen Optionen deutet aber schon darauf hin, dass man diesen Beschreibungen zugleich **normative** Unterschiede beilegt, so dass ›passiv‹ und ›indirekt‹ mit ›moralisch akzeptabel‹, ›aktiv‹ mit ›moralisch inakzeptabel‹ konnotiert ist. Die Befürworter der aktiven Sterbehilfe nun stellen diesen normativen Unterschied in Abrede und versuchen damit zu zeigen, dass es widersprüchlich ist, passive Sterbehilfe gutzuheißen und aktive abzulehnen. So ist die passive Sterbehilfe, die sowohl legal ist als auch von den Gegnern der aktiven Sterbehilfe in der Regel akzeptiert wird, oftmals sehr wohl mit einem Tun verbunden, etwa mit dem Abstellen von Geräten. Die passive Sterbehilfe wäre somit auch irgendwie aktiv, so dass ein relevanter Unterschied hier gar nicht zu bestehen scheint. Darauf wird von den Gegnern der aktiven Sterbehilfe erwidert, dass das Passive der passiven Sterbehilfe darin besteht, dass man, auch durch die Abschaltung eines Gerätes, der ›**Natur**‹ ihren Lauf lässt, so dass der Patient an seiner Krankheit stirbt. Im Gegensatz dazu wird bei der aktiven Sterbehilfe eine neue **Ursache** ins Spiel gebracht, die den Tod bewirkt.

Konzept Handlung: Dem wiederum kann von Seiten der Befürworter der aktiven Sterbehilfe mit einer Besinnung auf den Begriff der Handlung begegnet werden. Eine Handlung ist ein bewusstes, **absichtsvolles, zielgerichtetes Geschehen**, das der Handelnde auch nicht ausführen könnte. Es tut dabei nichts zur Sache, ob die Handlung in einem **Tun** oder in einem **Unterlassen** besteht. Wer also einem Patienten passive Sterbehilfe leistet, ganz egal ob er eine Therapie tätig abbricht oder eine solche untätig gar nicht erst aufnimmt, der intendiert den baldigen Tod des Patienten aus bestimmten Erwägungen heraus als das unter den gegebenen Umständen ›beste‹ oder angemessenste Ergebnis. Wieso sollte sich diese Handlung der passiven Sterbehilfe wesentlich von der der aktiven unterscheiden? Auch diese intendiert den Tod des Patienten als die unter den gegeben Umständen vorzuziehende Lösung. Ist die aktive Sterbehilfe letztlich nicht konsequenter und ethisch höherstehend, wenn durch sie das Leiden des Patienten, für dessen Tod man sich entschieden hat, verringert werden und damit seinem Willen entsprochen wird? Zudem: die ebenfalls legale indirekte Sterbehilfe kann doch ohnehin bedeuten, dass ein Patient an der Gabe von Medikamenten vorfristig stirbt. Wie soll hier ein moralisch relevanter Unterschied zur aktiven Sterbehilfe aufrechterhalten werden?

Doppelwirkung: Die Gegenseite führt hier das Argument von der Doppelwirkung ins Feld. Es geht auf Thomas von Aquin (1224–1274) zurück, der es am Fall der Selbstverteidigung erklärt: Wer einen Angreifer in Notwehr tötet, macht sich nicht schuldig am Tod des Angreifers. Denn die Intention der Handlung lag in der Abwehr des Angriffs, nicht in der Tötung des Gegners. Die Handlung des Angegriffenen hat also eine doppelte Wirkung: die Abwehr des Angriffes und die Tötung des Angreifers (*Summa theologica* II-II, q.64, a.7). Angewandt auf das Problem der Sterbehilfe bedeutet das, dass bei der indirekten Sterbehilfe durch die Medikamentengabe z. B. intensive Schmerzstillung, nicht aber der Tod des Patienten intendiert wird. Der Tod wird nicht als **Mittel** der Schmerzstillung gewählt. Bei der aktiven Sterbehilfe dagegen wird durch die Medikamentengabe der Tod selbst intendiert, er ist das Mittel, das zum Zweck der Beendigung von Schmerzen oder anderem Leid eingesetzt wird. Doch dieser Zweck heiligt für die Gegner der aktiven Sterbehilfe dieses Mittel nicht.

Slippery-Slope-Argumente: Zudem werden gegen eine Legalisierung aktiver Sterbehilfe heute oft Argumente einer bestimmten Form, sog. Slippery-Slope-Argumente, ins Feld geführt. Da solche Argumentationsformen (auch ›Dammbruchargumente‹ oder ›Argumente der schiefen Ebene‹ genannt) in der Angewandten Ethik allgemein sehr verbreitet sind, soll an dieser Stelle (s. Kasten) ihre Struktur reflektiert werden (vgl. Burg 1998; Kamp 1998; Zoglauer 2004).

Historische Parallelen? Beim Thema ›Euthanasie‹, und hier besonders in der deutschen Diskussion, sind Slippery-Slope-Argumente, die auf die Geschichte Bezug nehmen, sehr verbreitet. Hat man die **Geschichte der Krankenmorde** im Dritten Reich vor Augen, könnte man argumentieren, dass möglicherweise in der Tat gegen die Tötung auf Verlangen eines bestimmten Kranken im konkreten Einzelfall nichts einzuwenden sei, dass aber sowohl die öffentliche Diskussion solcher Fragen als auch eine daraus erwachsende gesellschaftliche Praxis letztlich verheerende Auswirkungen auf die Gesellschaft haben würde. Die intensive Diskussion der Tötung Kranker könnte dazu führen, dass Kranken nicht mehr der volle **Respekt** ihrer Person entgegengebracht wird, weil ihr Leben als entwertet angesehen wird. Zudem könnte es zu einer Aufweichung der Grenze zwischen der verlangten Tötung eines **Einwilligungsfähigen** und der Tötung **Nichteinwilligungsfähiger** kommen. Derartige Argumentationen sind zweifellos bedenkenswert. Allerdings dürfen sie nicht nur im Hypothetischen verharren, sondern müssen die möglichen Gefahren und historischen Parallelen, die sie ins Feld führen, (wo möglich) auch mit empirischen Erkenntnissen über konkrete Entwicklungen stützen können. Beispielsweise könnte man fragen, ob sich die niederländische Gesellschaft seit der Einführung des Euthanasie-Gesetzes in erkennbarem Maße negativ verändert hat. Können solche Belege nicht gefunden werden, verlieren Slippery-Slope-Argumente sehr schnell ihre Plausibilität und laufen Gefahr, als stereotype und eher irrationale **Totschlagargumente** gebraucht zu werden.

Zur Vertiefung

Slippery-Slope-Argumente haben in der Regel diese Form:
- Aus einer Handlungsweise oder einer Argumentation A folgt über eine Reihe von Zwischenschritten mit hoher Wahrscheinlichkeit B. A selbst mag neutral, begrüßenswert oder in seinem moralischen Status noch unklar sein.
- B aber ist moralisch ganz klar nicht akzeptabel.
- Also muss man A ablehnen, um B zu verhindern.

Das Argument kann auf die logisch-begriffliche Seite zielen oder aber auf die empirische Ebene bezogen sein. Wichtig ist, dass es sich bei der behaupteten Beziehung zwischen A und B jeweils nicht um eine ›einfache‹ logische Implikation oder Kausalbeziehung handelt. Der Zusammenhang ergibt sich vielmehr vor dem Hintergrund bestimmter Interpretationen der Problemlage und ist zumeist von zusätzlichen Annahmen abhängig.

Logisch-begrifflich: Das logisch-begriffliche Slippery-Slope-Argument stellt in Frage, dass sich eine Argumentation für A sauber von einer Argumentation für B trennen lässt. Das kann erstens bedeuten, dass A und B sehr ähnlich sind und somit eine Argumentation für A zugleich unwillentlich die Argumente für B mitliefert. Zweitens kann sich das logisch-begriffliche Slippery-Slope-Argument, hierin dem antiken Sorites-Argument (Haufen-Schluss) verwandt, auf die Unmöglichkeit richten, in einem Kontinuum, das bei A beginnt und bei B endet, eine eindeutige und nichtwillkürliche Grenze zwischen A und B zu ziehen.

Empirisch: Hat das Slippery-Slope-Argument dagegen keinen logisch-begrifflichen, sondern einen empirischen Charakter, so wird es die in Frage stehende Praxis mit bestimmten politischen, soziologischen, psychologischen oder historischen Annahmen zusammenbringen und daraus den Weg von A nach B zu plausibilisieren versuchen.

5.4.2 | Erhalt der natürlichen Umwelt

Ein altes Thema: Bereits im 19. Jh. gab es in der publizistischen Öffentlichkeit Debatten über Themen, die wir heute im Kontext der ökologischen Ethik verorten würden (Sieferle 1984, 1988). Und auch in Romanen und Theaterstücken des späten 19. Jh.s finden sich Themen wie Luftverschmutzung durch industrielle Abgase oder die Verseuchung von Flüssen durch Fabrikabwässer. In der Mitte des 20. Jh.s haben diverse Autor/innen die Nebenwirkungen des westlichen Lebensstils aufgezeigt und massiv kritisiert. Rachel Carson (1963) beispielsweise hat den übermäßigen Einsatz synthetisch erzeugter Pestizide dokumentiert und seine verheerenden Auswirkungen auf die Nahrungskette der Wildtiere beschrieben. Vance Packard (1958, 1962) hat die Mechanismen analysiert, durch die die moderne Konsumgesellschaft ihre Güter künstlich entwertet und dadurch nicht nur einen beständig neuen Kauf- und Verbrauchsanreiz schafft, sondern auch die Welt mit Müll überhäuft.

Neue Dimensionen: Etabliert hat sich die ökologische Ethik dann seit den 1970er Jahren. Hatte es ein Wissen um lokale und zeitlich überschaubare Nebenfolgen unseres Handels schon früher gegeben, so werden nun die globale Dimension der Auswirkungen der modernen Industriegesellschaft und deren unabsehbare zeitliche Reichweite deutlich. Ein wesentlicher Anschub dazu war der Bericht des Club of Rome über *Die Grenzen des Wachstums* (Meadows 1972). Dieser Bericht machte deutlich, dass aufgrund der bereits bestehenden und noch zu erwartenden Umweltprobleme als auch aufgrund des absehbaren Schwindens der natürlichen Ressourcen die gegenwärtige Wirtschaftsweise auf Dauer definitiv nicht fortzuführen sein würde. Seither hat sich die internationale Politik der Thematik mit zahlreichen Konferenzen und Beschlüssen angenommen, wobei gegenwärtig der **Klimaschutz** im Zentrum des Interesses steht. Ein anderer gesellschaftlicher Diskurs, der das ökologische Bewusstsein der Öffentlichkeit bis heute massiv beeinflusst, ist der Streit um die Nutzung der Atomkraft und die Endlagerung der daraus resultierenden strahlenden Rückstände.

Das Grundproblem: Die besondere Herausforderung an die ethische Diskussion besteht darin, moralische Forderungen gegenüber Personen zu begründen, die von den negativen Auswirkungen ihres Handels oft gar nicht oder zumindest nicht in starkem Maße betroffen sind. Die wirklich harten Folgen des Klimawandels z. B. treffen nicht die westlichen Industriestaaten, sondern andere Regionen und eventuell auch gar nicht die jetzige, sondern kommende Generationen. Außerdem ist eine Verhaltensänderung jener Personen, an die sich ökoethische Forderungen richten, mit keinen für sie unmittelbar wahrnehmbaren Erfolgen verknüpft. Ein Einzelner, der z. B. auf den Gebrauch seines Autos verzichtet, kann keinerlei konkrete Auswirkung seines Handelns auf das Weltklima feststellen.

Prinzip Verantwortung: Hans Jonas (1903–1993) hat in den 1970er Jahren erklärt, dass die Ethik in der Gegenwart vor ein ganz neuartiges Problem gestellt ist, dem mit den bisherigen Strategien, die den Kontext von sozialen Nahbeziehungen brauchen, nicht entsprochen werden kann. Sein Ansatz ist der einer **Verantwortungsethik**, die auf das Überleben der Menschheit als Gattung gerichtet ist. Seine Argumentation ist von sehr grundsätzlicher, ontologischer Art (Jonas: *Verantwortung*, S. 153 ff.). Er geht davon aus, dass die Fähigkeit, Zwecke zu setzen bzw. sich zu entscheiden ein Gut an sich bzw. ein höchstes Gut darstellt, dessen Verwirklichung absolut geboten ist. Diese Fähigkeit hat sich im Bereich des Lebendigen verwirklicht und seinen reinsten Ausdruck im Menschen gefunden. Von einem existierenden Wesen kann diese Fähigkeit nicht nicht gewünscht werden, denn selbst die Wahl des (individuellen wie kollektiven) Selbstmords würde sie noch als ein Gut voraussetzen. Im Lebendigen und zuallererst im Menschen realisiert sich daher für Jonas die Überlegenheit des Seins über das Nichts. Der Schutz der Gattung und damit der der Gattung zu dauerhaftem Überleben notwendigen natürlichen Umwelt ist somit eine durch die bloße Existenz der Menschheit schon bestehende Pflicht. Jonas will damit zeigen, dass es in der Welt Wesen gibt, die von sich aus, also durch ihre bloße Existenz, ein verpflichtendes Sollen an sich haben. Sein Beispiel solcher Entitäten ist der hilflose Säugling, der in jedem Betrachter die Pflicht zur Fürsorge aufruft (ebd., S. 240 ff.). Analog dazu möchte er die Pflicht auch gegenüber der Menschheit als Gattung verstanden wissen und zugleich das entsprechende Verhalten motivieren. Den kategorischen Imperativ der ökologischen Ethik formuliert Jonas daher folgendermaßen: »Handle so, daß die Wirkungen deiner Handlung verträglich sind mit der Permanenz echten menschlichen Lebens auf Erden« (ebd., S. 36).

Tiefenökologie: Einen anderen Weg gehen die Vertreter der Tiefenökologie, einer durch ein theoretisches Grundgerüst lose verbundenen Bewegung, die offen für zahlreiche weltanschauliche Haltungen ist. Wesentlich zur theoretischen Begründung der Tiefenökologie beigetragen hat der norwegische analytische Philosoph Arne Naess (1912–2009). Mit seiner ›tiefen Ökologie‹ wendet er sich explizit gegen die ›flache Ökologie‹ des Mainstreams, die die Lösung ökologischer Probleme an den Bedürfnissen der Menschen ausrichtet. Einer solchen **anthropozentrischen** (den Menschen in den Mittelpunkt stellenden) Denkweise, stellt er ein **physiozentrisches** (die Natur in den Mittelpunkt stellendes) Modell entgegen (Naess 1993, 1997). Sein Grundsatz besteht darin, allen Wesen, also sowohl Menschen als auch Tieren, Pflanzen, Flüssen, Bergen, Landschaften etc. den gleichen **intrinsischen Wert** zuzusprechen. Aus diesem Anspruch ergeben sich sehr weitreichende moralische Forderungen. Die zentralen Grundsätze der Tiefenökologie lassen sich in ihrer zu- bzw. abnehmenden Allgemeinheit als die Stufen einer Pyramide vorstellen. Je tiefer ein Grundsatz in der Pyramide angesiedelt ist, desto stärker darf und muss er für den Einzelfall konkretisiert werden. Je höher er steht, desto allgemeinverbindlicher ist er. Die Spitze der Pyramide bleibt in der Tiefenökologie undefiniert. Hier sind die obersten metaphysischen oder religiösen Grundlagen angesiedelt, die die Einzelnen dazu führen, den Regeln der Tiefenökologie zuzustimmen. Sie bleiben jedem selbst überlassen. Somit kann die Tiefenökologie Vertreter der unterschiedlichsten Religionen und Bekenntnisse unter ihrem Dach zusammenführen, vorausgesetzt nur, dass sie die Regeln achten. Die obersten Gebote der Tiefenökologie, die für ihre Vertreter obligatorisch sind, lauten (Naess 1997, S. 188):

»1. Das Wohlbefinden und Gedeihen menschlichen und nichtmenschlichen Lebens auf der Erde hat Wert in sich selbst [...]. Dieser Wert ist unabhängig von der Nützlichkeit der nicht-menschlichen Welt für menschliche Zwecke.«
»2. Reichtum und Vielfalt von Lebensformen tragen zur Realisierung dieses Wertes bei und stellen ebenfalls Werte in sich selbst dar.«
»3. Menschen haben kein Recht, diesen Reichtum und diese Vielfalt zu beeinträchtigen, außer um lebensnotwendige Bedürfnisse zu befriedigen.«

Von der Akzeptanz dieser Grundsätze leitet sich dann die Pflicht zu einem drastischen Bevölkerungsrückgang, zu einer Verringerung des materiellen Lebensstandards, zu politischen und ideologischen Veränderungen und zur Definition alternativer Konzepte von einem guten Leben ab.

Starke Forderungen – schwache Begründungen: Diesen beiden Ansätze, dem ontologischen von Hans Jonas und dem physiozentrischen der Tiefenökologie, ist gemeinsam, dass auf ihrer Grundlage sehr starke moralische Forderungen hinsichtlich einer tiefgreifenden Verhaltensänderung erhoben werden können, ihre theoretische Grundlage jedoch leicht angreifbar ist. Jonas' ontologisches Argument ist außerhalb der Fachphilosophie kaum einsetzbar; und sein durchaus als lebensweltlich motivierende Metapher verstandenes Paradigma von der Fürsorge für den Säugling kann schwerlich auf die Menschheit als Gattung bezogen werden, ohne seine Plausibilität und emotionalisierende Kraft zu verlieren. Die Tiefenökologie andererseits vermag wegen des Verzichts auf eine starke argumentative Grundlage, den Kopf der Pyramide, niemanden zu überzeugen, der nicht ›sowieso schon‹ überzeugt war. Ein Begründen von Forderungen gegenüber Gegnern wird somit schwer. Zudem lässt die pauschale Rede von intrinsischen Werten, die ›an sich‹ und ohne Bezug auf irgendein Bewusstsein bestehen sollen (vgl. Naess 1997, S. 189), alle philosophischen Alarmglocken klingen. Daher hat sich die Diskussion der letzten Jahre von solchen starken Forderungen zunehmend abgewendet und sich auf nüchterne und wiederum rein anthropozentrische Modelle konzentriert. Hierbei wird die Frage, ob die natürliche Umwelt auch jenseits von ihrem Nutzwert für uns schützenswert ist, systematisch ausgeklammert. Stattdessen konzentriert man sich auf die Frage, wie ein möglichst angenehmes Leben der Menschen dauerhaft ermöglicht werden kann.

Pflichten gegenüber zukünftigen Generationen? Eine vieldiskutierte Frage ist dabei die, ob wir für das Wohlergehen zukünftiger Generationen verantwortlich sind. Im Gegensatz zu Hans Jonas geht es dabei nicht darum, Argumente für das Überleben der Menschheit als solcher zu finden. Vielmehr geht man davon aus, dass es zukünftige Generationen geben wird und fragt nach der Qualität ihres Lebens. Ist es z. B. unsere Pflicht, uns heute massiv einzuschränken, damit nachfolgende Generation dieselben natürlichen Ressourcen nutzen oder in denselben Landschaften wohnen können wie wir? Die Antwort auf diese Frage ist nicht so einfach, wie es auf den ersten Blick scheinen mag. Relativ abstrakt argumentierende Ethikschulen können eine solche Pflicht zwar gut begründen, handeln sich dabei aber massive Anwendungsprobleme ein.

- Von einem **utilitaristischen Standpunkt** (vgl. Birnbacher 1988) aus ist es für die moralische Berücksichtigungswürdigkeit einer Person egal, wann in der Abfolge der Generationen sie lebt. Unser Verhalten ist stets so auszurichten, dass die Summe des Glücks der Generationen maximal ist. Mit einem Abbruch der Generationenfolge oder auch der massiven Schlechterstellung folgender Generationen ist das nicht zu vereinbaren. Daher scheint uns die Nutzenbilanz dazu zu verpflichten, unser Handeln zu ändern und für zukünftige Generationen stärker zu sorgen.
- Von einem **diskursethischen Standpunkt** (vgl. Ekardt 2005) aus gesehen haben wir die Pflicht, dafür zu sorgen, dass jeder Person, an jedem Ort und zu jeder Zeit, die grundlegenden Mittel zur Verfügung stehen, die sie zur Ausübung ihrer **Autonomie** benötigt. Das umfasst wenigstens eine physische und psycho-soziale Grundversorgung. Auch gemäß dieser Vorstellung wäre es geboten, für zukünftige Generationen zu sorgen und alles zu unterlassen, was die grundlegenden Bedingungen der Möglichkeit autonomer Lebensführung gefährden könnte.

Unklarheiten der Zukunftsverantwortung: Haben wir hiermit zwei recht starke Argumentationen für das ›Ob‹ der Berücksichtigung zukünftiger Generationen, so lassen sie uns bei der Frage nach dem ›Wie‹ im Stich. Denn was genau bedeutete es denn, sich verantwortungsvoll um kommende Generationen zu kümmern? Was werden ihre Vorstellungen von einem guten Leben sein und auf welchem technischen Niveau werden sie leben? Werden sie an denselben Landschaften ein ästhetisches Gefallen finden? Und können sie einen Verlust, den wir als schmerzlich empfinden mögen, überhaupt nachvollziehen? Und werden es überhaupt dieselben Menschen sein, die entstehen, wenn wir unser Verhalten heute grundlegend verändern anstatt einfach so weiterzumachen wie bisher (vgl. Leist 2005, S. 461 ff.)? Solche und ähnliche Fragen mögen ketzerisch wirken, dennoch verweisen sie auf den Kern des Problems. Während unsere Fürsorge für nahe Zukünftige, insbesondere, wenn wir Eltern sind, recht klare Motivationsstrukturen aufweist, die auf der Liebe zu uns persönlich bekannten Menschen beruht, bleibt die Perspektive auf die **mögliche Lebenswelt ferner Zukünftiger** zu vage, um uns zum Handeln zu veranlassen.

Nachhaltigkeit: Ein Modell, das sowohl gegenwärtig wie zukünftig Lebende berücksichtigt und versucht, eine globale ökologische Wende politisch zu vermitteln, ist das Programm der Nachhaltigkeit (*sustainability*). Es stellt ein zugleich ökologisches, soziales und wirtschaftliches Leitbild dar, so dass man auch von den ›**drei Säulen der Nachhaltigkeit**‹ spricht. Die Idee der Nachhaltigkeit stammt ursprünglich aus der Forst- sowie der Fischereiwirtschaft und bezeichnet dort das Fließgleichgewicht zwischen der Ernte und dem Nachwachsen der jeweiligen Ressource. Angewandt auf ökologische und wirtschaftliche Belange bedeutet ›Nachhaltigkeit‹ eine Wirtschaftsweise, die beliebig in die Zukunft verlängert werden kann, ohne an ihren eigenen Auswirkungen zu scheitern. Dazu gehören (vgl. Kopfmüller 1996; Diefenbacher 2001):

- die höchst sparsame Nutzung nicht erneuerbarer Ressourcen,
- die Nutzung erneuerbarer Ressourcen nicht über deren Regenerationsrate hinaus,
- das Füllen von Senken, also Reservoirs zur Aufnahme von Abfällen aller Art, nicht über die Abbaurate der emittierten Stoffe hinaus,
- die Vermeidung von unkalkulierbaren Risiken und Gefahren.

Als politische Strategie wurde das Leitbild ›Nachhaltigkeit‹ zuerst im sog. Brundtlandbericht (Brundtland/Hauff 1987) eingeführt und danach auf diversen internationalen Konferenzen etabliert. Dabei wurde versucht, auch die **Entwicklungsländer** einzubinden, denen aufgrund ihrer Lage zusätzliche Aufwendungen zur Überwindung einer Krise, die von ihnen nicht verursacht wurde, schwer zuzumuten sind. Infolge der Anpassung an und Ausweitung auf die unterschiedlichsten Interessen weltweit ergibt sich allerdings zunehmend das Problem, dass der Kern des Konzeptes, nämlich das Fließgleichgewicht, kaum noch als gemeinsame Vorstellung dienen kann. Bislang muss zudem gesagt werden, dass eine wirklich greifbare, deutliche Wende hin zu einer ökologisch nachhaltigen Wirtschaftsweise nicht festgestellt werden kann und dass der Begriff ›Nachhaltigkeit‹ mehr und mehr zu einer wohlfeilen Floskel wird, die zur rhetorischen Aufwertung der beliebigsten Vorhaben eingesetzt werden kann.

Gescheitertes Paradigma: Die Frage, wie sich, unterstützt durch ethische Argumentation, dem Grundproblem (s. o.) beggnen lässt, ist damit weiterhin nur unzureichend gelöst. Woran mag das liegen? Die öko-ethische Debatte hat bislang hauptsächlich in einem pädagogischen Paradigma stattgefunden (s. Abb.). Dieser Ansatz sah vor, dass man durch die Vermittlung von **Umweltwissen** eine **pro-ökologische Umwelteinstellung** erzeugt und diese dann ein **pro-ökologisches Verhalten** der Menschen bewirkt. Dieser Plan muss als gründlich gescheitert gelten (vgl. Kuckartz 1998, S. 27 ff.; Diefenbacher 2001, S. 33 ff.). In der Tat hat das Umweltwissen in den vergangenen Dekaden zugenommen und die Menschen schreiben sich vermehrt pro-ökologische Haltungen zu. Doch schlägt sich das nicht in relevantem Ausmaß im Handeln nieder. Ein wesentlicher Fehler der bisherigen Bemühungen der ökologischen Ethik besteht somit darin, nicht an tatsächlich handlungsleitende Motivationen der Menschen angeknüpft zu haben. Ein Wissen um ökologische Zusammenhänge bleibt motivational genauso vage wie die Sorge um ferne Zukünftige.

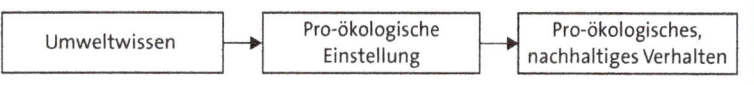

Das pädagogische Paradigma der ökologischen Ethik

Alternatives Paradigma: Ein Ausweg aus diesem Problem könnte eine **stärkere kulturelle Anbindung** der ökologischen Ethik sein. Für die ökologische wie für jede andere Ethik gilt, dass sie Werte oder moralische Haltungen nicht neu erfinden kann. Und könnte sie es, so hätten sie keine motivationale Kraft. Betrachtete man die ökologische Ethik weniger in Bildern schmelzender Eisberge oder absterbender Bäume, sondern eher als **Bedrohung von uns wichtigen Kulturwerten** wie Freiheit, Autonomie, Selbstverwirklichung, würde man die wirklichen Motivationen der Menschen wahrscheinlich konkreter ansprechen können. Zu konzentrieren hätte man sich dann auf jene Schau-

Das kulturalistische Paradigma der ökologischen Ethik

plätze, an denen diese Werte ausgelebt, interpretiert und auch korrumpiert werden, etwa den Konsum (einschließlich der Werbung), die Medien und das Bildungssystem. Hier nämlich wird, ganz im Kleinen und Konkreten, die ökologische Krise genährt; und hier müsste sie auch überwunden werden.

5.4.3 | Tierethik

In Deutschland werden pro Jahr etwa 3,5 Millionen Rinder und 55 Millionen Schweine geschlachtet. Die meisten von ihnen leben zuvor in ›Tierfabriken‹ unter den Bedingungen der Massentierhaltung. Bewegungsfreiheit, Auslauf, Sozialverhalten, Licht und frische Luft sind diesen Tieren in ihrem Leben weitestgehend verwehrt. Ca. 2,5 Millionen Tiere werden in deutschen Laboratorien pro Jahr zu Forschungszwecken ›verbraucht‹, wobei Mäuse und Ratten den größten Anteil ausmachen. Auch deren Leben dürfte in den seltensten Fällen eine umfassende Befriedigung ihrer natürlichen Bedürfnisse erlauben. Sie beschließen es in Versuchen, die zumeist mit Qualen einhergehen. Jagd und Tierparks, Fleischkonsum und Tierexperimente, ja die systematische und fabrikmäßige Ausbeutung von tierischen Ressourcen sind etablierte Praxen unserer Gesellschaft.

Argumentationsmuster: Die Tierethik diskutiert die **Frage der moralischen Legitimität** dieser Praxen. Dabei argumentieren die Befürworter einer stärkeren Berücksichtigung der Tiere zumeist so, dass sie grundlegende Normen des zwischenmenschlichen Umgangs zum Ausgangspunkt nehmen und dann nachweisen, dass sich für eine Außerkraftsetzung dieser Regeln gegenüber Tieren nicht überzeugend argumentieren lässt. Ihre Gegner berufen sich dagegen auf eine von ihnen angenommene prinzipielle Unvergleichbarkeit menschlichen und tierischen Erlebens und argumentieren damit für die Nichtanwendbarkeit der vorgeschlagenen Paradigmen, Regeln und ethischen Argumentationen.

Mensch und Tier: Der Mensch hat sein Wesen in der abendländischen Tradition immer wieder durch den Vergleich mit dem Tier bestimmt. Dabei hat er in der Regel den Unterschied betont: Der Mensch wird im Gegensatz zum Tier als vernünftig, moralisch und autonom beschrieben. Dementsprechend wurde dem Tier in der Ethik zumeist kein Platz eingeräumt und seine Behandlung der von Sachen gleichgestellt. Selbst dort, wo, wie bei Immanuel Kant, dem Schutz der Tiere durchaus moralischer Wert beigemessen wird, lässt die Argumentation die Belange der Tiere selbst völlig außer Acht.

> **Zur Vertiefung**
>
> **Nur indirekte Pflichten?**
> Kant erkennt lediglich indirekte Pflichten an: Tiere nicht grausam zu behandeln, ist für Kant eine Pflicht des Menschen gegenüber sich selbst, da durch das Gegenteil »eine der Moralität im Verhältnisse zu anderen Menschen sehr diensame natürliche Anlage geschwächt und nach und nach ausgetilgt wird« (*Tugendlehre*, KWA VIII, S. 578). Diese Erklärung erscheint allerdings als nicht völlig konsistent. Es ist sicher richtig, dass sich ethische Forderungen nur an den Menschen selbst richten können und somit immer etwas spezifisch Menschliches in ihm ansprechen. Ein Verstoß gegen ethische Gebote ist quasi ›unter seiner Würde‹. Dennoch ist es schwer nachzuvollziehen, wie etwas zur Verrohung führen kann, das nicht auch für sich betrachtet ein Übel ist. Wenn man zwar nicht einen Stein, wohl aber ein Tier grausam behandeln kann, dann muss der relevante Unterschied in dem Gegenstand liegen, auf den sich die Tat richtet. Mit anderen Worten: Entweder ist die Tat grausam – und dann sollte sie als solche verboten sein – oder sie ist es nicht – und dann ist nicht einzusehen, warum sie in ihrer Rückwirkung auf den Menschen negative Folgen haben sollte. Das hat spätere Tierethiker ermutigt, das Konzept einer Rechte verleihenden Würde, das Kant für die vernünftigen Wesen reserviert, auf alle empfindungsfähigen Wesen auszudehnen.

Vorreiter der Tierethik: Allerdings haben einige wenige Autoren der Neuzeit dieser Missachtung der Tiere auch direkt widersprochen: Jeremy Bentham (1748–1832), der Vater des klassischen **Utilitarismus**, hat das Wohlergehen von Tieren ausdrücklich in die von seiner Ethik geforderte Glücksbilanz einbezogen. In einer berühmten Fußnote sagt er:

»Die Franzosen haben bereits erkannt, dass die Schwärze der Haut keine Rechtfertigung dafür ist, ein menschliches Wesen schutzlos seinem Peiniger auszuliefern. Es mag der denkwürdige Tag kommen, an dem die Anzahl der Beine, die Beschaffenheit der Haut oder des os sacrum ebenfalls ganz untaugliche Gründe dafür sein werden, ein empfindendes Wesen dem selben Schicksal auszusetzen. Was sonst aber sollte die nicht zu überschreitende Linie markieren? Ist es die Fähigkeit zu denken oder sich zu unterhalten? Aber ein ausgewachsenes Pferd oder ein ebensolcher Hund sind unvergleichlich rationalere und mitteilsamere Lebewesen als ein Kind von einem Tag, einer Woche oder einem Monat. Doch selbst angenommen, es wäre anders: was würde das ausmachen? Die Frage ist doch nicht, ob sie denken oder sprechen können, sondern ob sie leiden können« (Bentham: *Introduction*, S. 283).

Damit sind bereits bei Bentham alle entscheidenden Stichworte gefallen, die die utilitaristische Tierethik später stark gemacht hat. Er will sagen, dass ein Wesen, **insofern es nur leidensfähig ist,** keine bestimmte Beschaffenheit, keine Fähigkeit und keine besondere Leistung vorweisen muss, um zum Gegenstand moralischer Rücksichten zu werden. Es ist, so impliziert sein Vergleich, ein chauvinistisches Vorurteil zu glauben, dass uns die Ausbeutung der Tiere und ihre Qualen nicht zu kümmern brauchen – ganz so wie die Annahme, dass man Menschen anderer Rassen bedenkenlos einfangen und unter Zwang für sich arbeiten lassen darf. Dies einzusehen, ist für ihn ein Akt des moralischen Fortschritts, den er für eine aufgeklärtere Zukunft erwartet. Die Sklavenbefreiung ist ein wichtiger, nächster Schritt auf diesem Wege, aber es darf dabei nicht stehen geblieben werden.

Auch Arthur Schopenhauer (1788–1860) hat seine Ethik ganz unmittelbar auf Tiere ausgedehnt. Für ihn ist das **Mitleid** der entscheidende moralische Affekt, der sich gegenüber Menschen und Tieren gleichermaßen einstellt. Und infolge Schopenhauers metaphysischer Position ist das Leiden der Tiere dem der Menschen vom Wesen her gleichgestellt (*Grundlage der Moral*, § 19, S. 278 ff.). Nur jemanden mit einer rücksichtsvollen, leidvermeidenden Haltung auch gegenüber Tieren wird man folglich einen im moralischen Sinne guten Menschen nennen können. Auch an die Mitleidsethik hat die Tierethik später angeknüpft, wenngleich unter Aufgabe der metaphysischen Unterfütterung.

In der Gegenwart haben sich Argumente für die Begründung tierethischer Forderungen vorwiegend auf der Basis dieser drei ethischen Paradigmata (Interessenabwägung, Rechte, Mitleid) etabliert, die nun exemplarisch vorgestellt werden sollen.

1. Interessenabwägung: Auf der Grundlage der **utilitaristischen Tradition** hat Peter Singer seine

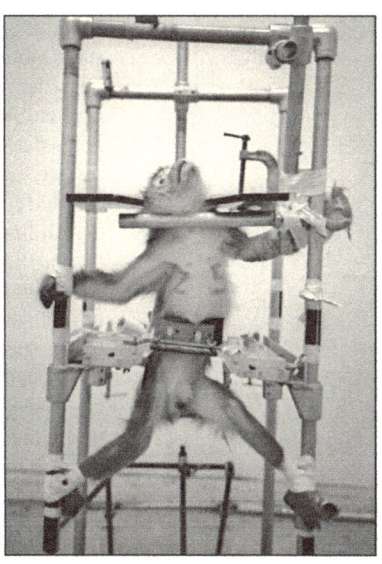

Der sog. Silver-Spring-monkey, 1981

Bioethik aufgebaut, die eine sehr starke tierethische Motivation und Relevanz besitzt. Für Singer liegt der Grund dafür, eine Handlung im moralischen Sinne als ›gut‹ oder ›schlecht‹ zu bezeichnen, darin, dass sie die Interessen bzw. Präferenzen eines Wesens befördert oder aber durchkreuzt. Daher bezeichnet man diese Spielart des Utilitarismus auch als **Präferenzutilitarismus** (s. Kap. II.B.1.3.1). Das moralisch richtige Handeln ist dasjenige, das die Interessen der von der Handlung betroffenen Wesen gleichberechtigt in Betracht zieht. Insofern sind Menschen und Tiere prinzipiell gleichermaßen zu berücksichtigen. Singer begegnet so der in der europäischen Theorie und Praxis verbreiteten Tradition des **Speziesismus**, nämlich Tiere und Menschen schon allein aufgrund ihrer Spezieszugehörigkeit moralisch unterschiedlich zu bewerten, ohne dafür wirklich relevante Gründe anführen zu können. Allerdings führt das nicht zu einer Gleichmacherei von allen Menschen und allen Tieren, was kontraintuitiv wäre. Gleichberechtigt heißt für Singer, dass gleichartige Interessen gleich bewertet werden und unterschiedliche Interessen unterschiedlich. Interessen bzw. Präferenzen können dabei eine sehr unterschiedliche Qualität aufweisen. Sie reichen von den basalsten physischen Bedürfnissen bis hin zu reflektierten Lebensplänen. Was überhaupt um seiner selbst Willen (d. h. nicht als Mittel oder als Besitz) moralische Relevanz besitzt, sind in dieser Theorie empfindungsfähige Wesen. Nur diese können (zumindest rudimentäre) Interessen, z. B. an Schmerzvermeidung, Nahrung etc. haben bzw. an der Missachtung dieser Interessen leiden. Man kann solche Konzepte daher als **pathozentrisch** (auf das Leiden konzentriert) bzw. als **sentientistisch** (auf die Empfindungen gerichtet) bezeichnen. Alle empfindungsfähigen Wesen sind für Singer in ihren basalen Interessen zu respektieren und in die Bilanzierung der Präferenzen einzubeziehen. Das bedeutet, dass das Leid, das den Tieren z. B. in der Landwirtschaft, in der Forschung oder auch in Tierparks zugefügt wird, die Interessen der Menschen an Fleischnahrung, neuen kosmetischen und pharmazeutischen Produkten oder Unterhaltung in der Regel überwiegt, so dass die Praxis der Massentierhaltung, der Forschung an Versuchstieren und in vielen Fällen auch der Zootierhaltung als moralisch falsch ausgewiesen werden kann.

Diese Argumentation betrifft bis hierher zunächst nur die *Behandlung* der Tiere. Wie aber sähe es, bei guter Behandlung, mit einer schmerzlosen Tötung von Tieren aus? Die Antwort ist bei

Interpretation

Der Begriff der Person

»Manche Angehörigen anderer Gattungen sind Personen: manche Angehörigen unserer eigenen Spezies sind es nicht. Keine objektive Beurteilung kann den Standpunkt unterstützen, daß es immer schlimmer ist, Mitglieder unserer eigenen Spezies, die keine Personen sind, zu töten, als Mitglieder anderer Spezies, die es sind. Im Gegenteil gibt es [...] starke Gründe dafür, der Überzeugung zu sein, daß es an sich schwerwiegender ist, Personen das Leben zu nehmen als Nichtpersonen. So scheint es, daß etwa die Tötung eines Schimpansen schlimmer ist als die Tötung eines menschlichen Wesens, welches aufgrund einer angeborenen geistigen Behinderung keine Person ist und nie sein kann« (Singer 1994, S. 156).

In der kontinentalen Diskussion ist der Begriff der Person, geprägt durch Kant (*Rechtslehre*, KWA VIII, S. 329), mit einem moralfähigen, vernünftigen und autonomen Wesen verknüpft. In der angelsächsischen Diskussion dagegen, geprägt durch Locke (*Versuch*, 2. Buch, 27. Kap., § 9), ist der Begriff lediglich an ein Wesen gebunden, das ein Bewusstsein von sich selbst hat, was ein gewisses Bewusstsein der Zeit einschließt. Damit ist es z. B. fähig, sich auf die Zukunft zu richten und Pläne zu machen. Solche in die Zukunft gerichteten Pläne sind Interessen bzw. Präferenzen höherer Ordnung und das Haben solcher Interessen ist typisch für Personen, jedoch unmöglich für Wesen, die zwar empfindungsfähig sind, aber kein Bewusstsein von sich selbst in der Zeit haben. Der Begriff der Person ist bei Singer an diese kognitiven Leistungen geknüpft. Dagegen ist er ausdrücklich nicht mit einer einzelnen biologischen Spezies verknüpft. Es gibt daher Menschen, die keine Personen sind (Embryonen, Föten, Neugeborene, schwerst geistig Behinderte, schwerst Demente, Anenzephale, Apalliker etc.), und es gibt Tiere, die Personen sind (Menschenaffen) bzw. die möglicherweise Personen sind (alle Säugetiere). Daraus ergibt sich eine zwischen Personen und Nicht-Personen abgestufte Schutzwürdigkeit. Personen, also Wesen mit Zukunftsplänen, werden durch eine Tötung insofern geschädigt, dass ihre auf die Zukunft gerichteten Interessen durchkreuzt werden. Daraus leitet Singer ein strenges Tötungsverbot für Personen ab.

Singer mit seiner einflussreichen Definition des Begriffes der Person verbunden, die eine weit über tierethische Belange hinausgehende Brisanz birgt (s. Kasten S. 318).

Tiere also, die Personen sind oder bei denen das zumindest aufgrund ihrer physiologischen Beschaffenheit und ihres Verhaltens nicht ganz unwahrscheinlich ist, sind nach Singer vor Tötung, auch wenn diese plötzlich und schmerzlos erfolgt, zu bewahren. Gegen die Tötung anderer Tiere, etwa Fische, gäbe es gemäß Singers Theorie nichts einzuwenden, vorausgesetzt sie erfolgt ohne Qualen (was natürlich auch fern der üblichen Praxis ist).

Folgendes Schema veranschaulicht die Stufen der Schutzwürdigkeit und den Begriff der Person bei Singer:

Moralisch berücksichtigenswerte Entitäten	
Empfindungsfähige/Leidensfähige Wesen	
Schutz basaler Interessen wie Schmerzfreiheit, Nahrung, speziestypischer Verhaltensspielraum	**Personen**
	Selbstbewusste Wesen mit Zukunftsinteressen
	Starkes Tötungsverbot

2. Rechte-Ansatz: Einen anderen Ansatz in der Tierethik verfolgt Tom Regan (1997, 2004). Für ihn ist die Abstufung der Schutzwürdigkeit, wie sie Singer vorschlägt, nicht akzeptabel. Stattdessen geht er von einem gleichen **inhärenten Wert** jedes empfindungsfähigen Wesens aus. Damit knüpft er an die Kantsche Idee einer Rechte verleihenden **Würde** an, beschränkt diese jedoch nicht auf vernünftige, moralische Akteure. Das Einräumen grundlegender Rechte darf bei Regan nicht vom Besitz bestimmter Fähigkeiten abhängig gemacht werden. Auch ist bei diesen Rechten ein Mehr oder Weniger nicht möglich. Sie gelten vielmehr kategorisch und begründen für alle Wesen, denen sie zukommen, einen gleichen Anspruch auf Schutz.

Regan bestimmt das Kriterium für den Einschluss in diese Gruppe der Rechteträger dadurch, dass diese Wesen Subjekt-eines-Lebens sind.

»Individuen sind Subjekte-eines-Lebens, wenn sie Meinungen und Wünsche; Wahrnehmung, Gedächtnis und einen Sinn für die Zukunft, einschließlich ihrer eigenen; ein emotionales Erleben mit Gefühlen von Freude und Leid; Vorlieben und Interesse an ihrem Wohlergehen; die Fähigkeit, zur Verfolgung ihrer Wünsche und Ziele tätig zu werden; eine überdauernde psychische Identität; sowie ein individuelles Wohl in dem Sinne haben, dass es ihnen in ihrem Leben gut oder schlecht gehen kann, was logisch unabhängig davon ist, ob sie für andere einen Nutzen haben oder das Objekt der Interessen anderer sind« (Regan 2004, S. 243).

Einen inhärenten Wert zu haben, ist gleichbedeutend mit dem Recht auf Respekt. Dieses Recht der Subjekte-eines-Lebens verpflichtet alle moralfähigen Akteure dazu, die Rechteträger in ihrer Integrität und ihrem Wohlbefinden nicht anzutasten. Ausnahmen davon sind nur in Konfliktfällen wie etwa bei der Selbstverteidigung zulässig. Aufgrund seines Rechte-Ansatzes lehnt Regan die Praxis der kommerziellen Tierhaltung, des Fleischkonsums, der Jagd und der Forschung an Tieren umfassend ab.

3. Mitleidsethik: Eine weitere Argumentationslinie in der Tierethik ist die **Ethik des generalisierten Mitleids**, wie sie z. B. von Ursula Wolf (2004) ausgearbeitet wurde. Im Unterschied zu Singer und Regan, die ihre Argumente wesentlich am **moralischen Status der Tiere** festzumachen versuchen, plädiert Wolf dafür, eine bestimmte **moralische Grundhaltung der Menschen** zu definieren. Das generalisierte Mitleid fungiert als »Kern einer Einstellung. Er besteht darin, auf andere Wesen Rücksicht zu nehmen, insofern sie leidensfähig sind, oder anders gesagt darin, alle leidensfähigen Wesen als leidensfähige zu berücksichtigen« (Wolf 2004, S. 76). Diese Grundhaltung führt dazu, dass man den entsprechenden Wesen Rechte *verleiht* oder *einräumt*, ohne damit sagen zu wollen, dass sie diese Rechte ›an sich‹ oder ›von Natur aus‹ *haben*. Die Haltung des generalisierten Mitleids ist dabei nicht als eine Sache des persönlichen Geschmacks anzusehen, sondern als eine **moralisch gebotene Einstellung**, der es zugleich – das macht ihren moralischen Charakter aus – um ihre Universalisierung geht.

Die Konsequenz aus dieser Grundhaltung ist die **Berücksichtigung ›elementaren Leidens‹** – eine Rücksicht, die nicht gegen andere Güter abgewogen werden darf. Leid und Mitleid werden dabei nicht so aufgefasst, dass sie sich vorrangig auf konkrete einzelne Ereignisse wie Schmerzen richten, sondern so, dass sie das ›Wohl und Wehe‹ eines Individuums zum Gegenstand haben. Leidensfähige Wesen sind mithin Wesen, denen es gut oder schlecht gehen kann und die nach ihrem jeweiligen Wohl streben (ebd., S. 88 f.). ›Elementares Leiden‹ steht für die Beschneidung der grundlegenden Vorbedingungen und Grundbestandteile dieses Wohls. Um diese Vorbedingungen und Grundbestandteile zu ermitteln, geht man zunächst von der Situation von Personen aus. Für diese zählen zu den **Vorbedingungen ihres Wohls** das Leben, physische und psychische Fähigkeiten und eine Grundversorgung. Zu den **Grundbestandteilen des Wohlergehens** zählen zielgerichtetes Handeln, erfüllende Tätigkeiten, angenehme Gefühle, positive Erfahrungen und soziale Beziehungen (ebd., S. 90 f.). Danach fragt man sich, ob sich diese Aspekte im Bezug auf Tiere durch eine rationale Argumentation einschränken lassen. Für die meisten Aspekte scheint das nicht widerspruchsfrei möglich zu sein. Das bedeutet, dass das **Wohl der Tiere** z. B. durch die Bedingungen ihrer Haltung in der Landwirtschaft oder auch in Zoos massiv verhindert wird und somit entsprechende Praxen als moralisch untragbar zu gelten haben. Selbst für die plötzliche und schmerzlose Tötung von Tieren lässt sich nicht leicht argumentieren, ohne kontraintuitive Konsequenzen für Menschen in Kauf zu nehmen. Daher scheint eine durchgehende Ungleichbehandlung von Mensch und Tier beim Tötungsverbot innerhalb der Ethik des generalisierten Mitleids gleichfalls nicht plausibel. Lediglich dort, wo aufgrund der neuronalen Ausstattung eines Wesens keinerlei Form von Todesangst, Lebenswillen oder Zukunftserwartung unterstellt werden kann, bleibt eine leidlose Tötung unproblematisch.

Grundlegende Literatur

Aßländer, Michael S. (Hg.): *Handbuch Wirtschaftsethik*. Stuttgart/Weimar 2011.
Chadwick, Ruth (Hg.): *Encyclopedia of Applied Ethics*. 4 Bde. San Diego u. a. 1998.
Friesen, Hans/Berr, Karsten (Hg.): *Angewandte Ethik im Spannungsfeld von Begründung und Anwendung*. Frankfurt a. M. 2004.
Nida-Rümelin, Julian (Hg.): *Angewandte Ethik*. Stuttgart ²2005.
Pieper, Annemarie (Hg.): *Angewandte Ethik. Eine Einführung*. München 1998.
Stoecker, Ralf u. a. (Hg.): *Handbuch Angewandte Ethik*. Stuttgart/Weimar 2011.
Thurnherr, Urs: *Angewandte Ethik zur Einführung*. Hamburg 2000.
Vieth, Andreas: *Einführung in die Angewandte Ethik*. Darmstadt 2006.
Wolf, Jean-Claude: »Angewandte Ethik«. In: Ders./Peter Schaber (Hg.): *Analytische Moralphilosophie*. Freiburg 1998, S. 146–172.

Weitere Literatur

Bayertz, Kurt: »Praktische Philosophie als angewandte Ethik«. In: Ders. (Hg.): *Praktische Philosophie*. Reinbek 1991, S. 7–47.
Beauchamp, Tom L./Childress, James F.: *Principles of Biomedical Ethics*. New York/Oxford ⁶2009.
Benzenhöfer, Udo: *Der gute Tod?* Göttingen 2009.
Birnbacher, Dieter: *Verantwortung für zukünftige Generationen*. Stuttgart 1988.
Brundtland, Groh Harlem/Hauff, Volker (Hg.): *Unsere gemeinsame Zukunft*. Greven 1987.
Burg, Wibren van der: »Slippery Slope Arguments«. In: Ruth Chadwick (Hg.): *Encyclopedia of Applied Ethics*. Bd. 4. San Diego 1998, S. 129–142.
Carson, Rachel: *Der stumme Frühling*. München 1963.
Diefenbacher, Hans: *Gerechtigkeit und Nachhaltigkeit*. Darmstadt 2001.
Düwell, Marcus (Hg.): *Bioethik: eine Einführung*. Frankfurt a. M. 2004.
– : *Bioethik. Methoden, Theorien und Bereiche*. Stuttgart/Weimar 2008.
Ekardt, Felix: *Das Prinzip Nachhaltigkeit*. München 2005.
Foot, Philippa: »Das Abtreibungsproblem und die Doktrin der Doppelwirkung«. In: Leist 1990, S. 196–211.
Fuchs, Michael u. a.: *Forschungsethik. Eine Einführung*. Stuttgart/Weimar 2010.
Grübler, Gerd (Hg.): *Quellen zur deutschen Euthanasie-Diskussion 1895–1941*. Berlin/Münster 2007.
– : *Euthanasie und Krankenmord in der deutschen Literatur 1885–1936*. Marburg 2011.
Jost, Adolf: *Das Recht auf den Tod. Sociale Studie*. Göttingen 1895 (auch in: Grübler 2007, S. 21–49).
Kamp, Georg: »Dammbruchargument«. In: Wilhelm Korff u. a. (Hg.): *Lexikon der Bioethik*. Bd. 1. Gütersloh 1998, S. 453–455.
Kopfmüller, Jürgen: »Die Idee einer zukunftsfähigen Entwicklung (›Sustainable Development‹) – Hintergründe, Probleme, Handlungsbedarf«. In: Gotthard Bechmann (Hg.): *Praxisfelder der Technikfolgenforschung*. Frankfurt a. M. 1996.
Krebs, Angelika (Hg.): *Naturethik*. Frankfurt a. M. 1997.
Kuckartz, Udo: *Umweltbewusstsein und Umweltverhalten*. Berlin 1998.
Leist, Anton (Hg.): *Um Leben und Tod*. Frankfurt a. M. 1990.
– : »Ökologische Ethik II. Ökologische Gerechtigkeit«. In: Nida-Rümelin ²2005, S. 426–512.
Lindemann, Michael: »Zur Rechtswirklichkeit von Euthanasie und ärztlich assistiertem Suizid in den Niederlanden«. In: *Zeitschrift für die gesamte Strafrechtswissenschaft* 117 (2005), S. 208–235.

Meadows, Dennis L. (Hg.): *Die Grenzen des Wachstums. Bericht des Club of Rome zur Lage der Menschheit.* Stuttgart 1972.
Naess, Arne: *Ecology, Community and Lifestyle.* Cambridge 1993.
– : »Die tiefenökologische Bewegung«. In: Krebs 1997, S. 182–210 (engl. 1986).
Packard, Vance: *Die geheimen Verführer.* Düsseldorf 1958.
– : *Die große Verschwendung.* Düsseldorf 1962.
Regan, Tom: »Wie man Rechte für Tiere begründet«. In: Krebs 1997, S. 33–46.
– : *The Case for Animals Rights.* Berkeley/Los Angeles 2004.
Sieferle, Rolf Peter (Hg.): *Fortschrittsfeinde? Opposition gegen Technik und Industrie von der Romantik bis zur Gegenwart.* München 1984.
– **(Hg.):** *Fortschritte der Naturzerstörung.* Frankfurt a. M. 1988.
Singer, Peter (Hg.): *Verteidigt die Tiere.* Frankfurt a. M./Berlin 1988.
– : *Praktische Ethik.* Stuttgart ²1994.
– : Alle Tiere sind gleich. In: Krebs 1997, S. 13–32.
Tak, Peter J. P.: »Das niederländische Gesetz zur Kontrolle der Tötung auf Verlangen und Beihilfe zum Selbstmord«. In: *Zeitschrift für die gesamte Strafrechtswissenschaft* 113 (2001), S. 905–922.
Taurek, John M.: »Zählt die Anzahl?« In: Weyma Lübbe (Hg.): *Tödliche Entscheidung.* Paderborn 2004, S. 124–143.
Winkler, Clemens: *Wann endet das Zeitalter der Verbrennung?* Freiberg 1900.
Wolf, Ursula: *Das Tier in der Moral.* Frankfurt a. M. ²2004.
Zoglauer, Thomas: »Dammbruchargumente in der Bioethik«. In: Friesen/Berr 2004, S. 309–326.

Gerd Grübler

C. Weitere Disziplinen

1 Anthropologie

1.1 Die Grundfrage: Was ist der Mensch?
1.2 Innovative Ansätze des 20. Jahrhunderts und der Gegenwart
1.3 Systematische Aspekte

1.1 | Die Grundfrage: Was ist der Mensch?

Der Mensch als vernunftbegabtes Lebewesen: In der europäischen philosophischen Tradition wird der Mensch als *zoon logon echon*, als *animal rationale*, d. h. als sprach- und vernunftbegabtes Lebewesen definiert, das als soziales Wesen in Gemeinschaft mit seinesgleichen in Städten lebt. Bereits die antike Philosophie sieht den engen Zusammenhang der natürlichen, biologischen Ausstattung des Menschen mit seinen technisch-intellektuellen Fähigkeiten. Die lange Hilflosigkeit der Kleinkindphase (Anaximander), die im Unterschied zu Tieren fehlende Kraft und Schnelligkeit werden durch Erfindungen wie Ackerbau, Viehzucht, den Bau der Städte und die Abfassung von Gesetzen mehr als aufgewogen (Anaxagoras, Archelaos). Protagoras erörtert bei Platon den Zusammenhang von organischer Mittellosigkeit – der Mensch ist ›nackt, unbeschuht, unbedeckt, unbewaffnet‹ – und Kulturentstehung durch ›Scham und Gerechtigkeit‹. Der Mensch muss sich nach Aristoteles eine ›zweite Natur‹ schaffen (Aristoteles: *Politeia*). Die Sophisten sehen den Menschen als Schöpfer seiner selbst durch Staatenbildung und begreifen ihn als ›Maß aller Dinge‹ (Protagoras). Im Vergleich mit den Tieren erscheint der Mensch durch seinen aufrechten Gang, durch den Gebrauch der Hände und durch die Sprachfähigkeit als das höchste der Lebewesen (Diogenes von Apollonia). Platon begründet den für das europäische Denken weichenstellenden antithetischen **Dualismus von tierischem Leib und gottähnlicher Seele**. Der eigentliche Mensch ist der ›innere Mensch‹, der vernünftige Teil der in Vernunft, Wille und affektiver Sinnlichkeit dreigeteilt gedachten Seele. Der Dualismus Platons wirkt sich normativ, ethisch und politisch aus. Der wahre, innere Mensch soll durch Erziehung zum Herrscher über den ganzen Menschen werden, damit seine Seele nach dem Tod in ihre eigentliche, vorgeburtliche Seinsweise zurückgelangt und damit der Staat vernünftig regiert wird.

Der Mensch als *zoon politikon*: Gegen diesen Dualismus denkt Platons Schüler Aristoteles die **leiblich-seelische Einheit** des Menschen. Gerade die spezifische Form des Leibes, der aufrechte Gang und die Freiheit der Hände sowie der hoch entwickelte Tastsinn des Menschen entsprechen seinem vernünftigen Wesen; gerade so kann er, im Unterschied zum Tier, denken und handeln. Der antidualistische, ganzheitliche Ansatz des Aristoteles betont erstmals zentral das soziale und kommunikative Wesen des Menschen, der ›von Natur nach Gemeinschaft‹ strebt. Damit ist er bereits von Natur aus auf ethisch-politische Lebensformen, v. a. auf die Gerechtigkeit, ausgerichtet. Die Stoa erweitert diesen Gemeinschaftsgedanken auf **eine alle Menschen einschließende Weltgemeinschaft** und lehrt erstmals eine auf Vernunft gründende universale Gleichheit aller Menschen. Sie sind zu freier Selbstbestimmung fähig, die Tiere nicht (Poseidonios).

> **Definition**
>
> → **Anthropologie** stellt systematisch die Frage: ›Was ist der Mensch?‹ (griech. *anthropos*). Während die traditionelle Philosophie den Menschen oft nur indirekt thematisierte, spricht man seit Beginn des 20. Jh.s von einer genuin philosophischen Anthropologie als eigener Disziplin. Ihre Hauptvertreter sind **Max Scheler**, **Helmuth Plessner** und **Arnold Gehlen**.

1.2 Anthropologie

Innovative Ansätze seit dem 20. Jahrhundert

Der Mensch als Ebenbild Gottes – in Hildegard von Bingens *Liber divinorum operum* (13. Jh.)

Antworten in Neuzeit und Moderne: In seiner Rede über die Würde des Menschen bestimmt der Renaissance-Philosoph Pico della Mirandola diesen als **Schöpfer seiner selbst**. Zum Gedanken der Selbstschöpfung tritt der der Vervollkommnung und des Fortschritts der Menschengattung. Diese Gedanken bündeln sich in der Aufklärung. Kant bezieht alle Grundfragen der Philosophie (Was kann ich wissen? Was soll ich tun? Was darf ich hoffen?) auf die eine Frage: Was ist der Mensch? Seine *Anthropologie in pragmatischer Absicht* (1798) untersucht, was der **Mensch als frei handelndes Wesen** aus sich machen kann und soll. Hegel begreift den Menschen als Urheber der Geschichte, deren Ziel die rechtliche Gleichheit aller ist. Ein wichtiger Strang der neuzeitlichen Philosophie sieht den Menschen als Teil der Natur, so Spinoza, Hobbes und die französischen Materialisten (Holbach, LaMettrie, Helvétius). In der Affektenlehre wird eine Theorie menschlichen Verhaltens mit Blick auf Selbsterhaltung, Luststreben und Leidvermeidung entwickelt.

Antimetaphysische Anthropologie: Im 19. Jh. treten die Perspektiven der Selbsterzeugung, der dauerhaften Naturabhängigkeit und der geschichtlich-sozialen Entwicklung mit den naturwissenschaftlichen Revolutionen zu einer konsequent antimetaphysischen Anthropologie bei Darwin und Marx zusammen. Durch die Evolutionstheorie wird der Mensch ganz in den Prozess der Naturentwicklung einbezogen. Der Marxsche Materialismus versteht die Sozial- und Kulturgeschichte als wissenschaftlich analysierbare Produktions- und Reproduktionsleistung auf der Basis gesellschaftlicher Arbeit. In der zweiten Hälfte des 19. Jh.s radikalisiert sich die Einsicht in die **evolutionäre und biologische Determiniertheit** des Menschen. Alle ›höheren‹ Fähigkeiten des Menschen einschließlich Religion und Moral werden als Funktionen seiner Selbsterhaltung und seiner Bedürfnisse gesehen, so tendenziell bei Schopenhauer und Nietzsche. Die Ergebnisse der heutigen Molekulargenetik, Neurobiologie und Soziobiologie stehen in Kontinuität mit dieser Entwicklung.

Die Abwesenheit des Menschen in der traditionellen Philosophie – ihre Gründe: Die traditionelle Philosophie thematisiert den Menschen oft nur indirekt, indem sie von Geist, von Leib und Seele, von Freiheit, Individuum, Person, Subjekt und Selbstbewusstsein spricht. An die Stelle einer expliziten Anthropologie tritt die Einordnung des Menschen in umfassende, **transhumane** Kontexte; so in der Metaphysik die Seinsordnung, in der Theologie die göttliche Schöpfungsordnung, in der Geschichtsphilosophie die Fortschritts- oder Verfallsgeschichte, oder in **subhumane** Bereiche wie Natur, Evolution oder Genetik. Auch die Bestimmung des Menschen über die Sprache, die Vernunft oder ethische Kategorien trifft seine Lebenswirklichkeit nur selektiv. Dieser Abwesenheit des Menschen in der Philosophie entspricht eine latente Allgegenwärtigkeit ungeklärter anthropologischer Grundlagen und Implikationen in der Reflexion und Theoriebildung.

1.2 | Innovative Ansätze seit dem 20. Jahrhundert

Einen entscheidenden Vorstoß in Richtung einer expliziten Thematisierung und Klärung der Frage nach dem Menschen stellt zu Beginn des 20. Jh.s in Deutschland die Entwicklung einer genuin philosophischen Anthropologie als eigenständiger Disziplin durch Scheler, Plessner und Gehlen dar.

Hauptwerke

1928	**Max Scheler:** *Die Stellung des Menschen im Kosmos*	
1928	**Helmuth Plessner:** *Die Stufen des Organischen und der Mensch. Einleitung in die philosophische Anthropologie*	
1940	**Arnold Gehlen:** *Der Mensch. Seine Natur und seine Stellung in der Welt*	
1948	**Theodor Litt:** *Die Sonderstellung des Menschen im Reich des Lebendigen*	
1955	**Michael Landmann:** *Philosophische Anthropologie*	

1.2.1 | Max Scheler

Max Scheler (1874–1928) (s. Kap. I.7.2.1) entwirft in seinem thematischen Kerntext *Die Stellung des Menschen im Kosmos* (1928) das **Konzept eines Aufbaus der Psyche** des Menschen in der Form folgender Stufen bzw. Schichten:
- der Gefühlsdrang
- der Instinkt
- das assoziative Gedächtnis
- die praktische Intelligenz

Schelers ›Gesamtentwurf‹: Diese vier Schichten repräsentieren nach Scheler das Leben, den Stufenbau der organischen Natur, und sie lassen sich auch bei Pflanzen und Tieren in Ansätzen finden. Dem Leben setzt Scheler als gänzlich andersartiges Prinzip den Geist gegenüber. Durch den Geist ist der Mensch der Natur völlig enthoben. Der Ansatz von Schelers Anthropologie wird so als der Versuch erkennbar, die natürliche, biologische Triebebene auf der einen Seite, die Ebene der individuierten, geistigen Personalität auf der anderen Seite in *einem* Gesamtentwurf zu erfassen, sie in ihrer Verschränktheit zu erkennen und aufeinander zu beziehen. Scheler konzipiert seine Anthropologie auch, um nach dem Ersten Weltkrieg und inmitten einer ungewissen, bedrohten Zeitsituation eine neue Selbstvergewisserung des Menschen zu erreichen. Denn die Einzelwissenschaften mit ihren naturwissenschaftlichen, empirisch-psychologischen, genetischen, evolutionstheoretischen Zugriffen thematisieren zwar den Menschen, aber stets nur mit Bezug auf einzelne Aspekte, nicht als ganzen. Scheler will die **Sonderstellung des Menschen** im Kosmos erfassen. Wie bereits in der Antike, werden seine Defizite und Mängel im Vergleich zur tierischen Instinktsicherheit hervorgehoben. Dem stehen die Potentiale seines Geistes gegenüber.

Mit **vier Stufen** erfasst Scheler den Bereich des Biopsychischen. Das Spezifische des Menschen erreichen wir nach Scheler aber erst mit dem Reich des Geistes.

1. Die Stufe des ekstatischen Gefühlsdrangs: Phänomenologisch eindringlich versucht Scheler, diese als bewusstlose Triebhaftigkeit ohne ein Zentrum zu erfassen. Diese Ebene ist in der organischen Natur in Reinform im Reich der Pflanzen gegeben, aber auch bei Tieren und Menschen noch wirksam: Der ekstatische Gefühlsdrang bildet sich zur triebhaften Aufmerksamkeit, die eine Einheit der Affekte erzeugt.

2. Die Stufe des Instinkts leitet zu den Tieren über, die über selektive, auf Schlüsselreize reagierende Verhaltensformen verfügen. Diese ermöglichen ihnen ein lebenserhaltendes Verhalten in ihrer artspezifischen Umwelt. Im Vergleich mit dem Menschen zeigt sich deutlich die doppelseitige Stärke und Schwäche des Menschen, die auch die Tradition oft betonte: Einerseits sind die Menschen von den Instinktmechanismen der Tiere befreit, andererseits entsteht aus dieser ›Instinktschwäche‹ eine Orientierungsunsicherheit, die auf andere Weise bewältigt werden muss. Formen des Triebüberschusses können zu maßlosem Fehlverhalten führen und verlangen nach sozialer, kultureller Sublimierung, die oft mit Verdrängung und Repression verbunden ist.

3. Die Stufe des assoziativen Gedächtnisses steht mit der zweiten Stufe in enger Verbindung. Die Assoziation dient den natürlichen Bedürfnissen und folgt erworbenen Gewohnheiten, aber sie überschreitet bereits die Starrheit des instinktiven Verhaltens. Mimetisches Verhalten, d.h. Nachahmung, ist für die Sozialisation und Ontogenese von Tieren wie Menschen wesentlich, ebenso die Fähigkeit zur eigenständigen Wiederholung von Verhaltensweisen.

4. Auf der Stufe der praktischen Intelligenz und der Wahl treten Fähigkeiten der Voraussicht und der Einsicht in größere Zusammenhänge hervor, die zwar noch organisch gebunden, aber doch bereits produktiv sind.

> **Definition**
>
> Der Geist des Menschen ist nach Scheler nicht trieb- und umweltgebunden wie Pflanzen und Tiere, sondern er ist nur durch seine → Weltoffenheit zu verstehen. Er vermag das Sosein der Dinge unabhängig von seinen Trieben und Bedürfnissen zu erfassen. Diese Sachlichkeit befähigt ihn zur Weltdistanz, zur Erkenntnis von Gegenständen. Berühmt wird in diesem Zusammenhang Schelers Definition des Menschen als des »Neinsagenkönners«: Der Mensch kann sich der Wirklichkeit verweigern, sie ablehnen, sein Geist kann negieren, der Mensch kann ›Asket des Lebens‹ sein. Eigentlich, so Scheler, ist der Geist gegenüber Natur und Trieben ohnmächtig. Seine Macht erhält er, wie bereits Freud behauptete, indirekt durch Verdrängung und Sublimierung.

Schelers Anthropologie setzt den sich geschichtlich entfaltenden Geist metaphysisch mit der Idee eines werdenden Gottes in Verbindung.

1.2.2 | Helmuth Plessner

Sinngebung und Versinnlichung: Helmuth Plessner (1892–1985) entwickelt seine innovative philosophische Anthropologie in seinem Hauptwerk *Die Stufen des Organischen und der Mensch* (1928). 1923 hatte er bereits in *Die Einheit der Sinne. Grundlinien einer Ästhesiologie des Geistes* die verschiedenen **Sinnesqualitäten des Menschen** (Gesicht, Gehör, Geruch, Geschmack, Zustandssinne) auf die Qualitäten der Alltagswelt und die Erlebnis- und Wahrnehmungsfähigkeit der ganzen Person bezogen. Die Sinne bilden eine Sphäre der Vermittlung zwischen Leib und Geist; sie ›leben‹ erst in ihrem verstehenden Gebrauch in komplexen, sozialen und kulturellen Lebenssituationen. Sinnlichkeit ist auf kulturelle Sinngebungen ausgerichtet, der menschliche Geist ist auf seine konkrete, leibliche Versinnlichung angewiesen. Plessners Analyse richtet sich sowohl gegen philosophische Traditionen, die Leiblichkeit und Sinnlichkeit kaum thematisieren als auch gegen naturwissenschaftliche Zugangsweisen zum Menschen, die seine Sinne nur objektivistisch und reduktionistisch behandeln.

Leibliche ›Schlüsselphänomene: Der Mensch ist sich vorweg, wie in Heideggers Analyse, im Bei-sich-sein ist er außer sich, der Negation fähig wie bei Scheler. Im Gegensatz zu Schelers Analyse wird aber keine reine Geistigkeit konzipiert, sondern der Mensch bleibt im Reflexivwerden raumzeitlich und leiblich gebunden. In vorbildlichen phänomenologischen Einzelanalysen zu *Lachen und Weinen* (1941) untersucht Plessner die leiblichen ›Schlüsselphänomene‹, die diese exzentrische Stellung besonders prägnant zum Ausdruck bringen. Die negativen Charakterisierungen der Stellung, der Mensch sei ortlos, zeitlos ins Nichts gestellt, berühren sich wiederum mit Analysen Heideggers und später Sartres. Es ergibt sich auf allen Ebenen der menschlichen Existenz eine Doppelaspektivität: Wir haben unseren Körper, aber wir sind auch unser Körper, wir sind Ding unter Dingen, aber auch absolutes Bezugszentrum unserer Erfahrung, Innenwelt und doch Außenwelt. Erst in der gemeinsamen, sozialen, kommunikativen ›Mitwelt‹ des Wir können wir zu uns selbst werden.

Auf der Grundlage dieser Analyse formuliert Plessner **drei anthropologische Grundgesetze**:

Die natürliche Künstlichkeit besagt, dass der Mensch auf der Basis seiner natürlichen Lebensbedingungen gestaltend und schöpferisch tätig wird. Er ist nicht, wie negativistisch-pessimistische Anthropologien lehren, ›Invalide seiner höheren Kräfte‹ (so Herder), ein ›krankes Tier‹ (so Nietzsche), das seine natürlichen ›Mängel‹ ›kompensieren‹ muss (so Gehlen), sondern er führt sein Leben produktiv nach eigenen Gesetzen, wenn auch durchgängig unter Naturbedingungen.

Die vermittelte Unmittelbarkeit bezieht die Exzentrizitätsthese auf das menschliche Ausdrucksverhalten, die Expressivität. Alles, was wir ›innerlich‹ fühlen, erfahren, wahrnehmen, muss für uns selbst und für Andere zum Ausdruck gelangen, es muss sich artikulieren, sich zeigen. Plessner knüpft hier an Hegels Theorie vom objektiven Geist an. Durch dieses notwendige Ausdrucksverhalten konkretisiert sich das menschliche Bewusstsein mitsamt seinen Absichten, Zielen, Wünschen, mit seiner Intentionalität in der Geschichte. Sie ist Ausdruck der menschlichen Existenz, die sich inmitten der Natur dennoch mit Künsten bewahren und entwickeln muss.

Der utopische Standort ist die noch einmal pointierte Formel für die exzentrische Position des Menschen. Die menschliche Lebenssituation ist und bleibt offen und unsicher. Wir können uns zwar objektivieren, insbesondere im Medium der modernen Wissenschaften. Eine solche Selbstobjektivation im Ganzen der Welt bzw. des Seins versuchen traditionell Religion und Metaphysik im Bezug auf Gott. Aber indem wir eine solche Perspektive einzunehmen versuchen, müssen wir uns im Absoluten verorten, im Nirgendwo (*u-topos*). Seine Analysen führen Plessner schließlich zurück auf politisch-anthropologische Untersuchungen zu

> **Definition**
>
> Im Hauptwerk Plessners steht ein → **Stufenkonzept** im Zentrum: Pflanzen werden als offene Lebensformen ohne Zentrum bestimmt, Tiere und Menschen als geschlossene Lebensformen mit Zentrum. Während die Tiere aber räumlich-zeitlich ›zentrisch‹ leben, lebt der Mensch ›exzentrisch‹ als Ich, so die Grundthese Plessners, als ›Mitte‹ im jeweiligen Hier und Jetzt. Im Unterschied zu den geschlossenen zentrischen Formen weist der Mensch eine exzentrische Lebensform auf, die → **exzentrische Positionalität**. Mit ihr sind Selbstdistanz, Reflexionsfähigkeit, geplantes Handeln, kreative Gestaltungsfähigkeiten und Techniken gegeben, ebenso Risiken.

Anthropologie

Arnold Gehlen

Exzentrische Positionalität

»Mensch-Sein ist das Andere seiner selbst Sein.«

(Plessner: *Macht und menschliche Natur*. In: GS, Bd. V, S. 225).

Mit diesem an Hegel angelehnten Satz fasst Plessner die Kernthese seiner Anthropologie zusammen, dass das Wesen des Menschen in seiner »exzentrischen Positionalität« bestehe, in einer außer sich bei sich selbst seienden Stellung als Naturwesen wie auch als Wesen, dem Selbstbewusstsein, Vernunft und Sprache eigen sind.

Interpretationsskizze

Macht und menschlicher Natur (1931). Er hatte sich bereits 1924 gegen ideologische Verständnisse von sozialer Gemeinschaft gewandt (*Grenzen der Gemeinschaft*, 1924), die in der deutschen Entwicklung leider bald dominierend wurden. Aufgrund seiner Anthropologie der Exzentrizität argumentiert er für die rationalen **Vorzüge der gesellschaftlichen Organisationsformen**: Distanz, Indirektheit, Vermittlungsinstanzen, Respekt vor dem Privatbereich, diplomatische Umgangsformen, Takt – sie ermöglichen und erleichtern eine politische Kultur ohne Unmittelbarkeitsillusionen.

1.2.3 | Arnold Gehlen

Arnold Gehlen (1904–1976) legt mit *Der Mensch. Seine Natur und seine Stellung in der Welt* (1940) einen eigenständigen Ansatz vor, der weder Schelers Geistautonomie noch Plessners Spezifikum der Exzentrizität übernimmt. Für ihn steht das menschliche Handeln, seine Praxis, im Zentrum. Er übernimmt Grundgedanken des Pragmatismus. An der Basis seiner Analyse steht aber der Begriff des **Mängelwesens** Mensch mit seiner biologischen, organischen Mittellosigkeit.

Biologische Mittellosigkeit: Für Gehlen ist die von Scheler ausgezeichnete Weltoffenheit des Menschen Ausdruck seiner biologischen Mittellosigkeit. Der Mensch steht aufgrund dieser Mittellosigkeit unter Druck seitens seiner Umwelt, er steht unter Handlungszwang. Seine Unspezialisiertheit, die lange Zeit der Menschwerdung, die jahrelange völlige Schutzlosigkeit und Hilflosigkeit des geborenen Kleinkindes – alle diese Befunde der biologischen Forschung begründen empirisch die These vom Mängelwesen. Ausgeglichen werden die Mängel durch die **Erkenntnis- und Sprachfähigkeit** des Menschen, durch seine Gestaltungsmöglichkeiten als Handelnder.

Handlungsbegriff: Um die Handlungspotentiale aber selbst zu steuern und sinnvoll zu lenken, bedarf es der **Institutionen**. Gehlen versteht den qualitativen **Übergang von der Natur zur Kultur** in der Sozialisierung individueller Antriebe und Bedürfnisse in Richtung auf Stabilität und Kontinuität. Die dazu erforderlichen Handlungen erreichen in der Kultur einen Selbstwert und eine ›Sollqualität‹. Somit konzentriert sich die Analyse Gehlens unter Rekurs auf Aristoteles und den amerikanischen Pragmatismus von Peirce, Dewey und Mead (s. Kap. I.7.5) auf den Handlungsbegriff: Auf ihn beziehen sich unsere leiblichen Bewegungen, unsere sprachliche Artikulationspraxis, unsere Reflexionsmöglichkeiten, auch unsere Wahrnehmungen und Erlebnisse. Es geht Gehlen darum, nachzuweisen,

»wie die *Bestimmung des Menschen zur Handlung* das durchlaufende Aufbaugesetz aller menschlichen Funktionen und Leistungen ist, und daß sich diese Bestimmung aus der physischen Organisation des Menschen eindeutig ergibt: ein physisch so verfaßtes Wesen ist nur als handelndes lebensfähig; und damit ist das Aufbaugesetz *aller* menschlichen Vollzüge, von den somatischen bis zu den geistigen, gegeben« (Gehlen: Der Mensch, S. 23).

> **Definition**
>
> Der Mensch als → **Mängelwesen**: Während die Tiere auf ihre Weise, kurz gesagt, alles jeweils besser können z. B. fliegen, schwimmen, laufen, sehen, hören, riechen, sind wir Menschen fremd in unserer Umwelt, unangepasst an sie, wir sind instinktunsicher, organisch unspezialisiert, also morphologisch, von der Ausstattung unseres Leibes aus betrachtet: primitiv. Betrachten wir unsere weiteren Lebensbedingungen, so sehen wir: Wir werden ständig mit Reizen konfrontiert (›Reizüberflutung‹), wir wissen oft nicht wohin mit unseren Kräften (›Antriebsüberschuss‹), wir sind angriffslustig (›Aggressionsbereitschaft‹). Der Mensch ist somit starken Belastungen ausgesetzt, die nach Entlastung verlangen. An dieser Stelle schließt Gehlen an seine Mängelanthropologie seine Institutionentheorie an.

1.2 Anthropologie

Innovative Ansätze seit dem 20. Jahrhundert

Institutionentheorie: Handlungen bewirken die nötige Entlastung von den Umweltanforderungen und Triebüberschüssen, wenn sie sich in soziale, stabile kulturelle Organisationen transformieren – in die Institutionen. Sie bilden Systeme produktiver Entlastungen. Die **Sprache** spielt dabei eine zentrale Rolle, sie ist die ›Institution der Institutionen‹. Handlungen werden symbolisch, sprachlich vermittelt und artikuliert, die Sprache vollzieht sich in Handlungen. In der sozialen, kommunikativen Praxis bilden sich auch die technischen Fähigkeiten des Menschen aus. **Technik** interpretiert Gehlen als **Organersatz**: Sie ist Entlastung für das Mängelwesen (s. Kap. II.C.2.3.1).

Gehlens Institutionentheorie entwickelt auf dieser anthropologisch-biologischen Grundlage die sozialen Organisationsformen. Institutionen sind Gefüge der Verhaltensstabilisierung. Sie kompensieren, ordnen und strukturieren die riskanten menschlichen Lebensbedingungen, indem sie die menschlichen Handlungen zweckgerichtet funktionalisieren und stabilisieren. Institutionen vollbringen somit das, was bei den Tieren der Instinkt leistet, auf einer höheren Ebene. Deutlich wird das nach Gehlen in den archaischen Gesellschaften mit ihren sozialen Kulturen und Ritualen, die ihre Stabilisierungsfunktion geradezu unbewusst, vorreflexiv ausüben, während moderne Gesellschaften von starken Individualisierungstendenzen geprägt und gefährdet werden (*Urmensch und Spätkultur*, 1956).

Instinkt und Institutionen

Die funktionalistisch-reduktionistischen Ansätze von Gehlens Anthropologie führen ihn daher z. B. in *Die Seele im technischen Zeitalter* (1957) konsequent zu einer konservativen **Kulturkritik**, an der die Grenzen seiner Analyse deutlich werden. Denn die so gepriesenen Institutionen, z. B. Wirtschaft, Staat, Recht, Wissenschaft, Künste leben auch und gerade von Kritik und Diskussion und entwickelten sich von Beginn an durch diese. Erst, wenn diese normativen und kritisch-reflexiven Perspektiven in die anthropologisch-sozialphilosophische Analyse einbezogen werden, wie z. B. paradigmatisch bei Kant und Hegel, können vereinfachte und reduktionistische Konsequenzen vermieden werden.

1.2.4 | Weitere einflussreiche anthropologische Ansätze

Interdisziplinäre Forschung: Im Umfeld der sehr wirkungsvollen philosophischen Anthropologie von Scheler, Plessner und Gehlen entstanden weitere Forschungsschwerpunkte, die für die Thematik wichtig wurden. In die philosophisch-anthropologischen Diskussionen einbezogen wurden die biologischen Forschungen von Hans Driesch (*Der Vitalismus als Geschichte und als Lehre*, 1905; *The Science and Philosophy of the Organism*, 1908) zu ganzheitlichen Entwicklungsprinzipien von Organismen, die Umweltlehre des Biologen Jakob von Uexküll (*Bausteine zu einer biologischen Weltanschauung*, 1913; *Theoretische Biologie*, 1920), nach der jede Tierart eine ganz spezifische Umwelt, eine ›Wirkwelt‹ und eine ›Merkwelt‹ ausbildet, die gestaltpsychologischen Arbeiten von Wolfgang Köhler (*Intelligenzprüfungen an Menschenaffen*, 1917), die Forschungen des Mediziners Paul Alsberg zur ›Körperausschaltung‹ vermittels künstlicher Werkzeuge (*Das Menschheitsrätsel. Versuch einer prinzipiellen Lösung*, 1922), die medizinisch-anthropologischen Forschungen über den pathisch-vorpersönlichen, gelebten Leib und das vorreflexive Dasein von Frederik J. J. Buytendijk (*Mensch und Tier. Ein Beitrag zur vergleichenden Psychologie*, 1958; *Das Menschliche. Wege zu seinem Verständnis*, 1958; *Prolegomena einer anthropologischen Physiologie*, 1967), die Untersuchungen von Adolf Portmann zum extra-uterinen Frühjahr, d. h. zur Unbeholfenheit des neugeborenen Menschen im Unterschied zu vielen neugeborenen Tieren (*Biologische Fragmente zu einer Lehre vom Menschen*, 1944; *Die biologische Bedeutung des ersten Lebensjahres beim Menschen*, 1941), Viktor von Weizsäckers Begründung einer ganzheitlichen, psychosomatischen Medizin, die Analysen des Mediziners und Psychiaters Erwin Straus zur menschlichen Sinnlichkeit (*Vom Sinn der Sinne. Ein Beitrag zur Grundlegung der Psychologie*, 1956; *Psychologie der menschlichen Welt*, 1960; *Geschehnis und Erlebnis*, 1930).

Die intensiven Diskussionen und interdisziplinären Forschungen zwischen Biologie, Medizin, Psychologie, Psychiatrie und Philosophie beförderten die Entwicklung der Anthropologie, denn von allen fachwissenschaftlichen Seiten konnten wichtige Ergebnisse in das komplexe Bild des menschlichen Lebens mit all seinen Aspekten aufgenommen werden.

Kulturanthropologie: In diese Richtung wirkte auch die Kulturanthropologie von Erich Rothacker (*Mensch und Geschichte*, 1944), Theodor Litt (*Die Sonderstellung des Menschen im Reich des Lebendigen*, 1948) und Michael Landmann. Letzterer entwickelt die Kulturanthropologie als die **Fundamentalanthropologie**, da der Mensch der Schöpfer der Kultur (und in bestimmter Hinsicht auch der Natur) ist (*Philosophische Anthropologie*, 1955; *Der Mensch als Schöpfer und Geschöpf der Natur. Geschichts- und Sozialanthropologie*, 1961). Der Neukantianer Ernst Cassirer entwirft im Anschluss an seine **Theorie der symbolischen Formen** eine Anthropologie des Menschen als des symbolgebrauchenden Wesens (*animal symbolicum*). Auch der Soziologe Norbert Elias untersucht in seinem grundlegenden Werk *Über den Prozeß der Zivilisation* die anthropologischen Grundlagen dieses Prozesses, so z. B. die Herausbildung von Verhaltenszwängen, von Scham und Peinlichkeitsgefühlen, die langfristig grundlegenden Änderungen von Affekten und Trieben.

1.2.5 | Lebensphilosophie, Existenzphilosophie, Psychologie und Psychoanalyse

Die im Titel genannten, schon im Kontext des 20. Jh.s (s. Kap. I.7) behandelten Strömungen beförderten auf vielfältige Weise die philosophisch-anthropologische Reflexion.

Lebensphilosophie: Die Bedeutung Wilhelm Diltheys für die Lebensphilosophie, die Hermeneutik, die Phänomenologie und die Herausbildung der Geisteswissenschaften wirkt auf die Anthropologie, indem er die **Geschichtlichkeit** des menschlichen Lebewesens ins Zentrum rückt und methodologisch bewusst macht, dass dieser Lebensprozess nur aus sich selbst und von uns verstanden werden kann, nicht jedoch aus der reduktionistischen Perspektive abstrakter Kategorien. Die realen, konkreten Lebensbegriffe bzw. Lebenskategorien sind z. B. Wesen, Wert, Zweck, Sinn, Entwicklung, das Ganze, Handeln und Leiden. Die vorgängige Einheit des Lebenszusammenhangs, der Bezug auf die individuellen Konkretionen der Erfahrung, auf die geschichtlich-kulturelle Entfaltung der sozialen, kommunikativen menschlichen Lebenspraxis – all diese Aspekte werden in der anthropologischen Reflexion weiter behandelt. Damit wirkt sich indirekt auch Hegels Vergeschichtlichung der Kantschen statischen Transzendentalphilosophie auf die Entstehung der Anthropologie aus.

Existenzphilosophie: Die anthropologischen Aspekte der Existenzphilosophie und des Existentialismus sind evident, stellen diese Strömungen des 20. Jh.s doch die menschliche Existenz ins Zentrum ihrer Reflexion. Das gilt bereits für den Gründungsvater Kierkegaard, aber ebenso für die Daseinsanalytik Heideggers, die Existenzphilosophie Jaspers' und für den Existentialismus von Sartre und Camus (s. Kap. I.7.2.4). Aber diese Ansätze sind auch mit einer gewissen Engführung auf die einzelne, endliche Existenz in Konfrontation mit Leiden, Schuld, Angst und Tod verbunden.

Die Begründung der Psychoanalyse durch Freud sowie die Verselbständigung der Psychologie als Wissenschaft um die Wende zum 20. Jh. bringt ebenfalls reiche anthropologische Forschungsleistungen hervor. So entwickelt der Psychiater Viktor Emil von Gebsattel in seinem Buch *Prolegomena einer medizinischen Anthropologie* (1954) eine Synthese von Psychoanalyse und existenzphilosophischer Hermeneutik. Wirksam wird Ludwig Binswanger mit seinem Hauptwerk *Grundformen und Erkenntnis menschlichen Daseins* (1942), in dem er Medizin, Psychologie, Psychiatrie, Psychoanalyse und die Heideggersche Daseinsanalytik miteinander verbindet. Im Zentrum steht hier eine Analyse des Miteinanderseins und eine Phänomenologie der Liebe – Aspekte, die bei Heidegger wenig bzw. gar nicht behandelt werden.

1.2.6 | Phänomenologie und Neue Phänomenologie

Von Beginn an ist die Phänomenologie (s. Kap. I.7.2.1 und I.7.6.2.5) durch ihren vorurteilsfreien, beschreibenden Zugriff auf die Phänomene des menschlichen Lebens besonders dazu geeignet, neue Zugänge zum Menschen und zur philosophischen Anthropologie beizutragen. Bereits die außergewöhnlich subtilen Einzelanalysen Husserls zu Wahrnehmungsprozessen, zu Empfindungen, zur Leiblichkeit und zur Intersubjektivität weisen eine Fülle von hierfür relevanten Anschlussmöglichkeiten auf. Die Wendung vieler Heidegger-Schüler, z. B. Karl Löwith, Oskar Becker und Hans Jonas, zu naturphänomenologischen und anthropologischen Analysen ist auffällig (s. Kap. I.7.2).

Der Leib als »Verankerung«: Insbesondere **Maurice Merleau-Ponty** (1908–1961) hat durch seine Leibanalysen in der *Phänomenologie der Wahrnehmung* (1945) und in *Das Sichtbare und das Unsichtbare* (1961) die phänomenologische Anthropologie befördert und weiterentwickelt. Der Leib wird bei ihm zum wesentlichen Bezugspunkt der philosophischen Reflexion. Wir erreichen als Menschen zwar »das Unsichtbare«, Geistige, Logische, Reflexive – aber diese Ebene bleibt indirekt immer verbunden mit der sinnlichen Leiblichkeit. Der Leib ist unsere »Verankerung« in der Welt und der Ort unserer ständigen Bewegung auf die Welt zu. In seiner Spätphilosophie spricht Merleau-Ponty pointiert sogar vom »Fleisch« (franz. *chair*) als dem Ort unseres Lebensvollzugs. Er will auf diese Weise die subjektzentrierte Anthropologie überwinden und die **Eigengesetzlichkeit des fleischlichen Leibes** erfassen:

»Wenn wir vom Fleisch des Sichtbaren sprechen, so haben wir damit keine Anthropologie im Auge, keine Beschreibung einer Welt, die von all unseren Projektionen überlagert wäre und das ausklammerte, was sich hinter der menschlichen Maske zu verbergen vermag. Im Gegenteil, wir meinen damit: das fleischliche Sein als Sein der Tiefen, mit mehreren Blattseiten oder mehreren Gesichtern, als Sein im Verborgenen und als Anwesen einer gewissen Abwesenheit, ist ein Prototyp des Seins, von dem unser empfindend-empfindbarer Leib eine bemerkenswerte Spielart darstellt [...]« (Merleau-Ponty: *Das Sichtbare und das Unsichtbare*, S. 179).

Umfassend hat auch **die Neue Phänomenologie in Deutschland** v. a. durch das umfangreiche Werk von Hermann Schmitz die philosophische Anthropologie bereichert. 1965 erscheint *Der Leib*, der erste Band seines *Systems der Philosophie*, in dem er auf innovative Weise das ›eigenleibliche Spüren‹ beschreibt. In vielen neueren Arbeiten haben auch Bernhard Waldenfels (*Der Spielraum des Verhaltens*, 1980) sowie Hartmut und Gernot Böhme anthropologische Analysen fortgeführt.

1.2.7 | Neurobiologie der Gegenwart

Debatte um die menschliche Freiheit: In der philosophischen Gegenwartsdiskussion sind die Forschungsergebnisse der Neurowissenschaften zum Anlass einer kontroversen Debatte um die menschliche Freiheit genommen worden. Insbesondere **Wolf Singer** (*1943) und **Gerhard Roth** (*1942) sind als neurowissenschaftliche Freiheitskritiker hervorgetreten. Die Diskussion erinnert in mancher Hinsicht an Kontroversen des 17. und 18. Jh.s, in denen Vertreter des mechanischen Materialismus die menschliche Freiheit verwarfen und einen durchgängigen materiellen, kausalen Determinismus vertraten, dem auch das vermeintlich freie menschliche Handeln unterliege. Die gegenwärtige neurowissenschaftliche Forschung verweist darauf, dass menschlichen Verhaltensweisen stets sehr kurz vor ihrem Auftreten bestimmte messbare neurophysiologische Prozesse vorausgehen. Aus diesen Experimenten folgern Hirnforscher ihre **Leugnung des freien Willens** und fordern rechtspolitisch eine allgemeine **Abkehr vom Schuldprinzip**. Da Straftäter sich aufgrund ihrer Verhaltensdispositionen gar nicht anders entscheiden könnten, sollen sie an ihren Taten nicht schuld sein.

Diese auch in den Medien heftig und oft unklar geführte Kontroverse bezeugt die dauerhafte Relevanz der ehemals auch als ›metaphysisch‹ diskreditierten Grundfragen der Philosophie, hier der Frage nach der menschlichen Freiheit. Wissenschaftstheoretisch-methodologisch stellt sich die Frage nach dem Status der zur Begründung der Freiheitskritik herangezogenen Experimente. Kann man aus ihnen tatsächlich solche starken Konsequenzen schließen? In diesem Zusammenhang ist die **Unterscheidung von Ursachen und Bedingungen** wichtig: Es gibt eine Vielzahl von empirischen, z. B. leiblichen Bedingungen unseres Handelns. Aber diese Bedingungen determinieren unser Handeln nicht, wie Ursachen kausale Abläufe determinieren. Wir beziehen eine Vielzahl von empirischen, z. B. leiblichen, Bedingungen und Bedingtheiten in unser planendes Handeln mit ein. Ein allgemeiner (universaler) Kausaldeterminismus lässt sich nicht aus bestimmten Einzelexperimenten folgern und begründen. Und: Die Frage nach der persönlichen moralischen Schuldfähigkeit in einem konkreten Fall muss wiederum anders betrachtet werden, wenn sie rechtlich vernünftig entschieden werden soll. Ohne eine genaue, kategoriale Ebenendifferenzierung naturwissenschaftlicher, neurobiologischer Befunde, rechtlicher, moralischer und weiterer existentieller, individueller Bedingungen sowie konkreter Situationen lässt sich ein vernünftiges Urteil nicht erreichen. Die Diskussion der neurobiologischen Freiheitskritik führt daher zur philosophischen, sinnkritialen Reflexion und Argumentation zurück.

1.3 | Systematische Aspekte

1.3.1 | Leiblichkeit, Gefühl und Vernunft, sexuelle Differenz

Leiblichkeit: Die philosophisch-anthropologischen Ansätze der Gegenwart führen zu einer im Unterschied zur Tradition viel stärkeren Berücksichtigung der menschlichen Leiblichkeit als der unhintergehbaren Basis unserer Praxis. Die aufgezeigte ›Abwesenheit des Menschen‹ in der traditionellen philosophischen Reflexion, ihre Konzentration auf Bewusstsein, Denken, Vernunft und Verstand in vielen dominierenden Schulrichtungen führte zu einer Verdinglichung bzw. zum Vergessen des Leibes. An dieser Stelle ist die im Deutschen sprachlich gut zu treffende systematische **Unterscheidung von Leib und Körper** wichtig. Betrachten wir den Körper als materiellen Gegenstand der objektiven, empirisch-wissenschaftlich zugänglichen Wirklichkeit, so ist im Unterschied zu diesem der Leib je unser Leib, der wir selbst sind, den wir leben, durch den wir leben und erleben, der die Dimension der Ganzheit unseres vernünftigen und natürlichen Welt- und Selbstverständnisses erschließt, trägt und formt. Bernhard Irrgang hat in *Der Leib des Menschen* (2009) diese Entwicklung zur philosophischen Neuentdeckung des Leibes umfassend dargestellt. In *Forschungsethik, Gentechnik und neue Biotechnologie* (1997) hat Irrgang zudem die Bedeutung der modernen Technologien für unser Lebensverständnis in der philosophischen Gegenwartsdiskussion grundlegend herausgearbeitet (s. Kap. II.C.2).

Gefühl und Vernunft: Im Zusammenhang mit dieser Erweiterung und Neufundierung der Anthropologie ist auch die Dimension der Gefühle und des menschlichen Gefühlslebens neu thematisiert worden. Auch hier zeigt der Blick in die philosophische Tradition eine Randständigkeit oder Verdrängung dieser Ebene, zumindest eine sehr verbreitete Abwertung der emotiven Ebene gegenüber den Ebenen des kategorialen, begrifflichen Verstandesdenkens und der an Ideen orientierten Vernunftperspektive. Die klassische, psychologismuskritische Argumentation weist immer wieder darauf hin, dass unsere Gefühle zu unseren Wahrheits- und Geltungsansprüchen nichts beitragen, ja für diese Ansprüche eher abträglich sind. Auch moralische Handlungen, so Kant, sind als unbedingt zu betrachten und zu tun, nicht aufgrund irgendwelcher begleitenden Affekte oder subjektiver Empfindungen z. B. der Sympathie, Freundschaft oder Liebe. Dennoch, so lehrt die Anthropologie, sind wir empfindende, fühlende Lebewesen, und dies ständig und lebenslang. In den letzten Jahren ist es in Anthropologie und Ethik zu einer deutlichen **Aufwertung und Neuentdeckung auch der fundamentalen Gefühlsebene** gekommen. Bereits Heidegger hatte in *Sein und Zeit* die ›Befindlichkeit‹ und die ›Gestimmtheit‹ als Existentiale des menschlichen Daseins – unhintergehbare Grundzüge des Lebens – analysiert. In neueren Untersuchungen werden die Gefühle im Blick auf Moral und auf ihre anthropologische Bedeutung ohne die traditionellen Vorbehalte wieder in den Blick genommen, z. B. durch Christoph Demmerling in *Gefühle und Moral. Eine philosophische Analyse* (2004) und Heiner Hastedt in *Gefühle. Philosophische Bemerkungen* (2005). Es wird deutlich, dass Gefühle wie Trauer, Scham, Mitleid, Achtung, Freude, Stolz in viel höherem Grade mit unserer ganzen Personalität und mit unseren Vernunftorientierungen verbunden sind, als dies lange Zeit in der philosophischen Reflexion bewusst war (vgl. Demmerling/Landweer 2007).

Sexuelle Differenz: Ein Zentrum der Gegenwartsdiskussion bildet seit den 1970er Jahren auch auf neue Weise die Thematik der Sexualität und näherhin der sexuellen Differenz. Im Kontext von Postmoderne, Poststrukturalismus und Dekonstruktion wurden im Anschluss an Heidegger bereits von Foucault, Deleuze, Guattari, Lyotard und Derrida dualistische Konstruktionen von Differenz grundlegend kritisiert. Dieses Problembewusstsein setzte sich im Kontext der Emanzipationsbewegung der Frauen und der Herausbildung einer feministischen Ethik auch im Blick auf die Geschlechterdifferenz zwischen Frauen und Männern durch. Innerhalb der sich akademisch etablierenden **Gender Studies** untersucht Martha C. Nussbaum in *Gerechtigkeit oder Das gute Leben* (1999) »Gefühle und Fähigkeiten von Frauen« und »menschliche Fähigkeiten, weibliche Menschen«. In diesen Kontext gehören auch Arbeiten von Carol Gilligan, Seyla Benhabib, Sabina Lovibond und Luce Irigaray (s. Kap. II.C.7). Besonders werden die affektiven und emotionalen Kompetenzen der Frauen akzentuiert.

1.3.2 | Anthropologie und praktische Philosophie

1.3.2.1 | Anthropologie und Sprache

Kants Dualismus von Sein und Sollen: Im Kontext der Erneuerung der philosophischen Anthropologie stellte sich die Frage nach ihrem Verhältnis zur praktischen Philosophie und Ethik neu. Auch mit Blick auf grundlegende Ansätze der Tradition wurde immer wieder gefragt, wie sich z. B. Kants Moralphilosophie zu seiner Anthropologie verhält. Es schien keine systematische Verbindung zu bestehen, denn die Anthropologie Kants hat einen empirisch-pragmatischen Status, während die Moralphilosophie und insbesondere der Kategorische Imperativ einen apriorischen, unbedingten, transzendentalen Geltungsanspruch erheben. Andererseits sind wir es – konkrete Menschen –, die sich dem Sittengesetz unterstellen sollen. Daher kritisierte Hegel auch Kants strengen Dualismus von Sein und Sollen: Moralität steht im Medium der Sittlichkeit, also durch die Vermittlung konkreter praktischer Lebensformen, z. B. in Ehe, Familie, Erziehung, Ausbildung, Formen der Gemeinschaft, in enger Verbindung mit der faktischen Lebenswirklichkeit und ihren natürlichen Bedingungen.

Alltäglicher Sprachgebrauch: Mit dem späten Wittgenstein kann systematisch geltend gemacht werden, dass wir alle ›hohen‹, anspruchsvollen moralischen Grundbegriffe – die Rede vom Guten, von dem, was wir tun müssen, von Gerechtigkeit, Glück und Lebenssinn – im alltäglichen Sprachgebrauch bereits als Kinder lernen und dass unser Verständnis bleibend mit den konkreten Kontexten und Lebensformen verbunden bleibt, in denen wir sie kennen und gebrauchen lernten. Diese **anthropologische Rückbindung der Ethik an die Lebenspraxis** ist bereits die Grundlage der *Nikomachischen Ethik* des Aristoteles. Der Neoaristotelismus arbeitet daher der Verbindung von Anthropologie und Ethik zu, die auch durch Wittgenstein befördert wird, ebenso der Rekurs auf Hegel.

Normative Implikationen: Im Rahmen der Erlanger-Konstanzer-Schule legte Wilhelm Kamlah 1973 eine *Philosophische Anthropologie* mit dem Untertitel *Sprachkritische Grundlegung und Ethik* vor, in der er fordert, die Begriffe und Sätze zu klären, mit denen wir von und über uns selbst sprechen. In diesem Ansatz wird bereits deutlich, dass anthropologische Grundlagenreflexion – wer sind wir? was sind wir? – ohne ein Vorverständnis und ein Wissen auch von dem, was wir wollen, wünschen und sollen, nicht möglich ist. Es wird sichtbar, dass an der Basis unserer anthropologisch-alltagssprachlichen Sprachverwendung bereits normative, wertende Aspekte und Perspektiven tief eingearbeitet sind. So weisen z. B. die Verwandtschaftsprädikate ›Vater‹, ›Mutter‹, ›Bruder‹, ›Schwester‹ solche starken normativen Implikationen auf, die wir selbstverständlich voraussetzen und die wir in Urteilen z. B. der Art »Wie kann eine Mutter so etwas tun?« einsetzen. Unsere anthropologische Sprache ist mit unserem Praxisverständnis und unserem moralischen Selbstverständnis eng verbunden. Erst künstlich und reduktionistisch können wir eine rein faktische, empirische, naturalistische Anthropologie konstruieren.

Kritische philosophische Anthropologie: In seinen Untersuchungen zur *Konstitution der Moralität* (1990) hat Thomas Rentsch dieses Verhältnis von Anthropologie und praktischer Philosophie grundlegend erörtert und auf Aristoteles und Kant zurückbezogen (vgl. Kambartel 1989; Wils 1997). Aufgabe einer kritischen philosophischen Anthropologie und einer Anthropologiekritik ist daher gerade auch eine Kritik, die diese normativen Implikationen mitreflektiert und nicht mit reduktionistischen Verständnissen von Menschen, mit rein funktionalistischen oder quantifizierenden Modellen operiert. Im Blick auf die gegenwärtigen Fragen der Medizinethik, der technischen Eingriffe in das menschliche Erbgut und bereits realen Möglichkeiten der medizintechnischen Perfektionierung des Menschen ist die vernünftige, reflektierte begriffliche Klärung und Begründung eines normativen Verständnisses unseres Menschseins unverzichtbar.

1.3.2.2 | Endlichkeit, Zeitlichkeit, Altern und Sterblichkeit

Das Phänomen des menschlichen Alterns: In modernen westlichen Gesellschaften, aber auch in entwickelten asiatischen Industrienationen ist in den letzten Jahrzehnten aufgrund des Wohlstandes und der guten medizinischen Versorgung ein menschliches Lebensphänomen auf neue Weise relevant geworden: das Phänomen des menschlichen Alterns und insbesondere des hohen Alters. Es leben nun Generationen, die durchschnittlich zehn bis zwanzig Jahre älter werden als die früher lebenden Menschen. Angesichts dieser Entwicklung gewinnt die **Frage nach der intergenerationellen Gerechtigkeit** an Relevanz, und es stellen sich ethische Fragen an die Medizin, die Gerontologie und die Pflegewissenschaft. Auch hier wird die Verklammerung von Anthropologie und Ethik sichtbar. Eine Ethik des Alterns muss deutlich machen, dass es die Einmaligkeit, Unaustauschbarkeit und Unverwechselbarkeit des Menschen überhaupt nur in den konkreten Lebensaltersstufen gibt: als Kind, als Heranwachsender, als Erwachsener, als alter Mensch. Personale Identität und praktische Vernunft können sich nur in endlichen, verletzlichen, sterblichen Wesen herausbilden – in uns. Alles Grundsätzliche im Leben hat Züge des Einmaligen und Erstmaligen. Wir sind nur einmal Kind, einmal jung, einmal werden wir erwachsen, einmal alt – mit Kierkegaard haben wir es im Leben mit einer ständigen Uraufführung ohne Probe zu tun.

Eine Aufklärung über das ganze Leben ist deshalb aus ethischer Sicht in Erziehung, Schule und auch im gesamtgesellschaftlichen Diskurs anzustreben. Lange Zeit wurde unter Aufklärung in diesem Kontext bezeichnenderweise nur die Sexualaufklärung verstanden. Das ganzheitliche Aufklärungsprojekt müsste sich angesichts der Unvertretbarkeit und Unersetzlichkeit der konkreten Lebensgestalten und Altersstufen gegen einen Isolationismus der Generationen als gegen eine Verarmung der Gesellschaft richten, der mit Kinderfeindlichkeit und Altenreservaten zuletzt alle schädigt. Eine intergenerationelle Perspektive der Moral bemisst sich an der Kraft und Sensibilität, sich in andere hineinzuversetzen. Wenden wir den Kategorischen Imperativ Kants in diesem Kontext an, so müssen wir in universalistischer Perspektive existentielle Phantasie fordern: Ich bin der potentiell alte, gebrechliche, verstörte, elende Mensch. Gerade angesichts der wachsenden Zahl der Demenz-Erkrankungen und der Verbreitung des Alzheimer-Syndroms muss eine intergenerationelle Ethik des Alterns anthropologisch aufklären über die wesentlichen Aspekte des Alterungsprozesses: über das physische, das psychische, das soziale und das kulturelle Altern. Diese Aspekte betreffen alle Menschen, die älter werden.

Ethik als Lebenskunst: In diesem Kontext wird auch die Rehabilitierung der antiken Traditionen der Ethik als Lebenskunst mit ihren vielen expliziten anthropologischen Bezügen mit Gewinn aufgenommen. Wie wurde in der Antike **das glückliche, gelingende Leben angesichts seiner Kürze** (Seneca) gedacht? Wie wurde Lebensweisheit konzipiert? Sie wurde u. a. als Gelassenheit, als Desillusionierung, als klärender Lebensrückblick, auch als »Entsagung« (so Goethe) verstanden. Was bedeutet die wachsende Zahl Hochaltriger für eine humane Kultur, was für eine spätmoderne Gesellschaft, die einen stark konsumorientierten Kult um Jugend, Sport, Fitness, Perfektheitsideale betreibt?

Werden wir immer älter?

Es zeigt sich auch an diesem Beispiel, dass sich neue Probleme hochmoderner Gesellschaften auf dem Feld der Anthropologie mit klassischen Grundfragen der Philosophie berühren, die diese seit ihrem Entstehen in der Antike kontinuierlich und mit immer neuen Ansätzen reflektiert hat. Durch die Neurowissenschaften wird die **Grundfrage nach der menschlichen Freiheit** neu gestellt, die auch die Grundlage für freiheitliche Rechtsstaaten klären muss. Angesichts der innovativen Thematisierung der menschlichen Leiblichkeit, der Gefühlsebene, des Unbewussten und der Sexualität während der letzten 100 Jahre stellt sich neu die **Grundfrage nach dem Verhältnis von Natur und Vernunft**, Sein und Bewusstsein, Materie und Form, wie sie seit Platon und Aristoteles diskutiert wurde. Durch die moderne Sprachkritik erneuern sich auch die Grundfragen nach dem logischen und kategorialen Status der Werte, Begriffe und Sätze, mit denen wir uns über uns selbst und unser Wesen verständigen und in welchem Verhältnis diese praktischen Selbstverständnisse zu naturwissenschaftlichen Forschungsergebnissen stehen. Die Entwicklung moderner Gesellschaften zu höherem und sehr hohem Alter für große Bevölkerungsgruppen lässt die Fragen nach der Ganzheit des Lebens, nach der Lebenskunst, nach Endlichkeit, Verletzlichkeit, Sterblichkeit und Lebenssinn neu stellen und nach reflektierten, vernünftigen, tragfähigen Antworten suchen, die nicht hinter die Ansprüche traditioneller Lehren seit der Antike zurückfallen.

Literatur

Alsberg, Paul: *Das Menschheitsrätsel. Versuch einer prinzipiellen Lösung* [1922] (erneut als: *Der Ausbruch aus dem Gefängnis – zu den Entstehungsbedingungen des Menschen*. Gießen 1985).
Binswanger, Ludwig: *Grundformen und Erkenntnis menschlichen Daseins* [1942]. München/Basel ⁵1973.
Bohlken, Eike/Thies, Christian (Hg.): *Handbuch Anthropologie. Der Mensch zwischen Natur, Kultur und Technik.* Stuttgart/Weimar 2009.
Boss, Medard: *Grundriss der Medizin und der Psychologie* [1971]. Bern ³1999.
Demmerling, Christoph/Landweer, Hilge: *Philosophie der Gefühle von Achtung bis Zorn*. Stuttgart/Weimar 2007.
Driesch, Hans: *Der Vitalismus als Geschichte und als Lehre* [1905]. Leipzig ²1922.
– : *The Science and Philosophy of the Organism. The Gifford Lectures delivered before the University of Aberdeen in the Year 1907 and 1908*. 2 Bde [1908]. London ²1929 (dt. *Philosophie des Organischen*. 2 Bde [1909]. Leipzig ⁴1928.
Fischer, Joachim: *Philosophische Anthropologie. Eine Denkrichtung des 20. Jahrhunderts*. Freiburg/München 2009.
Irrgang, Bernhard: *Forschungsethik, Gentechnik und neue Biotechnologie*. Stuttgart 1997.
– : *Der Leib des Menschen. Grundriss einer phänomenologisch-hermeneutischen Anthropologie*. Stuttgart 2009.
Kambartel, Friedrich (Hg.): *Philosophie der humanen Welt. Abhandlungen*. Frankfurt a. M. 1989.
Kamlah, Wilhelm: *Philosophische Anthropologie. Sprachkritische Grundlegung und Ethik* [1972]. Mannheim 1984.
Rentsch, Thomas: *Die Konstitution der Moralität. Transzendentale Anthropologie und praktische Philosophie*. Frankfurt a. M. ²1999.
Waldenfels, Bernhard: *Der Spielraum des Verhaltens.* Frankfurt a. M. 1980.
Wils, Jean Pierre (Hg.): *Anthropologie und Ethik. Biologische, sozialwissenschaftliche und philosophische Überlegungen*. Tübingen/Basel 1997.

Thomas Rentsch

2 Technikphilosophie

2.1 Begriff und Geschichte der Technik
2.2 Grundfragen der Technikphilosophie
2.3 Klassische Autoren und Werke der Technikphilosophie
2.4 Konzepte und Themen der Technikphilosophie

2.1 | Begriff und Geschichte der Technik

Technik und Technologie: Der Begriff ›Technik‹ stammt von *techne* (griech.: zielgerichtetes, sachgemäßes Können; Handwerk; Kunstfertigkeit) bzw. *technikos* (das einer *techne* Gemäße) und meint individuelles oder zunftmäßig überliefertes **Verfahrenswissen** sowie dessen Produkte. Zunächst identisch mit dem Begriff Kunst (lat. *ars*), umfasst Technik Maßnahmen und Verfahren, mit deren Hilfe Menschen unter Ausnutzung von Naturgesetzen, Energie und Stoffen Sachen herstellen. Sie dienen menschlichen **Bedürfnissen** und der Realisierung von **Zwecken**. Der Begriff ›Technologie‹ meinte in der Renaissance noch hauptsächlich die Lehre oder Wissenschaft von den grammatisch-rhetorischen Künsten, wurde aber später für den Bereich der **Verfahrenskunde** und der **technischen Produktionslehre** eingeführt.

Geschichtlich lässt sich Technik als Kunstfertigkeit bzw. Kompetenz im technischen Handeln im weiten Sinne (Künstler, Arzt, Architekt, Bauer, Handwerker, Züchter) verstehen. Dabei interpretierte die antike Philosophie die Mechanik als widernatürliche Bewegung und als **Überlistung der Natur**. Insofern wurde hier ein Gegensatz zwischen Natur und Technik formuliert. Seit der Neuzeit wird im **Experiment** Natur auf ihre Gesetze hin befragt. In der Renaissance begannen sich der Ingenieurberuf und die Technikwissenschaften zu entwickeln.

Ingenieurberuf in Frankreich: Der neue Berufsstand der Ingenieure entstand v. a. in Frankreich bereits vor der **Industriellen Revolution**. Mit ihm und mit veränderten Formen von technischem Handeln als Berufsarbeit und Produktion veränderten sich technische Institutionen und es kamen neue hinzu. Während der Zeit der **Französischen Revolution** wurden Studien in den exakten Wissenschaften und ihre praktische Anwendung durch die Gründung der *École Polytechnique* in Paris besonders gefördert. Doch bereits vor der *Enzyklopädie* existierte eine längere Tradition technisch-wissenschaftlicher Arbeit, die auf verschiedenen technisch-wissenschaftlichen Bildungseinrichtungen beruhte, die aus den staatlichen, militärischen und wirtschaftlichen Bedürfnissen entstanden waren.

England: Dagegen nahm in England der technische Fortschritt seinen Ausgang in den Werkstätten einfacher, körperlich arbeitender, aber häufig wissenschaftlich gebildeter Praktiker. Hier vollzog sich die Entwicklung zu einer Berufsgruppe der Ingenieure außerhalb des öffentlichen Dienstes und ohne ein formalisiertes technisch-wissenschaftliches Unterrichtswesen. Spätestens seit Mitte des 18. Jh.s führte die Verbindung zwischen **Naturwissenschaften** und handwerklichem Gewerbe zu Fortschrittsschüben, die vom Verständnis der sog. nützlichen Wissenschaften der **Aufklärung** beeinflusst wurden (Ludwig 1981).

Technikwissenschaften: Mit der Industriellen Revolution entwickelten sich auch die Technikwissenschaften. Die neue Technik erforderte eine gelegentliche Einbeziehung **technischen Wissens** und **naturwissenschaftlicher** Erkenntnisse mit einfachen theoretischen Mitteln. Das kinematische Konzept (Lehre der räumlichen Bewegung von Körpern) wurde beispielsweise zu einem tragfähigen Fundament der Maschinenwissenschaften. Die technische Thermodynamik (Lehre der Wärme und Umverteilung von Energie) entsprang den Bedürfnissen der Wärmekraftmaschinen (Dampfturbinen usw.). Mit Entwicklung der Industrie stieg die Dringlichkeit wissenschaftlicher Lösungen sprunghaft an. Technikwissenschaften und Ingenieurausbildung fanden in den aufstrebenden **polytechnischen Schulen** eine stabile institutionelle Basis. Die Ingenieurwissenschaften konnten erste Erfolge bei ihrer praktischen Umsetzung vorweisen (z. B. bei der Konstruktion leistungsfähiger

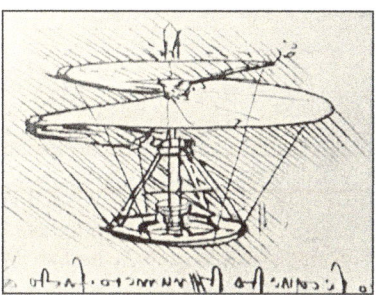

Leonardo da Vinci: Entwurf einer ›Flugschraube‹

Grundfragen
der Technikphilosophie

Karl Eduard Biermann: »Die Borsigsche Maschinenbau-Anstalt« (1847)

Wasserräder und -turbinen). Wissenschaftlich begründete Technik wurde aber gleichermaßen von herben Misserfolgen und Rückschlägen heimgesucht, z. B. von Brückeneinstürzen, Kesselexplosionen, Radreifenbrüchen usw. Am Ende des 19. Jh.s bildete dann die Trias aus technischen Hochschulen, Industrieforschung und staatlichen Forschungs- bzw. Prüfanstalten ein leistungsfähiges Netz interaktiven Wissenschaftstransfers und technischer Innovationskulturen (Irrgang 2008).

Im 19. Jh. beeinflussten sich Technik, Technikwissenschaften und Naturwissenschaften wechselseitig und wurden in der technischen **Laboratoriumswissenschaft** fundiert. Technologie wurde damit zur **angewandten empirischen Naturwissenschaft**, im 20. Jh. dann auch zur **Projektwissenschaft** (Manhattan-Projekt), woraus Veränderungen bei Erfindungsprozessen (Innovationen) resultierten.

Technoresearch: Seit Mitte des 20. Jh.s entsteht ein neuer Hybrid aus Technologie und wissenschaftlicher Forschung. Die Dampfmaschine war noch eine Ingenieurerfindung, der Kernreaktor hingegen geht viel stärker auf Wissenschaft zurück. Aber auch umgekehrt wird Forschung durch technologische Innovationen, insbesondere in den modernen Schlüsseltechnologien vorangetrieben. So konnte Technik zum dominanten kulturellen Faktor der menschlichen Zivilisation werden, dem in Industrienationen nicht zu entkommen ist. Deshalb ist eine philosophische Antwort auf die Herausforderung durch die zeitgenössische Technik nötig, ein adäquates Verständnis von Technik, Technologie und Technoresearch in ihrem Verhältnis zur Natur, die die Bedeutung und den **Sinn bzw. Unsinn von Techniken** in ihrem Gebrauch herausarbeitet. Auch die öffentliche Meinung muss sich der Technikinterpretation bemächtigen (Irrgang 2009).

2.2 | Grundfragen der Technikphilosophie

Philosophieren über die Technik bezeichnet die Praxisform der Technikphilosophie, ist also eine reflexive Kunst mit wissenschaftlichem Begründungs- und Universalisierungsanspruch. Sie ist gekennzeichnet durch das Zusammenwirken von historischen, systematischen, interkulturellen, epistemologischen, hermeneutischen, ethischen, ästhetischen und beratenden Perspektiven und Fragestellungen.

- In historischer Perspektive geht es Technikphilosophie um eine epochenspezifische Rekonstruktion von Verwendungsweisen der Begriffe ›Technik‹, ›Technologie‹ und ›Kunst‹ und die damit verbundene, je unterschiedliche Handhabung von technischem Können und Wissen sowie technischer Mittel, Werke und Verfahren. Die entsprechenden Fragen lauten: Was wurde in der Vergangenheit unter Technik verstanden? Wie und warum wird seit der Antike über Technik philosophiert?

- In systematischer Perspektive ist damit eine klassifizierende Rekonstruktion der Bedeutung technischer Praxis, technologischen Wissens und technischer Macht für soziale, ökonomische, religiöse oder politische Ordnungen und Prozesse verbunden. Hier wird konkret nach der Rolle der Technik im menschlichen Alltag sowie nach dem Verhältnis von Technik zu anderen gesellschaftlichen Bereichen (Ökonomie, Religion, schöne Künste, Politik usw.) gefragt.

- Die interkulturelle Perspektive thematisiert Technik als prägenden Bestandteil verschiedener Kulturräume – wie etwa Europa im Vergleich mit Indien, China oder Südamerika, wobei auch die je eigenen sprachlichen Tradierungsformen für technische Praxen, technologisches Wissen und technische Gegenstände berücksichtigt werden. Hier stellt sich z. B. die Frage, wie und warum Technik die Bereiche verschiedener Kulturen (rituelle Handlungen, Körperschmuck,

Handwerkskünste usw.) etwa in Europa, Indien, China oder Lateinamerika unterschiedlich prägt.

- In **epistemologischer Perspektive** reflektiert Technikphilosophie die Zusammenhänge zwischen technischen Handlungen, technischen Werken sowie Mitteln und verschiedenen Formen von Wissen und Können. Konkrete Fragen lauten: Was muss der Mensch wissen, um Technik anwenden zu können (etwa um ein Auto konstruieren, herstellen, instand halten, benutzen und entsorgen zu können)? Welche Rolle spielt Technik beim Entstehen von naturwissenschaftlichem Wissen, z. B. in den Experimentalsystemen (Laboratorien) der Biologie oder Physik?
- In **hermeneutischer Perspektive** werden das theoretische Selbstverständnis und die praktische Orientierung des Menschen sowie Bedingungen menschlicher Subjektivität in einer technisch geprägten Umwelt untersucht. Genauer wird hier nach der Rolle der Technik für das Verständnis des Menschen und der Welt um ihn herum gefragt, nach dem Einfluss der Vermittlung anderer Menschen und Kulturen durch Kommunikationstechniken (Buchdruck, Fotografie, Telefon, Radio, Fernsehen, Internet usw.), aber auch nach der Möglichkeit der sprachlichen Erfassung und kritischen Reflexion technischer Phänomene.
- In **ethischer Perspektive** untersucht und reflektiert Technikphilosophie moralphilosophische und lebenspraktische Probleme, die aus dem Umgang mit technischen Werken bzw. Mitteln und Verfahren entstehen. Die Leitfrage ist hier: Welchen Betrag kann Technik für ein glückliches Leben leisten? Aber auch Internetethik und Forschungsethik gehören dazu, also die Frage, wie neue Techniken und Forschungsmethoden ethisch zu bewerten sind.
- In **ästhetischer Perspektive** wird die Bedeutung technischer Praktiken, technologischen Wissens und technischer Werke bzw. Mittel für die sinnliche Wahrnehmungsfähigkeit des Menschen wie auch für den Begriff und die Erzeugung des Schönen in Musik und bildenden Künsten reflektiert. Entsprechende Fragen lauten: Wie transformiert Technik sinnliche Wahrnehmung? Welche Rolle kann Technik für den künstlerischen Ausdruck spielen? Wie verändert neuere und neueste Technik (Musikinstrumente, Computerkunst usw.) den Begriff des ästhetisch Wertvollen und Schönen?
- In **beratender Perspektive** liefert Technikphilosophie zuletzt theoretisch und historisch begründete sowie ethisch reflektierte Expertenurteile für gegenwärtige alltagspraktische Probleme und Fragen in anderen Wissenschaften, Wirtschaft oder Politik. Insofern erfüllt das Philosophieren über die Technik auch eine Dienstleistungsfunktion. Hier werden folgende Fragen zu beantworten versucht: Welchen Beitrag kann Technik für die Bewältigung gegenwärtiger kultureller, ökonomischer, ökologischer oder zwischenmenschlicher Probleme leisten (Stichworte: Technik- und Technologietransfer, Gentechnik, ökologische Krise, nachhaltige Entwicklung, demographischer Wandel, Enhancement)? Wie ist gesellschaftlicher Umgang mit neuer Technik und neuen Technologien zu reflektieren (Stichworte: Technikvertrauen, Technikfolgenabschätzung, Langzeitverantwortung)?

> **Definition**
>
> → **Technikphilosophie** ist heute eine Reflexionswissenschaft, die als relativ junge philosophische Disziplin in der Zeit der Industriellen Revolution entstand. Sie umfasst Fragestellungen der Praktischen, wie auch der Theoretischen Philosophie, die sie für die Bereiche der technischen Praxis, des technologischen Wissens und des technisch-künstlerischen Könnens formuliert. Technik wird als ein herausragender Bestandteil menschlicher Kultur thematisiert und in ihren Wechselwirkungen mit anderen kulturellen Faktoren wie etwa Ökonomie, Religion oder Moral reflektiert. Die Bedeutung der Technik für die praktische Orientierung und theoretische Erkenntnis im menschlichen Handeln und Denken wird aufgezeigt und hinterfragt.

2.3 | Klassische Autoren und Werke der Technikphilosophie

Auseinandersetzungen mit Technik finden sich seit Beginn der Neuzeit, und zwar gerade auch in Werken von Autoren, die nicht primär als Technikphilosophen wahrgenommen werden (Zimmerli 2004). Im Zuge der Industriellen Revolution entstanden mannigfache Strömungen und Ansätze. Besonders im 20. und beginnenden 21. Jh. vervielfältigten sich die Technikdeutungen aufgrund des Pluralismus an Denkstilen und Schulen. So lassen sich einige zentrale Autoren und Werke benennen,

2.3 Technikphilosophie

Klassische Autoren und Werke der Technikphilosophie

deren Gemeinsamkeit zwar in der philosophischen Befragung und Reflexion der Technik liegt, deren Antworten und Methoden jedoch sehr verschieden sind. Diese Reflexion der Technik ist oftmals verbunden mit der der Naturwissenschaften, der Ökonomie und gesellschaftlicher Entwicklungen.

Hauptwerke

1795	**Condorcet:** *Esquisse d'un tableau historique des progrés de l'esprit humain* (Entwurf einer historischen Darstellung der Fortschritte des menschlichen Geistes)
1806	**Johann Jakob Beckmann:** *Entwurf der allgemeinen Technologie*
1867/85/94	**Karl Marx:** *Das Kapital,* Bd. I–III
1877	**Ernst Kapp:** *Grundlinien einer Philosophie der Technik*
1927	**Friedrich Dessauer:** *Philosophie der Technik*
1927	**Martin Heidegger:** *Sein und Zeit*
1936	**Edmund Husserl:** *Die Krisis der europäischen Wissenschaften und die transzendentale Phänomenologie*
1939	**José Ortega y Gasset:** *Meditación de la técnica* (Betrachtungen über die Technik)
1947	**Horkheimer/Adorno:** *Dialektik der Aufklärung*
1954	**Jacques Ellul:** *La technique ou l'enjeu du siècle* (The Technological Society)
1967	**Herbert Marcuse:** *Der eindimensionale Mensch*
1967/70	**Lewis Mumford:** *The Myth of the Machine*
1970	**Helmuth Plessner:** *Anthropologie der Sinne*
1979	**Don Ihde:** *Technics and Praxis*
1984	**Albert Borgmann:** *Technology and the Character of Contemporary Life*
1992	**Jürgen Mittelstraß:** *Leonardo-Welt*
1994	**Carl Mitcham:** *Thinking through Technology*
1995	**Christoph Hubig:** *Technik- und Wissenschaftsethik*
1997	**Walther Zimmerli:** *Technologie als »Kultur«*
2008	**Bernhard Irrgang:** *Philosophie der Technik*

2.3.1 | Anthropologische Technikdeutung

Diese älteste Ausprägung der Technikdeutungen geht bereits auf Aristoteles zurück, der die menschliche Hand als »Werkzeug aller Werkzeuge« (*De anima,* 432a1–3; siehe auch *De part. anim.,* 687a21 ff.) bezeichnete. Die Analogie von Mensch und Technik liegt auch dem Denken des ersten expliziten Technikphilosophen Deutschlands, **Ernst Kapp**, im 19. Jh. zugrunde (Irrgang 2001). Demnach bildet der menschliche Körper das Modell für die philosophische Deutung von Technik, wie umgekehrt bestimmte Körperfunktionen nach dem Vorbild technischer Erfindungen gedeutet werden. So werden beispielsweise die Nerven des Menschen mit Telegraphenkabeln verglichen.

In »Die Technik in der Sichtweise der Anthropologie« (1953) schreibt **Arnold Gehlen** der Technik die Funktionen des »Organersatzes« oder der »Organüberbietung« zu. Technik soll also den menschlichen Körper entlasten, indem sie in ihrer Funktionalität einzelnen Organen oder Extremitäten nachempfunden ist. In dem 1957 erschienenen Buch *Die Seele im technischen Zeitalter* überführt Gehlen seine anthropologische Deutung dann in eine konservative Kulturkritik. In ihr wird Technik als Ursache gedeutet für eine Primitivisierung, einen neuen Subjektivismus, die Massengesellschaft, den Verfall festgefügter sozialer Ordnungen, die Überschwemmung mit fremdgesetzten Reizen, den Mangel an stabilen Institutionen sowie für eine Zunahme an Reflektiertheit und eingeschliffener Funktionalisierung des Bewusstseins, was insgesamt zur Labilität der Menschen führen würde.

Ein wichtiger Vertreter dieser Strömung der anthropologischen Technikdeutung ist auch **Helmuth Plessner**.

2.3.2 | Marx, die Frankfurter Schule und ihre Rezeption

Arbeit und Technik: Als früher Technikphilosoph (Irrgang 2002b) macht Karl Marx Mitte des 19. Jh.s ›Arbeit‹ zum Basisbegriff seiner Kritik der bürgerlichen politischen Ökonomie. Dabei gilt Arbeit einerseits als Wertmaßstab der Erzeugnisse bzw. Produkte, andererseits aber auch als wichtigster Wertschöpfungsfaktor. Sie bestimmt den objektiven Wert der Ware. Während frühere Gesellschaftsformationen (z. B. des Feudalismus) Marx zufolge noch weitestgehend von Subsistenzwirtschaft geprägt waren, gelangte mit der Entstehung des Kapitalismus die Produktion von Waren für einen anonymen Bedarf und Markt zur Vorherrschaft. Existenzbedingungen für die Warenproduktion sind dabei die (fortschreitende) gesellschaftlicher Teilung der Arbeit sowie die freie Lohnarbeit. Die als kulturkritisch qualifizierbaren Bedenken von Marx gegen arbeitsteilige Industrieproduktion führen vor allem zu einer Kritik an Entfremdungserscheinungen. So kritisiert Marx in seinem Hauptwerk *Das Kapital* die Funktion von Maschinen, von denen die Arbeiter unter kapitalistischen Bedingungen dominiert werden, anstatt sie selbständig anzuwenden.

Instrumentelle Vernunft: In den 1960er Jahren greift die technikkritische Frankfurter Schule auf Max Horkheimers und Theodor W. Adornos These von einer *Dialektik der Aufklärung* zurück. Angesichts der Erfahrungen mit dem Einsatz von Technik im Stalinismus, in der nationalsozialistischen Ideologie und im US-amerikanischen Kapitalismus (**Taylorismus**, **Fordismus**) beschreiben sie den Umschlag der formalen Vernunft, des Positivismus und des Pragmatismus in eine **instrumentelle Vernunft**, die ihre Gegenstände zum Material degradiert. Dieser geschichtsphilosophische Deutungsversuch läuft auf die Behauptung einer Selbstzerstörung der Aufklärung und ihres ursprünglichen Humanitätsideals hinaus.

Jürgen Habermas knüpft mit seiner Kritik an die Analyse verdinglichender Tendenzen instrumenteller Vernunft bei Horkheimer und Adorno an. Er bemängelt jedoch, dass diese selbst noch dem Modell der instrumentellen Vernunft verhaftet bleibe und daher Schwierigkeiten habe, über ihre eigenen normativen Grundlagen Rechenschaft zu geben. Da Rationalität nur als ein Instrument zur Beherrschung der menschlichen und außermenschlichen Natur angesehen werde, gelinge es der älteren Kritischen Theorie nicht, einen umfassenden Begriff von Vernunft zu rehabilitieren (vgl. TWI; TkH). Erst der Paradigmenwechsel zur Kommunikationstheorie löst nach Habermas die Ansprüche der Kritischen Theorie ein.

Eindimensionalität: Dezidierter als Horkheimer und Adorno hat **Herbert Marcuse** (1898–1979) den Technologie-Aspekt der modernen Industriegesellschaft einer kritischen Analyse unterzogen. In *Der eindimensionale Mensch* (1967) zeigt er, dass die Industriegesellschaft als Ganzes irrational ist, denn die faktische Steigerung der Produktivität führt gerade nicht zu einer Zunahme an Möglichkeiten freier Selbstentfaltung des Menschen. Im Gegenteil: Die Reichweite gesellschaftlicher Herrschaft über das Individuum sei unermesslich größer als je zuvor, was dem Einzelnen jedoch aufgrund der zunehmenden Vereinheitlichung von Kultur, Politik und Wirtschaft zu einem geschlossenen System verborgen bleibe. Gegen dieses **Eindimensionale** helfe nur die Logik des Protestes.

Im Fahrwasser Marcuses fragt **Andrew Feenberg** in *Transforming Technology* (2002) nach der Bedeutung der Technologie für die gesellschaftliche Entwicklung nach dem Ende des Kalten Krieges. Zur Formulierung neuer Leitbilder sollten wir auf Technologie nicht verzichten, die einen materialen Rahmen für die Entwicklung von Modernität vorgebe. Die Möglichkeiten von Technologiegestaltung erschöpften sich nicht an den an Kontrolle orientierten Zuschreibungen der Technologie, wie sie sowohl in kapitalistischen wie in kommunistischen Gesellschaften üblich ist. In Technologiegesellschaften gebe es darüber hinausgehende Kontrollmöglichkeiten über Leitbilder der Humanität.

2.3.3 | Martin Heidegger

Im Werk Martin Heideggers (1889–1976) finden sich zwei Konzeptionen einer Philosophie der Technik. Eine explizite lässt sich nach der sog. **Kehre**, also dem Umdenken in den 1930er Jahren verorten und hat im Zeitalter der Technikkritik eine breite Rezeption erfahren. Ein eher ›verborgenes‹ Technikverständnis findet sich in *Sein und Zeit*, auf dessen Relevanz für ein Philosophieren über Technik jüngst hingewiesen wurde (Corona/Irrgang 1999; Luckner 2008).

Frühe Technikphilosophie: Der frühe Martin Heidegger entwickelt ein Verständnis technischen **Umgangswissens** in den Paragrafen 14 bis 18 von *Sein und Zeit*. Er stößt bei der Analyse des menschlichen Daseins als eines »in der Welt Seins« auf das Phänomen der Alltäglichkeit, begründet also seine Philosophie aus der Lebenswelt und -praxis heraus und nicht aus der reinen Theorie. Der Hintergrund menschlichen Verstehens sei die Vertrautheit mit der Welt aufgrund eines ursprünglichen Umgangs (SuZ, S. 66–87). Der Mensch erkenne sich also zuerst durch technisches Handeln, nicht durch theoretische Spekulation. Hierin liegt auch ein wesentlicher methodischer Ansatzpunkt für die Begründung einer **Technikhermeneutik**.

Späte Technikphilosophie: 1953 hielt Heidegger den Vortrag »Die Frage nach der Technik«, der die Grundzüge seiner späten Technikphilosophie enthält. Hier formuliert er eine fundamentale Kulturkritik an einer bestimmten, spezifisch modernen, abendländischen Technikform (wie Großkraftwerke usw.) (s. Interpretationsskizze, S. 340). Wirklichkeit wird demnach als technisch verfügbare Ressource gesehen. Allerdings ist der Mensch genötigt, das Geschick bzw. Schicksal der Entbergung auf sich zu nehmen. Dies impliziert nicht das Verhängnis eines Zwangs, sondern macht die Gefahr deutlich. Sie besteht darin, dass der Mensch in der Kausalität des Machens verharrt und die Natur

2.3 | Technikphilosophie

Klassische Autoren und Werke der Technikphilosophie

Interpretationsskizze

Entbergen als Herausfordern

»Das in der modernen Technik waltende Entbergen ist ein Herausfordern, das an die Natur das Ansinnen stellt, Energie zu liefern, die *als solche* herausgefördert und gespeichert werden kann. Gilt dies aber nicht auch von der alten Windmühle? Nein. Ihre Flügel drehen sich zwar im Winde, seinem Wehen bleiben sie unmittelbar anheimgegeben. Die Windmühle erschließt aber nicht Energien der Luftströmung, um sie zu speichern. Ein Landstrich wird dagegen in die Förderung von Kohle und Erzen herausgefordert. Das Erdreich entbirgt sich jetzt als Kohlenrevier, der Boden als Erzlagerstätte. Anders erscheint das Feld, das der Bauer vormals bestellte, wobei bestellen noch hieß: hegen und pflegen. Das bäuerliche Tun fordert den Ackerboden nicht heraus. Im Säen des Korns gibt es die Saat den Wachstumskräften anheim und hütet ihr Gedeihen. Inzwischen ist auch die Feldbestellung in den Sog eines anders gearteten Be-stellens geraten, das die Natur *stellt*. Es stellt sie im Sinne der Herausforderung. Ackerbau ist jetzt motorisierte Ernährungsindustrie. Die Luft wird auf die Abgabe von Stickstoff hingestellt, der Boden auf Erze, das Erz z. B. auf Uran, dieses auf Atomenergie, die zur Zerstörung oder friedlichen Nutzung entbunden werden kann« (*Technik*, S. 15 f.).

Handwerkliches Verfertigen, künstlerische Produktion, aber auch das Wachstum der Natur (i. S. von aus-sich-heraus-wachsen) sind für Heidegger verschiedene **Weisen des Entbergens**, die er auch als *poiesis* (i. S. von her-vor-bringen) ansieht. Das Entbergen, das der Mensch dank moderner Technik praktiziert, setzt ihn in ein neues Verhältnis zur Natur, in dem er ein Fordernder und Herausfordernder ist. Denn während der Mensch vor der Entwicklung moderner Technik die Natur als selbstzweckhaftes und produktives Geschehen ansah, das »be-« und »gehütet« werden muss, wird sie für den modernen Menschen zur Ressource, die ausgeschöpft bzw. ausgebeutet werden kann. Ein weiterer zentraler Begriff dieser Schrift ist »**Gestell**«, der die mit der modernen Technik verbundene Weise des Entbergens und den herausfordernden Anspruch meint, mit dem der Mensch der Natur begegnet.

als berechenbaren Wirkzusammenhang von Kräften betrachtet. Der so drohende und bedrohte Mensch erhebt sich zum Herren der Welt. Das Heraus-stellen vertreibt jede andere Art der Entbergung, so auch die philosophische Reflexion oder Kunst. In dieser einseitigen Selbst- und Weltwahrnehmung schlummert nach Heidegger die Gefahr.

2.3.4 | Kybernetik, Systemtheorie und Konstruktivismus

Kennzeichen von Kybernetik und Systemtheorie sind Konzeptionen einer Wissenschaft vom technischen Handeln, die letztlich dazu dienen soll, dieses steuern und gestalten zu können.

Systemtheorie der Technik: Günter Ropohls Modell einer »Systemtheorie der Technik« und das Programm einer »**technologischen Aufklärung**« knüpfen an die Vorstellungen der Kybernetik an. Die humane und soziale Dimension der Technik lasse sich am ehesten an einem umfassenden Handlungssystem festmachen (Ropohl 1979). Es sei nicht die Technik, die Zwecke setzt, sondern verschiedene, zwar durch menschliche Handlungen konstituierte, jedoch selbst als Handlungsträger verstehbare **Handlungssysteme** legen mit der Entwicklung technischer Artefakte bestimmte Handlungsziele nahe, indem sie die Möglichkeit zu neuen Handlungsfunktionen eröffnen. Ropohl wendet sich damit gegen die These vom technologischen Imperativ. Der Sachzwang sei kein technischer oder technologischer, sondern ein sozialer. Die Unvermeidbarkeit der technologischen Aufklärung ergibt sich aus der Legitimationskrise des technischen Fortschritts (Ropohl 1991). Die Struktur eines Systems wird gegeben durch die Verknüpfung zwischen den Elementen. Große technische Systeme haben mehrere Ebenen, auf denen sich Strukturen, die zum Teil interagieren, definieren und beschreiben lassen. Bei wachsenden Systemen ist der Stabilisierungs- und Steuerungsaufwand im Allgemeinen geringer als bei Systemen, die sich im Fließgleichgewicht befinden (Kornwachs 1993).

Konstruktivistische Technikdeutung: Im Fahrwasser der Erlanger und Konstanzer Schule setzt die konstruktivistische Technikphilosophie bei der technikwissenschaftlichen Interpretation der Naturwissenschaften an. Die **kulturalistische Wende** impliziert einen methodischen Primat der Handlungstheorie vor der Sprachphilosophie (Janich 1998), der für die Betrachtung von Technik leitend wird. Die Tauglichkeit bestimmter Mittel für bestimmte Zwecke wird stets nach Erfolg bzw. Misserfolg beurteilt. Erfolg verdankt technisches Handeln nicht der faktischen Zustimmung beliebiger Personengruppen, sondern der praktischen Bewährung. Traditionell philosophisch bleibt hingegen die Begründungs- und Rechtfertigungsverpflichtung im Diskurs. Im methodischen Kulturalismus wird die unumkehrbare Technikentwicklung weiterhin als Modell für Kulturentwicklung angesehen. Werden technische Errungenschaften einmal gemacht, so werden sie nicht wieder aufgegeben, weil sie von bleibender Zweckmäßigkeit sind. Die Fortsetzbarkeit der Technik vom Rad zum Getriebe und zum Motor, letztlich zur ganzen Maschinentechnik mit beweglichen Teilen lässt sich so als Unaufgebbarkeit der jeweils älteren Praxen interpretieren. Technische Praxen kennen ihre Nebenfolgen und die historische Last mit ihnen. Dies lässt sich als Ambivalenz des technischen Fortschritts im Sinne der kumulativ erreichten Kulturhöhe verstehen (Janich 1998).

2.3.5 | Aktuelle Tendenzen

Empirical Turn: In den 1980er und 90er Jahren treten neben die konstruktivistische Kulturphilosophie der Technik neuere Entwürfe einer stärker historisch und empirisch orientierten Philosophie der Technologie. In den USA spricht man vom »**empirical turn**« der Technikphilosophie (Achterhuis 2001). Diese Tendenz wird verstärkt durch einen Traditionsverlust und einen Wertewandel, die mit der zunehmenden Technologisierung und Digitalisierung unserer Alltagswelt verbunden sind. Angesichts der Orientierungslosigkeit in der technisierten Alltagswelt erhält Philosophie aufgrund ihrer Orientierungskompetenz neue Lebensbedeutsamkeit (Zimmerli 1997).

Phänomenologisch-hermeneutische Technikphilosophie: Im Anschluss an Don Ihdes **Postphänomenologie**, an Walther Zimmerlis hermeneutisches Philosophieren über Technik und Ethik sowie an die Ansätze von Hans Lenk und Hans Poser (vgl. Ihde 1993; Lenk 1994) wurde das Programm einer **Technikhermeneutik** bzw. phänomenologisch-hermeneutischen Philosophie von Technik, Technologie und Technoresearch und einer hermeneutischen Technik-Ethik im gesellschaftlich-kulturellen Kontext entwickelt (Irrgang 2001, 2008, 2009). Eine Analyse der Strukturierung alltäglicher technischer Praxis vor dem Hintergrund eines (impliziten) technischen Wissens (Polanyi 1985) führt zu einem in der Regel kollektiven technischen Handeln (Praxis) im kulturellen Kontext (Irrgang 2002a). Die Strukturierung technischer Praxis erfordert eine rekursive und reflexive Erhellung und sprachliche Durchdringung technischer Handlungen, also eine **Technologie-Reflexionskultur** (Irrgang 2009). Technische Praxis ist kulturell, sozial und geschichtlich eingebettet. Entscheidend sind Fragen der technischen Entwicklung und des nationalen wie transkulturellen Technologietransfers.

Die **Hermeneutik einer technischen Praxis** ist nicht selbst technische Praxis, sondern ihre sprachliche Durchdringung, Reflexion und Erhellung unter handlungstheoretischer Rücksicht. **Technikhermeneutik** ist darüber hinaus die methodisch abgesicherte reflektierte Einführung und Begründung einer Fachsprache, die auf der Alltagssprache aufbaut. Ihre Hauptaufgaben bestehen:
- in der Rekonstruktion der Genese, Funktionsweise und Folgen von Technik bzw. Technologie,
- in der Herausarbeitung des Zieles bzw. Sinnes der möglichen Verwendungsweisen und
- in der argumentativen Bewertung im Hinblick auf Akzeptanz.

Es geht dabei um die Bedingungen der Möglichkeit des **Gebrauchens von Technik** sowie deren **Erfolg** bzw. **Misserfolg**. Diese hängen von kulturellen Einbettungsfaktoren (tradiertem explizitem wie implizitem Wissen, Moral, Religion usw.) ab. Durch das Ineinandergreifen von Technikphänomenologie und Technikhermeneutik lassen sich technische Handlungen und technisches Wissen ihrerseits verstehen.

> **Definition**
>
> → **Technikphänomenologie** heißt die Beschreibung und Modellierung technischen Handelns (als Erweiterung des Leib-Schemas).
> → **Technikhermeneutik** heißt der verstehende Umgang mit technischem Gerät vor dem Hintergrund kulturell tradierter technischer sowie sprachlich-reflexiver Praktiken.

So ergibt sich auch ein methodischer Rahmen für die Interpretation der geschichtlichen Entwicklung von Technik. Dies ist keine Grundlage für ein **Fortschrittskonzept** im klassischen Sinn, denn technisches Handeln kann auch misslingen (Irrgang 2008, 2009).

2.4 | Konzepte und Themen der Technikphilosophie

Homo Faber und menschlicher Leib: Wie die Technikphilosophie als eigenständige Disziplin ist auch die These vom Homo Faber, vom Menschen als Handwerker und Könner, ein Kind der Industriellen Revolution. Als der deutsche Idealismus seine Wirkmächtigkeit verlor und die Industrialisierung weltweit ihren Siegeszug begann, wurden der menschliche Leib und die Technik als Daseinsform des Menschen entdeckt. So wird Vernunft bei Nietzsche als Intellekt zum bloßen Mittel des Überlebens, das Leben zur Klammer von menschlichem Leib und menschlicher Technik. Häufig findet sich dieser Zusammenhang von **Leben**, **Leib** und **menschlicher Technik** als Ausdruck des Irrationalen interpretiert, als Sieg des Dämonischen. Aber mit der Philosophie des Lebens, des Leibes und der Technik wird sich die Menschheit im 19. und 20. Jh. einer neuen Form von Vernunft bewusst, die sich nicht mehr der *theoria* verdankt, sondern der **(technischen) Praxis**. Technologie besteht in einem Wissen, allerdings einem Wissen, das einem **Können** erwächst und damit nicht dem wissenschaftlichen, auch nicht dem geisteswissenschaftlichem Wissen äquivalent ist.

Als Gegenbegriff zum **Homo Sapiens** wird der Terminus ›Homo Faber‹ erst im 20. Jh. durch Henri Bergson und Max Scheler philosophisch geläufig, obwohl die Homo-Faber-These – wie bereits gezeigt – der Sache nach älter ist. Die Vorstellung vom Menschen als Homo Faber entspringt der empirisch-naturwissenschaftlich ausgerichteten Philosophie, dem Positivismus und Pragmatismus, die sich auf das handelnde Wirken des Menschen in der Welt konzentriert, um diese für ihn beherrschbar und verfügbar zu machen.

Entwicklungspfade: Menschliche Praxis und technische Artefakte (Gegenstände) sind sowohl als Mittel wie als Werke eng miteinander verflochten. Hierbei treten **Rückkoppelungsprozesse** wechselseitiger und fortführender Gestaltung auf. Die konkreten Möglichkeiten dieses wechselseitigen Einflusses sind nicht determiniert, sondern unterliegen einer gewissen Offenheit (Kontingenz). Entwicklungspfade beschreiben hierbei Bewegungen in der konkreten Genese dieser kontingenten Rückkoppelungsprozesse.

Ein **technologisches Paradigma** dient der Beschreibung einer Summe von Entwicklungspfaden und muss sich der realen Entwicklung selbst langfristig auch immer wieder anpassen. Dabei entsprechen **technische Potentialität** und der Wandel innerhalb des Paradigmas einander. Technische Potentialität ist wiederum doppelt bestimmt: durch das menschliche Gebrauchen-Können und die Struktur der technischen Gegenstände. Es ist also zu unterscheiden, welche Möglichkeiten der Weiterentwicklung einer Schreibmaschinentastatur sich rein physikalisch-technisch ergeben und welche Möglichkeiten der Nutzer im Umgang mit dem Gerät entwickelt. Zu unterscheiden ist dann auch das konstruktive und das destruktive Potential einer Technik (Irrgang 2008).

Entwicklungspfade werden durch die Realisierung von technischen Potentialen und durch die Suche nach der richtigen Einbettung geformt. Einbettung meint hierbei den **kulturellen** bzw. **gesellschaftlichen Rahmen**, der sich um den Gebrauch neuer technischer Artefakte entfaltet. Der Moment des technischen Durchbruchs führt weiterhin dazu, dass Entwicklungspfade als Resultate technologischer Praxen eine spürbare Veränderung ihrer Richtung erfahren.

Technik, Kultur, Gesellschaft: Die Nutzung und Erfindung von Technik hat immer den Charakter eines Ausprobierens, dessen Verlauf und Wirkungen nie vollständig kalkulierbar sind, obgleich bestimmte Möglichkeiten vorab zumindest als irrelevant ausgeschlossen werden können. Planmäßiges und rationales Ausprobieren kann durchaus als verantwortbar angesehen werden. Doch **technische Rationalität** hat gewisse Grenzen, denn sie enthält zwei komplementäre Aspekte:
- Sie ist ideengeleitet und steht als ideengeleitete Praxis im Dienst des Menschen.

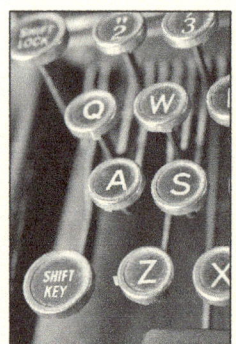

Beispiel: Von der Schreibmaschinen- zur Computertastatur

So spannt sich z. B. ein Pfad von der Schreibmaschinen- zur Computertastatur. Die Geometrie und Anordnung der Buchstaben hatte bei der Schreibmaschine noch konstruktionsbedingte Ursachen, begründete sich also eher vom technischen Artefakt her. Ist der Nutzer jedoch einmal mit der Geometrie der Schreibmaschinentastatur vertraut, so will er diese auch beim Computer, obwohl rein physikalisch-technisch auch andere Computertastaturformen realisierbar sind. An diesem Punkt begründet sich der Pfad von der Schreibmaschine zur Computertastatur eher durch die menschliche Praxis.

- Sie ist naturhaft und tendiert als evolutionärer Prozess zur Verselbständigung.

Die wissenschaftlichen und technischen Revolutionen der Neuzeit führten zu einer fortschreitenden Fusion von Wissenschaft, Technik und Ökonomie. Hierdurch verselbständigte sich der technische Fortschritt gegenüber der Technik als einer ideengeleiteten Praxis.

Spätestens seit der Industriellen Revolution im 18. Jh. ist die Technik höchstens noch indirekt Dienerin der gesellschaftlichen Entwicklung. Technik dient nunmehr der ökonomischen Entwicklung, und diese beherrscht wiederum die Gesellschaft. Die **Verselbständigung der Technik** ist ein spezifisch neuzeitliches Phänomen, wobei der nun entstehende kollektive Technikgebrauch auch völlig neue Chancen und Gefahren mit sich bringt. Zu klären ist, welche Steuerungsmöglichkeiten bestehen, um Technik in den Dienst einer wünschenswerten gesellschaftlichen Entwicklung zu stellen. Hierfür ist ein Organisierungswissen notwendig, das Auskunft darüber gibt, welche Technologien dem Gemeinwohl dienen und welche nicht (Falkenburg 2004, S. 45 f.).

Konsum: Verbrauch ist zur zentralen Überlebensstrategie der modernen Gesellschaft geworden. Entgegen früheren Interpretationen von Technologie (etwa denen der Kritischen Theorie) bedeutet dies aber nicht, dass moderne Technik den Menschen entfremden würde. Die Verführung durch vielfältige Möglichkeiten des Gebrauchen-Könnens bzw. das Konsumieren ist letztendlich nicht pauschal als **Ursache für Entfremdung** anzusehen. Denn die Möglichkeiten der Anwendung liegen beim Konsumenten bzw. dem Techniknutzer und werden durch den technischen Gegenstand oder dessen Produktionsbedingungen nicht absolut determiniert. Aktuellere Interpretationen von Technologie unterstützen die Entfremdungsthese daher nur mit Einschränkungen. Es geht vielmehr um einen differenzierten, sorgfältigen und empirisch orientierten Blick zur Erforschung der Einflüsse spezifischer Technologien auf das Konsumverhalten. Dabei sind Technologien nicht nur in den Begriffen ihrer Funktionalität zu beschreiben, sondern ebenfalls als **Vermittlung zwischen den Menschen und ihrer Welt** (Verbeek 2005). Gerade dieser Aspekt ist Grundlage eines angemessenen Verständnisses von Konsum, weil hierdurch jenseits der reinen Funktionalität des technischen Gegenstandes die Rolle des Techniknutzers und dessen Handlungen stärker in den Blick geraten. Dabei hat die zunehmende Komplexität von Technik den Wunsch nach einfacher und benutzerfreundlicher Bedienung immer lauter werden lassen. Es wird höchste Zeit, dass sich der Mensch als Maß der Dinge in der Technikgestaltung begreift (Zühlke 2005, S. 7–12). Insofern fängt Konsum bei nutzerfreundlicher Technik an und nicht bei dem technisch Machbaren.

Vertrauen in Technik/Technikakzeptanz: Vertrauen kann nicht durch Beweise und Legitimationsstrategien vor der praktischen Benutzung erzwungen werden, sondern es ist eine Sache des Umgangswissen, des *tacit knowledge* (implizites Wissen) bzw. Körperwissens. Bestenfalls kann zum ausprobierenden Umgang überredet werden. So ist Vertrauen in Technik letztendlich eine Frage des Aufbaus und des Einübens von **Routine**. Wesentlich ist hierbei *wiederholtes* Gelingen und *regelmäßige* praktische Bewährung. Der Gedanke der **Beherrschung von Technik** im Sinne der Beherrschung eines Dinges ist grundsätzlich nicht richtig. Es geht eher um das Einüben und das **Beherrschen eigener Kompetenzen** bzw. das Beherrschen des eigenen Körpers. Der Aufbau eines Vertrauens in Technik braucht demnach Zeit zum Ausprobieren und Lernen. Misslingt das Ausprobieren und Lernen, dann entsteht auch kein Vertrauen in Technik. Zentral ist dabei die Wiederholung, nicht die rationale Argumentation (Irrgang 2009).

Entsorgung, Abfall, Nachhaltigkeit: Das Entsorgen technischer Artefakte ist nicht nur ein physikalisch-technisches Problem, sondern vor allem auch kulturell geprägt (Irrgang 2009). Hygiene ist eine Kulturform, die selbst wieder die Semantik des Verschwindens bzw. Entsorgens erzeugt. Auch der ›Edelstein‹ oder das ›Edelmetall‹ sind semantische soziale Konstruktionen, wenn auch eher positiv besetzt.

Das Altern technischer Gegenstände kann aus ökonomischen bzw. kulturellen Gründen beschleunigt werden, etwa um Käufer ständig zum Nachkaufen zu bewegen (**Obsoleszenz**). Ein immer rascher erfolgendes **Altern von Technologien** beschleunigt die Abfallbildung. Dabei ist Abfall ein innergesellschaftlich definiertes und gesellschaftsdefinierendes Ordnungsmuster hoher Beweglichkeit (Faßler 1991, S. 198 f.) und keine physikalische Tatsache. Der neue Kulturauftrag lautet: den **Abfall zu beherrschen**. Es geht darum, eine ökologische, nachhaltige und kulturell eingebettete Technik zu entwerfen, die einer möglichst großen Zahl von Menschen ein lebenswertes Leben mit entsprechender Lebensqualität auch in der Zukunft ermöglicht. Die Implementierung von Maschinen und somit technologischer Handlungsschemata ist nicht kapitalistisch oder sozialistisch, sie kann aber in der Arbeitsorganisation sowohl auf die eine wie die andere Art und Weise eingesetzt werden. Durch die vielfältigen, aber immer auch begrenzten Möglichkeiten des Gebrauchs üben technische Artefakte und Strukturen eine gewisse **Macht über ihre Nutzer** aus. Technische Praxis ist nicht völlig frei, allerdings auch nicht durch die Technik determiniert. Es gibt nicht eine Alternative zur Moderne, sondern viele Alternativen innerhalb von Entwicklungspfaden, die nur mehr oder weniger modern sind.

Literatur

Achterhuis, Hans (Hg.): *American Philosophy of Technology: the Empirical Turn* [1999]. Bloomington, Ind. 2001.
Corona, Nestor/Irrgang, Bernhard: *Technik als Geschick? Geschichtsphilosophie der Technik.* Dettelbach 1999.
Falkenburg, Brigitte: *Wem dient die Technik?* Baden-Baden 2004.
Faßler, Manfred: *Abfall, Moderne, Gegenwart. Beiträge zum evolutionären Eigenrecht der Gegenwart.* Gießen 1991.
Feenberg, Andrew: *Transforming Technology. A Critical Theory Revisited.* Oxford 2002.
Ihde, Don: *Postphenomenology. Essays in the Postmodern Context.* Evanston 1993.
Irrgang, Bernhard: *Technische Kultur. Instrumentelles Verstehen und technisches Handeln.* Paderborn 2001.
– : *Technische Praxis. Gestaltungsperspektiven technischer Entwicklung.* Paderborn 2002a.
– : *Technischer Fortschritt. Legitimitätsprobleme innovativer Technik.* Paderborn 2002b.
– : *Philosophie der Technik.* Darmstadt 2008.
– : *Grundriss der Technikphilosophie. Hermeneutisch-phänomenologische Perspektiven.* Würzburg 2009.
Janich, Peter: »Die Struktur technischer Innovationen«. In: Dirk Hartmann/Peter Janich (Hg.): *Die kulturalistische Wende. Zur Orientierung des philosophischen Selbstverständnisses.* Frankfurt a. M. 1998, S. 129–177.
Kornwachs, Klaus: *Information und Kommunikation. Zur menschengerechten Technikgestaltung.* Berlin u. a. 1993.
Lenk, Hans: *Macht und Machbarkeit der Technik.* Stuttgart 1994.
Luckner, Andreas: *Heidegger und das Denken der Technik.* Bielefeld 2008.
Ludwig, Karl-Heinz: *Technik, Ingenieure und Gesellschaft. Geschichte des Vereins Deutscher Ingenieure 1856 bis 1981.* Düsseldorf 1981.
Polanyi, Michael: *Implizites Wissen.* Frankfurt a. M. 1985.
Ropohl, Günther: *Eine Systemtheorie der Technik. Zur Grundlegung einer Allgemeinen Technologie.* München/Wien 1979.
– : *Technologische Aufklärung. Beiträge zur Technikphilosophie.* Frankfurt a. M. 1991.
Verbeek, Peter-Paul: *What things do. Philosophical Reflections on Technology, Agency and Design.* Pennsylvania 2005.
Zimmerli, Walther: *Technologie als ›Kultur‹.* Hildesheim 1997.
– : »Technik und Philosophie – 125 Jahre, und wie weiter?« In: Klaus Kornwachs (Hg.): *Technik – System – Verantwortung.* Münster 2004, S. 665–678.
Zühlke, Detlef: *Der intelligente Versager. Das Mensch-Technik-Dilemma.* Darmstadt 2005.

Bernhard Irrgang

3 Geschichtsphilosophie

3.1 Zum Begriff der Geschichte
3.2 Zu Begriff und Geschichte der Geschichtsphilosophie
3.3 Materiale Geschichtsphilosophie
3.4 Formale Geschichtsphilosophie
3.5 Ausblick: Geschichtsphilosophie heute

Die Wortverbindung ›**Geschichtsphilosophie**‹ findet sich so nur im Deutschen; in romanischen Sprachen und im Englischen spricht man hingegen von der **Philosophie der Geschichte** (*philosophy of history*; *philosophie de l'histoire*; *filosofía de la historia*; *filosofia della storia*). In allen diesen Genitivkonstruktionen wird deutlich, dass es die Philosophie in dieser Teildisziplin mit (der) Geschichte zu tun hat. Allerdings hat der Terminus ›Geschichte‹ selbst wiederum mehrere Bedeutungen (3.1), und auch der Begriff ›Geschichtsphilosophie‹ wird nicht einheitlich gebraucht (3.2), sondern steht für recht verschiedene philosophische Fragestellungen (3.3).

3.1 | Zum Begriff der Geschichte

Geschichte im Plural und im Singular: Im alltäglichen Leben begegnen uns Geschicht*en* in vielerlei Zusammenhängen: Als Kindern werden uns Gute-Nacht- und andere Geschichten vorgelesen – wir erfahren **Geschichten als Erzählzusammenhänge**, in denen von agierenden und leidenden, erfundenen und wirklichen Menschen oder menschenähnlichen Wesen die Rede ist, von Helden, die sich widriger Umstände und feindseliger Gegner zu erwehren haben. Allmählich lernen wir dann mehr oder weniger gut, fiktive Geschichten von solchen mit Realitätsgehalt bzw. Wirklichkeitssinn zu unterscheiden, wozu auch die zählen, in die wir selbst immerzu »verstrickt« sind und die wir z. B. präsentieren, wenn wir gefragt werden, was wir heute, vergangene Woche oder in den letzten Ferien gemacht haben (vgl. Schapp 2004).

Im Geschichtsunterricht lernen wir dann – chronologisch geordnet und in einzelne Epochen untergliedert – *die* **Geschichte des Menschen bzw. der Menschheit** genauer kennen, die alle einzelnen lokalen und zeitlich begrenzten Geschichten umfasst. In diesem Kontext wird uns Geschichte als umfassendes Ganzes und zugleich als ein Bereich der sichtbaren Welt nahegebracht, den man erforschen und wahrheitsgetreu darstellen kann. Zudem erwerben wir so etwas wie ein **Geschichtsbewusstsein**, d. h. wir bemerken, dass wir selbst »in dieser Geschichte stehen« (vgl. Hohmann 2005) und bemühen uns darum, diese Geschichtlichkeit in einem bestimmten Geschichtsbild zu reflektieren.

Der Kollektivsingular ›Geschichte‹ im Sinne der Geschichte »über den Geschichten« (Droysen 1977, S. 409), der sich erst im 18. Jh. herausbildete und seitdem als Leitbild der Historiographie fungiert (vgl. Koselleck 1979, S. 50 f., 130), ist auch der ursprüngliche Gegenstand der Geschichtsphilosophie. Historisch entstand diese philosophische Teildisziplin deshalb auch erst zusammen mit diesem Kollektivsingular, der anzeigt, dass Geschichte zugleich als eigendynamischer Prozess und umfassender Handlungs- wie Erfahrungsraum des Menschen aufgefasst wird.

Geschichte und Geschichten

Doppeldeutigkeit des Geschichtsbegriffs: Der Begriff der Geschichte hat zudem im Plural und im Singular zwei grundlegende Bedeutungen, die ebenfalls seit dem 18. Jh. nicht mehr voneinander ablösbar sind (vgl. Koselleck u. a. 1975, S. 647 ff.). Am prägnantesten hat Hegel diese Doppeldeutigkeit erfasst: »*Geschichte* vereinigt in unserer Sprache die objektive sowohl als subjektive Seite und bedeutet ebensogut die *historiam rerum gestarum* als die *res gestas* selbst; sie ist das Geschehene nicht minder wie die Geschichtserzählung« (Hegel: VPG, S. 83).

Geschichte bezeichnet mithin einerseits das **Geschehen** selbst, die ereignishafte, objektiv vorgegebene und erfahrbare Realität bzw. die *res gestae* (lat. »ausgeführte Sachen« bzw. »Taten«). Darunter

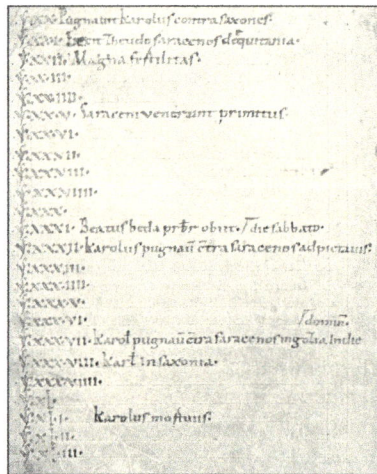

Auszug aus den Annalen des Klosters St. Gallen (links die Jahreszahlen, rechts die jeweiligen Ereignisse)

können ganz verschiedene Inhalte subsumiert werden: von persönlichen Erlebnissen und Biographien über den Werdegang von Staaten und Kulturen bis hin zur alles umfassenden Welt- oder Universalgeschichte. Diese objektive Seite verweist sowohl auf den Handlungsaspekt des als Geschichte erfassten Geschehens, wie darauf, dass die gewollten wie ungewollten Ergebnisse vergangener Aktionen den unumgänglichen Ausgangspunkt, d. h. den unverfügbaren Kontext allen aktuellen Handelns bildet (vgl. Bubner 1984, S. 7, 30).

Andererseits bezeichnet der Ausdruck die **Darstellung der Geschehnisse** (*historia rerum gestarum* bzw. *rerum gestarum memoria*), der ein Sinnzusammenhang zugrunde liegt, den einzelne oder kollektive Subjekte stiften und tradieren. Diese Seite des Begriffs verweist darauf, dass Geschichte als Vergangenheit nicht einfach ›gegeben‹ (lat. *datum*) ist, wie die uns umgebende physische Welt, sondern mit Hilfe gewisser Überbleibsel und Zeugnisse vergangenen Geschehens erinnert und dargestellt werden muss. Dass diese Darstellung weder ein getreues noch auch nur ein ›maßstabgerechtes‹ Abbild sein kann, liegt nicht zuletzt daran, dass Erinnerung immer problemorientiert-selektiv funktioniert (vgl. Ricœur 2004, bes. S. 21 ff.).

Geschichte vs. Natur: Von Giambattista Vico stammt die provozierende Einsicht, dass der Mensch zwar nicht die von Gott geschaffene »Welt der Natur«, wohl aber die geschichtliche »Welt der Völker oder politische Welt« erkennen könne, weil diese sein eigenes Werk sei (Vico: *Neue Wissenschaft*, S. 142 f.; vgl. Fellmann 1976). Im Anschluss an diese ontologische Unterscheidung einer von Gesetzen determinierten Natur einerseits und der vom Menschen gemachten Geschichte andererseits, entfaltete sich eine langanhaltende Debatte darüber, welche Methoden einen angemessenen Zugang zu dieser geschichtlichen Welt gewähren und inwiefern sich diese von naturwissenschaftlichen Methoden unterscheiden (s. 3.4.1).

3.2 | Zu Begriff und Geschichte der Geschichtsphilosophie

Auch der Terminus ›Geschichtsphilosophie‹ wird nicht einheitlich verwendet. In einem ersten Schritt kann man neben einem weiten Bedeutungsfeld, das Gegenstand dieses Kapitels ist, eine recht verbreitete engere Bedeutung unterscheiden.

Fortschrittstheorie

Klassische Geschichtsphilosophie: Geschichtsphilosophie **im engeren Sinne** meint eine spezifische historische Ausprägung der philosophischen Thematisierung der Geschichte der Menschheit, die besonders in der zweiten Hälfte des 18. bis zu Beginn des 19. Jh.s populär war und als »klassische Geschichtsphilosophie« bekannt ist. Ihre Leitideen waren **Perfektibilität** und **Fortschritt**. Als ihre Hauptvertreter gelten so verschiedene Denker wie Turgot, Condorcet, Hegel, Comte und Marx. Mit dieser historischen Formation etablierte sich die Geschichtsphilosophie als philosophische Disziplin. Zugleich setzt sie u. a. folgende **wissenschafts- und philosophiehistorische Entwicklungen** des 18. Jh.s fort:

- die Kritik der Religion und ihrer Schöpfungsmythen,
- die Historisierung der Natur wie der Vernunft,
- die Etablierung der Idee einer Menschheit, die im Verlauf der Zivilisationsgeschichte ihre Welt nach vernünftigen Prinzipien einzurichten vermag (vgl. Rohbeck 1987; Gil 1999).

Die **Namensgebung** erfolgte 1765 durch Voltaire, der die *philosophie de l'histoire* programmatisch der Geschichtstheologie etwa Augustinus' (*De civitate dei*, 413–426; *Vom Gottesstaat*, bes. Bücher XI-XXII) und Bossuets (*Discours sur l'histoire universelle*, 1681) entgegensetzte.

Geschichtstheologie vs. Geschichtsphilosophie: Die christliche Geschichtstheologie sah die Geschichte der Menschheit als Sinneinheit, als zwischen Schöpfung und noch bevorstehendem jüngstem Gericht aufgespannten Zeitraum an, in dem sich der Heilsplan Gottes verwirklicht. Dagegen versuchten die klassischen Geschichtsphilosophen, Geschichte auf die Handlungen wie Bestrebungen der Menschen zurückzuführen und suchten ihren Sinn in den Fortschritten der Zivilisation. Dabei knüpften sie zwar an die ursprünglich jüdisch-christlichen Ideen der **Einheit**, der **Linearität** und **Zielgerichtetheit** des historischen Prozesses an (vgl. Löwith: *Weltgeschichte*); dieser wurde aber nun als realer Handlungs- und Tatsachenzusammenhang gedacht. Der damit verbundene Anspruch, dieses Ganze als einheitliches

Ganzes erkennen zu können, wurde der klassischen Geschichtsphilosophie sehr schnell wieder abgesprochen.

Nach dem Ende der klassischen Geschichtsphilosophie: Im späten 19. und im 20. Jh. finden sich philosophische Spekulationen über den Verlauf der Geschichte im Ganzen nur noch vereinzelt, z. B. in den monumentalen Werken Arnold Toynbees und Oswald Spenglers. Geschichtsphilosophie konzentriert sich seither vielmehr auf die Fragen nach der Möglichkeit wahren Wissens von der Geschichte, die Untersuchung wissenschaftlicher Methoden, mit denen es erlangt werden kann und die Analyse der Sprache, mit der z. B. Historiker über Geschichte sprechen.

Dennoch haben die Philosophen niemals ganz aufgehört, Entwicklungslinien oder Tendenzen des Geschichtsprozesses begrifflich zu fassen und zu reflektieren – sei es in optimistisch-emphatischer (vgl. z. B. Fukuyama 1992), sei es in kritischer Absicht (vgl. Adorno: ND, S. 295–353; Foucault: ÜS; Breitenstein 2012).

> **Definition**
>
> In einer weiten Bedeutung meint
> → Geschichtsphilosophie jede philosophische Beschäftigung mit der Geschichte im Sinne der Frage, was Geschichte heißt und was es für den Menschen bedeutet, ein geschichtliches Wesen zu sein. In Analogie zum Dualismus des Geschichtsbegriffs sucht die Geschichtsphilosophie Antwort auf diese Fragen in zwei Richtungen: der materialen Geschichtsphilosophie auf der einen und der formalen auf der anderen Seite.

Als Materiale Geschichtsphilosophie geht sie davon aus, dass Geschichte ein objektiver Prozess ist, den man erfassen, erklären bzw. deuten kann. Hier fragt sie:

- nach seinem **Verlauf**,
- nach **Faktoren und Akteuren**,
- nach **Sinn und Bedeutung** für den Menschen.

Als Formale Geschichtsphilosophie hingegen fragt sie nach der Konstitution des Wissens von der Geschichte. Sie umfasst somit:

- die **Methodologie bzw. Wissenschaftstheorie** historischer Wissenschaften,
- die **Analyse der Sprache**, in der dieses Wissen präsentiert wird,
- eine philosophische **Erkenntnis- bzw. Konstitutionstheorie** dieses Wissens.

Hauptwerke

1725/1744	**Giambattista Vico:** *Principj di scienza nuova intorno alla commune natura delle nazioni* (*Prinzipien einer neuen Wissenschaft über die gemeinsame Natur der Völker*)
1753	**Anne Robert Jacques Turgot:** *Plan de deux discours sur l'histoire universelle* (*Grundriß für zwei Abhandlungen über die Universalgeschichte*)
1755	**Rousseau:** *Discours sur l'origine de l'inégalité parmi les hommes* (*Diskurs über den Ursprung der Ungleichheit zwischen den Menschen*)
1784	**Kant:** »Idee zu einer allgemeinen Geschichte in weltbürgerlicher Absicht«
1793–94	**Condorcet:** *Esquisse d'un tableau historique des progrès de l'esprit humain* (*Entwurf einer historischen Darstellung der Fortschritte des menschlichen Geistes*)
1822–31	**Hegel:** *Vorlesungen über die Philosophie der Geschichte*
1845/46	**Marx/Engels:** *Die deutsche Ideologie*
1910	**Dilthey:** *Der Aufbau der geschichtlichen Welt in den Geisteswissenschaften*
1910 (u. ö.)	**Heinrich Rickert:** *Kulturwissenschaft und Naturwissenschaft*
1918/1922	**Oswald Spengler:** *Der Untergang des Abendlandes. Umrisse einer Morphologie der Weltgeschichte*
1934–61	**Arnold Toynbee:** *A Study of History* (Kurzfassung: *Der Gang der Weltgeschichte*)
1942	**Carl G. Hempel:** »The Function of General Laws in History«
1965	**Arthur C. Danto:** *Analytical Philosophy of History* (*Analytische Philosophie der Geschichte*)
1973	**Hayden White:** *Metahistory* (*Metahistory*)

3.3 | Materiale Geschichtsphilosophie

Das Bedürfnis nach philosophischer wie auch einzelwissenschaftlicher Thematisierung des historischen Prozesses selbst lässt sich aus einer Grunderfahrung des Menschen ableiten: Aus dem Spannungsverhältnis zwischen dem Bewusstsein seiner Handlungsfreiheit einerseits und dem Wissen um die Vorgegebenheit konkreter Umstände seiner Handlungen andererseits, d. h. ganz bestimmter sozialer, ökonomischer, institutioneller Kontexte, die als historisch geworden und insofern als für den Einzelnen unbeeinflussbar angesehen werden müssen. Die Menschen machen die Ge-

3.3 Geschichtsphilosophie

Materiale Geschichtsphilosophie

schichte – so formuliert Marx dieses Problem –, aber doch nicht unter von ihnen selbst frei gewählten Umständen (MEGA I 2, S. 96 f.).

Prämissen der materialen Geschichtsphilosophie: Materialen Geschichtsphilosophien liegen bestimmte Annahmen zugrunde, die oft nicht eigens expliziert bzw. reflektiert werden. Dazu gehört die Überzeugung, dass der Mensch die Geschichte macht, aber ohne sie bewusst steuern zu können, so dass die Ergebnisse und Auswirkungen seines Handelns oft sogar im Widerspruch zu den ursprünglichen Zielen stehen. Unterstellt wird zudem, dass Einsichten in den historischen Prozess dennoch möglich sind und sich sogar gewisse Regelmäßigkeiten der gesellschaftlichen und kulturellen Entwicklung, d. h. Verlaufsformen (3.3.1) bzw. Stadien oder Triebkräfte (3.3.2) erkennen lassen.

Der mit diesen Prämissen häufig verbundenen Anspruch, das Wesen oder den Sinn der gesamten Geschichte (Welt-, Universalgeschichte) erkennen zu können, wurde von Anfang an mit expliziter Kritik bedacht und konkreten Alternativen konfrontiert (3.3.3).

3.3.1 | Verlaufsmodelle

Giambattista Vico:
Principj di scienza nuova
(Titelblatt von 1744)

Die materiale Geschichtsphilosophie deutet den historischen Prozess mit Hilfe dreier Verlaufsmodelle: mit dem von der Antike bis zur Renaissance vorherrschenden, sich an natürlichen Prozessen des Wachsens, Vergehens oder des Wechsels der Jahreszeiten orientierenden **zyklischen Modell**; mit dem mit dem christlich-jüdischen Geschichtsbegriff verbundenen **linear-gerichtete Modell**; mit dem **spiralförmige Modell**, das als Synthese der beiden vorangegangenen Modelle angesehen werden kann.

Zyklisches Modell: Übertragungen von Jahreszyklen auf historische Prozesse finden sich bereits in frühen Naturreligionen. Auch Oswald Spengler stellt in seinem geschichtsphilosophischen Hauptwerk *Der Untergang des Abendlandes* (1918/1922) Weltgeschichte als das Werden und Vergehen von insgesamt acht großen Menschheitskulturen dar. Jede Kultur wird dabei als geschlossener Organismus angesehen, dessen Entwicklung die vier Altersstufen Kindheit, Jugend, Erwachsensein und Greisenalter durchläuft.

Linear-gerichtetes Modell: Vertreter dieses Modells wenden sich ausdrücklich gegen die zyklischen Bilder ewiger Wiederkehr; allerdings kann der Richtungsvektor sowohl nach oben wie nach unten weisen, also Fortschritt oder Verfall anzeigen. Während die meisten Vertreter der klassischen Geschichtsphilosophie den als Realität erfahrenen technischen, wissenschaftlichen, ökonomischen und sozial-politischen Fortschritt auf die Geschichte im Ganzen übertragen, d. h. teilweise auch in die Zukunft hinein projizierten, führte Rousseau besonders in seinem Diskurs *Über den Ursprung der Ungleichheit* (1755) einen »Verfall der Gattung« gerade auf die von ihm unbestrittenen zivilisatorischen Fortschritte zurück (s. Kap. II.C.5.3.2).

Spiralförmige Modell: Ein wiederum anderes Bild des Geschichtsverlaufs haben Philosophen vor Augen, die wie Giambattista Vico und Arnold Toynbee von einem spiralförmigen Verlauf der Geschichte ausgehen: Hier enden Auf- und Abstieg von Staaten und Kulturen nicht auf dem gleichen Niveau, wie sie begonnen wurden, sondern in einem höher gelegenen Endpunkt, der zugleich Anfangspunkt einer neuen Entwicklung ist. So durchlaufen etwa Vicos *Neuer Wissenschaft* (1725) zufolge die verschiedene Völker bzw. Kulturen immer wieder die Zeitalter der Götter, der Heroen und der Menschen, denen je eigenen Sitten-, Rechts-, Kulturvorstellungen, Regierungsformen und Autoritäten entsprechen (§§ 31 f., 52 f., 915). An jeden Lauf (*corso*) der Geschichte schließt sich ein neuer Verlauf (*ricorso*) an, der jedoch – wenn auch die grundlegenden Gesetze die gleichen sind – kein Rückfall sein muss (§§ 1046 ff. u. 1097 ff.), ermöglicht doch Vicos *Neue Wissenschaft* einen Lernprozess, der zu einem Neubeginn auf höherer Ebene führen kann (§§ 129 u. 1405 ff.). Eine noch deutlicher aufsteigende Richtung wird später im weitangelegten Kulturvergleich, *A Study of History* (1934–1961) Toynbees unterstellt.

3.3.2 | Stadien und Triebkräfte

Stadientheorien: Neben diesen Verlaufsmodellen finden sich in der Geschichtsphilosophie empirisch fundierte Theorien historischer Stadien, die den **Geschichtsprozess als Folge gesellschaftlich-zivilisatorischer Stufen** ansehen und auch die Übergänge zu erklären beanspruchen. So entwarf etwa Turgot um die Mitte des 18. Jh.s eine später z. B. auch von Condorcet bemühte Stadientheorie, derzufolge auf die zivilisatorische Stufe der Jäger und Sammler die der Hirtenvölker, auf diese die der Ackerbau betreibenden und schließlich die der Handel und Industrie pflegenden Völker folgen. Als die »allgemeinen und notwendigen Ursachen« der entsprechenden Übergänge benennt Turgot die jeweils durch technisch-ökonomische Fortschritte ermöglichten Überschüsse, die es einer Anzahl von Menschen erlauben, den kulturellen Fortschritt voranzutreiben (Turgot: *Grundriß*, S. 169, 171 ff.). Wichtig ist, dass dieser Fortschritt als grundsätzlich offen angesehen wird, was auch eine offene Entwicklung impliziert.

In der **schottischen Aufklärung** werden zeitgleich ähnliche Ideen entwickelt: So überträgt **Adam Smith** das ökonomische Akkumulationsmodell auf den Prozess der Geschichte überhaupt und nutzt das »Vier-Stadien-Modell« zur Formulierung eines sozialwissenschaftlichen Fortschrittsbegriffs. Der Fortschritt von Handel und Industrie wird dabei nicht nur als Ursache der Schwächung des Adels und der Abschaffung der Leibeigenschaft angesehen, sondern er ist in den Augen Smiths zugleich eine notwendige, obgleich nicht hinreichende Bedingung für die Freiheit der Menschen überhaupt und ihrer rechtlichen Gleichheit (1996, S. 69 ff.; *Wohlstand der Nationen*, S. 430 ff.).

Abgesehen von Condorcet, der Ende des 18. Jh.s in seinem geschichtsphilosophischen Hauptwerk *Entwurf einer historischen Darstellung der Fortschritte des menschlichen Geistes* die zeitgenössische Entwicklung recht naiv auch in die Zukunft hinein projiziert, reflektieren die Stadientheoretiker allerdings auch die Ambivalenzen des technisch-ökonomischen Fortschritts. So verweist z. B. **Adam Ferguson** darauf, dass Arbeitsteilung zwar zum Wohlstand führt, dass sie aber auch dazu beiträgt, dass in der bürgerlichen Gesellschaft das egoistische Eigeninteresse vorherrscht und die Gesellschaft zerfällt (Ferguson 1986).

Materialistische Geschichtsphilosophie: Im deutschen Sprachraum knüpft **Karl Marx** an den Erkenntnisstand der französischen und englischen Theoretiker an. Der von ihm entworfene **historische Materialismus** ist besonders aufgrund zweier grundlegender Theoreme bekannt und verrufen:

1. Basis-Überbau-Theorem: Marx behauptet eine Abhängigkeit politischer Verfassungen, wie auch religiöser, philosophischer und künstlerischer Ideen (**Überbau**) von ökonomisch-sozialen Strukturen (**Basis**). Zuweilen scheint er diesbezüglich einen Determinismus zu unterstellen (MEGA II 2, S. 100 f.), an andern Stellen jedoch wird deutlich, dass er von einer wechselseitigen Beeinflussung von Sein und Bewusstsein ausgeht (*Deutsche Ideologie*, S. 29, 115).

2. Dialektik von Produktionsverhältnissen und Produktivkräften: Die bisherige Geschichte ist Marx zufolge zudem durch eine Dialektik von **Produktivkräften** – wozu alles zählt, was die Arbeitsproduktivität erhöht, v. a. Technik und Wissenschaft sowie entsprechendes Know-how – und **Produktionsverhältnissen bzw. Eigentumsverhältnissen** gekennzeichnet. Letztlich ist es der von Marx unterstellte kontinuierliche Fortschritt der Produktivkräfte der die veralteten Produktions- und Eigentumsverhältnissen sprengt und ihre Umwälzung erzwingt. Diese historische Dialektik ist mit **Klassenkämpfen** verbunden: Die Produktionsverhältnisse werden durch die Klassen umgewälzt, welche die »Lasten der Gesellschaft« tragen, ohne ihre »Vorteile zu genießen« (*Deutsche Ideologie*, S. 27). Daraus resultiert eine Stufenfolge ökonomisch-sozialer Formationen: die Sklavenhaltergesellschaft wird durch den Feudalismus, der Feudalismus durch den Kapitalismus abgelöst (*Manifest*, S. 3 f.).

Kritisiert wurde die Deutung von Marx insbesondere aufgrund der Prognose eines gleichsam gesetzmäßigen Übergangs von der kapitalistischen als der letzten von Klassengegensätzen geprägten zur kommunistischen Gesellschaft. Marx verallgemeinerte hier seinerzeit vorherrschende Tendenzen der Proletarisierung und Verelendung, die er nicht nur mit einer bestimmten Entwicklungsstufe des Kapitalismus verbunden ansah, sondern auf dessen Logik überhaupt zurückführte.

Idealistische Geschichtsphilosophie: Bei den Vertretern des Deutschen Idealismus (s. Kap. I.5) hingegen, besonders bei Hegel, an den Marx anknüpfte, spielten die technischen und ökonomischen Triebkräfte für die Erklärung oder Deutung historischer Prozesse eine untergeordnete Rolle. Als fundamentaler wurden politische und rechtliche Entwicklungen angesehen sowie der Einfluss bedeutender Persönlichkeiten auf diese.

So konnte Hegel in seinen *Vorlesungen über die Philosophie der Geschichte* die »Weltgeschichte« als »Fortschritt im Bewusstsein der Freiheit« definieren (VPG, S. 32), wobei er ausdrücklich betont, dass sich diese Bestimmung aus der besonderen philosophischen Perspektive auf die Geschichte ergibt: Die Philosophie geht im Unterschied zu verschiedenen Typen der Geschichtsschreibung davon aus, dass die Vernunft die Welt beherrscht und es in der Geschichte vernünftig zugegangen ist (ebd., S. 20). Am Unvernünftigen der Geschichte hingegen, das Hegel nicht leugnet, hat sie kein Interesse. Er rekonstruiert hier zudem den historischen Fortschritt politischer Institutionen und der durch sie abgesicherten Freiheit. Dabei unterscheidet er drei Hauptepochen:

- die **orientalische Welt**, in der nur einer frei ist, der Despot;
- die **griechisch-römische Antike**, in der zwar das Bewusstsein subjektiver Freiheit entsteht und in einer Einheit mit dem staatlichen Sittlichen auch gelebt wird, letztlich aber nur wenige, die Bürger, frei sind;
- die **christlich-germanische Welt**, in der das Bewusstsein entsteht, dass der Mensch als Mensch frei ist und somit ein unbeschränktes Freiheitsprinzip etabliert wird (ebd., S. 31, 142 ff.).

List der Vernunft: In diesen Epochen verwirklicht sich das, was Hegel »Weltgeist« nennt, wobei dieser sich der staatlich organisierten Völker bzw. Volksgeister bedient, die wiederum durch einzelne »welthistorische Individuen«, z. B. Cäsar, Alexander, Napoleon etc. geprägt werden, die zwar jeweils ihren partikularen Interessen folgen, dabei aber als Werkzeuge der Vernunft fungieren und somit zum aufsteigenden Verlauf des Freiheitsbewusstseins und der kulturellen Entwicklung beitragen (ebd., S. 40, 45 ff.).

3.3.3 | Kritik und Alternativen

Sowohl den Ansätzen, die versuchten, Geschichtsphilosophie als empirisch gesättigte und theoretisch elaborierte wissenschaftliche Disziplin zu etablieren, als auch den spekulativen Konzeptionen des Deutschen Idealismus, besonders Hegels, wurde sehr schnell der Vorwurf gemacht, ihr Anspruch, Geschichte als Ganze erklären zu können, sei nicht einzulösen (vgl. Burckhardt 2000; Schnädelbach 1974).

Allerdings trifft diese Kritik einen Philosophen nicht, dessen Geschichtsphilosophie sich weder einfach unter der Überschrift »materiale« noch »klassische Geschichtsphilosophie« subsumieren lässt, und der daher bis heute vielen als akzeptabel gilt: die des deutschen Aufklärers Immanuel Kant. Kant beansprucht nicht, die Vergangenheit wahrheitsgetreu abbilden und erklären zu können, ist sein Blick doch in praktischer Absicht auf die Zukunft gerichtet.

Kants Geschichtsphilosophie in praktischer Absicht: Kant stellt von vornherein klar, dass die Geschichte nicht Gegenstand einer strengen Wissenschaft sein kann, wie die Natur (vgl. Angehrn 1991, S. 83 ff.). Seine Geschichtsphilosophie ist – wie seine praktische Philosophie – von der Vorstellung des Menschen als »Bürger zweier Welten« geprägt: Als Bürger der intelligiblen Welt handelt er frei, d. h. vermag er seinen Handlungen selbst Gesetze zu geben; als Bürger der physischen Welt sind seine Handlungen inneren Antrieben und den allgemeinen Naturgesetzen unterworfen (s. Kap. I.5.2.2). Die zentrale Frage, die sich die Geschichtsphilosophie Kant zufolge stellen muss, lautet: Ob Geschichte sich nicht am Leitfaden einer **Naturabsicht** darstellen ließe. Die Antwort, die Kant selbst in der Schrift »Ideen zu einer allgemeinen Geschichte in weltbürgerlicher Absicht« skizziert, geht vom naturgegebenen Vernunftvermögen des Menschen aus, das sich nur in der Geschichte der ganzen menschlichen Gattung verwirklichen könne, weil es eines langen Lernprozesses und einer Freiheit bedarf, die erst im politisch-rechtlichen Rahmen eines Völkerbundes gesichert werden kann. Doch das Vernunftvermögen verwirklicht sich Kant zufolge nicht etwa direkt, sondern über die Leidenschaften und die Zwietracht der Menschen, deren ungesellige Gesellschaft sie dazu anleite, ihre Freiheitsräume gegenseitig zu garantieren und rechtlich zu justieren. Ohne dass Kant behauptet, eine sichere Erkenntnis über den historischen Prozess zu besitzen, beharrt er darauf, dass der Mensch nur aufgrund der zahlreichen empirischen Belege für eine solche Deutung und die tatsächliche Entwicklungstendenz zum weltbürgerlichen Zustand hin auf Dauer zum moralischen und politisch vernünftigen Handeln motiviert werden kann (vgl. *Streit der Fakultäten*).

3.4 | Formale Geschichtsphilosophie

Geschichtsforschung wie -darstellung – darüber besteht in Philosophie und Wissenschaftstheorie heute kaum Uneinigkeit – verfährt notwendig selektiv und ist auf spezifische Deutungsschemata angewiesen. Im Alltag hingegen, in der klassischen Geschichtsphilosophie und teilweise auch in der Geschichtswissenschaft selbst wurde und wird dieses Problem oft unreflektiert übersprungen. Die Geschichte wird nicht nur einseitig als Teil der sichtbaren Welt aufgefasst, die aus all dem besteht, was in der Vergangenheit wirklich geschah; es gilt auch als das Ziel der historischen Darstellung zu zeigen, »wie es eigentlich gewesen ist« (Ranke 1971, S. 59). Eine naive Idealvorstellung besteht somit darin, sich aus der Geschichte heraus begeben und die ›Repeat-Taste‹ drücken zu können. Die Wirklichkeit der Geschichte wird als objektiv gültig vorausgesetzt und ihre Erkenntnis in Analogie zur Naturwissenschaft als empirische angesehen. Man kann hier von einer schwer vermeidbaren »Common-Sense-Substantialisierung« der Geschichte sprechen (Zwenger 2008, S. 36).

Selbst bei den Vertretern der formalen Geschichtsphilosophie, die sich auf eine Deutung des Geschehens selbst gar nicht einlassen und nur nach dem Wissen von der Geschichte fragen, ist diese Substantialisierung verbreitet, was sich sowohl an der wissenschaftstheoretischen Diskussion (3.4.1) als auch in einzelnen analytischen Positionen nachweisen lässt (3.4.2). Nur eine stark an Kant angelehnte transzendentalphilosophische Konstitutionstheorie scheint ohne eine solche Substantialisierung auszukommen (s. Vertiefung).

3.4.1 | Methodologie und Wissenschaftstheorie der Geschichtswissenschaft

Im Zusammenhang einer ersten Klärung des Geschichtsbegriffs wurde bereits auf die von Vico eingeführte Unterscheidung zwischen natürlichen und vom Menschen gemachten geschichtlichen Prozessen aufmerksam gemacht. Daran knüpft sich eine langandauernde Suche nach einer eigenen, Objektivität verbürgenden Methode der historischen Wissenschaften an.

Verstehen als Methode: Als einer der ersten forderte Wilhelm Dilthey eine eigene Methode für die historischen Geisteswissenschaften, deren Zentrum nicht das naturwissenschaftliche Erklären, sondern das »Verstehen« sein solle (zur »Erklären-Verstehen-Kontroverse« vgl. Apel 1979 und von Wright: EUV). Es gelte, den in historischen Zeugnissen hinterlegten Sinn zu bergen: Hermeneutik sei das Fundament des *Aufbaus der geschichtlichen Welt in den Geisteswissenschaften* (1910).

Deutlicher noch haben im Anschluss die Neukantianer Wilhelm Windelband und Heinrich Rickert auf den **formal-methodischen Unterschied** zwischen den sich der Natur und der Geschichte widmenden Erfahrungswissenschaften aufmerksam gemacht. So behauptet etwa Rickert: »Die Wirklichkeit wird Natur, wenn wir sie betrachten mit Rücksicht auf das Allgemeine, sie wird Geschichte, wenn wir sie betrachten mit Rücksicht auf das Besondere und Individuelle, und ich will dementsprechend dem generalisierenden Verfahren der Naturwissenschaft das individualisierende Verfahren der Geschichte gegenüberstellen« (Rickert: *Kulturwissenschaft*, S. 77). Während also die »nomothetischen« bzw. »generalisierenden« Naturwissenschaften die Wirklichkeit als ein gesetzlich determiniertes, gleichförmiges Geschehen (Natur) erfassen, stehen im Zentrum der »ideographischen« bzw. »individualisierenden« historischen Wissenschaften **einmalige und unwiederholbare** Ereignisse oder Vorgänge der Vergangenheit. Allerdings wurde diese Entgegensetzung bald kritisiert und gilt heute als überholt.

Historische Erklärung: Bereits in den 1920er und 30er Jahren konfrontierten die Philosophen des Wiener Kreises (s. Kap. I.7.3.1) den Methodendualismus mit dem Ideal der **Einheitswissenschaft**. Zwischen den 1940er und 60er Jahren wurde die wissenschaftstheoretische Debatte durch die Auseinandersetzung mit Hempels Erklärungsbegriff dominiert (s. Kap. II.A.3.2). Carl G. Hempel behauptete die Gültigkeit des gesetzmäßigen Erklärungsmodells sowohl für die Natur- wie die Geschichtswissenschaften. In beiden werden demzufolge Ereignisse oder Prozesse erklärt, indem Ursachen benannt werden, wozu Gesetze oder »allgemeine Hypothesen« bekannt sein müssen, die über die **kausale Verbindung** zweier Ereignisse bzw. Stadien Auskunft geben.

Die **Eigenarten historischer Erklärungen** bestehen Hempel zufolge darin,

- dass die zugrundeliegenden Hypothesen nur »statistisch« oder »wahrscheinlich« sind,

3.4 | Geschichtsphilosophie

Formale Geschichtsphilosophie

- dass sie oft aus anderen Forschungsfeldern wie der Ökonomie, der Soziologie, der Psychologie etc. stammen,
- dass sie nicht explizit ausformuliert werden: Historiker bieten insofern meist nur »Erklärungsskizzen« (*explanation sketch*).

Solche Erklärungsskizzen müssten zwar im Forschungsprozess durch spezifische Aussagen präzisiert werden, sie seien aber nicht nur Pseudo-Erklärungen, wie das etwa die Behauptung der historischen Mission einer bestimmten Rasse ist (vgl. Hempel 1970, S. 235 ff.; Lorenz 1997, S. 65 ff.; weiterführend Stegmüller 1969, S. 72 ff.).

Mit der an Hempel anschließenden analytischen Geschichtsphilosophie allerdings verschob sich im Laufe der 1960er Jahre das Interesse an objektiven Erklärungen zugunsten einer Analyse der historischen Erzählsprache.

3.4.2 | Analyse der historischen Sprache und Narrativismus

»History tells stories.«

Analytischer Narrativismus: Vor dem Hintergrund der Basisannahme aller narrativistischen Positionen (von lat. *narratio*: Erzählung), dass Historie generell keine simple Reproduktion der Geschichte, sondern »narrative Organisierung der Vergangenheit« ist, analysiert **Arthur C. Danto** die Sprachformen, in der Vergangenes präsentiert wird. Diese Organisation – so ein wichtiges Ergebnis seiner Analysen – könne nur durch Erzähler zu einem späteren Zeitpunkt geleistet werden, nicht jedoch durch am Geschehen Beteiligte selbst. Danto führt verschiedene Beispiele an, um dies zu verdeutlichen: So wäre es z. B. für die Mutter Diderots 1715 unmöglich gewesen zu behaupten, sie hätte einen berühmten Schriftsteller oder Aufklärer oder den Autor von *Rameaus Neffe* geboren (APG, S. 29).

Als Kontrastfolie zur narrativ organisierten Geschichte fungiert die Idee der »Idealen Chronik«, die alle vergangenen Ereignisse vollständig und in korrekter zeitlicher Reihenfolge sammeln und dokumentieren könnte, aber dennoch keine Geschichte wäre (ebd., S. 241 ff.).

Narrative Sätze: Um Geschichten zu erzählen, benötigt der Historiker narrative Sätze, die sich auf zwei zeitdifferente Ereignisse beziehen und in denen früheren Ereignissen durch den Bezug auf spätere Bedeutung verliehen wird. Dabei werden Ausdrücke benutzt wie: »[Ereignis] A war Ursache für [Ereignis] B« oder »A war der Anfang von B« oder »Person P antizipierte X«. Zu den wichtigsten mit den Analysen narrativer Sätze verbundenen Einsichten Dantos zählt, dass die Erzählungen der Historiker zugleich Erklärungen sind und dass Historie immer wieder neu geschrieben werden muss, kann doch jedem Ereignis der Vergangenheit von noch unbekannten zukünftigen Ereignissen aus eine neue Bedeutung zugewiesen werden. Vor diesem Hintergrund formuliert er auch eine radikale Kritik an der materialen Geschichtsphilosophie, denn diese behauptet in seinen Augen, die Zukunft der Geschichte zu kennen, von der aus sie der Vergangenheit Sinn zuschreibt (ähnlich bereits Popper 1971).

Nichtsdestotrotz zweifelt Danto nicht daran, dass es die Vergangenheit gibt und dass es ein berechtigter Anspruch der Geschichtswissenschaft sei, wahre Sätze über diese zu bilden (APG, S. 49).

Geschichte als Literatur: **Hayden White** behauptet hingegen, historische Erzählungen seien lediglich »sprachliche Fiktionen«, die mit literarischen Werken mehr gemein haben als mit wissenschaftlichen. Seiner Ansicht nach organisieren bestimmte rhetorische Figuren (Tropen) nicht nur literarische Texte sondern auch die der Historiker und Geschichtsphilosophen. Zwar gibt es auch nichtnarrative historische Darstellungen: Dazu zählen Chroniken und Annalen, in denen historische Ereignisse lediglich durch chronologisch geordnete deskriptive Aussagen repräsentiert werden

---

Zur Vertiefung

Transzendentale Konstitutionstheorie der Geschichte

Hans Michael Baumgartner versucht, die transzendentalphilosophische Tradition mit dem analytischen Narrativismus Dantos zu verbinden. Vor diesem theoretischen Hintergrund behauptet er, Geschichtsphilosophie könne heute nur noch als »Philosophie der Geschichte« betrieben werden, d. h. als »formal-apriorische Theorie des historischen Wissens« (1996, S. 163).
Entsprechend entwickelt er in seinem Hauptwerk *Kontinuität und Geschichte* (1972) eine transzendentale Historik, in der er die Bedingungen der Möglichkeit von Geschichte zu analysieren versucht. Geschichte erweist sich danach als Konstruktion, die auf narrativer Synthesis beruht und »überhaupt nicht als Prozeß zu begreifen [sei], sondern ausschließlich als Bewußtseinsphänomen menschlicher Bewältigung des Vergangenen« (S. 253).
Obwohl Baumgartner im Anschluss an diese Analytik die Entwürfe der materialen Geschichtsphilosophie als über alle Erfahrungsgrenzen hinausgehende Spekulationen verwirft, schreibt er ihnen doch heuristisches Potential und praktische Relevanz zu. Objektivität könne allerdings nur solchen historischen Deutungen zukommen, die ihre eigenen Grenzen reflektieren und deshalb akzeptieren, dass ihre Erzählungen nur partiell, selektiv, retrospektiv und von zeitlich begrenzter Gültigkeit sind (1975, S. 65 f.).

(siehe Abb. eines Blattes aus den Annalen des Klosters von St. Gallen, S. 346). Historische Erzählungen organisieren diese elementaren deskriptiven Aussagen, indem sie diese durch »emplotment« in eine bestimmte literarische Plotstruktur, d. h. in eine Romanze, Komödie, Tragödie oder Satire einbinden (White 1986, S. 103). In seinem Hauptwerk *Metahistory* (1973) versucht White nachzuweisen, dass diese sowohl die bekannten Werken der Geschichtswissenschaft wie auch der -philosophie strukturieren.

3.5 | Ausblick: Geschichtsphilosophie heute

Ein Blick auf den gegenwärtigen Stand der Geschichtsphilosophie zeigt, dass nicht alle Philosophen die Ansicht vertreten, die Aufgaben dieser Disziplin sollten sich auf formale Fragen beschränken. So finden sich heute neben sprachanalytischen, wissenschafts- und erkenntnistheoretischen Ausführungen auch wieder materiale Entwürfe zumindest »mittlerer Reichweite« (vgl. Rohbeck 2000). Sie reagieren konstruktiv auf den offensichtlichen Umstand, dass der moderne Mensch sich als historisches Wesen versteht und daher ohne Deutungen des historischen Prozesses nicht auszukommen vermag. Dabei halten sie gerade daran fest, dass die überschwänglichen Entwürfe der klassischen Geschichtsphilosophie in ihre Grenzen zu weisen sind (vgl. Kittsteiner 1998).

Dass konkrete Deutungen des historischen Prozesses auch andere Teile des philosophischen Diskurses prägen, zeigt sich an einigen einflussreichen Zeitdiagnosen und Gesellschaftskritiken der letzten Jahrzehnte, z. B.

- an der Ausrufung eines »nachgeschichtlichen Zustandes« (**Posthistorie**), insofern nach dem Zusammenbruch des Ostblocks der Endpunkt der sozialkulturellen und politischen Evolution erreicht worden sei (Fukuyama 1992) sowie
- an der Debatte um die **Postmoderne** als Zeit des »Endes der großen Erzählungen« und ihrer herrschaftslegitimierenden Funktionen (Lyotard 2006), aber auch als Forderung nach einem Ende des modernen Beschleunigungszwanges und der permanenten Mobilmachung (Sloterdijk 1987 und 1989).

Gerade auch in der Hinterfragung überkommener Geschichtsvorstellungen zeigt sich also: Es ist kein Ende der Geschichte in Sicht und kein Ende der philosophischen Thematisierung des historischen Prozesses selbst sowie der Kritik der Möglichkeiten unseres Wissens darüber.

Einführungen

Acham, Karl: *Analytische Geschichtsphilosophie. Eine kritische Einführung.* Freiburg/München 1974.
Angehrn, Emil: *Geschichtsphilosophie.* Stuttgart u. a. 1991.
Gil, Thomas: *Kritik der klassischen Geschichtsphilosophie.* Berlin 1999.
Lembeck, Karl-Heinz (Hg.): *Geschichtsphilosophie.* Freiburg/München 2000.

Lemon, Michael C.: *Philosophy of History. A Guide for Students.* New York 2003.
Oelmüller, Willi u. a. (Hg.): *Philosophische Arbeitsbücher. Bd. 4. Diskurs: Geschichte.* Paderborn u. a. ²1983.
Rohbeck, Johannes: *Geschichtsphilosophie. Eine Einführung.* Hamburg 2004.
Zwenger, Thomas: *Geschichtsphilosophie. Eine kritische Grundlegung.* Darmstadt 2008.

Weiterführende Literatur

Apel, Karl-Otto: *Die Erklären: Verstehen Kontroverse in transzendentalpragmatischer Sicht.* Frankfurt a. M. 1979.
Baumgartner, Hans-Michael: »Narrative Struktur und Objektivität. Wahrheitskriterien im historischen Wissen«. In: Jörn Rüsen (Hg.): *Historische Objektivität.* Göttingen 1975, S. 48–67.

– : »Thesen zur Grundlegung einer Transzendentalen Historik«. In: Ders./Jörn Rüsen (Hg.): *Geschichte und Theorie. Umrisse einer Historik.* Frankfurt a. M. 1976, S. 274–302.
– : »Philosophie der Geschichte nach dem Ende der Geschichtsphilosophie«. In: Nagl-Docekal 1996, S. 151–172.

Literatur

— : *Kontinuität und Geschichte. Zur Kritik und Metakritik der historischen Vernunft* [1972]. Frankfurt a. M. 21997.
Bossuet, Jacques Bénigne: *Discours sur l'histoire universelle* [1681]. Hg. von Jacques Truchet. Paris 1966.
Breitenstein, Peggy H.: *Die Befreiung der Geschichte. Geschichtsphilosophie nach Adorno und Foucault.* Frankfurt a. M. 2012.
Bubner, Rüdiger: *Geschichtsprozesse und Handlungsnormen. Untersuchungen zur praktischen Philosophie.* Frankfurt a. M. 1984.
Burckhardt, Jacob: *Weltgeschichtliche Betrachtungen.* In: *Jacob Burckhardt Werke.* Bd. 10. München 2000, S. 349–558.
Droysen, Johann Gustav: *Historik* [1883]. Hg. von Peter Leyh. Stuttgart-Bad Cannstatt 1977.
Fellmann, Ferdinand: *Das Vico-Axiom. Der Mensch macht die Geschichte.* Freiburg/München 1976.
Ferguson, Adam: *Versuch über die Geschichte der bürgerlichen Gesellschaft.* Hg. von Zwi Batscha/Hans Medick. Frankfurt a. M. 1986 (engl. *An Essay on the History of Civil Society*, 1767).
Fukuyama, Francis: *Das Ende der Geschichte.* München 1992 (amerik. *The End of History and the Last Man*, 1992).
Hempel, Carl G.: »The Function of General Laws in History« [1942]. In: Ders.: *Aspects of Scientific Explanations and other Essays in the Philosophy of Science.* New York 1970, S. 231–243.
Hohmann, Rainer: *Was heißt in der Geschichte stehen? Eine Studie zum Verhältnis von Geschichte und Menschsein.* Stuttgart 2005.
Kittsteiner, Heinz Dieter: *Listen der Vernunft. Motive geschichtsphilosophischen Denkens.* Frankfurt a. M. 1998.
Koselleck, Reinhart: *Vergangene Zukunft. Zur Semantik geschichtlicher Zeiten.* Frankfurt a. M. 1979.
— u. a.: »Geschichte, Historie«. In: Otto Brunner/Werner Conze/Ders. (Hg.): *Geschichtliche Grundbegriffe. Historisches Lexikon zur politisch-sozialen Sprache in Deutschland.* Stuttgart 1975, Bd. 2, S. 593–717.
Lorenz, Chris: *Konstruktion der Vergangenheit. Eine Einführung in die Geschichtstheorie.* Köln u. a. 1997.
Lyotard, Jean-François: *Das postmoderne Wissen. Ein Bericht.* Hg. von Peter Engelmann. Berlin 2006 (frz. *La condition postmoderne. Rapport sur le savoir*, 1979).
Nagl-Docekal, Herta (Hg.): *Der Sinn des Historischen. Geschichtsphilosophische Debatten.* Frankfurt a. M. 1996.
Popper, Karl R.: *Das Elend des Historizismus.* Tübingen ³1971.
Ranke, Leopold von: *Über die Epochen der neueren Geschichte.* Hg. von Theodor Schieder und Hans Bending. München 1971.
Rickert, Heinrich: *Kulturwissenschaft und Naturwissenschaft* [1926]. Stuttgart 1986.
Ricœur, Paul: *Gedächtnis, Geschichte, Vergessen.* Aus d. Franz. von Hans-Dieter Gondek u. a. München 2004 (frz. 2000).
Rohbeck, Johannes: *Die Fortschrittstheorie der Aufklärung. Französische und englische Geschichtsphilosophie in der zweiten Hälfte des 18. Jahrhunderts.* Frankfurt a. M./New York 1987.
— : *Technik – Kultur – Geschichte. Eine Rehabilitierung der Geschichtsphilosophie.* Frankfurt a. M. 2000.
Schapp, Wilhelm: *In Geschichten verstrickt. Zum Sein von Mensch und Ding.* Frankfurt a. M. ⁴2004.
Schnädelbach, Herbert: *Geschichtsphilosophie nach Hegel. Probleme des Historismus.* Freiburg/München 1974.
Sloterdijk, Peter: *Kopernikanische Mobilmachung und ptolemäische Abrüstung. Ästhetischer Versuch.* Frankfurt a. M. 1987.
— : *Eurotaoismus. Zur Kritik der Politischen Kinetik.* Frankfurt a. M. 1989.
Smith, Adam: *Vorlesungen über Rechts- und Staatswissenschaften.* Sankt Augustin 1996 (engl. *Lectures on Jurisprudence*, 1766).
Stegmüller, Wolfgang: *Probleme und Resultate der Wissenschaftstheorie und Analytischen Philosophie.* Bd. 1: *Wissenschaftliche Erklärung und Begründung.* Berlin u. a. 1969.
Toynbee, Arnold: *A Study of History*, 12 Bde. London u. a. 1934–61 (dt. Kurzfassung: *Der Gang der Weltgeschichte*, 4 Bde. München 1970).
White, Hayden: *Die Bedeutung der Form. Erzählstrukturen in der Geschichtsschreibung.* Frankfurt a. M. 1990.
— : *Metahistory. Die historische Einbildungskraft im 19. Jahrhundert in Europa.* Frankfurt a. M. 1994 (amerik. 1973).
— : *Auch Klio dichtet oder die Fiktion des Faktischen. Studien zur Topologie des historischen Diskurses.* Stuttgart 1986.
Windelband, Wilhelm: »Geschichte und Naturwissenschaft« [1894]. In: Ders.: *Präludien.* Tübingen ³1907.

Peggy H. Breitenstein

4 Religionsphilosophie

4.1 Überblick über die Disziplin
4.2 Aufgaben, Formen und Kontroversen
4.3 Vereinbarkeit von Glaube und Vernunft
4.4 Aktuelle Fragen, Herausforderungen und Desiderate

4.1 | Überblick über die Disziplin

Religionsphilosophie unternimmt – wenn sie den heutigen wissenschaftlichen Ansprüchen nach Neutralität, Rationalität, Selbstkritik und Wahrheitsbezug genügen möchte – ganz allgemein die **philosophische Diskussion religiöser Phänomene**, die auf zwei Weisen geführt werden kann:
- im engeren Sinne als Analyse des Gegenstands ›Religion‹, der adäquate Methoden zu seiner Erfassung erfordert (substanzielle Definition), und
- im weiteren Sinne als Untersuchung eines spezifischen Nutzens oder Wertes von Religion (funktionale Definition).

4.1.1 | Geschichte der Disziplin

Der Begriff ›Religionsphilosophie‹ geht zurück auf Sigismund von Storchenaus Werk *Die Philosophie der Religion* (1772). Eine thematische Behandlung erfuhr der Terminus aber bereits durch Herbert von Cherbury, der in der ersten Hälfte des 17. Jh.s als erster einen Allgemeinbegriff von Religion aufstellte, der sich formal unabhängig von theologischen Bestimmungen begründen lässt und damit die zukünftige moderne Auffassung von Religionsphilosophie vorwegnimmt.

Mit dem historischen Wandel im Verständnis dessen, was Religion eigentlich ist oder zu sein hat, wechselte auch der Untersuchungsgegenstand einer Philosophie der Religion. Zu Beginn der Neuzeit standen nicht mehr die klassischen Gottesbeweise der mittelalterlichen Schulphilosophie (Scholastik) im Mittelpunkt der Betrachtung; vielmehr rückte die vernunftbezogene, praktisch-pragmatische und erfahrungswissenschaftliche Durchdringung religiöser Phänomene in den thematischen Vordergrund. Die Philosophie war nicht länger »Magd« der Theologie wie noch im Mittelalter, sondern sie schuf sich ihr eigenes Bild von Religion.

Diese neuzeitliche Religionsphilosophie hatte ihr selbständiges Profil insbesondere durch folgende **ideengeschichtliche Ereignisse** gewonnen:
- die Entwicklung der modernen Wissenschaft im 17. und 18. Jh. mit der Folge einer Emanzipation wissenschaftlichen Denkens von der bis dahin dominierenden Theologie,
- eine Krise der Religionsbegründung durch institutionen-, dogmen- und textkritische Kommentare der Aufklärung,
- der Vorzug rationalen bzw. empirischen Wissens vor Glaubensgrundsätzen, die sich vor dem universalen Forum einer prüfenden Vernunft zu bewähren hatten.

Emanzipation von der Theologie

Die Ansprüche und Ziele der Religionsphilosophie als vorwiegend kritischer Disziplin sind die folgenden:
- die historisch-kritische Relativierung dogmatischer Glaubenssätze,
- ein neues Bemühen um einen erkenntnismäßigen Zugang zu Religion und Gott unter kritischen Prämissen und eine Überführung theologischer Gehalte in eine neue und spezifische Erkenntnisform,
- die emphatische Berufung auf die natürliche Vernunftbegabtheit des Menschen.

Religionsphilosophie und Theologie: Dieses neue Selbstverständnis erfordert natürlich eine eindeutige disziplinäre Abgrenzung zu verwandten Fächern wie Theologie und Religionswissenschaften. Anders als eine eigenständige Religionsphilosophie, die vornehmlich den Status religiöser Überzeugungen auf Wahrheit oder Falschheit prüft, entfaltet die Theologie ihr theoretisches Lehrgebäude auf der Basis von Glaubensgrundsätzen, sog. Offenbarungswahrheiten. Die historisch-empirischen **Religionswissenschaften** hingegen (Religionsgeschichte, -soziologie, -psychologie, -ethnologie, -geographie und -ökonomie) beschränken sich auf beschreibende, vergleichende und typisierende Untersuchungen.

Abgrenzungen

4.1 Religionsphilosophie

Überblick über die Disziplin

4.1.2 | Der Begriff ›Religion‹

Begriff ›Religion‹

Wortherkunft: Der Begriff ›Religion‹ (lat. *religio*) wird einerseits mit Cicero auf das Wort *relegere* (lat.: sorgfältig beachten) und damit auf den kultisch-rituellen Aspekt der ausgezeichneten, zumeist in die Gemeinschaft eingebundenen Handlungen bezogen. Andererseits kann es mit Laktanz auf *religare/-i* (lat.: zurückbinden) zurückgeführt werden, das auf *ligare* (lat.: binden, verbinden) und damit auf den Aspekt der Verbundenheit, z. B. mit Gott als erstem Ursprung und letztem Ziel, verweist.

Im Allgemeinen werden unter dem Terminus ›Religion‹ Phänomene zusammengefasst, die im engen Zusammenhang mit spezifischen Bearbeitungs- und Ausdrucksformen elementarer menschlicher Lebenswirklichkeiten (Geburt, Leiblichkeit, Endlichkeit und Tod, Bewusstsein, Sozialität und Sprache) stehen. Zumeist treten diese religiösen Phänomene im Kontext anthropomorpher, d. h. menschenähnlicher Darstellungen und ritueller Verehrungen von Gottheiten oder Naturmächten auf und greifen dort, wo sie in Erscheinung treten, auf die Strukturierung von Zeit, Geschichte und Lebensraum über. Religion lässt sich in allen Kulturen finden und ist zweifelsohne ein universelles Phänomen.

Typologische Bestimmung: Im Sinne einer substanziellen Definition und ersten inhaltlichen Annäherung kann man Religion nach folgenden Typen unterscheiden:
- hinsichtlich **Entstehung und Ursprung** in Naturreligionen und Offenbarungsreligionen,
- bezüglich der **Verbreitung** in Stammes-, Volks-, Staats- und Universalreligionen,
- im Hinblick auf **das zugrundeliegende Gottesbild** als Glaube an einen Gott (monotheistisch), als Glaube an viele Götter (polytheistisch), als Glaube an einen höchsten Gott, der den Glauben an andere (untergeordnete) Götter zulässt (monolatristisch, henotheistisch), und schließlich als Nichtglaube an einen Gott (atheistisch).

Definition

Als → Theismus wird die Überzeugung von der Existenz eines (persönlichen) Gottes bezeichnet, die sich in Abgrenzung zu den Gegenentwürfen des Atheismus oder Pantheismus (d. h. Gott und Natur sind identisch) herausgebildet hat.
Der → Atheismus umfasst Positionen, die von der Nichtexistenz Gottes und deren Begründbarkeit überzeugt sind.
Unter → Agnostizismus werden indifferente bis skeptische Standpunkte zusammengefasst, deren Vertreter aufgrund fehlender kognitiver und praktischer Gründe meinen, weder für eine theistische noch atheistische Position optieren zu können.

Klassische Bestimmungsansätze von Religion: In der Tradition gibt es zwei klassische Ansätze zur Erfassung des Phänomens der Religion: die Beschreibung aus der Perspektive der ›religiösen Befindlichkeit‹ und die Untersuchung des ›Wesens‹ der Religion. Ein Prototyp einer **Theorie der ›religiösen Befindlichkeit‹** ist die Definition von Friedrich Schleiermacher, dessen Ansicht nach Religion das Bewusstwerden des Unendlichen mitten im Endlichen ist. Religion sei als »Gefühl schlechthinniger Abhängigkeit« (1831/2003, S. 32) per se in der menschlichen Konstitution und seinen elementaren Erfahrungen bzw. Bedürfnissen

Hauptwerke

360 v. Chr.	**Platon:** *Timaios*
384–322 v. Chr.	**Aristoteles:** *Metaphysik*
400	**Augustinus:** *Confessiones* (Bekenntnisse)
1077/78	**Anselm von Canterbury:** *Proslogion* (Anrede)
1265–1273	**Thomas von Aquin:** *Summa Theologiae* (Summe der Theologie)
1298–1328	**Meister Eckhart:** *Predigten*
1440	**Nikolaus von Kues:** *De docta ignorantia* (Über die belehrte Unwissenheit)
1670	**Blaise Pascal:** *Pensées* (Gedanken)
1670	**Baruch de Spinoza:** *Theologisch-Politischer Traktat*
1710	**Leibniz:** *Essais de theodicée* (Theodizee)
1779	**David Hume (posthum):** *Dialogues Concerning Natural Religion* (Dialoge über die natürliche Religion)
1793	**Kant:** *Die Religion innerhalb der Grenzen der bloßen Vernunft*
1799	**Friedrich Schleiermacher:** *Über die Religion*
1821–1831	**Hegel:** *Vorlesungen über die Philosophie der Religion*
1841	**Ludwig Feuerbach:** *Das Wesen des Christentums*
1842	**Friedrich Wilhelm Joseph Schelling:** *Philosophie der Offenbarung*
1843	**Kierkegaard:** *Furcht und Zittern*
1883–1885	**Nietzsche:** *Also sprach Zarathustra*
1902	**William James:** *The Varieties of Religious Experience* (Die Vielfalt religiöser Erfahrung)
1917	**Rudolf Otto:** *Das Heilige*

grundgelegt. Ähnlich verfährt Rudolf Otto, der in seinem Werk *Das Heilige* (1917) das ›**Wesen**‹ **der Religion** als Bestimmung eines Numinosen (lat. *numen*: Wink, göttliches Walten) ausweist, das in Form der Erfahrung der hereinbrechenden Existenz eines gestaltlosen Göttlichen beschrieben wird. Dieses Numinose tut sich Otto zufolge als furchterregender Schauer und geheimnisumwobene Faszination kund.

4.2 | Aufgaben, Formen und Kontroversen

Um Religionsphilosophie als wissenschaftliche Disziplin begründen zu können, muss eine gewisse Unabhängigkeit von historischen und kulturellen Gegebenheiten gewährleistet sein. Sicherlich spielen diese Faktoren im Sinne der Stützung oder Infragestellung philosophischer Argumente eine Rolle, sie bilden aber nicht den Kern der Religionsphilosophie. Diese hat vorrangig folgende **Aufgaben** zu erfüllen:

- **Beschreiben**, d.h. die angemessene und vorurteilsfreie phänomenologische Erfassung religiöser Lebensformen und die Darstellung der Vielfalt und inneren Komplexität religiöser Phänomene unter Zuhilfenahme von Erkenntnissen aus den empirischen Religionswissenschaften.
- **Verstehen**, d.h. die hermeneutische Analyse der Wissensgehalte von Religion(en), die Prüfung ihres rationalen Status und die systematische Einordnung in ein zusammenhängendes Erklärungsprofil.
- **Erklären und Bewerten**, d.h. die Prüfung der Wahrheit von Zustimmungen und Einwänden bezüglich religionsphilosophischer Thesen mit anschließender Rechtfertigung und Begründung derselben.

Aus diesen Aufgaben ergeben sich verschiedene Interpretations- und Erklärungsmuster. Das konkrete philosophische Interesse am Gegenstand der Religion und die damit herangezogenen erkenntnistheoretischen Instrumente entscheiden letztlich über die ›Gestalt‹ einer spezifischen Religionsphilosophie. Nun gibt es zwar eine Religionsphilosophie, aber dennoch verschiedene Verständnisse der philosophischen Bedeutung von Religion; zu unterscheiden sind insbesondere **interpretative** und **alternative Modelle**.

4.2.1 | Interpretative Modelle

In der Geschichte der Religionsphilosophie gibt es bewährte Modelle, die sich vorrangig um eine inhaltliche Auslegung religiöser Phänomene bemühen. Deren Vertreter sind bestrebt, die Religion so zu verstehen, wie sie sich von sich selbst her zeigt. Es lassen sich demzufolge folgende Interpretationsmuster erkennen: metaphysische, existentialistische, phänomenologische und kosmologische Varianten.

Religionsphilosophie als Metaphysik: Sogenannte substanzphilosophische oder metaphysische Modelle zielen in erster Linie darauf ab, unter Zuhilfenahme von Begriffen wie ›Sein‹, ›Substanz‹, ›Einheit‹ oder ›das Gute‹ ewige göttliche Wahrheiten und naturgegebene Vorkommnisse erkenntnistheoretisch über Ideen (Platon) oder in Form einer Kategorienlehre, die der Hinführung auf ein höchstes Seiendes dient (Aristoteles), idealtypisch und grundlegend einsichtig zu machen.

Ein ähnliches Ziel, aber andere erkenntnistheoretische Vorannahmen teilend, verfolgt in der Neuzeit die moralisch-kritische Begründung von Religion bei Immanuel Kant. Dieser versucht, wie die meisten Vertreter des Rationalismus und der Transzendentalphilosophie, den ehemaligen Universalitätsanspruchs des Christentums, das sich die Positionen von Platon und Aristoteles zu eigen machen konnte, mit Mitteln der menschlichen Vernunft einzuholen. Kant fasst dieses Projekt unmissverständlich zusammen: »Ich mußte also das Wissen aufheben, um zum Glauben Platz zu bekommen« (KrV B XXX). Eine der sicheren Erkenntnis Grenzen ziehende Vernunft ist demzufolge das geeignete Instrument, um zu unterscheiden, was wir wissen und was wir nur glauben können.

An das kantische Verständnis schließen sich später in modifizierter Weise der systematische Ansatz Georg Friedrich Wilhelm Hegels zur Aufhebung der Offenbarung im philosophischen Begriff und die Transzendentaltheologie Karl Rahners an. Allerdings lehnen die sog. Theosophen, namentlich Franz von Baader und Friedrich Wilhelm Joseph Schelling, die rationale Logifizierung der Theologie von Hegel ab und fordern die Integration der christlichen Mysterien in die Philosophie. Schelling unternahm in seiner »positiven Philosophie« (in *Die Philosophie der Offenbarung*, 1841/42) deshalb den Versuch, entgegen der rationalen Untersuchung von Notwendigkeit und Möglichkeit, nun auch Zufälligkeit (Kontingenz) denken zu können. Diese Ideen sollten bis in die russische Religionsphilosophie des 19. und beginnenden 20. Jh.s hinein, vor allem bei Wladimir Solowjew und Nikolai Berdjajew, wirken.

Primat der Existenz

Religionsphilosophie als Existenzphilosophie: Von diesen philosophischen Vermittlungs- und Ergänzungsversuchen relativ unberührt, aber wiederum gegen das Systematisierungsvorhaben Hegels gerichtet, blieb der Versuch Søren Kierkegaards (1813–1855), sich auf die eigene Existenz (lat. *existentia*: Dasein, Bestehen) zurückzubesinnen. In der Tradition seiner Lehre von den Stadien der Existenz (ethisch, ästhetisch, religiös) stehen die Existenztheologie Paul Tillichs und die philosophische Glaubenslehre von Karl Jaspers. Die Dialogphilosophie, wie sie Martin Buber und Franz Rosenzweig entwickelt haben, kann ebenfalls diesem Typ zugerechnet werden.

Religionsphilosophie als Phänomenologie: Die Grundlage einer vor allem im 20. Jh. prominent gewordenen Methode und Zugangsweise zur Religion ist die von Edmund Husserl (1859–1938) ins Leben gerufene Phänomenologie, die nach dem ›Wesen‹ des sich im religiösen Phänomen Zeigenden fragt. Im deutschen Sprachraum wird diese Methode noch durch Martin Heidegger und Max Scheler repräsentiert. Im französischen Sprachraum sind insbesondere die Arbeiten von Emmanuel Lévinas, Michel Henry, Paul Ricœur und Jean-Luc Marion nennenswert. Im weiteren Umfeld der Phänomenologie und der daraus hervorgehenden Lehre von der Auslegung (Hermeneutik) befinden sich auch religionsphilosophische Ansätze innerhalb der Zeichentheorie (Semiotik) sowie des Dekonstruktivismus. Letzterer versucht, Momente des Religiösen in Bestimmungen der Differenz, der Paradoxie und des »Entzuges« zu entdecken.

Der ›werdende‹ Gott

Religionsphilosophie als Kosmologie: Dagegen ist der kosmologische Ansatz einer Prozessphilosophie von Alfred North Whitehead einer der wenigen konstruktiven Versuche, Gott und Religion unabhängig von Offenbarungswissen und vor dem Hintergrund der modernen wissenschaftlichen Entwicklung neu zu denken.

Religionsphilosophie als Ersatz oder Alternative? All diesen Entwürfen ist es gemein, dass sie methodisch bestrebt sind, den Eigenwert des Untersuchungsgegenstandes zu betonen und dabei möglichst unverändert zu lassen. Ihr Ziel ist es, mit den argumentativen Mitteln der Philosophie religionsspezifische Sachverhalte zu erläutern. Dabei bleibt es, oftmals gegen die Intention ihrer Vertreter, nicht ausgeschlossen, dass das zu Erklärende, die Religion, durch das Erklärte, die jeweilige Theorie, ersetzt wird.

4.2.2 | Alternative Modelle

Eine zweite Form der Religionsphilosophie, die teilweise aus der ersten hervorgeht, findet sich in der ausdrücklichen Suche nach alternativen Zugängen. Diese Richtung legt das Augenmerk insbesondere auf die Prüfung der argumentativen Struktur religionsphilosophischer Begründungen, allerdings mit dem Ziel der Delegitimierung, Ableitung, Reduktion oder Destruktion des Untersuchungsgegenstandes. Urväter dieses Gedankens sind David Hume und die Philosophen der französischen Aufklärung (z. B. Voltaire), die bestrebt waren, die Philosophie eindeutig als Alternative zur (christlichen) Tradition zu etablieren.

Analyse der religiösen Sprache: Eine solche neuartige Alternative finden wir exemplarisch in der analytischen Philosophie, z. B. bei Ludwig Wittgenstein und Rudolf Carnap. Ihnen ist es zu verdanken, dass eine Religionsphilosophie nicht mehr nur über in der Erfahrung gegebene Phänomene spricht, sondern das Sprechen über Religion, d. h. die religiöse Sprache selbst, zum Thema werden lässt. Carnap (1891–1970) prüft dabei den Wahrheitsgehalt religiöser bzw. metaphysischer Aussagen (Existenz Gottes oder der Seele), deren Gültigkeitsnachweis am erfahrungswissenschaftlichen Prüfkriterium scheitert. Er identifiziert metaphysische Sätze deshalb als »Scheinprobleme« und belegt sie mit dem Verdikt der Sinnlosigkeit. Ludwig Wittgenstein (1889–1951), der anfänglich mit dem Wiener Kreis und der Auffassung Carnaps sympathisierte, bemühte sich in seiner Spätphase allerdings um ein angemessenes und respektvolles Verständnis religiöser Phänomene. Hatte der frühe Wittgenstein Religion und Theologie noch zusammen mit der Ethik und Metaphysik dem Bereich des »Mystischen« zugeordnet, wird im Rahmen seiner späteren Sprachspielkonzeption über die alltagssprachlichen Gebrauchsgrammatiken auch religiösen Sprach- und Redeformen wieder Sinn und Legitimität zugestanden.

Analyse der Funktion von Religion: Einen weiteren alternativen Zugang bedienen Ansätze, die das Phänomen der Religion unter einem ausgewählten funktionalen Gesichtspunkt betrachten und es zumeist darauf einschränken. Bereits in der europäischen Aufklärung des 18. Jh.s finden sich Versuche, Religion auf die Ausübung politischer Macht und soziale Kontrolle zu reduzieren oder der Religion eine die Gesellschaft stabilisierende Funktion zuzuschreiben. Im 19. und 20. Jh. folgen **pragmatistische Auslegungen** der Religion, die durch die moderne Wissenschaft und eine universale, anthropologische Bestimmung des Gegenstandes Religion möglich wurde. Eng damit zusammen hängt das **psychologische Deutungsmuster**, das Religion genuin auf psychische Erlebnisstrukturen religiöser Erfahrungen zurückführt. Demgegenüber steht die **soziologische Erfassung**, die unabhängig von der persönlichen Erfahrungsebene verstärkt nach der gesellschaftlichen Funktion von Religion fragt.

Defizite der alternativen Modelle: Es ist allerdings strittig, ob sich Religion vollständig in analytischen Metatheorien oder funktionalen Analysen auflösen lässt, lebt sie doch stets von der **Unverfügbarkeit und Latenz ihrer phänomenalen Bestände**. Durch eine alternative sprachanalytische, pragmatistische, psychologische und soziologische Deutung der Religion verstehen wir etwas an der Religion womöglich besser, allerdings bleibt damit immer noch unklar, was Religion im eigentlichen Sinne ist. Betrachten wir das Problem genauer, so stellt sich heraus, dass der Übergang zwischen interpretativen und alternativen Formen fließend ist. In einem dritten Schritt müssen wir uns deshalb eingehender dem Kern wissenschaftlicher Religionsphilosophie widmen, dem Verhältnis von Vernunft und Glaube.

Ersatz als schlechte Alternative

4.3 | Vereinbarkeit von Glaube und Vernunft

Leitend ist hier die Frage, ob Religion und Philosophie unter dem Gesichtspunkt der Vernunft miteinander vereinbar sind oder ›ein hölzernes Eisen‹ bilden. Die folgende Übersicht geht auf unterschiedliche Begründungen für die beiden möglichen Antworten auf diese Frage ein: Glaube bzw. religiöse Überzeugungen und Vernunft sind vereinbar (4.3.1, 4.3.2) oder sind nicht vereinbar (4.3.3).

4.3.1 | Theoretische Vereinbarkeit: Gottesbeweise, transzendentale und probabilistische Modelle

Aus theoretischer Sicht lassen sich für die Frage nach der Vereinbarkeit von Glaube und Vernunft vor allem die **Gottesbeweise** anführen. Diese Versuche einer rationalen Begründung wurden vorwiegend während der Zeit des Mittelalters formuliert, als noch niemand die Existenz Gottes bezweifelte. Ihre Funktion bestand hauptsächlich in der argumentativen Stützung theologischer Offenbarungswahrheiten. Eine kritische Diskussion und Übersicht über einige dieser Gottesbeweise findet sich u. a. bei Hiltscher (2008).

> **Definition**
>
> Ein → Gottesbeweis ist der Versuch, mit Hilfe möglichst plausibler Argumentationsmuster die Existenz (eines) Gottes nachzuweisen oder per Rückschlussverfahren auf diese zu verweisen. Bei den klassischen Gottesbeweisen wird beispielsweise
> - vom Begriff Gottes (als vollkommenstes Wesen) auf seine notwendige Existenz (**ontologischer Gottesbeweis**) oder
> - von der Bewegung in der Welt auf Gott als ersten Beweger (**kosmologischer Gottesbeweis**) geschlossen.
> - Der **teleologische Gottesbeweis** hingegen schlussfolgert von der zweckmäßigen Einrichtung der Welt auf einen Gott als zwecksetzende Vernunft.

Der ontologische Gottesbeweis, der durch Anselm von Canterbury in seinem Werk *Proslogion* formuliert wurde, ist ein Musterbeispiel dafür, wie man aus etwas (dem Denken) auf etwas anderes (das Sein Gottes) schließen kann.

»Glaube, der nach Einsicht sucht« (Anselm v. Canterbury)

4.3 Religionsphilosophie

Vereinbarkeit von Glaube und Vernunft

Zur Vertiefung

Der ontologische Gottesbeweis

Aus dem bloßem Denken heraus, d. h. allein vom Begriff Gottes ausgehend, den sich jeder Mensch vermittels seiner Vernunft zu bilden vermag, glaubt Anselm, auf das notwendige Dasein Gottes schließen zu können. Denkt man den Begriff Gottes als eines höchsten Wesens, im Sinne eines Wesens also, über das hinaus kein noch größeres oder vollkommeneres gedacht werden kann (»id, quo maius cogitari non potest«), dann müsse diese Vorstellung beinhalten, dass es ein diesem Begriff entsprechendes Wesen in der Wirklichkeit gibt. Die Idee Gottes als eines denkbar größten Wesens scheint Anselm zufolge zu implizieren, dass Gott nicht nur in unserem Denken, sondern zugleich auch notwendig in der Wirklichkeit vorhanden ist. Das Nicht-Sein Gottes sei somit undenkbar. Also existiere Gott.

Betrachtet man das Argument Anselms allerdings genauer, so wird deutlich, dass es letztlich ›nur‹ eine Entfaltung der mit den Prämissen gesetzten Implikationen darstellt. Insofern erhellt das Argument nur, was die Prämissen bereits enthalten (sog. *petitio principii*). Ontologische Gottesbeweise werden in dieser Form also rational fragwürdig.

Der teleologische Gottesbeweis geht einen anderen Weg. Sein Ausgang liegt bei gewissen Erfahrungen über die Welt und Analogieschlüssen auf einen Schöpfer als göttlichen Ursprung der Welt. In seiner *Summe der Theologie* formuliert Thomas von Aquin, einer der führenden scholastischen Denker und Theologen, »Fünf Wege (*quinque viae*) zu Gott«, mittels derer die Existenz Gottes als »unbewegter Beweger« belegt werden kann. Diese fünf Aspekte sind:
- die Tatsache der Bewegung (*motus*),
- die Ordnung der Wirkursachen,
- die Priorität von Wirklichem vor Möglichem,
- die graduelle Hierarchie von Vollkommenheit,
- die teleologisch-finalen Ordnungsstrukturen in der Welt.

Trotz der Tatsache, dass die modernen Wissenschaften seit der Neuzeit teleologische Argumente, die auf die Zweckmäßigkeit der Welt verweisen, bestreiten, stellen die »Fünf Wege« von Thomas einen besonders eindrücklichen Versuch dar, mit rationalen Begriffen etwas aufzuzeigen, das letztendlich alle Begriffe des Menschen übersteigt.

Ableitungen aus religiöser Gesamterfahrung: Anders als die mittelalterlichen Denkmodelle, die das Besondere aus dem Allgemeinen ableiteten (deduktiv), gehen moderne theoretische Erklärungsmodelle davon aus, dass es auch rationale Argumente für religiöse Überzeugungen gibt, die vom Besonderen zum Allgemeinen (induktiv) führen können. Infolge einer **religiösen Gesamterfahrung**, die sich nicht direkt aus dem Begriff ›Gott‹ ableitet, sondern durch Kennzeichnungen wie »alles bestimmende Wirklichkeit« (Wolfhart Pannenberg) oder »das Woher meines Umgetriebenseins« (Herbert Braun) näher spezifiziert sind, können solche Argumente gewonnen werden. Einen ähnlichen Weg beschreitet Karl Rahner, der in Anlehnung an Martin Heidegger von einem stillschweigenden »Vorgriff auf das Sein« spricht. Hier wird der Garant dafür, dass wir es immer schon mit Sein zu tun haben, konkret mit ›Gott‹ benannt, der mit dem absoluten Sein, auf das alles Erkenntnisstreben zielt, identifiziert wird. Der Mensch hält sich demnach im Horizont dessen auf, was für ihn existenziell bedeutsam werden kann. Dieser Horizont, den Gott als »übernatürliches Existential« gezogen hat, ist nicht einzuholen, sondern bestenfalls durch das Subjekt auszufüllen. Diese **transzendentale Erfahrung**, welche die Bedingung der Möglichkeit religiösen Erlebens beschreibt, kündigt in der Religionsphilosophie und Theologie eine »anthropologische Wende« an (vgl. Löffler 2006, Kap 3.8).

Probabilistische Argumentationen: Aus der analytischen Philosophie stammen weitere Begründungen, die größtenteils von einer auf **Wahrscheinlichkeitsaussagen** beruhenden Vernünftig-

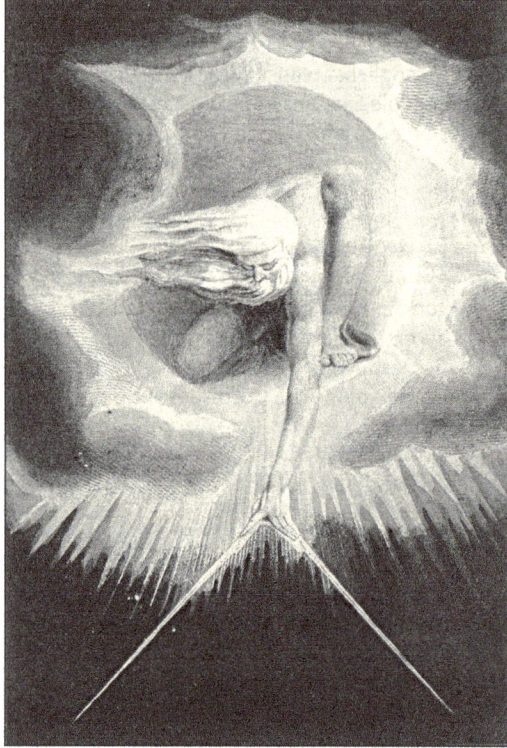

Gott als Freund und Grenze des Denkens

Schöpfung nach Maß – William Blakes »Ancient of Days« (1794)

keit religiöser Überzeugungen ausgehen. Zu dieser Gruppe zählen die empirischen Kumulativargumente (lat. *cumulare*: anhäufen) von Richard Swinburne, die mehrere Bereiche auffälliger Erfahrungsbelege zusammenfassen und die Schlussfolgerung auf deren wahrscheinlichsten Erklärungsgrund, in diesem Fall Gott, nach sich ziehen. Argumente aus ›gewöhnlicher‹, aber religiös gedeuteter Erfahrung liefert die sog. **Reformierte Erkenntnistheorie** um Alvin Plantinga, in deren Mittelpunkt die Kennzeichnung religiöser Überzeugungen als grundlegend (*proper basic beliefs*) innerhalb eines allgemeinen Überzeugungssystems steht. Weiterhin werden in der neueren analytischen Debatte Argumente aus Wundern und außergewöhnlichen religiösen Erfahrungen, die in Gott die beste kausale Erklärung für derartige Ereignisse sehen, diskutiert (vgl. Löffler 2006, Kap. 3.5–3.7).

4.3.2 | Praktische Postulate und Begründungen

Seit der anthropologischen Wende in der Religionsphilosophie gibt es bedeutsame Thesen, die davon ausgehen, dass man aus pragmatischen Gründen gut beraten sei, an die Existenz Gottes zu glauben.

Der praktische Wert religiöser Überzeugungen: Bei Kant finden wir Argumente (für ein Dasein Gottes) aus der moralischen Erfahrung, d. h. Interpretationen und **Rechtfertigungen religiöser Überzeugungen aus praktischen Erfordernissen** (Gott, Freiheit und Seele). Sinn und Geltung dieser notwendigen Denkforderungen (Postulate) bleiben moralphilosophisch bedingt und begrenzt: Gott muss angenommen werden, um die – nach Kant für die Kohärenz der praktischen Vernunft notwendige – Einheit von Sittlichkeit und Glückseligkeit denken zu können. Kant etabliert damit eine Rechtfertigung des Glaubens, bei der Religion jedoch in Abhängigkeit von ihren moralischen Grundlagen gerät und zudem allein im Horizont einer autonomen Vernunft Legitimität zugesprochen bekommt.

Der französische Philosoph und Mathematiker Blaise Pascal (1632–1662) hat in seinen *Pensées* (*Gedanken*) ein weiteres praktisches Argument für religiöse Überzeugungen geliefert, das sich trivialer ausnimmt als Kants Postulatenlehre. In der sog. **Wette** geht er davon aus, dass es praktisch sinnvoller wäre, ein religiöses Leben zu führen, da, falls Gott existiert, demjenigen, der darauf setzt, ein Gewinn im jenseitigen Leben oder im Diesseits zusteht. Allerdings ist dieser Fall nur vernünftig, wenn er durch weitere Argumente, z. B. aus der religiösen Erfahrung, gestützt wird.

Pragmatische Argumentationen: Während Pascal noch auf die nicht zu beweisende Wahrheit des Glaubens setzte, ist die Ausgangslage bei William James (1842–1910) trotz erkennbarer Ähnlichkeiten eine andere. Infolge einer Pattsituation, wonach es genauso viele Argumente für wie gegen den Glauben gibt, entwickelt James eine **pragmatische Rechtfertigungslehre**. Die Tatsache, dass es vielfältige religiöse Erfahrungen gibt, die Menschen ergreifen, bewegen, befördern etc., ist für ihn schon ein hinreichender Bewährungsgrund für Religion, die James als »lebendige Hypothese« auffasst. Diese Einstellung sorgt allerdings für eine Schwächung rationaler Begründungsmomente für religiöse Überzeugungen. Hier liegt unter anderem auch ein Grund dafür, weshalb Glauben nicht mehr notwendig wahrhaftigen Glauben meint, sondern vorwiegend als Ausdruck einer subjektiven Einstellung bestimmt wird.

Fideismus und Theosophie: Mit diesen außerordentlichen Positionen wird hingegen eine spezifische Unvereinbarkeit von Vernunft und Glauben behauptet. Beide Richtungen gehen davon aus, dass rationale Begründungsmodelle, ob sie nun für oder gegen religiöse Überzeugungen gerichtet sind, das ›Wesen‹ von Religion von sich selbst her schon verfehlen. Während der **Fideismus** dabei auf einen totalen Erklärungsverzicht setzt, gibt es innerhalb der **Theosophie** (dt. göttliche Weisheit) ›positive‹ Varianten, die versuchen, die Wesentlichkeit der Religion in Form von philosophisch-mystischen Spekulationen zu ›rekonstruieren‹.

> **Definition**
>
> Der → Fideismus (lat. *fides*: Glauben, Vertrauen) ist eine Lehre, die unter Verzicht auf eine begründete Erkenntnis religiöse, metaphysische und moralische Wahrheiten nicht für rechtfertigungsbedürftig hält. Demzufolge können diese Wahrheiten nicht durch die Vernunft, sondern *nur* durch den Glauben erkannt werden.

4.3.3 | Kritik an der Religion

Die klassische Religionskritik bezieht sich anders als fideistische und theosophische Ansätze spezifisch auf die rationale oder moralisch-ethische Plausibilität der Begründungsmuster und die Bewertung der Quellen bzw. Folgen religiöser Überzeugungen (vgl. Löffler 2006, Kap. 4). Dabei zeigt sich die anfangs erwähnte grundsätzliche Unterscheidung zwischen der substanziellen und funktionalen Dimension.

Es gibt folgende Typen der Religionskritik:
- Bestreitung des religiösen Wahrheitsanspruchs,
- Theodizee,
- Vorwurf des Anthropomorphismus,
- Legitimation politischer, gesellschaftlicher und moralischer Macht.

1. Bestreitung des religiösen Wahrheitsanspruchs: Wenn auf die **Grenzen religiöser Erkenntnis** hingewiesen wird, ist Kants Argumentation zur theoretischen Nichterkennbarkeit Gottes und der Abweis des ontologischen Gottesbeweises zu nennen, wobei die Betonung auf »die Erkenntnis betreffend« gelegt werden muss. Diese Kritik bezieht sich nicht wie bei Carnap auf eine fehlende empirische Verifizierbarkeit metaphysischer Ausdrücke, sondern, wie gesehen, auf die Relevanz religiöser Überzeugungen innerhalb einer praktischen Dimension.

In der Gegenwart ist der **Vorwurf der Unwissenschaftlichkeit** religiöser Aussagen und Überzeugungen weit verbreitet. Doch ist diese religionskritische Argumentation selbst wiederum dem kritischen Einwand ausgesetzt, dass Wissenschaftlichkeit mitnichten das Gesamt der vernünftigen Aktivitäten des Menschen ausmacht. Im Gegenteil scheinen oftmals die Wissenschaften alle vernünftigen Aktivitäten auf das, was sich zu ihnen rechnen lassen kann, reduzieren zu wollen. Das widerspricht allerdings einer natürlichen Auffassung

Zur Theodizee

»Entweder will Gott die Übel beseitigen oder er vermag es nicht oder er kann es, will es aber nicht, oder er will es weder aufheben noch vermag er es. Falls er es will aber nicht kann, so ist er schwach, was auf Gott nicht zutrifft. Falls er es vermag aber nicht will, so ist er mißgünstig, was Gott ebenso fremd ist. Falls er es weder will noch vermag, so ist er sowohl mißgünstig wie ohnmächtig und daher auch nicht Gott. Falls er es sowohl aufheben will und dieses auch vermag, was sich allein für Gott ziemt, wieso gibt es dann dennoch die Übel? Oder warum beseitigt er jene nicht?« (Epikur: *Fragmente*, S. 136).

Das von Epikur paradigmatisch aufgeworfene Problem des Bösen wird in der frühen Neuzeit von Leibniz (1710) auf den Begriff gebracht: »Theodizee« (griech. *theos*: Gott; *dike*: Gerechtigkeit). Angesichts der Tatsache, dass es Übel in der Welt gibt, stellt sich die Frage nach der »Gerechtigkeit Gottes«. Leibniz' »Rechtfertigung Gottes« soll »beweisen«, dass die bestehende Welt trotz ihrer Übel »die Beste aller möglichen Welten« sei (*Theodizee*).

Einschlägige Lösungsversuche sind bestrebt, die Widerspruchsfreiheit unter den Prämissen durch ihre Modifikation herzustellen. Dies kann über ein verändertes Verständnis des **Angeklagten**, resp. Gottes, geschehen. Seine Existenz kann bestritten werden, seine Allmacht als eingeschränkt und seine Transzendenz als unerreichbar angesehen werden. Bezüglich der **Anklagepunkte** ließe sich bei Leibniz eine Differenzierung in physisches (*malum physicum*), moralisches (*malum morale*) und metaphysisches Übel (*malum metaphysicum*) vornehmen oder wie bei Augustinus eine **ontologische Depotenzierung des Übels** in Form seiner Privationslehre (Übel als *privatio boni*: Beraubung des Guten) annehmen. Ebenso klassisch sind Argumentationsfiguren, die das Übel kompensationstheoretisch ›entübeln‹, insofern sie es als notwendige Voraussetzung zur Erlangung eines höheren Gutes begreifen, durch das dieses Übel legitimiert erscheint (Böses wird z. B. zugunsten der Freiheit in Kauf genommen). Hinzu treten Ästhetisierungen (das Übel als notwendiger und effektsteigernder Kontrast zum Guten und Schönen) und Pädagogisierungen (die Konfrontation mit dem Negativen lässt den Menschen reifen, gestattet die Ausbildung von Tugenden oder dient als Prüfung, Probe oder Strafe erzieherischen Zwecken).

Schließlich kann auch die Position des **Anklagenden** getauscht werden, der selbst auch rechtfertigungsbedürftig erscheinen kann (*Anthropodizee*). Problemgeschichtlich ließe sich vor dem Hintergrund der barbarischen Zivilisationsbrüche (Auschwitz) im 20. Jh. und der darauf rekurrierenden vernunftkritischen Diskurse sogar von einer Transformation zur **Ratiodizeefrage** sprechen, bei der die Vernunft (*ratio*) selbst auf die Anklagebank gerät.

Leibniz: *Theodicaea* (Frontispiz der Ausgabe von 1726)

und unterbindet darüber hinaus das vernünftige Reden über den Glauben. Zudem gibt es neuerdings fragwürdige Arbeiten aus dem noch jungen Bereich der Neurotheologie, die davon ausgeht, dass religiöses Erleben ausschließlich über die Funktionsweise des Nervensystems erklärt werden kann.

2. Theodizee: Demgegenüber ist die Theodizee der wohl berühmteste und am schwersten zu widerlegende Einwand.

3. Vorwurf des Anthropomorphismus: Mit diesem Vorwurf ist gemeint, dass die Menschen ihre Befürchtungen und Hoffnungen in ein von ihnen imaginiertes Gottesbild projizieren, so dass die Vorstellung Gottes insofern ›anthropomorph‹ ist, als sie die physische und psychische ›Gestalt‹ (griech. *morphe*) des Menschen widerspiegelt. Demnach hat nicht Gott den Menschen nach seinem ›Ebenbild‹ geschaffen, sondern der Mensch stellt sich nach seinem eigenen Vorbild Gott vor. Diese These vertritt **Ludwig Feuerbach** in *Das Wesen des Christentums* (1841), indem er behauptet, dass dieses »Wesen« in Wahrheit in der Natur des Menschen gründet. Jene Projektionstheorie findet sich später bei **Sigmund Freud** wieder. Religion und religiöse Überzeugungen sind seiner Auffassung nach Ausdruck persönlicher oder kollektiver Bedürfnisse und resultieren strenggenommen aus unartikulierten oder gestörten Bewusstseinsprozessen, die vorwiegend durch die Gesellschaft und deren Moralvorstellungen hervorgerufen werden.

Im Unterschied zu Feuerbach und Freud sieht **Karl Marx** die Religion nicht als Spiegelbild der menschlichen Psyche, sondern als Projektionsfläche verkehrter gesellschaftlicher Verhältnisse. In *Zur Kritik der Hegelschen Rechtsphilosophie* kritisiert Marx die Religion als »*verkehrtes Weltbewußtsein*«, das »*Ausdruck* des wirklichen Elendes und in einem die *Protestation* gegen das wirkliche Elend« sei, und fordert die »Aufhebung der Religion«. Aus dieser Forderung leitet Marx die »*Aufgabe der Philosophie*« ab, die darin bestehen soll, die »Kritik des Himmels« in die »Kritik der Erde« zu verwandeln, d. h. die »*Kritik der Religion* in die *Kritik des Rechts*, die *Kritik der Theologie* in die *Kritik der Politik*« (MEGA I 2, S. 170 f.; Hervorh. i. O.).

4. Legitimation politischer, gesellschaftlicher und moralischer Macht: Wie erwähnt, wurde bereits während der Aufklärung im 18. Jh. der Vorwurf erhoben, die Religion werde zur Legitimierung politischer und sozialer Macht missbraucht. Diese soziale Funktion sei auch der Entstehungsgrund von Religion, da eine Kaste von Priestern das gemeine Volk mit Hilfe von Religion und Moral »betrogen« hätte, um die ungerechte Verteilung des Eigentums, die Vorrechte einer gesellschaftlichen Klasse und letztlich die staatliche Herrschaft zu rechtfertigen (Theorie des Priestertrugs). Auf ähnliche Weise betrachtet Friedrich Nietzsche in seiner *Genealogie der Moral* und in *Jenseits von Gut und Böse* die Religion als Stütze einer »Klassenmoral«. Zwar behauptet auch Marx, dass Religion und eine entsprechende Moral dazu dienen, das Volk zu unterdrücken, und spricht in diesem Zusammenhang von der Religion als »Opium des Volkes«, aber er grenzt sich von der Priestertrugtheorie insofern ab, als er darin keine böse Absicht, sondern das adäquate »falsche Bewußtsein« objektiver gesellschaftlicher Verhältnisse sieht, die er durch Bewusstwerden und revolutionäre Praxis verändert wissen will. In diesem Kontext stehen neuere Debatten, in denen über die »Schädlichkeit« oder »Nützlichkeit« religiöser Überzeugungen gestritten wird.

Zur Kritik der Kritik: Allerdings ist die Zuschreibung eines »falschen Bewußtseins« noch nicht hinreichend für die Behauptung, dass religiöse Überzeugungen per se falsch sind. Welches Bewusstsein (einschließlich desjenigen der Ankläger) nun falsch sei, ist keine Frage des zu verhandelnden Gegenstandes, sondern der vernünftigen Begründung. Ob mögliche Konsequenzen wirklich schädlich sind, kann aufgrund der allgemeinen Nichtüberschaubarkeit der Folgen nicht gesagt werden.

Alle religionskritischen Ansätze, die vernünftige Argumente anwenden, müssen selbst einer rationalen Kritik unterzogen werden. Die Vernunft als entscheidende Instanz der Kritik hat sich also stets selbstkritisch hinsichtlich der Legitimation eigener Ansprüche und ›Anmaßungen‹ zu befragen. Außerdem sollte angesichts der totalitären Instrumentalisierung der Vernunft im 20. Jh. mit Nietzsche die Frage erlaubt sein, inwieweit unsere Rationalität überhaupt noch Wahrheitsfähigkeit beanspruchen kann. Vernunft hat ihrerseits immer den Glauben an Wahrheit als Basis, auch jede vernünftige Kritik lebt von dieser Voraussetzung. Kann dies unter modernen Bedingungen aber nicht mehr gewährleistet werden, dann benötigt die künftige Religionsphilosophie, um nicht unvernünftig zu werden, wohl auch immer das »Andere zur Vernunft«.

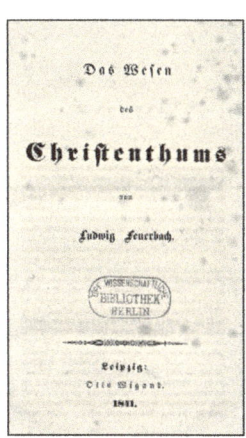

Ludwig Feuerbach: *Das Wesen des Christenthums* (1841)

4.4 | Aktuelle Fragen, Herausforderungen und Desiderate

Religion und Gesellschaft: Der ehemalige Verfassungsrichter und Rechtsphilosoph Ernst-Wolfgang Böckenförde prägte das berühmte Wort: »Der freiheitliche, säkularisierte Staat lebt von Voraussetzungen, die er selbst nicht garantieren kann« (Böckenförde 1976, S. 60). In einer heute eher soziologisch geführten Debatte über Religion wirft dieses Diktum immer wieder die zentrale Frage auf: Inwiefern stellt Religion oder ein bestimmter Begriff von ihr eine notwendige Voraussetzung dafür dar, dass Gesellschaft ›leben‹ kann? Hieraus ergeben sich mehrere Antwortmöglichkeiten, die den Wert von Religion in der Gesellschaft unterschiedlich herausstellen.

1. Betonung des Nutzens der Religion hinsichtlich der Stabilisierung in modernen Gesellschaften, d. h., dass Religionen auch unter den Bedingungen vollzogener Aufklärung für die modernen Gesellschaften notwendig (Zivilreligion) bzw. unentbehrlich bleiben.

2. Entstehung neuer Relevanzfelder für Religion angesichts immer rasanterer gesellschaftlicher Veränderungen und einer »neuen Unübersichtlichkeit« (Jürgen Habermas):
- Kontingenzbewältigung (Lübbe 1986), d. h. Unterstützung beim Umgang mit Unvorhergesehenem und Unverfügbarem,
- Komplexitätsreduktion (Niklas Luhmann), d. h. Orientierung in einer immer unübersichtlicher werdenden Welt komplexer Funktionssysteme der Gesellschaft (z. B. Wirtschaft, Wissenschaft),
- Generierung von bewährtem Orientierungswissen und neuen Sinnpotentialen,
- Entwicklung einer Dialogkultur durch den neuen religiösen Pluralismus,
- überhaupt ein erneutes Fragen nach Gott (Rentsch 2005; Spaemann 2007) und religiösen Werten (Gerl-Falkovitz 1999).

Die Rückkehr des Religiösen und der Dialog der Weltreligionen: Folgt man zahlreichen gegenwärtigen Gesellschaftsanalysen, so trifft man auf Hinweise, die für eine »Wiederentdeckung des ungebrochenen Eigenrechts von Religion und Religiosität« (Deuser 2009, S. 282) sprechen. Inwieweit ist unser Zeitalter bereits durch eine **Säkularisierung** hindurchgegangen, also ›postsäkular‹? Dem konstatierten Abbau traditioneller religiöser Bestände scheint gleichsam ein Aufkommen neuer religiöser Formen zu folgen, die sich fern jeglicher institutioneller Bindung auf den privaten Bereich erstrecken und verschiedene religiöse Ideen vermischen (synkretistisch). Neben dieser Pluralisierung im Privaten ist aber auch eine Pluralisierung im öffentlichen Raum zu konstatieren, die nicht konfliktfrei ist. So lassen sich in globaler Hinsicht auch vielfältige **Fundamentalisierungsprozesse** beobachten. Es wird deshalb eine Frage bleiben, wie globale Ausgleichsbestrebungen (Dialog der Weltreligionen etc.) und regionaler (aber global wirkender) Fundamentalismus zukünftig zueinander stehen werden. Indessen kann man davon ausgehen, dass Religionen sich in Zukunft durch eine gleichwertige Koexistenz auszeichnen werden, was mit dem derzeitigen Abbau alter Dominanzstrukturen (Europa und das Christentum, Nordafrika und der Islam) verbunden ist. Diese Veränderung könnte auch die zukünftige Gestalt einer Religionsphilosophie nachdrücklich bestimmen (zu nicht-christlichen Religionsphilosophien vgl. Grätzel/Kreiner 1999, Kap. 2–4).

Konfliktträchtigkeit bzw. Friedensfähigkeit von Religion(en): Die Rückkehr eines allgemeinen philosophischen Interesses an Religion ist sicherlich verbunden mit dem Bewusstsein für ein gesellschaftliches Konfliktpotential, das der Religion bzw. den Religionen naturgemäß innewohnt. Wird der Monotheismus, wie ihn der Religions- und Kulturwissenschaftler Jan Assmann (2006) darstellt, weiterhin mit einer Neigung zur Gewalt und Intoleranz in Verbindung gebracht werden oder sorgt die Globalisierung und die Suche nach einem konstruktiven Gespräch der Religionen untereinander für einen Ausgleich? Eine wichtige Rolle könnte hierbei der **Begriff der Toleranz** spielen. Vor diesem Hintergrund ist es auch fragwürdig, inwieweit Religionen ihren jeweiligen Wahrheitsanspruch weiter durchsetzen können oder ob ihnen möglicherweise ein umfassender Relevanzverlust droht. Zudem wird die Frage der rationalen Begründbarkeit und Vermittelbarkeit religiöser Überzeugungen eine bleibende Herausforderung darstellen.

Einführungen

Brose, Thomas (Hg.): *Religionsphilosophie. Europäische Denker zwischen philosophischer Theologie und Religionskritik.* Würzburg 1998.
Deuser, Hermann: *Religionsphilosophie.* Berlin 2009.
Fischer, Peter: *Philosophie der Religion.* Göttingen 2007.
Grätzel, Stephan/Kreiner, Armin: *Religionsphilosophie. Lehrbuch Philosophie.* Stuttgart/Weimar 1999.
Löffler, Winfried: *Einführung in die Religionsphilosophie.* Darmstadt 2006.
Seubert, Harald: *Religion.* Paderborn 2009.
Waldenfels, Hans (Hg.): *Religion. Entstehung – Funktion – Wesen.* Freiburg/München 2003.
Wendel, Saskia: *Religionsphilosophie.* Stuttgart 2010.

Weitere Literatur

Assmann, Jan: *Der Monotheismus und die Sprache der Gewalt.* Wien 2006.
Böckenförde, Ernst-Wolfgang: *Staat, Gesellschaft, Freiheit.* Frankfurt a. M. 1976.
Gerl-Falkovitz, Hanna-Barbara: *Nach dem Jahrhundert der Wölfe. Werte im Aufbruch.* Einsiedeln 1999.
Henry, Michel: *»Ich bin die Wahrheit.«: Für eine Philosophie des Christentums.* Freiburg 1997 (frz. 1996).
Hiltscher, Reinhard: *Gottesbeweise.* Darmstadt 2008.
Lübbe, Hermann: *Die Religion nach der Aufklärung.* Graz/Wien/Köln 1986.
Marion, Jean-Luc: *Dieu sans l'être.* Paris ²2002.
Otto, Rudolf: *Das Heilige. Über das Irrationale in der Idee des Göttlichen und sein Verhältnis zum Rationalen* [1917]. München 1936.
Rentsch, Thomas: *Gott (Grundthemen Philosophie).* Berlin 2005.
Schleiermacher, Friedrich Daniel Ernst: *Über die Religion. Reden an die Gebildeten unter ihren Verächtern* [1799]. *II. Rede: Über das Wesen der Religion.* In: Ders.: *Schriften aus der Berliner Zeit 1796–1799.* Hg. von Günter Meckenstock (d.i. Kritische Gesamtausgabe. Hg. von J.-J. Birkner u. a., 1. Abt.: Schriften und Entwürfe. Bd. 2). Berlin/New York 1984, S. 206–247.
– : *Der christliche Glaube nach den Grundsätzen der evangelischen Kirche im Zusammenhange dargestellt.* Zweite Auflage [1831]. Teilbd. 1. Hg. von Rolf Schäfer (d.i. *Kritische Gesamtausgabe*, 1. Abt.: Schriften und Entwürfe. Bd. 13, Teilbd. 1). Berlin/New York 2003.
Spaemann, Robert: Das *unsterbliche Gerücht – Die Frage nach Gott und der Aberglaube der Moderne.* Stuttgart 2007.

Martin Hähnel und René Kaufmann

5 Kulturphilosophie

5.1 Grundfragen
5.2 Begriffsgeschichte
5.3 Vorgeschichte: Natur und Kultur
5.4 Kulturphilosophie als Disziplin
5.5 Kulturkritik im 20. Jahrhundert
5.6 Aufgaben einer gegenwärtigen Kulturphilosophie

Was ist Kultur? Das Wort ›Kultur‹ ist eines der komplexesten unserer Sprache und wird in mannigfaltigen Zusammenhängen verwendet. Daher gibt es keinen klar definierten und fest umgrenzten Begriff der Kultur. Die **Vielfalt der Definitionen**, die in philosophischen und kulturwissenschaftlichen Arbeiten versucht wurden, ist unüberschaubar, jedoch gehört diese Unbestimmtheit zum Wesen des Kulturellen. Und so ist selbst die ›klassische‹ Definition von Edward Burnett Tylor (1832–1917), wonach Kultur »im weitesten ethnographischen Sinne [...] jener Inbegriff von Wissen, Glauben, Kunst, Moral, Gesetz, Sitte und allen übrigen Fähigkeiten und Gewohnheiten« sei, »welche der Mensch als Glied der Gesellschaft sich angeeignet hat« (Tylor 1873, S. 1), weniger ein systematischer Begriff als eine Aufzählung, die nicht einmal Anspruch auf Vollständigkeit erheben kann.

5.1 | Grundfragen

Angesichts der Mehrdeutigkeit des Kulturbegriffes ist es die Aufgabe der Philosophie, zu einem angemessenen Selbstverständnis des Menschen als Kulturwesen beizutragen. Hierfür lassen sich drei grundsätzliche Ansätze unterscheiden:

- **Die formale Kulturphilosophie**, als jüngste Disziplin, befasst sich systematisch mit den verschiedenen methodischen Zugangsweisen zum Verständnis kultureller Phänomene. Sie fragt etwa, wie wir die kulturellen Bedingungen unserer Erkenntnis begrifflich vergegenwärtigen können.
- **Die materiale Kulturphilosophie** erläutert und untersucht einzelne kulturelle Leistungen des Menschen, aber auch Lebensformen, die menschliche ›Kultur‹, ›Zivilisation‹ und ›Gesellschaft‹ im Ganzen. Dabei fragt sie u. a. nach dem Verhältnis von ›Natur‹ und ›Kultur‹.
- **Die philosophische Kulturkritik** bezieht sich als positive oder negative Kritik direkt auf gegenwärtige kulturelle Verhältnisse. Sie fragt nach den Gründen und Ursachen für die gesellschaftliche Lage, entwirft Modelle der geschichtlichen Entwicklung (s. Kap. II.C.3) und versucht, Idealvorstellungen humaner Kultur als Handlungsorientierung anzubieten.

Grundsätzlich kann gefragt werden: Was bedeutet es, wenn wir von Kultur reden?

Definition

In einem grundlegenden Sinn bezeichnet → Kultur die vielfältige Gestaltung der Lebenswelt der Menschen durch diese selbst und bezieht sich auf die Praxis der Sprache und symbolischen Verständigung überhaupt, auf Politik, Wissenschaft, Kunst und Religion. In der Rede von Kultur kann sich auch der Anspruch auf eine verfeinerte und höherwertige Form menschlicher Kreativität oder Zivilisiertheit äußern, die sich in kommunikativen und medialen Äußerungen und in künstlerischen Produktionen artikuliert.

›Kultur‹ bezeichnet generell die menschliche Gestaltung der Lebenswelt im Unterschied zum natürlich Gewachsenen. In Bezug auf den individuellen Menschen lassen sich zwei Grundbedeutungen unterscheiden: einerseits eine **Kultivierung**, die man aktiv betreibt und erarbeitet und andererseits

5.2 | Kulturphilosophie

Hauptwerke

ca. 388 v. Chr.	**Platon:** *Protagoras*
45/44 v. Chr.	**Cicero:** *Tusculanae disputationes (Gespräche in Tusculum)*
1486/1496	**Pico della Mirandola:** *De hominis dignitate (Über die Würde des Menschen)*
1725	**Vico:** *Principj di scienza nuova (Grundzüge einer neuen Wissenschaft)*
1750	**Rousseau:** *Discours sur les sciences et les arts (Abhandlung über die Wissenschaften und Künste)*
1755	**Rousseau:** *Discours sur l'origine et les fondements de l'inégalité parmi les hommes (Diskurs über den Ursprung und die Grundlagen der Ungleichheit unter den Menschen)*
1784	**Kant:** *Idee zu einer allgemeinen Geschichte in weltbürgerlicher Absicht*
1784–1791	**Herder:** *Ideen zur Philosophie der Geschichte der Menschheit*
1795	**Schiller:** *Über die ästhetische Erziehung des Menschen in einer Reihe von Briefen*
1873–1876	**Nietzsche:** *Unzeitgemäße Betrachtungen*
1883	**Wilhelm Dilthey:** *Einleitung in die Geisteswissenschaften. Versuch einer Grundlegung für das Studium der Gesellschaft und der Geschichte*
1894	**Wilhelm Windelband:** *»Geschichte und Naturwissenschaft«*
1886–1902	**Heinrich Rickert:** *Die Grenzen der naturwissenschaftlichen Begriffsbildung*
1911	**Georg Simmel:** *Philosophische Kultur. Gesammelte Essais*
1918–1922	**Oswald Spengler:** *Der Untergang des Abendlandes*
1923–1929	**Ernst Cassirer:** *Philosophie der symbolischen Formen*
1930	**Freud:** *Das Unbehagen in der Kultur*
1947	**Adorno/Horkheimer:** *Dialektik der Aufklärung*
1955	**Adorno:** *Prismen. Kulturkritik und Gesellschaft*
1964	**Herbert Marcuse:** *One-Dimensional Man (Der eindimensionale Mensch)*
1959	**C. P. Snow:** *The Two Cultures (Die zwei Kulturen)*
1979	**Bourdieu:** *La distinction. Critique sociale du jugement (Die feinen Unterschiede. Kritik der gesellschaftlichen Urteilskraft)*

Die Bezeichnung ›Kulturphilosophie‹ für eine **philosophische Disziplin** kommt erst an der Schwelle zum 20. Jh. auf und steht für Versuche, neben der Wissenschaftsphilosophie eine formale Philosophie der Kulturwissenschaften zu entwickeln. Die Philosophie befasst sich jedoch seit ihren Anfängen mit der Erläuterung von Resultaten und Artefakten der menschlichen Praxis und also mit kulturellen Phänomenen wie Sprache, Ethik, Politik, Wissenschaft, Kunst und Religion.

eine **Kultiviertheit**, über die man als Ergebnis dieser Kulturarbeit verfügt. Dieser zweite Begriff kann auch auf die **soziale Dimension** übertragen werden: Die jeweilige Ordnung und Funktionsweise der Institutionen, der Lebens- und Praxisformen einer besonderen Epoche oder eines Volkes erscheinen dann als Kultur, in der die Individuen leben und die sich räumlich und zeitlich und durch ihre jeweiligen Verhaltensmuster und Symbolgebräuche von anderen Kulturen unterscheiden (vgl. Busche 2001).

Angesichts dieser erfahrbaren Pluralität entsteht in der Moderne die Forderung nach **Anerkennung** verschiedener sozialer Kulturen als lebensweltlicher Totalitäten. Dabei ergibt sich das Problem der Gegenüberstellung von universalen normativen Geltungsansprüchen und kulturrelativistischen Tendenzen. Inwiefern können verschiedene Kulturen einander verstehen bzw. wie sollen sie in Kommunikation treten?

Innerhalb einer jeder Kultur ergeben sich zudem weitere Bereiche, denen ›Kultur‹ zugeschrieben wird. In einem wertenden Sinn können Werke der Kunst, Philosophie und Wissenschaft als **höhere Formen der Kultur** verstanden oder verehrt werden. Die Rede von ›Kultur‹ kann sich ebenso auf einen bestimmten Teilbereich einer solchen sozialen Praxis beziehen und nicht nur das kulturelle Leben der literarischen Produktionen, der bildenden Künste, der Theateraufführungen oder der Musik auszeichnen, sondern auch der Jugend- oder Subkulturen gegenüber den Bereichen der Politik, Wissenschaft, Religion oder des Rechtssystems. Ein kleiner Schritt ist es zu Wortbildungen wie etwa ›Unternehmenskultur‹ oder der äußerst fragwürdigen politischen Forderung nach einer nationalen ›Leitkultur‹.

5.2 | Begriffsgeschichte

Etymologisch ist das Wort ›Kultur‹ dem lateinischen Nomen *cultura* (Bearbeitung, Pflege, Bebauung (des Ackers)) entlehnt und abgeleitet von dem Verb *colere* (sorgfältig pflegen, bebauen, bearbeiten, aber auch bewohnen). Als Bezeichnung für die **Urbarmachung und Pflege des natürlichen Wachstums** ist es für die agrarisch produzierende altrömische Gesellschaft von hoher Bedeutung und wird deshalb auch frühzeitig metaphorisch von der Sachebene der Bearbeitung des Ackers (*agri cultura*) und des Gartens (*horti cultura*) auf andere Gebiete, wie eben die menschliche Natur, übertragen. Dabei wird einerseits von der **Kultivierung des Körpers** gesprochen, zu der etwa Gymnastik, Kleidung und Schmuck gehören. Daneben wird die Aktivität der veredelnden Bearbeitung von der römischen Antike an bis in das 18. Jh. hinein besonders auf den **menschlichen Geist** bezogen. In den *Tusculanae disputationes* (45 v. Chr., *Gespräche in Tusculum*) des römischen Rhetors und Philosophen Marcus Tullius Cicero heißt es:

»wie ein Acker, mag er auch noch so fruchtbar sein, ohne Pflege [*sine cultura*] keine Frucht tragen kann, so auch die Seele nicht ohne Unterweisung; beides ist ohne das andere wirkungslos. Pflege der Seele aber ist die Philosophie [*cultura autem animi philosophia est*]. Diese zieht die Laster mit der Wurzel aus und bereitet die Seelen darauf vor, die Saat aufzunehmen, und gibt ihnen das und, um es so auszudrücken, sät, was, herangewachsen, reichste Früchte trägt« (Cicero: *Gespräche*, S. 163 [II,5]).

Die Pflege und Beackerung des Geistes wird demnach als Arbeit vorgestellt, die durch den philosophisch und wissenschaftlich gebildeten Menschen selbst geleistet wird. Dieser Gedanke steht im Zentrum der stoischen Ethik (s. Kap. II.B.1.2.4).

Pflege und Veredelung: Kultur ist die natürliche Fähigkeit des Menschen, auf die Gegenstände der äußeren Natur wie auch auf seine eigenen natürlichen Anlagen zielstrebig, regelgeleitet und damit verfeinernd und veredelnd einzuwirken. Hierbei ist auch schon ein begriffliches Spannungsfeld angezeigt, in dem sich das philosophische Denken bewegt: Insofern nach dem Gegensatz oder dem Verhältnis von **Natur und Kultur** gefragt wird, kommen Probleme wie Determinismus und Freiheit, Verfügbares und Unverfügbares, Identität und Wandel in den Blick. Der Mensch als kulturell schöpferisches Wesen erhebt sich einerseits über die bloße naturgegebene Materialität, andererseits bleibt er bei seinen spontanen Handlungen auf das natürlich Gegebene als Objekt seines kulturellen Schaffens und auf sozial tradierte Formen der kulturellen Praxis im weitesten Sinne angewiesen.

Persönliche Kulturarbeit: In Ciceros Analogie lassen sich zwei Momente feststellen, die bis heute für das Verständnis von Kultur bedeutsam sind. Danach ist Kultur in einem ersten und aktivischen Sinne die Bearbeitung und **Veredelung *von* etwas**. Wie der Acker bearbeitet werden kann, so kann es im übertragenen Sinn eine Kultur des Geistes, der Sprache, der Kunst, der Technik oder auch der Moral geben. Kultiviertheit zeigt sich in dem Bestreben der persönlichen Vervollkommnung durch die Arbeit an sich selbst, das heißt aber auch: Niemand kann von außen, und schon gar nicht zwangsweise kultiviert werden. In einem zweiten Sinn ist die Kultur ein Zustand, den man durch die aktive Kultivierung erreicht. Kultur ist etwas, das man erreichen und ›haben‹ kann. Dabei ist auch hier das Projekt der Kultivierung der ›ganzen‹ Persönlichkeit mit angedacht. Verschiedene Anlagen sollen vom Menschen aktiv entwickelt und zu einem harmonischen Ganzen perfektioniert werden.

5.3 | Vorgeschichte: Natur und Kultur

Mythos von Prometheus: Ein klassisches Beispiel dafür, wie die Kultur als ›anthropologisches‹ Grundmerkmal des Menschen gedacht wird, ist der Mythos des Prometheus, wie ihn beispielsweise Platon in seinem frühen Dialog *Protagoras* (ca. 388/387 v. Chr.), in dem die Lehrbarkeit der Tugend (*arete*) problematisiert wird, erzählt: Bei der Erschaffung der sterblichen Lebewesen erhalten Prometheus (›der vorher Denkende‹) und sein Bruder Epimetheus (›der danach Denkende‹) von den Göttern den Auftrag, alle Geschöpfe mit spezifischen Gütern und Kräften auszustatten. Epimetheus nimmt diese Zuteilung vor und ist auf einen gerechten Ausgleich bedacht, der das Überleben einer jeden Gattung absichern soll. Allerdings vergisst er den Menschen, und Prometheus, der die Verteilung schließlich überprüfen soll, findet diesen vollkommen nackt vor. Durch seine Barfüßigkeit in den Bewegungsmöglichkeiten sehr eingeschränkt ist der Mensch den **Gefahren und Leidensquellen** sowie seinen natürlichen Feinden schutzlos ausgeliefert. Um diesem von Natur aus benachteiligten **Mängelwesen** das Überleben zu sichern, stiehlt Prometheus aus der gemeinsamen Behausung von Hephaistos und Athene sein **Feuer** und ihre **Weisheit** und macht diese **Künste** (*technai*) dem Menschen zum Geschenk.

Prometheus am Felsen (Schale aus Lakonien, 6. Jh. v. Chr.)

5.3 Kulturphilosophie

Vorgeschichte: Natur und Kultur

> **Definition**
>
> → **Natur** ist die Gesamtheit dessen, was an organischen und anorganischen Erscheinungen ohne Zutun des Menschen existiert oder sich entwickelt.

Im Besitz dieser Techniken sind die Menschen zwar ausgezeichnet vor allen anderen Lebewesen, jedoch noch untereinander in einem Zustand des ›Krieges aller gegen aller‹ (wie Hobbes den Naturzustand bezeichnet, s. Kap. II.B.3.3.1). Wohl um die Menschen nicht dem Verderben anheimfallen zu lassen, sendet Zeus Hermes, der ihnen Recht und Scham bringt und durch staatsbürgerliche Künste ein unbeschadetes Leben innerhalb der Gemeinde (*polis*) ermöglicht. Damit wird das Wesen ohne Eigenschaften zum gemeinschaftlichen, vernunftfähigen Lebewesen, das seine natürlichen Mängel und Schwächen durch die **kulturellen Fähigkeiten** der Technik, der Religion, der Sprache und der Politik kompensieren kann.

Zugleich ist in diesem Mythos ein Spannungsverhältnis zwischen natürlichen und kulturellen Sachverhalten angelegt, das verschiedene philosophische Probleme aufwirft: Ist die Kultur etwas Widernatürliches oder das notwendige Korrelat der Natur? Die Unterscheidung zwischen der dem menschlichen Eingriff einerseits unverfügbaren, aber durch göttliche Fügung wohl geordneten Natur (*kosmos*, *physei*) und dem von Menschen Verfassten und Gesetzten (*thesei*) gebraucht die sophistische Aufklärung in kulturkritischer Absicht. Ein bekanntes Beispiel für eine **kulturkritische Lebensform** liefert der Kyniker Diogenes (4. Jh. v. Chr.), der eine angeblich natürliche Existenz – das bedürfnislose Wohnen in einem Fass – als radikalen Gegenentwurf zur gesellschaftlichen Praxis seiner Zeit lebt.

5.3.1 | Humanistische Anthropologie

Humanismus: Eine optimistische Sicht auf diese Problemlage entwickelt Giovanni Pico della Mirandola (1463–1494), der eine Synthese von platonischem, aristotelischem, jüdischem und christlichem Denken anstrebt. In der zu seiner Zeit heftig angegriffenen, aber für die Renaissance zentralen Rede *De hominis dignitate* (entstanden 1486, *Über die Würde des Menschen*) widmet er sich der spezifisch menschlichen Existenz und begründet damit die humanistische Anthropologie. Pico begreift den Menschen als das einzige nicht vollständig determinierte Wesen, das seine Natur und seine Position innerhalb der kosmologischen Ordnung durch **freie Entscheidung** selbst bestimmen muss:

»In die Mitte der Welt habe ich [der Schöpfergott] dich gestellt, damit du von da aus bequemer alles ringsum betrachten kannst, was es auf der Welt gibt. Weder als einen Himmlischen noch als einen Irdischen habe ich dich geschaffen und weder sterblich noch unsterblich dich gemacht, damit du wie ein Former und Bildner deiner selbst nach eigenem Belieben und aus eigener Macht zu der Gestalt dich ausbilden kannst, die du bevorzugst. Du kannst nach unten hin ins Tierische entarten, du kannst aus eigenem Willen wiedergeboren werden nach oben in das Göttliche« (Pico: *Würde*, S. 9).

In seiner wesentlichen Unbestimmtheit zeigt sich die dem Menschen von Gott gewährte autonome Existenz mit all ihren Möglichkeiten und Gefahren. Diese Idee bleibt auch für die Philosophische Anthropologie (s. Kap. II.C.1) zentral.

Neue Wissenschaft: Giambattista Vico (1668–1744) entwickelt 1725 in seinen *Grundzügen einer neuen Wissenschaft* eine ›Neue Wissenschaft‹, die sich von der Vorgehensweise der Mathematik und Physik grundlegend absetzt. Vico sieht die **geschichtlich-kulturelle Welt** als Ergebnis des menschlichen Handelns an. Die Erforschung des menschlichen Geistes und der Kultur bedarf daher einer besonderen Logik der Untersuchung der menschlichen Praxis, Sprache und gesellschaftlich-kulturellen Organisationsformen. Damit ist der Grundstein für die Unterscheidung zwischen Natur- und Geisteswissenschaften und die Kulturphilosophie des 20. Jh.s gelegt.

5.3.2 | Naturalistische Kulturkritik

Kultur als Entfremdung: Mit Jean-Jacques Rousseau (1712–1778) und den Zeitgenossen der Aufklärung des 18. Jh.s setzt eine materiale Philosophie der Kultur ein, die den Gegensatz der Kultur zur Natur herausarbeitet und dabei zu einer **radikalen Kultur- und Gesellschaftskritik** gelangt. Der Mensch gerät als Schöpfer von Sprache, Technik, Wissenschaft, Politik und Kunst in den Fokus der Untersuchung, und seine Leistungen werden auf ihr Verhältnis zur ursprünglichen menschlichen Natur befragt. Rousseaus *Diskurs über die*

Ungleichheit (1755), kritisiert um der Kultur willen von einer naturalistischen Position aus die kulturellen und sozialen Verhältnisse seiner Zeit. Er vereinigt Natur, Kultur und Kulturkritik in seinem **Entfremdungsmodell**: Der gesellschaftliche Zustand des Menschen stellt einen Abfall von seinem Naturzustand und seiner natürlichen Freiheit dar und wird als Verfall gedeutet. Anders als im prometheischen Mythos wird die Nacktheit des Naturzustandes nicht als defiziente Eigenschaft gesehen, sondern in der Konstruktion des Naturzustandes eher idyllisch verklärt:

»Von Kind auf an die Unbilden der Witterung und an die Härte der Jahreszeiten gewöhnt, geübt im Ertragen von Erschöpfung und gezwungen, nackt und ohne Waffen ihr Leben und ihre Beute gegen die anderen wilden Tiere zu verteidigen oder ihnen durch die Flucht zu entkommen, bilden die Menschen eine robuste und fast unverwüstliche Körperbeschaffenheit aus« (Rousseau: *Ungleichheit*, S. 36).

Mit anderen Lebewesen hat der Mensch die Selbstliebe und das Gefühl der Existenz gemein, doch zu diesem animalischen Zustand kommt die dem Menschen eigene Fähigkeit, sich frei verwirklichen und vervollkommnen zu können (*perfectibilité*). Die in Gesellschaft lebenden Menschen sind jedoch trotz – oder vielmehr gerade wegen – des technischen Fortschritts von Krankheiten und Schwäche bedroht. Rousseau geht so weit, den nachdenkenden Menschen, als »ein entartetes Tier« (ebd., S. 41) zu bezeichnen, das sich wider die Natur verhält. Seine Gleichsetzung von ›natürlich‹ und ›wesensgemäß‹ sollte dabei allerdings mit Skepsis betrachtet werden, da auch die Rede von ›Natur‹ stets kulturell vermittelt ist.

Gesellschaftliche Ungleichheit: Die mit der Kultivierung und Sozialisierung einhergehenden Gesetze dienen in Rousseaus Sicht den Interessen der Reichen, und die gesellschaftlichen Institutionen, allen voran das Eigentum, verstärken die natürliche Ungleichheit zwischen den Menschen. Sie verstellen zudem die natürlichen und organischen Beziehungen des Menschen zu seiner inneren und äußeren Natur und zu seinen Mitmenschen. Doch der Ausgang aus dem Naturzustand ist Entfremdung *und* Kultivierung zugleich, denn eine Rückkehr zum *homme sauvage* (dem wilden Menschen) ist tatsächlich auch für Rousseau unvorstellbar. Die Entfremdung ist als **Selbstentfremdung** gleichsam die erste Kulturleistung des Menschen, deren eigentliches Ziel bleibt die durch die naturalistische Kulturkritik allererst erstrebte **Versöhnung von Natur und Kultur**. Folglich nimmt Rousseau zwar ein Spannungsverhältnis zwischen Natur und Kultur an, löst dieses aber nicht durch *einseitige* Parteinahme auf, sondern arbeitet mit seinem Konzept des *contrat social* (zum Gesellschaftsvertrag s. Kap. II.B.3.3.2) an der politischen Realisierung dieser Versöhnung.

5.3.3 | Kulturalistische Kulturkritik

Kultur als Zivilisiertheit: **Immanuel Kant** (1724–1804) ist von Rousseau beeinflusst, korrigiert ihn aber in wichtigen Punkten. Kant kritisiert die Kultur nicht aus einer naturalistischen sondern aus einer kulturalistischen Perspektive, d. h., er versucht, die Kultur nicht nach externen Kriterien zu bewerten, sondern geht dabei von ihren eigenen Bedingungen und Möglichkeiten aus. Der Mensch ist nach Kant mit natürlichen Vermögen ausgestattet, die sich nicht instinktgesteuert ausprägen, sondern von ihm selbst bewusst entwickelt werden müssen. Die **Kultivierung** seiner natürlichen Anlagen erklärt Kant zur **moralischen Pflicht** eines jeden freien Vernunftwesens, wie es der Mensch ist. Die Entwicklung der natürlichen Anlagen ist jedoch nur der höchste Zweck der *natürlichen* Existenz des Menschen. Da der Mensch darüber hinaus faktisch ein *freies* Vernunftwesen ist, besteht der *letzte* Zweck und das *höchste* Gut allein im ›guten Willen‹, das heißt in der **Sittlichkeit**. Das meint Kant mit der Unterscheidung zwischen Kultur und Zivilisation.

Johann Gottfried Herder (1744–1803), der unter anderem bei Kant studierte, versteht in seinen *Ideen zur Philosophie der Geschichte der Menschheit* (1784–1791) die Entwicklung der Menschheit als organisches Wachstum und Fortschritt auf den **Endzweck zunehmender Humanität** hin. Die Natur und die Geschichte des Menschen zeigen, dass **Kultivierung und Aufklärung** eng zusammengehören. Als einer der ersten überträgt Herder den Kulturbegriff auf historische Kollektive. Er bleibt dabei jedoch nicht – wie einige der ersten Vertreter der Kulturphilosophie im 20. Jh. – in einer eurozentri-

Rousseau: *Discours sur l'origine et les fondements ...* (Titelblatt von 1755)

5.4 Kulturphilosophie

Kulturphilosophie als Disziplin

Interpretation

Kultur und Moral

»Wir sind im hohen Grade durch Kunst und Wissenschaft *kultiviert*. Wir sind *zivilisiert*, bis zum Überlästigen, zu allerlei gesellschaftlicher Artigkeit und Anständigkeit. Aber, uns für schon *moralisiert* zu halten, daran fehlt noch sehr viel. Denn die Idee der Moralität gehört noch zur Kultur; der Gebrauch dieser Idee aber, welcher nur auf das Sittenähnliche in der Ehrliebe und der äußeren Anständigkeit hinausläuft, macht bloß die Zivilisierung aus. So lange aber Staaten alle ihre Kräfte auf ihre eiteln und gewaltsamen Erweiterungsabsichten verwenden, und so die langsame Bemühung der inneren Bildung der Denkungsart ihrer Bürger unaufhörlich hemmen, ihnen selbst auch alle Unterstützung in dieser Absicht entziehen, ist nichts von dieser Art zu erwarten; weil dazu eine lange innere Bearbeitung jedes gemeinen Wesens zur Bildung seiner Bürger erfordert wird. Alles Gute aber, das nicht auf moralisch-gute Gesinnung gepfropft ist, ist nichts als lauter Schein und schimmerndes Elend. In diesem Zustande wird wohl das menschliche Geschlecht verbleiben, bis es sich, auf die Art, wie ich gesagt habe, aus dem chaotischen Zustande seiner Staatsverhältnisse herausgearbeitet haben wird« (Kant: *Idee*, S. 44 f.).

Mit dieser Unterscheidung wendet sich Kant gegen ein Verständnis, demzufolge bereits ein äußerlich zivilisiertes Verhalten, wie die Wahrung des Anstands oder der Gesetze, ausreiche, um in vollem Sinne kultiviert zu sein. Mit dem ›Sittenähnlichen‹ meint Kant, dass eine scheinbar anständige oder legale Handlung auch aus niederen Beweggründen erfolgen kann, etwa aus Verstellung, um sich Vorteile zu erschleichen oder aus Furcht vor Strafe. Erst wer sich bewusst, frei und aus Achtung vor dem vernünftig begründbaren Sittengesetz für das Gute entscheidet, hat seine natürlichen Anlagen dem letzten Zweck des Menschen als eines **Natur- und Vernunftwesens** entsprechend entwickelt.

Kant greift außerdem ein Motiv von Rousseau auf, der in seiner ersten ›Preisschrift‹ (1750) der wissenschaftlichen und zivilisatorischen **Fortschrittseuphorie** den von ihm diagnostizierten moralischen und sozialen Verfall entgegenstellte. Kant orientiert sich aber nicht an einem idyllischen Naturzustand, sondern verbindet Kultivierung unhintergehbar mit der Idee der **Versittlichung**. Eine Gesellschaft ist demzufolge nur in dem Maße kultiviert, wie sie die Emanzipation ihrer Bürger/innen zu autonomen Handlungssubjekten ermöglicht und Kritik – im Sinne kritisch urteilender Infragestellung von geltenden Normen oder Dogmen – nicht nur zulässt, sondern befördert.

schen Sicht befangen, sondern er gesteht jeder Kultur einen Eigenwert zu, den sie in ihrer jeweils spezifischen Form zu vervollkommnen strebt, aber auch korrumpieren kann. Nach den Worten Arnold Gehlens gilt Herder als direkter Vorläufer der Philosophischen Anthropologie (s. Kap. II.C.1) des 20. Jh.s, weil er den Menschen als instinktentbunden und weltoffen charakterisiert.

5.4 | Kulturphilosophie als Disziplin

Der erste Beleg für die Verwendung des Begriffs ›Kulturphilosophie‹ findet sich 1881 bei Ferdinand Tönnies, dessen Habilitationsschrift den Titel trägt: *Gemeinschaft und Gesellschaft. Theorem der Cultur-Philosophie*.

Lebensphilosophie und Hermeneutik: Die Entwicklung der formalen Kulturphilosophie als Disziplin, die sich Grundproblemen der kulturwissenschaftlichen Erkenntnis zuwendet, ist untrennbar mit dem Werk Wilhelm Diltheys verbunden. Im Anschluss an die Romantik, vor allem an Friedrich Schleiermacher, arbeitete Dilthey an einer verstehenden Psychologie und einer Hermeneutik, die Erleben, Ausdruck und Verstehen auf der Basis des Lebens erörtert, das zur Grundlage der Kultur wird (s. Kap. I.7.2.5).

Das **Leben**, wie es sich im unmittelbaren Erleben des Menschen bekundet, kann nicht objektiv oder naturwissenschaftlich erfasst werden. Nur **im Verstehen von Ausdruck** kann Leben über sich selbst aufgeklärt werden. Dilthey stellte deswegen den Erklärungen der Naturwissenschaften die verstehenden Erkenntnisleistungen der

Definition

Die → **Hermeneutik** ist die Kunst des Deutens symbolischer Sinngebilde. Als Lehre vom Verstehen und Erklären sprachlicher Äußerungen entwickelt sie methodische Ansätze zur Auslegung gesprochener Rede und schriftlich fixierter Texte.

Geisteswissenschaften gegenüber. Geisteswissenschaften sind danach alle diejenigen Wissenschaften, deren Gegenstand die geschichtlich-gesellschaftliche Wirklichkeit ist. Im Anschluss an Kant will Dilthey zwar eine ›Kritik der historischen Vernunft‹ leisten, begünstigt aber mit seinem Konzept der »Einfühlung« die aufkommenden Spielarten von **Psychologismus, Historismus** und **Relativismus**.

Natur- und Geisteswissenschaften: Innerhalb des Neukantianismus der Südwestdeutschen Schule wird auf Diltheys Konzept der Hermeneutik Bezug genommen, dessen Ansatz im Rahmen kulturwissenschaftlicher und -philosophischer Reflexionen weiterentwickelt und nach der angemessenen Methode kulturwissenschaftlicher Erkenntnis gefragt. Wilhelm Windelband (1848–1915) entwickelt in seiner berühmten »Straßburger Rektoratsrede« die methodologische Unterscheidung zwischen **nomothetisch** bzw. **ideographisch** verfahrenden Wissenschaften (s. Kap. II.C.3.4.1).

- Die **Naturwissenschaften** abstrahieren von den Besonderheiten ihrer Erkenntnisobjekte und bilden deren Regelmäßigkeiten und Gleichförmigkeiten in gesetzmäßigen Aussagen ab.
- Die **Geisteswissenschaften** verfolgen ein anderes Ziel, indem sie gerade die historischen Besonderheiten bestimmter Ereignisse begrifflich fassen wollen.

Beide Wissenschaften streben, darin Kant folgend, nach Erkenntnis einer bewusstseinsunabhängigen Wirklichkeit, die aber in ihrem An-sich-Sein nicht erkennbar ist.

Natur- und Kulturwissenschaften: Heinrich Rickert (1863–1936) greift diesen Ansatz auf und führt ihn weiter zur Unterscheidung von **generalisierenden** Natur- und **individualisierenden** Geschichts- bzw. Kulturwissenschaften:

»Die Wirklichkeit wird Natur, wenn wir sie betrachten mit Rücksicht auf das Allgemeine, sie wird Geschichte, wenn wir sie betrachten mit Rücksicht auf das Besondere und Individuelle« (Rickert: *Kulturwissenschaft*, S. 77).

Die Naturwissenschaften bleiben auf Naturgesetze bezogen, die historischen Kulturwissenschaften hingegen auf Werte. In diesem Zugriff auf ein existierendes Wertesystem verfährt das historisch-kulturwissenschaftliche Sinnverstehen nach philosophisch beschreibbaren werttheoretischen Grundlagen, aber nicht bloß intuitiv und einfühlend, wie Dilthey meinte. Die Differenz zwischen naturwissenschaftlicher und (kultur-)philosophischer Erkenntnis taucht auf in Charles Percy Snows These von *The Two Cultures* (1959).

Kultur und Symbol: Mit seinem Hauptwerk *Philosophie der symbolischen Formen* (1923–1929) entwickelt Ernst Cassirer eine universale Philosophie der Kultur. Die Erkenntniskritik Kants wird dabei auf das Verstehen von Sinn überhaupt bezogen und erscheint als Sonderfall des übergreifenden **Kernproblems der Bedeutung**. Mit dem an Johann Wolfgang von Goethe angelehnten Begriff des Symbolischen bezeichnet Cassirer das sämtlichen Bereichen der Kultur gemeinsame Bildungsprinzip. Sprache, Kunst, Religion und Wissenschaft erscheinen als unableitbare **symbolische Formen**, die nicht nur anderes nachbilden, sondern denen selbst ursprünglich bildende Kräfte zukommen. ›Ausdruck‹, ›Darstellung‹ und ›Bedeutung‹ sind die drei Dimensionen der Symbolfunktion, mit deren Hilfe Cassirer kulturelle Phänomene analysiert, beginnend bei den frühen Mythen bis hin zu kulturellen Leistungen der Gegenwart. Er beleuchtet den Zusammenhang von Mythos und späteren kulturellen Entwicklungen. Dazu zählen auch die wissenschaftlichen Theorien von Raum und Zeit, die wiederum im Mythos ihren Ursprung haben.

5.5 | Kulturkritik im 20. Jahrhundert

Technik- und Wissenschaftskritik: In der geistig aufgewühlten Phase des Übergangs zum 20. Jh., in der traditionelle Vorstellungen und Werte problematisch wurden, versuchte die kulturphilosophische Methodenkritik Orientierung zu schaffen. Mit den Krisenerfahrungen und Katastrophen wurde aber auch philosophische, zum Teil pessimistische Kulturkritik laut, oft in Form von **Technik- und Zivilisationskritik**. Der Begründer der Phänomenologie, Edmund Husserl, sprach 1935 von einer »Krisis der Wissenschaften als Ausdruck der radikalen Lebenskrisis des europäischen Menschtums« (Husserl: *Krisis*, S. 1), der er mit einer philosophischen Wissenschaftskritik zu begegnen suchte. Auch sein Schüler Martin Heidegger entwickelt mit seinen philosophischen Betrachtungen des ›Gestells‹ eine Technikkritik.

5.5 | Kulturphilosophie

Kulturkritik im 20. Jahrhundert

Kulturpessimistische Verfallsszenarien: Der von Goethe und Nietzsche inspirierte Geschichtsphilosoph Oswald Spengler (1880–1936) traf mit seinem Werk *Der Untergang des Abendlandes. Umrisse einer Morphologie der Weltgeschichte* (1918/1922) den Nerv seiner Zeit und wurde auf einen Schlag berühmt. Spengler verwendet die in Deutschland in der ersten Hälfte des 20. Jh.s populäre Unterscheidung zwischen **Kultur und Zivilisation**. Dabei wird ein Sektor der Kultur – die vollendete, höhere Kultur – ausgezeichnet und gegen den nicht zur dieser ›wahren‹ Kultur gehörenden Rest abgesetzt, der als bloß äußerliche, flache, mechanische und seelenlose Zivilisation abgewertet wird. Dieser philosophisch nicht mehr aktuelle Ansatz unterscheidet sich von der oben vorgestellten, durchaus berechtigten Differenzierung Kants. Nach Spengler durchläuft jede Kultur verschiedene Altersstufen. Jede Hochkultur mündet am Ende eines organisch-zyklischen Prozesses in das Stadium der Zivilisation, das als Verfallserscheinung, allmähliche Zersetzung und schließlich als Tod der Kultur gedeutet wird. In abgewandelter Form tauchen seine Überlegungen noch gegen Ende des 20. Jh.s in Samuel P. Huntingtons *The Clash of Civilizations and the Remaking of World Order* (1996) wieder auf.

5.5.1 | Soziologie

Philosophische Kulturkritik: Georg Simmel (1858–1918), der als Begründer der formalen Soziologie gilt, schrieb den sowohl für die Kulturphilosophie wie auch die Kulturkritik klassischen Text »Der Begriff und die Tragödie der Kultur« (1911). Beeinflusst von der Lebensphilosophie Henri Louis Bergsons (1859–1941) und Friedrich Nietzsches (1844–1900), geht Simmel von der **Kategorie des Lebens** aus. Dieses muss, um aus seiner Unmittelbarkeit heraustreten und zur Erkenntnis seiner selbst kommen zu können, sich in spontan geprägten und erfundenen Formen manifestieren und daran orientieren. So schafft es beispielsweise Ordnungsformen des Zusammenlebens in Wirtschaft, Gesellschaft, Staat, Recht, Erziehung und Bildung und deutet die Wirklichkeit durch Sprache, Mythos, Kunst, Religion und Wissenschaft. Durch diese Kulturgebilde, die in ihrer **Orientierung und Sinn** stiftenden Funktion zu Kulturwerten werden, kommt das Leben allererst *zu sich* als geistigem Leben.

Simmel konstatiert jedoch einen grundlegenden, ja **tragischen Konflikt** zwischen den subjektiven, Kultur erschaffenden Kräften und den objektivierten Kulturgebilden, der dadurch zustande kommt, dass die dynamisch strebenden Kräfte des Lebens auf die verfestigten Gebilde der kulturellen Produktion treffen. Die individuelle Entwicklung wird dadurch in ihrem Drang gehemmt, obwohl, wie festgestellt wurde, die Individualität auch nur in und durch äußere Objektivationen zu sich gelangen kann. In ihrer Beziehung zur Subjektivität liegt der kulturelle Wert dieser Güter begründet; in ihrer eigenständigen, äußerlichen Existenz kommt ihnen darüber hinaus Sachwert zu, der sich verselbständigt und an dem sich die subjektiven, lebendigen Kräfte ›verbrauchen‹. Indem Simmel die tendenzielle Ausweitung des Sachwertes kritisiert, formuliert er ein zentrales kulturkritisches Motiv des 20. Jh.s. Uns heutzutage wohl bekannte Phänomene wie eine ständige **Reiz- und Informationsüberflutung** und eine Zunahme des Spezialistentums wurden von Simmel bereits prognostiziert. Simmel war nicht nur für die Kulturphilosophie und -kritik des 20. Jh.s der wichtigste Stichwortgeber, sondern auch für eine **Soziologie**, die die Kultur in den Fokus ihres wissenschaftlichen Interesses stellt. Max Weber schließt mit seinem Hauptwerk *Wirtschaft und Gesellschaft* (1922) daran an. Für die neuere Kultursoziologie ist vor allem die gesellschaftskritische Studie Pierre Bourdieus zu den ›feinen Unterschieden‹ kultureller Praxis und Wertung von Bedeutung.

5.5.2 | Psychoanalyse

Kultur und Befriedigung: Von der pessimistischen Kulturkritik unterscheidet sich die realistischer argumentierende Kulturkritik der Psychoanalyse. Ihr Begründer, Sigmund Freud (1856–1939), nimmt ein konstitutives *Unbehagen in der Kultur* (1930) an. Anders als Spengler und andere deutschsprachige Autoren unterscheidet Freud bewusst nicht zwischen Kultur und Zivilisation, legt aber, ähnlich wie Kant, ein Kulturverständnis zu Grunde, das höchste sittliche Ansprüche und die Forderung nach einer gerechten Gesellschaft impliziert. Freud geht von einem sehr umfassenden Kulturbegriff aus, Kultur ist

»die ganze Summe der Leistungen und Einrichtungen [...], in denen sich unser Leben von dem unserer tierischen Ahnen entfernt und die zwei Zwecken dienen: dem Schutz des Menschen gegen die Natur und der Regelung der Beziehungen der Menschen untereinander« (Freud: *Unbehagen*, S. 449).

Mit Kultur und sozialer Ordnung wird ein Naturzustand überwunden, indem zwar rücksichtslose Triebbefriedigung möglich war, dessen Glück aber nur von kurzer Dauer war. Die Gesellschaft und ihre Institutionen, allen voran das Recht, erzwingen einerseits einen Triebverzicht oder wenigstens -aufschub. Durch die Beschränkung der rücksichtslosen Triebbefriedigung wird Sicherheit ermöglicht. Freud macht allerdings den Wert der sozialen Ordnung von dem erreichten Grad sozialer Gerechtigkeit abhängig.

Kritik der Sexualmoral: Als eigentlichen Kern seiner Kulturkritik attackiert Freud die bürgerlichen Moralvorstellungen seiner Zeit (vgl. Vollmann 2010). Diese schränken seiner Ansicht nach die Befriedigung sexueller Wünsche nicht nur weitgehend ein, sondern tabuisieren Sexualität und diskriminieren abweichendes, ›perverses‹ Verhalten als ›Degeneration‹. Freud plädiert angesichts dieser Ungerechtigkeit nicht für eine Rückkehr zur unkontrolliert-animalischen Sexualität, sondern für eine **Enttabuisierung von Sexualität** und Aggressionspotentialen. Er spricht sich für eine Reform der Sexualmoral aus. Das Unbehagen in der Kultur kann nach Freud nicht gänzlich beseitigt werden, aber auch jenseits der Kultur ist kein Glück zu finden. Verzicht muss bewältigt werden; ähnlich wie Menschen auch den Verlust geliebter Personen durch ›Trauerarbeit‹ einüben müssen. Ohne eine reformierte Sexualmoral und eine Kultur der bewussten Auseinandersetzung befürchtet Freud die Rückkehr der verdrängten Sexualität und Aggression in pathologischen Symptomen und Eruptionen der Gewalt.

5.5.3 | Kritische Theorie

Dialektik der Aufklärung: Die Kulturtheorie der Frankfurter Schule (s. Kap. I.7.4.2) griff anfangs die von Karl Marx formulierte Abhängigkeit der kulturellen Bewusstseinsformen von den ökonomischen Verhältnissen und Produktionsbedingungen auf und verband sie mit Theorien der Freudschen Psychoanalyse. Die materialistische Sozialpsychologie der Frankfurter Schule wollte zeigen, wie sich die ökonomischen Verhältnisse vermittelt durch individuelles Bewusstsein in kollektives Bewusstsein umsetzen. Nach der Emigration aus dem nationalsozialistischen Deutschland schreiben Theodor W. Adorno (1903–1969) und Max Horkheimer (1895–1973) im New Yorker Exil ihre Sammlung ›philosophischer Fragmente‹, die *Dialektik der Aufklärung* (1947). Darin begründen sie, dass die wissenschaftliche und technische Entwicklung allein keine Garantie für den Fortschritt der Menschheit bietet, sondern im Gegenteil für eine **universalgeschichtliche Regression** steht. Deren Spur reiche von den frühgeschichtlichen Anfängen der Naturbearbeitung über die Grundstrukturen der abendländischen Zivilisation bis in das Zeitalter der Aufklärung im 18. Jh. und münde in der nationalsozialistischen Barbarei der industriellen Menschenvernichtung.

Den Grund für diese Regression sehen die Autoren in einer beschränkten, von ihrer Naturbasis abgeschnittenen Vernunft, die sich selbst und die Gegenstände der Realität nur über instrumentelle und verdinglichende Identifizierungen begrifflich fassen kann. In kritischen Gegenwartsdiagnosen wird die ›**Kulturindustrie**‹ als Massenbetrug analysiert, die dem Menschen das Glück verunmöglicht, das ihre Produkte verheißen. Obwohl Adorno auch die traditionelle Kulturkritik als Teil der Kulturindustrie sieht, setzt er sie doch als kritische Beurteilung und luzide Analyse gesellschaftlicher Verblendungszusammenhänge fort.

Kulturindustrie als Massenbetrug

Psychoanalyse und Gesellschaftstheorie: Herbert Marcuses (1898–1979) Hauptwerk *One-Dimensional Man* (1964; *Der eindimensionale Mensch*, 1967) versammelt »Studien zur Ideologie der fortgeschrittenen Industriegesellschaft«. Marcuse kritisiert darin die Reduktion der Vernunft auf technologische Rationalität, die gleichsam zur alles beherrschenden Form politischen Denkens erhoben wird. Während die Teilsysteme der Gesellschaft fortschreitend durchrationalisiert werden, erscheint das soziale und kulturelle Ganze immer irrationaler, die Bedrohung absoluter Vernichtung wächst, und das Glück der Menschen erschöpft sich in fragwürdigem **Konsumismus**. Eine vorgebliche Lockerung der Sexualmoral dient nicht der Emanzipation, sondern erscheint als ›repressive Entsublimierung‹ mit gesteigertem Anpassungszwang.

5.6 | Aufgaben einer gegenwärtigen Kulturphilosophie

Naturalismuskritik: Auch wenn die Kulturphilosophie nach dem Zweiten Weltkrieg an Bedeutung eingebüßt hat, bleibt die Aufgabe der kritischen Reflexion kultureller Phänomene wichtig für eine Philosophie, die der Aufklärung treu bleibt. Herbert Schnädelbach weist in »Kultur und Kulturkritik« (1992) auf die Kritik von Naturalismus und Kulturrelativismus hin. Philosophisch ist die Differenz zwischen **Natur und Kultur** gegen naturalistische Reduktionsversuche zu verteidigen. Kulturelle Tatsachen bleiben Resultate menschlichen Handelns und insofern obliegt die Verantwortung für eine vernünftige Praxis und kritische Beurteilung den Menschen und ihrer Bereitschaft zur diskursiven Verständigung. Naturwissenschaftliche Forschung hat ihren berechtigten Platz in dieser Praxis und ihre Ergebnisse sind für Entscheidungsfindungen unentbehrlich, doch eine normativ gehaltvolle Bewertung und Begründung kann nicht einfach aus wissenschaftlichen Sätzen abgeleitet werden. Der Naturalist, der Kultur auf Natur reduzieren will, leugnet damit im Kern die Berechtigung der Kulturkritik (die er paradoxerweise doch selbst versucht). Welche barbarischen Folgen das haben kann, zeigt ein Blick auf den ›Sozialdarwinismus‹, der das »survival of the fittest« nicht nur als evolutionäres Moment feststellt, sondern dies in der sozialen Dimension normativ institutionalisieren will.

Relativismuskritik: Zur Erläuterung und Begründung normativer Geltungsansprüche kann eine Philosophie der Kultur beitragen, indem sie sich mit vermeintlich kritischen, kulturrelativistischen Ansätzen auseinandersetzt. Die Behauptung, die Welt zerfiele in verschiedene Kulturen und Subkulturen, die einander weder verstehen noch normativ kritisieren könnten und sollten, wendet sich zwar einerseits gegen einen ethnozentrischen Kulturimperialismus. Andererseits wird damit eine auf **universalistischen Geltungsansprüchen** beruhende Kritik an der Verletzung von Menschenrechten verunmöglicht und im Extremfall Folter, Ausbeutung und Diskriminierung in Kauf genommen. Die Anerkennung anderer Kulturen in ihrem Eigenrecht ist der Ausgangspunkt von Verständigung, sollte aber nicht zu einer Hypostasierung von Fremdheit verkommen (vgl. Rentsch 1999, S. 277–287). Die Verständigung zwischen verschiedenen Kulturen mit dem Zweck der Kultivierung gemeinsamer kommunikativer Praxis ist ein die Menschheit umfassendes Projekt, zu dem kulturphilosophische und -kritische Analysen beitragen können.

Literatur

Bollenbeck, Georg: *Eine Geschichte der Kulturkritik: Von Rousseau bis Günther Anders*. München 2007.
Brackert, Helmut/Wefelmeyer, Fritz (Hg.): *Naturplan und Verfallskritik. Zu Begriff und Geschichte der Kultur*. Frankfurt a. M. 1984.
Brackert, Helmut/Wefelmeyer, Fritz (Hg.): *Kultur. Bestimmungen im 20. Jahrhundert*. Frankfurt a. M. 1990.
Busche, Hubertus: »Was ist Kultur? Erster Teil: Die vier historischen Grundbedeutungen«. In: *Dialektik. Zeitschrift für Kulturphilosophie* 1 (2001), S. 69–90.
Eagleton, Terry: *Was ist Kultur? Eine Einführung*. München 2001.
Gessmann, Martin: »Was ist Kulturphilosophie?«. In: *Philosophische Rundschau* 55/1 (2008), S. 1–23.
Geyer, Carl-Friedrich: *Einführung in die Philosophie der Kultur*. Darmstadt 2002.
Hofmann, Martin Ludwig/Korta, Tobias F./Niekisch, Sibylle (Hg.): *Culture Club. Klassiker der Kulturtheorie*. 2 Bde. Frankfurt a. M. 2004/06.
Konersmann, Ralf: *Kulturphilosophie zur Einführung*. Hamburg 2003.
– : *Kulturelle Tatsachen*. Frankfurt a. M. 2006.
Kroeber, Alfred Louis/Kluckhohn, Clyde: *Culture. A Critical Review of Concepts and Definitions*. Cambridge, Mass. 1952.
Luhmann, Niklas: »Kultur als historischer Begriff«. In: Ders.: *Gesellschaftsstruktur und Semantik. Studien zur Wissenssoziologie der modernen Gesellschaft*. Bd. 4. Frankfurt a. M. 1999, S. 31–54.
Perpeet, Wilhelm: »Kulturphilosophie«. In: *Archiv für Begriffsgeschichte* 20/1 (1976), S. 42–99.
– : *Kulturphilosophie. Anfänge und Probleme*. Bonn 1997.
Rentsch, Thomas: »Verstehen und Erklären – Idiographische und nomothetische Methode. Die zwei Kulturen in der transzendentalen Wissenschaftslogik des südwestdeutschen Neukantianismus«. In: Helmut Bachmaier (Hg.): *Glanz und Elend der zwei Kulturen. Über die Verträglichkeit der Natur- und Geisteswissenschaften*. Konstanz 1991, S. 29–43.
– : *Die Konstitution der Moralität. Transzendentale Anthropologie und praktische Philosophie*. Frankfurt a. M. 1999.
Schnädelbach, Herbert: »Kultur«. In: Ekkehard Martens/Ders. (Hg.): *Philosophie. Ein Grundkurs*. Bd. 2. Reinbek 1991.

–: »Kultur und Kulturkritik«. In: Ders.: *Vorträge und Abhandlungen*. Bd. 2: *Zur Rehabilitierung des animal rationale*. Frankfurt a. M. 1992, S. 158–182.

Schwemmer, Oswald: *Kulturphilosophie. Eine medientheoretische Grundlegung*. München 2005.

Tylor, Edward Burnett: *Die Anfänge der Cultur. Untersuchungen über die Entwicklung der Mythologie, Philosophie, Religion, Kunst und Sitte*. Bd. 1. Unter Mitw. des Verf. übers. von J. W. Sprengel und Fr. Proske. Leipzig 1873.

Vollmann, Morris: *Freud gegen Kant? Moralkritik der Psychoanalyse und praktische Vernunft*. Bielefeld 2010.

Wiggershaus, Rolf: *Die Frankfurter Schule. Geschichte, theoretische Entwicklung, politische Bedeutung*. München/Wien 1986.

Wunberg, Gotthart (Hg.): *Pluralität. Eine interdisziplinäre Annäherung*. Festschrift für Moritz Csáky. Wien/Köln/Weimar 1996.

Morris Vollmann

6 Ästhetik

6.1 Begriff, Stellenwert und Selbstverständnis
6.2 Definition der Ästhetik
6.3 Ästhetisches Erkennen und Hervorbringen
6.4 Ästhetische Prädikate, Werturteile und Schönheit
6.5 Ästhetische Gegenstände und Phänomene

6.1 | Begriff, Stellenwert und Selbstverständnis

Im Unterschied zur Ontologie, Logik oder Ethik ist die Ästhetik eine vergleichsweise junge Disziplin der Philosophie. Sie wurde erst um 1750 als eigenständiges philosophisches Gebiet definiert und in einer umfassenden philosophischen Konzeption begründet (s. u. 6.2, 6.3.1). In Hinblick auf ihre Themen oder Gegenstände jedoch ist die Ästhetik so alt wie die Philosophie und sogar ihr drittes Kerngebiet neben der theoretischen und praktischen Philosophie. Schon bei Platon ist das Schöne neben dem Wahren und Guten eine der zentralen philosophischen Ideen (vgl. *Symposion* 210e–211e). Dennoch und obwohl das Ästhetische zweifellos eine Grunddimension des menschlichen Weltzugangs ist, ist das (Selbst-)Verständnis der philosophischen Ästhetik nicht unangefochten. Dies lässt sich u. a. auf zwei wesentliche Schwierigkeiten zurückführen: einerseits auf die im Normalsprachlichen wie im Philosophischen häufig anzutreffende vage Begriffsbildung in Bezug auf die Begriffe ›Ästhetik‹ und ›ästhetisch‹, andererseits auf die in der akademischen Praxis verschwommenen Grenzen des Fachs gegenüber benachbarten, aber außerhalb der Philosophie situierten Gebieten.

6.1.1 | Begriffsunschärfe ›Ästhetik‹ – ›ästhetisch‹: Terminologische Abgrenzungen

Während in Ontologie, Erkenntnistheorie, Logik oder Ethik weitgehend Einigkeit über den Begriff der eigenen Disziplin herrscht, besteht im Fall der Ästhetik nicht einmal ein Konsens darüber, ob es sich überhaupt um eine philosophische Disziplin handelt (vgl. z. B. Hirdina 2006, S. 29), geschweige denn, wie sie eindeutig zu definieren ist. Das kann u. a bereits darauf zurückgeführt werden, dass die Ausdrücke ›Ästhetik‹ und das im Deutschen daraus abgeleitete Adjektiv ›ästhetisch‹ mehrdeutig verwendet werden.

Normalsprachlich finden sich häufig Ausdrücke oder Sätze wie »die Ästhetik dieses Hauses« oder »Spinnen sind irgendwie unästhetisch«. Dieser sprachlichen Verwendung ist gemeinsam, dass ›Ästhetik‹ und ›(un)ästhetisch‹ eine Beschaffenheit an etwas Wahrgenommenem oder aber an der Wahrnehmung selbst bezeichnen. Für ›Ästhetik‹ könnte in den genannten Beispielen auch »das Erscheinungsbild dieses Hauses«, für ›unästhetisch‹ könnte »physisch unangenehm« eingesetzt werden. Im Fall des Adjektivs ist ein solcher Sprachgebrauch zwar unpräzise, aber zumindest möglich, im Fall von ›Ästhetik‹ ist er fehlerhaft.

Etymologie: Der Ausdruck ›Ästhetik‹ leitet sich etymologisch von dem griechischen Ausdruck *aisthesis* für (sinnliche) Wahrnehmung, Empfindung, Erkenntnis ab bzw. von *aisthetike episteme*,

---

Hauptwerke

1735	**Alexander Gottlieb Baumgarten:** *Meditationes philosophicae de nonnullis ad poema pertinentibus* (*Philosophische Betrachtungen über einige Bedingungen des Gedichts*)
1750/58	**Baumgarten:** *Aesthetica* (*Ästhetik*)
1757	**Edmund Burke:** *An Enquiry into the Origin of our Ideas of the Sublime and Beautiful* (*Philosophische Untersuchung über den Ursprung unserer Ideen vom Erhabenen und Schönen*)
1790	**Kant:** *Kritik der Urteilskraft*
1816–29	**Hegel:** *Vorlesungen über die Ästhetik*
1968	**Nelson Goodman:** *Languages of Art. An Approach to a Theory of Symbols* (*Sprachen der Kunst. Ein Ansatz zu einer Symboltheorie*)
1970	**Adorno:** *Ästhetische Theorie*
1978	**Goodman:** *Ways of Worldmaking* (*Weisen der Welterzeugung*)
1981	**Arthur C. Danto:** *The Transfiguration of the Commonplace* (*Die Verklärung des Gewöhnlichen*)

6.1 Ästhetik

Begriff, Stellenwert und Selbstverständnis

was soviel bedeutet wie ›die Wahrnehmung, Empfindung und Erkenntnis betreffende Erkenntnis und Wissenschaft‹. In diesem Sinne bezeichnet ›Ästhetik‹ die Theorie oder Disziplin, die auf einer Metaebene *über* schöne, beeindruckende oder künstlerische Phänomene als ihr Objekt reflektiert. ›Objekt‹ oder ›Gegenstand‹ heißt dabei nichts anderes als das, worüber nachgedacht werden kann, und das können nicht nur ›Dinge‹ sein, sondern ebenso Ereignisse, Relationen, Prozesse oder auch Sprachzeichen, Notationen, Axiome etc. Der irreführende und falsche Gebrauch des Begriffs ›Ästhetik‹ basiert also auf einer Verwechslung von Objekt- und Metaebene der Begriffsverwendung.

Ähnliches trifft für das Adjektiv ›ästhetisch‹ zu, das in Ausdrücken wie ›ästhetische Theorie‹ oder ›ästhetischer Diskurs‹ etc. semantisch irreführend verwendet wird, denn nach der Sprachkonvention, die sich seit dem späten 18. Jh. herausgebildet hat, bezeichnet ›ästhetisch‹ eine Qualität von Objekten und nicht von ›Diskursen‹ der philosophischen Ästhetik, die über Objekte nachdenken. Um sich Klarheit über die Ästhetik und ihre Gegenstände zu verschaffen, muss also entschieden werden, ob die Ausdrücke ›Ästhetik‹ und ›ästhetisch‹ auf der Objekt- oder Metaebene verwendet werden.

> **Sprachregelung**
>
> Das Adjektiv → ›**ästhetisch**‹ charakterisiert ausschließlich auf der Objektebene befindliche simultane oder sukzessive Phänomene, die in einer ganzheitlichen sinnlich-emotional-rationalen und meistens wertenden Weise erfahrbar und/oder herstellbar sind. Unter → ›**Ästhetik**‹ ist ausschließlich die auf der entsprechenden Metaebene situierte philosophische Theorie über derartige Phänomene und andere ästhetikrelevante Themen zu verstehen. Um dies zu unterstreichen, werden alternativ die Ausdrücke ›**Ästhetiktheorie**‹ oder ›**philosophische Ästhetik**‹ verwendet. Um Begriffe, Urteile, Problemstellungen, Argumentationen oder Diskursformen als zur philosophischen Ästhetik gehörig zu kennzeichnen, wird der Neologismus ›**ästhetiktheoretisch**‹ vorgeschlagen; dieses Adjektiv charakterisiert demnach Artikulationen, die theoretisch über ästhetische Gegenstände reflektieren.

6.1.2 | Gebietsunschärfe der Ästhetik: Sachliche und methodische Abgrenzungen

Die **Gegenstandsbereiche** der Ästhetik überschneiden sich zum Teil mit denen der (Einzel-)Kunstwissenschaften, Kunst- und Künstetheorien, Cultural Studies und der Kunstsoziologie, mit verschiedenen Bereichen des Designs und der angewandten Künste sowie mit denen kulturpolitischer und -pädagogischer Gebiete und denen der sog. ›Kunstwelt‹ (Kunstmarkt, Künstlerszene, Galerien, Museen, Kunsthochschulen). Von diesen Gebieten unterscheidet sich die philosophische Ästhetik durch eine **andere Perspektive und Methode** und ist entsprechend von deren Fragestellungen und Ansprüchen abzugrenzen.

Fragestellungen: In der philosophischen Ästhetik geht es um den **Begriff der Kunst und des Kunstwerks**, z. B. um Kriterien der Kunst im Kontext einer übergreifenden Zeichen- und Symboltheorie. Im Rahmen dieser Zielsetzung sind Kunstwerke, wie z. B. Caspar David Friedrichs »Mönch am Meer«, nicht individuelle Analyseobjekte um ihrer selbst willen, sondern fungieren als Beispiele, an denen eine philosophische Analyse z. B. des Begriffs ›ästhetisch symbolisierter Unendlichkeit‹ veranschaulicht bzw. überprüft wird. Gegenüber allen anderen theoretischen Annäherungen an ästhetische Gegenstände geht es der philosophischen Ästhetik primär darum, was es überhaupt heißt, von Kunst und Kunstwerk, Kunstschaffen und -rezeption, von ästhetischer Erfahrung und ihren Gegenständen in Leben, Natur und Kunst, von ästhetischen Prädikaten und Werturteilen, von Gemeinsamkeiten, Unterschieden und Spezifika der Künste zu sprechen.

Kunst und Leben: Ein weiterer Punkt, der in der Gegenwart eine große Rolle für Selbstverständnis und Definition der Ästhetik spielt, ist die vieldiskutierte »**Entgrenzung von Kunst und Leben**«, die immer wieder auch in irreführender Weise für eine »neue Ästhetik« in Anspruch genommen wird. Sie beinhaltet jedoch nicht auch die Entpflichtung der Philosophie von den ihr spezifischen Herangehensweisen, sondern ist, als Entgrenzung des Kunstbegriffs verstanden, gerade ein Thema der philosophischen Ästhetik, sofern diese danach fragt, was es bedeutet, von ›Kunst‹ und ›Leben‹ und ihrer jeweiligen ›Entgrenzung‹ zu sprechen. So geht es z. B. einer philosophischen Alltagsästhetik um die Frage, inwiefern jedes Objekt der Lebenspraxis einerseits als Alltagsgegenstand angesehen und verwendet wird, andererseits aber nach einem Perspektivenwechsel auch intentionales Objekt unseres ästhetischen Erlebens werden kann und dann als ästhetischer Gegenstand fungiert (vgl. z. B. Wollheim 1982).

6.2 | Definition der Ästhetik

Die erste Definition der Ästhetik überhaupt formulierte der Philosoph **Alexander Gottlieb Baumgarten** 1735 in seinem Frühwerk *Philosophische Betrachtungen über einige Bedingungen des Gedichts* (vgl. Med, §116). Bindend wurde seine Definition im ersten Paragraphen des philosophischen Werkes, das auch den Namen *Ästhetik* trägt. Diese erste Ästhetik der Philosophiegeschichte erschien 1750/58 in lateinischer Sprache und löste einen regelrechten Ästhetik-Boom aus, auf den schon Jean Paul in seiner *Vorschule der Ästhetik* (1804) hinweist. Baumgarten (1714–1762) rekurriert in seiner genuin neuen Disziplin auf Gedanken- und Argumentationsstränge aus der Rhetorik- und Logiktradition wie auch aus den Dichtungstheorien seit der Antike und überführt sie in eine philosophische Theorie. Er entwickelt sie als »Logik der sinnlichen Erkenntnisvermögen« und damit als gleichberechtigte Parallelwissenschaft zur alteingesessenen Verstandes- und Vernunftlogik, die seit Aristoteles' Einteilung ihren unangefochtenen Platz als »Organon« oder Instrumentalwissenschaft der Philosophie innehatte.

Baumgartens Definition: In seiner Definition im §1 der *Ästhetik* führt Baumgarten in Klammern vier weitere Bezeichnungen auf, die das Spektrum der neuen philosophischen Disziplin auffächern. Er definiert:

»Ästhetik (die Theorie der freien und schönen Künste, die Logik der unteren Erkenntniskräfte, die Lehre und Kunst des schönen Denkens, die Lehre und Kunst des Analogons der Vernunft) ist die Wissenschaft der sinnlichen Erkenntnis« (lat. »Aesthetica (theoria liberalium artium, gnoseologia inferior, ars pulcre cogitandi, ars analogi rationis) est scientia cognitionis sensitivae«).

Sinnliche Empfindung bekommt in Baumgartens Ästhetik den Status wahrheitsfähiger Welterschließung, d. h. von **Erkenntnis**. Für die vier in Klammern aufgeführten Spezifizierungen der Ästhetik gilt ebenfalls die Definition als »Wissenschaft der sinnlichen Erkenntnis«. Demnach haben auch ihre konkreten Gegenstände, die freien und schönen Künste, die sinnlichen Erkenntnisvermögen, das anzuleitende künstlerische Schaffen (»schönes Denken«) und das vernunftanaloge Denken Erkenntnischarakter. Baumgarten hält dem traditionellen philosophischen Vorwurf, dass die sinnliche Erkenntnis »Mutter des Irrtums« sei, eine Licht- und Tageszeitenmetapher entgegen: »Aus der Nacht über den Morgen zum Mittag« (Ae §7). Denn er vertritt die Auffassung von Leibniz, dass der Erkenntnisbereich des Menschen vom Dunkel des Nichterkennens über das schon hellere – aber noch nicht alles bis ins Einzelne beleuchtende – Morgenlicht der sinnlichen Erkenntnis zum strahlenden Mittagslicht der Vernunft eine Kontinuität darstellt (vgl. Ae §7; Leibniz: NE, S. XXVIII/IX). Unter dieser Rücksicht sollte seine *Ästhetik* ursprünglich eine allgemeine Theorie der sinnlichen Erfahrung werden. Sinnliche Erkenntnis ist aber nach Baumgarten nicht nur notwendige Zwischenstation auf dem Weg zur höchsten theoretischen Erkenntnis, sondern sie hat ihre ganz eigene, eben ›ästhetische‹ Valenz in der Kunst. Die unvollendet gebliebene *Aesthetica* widmet sich deshalb fast ausschließlich dem ästhetischen und künstlerischen »Denken«, seiner Vervollkommnung mit dem Ziel der »Schönheit« sowie der Hervorbringung (und Beurteilung) »schöner Werke« nach Maßgabe der sechs ästhetischen »Vollkommenheiten [...] Reichtum, Größe, Wahrheit, Klarheit, Gewissheit und lebendige Wirksamkeit« (Ae §14, vgl. §§15–23).

Im Anschluss an die vorangegangen Klärungen kann folgende Definition vorgeschlagen werden:

Wissenschaft der sinnlichen Erkenntnis

> **Definition**
>
> → **Philosophische Ästhetik** ist die universale und übergreifende Theorie der ästhetischen Dimension des Menschen, d. h. sie reflektiert über Begriff und Struktur(en)
> - ästhetischen Erkennens und Hervorbringens,
> - ästhetischer Prädikate, Werte und Werturteile sowie
> - ästhetischer Gegenstände und Phänomene in Kunst, Natur und Lebenspraxis.

Diese Definition ist einerseits weit genug, um alle zugehörigen Bestimmungen zu umfassen, andererseits eng genug, um klare Grenzen gegenüber den anderen philosophischen Disziplinen zu markieren. Der Ausdruck ›ästhetisch‹ ist im Definiens nicht nur erlaubt (da er auf einer anderen Ebene liegt als das zu definierende Wort), sondern unverzichtbar, denn er kennzeichnet auf allgemeinste und zugleich unhintergehbare Weise die neben der theoretischen und der praktischen dritte grundlegende und irreduzible Dimension des Menschen und ist durch keine Vokabel ersetzbar.

Die drei Hauptgebiete der Ästhetiktheorie markieren eigenständige, aber unabdingbar aufeinander verwiesene Theoriebereiche. Deshalb firmieren sie hier zwar unter eigenen Überschriften, stellen aber lediglich verschiedene Perspektiven auf ›eine Sache‹, die **ästhetische Dimension des Menschen**, dar.

6.3 | Ästhetisches Erkennen und Hervorbringen

Haben ästhetische Erfahrung und Kunst Erkenntnisfunktion? Gegen den Erkenntnischarakter des ästhetischen Erlebens und der Kunst wurde und wird immer wieder eingewandt, in Bezug auf ihre Resultate (›ästhetische Erkenntnisse‹) sei die Frage des Wahrheitswertes (›wahr‹ oder ›falsch‹) nicht entscheidbar; sie seien daher nicht wahrheitsfähig.

Gesetzt, das wäre richtig: Dann könnte kein ästhetisches Erfassen oder Hervorbringen kognitiven Charakter und Wert haben. Was aber bliebe dann für ästhetische Prozesse und künstlerische Werke übrig? Lediglich extrinsische Bestimmungen wie z. B. ihr moralisch-sozialer Wert (»sie machen gesellschaftstauglicher«), ihr psychotherapeutischer Wert (»sie beruhigen, hellen die Stimmung auf«), der dokumentarische Wert von Kunstwerken (»sie machen eine Epoche, einen Zeitgeist sinnfällig«), ihr hedonistischer (»sie sind angenehm«) oder dekorativer Wert (»sie sind hübsch, passen gut zu …«) usw. Zwar können Kunstwerke diese Funktionen erfüllen, aber sie erschöpfen sich nicht darin.

Zudem ist es zwar auch richtig, dass die Wahrheitswerte ›wahr‹ oder ›falsch‹ auf Kunstwerke nicht im logischen Sinne anwendbar sind wie etwa auf Aussagesätze. Ihren Erkenntnischarakter deshalb zu verwerfen, ist aber nur eine Denkmöglichkeit. Die Alternative dazu ist, einen modifizierten Begriff von (wahrer) Erkenntnis zu konzipieren.

Ästhetisches Erkennen ist irreduzibel: Es handelt sich bei ästhetischen Erkenntnissen um eine ganzheitliche Kognitivität, die weder im Vollzug, noch in ihren Hervorbringungen ohne Rest analysierbar ist. Im ästhetischen Erleben und Bewerten wie auch im künstlerischen Schaffen nimmt der Mensch eine Perspektive auf die Welt ein, die eine eigenständige Art der Weltorientierung darstellt.

Wenn dafür, wie schon bei Baumgarten und später bei Hegel der Ausdruck ›Erkenntnis‹ in Anspruch genommen wird, dann in dem Sinne, dass ästhetische Vollzüge unser Wissen erweitern und bereichern, indem sie Aussagen über die ›Welt‹ ermöglichen, die weder durch theoretisches Denken, noch durch handelnden Eingriff in das wirkliche Geschehen erzielt werden können. Unabhängig davon, ob sich dieses ästhetische Erkennen im ›**rezeptiven**‹ **Erleben** z. B. einer Gebirgslandschaft oder des Lesens eines Romans oder aber im ›**produktiven**‹ **Erschaffen** z. B. eines Gemäldes oder Verfassen eines Romans verwirklicht: Es nimmt Bezug auf ›Wirklichkeit‹ und erweitert unser diesbezügliches Wissen auf irreduzibel eigenständige Weise.

6.3.1 | Sinnliche Erkenntnis und ästhetische Wahrheit: Baumgarten

Nach Alexander Gottlieb Baumgartens Metaphysik, Logik und Ästhetik muss dem analytischen Erkennen des Verstandes (*intellectus*) und dem in Begründungszusammenhängen denkenden Erkennen der Vernunft (*ratio*) ein drittes, ästhetisches, Erkennen an die Seite gestellt werden, das aber Ähnlichkeit mit dem Denken von Verstand und Vernunft hat.

»Analogon rationis«: Das ›Organ‹ des ästhetischen Erkennens nennt Baumgarten deshalb das »Vernunftanaloge«. An ihm ist der gesamte »Seelenapparat« beteiligt, der folgende Fähigkeiten und Vermögen einschließt (vgl. M § 640):

- sinnliche, emotionale, imaginative, kombinative Fähigkeiten,
- empirisches Beurteilungs-, Folgerungs- und Prognosevermögen,

- sinnliches Gedächtnis.

Hinzu kommen:
- Lust und Unlust,
- die praktischen Vermögen des Strebens, Begehrens, Wollens und Ablehnens,
- das theoretische Vermögen des Verstandes und der Vernunft (vgl. §§ Ae 28–46).

Aber im ästhetischen Erkennen fungieren die theoretischen und praktischen Vermögen anders, d. h. nicht als theoretische und praktische, sondern in der Unterordnung unter das Ganze des *Analogon rationis* im Hinblick auf das **Ziel des ästhetischen Denkens: die Schönheit**.

Die Schönheit wird erkenntnistheoretisch definiert als »Vollkommenheit der sinnlichen Erkenntnis« (Ae § 14) und ontologisch als Übereinstimmung zur »Vollkommenheit, sofern sie zur Erscheinung kommt« (Ae § 24, M § 94 u. 662). »Vollkommenheit« bezeichnet einen Zusammenhang, der sich durch Einheit in der Mannigfaltigkeit auszeichnet. Die größte Einheit in der maximalen Mannigfaltigkeit bietet der dynamische Komplex »dieser Welt«, der mit seinen unabzählbar vielen Individuen und individuellen Prozessen in jedem Zustand seines Seins einen anderen maximal mannigfaltigen Zusammenhang aufweist. Innerhalb dessen ist jedes individuelle »Seiende« durch den Gesamtzusammenhang »durchgängig bestimmt« (M § 148).

Ästhetische Wahrheit: Als absolutes Ziel der Erkenntnis ist dieser Weltzusammenhang aller individuellen Seienden die »metaphysische Wahrheit«, die jedoch für die menschliche Erkenntnis nicht erreichbar ist. Da aber nach Baumgarten nur dem ästhetischen Denken die Erkenntnis des Individuellen zugänglich ist, ist in dieser Hinsicht die »ästhetische Wahrheit« näher an der metaphysischen Wahrheit als die ihr komplementäre »logische Wahrheit« (Ae § 423 ff.). Das ästhetische Erkennen erschließt dem Menschen den Reichtum des Mannigfaltigen. So lautet der vielzitierte Satz der *Aesthetica*: »Was ist die Abstraktion anderes als ein Mangel [an Fülle]?« (lat. »Quid est abstractio si iactura non est?«) (Ae § 560 ff.). Umgekehrt ist der Preis für den Reichtum der ästhetischen Wahrheit ein Mangel an Präzision und formaler Wahrheit. Ästhetische Erkenntnisse sind zwar klar von anderen unterscheidbar, aber in ihrem Reichtum als in sich mehr oder weniger ununterschieden charakterisiert (M § 510). Mit der Komplementarität logischen und ästhetischen Erkennens sowie mit der metaphysischen Begründung der ästhetischen Wahrheit und dem Erkenntniszugang zum Individuellen hat Baumgarten die eigenständige Kognitivität des Ästhetischen festgeschrieben, die seitdem zum Kernbestand der ästhetiktheoretischen Diskussion gehört (vgl. Peres 2009).

6.3.2 | Selbsterkenntnis des Geistes in der schönen Erscheinung: Hegel

Hegel (1770–1831) eliminiert in seinen *Vorlesungen über die Ästhetik* die Natur als Gegenstand der Ästhetik: Nur die Werke der Kunst als geistgeschaffene Hervorbringungen erfüllen die Anforderung der freien Selbstreflexion des »absoluten Geistes«. In der künstlerischen Handlung, die Körper und Sinnlichkeit, Gefühl und Vorstellung einbezieht, objektiviert sich der Geist und erkennt sich in diesen Objektivationen als absoluter. Das Schöne in der Kunst ist »sinnliches Scheinen der Idee« für die Anschauung des Geistes. Insofern ist Hegels Ästhetik ausschließlich **Kunstphilosophie**.

System der Künste: Wie die Ästhetik und alle anderen philosophischen Disziplinen vollzieht auch die Kunst innerhalb des Hegelschen Systems (s. Kap. I.5) eine dialektische Entwicklung.

1. In der »**symbolischen Kunstform**« (der vorklassischen Antike) ist der Geist noch auf der »Suche« nach dem »Ideal« einer objektivierenden Entäußerung, die seinem Reflexionsstand adäquat ist und seine Selbstanschauung gewährleistet. Ihr entspricht die Kunstgattung der **Architektur**, in der die Zweckbindung der Bauten wie auch das Äußere und Widerständige der Materialität noch ein Übergewicht behalten.
2. In der Erkenntnisweise der »**klassischen Kunstform**« »findet sich« der Geist der Kunst auf eine Weise, die in der **Skulptur** des Menschen in der klassischen Antike zur Vollendung gelangt. In der hier erreichten Schönheit des Ideals ist die unmittelbar adäquate Balance von Inhalt und Gestalt, von subjektiver Innerlichkeit des Geistes und Äußerlichkeit der (Selbst-)Objektivierung, von Idee und Erscheinung gegeben.
3. In der »**romantischen Kunstform**« (historisch nach der klassischen Antike) schließlich wird

Baumgartens *Aesthetica* von 1750

diese unmittelbare Harmonie von geistigem Gehalt und anschaulicher Gestalt aufgebrochen und zugunsten zunehmender Geistigkeit »negiert« und aufgehoben Die Künste bedürfen nun einer reflexiven Vermittlung, um die Spaltung zwischen Idee und Erscheinung zu schließen und wieder zu einer anschaulichen Einheit zu gelangen, die genau diese Reflexivität an sich erscheinen lässt. Diese Entwicklung innerhalb der romantischen Kunstform kann zugleich als Bewegung von der Entäußerung zur Innerlichkeit verstanden werden. So bricht die **Malerei** die dreidimensionale Anschaulichkeit der Skulptur in die Zweidimensionalität der Fläche, die mit der Perspektive und der entsprechenden rezeptiven Bereitschaft zur Vorstellung die Illusion räumlicher Wirklichkeit herstellt. Die **Musik** negiert jegliche Räumlichkeit zugunsten der Zeit und verlegt die »Anschaulichkeit« in das sukzessive Tönen der Innerlichkeit des Gefühls. Die **Dichtung** schließlich greift das Sinnliche des Tönens nur noch für die gesprochene Sprache auf, bringt aber ihren Gehalt in dem ihr eigentlichen Medium der Vorstellung, d.h. im Inneren des Geistes zur »Erscheinung«. Auf der Vorstellungsebene der Dichtung wiederum spiegelt die Abfolge der poetischen Gattungen erneut sowohl die Erkenntnisbewegung der Kunstformen als auch die Bewegung der romantischen Kunstform von der Malerei zur Musik. Die **epische** Kunst entäußert den Gehalt in ein narrativ objektiviertes Geschehen. Die **Lyrik** negiert das Objektive in die verdichtete Subjektivität des Inneren. In der **dramatischen** Kunst wird diese Kluft durch die theatrale Handlung vermittelt und aufgehoben, welche die zur inneren Gestalt der Entschlüsse gereiften Inhalte in eine dramatische (Kunst-)Wirklichkeit überführt (für einen Überblick vgl. Ästh., Einl.).

6.3.3 | Formale Ästhetik und analytische Philosophie

Die wohl wichtigsten Positionen der heutigen philosophischen Ästhetik stammen aus der Analytischen Philosophie oder sind wesentlich von ihr geprägt. Einige ihrer Vertreter werden der **Kognitivistischen Ästhetik** zugerechnet, aber ihr Ansatz ist kein erkenntnistheoretischer, sondern ein semantischer. Andere Positionen der Analytischen Philosophie sprechen hingegen ästhetischen und künstlerischen Äußerungen generell die Bezugnahme auf die Wirklichkeit und damit jegliche Erkenntnisfunktion ab.

Aus ganz anderen Gründen sieht auch eine ›**Formale**‹ oder ›**Formästhetik**‹ die Aufgabe der Kunst nicht (primär) in ihrer Erkenntnisfunktion. Sie wehrt sich gegen die vor allem in der **semiotischen** und **symboltheoretischen Ästhetik** damit verbundene Betonung der Bedeutungskodierung von Kunst, da sie zu Lasten der ästhetischen Eigenwertigkeit der Form oder Gestalt gehe (vgl. Wiesing 2008).

Ob ästhetische Vollzüge Erkenntnischarakter haben oder nicht, kann nur an den jeweiligen Äußerungen festgemacht werden. Hier können zwei grundlegende Ebenen unterschieden werden: erstens die künstlerische Äußerung, d.h. die Werke der Kunst (s.u. 6.4); zweitens die ›kritische‹ Äußerung, d.h. Sätze oder (Wert-)Urteile über ästhetische Phänomene und besonders über Kunstwerke. Auf beiden Ebenen spielt heute die semantische Grundfrage ihrer **Referenz oder Bezugnahme auf** ›**Wirklichkeit**‹ die entscheidende Rolle.

Zur Vertiefung

Rezeption der Ästhetik Hegels
Hegels Kunstphilosophie wurde in der Rezeptionsgeschichte wegen der Betonung des Geistigen und des vermeintlichen Vorrangs des Gehalts immer wieder als »Inhalts- oder Gehaltsästhetik« klassifiziert.
Ein weiterer Topos der Hegelinterpretation ist das vieldiskutierte »**Ende der Kunst**«. Aufgrund der Entsprechung von Begriff und Geschichte sei dieses einerseits mit der Vollendung der klassischen Kunst gekommen. Andererseits könne man dieses Ende auch nach Hegels Ausreizen aller Verhältnismöglichkeiten und -stufen von Idee und Erscheinung in der dramatischen Kunst ansetzen. Systematisch zutreffender (und inzwischen auch durch die Geschichte belegt) ist aber die Interpretation, dass gerade nach Hegel von einem Ende der Kunst nicht die Rede sein kann: Zwar hört die Kunst mit dem Ende der antiken Klassik auf, die schlechthin adäquate unmittelbare Ausdrucks-, Erscheinungs- und Erkenntnisform des Kunst-Geistes zu sein. Aber gerade indem die **Kunst der Moderne** die reflexive Vermittlung und das Denken über Kunst zu ihrem immanenten Bestandteil macht, eröffnet sich ein nahezu unbegrenzter Reflexionsraum für alle künftige Kunst (vgl. Peres 1983).

6.4 | Ästhetische Prädikate, Werturteile und Schönheit

Das Thema der ästhetischen Prädikate und Werturteile gehört seit Baumgarten, vor allem aber seit Kants *Kritik der Urteilskraft* zum Grundbestand der Philosophischen Ästhetik. Die Diskussion kreist um die Fragen nach der Objektivität oder Subjektivität, der Allgemeingültigkeit oder bloß individuenspezifischen Relevanz ästhetischer Prädikate sowie nach der Deskriptivität oder Valuativität ästhetischer Urteile.

Dabei galt noch im 19. Jh. die Schönheit als der zentrale ästhetische Begriff. Bis in das 18. Jh. weitestgehend als metaphysische Kategorie verstanden, wurden das Schöne und auch das Erhabene im englischen Empirismus – z. B. bei Burke – auf die subjektive Erfahrung bezogen. Kants maßstabsetzende Theorie der ästhetischen Urteilskraft ist davon geprägt, zeigt aber, dass die Begründung der Schönheit im Subjekt keineswegs persönlich-individuelle Geschmacksstatements impliziert.

6.4.1 | Das Schöne und das Erhabene: Immanuel Kant

Nach Kant gibt es zwei zentrale ästhetische Werte: das Schöne und das Erhabene. In Bezug auf sie fungiert die Urteilskraft nicht als bestimmende Instanz wie im Rahmen der Verstandesurteile, sondern reflexiv: die Prädikate ›schön‹ und ›erhaben‹ werden einem Phänomen in Korrelation zu einem je bestimmten Verhältnis der subjektiven Vermögen zugeschrieben.

»Schönheit«: Mit dem Wert der Schönheit korreliert ein **Wohlgefallen**, das Kant transzendentalphilosophisch begründet (vgl. KU §§ 1–22). Danach ist es keine bloß subjektiv-individuelle Befindlichkeit, sondern wird in jedem Subjekt hervorgerufen. Mit dem Urteil »x ist schön«, wird kein objektiver Bestand an Gegenständen beurteilt, sondern ein »Wohlgefallen« im Subjekt. Es lässt sich jedoch nicht in Sätzen ausdrücken wie »Peter findet die Mona Lisa schön, Emma gefällt sie nicht«. Gegenüber einem individuellen Gefallen und persönlichen ›Schön-finden‹ begründet Kant das **Wohlgefallen** am Schönen und seinen überindividuellen Charakter subjekttheoretisch durch vier »Momente«, die das entsprechende ästhetische Werturteil kennzeichnen:

1. Es ist der »**Qualität**« nach »**interesselos**«, sofern es kein moralisches, utilitaristisches oder hedonistisches Interesse an der Existenz des betreffenden Gegenstandes enthält. Für das ästhetische Urteil ist also das Interesse belanglos, ob der ästhetische Gegenstand für die Allgemeinheit da ist wie das Gute oder für den Einzelnen existiert wie das Angenehme oder in beiderlei Hinsicht wie das Nützliche. Insofern sind das ästhetische Urteil und das sich in ihm äußernde Wohlgefallen frei von Zwecksetzung und Begehren und frei zur reinen Kontemplation (KU §§ 1–5).

2. Es ist der »**Quantität**« nach »**allgemeingültig**«, was darin begründet liegt, dass die in allen Subjekten befindlichen theoretischen Erkenntnisvermögen der Einbildungskraft und des Verstandes daran beteiligt sind. Während jedoch im Theoretischen die Einbildungs- oder Vorstellungskraft dem Verstand mit dem Ziel auf bestimmte Erkenntnisse zuarbeitet, gibt es im Ästhetischen kein ›objektives‹ Erkenntnisergebnis. Einbildungskraft und Verstand wirken hier nicht zielgerichtet auf einen bestimmten Erkenntniszweck hin zusammen, sondern ganz allgemein, und zwar in einem freien harmonischen Spiel. Ästhetische Urteile sind mithin »**subjektiv allgemeingültig**« – sie stellen nur das »Ansinnen«, für alle Subjekte zu gelten (KU §§ 6–9).

3. In der »**Relation**« auf mögliche Zwecke gründet das im ästhetischen Urteil zum Ausdruck kommende Wohlgefallen in einer »**subjektiven Zweckmäßigkeit [...] ohne objektiven oder subjektiven Zweck**«. Die Ordnung auf einen Zweck hin, die aller Zweckmäßigkeit innewohnt, gefällt dem Subjekt in der Vorstellung des schönen Gegenstandes, ohne dass ein konkreter Zweck erkennbar wäre. Die Harmonie der »bloßen Form der Zweckmäßigkeit« korreliert mit der Harmonie des freien Spiels von Einbildungskraft und Verstand (KU §§ 10–17).

4. Der »**Modalität**« nach ist das sich im ästhetischen Urteil äußernde Wohlgefallen »**notwendig**«. Die Notwendigkeit ergibt sich »transzendental« aus der Beteiligung der Vermögen Einbildungskraft und Verstand. Sie sind sowohl »Bedingung der Möglichkeit« der begrifflichen Verstandeserkenntnis, als auch, sofern sie im freien harmonischen Spiel agieren, »Bedingung der Möglichkeit« des Wohlgefallens. Diese (inter)subjektive Notwendigkeit gründet demnach nicht in der objektiven Allgemeinheit der Verstandesbegriffe, sondern in einem ›allen Subjekten gemeinen‹ Sinn, der die ›allgemeine‹ Mitteilbarkeit des Wohlgefallens gewährleistet: dem ästhetischen »**Gemeinsinn** (*sensus communis*)« (KU § 20, vgl. §§ 18–22). Auf ihm fußt die »idealische Norm«, im Schönheitsurteil nicht nur einem privaten, sondern einem gemeinschaftlichen und subjektiv-allgemeinen Wohlgefallen Ausdruck zu geben.

»**Erhabenheit**«: Die gewaltige Dimension des unendlich scheinenden Sternenhimmels, der uns unsere eigene Geringfügigkeit und Kontingenz bewusst macht, versetzt uns nach Kant in eine Disharmonie zu dem Erfahrenen und Erfahrbaren: »Das eigentliche Erhabene kann in keiner sinnlichen Form enthalten sein«. Wie Kant das »Schöne« in dem harmonischen Zusammenspiel von Verstand und Einbildungskraft begründet, so das »Erhabene« in dem **disharmonischen Zusammenspiel von Vernunft und Einbildungskraft**. Die Vernunft ist das Vermögen der Ideen, z. B. der Idee Gottes, der Seele, der Welt, der Zweckmäßigkeit oder Unendlichkeit. Solche Ideen wirken nach Kant in unserem Erkennen regulativ und können nicht Gegenstand menschlicher Erkenntnis sein. Indem sie mithin die mit Hilfe von Einbildungskraft und Verstand erwirkte theoretische Erkenntnis des Menschen überschreiten, entsteht eine Diskrepanz zwischen dem Ideenvermögen einerseits und dem empirischen Vermögen der Einbildungs- bzw. Vorstellungskraft andererseits. Sofern der Mensch jedoch der Vernunft fähig ist und die Ideen in der Weise erfassen kann, dass sie seine Erkenntnis transzendieren, ›erhebt‹ ihn die ästhetische Erfahrung großartiger Naturphänomene zu einem wohlgefälligen Bewusstsein seiner Vernunftfähigkeit. Das Urteil »x ist erhaben« reflektiert die Disharmonie von Einbildungskraft und Vernunft und zugleich, dass sich der Mensch kraft seiner Vernunft über diese Disharmonie zu den Ideen erheben kann (KU §§ 23–29).

6.4.2 | ›Unmoderne‹ Schönheit

Bis etwa in die Mitte des 19. Jh.s war ›Schönheit‹ der zentrale ästhetische Wert, verlor dann jedoch zunehmend an Bedeutung. Schließlich unterliegt sie der »Umwertung aller Werte« (vgl. Nietzsche: EH, S. 330), die sich die Moderne seit dem frühen 20. Jh. zum Programm macht. Bis dahin gültige Kriterien der Schönheit wie etwa Einheit, Proportionalität, Geschlossenheit, Harmonie gelten nicht mehr. Die Kunst der Moderne negiert den Zusammenhang von Kunst und Schönheit und findet sogar ein Movens im Drang nach der Zerstörung des Schönen (vgl. Danto: EK, S. 35).

Die ästhetiktheoretischen Auseinandersetzungen des 20. Jh.s spiegeln diesen Befund dadurch, dass der Begriff der Schönheit wegen seiner idealistischen, objektivistisch-formalistischen und metaphysischen Ausprägungen kaum mehr thematisiert wird oder nur negativ fungiert. Prominentester philosophischer Vertreter des Gedankens einer nicht kulinarischen, sondern modernen und aufgeklärten Kunst, die Schönheit nur als das zulässt, »was anders nicht, denn als negativ erscheinen kann«, ist **Theodor W. Adorno** (ÄTh, S. 85). 1968 schließlich thematisieren im Rahmen des dritten Bandes der Kolloquiumsreihe »Poetik und Hermeneutik« Philosophen, Kunstwissenschaftler und Kunsttheoretiker das Problem der »nicht mehr schönen Künste« als »Grenzphänomene des Ästhetischen« (Jauß 1968).

Für diese Ausklammerung des Schönheitsbegriffs können in der Ästhetikgeschichte einerseits die Reduktion des Schönheitsbegriffs auf rein harmonische und affirmative Phänomene (Kant) verantwortlich gemacht werden, andererseits die verbreitete Beschränkung auf das Kunstschöne (Hegel).

6.4.3 | Naturschönheit: Ästhetik der Natur

Da schöne Naturphänomene nicht der Gefahr des Gefälligen oder Geschmäcklerischen unterliegen, eröffnet eine **Ästhetik der Natur** ein fruchtbares Feld der Auseinandersetzung mit dem ästhetischen Wert der Schönheit. In einer ›nachmetaphysischen‹ Konzeption des Naturschönen, versteht deshalb z. B. Martin Seel dasjenige in der Natur, z. B. in einer Landschaft, als anziehend, was als »positive Kontingenz« ästhetisch bejaht wird (Seel 1996, S. 188). Naturschönes, das die alte Zweiteilung von ›schön‹ und ›erhaben‹ überschreitet, ist »lebensweltliche Wirklichkeit« in dem Sinne, dass es temporär die aktuelle Lebenswirklichkeit des Menschen außer Kraft setzt, seine lebensweltlichen Entwürfe ästhetisch intensiviert und in der Kunst imaginativ darstellbar ist. Sofern die ästhetische Bejahung der Natur als eine »Form der Bejahung menschlicher Freiheit« fungiert, enthält eine solche Naturästhetik den Übergang zu einer Theorie des gelingenden Lebens (ebd., S. 197).

6.4.4 | Deskriptivität und Valuativität ästhetischer Urteile: Philosophische Metaästhetik

Die maßgebliche Diskussion über ästhetische Prädikate und Werturteile wird in der **Metaästhetik** geführt.

> **Definition**
>
> Die → Metaästhetik bezieht sich auf die Sprache, in der über ästhetische Phänomene gesprochen und geurteilt wird. Sie führt die erkenntniskritische Theorie Kants auf der sprachanalytischen Ebene fort. Auch sie zielt nicht darauf zu ergründen, was z. B. Schönheit oder was das Schöne an etwas ist, sondern darauf, was es heißt, etwas mit dem Urteil »x ist schön« zu bewerten.

Folglich wird in der Metaästhetik die transzendentalphilosophische Frage nach der Objektivität und Allgemeingültigkeit subjektiver Wertungen umformuliert in die semantische Frage nach dem wertenden (valuativen) oder beschreibenden (deskriptiven) Charakter von Werturteilen, d. h. ob und in welchem Sinne ästhetische Prädikate wie ›anmutig‹, ›zart‹, ›reizend‹, ›grandios‹ etc. deskriptiv sind (vgl. Sibley 1977). Sätze wie »die Wiese ist grün« sagen etwas über ein Segment der Wirklichkeit aus und behaupten, dass es so sei. Nur von solchen Behauptungssätzen kann ein Wahrheitswert festgestellt werden. Ob und wie auch ästhetische Urteile Bezug auf Wirklichkeit nehmen oder nicht, daran scheiden sich nonkognitivistische und kognitivistische Positionen (vgl. Bittner/Pfaff 1977).

Nonkognitivistische Ansätze erachten ästhetische Werte für theoretisch unerheblich, weil sie nicht in erkenntnisrelevanten Sätzen, sondern nur in wertenden Urteilen vorkommen. Oder sie halten sie für theoretisch unerreichbar, weil sie keinen Wahrheitswert haben, nicht erkennend (kognitiv) und demzufolge nicht in eine wissenschaftliche Sprache übersetzbar sind.

Kognitivistische Ansätze kommen darin überein, dass sie Sätze nach dem Schema »x ist schön«, »x ist elegant« etc. für Wahrheitswert-Kandidaten und damit für erkenntnisfähig halten. Sie lassen sich wiederum in eine **objektivistische und eine subjektivistische Hauptrichtung** unterscheiden.

- **Objektivistische Positionen** nehmen ästhetische Prädikate als teilweise objektiv zuschreibbare Eigenschaften an. In Sätzen wie z. B. »x ist anmutig« oder »x ist grandios« bezeichnen ästhetische Prädikate nicht bloß subjektiv empfundene Werteigenschaften, sondern haben mit deskriptiven Prädikaten in Tatsachenbehauptungen eine **Sachhaltigkeit** gemeinsam, die sich zumindest *ex negativo* aufzeigen lässt. So ist es semantisch nicht einsichtig, ein gewaltiges Gebirgsmassiv ›anmutig‹ oder eine Kirschblüte ›grandios‹ zu nennen. Sätze wie »Das Alpenpanorama ist großartig« oder »die Kirschblüte ist zauberhaft« haben nicht nur valuativen, sondern (teil-)deskriptiven Charakter. Schwierig wird diese Argumentation allerdings in Anwendung auf ein so allgemeines ästhetisches Prädikat wie ›schön‹, das keine solche Sachhaltigkeit vorweist.
- **Der ästhetische Reduktionismus bzw. Naturalismus** als andere Richtung des Objektivismus vertritt die Auffassung, man könne Werturteile auf **empirisch beweisbare** Behauptungssätze reduzieren. Eine solche Behauptung wäre z. B.: »Ästhetisch Werthaltiges erzeugt angenehme Gefühle«, was wiederum durch empirische Messungen bzw. statistisch auswertbare Umfragen zu ermitteln wäre (**Empirische Ästhetik**). Letzteres läuft darauf hinaus, dass die Quantifizierung individuell-privater Aussagen (z. B. »Nach der EEG-Messung und/oder Aussage von 923 Personen wurde der Gegenstand x als angenehme empfunden«) die Objektivitätsbindung ästhetischer Werte garantieren soll (»Also kann der Gegenstand als ästhetisch werthaltig bezeichnet werden«).
- **Subjektivistische Positionen** innerhalb des Kognitivismus gehen davon aus, dass ästhetische Urteile zwar Aussagen über die Wirklichkeit machen, aber ausschließlich über die des bewertenden Subjekts: Sei es, dass ein ästhetisches Urteil bloß etwas über dessen ästhetische Befindlichkeit z. B. des individuellen Wohlgefallens aussagt (**ästhetischer Individualsubjektivismus**), sei es, dass es sich auf eine kollektive ästhetische Einstellung spezifischer Gruppierungen bezieht (**ästhetischer Kollektivsubjektivismus**). Im ersten Fall sind ästhetische Prädikate wie ›reizend‹, ›schön‹ oder ›ekelhaft‹ inhaltlich nicht mehr intersubjektiv mitteilbar, im zweiten Fall erreichen sie dank ihrer gruppenspezifischen Mitteilbarkeit eine partielle Allgemeinheit (vgl. Kutschera 1989, bes. S. 89–164).

6.5 | Ästhetische Gegenstände und Phänomene

6.5.1 | Naturphänomene und Alltagsgegenstände

In vielen Ansätzen der heutigen Ästhetik wird die Kunst mehr oder weniger ausdrücklich als der einzige Gegenstandsbereich der Ästhetik vorausgesetzt. Da die Erweiterung auf Naturphänomene und alltägliche Gegenstände wesentlich an das ästhetische Erkennen und die ästhetischen Werte geknüpft ist, haben die bisher behandelten Abschnitte bereits aufgezeigt, hinsichtlich welcher Perspektiven über diese außerkünstlerischen ästhetischen Gegenstands- und Phänomenklassen nachgedacht wird und werden kann: Sie spielen vor allem im gesamtheitlich-rezeptiven und wertenden ästhetischen Umgang mit der Welt eine Rolle, d. h. in einer grundlegenden Art der Erfassung der Welt, in der »ihr Dasein [...] nur als ästhetisches Phänomen [...] gerechtfertigt ist« (Nietzsche: GT, S. 47). Insofern eröffnet der in der Gegenwart neu zu reflektierende Wert der Schönheit den Weg zu einer **Naturästhetik** (s. o. 6.4.3).

Die ästhetischen Phänomene der Gesellschafts- und Alltagswelt hingegen müssen im Zuge der ›Entgrenzung‹ des Kunstbegriffs und der Schwierigkeit seiner definitorischen Eingrenzung **im Rahmen der Kunstphilosophie** thematisiert werden.

6.5.2 | Ästhetik als Kunstphilosophie

Sofern in der philosophischen Ästhetik **über Kunst und Kunstwerke** in ihrer Verflechtung mit Phänomenen der Lebenspraxis nachgedacht wird, kann sie im engeren Sinne als Kunstphilosophie bezeichnet werden.

6.5.2.1 | Begriff der Kunst

Die lange und ebenso komplexe wie komplizierte Geschichte des Kunstbegriffs im Einzelnen nachzuzeichnen, ist hier nicht möglich. Festzuhalten ist jedoch, dass sich der bis heute im Wesentlichen geltende Kunstbegriff erst vergleichsweise spät herausgebildet hat. Noch Baumgarten und auch Kant verwenden *ars* und ›Kunst‹ in einer mehrdeutigen Weise, in der drei begriffsgeschichtliche Entwicklungsstränge zusammenlaufen:

1. Im Ausgang vom griechischen Begriff der *techne* über den lateinischen Begriff der ***artes mechanicae*** ist ein **Können** im hand-werklich und technisch herstellenden Sinne gemeint.

2. In der Fortsetzung des Begriffs der sieben ***artes liberales*** – der drei im Trivium zusammengefassten sprachlichen Lehren **Grammatik**, **Rhetorik**, **Dialektik** und der vier das Quadrivium bildenden mathematischen Lehren der **Arithmetik**, **Geometrie**, **Astronomie** und **Musik(theorie)** – steht ›Kunst‹ für ein **Wissen** im Sinne angewandter Wissenschaft und Lehre.

3. Im 18. Jh. etablierte sich der Begriff der ›**schönen Künste und Wissenschaften**‹ (frz. *beaux arts et belles lettres*), dem dann durch Baumgartens metaphysisch-ontologische Begründung des Schönen und der sinnlichen Erkenntnis (s. 6.2, 6.3.1) eine spezifisch ästhetische Kognitivität zugesprochen wird.

Erst mit Hegels Ästhetikvorlesungen ab 1816 wird ›Kunst‹ als nach Gegenstand und Erkenntnisweise klar umrissener Erkenntnisbereich des Geistes festgeschrieben, dem ein »System der einzelnen Künste« (vgl. Hegel: Ästh. III) entspricht. Es umfasst mit Architektur, Skulptur, Malerei und Zeichnung, Musik und Dichtung den klassischen Kanon der Künste, der, zusammen mit den von Kant und Hegel begründeten Kennzeichnungen der ›Zweckfreiheit‹ und ›Autonomie‹ der Kunst, bis heute die Auffassung von ›Kunst‹ prägt – auch im negativen Sinne, wenn sich zeitgenössische Theorien durch Erweiterung und Entgrenzung der Begriffe kritisch davon abheben.

Kunst ist in diesem Sinne eine Spezifizierung der ästhetischen Dimension des Menschen: So wie wissenschaftliche und philosophische Konzeptionen den grundlegenden kognitiven Bereich des Menschen ausmachen, der dessen theoretisches Weltverhältnis in geäußerte (neue) Erkenntnisresultate überführt, so ist Kunst der grundlegende kognitive Bereich, der das Verhältnis des Menschen zur Welt und sich selbst im Rahmen der ästhetischen Dimension produktiv umsetzt, indem (neue) ästhetisch erfahrbare Erkenntnisresultate hervorgebracht werden. Hier wird daran festgehalten, dass dafür, wie in der Wissenschaft, eine bestimmte Art von Kompetenz konstitutiv ist.

Je nachdem, welche thematischen Schwerpunkte die Kunstphilosophie setzt, kann man sie näher als Produktionsästhetik, Rezeptionsästhetik oder Werkästhetik charakterisieren.

Produktionsästhetik: Das Hauptgewicht der Produktionsästhetik liegt auf der Analyse der Be-

Ästhetik als Kunstphilosophie

> **Zum Begriff**
>
> → **Kunst** kann in einem allgemeinen und vorläufigen Sinne verstanden werden als eine bestimmte kompetente Art der schöpferischen (Selbst-)Erkenntnis des Menschen in der Welt.
> ›Welt‹ bezeichnet dabei die Gesamtheit aller erfassbaren Sachverhalte, die ein erfassendes Wesen auf sich bezieht. Dazu gehören ebenso ›Dinge‹ wie Gedanken, Prozesse, Vorstellungen, Gefühle, Situationen, Ereignisse etc. Darauf bezogen heißt ›schöpferische (Selbst-)Erkenntnis‹, dass hier eine Auseinandersetzung mit Welt erfolgt, die
> - das Wissen über die Welt und die Erkenntnis der Welt erweitert,
> - die individuelle Perspektive des Erkennenden-in-dieser/seiner-Welt unhintergehbar einbezieht und
> - dieses Wissen äußert, so dass es in dem geäußerten ›Produkt‹ wieder zum Objekt der Auseinandersetzung für andere Menschen werden kann.

dingungen und Strukturen der künstlerischen Kreativität und der schöpferischen Prozesse. Konzeptionen, die unter verschiedenen Vorzeichen bis heute fortwirken, sind z. B. die bis auf Platon zurückgehende **Inspirationstheorie**, die den Gedanken des unbewussten Schaffens einschließt (vgl. z. B. Platon: *Phaidros* 245a) oder Aristoteles' **Mimesistheorie**, wonach der Ursprung der Kunst in der zur Natur des Menschen gehörenden Beschaffenheit zu suchen ist, die natürliche Wirklichkeit nachzuahmen und darzustellen (Aristoteles: *Poetik* 1148b4 – 1449a31). Hierin gehört auch die Theorie des **künstlerischen Genies**, in deren Zentrum Kants berühmte, aus seiner Transzendentalphilosophie abgeleitete, Definition steht: »*Genie* ist das Talent (Naturgabe), welches der Kunst die Regel gibt. [...] *Genie* ist die angeborne Gemütsanlage (ingenium), *durch welche* die Natur der Kunst die Regel gibt« (KU § 46; vgl. ebd., §§ 47–49). Ein Ansatz der Gegenwartsästhetik ist es beispielsweise, den Kunstcharakter von Werken an der **Intention** des Künstlers festzumachen.

Rezeptionsästhetik: Die im späteren 20. Jh. entstandene Rezeptionsästhetik legt ihren Schwerpunkt auf die für das Kunstwerk notwendige Konstitutionsleistung des Lesers, Hörers, Betrachters. Seine interpretative Rezeption (er)füllt aktiv die vom Künstler ›freigelassenen‹ Unbestimmtheits- oder Leerstellen. Bahnbrechend waren hier die aus den Literaturwissenschaften erwachsenden Ansätze der sog. Konstanzer Schule (vgl. z. B. Warning 1975; Iser 1976). Auch die Ansätze des **Pragmatismus** im Rahmen der Semiotischen Ästhetik legen den Schwerpunkt auf die Deutung künstlerischer Zeichen durch die ästhetische Erfahrung und Interpretation (vgl. z. B. Morris 1988).

Werkästhetik: Zentrale Themen der Werkästhetik sind der Begriff des Kunstwerks und seine Differenzierung in Bezug auf die verschiedenen Künste sowie die ontologische Verfassung des Kunstwerks (s. 6.5.2.2).

6.5.2.2 | Begriff und Ontologie des Kunstwerks

Die Resultate, an denen allein Charakteristika oder Merkmale der Kunst festgemacht werden können, werden als ›Kunstwerke‹ bezeichnet. Darunter wird gemeinhin das verstanden, was als Endprodukt eines künstlerischen Prozesses ›objektiv‹ geworden ist.

Problematik des Begriffs: Wie problematisch dieser Begriff ist, zeigt sich beim Blick auf Künste wie Theater, Literatur und Musik. Was ist z. B. im Falle der »9. Symphonie« von Beethoven das Kunstwerk? Ist es die Partitur, am besten der Autograph in Beethovens Handschrift? Gesetzt, diese wäre verloren, welche Edition würde dann als das Werk Beethovens gelten? Wenn der ›Urtext‹ vorhanden wäre: Wer außer dem exklusiven Kreis derer, die sich auf das Partiturlesen verstehen, könnte den Notentext als musikalisches Kunstwerk realisieren? Um ein musikalisches Kunstwerk zu sein, kann eine Symphonie offenbar nicht auf ihr Erklingen verzichten. Dann ist also das Kunstwerk die erklingende Symphonie. Aber in welcher Interpretation und Aufführung? Ist es die Symphonie, die in Beethovens Vorstellung erklang? Ist es das erste ›authentische‹ Erklingen durch Beethovens Dirigat? Weder vom einen noch vom anderen gibt es ein Zeugnis und selbst wenn wir eines hätten (z. B. in digitalisierter Form): Die je historisch Bedingtheit eines jeden Aufführungsereignisses ist per definitionem unwiederholbar. Ebenso kann man fragen, was im Fall von Uwe Tellkamps Romans *Der Turm* das Kunstwerk ist. Sicher nicht (nur) die vom Dichter beim Verlag eingereichte Textdatei und sicher auch nicht (nur) das materielle Objekt, das aus einem an einer Seite gebundenen Papierstapel mit mehr oder minder festem Einband besteht, das wir ›Buch‹ nennen.

Das hier beispielhaft angerissene Problem mündet in die Frage nach der Seinsverfassung des Kunstwerks, d. h. in die **ontologische Frage** danach, was für eine Art von ›Seiendes‹ ein Kunstwerk ist. Sie gehört zu den wichtigsten und anspruchsvollsten Problemen der heutigen kunstphilosophischen Diskussion (vgl. z. B. Schmücker 2005).

Ontologische Struktur des Kunstwerks: Kunstwerke können ihrer ontologischen Struktur nach als ästhetisch-prozessuale 3-stellige Relation beschrieben werden, und dies in drei Versionen, je nachdem, ob Ausgangspunkt und Gewicht auf der künstlerischen Produktion, dem Werk oder der Rezeption des Kunstwerks liegen:

- In **produktionsästhetischer Version:** Jemand erzeugt etwas für jemanden, der es (als Kunstwerk) realisiert.
- In **werkästhetischer Version:** Etwas wird von jemandem erzeugt für jemanden, der es (als Kunstwerk) realisiert.
- In **rezeptionsästhischer Version:** Jemand realisiert (als Kunstwerk) etwas, das jemand für jemanden erzeugt hat.

Die Instanz, die etwas für andere erzeugt, kann man **Produzent erster Stufe** nennen. Dabei impliziert das ›für jemanden‹ lediglich Adressaten überhaupt, nicht Rezipienten einer bestimmten Interessengruppe. Die Instanz, die das Erzeugte als Kunstwerk realisiert, kann als **(Kon-)Produzent zweiter Stufe** bezeichnet werden. Dasjenige, was hervorgebracht wird, entspricht dem, was in der klassischen philosophischen Ästhetik in der Regel »Kunstwerk« genannt wurde. Da aber erst die gesamte dreistellige Relation die ontologische Struktur des Kunstwerks ausmacht, wird für das Resultat des künstlerischen Schaffens der Ausdruck **Kunstwerk-Schema** vorgeschlagen. Dieses vom Künstler erzeugte Kunstwerk-Schema X wird nur und erst in der je prozessualen Konkretisierung durch hörende, sehende, tastende, fühlende, ggf. riechende, schmeckende, denkende, verstehende und deutende Rezipienten jeweils neu sinnlich-geistig erfüllt und derart zum individuell **ereignishaften Kunstwerk X1, 2, 3, 4, -y**. Dieses ist jedoch keine zusammenhanglos zu sehende neue Entität, sondern (jeweils) eine ästhetische Verwirklichung des betreffenden Kunstwerk-Schemas.

Jeder imaginiert z. B. beim Lesen von Günther Grass' *Blechtrommel* den kleinen Trommler Oskar in eigenen Bildern. Sofern die Leser/innen dabei aktiv selektieren, pointieren, kontrastieren, ergänzen, hinzufügen, assoziieren, innere Bilder und Klänge hervorbringen, ist dabei gestaltende Deutung im Spiel und somit ein konproduktiver Akt. Aber sie sind (Kon-)Produzenten zweiter Ordnung, da ihre mitschöpferischen Akte nicht beliebig sind, sondern an das Kunstwerk-Schema gebunden (vgl. Iser 1976).

Das Kunstwerk-Schema wiederum ist in den Künsten unterschiedlich verfasst. Im Unterschied zu Skulpturen, Gemälden und (statischen) Installationen bedürfen musikalische Partituren, Theaterstücke und schriftliche Konzeptionen für Performances zusätzlich der Umsetzung durch Interpreten. Diese nehmen somit den Status von Produzenten zweiter Stufe ein, wodurch die Hörer und Zuschauer zu **(Kon-)Produzenten dritter Stufe** werden. Unter dieser Rücksicht unterscheidet sich umgekehrt eine spontane musikalische Improvisation, bei der Komponist und Interpret identisch sind, von einem Bild nur darin, dass beim Hören der Musik der Ablauf des Hörens bindender vorgegeben ist als beim Sehen des Bildes.

Aus dieser Ontologie des Kunstwerks erwächst ein grundlegendes Problem. Wenn Goethes *Wahlverwandtschaften* oder Giorgiones *Venus* im je prozessualen Erfassen und Interpretieren als singuläre Kunstwerke realisiert werden: Was ist dann ›das‹ Kunstwerk *Wahlverwandtschaften* (von Goethe) oder ›das‹ Kunstwerk *Venus* (von Giorgione), von dem wir zweifellos sinnvoll als einer identischen Entität sprechen? Hier wird folgende Antwort vorgeschlagen:

Giorgione: »Schlafende Venus« (1508/10)

Definition

Das → **Kunstwerk** ist die individuelle, komplexe und identische Totalität des erschaffenen Kunstwerk-Schemas und aller seiner durch alle historischen Zeiten mit-erschaffenen Realisationen$_{1-x}$.

Umgekehrt kann gesagt werden, dass alle Realisationen der *Wahlverwandtschaften* oder der *Venus* unabhängig von ihrer jeweiligen Beschaffenheit und (valuativen) Qualität dadurch diese Kunstwerktotalitäten mitkonstituieren, dass sie Realisationen der *Wahlverwandtschaften* oder der *Venus* sind. Weitergehend schließen sich schwerwiegende ontologische Fragen an, auf die hier nur verwiesen werden kann, z. B. nach dem genauen Verhältnis der Realisierungen untereinander sowie zum Kunstwerk-Schema (vgl. Peres 2006).

Zur Vertiefung

Semantische Kunstphilosophie: Nelson Goodmans Symboltheorie

Einen markanten Wechsel von einer ontologischen zu einer erkenntnistheoretischen und semantischen Kunstphilosophie vollzieht Nelson Goodman (1906–1998) mit der berühmten Umformulierung der Frage »Was ist Kunst oder ein Kunstwerk?« in die Frage »**Wann ist Kunst?**« Nach seiner Theorie kann die Antwort darauf nicht lauten »Etwas ist immer dann ein Kunstwerk, wenn ...«. Statt notwendiger und hinreichender Kriterien dafür, was ein Kunstwerk ist, lassen sich nur **Symptome** anführen, die wie bei einer Krankheit unter bestimmten Umständen auftreten können, aber nicht notwendig auftreten müssen, und die auch nicht hinreichend sind, etwas gewiss als Kunstwerk bestimmen zu können. Goodman führt fünf Symptome künstlerischer Symbolisierung auf:

1. **Syntaktische Dichte** (*syntactic density*) findet sich z. B. in Zeichnungen oder Gemälden. Im Unterschied zur klassischen musikalischen Notation, in der z. B. ein eingestrichenes A im G-Schlüssel dessen syntaktische Äquivalenz bindend festlegt, sind in syntaktisch dichten Symbolkomplexen die Zeichengestalten (Linien, Schraffen, Häkchen Linien, Schraffen, Häkchen) mehrdeutig: sie sind »unendlich differenzierbar«, können also ineinander übergehen (vgl. LA IV.2, 7.8, VI.5). Hier hinein fallen z. B. die verschwimmenden Flächen eines Aquarells oder das ›dirty play‹ des Jazz.
2. **Semantische Dichte** (*semantic density*) bezieht sich auf die mehrdeutige Entsprechung zwischen dem Symbol und dem, was es symbolisiert. So bezeichnet z. B. in der Alltagssprache ein Symbol viele verschiedene Konstellationen, die sich häufig nur so minimal unterscheiden, dass sie nicht disjunkt sind. So kann ein Lautzeichen sowohl ein ›eingestrichenes A‹, einen ›langen Ton‹ und einen ›warmen Klang‹ symbolisieren, ohne dass sich diese unterschiedlichen Objektbereiche ausschließen. Immer lässt sich zwischen zwei Objektbereichen ein dritter ausmachen: Zwischen einem ›langen‹ und einem ›kurzen Ton‹ gibt es einen ›sehr langen Ton‹, ›mäßig langen Ton‹ usw. (vgl. LA IV.5, VI.5).
3. **Relative syntaktische Fülle** (*syntactic repleteness*) lässt sich am einfachsten durch Goodmans eigenen Vergleich zweier syntaktisch dichter Symbolschemata mit zufällig gleichem Linienverlauf auf weißem Papiergrund verdeutlichen: einer Schwarz-Weiß-Zeichnung des Fujiyama von Hokusai und dem Ausdruck eines Elektrokardiogramms (EKG). Der Unterschied liegt in dem Grad der Fülle der syntaktischen Aspekte, die konstitutiv sind. Für das Diagramm sind lediglich zwei Merkmale relevant, die geometrischen Koordinaten, um den Linienverlauf korrekt darstellen zu können. Die Zeichnung hingegen wird wesentlich konstituiert durch das Größenverhältnis von Linie und Grund, durch die Relation der Lichtintensität von Schwarz und Weiß, vom Anschwellen und Schlankerwerden der Linie, von der Stärke des Farbauftrags, von Verwischungen oder der klaren Kontur der Linie, vom glatten oder porösen Charakter des Papiers, vom Format des Blattes etc. (vgl. LA VI.1, 5).
4. In der **exemplifikatorischen Bezugnahme**, die wie die Denotation **verbal** und **nonverbal** (klanglich, piktural etc.), **buchstäblich** und **metaphorisch** symbolisiert, kehrt sich die denotative Symbolisierungsrichtung auf ein Symbolisiertes sozusagen um und wendet sich auf das Symbol zurück: Das Symbol nimmt auf etwas Bezug, indem es dessen signifikante Beschaffenheiten an den Beschaffenheiten, die es an seiner eigenen Gestalt besitzt, exemplarisch zeigt (vgl. LA II.1.-4.). Ein rundes Apfel-Bild sagt z. B. dadurch etwas über Äpfel aus, dass es in einigen seiner charakteristischen Beschaffenheiten ›apfelhaft‹ ist (apfelrund, apfelgrün), in anderen nicht (Apfelduft, vitaminreich). Das Wort ›weich‹ z. B. exemplifiziert durch die weichen Vokale und Konsonanten, die es an sich hat, **buchstäblich** die akustischen Eigenschaften weicher Klänge, aber nicht die haptischen Eigenschaften weicher Daunen: Diese exemplifiziert es **metaphorisch**.
5. Die **multiple und komplexe Bezugnahme** ist eine Verkettung und Kombination verschiedener denotativer und exemplifikatorischer Symbolisierungen. Faktisch kommt sie häufig vor (vgl. WW IV.3.). Ein einfach konstruiertes Beispiel wäre, wenn auf einem Gemälde das Wort ›Grau‹ grau auf schwarzem Grund geschrieben ist. Es denotiert verbal, repräsentiert und exemplifiziert buchstäblich ›grau‹, kann metaphorisch die Kühle eines Wintertages exemplifizieren und darüber hinaus vielleicht noch Trauer ausdrücken. In künstlerischen Symbolisierungen kommen hochgradig multiple und komplexe Verkettungen verschiedener Bezugnahmen nach Goodman häufiger vor als in theoretischen Symbolisierungen.

Literatur

Bertram, Georg W.: *Kunst. Eine philosophische Einführung.* Stuttgart 2005.
Bittner, Rüdiger/Pfaff, Peter (Hg.): *Das ästhetische Urteil. Beiträge zur sprachanalytischen Ästhetik.* München 1977.
Hirdina, Karin: »Ästhetik/ästhetisch«. In: Trebeß 2006, S. 29–34.
Iser, Wolfgang: *Der Akt des Lesens. Theorie ästhetischer Wirkung.* München 1976.
Jauß, Hans Robert (Hg.): *Die nicht mehr schönen Künste. Grenzphänomene des Ästhetischen* (Poetik und Hermeneutik III). München 1968.
Kutschera, Franz von: *Ästhetik.* Berlin/New York 1989.
Lüdeking, Karlheinz: *Analytische Philosophie der Kunst* [1987]. München ²1998.
Nida-Rümelin, Julian/Betzler, Monika: *Ästhetik und Kunstphilosophie. Von der Antike bis zur Gegenwart in Einzeldarstellungen.* Stuttgart 1991.
Peres, Constanze: *Die Struktur der Kunst in Hegels Ästhetik.* Bonn 1983.
— : »Zeit, Performanz und die ontosemantische Struktur des Kunstwerks«. In: *Time and History. Proceedings of the 28. International Wittgenstein-Symposion.* Kirchberg am Wechsel, Austria. Hg. von Friedrich Stadler und Michael Stöltzner. Frankfurt a. M. u. a. 2006, S. 363–385.
— : »Leibniz' und Baumgartens Konzeption der Kontinuität und Ganzheit als Grundlage einer Ästhetik«. In: Melanie Sachs/Sabine Sander (Hg.): *Die Permanenz des Ästhetischen. Perspektiven der philosophischen Ästhetik.* Wiesbaden 2009, S. 139–162.
Reicher, Maria E.: *Einführung in die philosophische Ästhetik.* Darmstadt 2005.
Scheer, Brigitte: *Einführung in die philosophische Ästhetik.* Darmstadt 1997.
Schmücker, Reinhold (Hg.): *Identität und Existenz. Studien zur Ontologie der Kunst.* Paderborn ²2005.
Sibley, Frank: »Ästhetische Begriffe« [1959/1962]. In: Bittner/Pfaff 1977, S. 87–110.
Seel, Martin: *Eine Ästhetik der Natur.* Frankfurt a. M. 1996.
Strube, Werner: *Sprachanalytische Ästhetik.* München 1981.
Trebeß, Achim (Hg.): *Metzler Lexikon Ästhetik. Kunst, Medien, Design und Alltag.* Stuttgart/Weimar 2006.
Warning, Rainer (Hg.): *Rezeptionsästhetik. Theorie und Praxis.* München 1975.
Wiesing, Lambert: *Die Sichtbarkeit des Bildes: Geschichte und Perspektiven der formalen Ästhetik.* Frankfurt a.M 2008.
Wollheim, Richard: *Objekte der Kunst.* Frankfurt a. M. 1982.

Constanze Peres

7 Geschlechterforschung

7.1 Grundfragen und Themen
7.2 Geschichte und Positionen
7.3 Frauenbewegung des 19. und 20. Jahrhunderts
7.4 Aktuelle Debatten

7.1 | Grundfragen und Themen

Geschlechterforschung umfasst Fragestellungen verschiedener Bereiche zum Verhältnis Mann-Frau:
- **kulturell:** Wie wird in der Lebenswelt bzw. den Lebenswelten mit dem Geschlechtsunterschied umgegangen?
- **ethisch-normativ:** Welche Wertungen von Frausein und Mannsein werden vorgenommen?
- **rechtlich:** Sind (Teil-)Privilegierungen eines Geschlechtes legitim oder sollte eine Rechtsangleichung bis zur Gleichberechtigung durchgesetzt werden?
- **religiös:** Lässt sich die Gleichrangigkeit der Geschlechter religiös in der Würde des Menschseins begründen?
- **sprachlich:** Inwieweit implizieren Alltags- und Fachsprachen normative Wertungen bezüglich des Geschlechts?
- **philosophisch-anthropologisch:** Kann man Wesensbestimmungen oder nicht austauschbare Aufgaben von Frau und Mann ausmachen?
- **soziologisch:** Welche spezifischen Rollen werden Frauen und Männern in verschiedenen Gesellschaften zugeschrieben?

Solche Themen stehen seit der Frauenbewegung Mitte des 19. Jh.s zur Debatte. Ein Blick in die europäische Geistesgeschichte zeigt jedoch, dass die Auseinandersetzung um das Verhältnis von Mann und Frau auf eine jahrhundertealte Tradition zurückblicken kann. Erst vor diesem ideengeschichtlichen Hintergrund und seinen Ergebnissen wird die heutige Tendenz zur ›Aufhebung‹ des Geschlechtsunterschieds verständlich. Die lange anhaltende Fokussierung auf eine vermeintliche ›Frauenfrage‹ ist jedenfalls zu kurz gegriffen und muss **philosophisch-anthropologisch umfassend** als Geschlechterfrage untersucht werden. Dabei ist das Verhältnis von **Verschiedenheit** und **gemeinsamer Menschlichkeit** der Geschlechter gegen Nivellierungen und Neutralisierungen der Leiblichkeit im Auge zu behalten.

Hauptwerke

1405	**Christine de Pizan:**	*Le livre de la cité des dames (Das Buch von der Stadt der Frauen)*
1622	**Marie le Jars de Gournay:**	*Égalité des hommes et des femmes (Die Gleichheit von Mann und Frau)*
1641	**Anna Maria van Schurman:**	*Dissertatio de ingenii muliebris ad doctrinam et meliores litteras aptitudine (Abhandlung über die Eignung des weiblichen Geistes zu Gelehrsamkeit und den schönen Künsten)*
1671	**Poullain de la Barre:**	*De l'égalité des deux sexes (Von der Gleichheit der Geschlechter)*
1764	**Kant:**	*Beobachtungen über das Gefühl des Schönen und Erhabenen*
1791	**Olympe de Gouges:**	*Déclaration des droits de la femme et de la citoyenne (Erklärung der Rechte der Frau und Bürgerin)*
1792	**Mary Wollstonecraft:**	*A Vindication of the Rights of Women (Eine Verteidigung der Rechte der Frauen)*
1902	**Georg Simmel:**	*Das Verhältnis der Geschlechter*
1919	**Pierre Teilhard de Chardin:**	*L'éternel féminin (Das Ewig-Weibliche)*
1928	**Edith Stein:**	*Die Frau. Ihre Aufgabe nach Natur und Gnade*
1934	**Gertrud von le Fort:**	*Die ewige Frau*
1949	**Simone de Beauvoir:**	*Le deuxième sexe (Das andere Geschlecht)*
1982	**Carol Gilligan:**	*In a Different Voice (Die andere Stimme)*
1990	**Judith Butler:**	*Gender Trouble (Das Unbehagen der Geschlechter)*
1991	**Luce Irigaray:**	*Éthique de la différence sexuelle (Ethik der sexuellen Differenz)*

7.2 | Geschichte und Positionen

7.2.1 | Das Vorfeld: Antike, jüdisch-christliche und neuzeitliche Impulse

Die philosophischen Theorien über Geschlechterverhältnisse haben drei Quellen: die **antike** Philosophie, die **jüdisch-christliche** Tradition und das philosophische Denken der frühen Neuzeit und Aufklärung.

Antike: Wo die griechische Antike eine Theorie des Menschen entwickelt, meint sie den freien, geistbestimmten Mann und Bürger der Polis (weder den Sklaven noch den Handwerker/Bauern). Die Frau (*gyne*) ist anschaulich und sinnfällig **Mutter** und **Verwalterin** des Hauses – hier liegen ihre Macht und Betätigung. In der Jugend ist sie Trägerin des Eros und der Schönheit, im Alter zuweilen auch des Geistes, so Diotima, die Lehrerin des Sokrates, oder die Neuplatonikerin Hypatia von Alexandria (gest. 415) (Pomeroy 1985).

Judentum und Christentum bringen das innovative Konzept von Frau und Mann als **gemeinsames Ebenbild** (*zelem*) des göttlichen, geschlechtsübergreifenden Ursprungs ein. Dieser biblische Durchbruch führt zu einem Verständnis von Menschlichkeit, das nicht nur vom Geschlechtstrieb, auch nicht allein von sippenbedingten Aufgaben bestimmt ist. Vielmehr wird am Beispiel Jesu die **universale** Formulierung von Menschsein und Personalität gleichermaßen für Mann und Frau, für alle sozialen Schichten und alle Nationen gewonnen (Gerl-Falkovitz 2009).

Von der langsam sich ausformenden Dynamik ebenbürtiger Menschlichkeit von Frau wie Mann, die zuerst religiös als gleiche Würde vor Gott formuliert wird, zeugt z. B. der Brief des Paulus an die Galater: »Es gilt nicht Jude nicht Grieche, nicht Sklave nicht Freier, nicht Mann nicht Frau: einer seid ihr in Christus« (Gal 3, 28). Sie entwickelte sich über Jahrhunderte hinweg in Gesellschaft, Politik, Recht und Wissenschaften formal zur Gleichberechtigung.

Einfluss der christlichen Religion: Durch die christliche **Inkulturation** werden Alltag und Rechtspraxis in verschiedenen Gesellschaften nachhaltig transformiert, so z. B. die patriarchale Prägung im Mittelmeerraum und matriarchale Züge bei germanischen sowie slawischen Stämmen. Dabei bleibt die biologische Zusammengehörigkeit und kulturelle Aufgabenteilung von Mann und Frau unterlegt von der grundsätzlichen ›**Ebenbürtigkeit**‹ beider. So bildet sich seit der Urkirche der Stand der unabhängigen Frau heraus, die – z. B. in der Selbstorganisation in den Orden – weder Mutter noch dem Mann unterstellt ist. **Klöster** bilden über Jahrhunderte Orte weiblicher wie männlicher Bildung und Selbstbestimmung. Auch die Durchsetzung der Einehe und ihrer Unauflöslichkeit ist ein entscheidender Schritt zur Gleichachtung von Frau und Mann. In **Eros** und **Mutterschaft** bzw. **Vaterschaft** treten damit Kultivierung und Personalisierung ein: Als Gattungswesen austauschbar wird die Person einmalig. Trotz bleibender **Androzentrik** (Vorrang des Mannes) sind auch im Mittelalter weibliche Lebensformen keineswegs rechtlos (Ennen 1994).

Frühe Neuzeit und Aufklärung: Im 17. und 18. Jh. bildet sich ein spezifisch **philosophisches Paradigma** der Geschlechterdebatte heraus. Wurden in der *Querelle des femmes* zuvor historische und biblische Beispiele kompiliert, um die Gleichheit von Mann und Frau oder die Unter- bzw. Überlegenheit der Frau zu ›beweisen‹, wird der Argumentation nun die ›Natur‹ des Menschen zu Grunde gelegt (Steinbrügge 2008). Bei dieser **anthropologischen Begründung** kommen die leitenden Denkrichtungen Rationalismus und Empirismus (s. Kap. I.4) zum Zuge. Im **Rationalismus**, der von René Descartes begründet wurde, steht der menschliche Verstand im Vordergrund, der unabhängig vom Körper und damit geschlechtslos bestimmt werden kann, womit eine intellektuelle Ebenbürtigkeit der Frau evident ist. Im **Empirismus**, der von John Locke entwickelt wurde und die Sinneswahrnehmungen zur maßgeblichen Quelle von Erkenntnis erklärt, kommen hingegen die körperlichen Eigenschaften und damit die physischen Unterschiede zwischen den Geschlechtern stärker zur Geltung. Hinzu treten Erkenntnisse aus Biologie, Medizin und Ökonomie, die aus der besonderen natürlichen Beschaffenheit der Frau ihre sozialen und moralischen Funktionen ableiten. Auf diese Weise wird in der Epoche der Aufklärung die Idee der Gleichheit der Geschlechter einerseits fortgeschrieben, andererseits erfolgt eine Ausdifferenzierung der Geschlechtscharaktere, die eine weibliche Sonderanthropologie initiiert (Honegger 1991).

7.2.2 | Querelle des femmes

Der berühmte »Streit um die Frauen« beginnt in Frankreich und greift vom 15. bis 18. Jh. auf Deutschland und Italien über (Gössmann 1985).

> **Definition**
>
> Mit → *Querelle des femmes* bezeichnet man eine Debatte, in der seit dem 15. Jh. das ›Wesen‹ der Frau unter Einbeziehung antiker Quellen, neuer Bibelauslegungen (Aufwertung des Eva-Bildes; Verhalten Jesu) und philosophischer Argumente diskutiert wird. Der Streit schwankt zwischen der These, Frauen seien die »besseren« Menschen, und der (ironischen) Frage, »ob die Weiber Menschen seyn oder nicht?« (Valens Acidalius: *Disputatio nova contra mulieres*, 1590). Dazwischen liegt eine Fülle von Behauptungen, die Gleichwertigkeit oder Polarität gegen Unter- und Überlegenheit abwägen.

Bei dem Streit geht es um die Frage, ob Frauen über das gleiche **intellektuelle Vermögen** verfügen, und ebenso um ihre **ethischen Kompetenzen** als Kompensation angeblicher weiblicher Schwächen. Die Frage nach dem Intellekt findet bereits egalitäre Antworten, während hinsichtlich der Frage nach dem guten oder richtigen Verhalten aufgrund unterschiedlicher Aufgabenbereiche (Weltbezug oder häuslicher Bezug) an der Differenz von Mann und Frau festgehalten wird.

Christine de Pizan (1364 – um 1430) steht am Beginn der *Querelle des femmes*. Mit dem berühmten *Livre de la cité des dames* (1404/05; *Buch über die Stadt der Frauen*) intoniert sie eine **Anthropologie der Frau**. Als erste ›Berufsautorin‹ Frankreichs lässt sie sich bereits als Intellektuelle in ihrem *Studio* voller Bücher abbilden. Pizan scheut sich nicht, bisherige Urteile über die Frau umzudeuten. Die Frage: »Ob es Gott jemals gefallen habe, den weiblichen Verstand durch die Erhabenheit der Wissenschaften zu adeln« (Kap. XXVII), beantwortet sie mit dem Hinweis auf die ebenbürtige Intelligenz von Frau und Mann, der allerdings die geschichtlich und sozial bedingte Vernachlässigung der Frauenbildung widerspricht.

Um 1450 bis 1600 wird durch italienische Humanistinnen eine neue Adam-Eva-Exegese mit dem Ziel der Aufwertung Evas entwickelt (Labalme 1981).

Marie le Jars de Gournay (1565–1654) benutzt zum ersten Mal den Begriff der *égalité* der Geschlechter. Theologische, soziologische, biologische, geschichtliche und kirchenhistorische Argumente führen zu **praktischen Forderungen** wie z. B. der Übernahme kirchlicher **Ämter** (Gössmann 1985; Rauschenbach 2000).

Anna Maria van Schurman (1607–1678) kann als Vertreterin einer zeittypisch defensiven Haltung gelehrter Frauen gegen auf sie zielende Angriffe angesehen werden. In ihren Schriften wird eine **Ambivalenz** im Blick auf Frauenbildung und eigene Selbsteinschätzung deutlich. Letztlich entkräftet sie misogyne (frauenfeindliche) Unterlegenheitstheorien nicht wirklich, selbst wenn sie in ihrer *Dissertatio* (1641) die geschlechtsunabhängige Fähigkeit zur Wahrheitsfindung betont und fordert, dass das Studium der Künste und Wissenschaften für Frauen geöffnet werden soll. Doch eine Verallgemeinerung ihrer eigenen Lage hält Schurman nicht für möglich (Spang 2009).

Poullain de la Barre: Wesentlichen Einfluss auf die Geschlechterdebatte hat die Philosophie von Descartes, der Körper und Geist kategorisch trennt und dadurch den menschlichen Geist als unabhängig von körperlichen Einflüssen vorstellt. Diese anthropologische Konzeption wird von Poulain de la Barre (1647–1723) in *De l'égalité des deux sexes* (1671) aufgegriffen, um die Idee eines »**geschlechtslosen Verstandes**« zu postulieren: »L'esprit n'a point de sexe« (Der Verstand hat kein Geschlecht). Damit vermag er die These zu begründen, dass Mann und Frau über die gleichen intellektuellen Fähigkeiten verfügen. Mit Hilfe des methodischen Zweifels übt er zugleich Kritik an überlieferten Meinungen und plädiert für das Vertrauen in die eigene Urteilskraft.

Christine de Pizan in ihrem Studio

7.2.3 | Aufklärung und 19. Jahrhundert

Die europäische Aufklärung zeigt ein ambivalentes Bild. Zum einen wird in Fortführung des Rationalismus für eine bessere Bildung der Frauen eingetreten. Zum andern wird unter dem Einfluss des Empirismus ein spezifisch weiblicher Geschlechts-

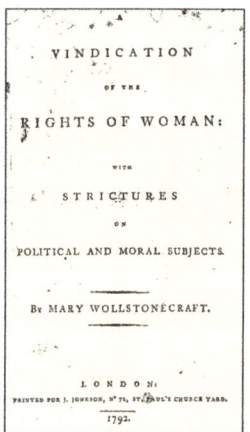

Mary Wollstonecraft: *A Vindication of the Rights of Woman* (1792)

charakter postuliert, welcher der Frau bestimmte Verstandesleistungen abspricht.

Jean-Jacques Rousseau (1712–1778) entwirft im 5. Kapitel des *Émile* (1762) das Bild einer weiblichen ›Natur‹, die kognitiv auf das sinnlich Wahrnehmbare und damit konkret Anschauliche begrenzt bleibt. Die daraus resultierende **Unfähigkeit zum abstrakten Denken** erlaubt es der Frau zugleich, ihre spontanen Gefühle und ihre Empathie zu bewahren. Dies prädestiniert sie dazu, jene moralischen Eigenschaften zu entfalten, die für den Bestand der Gesellschaft unverzichtbar sind. Während der Mann aufgrund vernünftiger Reflexion im öffentlichen Leben handelt, agiert die Frau als fürsorgende Gattin und Mutter innerhalb der Familie. Diese Bestimmung steht einer egalitären Konzeption der Geschlechterverhältnisse diametral entgegen.

Immanuel Kant (1724–1804) unterlässt die Zuschreibung physischer, moralischer und intellektueller Minderwertigkeit der Frau. Ebenso wie Rousseau entfaltet Kant in den *Beobachtungen über das Gefühl des Schönen und Erhabenen* (1764) eine **starke Polarität der Geschlechter**. Der »reizende Unterschied« von Mann und Frau lautet: Das Wesen der Frau ist Schönheit, das des Mannes Erhabenheit (KWA II, S. 850). Die klassische Gegenüberstellung von Natur als weiblich vs. Geist als männlich bleibt allerdings ohne ethische Wertung. So kommt es zur **Entdämonisierung der Frau**; betont wird die Schönheit der weiblichen Tugend, selbst die Schwächen der Frau gelten als angenehm. Schließlich eliminiert Kant das gewohnte Vorrecht des Mannes in der Ehe zugunsten der Liebe. Die Grenze der Ästhetisierung zeigt sich im Rückschritt hinter den rationalistisch geprägten Diskurs: Kant verlangt von der Frau keine Bildung, da diskursives Wissen das angeboren Schöne und ursprünglich Intuitive zerstöre – stattdessen bedürfe es der **Ausbildung weiblicher Empfindungsfähigkeit**.

»Eben so werden sie von dem Weltgebäude nichts mehr zu kennen nötig haben, als nötig ist, den Anblick des Himmels an einem schönen Abende ihnen rührend zu machen, wenn sie einigermaßen begriffen haben, dass noch mehr Welten und daselbst noch mehr schöne Geschöpfe anzutreffen sein [...] niemals ein kalter und spekulativer Unterricht, jederzeit Empfindungen, und zwar die so nahe wie möglich bei ihrem Geschlechtsverhältnisse bleiben« (KWA II, S. 854).

Allerdings dürfe im Alter tiefere Bildung als ›Vermännlichung‹ anstelle von Schönheit Platz greifen. So verdankt die Frau Kant zwar keinen »Ausgang aus der selbstverschuldeten Unmündigkeit«, vielmehr ist diese ihrer Natur eingeschrieben; doch ist sie nicht mehr minderwertig und naturrechtlich fixiert.

G. W. F. Hegel (1770–1831) führt die Geschlechterspannung zu einer weitergehenden Vertiefung der Polaritätsargumente, wenn auch seine *Rechtsphilosophie* noch kantische Vorstellungen enthält:

»Die Bildung der Frauen geschieht, man weiß nicht wie, gleichsam durch die Atmosphäre der Vorstellung, mehr durch das Leben als durch das Erwerben von Kenntnissen, während der Mann seine Stellung nur durch die Errungenschaft des Gedankens und durch viele technische Bemühungen erlangt« (§ 166).

Doch in den *Vorlesungen über Ästhetik* sucht Hegel eine spekulative Grundlegung der Geschlechtertheorie: Die Frau verhilft dem Mann aus seiner Entzweiung zur Versöhnung mit sich selbst, während der Mann die Frau aus ihrer unentfalteten Einheit löst. Die **Differenz der Geschlechter** scheint so in der Dialektik des Hegelschen Systems »**aufgehoben**«: Das Subjekt wird über den anderen seiner selbst zum Selbst. Natur- oder Geistzuordnung werden jeweils verlassen um des Gegenpols willen, so dass zwar im Anfang der Bewegung (die Frau geht von der Natur, der Mann vom Geist aus), aber nicht in ihrem Endzustand ein Unterschied geltend zu machen ist. **Liebe** wird so zum Prozess gegenseitiger Entselbstung und Wiedergewinnung.

Romantik: Diese Gedanken finden ein kulturgeschichtliches Echo. Die Frau, die den Mann aus seiner Zerrissenheit zu einem Ganzen fügt, erhebt sich zur Muse seines Geistes und erweckt sich dabei selbst. In der deutschen Romantik verbinden sich mit einem solchen Entwurf die Namen Sophie von la Roche, die Goethefreundinnen Marianne von Willemer und Bettina Brentano, Caroline Schlegel-Schelling, Dorothea Mendelssohn-Schlegel, Rahel Varnhagen und Annette von Droste-Hülshoff (1797–1848); in der Musik Fanny Mendelssohn-Hensel und Clara Schumann; in der Malerei Angelika Kauffmann. Diese Namen stehen für die **Verwirklichung eigener Begabung**, gleichrangig auf geistiger Ebene mit Schriftstellern und Künstlern der Zeit (Brinker-Gabler 1988).

7.3 | Frauenbewegung des 19. und 20. Jahrhunderts

7.3.1 | Kampf um Gleichberechtigung

Angleichung: Die **organisierte Frauenbewegung** begann Mitte des 19. Jh.s unter dem Druck der Frühindustrialisierung als Kampf gegen ungleiche Arbeitsbedingungen und führte rasch zu einem Kampf um neue Lebensgestaltungen und Rechte in einer sich explosiv ändernden, zunehmend technisch geprägten Welt. Die marxistische wie die bürgerlich-liberale Theorie thematisierte die rechtliche und soziale Angleichung (noch nicht Gleichstellung) von Frau und Mann, begründet auf der erstmals annähernd gleichen Arbeitswelt, zielend auf konkrete Rechtsgleichheit. Gleiche Bezahlung und gleiche Chancen für schulische und universitäre Bildung, außerhäuslichen Beruf und individuellen Lebensstil wurden eingeklagt. »Als die erste Frau lesen lernte, begann die Frauenbewegung.« Dieser griffige Satz von Marie von Ebner-Eschenbach (1830–1916) drückt die entscheidende Voraussetzung einer weit umfassenderen Zielvorstellung aus: **Bildung für alle**.

Von 1848 (Louise Otto-Peters) bis etwa 1930 wird in Deutschland eine rechtliche und soziale Angleichung an den Mann (noch nicht die volle Gleichstellung) erreicht: Arbeitsschutz, Mädchenbildung, Zulassung zu den Universitäten ab 1900, aktives und passives Wahlrecht, politische Mitwirkung in den Parteien nach 1919 und Berufstätigkeit auch in ›männlichen‹ Berufen (Ärztin), 1948 im Grundgesetz auch volle Rechtsgleichheit. In anderen europäischen Ländern erfolgten diese Schritte zeitversetzt. Diese Ziele wurden wesentlich befördert durch neue Frauenverbände bürgerlicher, sozialistischer und christlicher Prägung.

›**Frauenhass**‹: Das 19. Jh. endet teilweise in philosophisch begründeter Misogynie, exemplarisch bei **Arthur Schopenhauer** (1788–1860), noch wirkungsvoller bei **Friedrich Nietzsche** (1844–1900). In schroffer Zweiteilung sieht Nietzsche in *Menschliches, Allzumenschliches* das Weib als Natur: als das Erdhaft-Schwere, das Erotische, das Fruchtbare und Gesichtslose, verschlingend Mütterliche, das dämonisch-verschlossene Gegenbild zum Geist (KSA 2, S. 265 ff.). Daneben stehen Sätze wie: »Erst durch die Berührung des Weibes kommen viele Große auf ihre Bahn« (KSA 11, S. 122).

Zu Anfang des 20. Jh.s schreibt **Georg Simmel** der Frau komplementäre biologische, seelische und geistige Abhängigkeit vom Mann zu, während **Otto Weininger** die alte Dichotomie wiederholt: Das »Weib« sei schlechthin unerträglich; nur das maskuline »Weib«, das den Mann (das Geistprinzip) in sich entwickelt, sei dem Mann annehmbar.

Im 20. Jahrhundert werden neue gedankliche Linien entwickelt, um z. B. mit Hilfe religiös inspirierter Deutungsversuche die gewohnten dunklen Assoziationen durch eine ausdrücklich **helle Symbolik** zu überwinden. So besetzt **Pierre Teilhard de Chardin** (1881–1955) die Symbolik der mütterlich-weiblichen Materie neu. Statt dunkler, geistferner Ungrund zu sein, wird die Materie bei Teilhard **offen für den Geist**, entwickelt sich evolutiv auf ihn zu, ist heiliger, unverfügbarer Träger des Geistes in Widerstand und Faszination – wie das Weibliche, das mit der Materie assoziiert wird. Ähnlich ist für Teilhard die Mutterschaft der Frau – ihre dauerhafteste historische Aufgabe – bisher weder richtig eingeordnet noch in ihrer künftigen Möglichkeit erfasst: als Offenbarung der **Fruchtbarkeit** auch des weiblichen Geistes in der Zukunft.

Gertrud von le Fort (1876–1971) charakterisiert das Wesen der Frau dreifach: als Jungfrau, Braut und Mutter. Diese Grundformen treten nochmals dreifach variiert auf: als »ewige Frau« (das Metaphysisch-Weibliche in seinem kosmisch-religiösen Rang), als »Frau in der Zeit« (charismatische Gestalten) und als »zeitlose Frau« (namenloser, alltäglicher Einsatz). Gemeinsame Grundanlage ist der verborgene **Dienst für andere**. Diese Auseinandersetzung von 1934 mit dem plump-biologischen Frauenbild der Nationalsozialisten will – wenn auch einseitig – die soziale und ethische Bedeutung weiblicher **Proexistenz** (Sein-für-andere) formulieren.

Phänomenologie: Die Husserl-Schülerin **Edith Stein** (1891–1942) legt Leib, Seele und Geist der Frau phänomenologisch frei (Gahlings 2006). Die leibliche Anlage zur Mutterschaft wird in Analogie gesetzt zur Einfühlung in das Schwächere oder anziehend Größere, wird Anpassung, Hilfe zur Entfaltung, **Begabung zur Gefährtenschaft**. Die spezifisch weibliche Form von Geist führt zum »Verlangen, Liebe zu geben und Liebe zu empfangen, […] eine Sehnsucht, aus der Enge ihres tatsächlichen gegenwärtigen Daseins zu höherem Sein und Wirken emporgehoben zu werden« (Stein 2002, S. 85). Der passive wie aktive Prozess dieser

Die erste Ausgabe der von Louise Otto(-Peters) herausgegebenen Frauen-Zeitung (1849)

Frauenbewegung des 19. und 20. Jahrhunderts

Symbol des Feminismus

Geistigkeit besteht ebenso sehr im eigenen Reifen wie darin, »zugleich in den andern das Reifen zu ihrer Vollkommenheit anzuregen und zu fördern« (ebd.).

Stein verlässt die phänomenologische Wesensbestimmung, wenn sie sich mit der Geschichte von Frauen befasst oder eine **neue Bildungslehre** für Frauen entwirft, in der es auf Schulung von Verstand und Gemüt ankommt, gerade auch für einen Beruf. Dabei ordnet Stein das Frausein dem Menschlichen (Personalen, Freien, mit sich Identischen) nach: »Es ist keine Frau nur Frau. [...] Menschsein ist das Grundlegende, Frausein das Sekundäre« (ebd., S. 242 ff.). Stein nimmt die leiblich-seelischen Gattungsmerkmale nicht mehr als naturale Festlegung, sondern als personale Basis, die variables Umgehen damit einfordert; entscheidend bleibt die persönliche, auch transzendent verstandene ›Berufung‹.

7.3.2 | Feminismus

Während die frühere Frauenbewegung um die gleichen politischen und bürgerlichen Rechte (Wahlrecht, Recht auf Eigentum, Recht auf Zugang zu höherer Bildung usw.) kämpfte, hat die Bewegung des Feminismus ihren Schwerpunkt eher im **Kampf um die Veränderung der kulturellen Praktiken**. Zwar standen in der 1960er und 1970er Jahren immer noch harte Fakten zur Disposition (z. B. gleicher Lohn für gleiche Arbeit), aber über diese sozialen Forderungen hinaus reflektiert der Feminismus symbolische Ordnungen, die sich nicht auf ökonomische und soziale Verhältnisse reduzieren lassen.

Reflexion symbolischer Ordnungen

Der Begriff ›Feminismus‹ ist in Deutschland seit den 1970er Jahren geläufig; er richtet sich gegen die bis dahin vorherrschende androzentrische Anthropologie, die die Maßstäbe des Menschlichen aus dem Männlichen ableitet. Der Diskurs wird selbstkritisch-kontrovers geführt, so dass sachlich von verschiedenen Feminismen zu sprechen ist. Wesentlich ist die Unterscheidung nach den Prinzipien der **Egalität** oder **Differenz** der Geschlechter.

Der Egalitätsfeminismus steht explizit in der Denktradition von Descartes, der eine universelle und damit ungeschlechtliche Vernunft zugrunde gelegt hatte. Daraus resultiert eine Position, die eine radikale **Gleichheit der Geschlechter** postuliert. Deren bekannteste Vertreterin ist **Simone de Beauvoir** (1908–1986) mit ihrem Werk *Das andere Geschlecht* (1949). Darin trennt sie das biologische Geschlecht, das keineswegs geleugnet wird, vom kulturellen Verhältnis der Geschlechter und behauptet, dass der biologische Unterschied nicht den Unterschied zwischen Mann und Frau bestimmen muss, sondern dass **Geschlecht ein kulturelles Konstrukt** sei (Galster 1999). Mit dieser These orientiert sie sich an der existentialistischen Philosophie von Sartre: »Jedes Subjekt setzt sich durch Entwürfe konkret als eine Transzendenz.« Dieser Begriff wird nicht im religiösen Sinn verwendet, sondern profan als Überschreiten einer gegebenen Situation in der Lebenswelt. Die Fähigkeit, sich zu entwerfen, findet eine **Grenze im Anderen**. Beauvoir sieht wesentliche Gründe dafür, dass sich Frauen nicht ebenso frei entwerfen und ihre Situation transzendieren können wie Männer, in den gesellschaftlichen, politischen und historischen Bedingungen.

Der Differenzfeminismus hält das egalitäre Vernunftkonzept für ›männlich‹, dem er ein genuin weibliches Denken gegenüberstellt, das durch die leiblich-seelische Konstitution der Frau geprägt ist. Die zentrale These lautet nun, dass männlich organisierte Gesellschaften nicht nur über Frauen herrschen, sondern dass die maskulin verstandene Vernunft auch **weibliche Denkformen unterdrückt** und verdrängt. Hierfür steht vor allem das berühmte Buch *Speculum* von **Luce Irigaray** (geb. 1930). So sucht der Differenzfeminismus die eigenverantwortliche Entfaltung leiblicher und kultureller Vorgaben zu entwickeln (Cavarero 1989; Gerhard 1990). Eingefordert wird **Rechts- und Chancengleichheit** und nicht Gleichheit der Lebenswelt. Vielmehr geht es um das spezifische Leben als Frau, um die Suche nach weiblichen Werten, weiblicher Geschichte, weiblicher Kultur und weiblichem Selbstbewusstsein (Pieper 1993). Im Hintergrund steht die Gegenfrage, was das spezifisch männliche Leben und die männliche Kultur ausmache.

> **Definition**
>
> Der → **Feminismus** verfolgt wie die **Frauenbewegung** die Verteidigung von Würde und Rechten der Frau gegen offene oder verdeckte, bewusste oder unbewusste Zweitrangigkeit, Diskriminierung oder Fremdbestimmung. Darüber hinaus entwickelt der Feminismus **theoretische** Denkmodelle, aus denen gesellschaftliche und politische Konsequenzen gezogen werden. Den durchaus kontroversen Richtungen gemeinsam ist eine vernunftbetonte, sich selbst Gestalt und Ziel gebende Subjektivität der Frau.

Geschlecht als kulturelles Konstrukt

»Als Frau wird man nicht geboren, zur Frau wird man gemacht.« (Simone de Beauvoir: *Das andere Geschlecht*, 1949)

In diesem Satz gipfelt die zentrale These, dass Geschlecht auch ein kulturelles Konstrukt ist.

Kultureller Feminismus (*Cultural Feminism*) konkretisiert die **Praxis der Differenz** in der **Ethik der Fürsorge** (*Care Ethics*) (Gilligan 1984). Geschichtlich und interkulturell haben Frauen eine Alternative zur Ethik der analytischen Medizin entwickelt. Das Prinzip »to care of« bedeute eine kulturgeschichtlich männlich geprägte Betreuung nach dem Kriterium »objektiver Gerechtigkeit« (z. B. in der Mittelverteilung), während »to care for« vom Kriterium persönlicher Bedürfnisse (z. B. im privilegierten Einzelfall) parteilich bestimmt sei. Das zweite Modell (»beneficence« gegen »justice«) schaffe eine subjektive, emotionale Fürsorge in einer überschaubaren Lebenswelt: ein Musterfall geschlechtsdifferenter, zu bewahrender Kultur von Frauen. Diese komme in der männlichen Orientierung an Rationalität, Autonomie und Gerechtigkeit zu kurz.

Beauvoir leugnet nicht die biologischen Unterschiede der Geschlechter, doch lenkt sie den Blick darauf, welche Bedeutungen durch bestimmte kulturelle und gesellschaftliche Determinanten diesen nicht hintergehbaren Tatsachen zugewiesen werden.

Christlicher Feminismus positioniert sich seit den 1980er Jahren als theologische Reflexion über die »Vermännlichung« des Gottesbildes und die kulturgeschichtliche Unterordnung der Frau auch im jüdisch-christlichen Kontext (Lev, 1 Kor, Eph 5; Amtsfrage). Andere Positionen versuchen, den Differenzfeminismus christlich zu denken: in der **Gottebenbildlichkeit beider Geschlechter**, in der biblischen Personalisierung der Frau und in bedeutenden weiblichen Biographien. Ziel ist die Rückgewinnung der männlichen und weiblichen Symbolik Gottes und die Sicherung eines als lebenswert und bereichernd erfahrenen Unterschieds der Geschlechter. Die biblisch begründete Anthropologie sucht Gleichwertigkeit *und* Anderssein der Geschlechter religiös transparent zu halten, um sie nicht auf »Rollenkonstrukte« einzuengen (Schumacher 2004).

Interpretationsskizze

7.4 | Aktuelle Debatten

7.4.1 | Gender

In den 1990er Jahren setzt mit der **Gender-Forschung** ein neues Paradigma ein. Ihm zufolge ist bereits die Vorstellung, unsere Kultur sei durch zwei Geschlechter geprägt, eine Folge gesellschaftlicher Diskurse.

Der Streit lässt sich exemplarisch an **Luce Irigaray** (geb. 1930) und **Judith Butler** (geb. 1956) darstellen (vgl. Stoller/Vasterling/Fisher 2005).

Ontologische Vorgabe von Geschlecht: Für Irigaray ist die sexuelle Differenz *ontologisch* nicht auflösbar: Denn unter allen sonstigen Unterscheidungen (Alter, Ethnie, Kultur) ist die geschlechtliche Unterscheidung einzigartig und durchgängig in allen Kulturen. Auch bleibt das andere Geschlecht letztlich psychologisch unergründbar, eben als **das Andere**. Irigarays politisches Ziel ist der Ersatz maskulin gedeuteter Kultur und Geschichte durch eine durchgängig binäre Lesung von Welt. »**Ethik der Differenz**« soll die unerreichbare Andersheit einfach zulassen, ihr politischen Platz einräumen, konkret: der Frau den gleichgewichtigen Blick auf Welt gewähren (Sigmund-Wild 2000).

Semantische Konstruktion von Geschlecht: Butler vertritt einen erkenntnistheoretischen Ansatz,

> **Definition**
>
> Die → Sex-Gender-Debatte streitet darüber, ob Geschlecht natürlich und biologisch zugewiesen (*sex*) oder kulturell, sozial und geschichtlich zugeschrieben (*gender*) sei. Es steht also Determinismus durch Natur gegen Voluntarismus durch Selbst- und Fremdwahl. Ist der Leib geschlechtlich unhintergehbar (›Natur‹) oder ist Geschlecht wählbar (›Kultur‹)? Der Naturalismus wird durch Genetik und Evolutionstheorie gestützt: Weiblicher und männlicher Chromosomensatz xx/xy und genetischer Vorteil durch geschlechtliche Fortpflanzung sprechen für die Faktizität biologischer Naturhaftigkeit. Die Kulturtheorie hingegen betont, es gebe keine ›Sachen‹, sondern nur kulturbedingte Deutungen; auch Biologie sei durch Kultur interpretiert.

indem sie alles Wirkliche als durch Erkennen und Sprechen vermittelt sieht – auch den Körper. Normativität könne niemals aus Natur, nur aus Kultur stammen. Sie bestreitet, dass die biologische Zweigeschlechtlichkeit, die sie gering wertet, auf der Ebene der kulturellen Repräsentation als Zweigeschlechtlichkeit zu erscheinen habe, dass also die kulturellen Ausformungen notwendig binär codiert werden müssen. Butlers politisches Ziel ist eine **individuelle Gegennormierung**; politische Mittel sind bei ihr die Aufwertung der Homosexualität, um die Anerkennung variabler Geschlechtsbetätigung vom Staat zu erzwingen. Sprachlich wird die Vermeidung von Geschlechtsangaben vorgeschlagen: Statt he/she oder her/his wird »gender-neutral« der Plural they/their propagiert; so lautet der Beispielsatz: »This person carries their bag under their arm.« (Im Deutschen ist der Plural allerdings feminin und auch in anderen Sprachen ist er geschlechtsdefiniert.)

7.4.2 | Kritik der Sex-Gender-Debatte

Der ontologische Ansatz Irigarays ruft Kritik hervor: Wenn die Welt vorrangig unter weiblichen oder männlichen Gesichtspunkten, Handlungsoptionen und Lesarten gesehen wird, kann dies zum universalen Dualismus ›zweier Welten‹ führen. Auch die Differenzierung von Frauen- und Männersprache könne sich dualistisch verfestigen und legitimiere dann ein Sich-Nicht-Verstehen. Geschlecht dürfe nicht zur Barriere des Andersseins und der Lebenspraxis werden, sonst werde erneut ein Geschlechterkampf der gegenseitigen Beherrschung oder der eigenen Unterwerfung denkbar. Die Aufrichtung einer »Ethik der sexuellen Differenz« lege unterschiedliche Normierungen für jeweiliges Verhalten fest, die weder ethisch noch rechtlich durchsetzbar seien.

Der radikal-konstruktivistische Ansatz Butlers wird dahingehend kritisiert, dass Natur in Kultur bzw. Biologie in Soziologie aufgelöst werde (Bußmann/Hof 2005; Gahlings 2006; Rosenkranz 2008). Wenn der Mensch ausschließlich ein gesellschaftliches, geschichtliches oder sprachliches Artefakt sei, bleibe er in fiktiven, jederzeit änderbaren Bedeutungen ohne Wirklichkeitsbezug gefangen.

Als **Gegenargumente** werden vor allem vorgetragen: Leiblichkeit ist unhintergehbar, denn Kultur ist immer Kultivierung von etwas, in diesem Zusammenhang von gegebenem Geschlecht. Politisch gesehen, verliere die Frauenbewegung ihr Subjekt, nämlich die Frau, und werde zum Postfeminismus; der Staat zerfalle in atomisierte Individuen und solle nur noch deren Einzelinteressen durchsetzen (Benhabib 1995). An die Stelle des »biologistischen« trete nunmehr ein »normativistischer Fehlschluß«: (Geschlechts-)Normierungen werden willkürlich aufgehoben oder gesetzt, ohne die sachliche leibhafte Grundlage zu berücksichtigen.

Biologisch gesehen, werde beim »neutralen Körper« die unterschiedliche Generativität von Zeugen und Empfangen/Gebären und die unterschiedliche leibhafte Erotik vernachlässigt; Leben geben ist aber Folge biologischen, nicht sozialen Geschlechts (Landweer 1994).

7.4.3 | Herausforderungen und Desiderate

Die **Kategorie ›Mensch‹** wird sowohl **egalitätsfeministisch** als auch **gendertheoretisch** als einzig zulässige gesehen, denn jede geschlechtliche Polarität stütze unterschwellig oder offen die Repression einer Seite. Dieses Konzept hat den hohen Preis der **Leibvergessenheit**. Es wiederholt damit in anderer Absicht eine dualistische Bewusstseinsphilosophie (Descartes), die den Leib als mechanischen Körper sah und ihn vom Geist abspaltete. Leib wird zum vorgeschlechtlichen Körper, zur ›tabula rasa‹. Seine Bipolarität ist aber nicht auszuschalten, weder sprachlich noch lebensweltlich noch biologisch. Wenn Biologie in Soziologie verschwindet, taucht eine neue Gefahr der Manipulation auf: Wer bestimmt welches korrekte Rollenverhalten? Dabei häufen sich Metaphern wie Selbstinszenierungen und ›Rollenspiel‹; diese machen aber das Ich zum virtuellen (immer nur vorläufigen) Selbstentwurf, hinter welcher Maske kein Ich mehr steckt (Flax 1990, S. 32).

Dagegen setzt der **Differenzfeminismus** ein konstruktives Anderssein von Frau und Mann. Ziel ist der Rückgewinn einer als lebenswert erfahrenen Unterschiedenheit der Geschlechter in Eros, Freundschaft und Elternschaft. **Gleichwertigkeit und Anderssein** sollten nicht auf herkunftslose, leiblose ›Rollenkonstrukte‹ verkürzt werden. Die eigenverantwortliche Entfaltung der Vorgaben, gerade auch der Leiblichkeit und der kulturellen Herkunftsgeschichte, soll vielmehr das jeweilige ›Anderssein‹ zu einem ›Eigensein‹ und ›Miteinandersein‹ entwickeln.

Sprachliche Symbolik des Geschlechts: Grundsätzlich übersteigen Sprachen Gegenstände auch symbolisch durch Geschlechtszuweisung, und diese bleibt jedenfalls binär, auch wenn die Symbolisierungen wechseln. Fast alle Sprachen unterscheiden das grammatische Geschlecht mit Hilfe weiblicher oder männlicher Artikel; wo die Sprache (z. B. Englisch) dies nicht mehr kann, behält sie dennoch geschlechtsbestimmte Possessivpronomen (his/her) oder andere Differenzierungen. Eine durchgängig geschlechtsneutrale oder geschlechtsindifferente Welt ist in keiner Kultur bzw. Sprachkultur bekannt; gerade die Kunst lebt von dieser symbolischen Übertragung (Boulnois 2006).

Desiderate: Der Gender-Theorie kann dann ein aufklärerisches Potential zugesprochen werden, wenn sie dazu beiträgt, die geschichtlich variablen Ausprägungen der Geschlechter zu erforschen. Denn das zweifache Geschlecht ist einer kulturellen Bearbeitung nicht nur zugänglich, sondern sogar darauf angewiesen. Nur: Geschlecht ist zu kultivieren, aber *als* naturhafte Vorgabe – was könnte sonst gestaltet werden? Insofern ist auch die Ontologie des Geschlechts (die Frage nach seiner Seinskategorie, nicht seine Ontologisierung im Sinne von naturhafter Fixierung) nach wie vor ein philosophisches Thema. Ebenso bleibt die gesellschaftliche Bedeutung des Geschlechts entscheidend für eine vernünftige und gerechte Interessenpolitik für Männer, Frauen und Familien (Benhabib 1995).

Insgesamt bleibt die Frage, wie **Gleichwertigkeit und Differenz** theoretisch und sozial-praktisch zu gestalten sind, ohne dass ein Geschlecht durchgängig dominant wird. Die Suche nach einer Lösung dieser Aufgabe wurde lange Zeit von Frauen vorangetrieben. Philosophisch gesehen, sollte in Zukunft bei beiden Geschlechtern weder die gemeinsame Menschlichkeit noch die reizvolle Besonderung der Zweiheit auf der Strecke bleiben. **Selbststand und Sich-Ergänzen-Lassen** bedeuten keineswegs nur Angleichung und wechselseitigen Rollentausch. Das Zulassen und Gestalten der biologischen, kulturellen und individuellen Lebensspannungen meint eine **fruchtbare, dynamische Asymmetrie der Geschlechter**.

Literatur

Beauvoir, Simone de: *Das andere Geschlecht. Sitte und Sexus der Frau.* Aus dem Französischen von Uli Aumüller und Grete Osterwald. Reinbek 1992 (frz. 1949).

Benhabib, Seyla: »Feminismus und Postmoderne. Ein prekäres Bündnis«. In: Dies./Judith Butler u. a. (Hg.): *Der Streit um die Differenz. Feminismus und Postmoderne in der Gegenwart.* Frankfurt a. M. 1995, S. 9–30.

Boulnois, Olivier: »Die sexuelle Differenz«. In: *IKZ Communio* 4 (2006), S. 336–354.

Braun, Christina von/Stephan, Inge (Hg.): *Gender-Studien. Eine Einführung.* Stuttgart/Weimar ²2006.

Brinker-Gabler, Gisela (Hg.): *Deutsche Literatur von Frauen.* 2 Bde. München 1988.

Bußmann, Hadumod/Hof, Renate (Hg.): *Genus – Geschlechterstudien. Gender-Studies in den Kultur- und Sozialwissenschaften.* Stuttgart 2005.

Cavarero, Adriana: *Der Mensch ist zwei. Das Denken der Geschlechterdifferenz.* Wien 1989.

Ennen, Edith: *Die Frau im Mittelalter.* München ⁵1994.

Flax, Jane: *Psychoanalysis, Feminism and Postmodernism in the Contemporary West.* Berkeley 1990.

Gahlings, Ute: *Phänomenologie der weiblichen Leiberfahrungen.* Freiburg/München 2006.

Galster, Ingrid: »Positionen des französischen Feminismus«. In: Hiltrud Gnüg/Renate Möhrmann (Hg.): *Frauen Literatur Geschichte.* Stuttgart/Weimar ²1999, S. 591–602.

Gerhard, Ute u. a. (Hg.): *Differenz und Gleichheit. Menschenrechte haben (k)ein Geschlecht.* Frankfurt a. M. 1990.

Gerl-Falkovitz, Hanna-Barbara: »Die Frau in der Renaissance«. In: Dies.: *Die zweite Schöpfung der Welt. Sprache, Erkenntnis, Anthropologie in der Renaissance.* Mainz 1994, S. 174–198.

– : *Frau – Männin – Menschin. Zwischen Feminismus und Gender.* Kevelaer 2009.

Gilligan, Carol: *Die andere Stimme. Lebenskonflikte und Moral der Frau.* München/Zürich 1984 (amerik. 1982).

Gössmann, Elisabeth (Hg.): *Archiv für philosophie- und theologiegeschichtliche Frauenforschung.* 7 Bde. München 1985 ff.

Honegger, Claudia: *Die Ordnung der Geschlechter. Die Wissenschaften vom Menschen und das Weib, 1750–1850.* Frankfurt a. M. 1991.

Irigaray, Luce: *Speculum. Spiegel des anderen Geschlechts.* Frankfurt a. M. 1974.

– : *Ethik der sexuellen Differenz.* Frankfurt a. M. 1991.

Kroll, Renate (Hg.): *Metzler Lexikon Gender Studies/ Geschlechterforschung. Ansätze, Personen, Grundbegriffe.* Stuttgart/Weimar 2002.

Labalme, Patricia: »Venetian Women on Women. Three Early Modern Feminists«. In: *Archivio Veneto* (1981), S. 81–109.

Landweer, Hilge: »Generativität und Geschlecht. Ein blinder Fleck in der sex/gender Debatte«. In: Theresa Wobbe/Gesa Lindemann (Hg.): *Denkachsen. Zur institutionellen Rede von Geschlecht.* Frankfurt a. M. 1994, S. 147–174.

Lissner, Anneliese/Süssmuth, Rita/Walter, Karin (Hg.): *Frauenlexikon. Traditionen – Fakten – Perspektiven.* Freiburg ²1989.

Meyer, Ursula I.: *Einführung in die feministische Philosophie.* Aachen 1992.
Meyer, Ursula I./Bennent-Vahle, Heidemarie: *Philosophinnen-Lexikon.* Aachen 1994.
Nagl-Docekal, Herta: *Feministische Philosophie. Ergebnisse, Probleme, Perspektiven.* Frankfurt a. M. 2000.
Pieper, Annemarie: *Aufstand des stillgelegten Geschlechts. Einführung in die feministische Ethik.* Freiburg 1993.
Pomeroy, Sarah B.: *Frauenleben im klassischen Altertum.* Stuttgart 1985.
Raynova, Yvanka B./Moser, Susanne (Hg.): *Simone de Beauvoir. 50 Jahre nach dem Anderen Geschlecht.* Frankfurt a. M. 2004.
Rosenkranz, Barbara: *MenschInnen: Gender Mainstreaming. Auf dem Weg zum geschlechtslosen Menschen.* Graz 2008.
Rauschenbach, Brigitte: *Der Traum und sein Schatten. Marie de Gournay und ihre Zeit. Frühfeministin und geistige Verbündete Montaignes.* Königstein, Ts. 2000.
Schumacher, Michelle M. (Hg.): *Women in Christ. Towards a New Feminism.* Grand Rapids 2004.
Sigmund-Wild, Irene: *Anerkennung des Ver-rückten. Zu Luce Irigarays Entwurf einer Ethik der sexuellen Differenz.* Marburg 2000.
Spang, Michael: *Anna Maria van Schurman (1607–1678). Eine Biographie.* Darmstadt 2009.
Stein, Edith: *Die Frau. Fragestellungen und Reflexionen.* Freiburg ²2002.
Steinbrügge, Lieselotte: »Die Debatte über die Natur der Frau«. In: Johannes Rohbeck u. a. (Hg.): *Grundriss der Geschichte der Philosophie. Die Philosophie des 18. Jahrhunderts.* Basel 2008, S. 476–497.
Stoller, Silvia/Vasterling, Veronica/Fisher, Linda (Hg.): *Feministische Phänomenologie und Hermeneutik.* Würzburg 2005.

Hanna-Barbara Gerl-Falkovitz

III. Philosophische Kompetenzen

Einleitung

Nach der Lektüre der ersten beiden Teile dieses Handbuchs mögen sich die Studierenden fragen, *was* sie nach so vielen Seiten gelernt haben. Vielleicht fragen sie sich auch, *wozu* sie sich all diese Informationen angeeignet haben. Mit welchem Ziel studiert man überhaupt die Geschichte der Philosophie? Welchen Sinn hat die Aneignung der hier vorgestellten philosophischen Disziplinen? In welchem Zusammenhang stehen die Geschichte und Systematik der Philosophie? Schließlich stellt sich die grundsätzliche Frage nach dem Ziel des Philosophiestudiums insgesamt.

Wer den ersten Teil über die **Geschichte der Philosophie** studiert hat, kennt die Namen und Lebensdaten der wichtigsten Autoren sowie die Titel und wesentlichen Inhalte der Werke innerhalb der philosophischen Tradition in Europa. Wer indessen nur diese Daten kennt, hat von Philosophie so gut wie nichts begriffen und kann sich die Mühe eines solchen Lernens auch sparen. Vielmehr besteht der Sinn dieses historischen Teils darin, einen ersten Überblick zu geben und zur eigenen Lektüre ausgewählter Schriften zu motivieren. Darüber hinaus ist es von Vorteil, die wichtigsten Strömungen der Philosophiegeschichte zu kennen, Problementwicklungen nachzuvollziehen oder Epochen miteinander vergleichen zu können. Strukturell kann man lernen, dass sich im historischen Verlauf die philosophischen Positionen nicht wie auf einer Perlenkette aneinanderreihten, sondern dass viele Strömungen parallel verliefen und sich in Auseinandersetzungen mit anderen Richtungen entwickelten. Doch besteht Konsens darüber, dass das Studium der Geschichte der Philosophie kein Selbstzweck sein darf. Das Ziel besteht vielmehr darin, eigene philosophische Gedanken zu entwickeln und damit selbst zu philosophieren.

Aus diesem Grund liegt der Schwerpunkt dieses Bandes auf der **systematischen Philosophie**, deren **Disziplinen** im zweiten Teil relativ ausführlich auf dem neuesten Forschungsstand dargestellt werden. Die Probleme werden nicht nur aus der Tradition geschöpft und weiterentwickelt, sondern entstehen häufig in Wechselwirkung mit anderen Wissenschaften, so dass sich die Philosophie als ein interdisziplinäres Projekt erweist. Auf den Bereich der theoretischen Philosophie haben v. a. die Naturwissenschaften, insbesondere die heutigen Kognitions- und Neurowissenschaften großen Einfluss genommen. In der praktischen Philosophie stellen sich u. a. Probleme der Gerechtigkeit und – aufgrund des rasanten Fortschritts moderne Technologien – drängende ethische Probleme. Bei den weiteren Disziplinen kommen z. B. Themen wie der interkulturelle Dialog und das Verhältnis der Geschlechter hinzu. Wer darüber nachdenkt, partizipiert am philosophischen Diskurs der Gegenwart und damit an den Debatten über aktuelle Problemlagen.

Gleichwohl ist die Kenntnis der Geschichte der Philosophie keineswegs obsolet geworden. Im Unterschied zu den meisten Einzelwissenschaften versteht die Philosophie ihre Entwicklung nicht als einen ›Fortschritt‹, in dessen Verlauf alle früheren Systeme ›veralten‹ und damit ihre Geltung einbüßen. Beispielsweise wurde Kants Pflichtethik vom Utilitarismus nicht einfach abgelöst; vielmehr sind beide Positionen so aktuell geblieben, dass sich noch heute Ethiker darüber streiten. In der Philosophie verschränken sich Geschichte und Systematik. Wer sich mit der Philosophiegeschichte beschäftigt, tut dies im Hinblick auf die Lösung systematischer Probleme. Und wer auf systematische Weise zu philosophieren versucht, ist gut beraten, wenn er die philosophische Tradition berücksichtigt, weil er sonst Gefahr läuft, das philosophische Rad neu zu erfinden oder das in der Vergangenheit bereits erreichte argumentative Niveau zu unterbieten. In diesem Sinn wurden auch in diesem Band die beiden Teile zur Geschichte und Systematik konzipiert. Im historischen Teil finden sich fortlaufend Verweise auf systematische Probleme, die im Kontext der Disziplinen aktualisiert und vertieft werden. Im systematischen Teil wird in der Regel auf Autoren und Werke verwiesen, die zum entsprechenden Thema Grundsätzliches beigetragen haben und noch heute diskutiert werden. Denn die Auseinandersetzung mit den historischen Positionen ist in die systematische Philosophie zu integrieren. Im Vordergrund steht das Ziel eines zeitgemäßen und eigenständigen Philosophierens.

Die Fragestellung nach den Zielen des Philosophiestudiums lässt sich indessen noch weiter führen, indem man nach den Kompetenzen fragt, die jemand erwirbt, der Philosophie studiert. Doch diese Frage stammt nicht mehr aus der Philosophie, sondern aus den Erziehungswissenschaften. In der Tat stellt die **Orientierung an Kompeten-**

zen den wichtigsten Paradigmenwechsel in der deutschen Bildungslandschaft dar. Damit werden die traditionell inhaltsbezogenen Curricula verabschiedet zugunsten fachspezifischer Fähigkeiten, über die Individuen verfügen, um bestimmte Probleme zu lösen und um diese Problemlösungen in variablen Situationen erfolgreich und verantwortungsvoll nutzen zu können. Eine solche Ausrichtung findet sich auch in den Empfehlungen wieder, die jeweils benennen, welche Kompetenzen vermittelt werden sollen.

Philosophische Kompetenzen: Vor diesem bildungstheoretischen Hintergrund stellt sich die Frage, welchen spezifischen Beitrag das Studium der Philosophie zu leisten vermag. Es vermittelt ein **Orientierungswissen**, das sich auf übergreifende Zusammenhänge des persönlichen Lebens, eigener und fremder Kulturen wie auch der Welt im Ganzen bezieht. Die dabei erworbenen Fähigkeiten sind nicht nur fachspezifisch, sondern lassen sich auf andere Disziplinen und Lebenssituationen übertragen. Im Einzelnen handelt es sich um folgende Kompetenzen.

Textkompetenz: Philosophische Texte gelten als besonders schwer zu verstehen. Gleichzeitig sind sie so dicht und komplex, dass sie es wert sind, sich mit ihnen intensiv auseinanderzusetzen. Auf exemplarische Weise üben die Studierenden, Wortbedeutungen zu erkennen, Sinneinheiten zu bestimmen und gedankliche Zusammenhänge herzustellen. Bei der Produktion eigener Texte lernen sie, selbständig Gedanken argumentativ zu entfalten, zu verallgemeinern und sprachlich angemessen zu formulieren. Auch außerhalb der Philosophie wird diese Kompetenz in vielen Berufsfeldern zunehmend geschätzt.

Soziale Kompetenz: Seit den Anfängen der Philosophie bildet der Dialog ein wesentliches Merkmal lebendigen Philosophierens. Im Studium wird gelernt, nicht bloße Meinungen, sondern rational begründete Argumente auszutauschen. In Rede und Gegenrede werden intellektuelle Schärfe und Kritikfähigkeit geschult. Zugleich erzieht dieser Dialog zu einer sittlichen Haltung, die auch in anderen Lebensbereichen gefordert ist: zum gutwilligen Zuhören, zum Tolerieren anderer Standpunkte wie auch zur kritischen Distanz gegenüber der eigenen Position. In einem lebensweltlich und handlungsorientierten Philosophie- und Ethikstudium wird diese Toleranz praktisch erfahren.

Interkulturelle Kompetenz: Die Philosophie ist die älteste Kulturwissenschaft. Ihre Aufgabe bestand immer schon darin, fremde und eigene Kulturen zu verstehen. So hat sie den Integrationsprozess verschiedener Kulturen in Europa reflexiv begleitet. Heute kommt es darauf an, diese Bemühung um wechselseitige Verständigung über Europa hinaus fortzuführen. Im Philosophiestudium lernen die Studierenden, kulturelle Phänomene zu interpretieren, indem sie deren grundlegende Deutungsmuster und religiöse Weltbilder reflektieren. An den meisten Universitäten und Hochschulen wird der interkulturelle Austauschprozess bereits erfahren und praktiziert. Das fördert das Verständnis fremder Kulturen und nicht zuletzt auch der eigenen Kultur.

Urteilskompetenz: Wenn vom Studium der Ethik zu Recht gefordert wird, zur moralischen Erziehung beizutragen, so ist zu ergänzen, dass dies nur auf der Grundlage eigener Urteilsfähigkeit möglich ist. Das bedeutet auch mündige Teilhabe am öffentlichen Diskurs über Fragen der Lebensführung und über die Verantwortung der Wissenschaften. Im Ethikstudium können sich die Studierenden methodisches Wissen aneignen, mit dessen Hilfe ethische Probleme lösbar oder zumindest klarer erkennbar sind. Eine solche Urteilskompetenz dient sowohl der Persönlichkeitsentwicklung als auch der politischen Kultur in diesem Land.

Orientierungskompetenz: Durch die neuen Informations- und Kommunikationstechniken ist die paradoxe Situation entstanden, dass einerseits neues Wissen exponentiell zunimmt und dass gleichzeitig tradiertes Wissen entsprechend schnell veraltet. Dadurch gerät auch akademisches Wissen in eine Krise. Die neue Aufgabe besteht darin, sich technisch übermittelte Informationen als persönliches Wissen anzueignen. Um Wissen gemessen an eigenen Zielvorstellungen bewerten zu können, bedarf es einer übergreifenden Orientierung. Eine solche kulturelle Synthese heißt traditionell ›Bildung‹ und ist heute mehr denn je gefragt. Die Philosophie ist ein Bildungsfach, das in erster Linie diese allgemeine Orientierungskompetenz vermittelt.

Interdisziplinäre Methodenkompetenz: Angesichts der veränderten Situation unserer technischen Zivilisation fordern Bildungsforscher eine neue Lernkultur. Sie besteht darin, das Lernen selbst erlernbar zu machen, indem das Lernen methodisch reflektiert wird. Methodisches Lernen soll dazu befähigen, mit dem erworbenen Wissen flexibel und selbständig umzugehen. Gerade die Philosophie vermittelt diese interdisziplinäre Methodenkompetenz. Die philosophisch reflektierten Methoden der Analyse, Konstruktion, Kritik, Interpretation oder Beschreibung lassen sich auch im Studium vermitteln, damit sie von den Studierenden in anderen Wissensbereichen angewendet werden können.

Kompetenzorientierung im Philosophiestudium: Angesichts dieser Tendenz sind auch Zweifel angebracht, ob ein kompetenzorientiertes Philosophiestudium zu den gewünschten Ergebnissen führen könne. Gerade in der Philosophie besteht die Gefahr darin, dass die Absicht zur Steigerung der Effektivität ins Gegenteil umschlagen kann. Je genauer ein ›Output‹ konkretisiert werden soll, desto weiter entfernt sich das Studium vom Ziel philosophischer Bildung, die in Leistungsmessung nicht aufgeht. Häufig verbinden sich mit dem Kompetenzmodell illusionäre pädagogische Heilserwartungen, die sich mit der Umgestaltung in Bachelor- und Masterstudiengänge nicht erfüllt haben. Doch gibt es auch gute Gründe, sich an dieser Reform zu beteiligen. Für die Philosophie spricht dafür, dass sie dadurch ihrer Marginalisierung entgegenwirken und ihre Bedeutung im Kanon der Wissenschaften wie auch der Schulfächer stärken kann.

Im folgenden dritten Teil dieses Bandes werden die Kompetenzen des Philosophierens explizit zum Thema gemacht. Zunächst geht es um die zuletzt erwähnte Methodenkompetenz. Darunter wird die Fähigkeit der Anwendung spezifisch philosophischer Methoden wie der Phänomenologie oder Hermeneutik verstanden. Die Grundidee besteht also darin, dass die Studierenden diese Denkrichtungen nicht nur kennenlernen, sondern z. B. bei der Lektüre philosophischer Texte und beim Schreiben eigener Essays selbständig anwenden. Daran schließt sich ein Kapitel über Verfahren der Analyse und Definition philosophischer Begriffe sowie über spezifisch philosophische Argumente und Argumentationskompetenz an. Um die Methoden wissenschaftlichen Arbeitens in der Philosophie geht es im dritten Kapitel, das sich jedoch nicht auf technische Fertigkeiten beschränkt, sondern auch fachspezifische Kompetenzen wie das Formulieren und Lösen philosophischer Problemstellungen thematisiert. Schließlich folgt eine ausführliche Darstellung der Didaktik der Philosophie und Ethik. Auch in diesem Kapitel werden sowohl formale Verfahren der Unterrichtsplanung als auch inhaltliche Methoden wie z. B. das ethische Argumentieren im Unterricht behandelt. Dieses letzte Kapitel orientiert sich besonders am Berufsfeld Schule, enthält jedoch auch Hinweise für alle Studierende, die ein Interesse an der Vermittlung philosophischen Denkens haben.

Literatur

»Bonner Erklärung der Deutschen Gesellschaft für Philosophie zum Philosophie- und Ethikunterricht«. In: *Zeitschrift für Didaktik der Philosophie und Ethik* 24/4 (2002), S. 348–349.

Fröhlich, Michael: »Kompetenzorientierte Philosophieunterricht«. In: *Zeitschrift für Didaktik der Philosophie und Ethik* 33/1 (2011), S. 72–76.

Gefert, Christian: »Kompetenzmodelle für philosophische Bildungsprozesse«. In: Johannes Rohbeck/Urs Thurnherr/Volker Steenblock (Hg.): *Empirische Unterrichtsforschung und Philosophiedidaktik* (*Jahrbuch für Didaktik der Philosophie und Ethik*. Bd. 9). Dresden 2009, S. 15–26.

Rohbeck, Johannes: »Philosophische Kompetenzen«. In: *Zeitschrift für Didaktik der Philosophie und Ethik* 23/2 (2001), S. 86–94.

Steenblock, Volker: »Was ist Philosophiedidaktik? Fünf Bemerkungen zu ihrer disziplinären Identität aus Anlass der Kompetenzdebatte«. In: *Zeitschrift für Didaktik der Philosophie und Ethik* 33/2 (2011).

Weinert, Franz E. (Hg.): *Leistungsmessungen in Schulen*. Weinheim/Basel 2001.

Johannes Rohbeck

1 Denkrichtungen und Methoden

1.1 Das alltagssprachliche Fundament philosophischer Methoden
1.2 Die Transformation philosophischer Methoden in Kompetenzen: Textlektüre und Essay-Schreiben

Wer sich mit Philosophie in Lehre und Forschung professionell befasst, weiß aus eigener Erfahrung: *Die* Philosophie gibt es nicht, ebenso wenig wie *das* Philosophieren oder *den* Philosophen. Vielmehr bestehen Philosophie und Philosophieren aus einer **Vielzahl von Denkrichtungen oder Strömungen**, die sich voneinander unterscheiden und sich teilweise auch widersprechen. In den Wissenschaften ist das zwar nichts Ungewöhnliches, aber in der Philosophie spielt die Verschiedenheit der Richtungen insofern eine besondere Rolle, weil diese Disziplin in größerem Maße von lebensweltlichen, religiösen und weltanschaulichen Orientierungen abhängt. Seit der Antike bis in unsere Gegenwart lebt das Philosophieren vom **Streit zwischen gegensätzlichen Denkern und Schulen**; nur in schlechten Philosophiegeschichten stellt es sich als lineare und harmonische Abfolge dar. Vor allem im 20. Jh. sind die verschiedenen Schulen der Philosophie kultiviert und institutionalisiert worden. Das mag man bedauern und einer scheinbar verlorengegangenen Einigkeit nachtrauern. Doch heute haben wir allen Grund dazu, diese Vielfalt als Bereicherung zu begreifen.

Nun gehört es an den Universitäten und Hochschulen zur selbstverständlichen Praxis, mit der Pluralität philosophischer Richtungen reflektiert umzugehen. Von jeder Dozentin und von jedem Dozenten ist ja bekannt, aus welchem ›Stall‹ sie kommen und welche theoretischen Präferenzen sie pflegen. Dieser Aspekt zeigt sich in der Wahl der behandelten Autoren wie auch in den bevorzugten philosophischen Methoden. Und die Studierenden spüren, wie sie von solchen Denkstilen – manchmal auch unmerklich – geprägt werden. Diese sind das Salz und die besondere Gewürzmischung in der Philosophensuppe.

Die dominierenden Strömungen der Gegenwartsphilosophie sind:
- Hermeneutik und Dekonstruktion
- Analytische Philosophie
- Dialektik
- Konstruktivismus
- Phänomenologie

Im günstigen Fall verteilt sich diese methodische Vielfalt auf viele Lehrenden eines philosophischen Instituts, so dass die Studierenden im Laufe ihres Studiums mehrere Methoden kennenlernen, adaptieren oder habitualisieren. Bei kleinen Instituten ist es ratsam, dass jeder Dozent nicht nur ›seine‹ Richtung, sondern möglichst viele philosophische Methoden vermittelt.

Die Methoden des Philosophierens werden in diesem Kapitel auf zwei unterschiedlichen Ebenen behandelt.
- Erstens soll eine Anregung gegeben werden, die verschiedenen Methoden des Philosophierens zu explizieren, sie miteinander zu vergleichen und zu reflektieren.
- Zweitens ist damit die Absicht verbunden, dazu beizutragen, dass die Studierenden diese Methoden nicht nur kennenlernen, sondern selbständig anwenden können.

Für die Studierenden stellt sich die entscheidende Alternative, ob sie bloß *über* philosophische Denkrichtungen sprechen oder ob sie deren Methoden kompetent zu praktizieren vermögen. Dabei sind die genannten Methoden keineswegs nur formal oder technisch zu verstehen, verbinden sich doch mit den erwähnten Strömungen ganz bestimmte Inhalte und Grundeinstellungen des Philosophierens. Der Konstruktivismus, der sich an der Logik, an den exakten Wissenschaften und damit an der analytischen Philosophie orientiert, bezweckt ausdrücklich, den Sprachgebrauch und die Argumentationsweise zu reflektieren, um in das Denken, Sprechen und Kommunizieren möglichst viel Klarheit zu bringen. Dahinter steht ein aufklärerischer Impuls, weil mit einer undeutlichen Sprache auch Herrschaft ausgeübt werden kann und weil ein rationaler Diskurs ein Bestandteil der Demokratie ist. Die Phänomenologie wiederum, die sich gegen die Dominanz der Naturwissenschaften und gegen eine technisch beherrschte Welt wendet, eröffnet zugleich den alternativen Themenbereich der Lebenswelt. Sie verfolgt die Absicht, die je eigene Wahrnehmung und subjektive Erfahrung freizulegen. Der methodisch geregelte Versuch, von theoretischen Vorverständnissen erst einmal abzusehen, hat von vornherein eine emanzipatorische und kritische Stoßrichtung. Derartige methodische Kompetenzen hängen also mit bestimmten Inhalten und Zielen zusammen.

1.1 | Das alltagssprachliche Fundament philosophischer Methoden

Im Grunde handelt es sich um elementare Kompetenzen, die längst **zur lebensweltlichen und einzelwissenschaftlichen Praxis** gehören: beobachten und verstehen, analysieren und reflektieren, widersprechen und kritisieren, experimentieren und modifizieren. In dieser elementaren Form werden die philosophischen Methoden immer schon praktiziert. Sie lassen sich auf geläufige Verfahren zurückführen – also auf solche, die auch den Studierenden aus dem Alltag und aus den früheren Schulfächern bekannt sind. Daran kann der akademische Unterricht anknüpfen, indem er das gewöhnliche Wahrnehmen, Denken und Handeln thematisiert.

In philosophischen Texten ist studierbar, wie die elementaren Methoden verallgemeinert, systematisiert und reflektiert werden. Dort präsentieren sich diese Methoden noch einmal in einer Weise ausgearbeitet, die sowohl über das alltägliche als auch über das allgemein-philosophische Verständnis hinausgeht. Die Methoden der Analyse, Interpretation oder Kritik erstarren dabei in den philosophischen Systemen häufig zu ›Letztbegründungen‹, indem sie in einer oftmals abgehobenen Metasprache formuliert und zur jeweils konstituierenden Basis erklärt werden. In der Philosophiegeschichte wurden solche Geltungsansprüche immer wieder erhoben bzw. von Philosophen gegenseitig streitig gemacht.

Die Genese aus der alltäglichen Sprachpraxis hat weitreichende Konsequenzen für das Philosophieverständnis. Es handelt sich bei der Einsicht in diese Genese um eine Anwendung des *ordinary language approach* (s. Kap. I.7.3.3) auf die Philosophie selbst. Ebenso lässt sich diese Einsicht mit den Alltagsanalysen Heideggers in *Sein und Zeit* (»Analyse der durchschnittlichen Alltäglichkeit«) und mit dem Ansatz der Lebensweltanalyse des späten Husserl (*Die Krisis der europäischen Wissenschaften und die Aufgabe der transzendentalen Phänomenologie*) verbinden. Mehr noch: Wer diese eigentliche Basis, die Lebensbasis der philosophischen Methoden und des philosophischen Denkens wirklich erfasst und ernstnimmt, gelangt auch zur Rekonstruktion zentraler kritischer Thesen und Einsichten von Marx, Nietzsche und Freud.

Und ein weiterer Punkt wird deutlich: Entgegen der schulmäßigen Verselbständigung der genannten philosophischen Methoden entspräche eine Philosophie der mehrdimensionalen Komplexität der Alltagssprache und der Alltagspraxis, aus der sie in Wirklichkeit hervorgeht, wenn sie alle Methoden zum Einsatz bringt – je nach den Erfordernissen der Reflexion. Auf das alltagssprachliche Fundament soll deshalb auch im Folgenden stets Bezug genommen werden.

1.2 | Die Transformation philosophischer Methoden in Kompetenzen: Textlektüre und Essay-Schreiben

Die Transformation philosophischer Methoden in Methodenkompetenz kann auf unterschiedliche Weise praktiziert werden: im Dialog oder Gespräch, bei der Lektüre philosophischer Texte und beim Schreiben von Essays. Im Folgenden soll das Konzept verfolgt werden, zunächst eine bestimmte Methode kennenzulernen, um sie anschließend bei der Lektüre und Produktion von Texten umsetzen zu können.

Ausdrücklich sei an dieser Stelle darauf verwiesen, dass die Vermittlung philosophischer Methoden unverzichtbar ist, damit tatsächlich eine **neuartige Methodenkompetenz** erworben werden kann. Ohne explizite Einführungen bleiben die Chancen dieser Art methodischen Lernens ungenutzt. Dabei bilden die Denkrichtungen nicht etwa den Gegenstand des Studiums. Die Kunst besteht vielmehr darin, praktikable Verfahren des Philosophierens an Beispielen zu erläutern. Daraus resultieren dann möglichst genaue Aufgaben für die Textlektüre und für das Schreiben eigener Essays (s. auch Kap. III.3.3.3). Im Folgenden geht es darum, anhand der genannten Denkrichtungen anzudeuten, wie eine Praktizierung philosophischer Methoden erlernt werden kann und welche Ergebnisse dabei zu erwarten sind.

1.2.1 | Hermeneutik

Bei der Hermeneutik (s. Kap. I.7.2.5), die im weitesten Sinne als Lehre vom Verstehen betrachtet werden kann, ist die alltagssprachliche Basis offensichtlich. Es ist die Alltagspraxis, in der wir verstehen wollen und verstehen müssen (»Was meinst du, wenn du dies so formulierst?«; »Verstehe ich dich richtig, wenn ich dich so wiedergebe … ?«; »Könnte das, was er gesagt hat, nicht auch so gemeint gewesen sein?«). Das Sprach- wie das Textverstehen und das Wissen um die Bandbreite von möglichen Verständnissen und Missverständnissen, die Angewiesenheit auf Interpretationen, auf Deutungen, prägt unser praktisches Alltagsleben von Beginn an und durchgehend, besonders auf der interpersonalen Ebene der **Kommunikation und Interaktion**.

Das Textverstehen im engeren Sinne ist nur ein besonderer Modus der primär existentiell-praktischen Ebene des Verstehens von Droh- und Mahnworten, Sprachen der Achtung und Anerkennung, des Vertrauens und der Offenheit, der Vorsicht und Zurückhaltung. Rhetorische, literarische, komische und tragische, witzige, humorvolle, zynische, sarkastische, heuchelnde, schleimige oder aufrichtige, authentische Formen der Sprachverwendung sind primär im Alltagsleben vertraut, oder wir müssen sie dort kennenlernen. Erst wenn wir sie in der Praxis mehr oder weniger sicher identifizieren können, ist uns auch ein textliches, inszeniertes, fiktionales Vergegenwärtigen solcher Sprachgebräuche überhaupt zugänglich und verständlich. Das Auslegen, Deuten und Interpretieren hat seinen klaren und eindeutigen primären Sitz im Kontext von alltäglichen Lebensformen (»Oma, warum guckst du so traurig?«; »Herr X ist von sich sehr eingenommen, und so verlautbart er sich auch«; »Frau X redet hinter Ihrem Rücken anders«; »Ich habe von ihm noch nie etwas Unsachliches gehört«; »Kann ich mich auf diese Zusage auch wirklich verlassen?«; »Wie soll ich sie nur verstehen?!«).

Die **Kontextualität**, die **Situationsbezogenheit**, die **Perspektivität** allen Verstehens und aller Hermeneutik ist in der alltäglichen, z. B. familiären, kollegialen und öffentlichen Interaktion ebenso bewusst wie die damit oft verbundene Schwierigkeit, **Offenheit und Unbestimmtheit** unserer Deutungs- und Auslegungspraxis (»Ich glaube, manchmal versteht er sich selber nicht«; »Weißt du, was du da gesagt hast«; »Weißt du, was das bedeutet?«).

Die hermeneutische Theoriegeschichte des 20. Jh.s hat die **Zeitlichkeit des Verstehens** besonders stark akzentuiert (Heidegger, Gadamer). Auch dieses hermeneutische Urphänomen ist alltäglich vertraut und sinnkonstitutiv (»Als ich das damals sagte, war das jugendlicher Überschwang«; »In der letzten Zeit bin ich mit solchen Urteilen sehr vorsichtig geworden«; »Seit ich sie persönlich kennengelernt habe, kann ich ganz anders reden«; »Man muss einmal seine früheren Sprüche mit dem vergleichen, was er jetzt sagt«). Tiefgreifender Bedeutungswandel, Veränderungen im Sprachgebrauch, Missverständnisse, Interpretationshindernisse, die Notwendigkeit, auf die jeweiligen Bedingungen der Möglichkeit des Verstehens explizit zu reflektieren – all dies ist in der Alltagssprachpraxis der verstehenden und interpretierenden Interaktion enthalten und entwickelt. Allerdings ist auch hier – wie bei den schon thematisierten Bereichen – die Alltagssprache ihre eigene Metasprache. Denn es werden zum Zweck der Beschreibung, der analytischen Klärung wie auch des Verstehens keine fachsprachlich-metasprachlichen terminologischen Mittel eigens erfunden.

Bei der Lektüre philosophischer Texte lassen sich die folgenden hermeneutischen Methoden anwenden:

Hermeneutik als ›objektive‹ Interpretation: Die Annahme, ein Text enthalte einen bestimmten Sinn, stellt sozusagen die natürliche Einstellung des Lesers zu seinem Gegenstand dar. Die provokative Bezeichnung ›objektiv‹ meint zweierlei: Zum einen bezieht sie sich auf einen **vorgegebenen Inhalt**, der zu entdecken ist; zum andern bedeutet ›objektiv‹ die intersubjektive Verständigung auf eine konsensfähige Interpretation. Um einen so betrachteten Text zu interpretieren, haben sich einige methodische Schritte bewährt:
- das behandelte Problem erkennen, die verwendeten Begriffe klären,
- die Argumentation rekonstruieren,
- Kritik üben und eigenes Urteil bilden.

Man mag diese Methode für antiquiert halten – sogar für autoritär, weil ja im Zweifelsfall der Dozent bestimmt, was im Text steht. Er fungiert wie ein allwissender Erzähler oder als Sachwalter eines tradierten Bildungsgutes. Doch hat das Verfahren auch seine Berechtigung. Denn es ist handwerk-

Philosophische Kompetenzen: Textlektüre und Essay-Schreiben

lich solide und seit Generationen erprobt. Außerdem haben die Studierenden ein Anrecht darauf, einen gewissen Standard der Interpretation kennenzulernen. Die entsprechende Aufgabe lautet: »Geben Sie den Inhalt des Textes wieder.«

Intentionalistische Hermeneutik: In dieser Methode wird nach der Intention des Autors gefragt. Dabei setzt man voraus, dass der Autor seinen Text in der Absicht geschrieben hat, eigene Gedanken anderen mitzuteilen, und dass die Leser/innen grundsätzlich imstande sind, diese Schreibabsicht zu erschließen. Zwar ähneln die methodischen Schritte denjenigen der objektiven Interpretation, aber sie zielen jetzt mehr auf die Strategie und **beabsichtigte Wirkung der Argumentation**. Methodisch wichtig ist diese Variante, weil sie es erlaubt, sich in die Situation eines Autors zu versetzen. Das eröffnet die Suche nach alternativen Denkmöglichkeiten. Die Aufgabe lautet: »Erschließen Sie die Schreibabsicht des Autors.«

Philosophische Hermeneutik: Hans-Georg Gadamer betont die Fremdheit und Differenz, die das Verstehen überhaupt zum Problem werden lassen, sowie die aktive und produktive Rolle des Lesers. Demnach verfügt jeder Leser über ein bestimmtes Vorverständnis, das die Lektüre maßgebend prägt und das sich im Lauf der Textarbeit verändert. Ein vertieftes Verständnis entsteht, wenn die beiden Sinnhorizonte miteinander verschmelzen. Die **Horizontverschmelzung** lässt sich in eine spezielle Methode übertragen, indem das Vorverständnis der Lernenden und das später erarbeitete Textverständnis explizit gemacht und miteinander konfrontiert werden. Dabei handelt sich um die Methode des verzögernden Lesens, die aus zwei Schritten besteht:

Vorverständnis und Textverständnis

- Zuerst wird der Anfang eines Textes gelesen mit der Aufgabe, darüber nachzudenken, wie der Text weitergehen oder enden könnte; dazu eignen sich auch Titel, Überschriften oder Schlüsselbegriffe, die einen bestimmten Erwartungshorizont eröffnen.
- Sodann werden die folgenden Textpassagen gelesen mit der Aufgabe, den jetzt bekannten Textinhalt mit der anfänglichen Erwartung zu vergleichen.

Die Schreibaufgabe lautet: »Formulieren Sie vor der Lektüre Ihre Erwartungen an den Text und konfrontieren Sie dieses Vorverständnis mit Ihrem Verständnis des Textes nach der Lektüre.«

Dekonstruktion: Aus dem heutigen Abstand betrachtet, sind Hermeneutik und Dekonstruktion weder identisch, noch schließen sie sich gegenseitig aus, wohl aber handelt es sich um eine wichtige Akzentverschiebung. In der dekonstruktivistischen Methode radikalisiert sich die Hermeneutik. Da die Herstellung eines gemeinsamen Horizonts von Autor und Leser prinzipiell in Frage gestellt wird, gibt es **keinen eindeutigen Textsinn** mehr. Viele Deutungen sind möglich, sicher sind allein die endlosen Verweisungen der Texte aufeinander. Der Autor war bereits Leser, der Leser wird zum Autor. Die Studierenden werden dazu aufgefordert, insbesondere nach Brüchen, Lücken und Rändern, also nach verborgenen Aussagen zu suchen. Dekonstruktion bedeutet hier im wörtlichen Sinn: etwas im Text Unsichtbares sichtbar machen oder ein Randphänomen ins Zentrum rücken.

Die Aufgabe lautet etwa: »Formulieren Sie, was der Text verbirgt oder nicht im Text steht. Schreiben Sie den Text aus einer anderen Perspektive um. Entwerfen Sie eine alternative Lösung.«

1.2.2 | Analytische Philosophie

Auch die Analytische (Sprach-)Philosophie (s. Kap. I.7.3.3), der es vor allem um die Untersuchung der Bedeutung und Verwendung verschiedener Begriffe und Satzstrukturen geht, basiert auf der unüberschaubar komplexen Basis der Alltagssprache. Nahezu alle erwachsenen Menschen auf der Welt sind in der Lage, ganze Sätze in komplexen Lebenssituationen verständlich zu formulieren und auch zu verstehen. Dies ist die sog. prädikativ-propositionale Basis der menschlichen Weltorientierung. Die meisten Menschen verfügen über diese Basis, ohne grammatische, semantische oder logische Analysen explizit durchführen zu können. Das pragmatische Können, das in die Lebenspraxis eingebettet ist, dort gelernt, weiterentwickelt und ein Leben lang tragfähig gehalten wird und werden muss, enthält bei näherer Betrachtung implizit, als ›Tiefenstruktur‹, die grammatischen, semantischen und logischen Strukturen. In Wirklichkeit, so könnte man überspitzt sagen, ›gibt es‹ die separat explizit freigelegten, z. B. logischen Strukturen nicht ›an sich‹ – ebenso wenig wie die Syntax oder die Grammatik in der Form einer sogenannten Universalgrammatik. Vielmehr gelingt die Rekonstruktion dieser Strukturen nur auf der Basis des grundlegenden gewöhnlichen Sprachgebrauchs.

In ihm gründen auch **analytische Rückfragen**
- nach der intendierten Bedeutung (»Was meinst du, wenn du sagst … ?«),

- nach Begründungen (»Warum bist du so sicher, dass sich die Sache so abgespielt hat?«; »Warum glaubst du, dass x diese Absichten hat?«) und
- nach Rechtfertigungen (»Wieso hast du dich in dieser Angelegenheit so entschieden?«).

Welche formalisierbare und präzisierbare Sprachmöglichkeit wir auch betrachten mögen, ob Prädikatorenregeln, Definitionen oder auch die Quantoren (s. Kap. II.A.6) – in der Umgangssprache ist diese Möglichkeit jeweils bereits implizit enthalten und eröffnet ebenso die Möglichkeit der Kategorienverwechslung, wie auch ihrer Beseitigung und Richtigstellung. Der Zweig der modernen Sprachphilosophie, der sich konsequent der Alltagssprache zuwendet, die *ordinary language philosophy* im Anschluss an den späten Wittgenstein, folgt bereits wesentlich den hier vorgestellten Thesen. Aber auch die formalen und idealsprachlichen Ansätze sind bleibend auf die umgangssprachliche Rückbindung angewiesen.

Eine der weitreichendsten systematischen Leistungen der Sprachphilosophie des 20. Jh.s war sicher die Klärung einiger Eigentümlichkeiten im **Bereich des Mentalen, des Bewusstseins und des Psychischen**. Wittgenstein, Ryle, aber auf ihre Weise auch Quine und Davidson haben versucht, die fragwürdige Ontologie dieses Bereichs als eines im ›Inneren‹ des Menschen vorgestellten Raums zu klären, diese Ontologie als metaphorisch zu erweisen und zu eliminieren. In diesem Kontext, der die Kritik und Destruktion des bewusstseinsphilosophischen Paradigmas zumindest von Descartes bis zum Deutschen Idealismus betrifft, lässt sich unabhängig von schulspezifischen Ausrichtungen der Analyse für unsere Thematik festhalten, dass unabhängig von konkreten Sprachgebrauchssituationen mit klar erkennbaren äußeren Kriterien sich keine mentalen Ausdrücke einführen, verwenden und verstehen lassen. Im alltäglichen Sprachgebrauch (»Was geht in dir vor?«; »Was denkst du gerade?«; »Heute Nacht habe ich geträumt, dass …«; »Erinnert ihr euch noch, wie wir damals … ?«; »Spürst du auch, dass hier eine eigentümliche Stimmung herrscht?«) ist ohne meta-sprachliche und theoretische Reflexion evident, dass die psychologische und bewusstseinsbezogene, auf unser ›Inneres‹ bezogene Rede der explikativen Erläuterung und der pragmatischen Kontextualisierung und Einbettung in konkrete, verstehbare Lebenssituationen bedarf, um überhaupt verstehbar zu sein.

Bei der Textlektüre stellt die Analytische Philosophie verhältnismäßig klare Regeln der Begriffsdefinition und Argumentation zur Verfügung. Damit verlagert sich das Interesse vom historischen Kontext zur systematischen Geltungsfrage. Zunächst können mit Hilfe dieser Methode philosophische Begriffe geklärt werden. Darüber hinaus bedarf es einer Analyse der Argumentation, weil diese Begriffe ja keine Tätigkeiten empirisch abbilden, sondern ihre Bedeutung allein aus dem gedanklichen Kontext erlangen. Dabei stellt sich insbesondere die Frage, ob es sich bei bestimmten Schlussfolgerungen angesichts der im Text aufgeführten Prämissen um gültige Schlüsse oder um Fehlschlüsse handelt. Am Beispiel des Anfangs der *Nikomachischen Ethik* von Aristoteles könnten die Aufgaben folgendermaßen lauten:

Der Anfang der *Nikomachischen Ethik* von Aristoteles

»Jedes praktische Können und jede wissenschaftliche Untersuchung, ebenso alles Handeln und Wählen strebt nach einem Gut, wie allgemein angenommen wird. Daher die richtige Bestimmung von »Gut« als »das Ziel, zu dem alles strebt«. Dabei zeigt sich aber ein Unterschied zwischen Ziel und Ziel: das eine Mal ist es das reine Tätig-sein, das andere Mal darüber hinaus das Ergebnis des Tätig-seins: das Werk. Wo es Ziele über das Tätig-sein hinaus gibt, da ist das Ergebnis naturgemäß wertvoller als das bloße Tätig-sein. Da es aber viele Formen des Handelns, des praktischen Könnens und des Wissens gibt, ergibt sich auch eine Vielzahl von Zielen: das Ziel der Heilkunst ist die Gesundheit, der Schiffbaukunst das Schiff, das Ziel der Kriegskunst: Sieg, der Wirtschaftsführung: Wohlstand. Überall nun, wo solche »Künste« einem bestimmten Bereich untergeordnet sind – so ist z. B. der Reitkunst untergeordnet das Sattlerhandwerk und andere Handwerke, die Reitzeug herstellen, während die Reitkunst ihrerseits, wie das gesamte Kriegswesen, unter der Feldherrnkunst steht und was dergleichen Unterordnungen mehr sind –, da ist das Ziel der übergeordneten Kunst höheren Ranges als das der untergeordneten: um des ersteren willen wird ja das letztere verfolgt. Hierbei ist es gleichgültig, ob das Tätig-sein selber Ziel des Handelns ist oder etwas darüber hinaus wie bei den eben aufgezählten Künsten. Wenn es nun wirklich für die verschiedenen Formen des Handelns ein Endziel gibt, das wir um seiner selbst willen erstreben, während das übrige nur in Richtung auf dieses Endziel gewollt wird, und wir nicht jede Wahl im Hinblick auf ein weiteres Ziel treffen – das ergibt nämlich ein Schreiten ins Endlose, somit ein leeres und sinnloses Streben –, dann ist offenbar dieses Endziel »das Gut« und zwar das oberste Gut« (Aristoteles: NE I, 1094a).

Interpretationsskizze

1.2 Denkrichtungen und Methoden

Philosophische Kompetenzen: Textlektüre und Essay-Schreiben

1. Bestimmen Sie die Begriffe ›Herstellen‹ (*poiesis*) und ›Handeln‹ (*praxis*). – Offensichtlich liegen hier Relationsbegriffe vor, deren Gegensätze zu fixieren sind. Die Begriffe erhalten ihre Bedeutung aus den negativen Spiegelungen.

2. Analysieren Sie die Argumentation, indem Sie ein entsprechendes Handlungsschema entwerfen. – Anhand eines von Aristoteles selbst gewählten Beispiels lässt sich die Handlungskette des ›Herstellens‹ rekonstruieren. Dabei verwandelt sich jeder Zweck in das Mittel für einen nächstfolgenden, höheren Zweck und so fort. Erst in der ›Handlung‹ wird diese Kette dreifach abgeschlossen: als Ende, höchste Stufe und Selbstreflexion.

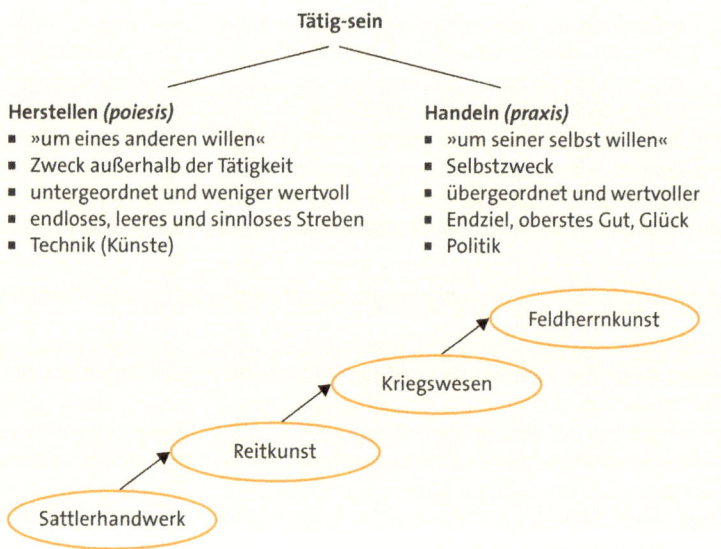

1.2.3 | Dialektik

Auch Grundformen der Dialektik, des Widersprechens und des Gegensatzes sind in der alltäglichen Sprachpraxis tief verwurzelt. Die Sokratischen Dialoge zeigen eine Gesprächsform, die wir bereits im Alltag mit zu klärenden, strittigen Fragen, Problemen und Meinungen anwenden (»Welche Verhaltensweise ist besser, angemessener?« »Wie sollen wir Person x beurteilen?« »Ist sie glaubwürdig?« »Ist diese politische Entscheidung richtig?« »Bin ich verpflichtet, diese Aufgabe zu übernehmen?« »Lässt sich dieser Entwicklung ein vernünftiger Sinn abgewinnen?«). Im alltäglichen Umgang mit dem Für und Wider, dem **pro und contra** wird bereits klar, dass das die spätere methodologische Stilisierung der Dialektik als hochkomplexer Denkform ihre Basis in gelebten Praxisformen hat. Bereits im alltäglichen Diskurs über die Belange der Lebenspraxis ist die negativ-kritische Dimension der Dialektik insofern angelegt, als die Freilegung von Lüge, von täuschendem Schein und von mannigfachen Formen von Unglaubwürdigkeit und unwahren Aussagen für diesen Diskurs konstitutiv und notwendig ist. Es ließe sich ausführlich zeigen, dass Formen der negativen Dialektik und der Ideologiekritik ebenfalls in der lebensweltlichen Praxis angelegt sind. Elementare sprachlich artikulierbare Orientierungsformen der Wahrheit wie Aufrichtigkeit, Verlässlichkeit, Vertrauen, Offenheit und Ehrlichkeit leben in ihrem Gebrauch bereits davon, verfehlt und ausgenutzt, missbraucht und verkehrt werden zu können. Ohne diese praktische Basis wäre keine weitergehende methodologische Ausformung der Dialektik möglich.

Bei der Textlektüre führt die Dialektik zu einer konsequenten Analyse, die bis an die Grenze getrieben wird. Die Argumente verwickeln sich in Widersprüche und setzen sich einer grundsätzlichen Kritik aus. Die Geltungsfrage spitzt sich zu. Das eröffnet die Perspektive für alternative Problemlösungen. Dadurch bieten sich zusätzliche Möglichkeiten, das kritische Urteilsvermögen zu schärfen und nach eigenen Lösungen zu suchen.

Die dafür angemessenen Aufgaben am Beispiel der aristotelischen Handlungstheorie lauten: »Überprüfen Sie die Unterscheidung zwischen Herstellen (*poiesis*) und Handeln (*praxis*) mit Hilfe aristotelischer und eigener Beispiele. Formulieren Sie eine Kritik, indem sie diese Unterscheidung im Sinne von Handlungsklassen ad absurdum führen. Entwickeln Sie daraus eine eigene Problemlösung.«

Beim Schreiben eines eigenen Essays kann die Methode der Dialektik ebenfalls angewandt werden. Die besondere Aufgabe besteht darin, nicht nur widerstreitende Thesen zu finden, sondern eine Synthese zu formulieren, welche die vorausgegangenen Thesen ›aufhebt‹. Diese spezifisch dialektische Denkbewegung entwickelt sich in drei Schritten:

1. Zunächst kommt es darauf an, ein bestimmtes Thema, einen **Begriff oder ein Argument zu fixieren**. Wenn beispielsweise das Wort ›Freiheit‹ ausgesprochen wird, verbinden sich damit viele positive Vorstellungen: persönliche, soziale, politische Freiheit usw. Bei der Bearbeitung des Themas wird zugleich deutlich, dass der Freiheitsbegriff nur in Abgrenzungen identifizierbar und in diesem Sinn ergänzungsbedürftig ist.

2. Sodann beginnt die dialektische Bewegung mit der **Negation** von Freiheit, die erst im Gegensatz zu Notwendigkeit, also zu Zwang und Determination, ihre Bedeutung erlangt. Schreibt man auf dieser Ebene einen ›dialektischen Aufsatz‹, so bewegt sich die Argumentation zwischen diesen Polen, für die jeweils gute Gründe beigebracht werden können. Üblicherweise endet dieses Hin und Her mit einem Kompromiss: der Mensch ist sowohl frei als auch unfrei …

3. Der letzte Schritt besteht in einer überraschenden **Umkehrung der Perspektive**, die den dialektischen Umschlag herbeiführt: Man betrachtet jetzt den übergreifenden Zusammenhang, der bisher das Wechselspiel der Oppositionen regiert hat. Genau dieser Kontext ist mit der Kategorie des Widerspruchs (bei Hegel) gemeint. Für unser Thema heißt das, nach einem allgemeinen Sinn von Freiheit zu suchen, der die vorausgegangenen Gegensätze von Freiheit und Notwendigkeit vereint. In der Ethik bedeutet das die freie Einsicht in die Notwendigkeit sittlicher Bindung, kurz: die Selbstverpflichtung zu moralischem Handeln.

Essay nach der dialektischen Methode

Die entsprechende Schreibaufgabe lautet:
»Schreiben Sie ein Essay nach der dialektischen Methode, indem Sie in einem selbst gewählten Beispiel einen ›Widerspruch‹ konstruieren.«
Zur Illustration folgt das Beispiel einer Studentin.

Immer müde
Müdigkeit ist kein wünschenswerter Zustand. Wer müde ist, ist langsam, unproduktiv, sowohl nervig als auch genervt und auch er selbst fühlt sich schlecht. Ziellos steht er in der Landschaft, so scheint es.
Aber ist der Müde nicht der zielstrebigste Mensch, den es gibt? Wer, mag er auch noch so entschlossen sein, ist in der Lage, sein Ziel nicht eine Minute aus den Augen zu verlieren? Doch nur der Müde, der die Mahnung an sein einzig wichtiges, endgültiges Ziel, den Schlaf, wie eine ständige Last mit sich herumschleift. Auch kann er als einziger gewiss sein, dass er sein Ziel mit Sicherheit erreichen wird, denn irgendwann sorgt die menschliche Natur für den benötigten Schlaf, ohne geht es dann nicht mehr. Nun, dass er der Zielstrebigste und letztendlich auch Erfolgreiche ist, leuchtet jetzt ein.
Allerdings besteht noch ein Einwand, und zwar der, dass es vollkommen egal ist, ob ein Ziel verfolgt und auch erreicht wird, das einem immer wieder entrinnt, für andere Menschen selbstverständlich und eigentlich für niemanden von Nutzen ist. Bei den wichtigen Dingen seien müde Menschen immer nachlässig und unkonzentriert, so die Behauptung.
Doch was sind wichtige Dinge, als für den Menschen wichtige? Und da unsere Wahrnehmung und unser Empfinden nur subjektiv sein können, so gibt es auch nur individuelle Gewichtungen. Objektive Wertungen der Wichtigkeit existieren nicht – jedenfalls nehmen wir sie nicht wahr –, und da wir alle nach Glück streben (diese Annahme sei hier vorausgesetzt), ist das wichtig, was den einzelnen glücklich macht. So gesehen ist es gleichgültig, ob man nach Reichtum, Anerkennung oder Schlaf strebt, für den Betreffenden hat es dieselbe Funktion.
Auch die Behauptung, die Sehnsucht nach Schlaf ließe den Müden alle anderen Dinge vernachlässigen, ist insoweit ungerechtfertigt, als eigentlich alles, was der Mensch tut, vernachlässigbar ist, und zweitens kleinere immer hinter größeren Zielen zurückstehen müssen.
Drittens ist sich nicht jeder der Existenz dieser Dinge bewusst. Wer (noch) nicht weiß, was er wohl mit seinem Leben anfangen soll, für den ist rastlose Energie nur eine Last.
Im Zustand der Müdigkeit jedoch wird selbst das Schreiben eines aufgezwungenen Aufsatzes zur großen Tat und befriedigenden Leistung, ganz gleich, wie einem die Qualität des selbigen in Wachheit erscheinen wird.
Obwohl es genau andersherum zu sein scheint, ist Müdigkeit der gezielteste, befriedigendste und somit ein sehr glücklicher Status.

C. A., Studentin

Aufgabe

Philosophische Kompetenzen: Textlektüre und Essay-Schreiben

1.2.4 | Konstruktivismus

Der philosophische Konstruktivismus strebt eine Reflexion der vorwissenschaftlichen Grundlagen philosophischer Methoden, Begriffe und Theorien an. Vor allem in der Ausprägung der Erlangen-Konstanzer Schule (s. Kap. I.7.6.2.3), bilden elementare Lehr- und Lernsituationen sowie dialogische Gesprächssituationen den Ausgangspunkt, von dem aus die ›großen Worte‹ der Philosophie im Kontext der basalen Alltagssprache methodisch schrittweise und nachvollziehbar rekonstruiert werden sollen. Am Paradigma einer Proto-Ethik, welche die Vermittlung zwischen den beiden Polen einer vorwissenschaftlichen Alltagspraxis und einer philosophischen Ethik ermöglichen soll, lässt sich eine solche Rekonstruktion mit folgenden Stufen entwickeln:

Rekonstruktion einer Proto-Ethik

1. Stufe: die elementare Einführungssituation, in der wir es auch mit der Leibbasis, den Gefühlen, der sozialen Basis unserer Praxis zu tun haben;
2. Stufe: die Ebene bereits nonverbaler Reziprozitäten (durch Zeichensprache, Körpersprache);
3. Stufe: der Moment expliziter Bedürfnisartikulation, in dem wir unsere Bewertungen zunächst äußern;
4. Stufe: die Situation der dialogischen Kommunikation mit argumentativen Mitteln auf der interpersonalen Ebene;
5. Stufe: das Stadium der expliziten Negation – hier ist der Ort des expliziten Bestreitens und Negierens, des Zurückweisens von Ansprüchen und vor allem von konkreten Handlungen, aber auch der alltäglichen Eröffnung der Dimensionen von Verantwortung, Selbstbestimmung und praktischer Freiheit;
6. Stufe: das erste Niveau der Transsubjektivität, partiale moralische Universalität;
7. Stufe: das zweite Niveau der Transsubjektivität, die uneingeschränkte Universalität.

Entscheidend für diese modellhafte Konstruktion der moralischen Universalität ist die grundsätzliche Einsicht, dass die bedeutungsverleihende lebensweltliche, schon nonverbale Basis (Stufe 1 und 2) der leiblichen und sozialen Interaktion und Reziprozität immer erhalten bleibt, auf welcher Vermittlungsstufe auch immer – Gleiches gilt auch für die Gefühlsebene. Das heißt: In Wirklichkeit bleiben alle Stufen der Rekonstruktion kopräsent und müssen immer wieder neu aufeinander bezogen und vermittelt werden. Zugleich gegenwärtig bleiben auf diese Weise auch die vielen Verhinderungs- und Einschränkungsfaktoren, die der Konkretisierung vernünftiger Praxis im Wege stehen. Eine Stufe 8 wäre die der praktischen Klugheit, auf der genau diese Einsicht in die extreme Begrenztheit und Gefährdetheit vernünftiger Orientierungen sozial und kommunikativ gegenwärtig gehalten werden müsste.

Für die Textlektüre hat der Konstruktivismus weitreichende Konsequenzen: Es werden nicht nur fertige Regeln gelernt, die auf Fallbeispiele anzuwenden sind; vielmehr sollen die Regeln selbst aus der Reflexion auf die alltägliche Lebenspraxis gewonnen werden. Die Pointe liegt darin, dass an die Alltagserfahrung angeknüpft wird. Wenn zum Beispiel die Strukturen der Handlungstypen *poiesis* und *praxis* rekonstruiert sind, ergibt sich bei einer anschließenden Lektüre des Textes von Aristoteles ein Wiedererkennungs-Effekt. Das Textverständnis wird auf diese Weise vorbereitet und erleichtert.

In diesem Fall lautet die Aufgabe: »Rekonstruieren Sie das Handlungsschema des technischen Herstellens und des selbstzweckhaften Handelns aus Ihrer alltäglichen Erfahrung.«

1.2.5 | Phänomenologie

Der Ansatz der Phänomenologie (s. Kap. I.7.2.1) gründet in der alltagssprachlich eröffneten Möglichkeit der zutreffenden, genauen Beschreibung von Phänomenen – sich zeigenden Gegenständen welcher Art auch immer. Bereits in Alltagssituationen sind wir darauf angewiesen, sprachlich Situationen und Gegenstände, Erfahrungen und Sinneseindrücke zu vergegenwärtigen, die für uns selbst oder für andere nicht gegenwärtig sind. So z. B., wenn wir einem Suchenden einen Weg beschreiben, den er fahren oder gehen kann, oder, wenn wir gemeinsam einen **Eindruck zu erfassen und zu beschreiben versuchen**, den wir noch nicht einordnen, noch nicht deuten, noch nicht verstehen können. Ein Geräusch, ein Lichteindruck in der Nacht – wir werden auf die Frage »Was war das?« sie gemeinsam zu beschreiben versuchen, um ihr Wesen zu erfassen. Dabei tritt bereits in der Alltagserfahrung ein Variantenreichtum in den Blick, der die Abwandlungsmöglichkeiten lebensweltlicher Phänomene zeigt. Wenn die Phänomenologie später in elaborierter Form von **eidetischer Variation** spricht, so ist diese Wandlungsfähigkeit in der Alltagserfahrung zunächst rätselhafter Phänomene von vornherein angelegt. Ebenso ist die **Epoché** oder Reduktion dort angelegt, wenn wir zunächst nicht wissen, was das Geräusch oder der Lichteindruck eigentlich war. Das phänomenologische Bemühen schließlich um rein sachliche, wesensbezogene Beschreibung beruht im Fall der Alltagsbeispiele auf dem schlichten pragmatischen Interesse an Orientierung in der Alltagspraxis der Lebenswirklichkeit.

Für die phänomenologische Methode in elaborierter Gestalt ist es besonders kennzeichnend, dass sie in der Lage sein muss, Täuschungen und Verdeckungen freizulegen und wegzuarbeiten. Aber auch diese kritische Dimension ist in der alltäglichen Beschreibungspraxis ganz grundsätzlich und selbstverständlich angelegt (»Ist das nicht Frau X, die dort hinten am Tor vorbeigeht? – Nein, Frau X ist doch größer.«; »Ist das eine Zeichnung des kleinen Moritz? Oder ist es eine zufällige Kombination von Farbklecksen?«; »Kannst du erkennen, was für ein Gebäude dort auf dem Berg steht? Ist das eine Burg oder eine alte Werksanlage?«).

An diesen Beispielen wird deutlich: Das genaue Beschreiben von Phänomenen unter Einschluss der pragmatischen Reflexion auf die ganze Bandbreite von Variationsmöglichkeiten sowie auf Täuschungen und Verdeckungen ist eine fundamentale, zentrale und unverzichtbare Möglichkeit der Alltagssprache. Die Nutzung der Alltagssprache und der ständige Rekurs auf sie und die mit ihr artikulierten Erfahrungen bleiben für die entwickelte phänomenologische Methode stets grundlegend. Alle höherstufige Terminologie lebt von diesem semantisch-pragmatischen Fundament und seiner spezifischen Grammatik. Das gilt auch für die **Neue Phänomenologie** und ihre besondere Akzentuierung der leiblichen Erfahrungsbasis. Unser Leib ist die Mitte unserer Lebenswelt schlechthin, bei Tag und bei Nacht, im Wachsein und im Schlaf. Wir haben keinen anderen Zugang zu dieser Mitte als die alltägliche Erfahrung und die mit ihr fest verwobene Alltagssprache.

Für die Textlektüre eignet sich die Phänomenologie nicht so recht, weil in ihr weniger Texte als unmittelbare Wahrnehmungen im Vordergrund stehen. Gleichwohl können auch bei der Textlektüre Methoden der Phänomenologie zum Zuge kommen. Dazu dient die phänomenologische Leseforschung, in der ebenfalls Bewusstseinszustände zum Thema gemacht werden. Auf diese Weise setzt man Ansätze der philosophischen Hermeneutik und der Rezeptionsästhetik fort. Wurden dort die persönlichen Lese-Erwartungen thematisiert, wird jetzt die individuelle Lese-Erfahrung reflektiert.

Eine entsprechende Aufgabe könnte lauten: »Beschreiben Sie Ihre eigenen Gedanken und Empfindungen bei der Lektüre des Textes. Dies könnte etwa in Form eines fiktiven Briefes geschehen, der sich für die Mitteilung subjektiver Befindlichkeiten besonders gut eignet. Mögliche Leitfragen sind: Welchen Eindruck übt der Text auf Sie aus? Welche Verständnisschwierigkeiten fallen auf?«

Für das Schreiben eigener Essays eignet sich die Phänomenologie besonders. Denn sie erlaubt es, an die eigenen Erfahrungen anzuknüpfen. Doch sollte man nicht die Illusion hegen, diese Erfahrungen seien unmittelbar zugänglich. Es bedarf einer methodischen Anleitung, um die Wahrnehmungen zum Thema einer phänomenologischen Reflexion zu machen. Für eine entsprechende Einführung seien an dieser Stelle lediglich folgende Grundgedanken genannt:

Die Phänomenologie ist eine philosophische Methode, durch die alltägliche Phänomene unserer Lebenswelt in den Vordergrund rücken. Dabei kommt es darauf an, das **Nicht-Selbstverständliche** oder das **Verborgene** hinter dem offen zutage Liegenden bewusst zu machen. Thema der Phänomenologie sind daher **Bewusstseinsinhalte, Strömungen von Gedanken und Gefühlen**, die sich bei der Wahrnehmung und beim Erleben unwillkürlich einstellen. Dazu eignen sich mehrere spezielle Verfahren:

- die sowohl kognitive als auch emotionale **Ent-Täuschung**, mit deren Hilfe das Selbstverständliche alltäglicher Erlebnisse zum Vorschein gebracht werden kann;
- die **Verlangsamung** oder **Dehnung** eines Ereignisses, das in kurzer Zeit stattgefunden hat und im Essay ausführlich beschrieben wird;
- die **Beschreibung** einer Wahrnehmung bei gleichzeitiger **Bewegung des eigenen Leibs**;
- der **Wechsel der Perspektiven**: Ich versetze mich in die Lage eines anderen Wesens.

Eine Schreibaufgabe könnte dann lauten: »Schreiben Sie ein Essay nach der phänomenologischen Methode über einen Gegenstand oder über ein Erlebnis; wenden Sie dabei die Methoden der Enttäuschung, der Verlangsamung oder des Perspektivwechsels an; oder schreiben Sie ein Essay über die Selbstwahrnehmung Ihres Leibes.«

Phänomenologische Methode

1.2 Denkrichtungen und Methoden

Philosophische Kompetenzen: Textlektüre und Essay-Schreiben

Aufgabe

Essay nach der phänomenologischen Methode

Um ein konkretes Bild solcher Schreibübungen zu vermitteln, folgt der Anfang eines Essays, den eine Studentin mit Hilfe der Methode der Selbstwahrnehmung geschrieben hat.

Sand

Aufgrund eines Tanztheaterworkshops liege ich am Boden – und das im wahrsten Sinne des Wortes. Die Augen geschlossen haltend lausche ich auf die Stimme der Leiterin und horche nach der Stimme meines Körpers.

»Stellt euch vor, ihr läget im Sand. Wie sieht euer Körperabdruck aus, wie fühlt er sich an?« Zwei Sätze, die eine ganze Kette von Gedanken in mir auslösen und mich neu begreifen lassen.

Ich liege doch auf dem Boden und nicht im Sand. Warum soll ich mir mich im Sand vorstellen? Bei Sand muss ich immer an Strand und Sandkasten denken. Da ich aber nicht Burgen bauen, sondern liegen soll, denke ich an Badetücher und feinste Sandkörnchen im Haar und auf der Haut. Der Sand ist weich und gibt nach, empfängt meine Körperformen und bildet diese als mein Negativ ab. Wenn ich jetzt den Boden unter mir spüre, so kann ich mir vorstellen, wie der Boden Sand ist. Ich muss aber wenigstens einmal die Erfahrung gemacht haben, wie Sand sich anfühlt und wie er auf das Körpergewicht reagiert. Der Boden, auf dem ich jetzt liege, ist aus Holz mit einem schwarzen Tanzteppich überzogen, demnach alles andere als weicher Sand. Und doch lässt er mich meinen Körper spüren. Er ist ein Widerstand zu meinem Körper, und trotzdem habe ich ein Gefühl von Weichheit, da dieser Boden mich ebenfalls aufnimmt. Er fängt mich auf, lässt mich nicht ins Bodenlose gleiten, ich kann mich von ihm abdrücken, um empor zu schnellen. Er ist Körper, der meinen Körper berührt.

Mit dem Bild des Sandes vor meinen geschlossenen Augen spüre ich meinem Körper nach. Nicht alle Körperteile liegen auf dem Boden auf; die Vorderseite selbstverständlich nicht, doch auch nicht Nacken, mittlerer Rücken, da ich Hohlkreuz habe, nicht meine Kniekehlen sowie Achillessehnen und beide Fußsohlen. Würde ich mir jetzt nur meinen Abdruck vorstellen, so sähe ich mehr oder weniger runde und unterschiedlich tiefe Druckstellen im Sand, die teilweise unverbunden in einem abgegrenzten Areal liegen würden. Müsste ich jetzt nur anhand dieser Abdrücke Rückschlüsse auf meinen Körper ziehen, so würde ich aus schwebenden Fleischklumpen bestehen, da eine Verbindung der einzelnen Körperteile nicht als Abdruck existierte. Da mir aber die Tanzleiterin sicherlich nicht weismachen wollte, dass mein Hals eine Illusion ist, muss sie auf eine Fähigkeit von mir gebaut haben, die über die bloße Vorstellung von Abdrücken im Sand hinausgeht. [...]

S. S., Studentin

Literatur

Blume, Thomas/Demmerling, Christoph: *Grundprobleme der analytischen Sprachphilosophie.* Paderborn 1998.
Brandt, Reinhardt: *Die Interpretation philosophischer Werke.* Stuttgart-Bad Cannstatt 1984.
Bühler, Axel: »Hermeneutischer Intentionalismus und die Interpretation philosophischer Texte«. In: *Logos N. F.* 2/1 (1995), S. 1–18.
Fellmann, Ferdinand: *Orientierung Philosophie.* Reinbek 1998.
Gadamer, Hans-Georg: *Wahrheit und Methode. Grundzüge einer philosophischen Hermeneutik.* Tübingen 1960.
Grondin, Jean: *Einführung in die philosophische Hermeneutik.* Darmstadt 1991.
Hoche, Hans-Ulrich/Strube, Werner: *Analytische Philosophie.* Freiburg/München 1985.
Ineichen, Hans: *Philosophische Hermeneutik.* Freiburg 1991.
Iser, Wolfgang: *Der Akt des Lesens – Theorie ästhetischer Wirkung.* München 1976.
Janich, Peter: *Das Maß der Dinge. Protophysik von Raum, Zeit und Materie.* Frankfurt a. M. 1997.
Jelden, Eva (Hg.): *Prototheorien – Praxis und Erkenntnis.* Leipzig 1995.
Kopperschmidt, Josef: *Argumentationstheorie zur Einführung.* Hamburg 2000.
Martens, Ekkehard: *Methodik des Philosophie- und Ethikunterrichts. Philosophieren als elementare Kulturtechnik.* Hannover 2003.
Rentsch, Thomas: »Phänomenologie als methodische Praxis«. In: Rohbeck 2002, S. 11–28.
– : »Einführung in den Konstruktivismus«. In: Rohbeck 2003, S. 139–149
– : »Der Status der Philosophie«. In: Peggy H. Breitenstein/Volker Steenblock/Joachim Siebert (Hg.): *Geschichte – Kultur – Bildung* Hannover 2007, S. 233–231.
– /Rohbeck, Johannes: »Essays schreiben – aber mit Methode«. In: Johannes Rohbeck (Hg.): *Hochschuldidaktik Philosophie.* Dresden 2007, S. 75–81
Rohbeck, Johannes (Hg.): *Philosophische Denkrichtungen.* Dresden 2001.
– (Hg.): *Denkstile der Philosophie.* Dresden 2002.
– (Hg.): *Didaktische Transformationen.* Dresden 2003.
– : *Didaktik der Philosophie und Ethik.* Dresden ²2010.
Runggaldier, Edmund: *Analytische Sprachphilosophie.* Stuttgart/Berlin/Köln 1990.
Schmitz, Herrmann: *Neue Phänomenologie.* Bonn 1980.
Schnädelbach, Herbert: »Philosophische Argumentation«. In: Ekkehard Martens/Ders. (Hg.): *Philosophie. Ein Grundkurs.* Bd. 2. Reinbek 1985.

Steenblock, Volker: »Hermes und die Eule der Minerva. Zur Rolle der Hermeneutik in philosophischen Bildungsprozessen«. In: Rohbeck 2001, S. 81–115.
Stegmüller, Wolfgang: *Hauptströmungen der Gegenwartsphilosophie.* 4 Bde. Stuttgart 1987–1989.
Tetens, Holm: *Philosophisches Argumentieren. Eine Einführung.* München 2004.
Waldenfels, Bernhard: *Einführung in die Phänomenologie.* München 1992.
Wilson, John: *Begriffsanalyse.* Stuttgart 1984.
Wuchterl, Kurt: *Methoden der Gegenwartsphilosophie.* Bern/Stuttgart/Wien 1999.
Zima, Peter V.: *Die Dekonstruktion. Einführung und Kritik.* Tübingen/Basel 1994.

Thomas Rentsch und Johannes Rohbeck

2 Philosophische Begriffe und Argumente

2.1 Die Begriffsanalyse als eine Methode der Philosophie
2.2 Philosophische Argumente

Philosophen verlassen nur selten ihr Arbeitszimmer, um ihrer Tätigkeit nachzugehen. Während andere Wissenschaftler/innen Experimente durchführen, Statistiken auswerten oder gar Ausgrabungen vornehmen, scheinen derartige Verfahren in der Philosophie nicht sinnvoll zu sein. Doch wie gelangen Philosophen zu Erkenntnissen? Oder – anders formuliert – welche Methoden benutzt man in der Philosophie? Im Folgenden sollen zwei zentrale Methoden der Philosophie vorgestellt werden – die Begriffsanalyse und das Argumentieren. Beide Methoden werden in der Philosophie von der Antike an bis in die Gegenwart hinein benutzt. Jeder Philosoph sollte mit diesen beiden Methoden vertraut sein.

2.1 | Die Begriffsanalyse als eine Methode der Philosophie

2.1.1 | Was ist Begriffsanalyse?

Seit der Antike haben zahlreiche Philosophen die Auffassung vertreten, dass es eine enge Verbindung zwischen Begriffen und philosophischen Fragen gibt. Viele philosophische Fragen haben die Gestalt von »Was ist ... ?«-Fragen – um einige Beispiele zu nennen: »Was ist Wissen?«, »Was ist Wahrheit?«, »Was ist Gerechtigkeit?« Und wenn man wissen möchte, was Wissen, Wahrheit oder Gerechtigkeit sind, muss man, so das naheliegende Verständnis, die Begriffe des Wissens, der Wahrheit oder der Gerechtigkeit analysieren. Die **Begriffsanalyse** ist entsprechend eine Methode, um eine philosophische Frage zu beantworten.

Klassische Form der Begriffsanalyse: Begriffsanalysen haben gemeinhin die Form, dass man **einzeln notwendige** und **gemeinsam hinreichende Bedingungen** anzugeben versucht, die erfüllt sein müssen, damit der Begriff korrekterweise angewendet werden kann. Man könnte etwa den Begriff des Wissens folgendermaßen analysieren: Eine Person weiß, dass p weiß, sofern sie

(i) von p überzeugt ist,
(ii) p wahr ist und
(iii) die Person gerechtfertigt ist, p zu glauben.

Die Bedingungen (i) bis (iii) wären der Idee nach einzeln notwendig und zusammen hinreichend dafür, dass eine Person über Wissen verfügt. Dieser Konzeption der Begriffsanalyse liegt die Vorstellung zugrunde, dass der Gehalt eines Begriffs in notwendigen und hinreichenden Bedingungen für dessen Anwendung besteht und dass der zu analysierende Begriff **komplex** ist, wohingegen es

Beispiel: Komplexe und einfache Begriffe
Komplexe Begriffe die man durch einfachere Begriffe analysieren könnte, wären etwa der Begriff des Junggesellen oder der Begriff der Primzahl. Den Begriff des Junggesellen könnte man folgendermaßen analysieren: x ist genau dann ein Junggeselle, wenn

(i) x ein Mann im heiratsfähigen Alter ist und
(ii) x unverheiratet ist.

In diesem Fall würde man den Begriff des Junggesellen durch die Begriffe des heiratsfähigen Mannes und den des Unverheiratetseins analysieren.
Den Begriff der Primzahl könnte man auf die folgenden Begriffe zurückführen: x ist eine Primzahl, genau dann wenn

(i) x eine natürliche Zahl ist, die größer als 1 ist, und
(ii) x ist nur durch sich selbst und durch die 2 teilbar.

In beiden Fällen hätte man einen komplexen Begriff auf einfachere Begriffe zurückgeführt – wobei diese selbst einer weiteren Analyse fähig wären.

2.1 Philosophische Begriffe und Argumente

Die Begriffsanalyse als eine Methode der Philosophie

sich bei den Begriffen, die für die Analyse verwendet werden um **einfache** oder zumindest **einfachere Begriffe** handelt.

In dem angeführten Beispiel (s. S. 421) wäre etwa der Begriff des Wissens ein komplexer Begriff, der sich auf die – ebenfalls komplexen – Begriffe der Überzeugung, der Wahrheit und der Rechtfertigung zurückführen lässt. Diese Auffassung von Begriffen wird auch als »**definitionale Konzeption des Begriffs**« bezeichnet (vgl. Laurence/Margolis 2005).

Dass Philosophen philosophische Fragen beantworten, indem sie Begriffe analysieren, und dass eine Begriffsanalyse notwendige und hinreichende Bedingungen für die Anwendung eines Begriffs enthält, hat bereits Platon erkannt. In dem ersten Buch seines Dialogs *Der Staat* (*Politeia*) ermuntert Sokrates seinen Dialogpartner Polemarchus etwa, den Begriff der Gerechtigkeit zu definieren. Nachdem Polemarchus (im Verweis auf Simonides) vorschlägt, dass eine Person gerecht ist, sofern diese Person jedem das erstattet, was sie ihm schuldig ist, versucht Sokrates, diese Definition anzugreifen. Es entwickelt sich der folgende Dialog:

Der Begriff der Gerechtigkeit

Sokrates: Nun ja, dem Simonides wird niemand so leicht den Glauben versagen; denn er ist ein weiser und göttlicher Mann. Aber was er mit dieser Äußerung meint, ist Dir vielleicht klar, mir ist es aber unverständlich. Denn offenbar meint er damit nicht das, was wir eben anführten, die Rückerstattung einer uns anvertrauten Sache an den Hinterleger, wenn dieser sie im Zustande der Unzurechnungsfähigkeit zurückfordert. Und doch ist das, was er hinterlegt hat, in gewissem Sinne immerhin etwas, was man ihm schuldig ist. Nicht wahr?
Polemarchos: Ja.
Sokrates: Aber zurückgeben darf man es nun und nimmermehr in dem Falle, dass der Rückfordernde unzurechnungsfähig ist.
Polemarchos: Du hast Recht.
Sokrates: Also meint doch Simonides allem Anschein nach mit seiner Äußerung, es sei gerecht das Schuldige zurückzugeben, etwas anderes als dies (Platon: *Politeia* 331e-332a).

Wie diese Passage verdeutlicht, versucht Sokrates, die von seinem Dialogpartner vorgeschlagene Definition der Gerechtigkeit durch ein **Gegenbeispiel** zu widerlegen. Dieses Gegenbeispiel ist so geartet, dass die notwendigen und hinreichenden Bedingungen der von Polemarchos angeführten Analyse oder Theorie zwar erfüllt sind, wir aber intuitiv nicht sagen oder das Urteil fällen würden, dass die Person oder ihre Handlung gerecht ist. Daraus, dass die vorgeschlagene Analyse nicht unseren intuitiven Reaktionen auf das von Sokrates gebrachte Beispiel gerecht wird, lässt sich ableiten, dass die Analyse falsch oder unangemessen ist.

Das, was Platon in dem Dialog vorführt, wird bis in Gegenwart hinein von zahlreichen Philosophen praktiziert. Sie versuchen, Analysen eines beliebigen Begriffs zu formulieren, die in der Angabe notwendiger und hinreichender Bedingungen bestehen, und diese Analysen zu testen. Analysen testet man durch **Gedankenexperimente**. Gedankenexperimente sind imaginierte hypothetische Szenarien, in denen die von einer Analyse vorgeschlagenen Bedingungen erfüllt sein können oder nicht. Findet man ein Gedankenexperiment, in dem die Bedingungen der Analyse erfüllt sind, wir aber intuitiv nicht den fraglichen Begriff anwenden würden, dann zeigt dies, dass die Bedingungen **nicht hinreichend sind**. Findet man hingegen ein Gedankenexperiment, in dem die Bedingungen der Analyse nicht erfüllt sind, wir aber intuitiv den Begriff dennoch anwenden würden, dann zeigt dies, dass die Bedingungen **nicht notwendig sind**.

Begriffe, Gedankenexperimente und apriorisches Wissen: Bis in die Gegenwart hinein wird die Auffassung vertreten, dass das Verfahren, philosophische Begriffsanalysen durch Gedankenexperimente zu testen, ein **erfahrungsunabhängiges** oder **apriorisches** Unterfangen ist. Denn wenn man eine Begriffsanalyse alleine durch eine intuitive Reaktion auf ein vorgestelltes Szenario testet, muss man nicht auf Sinneserfahrungen zurückgreifen. Das Testen einer philosophischen Analyse scheint durch bloßes ›Nachdenken‹ vonstatten zu gehen. Dies würde auch dem seit Platon vorherrschenden Selbstverständnis der Philosophie entsprechen, wonach die Philosophie keine empirische, sondern eine rein erfahrungsunabhängige Disziplin ist wie die Arithmetik oder die Logik. Doch dies wird in der Gegenwart von einigen Philosophen bestritten (vgl. Williamson 2007; Goldman 2007).

> **Definition**
>
> Mit einer → Begriffsanalyse versucht man, **notwendige und hinreichende Bedingungen** für die Anwendung eines **Begriffs** zu formulieren. Eine Begriffsanalyse wird durch **Gedankenexperimente bestätigt** oder **widerlegt**. Gemäß dem klassischen Verständnis ist das Verfahren, Begriffsanalysen durch Gedankenexperimente zu testen **unabhängig von der Erfahrung** oder **a priori**.

2.1.2 | Alternative Formen der Begriffsanalyse

Die Form der Begriffsanalyse, die eben präsentiert wurde, geht davon aus, dass die zu analysierenden Begriffe komplex sind und dass man sie auf einfache Begriffe zurückführen kann. Man könnte diese Art der Begriffsanalyse auch »**zerlegende**« oder »**reduktive Form der Begriffsanalyse**« nennen. Doch dies ist nicht die einzige Möglichkeit, wie man einen Begriff analysieren kann.

Das verknüpfende Modell der Begriffsanalyse: Eine weitere Form Begriffsanalyse besteht darin, lediglich das **Verhältnis eines Begriffs zu anderen Begriffen zu beschreiben**, ohne den Begriff selbst zerlegen oder definieren zu wollen. Man könnte etwa den Begriff des Wissens derart analysieren, indem man zeigt, in welcher Relation der Begriff des Wissens zum Begriff der Rechtfertigung, der Behauptung oder der Handlung steht. Bei diesem Konzept der Analyse würde man lediglich versuchen, **begriffliche Zusammenhänge** aufzudecken, aber keine notwendigen und hinreichenden Bedingungen für die Anwendung des Begriffs anzugeben. Ein berühmter Verfechter dieses Konzepts der Begriffsanalyse ist Peter Strawson (vgl. Strawson 1994). Dieses Verständnis der Begriffsanalyse hat gegenüber dem reduktiven Konzept der Begriffsanalyse den Vorteil, dass man sich nicht auf eine **definitionale Konzeption des Begriffs** festlegt, die im 20. Jh. stark unter Beschuss geraten ist (s. 2.1.3).

Carnaps Konzept der Explikation: Ein weiteres alternatives Konzept der Begriffsanalyse ist das konstruktive oder explikative Konzept der Begriffsanalyse, das vor allem von Philosophen der sog. **idealsprachlichen Richtung** praktiziert wurde. Gegenüber dem in Abschnitt 2.1.1 vorgestellten Konzept spielen bei diesem Verständnis von Begriffsanalyse intuitive Reaktionen auf imaginierte Fälle keine gewichtige Rolle. Denn hier versucht man nicht, den Gehalt eines natur- oder umgangssprachlichen Begriffs zu erfassen, sondern vielmehr, einen Begriff zu konstruieren, der einem umgangssprachlichen Begriff ähnelt, aber für wissenschaftliche Zwecke besser zu gebrauchen ist. Dieses Konzept der Begriffsanalyse lässt sich bei Philosophen wie Gottlob Frege, Bertrand Russell und Alfred Tarski auffinden, wurde aber insbesondere von Rudolf Carnap explizit von dem herkömmlichen Modell der Begriffsanalyse abgehoben. Carnap nannte dieses Konzept der Begriffsanalyse »**Explikation**«. Obwohl dieses Konzept der Begriffsexplikation für wissenschaftliche Zusammenhänge brauchbar ist, ist es jedoch nicht unmittelbar auf die Philosophie übertragbar. Denn in der Philosophie versucht man, den tatsächlichen Sinn eines Begriffs zu erfassen. Wenn man wissen möchte, was Wissen ist, kann man nicht einen Begriff konstruieren, der dem alltäglichen Wissensbegriff ähnlich ist. Dies würde an der Frage, die man eigentlich verfolgt, vorbei gehen. Es ist deshalb auch nicht verwunderlich, dass kaum ein lebender Philosoph das von Carnap vorgeschlagene Konzept der Begriffsanalyse in der Philosophie verfolgt.

2.1.3 | Kritik an der Begriffsanalyse

Wittgensteins ›Familienähnlichkeiten‹: Dass die Begriffsanalyse eine Methode der Philosophie darstellt, mit der man auch zu philosophischen Erkenntnissen gelangen kann, wurde insbesondere im 20. Jh. von einigen Philosophen in Zweifel gezogen. Eine frühe Kritik an der Begriffsanalyse in der Form, wie sie im Abschnitt 2.1.1 präsentiert wurde, wurde von Ludwig Wittgenstein in seinem Werk *Philosophische Untersuchungen* (1953) formuliert. Wittgenstein vertritt die Auffassung, dass Begriffe im Allgemeinen keine Struktur besitzen, die sich durch eine Definition in der Form notwendiger und hinreichender Bedingungen angeben lässt. Wenn der Gehalt eines Begriffs im Allgemeinen nicht in notwendigen und hinreichenden Bedingungen besteht, dann wäre das Unterfangen aussichtslos, überhaupt nach Definitionen suchen zu wollen. Wittgenstein lehnt die definitionale Konzeption des Begriffs ab, die der klassischen Form der Begriffsanalyse zugrunde liegt. Er ist davon überzeugt, dass die Objekte, auf die ein Begriff anwendbar ist, bei genauerer Betrachtung in den meisten Fällen keine Gemeinsamkeiten aufweisen, die sich durch notwendige und hinreichende Bedingungen erfassen lassen.

Als Beispiel bringt Wittgenstein den **Begriff des Spiels**: Wenn man etwa Brettspiele mit Ball- oder Kinderspielen vergleicht, wird man leicht erkennen können, dass hier keine Gemeinsamkeiten vorliegen, die man durch notwendige und hinreichende Bedingungen angeben kann. Denn bei Brettspielen gibt es beispielsweise die Möglichkeit des Gewinnens und Verlierens. Demgegenüber ist bei manchen Kinderspielen die Möglichkeit des Gewinnens oder Verlierens nicht gegeben. Wenn ein Kind etwa einen Ball gegen die Wand wirft und ihn wieder auffängt, kann das Kind nicht als Gewinner oder Verlierer aus diesem Spiel hervorgehen. Ferner herrschen bei gewissen Spielen Regeln, die die Teilnehmer eines Spiels einhalten müssen (wie etwa beim Schach oder bei Kartenspielen). Demgegenüber gibt es aber auch Spiele, in denen keine Regeln bestehen.

Diese Betrachtungen scheinen tatsächlich dafür zu sprechen, dass man Begriffe nicht definieren kann. Wittgenstein haben diese Überlegungen dazu bewogen, ein alternatives Konzept des Begriffs in Erwägung zu ziehen, das man das ›**Familienähnlichkeiten-Konzept des Begriffs**‹ nennen kann. Zwischen den Objekten, die unter einen Begriff fallen, herrschen Ähnlichkeiten wie zwischen den Mitgliedern einer Familie. Gewisse Dinge, die unter einen Begriff fallen, weisen das Merkmal F auf, wohingegen andere Dinge, die ebenfalls unter den Begriff fallen, dieses Merkmal nicht besitzen. Wenn dieses Verständnis von Begriffen korrekt ist und auch auf alle philosophisch relevanten Begriffe zutrifft, dann hat es selbstverständlich keinen Sinn, diese Begriffe durch notwendige und hinreichende Bedingungen analysieren zu wollen. In der Gegenwart sind einige Autoren wie Wittgenstein der Auffassung, dass die definitionale Theorie des Begriffs verfehlt ist. Fodor weist etwa darauf hin, dass es sich nahezu als unmöglich erwiesen hat, **überhaupt Definitionen** von selbst sehr einfachen Begriffen zu finden (vgl. Fodor 1998).

Experimentelle Philosophie: Vertreter der sog. experimentellen Philosophie versuchen, die Methode der Begriffsanalyse auf eine andere Weise in Zweifel zu ziehen (vgl. Knobe/Nichols 2008). Sie sind der Auffassung, dass die intuitiven Urteile in Bezug auf Gedankenexperimente signifikant zwischen einzelnen Personengruppen variieren und dass man den Intuitionen deshalb nicht vertrauen sollte. Dadurch wäre auch die Methode der Begriffsanalyse letztlich nicht mehr brauchbar, da sie im Wesentlichen darauf beruht, Intuitionen in Bezug auf imaginierte hypothetische Szenarien, also Gedankenexperimente, zu Rate zu ziehen. Die Vertreter der experimentellen Philosophie haben ihre Behauptungen durch empirische Studien zu stützen versucht. Jonathan Weinberg, Shaun Nichols und Stephen Stich (2001) haben etwa unterschiedlichen Probandengruppen erkenntnistheoretische Gedankenexperimente, wie etwa Gettier-Beispiele (s. Kap. II.A.2), vorgelegt und dabei festgestellt, dass (a) der kulturelle Hintergrund, (b) der sozioökonomische Status, (c) die philosophische Bildung und (d) die Reihenfolge der Beispiele die Intuitionen beeinflussen. Während Personen, die dem westlich-europäischen Kulturkreis entstammen, zum Großteil dazu neigen, herkömmliche Gettier-Fälle nicht als Fälle von Wissen anzusehen, tendieren Asiaten sehr viel stärker zu einer entgegengesetzten Einschätzung. Experimentelle Philosophen leiten aus Ergebnissen wie diesen ab, dass Intuitionen unverlässlich sind, und dass man den Rückgriff auf Intuitionen in der Philosophie überdenken, wenn nicht gar ganz aufgeben sollte.

Die experimentelle Philosophie wurde in den letzten Jahren sehr kontrovers diskutiert: Manche Autoren meinen etwa, dass in den von den experimentellen Philosophen vorgelegten Studien gar **keine** oder zumindest **keine richtigen Intuitionen vorliegen** (vgl. Ludwig 2007 und Bealer 1998). Wenn man unter Intuitionen etwa solche Urteile oder Reaktionen versteht, die auf begrifflicher Kompetenz beruhen, dann könnte man angesichts der Studien geltend machen, dass die Probanden, die abweichende Intuitionen besitzen, begrifflich nicht kompetent sind (eine derartige Antwort wird insbesondere in Ludwig 2007 ausgearbeitet). Dadurch würden die Studien auch nicht zeigen, dass man den Intuitionen nicht vertrauen darf.

2.2 | Philosophische Argumente

2.2.1 | Was ist ein philosophisches Argument?

Eine weitere Methode, die für die Philosophie charakteristisch ist, ist der Gebrauch von Argumenten. Argumente haben in der Philosophie einen besonderen Stellenwert. Denn wenn man Philosophen die Frage stellt, worin ihre spezifische Kompetenz gegenüber anderen Wissenschaftlern besteht, wird man meistens die Antwort erhalten, dass Philosophen eben besonders gut argumentieren können. Doch was ist ein Argument im Allgemeinen und was zeichnet ein ›gutes‹ oder ›überzeugendes‹ Argument aus?

Ein Argument besteht aus einer endlichen Anzahl von **Prämissen** und einer **Konklusion**. Wenn man ein Argument verwendet oder vorbringt, versucht man gemeinhin, die Wahrheit der Konklusion aus den Prämissen abzuleiten oder zu folgern. Ein **gültiges Argument** ist ein solches Argument, bei dem die Konklusion wahr sein muss, sofern die Prämissen wahr sind. Ob ein Argument gültig ist oder nicht, ist unabhängig davon, ob die Prämissen des Arguments tatsächlich wahr sind. Die Gültigkeit eines Arguments ist lediglich davon abhängig, welche **Schlussregel** in dem Argument angewandt wird. Bereits in der Antike hat man erkannt, dass nur ganz bestimmte Schlussregeln oder -formen gültig sind. Welche Schlussformen gültig sind, wird in der Logik untersucht und kann in diesem Eintrag nicht erschöpfend behandelt werden (s. Kap. II.A.6). Im Folgenden sollen nur zwei Beispiele angeführt werden.

Gültige Schlussformen: Die Schlussregel *modus ponens* besagt, dass man aus den Aussagen »p« und »p → q« die Aussage »q« ableiten darf, sofern die Aussage »p« wahr ist und die Aussage »p → q« wahr ist. Dass diese Schlussregel gültig ist, kann mit Hilfe der Wahrheitstafelmethode bewiesen werden. Die Gültigkeit dieser Schlussregel oder -form ist auch völlig unabhängig davon, welche Aussagen durch »→« verknüpft werden. Ein Beispiel für ein Argument, das auf dieser Schlussregel beruht, sieht folgendermaßen aus:

(1) p: Franz ist ein Junggeselle.
(2) p → q: Wenn Franz ein Junggeselle ist, dann ist Franz unverheiratet.
(3) Also q: Franz ist unverheiratet.

Wenn die Prämissen (1) und (2) dieses Arguments wahr sind, dann muss die Konklusion (3) ebenfalls wahr sein. Daher ist dieses Argument logisch gültig.

Ungültige Schlussformen: Ungültig sind hingegen solche Schlussformen, die zwar wahre Prämissen haben können, aber dennoch eine falsche Konklusion. Ein Beispiel für eine ungültige Schlussregel wäre die Regel, dass man aus den Aussagen »p → q« und »q« die Aussage »p« ableiten darf (man könnte diese Regel »Bejahung des Nachsatzes« nennen). Dass diese Regel ungültig ist, lässt sich relativ leicht zeigen, und zwar anhand des folgenden Beispiels:

(1) p → q: Wenn Franzens Computer von Apple ist, dann hat er mehr als 500 € gekostet.
(2) q: Franzens Computer hat tatsächlich mehr als 500 € gekostet.
(3) Also p: Franzens Computer ist von Apple.

Bei diesem Schluss können die Prämissen (1) und (2) zwar wahr sein, aber die Konklusion dennoch falsch. Denn Franz kann einen Computer besitzen, der zwar mehr als 500 € kostet, aber nicht von der Firma Apple ist. Die Prämissen (1) und (2) wären in einem derartigen Fall zwar wahr, die Konklusion (3) aber falsch. Die eben angeführte Schlussform ist also klarerweise ungültig und man nennt Argumente, denen solche Regeln zugrunde liegen, auch **Fehlschlüsse**. Und Fehlschlüsse sollte man in der Philosophie vermeiden.

Wenn die Prämissen eines gültigen Arguments wahr sind, handelt es sich um ein **schlüssiges Argument**. Ob ein Argument letztlich schlüssig ist, also wahre Prämissen hat, lässt sich nicht alleine durch die Bedeutung der logischen Begriffe, die in dem Argument verwendet werden, bestimmen. Im Fall von philosophischen Argumenten lassen sich die meisten zentralen Prämissen auch nicht durch die Erfahrung als wahr erweisen. In den meisten Fällen sind die zentralen Prämissen eines Arguments lediglich durch Gedankenexperimente oder andere nicht-empirische Verfahren zu bestätigen oder widerlegen. Wenn man ein philosophisches Argument bewerten oder einschätzen will, kommt es also darauf an, ob

- dem Argument eine logisch gültige Schlussregel zugrunde liegt und
- ob die Prämissen des Arguments wahr sind.

Man kann ein philosophisches Argument kritisieren, indem man zeigt, dass es auf einer ungültigen Schlussregel beruht oder dass es falsche Prämissen hat.

Definition

→ **Gültige Argumente** sind solche, denen eine **gültige Schlussregel** zugrunde liegt.
→ **Schlüssige Argumente** sind solche Argumente, denen eine **gültige Schlussregel** zugrunde liegt und die darüber hinaus **wahre Prämissen** besitzen.

Diese eben erörterten Merkmale von Argumenten sollen nun kurz an einem konkreten Beispiel illustriert werden, und zwar an einem Argument für die Existenz Gottes, das René Descartes in seinen *Meditationen über die erste Philosophie* vorgelegt hat (vgl. 3. Med.). Obwohl schon zahlreiche Philosophen vor Descartes die Existenz Gottes zu beweisen versucht haben, findet sich in dem erwähnten Text von Descartes ein sehr einfaches Argument für die Existenz Gottes.

2.2 Philosophische Begriffe und Argumente

Philosophische Argumente

Beispiel **Descartes' Argument für die Existenz Gottes**

Descartes geht davon aus, dass wir zunächst über eine Vorstellung oder eine Idee Gottes als vollkommenstes Wesen verfügen. Diese Idee, so Descartes' weitere Überlegung, muss durch etwas hervorgerufen worden sein. Da wir endliche Wesen und laut Descartes außerstande sind, selbständig diese Vorstellung Gottes zu entwickeln, muss diese Vorstellung einen anderen Ursprung haben. Diese Vorstellung muss, so Descartes, von Gott selbst in uns hervorgerufen worden sein. Und sofern Gott der Urheber dieser Idee ist, muss Gott auch existieren. Laut Descartes ist die Existenz Gottes also eine Voraussetzung dafür, dass wir überhaupt über eine Vorstellung Gottes besitzen; und da wir die Vorstellung nun mal besitzen, scheint daraus eben Gottes Existenz zu folgen. Descartes' Argument lässt sich folgendermaßen rekonstruieren:

(1) Wir Menschen verfügen über eine Idee oder Vorstellung Gottes als vollkommenstes Wesen.
(2) Wir sind außerstande, selbst diese Vorstellung zu bilden.
(3) Wenn wir außerstande sind, selbst diese Vorstellung zu bilden, dann muss Gott uns mit dieser Vorstellung ausgestattet haben.
(4) Gott hat uns mit dieser Vorstellung ausgestattet.
(5) Wenn Gott uns mit dieser Vorstellung ausgestattet hat, dann existiert er.
(6) Also: Gott existiert.

Dieses Argument besteht aus fünf Prämissen und einer Konklusion. Ist dieses Argument nun gültig, d. h. muss bei diesem Argument die Konklusion wahr sein, sofern die Prämissen wahr sind? Es lässt sich leicht zeigen, dass dieses Argument tatsächlich logisch gültig ist. Denn es ist ein Argument nach dem folgenden Muster:

(1) p
(2) q
(3) q → r
(4) r
(5) r → s
(6) s

Aus (2) und (3) ist man berechtigt, (4) abzuleiten, sofern (2) und (3) wahr sind. Bei dieser Ableitung würde man die Schlussregel *modus ponens* verwenden, die eine logische gültige Schlussregel ist. Ebenso wäre der Schluss von (4) und (5) auf (6), also Gottes Existenz, gerechtfertigt, sofern (4) und (5) wahr wären. Denn auch diesem Schluss würde eine Anwendung von *modus ponens* zugrunde liegen. Entsprechend ist das von Descartes vorgelegte Argument logisch gültig. Fraglich ist aber, ob dieses Argument auch tatsächlich schlüssig ist, also wahre Prämissen hat. Wenn man sich das Argument vergegenwärtigt, wird man zunächst die Prämisse (2) in Zweifel ziehen wollen. Denn wieso sollten wir nicht im Stande sein, uns eigenständig die Vorstellung von Gott zu bilden? Ist es nicht oft so, dass wir uns etwas vorstellen, was der Realität nicht entspricht? Wieso sollte die Vorstellung Gottes hier eine Ausnahme bilden? Und wenn die zweite Prämisse falsch wäre, würde dies auch die Ableitung der anderen Prämissen unmöglich machen. Denn sofern die zweite Prämisse falsch wäre, wäre es auch nicht mehr möglich, die Aussage, die in der vierten Prämisse auftaucht, abzuleiten und dadurch auch nicht mehr die Konklusion. Damit das Argument sein Beweisziel erreichen kann, ist entsprechend die Wahrheit der Prämisse (2) von höchster Bedeutung (ob diese Prämisse wahr ist oder ob sich ihre Wahrheit verteidigen lässt, soll hier dahingestellt bleiben). Um ein philosophisches Argument zu bewerten, kommt es also zunächst darauf an, ob das Argument gültig ist oder nicht. Sofern es gültig ist, muss man noch untersuchen, ob es auch wahre Prämissen hat. Wie an dem Beispielargument von Descartes deutlich wurde, gilt es, die zentralen Prämissen zu identifizieren und auf ihre Wahrheit hin zu überprüfen.

2.2.2 | Alternative Argumentationsmuster in der Philosophie

Im vorherigen Abschnitt wurde ein Argument vorgestellt, das auf einer deduktiven und logisch gültigen Schlussregel beruht. Es werden jedoch in der Philosophie auch Argumente verwendet, denen alternative Schlussregeln oder -formen zugrunde liegen. Im Folgenden sollen zwei Beispiele für derartige Typen von Argumenten vorgestellt werden (für weitere philosophische Argumentationsmuster vgl. Tetens 2004, S. 68 ff.).

Transzendentale Argumente: Mit transzendentalen Argumenten versucht man zu zeigen, dass die Wahrheit einer bestimmten Aussage »B« (oder der dieser Aussage entsprechende Sachverhalt B) eine notwendige (begriffliche) Bedingung für die Wahrheit einer anderen Aussage »T« (oder des dieser Aussage entsprechenden Sachverhalts T) darstellt, deren Wahrheit jedoch nicht in Zweifel steht. Aufgrund dessen, dass die Aussage »T« wahr ist und B eine notwendige Bedingung für T ist, lässt sich ableiten, dass auch »B« wahr ist. Transzendentale Argumente sind Argumente, die also grob dem folgenden Muster gehorchen:

(1) T ist der Fall.
(2) B ist eine notwendige (begriffliche) Bedingung für T.
(3) Also: B ist der Fall.

Um aus Prämisse (2) die Konklusion abzuleiten, muss man die Gültigkeit eines ›**transzendentalen Schlussprinzips**‹ voraussetzen. Es sähe so aus, dass man daraus, dass die Wahrheit von »B« eine notwendige (begriffliche) Bedingung für die Wahrheit von »T« ist, auf die Wahrheit von »B« schließen darf, sofern T der Fall ist. Von zahlreichen Philosophen wird als Urvater transzendentaler Argumente Kant angesehen, der in seiner *Kritik der reinen Vernunft* (1781/87) die notwendigen, nicht-empirischen Bedingungen der Möglichkeit menschlicher Erfahrung aufzufinden versuchte. Und Untersuchungen, die die nicht-empirischen Bedingungen der Möglichkeit der Erfahrung betreffen, nennt Kant »transzendental«. Laut Kant sind etwa die Vorstellungen von Raum und Zeit sowie die Verstandeskategorien Beispiele für nicht-empirische Bedingungen der menschlichen Erfahrung.

In der zeitgenössischen Philosophie wurden transzendentale Argumente vornehmlich verwendet, um skeptische Positionen zu widerlegen. Durch transzendentale Argumente soll etwa gezeigt werden, dass der Sachverhalt, der von einem Skeptiker bestritten wird, eine notwendige Bedingung für einen anderen Sachverhalt darstellt, den der Skeptiker nicht mehr bestreitet oder sinnvoll bestreiten kann. Ein Beispiel für ein solches transzendentales Argument liefert etwa Peter Strawson (*Einzelding*). Hume hatte geltend gemacht, dass es eigentlich keinen zwingenden Grund für die Annahme gibt, dass die von uns diskontinuierlich, also mit Unterbrechungen zu unterschiedlichen Zeitpunkten, wahrgenommenen Objekte tatsächlich numerisch identisch sind, d. h. stets dieselben Dinge sind. Denn laut Hume besitzen wir in derartigen Fällen nur Wahrnehmungen, die für die qualitative Identität der fraglichen Objekte sprechen. Dies erlaubt uns aber, nur zu schließen, dass den Wahrnehmungseindrücken qualitativ identische Objekte entsprechen, also solche Objekte, die den zu einem vorhergehenden Zeitpunkt wahrgenommenen sehr ähnlich, aber letztlich nicht mit ihnen identisch sind. Wenn Hume mit seinen Überlegungen Recht hätte, wären wir eigentlich nicht berechtigt zu behaupten, dass ein Objekt a, das wir vor einigen Sekunden wahrgenommen und kurz aus den Augen gelassen haben, dasselbe ist, das wir jetzt gerade sehen. Strawson hat versucht, dieser Skepsis mit einem transzendentalen Argument Paroli zu bieten. Nach Strawson kann man nämlich die Existenz numerisch identischer Erfahrungsgegenstände nicht sinnvoll bezweifeln, da sie eine notwendige Bedingung dafür darstellen, dass wir überhaupt über ein raum-zeitliches Bezugssystem verfügen. Das raum-zeitliche Bezugssystem ist jedoch wiederum eine notwendige Bedingung dafür, dass wir uns überhaupt gedanklich oder sprachlich identifizierend auf Gegenstände beziehen können. Dass wir uns überhaupt auf Gegenstände identifizierend beziehen, scheint jedoch selbst Hume nicht sinnvoll bezweifeln zu können, so dass entsprechend gezeigt wird, dass es numerisch-identische Objekte geben muss. Strawsons Argument hat die folgende Struktur:

1. Wir beziehen uns identifizierend auf Einzelgegenstände.
2. Damit wir uns auf Einzelgegenstände beziehen können, müssen wir über ein raum-zeitliches Bezugssystem verfügen.
3. Damit es ein raum-zeitliches Bezugssystem geben kann, muss es numerisch identische Einzeldinge geben, die als Pfeiler des Bezugssystems dienen.
4. Es gibt ein raum-zeitliches Bezugssystem.
5. Also: Es muss numerisch-identische Einzeldinge geben.

Es ist hier nicht der Ort, um endgültig zu entscheiden, ob Strawsons Argument tatsächlich schlüssig ist. Es ist aber festzuhalten, dass Strawsons Argument zumindest ein interessanter Vorschlag ist, Humes Skepsis zu entgehen.

Modale Argumente sind ein weiterer alternativer Argumentationstyp in der Philosophie. Mit ihnen versucht man zu zeigen, dass eine bestimmte Theorie T eine modale Behauptung impliziert, die jedoch falsch ist. Eine modale Behauptung ist eine Behauptung p, die einen bestimmten modalen Status besitzt; wie etwa dass es *möglich* ist, dass p, oder dass es *notwendig* ist, dass p usw. Da bei einem modalen Argument nachgewiesen wird, dass die durch eine Theorie implizierte modale Behauptung falsch ist, wird daraus gefolgert, dass die in Frage stehende Theorie T selbst falsch sein muss. Sehr einflussreiche modale Argumente wurden u. a. von Saul Kripke (1981) vorgelegt. Kripke hat etwa die sog. **Beschreibungstheorie der Namen** mit einem modalen Argument zu attackieren versucht. Die Beschreibungstheorie der Namen geht davon aus, dass ein Eigenname mit einer definiten Beschreibung der Form »der so-und-so« gleichbedeutend oder synonym ist. Gemäß der Beschreibungstheorie wäre etwa der Name »Aristoteles« synonym mit der definiten Beschreibung »der berühmteste Schüler Platons«. Wenn diese Auffassung stimmt, dann müsste der Ausdruck »Aristoteles« allerdings in allen Kontexten durch die Beschreibung »der berühmteste Schüler Platons« ersetzbar sein. Man müsste mithin auch in modalen Kontexten wie »es ist notwendig, dass ...« den Namen »Aristoteles« durch die Beschreibung »der berühmteste Schüler Platons« ersetzen können. Laut Kripke geht das aber nicht. Denn die Aussage »Aristoteles ist Aristoteles« ist notwendig wahr, wohingegen die Aussage »Aristoteles ist der berühmteste Schüler Platons« nur kontingenterweise wahr ist. Denn es ist möglich, dass Aristoteles auch nicht Schüler Platons hätte sein können (etwa weil er gar nicht Philosoph geworden wäre). Da Namen und definite Beschreibungen nicht in modalen Aussagen ersetzbar sind, ohne dass sich der Wahrheitswert der fraglichen modalen Behauptung ändert, wird durch dieses Argument nachgewiesen, dass Namen nicht mit definiten Beschreibungen der eben angeführten Art synonym sein können. Daraus folgt wiederum, dass die Beschreibungstheorie der Namen falsch sein muss. Kripkes modales Argument gegen die Beschreibungstheorie entspricht dem folgenden Muster:

Wenn T der Fall wäre, müsste gelten: es ist notwendig, dass a = b.
Es ist möglich, dass a ≠ b.
Es ist falsch, dass es notwendig ist, dass a = b.
Also: T ist falsch.

Modale Argumente sind entsprechend eine weitere effektive Möglichkeit, eine philosophische Position zu kritisieren.

Literatur

Bealer, George: »Intuition and the Autonomy of Philosophy«. In: Michael DePaul/William Ramsey (Hg.): *Rethinking Intuition. The Psychology of Intuition and Its Role in Philosophical Inquiry*. London 1998, S. 200–239.
Cohnitz, Daniel: *Gedankenexperimente in der Philosophie*. Paderborn 2005.
Fodor, Jerry: *Concepts. Where Cognitive Science Went Wrong*. Oxford 1998.
Goldman, Alvin: »Philosophical Intuitions: Their Target, Their Source and Their Epistemic Status«. In: *Grazer Philosophische Studien* 74/1 (2007), S. 1–26.
Knobe, Joshua/Nichols, Shaun (Hg.): *Experimental Philosophy*. Oxford/New York 2008.
Kripke, Saul: *Name und Notwendigkeit*. Frankfurt a. M. 1981 (engl. 1972).
Laurence, Stephen/Margolis, Eric: »Concepts«. In: Edward Zalta (Hg.): *Stanford Encyclopedia of Philosophy*. http://plato.stanford.edu/entries/concepts (14.5.2011).
Ludwig, Kirk: »The Epistemology of Thought Experiments: First vs. Third Person Approaches«. In: *Midwest Studies in Philosophy* 31/1 (2007), S. 128–159.
Pust, Joel: *Intuitions as Evidence*. New York/London 2000.
Rosenberg, Jay: *Philosophieren. Ein Handbuch für Anfänger* [1986]. Frankfurt a. M. ⁶2009 (engl. 1984).
Strawson, Peter F.: *Analyse und Metaphysik. Eine Einführung in die Philosophie*. München 1994 (engl. 1992).
Tetens, Holm: *Philosophisches Argumentieren. Eine Einführung*. München 2004.
Weinberg, Jonathan/Nichols, Shaun/Stich, Stephen: »Normativity and Epstemic Intuitions«. In: *Philosophical Topics* 29 (2001), S. 429–460 [wiederabgedruckt in: Knobe/Nichols 2008].
Williamson, Timothy: *The Philosophy of Philosophy*. Oxford 2007.

Martin Grajner

3 Wissenschaftliches Arbeiten

3.1 Wissenschaftlichkeit und wissenschaftliche Arbeitsweise
3.2 Recherche, Fragestellung und Lektüre
3.3 Wissenschaftliches Schreiben
3.4 Mündliches Präsentieren – Die Diskussion von Arbeitsergebnissen
3.5 Von der Wissenschaft als Begräbnisstätte der Anschauung

»An dem Bau der Begriffe arbeitet ursprünglich, wie wir sahen, die Sprache, in späteren Zeiten die Wissenschaft. Wie die Biene zugleich an den Zellen baut und die Zellen mit Honig füllt, so arbeitet die Wissenschaft unaufhaltsam an jenem grossen Columbarium der Begriffe, der Begräbnisstätte der Anschauung, baut immer neue und höhere Stockwerke, stützt, reinigt, erneut die alten Zellen, und ist vor allem bemüht, jenes in's Ungeheure aufgethürmte Fachwerk zu füllen und die ganze empirische Welt d. h. die anthropomorphische Welt hineinzuordnen« (Nietzsche: *Über Wahrheit und Lüge im außermoralischen Sinn*. In: KSA 1, S. 886).

Diese Aussage Friedrich Nietzsches zeichnet – abgesehen von der fundamentalen Erkenntniskritik, auf die hier nicht weiter eingegangen werden soll – ein eigentümliches Bild von Wissenschaft: Wissenschaftler sind emsig und stupide wie Bienen tätig, die beflissen an einem Bau arbeiten, einem wissenschaftlichen Begriffssystem. Für dieses Theoriegebäude wird die Anschauung geopfert. Alles wird soweit verändert, dass es in das System passt. Die Begriffe entfernen sich dabei immer weiter von der unmittelbaren Erfahrung; die Wissenschaft entfernt sich von der Lebenswelt.

Das Ziel dieses Kapitels ist es in erster Linie, einen Überblick über **Techniken und Prinzipien des wissenschaftlichen Arbeitens** zu geben – um eine brauchbare Hilfestellung für den Studienalltag zu bieten. Am Ende des Kapitels wird noch einmal die Kritik Nietzsches am Wissenschaftsbetrieb diskutiert – da sich aus diesem Gleichnis wichtige Forderungen an das wissenschaftliche Arbeiten ableiten lassen.

Definition

Eine Arbeit kann als → wissenschaftliche Arbeit gelten, wenn folgende Kriterien erfüllt sind:
- Das Arbeitsergebnis beinhaltet wesentliche neue Erkenntnisse (was auch die Falsifikation einer Hypothese sein kann).
- Die Erkenntnisse wurden durch den planvollen Einsatz geeigneter Methoden gewonnen.
- Die Erkenntnisse sind rational nachvollziehbar und überprüfbar.
- Die Position des Verfassers ist klar formuliert und hinreichend begründet.
- Die Dokumentation der Arbeit ist strukturiert, verständlich, weist die verwendeten Quellen aus und reflektiert das eigene Vorgehen (also die verwendeten Methoden).

3.1 | Wissenschaftlichkeit und wissenschaftliche Arbeitsweise

Eine erste Schwierigkeit besteht darin, zu klären, was wissenschaftliches Arbeiten ausmacht – zumal es bei der Vielfalt der verschiedenen Wissenschaftskonzeptionen keinen für alle Bereiche gemeinsamen Maßstab für Wissenschaftlichkeit gibt. Ein Grundkonsens dürfte aber zumindest darin bestehen, dass **Wissenschaft** die methodische Suche nach rational fassbaren Erkenntnissen ist. Dabei ist das Vorgehen der Wissenschaftler, also das wissenschaftliche Arbeiten darauf ausgerichtet, jene Erkenntnisse zu gewinnen und den Weg zu diesen zu dokumentieren.

Folgende Arbeitsschritte und entsprechende Voraussetzungen können dabei unterschieden werden:

Vorgehensweise und Arbeitsschritte	Anforderungen und Voraussetzungen
1. Erfassen eines wissenschaftlichen **Problems**	▪ Interesse am Thema ▪ Neugier
2. Erfassen des **Problemkontextes** (s. 3.2.1)	▪ Klarheit über eigene Vorkenntnisse und Kompetenzen, die im Rahmen des Problems relevant sind ▪ Überblick über bestehende Theoreme im Kontext des Problems (s. u. 3.2.1 Literaturrecherche)
3. Formulierung einer konkreten **Fragestellung** und eines Erkenntnisziels (s. 3.2.2)	▪ Eingrenzung und Konkretisierung des wissenschaftlichen Problems in der Fragestellung ▪ Klarheit über den inhaltlichen Zugang zum Problem ▪ präzise Erfassung der fehlenden Wissensbestände, kritisch zu prüfenden Theoreme oder zu untersuchenden Gegenstände
4. **Arbeit an der Beantwortung** der Fragestellung durch Beobachtungen, Verknüpfung bestehender Theoreme und eigenes Denken (s. 3.2.3)	▪ Klarheit über methodisches Vorgehen ▪ gezielte Beobachtungen bzw. Analysen ▪ detaillierte Kenntnis zu bestehenden Theoremen im Kontext des Problems (s. u. 3.2.3 Textlektüre) ▪ kritische Distanz zu bestehenden Theoremen
5. **Hypothesenbildung** (s. 3.3.1)	▪ begriffliche Klarheit (unter Berücksichtigung bestehender Fachtermini) ▪ Überprüfbarkeit der Hypothese
6. Arbeit an der **Verifizierung der Hypothese** (s. 3.3.1)	▪ Auswahl geeigneter Methoden ▪ Definition verwendeter Begriffe ▪ Überprüfung der Hypothese anhand von Quellen, Analysen bzw. Beobachtungen ▪ Positionierung zur Hypothese (mit Begründung)
7. **Dokumentation** der Arbeitsergebnisse (s. 3.3.2, 3.3.3)	▪ Strukturiertheit ▪ Verständlichkeit, begriffliche Klarheit ▪ Berücksichtigung der Fachtermini ▪ logische und plausible Argumentation ▪ Prägnanz ▪ Explikation des methodischen Vorgehens ▪ Beachtung formaler Kriterien (medienspezifisch) ▪ Ausweisung von Quellen
8. **Präsentation und Diskussion** der Arbeitsergebnisse, Auseinandersetzung mit Kritik (s. 3.4)	▪ Präsentationskompetenz ▪ Offenheit und Aufrichtigkeit ▪ kritische Distanz zum eigenen Schaffen ▪ Bereitschaft zur Verteidigung wie auch zur Konkretisierung, Modifizierung bzw. Zurücknahme der eigenen Arbeitsergebnisse

Wie man über die genannten Arbeitsschritte – vom Interesse am Thema zu einer angemessenen Dokumentation und Präsentation der Arbeitsergebnisse – kommen kann, wird im Folgenden schrittweise dargestellt.

3.2 | Recherche, Fragestellung und Lektüre

Gerade das Philosophiestudium ist ausgesprochen lektürelastig. Dies ist dem Umstand geschuldet, dass die meisten kontextrelevanten Gesprächspartner nur in Textform zur Verfügung stehen. Hat man also Interesse an einem philosophischen Problem, so muss man sich zunächst überlegen, mit wem (welchen Texten) man sich zu diesem Problem ›besprechen‹ will (Arbeitsschritt 2; vgl. Tabelle in 3.1). Ist man schließlich soweit in die Materie eingedrungen, dass man eine konkrete Frage

hat (Arbeitsschritt 3), so erhält man die interessantesten Denkanstöße, wenn man die richtigen Gesprächstechniken anwendet und einem Gesprächspartner die gebotene Aufmerksamkeit schenkt (Arbeitsschritt 4). Genau darum soll es in diesem Abschnitt gehen:
- Wie finde ich die richtige Literatur?
- Wie formuliere ich eine konkrete Arbeitsfrage?
- Wie lese ich philosophische Texte?

3.2.1 | Literaturrecherche – Über die Wahl des richtigen Gesprächspartners

Nachschlagewerke: Wie auch außerhalb des wissenschaftlichen Arbeitens, ist es nicht der beste Weg, sofort einen Experten (in unserem Fall: komplizierte Primärliteratur) zu Rate zu ziehen. Dies birgt nämlich die Gefahr der Frustration: Man versteht einfach nicht, was das Gegenüber ›meint‹. Es werden Begrifflichkeiten verwendet, die nicht bekannt sind, und das Problem wird auf einem unergründlich abstrakten Niveau behandelt. Daher ist es ratsam, sich zunächst einen ersten Überblick über den Themenbereich und zentrale Begriffe zu schaffen. Hierzu kann man zunächst Nachschlagewerke (also Lexika, Philosophiegeschichten oder – mit der gebotenen Vorsicht – auch *Wikipedia*) konsultieren. Aber: Dies dient lediglich einer ersten Orientierung und sollte keinesfalls mit einer ernsthaften Beschäftigung mit dem Thema gleichgesetzt werden – zumal die Qualität einiger *Wikipedia*-Artikel aus verschiedenen Gründen nicht hinreichend gesichert ist. Einen wesentlich tiefgründigeren Zugang zu einem Thema oder Autor gewähren verschiedene Einführungsbände. Hier sind in erster Linie die Einführungsreihe aus dem Junius Verlag und die Campus-Einführungen empfohlen, in denen in der Regel namhafte Experten einen gangbaren Weg in das Theoriegebäude eines Autors oder in ein Themenfeld aufzeigen. Zu einem Themenfeld oder philosophischen Begriff bietet das von Joachim Ritter u. a. herausgegebene *Historische Wörterbuch der Philosophie* einen fachlich versierten Überblick sowie eine gute Bibliographie. Ergiebig sind darüber hinaus die von Jürgen Mittelstraß herausgegebene *Enzyklopädie Philosophie und Wissenschaftstheorie*, das von Peter Prechtl und Franz-Peter Burkard herausgegebene *Metzler Lexikon Philosophie* sowie das von Bernd Lutz veröffentlichte *Metzler Philosophen Lexikon*.

Primärliteratur: Spätestens dann kann man ein Gespräch mit den jeweiligen Experten wagen und die Primärtexte konsultieren. Eine Auseinandersetzung mit Sekundärtexten sollte erst *nach* der Lektüre der Primärtexte erfolgen. Dies ermöglicht eine weniger voreingenommene Lektüre. Sekundärliteratur eröffnet oft interessante und bedenkenswerte Perspektiven auf die Primärliteratur – kann aber deren Lektüre keinesfalls ersetzen. Zudem ist es sinnvoll, nach der Lektüre der Sekundärtexte erneut die jeweiligen Primärtexte zu lesen, um die in der Sekundärliteratur getroffen Aussagen kritisch zu prüfen. Primärtexte und ausgesuchte Sekundärtexte in einem Band finden sich in den Büchern der Reihe *Klassiker auslegen* aus dem Akademie-Verlag.

Literatursuche: Es gibt zwei Wege, um geeignete Sekundärtexte aufzuspüren: Der erste ist das sogenannte **Schneeballprinzip**. In Literaturangaben eines Textes (z. B. der Einführungen oder des *Historischen Wörterbuchs*) sind weitere Texte zum Thema angegeben. Liest man diese, finden sich dort weitere Verweise – usw. Auf diese Weise kommt in sehr kurzer Zeit eine beachtliche Anzahl ergiebiger Sekundärtexte zusammen.

Der zweite Weg ist die gezielte **Recherche in digitalen Bibliothekskatalogen**. Möglich ist die Suche im Katalog regionaler Bibliotheken, in der Deutschen Nationalbibliothek (http://www.d-nb.de) oder in bibliotheksübergreifenden Katalogen, wie bspw. den *Karlsruher virtuellen Katalog* (http://www.ubka.uni-karlsruhe.de/kvk.html). Die Verwendung sinnvoller Suchbegriffe, der erweiterten Suchmaske sowie die Nutzung **Boolescher Operatoren** (AND, OR, NOT) sollten selbstverständlich sein (vgl. Franke u. a. 2010).

Sich ausschließlich des Schneeball-Systems zu bedienen, birgt die Gefahr, interessante, aber wenig zitierte Texte außer Acht zu lassen, sich nur einseitig mit einem Thema vertraut zu machen (Stichwort ›Zitierkartelle‹) und sich auf Literatur festzulegen, die älter ist als der Text, aus dem man den Verweis hat. Verlässt man sich auf die eigene Recherche, so kann das dazu führen, dass man leicht einen wichtigen Aufsatz zum Thema übersieht. Daher ist es ratsam, stets beide Verfahren miteinander zu kombinieren.

Der Weg zum richtigen Gesprächspartner kann wie folgt zusammengefasst werden:
- **Erste Einblicke** ins Thema gewinnen (Nachschlagewerke, Fachwörterbücher, *Wikipedia*)
- Sich einen **Überblick** verschaffen (z. B. im *Historischen Wörterbuch Philosophie*, im *Grundriss*

der Geschichte der Philosophie (Ueberweg) bzw. in einschlägigen Philosophen-/Philosophie-Lexika, Einführungsbänden etc.; s. auch Kap. IV.1.2).

Literatursuche
- Die in den Einführungsbänden bzw. im *Historischen Wörterbuch* genannten relevanten **Primärtexte lesen**.
- **Suche nach** geeigneter **Sekundärliteratur** (Schneeballprinzip und Katalogrecherche).
- **Lektüre** der relevanten **Sekundärliteratur**.
- **Erneute Lektüre der Primärtexte** und kritische Prüfung der Sekundärliteratur.

Spätestens hier wird offensichtlich, dass wissenschaftliches Arbeiten ein Prozess ist, bei dem ein Arbeitsschritt immer schon in den nächsten greift. Die Arbeitsschritte 2, 3 und 4 des wissenschaftlichen Arbeitens sind stets ineinander verzahnt. Der Beginn jeder Recherche und Voraussetzung der Formulierung eines konkreten Erkenntnisziels ist jedoch der erste Einblick ins Thema und ein Überblick über das wissenschaftliche Problem.

Allein die Ausgangsfrage dieses Abschnittes, welcher Text nun der richtige Gesprächspartner ist, wurde bislang nicht klar beantwortet. Dabei ist die Antwort darauf verblüffend einfach: Es ist stets der Text, den ich ›verstehe‹ *und* der mich bei der Bearbeitung meines Problems voran bringt, indem er mich zum Denken anregt, also meinen Horizont erweitert.

3.2.2 | Fragestellung – Über die Formulierung einer Frage und eines Erkenntnisziels

Eines der größten Hindernisse besteht darin, dass man sich nur allzu leicht in den Mengen der zur Verfügung stehenden Texte verliert. Anstelle einer gezielten Auseinandersetzung mit den Texten, geht man Detailfragen nach, versucht die Texte bis ins Letzte zu durchdringen – ohne jedoch ein konkretes Erkenntnisziel im Auge zu haben. Das spiegelt weder ein planvolles Vorgehen wider noch ist es zielführend. *Vor* der konkreten Auseinandersetzung mit Texten sollte stets die Frage stehen, was genau man zu erfahren hofft. Dazu dient die Formulierung einer konkreten **Fragestellung**. Das setzt natürlich voraus, dass ich mir darüber im Klaren bin, über welche gesicherten Erkenntnisse ich bereits verfüge und was genau ich demzufolge erfahren muss, um einen adäquaten Zugang zum vorliegenden Problem zu haben.

Die Frage an den Text sollte möglichst offen gestellt sein (W-Frage). Häufig handelt es sich um eine Frage nach Gründen, Ursachen, Bedingungen oder Begriffen – z.B.: »Wie lässt sich aus dem vorliegenden Texten die Entstehung von Moral erklären?«, »Wann ist eine Handlung als ›gut‹ zu bezeichnen?«, »Wie funktioniert ›Textverstehen‹?«, »Was wird im vorliegenden Kontext unter [Begriff x] verstanden?« usw.

Dabei ist es völlig legitim, dass sich diese Frage im Verlauf der Auseinandersetzung mit dem Problem ändert bzw. präzisiert. Das zeigt, dass man sich intensiv mit dem Untersuchungsgegenstand auseinandergesetzt hat.

Das Erkenntnisziel (vgl. Arbeitsschritt 3) besteht in der Beantwortung der Frage und erfordert bspw. die Analyse eines Sachverhaltes, die Interpretation eines Textes, die kritische Prüfung eines Theorems oder den Vergleich verschiedener Positionen. Es sollte einerseits darauf abzielen, die Grundlagen für die Bildung einer Hypothese zu legen, mit der ich eine eigene Position im Rahmen des wissenschaftlichen Problems beziehe; andererseits sollte es als Orientierung in der Auseinandersetzung mit den Texten dienen und damit das Textverstehen erleichtern.

3.2.3 | Textlektüre – Techniken der Textarbeit

Das Problem des Textverstehens: Grundsätzlich ist darauf zu verweisen, dass es nicht Ziel einer Textarbeit sein kann, ›den‹ Sinn eines Textes zu rekonstruieren oder gar das zu verstehen, was ein Schreiber mit einem Text ›gemeint‹ hat.

Wir können nicht rekonstruieren, was ein Autor ›meinte‹, da wir einen Text stets vor dem Hintergrund unseres theoretischen Wissens, unserer Welterfahrungen, unserer Einstellungen und Fragestellungen ›rezipieren‹ (Horizont des Lesers). Der Horizont des Autors ist ein völlig anderer und eine ›Horizontverschmelzung‹ ist faktisch nicht möglich. Es ist schwer zu sagen, inwieweit ein Autor tatsächlich aussagen ›wollte‹, was man in einen Text hinein liest – u.U. war ihm dies selbst nicht völlig bewusst.

Lesen ist ein produktiver Akt: Der Leser schafft den Text, indem er auf der Basis seines Vorwissens in der Auseinandersetzung mit dem Text einen Sinn konstruiert (also sein Vorverständnis erweitert, revidiert, modifiziert).

Textlektüre – Techniken der Textarbeit

Ein zweckmäßiger Umgang mit Texten fordert, sich dessen bewusst zu sein, dass es nicht ›das Textverständnis‹ gibt, sondern, dass ich als Leser ›mein‹ Textverständnis entwickle. Das Ziel der Textlektüre ist es, den eigenen Horizont zu erweitern, indem ich sinnvolle Fragen an den Text herantrage und Antworten auf diese im Text suche. Der Text ist also keine Autorität, die eine Wahrheit verkörpert, die ich mehr oder weniger gut erfassen kann – sondern der Text ist ein **Gesprächspartner**, mit dem ich neue Einsichten gewinnen kann und der mich zum Denken anregt. Die einzige legitime Frage nach dem ›richtigen‹ Textverständnis ist die, ob die Antwort, die ich in einem Text zu finden glaube, sich am Text nachweisen lässt, so dass ein Austausch mit anderen über diesen Text sinnvoll möglich ist. Was unter ›Textsinn‹ gefasst werden kann, ist einzig ein gemeinsam mit anderen erarbeiteter **Konsens über den Inhalt eines Textes**.

Verschiedene **Techniken der Textarbeit** helfen dabei, einen Zugang zu Texten zu finden:

Unterstreichungen, Markierungen, Randbemerkungen: Indem man in einem Text die als wesentlich erachteten Textstellen unterstreicht und den Text mit Randmarkierungen versieht, strukturiert man den Text und setzt eigene inhaltliche Schwerpunkte. Es empfiehlt sich, den Text erst kursorisch gelesen zu haben, ehe man den Stift zur Hand nimmt.

Für Unterstreichungen eignen sich wichtige Satzabschnitte, Begriffe, Definitionen (Kernaussagen), Beispiele, Hypothesen, treffende Formulierungen, die später als Zitate dienen sowie Stichworte für den Inhalt eines ganzen Abschnittes.

Am Rand angestrichen werden vollständige Sätze bzw. Absätze größeren Umfangs, bei denen das Unterstreichen unzweckmäßig ist. Dabei empfiehlt sich ein Zusatz, wofür die jeweilige Information wichtig ist (z. B. | für Wichtiges und || für sehr Wichtiges).

Als Randkennzeichnungen können folgende Kürzel dienen: **Th** (These), **Arg** (Argument), **Def** (Definition), **Bsp** (Beispiel), **vgl.** … (Querverweise auf andere Textstellen), **!** (Zustimmung), **?!** (Zweifel), **?** (Unklarheit)

Randnotizen für eigene Abschnittsüberschriften, Querverweise auf andere Textstellen, Hinweise auf andere Autoren bzw. Literatur, eigene Kommentierungen und andere Erschließungshilfen zum Verständnis sind ebenso sinnvoll wie Worterklärungen und umfangreichere Anmerkungen am unteren Seitenrand.

PQ4R: Bei PQ4R handelt es sich um eine aus der Lernpsychologie stammende Lesemethode. PQ4R steht dabei für die sechs Phasen einer Textlektüre: Preview, Questions, Read, Reflect, Recite, Review.

Preview (Vorprüfung, Überblick gewinnen):
- Überfliegen des Textes (kursorisches Lesen) um Themen und Schlüsselbegriffe zu erfassen
- Untergliederung des Textes in einzelne Sinnabschnitte, ggf. Finden von Überschriften für die Abschnitte

Questions (Fragen zum Text formulieren):
- Aufschreiben von Fragen zu den einzelnen Sinnabschnitten (etwa nach zentralen Thesen oder Begriffen des Textes; W-Fragen)

Read (Lesen):
- Intensive Textlektüre mit dem Ziel, die Fragen zu beantworten

Reflect (Nachdenken):
- Reflexion über das im Text Gesagte
- Rekonstruktion zentraler Thesen und Argumente des Textes
- Finden von Beispielen, Verknüpfung mit eigenem Vorwissen
- kritische Prüfung des Textes

Recite (Wiedergeben):
- Schriftliche Beantwortung der im zweiten Schritt formulierten Fragen aus dem Gedächtnis heraus, ggf. nochmaliges Nachlesen

Review (Rückblick):
- Kontrolle der Aufzeichnungen anhand des Textes
- Erstellung einer Zusammenfassung – etwa als Schaubild oder Mindmap

Visualisieren: Sehr hilfreich ist die Umformung eines Textes in ein anderes Medium. Besonders sinnvoll ist die Erstellung von **Mindmaps** oder Schaubildern zu einem Text. Hierbei werden als zentral erachtete Begriffe eines Textes zueinander in Beziehung gesetzt und der Text wird durch eine Struktur anschaulich gemacht.

Textanalyse: Verschiedene Verfahren der Begriffsbestimmung, Metaphernanalyse, strukturalen Textanalyse und Argumentationsanalyse (s. Kap. III.4.4.1) gehören zu den wichtigsten Werkzeugen der Textarbeit und sollten entsprechend beherrscht werden.

Textkritik: Häufig ist es schwer, eine hinreichende Distanz zum gelesenen Text zu gewinnen. Die folgenden Analyseaspekte und Leitfragen sollen Ansatzpunkte einer kritischen Textanalyse aufzeigen.

Analyseaspekt ›Begriffe‹:
- Werden die verwendeten Begriffe definiert und einheitlich verwendet?
- Welche Metaphern (s. Kap. III.4.4.1 – Metaphernanalyse) finden sich im Text und wieso werden sie verwendet? Decken sich Bildspender und Bildempfänger in den für den Kontext wichtigen Aspekten (d. h. ist die Metapher zulässig)?

Analyseaspekt ›Argumente‹:
- Werden Prämissen und Konklusionen explizit im Text aufgeführt?
- Ist ihre Verknüpfung logisch korrekt und plausibel?
- Können die Prämissen anerkannt werden? Sind sie entsprechend gestützt?
- Werden Gegenargumente sachlich dargestellt und redlich geprüft?

Analyseaspekt ›Theoreme‹:
- Werden im Text aufgestellte Hypothesen hinreichend gestützt?
- Wird gegenüber verschiedener Theorien im Text eine bestimmte Perspektive eingenommen? Wird dies reflektiert und begründet?
- Werden zur Begründung/Stützung der im Text vertretenen Position wissenschaftliche Theoreme vorausgesetzt? Sind diese akzeptabel?

Analyseaspekt ›Methodik‹:
- Wird die Vorgehensweise dargestellt? Erscheint diese angemessen?
- Wird die Methodenwahl hinreichend begründet?

Analyseaspekt ›Empirie‹:
- Decken sich im Text aufgestellte Behauptungen mit eigenen Erfahrungen?
- Lassen sich Gegenbeispiele oder weitere Beispiele finden?

3.3 | Wissenschaftliches Schreiben

3.3.1 | Hypothesenbildung und Verifizierung

Die in 3.1 angeführten Arbeitsschritte 2, 3 und 4 führen zu einer intensiven Auseinandersetzung mit dem ursprünglichen wissenschaftlichen Problem. Wenn ich nun nach intensiver Lektüre von Primär- und Sekundärliteratur den Eindruck gewonnen habe, dass meine Problemfrage konkret genug formuliert ist und ich diese auf der Basis meiner Lektüre hinreichend beantworten kann, so ist es an der Zeit, mich zum wissenschaftlichen Problem zu positionieren.

Diese Positionierung erfolgt in Form einer **Hypothese** (z. B. »Nietzsches metaphorische Sprache und sein literarischer Sprachduktus in *Über Wahrheit und Lüge im außermoralischen Sinn* sind der methodisch reflektierte Ausdruck seiner wissenschaftskritischen Sichtweise«). Die in dieser Hypothese verwendeten Begriffe sind bewusst zu wählen. Dabei sollten nach Möglichkeit bestehende Fachtermini aufgegriffen werden. Der Geltungsbereich der Hypothese ist klar zu definieren. Darüber hinaus sollte die Hypothese so formuliert sein, dass sie überprüfbar ist – d. h. gute Gründe für deren Gültigkeit bzw. Richtigkeit angeführt werden können. Schon bei der Formulierung der Hypothese sollte bewusst sein, mit welchen Methoden und auf welche Weise ich diese prüfen und im Idealfall verifizieren kann.

Vor der eigentlichen Überprüfung der Hypothese sollte ich die von mir eingesetzten Methoden reflektieren und die verwendeten Begriffe klar definieren. Beides ist in der **Dokumentation** aufzuführen. Dann gilt es, sowohl plausibel als auch logisch schlüssig die Gültigkeit meiner Hypothese nachzuweisen.

3.3.2 | Dokumentation der Arbeitsergebnisse – Über wissenschaftliches Schreiben

Nach diesen inhaltlichen Vorarbeiten sollte es nun möglich sein, die Arbeitsergebnisse zu dokumentieren. Meist geschieht dies in Form von Seminar- oder Abschlussarbeiten. Diese Ergebnisdokumentationen dienen dem Austausch mit Anderen, die sich ebenfalls mit diesem wissenschaftlichen Problem auseinandersetzen. Sie sollte daher vor allem eines sein: verständlich. Um dies erreichen, ist ein höchstes Maß an Transparenz, Klarheit und Prägnanz anzustreben. Hier einige Empfehlungen, wie eine wissenschaftliche Arbeit als Ergebnisdokumentation zu gestalten ist (vgl. Frank u. a. 2007).

Inhaltliche Maßgaben: Die für viele Texte sinnvolle Strukturierung mit Einleitung, Hauptteil und Schluss ist auch im Rahmen des wissenschaftlichen Schreibens gefordert. Hinzu kommen eine

Titelseite und die Gliederung am Anfang sowie ein Anhang mit dem Literaturverzeichnis am Ende der Arbeit.

Titelseite/Deckblatt:
- Angaben zum Kontext der Arbeit: Hochschule, Fakultät, Institut, Lehrveranstaltung, Dozent/Dozentin, Semester, Tag der Einreichung
- eindeutige Benennung des Inhalts der Arbeit: Titel und ggf. Untertitel (Klarheit)
- Angaben zum Verfasser der Arbeit: Name, Matrikelnummer, Anschrift, E-Mail-Adresse (Rückmeldemöglichkeit), Studiengang, Fachkombination, Fachsemester (ermöglicht differenzierte und angemessene Beurteilung)

Inhaltsverzeichnis:
- Gliederung (gibt Aufschluss über die Argumentationsstruktur bzw. die inhaltliche Strukturierung des Textes, Transparenz)
- bei sehr umfangreichem Inhaltsverzeichnis: Inhaltsübersicht voranstellen
- Abkürzungsverzeichnis, ggf. Tabellen- oder Abbildungsverzeichnis

Einleitung:
- Hinführung zum Thema (Interesse wecken, Herstellung eines Adressatenbezugs)
- Themenbegründung (Aufzeigen der Relevanz, Interesse wecken)
- Verortung des Problems (Eingrenzung des Gegenstandes der Arbeit, Anknüpfungspunkte in der Fachdiskussion aufzeigen)
- Formulierung einer Fragestellung und Benennung der Hypothese (Klarheit)
- Überblick über Vorgehen und Aufbau der Arbeit (Transparenz)

Hauptteil:
- Reflexionen zum eigenen Vorgehen (Transparenz)
- Explizierung der Funktion des Kapitels im Kontext der Arbeit am Beginn, Zusammenfassung am Ende eines Kapitels (Transparenz)
- Klärung wichtiger Begriffe (Klarheit)
- Einbeziehung von Primär- und Sekundärliteratur mit entsprechenden Nachweisen und einer Positionierung zu dieser
- Argumentation zur Begründung der Hypothese (Nachprüfbarkeit, Plausibilität)

Schluss:
- Zusammenfassung und Beantwortung der Ausgangsfrage (Klarheit)
- Bewertung der Ergebnisse der Arbeit und Schlussfolgerungen (Ergebnisreflexion)
- Verweis auf ungeklärte Probleme und weiterführende Fragen

Anhang:
- Quellenverzeichnis
- Eigenhändigkeitserklärung

Stilfragen und Merkmale wissenschaftlichen Schreibens: Wissenschaftliches Schreiben zeichnet sich weder durch gestelzte Formulierungen aus, noch durch viele Fremdworte. Ein wissenschaftlicher Text ist ein Mittel der Verständigung. Um das an häufigen Fehlerquellen zu konkretisieren:

- **Fremdworteinsatz** zeugt nicht von hohem Bildungsstand. Aber der reflektierte Einsatz von Fachbegriffen ist wichtig – solange er nicht zu Lasten der Verständlichkeit geht.
- **Füllworte** wie: auch, allenfalls, doch, freilich, kaum, eigentlich, insofern, völlig, trotzdem usw. *können* in einem Text wichtige Akzente setzen. Häufig sind sie aber überflüssig – dann sollte man sie streichen.
- **Lange Sätze** sind unnötig: Wichtige Aspekte gehören in Hauptsätze. Sätze mit mehr als 25 Wörtern sind schwer verständlich.
- **Nominalstil:** Nie einen Satz mit Substantiven überfrachten! Ein verbaler Stil ist prägnanter und lässt sich leichter verstehen.
- **Passive Verbformen** sollte man durch aktive ersetzen. Aktive Formen sind informativer: Man erfährt, wer etwas getan hat. Passive Formen sind nur sinnvoll, wenn entweder unbekannt oder unwichtig ist, wer etwas getan hat.
- **Schachtelsätze** sind inakzeptabel. Lieber soll man zusammenbringen, was zusammengehört.
- **Unpersönlicher Stil** wirkt sachbezogen und neutral. Will *ich* jedoch meine eigene Position vermitteln, Schwerpunkte setzen, etwas schlussfolgern usw., sollte ich das nicht durch unpersönliche Rede vertuschen.

Formale Richtlinien: Wichtig für Dokumentationen in Form von Essays oder Seminararbeiten ist die formale Gestaltung. Die wichtigsten Maßgaben finden sich in der folgenden Übersicht. Formale Mängel und orthographische Fehler sind für jeden Korrektor ein Ärgernis und eine unnötige Ursache für Punktabzüge.

Seitengestaltung:
- Seitenzahlen durchgängig – abgesehen von der Titelseite, die nicht mitgezählt wird
- Rand im ganzen Dokument einheitlich; links, oben und unten 2,5 cm; rechts 3,5 cm Korrekturrand
- Kopfzeile mit Verweis auf Kapitel in umfangreicheren Arbeiten möglich

Wissenschaftliches Schreiben

Textgestaltung:
- Schriftart: im ganzen Dokument nur *eine* Schriftart verwenden; gut lesbare Serifenschrift (Times New Roman, Garamond, Book Antiqua)
- Schriftgröße: 12 pt; Fußnoten: 10 pt
- Text und Fußnoten im Blocksatz, Überschriften und Aufzählungen linksbündig
- Zeilenabstand: 1,5; eingerückte Zitate mit Zeilenabstand 1,0
- Überschriften: prägnant und so konkret wie möglich; durchgängig nummeriert; Größe (ggf. Kursivsetzung) je nach Gliederungsebene, *keine* Unterstreichung

Inhaltsverzeichnis:
- keine formalen, sondern inhaltlich konkrete Gliederungspunkte
- Kapitelüberschriften fett setzen, Unterpunkte einheitlich
- Nummerierung linksbündig, Überschriften linksbündig
- keine verwaisten Gliederungspunkte (kein 1.1.1 ohne 1.1.2)
- Gliederung relativ ausgewogen und einheitlich (bzgl. Umfang und Gliederungstiefe der Abschnitte)
- Gliederungspunkten die Seitenzahlen zuordnen

Formales Gliederungsschema

Inhaltsverzeichnis	
1	**Kapitelüberschrift 1**
1.1	Gliederungsebene 1, Punkt 1
1.1.1	Gliederungsebene 2, Punkt 1
1.1.2	Gliederungsebene 2, Punkt 2
1.2	Gliederungsebene 1, Punkt 2
2	**Kapitelüberschrift 2**
...	

Tabellen/Abbildungen:
- nummerieren und mit Titel versehen
- in Seitenlayout einpassen, groß genug und gut lesbar (nie Text in Graufläche)
- ggf. mit Quellenangabe
- in Verzeichnis (Teil des Inhaltsverzeichnisses) mit Seitenangabe aufführen

Zitation:
- s. u.: Zitation, Quellenangaben und Literaturverzeichnis

Abgabe:
- termingerecht und in gebundener Form bzw. in einem Hefter – keine Loseblatt-Sammlung
- immer mit Eigenhändigkeitserklärung
- i. d. R. ebenfalls in elektronischer Form (als doc- oder pdf-Datei – zwecks Überprüfung bei Plagiatverdacht)

Zitation, Quellenangaben und Literaturverzeichnis:
Es ist nicht nur redlich, seine Quellen ordnungsgemäß anzugeben, sondern geradezu sträflich, dies nicht zu tun. Weise ich meine Quellen nicht ordnungsgemäß aus, so ist meine Arbeit ein Plagiat – und unabhängig davon, ob ich dies beabsichtigt oder unbeabsichtigt tue, kann es strafrechtlich verfolgt werden. Daher sind sowohl Zitate als auch Paraphrasierungen gewissenhaft nachzuweisen. Im Allgemeinen gibt es verschiedene Gepflogenheiten hinsichtlich der Quellenangabe.

Fußnotenzitation ist eine im Bereich der Geisteswissenschaften gängige Form des Literaturnachweises. Bei dieser Form wird nach dem zitierten Text eine Fußnote gesetzt. In der ersten Fußnote zu einem Zitat oder nachweispflichtigen Textabschnitt erfolgt die vollständige Quellenangabe.

Beispiele für vollständige Quellenangaben:

Monographie/Sammelband/Herausgeberwerke: Prechtl, Peter: *Sprachphilosophie*. Stuttgart/Weimar 1998. Mellor, Hugh/Oliver, Alex (Hg.): *Properties*. Oxford 1997.
Sammelbandartikel: Naess, Arne: »Die tiefenökologische Bewegung«. In: Angelika Krebs (Hg.): *Naturethik*. Frankfurt a. M. 1997, S. 182–210.
Zeitschriftenartikel: Gessmann, Martin: »Was ist Kulturphilosophie?« In: *Philosophische Rundschau* 55/1 (2008), S. 1–23.
Internetquellen: Garson, James: »Modal Logic«, http://plato.stanford.edu/entries/logic-modal/ (6.7.2011).

Jeder weitere Nachweis aus dem gleichen Werk benennt dann nur noch den Autor bzw. Herausgeber und Erscheinungsjahr sowie Seite: Autor1/AutorX Jahr, S. x–x *oder* Herausgeber1/HerausgeberX Jahr, S. x–x. Folgt ein Nachweis direkt auf eine Quellenangabe aus derselben Quelle, so kann abgekürzt werden: Ebd., S. x. Im Literaturverzeichnis werden dann nochmals alle Quellen in alphabetischer Reihenfolge aufgeführt.

Harvard-Zitation: Eine weitere Möglichkeit der Zitation ist die ›amerikanische Form‹: Siglen im Anschluss an den zitierten Text verweisen auf die Quelle: »zitierter Text« (Autor1/AutorX Jahr, S. x–x) *oder* (Herausgeber1/HerausgeberX Jahr, S. x–x) und diese Siglen werden im Literaturverzeichnis erklärt. Wichtig ist, dass im Literaturverzeichnis vor den genauen Quellenangaben Autor und Jahr fett hervorgehoben werden: Name, Vorname (Jahr): Titel ... (alles Weitere wie in der Fußnotenzitation). Welche Form des Quellennachweises genutzt wird, ist dem Schreiber einer Arbeit überlassen – solange diese einheitlich erfolgt.

Zitate sollten stets durch Anführungszeichen als solche ausgewiesen sein. Sie müssen im genauen Wortlaut wiedergegeben werden. Alle Änderungen müssen durch eckige Klammern kenntlich gemacht werden. Sprachliche Besonderheiten im Originaltext (etwa eine veraltete Orthographie werden durch ein »[sic!]« markiert. Zitate in Zitaten sind in einfachen Anführungszeichen (›…‹) zu setzen. Paraphrasiert man nur, so nutzt man in der Fußnote ein ›s.‹ (›siehe‹ – bei genauer Wiedergabe des Inhalts) oder ein ›vgl.‹ (›vergleiche‹ – bei sinngemäßer Wiedergabe).

Veränderungen in Zitaten		
Ergänzung	[Anmerkung, Initialen]	»Dass sie [die Geräte, D. S.] noch ›Mittel‹ darstellen, davon kann keine Rede sein.«
Umformung	[Umformung]	Von Geräten behauptet Anders vielmehr, dass sie »[n]icht ›Mittel‹ [...], sondern ›Vorentscheidungen‹ [sind]«.
Hervorhebung	(Hervorhebung Initialen)	»Jedes einzelne Gerät ist [...] nur ein Stück im System der Geräte [...], das teils die *Bedürfnisse* anderer Geräte befriedigt, teils [...] anderen Geräten [...] *Bedürfnisse* nach neuen Geräten aufzwingt.« (Hervorhebungen D. S.)
Auslassung	[...]	

3.3.3 | Weitere Formen wissenschaftlichen Schreibens

Neben Seminar- oder Abschlussarbeiten gibt es weitere Textsorten im Bereich des wissenschaftlichen Schreibens – mit je eigenen formalen und inhaltlichen Anforderungen.

Essay: Mit 5 bis 10 Seiten ist der Essay (franz. *essai*: Probe, Versuch) wesentlich kürzer als eine Seminararbeit. Abgesehen von dieser Vorgabe, gehen die Meinungen darüber, was einen wissenschaftlichen Essay ausmacht, weit auseinander. Das liegt in der Geschichte dieser Textsorte begründet: In der an Montaigne anknüpfenden französischen Tradition betrachtet ein Schreiber, der sich der Subjektivität seiner Erkenntnisse und seiner Kontingenz bewusst ist, seine Welt. Er folgert (eher assoziativ) aus seinen Erfahrungen. Die auf Bacon zurückgehende englische Tradition pflegt im Essay hingegen eine meist deduktive, straff geführte Argumentation. Die Textgattung bewegt sich im Spannungsfeld dieser beiden Modelle.

Ein philosophischer Essay ist eine ›Denkprobe‹: Man nähert sich einem Problem auf eine spielerisch wirkende Art und Weise. Wichtig ist, dass eine konkrete Fragestellung erkennbar im Mittelpunkt des Essays steht, zu der eine eigene Position entwickelt wird.

Essays sollten daher nach **folgenden Kriterien** gestaltet sein:
- **konkrete Fragestellung:** konkrete Frage als Ausgangspunkt des Essays; steht im Mittelpunkt und wird aus bewusst subjektiver Perspektive betrachtet
- **subjektiver Problemzugang:** eigene Zugänge zum Problem, eigene Erfahrungen usw. werden einbezogen und kritisch hinterfragt
- **Einbeziehung fremder Standpunkte:** fremde Positionen werden diskutiert, wenige wichtige Quellen werden aufgeführt und kritisch kommentiert
- **reflexiver Charakter:** die eigene Lebenswelt, der eigene Standpunkt, Gemeinplätze und gängige Lehrmeinungen werden kritisch reflektiert
- **Argumentativität:** Entwicklung einer eigenen These zur Ausgangsfrage, die durch eine (lose) Argumentation vermittelt – und letztlich plausibel gemacht wird
- **Pointiertheit:** prägnant und geistreich; ein eigener Standpunkt wird klar auf den Punkt gebracht und durch ungewöhnliche Betrachtungsweisen und Gedankengänge entfaltet
- **klare Gliederung:** (1) interessanter Einstieg, in dem die Ausgangsfrage klar herausgearbeitet wird; (2) vielfältige Betrachtungen im Hauptteil; (3) pointierter Schluss, der eigene Position unterstreicht; Textteile mit Leerzeilen voneinander trennen
- **Transparenz:** einerseits unsystematisch und assoziativ; andererseits sollten kurze Einschübe (Rückblicke/Ausblicke) die Gedankengänge ordnen, nachzeichnen, zusammenfassen, Ziele aufzeigen usw.
- **Verständlichkeit:** keine Fachsprache; dennoch Verwendung zentraler Begriffe, die auch eingeführt und reflektiert werden; sucht einen Dialog mit den Leser/innen
- **Literarizität:** ungezwungen und spritzig wirkender Sprachduktus; bewusster Einsatz sprachlich-stilistischer Mittel (Ironie, Sprachspiele, Metaphern)
- **formale Korrektheit:** Deckblatt (s. Seminararbeit); grammatische und orthographische Richtigkeit; Gliederung nicht notwendig; ordnungsgemäße Zitation

Protokoll: Das Seminarprotokoll ist eine Mischung aus einem Verlaufs- und einem Ergebnisprotokoll. Es soll zum einen den Verlauf einer Seminarsitzung nachzeichnen, zum anderen einen systematischen Überblick über die Diskussionsergebnisse geben. Das Seminarprotokoll dient damit für die Seminarteilnehmer als Gedächtnisstütze, für die Nichtanwesenden als Information und für den Seminarleiter als Rückmeldung. Es weist daher eine größere Nähe zum Ergebnisprotokoll auf.

Kopfgestaltung:
- Angaben zum Seminar: Hochschule, Fakultät, Institut, Lehrveranstaltung, Dozent/Dozentin, Semester
- Angaben zur Seminarsitzung: Thema, Datum, Zeit, Ort
- Angaben zum Verfasser des Protokolls: Name, E-Mail-Adresse

Inhalte:
- Rahmen der Seminarsitzung: Anzahl der Anwesenden, Namen der Referenten, Ablauf der Seminarsitzung; ggf. vorangestellte Gliederung
- wichtige geklärte organisatorische Fragen
- systematische Zusammenfassung zentraler Argumente, ggf. erreichter Konsens (logische Struktur der Diskussion festhalten; keine Zusammenfassung des Referats)
- Anmerkungen zu ungeklärten Fragen, nicht angesprochenen Themen
- Datum und Unterschrift des Protokollverfassers

Anhang:
- Handreichungen bzw. Thesenpapiere der Referenten
- Tafelbilder/Folien
- Literaturangaben zu im Seminar referierten bzw. diskutierten Texten

Kriterien:
- Prägnanz (Konzentration auf Relevantes, hinreichend differenzierte Darstellung)
- Verständlichkeit (auch für Außenstehende)
- Vollständigkeit (alle wesentlichen Inhalte der Diskussion werden erfasst)
- Sachlichkeit (beschreibend und wertungsfrei)
- formale Korrektheit

Formale Gestaltung:
- Umfang max. 2 Seiten + Anhang
- klare Gliederung
- Text- und Seitengestaltung: s. Seminararbeiten
- Beiträge der Seminarteilnehmer ohne Nennung der Namen, Beiträge des Seminarleiters oder der Referenten werden als solche gekennzeichnet (»Der Seminarleiter erklärt ...«)
- erklärende Zusätze in Klammern und mit Initialen des Protokollanten versehen
- termingerechte Abgabe

Sprachliche Gestaltung:
- Präsens
- Wortbeiträge als indirekte Rede (im Konjunktiv) wiedergeben
- keine Stichpunkte, sondern *kurze* Sätze
- Hervorhebung wichtiger Stichworte (fett setzen – erleichtert Überblick)
- keine ausschmückenden Adjektive
- keine kausalen Verknüpfungen zwischen Redebeiträgen

Voraussetzungen:
- gezielte und detaillierte Mitschrift, ggf. Nachfragen im Seminar
- möglichst zeitnahe Anfertigung

Das Thesenpapier dient in erster Linie der Unterstützung eines Referats, sollte aber auch denjenigen, die nicht das Referat hören, verständlich sein und Denkanstöße geben können. Zweck des Thesenpapiers ist es einerseits, dass man dem Referat leichter folgen kann; andererseits soll es Anknüpfungspunkte für eine Diskussion des Referats schaffen.

Kopfgestaltung:
- Angaben zum Seminar: Hochschule, Fakultät, Institut, Lehrveranstaltung, Dozent/in, Semester
- Angaben zum Referat: Thema, Datum
- Angaben zum Referenten: Name, Mail-Adresse

Inhalte:
- Benennung der konkreten Problemstellung
- kurze Darstellung der referierten Positionen als sachliche Diskussionsbasis möglich (muss nicht sein, wenn in Handreichung)
- wichtige Zitate oder Definitionen im Wortlaut (Zitationsregeln beachten)
- Formulierung von eigenen Thesen zum Problem und/oder zu den referierten Positionen
- ggf. knappe Begründungen für Thesen
- ggf. Formulierung eines eigenen Fazits
- ggf. Benennung weiterführender Fragen
- Literaturangaben

Aufbaumöglichkeiten:
- Thesenreihe (einzelne, aufeinander aufbauende Thesen)
- hierarchisch (zentrale These an den Anfang, stützende Thesen dann in logischer Struktur untergeordnet)
- dialektisch (These, Antithese)

Kriterien:
- Verständlichkeit (auch für Außenstehende)

- sachliche Richtigkeit in der Darstellung der referierten Position
- klare Formulierung eines eigenen Standpunktes (der im Referat begründet wird)
- klare, sachlogische Gliederung der Thesen
- Zweckdienlichkeit als sachliche Diskussionsbasis
- formale Korrektheit

Formale Gestaltung:
- Umfang max. 2 Seiten
- Text- und Seitengestaltung: s. Seminararbeiten
- Thesen nummeriert
- keine Tabellen, Abbildungen etc.
- Literaturangaben zu referierten bzw. diskutierten Texten

Sprachliche Gestaltung:
- kurze und knappe Sätze
- prägnante Formulierung

Rezension: In einer wissenschaftlichen Rezension wird ein umfangreicherer Text (meist ein Fachbuch) diskutiert. Dabei gibt der Verfasser der Rezension einen Überblick über den Inhalt des Textes, ordnet den Text in den wissenschaftlichen Diskurs ein und bewertet den Text in seiner Bedeutung für den jeweiligen Diskurs.

Kopfgestaltung:
- Angaben zum Seminar: Hochschule, Fakultät, Institut, Lehrveranstaltung, Dozent/in, Semester, Abgabedatum
- Überschrift: »Rezension« und Titel des Textes, genaue Literaturangaben
- Angaben zum Rezensenten: Name, Matrikelnummer, Anschrift, E-Mail-Adresse, Studiengang, Fachkombination, Fachsemester

Überblick über den Inhalt des Textes:
- formelle Angaben zum Text (Erscheinungsjahr, Erscheinungsort, Autor, Textsorte, Thema des Textes)
- Benennung der Zielrichtung des Textes
- Überblick über den Aufbau des Textes
- Zusammenfassung zentraler Thesen, Standpunkte und Theoreme
- ggf. kurze Zitation wichtiger Textstellen

Einordnung in den wissenschaftlichen Diskurs:
- Benennung der Diskussion, an die der Text anknüpft
- Verortung des Textes in einer wissenschaftlichen Strömung/Theorierichtung
- Benennung dessen, was der Text neu in die Diskussion einbringt bzw. in welchen Punkten er andere Texte ergänzt, kritisiert, bestätigt

Bewertung:
- begründetes eigenes Werturteil über den Text
- Benennung von Grenzen, Widersprüchlichkeiten, offenen Fragen
- Einschätzung der Verständlichkeit und Plausibilität des Textes
- Einschätzung seines inhaltlichen Wertes (Frage, ob Text sinnvoll, innovativ, schlüssig usw. ist)

Kriterien:
- Verständlichkeit (auch für Außenstehende)
- sachliche Richtigkeit in der Darstellung des Textinhalts
- angemessene Einordnung in den entsprechenden Diskurs
- klare Formulierung und Begründung des Werturteils
- klare Trennung von bewertendem und beschreibendem Teil
- formale Korrektheit

Exposé: Ein Exposé ist ein Ausblick auf bzw. der Entwurf für eine wissenschaftliche Arbeit, der klärt, was in einer Arbeit untersucht werden soll, wieso man sich damit beschäftigt und auf welche Art und Weise man dies tun will.

Titelseite/Deckblatt:
- Angaben zum Kontext der geplanten Arbeit: Hochschule, Fakultät, Institut, Lehrveranstaltung, Dozent/in, Semester
- Überschrift: ›Exposé‹ und Arbeitstitel sowie Funktion (Seminararbeit/Bachelor-Arbeit o. Ä.) der geplanten Arbeit
- Angaben zum Verfasser des Exposés: Name, Matrikelnummer, Anschrift, E-Mail-Adresse, Studiengang, Fachkombination, Fachsemester

Inhalte eines Exposés:
- Fragestellung und Ziel der Arbeit, ggf. erste Hypothesenformulierung
- Forschungsstand (aktueller Stand der Fachdiskussion zum Thema, kurze Erklärung relevanter Theoreme)
- Relevanz des Themas (Begründung, wieso es sich lohnt, sich mit dem Gegenstand auseinanderzusetzen)
- eigenes Interesse/Motivation zur Arbeit am konkreten wissenschaftlichen Problem
- Grobgliederung
- Ziele der Arbeit
- Quellenlage und wichtige Literatur
- methodisches Vorgehen (Art und Weise der Auseinandersetzung mit dem Problem, mit Quellen; Untersuchungsmethoden)

- Reflexion eigener Vorkenntnisse und Kompetenzen
- Darstellung der Arbeitsschritte und deren Dauer

Formale Gestaltung:
- Umfang 4–6 Seiten
- Text- und Seitengestaltung: s. Seminararbeiten
- termingerecht Abgabe – in gebundener Form bzw. in Hefter

Bachelor- und Masterarbeit: Zwischen einer Abschlussarbeit und einer Seminararbeit besteht sowohl in quantitativer als auch in qualitativer Hinsicht ein Unterschied. Quantitativ bezieht sich auf den Umfang der Arbeit und die Größe des wissenschaftlichen Problems; qualitativ meint die Reflexionstiefe und den Innovationsgrad, den die wissenschaftliche Arbeit aufweisen sollte. Die Vorgehensweise und inhaltliche wie formale Maßgaben entsprechen dem oben Ausgeführten.

3.4 | Mündliches Präsentieren – Die Diskussion von Arbeitsergebnissen

Ein wesentlicher Bestandteil wissenschaftlichen Arbeitens ist, das man seine Arbeitsergebnisse auch anderen vermitteln und sich der Kritik Interessierter stellen kann. So gehört nicht nur das Schreiben zum wissenschaftlichen Arbeiten, sondern auch die mündliche Präsentation der eigenen Arbeit.

3.4.1 | Referate

Referate sind wohl die für Studierende gebräuchlichste Form der mündlichen Ergebnispräsentation, da sie in vielen Seminaren als Diskussionsgrundlage dienen. In solchen Einstiegsreferaten werden Texte, die im Rahmen der Seminarsitzung besprochen werden, inhaltlich zusammengefasst, gedeutet und im Idealfall auch kritisch reflektiert. Das Referat (von lat. *referre*: berichten, etwas ins Gedächtnis zurückbringen) ist in diesem Fall ein Bericht von dem, was ich mir als Referent in der wissenschaftlichen Auseinandersetzung mit einem Text (s. o.) erarbeitet habe. Nun werden Referate und Vorträge bereits im Schulunterricht – bisweilen bis zum Überdruss – geübt und die Methode der Referatgestaltung sollte eigentlich soweit klar sein. Dennoch ist es zuweilen erschreckend, mit welcher Qualität einige Referate aufwarten. Daher wird an dieser Stelle ein kurzer Überblick dazu geben, wie Referate gestaltet sein sollten.

Themenerfassung:
- Thema des Referats (ggf. Aufgabenstellung) sollte genau erfasst und entsprechend eingegrenzt werden
- Formulierung einer konkreten Problemfrage und einer Zielstellung (die auch als Zielorientierung am Anfang des Referats vermittelt wird)

Struktur/Gliederung:
- klare Gliederung in Einleitung, Hauptteil und Schluss
- sollte im Einstieg genannt werden und sich in der Handreichung widerspiegeln

Einleitung:
- Begrüßung (Kontakt zum Zuhörer herstellen)
- motivierender Einstieg (etwa durch interessantes Zitat, provozierende These, Bildimpuls, aktuellen Bezug o. Ä.; Interesse wecken)
- Schaffung eines Problembewusstseins
- Formulierung einer Zielorientierung (Klarheit)
- Benennung inhaltlicher Schwerpunkte und der Gliederung (Transparenz)

Schwerpunktsetzung:
- Setzung von inhaltlichen Schwerpunkten, die gemessen an der Themenerfassung legitim sind
- Konzentration auf Wesentliches

Vollständigkeit:
- hinreichende Differenziertheit
- Benennung aller wesentlichen Punkte (ggf. Absprache mit dem Seminarleiter)

Genauigkeit/Richtigkeit:
- intersubjektive Nachvollziehbarkeit der Interpretation des Textes
- Deutung sollte am Text begründbar sein
- klare und plausible Argumentation
- klare Trennung von sachlicher Darstellung des Textinhalts und eigener Wertung

Zusammenhänge:
- Einordnung in wissenschaftlichen Diskurs
- Aufzeigen von Zusammenhängen mit anderen Theoremen

Zusammenfassung:
- Schluss sollte stets nochmals wichtige Inhalte bündeln – ggf. in zugespitzter, provokativer Form (als Diskussionseinstieg)

- Reflexion über Erreichung des Erkenntnisziels und Lösung der Problemfrage

Vortragsstil:
- freies Sprechen, Blickkontakt
- angemessener Sprachstil, Betonung, klare Aussprache
- verständliche Lautstärke und angemessenes Sprechtempo
- Meidung von Füllsilben und Füllwörtern
- bewusster Einsatz von Mimik und Gestik

Zeitbudget:
- Referatkonzept rechtzeitig beim Seminarleiter einreichen (Rücksprachemöglichkeiten nutzen)
- Einhaltung der in der Seminarsitzung zur Verfügung stehenden Zeit (i. d. R. 15–20 Minuten, *maximal* 30 Minuten)

Anschaulichkeit:
- Unterstützung des Referats durch Visualisierungen
- Bezug auf lebensweltliche Beispiele herstellen
- nur so abstrakt wie nötig

Verständlichkeit:
- kurze und prägnante Formulierungen
- Fachbegriffe erklären, sparsamer und reflektierter Einsatz von Fachbegriffen
- für Transparenz sorgen (erklären, welcher Gliederungspunkt an der Reihe ist und wieso die Auseinandersetzung damit relevant ist)
- Zwischenzusammenfassungen geben

Kreativität:
- Möglichkeiten der Einbeziehung der Seminarteilnehmer erwägen
- originellen Zugang zum Thema suchen

Visualisierung/Medien:
- Nutzung von Visualisierungen (Tafelbild, Folie, Powerpoint)
- wichtige und schwer verständliche Aspekte visualisieren
- medienspezifische Gestaltungskriterien beachten

Handreichung:
- ist Pflicht, kann zusätzlich durch ein Thesenpapier ergänzt werden
- sollte alle wesentlichen Inhalte umfassen; *kein* Lückentext
- klare Gliederung
- Kopfgestaltung s. Thesenpapier
- Stichworte, ggf. mit wichtigen Definitionen oder Zitaten im Wortlaut
- keine Umformulierung des Referats in Stichworte – Konzentration auf Wesentliches
- mit genauen Literaturangaben
- 2–4 Seiten, die allen Seminarteilnehmern als Kopie zur Verfügung gestellt werden

Quellennachweis:
- Benennung im Referat
- genaue Angaben in der Handreichung

Fragenbeantwortung:
- genug Zeit zur Beantwortung von Verständnisfragen einräumen
- ggf. selbst Diskussion durch Fragen anregen
- klare und prägnante Beantwortung von Fragen

3.4.2 | Visualisierungen

Visualisierungen sind Pflicht in jedem Referat. Sie dienen zum einen der Anschaulichkeit und Verständlichkeit des Referats, zum anderen kann Visualisiertes besser behalten werden.

Grundsätzlich gilt, dass Visualisierungen gut lesbar und klar strukturiert sein müssen. Dazu gehören eine Überschrift, eine deutlich erkennbare optische Gliederung (Zusammengehöriges zusammen, Rahmen, funktionaler Einsatz von mehreren – nicht zu vielen – Farben, Ausweisung der Relationen zwischen Informationsblöcken durch Pfeile usw.) und eine gefällige Form (Symmetrie, ästhetische Gestaltung).

Für Overhead-Folien sollte man (der leichteren Lesbarkeit wegen) ausschließlich eine serifenlose Schrift (Arial, Calibri oder Verdana) wählen, der Zeilenabstand sollte 1,5 und die Schriftgröße mindestens 16 pt betragen.

Powerpoint-Präsentationen bieten gegenüber Overhead-Folien den Vorteil, dass sich Inhalte nachvollziehbar entwickeln lassen, indem Inhalte durch Animationen eingefügt werden. Für Ihre Gestaltung gilt Folgendes:

Inhalte:
- Titelfolie (Lehrveranstaltung, Thema, Datum, Name des Referenten, E-Mail-Adresse)
- Gliederung am Anfang, ggf. auch Gliederung zu einzelnen Unterthemen
- Beschränkung auf wesentliche Sachverhalte
- Stichworte, ggf. mit wichtigen Definitionen oder Zitaten im Wortlaut
- Quellenangaben/Literaturhinweise

Präsentationsgestaltung:
- logischer Aufbau der Präsentation, klare Strukturierung der Folien
- Verwendung eines einheitlichen Layouts (Farben, Schriftart, Folienkopf)

- Hintergrund nicht rein weiß (ohne Muster oder Kopf), aber mit klaren Kontrasten (nicht nur Farbkontraste, sondern v. a. hell – dunkel); bei schlechten Sichtverhältnissen: helle Folien, dunkle Schriften
- hinreichend Zeit zur Folienbetrachtung lassen

Foliengestaltung:
- nummerierte Folien, Gliederungspunkt in Folienkopf
- Schriftgröße größer als 18 pt, Größenunterschiede zwischen einzelnen Gliederungsebenen
- serifenlose Schriftart (nur eine Schriftart verwenden)
- gezielte und angemessene Animationen/Übergänge (Seriosität vs. Hervorhebung wesentlicher Inhalte/Entwicklung der Inhalte mit Vortrag)
- farbige Hervorhebung wesentlicher Inhalte
- Einbindung von Illustrationen, Grafiken, Cliparts, Tabellen oder schematischen Darstellungen (im angemessenen Rahmen)
- keine Verwendung von Soundeffekten

3.5 | Von der Wissenschaft als Begräbnisstätte der Anschauung

Soweit zu den Techniken und Prinzipien des wissenschaftlichen Arbeitens. Bleibt zuletzt die Frage, inwiefern Nietzsches Bildnis stimmig ist – und was man aus seiner Kritik ableiten kann.

Der Wissenschaftler als Biene: Wissenschaftliches Arbeiten bedarf eines gewissen Fleißes, und es erfolgt nach bestimmten Richtlinien und Prinzipien. Aber anders als die Biene, sollte ein Wissenschaftler stets sein Handeln hinterfragen und sein Vorgehen reflektieren. Letztlich es ist kein vorgefertigter Instinkt, keine innere Anlage, die ihn zu seinem Tun drängt, sondern wissenschaftliches Forschen hat seinen Ursprung in einem staunenden Fragen.

Der Turmbau der Wissenschaften: Wissenschaftliche Theoriegebäude sind in der Tat in erster Linie ein Begriffsgebäude – so wie auch das menschliche Denken eng an Sprache geknüpft ist. Es ist zudem sinnvoll, dass Theorien durch ihre begrifflich-abstrakte Beschaffenheit eine gewisse Distanz zur Lebenswelt schaffen. Erst dadurch kann die Lebenswelt tiefgründig reflektiert werden. Vom Turm aus sieht man eben besser. Andererseits sollten wissenschaftliche Theorien keine »Begräbnisstätte der Anschauung« sein. Es ist vielmehr eine wichtige Forderung an Wissenschaft, dass sie ihren Bezug zur Lebenswelt und ihre Verständlichkeit wahren muss. Das Fundament jenes Turmes ist die menschliche Erfahrung.

Von Zellen und Honig: Gefordert sind gestützte, (begrifflich) gereinigte und ggf. erneuerte Theorien. Nicht gewünscht sind indes voneinander eng abgegrenzte Zellen – inakzeptabel sind Wissenschaftler, die nichts außer ihrer eigenen Zelle kennen, die nicht miteinander diskutieren und einander kritisieren. Gefüllt sein soll wissenschaftliche Arbeit mit gutem Honig: genießbar, konzentriert und gehaltvoll.

Literatur

Franck, Norbert/Stary, Joachim (Hg.): *Die Techniken wissenschaftlichen Arbeitens – Eine praktische Anleitung.* Paderborn ¹⁴2008.
Frank, Andrea u. a.: *Schlüsselkompetenzen: Schreiben Studium und Beruf.* Stuttgart/Weimar 2007.
Franke, Fabian/Klein, Annette/Schüller-Zwierlein, André: *Schlüsselkompetenzen: Literatur recherchieren in Bibliotheken und Internet.* Stuttgart/Weimar 2010.
Heister, Werner: *Studieren mit Erfolg: Effizientes Lernen und Selbstmanagement in Bachelor-, Master- und Diplomstudiengängen.* Stuttgart 2007.
Nünning, Vera (Hg.): *Schlüsselkompetenzen: Qualifikationen für Studium und Beruf.* Stuttgart/Weimar 2008.
Rost, Friedrich: *Lern- und Arbeitstechniken für das Studium.* Wiesbaden ⁵2008.

Donat Schmidt

4 Didaktik der Philosophie und Ethik

4.1 Inhalte des Unterrichts
4.2 Strukturierung
4.3 Methoden
4.4 Medien
4.5 Checkliste zur Unterrichtsplanung

An den meisten philosophischen Instituten fristet die Fachdidaktik – zu Unrecht – ein Schattendasein. Es wird geflissentlich übersehen, dass die Philosophie- bzw. Ethikdidaktik viel mehr ist, als das Anhängsel, das man zur Befriedung der Lehramtsstudierenden benötigt. Sie ist ein eigenständiges Teilgebiet der Philosophie mit wissenschaftlichem Anspruch. Sie ist die **Vermittlungsinstanz** zwischen der akademischen Philosophie und der Lebenswelt. Als solche hat sie den Anspruch, eine philosophische Grundhaltung und Lebenspraxis zu etablieren. Aufgrund der Erfordernisse der Vermittlung steht die Fachdidaktik als Disziplin zwischen der Philosophie als Bezugswissenschaft und Pädagogik, allgemeiner Didaktik sowie den empirischen Sozialwissenschaften. Ihr Gebiet sind **fachspezifische Theorien** des Lehrens und Lernens.

Dieses Kapitel kann es nicht leisten, die Vielfalt verschiedener fachdidaktischer Ansätze und Theorien darzustellen. Es wird vielmehr Philosophie- bzw. Ethik-Lehramtsstudenten das Handwerkszeug für erste schulpraktische Studien an die Hand gegeben: wichtige Kenntnisse zu **Inhalten**, zur **Strukturierung**, zu **Methoden** und **Medien** philosophischen Unterrichts (der jene Fächer umfasst, die als Bezugswissenschaft die Philosophie haben: ›Praktische Philosophie‹, ›Ethik‹, ›Philosophie‹, ›Philosophieren mit Kindern‹, ›Allgemeine Ethik‹ sowie ›Werte und Normen‹).

4.1 | Inhalte des Unterrichts

Es ist mittlerweile Konsens in der Philosophiedidaktik, dass nicht die philosophische Tradition als Bildungsgut im Mittelpunkt des philosophischen Unterrichts zu stehen hat, sondern dass **Philosophieren als Kompetenz** vermittelnswert ist. Es geht nicht darum, Traditionspflege zu betreiben, sondern Schüler sollen das »Denken lernen«: Sie sollen lernen, selbstbestimmt zu entscheiden und ihre Lebenswelt kritisch zu reflektieren. Oder, wie bereits Kant in seinen Vorlesungen *Über Pädagogik* formulierte: »[E]s kommt vorzüglich darauf an, daß Kinder denken lernen. Das geht auf die Prinzipien hinaus, aus denen alle Handlungen entspringen« (KWA X, S. 707).

4.1.1 | Philosophische Basiskompetenzen

Dies zeigt sich durchaus in den curricularen Maßgaben der Länder und findet seinen Ausdruck in der Bonner Erklärung der Deutschen Gesellschaft für Philosophie zum Philosophie und Ethikunterricht (In: *Zeitschrift für Didaktik der Philosophie und Ethik* 4 (2002), S. 348 f.), in der jene Basiskompetenzen aufgeführt werden, die das Philosophieren ausmachen und die der philosophische Unterricht maßgeblich auszuprägen hat:

- **Textkompetenz:** Eine Besonderheit philosophischer Texte ist ihre begriffliche und argumentative Struktur. Schüler lernen in der Arbeit mit philosophischen Texten, Begriffe zu bestimmen, Argumentationen nachzuvollziehen – und auf diesem Wege ein Textverständnis zu entwickeln. Textkompetenz bezieht sich auf die Fähigkeit, einen fruchtbaren Diskurs mit einem philosophischen Text zu führen. Die Auseinandersetzung mit Texten dient dazu, den Schülern

einen neuen Blick auf ihre Lebenswelt zu ermöglichen.
- **Soziale Kompetenz:** Da philosophischer Unterricht im Wesentlichen diskursiv ausgerichtet ist, spielen soziale Kompetenzen eine wichtige Rolle. Unter sozialen Kompetenzen werden jene Fähigkeiten und Fertigkeiten verstanden, die einen Diskurs gelingen lassen: argumentative Kompetenzen, die eine klare Darstellung der eigenen Position sowie deren logische und plausible Begründung ermöglichen; rhetorische Kompetenzen; analytische Kompetenzen, die zur kritischen Auseinandersetzung mit der Position des Gegenübers befähigen – sowie Einstellungen, die den philosophischen Diskurs überhaupt erst als solchen etablieren: Bereitschaft zur Einhaltung von Diskursregeln; Offenheit und Toleranz; kritische Distanz gegenüber der eigenen Position.
- **Interkulturelle Kompetenz:** Ein Schwerpunkt des philosophischen Unterrichts ist die Reflexion verschiedener kultureller und religiöser Deutungsmuster. Vor diesem Hintergrund ist interkulturelle Kompetenz als die Kompetenz zu verstehen, die das Verstehen der fremden Kulturen und des eigenen Kulturkreises ermöglicht.
- **Urteilskompetenz:** Letztlich soll der philosophische Unterricht lebenspraktisch relevant sein, so dass Handlungen auf der Grundlage eines ausgeprägten (ethischen) Urteilsvermögens vollzogen werden können. Daher findet die Urteilskompetenz in Situations- und Normenanalyse sowie bei der Urteilsbildung und -begründung ein komplexes und bedeutsames Arbeitsfeld.
- **Orientierungskompetenz:** Als reflexiv angelegter Unterricht bietet der philosophische Unterricht Orientierungsmöglichkeiten. Orientierung wird dadurch geschaffen, dass Schüler in die Lage versetzt werden, Informationen und Wissensbestände kritisch auf ihre Richtigkeit, Angemessenheit und Relevanz hin zu prüfen.
- **Interdisziplinäre Methodenkompetenz:** Im Sinne der im vorangegangenen Kapitel genannten philosophischen Denkrichtungen und Methoden stellt der philosophische Unterricht die Werkzeuge bereit, mit denen Schüler vielfältige Sachverhalte angemessen beschreiben, analysieren, interpretieren und kritisieren können. Darüber hinaus finden Schüler mit jenen Methoden einen Weg zum eigenständigen und philosophischen Denken.

Ein gelungener philosophischer Unterricht setzt diese Kompetenzen nicht einfach voraus oder bietet nur den Raum zu ihrem Gebrauch – sondern er macht sie zu seinem Gegenstand und Inhalt. Die Philosophie ist also nicht deshalb eine unverzichtbare Bezugswissenschaft, weil sie mit wohlgehüteten Bildungsgütern aufzuwarten weiß, sondern weil sie Werkzeuge bereitstellt, die für die Schüler in ihrer Lebenswelt relevant sind. Entsprechend sind Methodenkompetenzen als explizites Methodenwissen zu vermitteln.

4.1.2 | Inhaltliche Schwerpunkte: Problemorientierung, Lebensweltbezug, Diskurs und Reflexion

Die konkreten Inhalte, an und mit denen philosophiert wird, sind indes höchst vielfältig und spiegeln die Fülle der von der Philosophie reflektierten Themen wider. Eine grobe Einteilung kann anhand der vier kantischen Grundfragen des Philosophierens »Was kann ich wissen?«, »Was soll ich tun?«, »Was darf ich hoffen?« und »Was ist der Mensch?« erfolgen. Auf welchen Wegen Antworten zu diesen Fragen gesucht werden, unterscheidet sich von Bundesland zu Bundesland.

Konsens ist jedoch, dass kein historisch orientierter Zugriff auf die Philosophie erfolgt. Vielmehr steht das Philosophieren selbst im Mittelpunkt. Der Ausgangspunkt des Philosophierens ist hierbei die **Lebenswelt** der Schüler. Ausgehend von lebensweltlichen Fragen und Problemen wird die Philosophie aus systematischer Perspektive zu **konkreten Problemzusammenhängen** befragt.

Der **Diskurs** mit anderen Personen oder philosophischen Texten ermöglicht dabei eine vertiefte **Reflexion** auf jene Probleme.

Anders formuliert: Philosophieren findet in Diskurs und Reflexion statt. Erst auf diesem Wege kann die eigene Lebenswelt und das eigene Dasein hinterfragt und problematisiert werden. Diese Prozesse zu ermöglichen, ist das Ziel des philosophischen Unterrichts.

4.2 | Strukturierung

4.2.1 | Merkmale guten Philosophie- und Ethikunterrichts

Während die Philosophie als Bezugswissenschaft Anregungen zur inhaltlichen Ausgestaltung des philosophischen Unterrichts gibt, zeigt die allgemeine Didaktik auf, was guten Unterricht, respektive guten philosophischen Unterricht ausmacht (vgl. Meyer 2005. S. 17 ff.):

- **Klare Strukturierung des Unterrichts:** Stimmigkeit von Zielen, Inhalten und Methoden; Folgerichtigkeit; Aufgaben-, Regel- und Rollenklarheit
- **Hoher Anteil echter Lernzeit:** möglichst viel aktiv für das Erreichen der Lernziele genutzte Zeit, Phasenwechsel
- **Lernförderliches Klima:** gegenseitiger Respekt, Regelbeachtung, Verantwortungsübernahme, Gerechtigkeit und Fürsorge
- **Inhaltliche Klarheit:** Verständlichkeit der Aufgabenstellung, Plausibilität des thematischen Gangs, Anschaulichkeit und Verbindlichkeit
- **Sinnstiftendes Kommunizieren:** Planungsbeteiligung, Gesprächs- und Feedbackkultur, Lerntagebücher, Portfolioarbeit
- **Methodenvielfalt:** Reichtum an Inszenierungstechniken, Vielfalt der Handlungsmuster, Variabilität der Verlaufsformen
- **Individuelles Fördern:** innere Differenzierung und Integration, spezifische Methoden und adäquaten Medieneinsatz; Freiräume
- **Intelligentes Üben:** Bewusstmachen von Lernstrategien, passgenaue Übungsaufträge, gezielte Hilfestellungen
- **Transparente Leistungserwartungen:** Rückmeldung zum Lernfortschritt, Klarheit von Anforderungen, Ankündigung von Leistungsmessungen
- **Vorbereitete Umgebung:** gute Ordnung, funktionale Einrichtung, brauchbares Lernwerkzeug

Was ist guter Philosophieunterricht? Diese Punkte lassen sich selbstredend auf den philosophischen Unterricht übertragen – allerdings mit einigen Modifikationen bzw. Ergänzungen:

- **Rollenklarheit:** Im Mathematik- oder Biologieunterricht wird dem Lehrer auf inhaltlicher und formaler Ebene Expertenschaft zugeschrieben. Im philosophischen Unterricht bestimmt der Lehrer ebenfalls formal den Verlauf der Stunde und er zeigt sicher mögliche Denkwege auf – aber auf inhaltlicher Ebene ist er im philosophischen Diskurs wie die Schüler ein nach Antworten Suchender.
- **Hoher Anteil echter Lernzeit:** Aktives Lernen im philosophischen Unterricht heißt nicht vorrangig, Aufgaben zu lösen oder Wissensbestände aufzubauen. Echte Lernzeit ist Zeit des Philosophierens. Guter philosophischer Unterricht sollte daher möglichst viel Zeit der Reflexion, der Argumentation und dem Diskurs widmen.
- **Lernförderliches Klima:** Die Schwerpunktsetzung auf Reflexion und Diskurs erfordert es selbstverständlich, dass ein Klima entsteht, das von allen Beteiligten als reflexions- und diskursförderlich empfunden wird. Es bedarf u. a. der Einführung von Diskursregeln, eines vor Machtstrukturen geschützten Raumes und der nötigen Reflexionszeit.
- **Verbindlichkeit:** Philosophieren ist als offener Prozess zu verstehen. Daher kann die im Rahmen der inhaltlichen Klarheit geforderte Verbindlichkeit im Philosophieren allenfalls in einem vorläufigen Konsens bestehen. Es ist wichtig, alle wohlbegründeten Meinungen zu akzeptieren. Das Aushalten der daraus entstehenden Spannungen ist sowohl notwendig als auch bereichernd für den philosophischen Unterricht.
- **Anschaulichkeit:** Philosophieren, das jeden Bezug zur Lebenswelt verloren hat, ist im schlechten Sinne abstrakt und sinnentleert. Anschaulichkeit verstanden als Lebensweltnähe ist für das Philosophieren unerlässlich.
- **Methodenvielfalt:** Der philosophische Unterricht verfügt über eine Vielzahl – auch fachspezifischer – Methoden: sokratisches Gespräch, Disputation, dekonstruktive Verfahren usw. Diesen Reichtum an Methoden gilt es zu nutzen.
- **Freiräume:** Individuelles Fördern heißt auch Freiräume zum eigenen Denken zu lassen.
- **Intelligentes Üben:** An die Stelle des Bewusstmachens von Lernstrategien tritt im philosophischen Unterricht die Vermittlung expliziten Methodenwissens. Es geht hierbei z. B. um Methoden der Textarbeit, Argumentationstechniken und Denkmethoden (vgl. interdisziplinäre Methodenkompetenz).
- **Transparente Leistungserwartungen:** Es muss um des Diskursklimas willen dem Schüler stets

Phase	Mögliche Inhalte
1. Hinwendung	- Begrüßung - Schaffung eines Lernklimas
2. Unterrichtseinstieg	- Hinführung zum Lerngegenstand - Aktivierung von Kontext- und Vorwissen - Motivation zur Auseinandersetzung mit dem Lerngegenstand
3. Zielorientierung	- Transparenz schaffen (worum es geht, was gelernt werden kann, wie die Auseinandersetzung mit dem Lerngegenstand erfolgt und wieso diese wichtig/interessant ist)
4. Problemeröffnung	- Bewusstsein für ein Problem schaffen (Perturbation) - Problemerfassung - Reflexion auf mögliche Lösungsstrategien
5. Selbständige Arbeit	- Erarbeitung einer Lösungsstrategie - selbständige Arbeit (allein, in Partnerarbeit oder in Gruppenarbeit) mit der gewählten Lösungsstrategie (bspw. in Form einer Textarbeit, einer Diskussion, eines Rollenspiels ...)
6. Ergebnissicherung und Reflexion	- Zusammenfassung, Diskussion und Bewertung der erarbeiteten Problemlösungen (z. B. hinsichtlich der Qualität der Problemlösung, Transfermöglichkeiten und Bedeutung für die Schüler)
7. Stundenschluss	- Stundenrückblick - Reflexion des Lernfortschritts und der Zielerfüllung - Ausblick auf weiteren Unterricht - klarer Abschluss

klar sein, dass philosophischer Unterricht keine Wertevermittlung ist. Bewertet werden kann alles – außer der konkreten Meinung der Schüler. Dass Schüler ihre Meinung klar und verständlich zum Ausdruck bringen, ist bewertbar. Wie sie ihre Meinung begründen und erläutern, ist bewertbar. Nicht bewertbar ist hingegen, welche Meinung sie vertreten.

4.2.2 | Aufbau einer Unterrichtsstunde

Guter philosophischer Unterricht ist sinnvoll und klar strukturiert – und es gibt durchaus so etwas wie ein ›Rezept‹ für Unterrichtsstunden. Die Tabelle links gibt einen Überblick über die ›Zutaten‹.

All diese ›Zutaten‹ sind Pflichtbestandteile einer Unterrichtsstunde problemorientierten philosophischen Unterrichts – wenngleich die Reihenfolge der 2., 3. und 4. Phase variabel und die Länge der einzelnen Phasen flexibel ist. In dieser Struktur lassen sich die o. g. Inhalte angemessen vermitteln und es kann auf eine sinnvolle Weise problembezogen philosophiert werden.

4.3 | Methoden

Vor allem für den zentralen Teil vieler Unterrichtsstunden, die Phase der selbständigen Arbeit, bieten sich zahlreiche Unterrichtsmethoden an. Aufgrund der Schwerpunktsetzung des philosophischen Unterrichts auf Diskursivität und Reflexivität sollen nun einige Methoden vorgestellt werden, die das Philosophieren unterstützen können.

4.3.1 | Diskursive Methoden

Diskursive Methoden sind pädagogische Handlungszusammenhänge, in denen mehrere Gesprächspartner sich argumentativ miteinander zu einem konkreten Gegenstand auseinandersetzen. Der Diskurs wird dabei als Möglichkeit verstanden, andere Standpunkte kennenzulernen und andere Sichtweisen auf das diskutierte Problem zu gewinnen. Die damit einhergehende Horizonterweiterung erlaubt eine kritische Reflexion der eigenen Lebenswelt oder eigener Anschauungen.

Eine wichtige Voraussetzung für den Einsatz komplexer diskursiver Methoden sind argumentative Kompetenzen. Entsprechend müssen Argumentationsstrukturen und Argumentationsmuster wie der Fünfsatz (s. u.) beherrscht werden.

Sokratisches Gespräch

Das Sokratische Gespräch ist eine Gesprächsform, in der eine **Gesprächsgemeinschaft** gemeinsam und **konsensorientiert** ein philosophisches Problem diskutiert (bspw. »Unter welchen Bedingungen kann man sich frei fühlen?« »Was ist schön?« »Wann ist eine Handlung eine gute Handlung?«). Ursprünglich geht das sokratische Gespräch auf die Gesprächsführung des Sokrates zurück (Elenktik). Dieser stellt sich unwissend (sokratische Ironie), hinterfragt und widerlegt das Scheinwissen seiner Gesprächspartner – bis er diese letztlich zur Einsicht in das eigene Unwissen bringt (Aporie). Darauf aufbauend, führt er seine Gesprächspartner durch weitere Fragen zu einer Erkenntnis bzw. Selbsterkenntnis (Maieutik). Nelson und Heckmann haben das sokratische Gespräch als neosokratische Methode für den Bildungsbereich fruchtbar gemacht (vgl. Birnbacher/Krohn 2002; Raupach-Strey 2002).

Ziele:
- diskursive Erschließung eines philosophischen Problems, Klärung eines Begriffs
- gemeinsame Abstraktion von konkret Erfahrenem mit dem Ziel der Erreichung eines Konsens

Strukturmomente:
- Gleichberechtigung der Teilnehmer, Anerkennung und Ernstnehmen fremder Standpunkte
- Aufrichtigkeit der Teilnehmer (äußern nur eigene Überzeugungen)
- Wahrheitsstreben der Teilnehmer
- Konsensorientierung; Ziel einer Abstraktion/Wesensbestimmung
- inhaltliche Zurückhaltung des Gesprächsleiters (Beschränkung auf formale Hilfestellung und Moderation)
- induktiver Charakter; ausgehend von konkreten, lebensweltlichen Beispielen
- eingebrachte Gedanken bauen auf eigenen Erfahrungen auf
- argumentativer Charakter, Begründungspflicht
- keine Autoritätsargumente, keine Heranziehung wissenschaftlicher Theorien zur Begründung

Möglicher Ablauf:
1. **Vorbereitungsphase**
- Problem herausarbeiten (Problemfrage: allgemein, einfach, relevant, nicht-empirisch)
- Dialoggemeinschaft bilden (Strukturen, Regeln)
2. **Philosophisches Gespräch**
- sammeln von Meinungen/Beispielen zum Thema; schriftliche Fixierung
- strukturieren der Meinungen/Zuordnen zu Oberbegriff/Auffinden von Eigenschaften, erster Konsens
- Erweiterung der Problematik, Suche nach weiteren Beispielen/Gegenbeispielen
- Wesensbestimmung: Unterscheidung von zufälligen und notwendigen Eigenschaften sowie hinreichenden Eigenschaften
- Formulierung einer vorläufigen Antwort als Konsens über Wesen des Untersuchungsgegenstandes
3. **Metagespräch**
- Klärung organisatorischer Fragen und Reflexion des methodischen Vorgehens
- Reflexion über erreichten Konsens
- Reflexion der Teilnehmergruppe als Gesprächsgemeinschaft (Regeleinhaltung, Vorgehen, Befindlichkeiten)

Gesprächsführung:
- Moderation des philosophischen Gesprächs
- Nebengespräche leiten (Strategiegespräch, Analysegespräch, Metagespräch)
- gezieltes Nachfragen (Begriffe, Widersprüche, Argumente)
- Zusammenfassen verschiedener Meinungen
- Verdeutlichung einzelner Denkschritte
- Wahrung des Themenbezugs
- Regelüberwachung
- Zusammenfassung und schriftliche Fixierung der Diskussionsergebnisse

Potentiale:
- intensive und tiefgründige philosophische Reflexion und Diskussion
- Schaffung eines Lebensweltbezugs

Mögliche Probleme:
- Gesprächsleitung sehr voraussetzungsreich
- hoher Zeitaufwand
- nur in kleineren Lerngruppen gut realisierbar

Das sokratische Gespräch gilt als die philosophische Gesprächsform schlechthin – v. a. aufgrund seiner begrifflich-argumentativen Vorgehensweise und der wahrhaftigen Suche nach einem gemeinsam für wesentlich Erachteten. Doch auch andere diskursive Methoden haben ihre Berechtigung im philosophischen Unterricht und können Reflexionsprozesse initiieren.

Disputation

Die Disputation ist eine aus dem Mittelalter stammende Gesprächsform in der – im Gegensatz zum sokratischen Gespräch – ein stark **antagonistisch geprägtes Streitgespräch** gepflegt wird. In literarischer Form sind Streitgespräche zwischen Gelehrten (Expertengespräch) und zwischen Schüler und Meister (Lehr- oder Beratungsgespräch) überliefert. Beide Formen lassen sich auch didaktisch nutzen. Hierbei nehmen die Disputationsteilnehmer vorgegebene **Rollen** ein. Die Disputation ist im Unterricht bspw. als Talkshow, Pressekonferenz, Podiumsdiskussion etc. umsetzbar. So könnte sich eine Disputation zur Frage entfalten, was ein gerechter Krieg ist; ob der Mensch die Technik beherrscht oder sie ihn beherrscht; ggf. auch zur moralischen Urteilsfindung in lebensweltlichen Problemsituationen.

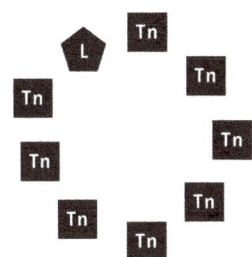

Sokratisches Gespräch (Tn = Teilnehmer, L = Gesprächsleiter)

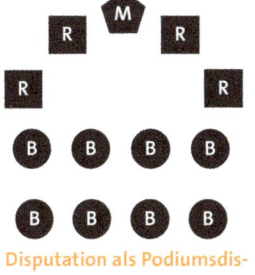

Disputation als Podiumsdiskussion (M = Moderator, R = Rolle/vorgegebene Positionen, B = Beobachter)

Methoden

Ziele:
- vielseitige Erarbeitung und Reflexion eines Themas
- Förderung kommunikativer und argumentativer Kompetenzen
- Reflexion eigener und fremder argumentativer Kompetenzen

Strukturmomente:
- Rolleneinnahme (statt Wahrheitsstreben und Aufrichtigkeitspflicht)
- Antagonismus (Streitgespräch mit Wettbewerbscharakter)
- Spiel (offene Handlungsmöglichkeiten innerhalb eines konkret gesetzten Rahmens)

Möglicher Ablauf:
1. **Vorbereitungsphase**
   - Ablauf erklären, Rollenvergabe, Themenstellung
   - inhaltliche Vorbereitung (Erarbeitung der Positionen in Gruppen, ggf. anhand von Texten); ggf. Bestimmung und Instruktion von Beobachtern
   - Rahmen: Eröffnung der Spielsituation
2. **Disputation**
   - Stellungnahme/Standpunktrede der Disputationsteilnehmer
   - offene Diskussion, ggf. mit Öffnung für das Publikum
   - Schlussplädoyer der Teilnehmer
3. **Auswertungsphase**
   - Auswertung durch Beobachter
   - Reflexion auf die Methode und den Diskussionsverlauf
   - »Entrollen« (Ablegen der Rolle) und eigene Positionierung zum Thema
   - Reflexion auf Thema und vertretene Positionen (weiterer Transfer, Vertiefung usw.)

Gesprächsführung:
- Lehrer meist als Moderator tätig oder gibt den Rahmen vor
- strukturiert Streitgespräch (fordert zu Wortmeldungen auf, lässt Schlussplädoyers halten usw.)
- Eröffnung, Beendigung der Spielsituation, in der Schüler innerhalb ihrer Rolle frei agieren
- greift bei Regelverstößen ein
- leitet Metagespräch

Potentiale:
- geeignet zur diskursive Erarbeitung verschiedener Positionen
- Systematisierung/multiperspektivische Reflexion zum Thema
- ermöglicht einen Transfer in die Lebenswelt (bspw. durch Expertengespräch verschiedener Philosophen zur Studienplatzwahl)
- antagonistisches Prinzip weckt Freude am Diskutieren

Mögliche Probleme:
- mögliche Passivität der Beobachter
- Rollenannahme erforderlich
- ›wahres Philosophieren‹ findet erst im Auswertungsgespräch statt

Pro-Contra-Debatte

Die Pro-Contra-Debatte oder Amerikanische Debatte ist ein stark reguliertes und klar strukturiertes Streitgespräch zwischen zwei Parteien. Die Klasse wird (um die Empathiefähigkeit zu fördern, im Idealfall zufällig) in eine Pro- und eine Contra-Gruppe eingeteilt. Die Redebeiträge erfolgen im Reißverschlussprinzip: In einer vorher festgelegten Reihenfolge spricht ein Teilnehmer der Pro-Gruppe, dann einer aus der Contra-Gruppe usw. – so dass jeder Teilnehmer einmal zu Wort kommt. Grundsätzlich können alle Themen aufgegriffen werden, zu denen sich für die Pro- wie für Contra-Position sinnvolle (im Idealfall gleichwertige) Argumente finden lassen: Zulassung/Verbot von PID, Medien schaffen einen Zugang zur Welt/verwehren diesen usw.

Ziele:
- kontroverse Erarbeitung und Reflexion eines Themas
- Förderung kommunikativer und argumentativer Kompetenzen
- Reflexion der eigenen argumentativen Kompetenzen

Strukturmomente:
- Rolleneinnahme (statt Wahrheitsstreben und Aufrichtigkeitspflicht)
- Antagonismus (Streitgespräch mit Wettbewerbscharakter)
- Strukturiertheit

Möglicher Ablauf:
1. **Vorbereitungsphase**
   - Regeln und Vorgehen erklären
   - Gruppenbildung
   - inhaltliche Vorbereitung (1. Argumentfindung, 2. Reflexion über mögliche Einwände, 3. Findung von Gegenargumenten, Strategieabsprachen sowie Bestimmung und Instruktion von Beobachtern)

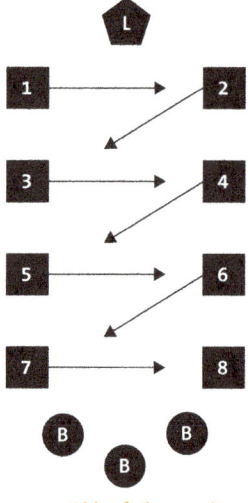

Ablaufschema einer Pro-Contra-Debatte
(L = Lehrer, B = Beobachter)

2. Debatte
- Diskussion, wobei nach einer vorher festgelegten Reihenfolge allen Sprechern je eine Wortmeldung zukommt (Reißverschlussprinzip)
- ggf. nochmalige Wiederholung

3. Auswertungsphase
- Auswertung durch Beobachter
- Reflexion auf die Methode und den Diskussionsverlauf
- »Entrollen« (Ablegen der Rolle) und eigene Positionierung zum Thema
- Reflexion auf Thema und vertretene Positionen (weiterer Transfer, Vertiefung usw.)

Regeln:
- Jeder spricht nur einmal!
- Es spricht immer nur einer!
- Es geht der Reihe nach!
- Das Argument des Vorredners ist mit eigenen Worten kurz zu wiederholen!
- Auf das Argument des Vorredners ist einzugehen!
- Die Redezeit beträgt eine Minute!

Potentiale:
- geeignet zur diskursiven Erarbeitung zweier gegensätzlicher Positionen
- intensive Beteiligung aller
- Förderung der Empathiefähigkeit durch Perspektivwechsel
- antagonistisches Prinzip weckt Freude am Diskutieren

Mögliche Probleme:
- Starrheit des Ablaufs
- Rollenannahme erforderlich
- Rhetorik und Spiel kann Sachebene überdecken
- ›wahres Philosophieren‹ findet erst im Auswertungsgespräch statt

Dilemma-Diskussion

Zur Verbesserung der ethischen Urteilsfähigkeit wird die Dilemma-Diskussion als Mittel der Wahl erachtet. In Auseinandersetzung mit einer semirealen Dilemma-Situation (als real denkbare Zwangslage einer fiktiven Person, die zwischen zwei Verhaltensweisen wählen muss, die beide gegen ihre moralischen Prinzipien verstoßen) sollen Schüler das damit verbundene ethische Problem tiefgründig erschließen und anschließend ein begründetes Urteil fällen. Eine Förderung der Urteilskompetenz soll durch die Konfrontation mit Gegenargumenten auf dem gleichen oder einem höheren Urteilsniveau (vgl. Lind 2003) und die damit einsetzende Perturbation erreicht werden.

Ziele:
- Förderung der Diskursfähigkeit und argumentativen Kompetenzen
- Förderung der ethischen Urteilskompetenz (sich der eigenen Prinzipien bewusst werden; Umstände und Fakten der Situation genau betrachten; Reflexion der eigenen Prinzipien bzgl. ihrer Angemessenheit, Universalisierbarkeit und Wichtigkeit)

Strukturmomente:
- aktive Auseinandersetzung eingeleitet durch »Störung« (keine problemfreie Lösung der Dilemma-Situation möglich)
- Konfrontation mit Gegenargumenten in den Phasen der Diskussion
- weitgehende Selbststeuerung der Diskussion, Passivität des Lehrers
- Konzentration auf Sache statt auf Personen
- Perspektivwechsel

Möglicher Ablauf:

1. Vorbereitungsphase
- Konfrontation mit dem Dilemma
- Situationsanalyse
- Klärung des moralischen Kerns
- erste Positionierung (Blitzlicht)
- Sammlung von Argumenten für oder wider die verschiedenen Handlungsoptionen (Gruppenarbeit)

2. Dilemma-Diskussion
- Plenumsdiskussion (schülergesteuert)
- Auswertung der Diskussion, Gewichtung der Argumente, Entscheidungsfindung (Gruppenarbeit)
- Ergebnisbericht im Plenum

3. Auswertungsphase
- zweite Positionierung (Blitzlicht)
- Reflexion auf die Methode und den Diskussionsverlauf

Potentiale:
- schülerzentriert; intensive Beteiligung aller
- Förderung der Empathiefähigkeit durch Perspektivwechsel
- intensiver Lebensweltbezug möglich

Mögliche Probleme:
- hohe Anforderungen an Dilemma: verständlich, eindeutig, ausweglos, emotionalisierend (nicht zu stark), herausfordernd (Klasse ist sich uneins über Lösung: etwa 50:50)
- hohe Anforderung an Motivation, Urteilskompetenz und Diskursfähigkeit der Teilnehmer

Zur Vertiefung

Ethisches Urteilen

Eine wichtige Voraussetzung für das Gelingen einer Dilemma-Diskussion ist die Beherrschung grundlegender Urteilsformen. Hierbei hat sich insbesondere Dietrichs **Modell des umgekehrten praktischen Syllogismus** bewährt (vgl. Dietrich 2004). Die folgende Übersicht lehnt sich an dieses Modell an.

1. **Prämisse: deskriptiver Satz, Situationsanalyse**
   a) Wahrnehmung und Erschließung der Situation
   - Benennung des ethischen Problems/Konflikts
   - Benennung der direkt und indirekt Betroffenen (Ziele/Bedürfnisse/Interessen/Ängste/Hoffnungen sowie Beschreibung ihres Wertesystems und der an sie herangetragenen Rollenerwartungen)
   - Benennung situativer Kriterien (bspw. technische Möglichkeiten, gesetzlicher und/oder ökonomischer Rahmen)
   - Benennung der bestehenden Güter
   - Benennung der Handlungsalternativen (Ziele, Handlungsschritte, Analyse der angewandten Mittel)
   - Abschätzung der Handlungsfolgen (inkl. Risikoabwägung, Einschätzung des Nicht-Wissens/der Unsicherheiten, Beurteilung der Fähigkeiten zur Erreichung des Handlungsziels und zur Beherrschung der Mittel)
   b) empirische und hermeneutische Prüfung der Situationsbeschreibung
   - Prüfung des Wahrgenommenen
   - Formulierung einer nachvollziehbaren Situationsbeschreibung
2. **Prämisse: normativer Satz, Normenanalyse**
   a) Generierung von einschlägigen (konfligierenden) Werten und Normen
   - Benennung der situativ relevanten ethischen Werte und Normen (allgemeine ethische Prinzipien bzw. bereichsspezifische Handlungsregeln)
   b) hermeneutische Prüfung, Abwägung und Begründung von Werten und Normen
   - Gewichtung der Werte und Normen
   - Aufzeigen, wieso konkrete Normen in Entscheidungssituation entscheidungsrelevant sind
   - Formulierung einer begründeten Wert- bzw. Normenpräferenz
3. **Konklusion: ethisches Urteil, Handlungsanweisung**
   - logische und nachvollziehbare Verknüpfung von Situationsanalyse und Normenanalyse in einem ethischen Urteil
   - Formulierung einer Handlungsanweisung

4.3.2 | Reflexive Methoden

Neben dem Diskurs bildet die Reflexion, verstanden als ›kontemplative‹ Beschäftigung mit einem philosophischen Problem einen weiteren Schwerpunkt im philosophischen Unterricht. Reflexive Methoden ermöglichen und vertiefen Prozesse des Staunens, Hinterfragens, Zweifelns bzw. Weiterdenkens.

Gedankenexperiment

Das Gedankenexperiment ist eine imaginative Methode, bei der eine Situation als real gegeben vorgestellt wird, um die daraus resultierenden Konsequenzen abzuleiten. Wie in den Naturwissenschaften eine reale Versuchsanordnung der empirischen Verifikation oder Falsifikation von Hypothesen dient, ist das Gedankenexperiment seit jeher ›die‹ Methode der nichtempirischen Geisteswissenschaften im Dienste der **Heuristik** und/oder **Stützung** von Theoremen. Das Ziel der Gedankenexperimente ist es, durch ein Denken-als-ob neue Sichtweisen auf die Lebenswelt zu gewinnen bzw. zu vermitteln. Diese reflexive Methode ermöglicht eine Distanzierung vom eigenen Dasein und damit einen Ausweg aus dem Determiniert-Sein durch das Hier-und-Jetzt.

Gedankenexperimente sind dabei keine zweckneutrale Spinnerei. Das spielerische Moment schafft vielmehr Handlungsräume bzw. Denkräume. In der Modellierung einer konkreten Gedankenwelt veranschaulicht es Denkinhalte, macht Abstraktes greifbar und Denkbares durch fiktives Probehandeln nachvollziehbar. Als **Spiel** weist das Gedankenexperiment einen Rahmen (seine Einbindung in den lebensweltlichen Kontext; bspw. die Unterrichtssituation) und Regeln (Maßgaben, unter denen das Gedankenexperiment verläuft) auf. Innerhalb des Rahmens, der häufig auch verbal durch ein »Stell dir vor ...«, »Was wäre, wenn ...« o. Ä. gekennzeichnet ist, entsteht eine Spielsituation, die in Distanz zum Faktischen steht und die stimmig sowie konkret weitergedacht wird: Welche Konsequenzen hätte es bspw. für das Zusammenleben, wenn jeder die Gedanken seiner Mitmenschen lesen könnte? Das Hinausdenken über das real Gegebene kann verblüffen und erstaunen – eine **Horizonterweiterung**, die häufig lustvoll erfahren wird. Durch seine Anschaulichkeit, seinen Spielcharakter und indem es Entdeckerfreude weckt, birgt das Gedankenexperiment enorme motivationale Potentiale.

Ziele:
- Gewinnung neuer Perspektiven auf die eigene Lebenswelt bzw.
- Vermittlung/Veranschaulichung neuer Denkwege

Strukturmomente:
- Spielcharakter (Offenheit und Handlung vs. Rahmen und Regeln)
- Methodencharakter (instrumenteller Charakter)
- Schaffung einer Distanz zum Faktischen

- Konkretisierung und stimmiges Weiterdenken eines Fiktiven

Möglicher Ablauf:
1. **Vorbereitungsphase**
   - Problemeröffnung, Motivation
   - Zielsetzung, ggf. Formulierung einer Hypothese
   - Vermittlung/Konstruktion einer Versuchsanordnung (Welche Situation wird als Gegebenheit angenommen/könnte als gegeben angenommen werden, um … zu erfahren?)
2. **Durchführungsphase/Spielphase**
   - Annahme des als ›real‹ Gesetzten
   - Weiterdenken (›Beobachtung‹ mittelbarer und unmittelbarer Konsequenzen und verschiedener Begleitumstände)
   - Protokollierung oder Beschreibung des im Experiment ›Beobachteten‹
3. **Analyse- und Interpretationsphase**
   - Schlussfolgerungen (Was kann aus Gedankenexperiment gelernt werden? Welche neuen Einsichten habe ich gewonnen?)
   - Reflexion der Versuchsanordnung (Grenzen und mögliche Änderungen prüfen)
   - Abgleich mit Zielsetzung bzw. Hypothese (Ist das Ergebnis hinreichend? Entspricht es dem, was ich intuitiv erwartet habe?)
4. **Transferphase**
   - Transfer auf das faktisch Gegebene (Was bedeutet das? Welche [problematischen] Dinge wurden aufgezeigt?)
   - Transfer auf die eigene Lebenswelt (Was bedeutet das für mich/mein Umfeld/meine Pläne?)

Mögliche Versuchsanordnungen:
- Perspektivwechsel
- ›fremder Blick‹ (Blick von außen; bspw. als Außerirdischer auf menschliche Verhaltensweisen)
- experimentelle Umkehrung (des Gegenteil eines real gegebenen Sachverhalts denken)
- Vorstellung einer Mangelsituation (Nichtwissen, Fehlen einer Sache)
- Radikalisierung/Vergrößerung (»Was wäre, wenn in Ansätzen Existierendes in höherem Maße vorhanden wäre«)
- Ausbleiben einer Handlung
- neuer Kontext: andere Zeit/andere Situation (»Was wäre, wenn X im Mittelalter geschehen wäre/einem anderen widerfahren würde?«)
- neue technische Möglichkeiten (»Was wäre, wenn es eine Maschine gäbe, die …«)
- Utopien/Dystopien
- Weiterdenken einer gegebenen Situation (aus Geschichte, Text, Film)

Potentiale:
- hohes Maß an Schülertätigkeit; hohe Motivation
- Anschaulichkeit (erklärende/vermittelnde Funktion)
- Erkennen von Neuem/von Zusammenhängen (heuristische Funktion)
- Aufbrechen von gewohnten Denkstrukturen und Hinterfragen von als selbstverständlich angenommenen Dingen

Mögliche Probleme:
- bei auf die eigene Person bezogenen Versuchsanordnungen wird in Privatsphäre der Probanden eingedrungen
- erfordert viel Phantasie (daher muss die Versuchsanordnung verständlich und vorstellbar sein)
- erfordert Bereitschaft, sich auf dieses ›Spiel‹ einzulassen (daher muss die Versuchsanordnung/die Ausgangsfrage motivierend sein, zudem ist Transparenz [Nachvollziehbarkeit des Zwecks] wichtig)

Philosophisches Schreiben

Reflexionsprozesse lassen sich in besonderem Maße durch Schreiben unterstützen. In seiner Verschriftlichung wird ein Gedanke zum Gegenstand und als solcher fass- bzw. greifbar – für den Schreiber selbst wie für andere. Was ›auf den Begriff gebracht‹ wurde, lässt sich syntaktisch fügen und ist geordneter sowie konkreter als die meist nur assoziativ verknüpften Denkinhalte. Zugleich ist das Niederschreiben von Gedanken immer ein **Akt der Verdichtung und Pointierung**.

Gerade für das philosophische Denken, das in hohem Maße von begrifflicher Klarheit und argumentativer Konsistenz geprägt ist, hat die Verschriftlichung einen hohen Wert. Sie diszipliniert das Denken. So erstaunt es nicht, dass das Schreiben als reflexive Praxis in vielen verschiedenen Varianten im philosophischen Unterricht praktiziert wird.

Schreiben als reflexive Praxis

Beispiele für Schreibaufträge:
- Führen eines philosophischen Tagebuchs/Denktagebuchs
- Verfassen eines philosophischen Essays zu einem Thema/einer These/einer Frage
- Erstellen eines Wörterbucheintrages zu einem bestimmten Begriff/einer Theorie
- Realisierung einer Theorie an einem konkreten Beispiel (z. B. »Beschreibe die Gedanken eines

Stoikers/eines Epikureers am Morgen eines arbeitsreichen Tages«)
- Verfassen einer Textkritik/eines Leserbriefes zu einem Text aus einer bestimmten Perspektive (anderer Autor/Zeitgenosse/Krankenschwester/Sozialhilfe-Empfänger …)
- Formulierung eines Klappentextes/eines Werbetextes zu einem Text
- Umformen in ein anderes Medium/eine andere Textsorte (Brief, Anekdote/Fabel/Gedicht/Bericht)
- fiktiver Tagebucheintrag (aus Sicht des Autors, aus Sicht eines bestimmten Lesers/Kritikers)
- Verfassen eines fiktiven Interviews mit einem Philosophen o. Ä.
- Verfassen von Beiträgen in Weblogs zu einem Thema/einer These/Frage/als Versuch einer Begriffsbestimmung und deren Kommentierung

Während Essay und Denktagebuch Möglichkeiten der **Selbstvergewisserung** sind und der subjektiven Reflexion dienen, können im kooperativen Schreiben (bspw. in Schreibgesprächen oder in der kollaborativen Nutzung eines Weblogs) **Denkanstöße** von außen die Reflexion vertiefen. Bei nicht-kooperativen Schreibaufträgen ist es empfehlenswert, die Gedanken im Diskurs weiterzuführen (z. B. über Auswertungsgespräche oder einen Briefwechsel).

4.4 | Medien

Eine große Frage der Fachdidaktik ist seit jeher, welche Rolle Texte und andere Medien im philosophischen Unterricht spielen sollen. Einerseits steht die Forderung nach **Schülerzentrierung**, Dialogizität und dem Bezugspunkt ›Lebenswelt‹. Es geht ja eben nicht um die selbstzweckhafte Tradierung philosophischer Theoreme. Andererseits erfordert Philosophieren immer eine **Reflexionsdistanz**. Diese zu schaffen, ist u. a. Aufgabe der genannten reflexiven und diskursiven Methoden. Dennoch fällt es Schüler zuweilen schwer, sich von ihrer gemeinsamen Lebenswelt zu distanzieren.

An dieser Stelle kommt die Philosophie als inhaltliche Bezugswissenschaft ins Spiel – und hier werden die Medien relevant. In der Auseinandersetzung mit Medien und (über diese Medien) durch die Beschäftigung mit Philosophie können Schüler neue Denkweisen kennenlernen und erweitern ihren Horizont. Oder mit anderen Worten: Wer seine Lebenswelt durch die Brille verschiedener (philosophischer) Theorien sieht, tritt in Distanz zu ihr und kann sie auf diesem Wege reflektieren.

Medien sind demnach Mittel, Katalysatoren und Ausgangspunkte philosophischer Reflexion. Als solche sind sie im philosophischen Unterricht ein wichtiger **Diskurspartner** für Schüler.

4.4.1 | Der Text als Gesprächspartner – Dialog statt Exegese

Allgemein gilt Text als das zentrale Medium des philosophischen Unterrichts – ganz gleich, ob es sich hierbei um ›philosophische‹ Texte (Fachtexte), ›literarische‹ Texte oder Sachtexte (bspw. Hintergrundwissen zu medizinischen Fragen) bzw. um Primär- oder Sekundärtexte handelt. Textkompetenz ist nicht zuletzt deshalb eine philosophische Basiskompetenz.

Umso problematischer ist es, dass Schüler manchmal bereits das Verstehen einfacher Texte Probleme bereitet, dass sie selten motiviert sind, sich mit philosophischen Texten auseinanderzusetzen und dass sie meist auch nicht über das Methodenrepertoire verfügen, das ihnen einen angemessenen Zugang zu Texten ermöglicht. Diese drei Problembereiche bedingen sich wechselseitig. Es gibt deshalb zwei wichtige Ansatzpunkte: Zum einen gilt es, **explizites Methodenwissen** aufzubauen: Wer weiß, wie er Texte für sich erschließen bzw. eröffnen kann, ist auch eher gewillt, sich mit ihnen auseinanderzusetzen, und dem fällt es leichter ein eigenes Textverständnis zu entwickeln. Zum anderen ist es unabdingbar, Schülern die Angst vor philosophischen Texten zu nehmen und ihnen zu vermitteln, dass diese Texte spannende Gesprächspartner sein können.

Dabei ist zu beachten, dass es prinzipiell nicht möglich ist, ›den‹ Sinn eines Textes zu erfassen (zum Problem des Textverstehens s. Kap. III.3.2.3). Vielmehr gilt es, Texte zu eröffnen und einen Zugang zum Text zu schaffen. Aus diesem Grund sind die Methoden der Textarbeit so zu wählen, dass das ›naive‹ Textverständnis der Schüler gewürdigt und nicht als defizitär betrachtet wird. Das Vorverständnis der Schüler ist Ausgangspunkt der Texteröffnung.

Phasierung

Der idealtypische Verlauf einer Textarbeit im Unterricht besteht aus vier Phasen:

1. **Vorbereitungsphase**
- Vorwissen, Erwartungen, Einstellungen explizieren
- inhaltliche Planung (Formulierung einer Problemstellung; Präzisierung dessen in einer konkreten Fragestellung/eines Erkenntniszieles)
- methodische Planung (Methodenwahl/Wahl der Herangehensweise, Textauswahl)

2. **Textbegegnung und Erarbeitung eines Verstehenskonsens**
- erste Begegnung mit dem Text (verzögertes Lesen intensiviert die Auseinandersetzung)
- erste Deutung und Formulierung von Verständnisfragen zum Text
- Textanalyse und erneute Deutung (vgl. analytische und hermeneutische Verfahren, s. u.)

3. **Textkritik und Reflexion**
- kritische Reflexion der herausgearbeiteten Aussagen und Erarbeitung eines eigenen Standpunktes (vgl. dialektische Verfahren, s. u.)
- Erschließung weiterer Deutungspotentiale, einer individuellen Deutung und Transfer auf den eigenen Erfahrungshorizont (vgl. dekonstruktive und kreative Verfahren, s. u.)

4. **Auswertungsphase**
- Beurteilung, ob Frage geklärt ist; ggf. Formulierung einer neuen Fragestellung/Wahl eines weiteren Gesprächspartners (Textes)
- Reflexion der Methodenwahl
- Erkenntnisse aus dem ›Gespräch‹ mit dem Text explizieren und auf neue Kontexte beziehen

Idealtypisch ist dieser Verlauf, weil er als Leitbild schülerzentrierter und problemorientierter Textarbeit zu verstehen ist: Schüler sollten im Laufe ihrer Schullaufbahn die Fähigkeit erwerben, sich auf diese Weise selbständig mit Texten auseinanderzusetzen. Die Unterstützung einzelner Schritte durch den Lehrer sollte daher nach und nach wegfallen.

Typisierung methodischer Zugänge

Aus systematischen Gründen ist es in Anknüpfung an die Methoden des Philosophierens sinnvoll, vier verschiedene Arten von Zugängen zu Texten zu unterscheiden: analytische, hermeneutische, dialektische und kreative bzw. dekonstruktive Verfahren der Arbeit mit, am und gegen den Text. Auch wenn diese Typen in Reinform kaum anzutreffen sind, lassen sich doch Grundausrichtungen in den verschiedenen Methoden der Textarbeit erkennen.

Analytische Verfahren der Arbeit am Text

Die analytische Philosophie zerlegt komplexe und problematische Sachverhalte in ihre Bestandteile und untersucht diese. Analytische Verfahren der Arbeit am Text befassen sich demzufolge mit den Bestandteilen des Textes – also mit Begriffen, mit seiner Sprache, mit Argumenten. Abhängig davon, auf welche Ebene das jeweilige Verfahren zugreift, unterscheidet man Verfahren der Begriffsbestimmung und Sprachanalyse (begriffliche Ebene), strukturale Verfahren (Strukturebene) und argumentationsanalytische Verfahren (argumentative Ebene).

Verfahren der Begriffsbestimmung sind u. a. intensionale Definition, Begriffsbestimmung über Beispiele, Gegenbeispiele und Grenzfälle, Ausweisung von Relationen, Begriffsunterscheidung und die Klärung der emotiven Bedeutung. Zumindest diese fünf Verfahren der Begriffsbestimmungen sollten Schülern als explizites Methodenwissen verfügbar sein.

1. Intensionale Definition meint, dass für einen Begriff (*Definiendum*) eine bestimmte Bedeutung (*Definiens*) festgelegt wird – und zwar durch Angabe eines nächst höheren Oberbegriffs (*genus proximum*) und spezifischer Differenz (*differentia specifica* – was diesen Begriff von den anderen Begriffen aus dem Bereich des Oberbegriffs unterscheidet): »Ein Junggeselle (*Definiendum*) ist ein unverheirateter (*differentia specifica*) Mann (*genus proximum*).«

2. Beispiele, Gegenbeispiele, Grenzfälle: Ein Begriff kann genauer bestimmt werden, in dem typische Beispiele, Gegenbeispiele oder Grenzfälle zu diesem Begriff aufgeführt werden: »Moralische Werte sind beispielsweise Ehrlichkeit, Freundlichkeit; keine sind dagegen Cleverness oder Arroganz. Grenzfälle sind in meinen Augen Enthaltsamkeit oder Gehorsam.«

3. Relationen ausweisen: Relationsbegriffe (z. B. Gleichheit; Liebe) müssen als solche ausgewiesen und bestimmt werden: »Gleichheit in welcher Beziehung?«, »A liebt auf x-Weise B«.

4. Begriffsunterscheidung: Unterschiede bei nebengeordneten/bedeutungsnahen Begriffen werden herausgearbeitet (›Angst vs. Furcht‹, ›Gesetz vs. Recht‹).

5. Emotive Bedeutung: Emotionen, die an Worte geknüpft sind, werden verdeutlicht (positive Gefühle als Konnotat zu ›Freiheit‹; ›Herausforderung‹ vs. ›Problem‹).

Auf der Grundlage der Begriffsbestimmungen kann dann z. B. ein Register/Lexikon zum Text erstellt werden.

Metaphernanalyse: In Texten finden sich häufig Metaphern. Aufgrund ihrer großen Deutungsoffenheit fördern diese Sprachbilder zuweilen interessante weitere Aspekte eines Sachverhalts zutage (heuristische Funktion). Andererseits verdecken sie u. U. problematische Äußerungen. Insofern ist eine Metaphernanalyse sinnvoll. Empfohlen sind in Anknüpfung an Kurpierz (2003) folgende Schritte:

- Erkennen der Metapher als Metapher
- Vermutung über Bedeutung anstellen (erste Assoziationen, gefühlsmäßige Wertung)
- Konzeptcharakterisierung (Gegenüberstellung der Konzepte von Bildspender und Bildempfänger – bspw. in Form einer Tabelle; Benennung des vermuteten *tertium comparationis*; Benennung der Attribute, die nicht beiden Konzepten gemein sind)
- Weiterentwicklung der Metapher: wörtlich nehmen (Welt = ›Gerätesystem‹: Was ist Strom?)/ Kontext ändern (Wissenschaft als ›Begräbnisstätte der Anschauung‹: Wann stirbt Anschauung? Wie steht es um Trauer, Grabpflege, Friedhofsgebühren?)

Strukturale Textanalyse ist ein (textzentriertes) Verfahren der Textanalyse, in dem versucht wird, das Bedeutungspotential eines Textes zu erfassen. Ein Text steht in einem kulturellen Kontext und verweist stets auf andere Texte. Um ein Textverständnis zu entwickeln, muss analysiert werden, wie er sich aus seinen Elementen (Begriffen) zusammensetzt. In der strukturalen Textanalyse wird das Modell eines Textes gewonnen, das erkennen lässt, wie ein Text vor einem konkreten kulturellen Hintergrund aus gedeutet werden kann. Dieses Modell erfasst die Bedeutung der einzelnen Elemente und ihr im Text dargestelltes Verhältnis zueinander. Dieses Modell wird in vier Arbeitsschritten erstellt:

- **Segmentieren:** wesentliche Begriffe aus Text herausfiltern (»Welche Begriffe scheinen relevant?« – auf Karteikarten schreiben).
- **Vergleichen:** einen ersten Überblick über die herausgefilterten Begriffe gewinnen (»Welche Begriffe stehen wie in Beziehung zueinander?« – Karteikarten zusammenrücken).
- **Klassifizieren:** kurze Erläuterung/Definition/Überbegriffe/Unterbegriffe zu Begriff (»Was wird im Text unter … verstanden?« – Erläuterung usw. auf Karteikarte schreiben).
- **Relationieren:** Erstellung eines Strukturmodells zum Text (»Wie lässt sich der Text in einer Übersicht/einem Schaubild darstellen?« – Karteikarten zu Strukturmodell ordnen; alternativ: jeder nimmt eine Karteikarte, heftet sie an die Tafel und erklärt den Begriff, indem er mindestens zwei der anderen Begriffe auf den Karteikarten verwendet und diese Beziehung graphisch verdeutlicht).

Argumentative Textanalysen: Ein probates Mittel der Argumentationsanalyse ist es, klassische Argumentationsmuster an den Text heranzutragen – bspw. den **Fünfsatz**. Der Fünfsatz ist eine Argumentationsfigur, die aus fünf Sätzen bzw. Sinnabschnitten besteht. Vor allem die **Standpunkt-Formel** des Fünfsatzes ist geeignet, die Argumentationsstruktur eines Textes (und seine argumentativen Leerstellen) zu rekonstruieren:

1. Standpunkt: »Im Text wird behauptet, dass …«
2. Begründung des Standpunktes: »Denn …«
3. Erläuterung, Veranschaulichung (Beispiele/Textbelege): »Da beispielsweise …«
4. Zusammenfassung: »Daraus folgt …«
5. Appell: »Daher sollte …«

Eine These kann auch mehrfach begründet sein. Das lässt sich nachbilden, indem die Abschnitte 2 und 3 mehrfach aufgeführt und dann durch den Abschnitt 4 miteinander verknüpft oder einfach nur zusammengefasst werden. Weitere argumentationsanalytische Verfahren wären bspw. die Rekonstruktion der Argumentationsstruktur eines Textes durch das Toulmin-Schema, die Umformung des Textes in Syllogismen sowie die Formulierung von Thesen und Begründungen zu einem Text.

Didaktik der Philosophie und Ethik

Der Text als Gesprächspartner – Dialog statt Exegese

Hermeneutische Verfahren der Arbeit am Text

Die Hermeneutik ist ein **Verfahren der Textdeutung**. Ausgangspunkt ist das Vorverständnis/Vorwissen des Lesers, das sich durch das Lesen des Textes erweitert. Während die Textanalyse auf einzelne Bestandteile des Textes (bspw. Begriffe) fokussiert, haben hermeneutische Verfahren den Text als Ganzes im Blick und streben nach einem umfassenden Textverständnis bzw. einer Erweiterung des Vorverständnisses. Hierbei werden die **Entstehungsbedingungen des Textes** mit in Betracht gezogen.

Gängige hermeneutische Methoden sind:
- Darstellen, aus welcher Situation heraus der Text geschrieben wurde (narrative Skizze, Standbild, Autoreninterview, Tagebuch des Autors, erläuternder Brief des Autors)
- Verfassen einer Autorenbiographie/Auswählen einer Biographie aus vorgegebenen Biographien und Begründung der Auswahl
- Einordnung eines Textes in seinen Kontext (Epoche, Autor, Gattung etc.) und Begründung der Einordnung
- Textsortenwissen einsetzen: Typus des Textes bestimmen und eine mögliche Intention ableiten
- Resümee der wesentlichen Informationen, Anfertigung eines Exzerptes
- Erstellen eines ›Spickzettels‹ zu Inhalten des Textes (verdichten, strukturieren)
- Richtig-Falsch-Beurteilung von Thesen/Aussagen zum Text (Thesenkatalog)
- Überschrift/Titel/Zwischenüberschriften für den Text finden
- Text kürzen (auf ein Drittel) oder erweitern (Beispiele, Erläuterungen u. Ä.)

Dialektische Verfahren der Arbeit mit und gegen den Text

Während analytische und hermeneutische Verfahren Schüler einen Zugang zu den Texten verschaffen, machen wohl erst dialektische Verfahren den Text zum Dialogpartner im eigentlichen Sinne. Analyse und Hermeneutik sind folglich eher Vorarbeiten, die ein gemeinsames Textverständnis, einen Konsens hinsichtlich der Textbedeutung schaffen – während jene **kritische Auseinandersetzung mit dem Text** als dialektisch zu bezeichnen ist.

Merkmale der dialektischen Verfahren sind die Gewinnung einer **Reflexionsdistanz** zum Text durch Infragestellung oder Negierung der herausgearbeiteten Aussagen des Textes, Perspektivwechsel und das Streben nach einer Aufhebung der erfassten Textintention in einer eigenen **Positionierung** (in Form einer Negation, Bewahrung bzw. Einordnung in einen größeren oder konkreten Kontext). Ansatzpunkte für einen dialektischen Zugang zu Texten bieten folgende Methoden:

Methoden des dialektischen Zugangs

- Interview-Rollenspiel/fiktive Pressekonferenz mit Autor des Textes
- Rezension oder Klappentext zum Text verfassen (aus Zeit des Autors/aus heutiger Perspektive)
- Standpunktrede/Fünfsatz zu Thesen des Textes (aus Sicht eines Kritikers/eigene Meinung)
- Gegentext verfassen (als Streitschrift, als Thesenpapier, als Leserbrief etc.)
- Hauptaussage des Textes negieren und Argumente für diese Gegenthese sammeln
- Kritik zum Text aus bestimmter Perspektive verfassen (anderer Autor/Zeitgenosse des Autors/aus heutiger Sicht etc.), ggf. Gemeinsamkeiten zwischen Text und Kritiker benennen
- Disputation/Debatte zum Text

Kreative bzw. dekonstruktive Verfahren der Arbeit mit und gegen den Text

Dekonstruktive Verfahren sind Verfahren der Texteröffnung, die betonen, dass nicht rekonstruierbar ist, was ein Autor gedacht haben mag, als er einen Text verfasst hat, und dass Zeichen stets mehrdeutig sind, da diese Deutungen ihrerseits immer auf andere Zeichen zurückgreifen – was zu einer unabschließbaren Verweisungsstruktur von Texten führt und es legitim erscheinen lässt, verändernd in Texte einzugreifen.

Als ›dekonstruktiv‹ werden folglich Verfahren bezeichnet, die diese Unergründbarkeit ›eines‹ Textsinns nicht nur in Kauf nehmen, sondern bewusst nutzen: um alternative, subjektive und an den Rand gedrängte Bedeutungen des Textes zu erfassen. Ausgangspunkt dieser **Umdeutungen** bzw. ›Umzentrierungen‹ des Textes ist häufig seine sprachliche Verfasstheit. Es wird ein Textelement verändert, um die Auswirkungen dieses Eingriffs auf die Textdeutung reflektieren zu können.

Dekonstruktive Verfahren:
- mehrdeutige Begriffe durch ›abwegige‹ Bedeutung ersetzen
- Auslassung/Streichungen in Text vornehmen, Lücke füllen lassen, Begründung der eingefügten Elemente, Vergleich mit ursprünglichen Elementen

- Fortführung eines Textes/Vorgeschichte zu Text verfassen
- Figuren in den Text hineinschreiben, um deren Situation zu reflektieren
- Text aus Sicht einer Figur/Person neu schreiben

Kreative Verfahren sind außerdem:
- Umformen des Textes in ein anderes Medium (Bild, Hörstück, Film, Standbild)
- Umformung des Textes in eines andere Textsorte (Brief/Mail, Anekdote, Fabel, Gedicht, Bericht, Sinnspruch; episieren, dramatisieren)
- Beispiele zum Text finden und beschreiben

4.4.2 | Das Bild als Denkimpuls

Ein weiterer wichtiger Gesprächspartner für Schüler sind Bilder – zumal diese in ihrer Lebenswelt überaus präsent sind. Zugleich sind die Kompetenzen zur Bildanalyse meist schlechter ausgebildet als die Textkompetenzen. Darüber hinaus ist ein sachgemäßer Umgang mit Bildern wegen der Eigenheiten dieses Mediums sehr voraussetzungsreich.

Vieldeutigkeit und Deutungsoffenheit

Bilder werden – anders als Texte – unmittelbar wahrgenommen. Dadurch haben Bilder eine hohe emotionale Wirksamkeit und suggestive Kraft. Dabei ist ihre Bedeutung meist unklar: Sie sind vieldeutig und zuweilen nur bedingt begrifflich fassbar. Ihre **Vieldeutigkeit** rührt daher, dass die einzelnen Elemente des Bildes nicht syntaktisch, sondern eher frei miteinander verbunden sind; sie beziehen sich nicht eindeutig aufeinander, wie dies bei Worten in Sätzen der Fall ist. Für Fotografien gilt zudem, dass sie nur einen kleinen Ausschnitt einer Situation zeigen, nur einen kurzen Moment wiedergeben und leicht manipulierbar sind.

So kann man festhalten, dass Bilder durch ihre **Vagheit, Anschaulichkeit, Ausschnitthaftigkeit** und emotionale Wirksamkeit eine rationale Auseinandersetzung mit einem Gegenstand erschweren können und anfällig für problematische Deutungen machen. Indem sie etwas aufzeigen, verdecken sie zugleich andere Aspekte.

Die Konsequenz dessen ist jedoch nicht, dass man Bilder aus dem philosophischen Unterricht verbannen sollte. Bilder sollten vielmehr eine tragende Rolle als Medium spielen. Dafür gibt es gute Gründe:

- Schüler sollten mündig zum reflektierten Umgang mit Bildern gemacht werden und entsprechende Deutungskompetenzen erwerben.
- Die emotionale Wirksamkeit von Bildern kann zur Motivation genutzt werden.
- Als symbolische Form erweitern sie das begrifflich-rationale philosophische Denken.
- Durch ihre **Deutungsoffenheit** vermögen sie eine Vielfalt von Denkimpulsen zu geben.

Das setzt zum einen voraus, dass Schüler Bilder als Dialogpartner ernstnehmen, ihre ›Sprache‹ lernen und ihnen ›zuhören‹. Es muss in diesem Kontext explizites Methodenwissen entstehen. Zum anderen heißt es, dass Bilder nicht illustrativ genutzt und unreflektiert eingesetzt, nicht konsumiert werden sollten. Analog zum Vorgehen bei Texten sind – in Anknüpfung an Wiesen (2003) – verschiedene methodische Zugänge zu Bildern sinnvoll:

Phänomenologische Zugänge – Beschreibung der Wahrnehmung und des Wahrgenommenen

Zunächst ist zu klären, was man sieht und wie das auf den Betrachter wirkt. Der erste Eindruck, Gefühle bei der Betrachtung und Einstellungen zum Bild werden expliziert und das Bild wird in seiner Gesamtheit beschrieben. Methodische Möglichkeiten:

- verzögerte Bildbetrachtung (Bildabschnitte verzögert aufdecken, Bild als Puzzle)
- Assoziationen (zum Titel/zum Bild/zu inhaltlich passendem Reizwort) verschriftlichen
- Schreibgespräch zum Bild
- Gefühle bei Bildbetrachtung benennen oder in Standbild darstellen
- Schriftart für Titel des Bildes wählen
- ›Brille‹ beschreiben, durch die man das Bild sieht

Analytische Zugänge – Untersuchung der Darstellungsmittel

Wichtige **Bildelemente** und **Darstellungsmittel** sind Form und Maße des Bildes, Farben, Kontraste, Licht, Raumaufteilung, Perspektive, Gegenstände/Symbole, ggf. verwendete Schriften (Größe, Schriftart, Inhalt), abgebildete Personen (Mimik, Gestik, Raumverhalten, Größe, Kleidung) sowie der Titel des Bildes. Diese einzelnen Bildelemente und Darstellungsmittel werden innerhalb der Bildanalyse isoliert voneinander erfasst und gedeutet (bspw. indem Denotate und Konnotate zu den ab-

gebildeten Gegenständen oder Symbolen benannt werden). Methodische Möglichkeiten:
- Rastern oder Zerschneiden des Bildes und Beschreibung der einzelnen Abschnitte
- am Rand Assoziationen/Begriffe neben Bildelement
- Bildbefragung (Schüler stellen Fragen zu Bild oder Bildelement, mit denen sich eine Gruppe intensiver befasst hat)
- Schema zum Bildaufbau zeichnen
- Mindmap zu Bildelementen erstellen
- Register zu vorkommenden Symbolen/Gegenständen und deren Bedeutungen anlegen
- Gedankenblasen zu einzelnen Personen in Bild einfügen und anhand von Mimik und Gestik begründen
- Formulieren einer Standpunktrede aus Perspektive einer der im Bild abgebildeten Figuren

Hermeneutische Zugänge – Deutung des Bildes

Die in der Analyse erfassten Bedeutungen der einzelnen Bildelemente werden zueinander in Beziehung gesetzt, und es wird eine Deutung des Gesamtbildes vorgenommen. Dabei können auch bekannte Deutungen des Bildes sowie bildexterne Informationen (bspw. Hintergrundwissen zu Epoche/Stilrichtung, Künstler, Entstehungsbedingungen) einbezogen werden. Ein **Verstehenskonsens** zum Bild wird erarbeitet. Methodische Möglichkeiten:
- Bildtitel finden und begründen
- Tagebucheintrag aus Sicht des Künstlers verfassen
- Formulieren einer Standpunktrede aus Künstlerperspektive zur Aussage des Bilder
- Schreibmeditation
- Auswahl einer Deutung aus mehreren vorgegebenen Interpretationen und Begründung der Wahl
- fiktives Interview mit dem Künstler über Inhalt des Bildes

Dialektische Zugänge – kritische Auseinandersetzung mit dem Bild

Es erfolgt eine Positionierung zum Bild, in der die herausgearbeitete Aussage und die (emotionale) Wirkung des Bildes kritisch betrachtet werden. Es wird geprüft, inwiefern erste Eindrücke, Einstellungen zum Bild und durch das Bild hervorgerufene Gefühle sich nach eingehender Bildanalyse als berechtigt erweisen. Außerdem kann die Aussage des Bildes als These kontrovers diskutiert werden. Methodische Möglichkeiten:
- fiktive Pressekonferenz/Diskussionsrunde mit Künstler
- Rezension zum Bild verfassen
- Formulieren einer Standpunktrede aus eigener Perspektive/aus Perspektive eines Kritikers zum Bild
- Gegenbild/Gegentext verfassen (als Streitschrift, als Thesenpapier, als Leserbrief etc.)
- ›Mängelliste‹ zu Bild erstellen

Dekonstruktive und kreative Zugänge – vom Bild aus Weiterdenken

Das Bild selbst wird nur als Anstoß für eigene Deutungen und das eigene Denken gesehen. Im Bewusstsein, dass die erarbeitete Deutung nicht objektiv ist, erfolgt eine Aneignung des Bildes, ein **Spiel mit Elementen des Bildes** – bis hin zur Umgestaltung des Bildes und Ersetzung/Veränderung von Bildelementen und Stilmitteln. Diese dekonstruktiv-kreative Auseinandersetzung mit dem Bild hat zum Ziel, weitere **Deutungspotentiale** des Bildes aufzudecken und neue Denkanregungen zu erhalten. Methodische Möglichkeiten:
- Bild als Standbild nachstellen und weiterspielen
- Bild umgestalten, Lücke in Bild ausfüllen
- Folgebild gestalten
- Bildelement herausschneiden und in neuen Kontext bringen, Veränderungen reflektieren

Diese fünf Zugänge spiegeln eine **feste Schrittfolge** im Umgang mit Bildern wider: Ohne Beschreibung keine Analyse, ohne Analyse keine Deutung, ohne Deutung keine sinnvolle Kritik.

4.4.3 | Weitere Medien

Weitere wichtige Medien für den philosophischen Unterricht sind Filme, Hörmedien (Features, Hörspiele, Hörbücher), Computer und Web-2.0-Anwendungen sowie das Medium ›Körper‹ (Rollenspiel, Standbild, theatrales Philosophieren). Auf diese Medien kann hier nicht weiter eingegangen werden. Prinzipiell gilt für sie jedoch Ähnliches wie für Bilder und Texte: Sie dienen Schülern als Gesprächspartner – und sollten als solche ernstgenommen werden. Die diesen Medien jeweils eigene **Zeichensprache** zu kennen, ist eine Grundvoraussetzung, um einen ernsthafter Dialog mit dem Medium zu führen und den eigenen Denkhorizont zu erweitern. Auch die methodische Herangehensweise ähnelt der bei Bild und Text: die Schrittfolge Wahrnehmung – Analyse – Deutung – Kritik – spielerisches Weiterdenken hat sich bewährt.

4.5 | Checkliste zur Unterrichtsplanung

Auf der Grundlage der Kenntnisse zu Inhalten, Strukturierung, Methoden und Medien des philosophischen Unterrichts lässt sich dieser adäquat gestalten. Sowohl als Zusammenfassung als auch um einige nicht angesprochene Punkte (meist allgemein-didaktischer Natur) zu ergänzen, sollen nun einige Fragen noch Anregungen zur Reflexion einer eigenen **Unterrichtsplanung** geben.

Aspekt	Teilaspekt	Reflexionsfragen
Ziele	Legitimität	<ul><li>Was sind die Ziele der Unterrichtsstunde(n)?</li><li>Sind diese legitim bzgl. des Lehrplans und der Schüler (Bedeutung für Gegenwart und Zukunft)?</li></ul>
	Klarheit und Überprüfbarkeit	<ul><li>Sind die Ziele klar definiert?</li><li>Sind die Ziele operationalisiert?</li><li>Welche Indikatoren kann man für deren Erfüllung anführen?</li></ul>
	Transparenz	<ul><li>Ist den Schülern transparent, welche Ziele wieso angestrebt werden?</li></ul>
Inhalte	Schwerpunkt	<ul><li>Hat der Inhalt einen Bezugspunkt in der Lebenswelt der Schüler?</li><li>Werden philosophische Basiskompetenzen im angemessenen Umfang gefördert?</li><li>Werden die Schüler zu einer kritischen/philosophischen Reflexion sowie zum Diskurs herausgefordert?</li><li>Werden Inhalte problem- und schülerorientiert erarbeitet?</li><li>Werden Inhalte von Schüler aktiv erarbeitet?</li></ul>
	konkrete Inhalte	<ul><li>Sind die inhaltlichen Schwerpunkte der Stunde gemessen an Zielen, Umfang des Themas und Interessen der Schüler nachvollziehbar?</li><li>Werden die wesentlichen Inhalte sach- und fachgerecht thematisiert?</li><li>Werden die Inhalte altersgemäß aufbereitet?</li></ul>
Struktur/ Phasierung	Logik	<ul><li>Ist der geplante Ablauf der Stunde logisch nachvollziehbar?</li><li>Gibt es inhaltliche Sprünge?</li><li>Werden jeweils relevante Lernvoraussetzungen im Vorfeld geschaffen oder sind diese als gegeben anzunehmen?</li><li>An welchen Stellen sind Zielorientierungen, Problemeröffnungen bzw. Überleitungen notwendig?</li></ul>
	Einstieg	<ul><li>Wird ein Orientierungsrahmen geschaffen?</li><li>Wird das Thema eröffnet?</li><li>Wird Vorwissen reaktiviert?</li><li>Wird motiviert und diszipliniert?</li></ul>
	Zielorientierung	<ul><li>Ist für die Schüler transparent, was wieso thematisiert wird?</li><li>Bleibt dies den Schülern präsent?</li><li>Wird am Ende rückblickend reflektiert?</li></ul>
	Problemeröffnung	<ul><li>Haben die Schüler das thematisierte Problem als solches erkannt?</li><li>Sehen sie es auch als Problem?</li><li>Entsteht eine Perturbation/kognitive Dissonanz?</li></ul>
	Erarbeitungsphase	<ul><li>Haben die Schüler genügend Raum, sich selbständig und reflexiv mit dem thematisierten Problem auseinander zu setzen?</li></ul>
	Ergebnissicherung und Reflexion	<ul><li>Werden die gefundenen Problemlösungen angemessen reflektiert und diskutiert?</li><li>Werden die Ergebnisse zur weiteren Arbeit festgehalten?</li></ul>
	Stundenabschluss	<ul><li>Wie wird der Einstieg/die Zielorientierung wieder aufgegriffen?</li><li>Wird die Stunde klar abgeschlossen?</li></ul>

Aspekt	Teilaspekt	Reflexionsfragen
Methoden	Methodenwahl	▪ Sind die Methoden zur Vermittlung der Ziele geeignet? ▪ Sind die Methode anwendbar (organisatorisch, technisch, Lerngruppe, Lehrperson …)? ▪ Fördert die Methodenwahl Reflexion und Diskurs? ▪ Sind die Methoden aktivierend und motivierend? ▪ Werden durch die Methodenwahl philosophische Basiskompetenzen (begriffliches Arbeiten, Argumentieren, philosophische Reflexion) gefördert?
	Methodeneinsatz	▪ Ist eine hinreichende Methodenvielfalt gewährleistet? ▪ Fördert die Gestaltung der Lernumgebung Reflexion und Diskurs? ▪ An welcher Stelle bietet sich eine alternative Gestaltung an? ▪ Sind die Aufgaben zielführend und angemessen? ▪ Sind die Aufgaben klar und prägnant formuliert (Operatoren)? ▪ Sind Gesprächsphasen hinreichend strukturiert?
Medien	Mediengestaltung	▪ Geben die Medien wesentliche Inhalte fach- und sachgerecht wieder? ▪ Sind die Medien für die Lerngruppe angemessen didaktisch aufbereitet?
	Medieneinsatz	▪ Ist der Medieneinsatz zielführend? ▪ Ist eine hinreichende Medienvielfalt gegeben?

Didaktische Grundlagenliteratur

Breun, Richard/Hainmüller, Hiltrud/Heydenreich, Konrad/Maeger, Stefan/Mahnke, Hans-Peter/Treml, Alfred K. (Hg.): *Ethik & Unterricht* (EU). 1990 ff.
Martens, Ekkehard: *Methodik des Ethik- und Philosophieunterrichts. Philosophieren als elementare Kulturtechnik.* Hannover 2003.
—/**Rohbeck, Johannes/Steenblock, Volker/Tiedermann, Markus (Hg.):** *Zeitschrift für Didaktik der Philosophie und Ethik* (ZDPE). Hannover 1979 ff.

Meyer, Hilbert: *Was ist guter Unterricht?* Berlin 2005.
Pfeifer, Volker: *Didaktik des Ethikunterrichts. Bausteine einer integrativen Wertevermittlung.* Stuttgart 2009.
Rohbeck, Johannes (Hg.): *Jahrbuch für Didaktik der Philosophie und Ethik.* Dresden 2000 ff.
— : *Didaktik der Philosophie und Ethik.* Dresden ²2010.
Steenblock, Volker: *Philosophische Bildung – Einführung in die Philosophiedidaktik und Handbuch: Praktische Philosophie.* Münster 2000.

Methodik und ethisches Urteilen

Birnbacher, Dieter/Krohn, Dieter (Hg.): *Das Sokratische Gespräch.* Stuttgart 2002.
Brüning, Barbara: *Philosophieren in der Sekundarstufe – Methoden und Medien.* Weinheim/Basel 2003.
Dietrich, Julia: »Grundzüge ethischer Urteilsbildung«. In: Johannes Rohbeck (Hg.): *Ethisch-philosophische Basiskompetenz.* Dresden 2004, S. 65–96.
Dege, Martina: »Der Weg ist das Ziel. Von einer prozessorientierten zu einer dialogischen Schreibdidaktik«. In: *Zeitschrift für Didaktik der Philosophie und Ethik* 2 (2002), S. 132–139.
Engels, Helmut: »Man muss es ihnen nur zutrauen! Über das Verfassen von fiktionalen Texten im Philosophieunterricht«. In: *Zeitschrift für Didaktik der Philosophie und Ethik* 2 (2002), S. 106–114.
— : »*Nehmen wir an …*«. *Das Gedankenexperiment und didaktischer Absicht.* Weinheim/Basel 2004.
Horster, Detlef: *Das sokratische Gespräch in Theorie und Praxis.* Opladen 1994.
Lind, Georg: *Moral ist lehrbar. Handbuch zur Theorie und Praxis moralischer und demokratischer Bildung.* München 2003.
Raupach-Strey, Gisela: *Sokratische Didaktik. Die didaktische Bedeutung der Sokratischen Methode in der Tradition von Leonard Nelson und Gustav Heckmann.* Münster u. a. 2002.

Medien

Brüning, Barbara/Martens, Ekkehard (Hg.): *Anschaulich philosophieren. Mit Märchen, Fabeln Bildern und Filmen*. Weinheim/Basel 2007.

Engels, Helmut: »Sprachanalytische Methoden im Philosophieunterricht. Mittel der Kritik Hilfe beim Verstehen und Erkennen, Schutz vor den Fallstricken der Sprache«. In: Johannes Rohbeck (Hg.): *Philosophische Denkrichtungen*. Dresden 2001, S. 35–80.

Hiss, Torsten: »Vom Lesen zum Schreiben – vom Schreiben zum Lesen. Strukturalistische und dekonstruktivistische Profile für den Philosophieunterricht«. In: *Zeitschrift für Didaktik der Philosophie und Ethik* 2 (2000), S. 140–148.

Kurpierz, Steffen: »Mit Metaphern auf Reisen«. In: Johannes Rohbeck (Hg.): *Didaktische Transformationen*. Dresden 2003, S. 110–138.

Schmidt, Donat: »Strukturale Textanalyse im Philosophieunterricht«. In: Johannes Rohbeck (Hg.): *Denkstile der Philosophie*. Dresden 2002, S. 157–178.

Wiesen, Brigitte: »Mit Bildern philosophieren – aber wie?« In: *Zeitschrift für Didaktik der Philosophie und Ethik* 2 (2003), S. 130–138.

Donat Schmidt

# IV. Anhang

1 Grundlegende Literatur und Internet-Ressourcen

1.1 | Zentrale philosophische Werke und Werkausgaben

Zur Erläuterung: Von den Werken vieler Philosophen gibt es verschiedene hochwertige und zuverlässige Ausgaben; wir haben auf Vereinheitlichung verzichtet und nennen hier die wichtigsten. Die Texte, auf die in den Beiträgen dieses Bandes hingewiesen oder die zitiert wurden, werden mit Sigle bzw. Kurztitel angeführt.

Adorno, Theodor W.: *Gesammelte Schriften.* 20 Bde. Hg. von Rolf Tiedemann, unter Mitwirkung von Gretel Adorno, Susan Buck-Morss und Klaus Schultz. Frankfurt a. M. 1970 ff. [GS Bd.].
– : *Negative Dialektik* [1966]. In: GS 6 [ND].
– : *Ästhetische Theorie* [1970]. In: GS 7 [ÄTh].
– (Hg.): *Der Positivismusstreit in der deutschen Soziologie.* Neuwied/Berlin 1969 [*Positivismusstreit*].
Al-Farabi: »The Attainment of Happiness«. In: *Alfarabi's Philosophy of Plato and Aristotle.* Übers. von Muhsin Mahdi. Ithaca ²1969.
– : *Die Prinzipien der Ansichten der Bewohner der vortrefflichen Stadt* [zw. 870 u. 950]. Übers. und hg. von Cleophea Ferrari. Stuttgart 2009.
– : *Die Staatsleitung. Eine metaphysische und ethisch-politische Studie eines arabischen Philosophen* [zw. 870 u. 950]. Übers. von Friedrich Dieterici. Leiden 1904.
– : *Philosophische Abhandlungen* [zw. 870 u. 950]. Aus dem Arab. von Friedrich Dieterici. Leiden 1892.
– : *Über die Wissenschaften. De scientiis* [zw. 870 u. 950]. Lat./Dt. Hg. und übers. von Franz Schupp. Hamburg 2008.
Albertus Magnus: *Alberti Magni opera omnia.* Hg. vom Albertus-Magnus-Institut Köln (angelegt auf 40 Bde.). Münster 1951 ff.
Anselm von Canterbury: *Kann Gottes Nicht-Sein gedacht werden? Die Kontroverse zwischen Anselm von Canterbury und Gaunilo von Marmoutiers.* Lat./Dt. Übers. von Burkhard Mojsisch. Kempten 1989.
– : *Monologion* [1076]. Lat./Dt. Hg. von Franciscus Salesius Schmitt. Stuttgart-Bad Cannstatt 1964.
– : *Proslogion* [1077/78]. Lat./Dt. Hg. von Franciscus Salesius Schmitt. Stuttgart-Bad Cannstatt ²1984.
– : *De veritate* [1080–85]. Lat./Dt. Hg. von Franciscus Salesius Schmitt. Stuttgart-Bad Cannstatt 1966.
– : *Freiheitsschriften.* Lat./Dt. Übers. und eingel. von Hansjürgen Verweyen. Freiburg 1994.
Arendt, Hannah: *Elemente und Ursprünge totalitärer Herrschaft* [engl. 1951]. München/Zürich ¹²2008.
– : *Vita activa oder Vom tätigen Leben* [engl. 1958]. München/Zürich ³2006.
Aristoteles: *Werke in deutscher Übersetzung.* 20 Bde. Hg. von Hellmut Flashar. Berlin 1966 ff.
– : *Metaphysik* [4. Jh. v. Chr.]. Griech./Dt. 2 Halbbde. Hg. von Horst Seidel. Übers. von Hermann Bonitz. Hamburg ³1989 [Met.].
– : *Nikomachische Ethik* [4. Jh. v. Chr.]. Hg. von Ursula Wolf. Reinbek bei Hamburg ²2008 [NE].
– : *Nikomachische Ethik.* Übers. und mit einem Nachwort von Franz Dirlmeier. Anm. von Ernst A. Schmidt. Stuttgart 2006 [NE].
– : *Poetik/Peri Poetikes* [4. Jh. v. Chr.]. Griech./Dt. Hg. von Manfred Fuhrmann. Stuttgart 1987 [*Poetik*].
– : *Über die Seele* [4. Jh. v. Chr.]. Griech./Dt. Hg. von Gernot Krapinger. Stuttgart 2011 [*De anima*].
– : *Über die Teile der Lebewesen* [4. Jh. v. Chr.]. In: *Werke in deutscher Übersetzung.* Bd. 17. Hg. von Wolfgang Kullmann. Berlin 2007 [*De part. anim.*].
Aufklärung im Mittelalter? Die Verurteilung von 1277. Das Dokument des Bischofs von Paris. Übers. und erklärt von Kurt Flasch. Mainz 1989.
Augustinus, Aurelius: *Opera-Werke. Kritische Gesamtausgabe.* Lat./Dt. Hg. von Wilhelm Geerlings u. a. Paderborn 2002 ff.
– : *Der Gottesstaat. De civitate dei* [413–26]. Lat./Dt. 2 Bde. Hg. von Carl Johannes Perl. Paderborn 1979 [Civ.].
– : *Vom Gottesstaat.* Aus dem Lat. von Wilhelm Thimme. München 2007 [Civ.].
Austin, John L.: *Zur Theorie der Sprechakte* [engl. 1962]. Stuttgart 1972 u.ö. [*Sprechakte*].
Averroës (Ibn Ruschd): *Die entscheidende Abhandlung und die Urteilsfällung über das Verhältnis von Gesetz und Philosophie* [12. Jh.]. Arab./Dt. Hg. und übers. von Franz Schupp. Hamburg 2009.
– : *Die Hauptlehren des Averroës nach seiner Schrift: Die Widerlegung des Gazali (Tahafut at-tahafut)* [12. Jh.]. Aus dem Arab. von Max Horten. Bonn 1913.
– : *Über den Intellekt* [12. Jh.]. Arab./Lat./Dt. Hg. und übers. von David Wirmer. Freiburg 2008.
Avicenna: *Die Metaphysik Avicennas* [11. Jh.]. Übers. und erl. von Max Horten. Leipzig 1907 (ND: Frankfurt a. M. 1960).
Ayer, Alfred Jules: *Sprache, Wahrheit und Logik* [engl. 1936]. Stuttgart 1996 [*Sprache*].
Bacon, Francis de Verulam: *Neues Organon* [1620]. 2 Bde. Lat./Dt. Hg. von Wolfgang Krohn. Hamburg 1990.
Bacon, Roger: *Opus maius. Eine moralphilosophische Auswahl* [1266–68]. Lat./Dt. Übers. von Pia A. Antolic-Piper. Freiburg i. Br./Basel/Wien 2008.
Baumgarten, Alexander Gottlieb: *Ästhetik/Aesthetica* [1750/58]. Lat./Dt. Hg. von Constanze Peres. München 2011 [Ae].
– : *Metaphysica/ Metaphysik* [1739, ⁷1779]. Lat./Dt. Historisch-kritische Ausgabe. Übers., eingel. und hg. von Günter Gawlick und Lothar Kreimendahl. Stuttgart-Bad Cannstatt 2011 [M §].
– : *Meditationes philosophicae de nonnullis ad poema pertinentibus. Philosophische Betrachtungen über einige Bedingungen des Gedichts* [1735]. Lat./Dt. Hg. von Heinz Paetzold. Hamburg 1983 [Med].
Beauvoir, Simone de: *Das andere Geschlecht. Sitte und Sexus der Frau* [frz. 1949]. Reinbek ⁶2006.

Zentrale philosophische Werke und Werkausgaben

Bentham, Jeremy: *An Introduction to the Principles of Morals and Legislation* [1789]. Mineola/New York 2007 [*Principles*].

–: *An Introduction to the Principles of Morals and Legislation.* 2 Bde. Hg. von J. H. Burns und H. L. A. Hart. Oxford 1996 [*Introduction*].

–: *Eine Einführung in die Prinzipien der Moral und der Gesetzgebung* (Teilübersetzung der Kapitel I-V der *Introduction*). In: Otfried Höffe (Hg.): *Einführung in die utilitaristische Ethik.* Tübingen ⁴2008, S. 55–83 [*Einführung*].

Berkeley, George: *Eine Abhandlung über die Prinzipien der Erkenntnis* [1710]. Hg. von Arend Kulenkampff. Hamburg 2004.

Bloch, Ernst: *Das Prinzip Hoffnung.* 3 Bde. [1954–1958]. Frankfurt a. M. 2009.

Blumenberg, Hans: *Die Legitimität der Neuzeit* [1966]. Frankfurt a. M. ³2007.

–: *Ästhetische und metaphorologische Schriften.* Frankfurt a. M. 2001.

Boëthius: *Der Trost der Philosophie* [524]. Lat./Dt. Hg. und übers. von Ernst Gegenschatz und Olof Gigon. Zürich/München 1990.

Brandom, Robert B.: *Expressive Vernunft* [engl. 1994]. Frankfurt a. M. ²2000.

Buber, Martin: *Ich und Du* [1923]. Stuttgart 1995.

Butler, Judith: *Das Unbehagen der Geschlechter* [engl. 1990]. Frankfurt a. M. 2003.

Camus, Albert: *Der Mythos des Sisyphos* [frz. 1942]. Reinbek/Berlin ⁹2000.

Carnap, Rudolf: *Der logische Aufbau der Welt* [1928]. Hamburg 1999.

–: *Scheinprobleme in der Philosophie und andere metaphysikkritische Schriften* [1928]. Hamburg 2005.

Cassirer, Ernst: *Die Philosophie der symbolischen Formen.* 3. Bde. [1923–29]. Darmstadt 1990 u.ö.

Chasdai Crescas: »The Light of the Lord. Treatise two« [hebr. 1410]. In: *Medieval Jewish Philosophical Writings.* Hg. von Charles Manekin. Cambridge 2007, S. 192–235.

Cicero, Marcus Tullius: *Tusculanae disputationes/Gespräche in Tusculum* [45]. Lat./Dt. Hg. und übers. von Ernst Alfred Kirfel. Stuttgart 1997 [*Gespräche*].

–: *Akademische Abhandlungen. Lucullus* [45]. Übers. von Christoph Schäublin [1995]. Hamburg ³1998.

–: *De finis bonorum et malorum/Über das höchste Gut und das höchste Übel* [45]. Lat./Dt. Hg. und übers. von Harald Merklin. Stuttgart 1989.

–: *De officiis/Vom pflichtgemäßen Handeln* [44]. Lat./Dt. Hg. und übers. von Heinz Gunermann. Stuttgart 1992 [DO].

–: *De re publica/Vom Gemeinwesen* [55–51]. Lat./Dt. Hg. und übers. von Karl Büchner. Stuttgart 1979 u.ö. [*De re publica*].

–: *Orator/Der Redner* [57–55]. Lat.-dt. Hg. und übers. von Harald Merklin. Stuttgart 2004.

Comte, Auguste: *Plan der wissenschaftlichen Arbeiten, die für eine Reform der Gesellschaft notwendig sind* [frz. 1822]. München 1973.

–: *Soziologie* [frz. 1830–42]. 3 Bde. Jena 1923 (= Bde. III-VI des *Cours de philosophie positive*).

–: *Rede über den Geist des Positivismus* [frz. 1844]. Hamburg 1994 [*Geist*].

Condillac, Étienne Bonnot de: *Versuch über den Ursprung der menschlichen Erkenntnis* [frz. 1746]. Würzburg 2006.

Condorcet, Marie Jean Antoine Nicolas Caritat, Marquis de: *Entwurf einer historischen Darstellung der Fortschritte des menschlichen Geistes* [frz. 1793/94]. Hg. von Wilhelm Alff. Frankfurt a. M. 1976 u. ö. [*Entwurf*].

Dante Alighieri: *Monarchia* [um 1310]. Lat.-dt. Hg. u. übers. von Ruedi Imbach und Christoph Flüeler Stuttgart 1989.

Danto, Arthur C.: *Analytische Philosophie der Geschichte* [engl. 1965]. Frankfurt a. M. 1980 [APG].

–: *Die Verklärung des Gewöhnlichen. Eine Philosophie der Kunst* [engl. 1981]. Frankfurt a. M. 1984 [VG].

–: *Die philosophische Entmündigung der Kunst* [engl. 1986]. München 1993 [EK].

Demokrit: *Fragmente zur Ethik* [5./4. Jh. v. Chr.]. Griech./Dt. Übers. und komm. von Gred Ibscher. Stuttgart 1996.

Derrida, Jacques: *Die Schrift und die Differenz* [frz. 1967]. Frankfurt a. M. 2006.

Descartes, René: *Discours de la Méthode/ Von der Methode des richtigen Vernunftgebrauchs und der wissenschaftlichen Forschung* [1637]. Frz./Dt. Hg. und übers. von Lüder Gäbe. Hamburg 1997.

–: *Meditationes de prima philosophia/Meditationen über die erste Philosophie* [1641]. Lat./Dt. Hg. und übers. von G. Schmidt. Stuttgart 1986 [Med].

–: *Meditationes de prima philosophia/Meditationen über die Grundlagen der Philosophie.* Lat./Dt. Hg. und übers. von Christian Wohlers. Hamburg 2008.

–: *Über die Leidenschaften der Seele* [1649]. Frz./Dt. Hg. u. übers. von Klaus Hammacher. Hamburg ²1996.

Die Fragmente zur Dialektik der Stoiker. Neue Sammlung der Texte mit deutscher Übersetzung und Kommentaren. Hg. u. übers. von Karlheinz Hülser. 4 Bde. Stuttgart-Bad Cannstatt 1987–88.

Die Sophisten. Ausgewählte Texte. Griech./Dt. Hg. und übers. von Thomas Schirren und Thomas Zinsmeier. Stuttgart 2003.

Die Vorsokratiker. Griech./Lat.Dt. 3 Bde. Übers. und erl. von M. Laura Gemelli Marciano. Düsseldorf 2007–2010.

Die vorsokratischen Philosophen. Einführung, Texte und Kommentare. Hg. von Geoffrey S. Kirk, John E. Raven und Malcolm Schofield. Übers. aus dem Engl. von Karlheinz Hülser. Stuttgart/Weimar 2001.

Dilthey, Wilhelm: *Der Aufbau der geschichtlichen Welt in den Geisteswissenschaften* [1910]. Hg. von Manfred Riedel. Frankfurt a. M. 1970 [*Aufbau*].

Diogenes Laertios: *Leben und Meinungen berühmter Philosophen* [gr./lat., 3. Jh.]. 2 Bde. Übers. von Otto Apelt. Hamburg ³1998 [LM Buch, Paragraph].

Duhem, Pierre: *Ziel und Struktur der physikalischen Theorien* [frz. 1904/05]. Hg. von Lothar Schäfer. Hamburg 1998 [*Ziel und Struktur*].

Dworkin, Ronald: *Bürgerrechte ernstgenommen* [engl. 1977]. Frankfurt a. M. 1984.

Eckhart von Hochheim (Meister Eckhart): *Das Buch der göttlichen Tröstung* [um 1308]. Hg. und übers. von Kurt Flasch. München 2007.

Epiktet: *Diatribai/Gespräche.* In: *Ausgewählte Schriften von Epiktet usw.* Griech./Dt. Hg. und übers. von Rainer Nickel. München/Zürich 1994.

–: *Handbüchlein der Moral* [um 100]. Griech./Dt. Übers. von Kurt Steinmann. Stuttgart 1992.

Epikur: »Fragmente über Götter und Göttervereher«. In: Ders.: *Von der Überwindung der Furcht. Katechismus, Lehrbriefe, Spruchsammlung, Fragmente.* Zürich/Stuttgart ²1968, S. 121–137 [*Fragmente*].

–: *Briefe, Sprüche, Werkfragmente* [4./3. Jh. v. Chr.]. Übers. und hg. von Hans-Wolfgang Krautz. Stuttgart 1980.

Zentrale philosophische Werke und Werkausgaben

Feuerbach, Ludwig: *Das Wesen des Christentums* [1841]. Stuttgart 1986.
Feyerabend, Paul K.: *Wider den Methodenzwang. Skizze einer anarchistischen Erkenntnistheorie* [engl. 1975]. Frankfurt a. M. 1979 [*Methodenzwang*].
Fichte, Johann Gottlieb: *Der geschloßne Handelsstaat. Ein philosophischer Entwurf als Anhang zur Rechtslehre und Probe einer künftig zu liefernden Politik; mit einem bisher unbekannten Manuskript* Fichtes »Ueber StaatsWirthschaft« [1800]. Hg. von Hans Hirsch. Hamburg 1979.
– : *Sämtliche Werke*. 11 Bde. Hg. von Immanuel Hermann Fichte 1845/46. ND Berlin 1971 [FSW].
Foot, Philippa: *Die Natur des Guten* [engl. 2001]. Frankfurt a. M. 2004.
Foucault, Michel: *Wahnsinn und Gesellschaft: Eine Geschichte des Wahns im Zeitalter der Vernunft* [frz. 1961]. Frankfurt a. M. 2007.
– : *Überwachen und Strafen. Die Geburt des Gefängnisses* [frz. 1975]. Frankfurt a. M. 2009 [ÜS].
– : *Sexualität und Wahrheit*. Bd. 2: *Der Gebrauch der Lüste* [frz. 1984]. Frankfurt a. M. 1986 [SW II].
– : *Sexualität und Wahrheit*. Bd. 3: *Die Sorge um sich* [frz. 1984]. Frankfurt a. M. 1986 [SW III].
Frege, Gottlob: *Funktion, Begriff, Bedeutung. Fünf logische Studien*. Hg. und eingel. von Günther Patzig. Göttingen [7]1994.
– : »Über Sinn und Bedeutung« [1892]. In: *Zeitschrift für Philosophie und philosophische Kritik*, NF 100 (1892), S. 25–50 (auch in: Ders. 1994, S. 40–65) [SuB].
Freud, Sigmund: *Das Unbehagen in der Kultur* [1930]. In: *Gesammelte Werke*. Bd. 14. Hg. von Anna Freud u. a. Frankfurt a. M. 1999, S. 421–506 [*Unbehagen*].
Gettier, Edmund L.: »Ist gerechtfertigte, wahre Meinung Wissen?« [engl. 1963]. In: Peter Bieri (Hg.): *Analytische Philosophie der Erkenntnis*. Weinheim [3]1994, S. 91–93.
Gadamer, Hans-Georg: *Wahrheit und Methode. Grundzüge einer philosophischen Hermeneutik*. Tübingen 1960 [*Wahrheit und Methode*].
Gehlen, Arnold: »Die Technik in der Sichtweise der Anthropologie« [1953]. In: Ders.: *Anthropologische und sozialpsychologische Untersuchungen*. Reinbek bei Hamburg 1986, S. 93–103.
– : *Der Mensch. Seine Natur und seine Stellung in der Welt* [1940]. Wiebelsheim [14]2004 [*Der Mensch*].
– : *Die Seele im technischen Zeitalter*. Hamburg 1957.
– : *Urmensch und Spätkultur* [1956]. Frankfurt a. M. [6]2004.
Gilligan, Carol: *Die andere Stimme. Lebenskonflikte und Moral der Frau* [engl. 1982]. München/Zürich [5]1999.
Goodman, Nelson: *Tatsache, Fiktion, Voraussage* [engl. 1954]. Frankfurt a. M. 1988.
– : *Sprachen der Kunst. Ein Ansatz zu einer Symboltheorie* [engl. 1968]. Frankfurt a. M. 1997 [LA].
– : *Weisen der Welterzeugung* [engl. 1978]. Frankfurt a. M. 1984 [WW].
Gorgias von Leontinoi: *Reden, Fragmente und Testimonien* [5./4. Jh. v. Chr.]. Griech./Dt. Hg. u. übers. von Thomas Buchheim. Hamburg 1989.
Gramsci, Antonio: *Gefängnishefte* [ital. 1929 ff.]. Hg. von Klaus Bochmann/Wolfgang Fritz Haug. 10 Bde. Hamburg 1991 ff.
Griechische Atomisten. Hg. von Fritz Jürß [1973]. Leipzig [4]1991.
Grotius, Hugo: *Drei Bücher vom Recht des Krieges und des Friedens* [lat. 1635]. Neuer dt. Text und Einl. von Walter Schätzel. Tübingen 1950.

Habermas, Jürgen: *Philosophische Texte*. Studienausgabe in fünf Bänden. Frankfurt a. M. [2]2009.
– : *Theorie des kommunikativen Handelns*. 2 Bde. Frankfurt a. M. 1981 [TkH].
– : *Moralbewusstsein und kommunikatives Handeln* [1983]. Frankfurt a. M. [4]1991.
– : »Diskursethik – Notizen zu einem Begründungsprogramm«. In: Ders.: *Moralbewusstsein und kommunikatives Handeln*. Frankfurt a. M. 1983, [4]1991, S. 53–125 [*Diskursethik*].
– : »Eine genealogische Betrachtung zum kognitiven Gehalt der Moral«. In: Ders.: *Die Einbeziehung des Anderen*. Frankfurt a. M. 1997, S. 11–64 [*Eine genealogische Betrachtung*].
– : *Faktizität und Geltung. Beiträge zur Diskurstheorie des Rechts und des demokratischen Rechtsstaats* [1992]. Frankfurt a. M. 1998 [FG].
– : *Technik und Wissenschaft als ›Ideologie‹*. Frankfurt a. M. 1968, [9]1978 [TWI].
Hare, Richard Mervyn: *Die Sprache der Moral* [engl. 1952]. Frankfurt a. M. 1972
– : *Moralisches Denken: seine Ebenen, seine Methode, sein Witz* [engl. 1981]. Frankfurt a. M. 1992 [*Moralisches Denken*].
Hart, H. L. A.: *Der Begriff des Rechts* [engl. 1961]. Frankfurt a. M. 1973 [*Begriff des Rechts*].
Hegel, Georg Wilhelm Friedrich: *Hauptwerke in sechs Bänden*. Lizenzausgabe von Meiner für die Wissenschaftliche Buchgesellschaft. Darmstadt 1999 [HHW Bd.].
– : *Werke in zwanzig Bänden*. Auf der Grundlage der Werke von 1832–1845 neu edierte Ausgabe. Red. Eva Moldenhauer und Karl Markus Michel. Frankfurt a. M. 1986 [HW Bd.].
– : *Phänomenologie des Geistes* [1807]. In: HW 3 [*Phänomenologie*].
– : *Grundlinien der Philosophie des Rechts oder Naturrecht und Staatswissenschaft im Grundrisse. Mit Hegels eigenhändigen Notizen und den mündl. Zusätzen* [1821]. In: HW 7 [*Rechtsphilosophie*].
– : *Vorlesungen über die Philosophie der Geschichte* [1822–1831]. In: HW 12 [VPG].
– : *Vorlesungen über die Ästhetik* [1816–1829/1832–1845]. In: HW 13–15 [Ästh. I / II / III].
– : *Vorlesungen über die Philosophie der Religion I und II* [1821–1831]. In: HW 16/17.
Heidegger, Martin: *Gesamtausgabe*. Frankfurt a. M. 1975 ff. (unvollständig; geplant sind 102 Bde. in 4 Abteilungen (I. Abteilung: Veröffentlichte Schriften 1910–1976; II. Abteilung: Vorlesungen 1919–1944; III. Abteilung: Unveröffentlichte Abhandlungen – Vorträge – Gedachtes; IV. Abteilung: Hinweise und Aufzeichnungen)
– : *Sein und Zeit* [1927]. Tübingen [19]2006 [SuZ].
– : »Die Frage nach der Technik« [1953]. In: *Gesamtausgabe*. Abt. I. Bd. 7: Vorträge und Aufsätze. Frankfurt a. M. 2000, S. 5–36 [*Technik*].
– : *Vom Ereignis*. In: *Gesamtausgabe*. Abt. III. Bd. 65: Beiträge zur Philosophie. Frankfurt a. M. [3]2003.
Hempel, Carl Gustav: *Philosophie der Naturwissenschaften* [engl. 1966]. München 1977 [*Phil. der Naturwiss.*].
Herder, Johann Gottfried: *Abhandlung über den Ursprung der Sprache* [1772]. Stuttgart 1986.
– : *Auch eine Philosophie der Geschichte zur Bildung der Menschheit* [1774]. Stuttgart 1990.
Hobbes, Thomas: *Lehre vom Menschen. Lehre vom Bürger* [1658/42]. Hamburg 1966.

1.1 Grundlegende Literatur und Internet-Ressourcen

Zentrale philosophische Werke und Werkausgaben

– : *Leviathan oder Stoff, Form und Gewalt eines bürgerlichen und kirchlichen Staates* [engl. 1651]. Hg. und eingel. von Iring Fetscher. Frankfurt a. M. 1984.
Honneth, Axel: *Kampf um Anerkennung. Zur moralischen Grammatik sozialer Konflikte* [1992]. Frankfurt a. M. ⁴2008.
Horkheimer, Max: *Gesammelte Schriften in 19 Bänden.* Hg. von Alfred Schmidt und Gunzelin Schmid Noerr. Frankfurt a. M. 1985–96 [HGS Bd.]
– : *Traditionelle und kritische Theorie. Fünf Aufsätze.* Frankfurt a. M. ⁶2005.
– : /Adorno, Theodor W.: *Dialektik der Aufklärung. Philosophische Fragmente* [1947]. In: HGS 5 [DdA].
Hume, David: *A Treatise of Human Nature* [1739/40]. Hg. von Levis A. Selby-Bigge. Oxford 1978.
– : *Ein Traktat über die menschliche Natur.* 2 Bde. Hg. von Reinhard Brandt. Hamburg 1989 [*Traktat*].
– : *Eine Untersuchung über den menschlichen Verstand* [engl. 1748/58]. Übersetzt von Raoul Richter, hg. von Jens Kuhlenkampff. Hamburg ¹²1993.
– : *Eine Untersuchung über die Prinzipien der Moral* [engl. 1751]. Stuttgart ³2002.
– : *Dialoge über natürliche Religion* [engl. 1779]. Hamburg ⁷2007.
Husserl, Edmund: *Husserliana. Gesammelte Werke* (Kritische Edition). 42 Bde. Aufgrund des Nachlasses veröffentl. vom Husserl-Archiv (Leuven). Dordrecht u. a. 1950 ff. [*Husserliana*].
– : *Gesammelte Schriften.* Studienausgabe. 8+1 Bde. Hg. von Elisabeth Ströker. Hamburg 1992
– : *Logische Untersuchungen* [1900]. Hamburg 2009.
– : *Cartesianische Meditationen und Pariser Vorträge* [1931]. Husserliana. Bd. 1. Hg. von Stephan Strasser. Dordrecht u. a. ²1991 [*Meditationen*].
– : *Die Krisis der europäischen Wissenschaften und die transzendentale Phänomenologie* [1936]. In: *Gesammelte Schriften.* Bd. 8 [*Krisis*].
Ibn Tufail: *Der Philosoph als Autodidakt. Hayy ibn Yaqzān. Ein philosophischer Inselroman* [12. Jh.]. Hg. und übers. von Patrick O. Schaerer. Hamburg 2004.
Isaac Israeli: *Isaac Israeli. A Neoplatonic Philosopher of the Early Tenth Century. His Works Translated with Comments and an Outline of his Philosophy.* Hg. und übers. von Alexander Altmann und Samuel Miklos Stern. Oxford 1958.
– : *Das Buch der Elemente von Isaac Israeli* [arab. vor 950]. Hg. von Salomon Fried. Drohobycz/Frankfurt a. M. 1900.
James, William: *Die Vielfalt religiöser Erfahrung. Eine Studie über die menschliche Natur* [engl. 1902]. Frankfurt a. M. ³1997.
Jaspers, Karl: *Philosophie* [1932]. 3 Bde. Berlin/Heidelberg/New York ⁴1973.
– : *Philosophie II. Existenzerhellung.* Berlin/Heidelberg/New York ⁴1973 [*Existenzerhellung*].
Johannes Scotus Eriugena: *Über die Einteilung der Natur (De divisione naturae)* [862–66]. Übers. von L. Noack [1870], mit einer Vorbemerkung und neuer Bibliographie von Werner Beierwaltes. Hamburg ³1994.
Jonas, Hans: *Das Prinzip Verantwortung: Versuch einer Ethik für die technologische Zivilisation* [1979]. Frankfurt a. M. 2009.
Kamlah, Wilhelm: *Philosophische Anthropologie. Sprachkritische Grundlegung und Ethik.* Mannheim/Wien/Zürich 1973 [*Anthropologie*].

Kant, Immanuel: *Kant's gesammelte Schriften.* Hg. von der Königlich Preußischen Akademie der Wissenschaften. Berlin 1900–1955, Nachdruck 1966 ff. [AA Band].
– : *Werkausgabe* in 12 Bänden. Hg. von Wilhelm Weischedel. Frankfurt a. M. 1977 u. ö. [KWA Band].
– : *Metaphysik der Sitten. Teil 1: Metaphysische Anfangsgründe der Rechtslehre* [1797]. In: KWA VIII, S. 307–499 [*Rechtslehre*].
– : *Metaphysik der Sitten. Teil 2: Metaphysische Anfangsgründe der Tugendlehre* [1797]. In: KWA VIII, S. 500–634 [*Tugendlehre*].
– : »Über ein vermeintliches Recht aus Menschenliebe zu lügen« [1797]. KWA VIII, S. 635–643 [*Recht*].
– : »Idee zu einer allgemeinen Geschichte in weltbürgerlicher Absicht« [1784]. In: KWA XI, S. 31–50 [*Idee*].
– : »Über den Gemeinspruch: Das mag in der Theorie richtig sein, taugt aber nicht für die Praxis« [1793]. In: KWA XI, S. 125–172 [*Gemeinspruch*].
– : »Zum ewigen Frieden. Ein philosophischer Entwurf« [1795]. In: KWA XI, 191–251.
– : *Der Streit der Fakultäten* [1798]. In: KWA XI, S. 261–393 [*Streit der Fakultäten*].
– : *Kritik der reinen Vernunft* [1781/87]. Hamburg ³1990 [KrV].
– : *Kritik der Urteilskraft* [1790]. Hg. von Karl Vorländer. Hamburg ⁷1990 [KU §].
Kelsen, Hans: *Reine Rechtslehre. Einleitung in die rechtswissenschaftliche Problematik* [1934]. Hg. und eingel. von Matthias Jestaedt. Tübingen 2008.
Kierkegaard, Sören: *Gesammelte Werke in 36 Abteilungen.* Hg. von Emanuel Hirsch und Hayo Gerdes. Düsseldorf/Köln 1950–1969; ND Gütersloh 1979–1986 [KGW Abt., Seite].
– : *Furcht und Zittern* [dän. 1843]. In: KGW 4.
– : *Entweder – Oder. Teil I u. II* [dän. 1843]. München 2005.
Kripke, Saul A.: *Name und Notwendigkeit* [engl. 1972]. Frankfurt a. M. 1993 [*Name*].
Kuhn, Thomas S.: *Die Struktur wissenschaftlicher Revolutionen* [engl. 1962]. Frankfurt a. M. 1967 u. ö. [*Struktur*].
Lakatos, Imre: *Die Methodologie wissenschaftlicher Forschungsprogramme* [engl. 1978]. Braunschweig/Wiesbaden 1982 [*Methodologie*].
Landmann, Michael: *Philosophische Anthropologie. Menschliche Selbstdeutung in Geschichte und Gegenwart* [1955]. Berlin ⁵1982.
Leibniz, Gottfried Wilhelm: *Philosophische Schriften.* 4 in 6 Teilbänden. Frankfurt a. M. 1996 [LPS Band. Teilband]
– : *Neue Abhandlungen über den menschlichen Verstand/Nouveaux essais sur l'entendement humain* [1704] (Frz./Dt.). In: LPS 3.1 u. 3.2. Hg. und übers. von Wolf von Engelhardt und Hans Heinz Holtz [NE].
– : *Die Theodizee I u. II* [1710]. In: LPS 2.1 u. 2.2. Hg. und übers. von Herbert Herring [*Theodizee*].
Lévinas, Emmanuel: *Totalität und Unendlichkeit: Versuch über die Exteriorität* [frz. 1961]. Freiburg ³2002.
– : *Jenseits des Seins oder anders als Sein geschieht* [frz. 1974]. Freiburg ²1998.
Lévi-Strauss, Claude: *Mythologica: Das Rohe und das Gekochte. Vom Honig zur Asche. Der Ursprung der Tischsitten. Der nackte Mensch* [frz. 1964–1971]. Frankfurt a. M. 2008.
Lewi ben Gerson: *Die Kämpfe Gottes* [1317–29]. 1. und 2. Teil. Übers. von Benzion Kellermann. Berlin 1914–1916.

Locke, John: *Zwei Abhandlungen über die Regierung* [engl. 1689]. Hg. und eingel. von Walter Euchner. Frankfurt a. M. 1977.
– : *Versuch über den menschlichen Verstand* [engl. 1690]. 2 Bde (Buch I/II, Buch III/IV). Hamburg 1981 u. 1988 [*Versuch* Buch, Kapitel, §].
Löwith, Karl: *Sämtliche Schriften*. 9 Bde. Hg. von Klaus Stichweh, Marc B. de Launay, Bernd Lutz und Henning Ritter, Stuttgart 1981–1988
– : *Das Individuum in der Rolle des Mitmenschen* [1928]. In: *Sämtliche Schriften*. Bd. 1. Hg. von, Karl Stichweh u. Marc B. de Launay. Stuttgart 1981, S. 9–100.
– : *Weltgeschichte und Heilsgeschehen. Die theologischen Voraussetzungen der Geschichtsphilosophie* [1949]. In: *Sämtliche Schriften*, Bd. 2 [*Weltgeschichte*].
Luhmann, Niklas: »Sinn als Grundbegriff der Soziologie«. In: Jürgen Habermas/Ders.: *Theorie der Gesellschaft oder Sozialtechnologie – Was leistet die Systemforschung*. Frankfurt a. M. 1971, S. 25–100 [*Sinn*].
– : *Die Gesellschaft der Gesellschaft*. Frankfurt a. M. 1997 u. ö.
– : *Soziale Systeme, Grundriß einer allgemeinen Theorie*. Frankfurt a. M. 1984 u. ö..
Lukács, Georg: *Geschichte und Klassenbewußtsein. Politische Aufsätze IV. Studien über marxistische Dialektik* [1924]. Köln 1970.
Lukrez: *Von der Natur der Dinge* [Mitte 1. Jh. v. Chr.]. Lat./Dt. Hg. und übers. von Karl Büchner. Stuttgart 1977.
Lyotard, Jean-François: *Das postmoderne Wissen. Ein Bericht* [frz. 1979]. Leipzig ⁶2009.
Mach, Ernst: *Erkenntnis und Irrtum. Skizzen zur Psychologie der Forschung* [1905]. Leipzig 1917 [*Erkenntnis und Irrtum*].
Machiavelli, Niccolò: *Il principe/Der Fürst* [1513/1532]. Ital./Dt. Übers. und hg. von Philipp Rippel. Stuttgart 2001 [*Fürst*].
MacIntyre, Alasdair: *Der Verlust der Tugend. Zur moralischen Krise der Gegenwart* [engl. 1981]. Frankfurt a. M. 1995 [*Verlust der Tugend*].
Mackie, John Leslie: *Ethik. Auf der Suche nach dem Richtigen und Falschen*. Stuttgart 1981 [*Ethik*].
Mandeville, Bernard de: *Die Bienenfabel oder private Laster als gesellschaftliche Vorteile* [engl. 1714/23]. Hg. von Günther Walch. Weimar/Leipzig 1988.
Marc Aurel: *Selbstbetrachtungen* [ab 172]. Übers. von Albert Wittstock. Stuttgart 2003.
Marcuse, Herbert: *Der eindimensionale Mensch. Studien zur Ideologie der fortgeschrittenen Industriegesellschaft* [1964]. Neuwied/Berlin 1967.
Marsilius von Padua: *Der Verteidiger des Friedens/Defensor pacis* [um 1324]. Lat./Dt. Übers. von Walter Kunzmann, bearb. und eingel. von Horst Kusch. 2 Bde. Berlin/Darmstadt 1958.
Marx, Karl/Engels, Friedrich: *Gesamtausgabe* (MEGA). Berlin [MEGA Abteilung, Band]. [Abteilung I: Werke, Artikel, Entwürfe. Berlin 1972 ff. (noch nicht abgeschlossen); Abteilung II: *Das Kapital* und Vorarbeiten. Berlin 1976 ff. (noch nicht abgeschlossen); Abteilung III: Briefwechsel. Berlin 1975 ff. (noch nicht abgeschlossen); Abteilung IV: Exzerpte, Notizen, Marginalien. Berlin 1976 ff. (noch nicht abgeschlossen).
Marx, Karl/Engels, Friedrich: *Marx-Engels-Gesamtausgabe* (MEGA), Berlin (DDR) 1975 ff. / Berlin 1990 ff.
Marx, Karl: *Der achtzehnte Brumaire des Louis Bonaparte* [1852]. In: MEGA I 2, S. 96–189.
– : *Zur Kritik der politischen Ökonomie. Erstes Heft* [1859]. In: MEGA II 2, S. 95–137.
– : *Das Kapital. Kritik der politischen Ökonomie. Erster Band* [1867]. In: MEGA II 5.
– : *Das Kapital. Kritik der politischen Ökonomie. Erster Band* [1890]. In: MEGA II 10.
– : *Das Kapital. Kritik der politischen Ökonomie. Zweiter Band* [1885]. In: MEGA II 13.
– : *Das Kapital. Kritik der politischen Ökonomie. Dritter Band* [1894]. In: MEGA II 15.
Marx, Karl/ Engels, Friedrich: *Die deutsche Ideologie* [1845/46]. Artikel, Druckvorlagen, Entwürfe, Reinschriftenfragmente und Notizen zu I. Feuerbach und II. Sankt Bruno. In: Marx-Engels-Jahrbuch 2003. Bearb. von Inge Taubert und Hans Pelger. Berlin 2004 [*Deutsche Ideologie*].
Marx, Karl/Engels, Friedrich: *Manifest der Kommunistischen Partei* [1848]. In: *Das Kommunistische Manifest von Karl Marx und Friedrich Engels. Von der Erstausgabe zur Leseausgabe*. Mit einem Editionsbericht von Thomas Kuczynski. Trier 1995 [*Manifest*].
Marx, Karl: *Philosophische und ökonomische Schriften*. Hg. von Johannes Rohbeck und Peggy H. Breitenstein. Stuttgart 2008.
McDowell, John: *Wert und Wirklichkeit. Aufsätze zur Moralphilosophie* [engl. 1998]. Frankfurt a. M. 2002 [*Wert und Wirklichkeit*].
Mead, George Herbert: *Geist, Identität und Gesellschaft aus der Sicht des Sozialbehaviorismus* [engl. 1934]. Frankfurt a. M. 1968.
Merleau-Ponty, Maurice: *Phänomenologie der Wahrnehmung* [frz. 1945]. Berlin 1976.
– : *Das Sichtbare und das Unsichtbare* [frz. 1959–61]. München ³2004 [*Das Sichtbare und das Unsichtbare*].
Mill, John Stuart: *System der deduktiven und induktiven Logik* [engl. 1843]. 3 Bde. Leipzig 1884–1886 (Repr. Aalen 1968) [*System*].
– : *Über die Freiheit* [engl. 1859]. Stuttgart 1974 [*Freiheit*].
– : *Der Utilitarismus* [engl. 1861]. Stuttgart 1997 [*Utilitarismus*].
Montesquieu, Charles-Louis de Secondat: *Vom Geist der Gesetze* [frz. 1748]. Ausgew., übers. und eingel. von Kurt Weigand. Stuttgart 1994.
Moore, George Edward: *Principia Ethica* [engl. 1903]. Stuttgart 1996 [*Principia Ethica*].
Moses ben Maimon (Moses Maimonides): *Der Führer der Unschlüssigen* [arab. zw. 1180–90]. Übers. von Adolf Weiß [1923/24]. Hamburg ³1995.
Nagel, Ernest: *The Structure of Science*. London/New York 1961.
Nietzsche, Friedrich: *Sämtliche Werke. Kritische Studienausgabe*. Hg. von Giorgio Colli und Mazzino Montinari. 15 Bde. München ²1988 [KSA Bd.].
– : *Geburt der Tragödie aus dem Geist der Musik* [1872]. In: KSA 1 [GT].
– : *Die fröhliche Wissenschaft* [1882]. In: KSA 3.
– : *Also sprach Zarathustra. Ein Buch für alle und keinen* [1883–85]. In: KSA 4.
– : *Jenseits von Gut und Böse. Vorspiel einer Philosophie der Zukunft* [1886]. In: KSA 5, S. 9–243.
– : *Zur Genealogie der Moral. Eine Streitschrift* [1887]. In: KSA 5, S. 245–412 [*Genealogie*].
– : *Ecce homo* [1888]. In: KSA 6, S. 255–374 [EH].
Nikolaus von Kues (Nicolaus Cusanus): *Philosophisch-theologische Werke*. Lat./Dt. 4 Bde. Hg. von Karl Bormann. Hamburg 2002.

1.1 Grundlegende Literatur und Internet-Ressourcen

Zentrale philosophische Werke und Werkausgaben

Nussbaum, Martha C.: *Gerechtigkeit oder Das gute Leben.* Hg. von Herlinde Pauer-Studer. Frankfurt a. M. 1999 [*Gerechtigkeit*].
Pascal, Blaise: *Gedanken (Pensées)* [frz. 1670]. Hg. von Jean-Robert Armogathe. Stuttgart 1992.
Peirce, Charles Sanders: *Semiotische Schriften.* 3 Bde. Hg. von Christian Kloesel und Helmut Pape. Frankfurt a. M. 1986–93.
Peter Abailard: *Gespräch eines Philosophen, eines Juden und eines Christen* [um 1130]. Lat./Dt. Hg. und übers. von Hans-Wolfgang Krautz [1995]. Frankfurt a. M. ²1996.
Pico della Mirandola, Giovanni: *Oratio de hominis dignitate/Rede über die Würde des Menschen* [1486]. Lat./Dt. Übers. von Gerd von der Gönna. Stuttgart 1997 [*Würde*].
Platon: *Werke in acht Bänden.* Griech./Dt. Hg. von Gunther Eigler. Darmstadt 1990 u. ö.
[darin z. B. *Symposion* (Bd. 3); *Politeia/Der Staat* (Bd. 4); *Phiadros* (Bd. 5); *Theaitetos* (Bd. 6); *Timaios* (Bd. 7)].
– : *Sämtliche Dialoge.* Hg. von Otto Apelt. 7 Bde. Hamburg 1988 (ND).
– : *Sämtliche Werke in 10 Bänden.* Griech./Dt. Übers. von Friedrich Schleiermacher und Franz Susemihl hg. von Karl-Heinz Hülser. Frankfurt a. M. 1991 u. ö.
– : *Werke. Übersetzung und Kommentar.* Hg. von Ernst Heitsch und Carl Werner Müller. Göttingen 1994 ff.
Plessner, Helmuth: *Gesammelte Schriften in 10 Bänden.* Hg. von Günther Dux, Odo Marquard und Elisabeth Ströker. Frankfurt a. M. 2003 [*GS Band*].
– : *Anthropologie der Sinne* [1970]. In: GS 3.
– : *Die Stufen des Organischen und der Mensch. Einleitung in die philosophische Anthropologie* [1928]. In: GS 4.
– : *Macht und menschliche Natur* [1931]. In: GS 5.
– : *Die Einheit der Sinne. Grundlinien einer Ästhesiologie des Geistes* [1923]. Bonn 1965.
– : *Lachen und Weinen. Eine Untersuchung nach den Grenzen menschlichen Verhaltens* [1941]. München/Bern ³1961.
– : *Die Frage nach der Conditio humana. Aufsätze zur philosophischen Anthropologie.* Frankfurt a. M. 1976.
Plotin: *Plotins Schriften.* Griech./Dt. Übers. von Richard Harder. 12 Bde. Hamburg 1956–1971.
Poincaré, Henri: *Wissenschaft und Hypothese* [frz. 1902]. Leipzig 1904 [*Wissenschaft*].
Popper, Karl R.: *Logik der Forschung* [1935]. Tübingen 1989 [*Logik*].
– : *Objektive Erkenntnis. Ein evolutionärer Entwurf* [engl. 1972]. Hamburg 1974 [*Objektive Erkenntnis*].
Pseudo-Dionysius Areopagita: *Die Namen Gottes* [5. Jh.]. Übers. von Beate Regina Suchla. Stuttgart 1988.
– : *Über die himmlische Hierarchie. Über die kirchliche Hierarchie* [5. Jh.]. Übers. von Günter Heil. Stuttgart 1986.
– : *Über die mystische Theologie und Briefe* [5. Jh.]. Übers. von Adolf Martin Ritter. Stuttgart 1994.
Putnam, Hilary: »The Meaning of ›Meaning‹« [1975]. In: Ders.: *Mind, Language and Reality, Philosophical Papers.* Bd. 2. Cambridge 1975.
– : *Von einem realistischen Standpunkt. Schriften zu Sprache und Wirklichkeit.* Hg., eingel. und übers. von Vincent C. Müller. Hamburg 1993.
Quine, Willard Van Orman: *Von einem logischen Standpunkt* [engl. 1953]. Frankfurt a. M. 1979.
– : »Was es gibt« [engl. 1948]. In: Ders.: *Von einem logischen Standpunkt*, S. 9–25 [*Was es gibt*].
– : »Zwei Dogmen des Empirismus« [engl. 1951]. In: Ders.: *Von einem logischen Standpunkt*, S. 27–50 [*Zwei Dogmen*].
– : *Wort und Gegenstand* [engl. 1960]. Stuttgart 1980 [*WuG*].
– : *Ontologische Relativität und andere Schriften* [engl. 1969]. Frankfurt a. M. 2003 [*OR*].
Radbruch, Gustav: *Rechtsphilosophie* [1914]. Studienausgabe. Hg. von Ralf Dreier/Stanley L. Paulson. Heidelberg 1999.
Rawls, John: *Eine Theorie der Gerechtigkeit* [engl. 1971]. Frankfurt a. M. 2003 u. ö. [*Gerechtigkeit*].
Reinhold, Karl Leonhard: *Versuch einer neuen Theorie des menschlichen Vorstellungsvermögens* [1789]. Bd. 1: Vorrede. Hg. von Ernst-Otto Onnasch. Erstes Buch. Hamburg 2010.
Rentsch, Thomas: *Die Konstitution der Moralität. Transzendentale Anthropologie und praktische Philosophie.* Frankfurt a. M. 1990, ²1999 [*Konstitution der Moralität*].
Rickert, Heinrich: *Kulturwissenschaft und Naturwissenschaft* [1926]. Stuttgart 1986 [*Kulturwissenschaft*].
Rorty, Richard: *Der Spiegel der Natur: Eine Kritik der Philosophie* [engl. 1979]. Frankfurt a. M. 2008.
Rousseau, Jean-Jacques: *Schriften zur Kulturkritik. Die zwei Diskurse von 1750 und 1755.* Hg. und übers. von Kurt Weigand. Hamburg 1971.
– : *Abhandlung über den Ursprung und die Grundlagen der Ungleichheit unter den Menschen* [frz. 1755]. Übers. von Philipp Rippel. Stuttgart 1998 [*Ungleichheit*].
– : *Vom Gesellschaftsvertrag oder Prinzipien des Staatsrechts* [frz. 1762]. In: Ders.: *Politische Schriften.* Übers. und eingel. von Ludwig Schmidts. Paderborn u. a. ²1995 [*Vom Gesellschaftsvertrag*].
– : *Émile oder Über die Erziehung* [frz. 1762]. Stuttgart 1998.
Russell, Bertrand: »On Denoting«. In: *Mind* 14 (1905), S. 479–493.
– : »Kennzeichnen«. In: Wolfgang Stegmüller (Hg.): *Das Universalien-Problem.* Darmstadt 1978, S. 21–40 [*Kennzeichnen*].
–/ **Whitehead, Alfred North:** *Principia Mathematica* [1911–13]. Vorwort und Einleitungen. Frankfurt a. M. 1994.
Ryle, Gilbert: *Der Begriff des Geistes* [engl. 1949]. Stuttgart 1986.
Salomon ibn Gabirol: *Die Lebensquelle* [vor 1170]. Hg. von Sabine Gehlhaar, übers. aus dem Lat. von Orm Lahann. Cuxhafen 1989.
Sartre, Jean-Paul: *Das Sein und das Nichts. Versuch einer phänomenologischen Ontologie* [frz. 1943]. Reinbek 112005.
Scheler, Max: *Vom Ewigen im Menschen* [1921]. In: *Gesammelte Werke.* Bd. 5. Hg. von Maria Scheler und Manfred Frings. Bonn 2008.
– : *Wesen und Formen der Sympathie* [1923]. Studienausgabe. Hg. von Manfred Frings. Bonn 1999.
– : *Die Stellung des Menschen im Kosmos* [1928]. Bonn ¹⁷2007.
Schelling, Friedrich Wilhelm Joseph: *Werke* (Historisch-kritische Ausgabe). Im Auftrag der Schelling-Kommission der Bayrischen Akademie der Wissenschaften hg. von Hans Michael Baumgartner, Wilhelm J. Jacobs, Hermann Krings und Hermann Zeltner. Stuttgart 1976 ff. [*SchW*].
– : *Philosophie der Offenbarung* [1842]. Frankfurt a. M. ³1993.

Schmitz, Hermann: *System der Philosophie.* 5 Bde. [1964–1980]. Bonn 2005.
– : *System der Philosophie.* Bd. 2: Der Leib [1965–1966]. Bonn 2006.
Schopenhauer, Arthur: *Gesammelte Werke in zehn Bänden* [Zürcher Ausgabe: Taschenbuchausgabe nach der historisch-kritischen Ausgabe von Arthur Hübscher, Wiesbaden 1972]. Hg. von Angelika Hübscher. Zürich 2007 [ZA Bd.].
– : »Preisschrift über die Grundlagen der Moral« [1840]. In: ZA VI, S. 143–315 [*Grundlage der Moral*].
Searle, John R.: *Speech Acts: An Essay in the Philosophy of Language.* London 1969 [*Speech Acts*].
– : *Sprechakte: Ein sprachphilosophischer Essay* [engl. 1969]. Frankfurt a. M. 1971 [SA].
Seel, Martin: *Versuch über die Form des Glücks. Studien zur Ethik.* Frankfurt a. M. 1995 [*Form des Glücks*].
Seneca: *Briefe an Lucilius* [62–65]. In: Ders.: *Philosophische Schriften III-IV.* Hamburg 1993 [BL].
– : *Briefe an Lucilius/Epistulae morales ad Lucilium.* Lat./Dt. Bd. 1. Hg. und übers. von Gerhard Fink. Düsseldorf 2007.
Sextus Empiricus: *Grundriß der pyrrhonischen Skepsis* [180–200]. Übers. von Malte Hossenfelder. Frankfurt a. M. ²1985.
Sidgwick, Henry: *Die Methoden der Ethik* [1874]. 2 Bde. Leipzig 1909 [*Methoden*].
– : *The Methods of Ethics.* Indianapolis/Cambridge 1981.
Simmel, Georg: *Soziologie. Untersuchungen über die Formen der Vergesellschaftung* [1908]. *Gesamtausgabe.* Bd. 11. Hg. von Otthein Rammstedt. Frankfurt a. M. 1992.
Singer, Marcus: *Verallgemeinerung in der Ethik* [engl. 1961]. Frankfurt a. M. 1975.
Smith, Adam: *Untersuchung über Wesen und Ursachen des Reichtums der Völker* [engl. 1776]. 2 Bde. Düsseldorf 1999 [*Wohlstand der Nationen*].
Spaemann, Robert: *Glück und Wohlwollen. Versuch über Ethik.* Stuttgart 1989, ³1993 [*Glück und Wohlwollen*].
– : *Moralische Grundbegriffe.* München ⁴1991.
Spengler, Oswald: *Der Untergang des Abendlandes. Umrisse einer Morphologie der Weltgeschichte.* 2 Bde. [1918/1922]. Neuausgabe Wiesbaden 2007 [*Untergang*].
Spinoza, Baruch de: *Ethik in geometrischer Ordnung dargestellt* [1677]. Lat./Dt. Hamburg ³2010.
Stegmüller, Wolfgang: *Probleme und Resultate der Wissenschaftstheorie und Analytischen Philosophie.* Band 1–4. Berlin/Heidelberg 1973–1986.
Stoa und Stoiker. Auswahl der Fragmente und Zeugnisse. Hg. u. übers. von Rainer Nickel. Teil 1 u. 2. Düsseldorf 2008.
Strawson, Peter F.: *Einzelding und logisches Subjekt (Individuals). Ein Beitrag zur deskriptiven Metaphysik* [engl. 1959]. Übers. von Freimut Scholz. Stuttgart 1995 [*Einzelding*].
Texte zum Universalienstreit. Bd. 1 und 2. Hg. und übers. von Hans-Ulrich Wöhler. Berlin 1992, 1994.
Thomas von Aquin: *Kommentar zum Trinitätstraktat des Boethius I* [ca. 1256]. Lat./Dt. Übers. von Peter Hoffmann und Hermann Schrödter. Freiburg/Basel/Wien 2006.
– : *Summa theologica (Die deutsche Thomas-Ausgabe)* [nach 1235]. Lat./Dt. Salzburg/Heidelberg 1933 ff. (noch unvollständig).
– : *Summe gegen die Heiden (Summa contra gentiles)* [ca. 1258–64]. Hg. und übers. von Karl Albert u. a. [1974]. Darmstadt ²1992.
Tönnies, Ferdinand: *Gemeinschaft und Gesellschaft. Grundbegriffe der reinen Soziologie* [1887]. Darmstadt ⁴2005.
Turgot, Anne Robert Jacques: *Über die Fortschritte des menschlichen Geistes.* Hg. von Johannes Rohbeck und Lieselotte Steinbrügge. Frankfurt a. M. 1990.
– : *Grundriß für zwei Abhandlungen über die Universalgeschichte* [1753]. In: Ders.: *Über die Fortschritte des menschlichen Geistes*, S. 168–220 [*Grundriß*].
Vico, Giambattista: *Prinzipien einer neuen Wissenschaft über die gemeinsame Natur der Völker* [1725/1744]. Hamburg 2009 [*Neue Wissenschaft*].
Von Wright, Georg Hendrik: *The Varieties of Goodness.* London 1963, ⁴1974.
– : *Erklären und Verstehen* [engl. 1971]. Frankfurt 1974 u.ö. [EuV].
Weber, Max: *Die protestantische Ethik und der Geist des Kapitalismus* [1904/05]. Hg. von Dirk Kaesler. München 2004.
– : *Gesammelte Aufsätze zur Wissenschaftslehre* [1922]. Hg. von Johannes Winckelmann. Tübingen 1988 [*Wissenschaftslehre*].
– : *Wirtschaft und Gesellschaft. Grundriß der verstehenden Soziologie* [1922]. Hg. von Johannes Winckelmann (Studienausgabe). Tübingen ⁵1980.
Whitehead, Alfred North: *Prozeß und Realität. Entwurf einer Kosmologie* [engl. 1929]. Frankfurt a. M. ⁵1987.
Wilhelm von Ockham: *Texte zu Theologie und Ethik* [1. Hälfte 14. Jh.]. Lat./Dt. Hg. und übers. von Volker Leppin und Sigrid Müller. Stuttgart 2000.
– : *Texte zur politischen Theorie. Exzerpte aus dem Dialogus.* Lat./Dt. Hg. von Jürgen Miethke. Stuttgart 1995.
– : *Texte zur Theorie der Erkenntnis und der Wissenschaft.* Lat./Dt. Hg. und übers. von Ruedi Imbach. Stuttgart 1984.
Williams, Bernard: *Der Begriff der Moral. Eine Einführung in die Ethik* [engl. 1972]. Stuttgart 1986 [*Begriff der Moral*].
– : *Ethik und die Grenzen der Philosophie* [engl. 1985]. Hamburg 1999 [*Ethik*].
Windelband, Wilhelm: »Geschichte und Naturwissenschaft« [1894]. In: Ders.: *Präludien.* Tübingen ³1907.
Wittgenstein, Ludwig: *Werkausgabe in 8 Bänden.* Frankfurt a. M. 1984 u.ö.
– : *Tractatus logico-philosophicus: Logisch-philosophische Abhandlung* [1921]. Frankfurt a. M. 2009 u.ö. [*Tractatus*].
– : *Philosophische Untersuchungen* [1953]. Frankfurt a. M. 2008 [*Philosophische Untersuchungen*].
– : *Vorlesungen und Gespräche über Ästhetik, Psychologie und Religion.* Göttingen 1968.
– : »Vortrag über Ethik«. In: Ders.: *Vortrag über Ethik und andere kleinere Schriften.* Hg. von Joachim Schulte. Frankfurt a. M. 1989, S. 9–19.
Xenophon: *Erinnerungen an Sokrates* [um 370/60 v. Chr.]. Griech.-dt. Hg. von Peter Jaerisch. München/Zürich ⁴1987.

1.2 | Nachschlagewerke (Enzyklopädien, Lexika, Handbücher)

Audi, Robert (Hg.): *The Cambridge Dictionary of Philosophy*. Cambridge ²1999.

Blackburn, Simon (Hg.): *The Oxford Dictionary of Philosophy*. Oxford/New York ²2005.

Borchert, Donald M. (Hg.): *Encyclopedia of Philosophy 2*. 10 Bde. New York/London 2006.

Brugger, Walter (Hg.): *Philosophisches Wörterbuch*. Freiburg/Basel/Wien 1992 (stark von der christlich-abendländischen Tradition geprägt, mit Schwerpunkt im Mittelalter und in der Gegenwart. Differenziertes Begriffsregister).

Craig, Edward (Hg.): *The Routledge Encyclopedia of Philosophy*. 10 Bde. London/New York 1998 (eine der besten philosophischen Enzyklopädien; Nachfolgeprojekt von Edwards 1967; enthält über 2000 von Experten verfasste Artikel zu Disziplinen, Perioden, Begriffen und Personen; viele mit umfangreichen, kommentierten Bibliographien; auch online unter: http://www.rep.routledge.com).

Diemer, Alwin/Frenzel, Ivo (Hg.): *Das Fischer-Lexikon-Philosophie*. Frankfurt a. M. 1974 (enthält längere, historisch und systematisch angelegte Sachartikel aus der Feder von Spezialisten).

Edwards, Paul (Hg.): *The Encyclopedia of Philosophy*. 8 Bde. New York/London 1967 (Nachschlagewerk mit unterschiedlich umfangreichen, verständlichen Artikeln über Philosophen und Themen; teilweise kommentierte Primär-Bibliographie).

Flasch, Kurt (Hg.): *Interpretationen. Hauptwerke der Philosophie: Mittelalter*. Stuttgart 1998 (interpretiert werden 20 mittelalterliche Texte von Augustinus' *De civitate Dei* bis Nikolaus von Kues' *De coniecturis*; mit bibliographischen Hinweisen sowie Personen- und Sachregister).

Flew, Antony/Priest, Stephen (Hg.): *A Dictionary of Philosophy*. London ³2002.

Graeser, Andreas: *Interpretationen. Hauptwerke der Philosophie: Antike*. Stuttgart 2004 (interpretiert werden 12 antike Texte von Heraklits *Über die Natur* bis (Pseudo-)Aristoteles' *Buch über die Ursachen*; mit bibliographischen Hinweisen zu Textausgaben, Übersetzungen und Sekundärliteratur).

Honderich, Ted (Hg.): *The Oxford Companion to Philosophy*. Oxford ²2005.

Interpretationen. Hauptwerke der Philosophie: *20. Jahrhundert*. Stuttgart 1998 (interpretiert werden 14 zentrale Werke der Philosophie des 20. Jh.s, von Whiteheads und Russells *Principia Mathematica* bis Habermas' *Theorie des kommunikativen Handelns*; mit bibliographischen Hinweisen).

Kilcher, Andreas/Fraisse, Otfried (Hg.): *Metzler Lexikon jüdischer Philosophen*. Stuttgart/Weimar 2003 (enthält 189 Portraits jüdischer Philosophen, um einen Einblick in die Vielfalt der Thematisierungen des Judentums durch Juden zu geben).

Kreimendahl, Lothar: *Interpretationen. Hauptwerke der Philosophie: Rationalismus und Empirismus*. Stuttgart 1994 (interpretiert werden 12 Werke des Rationalismus und des Empirismus, von Descartes' *Meditationen* bis Humes *Dialogen über natürliche Religion*; mit bibliographischen Hinweisen).

Lacey, Alan. R.: *A Dictionary of Philosophy*. London ³1996.

Lutz, Bernd (Hg.): *Metzler Philosophen Lexikon. Von den Vorsokratikern bis zu den Neuen Philosophen*. 3., akt. und erw. Aufl. Stuttgart/Weimar 2003 (vorgestellt werden 360 europäische Philosophen von der Antike bis weit ins 20. Jh. in ihrem Leben und Werk).

Mautner, Thomas (Hg.): *The Penguin Dictionary of Philosophy*. London ²2005.

Meyer, Ursula I./Bennent-Vahle, Heidemarie (Hg.): *Philosophinnen-Lexikon*. Aachen 1994. Ergänzungsband 1997 (Angaben zu Leben und Werk, weiterführende Literatur).

Meyers kleines Lexikon Philosophie. Mit einer Einleitung von Kuno Lorenz. Mannheim 1987 (leicht verständliche Erläuterungen von Begriffen, Disziplinen und Richtungen).

Mittelstraß, Jürgen (Hg.): *Enzyklopädie Philosophie und Wissenschaftstheorie*. Gesamtwerk in acht Bänden. 2., neu bearb. und wesentl. erw. Auflage. Stuttgart/Weimar 2005–2014 (breit angelegte Enzyklopädie mit über 4400 Personen-, Sach- und Begriffsartikeln, die einen Brückenschlag zwischen Philosophie, Wissenschaftsgeschichte und Wissenschaftstheorie anstreben; umfassende bibliographische Angaben; eine 4-bändige Sonderausgabe der 1. Auflage erschien 1995).

Nida-Rümelin, Julian (Hg.): *Philosophie der Gegenwart in Einzeldarstellungen. Von Adorno bis v. Wright*. 2., akt. und erw. Auflage. Stuttgart 1999 (156 Philosophinnen und Philosophen im Porträt, Werkeverzeichnis, Literaturangaben).

Prechtl, Peter/Burkard, Franz-Peter (Hg.): *Metzler Philosophie Lexikon. Begriffe und Definitionen*. 3., akt. und erw. Aufl. Stuttgart/Weimar 2008 (umfangreiches Lexikon mit ca. 2200 Artikeln, auch aus dem Bereich der indischen und chinesischen Philosophie).

Regenbogen, Arnim/Meyer, Uwe (Hg.): *Wörterbuch der philosophischen Begriffe*. Hamburg 1998 (knappe, präzise Definitionen oder Erläuterungen philosophischer Termini, Richtungen etc., Hinweise auf die Begriffsverwendung bei einzelnen wichtigen Philosophen).

Rehfus, Wulff D. (Hg.): *Handwörterbuch Philosophie*. Stuttgart 2003 (auch als CD-Rom und E-Book; enthält vier große Abschnitte: Geschichte der Philosophie; systematische Darstellung philosophischer Methoden, Schulen und Disziplinen, Lexikon wichtiger philosophischer Begriffe, kurze Darstellung bedeutender Philosophen und ihrer Positionen).

Ritter, Joachim/Gründer, Karlfried (Hg.): *Historisches Wörterbuch der Philosophie*. 13 Bde. u. 1 CD-ROM. Basel 1971–2007 (international bedeutendes Wörterbuchunternehmen mit teilweise sehr umfangreichen Artikeln und Literaturangaben; begriffsgeschichtliche und terminologische Erläuterungen vieler philosophischer Begriffe und Themen).

Sandkühler, Hans Jörg (Hg.): *Europäische Enzyklopädie zu Philosophie und Wissenschaften*. 4 Bde. Hamburg 1990 (umfangreiche Artikel zu Grundbegriffen der Philosophie und der Wissenschaften, historisch-systematisch aufgebaut. Zahlreiche internationale Mitarbeiter/innen).

– **(Hg.):** *Enzyklopädie Philosophie*. 3 Bde u. 1 CD-Rom. Hamburg 2010 (behandelt ein weites Spektrum an

Themenfeldern, philosophischen Theorien und beschränkt sich dabei nicht auf die europäische Philosophie).

Schischkoff, Georgi: *Philosophisches Wörterbuch.* Stuttgart ²²1991.

Stegmaier, Werner: *Interpretationen. Hauptwerke der Philosophie: Von Kant bis Nietzsche.* Stuttgart 2005 (interpretiert werden wichtige Werke Kants, des Deutschen Idealismus, der Existenz- und Lebensphilosophie; mit bibliographischen Hinweisen).

Volpi, Franco (Hg.): *Großes Werklexikon der Philosophie.* 2 Bde. Stuttgart 1999 (Darstellung des Inhalts, Aufbaus, der Entstehungs- und Wirkungsgeschichte bedeutender Werke von über 500 Philosophen).

– /Nida-Rümelin, Julian (Hg.): *Lexikon der philosophischen Werke.* Stuttgart 1988 (knappe Darstellung des Inhalts, Aufbaus, der Entstehungs- und Wirkungsgeschichte wichtiger Hauptwerke der Philosophie).

Wuchterl, Kurt: *Handbuch der analytischen Philosophie und Grundlagenforschung. Von Frege zu Wittgenstein.* Bern/Stuttgart/Wien 2002 (Entstehungs- und Wirkungsgeschichtlicher Überblick über die Grundfragen und Hauptströmungen der analytischen Philosophie anhand ihrer wichtigsten Autoren).

1.3 | Allgemeine Einführungen

Böhme, Gernot: *Einführung in die Philosophie. Weltweisheit, Lebensform, Wissenschaft.* Frankfurt a. M. ⁴2001.

Ferber, Rafael: *Philosophische Grundbegriffe. Eine Einführung.* München ⁸2009.

Fischer, Eugen/Vossenkuhl, Wilhelm: *Die Fragen der Philosophie. Eine Einführung in Disziplinen und Epochen.* München 2003.

Gniffke, Franz/Herold, Norbert (Hg.): *Philosophie. Problemfelder und Disziplinen.* Münster 1996.

Martens, Ekkehard/Schnädelbach, Herbert (Hg.): *Philosophie. Ein Grundkurs.* 2 Bde. Reinbek b. Hamburg ⁷2003.

Nagel, Thomas: *Was bedeutet das alles? Eine ganz kurze Einführung in die Philosophie* [engl. 1987]. Stuttgart 2009 (keine Zitate, dafür sehr kurze Auseinandersetzung mit den grundlegenden Ansätzen zur Lösung philosophischer Probleme anhand von 10 Fragen – Was können wir wissen? Was ist Gerechtigkeit? Was ist der Sinn des Lebens? usw.).

Pieper, Annemarie: *Selber denken. Anstiftung zum Philosophieren.* Stuttgart ⁶2008.

– /Thurnherr, Urs: *Was sollen Philosophen lesen?* Berlin 1994.

Retlich, Norbert: *Literatur für das Philosophiestudium.* Stuttgart/Weimar 1998.

Rosenberg, Jay F.: *Philosophieren. Ein Handbuch für Anfänger.* Frankfurt a. M. ⁶2009 (behandelt verschiedene Formen des Argumentierens und ihrer jeweiligen logischen Strukturen, der Prüfung von Theorien, Verteidigung von Thesen sowie unterschiedliche Lesarten).

Sandvoss, Ernst R.: *Philosophie, Selbstverständnis, Selbsterkenntnis, Selbstkritik.* Darmstadt 1991.

Scherer, Georg: *Einführung in die Philosophie.* Düsseldorf/Bonn 1996.

Strawson, Peter F.: *Analyse und Metaphysik. Eine Einführung in die Philosophie* [engl. 1992]. München 1994.

Walter, Jürgen: *Philosophisches Argumentieren. Lehr- und Übungsbuch.* Freiburg i. Br./München 1990 (stark an formaler Logik orientierte Einführung in die Techniken der Analyse von Argumentationsmustern; behandelt auch topische Argumente, Beispiele, Metaphern und systematisch mehrdeutige Ausdrücke).

Wuchterl, Kurt: *Lehrbuch der Philosophie. Probleme – Grundbegriffe – Einsichten.* Bern/Stuttgart ⁵1998.

1.4 | Philosophiegeschichten und personenbezogene Darstellungen

Beckermann, Ansgar/Perler, Dominik (Hg.): *Klassiker der Philosophie heute.* Stuttgart 2004 [2., durchgeseh. und erw. Aufl. 2010] (anhand noch heute zentraler philosophischer Problemstellungen werden 37 Philosophen vorgestellt – von Platon bis Gadamer – mit Personen und Sachregister).

Bubner, Rüdiger (Hg.): *Die Philosophie in Text und Darstellung.* 8 Bde. Stuttgart 1978 bis 1981 u. ö. (Philosophiegeschichte, in Epochen gegliedert (Antike bis Gegenwart); enthält allgemeine Einführungen, wichtige Textauszüge zentraler Philosophen, Bibliographien).

Friedlein, Curt: *Geschichte der Philosophie. Lehr- und Lernbuch.* Berlin ¹⁵1992 (v. a. westliche Philosophie, speziell für Prüfungsvorbereitung konzipiert).

Helferich, Christoph: *Geschichte der Philosophie. Von den Anfängen bis zur Gegenwart und Östliches Denken.* Stuttgart/Weimar ³2001 (Erläuterung wichtiger Formen und Richtungen östlichen Denkens in Indien, China, Japan; breites Spektrum der Gegenwartsphilosophie und ihrer Fragestellungen (Ethik, Postmoderne, Ästhetik); Abbildungen, Zitate, Sekundärliteratur, ausführliche Register).

Hirschberger, Johannes: *Geschichte der Philosophie.* 2 Bde. München ¹⁴2001 (quellennahe Einführung in die wichtigsten Strömungen der abendländischen Philosophie vom Altertum bis zum 20. Jh.).

Hoerster, Norbert (Hg.): *Klassiker des philosophischen Denkens.* 2 Bde. München ⁷2003 (kurze Darstellung von Leben und Werk großer Philosophen).

Höffe, Otfried: *Kleine Geschichte der Philosophie.* München 2001.

– (Hg.): *Klassiker der Philosophie.* 2 Bde. München 2008 (in über 40 Artikeln werden die wichtigsten Philosophen von der Antike (Vorsokratiker) bis ins 20. Jh. (Rawls) vorgestellt; biographischen Skizzen folgen jeweils Werkbeschreibungen mit zentralen Begriffen und Aspekten des jeweiligen Philosophen sowie wirkungsgeschichtliche Abrisse; Literaturverzeichnisse mit entsprechenden Werkausgaben und wichtiger Sekundärliteratur).

Holzhey, Helmut u. a. (Hg.): *Grundriss der Geschichte der Philosophie.* Begründet von Friedrich Ueberweg. Basel/Stuttgart 1983 ff. (umfangreiches Handbuch mit detaillierten Informationen zu Autoren, Werken, Positionen und Wirkungsgeschichte sowie mit fast vollständigen Angaben zur Primär- und Sekundärliteratur; bisher erschienen die Reihen Antike, 17. und 18. Jh.).

Hügli, Anton/Lübcke, Paul (Hg.): *Philosophie im 20. Jahrhundert.* 2 Bde. Reinbek bei Hamburg 1993 (ausführliche Darstellung von Positionen der Philosophie des 20. Jh.s von Dilthey bis zur Erlanger Schule).

Röd, Wolfgang (Hg.): *Geschichte der Philosophie.* 14 Bde. München 1976 ff. (sehr umfangreiche Darstellung der wichtigsten Strömungen und Positionen der Philosophiegeschichte; bisher noch nicht vollständig erschienen).

– : *Der Weg der Philosophie. Von den Anfängen bis ins 20. Jahrhundert.* 2 Bde. München 1994/1996 (anhand von zahlreichen Grundfragen werden v. a. bekanntere Philosophen und philosophische Schulen vorgestellt, wobei Bd. 1 von der Antike bis zur Renaissance und Bd. 2 bis zur Mitte des 20. Jh.s reicht).

Russell, Bertrand: *Philosophie des Abendlandes* [engl. 1945]. München/Zürich 2004 (sehr gut lesbare Philosophiegeschichte aus der Feder eines wichtigen Philosophen des 20. Jh.s).

Sandvoss, Ernst: *Geschichte der Philosophie.* 2 Bde. München 1989 (knappe, jedoch den gesellschaftlichen und kulturellen Kontext berücksichtigende Einführung in die philosophische Ideengeschichte unter Einbezug außereuropäischer Philosophie).

Skirbekk, Gunnar/Nils Gilje: *Geschichte der Philosophie. Eine Einführung in die europäische Philosophiegeschichte mit Blick auf die Geschichte der Wissenschaften und die politische Philosophie.* 2 Bde. Frankfurt a. M. 1993 (umfangreiche Darstellung der Philosophiegeschichte anhand von bedeutenden Denkern des Abendlandes, wobei auch auf Entwicklungen in anderen Wissenschaftszweigen eingegangen wird).

Steenblock, Volker: *Kleine Philosophiegeschichte.* Stuttgart 2007 (allgemein verständlicher Überblick).

Stegmüller, Wolfgang: *Hauptströmungen der Gegenwartsphilosophie.* 4 Bde. Stuttgart 1987/1989 (erläutert aus Perspektive der analytischen Philosophie die wichtigsten philosophischen Positionen des 20. Jh.s bis in die 1980er Jahre hinein, z. B. Phänomenologie Husserls, Existenzialontologie Heideggers, Wittgensteins Spätphilosophie, Kritischer Rationalismus und moderner Empirismus, Moralphilosophie Mackies; ausführliches Sachregister, umfangreiche bibliographische Angaben).

Störig, Hans J.: *Kleine Weltgeschichte der Philosophie.* Stuttgart ¹⁷1999 (wendet sich an Laien und Studienanfänger).

1.5 | Zeitschriften

Allgemeine Zeitschrift für Philosophie. Hg. von Tilman Borsche. Stuttgart-Bad Cannstatt 1976 ff. (weit gefächertes Spektrum an Themen, enthält Artikel, Berichte, Diskussionsbeiträge und Nachrichten der Allgemeinen Gesellschaft für Philosophie in Deutschland e. V.; Inhaltsverzeichnisse der Jahrgänge 1–36 unter: http://www.frommann-holzboog.de/site/index_allgzeitphil.php).

Archiv für Begriffsgeschichte. In Verbindung mit Hans Georg Gadamer und Karlfried Gründer hg. von Gunter Scholtz. Bonn 1958 ff. (Studien zu verschiedenen Begriffen).

Archiv für Geschichte der Philosophie. Berlin 1888 ff. (bedeutendes Forum für Philosophiegeschichte mit internationaler Ausrichtung, enthält dt., frz. und engl. Artikel sowie umfangreichen Rezensionsteil; Inhaltsverzeichnisse der aktuellsten Ausgaben unter: http://www.meiner.de/afb).

Archiv für Rechts- und Sozialphilosophie (ARSP). Hg. im Auftrag der Internationalen Vereinigung für Rechts- und Sozialphilosophie. Wiesbaden 1907 ff.

Conceptus. Zeitschrift für Philosophie. Hg. von Gabriele M. Mras, Otto Neumaier, Christoph C. Pfisterer, Michael Stöltzner. Innsbruck 1967 ff. (Informationen zum Inhalt der aktuellen Ausgaben unter: http://www.conceptus.at/).

Das Argument. Zeitschrift für Philosophie und Sozialwissenschaften. Hg. vom Argument-Verlag. Berlin 1959 ff. (Informationen zum Inhalt der aktuellen Ausgaben unter: http://www.argument.de/wissen_index_inhalt.html).

Deutsche Zeitschrift für Philosophie. Zweimonatsschrift der internationalen philosophischen Forschung. Hg. von Axel Honneth, Hans-Peter Krüger, Herta Nagl-Docekal, Hans Julius Schneider. Berlin 1991 ff. (1953 ff.) (international ausgerichtetes Forum der Gegenwartsphilosophie, auch als CD-Rom; digital ab Jg. 53 (2005) unter: http://www.oldenbourg-link.com/loi/dzph).

Dialektik. Zeitschrift für Kulturphilosophie. Hg. von Ralf Konersmann, John Michael Krois, Dirk Westerkamp. Hamburg 2007 ff. (1991–2006 unter dem Titel: *Enzyklopädische Zeitschrift für Philosophie und Wissenschaften.* Hg. von Hans Jörg Sandkühler; Themenhefte zu Fragen der Wissenschaftstheorie, politischen Philosophie und Ethik; Inhaltsübersicht zu den Heften 1991–2006 unter: http://www.uni-leipzig.de/~philos/&archiv/dialektik/dialektik.php#Uebersicht; zu den Heften 2007 ff. unter: http://www.meiner.de/zkph).

Dilthey-Jahrbuch für Philosophie und Geschichte der Geisteswissenschaften. Hg. von Frithjof Rodi. Göttingen 1983 ff.

Environmental Ethics. Hg. von Eugene C. Hargrove. Denton, TX 1979 ff. (Artikel zu Fragen der Ökologie, Globalisierung und Verantwortung für zukünftige Generationen;

Zeitschriften

Inhaltsverzeichnisse aller Ausgaben unter: http://www.cep.unt.edu/enethics.html).

Erkenntnis – an International Journal of Analytical Philosophy. Hg. von Carl G. Hempel, Wolfgang Stegmüller und Wilhelm K. Essler. Hamburg/Dordrecht 1975 ff.

Hegel Jahrbuch. Im Auftrag der Hegel-Gesellschaft e. V. hg. von Wilhelm R. Beyer. Bochum 1961 ff. (bis 1984).

Hegel-Studien. Hg. von Walter Jaeschke und Ludwig Siep. Bonn/Hamburg1961 ff.

Information Philosophie. Hg. von Peter und Claudia Moser. Basel 1973 ff./Lörrach 1991 ff. (enthält neben Artikeln zu einzelnen philosophischen Themen Informationen zum Philosophiebetrieb, Fragen des Unterrichts und philosophischer Praxen, aktuelle Forschungstrends sowie Nachrichten über institutionelle Neuerungen; viele Informationen, Texte und Links; auch online unter: http://www.information-philosophie.de).

Inquiry: An Interdisciplinary Journal of Philosophy and the Social Science. Hg. von Wayne Martin. Oslo 1958 ff.

International Journal for Philosophy of Religion. Hg. von Ronald L. Hall. Den Haag 1970 ff. (international ausgerichtete Zeitschrift zu Themen der Religionsphilosophie; digital unter: http://www.springerlink.com/content/0020-7047).

International Philosophical Quarterly. Hg. von Joseph W. Koterski. Bronx, NY 1961 ff. (Ziel ist der Gedankenaustausch USA und Europa sowie zwischen östlicher und westlicher Philosophie; Inhaltsverzeichnisse und ausgewählte Artikel unter: http://secure.pdcnet.org/ipq).

Internationale Zeitschrift für Philosophie. Hg. von Andreas Graeser, Dominic Kaegi, André Laks und Enno Rudolph. Stuttgart 1992–2008 (Hefte mit Schwerpunkten zu z. T. fachübergreifenden Themen, enthält Diskussionsbeiträge und Interviews, aber auch ältere relevante Texte; einige Ausgaben digital unter: http://www.unilu.ch/deu/Publikationen_18135.html).

Jahrbuch für Wissenschaft und Ethik. Hg. von Ludger Honnefelder und Dieter Sturma. Berlin 1996 ff. (digital unter: http://www.reference-global.com/action/showBookSeries?seriesCode=jfwe&).

Journal for General Philosophy of Science/Zeitschrift für allgemeine Wissenschaftstheorie. Dodrecht u. a. 1970 ff. (international ausgerichtete Zeitschrift zur Erkenntnis- und Wissenschaftstheorie, mit Zeitschriftenspiegel; digital unter: http://www.springerlink.com/content/102918/).

Kant-Studien. Philosophische Zeitschrift der Kant-Gesellschaft. Hg. von Manfred Baum, Bernd Dörflinger, Thomas M. Seebohm und Heiner F. Klemme. Berlin 1897 ff./Köln 1953 ff. (Inhaltsverzeichnisse der Ausgaben unter: http://www.kant.uni-mainz.de/ks/inhver.htm).

Logos. Hg. von Michael Sukale und Hans Jürgen Wendel; Tübingen 1910–33 und 1994 ff. (digital: http://www.digizeitschriften.de/dms/toc/?PPN=PPN51032052X).

Merkur. Deutsche Zeitschrift für europäisches Denken. Hg. von Karl Heinz Bohrer, Kurt Scheel. Stuttgart 1947 ff. (Kulturzeitschrift mit einigen philosophischen Artikeln; digital unter: http://www.volltext.online-merkur.de/).

Mind & Language. Hg. von Samuel Guttenplan. Oxford 1986 ff. (interdisziplinäre Forschungen zur Philosophie des Geistes und der Sprache; digital unter: http://onlinelibrary.wiley.com/journal/10.1111/%28ISSN%291468-0017/issues).

Phänomenologische Forschungen (Neue Folge). Hg. von Karl-Heinz Lembeck, Karl Mertens und Ernst Wolfgang Orth. Hamburg 1996 ff.

Philosophia Naturalis. Archiv für Naturphilosophie und die philosophischen Grenzgebiete der exakten Wissenschaften und Wissenschaftsgeschichte. Hg. von Bernd-Olaf Küppers, C. Ulises Moulines und Andreas Bartels. Meisenheim 1950 ff. (online unter: http://www.digizeitschriften.de/dms/toc/?PPN=PPN510319696).

Philosophical Review: A Quarterly Journal. Hg. von der Sage School of Philosophy, Cornell-University. Ithaca/NY u. a. 1892 ff. (online unter: http://www.arts.cornell.edu/philrev/).

Philosophisches Jahrbuch der Görres-Gesellschaft. Hg. von Thomas Buchheim, Volker Gerhardt, Matthias Lutz-Bachmann, Henning Ottmann, Pirmin Stekeler-Weithofer und Wilhelm Vossenkuhl. Freiburg/München 1888 ff.

Philosophischer Literaturanzeiger. Hg. von Ulrike Bardt, Stephan Nachtsheim. Meisenheim 1949 ff. (Inhaltsverzeichnisse der einzelnen Hefte unter: http://www.klostermann.de/zeitsch/phli_hmp.htm).

Philosophische Rundschau. Tübingen 1954 ff. (Vorstellung und kritischer Kommentar verschiedener Publikationen zu einem Thema, dabei werden unterschiedliche Positionen und Bezüge deutlich; online unter: http://www.mohr.de/zeitschriften/philosophie/philosophische-rundschau-phr/zeitschrift.html).

Philosophy and Public Affairs. Princeton 1971 ff. (Artikel zu fast allen Bereichen der praktischen Philosophie, d. h. Sozialphilosophie, Rechtsphilosophie, Ethik, politische Philosophie; enthält kritische Kommentare zu aktuellen Publikationen und Repliken auf vorangegangene Artikel; ab Bd. 23 (1994) digital unter: http://onlinelibrary.wiley.com/journal/10.1111/%28ISSN%291088-4963/issues).

Studia Logica. An International Journal for Symbolic Logic. Dodrecht u. a. 1953 ff. (engl. Artikel zu Themen der Logik; digital unter: http://www.springerlink.com/content/100340/).

Synthese. An International Journal for Epistemology, Methodology and Philosophy of Science. Dodrecht 1936 ff. (international ausgerichtete Zeitschrift mit den Schwerpunkten Erkenntnistheorie, Methodologie und Wissenschaftstheorie; digital unter: http://www.springerlink.com/content/g671858wx143/).

The Monist. An International Quarterly Journal of General Philosophical Inquiry. La Salle, IL 1888 ff. (traditionsreiche Zeitschrift mit Schwerpunktheften zu vielfältigen philosophischen Themen; ausgewählte Artikel und Inhaltsverzeichnisse unter: http://secure.pdcnet.org/monist).

Zeitschrift für allgemeine Wissenschaftstheorie. Hg. von Helmut Pulte und Gregor Schiemann. Wiesbaden 1970 ff. (online unter: http://www.springer.com/philosophy/epistemology+and+philosophy+of+science/journal/10838).

Zeitschrift für Ästhetik und allgemeine Kunstwissenschaft. Hg. von Josef Früchtl und Maria Moog-Grünewald. Bonn 1906 ff. (Inhaltsverzeichnisse unter: http://www.meiner.de/zaek).

Zeitschrift für Didaktik der Philosophie und Ethik. Hg. von Ekkehard Martens, Johannes Rohbeck, Volker Steenblock und Markus Tiedemann. Hannover 1979 ff. (speziell für Lehrer/innen der Philosophie und Ethik;

Inhaltsverzeichnisse und Abstracts unter: http://www.siebertverlag.de/ZDPE/ZDPE_aktuell.html).

Zeitschrift für Kulturphilosophie. Hg. von Ralf Konersmann, John Michael Krois, Dirk Westerkamp. Hamburg 2007 ff. (Inhaltsverzeichnisse und Abstracts unter: http://www.meiner.de/index.php?cPath=4_40&content=recherche).

Zeitschrift für philosophische Forschung. Hg. von Otfried Höffe und Christof Rapp. Frankfurt a. M. 1946 ff. (digital: http://www.digizeitschriften.de/dms/toc/?PPN=PPN511864582).

Zeitschrift für Semiotik. Hg. von Roland Posner und Stephan Debus. Wiesbaden 1979 ff. (Inhalt der neueren Bände online unter: http://www.stauffenburg.de/asp/books.asp?id=21).

1.6 | Internet-Ressourcen

Aufklärung. Retrospektive Digitalisierung wissenschaftlicher Rezensionsorgane und Literaturzeitschriften des 18. und 19. Jahrhunderts aus dem deutschen Sprachraum: http://www.ub.uni-bielefeld.de/diglib/aufklaerung/ (sehr umfangreiche Datenbank mit digitalisierten Artikeln aus 160 Zeitschriften aus dem 18. und 19. Jahrhundert).

Das Bonner Kant-Korpus: http://korpora.zim.uni-duisburg-essen.de/Kant/ (enthält die vollständige Ausgabe der Werke, des Briefwechsels und des handschriftlichen Nachlasses Immanuel Kants, nach den Bänden 1–23 der Akademie-Ausgabe).

Deutsche Gesellschaft für Philosophie e. V.: http://www.dgphil.de/links/index.html

Kritikon: http://www.kritikon.de (Online-Rezensionsjournal der Philosophie mit kritischen Besprechungen zu neuerschienenen Titeln der philosophischen Fachliteratur; gefördert von der DFG).

Meta-Encyclopedia of Philosophy: http://www.ditext.com/encyc/frame.html (umfangreiche Online-Enzyklopädie).

PhiloThek: http://www.philothek.de/index.htm (Online-Textarchiv und Linksammlung).

PhiloLex von Peter Möller: http://www.p-moeller.de/philolex.htm (systematisch ausgerichtete Darstellung von Philosophen, philosophischen Strömungen und Begriffen).

Philosophical Dictionary: http://www.philosophypages.com/dy/ (eher knappe Artikel, jedoch mit vielen weiterführenden Links zu eingehenderen Darstellungen in anderen bekannten Online-Enzyklopädien).

Philosophenlexikon: http://www.philosophenlexikon.de/ (biografische und werkbezogene Informationen zu abendländischen Philosophen).

Projekt Gutenberg: http://www.gutenberg.org (umfangreiche Text- und Linksammlung, nicht nur zu philosophischen Themen und Autoren).

Sophikon: http://www.sophikon.de (Virtuelle Fachbibliothek Philosophie, die einen integrierten Zugriff auf alle elektronischen und konventionellen Informationsquellen erlauben soll, umfangreiche Datenbank mit Suchfunktion, Zeitschriften- und Personenregister; gefördert von der DFG).

Stanford Encyclopedia of Philosophy, hg. von Edward N. Zalta: http://plato.stanford.edu/contents.html (sich stetig erweiternde Online-Enzyklopädie; die Artikel werden von Spezialisten verfasst, an der Universität Stanford betreut und ständig aktualisiert).

SWIF (Sito Web Italiano per la Filosofia): http://lgxserver.uniba.it/lei/dionari/dizlink.htm (von Daniele Didero betreute Webseite, die eine Liste philosophischer Nachschlagewerke und Lexika in Englisch, Italienisch, Französisch, Deutsch, Spanisch, Holländisch, Russisch u. a. enthält sowie eine Liste online abrufbarer philosophischer Lexika und Nachschlagewerke).

The Internet Encyclopedia of Philosophy, hg. von James Fieser und Bradley Dowden: http://www.iep.utm.edu/ (umfangreiche Enzyklopädie und Philosophiegeschichte).

Zeno – Philosophische Texte: http://www.zeno.org/Philosophie (umfangreiche Textsammlung u. a. mit Klassikern, aber auch digitale Versionen von Lexika und Handbüchern zu Begriffen und Geschichte der Philosophie).

2 Die Autorinnen und Autoren

Peggy H. Breitenstein, Dr., ist Wissenschaftliche Mitarbeiterin und Dozentin am Seminar für Philosophie der Martin-Luther-Universität Halle-Wittenberg, an der Hochschule für Bildende Künste Dresden sowie am Institut für Philosophie der TU Dresden (Einleitung; Kap. I.5 Deutscher Idealismus [5.1, 5.4.3]; Kap. I.6 Das 19. Jahrhundert [6.1]; Kap. II.C.3 Geschichtsphilosophie).

Norbert Engemaier, M. A., ist wissenschaftliche Hilfskraft am Lehrstuhl für Theoretische Philosophie der TU Dresden (Kap. II.A.3 Wissenschaftstheorie; II.A.4 Sprachphilosophie).

Hanna-Barbara Gerl-Falkovitz, Prof. em. Dr. Dr. h.c., war bis 1.4.2011 Inhaberin des Lehrstuhls für Religionsphilosophie und vergleichende Religionswissenschaft an der TU Dresden (Kap. I.3 Renaissance; Kap. I.6. Das 19. Jahrhundert [6.3]; Kap. II.C.7 Geschlechterforschung).

Martin Grajner, Dr., ist wissenschaftlicher Mitarbeiter am Lehrstuhl für Theoretische Philosophie der TU Dresden (Kap. II.A.2 Erkenntnistheorie; Kap. III.2 Philosophische Begriffe und Argumente).

Gerd Grübler, Dr. Dr., ist Wissenschaftlicher Mitarbeiter der Forschungsstelle Neuroethik/Neurophilosophie des Philosophischen Seminars der Johannes-Gutenberg-Universität Mainz und Lehrender am Institut für Philosophie der TU Dresden (Kap. I.6. Das 19. Jahrhundert [6.2]; II.B.5 Angewandte Ethik).

Martin Hähnel, M. A., ist Lehrbeauftragter am Institut für Philosophie der TU Dresden (Kap. II.C.4 Religionsphilosophie).

Rico Hauswald, M. A., ist wissenschaftlicher Projektmitarbeiter am Lehrstuhl für Philosophische Anthropologie an der HU Berlin (Kap. II.A.3 Wissenschaftstheorie).

Reinhard Hiltscher, Dr. habil., ist apl. Professor am Institut für Philosophie der TU Dresden (Kap. I.5 Deutscher Idealismus [5.2, 5.3, 5.4 außer 5.4.3]).

Bernhard Irrgang, Prof. Dr. Dr., ist Professor für Technikphilosophie an der TU Dresden (Kap. II.C.2 Technikphilosophie).

René Kaufmann, M. A., ist Lehrbeauftragter am Institut für Philosophie der TU Dresden (Kap. II.C.4 Religionsphilosophie).

Constanze Peres, Prof. Dr., ist Professorin für Philosophie und Ästhetik an der Hochschule für Bildende Künste Dresden (Kap. II.C.6 Ästhetik).

Theda Rehbock, PD Dr., ist Privatdozentin am Institut für Philosophie der TU Dresden (Kap. II.B.1 Ethik).

Thomas Rentsch, Prof. Dr., ist Inhaber des Lehrstuhls für Praktische Philosophie/Ethik an der TU Dresden (Kap. I.7. 20. Jahrhundert und Gegenwart; Kap. II.C.1 Anthropologie; Kap. III.1 Denkrichtungen und Methoden).

Johannes Rohbeck, Prof. Dr., ist Professor für Praktische Philosophie und Didaktik der Philosophie an der TU Dresden (Kap. I.4. Neuzeit und Aufklärung; Kap. I.6 Das 19. Jahrhundert [6.4, 6.5]; Einleitung zu Kap. III; Kap. III.1 Denkrichtungen und Methoden).

Pedro Schmechtig, Dr., ist Lehrender am Institut für Philosophie der TU Dresden (Kap. II.A.1 Metaphysik und Ontologie).

Donat Schmidt ist wissenschaftliche Hilfskraft bei der Professur für Praktische Philosophie und Didaktik der Philosophie an der TU Dresden (Kap. III.3 Wissenschaftliches Arbeiten; Kap. III.4. Didaktik der Philosophie und Ethik).

Nele Schneidereit, Dr., ist wissenschaftliche Mitarbeiterin am Projekt P »Philosophische Diskurse« (Projektleiter: Prof. Dr. Thomas Rentsch) am SFB 804 »Transzendenz und Gemeinsinn« an der TU Dresden (Kap. II.B.2 Sozialphilosophie; Kap. II.B.3 Politische Philosophie Kap. II.B.4 Rechtsphilosophie).

Gerhard Schönrich, Prof. Dr., ist Inhaber des Lehrstuhls für Theoretische Philosophie an der TU Dresden (Kap. II.A.5 Philosophie des Geistes).

Daniel Schubbe, Dr., ist wissenschaftliche Hilfskraft am Institut für Philosophie der FernUniversität Hagen (Kap. II.A.3 Wissenschaftstheorie).

Caroline Semmling, Dipl.-Math., ist wissenschaftliche Mitarbeiterin am Lehrstuhl für Logik und Erkenntnistheorie an der Ruhr-Universität Bochum (Kap. II.A.6 Logik).

Morris Vollmann, Dr., ist wissenschaftlicher Projektmitarbeiter am Lehrstuhl für Praktische Philosophie/Ethik der TU Dresden (Kap. II.C.5 Kulturphilosophie).

Heinrich Wansing, Prof. Dr., ist Professor für Logik und Erkenntnistheorie am Institut für Philosophie II der Ruhr-Universität Bochum (Kap. II.A.6 Logik).

Hans-Ulrich Wöhler, Dr. habil., apl. Prof. und Institutsmitarbeiter für Philosophiegeschichte am Institut für Philosophie der TU Dresden (Kap. I.1 Antike; Kap. I.2 Mittelalter).

3 Abbildungsverzeichnis

Sokrates und Platon (aus dem *Hortus Deliciarum* von Herrad von Landsberg, 2. Hälfte des 12. Jh.s) **S. 9**
Gruppe von Philosophen, Mosaik, Pompeji, 1. Jh. n. Chr. (Museo Nazionale Archeologico, Neapel) **S. 15**
Sandro Botticelli: Augustinus (Kirche Ognissanti, Florenz) **S. 21**
Aristoteles, Detail aus dem Wandteppich »Rose von Heiningen«, 1516 (Victoria und Albert-Museum, London) **S. 29**
Die sieben freien Künste (aus dem *Hortus Deliciarum* von Herrad von Landsberg, 2. Hälfte des 12. Jh.s) **S. 37**
Piero della Francesca: Idealstadt, um 1450 (Palazzo Ducale, Urbino) **S. 51**
Albrecht Dürer: Mann im Kreissegment (Mscr. Dresd. R 147 f, fol. 112v/113r; SLUB Dresden/Deutsche Fotothek) **S. 50**
Illustration aus Christine de Pizan: *La cité des dames* (Bibliothèque nationale, Paris) **S. 52**
Michelangelo: Testa femminile, 1540 (The Royal Collection, Windsor Castle) **S. 53**
Scheune (Shutterstock, Inc.™) **S. 150**
Gehirn-MRT (Shutterstock, Inc.™) **S. 201**
Eugène Delacroix: »La Liberté guidant le peuple«, 1830 (Louvre, Paris) **S. 279**
Der Mensch als Ebenbild Gottes, Illustration aus Hildegard von Bingens *Liber Divinorum Operum*, 13. Jh. (Biblioteca statale, Lucca) **S. 324**
Foto einer älteren Frau (Shutterstock, Inc.™) **S. 333**
Karl Eduard Biermann: »Die Borsigsche Maschinenbau-Anstalt«, 1847 (Stadtmuseum Berlin) **S. 336**
Schreibmaschinen-Tastatur (Shutterstock, Inc.™) **S. 342**
Auszug aus den Annalen des Klostes St. Gallen **S. 346**
William Blake: »Ancient of Days«, 1794 (British Museum, London) **S. 360**
Prometheus am Felsen, Schale aus Lakonien, 6. Jh. v. Chr. (Vatikanische Museen, Rom) **S. 369**
Giorgione: »Schlafende Venus«, um 1508/10 (Gemäldegalerie Alte Meister, Dresden) **S. 390**
Christine de Pizan in ihrem Studio, Illustration aus *La cité des dames* (Bibliothèque nationale, Paris) **S. 395**

4 Personenregister

A
Abaelard, Petrus 35, 41, 42, 238
Acidalius, Valens 395
Adorno, Theodor W. 68, 104, 118, 119, 177, 255, 256, 269, 287, 338, 339, 368, 375, 379, 386
Agamben, Giorgio 278
Agricola, Rudolf 48
Agrippa von Nettesheim 52, 54
Albert, Hans 120, 175, 177
Alberti, Leon Battista 45, 46, 50
Albertus Magnus 37, 38, 40, 41
Alembert, Jean le Rond d' 58, 67
Al-Farabi 26, 27, 30
Alsberg, Paul 328
Althusser, Louis 122, 125
Anaxagoras 6, 323
Anaximander 4, 323
Anaximenes 5
Andreae, Johann Valentin 284
Anscombe, G. E. M. 115, 250
Anselm von Canterbury 34, 35, 356, 359, 41
Antiphon 240
Apel, Karl-Otto 113, 119, 121, 257
Archelaos 323
Arendt, Hannah 110, 274, 281, 300
Aristoteles 12–14, 25, 26, 34, 36, 38, 131, 132, 135, 138, 140, 147, 166, 184, 194, 236, 238, 239, 242–244, 248, 251, 257, 258, 273, 274, 280, 281, 282, 284, 285, 287, 292, 294, 298, 299, 323, 327, 332, 338, 131, 357, 131, 413
Arkesilaos 18
Armstrong, David M. 132
Assmann, Jan 364
Augustinus, Aurelius 22, 236, 238, 245, 246, 254, 274, 283, 356, 362
Austin, John 297
Austin, John L. 104, 115, 116, 121, 182, 194, 298
Averroës s. Ibn Ruschd
Avicenna s. Ibn Sina
Axelrod, Robert 268
Ayer, Alfred J. 116, 148, 160, 182, 190

B
Baader, Franz von 358
Bacon, Francis 54, 58–59, 63, 64, 284, 437
Bacon, Roger 39, 41
Bakunin, Michail 288
Barcan Marcus, Ruth 229
Baumgarten, Alexander Gottlieb 379, 381, 382, 383, 385, 388
Baumgartner, Hans Michael 352
Bealer, George 160
Beauchamp, Tom L. 308
Beauvoir, Simone de 111, 264, 393, 398, 399
Becker, Oskar 329
Beckermann, Ansgar 200
Beckmann, Johann Jakob 338
Benhabib, Seyla 122, 300, 331
Bentham, Jeremy 88, 89, 247–248, 249, 297, 317
Berdjajew, Nikolai 358
Bergson, Henri 105, 342, 374
Berkeley, George 63, 71, 198
Binswanger, Ludwig 111, 329
Bloch, Ernst 104, 117, 118, 284
Blumenberg, Hans 123
Boccaccio, Giovanni 46, 47
Böckenförde, Ernst-Wolfgang 364
Boëthius 19, 20
Boghossian, Paul 161
Böhme, Gernot 124, 330
Böhme, Hartmut 124, 330
Böhme, Jacob 54
BonJour, Laurence 148, 155, 156, 160, 161
Borgmann, Albert 338
Boss, Medard 111
Bourdieu, Pierre 368
Bovillus, Carolus 48
Brandom, Robert 104, 111, 125
Brant, Sebastian 52
Braun, Herbert 360
Brentano, Bettina 396
Brentano, Franz 107, 136, 198, 205, 207
Broad, Charles 250
Bromberger, Sylvain 168
Brunelleschi Filippo 50
Bruni, Leonardo 47, 48
Bruno, Giordano 45, 46, 48, 54, 55
Buber, Martin 105, 262, 263, 264, 358
Buffon, Georges Louis Leclerc 66
Burckhardt, Jacob 45
Burge, Tyler 186
Buridan, Johannes 41, 42
Burke, Edmund 379, 385
Butler, Judith 271, 393, 399, 400
Buytendijk, Frederik J.J. 328

C
Calvin, Jean 52
Campanella, Tommaso 284
Camus, Albert 112, 329
Carnap, Rudolf 103, 104, 113, 116, 132, 135, 175, 181, 182, 185, 191, 203, 262, 358, 362, 423
Carson, Rachel 313
Cassirer, Ernst 105, 329, 368, 373
Casullo, Albert 160, 161
Cavell, Stanley 125
Cennini, Cennino 50
Chalmers, David 200
Cherbury, Herbert von 355
Childress, James F. 308
Chisholm, Roderick 148
Chomsky, Noam 203
Chrysippos 16
Church, Alonzo 185, 226
Churchland, Paul M. 206
Cicero, Marcus Tullius 19, 238, 245, 292, 294, 299, 368, 369
Cohen, Hermann 104
Colonna, Vittoria 54
Comte, Auguste 88, 89, 90, 106, 261, 265, 266
Condillac, Étienne Bonnot de 58, 63, 66
Condorcet, Marie Jean Antoine Nicolas Caritat, Marquis de 67, 338, 346, 347, 349
Constant, Benjamin 253
Crescas, Chasdai 33
Cummins, Robert 208
Cusanus, Nicolaus (Nikolaus von Kues) 45, 47, 48, 50, 51, 54, 356

D
Dahrendorf, Ralf 266
Dante Alighieri 39, 46, 41
Danto, Arthur C. 124, 347, 352, 379, 386
Darwin, Charles 324
Davidson, Donald 124, 198, 204, 413
Deleuze, Gilles 122, 126, 331
Demmerling, Christoph 331
Demokrit 8
Dennett, Daniel C. 198, 204, 209
Derrida, Jacques 104, 122, 126, 127, 264, 331
Descartes, René 58–62, 69, 148, 156, 198–200, 204, 207, 247, 426
Dessauer, Friedrich 338
Deuser, Hermann 364
Devitt, Michael 160
Dewey, John 119, 327
Diderot, Denis 58, 67
Dietrich, Julia 450
Dilthey, Wilhelm 100, 101, 105, 112, 166, 262, 347, 351, 368, 372, 373
Diogenes von Apollonia 323
Diogenes von Sinope 370
Donnellan, Keith 185
Dretske, Fred 148, 198, 207, 208
Driesch, Hans 328
Droste-Hülshoff, Annette von 396
Droysen, Johann Gustav 100
Duccio di Buoninsegna 50
Duhem, Pierre 166, 174
Dummett, Michael 117
Duns Scotus, Johannes 39, 41
Dürer, Albrecht 50
Durkheim, Émile 106, 261
Dworkin, Ronald 257, 282, 292, 298

E
Ebner-Eschenbach, Marie von 397
Einstein, Albert 103
Elias, Norbert 329
Ellul, Jacques 338
Empedokles 133
Engels, Friedrich 70, 98, 347
Epiktet 16, 19
Epikur 14, 15, 16, 238, 244, 248, 251, 255, 362
Erasmus von Rotterdam 47, 48, 52
Eriugena, Johannes Scottus 33, 34, 41
Eyck, Jan van 51

F
Fechner, Gustav Theodor 105
Feenberg, Andrew 339
Feigl, Herbert 203
Feltre, Vittorino da 53
Ferguson, Adam 65, 349
Feuerbach, Ludwig 70, 97, 98, 356, 363
Feyerabend, Paul K. 104, 120, 166, 177
Fichte, Johann Gottlieb 69, 70, 71, 77, 78, 79, 80, 81, 82, 250, 274, 279, 284
Ficino, Marsilio 47, 48
Fiore, Joachim von 46
Flach, Werner 77, 78
Fodor, Jerry A. 198, 204, 205, 206, 207, 208
Foley, Richard 155
Foot, Philippa 238, 257, 258
Forst, Rainer 282
Foucault, Michel 104, 122, 125, 126, 255, 256, 257, 262, 271, 288, 289, 331
Francesca, Piero della 50
Fraser, Nancy 265
Frege, Gottlob 103, 113, 132, 137, 160, 181, 182, 183, 184, 186, 187, 221, 423
Freud, Sigmund 68, 103, 255, 270, 329, 363, 368, 374, 375, 377
Fukuyama, Francis 353

477

G

Gadamer, Hans-Georg 104, 110, 112, 113, 122, 179, 257, 411, 412
Galiani, Abbé Ferdinand 255
Galilei, Galileo 45, 55, 58
Gassendi, Pierre 203
Gasset, José Ortega y 338
Gaunilo von Marmoutier 35
Geach, Peter 115
Gebsattel, Viktor Emil von 329
Gehlen, Arnold 266, 323, 324, 326, 327, 328, 338, 372
Geiger, Moritz 108
Gentzen, Gerhard 218
Gerl-Falkovitz, Hanna-Barbara 364
Gersonides s. Lewi ben Gershom
Gettier, Edmund 148, 149, 150, 151, 152
Ghiberti, Lorenzo 51, 52
Gilligan, Carol 331, 393
Giotto (di Bondone) 46, 50
Gödel, Kurt 225, 226, 230
Goethe, Johann Wolfgang von 91, 333, 374
Goldman, Alvin 148, 149, 150, 153
Goodman, Nelson 117, 166, 172, 379, 391
Gorgias 7, 240
Gouges, Olympe de 393
Gournay, Marie le Jars de 393, 395
Gramsci, Antonio 117, 118, 289
Greco, John 148
Grice, Herbert Paul 124, 182, 189, 193
Grotius, Hugo 292, 295
Guattari, Felix 126, 331
Gutenberg, Johannes 46

H

Habermas, Jürgen 104, 113, 118, 119, 121, 177, 238, 254, 257, 262, 267–270, 281, 287, 292, 293, 299
Hardt, Michael 288
Hare, Richard M. 116, 249, 257
Hart, H.L.A. 292, 297, 298
Hartmann, Nicolai 108
Harvey, William 45
Hastedt, Heiner 331
Hegel, Georg Wilhelm Friedrich 69–71, 81–84, 93, 97, 198, 236, 255, 261, 262, 264–266, 269, 274, 281, 282, 284, 287, 289, 292, 293, 296, 324, 326–329, 332, 345–347, 349, 350, 356, 358, 379, 382–384, 386, 388, 396
Heidegger, Martin 103, 104, 108–110, 255, 256, 262–264, 326, 329, 331, 339–341, 358, 360, 410, 411
Heinrich VIII. 46
Helvétius, Claude Adrien 248, 324
Hempel, Carl G. 166, 167, 168, 169, 203, 347, 351, 352
Henlein, Peter 45, 46
Henrich, Dieter 122
Henry, Michel 358
Heraklit von Ephesos 5
Herbrand, Jacques 221
Herder, Johann Gottfried 66–67, 326, 368, 371, 372
Heyting, Arend 230
Hippias 240
Hobbes, Thomas 58, 60, 61, 64, 203, 247, 255, 261, 268, 273, 274, 276–279, 283, 288, 289, 292, 295, 324, 370
Hohfeld, Wesley Newcomb 299
Holbach, Paul-Henri Thiry d' 324
Honneth, Axel 262, 265, 268
Horkheimer, Max 68, 104, 118, 269, 287, 338, 339, 368, 375
Hubig, Christoph 338
Humboldt, Alexander von 66
Hume, David 58, 63–66, 69, 143, 148, 166, 177, 207, 238, 247–248, 356, 358, 427
Huntington, Samuel P. 374
Hus, Jan 42, 52
Husserl, Edmund 104, 107, 108, 111, 136, 207, 262, 263, 329, 358, 373, 410
Hutcheson, Francis 65, 248
Huygens, Christiaan 62
Hypatia von Alexandria 394

I

Iamblichos 21
Ibn Gabirol, Salomon 30, 31, 33
Ibn Ruschd (Averroës) 28, 29, 30, 42
Ibn Sina (Avicenna) 27, 28, 30
Ibn Tufail 29, 30
Ihde, Don 340, 341
Irigaray, Luce 331, 393, 398, 399, 400
Irrgang, Bernhard 331, 338
Iser, Wolfgang 389
Israeli, Isaak ben Salomo 30

J

Jackson, Frank Cameron 198, 210, 211
James, William 119, 356, 361
Jaśkowski, Stanisław 218
Jaspers, Karl 103, 104, 110, 111, 258, 329, 358
Jauß, Hans Robert 386
Jonas, Hans 110, 313, 314, 329
Jost, Adolf 310

K

Kamlah, Wilhelm 122, 332
Kangrga, Milan 118
Kant, Immanuel 58, 63, 65–67, 69–74, 76, 78, 81, 82, 91, 104, 132, 135, 137, 148, 160, 198, 207, 210, 211, 233, 236, 238, 246, 247, 249–255, 257, 258, 268, 274, 279, 281, 283, 287, 288, 292, 293, 299, 300, 305, 316–319, 324, 328, 329, 331–333, 347, 350, 351, 356, 357, 361, 368, 371–374, 379, 385, 386, 388, 389, 393, 396, 427, 443
Kaplan, David 192
Kapp, Ernst 338
Karl der Große 33
Karneades 18
Kauffmann, Angelika 396
Kelsen, Hans 292, 297
Kepler, Johannes 45
Kierkegaard, Søren 93, 94, 103, 329, 333, 356, 358
Kim, Jaegwon 198
Kleanthes von Assos 16
Köhler, Wolfgang 328
Kolumbus, Christoph 45, 46
Kopernikus, Nikolaus 45
Kornblith, Hilary 148
Kripke, Saul A. 181, 184, 186, 227, 428
Kuhn, Thomas S. 104, 120, 166, 175, 176, 177
Kutschera, Franz von 200

L

Lacan, Jacques 111, 125, 289
Laclau, Ernesto 289
Lakatos, Imre 120, 166, 176
Laktanz 356
LaMettrie, Julien Offray de 324
Landmann, Michael 324, 329
La Rochefoucauld, François de 255
Lask, Emil 105
Le Fort, Gertrud von 393, 397
Lehrer, Keith 148
Leibniz, Gottfried Wilhelm 58, 61–63, 69, 132, 140, 160, 199, 203, 221, 227, 247, 356, 362
Lenin, Wladimir Iljitsch 117
Lenk, Hans 341
Leonardo da Vinci 50
Leukipp 8
Lévinas, Emmanuel 108, 111, 262, 263, 264, 358
Levi-Strauss, Claude 125
Lewi ben Gershom (Gersonides) 32, 33
Lewis, Clarence Irving 119
Lewis, David 132, 148, 152, 204
Linton, Ralph 266
Lipps, Theodor 262
Litt, Theodor 324, 329
Locke, John 58, 63, 64, 66, 132, 141, 148, 182, 187, 198, 207, 210, 247, 274, 278, 285, 292, 295–296, 318, 394
Lorenzen, Paul 122
Lotze, Hermann 105
Lovibond, Sabina 331
Löwith, Karl 110, 262, 264, 329
Lübbe, Hermann 122, 364
Luhmann, Niklas 120, 262, 266, 267, 269, 292, 364
Lukács, Georg 117, 118
Lukrez 18
Luther, Martin 46, 52
Lyotard, Jean-François 126, 331, 353

M

Mach, Ernst 166, 174, 177
Machiavelli, Niccolò 255, 274, 275, 288
MacIntyre, Alasdair 127, 238, 258, 282
Mackie, John Leslie 172, 257
Maimon, Salomon 70
Maimonides s. Mose ben Maimon
Majer, Friedrich 91
Malebranche, Nicolas de 199
Mandeville, Bernard 285
Manetti, Giannozzo 49
Marc Aurel 16, 19, 245
Marcel, Gabriel 108
Marcuse, Herbert 110, 118, 119, 338, 339, 368, 375
Marion, Jean-Luc 358
Marković, Mihailo 118
Marquard, Odo 122
Marsilius von Padua 39, 41
Marx, Karl 68, 70, 97–99, 103, 117, 122, 255, 265, 266, 270, 274, 282, 285, 286, 289, 324, 338, 346–349, 363, 375
Masaccio, Tommaso 52
McDowell, John 125, 257, 258
Mead, George Herbert 119, 262, 264, 266, 268, 327
Meinecke, Friedrich 100
Meister Eckhart 39, 41
Melanchthon, Philipp 47
Mendelssohn-Hensel, Fanny 396
Mendelssohn-Schlegel, Dorothea 396
Merleau-Ponty, Maurice 108, 111, 122, 330
Metzinger, Thomas 209
Michelangelo 45, 53
Michelet, Jacques 45
Millar, John 65
Mill, John Stuart 88, 89, 90, 186, 238, 246, 247, 248, 249, 252, 279, 287
Mitcham, Carl 338
Mittelstraß, Jürgen 338
Montague, Richard 182, 191, 192
Montaigne, Michel de 48, 52, 255
Montesquieu, Charles de Secondat 58, 64, 66
Moore, George Edward 115, 157, 187, 237, 238
Morris, Charles William 389

Personenregister

Morus, Thomas   45, 47, 48, 52, 284
Mose ben Maimon (Maimonides)   31, 32, 33
Mouffe, Chantal   289
Mühsam, Erich   288
Mumford, Lewis   338

N

Naess, Arne   314
Nagel, Ernest   166
Nagel, Thomas   198, 209
Natorp, Paul   105
Negri, Antonio   288
Neurath, Otto   113, 174
Newton, Isaac   58, 247
Nichols, Shaun   424
Nietzsche, Friedrich   68, 94–96, 103, 238, 252, 255–257, 266, 275, 324, 326, 356, 363, 368, 374, 386, 388, 397, 429
Nikolaus von Kues s. Cusanus, Nicolaus
Nozick, Robert   257, 282
Nussbaum, Martha C.   257, 331

O

Ockham, Wilhelm von   40, 41, 42
Olson, Mancur   268
Olsson, Eric   153
Oppenheim, Paul   167, 168
Otto-Peters, Louise   397
Otto, Rudolf   356, 357

P

Pacioli, Luca   50
Packard, Vance   313
Panaitios von Rhodos   16
Pannenberg, Wolfhart   360
Paracelsus von Hohenheim   48, 54
Parks, Rosa   299
Parmenides   6
Parsons, Talcott   266
Pascal, Blaise   356, 361
Paxson, Thomas D.   148
Peirce, Charles Sanders   119, 327
Perry, John   192, 195
Petrarca, Francesco   45–48
Petrus Damiani   34
Philolaos   5
Pico della Mirandola, Giovanni   48, 52, 324, 368, 370
Pius II.   52
Pizan, Christine de   53, 393, 395
Plantinga, Alvin   148, 361
Platon   9–11, 26, 91, 132, 139, 147, 148, 160, 198, 238–243, 248, 251, 274, 283, 284, 287, 292, 323, 356, 357, 368, 369, 379, 389, 422
Plechanow, Georgi Walentinowitsch   117
Plessner, Helmuth   263, 323, 324, 326, 327, 338
Plotin   20, 21

Poincaré, Henri   174
Popper, Karl R.   104, 120, 166, 167, 173, 175, 176, 177
Porphyrios   20, 21
Portmann, Adolf   328
Poseidonios von Apameia   16, 323
Poser, Hans   341
Post, Emil   217
Poullain de la Barre, François   67, 393, 395
Pritchard, Duncan   151
Proklos   21
Protagoras   7, 239, 323
Pseudo-Dionysius Areopagita   22, 34
Pufendorf, Samuel von   295
Putnam, Hilary   124, 156, 182, 186, 198, 204, 207
Pyrrhon   17
Pythagoras   5

Q

Quesnay, François   66, 285
Quine, Willard Van Orman   116, 117, 119, 132, 135–137, 148, 160, 174, 182, 184, 190, 173

R

Radbruch, Gustav   292, 294, 296
Rahner, Karl   357, 360
Rancière, Jacques   289
Ranke, Leopold von   100, 351
Ravenscroft, Ian   198
Rawls, John   61, 104, 127, 247, 257, 273, 274, 279, 280, 282, 299, 307
Regan, Tom   319
Reinach, Adolf   107, 108
Reinhold, Karl Leonhard   70
Rentsch, Thomas   332, 364
Ricardo, David   285
Rickert, Heinrich   105, 347, 351, 368, 373
Ricœur, Paul   108, 113, 358
Riemenschneider, Tilmann   46
Rienzo, Cola di   46
Ritter, Joachim   122, 257
Roche, Sophie von la   396
Ropohl, Günter   340
Rorty, Richard   104, 111, 123
Roscelin von Compiègne   139
Rosenzweig, Franz   105, 358
Roth, Gerhard   330
Rothacker, Erich   329
Rousseau, Jean-Jacques   58, 67, 247, 261, 262, 269, 273, 274, 278–280, 282, 284, 287, 289, 296, 347, 348, 368, 370–372, 396
Russell, Bertrand   181, 182, 184–187, 193, 423
Ryle, Gilbert   104, 111, 115, 116, 198, 202, 413

S

Saint-Simon, Henri de   261
Salmon, Wesley   169
Salutati, Coluccio   47, 48
Sandel, Michael   282
Sartre, Jean-Paul   103, 104, 108, 111, 112, 122, 264, 329, 398
Saussure, Ferdinand de   125
Savigny, Friedrich Carl von   292, 296
Scanlon, Thomas   282
Schapp, Wilhelm   108
Scheler, Max   105, 108, 262, 263, 323–327, 342, 358
Schelling, Friedrich Wilhelm Joseph   69–71, 356, 358
Schiller, Friedrich   368
Schlegel-Schelling, Caroline   396
Schleiermacher, Friedrich   356
Schlick, Moritz   113, 175
Schmitt, Carl   275, 278, 289
Schmitz, Hermann   123, 179, 330
Schnädelbach, Herbert   376
Schopenhauer, Arthur   91, 92, 166, 238, 255, 256, 317, 324, 397
Schumann, Clara   396
Schurman, Anna Maria van   393, 395
Schütz, Alfred   108
Searle, John R.   104, 117, 182, 195, 198, 205, 206, 253, 266, 267
Seel, Martin   386
Sellars, Wilfrid   116, 198, 207
Seneca, Lucius Annaeus   16, 19, 238, 245, 333
Shaftesbury, Anthony Ashley Cooper, 3rd Earl of   65, 247
Sidgwick, Henry   88, 90, 247
Simmel, Georg   105, 106, 262, 265, 368, 374, 393, 397
Singer, Marcus   253
Singer, Peter   248, 317, 318, 319
Singer, Wolf   330
Sixtus IV.   52
Sloterdijk, Peter   353
Smart, John J.C.   203, 204
Smith, Adam   238, 247, 252, 274, 285, 349
Snow, Charles Percy   368, 373
Sokrates   7–9, 239–243, 249, 254, 299, 394, 414, 422, 446
Solowjew, Wladimir   358
Sophokles   299
Sosa, Ernest   148
Spaemann, Robert   122, 250, 257, 364
Spencer, Herbert   261, 265, 266
Spengler, Oswald   347, 348, 368, 374
Spinoza, Baruch de   58, 61, 62, 198, 238, 247, 324, 356
Stalin, Josef   117
Stampa, Gaspara   54
Stegmüller, Wolfgang   166, 176

Stein, Edith   108, 393, 397, 398
Stich, Stephen   424
Stirner, Max   266
Storchenau, Sigismund von   355
Straus, Erwin   328
Strawson, Peter F.   116, 132, 136, 182, 193, 423, 427
Suárez, Francisco   132, 300
Swinburne, Richard   361

T

Tarski, Alfred   182, 423
Taylor, Charles   123, 282, 283
Teilhard de Chardin, Pierre   393, 397
Teresa von Ávila   52
Thales von Milet   4
Thomas von Aquin   38, 39, 41, 138, 236, 254, 295, 312, 360, 41, 42
Thomas von Kempen   52
Tillich, Paul   358
Tocqueville, Alexis de   279, 287
Tönnies, Ferdinand   106, 261, 262, 265, 266, 372
Toulmin, Stephen Edelston   124
Toynbee, Arnold   347, 348
Trismegistos, Hermes   47
Troeltsch, Ernst   100, 101
Tugendhat, Ernst   124
Tuomela, Raimo   267
Turgot, Anne Robert Jacques   66, 285, 346, 347, 349
Turing, Alan   226
Tylor, Edward Burnett   367

U

Uexküll, Jakob von   328

V

Valla, Lorenzo   48, 49, 50
Varnhagen, Rahel   396
Vasari, Giorgio   45
Vattimo, Gianni   123
Veronese, Guarino   53
Vesalius, Andreas   45
Vico, Giambattista   67, 346–348, 351, 368, 370
Vignola, Giambattista da   50
Vitoria, Francisco de   300
Voltaire   66, 358
Vranicki, Pedrag   118

W

Wagner, Hans   77, 78
Waldenfels, Bernhard   124, 330
Walzer, Michael   274, 282, 283
Warning, Rainer   389
Weber, Max   106, 177, 261, 262, 266–268, 270, 274, 275, 374
Weinberg, Jonathan   424
Weininger, Otto   397
Weizsäcker, Viktor von   328
White, Hayden   347, 352, 353
Whitehead, Alfred N.   132, 182
Wiesen, Brigitte   456

Willemer, Marianne von   396
Williams, Bernard   235, 238, 250, 257
Williamson, Timothy   148
Windelband, Wilhelm   105, 166, 351, 368, 373
Wittgenstein, Ludwig   103, 104, 111, 113–115, 125, 148, 182, 188, 189, 195, 217, 256, 298, 332, 358, 413, 423
Wolf, Ursula   319
Wolff, Christian   69, 247
Wollstonecraft, Mary   393, 396
Wright, Georg Henrik von   115, 237
Wundt, Wilhelm   105
Wyclif, John   42, 52

Z

Zenon von Kition   16
Zimmerli, Walther   338
Zwenger, Thomas   351
Zwingli, Ulrich   52

5 Sachregister

A

a posteriori 161
a priori 63, 69, 71, 72, 147, 160, 161
Abbild 9, 15, 114
Abbildtheorie 114, 124
Abfall 343
Ableitung 213, 218
absolutistischer Kontraktualismus 278
abstraktes Objekt 135
Abstraktheit 135
Abstrakt-Konkret-Unterscheidung 134
Absurdes 94, 112
Achtung 76, 77
adiaphora 245
Adverbialismus 159
Affekte 17, 59, 60, 95
Agnostizismus 356
Ähnlichkeit 134
aisthesis, aisthetike episteme 379
Akademie 10
aktive Sterbehilfe 310
Aktualität 134, 138
akzidentielle Eigenschaft 42, 138
aletheia 6
alethische Modallogik 227
allgemeine Metaphysik 132
allgemeine Wissenschaftstheorie 165, 166
allgemeingültige Formel 224
Alltagssprache 116
Alter 127, 258, 332, 333, 343
Alter Ego 262
analogon rationis 382, 383
analytische Aussage 161, 190
Analytische Philosophie 116, 124, 412, 413, 453, 454
Anderer 264
andreia 241
Androzentrik 394
Anerkennung 264, 298, 368
Anerkennungs- und Erkenntnisregel des Rechts 298
Angewandte Ethik 303–321
Angst 94
anomaler Monismus 204
Anschauung 10, 69, 72, 73
Ansich 81, 82
Anspruchsrechte 299, 300
Anthropodizee 362
Anthropologie 59, 64, 111, 323–333
Anthropologie und Sprache 332
Anthropozentrik, Anthropozentrismus 49, 51, 314
Antike 3–23
Antirealismus 137
anything goes 177
apeiron 5
Apollinisches 95
Aporie 240
Apperzeption 72, 73
applied ethics 303
apriorische Rechtfertigung 160, 161
apriorisches Wissen 160, 422
Äquivalenz 216
Arbeit 99, 110, 117, 281, 285, 338
Arbeitswerttheorie 285, 286
arche 4, 12
arete 8, 13, 239, 243
Argument 16, 18, 37, 40, 424, 425
Argument von der Doppelwirkung 312
Argumentation 306, 307, 424–428
Aristokratie 287
aristotelischer Syllogismus 214
ars 388
Art 133, 140, 148
artes liberales 47, 48, 388
artes mechanicae 388
Artistenfakultät 36
assistierter Suizid 310
Ästhetik, ästhetisch 379–391
– formale Ästhetik 384
– kognitivistische Ästhetik 384
– Metaästhetik 387
– Produktionsästhetik 388–390
– Rezeptionsästhetik 388–390
– Werkästhetik 388–390
Ästhetik der Natur 386, 388
Ästhetiktheorie 380
ästhetische Erfahrung 382
ästhetische Urteilskraft 385
ästhetische Wahrheit 383
ästhetischer Gemeinsinn 386
ästhetischer Wert 385
ästhetisches Erkennen 382
ästhetisches Prädikat 385, 387
ataraxia 18, 239, 244
Atem 5
Atheismus 356
atomarer Satz 215
Atomismus 8, 15
Aufklärung 57, 66–68, 118
Aufklärungskritik 67, 118, 375
Ausdrucksverhalten 326
ausgleichende Gerechtigkeit 243
Ausnahmezustand 275, 278
Aussagenlogik 214, 215, 218, 226
aussagenlogische Formel 215
aussagenlogisches Modell 216
Aussagevariable 215
austeilende Gerechtigkeit 299
Autonomie 74–77, 254
Axiom 218

B

Barcan-Formel 229
Basisdemokratie 279
Basis-Überbau-Theorem 349
beatitudo 245
Bedeutung 181–183, 184, 187, 190, 216
Bedeutungsfunktion 184
Bedeutungsträger 186
Begehren 241
Begriffsanalyse 147, 421–423
Begriffsgeschichte 122
Begründung 79
Begründungszusammenhang 165, 173
Behaviorismus 113, 202, 203
Belegung freier Variablen 224
Bereichsethik 303, 308, 309
Beschreibung 166
Beschreibungstheorie der Namen 428
Beseitigungsregel 218
Bestätigung wissenschaftlicher Theorien 171–174
Beweissysteme 218, 220
Bewusstsein 78, 81, 82, 209
Bewusstseinsphilosophie 81, 82, 114
Bezugnahme 181, 183
Bezugsgegenstand 184
Bildanalyse 456, 457
Bildung 242
Billigkeit 298, 299
Bioethik 127, 309
biologische Mittellosigkeit 327
Biopsychisches 325
Bivalenzprinzip 215
Böses 110, 246
bourgeois 274
bürgerliche Freiheit 278
bürgerliche Gesellschaft 281

C

causa efficiens 13
causa finalis 13
causa formalis 13
causa materialis 13
Charaktertheorie 192
Charaktertugend 243
charismatische Herrschaft 275
Chrematistik 285
Christentum 19, 21, 93, 95
christlicher Feminismus 399
citoyen 274
common law 297
Computerfunktionalismus 205

D

Dammbruchargument 312
Dasein 109
de dicto, de re 138, 229
Deduktion 167, 307
Deduktiv-Nomologisches Modell 167
definitionale Konzeption des Begriffs 422, 423
deiktischer Ausdruck 192
Deixis 192
Dekonstruktion 127, 412, 455
deliberative Demokratie 287
Demokratie 287
demonstrativer Ausdruck 192
Denken 10, 59, 61, 63, 69, 72, 78, 83, 99, 114, 116, 123, 161
deontische Modallogik 227
Deontologie 305
deontologische Ethik 247, 250
Designatoren 186
deskriptive Ethik 237
deskriptive Wissenschaftstheorie 165
Determinismus 142, 169, 170, 330
Deutscher Idealismus 69–85
Dezisionismus 275
diachrone Einheit 142
diachrone Identität 140, 427
Dialektik 5, 7, 9, 20, 119, 242, 414, 415
Dialog 9
Dialog der Weltreligionen 364
Dialogkultur 364
Dialogphilosophie 105, 263, 358
dianoethische Tugend 243
Dichotomie 125
dickes evaluatives Prädikat 178
Didaktik 443–458
Differenz 109, 126
Differenzfeminismus 398, 400
dignitas 245
dikaiosyne 239
Dilemma 250, 268, 449
Ding an sich 69, 72
Dionysisches 95
Disjunktion 216
Disjunktionsproblem 208
Disjunktivismus 160
Diskursethik 121, 122, 256, 257, 315
Disposition 202
Dispositiv 125, 126
Disputation 37, 447, 448
distributive Gerechtigkeit 243
drei Stände des Staates 241, 283
Dualismus 59, 69, 116, 197–199

E

Egalitätsfeminismus 398, 400
egologische Theorien 262
eidos 11, 240
Eigenname 185, 186, 428
Eigenschaft 133, 135, 138, 139
Eigenschaftsdualismus 200
Eigentum 285
Eigentumsverhältnisse 349
Eindimensionalität 339

einfacher Begriff 421
Einführungsregel 218
Einheit der Wissenschaften 166
Einheit des Sozialen 261
Einzelding 133, 136
élan vital 105
Eleaten 7
elenchos 240
Elenktik 7, 8
eliminativer Materialismus 206
Eliminierung singulärer Terme 185
Emanation 30
Emotivismus 247, 257
empirical turn 341
empirische Aussage 135, 170, 190
empirischer Realismus 71
Empirismus 63–65, 69, 113, 160, 171
empiristisches Sinnkriterium 190
Endlichkeit 255, 333
Entbergen 340
Entdeckungszusammenhang 165, 173
Entfremdung 97, 98, 107, 118, 270, 370, 371
Entität 133, 136
Entlastung 328
Entsorgung 343
Entwicklungspfade der Technik 342
Epiphänomenalismus 200
episteme 243
epistemische Gründe 153, 154
epistemische Rechtfertigung 153, 155
epistemische Sicherheit 157
epistemische Werte 178
Epistemologie s. Erkenntnistheorie
epoche 18, 107
Ereignis 133, 144
Ereigniskausalität 143
Erfahrung 65, 147, 148
Erfüllbarkeit 220
Ergon-Argument 242
Erhabenheit, das Erhabene 385, 386
Erkenntnis 6, 8, 9, 15, 39, 64, 65, 66, 71, 79, 381
erkenntnistheoretischer Externalismus 154
erkenntnistheoretischer Internalismus 154
erkenntnistheoretischer Naturalismus 148
Erkenntnistheorie 71, 147–163
Erklärung 63, 167, 168
Erscheinung 69
Erste Philosophie 12
Erzählung 352
Erziehung 10, 67, 242
Essentialismus 138, 139
Essentialität 138
essentielle Eigenschaft 138, 229

Ethik 7, 9, 13, 15, 16, 35, 121, 126, 127, 233–259
- Angewandte Ethik 303–321
- Bioethik 127, 309
- deontologische Ethik 247, 250
- Diskursethik 121, 122, 256, 257, 315
- feministische Ethik 127
- Forschungsethik 309
- hellenistische Ethik 238
- konsequentialistische Ethik 247, 250
- Medienethik 309
- Medizinethik 309
- Metaethik 327
- Neuroethik 309
- normative Ethik 236
- ökologische Ethik 309, 313
- Pflichtenethik 247, 250, 251, 257
- Technikethik 127, 309
- teleologische Ethik 242, 247
- Tierethik 309, 316
- Tugendethik 13, 257
- Verantwortungsethik 313
- Wirtschaftsethik 309
Ethik der Lebenskunst 257, 333
Ethik der Liebe 246
Ethik der Selbstsorge 257
Ethik des Alterns 127, 333
Ethik des guten Lebens 126
Ethik und Anthropologie 258
Ethikberatung 304
Ethikkommission 304
ethische Reflexion 234, 235
ethische Tugend 243
ethischer Emotivismus 257
ethischer Expressivismus 257
ethischer Kognitivismus 257
ethischer Naturalismus 237
ethisches Urteilen 450
ethos 13, 236
Ethos 281
eudaimonia 13, 239, 281
Eudämonismus 250
euklidische Relation 228
Euthanasie 309, 310
Evolutionstheorie 267
ex falso quod libet 219
Existentialien 109
Existentialismus 11, 111, 329
Existenz 91–93, 111, 137, 358
Existenzaussage 137, 183
Existenzbehauptung 137
Existenzphilosophie 90–96, 111, 329, 358
Existenzprädikat 137, 138
Existenztheologie 358
experimentelle Philosophie 424
Explanans, Explanandum 167
Explikation 423
Expressivität 326
Extension 185
Extensionalitätsprinzip 215

exzentrische Positionalität 326, 327

F
Faktizität 111
Falsifikation 120, 173–175
Falsifikationismus 173, 176
Familienähnlichkeit 115, 189, 424
Fatalismus 143
Fehlschluss 425
Feminismus 398, 399
feministische Ethik 127
Fideismus 361
finaler Wert des Wissens 153
Form 12, 31, 69, 71, 72, 76, 80, 105
formale Ästhetik, Formästhetik 384
formale Geschichtsphilosophie 347, 351–353
formale Kulturphilosophie 367
Formalwissenschaft 165
Formen legitimer Herrschaft 275
Forschungsethik 309
Fortschritt 67, 100, 174, 346, 348, 349, 372
Fortschrittstheorie 346
Frankfurter Schule 118
Frau 52–54
Frauenhass 397
Fregesche Semantik 185
freier Wille 245, 254, 330
Freiheit 52, 64, 74–77, 84, 94, 111, 142, 143, 245, 246, 254, 278, 330
Freiheitsrechte 299, 300
Freude 238, 248
Freundschaft 243, 244
Frieden 288
frui 246
Fundamentalanthropologie 329
Funktion sprachlicher Termini 183, 184
Funktionalismus 204
Funktionsausdruck 183
Funktionssymbol 222

G
Ganzheit des Lebens 333
Gebrauch 114
Gebrauchstheorie der Bedeutung 188
Gebrauchswert 285
Gedächtnis 325
Gedankenexperiment 422, 450
Gefangenendilemma 268
Gefühl 17, 64, 65, 76, 124, 331
Gefühlsdrang 325
Gegenbeispiel 213, 422
Geist 6, 21, 59, 84, 114, 116
Geisteswissenschaft 166, 373
Gelassenheit 245
Geld 285

Gemeinschaft 265
Gemeinsinn 64
Gemeinwillen 279
Gemeinwohl 284
Gender Studies 331, 399, 400
Gendertheorie 399, 400
Genealogie 256
genereller Terminus 183
generische Implikation 137
Genie 389
Gerechtigkeit 89, 127, 238, 239, 241, 243, 273, 291, 298, 299, 305, 306, 322
Geschichte 48, 90, 98, 100, 101, 345–353
Geschichte und Geschichten 345
Geschichtlichkeit 109, 329, 345
Geschichtsbewusstsein 345
Geschichtsphilosophie 66, 67, 99–101, 345–353
Geschichtstheologie 346
Geschlechterforschung 393–401
Geschlechterfrage 393
geschlossene Formel 223
geschlossener Handelsstaat 279
Gesellschaft 60, 61, 64, 66, 84, 93, 97, 106, 108, 119, 265
Gesellschaftskritik 97, 98, 99, 119
Gesellschaftsvertrag 60, 61, 64, 276, 278, 280
Gesetz der Natur 276, 295
Gestell 340
Gettier-Fall, Gettier-Problem 149–152
Gewaltenteilung 64, 278
Gewissen 35, 52, 95
Gewissheit 60, 65, 82, 115
Gewohnheit 65
Gleichberechtigung 397
gleichgültige Dinge 245
Gleichheit 240
Gleichnis 241
globale Supervenienz 202
Glück, Glückseligkeit 10, 13, 15, 17, 28, 32, 88–90, 127, 238, 239, 241, 245, 246, 251
Glückswürdigkeit 251
Goldene Regel 235, 295
Gott 10, 13, 20–22, 30–32, 34, 38, 39, 49, 61, 63, 79, 96
Gottesbeweis 35, 38, 359, 360, 426
Gottesliebe 246
göttlicher Logos 244
Grammatik 115
Grenzsituation 111
griechische Aufklärung 239
gültiges Argument 425
Gültigkeit 228
Güter 241
guter Wille 251
Gutes 8, 12, 20, 241, 242
gutes Leben 233
Gutsein 134

Sachregister

H
Handeln 13, 50, 110, 269, 281, 413, 414
Handeln aus Pflicht 251
Handlung 293, 311, 327
Handlungsethik 88
Handlungstheorie 266, 269
Handlungsutilitarismus 249
hedone 15
Hedonismus 15, 88, 244
Hegemonie 289
Heliozentrik 45, 58
Hellenismus 3, 14–17
hellenistische Ethik 238
Hermeneutik 100, 112, 113, 122, 123, 372, 411, 412
Hermeneutischer Zirkel 112, 412
Herrenmoral 256
Herr-Knecht-Verhältnis 264
Herrschaft 61, 275
herrschaftsfreier Diskurs 268, 287
Herrschaftsvertrag 276, 278
Herstellen 241, 281, 388, 413, 414
higher order thoughts (HOT-Theorie) 210
Hirn-Doping 309
historische Erklärung 351, 352
Historische Rechtsschule 296
Historischer Materialismus 349
Historismus 100, 101
höchstes Gut 13, 16, 245, 251
höherstufige Zustände 210
Höhlengleichnis 241
Holismus der Bedeutung 190
Holismus der Bestätigung 173, 174
Homo Faber 341, 342
Homo-Mensura-Satz 7, 239
Horizont, Horizontverschmelzung 107, 113
Humanismus 46–49, 370
Humanität 371
hyle 12, 16
Hylemorphismus 31
Hypostasen 21
Hypothese 171, 173–175, 351, 430, 434, 450
Hypothetisch-Deduktives Modell 171
hypothetischer Imperativ 75, 76, 252

I
Ich 51, 60, 70, 72, 73, 77–80
Idealismus 11, 69–85
idealistischer Monismus 198
Idee 10, 11, 64, 70, 71, 84, 97, 98, 187, 240
Idee des Guten 241, 242
Ideenlehre 139, 240–242
Identität 73, 134, 137, 140, 141
Identitätssatz 183, 184
Identitätstheorie 203
ideographische Wissenschaft 351, 373
Ideologie 98, 99, 288, 289
Ideologiekritik 97–99, 289
Illokution 194, 195
Immanenz 34
Immoralität 96
imperative laws 297
Implikation 216
Implikatur 193, 194
Indeterminismus 143
indexikalischer Ausdruck 192
indirekte Pflichten 317
indirekte Sterbehilfe 310
Individualisierung des Glücksbegriffs 243, 246
Individualismus 261, 265
Individuation 140
Individuationsprinzip 141
Individuatoren 141
individueller Essentialismus 139
individuelles Objekt 137
Individuensymbol 222
Individuenvariable 222
Individuum 140
Induktion 59, 167, 172, 307
Induktivismus s. Logischer Positivismus
Induktiv-Statistische Erklärung 169
Ingenieurberuf 335
Inhalts- und Gehaltsästhetik 384
Inkompatibilismus 143
Innenwelt 115, 124
Inspirationstheorie 389
Instinkt 325
Institut für Sozialforschung 118
Institution 265, 266, 327, 328
instrumentelle Vernunft 339
instrumenteller Wert des Wissens 153
instrumentelles Handeln 269
Intellekt 27–29, 92
Intension 185
intensionale Definition 453
intentio recta, intentio obliqua 80
intentionaler Zustand 207
Intentionalismus 160
intentionalistische Hermeneutik 412
Intentionalität 107, 205
Intentionalitätsproblem 201
intergenerationelle Gerechtigkeit 332
interner Realismus 124
Interpretation 112, 124, 411
Interpretationale Semantik 208
intersektiver und nicht-intersektiver Ausdruck 191
intersubjektive Anerkennung 264
Intersubjektivität 261–264, 329
Intuition 161, 424
Islam 26

Isomorphie 136, 170
ius naturale 276

J
Judentum 30
Junktor 215, 222

K
Kapitalismuskritik 99, 117, 118
Kardinaltugenden 241
Karolingische Renaissance 33
Kasuistik 307
Kategorien 13, 69, 74, 109
Kategorienfehler 116
Kategorischer Imperativ 77, 235, 252, 313
kausaler Realismus 143, 144
Kausalerklärung 63, 170
kausal-historische Theorie der Bezugnahme 186
Kausalität 65, 74, 143, 170
Kennzeichnung 185
Klassenkampf 349
Klassennominalismus 139
klassische Antike 3–14
klassische Geschichtsphilosophie 346
klassische Kunstform 383
Klugheit 243, 257
Knowability Paradox 215
Koextensionalität 191
Kognitivismus 121, 257, 387
kognitivistische Ästhetik 384
Kohärentismus 308
Koinzidenz 144
kollektive Intentionalität 267
Kollektivismus 261, 265
Kolonialisierung der Lebenswelt 121
Kommunikation 121, 184, 187, 266, 268
Kommunikationsgemeinschaft 121
kommunikatives Handeln 269
Kommunismus 117
Kommunitarismus 127, 257, 282
kommutative Gerechtigkeit 243
Kompatibilismus 143
Kompetenzen, philosophische 304, 307, 403–410, 443, 444
komplexer Begriff 421
komplexes Objekt 136
Komplexitätsreduktion 364
kompositionale Veränderung 140
Kompositionalitätsprinzip 183
Konjunktion 216
Konklusion 214, 424, 425
konkrete Utopie 284
Konnektionalismus 205
Konsenstheorie 121
Konsequentialismus 88, 305
konsequentialistische Ethik 247, 250
Konstanzer Schule 389

Konstitution von Objekten 144, 145
Konstruktivismus 340, 416
konstruktivistische Wissenschaftstheorie 122
Konsum 343
Konsumismus 375
kontextualistische Wissenstheorie 152, 158
kontingente Formel 217
Kontingenzbewältigung 364
Kontinuität 140, 142
Kontradiktion 217
kontrafaktische Situation 151, 158
kontrafaktischer Essentialismus 139
Kontraktualismus 247, 276, 279, 280
Kontrapositionsregel 220
Kontrollbewusstsein 210
Konventionalismus 174
konventionelle Implikatur 193
konversationelle Implikatur 193
Konzeptualismus 139
Kopernikanische Wende 69
Körper 27, 51, 59, 62, 331
Korrektheit eines Beweissystems 220
Korrespondenz 41
Korrespondenztheorie 124, 228
korrigierende Gerechtigkeit 299
Kosmopolitismus 245
Kosmos 244
Krieg 61
Kriegsrecht 295
Kripke-Modell 227
Kritische Theorie 118, 121, 269, 375
Kritischer Rationalismus 120, 173, 175
Kultiviertheit 368, 371
Kultivierung 367
Kultur 367–369, 374
Kulturanthropologie 329
kultureller Feminismus 399
Kulturindustrie 118, 375
Kulturkritik 328, 367, 370, 371, 373
Kulturphilosophie 367–377
Kultursoziologie 374
Kulturwissenschaft 373
Kumulativargument 361
Kunst 91, 95, 118, 119, 380, 388, 389
Künstlichkeit 326
Kunstphilosophie 383, 384, 388
Kunstwerk 380, 390, 391
Kybernetik 340

L
Lebensform 106, 114
Lebenskunst 233, 257, 304
Lebensphilosophie 90–96, 105, 110, 329
Lebenssinn 333

Lebenswelt   107, 121
legale Herrschaft   275
Legalität   251, 298
Leib   21, 59, 61, 124, 323, 330, 331, 342
Leib und Geist   326
Leib und Körper   331
Leiblichkeit   329, 331
Leibniz-Gesetz der Identität   140, 203, 204
Leib-Seele-Problem   62
Leibvergessenheit   400
Leid   88, 91, 248, 318, 319
Letztbegründung   120, 256
lex naturalis   276
Lexikon   191
liberaler Kontraktualismus   279
Liberalismus   64, 257, 276, 282
Liebe   245, 265
linguistic turn   113, 116
linguistische Phänomenologie   116
Liniengleichnis   241
List der Vernunft   350
Logik   13, 83, 84, 107, 213–230
– Aussagenlogik   214, 125, 218, 226
– Modallogik   214, 221, 226–229
– Prädikatenlogik   214, 221, 229
Logischer Empirismus   113, 190
Logischer Positivismus   175
logisches System   214
lokutionärer Sprechakt   194
Luft   5
Lügenverbot   76, 253, 305
Lust   15, 16, 88, 90, 238, 243, 244, 248

M

Machiavellismus   275
Macht   96, 274, 289
Machtbegriff   270
Machtkritik   270
Mäeutik   7
Makrokosmos   54
Mängelwesen   327, 369
Markt   99
Marxismus   117, 118, 122, 286
materiale Geschichtsphilosophie   347
materiale Kulturphilosophie   367
Materialismus   8, 19, 98, 117
materialistischer Monismus   198
Maxime   75, 76, 252, 253
Medienethik   309
Medizin   27
Medizinethik   309
mehrdimensionale Semantik   185
mehrwertige Logik   230
Mensch als *animal rationale*   323
Mensch als *animal symbolicum*   329
Mensch als frei handelndes Wesen   324
Mensch als Homo Faber   341, 342

Mensch als Mängelwesen   327, 369
Mensch als Neinsagenkönner   325
Mensch als Schöpfer seiner selbst   324
Mensch als schöpferisches Wesen   49
Mensch als sprach- und vernunftbegabtes Lebewesen   323
Mensch als *zoon logon echon*   323
Mensch als *zoon politikon*   323
Menschenrechte   291, 300
Menschenwürde   235, 236, 245, 246, 252
Menschheit   253
mentaler Zustand   201, 207
Mentales   197
mereologische Fragestellung   136
Merkwelt   328
mesotes   243
Metaästhetik   387
Metaethik   237
Meta-Ontologie   136
Metapher   283, 284, 454
Metaphernanalyse   454
Metaphysik   12, 20, 27, 39, 131–136
methexis   11
Methodenanarchismus   177
Methodenideal der Naturwissenschaft   247
Methodenzwang   120
Mikrokosmos   54
Mimesis   325
Mimesistheorie   389
Misogyne   397
Mitleid   92, 96, 317
Mitleidsethik   92, 96, 319
Mitsein   263
Mitte zwischen zwei Extremen   13, 243
Mittelalter   25–43
Mitwelt   326
Modalaussage   138
modale Aussagenlogik   221, 226
modale Prädikatenlogik   214, 221, 229
modaler Operator   138
modales Argument   427, 428
Modalität   138
Modallogik   214, 221, 226–229
modallogische Formel   227
modallogisches Modell   227
Modalmetaphysik   28
Modelle des Geschichtsverlaufs   348
modelltheoretische Semantik   191
Moderne   57, 87
Modus Ponens   219, 426
Modus Tollens   220
mögliche Welten   151, 227
Mögliche-Welten-Semantik   191
Möglichkeit   134, 138
Monaden, Monadenlehre   63

Monarchie   287
Monismus   54, 61, 197, 198, 204
Moral   64, 65, 89, 95, 236, 308
Moral in der Moderne   247
moral sense   65, 247
moralische Gründe   154, 235
moralische Konflikte   234
moralische Pflichten   235, 299
moralische Prinzipien   305
moralischer Pluralismus   234
moralischer Realismus   257
moralischer Standpunkt   236
Moralität   236, 251, 280, 281, 298
Moralkritik   234, 255
Moralphilosophie   233, 235, 255
multitude   288
Münchhausen-Trilemma   120
Mystik   47
Mystische Theologie   22

N

Nachhaltigkeit   315, 343
Nächstenliebe   246
Narrativismus   352
Nationalsozialismus   109, 118
Nationalstaat   288
Natur   6, 13, 15, 34, 66, 244, 370
Natur und Kultur   369, 376
Naturabsicht   350
Naturalismus   148, 200, 247, 376, 387
Naturalismuskritik   376
naturalistischer Fehlschluss   177, 237
Naturerkenntnis   59
natürliche Freiheit   278
natürlicher Arten-Essentialismus   139
natürliches Gesetz   295
natürliches Recht   276, 295
natürliches Schließen   218
Naturmystik   54
Naturphilosophie   13, 15, 34
Naturrecht   294–296
Naturschönheit   386
Naturwissenschaft   47, 54, 58, 59, 66, 165, 373
Naturzustand   61, 276–278, 280
Negation   82, 83, 216
Negative Theologie   20
Negativität   84
Neigung   75
neminem laedere   235
Neo-Aristotelismus   127, 257, 258
Neo-Mooreanismus   157
Neue Phänomenologie   123, 417
Neue Wissenschaft   58
Neukantianismus   104, 105
Neuplatonismus   11, 20–23, 30, 47, 131
Neurobiologie   127, 330
Neuro-Enhancement   309
Neuroethik   309
Neurotheologie   363
neutraler Monismus   61, 198
Neuzeit   57

nicht-christliche Religionsphilosophie   364
Nicht-Ich   80
Nichtidentisches   119
Nicht-Zufälligkeitsbedingung   151
Nihilismus   96, 97, 112
Nihilismuskritik   256
Nominalismus   41, 42, 139
nomothetische Wissenschaft   351, 373
Nonkognitivismus   387
normative Ethik   236
normative Wissenschaftstheorie   165
Normen   234, 235
normenreguliertes Handeln   269
Notwendigkeit   138
numerische Identität   140
Nutzenprinzip   87, 88, 235, 248, 250

O

Objektivismus   387
Objektivität   178
Ockhams Rasiermesser   40
Offenbarungswahrheit   355
offene Formel   223
Öffentlichkeit und Privatheit   281
Okkasionalismus   62, 199
ökologische Ethik   309, 313
Ökonomie   11
Ontisch-ontologische Differenz   109
Ontologie   109, 132, 133, 137–140
Ontologie der Zeit   144
Ontologie des Kunstwerks   389, 390
ontologische Aussage   133
ontologische Kategorie   133
ontologischer Gottesbeweis   359, 360
ontologisches Klassifikationssystem   133
Ontotheologie   38
opake Referenz   207
ordinary language philosophy   116
Ordnungsutopie   284
Organersatz   328
Orientierungswissen   364
ostensive Definition   137
ousia   12

P

Pädagogik   49, 67
Paradigma   176
Paradigmenwechsel   120
Paradox   93
Parametertheorie   192
partikulare Implikatur   193
Partikularien   141
passive Sterbehilfe   310
Paternalismus   234
Paternalismuskritik   246
Patristik   11, 21, 22
Perfektibilität   346

performativer Satz 194
perlokutionärer Sprechakt 194
permissive laws 297
Persistenz 144
Person 318
persona 141
personale Identität 141, 142
Personalität 210
Perspektivität 50, 411
Pflicht 77, 235, 299
Pflichtenethik 247, 250, 251, 257
pflichtgemäßes Handeln 251
phänomenales Bewusstsein 209
phänomenales Wissen 149
Phänomenologie 107, 329, 416–418
phänomenologische Reduktion 107
philia 244
Philologie 43, 48
Philosophenkönige 10
Philosophie 3, 4, 7, 9, 10, 12, 16, 27, 29, 38, 40, 42, 43, 59, 128
Philosophiekritik 95
Philosophie des Geistes 197–211
philosophische Kompetenzen 304, 307, 403–410, 443, 444
philosophische Methoden 409, 410
philosophische Texte 430–435, 437
philosophische Theologie 38
philosophy of mind 197–211
phronesis 13, 243
Physik 13
physikalischer Monismus 198
Physikalismus 113
Physiokratie 285
platonische Ideenlehre 139, 240–242
poiesis 414
polarer Dualismus 200
polis 10
politische Anthropologie 273, 283
politische Ökonomie 66, 117, 274, 284
politischer Liberalismus 247, 276
positives Recht 297
Positivismus 87–89, 113, 171
Positivismusstreit 177
Posthistorie 353
Postmoderne 126, 353
Prädikatenlogik 214, 221, 229
prädikatenlogische Formel 222
prädikatenlogische Modelle 223
prädikatenlogische Terme 222
Prädikatennominalismus 139
Präferenzen 249
Präferenzutilitarismus 249, 318
Pragmatik 192
pragmatische Gründe 154, 361
Pragmatismus 119, 389
praktische Gründe 361
praktische Intelligenz 325
praktische Liebe 251

Praktische Philosophie 127
praktisches Wissen 149
Prämisse 214, 424, 425
Präskriptivismus 116
Präsupposition 193, 194
praxis 414
Priestertrug 363
principle of utility 248
Prinzip 4, 12, 77–79, 305
Prinzip der eindeutigen Identitätskriterien 136
Prinzip der explanatorischen Stärke 136
Prinzip der ontologischen Fundierung 136
Prinzip der ontologischen Sparsamkeit 136
Prinzip der ontologischen Verpflichtung 136
Prinzip des zureichenden Grundes 62, 62
Prinzip vom ausgeschlossenen Dritten 194, 215
Prinzipiat 77–79
Prinzipienethik 257
Prinziplismus 308
prisoners dilemma 268
Privatinteresse 284
Privatsprachenargument 115, 189
Pro-Contra-Debatte 448, 449
Produktionsästhetik 388
Produktionsverhältnisse und Produktivkräfte 349
Proexistenz 397
Projektionsregel 191
Projektionstheorie 363
Proposition 187, 188
propositionale Einstellung 207
propositionales Wissen 149
Protokollsätze 113
Prozess 133, 140, 141
Prozessphilosophie 358
Prozessreliabilismus 155
Prüfung 240
psyche 10
Psyche 325
Psychoanalyse 103, 329, 374, 375
Psychologie 105, 111
psychophysischer Parallelismus 199
Pyrrhonische Skepsis 17, 18

Q
Quale, Qualia 209, 210
qualitative Identität 140
qualitative Veränderung 140
Quantor 214, 222
Quantorenregel 225
Querelle des femmes 394, 395

R
Radbruch-Formel 296
radikaler Skeptizismus 156
Ratiodizee 362

Rational Choice Theory 268
rationale Begründung der Moral 256
rationales Naturrecht 295
Rationalismus 29, 61, 63, 69, 160, 171, 247
Raum 33, 50, 69, 71, 72
reale Möglichkeit 138
Realismus 41, 42, 139
Realität 135, 136, 181
Realwissenschaft 165
Recht 84, 276, 291–300
Rechtfertigung 147, 160, 161
Rechtfertigungszusammenhang 173
rechtliche Pflichten 299
Rechtsdimensionen 295
Rechtsethik 291
Rechtsphilosophie 291–301
Rechtspositivismus 291, 296, 297
Rechtstheorie 291
reductio ad absurdum 35, 219
Referenz 181, 183, 185
Reflexionsgleichgewicht 307
Reflexivität 140, 228
Regelfolgen 115
Regelutilitarismus 89, 249, 250
Regression 375
Reiztheorie der Bedeutung 190, 191
Relation 228
relationale Propositionentheorie 187
Relationsontologie 51
Relationssymbol 222
Relativismus 8, 18, 101, 123, 239, 240
Relativismuskritik 376
Relativitätstheorie 103
Reliabilismus 154, 155
Religion 29, 93, 355–365
Religionskritik 95, 97, 362, 363
Religionsphilosophie 355–365
Religionswissenschaft 355
Renaissance 45–55
Repräsentation 207
Repräsentationsproblem 201
Republikanismus 279
res cogitans, res extensa 59, 198, 199
Retroduktion 168
Rezeptionsästhetik 389
Rhetorik 7, 19, 388
rigide Designatoren 186
Rigorismus 250
romantische Kunstform 383, 384
römische Kaiserzeit 19
Rule of Necessitation 229

S
Sachverhalt 133
Sagen 114
säkulares Naturrecht 295
Säkularisierung 123, 364
Sanktion 235
Satz 114

Satz vom ausgeschlossenen Dritten 215
Satz vom ausgeschlossenen Widerspruch 215
Satzbedeutung 189
Satzkopula 137
Satzverknüpfung 215
Schleier des Nichtwissens 280
Schlussfolgerung 213
schlüssiges Argument 425
Schlussregel 425, 426
Scholastik 36, 41
Schönheit, das Schöne 383, 385, 386
Schöpfung 31, 33, 49, 52, 54
Schrift 66, 126
Schuldfähigkeit 330
schwache Designatoren 186
schwache Supervenienz 202
Seele 5, 10, 21, 27, 59, 62, 104, 323
Seelenruhe 15, 18, 239, 244, 245
Seelenteile 241, 283
Seelenwanderung 5
Sein, Seiendes 6, 10, 12, 21, 28, 38, 109, 131–133, 137
Sein-Sollen-Dichotomie 177, 178
Selbstbewusstsein 73, 209, 210
Selbstidentifizierung 142
Selbstkonstitution 79
Selbstsetzungstheorem 78
Selbstwiderspruch 253
Selbstzweckformel 75, 76, 253
Semantik 186
Semantik der Aussagenlogik 216, 217
Semantik der Modallogik 227, 228
Semantik der Prädikatenlogik 223–225
semantische Kunstphilosophie 391
semantischer Physikalismus 202
Semiotik 181
semiotische Ästhetik 384, 389
Sender-Empfänger-Modell 187
serielle Relation 228
Sex-Gender-Debatte 399
sexuelle Differenz 331
singulärer Terminus 183
Sinn und Bedeutung 184, 185
Sinnesdaten 159
Sinnesqualität 326
Sittengesetz 76, 77
Sittlichkeit 236, 280, 281
Skeptizismus 14, 17, 18, 65, 156–158, 239, 240
Sklavenmoral 256
Skopus 223
Slippery-Slope-Argument 312
Sokratischer Dialog 7, 8
Sokratisches Gespräch 446, 447
Solidarität 265
Solipsismus 198
Sollen 77
Sonnengleichnis 241

Sachregister

sophia 241
Sophistik 7, 239
Sorge 109
soziale Einheit 265
soziale Interaktion 268
soziale Physik 261
soziale Rolle 266
soziale Systeme 266
soziales Handeln 262, 268
Sozialität 261
Sozialontologie 143
Sozialphilosophie 261–271
Soziologie 64, 66, 105, 106, 261, 374
spezielle Metaphysik 132
spezielle Wissenschaftstheorie 166
Speziesismus 318
Sprache 66, 328
Sprache und Bewusstsein 182
Sprache und Realität 181
Sprachfähigkeit 182
Sprachkritik 113
Sprachphilosophie 113–117, 181–195
Sprachspiel 114, 188, 423, 424
Sprechakt 116, 194
Sprechakttheorie 116, 194
Sprecherbedeutung 189, 192
Staat 21, 64, 84, 100, 281, 286
Stadientheorie der Geschichte 348, 349
starke Supervenienz 202
Staunen 9
Sterbehilfe 310, 311
Sterblichkeit 333
Stoa 14, 16, 18, 244
Stoff 12
Streben nach dem Guten 242
Strebensethik 242
Strömungen der Gegenwartsphilosophie 409
Strukturalismus 125
studia humanitatis 46
Subjekt 51, 63
Subjektivismus 239, 387
Subjektivität 49–51, 71
Substanz 12, 59, 61, 133
Substanzdualismus 59, 198
substanzielle Veränderung 140, 141
Substitutionsprinzip 183
subvenierende Ebene 202
Südwestdeutsche Schule 105
Suizid 245, 310
summum bonum 245, 251
Sünde 246
Supervenienz 201, 202
supervenierende Ebene 202
Syllogismus 14, 214, 450
symbolische Kunstform 383
symboltheoretische Ästhetik 384
Symboltheorie 391
Symmetrie 140, 228
Sympathie 65
synchrone Identität 140

Syntax 191, 214
Syntax der Aussagenlogik 215, 216
Syntax der Modallogik 227
Syntax der Prädikatenlogik 222
System der Künste 383
System und Lebenswelt 269
Systemtheorie 120, 121, 266, 340

T
Tapferkeit 241
Tathandlung 78, 79
Tauschhandel 285
Tauschwert 285
Tautologie 217
techne 241, 335
Technik 328, 335–343
Technikakzeptanz 343
Technikethik 127, 309
Technikhermeneutik 339, 341
Technikkritik 373
Technikphänomenologie 341
Technikphilosophie 335–343
Technikwissenschaft 335
Technologie 335
Technosearch 336
Teil-Ganzes-Beziehung 134, 136
Teilhabe 11
teleologische Ethik 242, 247
teleologischer Gottesbeweis 360
teleologisches Handeln 269
telos 242
temporaler Essentialismus 139
tertium non datur 194, 215
Textanalyse 454
thaumazein 9
Theismus 356
Theodizee 63, 362
Theologie 20, 22, 34, 38, 43, 48
Theorie der Bezugnahme 182
Theorie der symbolischen Formen 329, 373
Theorie der unsichtbaren Hand 286
Theorie des Regelfolgens 188
Theorie sprachlicher Bedeutung 182
Theosophie 361
Tiefenökologie 314
Tiefenproblem 208
Tierethik 309, 316
Tod 244
Token-Identität 201, 204, 205
Totalitarismus 110
traditionale Herrschaft 275
tragischer Konflikt 374
Transitivität 140, 228
Transkategoriale Charakterisierung 134
transzendentale Apperzeption 72, 73
transzendentales Argument 427
Transzendentalie 134
Transzendentalphilosophie 71, 72, 78, 79
Transzendentalpragmatik 121

Transzendenz 34, 111
Trittbrettfahrer 241, 268
Tropen 18
Tüchtigkeit 281
Tugend 8, 13, 16, 49, 238, 239, 241, 243, 281
Tugendethik 13, 257
Type-Identität 201, 203, 205
Typen des Handelns 269
Type-Token-Identität 140, 201
Tyrannenmord 305

U
Übel 362
Überlegungsgleichgewicht 280
Übermensch 96
Überzeugung 147, 149, 154, 155, 160
Umwertung der Werte 256
Unabhängigkeitserklärung 296
Unbestimmtheit der Übersetzung 190
Unendlichkeit 45, 47
Universalia ante res, in mente, in rebus 139
Universalien 41, 42, 139, 140
Universaliennominalismus 139
Universalienrealismus 42, 139
Universalienstreit 40–42, 139
Universalismus 88
Universität 36
Unlust 248
unmittelbare Erfahrung des Anderen 263
Unterwerfungsvertrag 278
Unvollständigkeitssatz 226
Ur-Eins 20
Urteil 72
Urteilskraft 385
Urzustand 280
uti 246
Utilitarismus 87–90, 247–249, 315, 317
Utopie 10, 284
utopischer Standort 326

V
Veränderung 140, 144
Verantwortungsethik 313
Verdinglichung 99, 109, 270
Verifikation 173
Verifikationsprinzip 113, 120, 190
Verifikationstheorie 190
Verifizierbarkeit 203
Verletzlichkeit 333
Vernunft 13, 34, 38, 51, 57, 65, 66, 118, 161, 241, 252, 323, 386
Vernunftrecht 294, 295
Vernunfttugend 243
Verselbständigung der Technik 343
Versittlichung 372
Verstand 51, 252

Verstehen 101, 112, 153, 190, 351, 411
Verstehen-Erklären-Gegensatz 166, 351
verteilende Gerechtigkeit 243
Vertrag 61, 244, 277
Vertragstheorie 247, 276, 280
Vertrauen in Technik 343
Verzweiflung 94
via antiqua, via moderna 41
vita activa, vita contemplativa 47, 49, 110
Völkerrecht 291, 295, 300
Vollständigkeit eines Beweissystems 220
Vorhandenheit 109
Vorsokratiker 6
Vorstellung 64, 73, 92, 187

W
Wahrheitsdefinition 216, 224, 227
wahrheitskonditionale Semantik 186, 191
Wahrheitstabelle 217
Wahrheitswert 217
Wahrmacher 135
Wahrnehmung 65, 159
Ware 99
Wasser 4
Wegestreit 41, 42
Weisheit 4, 5, 16, 39, 241, 243
Weitenproblem 207
Welt 4, 8, 20, 107, 109, 115
Weltbild 45
Weltbürgerrecht 300
Weltoffenheit 325
Weltseele 54
Weltverständnis 115
Werkästhetik 389
Werkzeug 338
Wert des Lebens 310
Wert des Wissens 152, 153
Wertbezogenheit 294
Werturteil 177, 178, 385, 387
Werturteilsfreiheit 178
Werturteilsstreit 177
Widerlegung 240
Widerspruch 7, 78
Widerspruchsfreiheit 220
Wiedererinnern 10
Wiederkunft des Gleichen 97
Wiener Kreis 203
Wille 74, 75, 92, 84, 293
Wille aller 279
Willensentscheidung 246
Willensfreiheit 75, 76, 84, 142, 245, 246, 254
Wirkwelt 328
Wirtschaftsethik 309
Wissen 9, 21, 69, 71, 72, 78, 80, 81, 83, 89, 120, 147, 149, 160, 422
Wissen als wahre, gerechtfertigte Überzeugung 149

Wissenschaft 26, 58, 120, 122, 165, 166, 243, 429
Wissenschaft und Technik 178, 179
wissenschaftliche Erklärung 166
wissenschaftliche Theorie 170
wissenschaftliches Arbeiten 429–442
Wissenschaftsethik 309
Wissenschaftsfortschritt 174–176
Wissenschaftskritik 107, 178, 373
Wissenschaftslehre 70
Wissenschaftstheorie 120, 122, 165–179, 351, 373
Wissenskontextualismus 158
Würde der Person 246, 253
Würde des Menschen 235, 236, 245, 246, 253

Z
Zahl 5
Zeichen 186, 187
Zeigen 114
Zeit 69, 72, 74, 109, 144
Zeitlichkeit 109
zentrisches Leben 326
Ziel 242
ziviler Ungehorsam 299
Zivilgesellschaft 287
Zufall 151
Zugänglichkeitsrelation 227
Zugangsinternalismus 154
Zugriffsbewusstsein 209
Zuhandenheit 109
zukünftige Generationen 314
Zukunftsethik 110
Zukunftsverantwortung 315
Zweck 75
Zweifel 17, 35, 59, 65, 115
zweite Natur 84, 323

GPSR Compliance

The European Union's (EU) General Product Safety Regulation (GPSR) is a set of rules that requires consumer products to be safe and our obligations to ensure this.

If you have any concerns about our products, you can contact us on ProductSafety@springernature.com

In case Publisher is established outside the EU, the EU authorized representative is:

Springer Nature Customer Service Center GmbH
Europaplatz 3
69115 Heidelberg, Germany

Batch number: 09587883

Printed by Printforce, the Netherlands